L'EMPIRE QUI NE VEUT PAS MOURIR

– SOUS LA DIRECTION DE –

THOMAS BORREL
AMZAT BOUKARI-YABARA
BENOÎT COLLOMBAT
THOMAS DELTOMBE

L'EMPIRE QUI NE VEUT PAS MOURIR

UNE HISTOIRE DE LA FRANÇAFRIQUE

SEUIL

ISBN 978-2-02-146416-0

www.seuil.com

Sommaire

Introduction. *Françafrique, la mort lui va si bien* 9

Partie I. *La Françafrique en germe (1940-1957)* 27

Partie II. *Des indépendances piégées (1957-1969)*.............. 179

Partie III. *La folie des grandeurs (1969-1981)*.................. 321

Partie IV. *La fausse alternance (1981-1995)* 455

Partie V. *Dévoilement et camouflages (1995-2010)*............. 607

Partie VI. *Le temps de la « reconquête » (2010-2021)*........... 779

Épilogue. *Françafrique, mémoires vives*...................... 957

Les auteurs 967

Index 973

Table.. 993

Introduction
Françafrique, la mort lui va si bien

Inconnu il y a encore un quart de siècle, le mot « Françafrique » s'est imposé dans le débat public. Difficile aujourd'hui de discuter des relations franco-africaines sans que ce terme apparaisse. Et même quand il n'est pas prononcé, il vient hanter le débat.

Un mot étonnant.

Étonnant d'abord parce que personne ne semble connaître son origine véritable. Ensuite parce que ce néologisme reste encore nimbé de mystère : nombreux sont ceux qui l'utilisent, mais rares ceux qui le définissent. Étonnant enfin, et surtout, parce que sans chercher à connaître ni les conditions de sa naissance, ni sa véritable substance, la plupart des commentateurs ne cessent, depuis vingt ans, d'évoquer l'agonie de la Françafrique ou de décréter son décès.

Ce triple étonnement est le point de départ de cet ouvrage. Comment est née la Françafrique ? Quelles réalités recouvre-t-elle ? Et pourquoi s'acharne-t-on à la croire disparue ?

S'il fallait choisir une image, on pourrait prendre la pièce d'Eugène Ionesco, *Amédée ou Comment s'en débarrasser* (1954). L'histoire d'un couple qui vit dans le déni de la présence d'un mort, caché dans la chambre voisine, et atteint d'un étrange syndrome, la « progression géométrique des morts » : le cadavre ne cesse de grandir. Plus le couple tente de se débarrasser de cette présence, plus celle-ci se fait encombrante, à l'instar de cette Françafrique dont on ne cesse de proclamer la fin.

En famille

La comparaison fonctionne d'autant mieux que les relations franco-africaines ont souvent été vécues, ou décrites, comme une relation de couple, voire d'amour. On ne compte plus les responsables politiques et les chefs d'entreprise qui disent « aimer l'Afrique ». L'actuel président de la République Emmanuel Macron ne regimbe pas plus que les autres devant ce cliché éculé. « Entre la France et l'Afrique, ce doit être une histoire d'amour », déclarait-il dans les colonnes de *Jeune Afrique* en novembre 2020.

Au sein des élites africaines également, l'« amour de la France » a souvent été évoqué. On pense notamment au poète-président sénégalais Léopold Sédar Senghor qui célébra si souvent la « civilisation française » et se fit le chantre de ce que, dans les années 1950, on appelait l'« Eurafrique ». Ou au président ivoirien Félix Houphouët-Boigny – présenté à tort comme l'inventeur du mot « Françafrique » – qui vécut l'indépendance de son propre pays comme un déchirement intime. « J'ai attendu en vain sur le parvis de l'église, avec mon bouquet de fleurs fanées à la main », déclara-t-il lorsque le général de Gaulle annonça qu'il allait rendre leur souveraineté internationale aux colonies africaines.

Quand il n'est pas question d'amour, on invoque au moins l'« amitié » franco-africaine. « Bongo est l'ami de Giscard, Giscard est l'ami de Bongo, la France est l'amie du Gabon », chantait-on à Libreville lors de la visite du président Valéry Giscard d'Estaing à son homologue Omar Bongo en 1976. Une amitié qu'on pourrait dire familiale puisque cette chanson mémorable est cosignée par un jeune homme qui rêvait alors d'une carrière musicale : Ali Bongo. Ce dernier, qui n'a finalement pas percé dans la musique, succédera à son père dans le fauteuil présidentiel gabonais en juin 2009.

Cette amitié familiale est à nouveau invoquée au moment du décès du maréchal Idriss Déby, en avril 2021. « J'emporte le souvenir d'un ami », déclare le président Macron, qui se rend en personne à Ndjamena pour les obsèques du dictateur tchadien et pour adouber son fils, le général Mahamat Déby Itno, et ce bien que cette succession dynastique viole ouvertement les dispositions constitutionnelles tchadiennes. « La France ne laissera jamais personne remettre en cause, et ne laissera jamais personne menacer, la stabilité et l'intégrité du Tchad », justifie le président français devant un parterre de militaires tchadiens en treillis.

Arrivée deuxième à l'élection présidentielle française de 2017, Marine Le Pen n'est pas en reste. Quatre ans après avoir été reçue par Idriss Déby au Tchad, en pleine campagne présidentielle, la patronne du Rassemblement national fait part de sa « grande tristesse » en apprenant son décès. « La France perd un allié, mais surtout un ami », note-t-elle sur Twitter. Celle qui a succédé à son père à la tête du parti d'extrême droite se garde bien d'épingler la succession dynastique cautionnée par l'Élysée. La fille de Jean-Marie Le Pen fait preuve de la même discrétion concernant les tortures, les assassinats, les disparitions et autres violations des droits de l'homme dont le dictateur tchadien s'est rendu coupable au cours de ses trente années de règne.

Beaucoup d'amour, beaucoup d'amitié, donc. Mais aussi quelques intérêts communs, que nul n'a mieux résumés qu'Omar Bongo lui-même dans les colonnes de *Libération* en 1996 : « L'Afrique sans la France, c'est une voiture sans chauffeur. La France sans l'Afrique, c'est une voiture sans carburant. » Métaphore françafricaine par excellence.

Un mot devenu champ de bataille

Si le mot « Françafrique » est si souvent rejeté c'est peut-être parce qu'il est principalement porté par des gens qu'on appelle « militants ». Et plus précisément par l'association Survie qui en a fait son cheval de bataille. Si le mot est connu de quelques rares spécialistes depuis les années 1970, c'est en effet le président de cette association, François-Xavier Verschave, qui le fait entrer dans le vocabulaire courant avec la publication en 1998 de son livre *La Françafrique. Le plus long scandale de la République*.

Cette connotation « polémique » et le parfum de « scandale » qu'exhale la Françafrique suscitent, depuis, une sorte de méfiance chez ceux qui, journalistes ou universitaires, prétendent au monopole du savoir légitime. Une méfiance, parfois mâtinée de mépris, qui cache mal une pointe de jalousie : aucun des ouvrages publiés par ces spécialistes n'a connu un succès aussi foudroyant que celui de Verschave, vendu à des dizaines de milliers d'exemplaires, et aucun des concepts qu'ils ont forgés, pourtant nombreux, n'a reçu un écho médiatique aussi grand que celui qu'il a popularisé.

Dans les années qui ont suivi la publication de ce livre, un débat s'est ouvert, porté par la multiplication des « affaires » (Elf, Angolagate, etc.). Quelques commentateurs discutèrent de ce terme nouveau devenu médiatique. Jean-Pierre Dozon par exemple, sans rejeter le terme de « Françafrique », proposa au début des années 2000 une formule alternative, l'« État franco-africain », plus conforme selon lui à la nature des relations franco-africaines. À sa suite, d'autres évoquèrent une « Françafrique d'État » en cours de privatisation. François-Xavier Verschave lui-même proposa, juste avant de mourir en 2005, de distinguer la « Françafrique » de ce qu'il appelait la « Mafiafrique », pour désigner le rôle croissant d'individus et de réseaux s'étant affranchis des appareils d'État.

Ces débats féconds ont malheureusement été rapidement escamotés par des prises de position plus expéditives. Dans le courant des années 2000, un consensus s'impose en effet pour ne plus parler de la Françafrique qu'au passé. Si l'on convient désormais que la Françafrique a bel et bien existé, elle ne serait plus d'actualité. « La France a perdu l'Afrique », clament les journalistes Antoine Glaser et Stephen Smith en titre d'un livre publié en 2005. Analysant, trois ans plus tard, la politique africaine de Nicolas Sarkozy, le politologue Jean-François Bayart arrive à une conclusion similaire. « La dénonciation de la "Françafrique" est devenue anachronique, écrit-il. Sauf à réduire celle-ci à la France-à-fric, pour reprendre un calembour militant assez lourd, c'est-à-dire au financement de la vie politique française et au partage du gâteau de la corruption. »

La Françafrique serait donc morte ou, au pire, moribonde. Comme pour mieux l'ensevelir, d'autres néologismes s'accumulent à la une des journaux au tournant des années 2010. La « Chinafrique » d'abord : si la France est sur le déclin en Afrique, est-il expliqué, c'est parce que le géant asiatique est en train de la mettre dehors. Plus récente, la « Russafrique » tente à son tour de se frayer un chemin dans le vocabulaire médiatique.

Loin de démentir l'existence de la Françafrique, la présentation faite de ces « concurrences étrangères » a plutôt tendance à confirmer la relation singulière que les Français entretiennent avec le continent africain. S'y sentent-ils tellement « chez eux » qu'ils s'offusquent de la présence d'autres puissances dans leurs « chasses gardées » ? Le « couple France-Afrique », si souvent célébré, est-il à ce point fusionnel que la présence d'un tiers suffit à crier au divorce ? La France, qui regarde son ancien territoire colonial africain comme un éternel « pré carré » et considère l'Afrique « francophone » comme son domaine réservé, ne cherche-t-elle pas, elle aussi, à étendre son influence et à conquérir des marchés dans les pays d'Afrique « anglophone » et « lusophone » ?

Le documentaire *Françafrique*, réalisé par Patrick Benquet, marque une étape symbolique. Ce film en deux parties de 80 minutes, diffusé en *prime time* sur France 2 en 2010, prouve que le terme est désormais largement accepté : plus personne ne nie les « turpitudes de la Françafrique » décrites dans la première partie du film (*La Raison d'État*). Mais la seconde partie (*L'Argent roi*) est plus problématique : à peine sa réalité historique reconnue, la Françafrique est décrétée… disparue. La Chine est bien sûr désignée comme la première responsable de l'érosion de la présence française en Afrique. Mais elle n'est pas la seule, ajoute le documentaire : les dirigeants africains se seraient désormais émancipés de la tutelle de Paris.

Telle est la thèse défendue par Antoine Glaser, ancien rédacteur en chef de *La Lettre du continent* et fin connaisseur des réseaux franco-africains, dans son livre *AfricaFrance*, publié en 2014. Selon le journaliste, qui a travaillé comme conseiller historique du documentaire de Patrick Benquet, les rapports de domination se seraient inversés depuis la fin de la guerre froide. Tournant à leur avantage les rivalités internationales, les dirigeants africains seraient devenus, à en croire le sous-titre de son ouvrage, les « maîtres du jeu ». L'AfricaFrance aurait ainsi terrassé la Françafrique : les gouvernants africains sont devenus les « vrais patrons », affirme Glaser, et leurs homologues français leurs « obligés »…

Si les mécanismes complexes de la domination et de la dépendance méritent évidemment d'être débattus, la théorie de l'AfricaFrance se heurte à bien des écueils. Antoine Glaser peine d'ailleurs à se convaincre lui-même de la pertinence de sa trouvaille : les origines de l'Africa-France remontent aux années 1960-1970, laisse-t-il entendre dans un premier chapitre largement consacré à Félix Houphouët-Boigny. Il aurait d'ailleurs pu remonter plus loin : même à l'époque coloniale, une frange des élites colonisées utilisait les contradictions internes à la domination impériale pour tirer son épingle du jeu. Rien de très « nouveau », en somme.

Derrière Jacques Foccart, un système

Le terme de « Françafrique » souffre en réalité de sa réduction à un personnage devenu quasiment légendaire : Jacques Foccart. Conseiller pour les Affaires africaines et malgaches des présidents de Gaulle et Pompidou, cet homme de l'ombre a joué un rôle déterminant dans la définition des relations franco-africaines au moment des indépendances et dans leur mise en pratique quotidienne dans les quinze années suivantes. Personnage aussi secret qu'incontournable, il a élaboré une méthode tellement « efficace », au regard des objectifs poursuivis, que celle-ci s'est imposée à ses successeurs, comme le montre l'historien Jean-Pierre Bat dans son livre *Le Syndrome Foccart* (2012).

Si l'on réduit la Françafrique à Jacques Foccart, et à ses fameux « réseaux », on peut sans doute l'enterrer : l'« homme de l'ombre » est mort en 1997 (après avoir repris du service auprès de Jacques Chirac). Mais, comme le prouve la persistance du « syndrome », la politique menée par la France en Afrique ne peut se résumer à un seul homme, aussi influent fût-il. D'une certaine manière Foccart est l'homme qui cache la Françafrique, comme l'arbre cache la forêt. S'il est évidemment un acteur clé de l'« État franco-africain » dont parle Jean-Pierre Dozon, il s'inscrit dans un *système* qui ne se réduit ni à un individu, ni à ses « réseaux » officiels ou occultes, ni aux relations interpersonnelles très particulières qu'il a nouées avec les chefs d'État africains.

C'est ce système dont nous essayons de retracer l'histoire dans les pages qui suivent. Un système qui s'appuie certes sur une très forte personnalisation – d'où les métaphores constantes sur les « amitiés », voire les « amours », franco-africaines – mais qui ne s'y réduit pas. Derrière les hommes, il y a des intérêts et des institutions qui ne disparaissent pas à chaque fois que l'on enterre un de ses représentants. Il y a aussi des idéologies et des représentations mentales enracinées dans une très longue histoire impériale. Il ne suffit pas de décréter la « fin » de la Françafrique pour que s'évapore cet encombrant héritage. C'est même bien souvent l'inverse qui se produit : rien n'est plus efficace, pour faire perdurer le passé, que de faire semblant de l'avoir liquidé.

La Françafrique ne se réduisant pas au foccartisme, comment la définir ? Il s'agit, selon nous, d'un système de domination fondé sur une alliance stratégique et asymétrique entre une partie des élites françaises et une partie de leurs homologues africaines. Cette alliance, héritée d'une longue histoire coloniale, mêle des mécanismes officiels, connus, visibles, assumés par les États, et des mécanismes occultes, souvent illégaux, parfois criminels, toujours inavouables. Ces mécanismes, qui se déploient dans une relative indifférence de l'opinion publique française, permettent à ces élites franco-africaines de s'approprier et de se partager des ressources, économiques, mais aussi politiques, culturelles et symboliques, au détriment des peuples africains.

Ce système de prédation se caractérise par sa grande malléabilité : le dispositif françafricain, qui a permis au colonialisme de survivre à la « décolonisation », a su s'adapter aux évolutions internationales des décennies suivantes et se réformer chaque fois que des failles mettaient son existence en péril. Il en va de la Françafrique comme de l'informatique : le système d'exploitation, pour se prémunir contre les dysfonctionnements et les potentielles agressions, est régulièrement mis à jour. Car il faut assurer la « stabilité » en Afrique, est-il constamment répété. Une « stabilité » au service « des Africains », dit-on, mais qui sert en réalité de paravent à la défense des intérêts de la France et de ses affidés.

Réformer pour perdurer

S'il est difficile de donner la date de naissance de la Françafrique, on peut en revanche retracer sa généalogie : elle est la fille du courant dit « libéral » – au sens général du terme – de la pensée coloniale. Ce courant a émergé d'un constat simple : l'assimilation et l'administration directe des colonies mènent à une impasse. Lourde de contradictions, puisqu'elle suppose à terme de reconnaître l'égalité aux peuples dominés, l'assimilation s'annonce extrêmement coûteuse sur le plan politique et financier, puisque l'égalité implique de reconnaître des droits – civiques et sociaux – aux colonisés. En somme, le « modèle français » de colonisation, fondé en théorie sur des principes républicains d'universalité qu'il bafoue en pratique, menace d'imploser.

Pour éviter une telle déflagration, les « libéraux » demandent donc qu'on le réforme. Au lieu de s'accrocher aux colonies comme une moule à un rocher, plaident les réformistes, la France a *intérêt* à desserrer son emprise en octroyant aux colonisés – ou, plus exactement, à une partie d'entre eux – quelques droits et quelques libertés. Cette « générosité », poursuivent les réformistes, pourra mieux que la contrainte susciter des loyautés dans les territoires dominés. Plus souple, moins pesant, plus discret, ce système réformé aura plus de chances de durer et de conjurer les révoltes.

Tel est l'état d'esprit des jeunes administrateurs coloniaux qui entourent le général de Gaulle pendant la Seconde Guerre mondiale, point de départ de notre récit. Alors que la France libre prend progressivement le contrôle de l'Afrique française, qui devient sa base de repli et de contre-offensive, ces administrateurs « gaullistes » cherchent à reconquérir les cœurs et les esprits des Africains. Ainsi seulement la France pourra-t-elle conserver ses colonies, dont la guerre aura prouvé l'intérêt stratégique et qui apparaissent désormais comme le socle vital de la puissance française. C'est à cette période, en août 1945 précisément, qu'apparaît pour la première fois le mot « Françafrique » [→ p. 22].

La réforme du système colonial hante la IVe République (1946-1958). Contestée en Asie et en Afrique du Nord, la France assouplit par petites touches successives ses liens avec les territoires subsahariens pour éviter qu'ils ne se détachent de la métropole et tombent sous l'influence des puissances concurrentes. Cette question passionne un jeune ministre qui en fait son cheval de bataille : François Mitterrand. Pour pérenniser la « présence française » en Afrique, il est urgent de s'attacher la fidélité des élites africaines, plaide-t-il sans relâche. Allié à Félix Houphouët-Boigny, député puis ministre à Paris, Mitterrand pose dès les années 1950 les jalons de ce que les deux hommes appellent la « communauté franco-africaine ».

Poussé par les « événements » d'Algérie, de Gaulle franchit une étape supplémentaire dans les mois qui suivent son retour au pouvoir en 1958. L'autonomie interne concédée par la IVe République aux colonies d'Afrique subsaharienne ne suffira pas à contenir les contestations et à juguler les mouvements indépendantistes, constate-t-il. Aussi faut-il au plus vite leur octroyer une « indépendance » sur mesure, qui servira les intérêts de la France plutôt que de lui nuire. Les dirigeants des nouveaux États « souverains », entourés de conseillers français, resteront ainsi fidèles à l'ancienne métropole.

Et lorsque leurs peuples rechignent, Paris se porte au secours des nouveaux dirigeants en envoyant sur place ses propres forces armées. C'est ce qui se produit par exemple au Cameroun quelques jours seulement après la proclamation de son indépendance. Alors que les mouvements contestataires gagnent du terrain dans plusieurs régions du pays, le Premier ministre français, Michel Debré, lance une opération militaire de grande envergure. Cette « véritable reconquête », comme il la qualifie dans ses Mémoires, fera des milliers de morts en seulement quelques mois.

Des indépendances formelles au service d'un impérialisme informel

Cette histoire, esquissée à grands traits, invite à s'interroger sur la notion de « décolonisation ». Par sa construction même (*dé*-colonisation), le terme sous-entend un processus de déconstruction, de démantèlement, de dislocation. Ce faisant, il donne l'impression que les Empires coloniaux se sont progressivement ou brutalement délités, pour finalement disparaître. Ce sentiment est d'autant plus fort, dans le cas de l'ex-Afrique française, que celle-ci a été démembrée en même temps qu'elle accédait à l'« indépendance » : l'Afrique occidentale française (AOF) et l'Afrique équatoriale française (AEF) éclatent en une douzaine d'États fragiles et mal connectés entre eux.

La décolonisation, en provoquant la « chute » de l'Empire, aurait donc mis fin à l'ère coloniale. C'est ce que disent les cartes imprimées dans les manuels scolaires. Pendant la colonisation : les grands aplats de couleur matérialisent la souveraineté française sur d'immenses territoires. Après la décolonisation : la France ne possède, en plus de l'Hexagone, que quelques confettis éparpillés aux quatre coins du globe. Certes, ce qui reste assure au pays le second empire maritime mondial, mais un sentiment de « perte » se dégage immanquablement de ce type de représentation.

L'histoire de la Françafrique oblige à regarder la décolonisation sous un autre angle. Si la France a partiellement démantelé les structures formelles de son Empire au tournant des années 1960, elle n'a pas « abandonné » ses anciennes colonies : elle a plutôt rationalisé, renforcé et parfois forgé les instruments informels d'une nouvelle forme d'impérialisme. C'est ce qui a pris le nom de *coopération*. « Il y a deux systèmes qui entrent en vigueur simultanément, précise Michel Debré au Premier ministre gabonais Léon Mba en 1960 : l'indépendance et les accords de coopération. L'un ne va pas sans l'autre. »

La décolonisation ne doit donc pas être considérée uniquement comme un processus de *dé*composition et de *dé*montage : il faut aussi l'analyser comme un effort de recomposition, voire de réaffirmation, des mécanismes impériaux. Dans ses *Mémoires d'espoir* (1970), le général de Gaulle lui-même décrit la décolonisation non comme un aboutissement mais comme une nécessaire transition. « Le changement de la colonisation en coopération moderne, écrit-il, a maintenant de grandes chances d'être accompli de manière qu'il apporte à la France, non seulement l'allégement de charges devenues injustifiables, mais encore de fructueuses promesses pour l'avenir. »

Les indépendances, réclamées par des peuples colonisés avides de liberté puis octroyées par une métropole soucieuse de rénover ses dispositifs impériaux pour mieux les perpétuer, jouent un rôle crucial dans cette transition du colonialisme direct vers ce que l'on a coutume d'appeler le *néo*colonialisme, que le président ghanéen Kwame Nkrumah, voisin et rival de Félix Houphouët-Boigny, décrivait comme « la pire forme de l'impérialisme ».

En rendant formellement aux colonies leur « souveraineté internationale », tout en la vidant en grande partie de son contenu, et en s'assurant que la présidence des nouveaux États revienne à des dirigeants soigneusement sélectionnés et strictement encadrés, l'ancienne métropole fait d'une pierre deux coups : elle se déleste de ses « charges » coloniales, pour parler comme de Gaulle, et dissimule la perpétuation des mécanismes impériaux derrière une façade « autochtone ».

La décolonisation de l'ex-Afrique française ressemble finalement à une grande illusion. « Au tournant des années 1960, note Jean-Pierre Dozon en 2019, il fut en réalité moins question de l'indépendance des ex-colonies françaises, devenues après la Libération des territoires d'outre-mer, que de l'indépendance de la France elle-même par rapport aux deux blocs, dits du "monde libre" et du "monde communiste". Cela tant sur le plan énergétique (pétrole et uranium) que sur le plan géostratégique, une bonne dizaine d'États africains devenant des soutiens quasi inconditionnels de la France au sein des grandes organisations internationales, notamment aux Nations unies. »

Loin de constituer une rupture, la décolonisation, apparaît *a posteriori* comme une mutation entre un impérialisme officiel, fondé sur la possession de territoires conquis, et un impérialisme informel, largement déconnecté de la souveraineté territoriale, s'appuyant sur des dispositifs plus discrets de contrôle indirects.

Entre séduction et répression

Pour comprendre ce que les « ruptures » claironnées cachent de continuités, il n'est pas inintéressant de relever que l'« informalisation » de l'impérialisme n'est pas une chose nouvelle. Comme le montre l'historien David Todd dans son livre *Velvet Empire. French Informal Imperialism in the Nineteenth Century* (2021), un processus similaire est observable après le démantèlement partiel des colonies françaises d'Amérique du Nord et des Caraïbes au tournant du XIXe siècle. Les mécanismes financiers, culturels, juridiques et idéologiques qui prennent à cette période le relais de l'impérialisme territorial peuvent légitimement être qualifiés de néocolonialisme, indique l'historien. C'est le cas, par exemple, de la dette faramineuse dont la France impose le remboursement à Haïti dans les années qui suivent son indépendance.

L'impérialisme formel et l'impérialisme informel peuvent très bien cohabiter. Au XIXe siècle, le premier se déployait en Algérie, conquise dans la fureur et le sang à partir de 1830. C'est également par la force que le gouverneur Louis Faidherbe, formé en Algérie, « pacifie » le Sénégal dans les années 1850-1860. Et c'est avec le même acharnement destructeur que la France s'empare d'une grande partie de l'Afrique dans les décennies suivantes. Mais ce mouvement expansionniste s'accompagne, dans ces territoires et au-delà, d'une autre forme de conquête apparemment plus acceptable : en installant des écoles, en diffusant la langue française, en exportant un « art de vivre » et des modèles culturels et juridiques. Cette manière « douce » de conquérir les âmes et les parts de marché, que les théoriciens qualifient aujourd'hui de *soft power*, cherche à présenter la domination comme un phénomène attrayant, et même désirable, aux peuples sur lesquels elle s'exerce. Et donne, par contraste, aux violences et aux pillages qui l'accompagnent l'aspect d'une fâcheuse nécessité.

Intéressante également, pour analyser les continuités historiques et la transmission des savoir-faire impériaux, est l'étude des discours contemporains portés par les élites françaises. Bien des commentaires ont par exemple été publiés après le calamiteux « discours de Dakar » adressé en juillet 2007 à la « jeunesse africaine » par Nicolas Sarkozy, qui reprenait tous les poncifs de l'idéologie coloniale. On devrait également soumettre à la critique les discours d'Emmanuel Macron. Ce dernier, qui jurait pendant sa campagne présidentielle de 2017 vouloir « sortir de la Françafrique », recycle depuis son élection des thématiques et des stratégies déjà bien usées. Que dit-il de fondamentalement nouveau lorsque, en déplacement au Rwanda en mai 2021, il évoque une « francophonie de reconquête » ? Quelle innovation croit-il apporter lorsqu'il annonce quelques heures plus tard, en Afrique du Sud cette fois, que les discussions organisées par l'Élysée avec des organisations de la société civiles africaines aboutiront, lors du sommet de Montpellier d'octobre 2021, à un « plan de reconquête » ? Un plan qui se fera bien sûr « en partenariat », ajoute-t-il tout sourire, pour être « porté sur le terrain ».

Si les dirigeants français s'acharnent à vouloir « reconquérir » les jeunesses africaines, ambition commune à François Mitterrand dans les années 1950 et à Emmanuel Macron dans les années 2020, c'est parce qu'ils craignent toujours les « concurrences étrangères » : hier les Anglais ou les Soviétiques, aujourd'hui la « Chinafrique » et la « Russafrique ». Mais c'est surtout parce qu'ils savent que, derrière ces « ennemis » plus ou moins nébuleux, se cache un danger plus redoutable encore : la révolte des peuples africains. Faisant écho aux contestations anticoloniales des années 1950, mais avec une puissance décuplée par la révolution numérique, de nombreux mouvements populaires s'organisent aujourd'hui aux quatre coins de l'Afrique « francophone », mais aussi au cœur de l'ancienne métropole, pour réclamer une véritable abolition du franc CFA, le retrait effectif des troupes militaires françaises et la fin du soutien multiforme que Paris apporte depuis trop longtemps aux régimes autocratiques « amis ».

Les Français sont parfois surpris de découvrir sur leurs écrans de télévision ce qui leur apparaît, à Dakar ou à Bamako, comme de subites flambées « antifrançaises ». Les « Africains » sont bien ingrats, se disent-ils : Nous qui les « aimons » tant ! Ne leur verse-t-on pas depuis des décennies une immense « aide au développement » ? Notre armée ne les protège-t-elle pas depuis tant d'années contre les « djihadistes » ? Et si ce « sentiment antifrançais » était manipulé par les Chinois, les Russes, les Turcs et autres Qataris ?

Cette incompréhension résulte de la dissymétrie qui caractérise l'impérialisme informel. Car celui-ci, rendu (presque) invisible depuis l'ancienne métropole, sauf quand il s'agit d'en louer les « bienfaits », demeure omniprésent dans les anciennes colonies. Peu de Français savent que des millions d'Africains utilisent encore la monnaie coloniale. Rares sont ceux qui ont conscience qu'une partie de leurs impôts sert à ouvrir des marchés aux entreprises tricolores en Afrique. Plus rares encore sont ceux qui connaissent l'appui apporté par leur pays aux polices et aux services de renseignement des dictateurs « amis ».

Mais l'impérialisme informel n'est pas invisible pour tout le monde. C'est ce que constate le magazine allemand *Der Spiegel* le 9 juin 2021, au terme d'une enquête sur « la guerre de la France en Afrique ». Dévoilant des exactions commises par l'armée française au Sahel, qu'il qualifie de « possibles crimes de guerre », le magazine conclut : « La face obscure de la mission française au Mali est largement imperceptible pour le grand public. »

Apprendre à voir ce qu'on ne regarde plus

Lorsque François-Xavier Verschave a exhumé le terme « Françafrique », il a rendu perceptible à un large public un scandale dont peu de gens avaient jusque-là conscience. Il s'agissait, disait-il, du « plus long scandale de la République ». En rassemblant en un seul mot l'ensemble des mécanismes qui permettent à la France de perpétuer en Afrique des pratiques inavouables, sous les discours « vertueux » et les sempiternelles déclarations d'« amour », le concept de Françafrique a permis d'éclairer des phénomènes peu ou mal connus : les assassinats, la corruption, le clientélisme, les réseaux parallèles, les intermédiaires véreux, le soutien clandestin à des putschs et à des organisations mafieuses. Tout ce qui était masqué trouvait subitement une incarnation sémantique.

Pour les victimes de la politique africaine de la France, notamment, ce mot a eu un effet libérateur. Enfin se brisait le déni autour des crimes perpétrés en Afrique par le « pays des droits de l'homme ». Ce qui était souvent disqualifié comme de simples « rumeurs » devenait tout à coup palpable. Ce mot de « Françafrique », en légitimant un vaste champ de recherche et d'investigations, a également suscité une libération de la parole. Les témoignages et les documents se sont accumulés, parfois jusque dans les tribunaux, qui empêchent désormais les sceptiques de contester les faits.

Mais en révélant l'occulte, en focalisant l'attention sur les scandales, le mot « Françafrique » en a implicitement pris le sens : comme si le système qu'il désigne ne se définissait que par ce qui était invisible, secret, dissimulé au regard curieux des journalistes, des universitaires et des simples citoyens. La réduction de la Françafrique à sa dimension occulte et scandaleuse a beaucoup aidé les contempteurs du concept, qui en ont profité pour le caricaturer à l'excès et s'en débarrasser à peu de frais. Par un surprenant paradoxe, la face occulte de la Françafrique a fini par masquer sa face visible et officielle : les connexions militaires, le système monétaire, les dispositifs de coopération, le *soft power* linguistique, sans oublier le paternalisme latent – voire le racisme assumé – qui irrigue l'ensemble.

La Françafrique a donc continué à prospérer, sous des formes renouvelées, laissant dans son sillage son lot de victimes. Victimes des dictatures « amies », des conflits armés, des ravages écologiques, des politiques migratoires cyniques et du délabrement des services publics africains. En France, elle continue de peser sur le fonctionnement démocratique, tant par la corruption que par la puissance qu'elle confère à des lobbies et groupes d'intérêts. Depuis vingt-cinq ans, de nouveaux coups tordus et manipulations ont été déployés dans la face sombre, tandis que les mécanismes institutionnels se sont adaptés pour maintenir en pleine lumière une « influence » sans cesse revendiquée.

Les contributions rassemblées dans cet ouvrage, écrites par des chercheurs, des historiens, des journalistes et des militants associatifs, montrent que les deux « faces » de la Françafrique ne font qu'une. S'il faut évidemment continuer à aller débusquer ce qui nous est caché, il faut aussi apprendre à voir ce qu'on ne regarde plus.

*

Si cet ouvrage espère proposer une généalogie, une géographie et une analyse de la Françafrique le plus précises possible, il ne prétend pas pour autant à l'exhaustivité. Fruit d'un patient travail collectif, nourri par la consultation de différents fonds d'archives et par une grande variété de sources, il explore de multiples champs d'investigation (historique, économique, diplomatique, militaire, culturel…). Mêlant de manière originale l'expertise de chercheurs, d'historiens, de militants associatifs et de journalistes, il assume un point de vue documenté, tout en ouvrant des pistes de recherches et de réflexion.

S'il est écrit par des spécialistes, cet ouvrage ne s'adresse pas qu'à un public de connaisseurs. Il cherche au contraire à rendre compréhensibles aux lecteurs moins aguerris les différentes facettes des relations franco-africaines, en soumettant à leur jugement des faits souvent mal connus et des analyses inédites.

L'ouvrage s'organise en six parties marquant les grandes étapes de l'histoire de la Françafrique, depuis la Seconde Guerre mondiale jusqu'à aujourd'hui : « La Françafrique en germe (1940-1957) », « Des indépendances piégées (1957-1969) », « La folie des grandeurs (1969-1981) », « La fausse alternance (1981-1995) », « Dévoilement et camouflages (1995-2010) », « Le temps de la "reconquête" (2010-2021) ».

Chaque partie s'ouvre par une introduction qui expose les grands enjeux de la période en question. Ces six introductions sont de la seule responsabilité des quatre codirecteurs de l'ouvrage. Les grandes parties se composent ensuite d'une dizaine d'articles thématiques, signés par des spécialistes. Des textes plus courts mettent également en lumière des faits, des personnages, des aspects méconnus de l'histoire politique, économique ou culturelle de la Françafrique. On pourra ainsi y entrer par les « coulisses ».

Un système de renvois internes [→], qui permettent de circuler d'un texte à l'autre, souligne les articulations thématiques entre les différentes périodes[1]. En plus des repères chronologiques et bibliographiques, des illustrations cartographiques et photographiques documentent visuellement les différents thèmes abordés.

Il est ainsi possible de naviguer librement dans l'ouvrage, au gré des sujets et des périodes, tout en gardant la possibilité d'avoir, par la lecture de l'ensemble, une compréhension que nous espérons la plus complète possible de la Françafrique : son histoire, son actualité récente, et les enjeux qui y sont liés.

Thomas Borrel, Amzat Boukari-Yabara,
Benoît Collombat et Thomas Deltombe

1. Le texte comporte trois types de renvois : vers les introductions de chacune des grandes parties (ex. [→ II, introduction]), vers les articles thématiques identifiés par leur numéro au sein de chaque partie, (ex. [→ II.7]) et vers les encadrés, identifiés par une page précise, (ex. [→ p. 271]).

« Françafrique » : le destin méconnu d'un néologisme

Tous les spécialistes de la politique africaine de la France pensent connaître l'inventeur du mot « Françafrique » : Félix Houphouët-Boigny. Quelques rares spécialistes sont même capables de dater la première utilisation de cette expression par le leader ivoirien : début juillet 1955, à l'occasion du comité de coordination du Rassemblement démocratique africain (RDA), qui se tenait alors à Conakry (Guinée). Nombre d'auteurs font ainsi du premier président ivoirien l'« inventeur », voire le « théoricien », de la Françafrique.

Mais tout cela est faux. Ou, en tout cas, inexact : le président du RDA n'est pas le premier à avoir utilisé le terme « Françafrique » et ne l'a en réalité jamais revendiqué explicitement.

Un mot utilisé dès 1945

La paternité du terme « Françafrique » revient à un journaliste aujourd'hui tombé dans l'oubli : Jean Piot. Rédacteur en chef du journal *L'Aurore*, dirigé par Paul Bastid, c'est lui qui utilise ce terme pour la première fois en août 1945.

Fondé dans la clandestinité en 1943, *L'Aurore* fait partie des grands quotidiens français de cette période (près de 100 000 exemplaires par jour). Alors que la guerre s'achève, l'équipe du journal s'intéresse, comme d'autres, aux grands équilibres internationaux et à la place qu'occupera la France à l'issue du conflit. Jugeant qu'il est impossible en 1945 de faire à la fois la « politique de garde au Rhin de Clemenceau » et la « politique d'expansion mondiale de Jules Ferry », l'éditorial anonyme du 6 juin 1945 insiste par exemple sur les fondamentaux de la puissance française. « Il y a quelque chose que nous devons sauvegarder à tout prix si nous ne voulons pas tomber définitivement au rang de puissance de troisième ordre : c'est la cohésion du bloc France-Afrique. »

Le 15 août 1945, alors que le Japon vient de capituler, Jean Piot revient sur ce thème, dans un éditorial signé, en une du journal. Constatant que les peuples des colonies sont animés par un désir d'autonomie – ce que le journaliste juge d'ailleurs légitime –, Jean Piot souhaite rendre cette aspiration compatible avec ce qu'il appelle la « communauté française », décalque explicite du Commonwealth britannique : « Nous maintiendrons la communauté française au sens le plus large du mot, dans la mesure où ses membres sentiront donc l'intérêt – non pas seulement immédiat, matériel, commercial, mais lointain – qu'ils ont à continuer à en faire partie. (Comme le Canadien et l'Australien éprouvent, malgré tout, le besoin de rester associés au "Commonwealth"). Il nous faudra surtout concentrer notre effort sur l'essentiel – sur ce qui, dans le monde nouveau, doit faire, à l'avantage commun, bloc avec nous : sur ce que j'appellerai la "Françafrique". »

Le néologisme, dont on ne trouve aucune autre occurrence dans les années suivantes, y compris dans *L'Aurore*, ne fera pas florès. En revanche l'expression « France-Afrique », déjà utilisée dans les décennies précédentes, devient très fréquente après-guerre. Une tendance qui se renforce au moment où la France s'enlise en Indochine. Les observateurs sont de plus en plus nombreux à considérer qu'il faut « lâcher l'Asie » pour mieux « garder l'Afrique », selon la formule employée par le géographe Onésime Reclus en 1904.

Dans ce contexte, l'expression « France-Afrique » apparaît couramment à la une des journaux et dans la bouche des responsables politiques. On parle de « couple France-Afrique » (François Mitterrand), de la « famille France-Afrique » (Pierre Mendès France) ou encore de la « communauté France-Afrique » (Gabriel Lisette). Cette expression sert d'intitulé à diverses associations et séduit même les responsables de l'ENA, qui baptisent « France-Afrique » la promotion 1955-1957 (qui compte notamment dans ses rangs Édouard Balladur).

Un responsable politique de second plan va jusqu'à substantiver l'expression, pour en faire un concept : « la France-Afrique ». Il s'agit du député du Puy-de-Dôme Jacques Bardoux, vice-président de la commission des Affaires étrangères à l'Assemblée nationale. Dans un article placé en manchette du journal *L'Événement*, le 20 novembre 1954, ce député ultraconservateur fait lui aussi de « la France-Afrique » le pilier de la puissance française. « Une France nouvelle a surgi, écrit-il. Elle n'est plus seulement campée sur les deux rives de la Méditerranée d'autrefois. Elle borde depuis Dunkerque, par Agadir et Dakar, jusqu'à l'embouchure du Congo, l'océan Atlantique, la Méditerranée d'aujourd'hui. Revenue sur le Rhin d'Alsace et libérée de l'obsession prussienne, la France-Afrique n'a personne à redouter, ni rien à envier. »

S'il ne fusionne pas sémantiquement la « France » et l'« Afrique », comme le faisait Jean Piot, Jacques Bardoux se déleste en revanche des guillemets, évoque « la France-Afrique » a trois reprises dans son article et reprendra l'expression plusieurs fois dans les mois suivants. Il ne serait pas exagéré, dès lors, de lui reconnaître la copaternité du néologisme « Françafrique ». Ce qui prend une saveur particulière quand on sait que Jacques Bardoux n'est autre que le grand-père maternel de Valéry Giscard d'Estaing, auquel il a cédé son siège de député en 1956, première étape de la carrière politique du futur président de la République.

Un promoteur discret : Paul-Henri Siriex

Pourtant, c'est finalement à Félix Houphouët-Boigny qu'a été attribuée la paternité du mot. Mais de façon presque abusive. Car, derrière le leader ivoirien, le véritable promoteur du vocable « Françafrique » est l'administrateur colonial Paul-Henri Siriex. Ce dernier, membre du cabinet du président du Conseil René Pleven en 1950, a joué un rôle déterminant dans le « retournement » du président du RDA, puisque c'est lui qui a amené Pleven, puis Mitterrand, à lancer cette spectaculaire opération politique [→ I.7]. Devenu un proche ami du député ivoirien, il le décrit logiquement comme un acteur clé des relations franco-africaines dans le livre qu'il consacre à ce sujet, *Une nouvelle Afrique*, publié chez Plon en 1957.

Racontant comment Houphouët a rompu avec les communistes pour revenir à une politique pro-française, Siriex cite un extrait du discours de ce dernier lors du comité de coordination du RDA de juillet 1955. « Notre vœu ardent, déclare le leader ivoirien, est que toutes les familles spirituelles françaises comprennent que le Rassemblement démocratique africain est tourné vers l'ensemble du peuple français avec le désir de bâtir avec lui une communauté durable où les inévitables querelles de famille ne nuiront pas à la loyauté, à la confiance, ni à la volonté de vivre ensemble. Qui peut douter que l'expérience France-Afrique constitue le meilleur espoir de l'Union française ? Personne, je crois. » Mais Siriex précise en incise que cette expérience apparaît, dans le texte fourni par le RDA, en un seul mot : « Françafrique ». « Comme si, ajoute Siriex, l'on tenait à ce nouveau mot. » Et pour bien souligner le néologisme, il relève une seconde occurrence dans la version écrite du discours, lorsque Houphouët évoque la « cause françafrique (*sic*) ».

On ne connaîtra sans doute jamais l'auteur de ce discours : Houphouët lui-même ? Un de ses conseillers ? On ne sait pas non plus si cette bizarrerie sémantique était intentionnelle ou non. Ce que l'on remarque en revanche, c'est que c'est bien Siriex, et non Houphouët, qui met en avant cette innovation lexicale : le chef du RDA n'y fait aucune allusion particulière, ne propose aucune analyse de texte, ni ne revendique le mot qui est mis dans sa bouche.

Ce que l'on peut relever aussi, car l'anecdote est révélatrice, c'est que le général de Gaulle a lu *Une nouvelle Afrique*. Le 25 juillet 1957, l'homme de Colombey envoie à son « cher Siriex » une lettre pleine de sympathie. Et comme une réponse indirecte à Houphouët, le Général ajoute : « Comme vous, je crois aux devoirs de l'Occident et, spécialement, de la France en Afrique. Je crois aussi que les Africains ont des devoirs vis-à-vis de nous. Nous devons pratiquer les nôtres. Il faut qu'ils pratiquent les leurs ; le but à atteindre étant la coopération, et l'idéal commun la fraternité. »

Profitant de sa retraite, Siriex publiera vingt ans plus tard une roborative hagiographie de son ami ivoirien : *Félix Houphouët-Boigny, homme de la paix* (Seghers, 1975). Il y fait à nouveau allusion au discours de Conakry, reprenant presque mot à mot son analyse de 1957. Mais il donne plus de visibilité au néologisme, qu'il hisse en titre au statut de concept : « Le rêve ou le mythe de la "Françafrique" ».

On peut dès lors considérer que le président ivoirien, qui a de toute évidence relu avec attention la biographie autorisée rédigée par son ami, a du même coup validé la notion. Cela se confirme en 1984, lorsqu'une nouvelle hagiographie – en images cette fois – est publiée par la Société africaine d'édition (dirigée par l'ancien journaliste du *Monde* Pierre Biarnès [→ p. 438]). Il y est question de « cette "Françafrique" à laquelle il croit ».

Retournement critique

Il faut attendre les années 1990 pour que le terme « Françafrique » entre dans le débat public, et change de connotation. Deux ouvrages méritent d'être mentionnés à l'orée des années 1990. Celui de l'expert britannique John Chipman, *French Power in Africa* (1989), dont un chapitre est intitulé « Les idées de *France-Afrique* et d'*Eurafrique* » (mais qui n'étudie pas la généalogie de ces notions). Et le pamphlet intitulé *La Liberté confisquée, le complot franco-africain* (1991), de Bernard Doza, ex-conseiller de Blaise Compaoré devenu journaliste, qui reprend la citation d'Houphouët à Conakry et qualifie la « Françafrique » de « concept » revendiqué.

Le terme « Françafrique » s'insinue progressivement dans le lexique de cette période, avec cette charge critique nouvelle. On la trouve en novembre 1993 dans un livre coécrit par les journalistes Stephen Smith et Antoine Glaser (*L'Afrique sans Africains*) et dans le journal de l'association Survie, *Billets d'Afrique*, en janvier 1994. Le terme s'impose définitivement dans la presse après le génocide des Tutsis du Rwanda, en avril 1994, et à l'occasion de la parution, début 1995, du livre d'entretiens de Jacques Foccart avec le journaliste Philippe Gaillard (*Foccart parle*, tome 1, 1995). « Jacques Foccart fait revivre un passé que l'on dit révolu, réexplore une "Françafrique" qui, en dehors de sa mémoire, a disparu », commente alors Stephen Smith dans *Libération* (16 février 1995).

L'association Survie joue un rôle essentiel dans la popularisation du terme « Françafrique ». Utilisant l'expression dans le titre d'un livre en 1995 – *Jacques Chirac et la Françafrique : retour à la case Foccart ?* –, elle en (re)définit les contours, le contenu et la portée. Le président de l'association François-Xavier Verschave en fait une arme d'analyse et de combat en 1998, avec la publication de son essai *La Françafrique. Le plus long scandale de la République*, best-seller publié par les éditions Stock et vendu à des dizaines de milliers d'exemplaires.

Thomas Deltombe

PARTIE I

La Françafrique en germe (1940-1957)

« Pour nous, dans le monde tel qu'il est et tel qu'il va, perdre l'Union française ce serait un abaissement qui pourrait nous coûter jusqu'à notre indépendance. La garder et la faire vivre, c'est rester grand et, par conséquent, rester libre. »

Charles DE GAULLE,
discours de Bordeaux, 1947.

« Nous n'avons pas d'ami outre-mer mais des concurrents subtils et des ennemis opiniâtres. Les uns et les autres sapent nos positions, atteignent notre prestige. Il n'y aurait guère à s'en inquiéter cependant si en Afrique, ce continent qui demeure l'enjeu de notre époque, la France préservait, gagnait ou reconquérait l'amitié qui seule importe : celle des Africains. »

François MITTERRAND,
Présence française et abandon, 1957.

Chronologie

1944 *31 janvier-8 février* : conférence de Brazzaville, qui réaffirme la doctrine assimilationniste et exclut toute idée d'indépendance pour les colonies.

1er décembre : répression par l'armée française des tirailleurs du camp de Thiaroye (Sénégal) qui réclamaient le paiement de leur solde.

1945 *25 décembre* : création du franc des colonies françaises d'Afrique (CFA) et du franc des colonies françaises du Pacifique (CFP) en parité fixe avec le franc métropolitain pour garantir l'autorité monétaire de la France sur ses colonies.

1946 *20 janvier* : démission de Charles de Gaulle de la présidence du gouvernement provisoire de la République française en opposition au projet de Constitution élaborée par l'Assemblée constituante.

mars-avril : départementalisation des « vieilles colonies » (Guadeloupe, Guyane, Martinique, La Réunion), abolition du travail forcé (loi Houphouët-Boigny) et extension de la citoyenneté française aux sujets de l'Empire (loi Lamine Guèye).

21 octobre : création à Bamako du Rassemblement démocratique africain (RDA), formation interterritoriale regroupant des élus africains siégeant à l'Assemblée nationale.

27 octobre : adoption par référendum de la Constitution de la IVe République qui instaure l'Union Française.

1947 *mars* : départ des communistes du gouvernement français.

1947-1948 répression française à Madagascar avec plusieurs dizaines de milliers de victimes.

1949-1950 répression française en Côte d'Ivoire qui contribuera au désapparentement du RDA du groupe communiste et au rapprochement de Félix Houphouët-Boigny avec François Mitterrand.

1950 *décembre* : création de la Fédération des étudiants d'Afrique noire en France (FEANF).

1954 *7 mai* : victoire du Viet Minh à Diên Biên Phu suivie des accords de Genève (21 juillet) qui mettent fin à huit ans de guerre en Indochine.

1er novembre : déclenchement de l'insurrection nationaliste algérienne contre la France.

1955 *18-24 avril* : conférence afro-asiatique de Bandung (Indonésie) qui réunit les nations du tiers-monde et les futurs pays non-alignés dénonçant le colonialisme.

1956 *mars-avril* : indépendance de la Tunisie puis du Maroc.

juin : vote de la loi-cadre Defferre qui dote les territoires d'AOF et d'AEF d'une Assemblée locale et d'un Conseil de gouvernement.

décembre : début des opérations militaires françaises au Cameroun où l'Union des populations du Cameroun (UPC), exclue du RDA, a été interdite par les autorités.

1957 *6 mars* : indépendance du Ghana (ex-Gold Coast).

AFRIQUE FRANÇAISE EN 1947 : colonies, protectorats et territoires sous tutelle

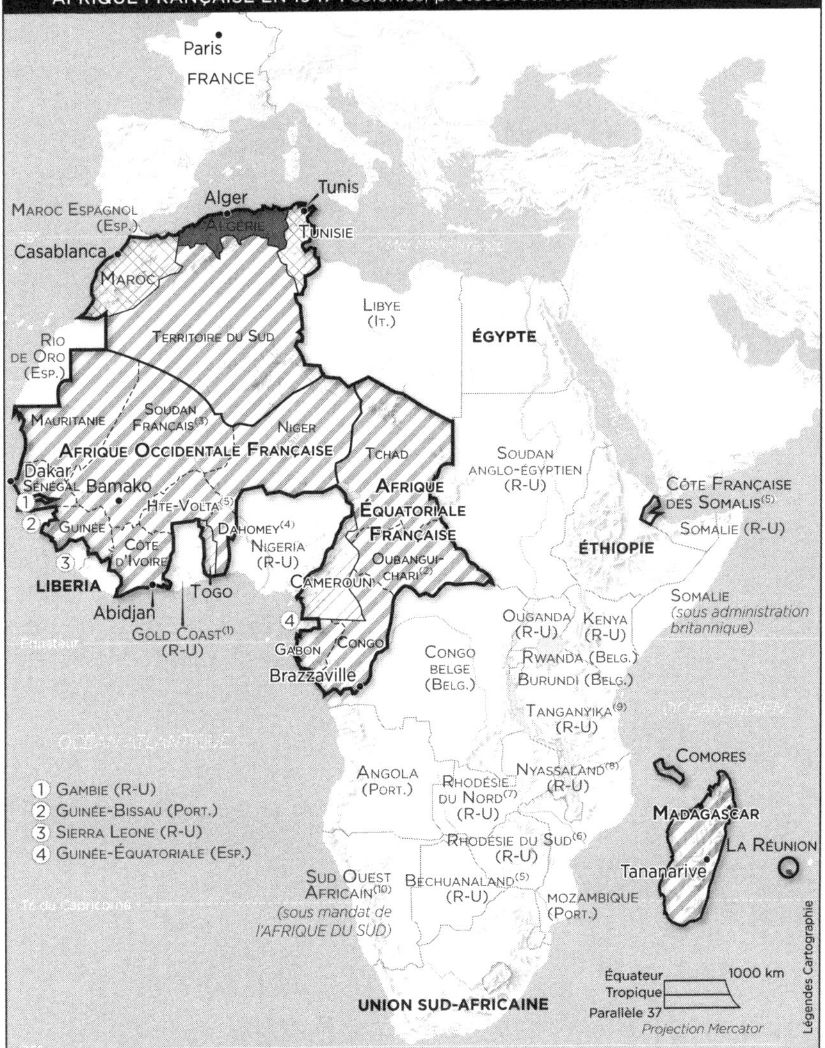

Les différents statuts des territoires africains et malgaches de l'Union française

Les territoires appartenant à la « République française »

- les départements d'outre-mer
- les territoires d'outre-mer

Les « États et territoires associés »

- les territoires associés
- les États associés

Les limites administratives

- Frontière de l'Empire colonial français
- Limite interne à l'Empire

Le contexte politique africain en 1947

LIBERIA État indépendant
Kenya État colonisé

abréviations
RU : ROYAUME-UNI
Esp. : ESPAGNE
Port. : PORTUGAL
Belg. : BELGIQUE
It. : ITALIE

Des territoires qui changent de nom

Gold Coast[1] : GHANA (1957), Oubangui Chari[2] : CENTRAFRIQUE (1958), Soudan Français[2] : MALI (1960), Dahomey[3] : BÉNIN (1975), Haute-Volta[4] : BURKINA FASO (1984), Côte Française des Somalis[5] : DJIBOUTI (1977), Bechuanaland[5] : BOTSWANA (1966), Rhodésie du S.[6] : ZIMBABWE (1980), Rhodésie du N.[7] : ZAMBIE (1964), Nyassaland[8] : MALAWI (1964), Tanganyika[8] : TANZANIE (1964), Sud Ouest Africain[10] : NAMIBIE (1990).

« Ni assimilation ni séparation »
La matrice de la Françafrique

« La France n'est pas seule ! Elle a un vaste Empire derrière elle ! Elle peut faire bloc avec l'Empire britannique qui tient la mer et continue la lutte. Elle peut, comme l'Angleterre, utiliser sans limites l'immense industrie des États-Unis. » Les mots célèbres du général de Gaulle, lancés au micro de la BBC le 18 juin 1940, résument la situation périlleuse dans laquelle se trouve la France alors qu'elle capitule face à l'Allemagne nazie : sa survie dépend, presque entièrement, de son domaine colonial et de ses alliés occidentaux.

Une situation d'autant plus pathétique que le « vaste Empire » que le Général appelle à la rescousse depuis son exil londonien paraît plus fragmenté que jamais et est, dit-on, menacé par les appétits anglo-saxons. Alors que les Allemands ont mis la métropole à genoux, les Britanniques et les Américains profiteront-ils de la débâcle pour faire main basse sur les dépendances coloniales de la France ?

À sa manière, l'appel du 18 Juin synthétise les fondamentaux de l'idéologie impériale française, qui remonte aux premiers âges de la colonisation et se perpétue sous de nouvelles formes jusqu'à aujourd'hui. Cette idéologie s'appuie sur deux croyances. La première veut que la puissance, l'existence, l'identité même de la France reposent sur ses assises ultramarines. La seconde suppose que les nations rivales de la France seraient déterminées à lui retirer ce réservoir de puissance, qu'il faudrait donc jalousement conserver.

Entre 1940 et 1944, de Gaulle et son entourage vont s'employer à mettre l'Empire au service de la France combattante et à l'abri des empiétements étrangers. Pour remplir ces deux objectifs, les responsables de la France libre réfléchissent à des formules nouvelles capables de répondre simultanément à plusieurs objectifs : arrimer définitivement le domaine colonial à la métropole, répondre aux aspirations des peuples d'outre-mer et mettre fin aux intrusions des puissances étrangères. Ces réflexions, qui inspirent les réformes coloniales de la IVe République, apparaissent rétrospectivement comme les premières esquisses du modèle *françafricain* qu'imposera la Ve République après le retour au pouvoir du général de Gaulle.

1940-1945 : l'Empire dans la guerre

La République impériale, entre fierté et vulnérabilité

La génération née à la fin du XIXe siècle, qui a comme Charles de Gaulle (1890-1970) fréquenté l'école avant la Première Guerre mondiale, a littéralement vu l'Empire français se construire sous ses yeux. Certes, une bonne partie du domaine colonial était déjà constitué au tournant du siècle. Il y avait d'abord les « vieilles colonies », vestiges de l'Ancien Régime, dispersées comme des confettis aux quatre coins du monde : les territoires des Antilles et de l'océan Indien, les « Quatre Communes » du Sénégal et les comptoirs français de l'Inde. Au cœur de l'Empire se trouvait aussi, bien sûr, l'Algérie, conquise à grand-peine dans les années 1830-1850. À cela s'ajoutaient enfin la Nouvelle-Calédonie, la Polynésie et le Vietnam, que le Second Empire avait commencé à grignoter à l'orée des années 1860. Mais c'est la IIIe République (1870-1940) qui entreprend le gros des conquêtes.

Sur les cartes des écoles, toute une génération peut donc suivre étape par étape, et non sans fierté, le progrès de la « civilisation française ». Cette marche triomphale est particulièrement visible au sud du Sahara, où les explorateurs font signer aux chefs africains des traités léonins tandis que les soldats écrasent un à un les peuples insoumis. Une fois placés sous la domination française, ces territoires sont regroupés en deux sous-ensembles : l'Afrique occidentale française en 1895 (Côte d'Ivoire, Niger, Dahomey, Soudan français, Haute-Volta, Guinée, Mauritanie et Sénégal) et l'Afrique équatoriale française en 1910 (Gabon, Tchad, Moyen-Congo, Oubangui-Chari). À cela s'ajoute la Côte française des Somalis, sur le versant oriental du continent.

La conquête s'accompagne de nombreux débats sur la gestion et l'administration de ces nouvelles terres françaises [→ I.1]. Il est essentiel, affirme une partie des théoriciens coloniaux, de distinguer les colonies de peuplement, comme l'Algérie et les vieilles colonies, et les colonies d'exploitation, plus récemment conquises. Si les premières doivent être gouvernées comme n'importe quelle province hexagonale, affirme par exemple le lieutenant de marine et théoricien colonial Léopold de Saussure en 1899, il serait absurde de chercher à franciser les secondes : il est plus rentable de les gouverner à travers les chefs coutumiers et s'assurer ainsi le « loyalisme des races indigènes ». Le débat opposant l'assimilation à l'association, sur lequel nous aurons à revenir, bat alors son plein.

Un système de gestion coloniale gagne en popularité à la fin du XIXe siècle : le protectorat. Les territoires qui sont affublés de ce statut, comme la Tunisie en 1881 ou le Maroc en 1912, conservent leur structure de gouvernement mais cèdent à la métropole le contrôle de leur politique extérieure, militaire et financière. Plus léger que l'administration directe, le protectorat laisse aux colonisés une apparence de souveraineté tout en confiant à la métropole la réalité du pouvoir.

Preuve que le sujet divise, le statut juridique des possessions françaises reste parfois incertain. L'Union indochinoise, officiellement constituée en 1907, est divisée en deux catégories : une colonie (Cochinchine) et quatre protectorats (Annam, Tonkin, Cambodge et Laos). Le statut de Madagascar, pour sa part, reste longtemps indéterminé : la reine Ranavalona III refusant le protectorat français, déclaré en 1882, elle est contrainte en 1896 de reconnaître la « prise de possession » de la Grande Île par la France (avant d'être déposée et déportée l'année suivante).

Le principe même de la colonisation, encore sujet à débat au début du XXe siècle, devient presque consensuel au lendemain de la Première Guerre mondiale. Les ressources coloniales ayant joué un rôle essentiel au cours du conflit, l'école républicaine et la propagande officielle magnifient les prouesses de la France aux quatre coins du globe. La figure du « tirailleur sénégalais », mort loin de chez lui pour sauver la patrie mais dont le sourire égaie désormais les boîtes de chocolat, symbolise à lui seul le triomphe de la République impériale. L'Empire, dit-on, confirme la « vocation universelle » de la France.

L'orgueil patriotique cache cependant un sentiment de vulnérabilité. Car les possessions françaises, rappelle-t-on sans cesse, attisent les convoitises et les concurrences étrangères. Celles des Anglais bien sûr, ces éternels rivaux qui humilièrent la France à Fachoda en 1898, mais également celles des Allemands dont on redoute la soif de revanche. À cela s'ajoutent les Japonais, qui lorgnent sur l'Indochine, et les Russes, qui s'affirment depuis 1917 solidaires des peuples opprimés.

Le péril le plus redoutable vient peut-être, cependant, des États-Unis. Fidèles à leur histoire, les responsables américains affichent leur volonté d'aider les peuples colonisés à s'émanciper. Le président Woodrow Wilson en a fait la démonstration à la conférence de Paris en 1919 en imposant l'internationalisation des anciennes colonies allemandes et ottomanes, placées sous la supervision de la Société des nations (SDN). Britanniques, Français, Belges et quelques autres sont « mandatés » pour assurer la gestion de ces territoires selon les règles fixées par le Pacte de la SDN.

Au sortir de la Grande Guerre, la France agrandit donc son Empire, en y incorporant la Syrie et le Liban, anciennes possessions ottomanes, et l'essentiel du Togoland et du Kamerun allemands. Mais elle le fragilise en même temps puisqu'elle s'engage, en contrepartie, à assurer aux peuples de ces nouveaux territoires « le bien-être et le développement », qualifiés de « mission sacrée de civilisation » par le Pacte de la SDN.

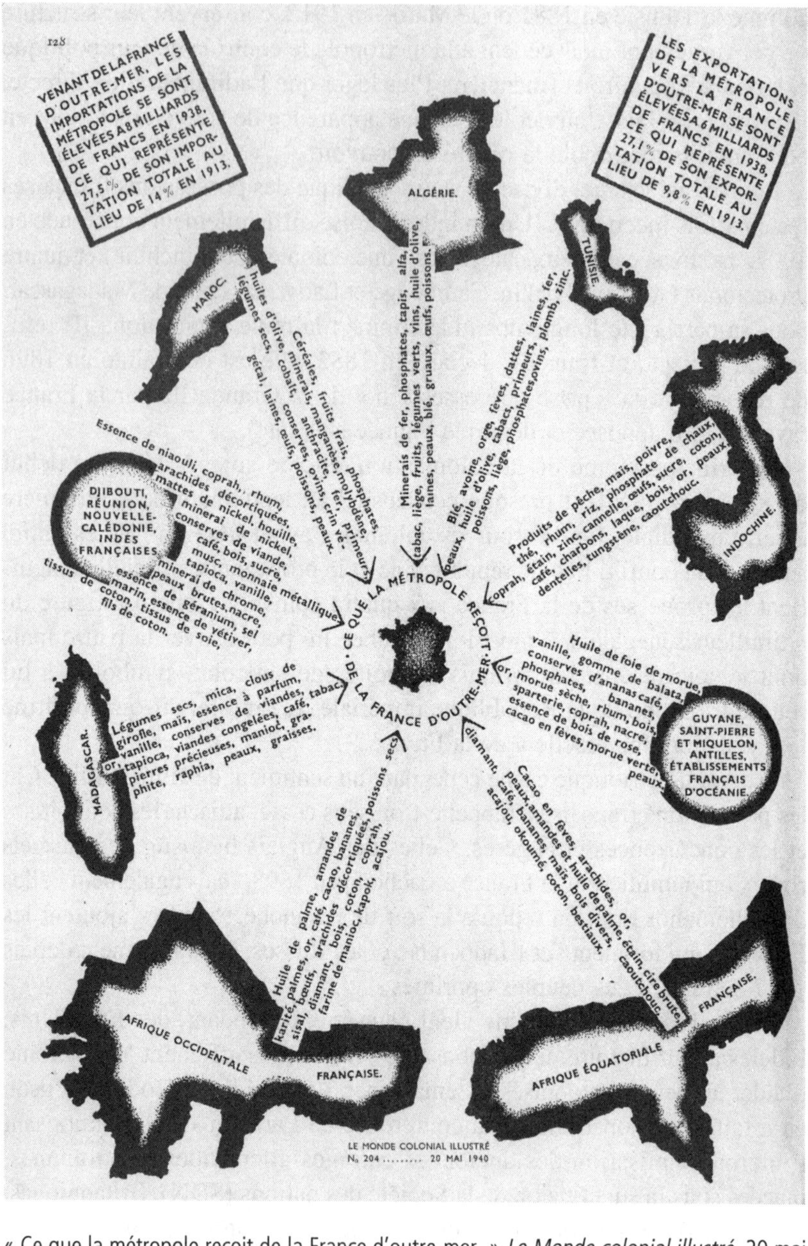

« Ce que la métropole reçoit de la France d'outre-mer. » *Le Monde colonial illustré*, 20 mai 1940. *© CIRAD*

Alors que les sentiments nationaux des peuples dominés s'éveillent, ou se réveillent, au lendemain du premier conflit mondial, l'intrusion du droit international dans la gestion des territoires colonisés renforce le sentiment de vulnérabilité des responsables français et oblige les spécialistes, comme le note l'historienne Véronique Dimier, à affiner leurs réflexions sur l'« art de gouverner » les peuples colonisés. Autant de débats qui n'intéressent guère le public, qui se presse en masse en revanche à l'Exposition coloniale de 1931, pour y voir de plus près cet Empire immense qui fait la fierté de la France.

De Brazzaville à Alger, l'Afrique au secours de la France

L'Empire permettra-t-il à la France de redevenir elle-même ? Telle est la question posée par de Gaulle le 18 juin 1940. Loin de se rallier unanimement à lui, comme il l'espérait, le gros de l'administration coloniale prend parti pour la France de Vichy. C'est le cas en Afrique du Nord, en Indochine, aux Antilles, au Levant, à Madagascar... C'est le cas aussi en Afrique subsaharienne où le gouverneur général Pierre Boisson range les territoires d'AOF, d'AEF, du Togo et du Cameroun sous l'autorité du maréchal Pétain. Le vaste Empire est en réalité un Empire écartelé. Les communications sont rompues. Les hiérarchies administratives se diluent. Et les méthodes coloniales les plus caricaturales reviennent au goût du jour, sous prétexte de faire participer les colonies à l'effort de guerre.

Félix Éboué, gouverneur général de l'Afrique équatoriale française (AEF), accueillant le général de Gaulle à son arrivée à Brazzaville en janvier 1944. © *Tallandier / Bridgeman Images*

Dans ces circonstances dramatiques, le ralliement du gouverneur du Tchad, Félix Éboué, se révèle essentiel dans le pari gaullien. En juillet 1940, il envoie au Nigéria son bras droit, Henri Laurentie, pour prendre contact avec les Britanniques et, à travers eux, avec le général de Gaulle. Fin août, le Cameroun, le Moyen-Congo et l'Oubangui-Chari rompent à leur tour avec Vichy. Alors que la marine britannique, accompagnée par le général de Gaulle, échoue devant Dakar à prendre le contrôle de l'AOF, le chef de la France libre est reçu par Éboué à Fort-Lamy pour la mise en place d'un Conseil de défense de l'Empire. Réservoir d'hommes et de ressources, l'AEF, dont Éboué est nommé gouverneur général, sert alors de base de départ pour la contre-offensive. Brazzaville, capitale de la France libre, devient selon l'expression de De Gaulle « le refuge de notre honneur et de notre indépendance ».

Sommés comme en 1914 de participer à l'effort de guerre, les colonisés se trouvent au cœur de ces bouleversements. Enrôlés en masse dans l'armée, par les vichystes comme par les gaullistes, les soldats coloniaux – parmi lesquels 180 000 subsahariens et malgaches – sont appelés à défendre la « mère patrie » sans toujours savoir ce qu'ils ont à y gagner. Alors que les promesses françaises restent évasives, les déclarations anglo-américaines paraissent plus solides.

Dès l'été 1941, le président américain Franklin D. Roosevelt et le Premier ministre britannique Winston Churchill s'engagent, dans la Charte de l'Atlantique, à respecter « le droit de tous les peuples à choisir la forme de gouvernement sous laquelle ils entendent vivre » et à « restituer, à ceux qui en ont été privés par la force, leurs droits souverains et leur autonomie gouvernementale [*self-government*] ». Des responsables américains réfléchissent à la possibilité de généraliser le système des mandats inventé vingt ans plus tôt pour les anciennes colonies ottomanes et allemandes. Transitoire, cette tutelle internationale des colonies permettrait de préparer leur future indépendance.

N'ayant aucune intention de « procéder à la liquidation de l'Empire britannique », comme il le précise en octobre 1941, Churchill ne partage pas les vues américaines. Mais son gouvernement s'engage sur la voie de la réforme. Les théoriciens anglais de la colonisation, qui ont popularisé le concept de l'administration indirecte (*indirect rule*), ne sont d'ailleurs pas foncièrement hostiles à une libéralisation contrôlée de la gestion de l'Empire. Suivant la voie tracée par les anciens dominions « blancs », comme le Canada, l'Australie ou la Nouvelle-Zélande, les colonies africaines et asiatiques de la Couronne pourraient graduellement accéder à une certaine autonomie tout en restant associées avec les autres au sein d'un ensemble commun (« Commonwealth »).

Les positions américaine et britannique ravivent chez les Français les débats non soldés depuis la fin de la Première Guerre mondiale. Comment consolider un Empire aussi disparate face aux intrusions incontrôlées des puissances étrangères ? Question d'autant plus cruciale que la reconquête de l'Empire français doit beaucoup aux opérations militaires anglo-américaines, qui font basculer les colonies françaises dans le camp des Alliés : au Levant (opération *Exporter*, été 1941), à Madagascar (*Ironclad*, mai 1942) ou en Afrique du Nord (*Torch*, novembre 1942).

C'est grâce au succès de cette dernière opération que le gouvernement provisoire français peut s'installer à Alger en juin 1943, où il prend le nom de Comité français de libération nationale (CFLN). Ce gouvernement, présidé par le général de Gaulle et dont René Pleven est le commissaire aux Colonies, reprend la main sur l'AOF, qui se détache alors du régime de Vichy.

Assimilation et association : comment « sauver l'Empire » ?

En contrepartie de l'effort de guerre exigé des populations africaines et pour donner la réplique aux projets anglo-saxons, le gouverneur Félix Éboué élabore une nouvelle « politique indigène », inspirée par les expériences françaises de protectorat et le principe britannique d'administration indirecte. Initiée en AEF à partir de 1941 et mise en œuvre à partir de 1942, cette politique s'appuie sur les chefs « coutumiers », confortés dans leur rôle traditionnel, et les indigènes « évolués », promus dans les hiérarchies administratives. Les « élites » africaines sont désormais considérées comme la clé de voûte de l'administration coloniale.

Cette politique doit beaucoup à Henri Laurentie, bras droit de Félix Éboué. Ce jeune administrateur (il est né en 1901) est sans doute un des acteurs les plus importants de la période. Fonctionnaire original et sûr de lui, catholique fervent et poète amateur, Laurentie a fait le gros de sa carrière au Cameroun et en Syrie, territoires français sous mandat de la SDN, avant d'être affecté au Tchad, en 1938. Aux côtés de Félix Eboué, Laurentie joue un rôle déterminant, on l'a vu, dans le ralliement de l'AEF à la France libre et dans la conception de la « politique indigène ». Il attire l'attention du général de Gaulle, et influence durablement ses réflexions sur les questions coloniales.

Intellectuel audacieux et théoricien habile, Laurentie entend profiter des circonstances exceptionnelles de la guerre, et de la position de pouvoir qu'elles lui ont permis d'acquérir, pour réformer en profondeur le système impérial et bousculer une administration coloniale particulièrement conservatrice. Dès 1942, résumera plus tard Laurentie, « s'est formé de plus en plus nettement dans mon esprit qu'il n'y avait qu'une politique libérale qui pouvait sauver l'Empire ». Nommé en 1943 auprès de René Pleven, au poste stratégique de directeur des Affaires politiques du commissariat aux Colonies (poste qu'il occupera jusqu'en 1947), il devient à 42 ans l'un des principaux architectes de la politique coloniale. Alors même, explique l'historien Martin Shipway, que ses conceptions libérales sont très minoritaires au sein de l'administration française.

Pour comprendre les projets de Laurentie, qui méritent une place de choix dans l'archéologie institutionnelle de la Françafrique, il faut se pencher un instant sur les débats qui divisent depuis des décennies les spécialistes français de la colonisation. Au sein de ce petit milieu, on peut notamment distinguer un pôle *autoritaire* et un pôle *libéral*. Le premier, qui trouve un écho favorable chez les colons les plus installés et les administrateurs les plus âgés, s'appuie sur une conception particulièrement rétrograde des populations « indigènes », qui ne pourraient être gouvernées que par la coercition. Le pôle libéral, à l'inverse, soutient que l'œuvre coloniale est vouée à l'échec sans l'assentiment des peuples autochtones. Plutôt que de terroriser les indigènes à coups de chicotte, de bâton ou de fusil, mieux vaut leur inspirer confiance et trouver parmi eux des éléments loyaux susceptibles de servir de relais aux autorités coloniales.

Ce clivage interfère, sans s'y superposer, avec le débat ancien sur les notions d'*assimilation* et d'*association*. Le concept d'assimilation, qui trouve une partie de ses sources dans les idéaux humanistes des Lumières, s'appuie sur l'idée de hiérarchie civilisationnelle : le colonisateur, parce qu'il serait supérieur aux colonisés (ou en avance sur lui), aurait pour vocation d'« élever » les peuples inférieurs (ou arriérés), vers un stade supérieur de civilisation. Dans l'optique assimilationniste, les colonisés doivent donc adopter la langue, la culture, les mœurs et les valeurs du colonisateur. La notion d'association repose quant à elle sur une conception plus relativiste de la « civilisation ». Les cultures indigènes ne sont pas condamnées à disparaître, estiment les promoteurs de ce concept qui cherchent donc à associer colonisateurs et colonisés dans une relation plus souple et, surtout, plus durable.

Fin connaisseur des théories coloniales, Laurentie cherche à définir une nouvelle articulation entre les principes d'assimilation et d'association. Sans rejeter l'assimilation, adaptée selon lui à certains territoires et à certaines catégories indigènes, le discret théoricien regarde le principe d'association comme la solution aux problèmes du moment : il permet selon lui de s'adapter aux spécificités de chaque territoire, d'anticiper les revendications des autochtones et de répondre aux prétentions des alliés anglo-saxons. Il s'agit en d'autres termes de faire respirer le système colonial pour éviter que les colonisés ne s'étouffent – et ne cherchent ailleurs un peu d'air frais.

Pour mettre en œuvre cette politique, Laurentie s'appuie sur une équipe de jeunes administrateurs qui ont comme lui très tôt rallié la France libre, à l'instar de Pierre-Olivier Lapie, d'André Latrille, de Paul-Henri Siriex ou de Léon Pignon. Venu directement de Londres, Lapie succède à Éboué comme gouverneur du Tchad en novembre 1940 et réfléchit, à partir de cette expérience, à la transformation de l'Empire français en union fédérale. Latrille, qui remplace le précédent au Tchad en 1942, est muté en Côte d'Ivoire lorsque l'AOF bascule enfin dans le camp gaulliste en 1943 (il jouera un rôle essentiel dans l'ascension politique de Félix Houphouët-Boigny) [→ I.3]. Siriex, chef du service de presse de De Gaulle à Londres, est pour sa part envoyé à Madagascar en 1943 et commence ainsi une carrière de gouverneur colonial (qui l'amènera à se rapprocher, lui aussi, d'Houphouët-Boigny) [→ p. 22]. Quant à Léon Pignon, spécialiste des questions indochinoises, il jouera un rôle important dans la conception des réformes impériales [→ II.1].

C'est dans un esprit réformiste que Laurentie prépare la conférence de Brazzaville, dont il est la cheville ouvrière. En coordination avec le général de Gaulle, René Pleven et Félix Éboué, affaibli par l'âge et la maladie, Laurentie conçoit cette rencontre, à laquelle sont convoqués tous les administrateurs coloniaux français en poste en Afrique début 1944, comme la réponse aux défis historiques soulevés par le conflit mondial.

Les ambiguïtés d'une opération de communication : la conférence de Brazzaville

La « Conférence africaine française » de Brazzaville, selon son intitulé officiel, qui se tient du 30 janvier au 8 février 1944, a donné lieu à d'innombrables interprétations. Dans l'esprit, cette rencontre est avant tout ce qu'on appellerait aujourd'hui une opération de communication.

Communication externe, d'abord, puisqu'il s'agit, depuis le cœur de l'Afrique française et avant la fin de la guerre, de répondre aux puissances étrangères qui voudraient s'ingérer dans les affaires coloniales de la France. Le discours inaugural du général de Gaulle le 30 janvier 1944 est parfaitement clair sur ce point : « Il appartient à la Nation française, et il n'appartient qu'à elle, de procéder, le moment venu, aux réformes impériales de structure qu'elle décidera dans sa souveraineté. »

Communication interne, ensuite, puisque l'objectif du commissariat aux Colonies en convoquant les administrateurs coloniaux est de les convaincre de la nécessité de procéder rapidement aux « réformes impériales de structure » dont parle le général de Gaulle (qui n'assiste pas aux débats). À la manœuvre : René Pleven, qui préside la conférence, et Henri Laurentie, qui en est le secrétaire général.

Soumis aux participants dans les semaines précédant la conférence, le plan de Laurentie affiche clairement l'objectif : doter l'Empire d'une structure fédérale. En faisant cohabiter territoires « assimilés » et territoires « associés », argumente-t-il, une telle structure maintiendrait dans un dispositif commun des entités différentes tout en offrant la souplesse nécessaire pour amortir, et même orienter, les inévitables évolutions politiques auxquelles aspirent les peuples colonisés. « Notre intention, c'est de marquer chaque étape de l'évolution indigène par une extension nouvelle des libertés politiques, indique Laurentie. Ainsi aurons-nous peu à peu un *self-government.* » Conscient que le mot risque de braquer des administrateurs coloniaux particulièrement anglophobes, le directeur des Affaires politiques précise : « S'il y a ce *self-government*, ce ne peut être qu'à la suite d'une évolution assez longue et sévèrement contrôlée. »

Les propositions de Laurentie sont accueillies avec effroi par les administrateurs coloniaux réunis à Brazzaville, qui rejettent radicalement la proposition fédérale et réaffirment la doctrine assimilationniste. La conférence se conclut le 8 février par l'adoption d'un catalogue de recommandations touchant aux rôles des élites indigènes, au droit du travail, à la politique de santé, aux régimes fiscaux, etc. Hétéroclites, et souvent contradictoires, ces propositions sont cependant placées sous un préambule sans équivoque : « Les fins de l'œuvre de civilisation accomplie par la France dans les colonies écartent toute idée d'autonomie, toute possibilité d'évolution hors du bloc français de l'Empire ; la constitution éventuelle, même lointaine, de *self-governments* [*sic*] dans les colonies est à écarter. »

La conférence de Brazzaville apparaît donc comme un camouflet pour Henri Laurentie. Mais il ne s'agit que d'une défaite partielle puisque le différend qui l'oppose à ses adversaires ne concerne pas le but mais seulement les moyens. S'il bouscule quelques dogmes, le directeur des Affaires politiques du commissariat aux Colonies cherche, en réalité, simplement à renouveler les techniques susceptibles de maintenir les territoires coloniaux dans l'orbite française. Telle est finalement la philosophie du courant « réformiste » dont Laurentie est le chantre le plus emblématique : libéral sur les moyens, conservateur sur les fins.

Un document interne rédigé après la conférence de Brazzaville par les services du commissariat aux Colonies illustre bien cette ambiguïté. Cette note, retrouvée par l'historien Jacques Marseille qui n'en précise malheureusement ni la date ni l'auteur, entend clarifier certains points laissés dans le flou au cours de la conférence. Elle s'arrête en particulier sur la question sensible de la citoyenneté dans les colonies. La citoyenneté, est-il expliqué en substance, est un instrument politique : elle doit être réservée aux seules élites autochtones favorables au maintien de liens privilégiés avec la France. En favorisant ainsi une élite pro-française, précise la note, « un lien plus étroit serait créé [...] entre la métropole et les colonies » qui permettrait d'arrimer leurs territoires à la France même si on leur donnait une « personnalité politique » distincte de celle de la métropole. « Il ne faut pas se dissimuler en effet, poursuit la note, que la voie ouverte par la personnalité politique aux territoires coloniaux aboutirait tôt ou tard à leur autonomie si aucune disposition ne corrigeait la tendance naturelle à l'indépendance. »

Ainsi s'éclaire la façon dont Laurentie et ses collègues conçoivent l'articulation qu'ils préconisent entre les principes d'assimilation et d'association : la francisation des élites autochtones (assimilation), rendue nécessaire par l'octroi d'une « personnalité politique » aux territoires (association), vise *in fine* à contrecarrer l'aspiration de peuples colonisés à la liberté (indépendance).

Partielle, la défaite apparente des réformistes libéraux à Brazzaville est surtout temporaire. Ayant conçu cette « Conférence africaine française » comme une opération de communication, ses initiateurs ne se sentent nullement tenus d'en respecter les recommandations. On le constate dans les déclarations du général de Gaulle lors de sa visite chez Roosevelt, à Washington, six mois plus tard. Au cours de la conférence de presse qui ponctue ce déplacement, le 10 juillet 1944, il affirme sans détour son credo fédéral : « L'Empire français, comme vous le savez, comprend plusieurs territoires dont l'évolution est très variée ; certains territoires sont parvenus à un degré élevé d'évolution, d'autres sont encore très bas. La politique de la France est et sera d'élever tous ces territoires le plus haut possible pour que chacun ait la possibilité d'administrer ses intérêts et d'être représenté à l'intérieur d'un système d'ordre fédéral. »

Encouragé par les déclarations du Général, Laurentie peut poursuivre ses réflexions... comme si la conférence de Brazzaville lui avait donné raison ! Le 25 mars 1945, il présente donc ses projets fédéralistes au bureau d'études chargé de réfléchir à l'insertion des territoires coloniaux dans les futures institutions françaises. Ces projets prévoient notamment de diviser les territoires coloniaux en trois catégories organisées autour du triptyque : évolution, assimilation, association. La première regrouperait les « vieilles colonies », considérées comme assimilées à la métropole, qui deviendraient des « départements d'outre-mer » (Martinique, Guadeloupe, Réunion, etc.). La deuxième regrouperait les territoires qui ont une « personnalité politique » propre : ces « pays unis », selon la terminologie de Laurentie, jouiraient d'une certaine autonomie dans l'ensemble fédéral français (Indochine, Maroc, Tunisie, Madagascar, etc.). La troisième catégorie est quant à elle réservée aux territoires ayant, selon le vocabulaire gaullien, un degré d'évolution « encore très bas » : essentiellement les territoires d'Afrique subsaharienne. N'ayant pas atteint leur « majorité politique », indique Laurentie, ces « territoires unis » devraient demeurer « en tutelle sous l'exécutif, qui restera pour eux, dans une certaine mesure, le législateur ». Une situation temporaire, précise-t-il, puisque « les territoires unis, suivant leurs affinités, évolueront soit vers l'assimilation, pour devenir des départements d'outre-mer, soit vers l'association, pour devenir des pays unis ».

Ce projet institutionnel est intéressant à double titre. D'une part parce qu'il synthétise à la perfection l'état d'esprit des réformistes coloniaux au sortir de la guerre. D'autre part parce que ce projet, élaboré dans une optique gaullienne, annonce certaines caractéristiques de la Ve République : un exécutif fort ayant la main sur un « domaine réservé », dont l'Afrique subsaharienne serait un élément clé [→ II].

Les élections à l'Assemblée constituante, qui offrent la majorité aux partis de gauche en octobre-novembre 1945, et la démission du général de Gaulle, qui abandonne son poste de chef du gouvernement provisoire en janvier 1946, empêchent cependant ce projet de voir le jour.

1945-1947 : la naissance de l'Union française

Signée à l'issue de la conférence de San Francisco, en juin 1945, la Charte des Nations unies écarte l'idée d'une internationalisation généralisée des Empires coloniaux. Elle prolonge en revanche le système des mandats internationaux élaboré par la SDN vingt-cinq ans plus tôt. Les puissances coloniales qui conservent la gestion de ces territoires doivent désormais s'engager, selon la nouvelle Charte, à y respecter « les droits de l'homme et les libertés fondamentales », à favoriser « le progrès politique, économique et social des populations » et à accompagner « leur évolution progressive vers la capacité à s'administrer elles-mêmes ou l'indépendance ». Ces dispositions ne s'appliquent formellement qu'aux anciens mandats, rebaptisés « territoires sous tutelle », mais nul n'ignore qu'elles ont une portée plus générale. La France pourra-t-elle longtemps refuser au Sénégal ou au Gabon les droits qu'elle reconnaît au Togo ou au Cameroun ?

La carotte, le bâton... et des députés au Palais Bourbon

Alors que les mouvements de revendications sociales et politiques se multiplient aux quatre coins de l'Empire, les dirigeants français manient simultanément la carotte et le bâton. La carotte, ce sont les mesures prises par le gouvernement provisoire pour « moderniser » le régime colonial : fin du système de l'indigénat, rénovation du Code pénal, ouverture du droit syndical, liberté de la presse, de réunion, d'association... Cette modernisation s'accompagne d'un renouvellement sémantique. Aux notions d'« Empire » et de « colonies », on préfère désormais celles de « France d'outre-mer » ou d'« Union française ». Cette dernière expression, apparue en mars 1945 dans une circulaire rédigée par Henri Laurentie à propos de l'Indochine, sera bientôt institutionnalisée. Moins à l'aise que naguère avec les catégories raciales, les élites désignent maintenant les populations « indigènes » par périphrases et circonvolutions. Une nouvelle rhétorique s'impose ainsi dans les discours publics (on prend moins de précautions en privé).

Mais comme la carotte ne suffit pas, le bâton s'impose presque partout. D'où une interminable succession de bains de sang, passés pour la plupart sous silence en métropole : Rabat et Fès au Maroc (janvier-février 1944), Thiaroye au Sénégal (décembre 1944 [→ p. 63]), Sétif, Guelma et Kherrata en Algérie (mai 1945), Douala au Cameroun (septembre 1945), Conakry en Guinée (octobre 1945)... Visant à éradiquer les contestations, ces massacres aboutissent parfois au résultat inverse. Il en va ainsi du bombardement de Damas, qui fait des centaines de morts le 29 mai 1945. Grâce à l'entremise des Britanniques, qui font cesser la répression française, la Syrie et le Liban obtiennent la reconnaissance de leur pleine souveraineté. Ailleurs, la répression se révèle sans doute efficace à court terme mais elle alimente les rancœurs qui exploseront dans les années suivantes.

Cherchant à canaliser les revendications, les autorités françaises misent sur les élites autochtones. C'est dans ce but qu'une poignée de sièges sont réservés aux députés coloniaux au sein de l'Assemblée constituante, élue fin 1945, qui doit établir les nouvelles institutions françaises. Dans ce cadre, l'administration encourage la candidature de personnalités africaines dont l'attitude est jugée constructive. Parmi elles, deux des futurs pivots de la politique française en Afrique : le Sénégalais Léopold Sédar Senghor et l'Ivoirien Félix Houphouët-Boigny [→ I.4 et I.5]. La présence de députés africains au Palais Bourbon est présentée par les dirigeants français comme une preuve d'audace, de modernité et de générosité. La France n'est-elle pas la seule puissance coloniale à intégrer des Africains au cœur même des institutions métropolitaines ?

Derrière les arguments propagandistes se cache une réalité moins glorieuse : le mode de scrutin choisi pour les élections de 1945 est très loin de respecter les principes démocratiques élémentaires. Premièrement, les territoires d'Afrique subsaharienne et de Madagascar (plus de 25 millions d'habitants) sont sous-représentés par rapport à la métropole (40 millions d'habitants) : 22 sièges seulement leur sont attribués sur 586 députés. Deuxièmement, le corps électoral en Afrique est scindé en deux « collèges », si bien que la moitié des 22 sièges sont réservés au collège des

« citoyens », c'est-à-dire pour l'essentiel aux quelques milliers de Blancs installés dans ces territoires (qui bénéficient du suffrage « universel »). Troisièmement, le collège des « non-citoyens » est limité à une dizaine de catégories spécifiques de la population : les « notables évolués », les fonctionnaires, les ministres des cultes, les anciens combattants, etc. L'AOF, par exemple, compte ainsi seulement 120 000 électeurs « non citoyens » pour 18 millions d'habitants.

L'exemple du Cameroun illustre bien l'injustice de ces règles électorales. Élu avec 640 voix au second tour des législatives, le député du premier collège Louis-Paul Aujoulat représente les quelques milliers de colons installés dans ce territoire. Ayant pour sa part rassemblé 5 274 voix, le député du second collège Alexandre Douala Manga Bell est censé représenter les deux millions de « non-citoyens » camerounais (qui n'ont, pour leur quasi-intégralité, pas le droit de voter).

Liberté, égalité... deux périls à éviter !

Malgré ce système électoral inique, ultra-favorable à la métropole et aux colons, les députés africains et malgaches, qui entrent au Palais Bourbon en janvier 1946, font preuve de combativité, encouragés en cela par une majorité parlementaire de gauche (les communistes occupent plus du quart des sièges, les socialistes presque autant). Prenant au mot la devise républicaine, ils réclament plus de liberté et d'égalité.

Les plus offensifs sont les deux députés de Madagascar, Joseph Raseta et Joseph Ravoahangy-Andrianavalona, qui cherchent autant que possible à sortir la Grande Île des griffes métropolitaines. Pour ce faire, ils observent de près ce qui se trame en Indochine, où l'administration vichyste est restée en place jusqu'en 1945 et où Hô Chi Minh a profité de la débandade japonaise pour proclamer l'indépendance du Vietnam en septembre 1945. Cherchant à restaurer son autorité, mais tiraillé entre la ruse et la force, le gouvernement français négocie avec les nationalistes vietnamiens. Les deux parties s'accordent sur un statut hybride le 6 mars 1946 : le gouvernement français reconnaît la République du Vietnam comme « un État libre ayant son gouvernement, son parlement, son armée et ses finances, faisant partie de la Fédération indochinoise et de l'Union française ». Deux semaines plus tard, les députés malgaches déposent à Paris une proposition de loi qui reprend mot pour mot le statut vietnamien pour l'appliquer à Madagascar. Jugé anticonstitutionnel (alors que la France n'a pas encore de Constitution...), le texte n'est même pas examiné. Et les députés malgaches seront bientôt châtiés [→ I.6].

Les députés africains optent pour une stratégie différente. L'émancipation ne passe pas par l'autonomie, et encore moins par l'indépendance, argumentent-ils, mais par l'égalité. Ils cherchent en d'autres termes à sortir de la situation coloniale en poussant jusqu'au bout le principe d'assimilation : les Africains doivent devenir des Français comme les autres. Leurs regards se tournent donc moins vers le Vietnam que vers les Antilles : n'est-ce pas dans cette voie que la France s'engage par la loi du 19 mars 1946 qui transforme la Martinique, la Guadeloupe, mais aussi la Guyane et La Réunion en véritables « départements français », au même titre que la Charente ou le Vaucluse ? C'est dans cette tradition assimilationniste que s'inscrivent, de façon explicite ou non, la loi du 11 avril 1946, dite loi Houphouët-Boigny, qui interdit le travail forcé, et plus encore celle du 7 mai 1946, dite loi Lamine Guèye, qui octroie la citoyenneté à tous les « sujets » français d'outre-mer.

Proche d'Henri Laurentie, qui a encouragé sa candidature en octobre 1945, et membre de la commission parlementaire chargée de réfléchir aux institutions de la IVe République, le député du Sénégal Léopold Sédar Senghor cherche à synthétiser les revendications des parlementaires d'outre-mer. Explorant l'idée d'une « assimilation qui permette l'association », il fait adopter par la commission de la Constitution, en avril 1946, un rapport qui réaffirme le principe assimilationniste de la « République une et indivisible » tout en le mâtinant d'une dose de fédéralisme : la sous-représentation des territoires d'outre-mer à l'Assemblée nationale serait compensée par la création d'assemblées territoriales dotées de pouvoirs substantiels. À défaut d'une représentation égalitaire en métropole, les peuples d'outre-mer jouiraient ainsi de libertés supplémentaires dans leurs territoires. « Ils auront la possibilité, précise Senghor, de s'acheminer selon leurs vœux et leur génie propre, soit vers l'assimilation et l'intégration, soit vers l'association et la fédération. »

On comprend aisément ce que ce type de proposition a de séduisant pour les parlementaires métropolitains. Ce projet hybride permet en effet de conjurer les deux périls qui hantent les élites métropolitaines : l'indépendance des colonies, qui ne fait pas partie des options évoquées par Senghor, et l'égalité électorale, qui obligerait une partie substantielle des députés métropolitains à céder leur siège aux représentants d'outre-mer. Comme on le constate à l'été 1946, alors que l'Assemblée étudie le titre VIII du projet de Constitution, consacré aux questions coloniales, aucune de ces deux options n'est à l'ordre du jour : on ne donnera ni la liberté aux colonies ni l'égalité aux colonisés.

Il faut dire que les débats de l'été 1946 s'inscrivent dans un contexte particulier : un premier projet de Constitution a été rejeté par référendum le 5 mai 1946 et la nouvelle Assemblée constituante, élue un mois plus tard, donne une majorité plus conservatrice. Face à cette nouvelle chambre, les députés africains se serrent les coudes pour défendre les droits acquis dans les semaines précédentes. C'est le cas sur la question du droit à l'autodétermination des colonies. Reconnue entre les lignes par le premier projet constitutionnel, qui parlait d'une union « librement consentie » entre la métropole et les territoires d'outre-mer, l'idée provoque cette fois des cris d'orfraie. À distance de la scène politique depuis janvier 1946 mais désireux d'y revenir au plus vite, le général de Gaulle s'élève ainsi le 27 août contre ceux qui veulent autoriser les colonies à choisir leur destin : « La France a-t-elle vraiment le droit de s'en aller, d'abandonner sa mission civilisatrice ? Les pays coloniaux sont-ils arrivés à l'heure de se prendre en charge ? Ont-ils la maturité voulue ? »

Vent debout lui aussi contre l'idée de « libre consentement », Édouard Herriot, ancien président du Conseil et député du Rhône, s'insurge en outre contre ceux qui promettent l'égalité aux colonisés. Une égalité devenue particulièrement angoissante depuis la loi Lamine Guèye sur la citoyenneté. Les « citoyens des territoires d'outre-mer » seront bientôt « plus nombreux que les citoyens de la métropole », prévient Herriot devant l'Assemblée nationale : en reconnaissant aux territoires d'outre-mer une représentation parlementaire proportionnelle à leur démographie, « la France deviendrait la colonie de ses anciennes colonies ».

La postérité de cette dernière phrase, qui devient un leitmotiv de la IVe République, révèle une des phobies enfouies des élites républicaines : la crainte de la submersion raciale. Ce fantasme ancien, véhiculé dans de nombreux romans, de *L'Invasion noire* du capitaine Danrit (1895) au *Dernier Blanc* d'Yves Gandon (1945), trouve d'innombrables échos dans la presse française après la Seconde Guerre mondiale. L'évolution démographique des territoires d'outre-mer est l'argument majeur pour refuser à leurs habitants la reconnaissance de leurs droits démocratiques.

Si la « submersion indigène » relève en métropole de la mauvaise littérature, elle angoisse concrètement les colons installés sur le continent africain, qui constituent la catégorie sociale la mieux représentée à l'Assemblée nationale (par le truchement du double collège). C'est pourquoi leurs journaux favoris, comme l'hebdomadaire *Marchés coloniaux* en 1946, s'insurgent contre ceux qui placent « sur le même pied civique la négresse à plateau et notre ouvrier d'usine, le sorcier soudanais et monsieur Joliot-Curie ».

Les mirages de l'Union française : promettre et soumettre

La Constitution de la IVe République, finalement adoptée par référendum en octobre 1946, permet de sauvegarder les intérêts de la métropole et des colons. Sur le papier, le texte peut certes apparaître relativement « progressiste » à première vue. Son préambule, qui réaffirme « l'égalité des droits et des devoirs, sans distinction de race et de religion », écarte « tout système de colonisation fondé sur l'arbitraire ». « Fidèle à sa mission traditionnelle, ajoute-t-il, la France entend conduire les peuples dont elle a pris la charge à la liberté de s'administrer eux-mêmes et de gérer démocratiquement leurs propres affaires. » Le titre VIII, consacré à l'Union française, constitutionnalise la loi Lamine Guèye sur la citoyenneté et maintient le principe de représentation des territoires d'outre-mer à l'Assemblée nationale. L'Union française se voit dotée d'instances spécifiques de délibération : une Assemblée commune à la métropole et aux entités d'outre-mer, et des Assemblées territoriales, installées dans chacun des territoires.

Les modalités pratiques réduisent pourtant ces dispositions à peu de choses. Les déclarations d'intention du préambule, généreuses et abstraites, n'ont pas force de loi et aucun délai n'est évoqué à propos de la « liberté » des peuples à « s'administrer eux-mêmes ». La métropole reste hégémonique : l'Assemblée de l'Union française et les Assemblées territoriales, au sein desquelles la majorité est d'office réservée aux métropolitains, n'ont presque aucune prérogative et fonctionnent comme des instances consultatives. Quant aux députés d'outre-mer à l'Assemblée nationale, ils restent ultra-minoritaires et ne peuvent donc faire avancer leurs propositions qu'avec le soutien des partis métropolitains. Enfin, le système électoral reste discriminatoire : le double collège est maintenu (sauf aux législatives en AOF et aux élections territoriales au Sénégal) et le droit de vote, toujours restreint, exclut la grande masse des « citoyens » d'outre-mer.

L'Union française, ajoute la Constitution, est formée de cinq catégories de territoires rangés en deux blocs. Premier bloc : « la République française qui comprend la France métropolitaine, les départements et territoires d'outre-mer » qui sont « assimilés » ou destinés à l'être (vieilles colonies, Algérie, Madagascar, AOF et AEF). Second bloc : les « territoires et États associés » qui jouissent d'une reconnaissance internationale propre : les territoires sous tutelle de l'ONU confiés à l'administration de la France (Togo et Cameroun) et les anciens protectorats (Tunisie, Maroc, États d'Indochine).

Sans que cela soit immédiatement perceptible, les « territoires et États associés » apparaissent comme un grain de sable dans les rouages institutionnels, car leur appartenance à l'Union française demeure incertaine. Territoires sous tutelle onusienne, le Togo et le Cameroun sont régis par la Charte des Nations unies qui leur promet, sans fixer pour autant de délai, « la capacité à s'administrer eux-mêmes ou l'indépendance ». Quant à la Tunisie et au Maroc, ils disposent en tant qu'États de leurs propres institutions – à commencer par le bey de Tunis et le sultan du Maroc – qui… refusent d'adhérer à l'Union française ! Cette situation suscite de vifs débats entre juristes spécialisés, qui proposent finalement de qualifier la Tunisie et le Maroc d'« États non encore associés »...

Derrière cette apparente complexité, on perçoit les soubassements de cet édifice institutionnel : les principes d'assimilation et d'association s'articulent de façon à ouvrir des droits aux « citoyens » d'outre-mer tout en leur refusant d'en jouir immédiatement. L'Union française est dès sa naissance pensée comme une construction modulable, censée accompagner l'« évolution » des peuples d'outre-mer. C'est ce sous-entendu évolutionniste qui permet d'ailleurs de dégager un compromis autour du texte constitutionnel : les conservateurs en acceptent les dispositions « libérales » à condition qu'elles ne puissent avoir d'effets qu'à (très) long terme ; les « progressistes » acceptent la structure conservatrice de l'Union française en espérant pouvoir un jour donner un contenu concret aux droits reconnus aux « citoyens » d'outre-mer. Reconnaître dès aujourd'hui des droits, que l'on octroiera demain... peut-être !

Dans le même esprit « évolutionniste » (et paternaliste), et pour mieux contenir les impatiences, les autorités françaises mettent en avant leur politique dite de « développement ». Cette notion, apparue dans le lexique colonial dans les années 1920, entre dans le langage courant après 1945 en se substituant progressivement aux concepts surannés de « mission civilisatrice » et de « mise en valeur ». Grâce à l'aide des pays « développés », promet-on, les régions « sous-développées » entreront sur la voie du progrès économique et social. Tel est l'objectif affiché du Fonds d'investissement pour le développement économique et social (FIDES) des territoires d'outre-mer voté en avril 1946. Soutenue par une intense propagande visuelle, qui dépeint les colonies comme un chantier permanent, dirigé par des ingénieurs blancs et peuplé de travailleurs noirs musculeux et souriants, la promesse du « développement » fonctionne comme un miroir aux alouettes : elle entretient l'idée que les colonies sont trop fragiles et trop jeunes pour se passer de leur indispensable tuteur [→ I.2].

Mais les colonisés n'ont aucune intention de se contenter de promesses, et n'ont d'ailleurs pas attendu qu'on leur octroie des « faveurs » pour revendiquer leurs droits. La période d'après-guerre est marquée par la création de multiples organisations politiques et syndicales qui stimulent les mouvements sociaux. C'est dans ce contexte qu'est fondé, à l'appel de plusieurs députés africains, le Rassemblement démocratique africain (RDA) en octobre 1946 à Bamako. Placé sous la présidence de Félix Houphouët-Boigny, qui bénéficie du prestige de la loi sur le travail forcé, le RDA essaime rapidement dans tous les territoires [→ I.4].

Comme l'a montré l'historien Frederick Cooper, la qualité de « citoyens », désormais reconnue aux anciens « sujets » français en 1946, devient un instrument essentiel dans les luttes sociales et politiques en Afrique. Ainsi, alors que les colons et l'administration s'ingénient pendant des années à contourner la loi Houphouët-Boigny sur le travail forcé, qui ne prévoit aucune sanction pour les contrevenants, les syndicalistes et les travailleurs africains mettent en avant leur citoyenneté pour exiger l'application outre-mer du Code du travail métropolitain ou la rédaction d'un code équivalent. Le même argument est mobilisé afin de revendiquer l'égalité électorale. De telles réformes prendront cependant des années : l'Assemblée nationale mettra six ans pour adopter un code du travail pour l'Afrique (1952) et dix ans pour abolir le double collège et octroyer le suffrage universel (1956) [→ I.2 et II.1].

Espérant freiner les évolutions promises, et garder la main sur l'agenda des réformes, les gouvernements successifs durcissent la répression contre ceux qui osent « griller les étapes ». Le Vietnam, où la situation se dégrade au cours de l'année 1946, est la première victime de cette politique de force. Après le bombardement d'Haïphong par les troupes françaises, qui fait 6 000 morts fin novembre 1946, le gouvernement s'engage dans une interminable guerre, dans l'espoir de maintenir l'Indochine dans le giron français : des centaines de milliers de soldats – dont 123 000 originaires d'Afrique du Nord et 60 000 d'Afrique subsaharienne – y seront déployées entre 1946 et 1954. Madagascar, où la révolte gronde en raison d'une grave crise économique et du refus français de libéraliser le statut colonial, est également la cible d'une sévère répression en 1947-1948. Puis vient le tour de la Côte d'Ivoire, épicentre du RDA, en 1949-1950 [→ I.6]...

Dans son *Discours sur le colonialisme*, publié en 1950, le poète et député martiniquais Aimé Césaire tire les leçons de cette hypocrisie française, qui cache derrière de nébuleuses promesses son indécrottable violence : « On peut tuer en Indochine, torturer à Madagascar, emprisonner en Afrique, sévir aux Antilles. Les colonisés savent désormais qu'ils ont sur les colonialistes un avantage. Ils savent que leurs "maîtres" provisoires mentent. Donc que leurs maîtres sont faibles. »

1947-1953 : la France au cœur de la guerre froide

Les élites françaises et l'obsession du « complot étranger »

On est rétrospectivement frappé par l'obsession des élites de l'époque pour les « intrigues étrangères ». Les difficultés que la France rencontre dans ses colonies sont presque toujours imputées à des « influences extérieures » aussi néfastes que nébuleuses. Américains, Soviétiques, Britanniques, Nations unies, panarabisme, panafricanisme... On ne compte plus les « ennemis » de la France outre-mer !

Cette rhétorique n'est pas nouvelle. Héritage des séculaires rivalités inter-impérialistes, le conspirationnisme est consubstantiel au discours colonial. N'accusait-on pas, au XIXe siècle, les rebelles anticolonialistes, à commencer par Toussaint Louverture en Haïti et Abd el-Kader en Algérie, de collusion avec les Britanniques ? Ne regardait-on pas l'anticolonialisme de l'entre-deux-guerres comme le résultat de l'influence délétère des thèses wilsoniennes ou léninistes ? Omniprésente pendant la Seconde Guerre mondiale, au cours de laquelle les colonisés sont suspectés par les vichystes comme par les gaullistes d'intriguer avec les innombrables « ennemis de la France », la thèse de la « manipulation étrangère » devient obsessionnelle au tournant des années 1950, sous l'effet conjugué de la guerre froide et de la poussée nationaliste dans les territoires colonisés.

Le succès de ce discours, qui minimise les revendications des colonisés et élude les responsabilités françaises, s'explique aisément. En pointant du doigt les puissances rivales et en discréditant les contestations anticoloniales, décrites comme le produit d'une simple « machination », un tel argumentaire permet aux dirigeants français de justifier la répression contre les « meneurs antifrançais » et de s'épargner un douloureux examen de conscience. Ainsi s'explique que les manifestants qui brandissent le drapeau algérien dans les rues de Sétif, le 8 mai 1945, soient accusés par la presse hexagonale de sympathies pro-allemandes. Ou que les insurgés qui se soulèvent en avril 1947 à Madagascar soient accusés par le gouvernement français d'être manipulés conjointement par les députés malgaches et par de mystérieux agents anglais...

La guerre froide, et la division bipolaire du monde qu'elle installe au tournant de l'année 1947, accentue cette logique du soupçon en même temps qu'elle fracture les équilibres politiques internes en France. La coalition gouvernementale, formée par les trois principaux partis politiques, le PCF, la SFIO et le MRP, éclate en mai 1947 et la scène politique se recompose. Alors que le gouvernement engage la France dans le camp pro-américain en acceptant le plan Marshall (1947) et le traité de l'Atlantique Nord (1949), le Parti communiste, passé dans l'opposition, est la cible d'une intense propagande. Les colonnes des journaux s'emplissent de menaces angoissantes, où se mélangent d'envahissants chars russes et de redoutables espions staliniens. Les milieux conservateurs décrivent les millions de sympathisants communistes français comme une armée de l'ombre prête à faire basculer la France dans le giron soviétique.

Dans les colonies, l'étiquette « communiste » est prestement collée sur les contestataires. La cible principale de cette accusation commode est le RDA, dont les députés sont apparentés au groupe communiste à l'Assemblée nationale mais dont les animateurs sont loin, en réalité, d'être unanimement favorables à Moscou. En creusant les divisions internes au sein du RDA, l'accusation de communisme, qui sert à justifier la répression, favorise la réorientation du mouvement qui se transforme en quelques années en parti pro-français sous la houlette de son président Félix Houphouët-Boigny. Au cours d'un entretien confidentiel avec le président de la République Vincent Auriol, le 27 juillet 1950, Houphouët jure que le RDA est, et restera, fidèle à la mère patrie : « Il ne s'agit pas des Russes d'un côté, des Américains de l'autre, nous ne voyons que la France, rien que la France. » [→ I.7 et I.8].

Si le communisme est l'ennemi déclaré, l'antiaméricanisme affleure lui aussi, plus souvent qu'on ne le croit. Car l'inclusion dans le « bloc atlantique » contrarie l'orgueil national et suscite un certain embarras. La France devient, selon l'expression de l'historien Jean-Baptiste Duroselle, un « satellite récalcitrant ». On perçoit par exemple quelques frustrations dans la gestion quotidienne de l'aide Marshall : l'ingérence des assistants techniques états-uniens, qui s'introduisent sans gêne jusqu'aux bureaux ministériels, nourrit des amertumes difficiles à dissimuler.

La réorganisation de la scène politique internationale provoque des bouleversements importants en Asie, notamment après le basculement de la Chine dans le camp communiste en 1949. Développant la double idée du *« containment »* (endiguement) et du *« rollback »* (refoulement), les États-Unis s'engagent dans la guerre de Corée en 1950 et soutiennent massivement l'effort de guerre en Indochine. Alors que le gouvernement français tâtonne, que l'armée s'enlise et que l'opinion s'interroge, l'aide américaine afflue, par milliards de dollars, jusqu'à couvrir entre 1953 et 1954 les deux tiers des dépenses militaires françaises.

Remisant la France au rang de sous-traitant des États-Unis, ce soutien américain place le gouvernement français dans une situation de dépendance politique et économique. Ce qui amène Pierre Mendès France, un des premiers responsables non communistes à réclamer la fin de l'intervention française en Extrême-Orient, à décrire le bourbier indochinois comme un traquenard. « Tout se passe comme si la guerre d'Indochine était un piège qui nous aurait été tendu, pour que nous y fixions et épuisions nos forces, pour que s'accumulent nos pertes en hommes et en matériel, pour que nous soyons réduits à l'impuissance militaire en Europe », écrit-il en 1953 dans la préface du livre de François Mitterrand intitulé *Aux frontières de l'Union française*, dans lequel ce dernier, ancien ministre de la France d'outre-mer (1950-1951), décrit le domaine colonial comme le théâtre d'innombrables complots [→ I.7].

En Afrique, comme en Asie, les Français redoutent l'intrusion des États-Unis. Le débat porte en particulier sur leur accès aux matières premières (pétrole, gaz, uranium, bauxite, fer, etc.) qu'on commence à découvrir en abondance en Afrique et qui sont plus stratégiques que jamais. L'intérêt des Américains pour le Maroc, où ils disposent d'une base militaire depuis 1942, inquiète particulièrement les autorités françaises. Non seulement ce pays est réputé riche en ressources stratégiques, mais son statut juridique bancal rend incertain son arrimage à la France. Aussi les lectures « complotistes » de l'émergence du nationalisme marocain, depuis la rencontre entre Roosevelt et le sultan Mohammed V en marge de la conférence de Casablanca, en janvier 1943, jusqu'aux soulèvements des années 1950, vont-elles bon train. En Tunisie, autre « État non encore associé », on s'inquiète également des ingérences états-uniennes. Les autorités américaines, qui entretiennent les meilleures relations avec les « agitateurs » tunisiens, à commencer par le Néo-Destour, le parti d'Habib Bourguiba, et l'Union générale tunisienne du travail (UGTT) de Farhat Hached, ne cherchent-elles pas à « dissocier » la Tunisie de la France ?

Si les velléités impérialistes des États-Unis ne semblent faire aucun doute, les dirigeants français ont plus de mal à déchiffrer la stratégie coloniale des Britanniques. D'un côté, le gouvernement anglais envoie des troupes pour réprimer les insurrections birmanes et kényanes. De l'autre, il se montre plus libéral en Gold Coast (futur Ghana), qui se voit accorder une autonomie grandissante et où le panafricaniste Kwame Nkrumah, d'abord durement réprimé, parvient à gravir les échelons du pouvoir au début des années 1950. À Paris, nombre d'observateurs voient dans ces libéralités la marque de la traditionnelle « duplicité » britannique : en facilitant la carrière de Nkrumah, les Britanniques ne tentent-ils pas d'en faire leur obligé en Afrique de l'Ouest ?

Les analystes français craignent surtout que l'autonomie – et bientôt l'indépendance – promise à la Gold Coast ne contamine la région. Ils s'inquiètent en particulier pour le Togo, frontalier de la Gold Coast et divisé en deux entités, administrées respectivement par les Britanniques et les Français, sous la supervision de l'ONU. Le Togo français, « territoire associé » à l'Union française, apparaît comme une « brèche » dans l'édifice colonial français. Les habitants du Togo se laisseront-ils gagner, par capillarité, par les vents dissolvants venus de la Gold Coast ? Question d'autant plus légitime, estiment les Français, que le mouvement nationaliste togolais est animé par un anglophile notoire, Sylvanus Olympio, dont le profile inquiète. Non seulement Olympio milite depuis les années 1930 pour le regroupement des peuples éwés, dont les terres traversent les frontières franco-anglaises, mais en plus il travaille pour Unilever, une firme tentaculaire qui sert, dit-on, de couverture aux agents du Colonial Office…

On le voit, la « théorie des dominos », expression qui émergera aux États-Unis quelques années plus tard, fait depuis longtemps des émules en

France. Le Viêt-minh inspirera-t-il des insurgés à l'autre bout du monde ? Le nationalisme qui agite le Maroc et la Tunisie aura-t-il des effets sur l'Algérie ? Le Togo servira-t-il d'exemple au Cameroun, autre « territoire associé », et à ses voisins d'AOF ? Et quelle influence aura sur la région le coup d'État des officiers libres en Égypte, en juillet 1952 ?

Inquiets, les dirigeants français développent une véritable psychose, comme si l'Union française, l'Afrique en particulier, était attaquée de toutes parts par des ennemis coalisés. « L'Angleterre a inventé le problème Éwé pour l'unification du Togo. Les États-Unis et l'Espagne ont alléché les Marocains. L'Égypte a répandu ses prédicateurs dans le Sahel tunisien et tchadien, comme chez les Somalis », s'alarme François Mitterrand dans son livre préfacé par Mendès France. Le jeune loup de la IVe République se rassure toutefois : « Mais l'Afrique aime la France et espère d'elle son unité, son équilibre, son idéal. »

Contre l'indépendance : l'interdépendance !

La guerre froide réactive deux tendances anciennes et imbriquées dans la pensée coloniale française : la focalisation prioritaire sur l'Afrique et l'affirmation d'une complémentarité entre la métropole et ses dépendances d'outre-mer.

La première tendance renvoie à l'idée, développée dès la fin du XIXe siècle, selon laquelle la France devrait éviter de disperser ses forces pour se concentrer plus efficacement sur le continent africain. Telle était la conviction du géographe Onésime Reclus en 1904, dans un livre au titre explicite : *Lâchons l'Asie, prenons l'Afrique.* Cette position subsiste par exemple sous la plume de l'amiral Raoul Castex dans ses *Théories stratégiques* publiées en 1931, alors que l'Empire était au faîte de sa puissance. « Qui nous débarrassera de l'Indochine ? » écrivait le militaire. Ces idées reviennent au goût du jour quand la France s'enfonce dans le bourbier indochinois. Comme en témoigne le livre de Mitterrand, dont le premier chapitre annonce clairement la couleur : « L'Afrique d'abord ».

Le concept d'« Afrique », tel qu'il est employé jusqu'au milieu des années 1950, inclut le nord du continent. C'est le cas par exemple quand le député conservateur Jacques Bardoux fait en 1954 de « la France-Afrique » le pilier de la puissance française : l'Afrique dont il parle, c'est d'abord l'Afrique du Nord [→ p. 22]. Le concept évolue dans la seconde moitié des années 1950. La montée du nationalisme au Maroc et en Tunisie, qui retrouvent leur souveraineté en 1956, et la guerre d'Algérie, qui débouchera sur l'indépendance de ce pays en 1962, font évoluer cette notion d'« Afrique », bientôt réduite dans bien des discours à sa composante subsaharienne. Toujours est-il que l'idée d'un lien *particulier* entre la « France » et l'« Afrique » est profondément ancrée dans la psyché française.

Le thème de la « complémentarité » franco-africaine est un autre pilier de la pensée coloniale. À l'idée de complémentarité raciale, développée par Louis Faidherbe, gouverneur du Sénégal, au XIXe siècle, répond celle d'une complémentarité civilisationnelle, chère à Senghor, au milieu du XXe siècle [→ I.1 et I.5]. Ce thème est également au cœur du mythe « civilisateur » : l'Africain, sauvage, égaré dans les ténèbres, bloqué dans la nuit des temps, représente la face inversée de l'Européen qui, armé de la lumière, religieuse ou laïque, éclaire le chemin de l'indigène et fait entrer l'homme africain dans l'Histoire. Et c'est toujours cette doctrine de la complémentarité qui sert à justifier ce qu'on nomme – à tort – le « pacte » colonial, c'est-à-dire l'exploitation des ressources naturelles africaines au service exclusif de la puissance industrielle métropolitaine.

Cette notion de complémentarité se modernise dans les années 1950 : on lui préfère désormais les concepts d'« interdépendance » et de « coopération ». Favorisée par la guerre froide, qui pousse chaque bloc à se coordonner, et par la construction européenne, qui aboutira à la création de la Communauté économique européenne (CEE) en 1957, l'interdépendance devient une notion phare des relations internationales. L'heure de l'autarcie, de l'isolationnisme, de l'égoïsme est révolue, est-il constamment affirmé : nulle nation ne peut désormais survivre sans coopération. L'époque est aux « grands ensembles » – autre notion à la mode – à l'échelle continentale ou intercontinentale. « Le XXe siècle dénie aux nations isolées le droit de vivre », affirme François Mitterrand dans *L'Express* en octobre 1953. Reste à savoir avec qui il faut « coopérer » en priorité : avec les autres nations européennes ou avec les territoires d'outre-mer ? Comme pour conjurer ce dilemme, les élites françaises se passionnent pour la notion d'« Eurafrique » [→ I.3].

Le concept d'interdépendance devient la pièce centrale de l'argumentaire réformiste pour discréditer les mouvements nationalistes qui s'affirment dans les territoires d'outre-mer. Il est rétrospectivement étonnant de constater avec quelle insistance le « nationalisme » est décrit, à l'époque, comme une chose du passé et l'« indépendance » comme une dangereuse illusion. Puisqu'il est désormais impossible pour une économie naissante, donc fragile, de se suffire à elle-même, l'indépendance mènerait les anciennes colonies à la ruine, affirment les commentateurs français, non sans mauvaise foi. Dans un monde interdépendant, poursuivent-ils, pareille « indépendance » ne pourrait de toute façon être que momentanée, théorique et illusoire : sitôt acquise, elle serait confisquée par quelque puissance étrangère. Au lieu de se jeter dans des bras ennemis, les peuples d'outre-mer ne feraient-ils pas mieux de renoncer à ces « formules fictives d'indépendance » – comme les qualifie de Gaulle devant la presse le 30 juin 1955 – et de rester sous la tutelle bienveillante de la France ?

Mais l'argumentaire ne s'arrête pas là. Car, si l'indépendance est une fiction dangereuse pour les pays dominés, il en va différemment pour les « grandes puissances », parmi lesquelles la France doit naturellement retrouver toute sa place. C'est autour d'elles-mêmes, et pour consolider leur propre indépendance, que les puissances à « vocation mondiale » doivent organiser les liens d'interdépendance. Ce que les Américains et les Soviétiques font à l'échelle mondiale, en satellisant leurs alliés de façon plus ou moins contraignante, et ce que les Britanniques font à l'échelle du Commonwealth, les Français doivent donc le faire avec l'Union française. Ainsi seulement la France retrouvera-t-elle son « rang ».

Tel est l'état d'esprit dans lequel se trouvent les dirigeants français dans la première moitié des années 1950. Publié deux décennies plus tard, le journal du septennat de Vincent Auriol, président de la République – et de l'Union française – de 1947 à 1953, donne un aperçu éloquent de l'ambiance de la période. On y voit toute la classe politique défiler dans le bureau présidentiel. Et on lit les réponses que leur apporte le chef de l'État. Celles qui concernent l'outre-mer sont particulièrement éclairantes. « Il faut conserver le maximum en cédant les apparences », écrit-il à Maurice Schumann, secrétaire d'État aux Affaires étrangères, le 7 novembre 1952 à propos du Maroc et de la Tunisie. Dix jours plus tard, discutant avec le secrétaire d'État à la Guerre, Pierre de Chevigné, qui reconnaît que la France aurait intérêt à « s'extraire d'Indochine », le président de la République fait cette réflexion révélatrice : « Les Anglais et les Américains ont une façon personnelle de donner leur indépendance aux peuples, en gardant des bases et en gardant les avantages économiques. C'est très intelligent, il faut prendre exemple, qu'on sauve les meubles, qu'on [p]réserve nos intérêts économiques, notre influence culturelle, qu'on ait des bases et des liens d'amitié. » Tel est annoncé en quelques mots le programme des années à venir : envisager l'indépendance pour mieux la contrecarrer.

1953-1957 : décoloniser ?

Encadrer les futures « indépendances »

Les années 1952-1953 peuvent être considérées comme des années charnières. Confrontée aux coûts humains et matériels de la guerre en Indochine et à la montée des revendications nationalistes en Afrique du Nord, une partie des élites françaises commence à réfléchir, discrètement mais concrètement, à la question de l'indépendance et de la

« décolonisation » (le mot entre dans le vocabulaire courant à la suite de la publication en 1952 du livre d'Henri Labouret, *Colonisation, colonialisme, décolonisation*). Plutôt que d'y résister par la force, ne faut-il pas plutôt tenter par la ruse d'en orienter le cours ? Puisque l'indépendance totale est désormais interdite aux jeunes nations en raison des inextricables « interdépendances » internationales, pourquoi ne pas octroyer une indépendance partielle aux colonies françaises, en prenant soin, bien sûr, d'éviter que celle-ci ne profite aux concurrences étrangères ?

Ces questions sont explicitement posées dans certains cercles gouvernementaux et patronaux. Les hommes d'affaires qui ont des intérêts en Indochine, au Maroc ou en Tunisie craignent les conséquences d'une politique de force, qui pourrait les obliger à liquider brutalement leurs positions économiques. Les mêmes milieux commencent également à s'inquiéter du coût de la politique d'assimilation, qui se traduit en décembre 1952 par le vote du Code du travail pour l'outre-mer. Ce texte, qui octroie des droits aux salariés africains, fait craindre au patronat l'accélération des revendications salariales et au gouvernement l'explosion des dépenses sociales (allocations familiales, sécurité sociale, etc.). En somme, les dirigeants, déjà paniqués par les conséquences politiques de la démographie africaine, sont confrontés aux coûts financiers de l'assimilation [→ I.2].

Assistant technique auprès du gouvernement de l'« État associé » du Vietnam, le jeune fonctionnaire Claude Cheysson, polytechnicien et énarque, rédige en juin 1953 un rapport confidentiel reflétant les préoccupations communes des hauts fonctionnaires « libéraux » et du patronat « modernisateur » [→ p. 132]. Le rapport suggère ni plus ni moins de « donner au Vietnam une indépendance éclatante ». Une telle indépendance, qui pourrait « alléger notre effort », précise Cheysson, serait immédiatement compensée par des mesures favorables aux intérêts français : la monnaie vietnamienne resterait dans la zone franc, les investissements français seraient garantis, des préférences douanières seraient accordées aux exportations françaises, une équipe d'experts issus des grands corps d'État serait placée auprès des dirigeants locaux et une aide de 70 milliards de francs leur serait accordée.

Dans la même veine, Edmond Giscard d'Estaing (père de Valéry), figure majeure du capitalisme colonial, propose en juillet 1953 au conseil d'administration du Comité central de la France d'outre-mer, dont il est un membre éminent, d'envisager sans tarder l'indépendance du Maroc et de la Tunisie. « Il faudrait, détaille l'homme d'affaires, que la limitation de l'indépendance des États associés soit instituée au moment même où cette indépendance serait accordée ; que l'on se mette d'accord sur un statut, que des garanties de bases, de ports, de zones franches soient assurées par traité. »

Au moment où certains cénacles gouvernementaux et patronaux commencent, en toute discrétion, à réfléchir aux moyens d'encadrer la possible « indépendance » des territoires d'outre-mer, un nombre croissant de militants africains font de l'indépendance leur revendication prioritaire. Lassée des promesses non tenues, outrée par la répression qui s'abat sur les peuples colonisés, révoltée par le paternalisme des élites françaises, une partie de la jeunesse africaine installée en métropole s'insurge contre les faux-semblants du « réformisme » colonial [→ I.6].

La révolte de cette jeunesse fait écho aux luttes en cours dans diverses parties de l'Union française, notamment dans les États et les territoires « associés », plus impatients encore que les autres de recouvrer leur pleine souveraineté. Au Maroc et en Tunisie, les grèves, les manifestations et les émeutes se succèdent. Les groupes indépendantistes, soumis à une répression coloniale acharnée, n'hésitent plus à recourir à la violence pour porter leurs revendications. Les colons ultras, de leur côté, discrètement soutenus par les services secrets français, mettent sur pied une organisation « contre-terroriste », baptisée « la Main rouge », qui multiplie les attentats et les assassinats (à commencer par celui du syndicaliste tunisien Farhat Hached, le 5 décembre 1952).

Si la situation est moins tendue au Togo et au Cameroun, « territoires associés » sous tutelle de l'ONU, les mouvements nationalistes se montrent de plus en plus revendicatifs. Sous l'impulsion de Sylvanus Olympio, le Comité de l'unité togolaise (CUT), fondé en 1941, prend une orientation nettement indépendantiste au début des années 1950. Quant à l'Union des populations du Cameroun (UPC), fondée en 1948 et affiliée au RDA, elle refuse l'orientation conciliatrice impulsée par Houphouët-Boigny et affirme sa volonté de rendre au Cameroun son unité et son indépendance.

Ces mots d'ordre, de plus en plus populaires, prennent à revers les élites africaines installées, qui jouent le jeu des institutions françaises depuis 1945. La présence de députés africains à l'Assemblée nationale n'est que de la poudre aux yeux, soulignent les contestataires, puisque les peuples africains restent privés du suffrage universel et du collège électoral unique (sans même parler du trucage électoral, presque systématique). Quant à la « citoyenneté », imposée aux Africains sans leur consentement, ce n'est pas une « avancée » : c'est une camisole juridique qui maintient sournoisement les colonisés sous domination française en les empêchant de choisir librement leur destin.

Ces revendications mettent directement en cause, on le voit, les députés africains qui sont accusés de privilégier leurs « droits individuels » au détriment des « droits collectifs » réclamés par les peuples tout entiers. « Nous avons des jeunes formés ici dans nos universités, qui estiment déjà que ceux des Africains qui siègent dans cette assemblée métropolitaine sont des “vendus”, sont des “gouvernementaux” », s’alarme le député dahoméen Sourou Migan Apithy en 1955. Enfermés dans les complexes jeux d’alliances parlementaires qui caractérisent la IVe République, les députés africains sont donc pris entre deux feux : d’un côté, une jeunesse africaine impatiente de rompre avec l’ordre colonial et, de l’autre, une classe politique française qui compte secrètement sur eux pour le faire perdurer [→ I.4 et I.6].

Pour répondre à ces injonctions contradictoires, Senghor et son groupe parlementaire, les Indépendants d’outre-mer (IOM), relancent en février 1953 l’idée fédérale mise en échec à la conférence de Brazzaville. Validant avec dix ans de retard les intuitions d’Henri Laurentie, la classe politique se rallie à cette conception fédérale. Car c’est la seule manière, indique la revue *Politique étrangère* en octobre 1954, d’éviter le double piège dans lequel risque de sombrer l’Union française : l’« assimilation intégrale », à laquelle plus personne ne croit, et la « séparation » qui se produira inévitablement « si aucune formule attrayante n’est proposée par la France pour faire échec aux tentations du nationalisme extrémiste et du “panafricanisme” ».

Couper l’herbe sous le pied des indépendantistes

Agissant comme un électrochoc, l’humiliation de Diên Biên Phu en mai 1954 accélère la réforme de l’Union française. « En voulant tout garder, même de ce qu’il faut consentir à l’évolution des temps, on s’expose à tout perdre, reconnaît Pierre Mendès France le 5 juin 1954. Il est temps pour la France de se ressaisir afin de ne pas perdre maintenant en Afrique, par des fautes nouvelles mais semblables, ses intérêts, son amitié, son influence. » Le 18 juin, Mendès France devient président du Conseil (il nomme François Mitterrand au ministère de l’Intérieur). Avec deux missions : faire la paix en Indochine et éviter la sécession en Afrique.

Quelques jours après la signature des accords de Genève, qui mettent fin à la guerre d’Indochine, le président du Conseil annonce par surprise, au milieu de l’été 1954, son intention d’octroyer l’autonomie interne au Maroc et à la Tunisie. Cette promesse réjouit les responsables politiques des deux États associés, qui regardent cette évolution comme une étape décisive vers une indépendance totale. Ce qui n’est pas du tout l’objectif de Mendès France, qui veut au contraire couper l’herbe sous le pied des indépendantistes. « J’ai toujours pensé que les deux États devaient demeurer associés étroitement et durablement, écrit-il en février 1955 au maréchal Juin, et je me suis toujours élevé contre la prétention à l’indépendance (même future et lointaine) de certains de nos interlocuteurs [...]. Le mirage de l'indépendance ne saurait être accepté par nous. »

Ainsi s'élabore la nouvelle stratégie française : après avoir freiné des quatre fers, pour éviter la fuite en avant vers la « sécession », on cherche désormais à prendre de vitesse le courant indépendantiste en confiant une partie du pouvoir à ceux qu'on qualifie désormais de « nationalistes modérés ». Cette stratégie se révèle d'autant plus urgente que l'Histoire semble brutalement s'accélérer. Pour écraser l'insurrection algérienne, qui a éclaté en novembre 1954, le gouvernement décrète l'état d'urgence le 3 avril 1955. Deux semaines plus tard, la conférence de Bandung, qui marque l'émergence des pays africains et asiatiques sur la scène internationale, appelle les pays encore dominés à briser les chaînes du colonialisme.

Dans ce contexte le gouvernement français tente donc d'accélérer la réforme de l'Union française. Jadis considérés comme des brèches dans l'édifice, les États et territoires « associés » deviennent les champs d'expérimentation d'une nouvelle relation coloniale, que l'on cherche à assouplir pour éviter qu'elle se brise. Cette stratégie échoue partiellement au Maroc et en Tunisie, qui négocient immédiatement leur indépendance. Elle fonctionne mieux au Togo, auquel le gouvernement français accorde le 16 avril 1955 un début d'autonomie interne que les nationalistes togolais, confiants dans le soutien de l'ONU, acceptent d'avaliser. La stratégie gouvernementale déraille en revanche au Cameroun, où l'UPC rejette la perspective d'une autonomie frelatée. Le 22 avril 1955, le mouvement nationaliste proclame unilatéralement la levée de la tutelle de l'ONU et réclame l'indépendance immédiate du territoire. Les foudres du gouvernement français ne tardent pas à s'abattre : l'UPC est interdite, ses militants pourchassés et le pays s'enfonce en quelques mois dans un sanglant conflit armé [→ II.2].

Malgré ces résultats en demi-teinte, le gouvernement étend sa stratégie aux autres territoires africains. Cette politique se concrétise, après les élections législatives de janvier 1956, avec le vote de la loi-cadre à laquelle Gaston Defferre, ministre de la France d'outre-mer, donne son nom. Cette loi, qui autorise le gouvernement à procéder par décrets à des réformes institutionnelles, marque une rupture importante dans l'histoire de la colonisation française [→ II.1]. Grâce à elle, les dirigeants français répondent simultanément à deux revendications anciennes : l'autonomisation partielle des territoires d'outre-mer, auxquels sont confiées de nouvelles responsabilités administratives et financières, et la réforme électorale, qui institue le collège unique et le suffrage universel. Cette double opération, moins généreuse qu'il n'y paraît, place les élites politiques africaines au cœur du dispositif. Les élus africains, désormais responsables devant l'ensemble des électeurs, se voient pour la première fois confier la gestion partielle de leurs propres territoires. En les plaçant ainsi sous les projecteurs, la France en fait les acteurs vedettes de la scène franco-africaine – sans s'interdire, bien sûr, de continuer à tirer les ficelles en coulisse.

Vers un néocolonialisme « humain » et « fraternel »

Alors que le gouvernement mise sur les hommes politiques africains pour sauver l'Union française, bien des commentateurs insistent sur les liens « humains » qui soudent les rapports franco-africains. On ne compte plus les titres de journaux qui vantent à cette période les « amitiés », les « alliances » et les « solidarités » franco-africaines, comme s'il fallait compenser l'assouplissement des liens institutionnels par le renforcement des relations personnelles. Tel est par exemple le message de Félix Houphouët-Boigny, nommé pour la première fois ministre en janvier 1956 (et cosignataire de la loi-cadre votée six mois plus tard). Rien ne se fera, répète-t-il dans chacun de ses discours, sans une « fraternité » sincère entre Français et Africains. Quant au député-poète Léopold Sédar Senghor, qui divorce au milieu des années 1950 de Ginette Éboué (fille de Félix) pour se remarier avec une jeune Normande, a-t-il besoin de prouver son attachement à la France ?

La relation franco-africaine doit revêtir une dimension plus intime, insiste également l'écrivain Jean Guéhenno dans un livre intitulé *La France et les Noirs* (1954) : « On parle beaucoup de l'"Union française". Elle est un fait juridique, politique, économique. Il faut oser dire qu'elle n'est pas encore un fait humain, puisqu'elle n'est pas encore dans les cœurs des hommes, ni des Blancs, ni des Noirs. » Sans toucher le cœur des Africains, ajoute Guéhenno, « nous ne formerons que des clients rampants, hypocrites et ingrats qui, à la première occasion, chasseront des maîtres qu'ils ne respectent pas ».

Dans le même esprit, Claude Cheysson cosigne, avec son camarade Charles Frappart, un article révélateur publié dans un numéro spécial de la revue *La Nef* consacré à l'avenir de l'Union française (juin 1955). Le texte entend démontrer que les intérêts français dans les (ex-)colonies seront mieux défendus par des liens humains que par des structures juridiques. La France, soulignent les deux auteurs, doit se préparer à « être présente sous de nouvelles formes, aussi fructueuses que celles du passé, mais mieux adaptées à la conjoncture actuelle et par conséquent plus durables ». Se livrant à ce qui n'est alors qu'un exercice d'anticipation, les auteurs imaginent un territoire se préparant à l'indépendance : c'est à ce moment précis, insistent-ils, que la France doit déployer autour des dirigeants du jeune pays un réseau d'« assistants techniques » qui, par leur efficacité et leur dévouement, gagneront leur confiance et orienteront utilement leurs choix. L'assistance technique est « l'une des formes les plus souples, les plus discrètes et cependant les plus fructueuses de la présence de la France dans les pays sous-développés de formation française, puisqu'elle assure la pérennité de son action, pour le plus grand profit du pays lui-même ». Pour être vraiment efficace, cette assistance doit évidemment être désintéressée, insistent les apprentis stratèges : on s'épargnera ainsi les « accusations de néo-colonialisme » [→ p. 132].

Parce qu'elle cherche à résoudre concrètement des contradictions et des conflits depuis longtemps identifiés, la loi-cadre Defferre marque une étape décisive dans l'histoire des relations franco-africaines. Alors que la Constitution de 1946 privilégiait l'assimilation, la centralisation et l'intérêt des colons, la loi-cadre Defferre favorise l'association, décentralise une partie des prérogatives métropolitaines et place sur orbite les élites politiques africaines. En d'autres termes : grâce à l'autonomie interne octroyée aux territoires d'outre-mer, Paris se déleste d'une partie des charges coloniales pour les délocaliser, et les sous-traiter, dans les différents territoires [→ II.1].

Pendant quelque temps, les dirigeants français veulent croire que l'autonomie évitera l'indépendance. Non seulement cette loi-cadre préserve la présence française en Afrique, se réjouit par exemple François Mitterrand en 1957, mais elle prépare « la communauté fédérale qui, par association, vaincra le séparatisme ». Chacun comprend pourtant, sans toujours le verbaliser, que le problème est moins le *concept* d'indépendance, encore tabou dans les discours officiels jusqu'à la fin de la IVe République, que le *contenu* qu'on lui donne. Et si, finalement, la meilleure façon de « vaincre le séparatisme » était de donner à l'indépendance le sens qui convient, avant de la confier à ceux des leaders africains qui la réclament le moins ?

Repères bibliographiques

Charles BECKER, Saliou MBAYE et Ibrahima THIOUB (dir.), *AOF, réalités et héritages : sociétés ouest-africaines et ordre colonial, 1895-1960*, Direction des Archives du Sénégal, Dakar, 1997.

Joseph-Roger DE BENOIST, *L'Afrique occidentale française, de 1914 à 1960*, Nouvelles Éditions africaines, Dakar, 1982.

Yves BENOT, *Les Députés africains au Palais Bourbon, de 1914 à 1958*, Éditions Chaka, Paris, 1989.

Yves BENOT, *Massacres coloniaux : 1944-1950*, La Découverte, Paris, 2001.

Raymond F. BETTS, *Assimilation and Association in French Colonial Theory 1890-1914*, Columbia University Press, New York et Londres, 1961.

Aimé Césaire, *Discours sur le colonialisme*, Présence africaine, Paris, 2000.

Tony Chafer, *La Fin de l'empire colonial français en Afrique de l'Ouest. Entre utopie et désillusion*, Presses universitaires de Rennes, Rennes, 2019.

Frederick Cooper, *Décolonisation et travail en Afrique, l'Afrique britannique et française, 1935-1960*, Karthala-Sephis, Paris, 2004.

Frederick Cooper, *Français et Africains ? Être citoyen au temps de la décolonisation*, Payot, Paris, 2014.

Frederick Cooper, *L'Afrique dans le monde. Capitalisme, empire, État-nation*, Payot, Paris, 2015.

Annie Deperchin et Farid Lekeal, « Le protectorat, alternative à la colonie ou modalité de la colonisation ? », *Clio@Themis, Revue électronique d'histoire du droit*, n° 4, 2011.

Véronique Dimier, *Le Gouvernement des colonies, regards croisés franco-britanniques*, Éditions de l'Université de Bruxelles, Bruxelles, 2004.

Jean-Pierre Dozon, *Frères et sujets. La France et l'Afrique en perspective*, Flammarion, Paris, 2003.

Roger Faligot, « La Main rouge, "machine à tuer" des services secrets », *in* Roger Faligot et Jean Guisnel (dir.), *Histoire secrète de la Ve République*, La Découverte, Paris, 2007.

Eric T. Jennings, *La France libre fut africaine*, Perrin, Paris, 2014.

Jacques Marseille, *Empire colonial et capitalisme français. Histoire d'un divorce*, Albin Michel, Paris, 1984.

Alain Ruscio, *La Décolonisation tragique, 1945-1963*, Messidor/Éditions sociales, Paris, 1987.

Martin Shipway, *The Road to War. France and Vietnam, 1944-1947*, Berghahn Books, Oxford, 1996.

Martin Shipway, « Thinking like an Empire. Governor Henri Laurentie and postwar plans for the late colonial French "Empire-State" », *in* Martin Thomas, *The French Colonial Mind*, University of Nebraska Press, Lincoln et Londres, 2012.

Morts pour la France, tués par la France : le massacre de Thiaroye (1944)

Après la défaite de 1940, plusieurs milliers de tirailleurs sénégalais sont détenus comme prisonniers de guerre dans des camps allemands (*Frontstalags*) basés en France. Ces hommes ont été libérés par les Américains et les Forces françaises de l'intérieur alors que certains d'entre eux avaient rejoint la résistance après leur évasion. La direction des Troupes coloniales souhaite les rapatrier en AOF rapidement. Selon la circulaire n° 2080 d'octobre 1944, ils doivent percevoir un quart de leur solde de captivité avant de quitter la métropole et les trois quarts restants lors de la démobilisation à la caserne de Thiaroye au Sénégal.

Début novembre 1944, 300 ex-prisonniers de guerre n'ayant pas perçu le quart de leur solde refusent de monter à bord du navire britannique *Circassia* qui quitte néanmoins Morlaix pour Dakar avec plus de 1 600 tirailleurs. Le 21 novembre 1944, selon les archives consultables, entre 1 200 et 1 300 d'entre eux arrivent à Dakar et sont conduits au camp de Thiaroye. Le 1er décembre, l'armée française leur tire dessus : officiellement, il s'agit d'une riposte à une rébellion armée. Après le massacre, afin de camoufler le nombre de victimes, les autorités ont fait croire que 400 tirailleurs n'avaient pas embarqué à l'escale de Casablanca. Les rapports des officiers militaires relayent le récit de ce mensonge d'État.

Un crime de guerre se prépare

Responsable des opérations de paiement qui ont lieu les jours suivant l'arrivée des tirailleurs, le lieutenant-colonel Siméoni explique qu'il se sent « menacé » par des centaines d'hommes qui ne font que réclamer leurs droits. Il informe le général Marcel Dagnan qui se rend au camp le 28 novembre 1944. Promettant que tout sera réglé mais sans pouvoir en donner la moindre garantie, Dagnan est sur le point de repartir quand des tirailleurs bloquent son véhicule. Le militaire parvient finalement à rentrer à Dakar. Il informe son supérieur le général commandant des troupes de l'AOF Yves de Boisboissel qui valide le principe d'une intervention armée.

Le 30 novembre en fin d'après-midi, le général Dagnan explique dans un télégramme envoyé à l'état-major général de guerre (EMGG) à Paris que l'esprit d'indiscipline des tirailleurs ainsi que leur « attitude arrogante à l'égard des cadres européens et [leurs] prétentions inadmissibles » pourraient justifier qu'il fasse recours à la force afin de « rétablir autorité et prestige ». C'est le lieutenant-colonel Le Berre qui supervise le déploiement d'un important dispositif militaire le lendemain au petit matin. Ce sont, note l'historienne Armelle Mabon, pas moins de « trois compagnies "indigènes", deux bataillons d'infanterie, un peloton de sous-officiers et hommes de troupe français, deux bataillons de gendarmerie, un char M3, deux half-tracks et trois automitrailleuses » qui sont mobilisés.

Flagrant est le décalage entre des troupes préparées à mener une véritable opération de guerre, et des ex-prisonniers, dont beaucoup viennent de se réveiller et cherchent à prendre leur café. Invités par les officiers du camp à se rassembler sur l'esplanade, les ex-prisonniers s'attendent plutôt à être enfin payés quand ils sont encerclés par le dispositif militaire. Le seul effet est de faire monter la tension. À 9 h 30, d'après les rapports, après sommation, plus de cinq cents cartouches sont tirées sur les ex-prisonniers dont l'état-major militaire affirme faussement qu'ils étaient armés et « en état de rébellion », comme l'écrit le général Dagnan. Selon lui, « l'influence allemande qui s'est exercée » pendant la captivité des anciens prisonniers « animés vis-à-vis de la mère patrie de sentiments plus que douteux » les a transformés en un « noyau agissant de tous les groupements hostiles à la souveraineté française ».

Grâce au rapport d'un chef d'escadron présent sur le *Circassia* et aux propos de Le Berre qui a réuni la veille à son domicile un capitaine et le commandant des automitrailleuses, lieutenant de vaisseau considéré comme habile aux tirs, on comprend que la décision de faire feu était bien programmée. Il n'y a pas eu de mutinerie ni de rébellion armée mais bien un massacre prémédité en réponse aux revendications légitimes de ces hommes. Revendications rendues illégitimes par une circulaire du ministère de la Guerre produite le 4 décembre 1944 qui fait croire que ce contingent ayant quitté la France le 5 novembre a perçu l'intégralité des soldes : il s'agit là encore de propos mensongers.

Quatre jours après le massacre de Thiaroye, le général Dagnan rédige un rapport dont la version conservée aux Archives nationales d'outre-mer établit le bilan officiel à 35 morts, dont 11 décédés des suites de leurs blessures, et 35 blessés. Une autre version du même rapport conservé au Service historique de la défense relève « 24 tués et 46 blessés transportés à l'hôpital et décédés par la suite ». Comme le nombre réel de tirailleurs à bord du *Circassia* et présents dans le camp, le nombre des victimes du massacre (35 ou 70 selon les versions officielles, en réalité beaucoup plus) reste indéterminé. Alors qu'une enquête est réclamée en vain par l'avocat Lamine Guèye, 34 tirailleurs sont condamnés (de un à dix ans de prison) à l'issue d'un simulacre de procès avant d'être amnistiés en 1947, mais ils restent toujours officiellement coupables, aux yeux de la France.

Thiaroye, lieu de mémoire et bombe politique

Pendant longtemps, le scénario officiel reste celui d'une répression survenue à la suite d'une mutinerie. S'il rédige dès décembre 1944 un poème sur Thiaroye, Léopold Sédar Senghor, qui fut lui-même prisonnier de guerre, adresse une note deux mois plus tard au cabinet du général de Gaulle dans laquelle il juge toutefois « normal que le commandement militaire réprime des actes d'indiscipline au besoin dans le sang ». Cette version continue d'autant plus de s'imposer que, dispersés dans une demi-douzaine de centres d'archives militaires ou coloniales en France et au Sénégal, classés « secret » ou « confidentiel » quand ils ne sont pas tout simplement « perdus », « manquants » ou « mal inventoriés », les documents relatifs au massacre de Thiaroye comportent également des faux en écriture publique, comme le dénonce depuis des années Armelle Mabon, appuyée en 2015 par l'ancien responsable des archives militaires au fort de Vincennes, le général André Bach (mort en mai 2017).

En parallèle, l'historien Martin Mourre montre comment la mémoire de Thiaroye galvanise les mouvements anticolonialistes et inspire une importante production culturelle. Celle-ci, à l'instar des compositions de l'artiste engagé guinéen Fodéba Keïta (1949) ou du film *Camp de Thiaroye* (1988) d'Ousmane Sembène – primé à la Mostra de Venise mais interdit en France pendant dix ans –, en passant par le scénario de *Thiaroye 44* écrit par Ben Diogaye Bèye et Boubacar Boris Diop, tombe régulièrement sous le coup de la censure. Si le pouvoir sénégalais craint d'offenser la France, la fresque murale réalisée en 2006 à Dakar par Marcel Christophe Colomb Maléane, sobrement intitulée *Thiaroye 44. Une histoire inoubliable*, illustre le besoin d'un devoir de mémoire autour du plus grand crime de masse de l'histoire du Sénégal contemporain.

Les soixante-dix ans du massacre de Thiaroye ont rouvert les débats historiographiques, politiques et judiciaires. Ainsi, le 30 novembre 2014, François Hollande inaugure un mémorial au cimetière militaire de Thiaroye pour « réparer une injustice et saluer la mémoire d'hommes qui portaient l'uniforme français et sur lesquels les Français avaient retourné leurs fusils, car c'est ce qui s'est produit ». Restant évasif sur l'ampleur du massacre, il parle de « sans doute plus de 70 [morts] ». Un bilan que son ministre des Affaires étrangères ne reprendra pas à son compte, évoquant deux ans plus tard « au moins 35 morts ».

Toutefois, les ayants droit des tirailleurs massacrés exigent toujours que les indemnités jamais versées et restées dans les caisses de l'État leur soient restituées. Et que ces soldats soient officiellement reconnus morts pour la France. Mais le ministère des Armées poursuit l'obstruction à la manifestation de la vérité sur ce crime commis en refusant la consultation d'archives « secrètes » restées auprès des forces françaises au Sénégal aujourd'hui dissoutes et en inventant tout prétexte pour empêcher la fouille des fosses communes et des tombes anonymes qui ont été cartographiées. L'indispensable exhumation des corps reste encore à accomplir…

Amzat Boukari-Yabara

Chapitre 1

Aux origines de la Françafrique : l'idéologie coloniale

Amzat Boukari-Yabara et Thomas Deltombe

La Françafrique apparaît à bien des égards comme le dernier avatar de l'histoire longue de la colonisation. Pour s'en convaincre, on pourrait citer ces quelques mots prononcés par le général de Gaulle à Bordeaux, en 1947 : « Grâce à nous des peuples de toutes races humaines, naguère plongés pour la plupart dans cette torpeur millénaire où l'histoire ne s'écrit même pas, découvraient à leur tour la liberté, le progrès, la justice. » On pourrait surtout comparer ces mots avec ceux de Nicolas Sarkozy prononcés à Dakar en 2007 : « Le drame de l'Afrique, c'est que l'homme africain n'est pas assez entré dans l'Histoire. » Pour le « paysan africain », ajoutait-il, qui « depuis des millénaires vit avec les saisons » et végète dans « l'éternel recommencement du temps », il n'y a de place « ni pour l'aventure humaine, ni pour l'idée de progrès ».

Un demi-siècle sépare ces deux déclarations mais elles sont pourtant bien semblables. Quelques mots ont changé mais elles tirent leur inspiration d'une source commune : l'idéologie coloniale. Cette remarque ne s'applique pas seulement, loin s'en faut, à la famille gaulliste. Dans cette « bibliothèque coloniale » pleine de stéréotypes, on pourrait citer mille phrases et mille postures, de François Mitterrand comme de François Hollande, de Valéry Giscard d'Estaing comme d'Emmanuel Macron, et tirer la même conclusion. Et cela ne s'applique pas seulement aux présidents successifs, aux ministres, aux célébrités, aux journalistes : c'est toute la société française qui reste, structurellement, habitée par la culture coloniale.

Avec une dose de narcissisme, c'est dans le miroir de la longue histoire de la colonisation que se précise l'image du système françafricain tel qu'il émerge au milieu du XXe siècle. L'un de ses reflets les plus sombres en est le racisme, dans ses expressions les plus sanglantes ou les plus paternalistes.

Une grande entreprise de dépossession

L'entreprise coloniale est intimement liée à l'idée de la propriété. C'est en vertu de cette idée que les puissances européennes s'accaparent à partir du XVIe siècle de vastes territoires par-delà les mers, en Afrique et aux Amériques en particulier, et dépossèdent leurs habitants de leurs terres, de leurs cultures, de leurs moyens de subsistance. Leurs vies mêmes sont réduites à néant par les conquérants, qui se livrent à l'extermination, au viol et au pillage. Alors que les peuples autochtones du « Nouveau Monde » disparaissent presque entièrement, des millions d'Africains sont déportés à travers l'Atlantique. Dans les Amériques et les Caraïbes, leurs corps, réduits à l'état de machines vivantes dans un univers concentrationnaire, sont exploités sans relâche par l'industrie sucrière.

Dans ce vaste mouvement capitaliste d'appropriation – des terres, des êtres, des âmes –, les Européens se constituent, entre le XVIe et le XVIIIe siècle, des empires gigantesques alimentés par l'incessante traite transatlantique. Grâce au pacte colonial mis en place par Colbert en 1664 pour contraindre les colonies à échanger exclusivement avec la métropole, le travail des captifs africains aux Antilles françaises enrichit l'État, les compagnies commerciales et les bourgeoisies marchandes de Nantes, Bordeaux ou La Rochelle. Pendant que se constitue un lobby colonial, composé d'armateurs, de banquiers et de planteurs, l'État tente, en accord avec l'Église catholique, de réglementer la vie dans les plantations. Signé par Louis XIV en 1685, le Code noir rejette les esclaves aux confins de l'humanité. Déclarés « êtres meubles », ils sont la propriété de leur maître qui les transmet en héritage à sa descendance. Les esclaves, eux, n'ont bien sûr aucun droit de propriété. Même leurs enfants sont dès la naissance propriété du maître blanc.

La division du genre humain en catégories distinctes – bientôt qualifiées de « races » – accompagne ce mouvement historique d'appropriation et de dépossession. À grand renfort d'arguments religieux, philosophiques ou scientifiques, la hiérarchisation de ces catégories raciales a pour effet de rendre l'esclavage et la colonisation acceptables, et même vertueux, aux yeux des peuples européens. Il faudra des siècles pour que les voix discordantes parviennent à se faire entendre. Ainsi de Voltaire qui, à travers le « nègre du Surinam » mis en scène dans *Candide* (1759), dénonce par l'ironie les ravages de l'esclavage. Ainsi de Diderot également, qui s'étonne du désintérêt des Européens pour les « malheureux nègres » qui leur fournissent pourtant tant de sucre et de rhum. « On les tyrannise, on les mutile, on les brûle, on les poignarde, et nous l'entendons dire froidement et sans émotion, relève-t-il en 1780. Les tourments d'un peuple à qui nous devons nos délices ne vont jamais jusqu'à notre cœur. » Si les « amis des Noirs » parviennent enfin à se faire entendre, les esclaves eux-mêmes restent privés de parole.

La multiplication des révoltes dans les colonies, la progression des idées libérales, la quête d'une plus grande rentabilité et les rivalités inter-impérialistes – en particulier la séculaire concurrence franco-britannique – aboutissent à une reconfiguration des espaces impériaux à la fin du XVIIIe siècle. L'émancipation des colonies blanches d'Amérique – les États-Unis arrachent leur indépendance en 1776 – alimente bien des débats en Europe. Mais c'est la révolution de Saint-Domingue, à partir de 1791, qui provoque la principale onde de choc. Conduite par un affranchi noir, Toussaint Louverture, l'insurrection oblige la France à proclamer l'abolition de l'esclavage en 1794 en conformité avec les principes de liberté et d'égalité portés par la Révolution française. La révolte des dominés a été plus efficace que les longs débats. Dix ans plus tard, à la suite d'une guerre contre les troupes napoléoniennes venues rétablir l'esclavage, Jean-Jacques Dessalines proclame l'indépendance de Saint-Domingue sous le nom d'Haïti.

Ces événements confortent les intellectuels hostiles à la colonisation, dont certains soulignent le « coût » démesuré. L'économiste libéral Jean-Baptiste Say, estimant que les consommateurs européens profiteront davantage du libre-échange entre nations indépendantes que du commerce fermé avec les chasses gardées coloniales, imagine dans son *Traité d'économie politique* (1801) un « bon système de colonisation » fondé sur ce qu'on pourrait qualifier d'indépendances contrôlées. Dans ce système utilitariste les colonies seraient « laissées indépendantes quant à leur administration et à leurs relations extérieures, mais protégées aussi longtemps qu'il en est besoin par l'alliance de la métropole ». Pour ce faire, précise l'économiste, « les corps politiques peuvent imiter en cela les relations des pères avec les enfants. Ceux-ci, parvenus à l'âge d'homme, doivent être laissés indépendants ; c'est même alors que s'établissent les rapports les plus durables et les plus réciproquement utiles entre eux et leurs parents. De grandes parties de l'Afrique pourraient être couvertes de colonies européennes formées sur ces principes ». Ainsi apparaît l'idée d'un impérialisme informel, déconnecté d'une stricte souveraineté territoriale. Une stratégie impériale « sournoise mais courtoise », selon l'expression de l'historien David Todd.

Exterminer et assimiler

La perte de Saint-Domingue ne freine guère les velléités dominatrices et expansionnistes françaises. Comme pour laver l'affront, et parce que la propriété est alors érigée en principe sacré, Paris impose un embargo commercial et militaire à Haïti pour l'obliger à dédommager les colons expropriés. Le couteau sous la gorge, les dirigeants haïtiens acceptent en

1825 de payer à la France une « dette » de 150 millions de francs-or. Une somme si colossale que le peuple haïtien, maintenu sous pression par le mécanisme de la dette, mettra plus d'un siècle à rembourser : la France continuera de percevoir ces « réparations » jusqu'en… 1950 !

Ne conservant plus outre-Atlantique que quelques confettis insulaires, la France jette son dévolu sur l'Algérie en 1830. La conquête, difficile et sanglante, se prolonge sur plusieurs décennies par un interminable cycle d'insurrections et de répressions. Là encore, quelques libéraux s'élèvent contre cette entreprise « ruineuse ». C'est le cas d'Henri Fonfrède, par exemple, qui appelle dès les années 1830 à la « décolonisation » de l'Algérie [→ p. 78]. Mais leurs plaidoyers passent presque inaperçus, étouffés par les envolées conquérantes des intellectuels en vue. « J'ai souvent entendu en France des hommes que je respecte, mais que je n'approuve pas, trouver mauvais qu'on brûlât les moissons, qu'on vidât les silos et enfin qu'on s'emparât des hommes sans armes, des femmes et des enfants, argumente Alexis de Tocqueville en 1841. Ce sont là, suivant moi, des nécessités fâcheuses, mais auxquelles tout peuple qui voudra faire la guerre aux Arabes sera obligé de se soumettre. »

Telles sont en effet quelques-unes des méthodes employées par Thomas Bugeaud, Armand de Saint-Arnaud et bien d'autres pour anéantir les résistances algériennes. Participant aux opérations, Louis Faidherbe, alors jeune officier, décrit lui aussi sur le mode du regret ces massacres indiscriminés. « Vous voyez une guerre d'extermination et, malheureusement, il est impossible de la faire autrement, écrit-il à sa mère en 1844. Après bien des tentatives pour lui inspirer le respect du droit des gens, on est réduit à dire : un Arabe tué c'est deux Français de moins assassinés. »

Adepte des procédés expéditifs de Bugeaud et de Saint-Arnaud, Faidherbe les perfectionne lorsqu'il est affecté en 1852 au Sénégal, dont la France ne contrôle alors que les parties côtières. Parrainé par les compagnies commerciales, notamment la maison bordelaise Morel et Prom, Faidherbe est rapidement promu gouverneur du territoire, poste qu'il occupera pendant plus de dix ans, avec pour mission d'étendre la domination française dans l'intérieur des terres.

À mesure que progresse cette « pacification », Faidherbe étudie les manières de maintenir durablement les territoires conquis sous domination française. Les colons étant peu nombreux sur ces terres africaines et les ministres parisiens plutôt avares en moyens financiers, le gouverneur du Sénégal décide de s'appuyer sur les populations locales. Après les campagnes de terreur et de destruction, on tente donc d'amadouer les chefs africains pour en faire les auxiliaires de la colonisation. Il faut, prescrit Faidherbe, « donner, quand il nous plaira, quelques preuves de notre munificence aux chefs dont nous serons contents ».

Pour discipliner la colonie, Faidherbe s'appuie sur deux institutions : l'école et l'armée. En 1856, il crée l'« école des otages », dont le principe est le suivant : en gage de paix, les chefs soumis doivent confier certains de leurs enfants à l'école française qui se charge de les transformer en dociles subordonnés. En 1857, le gouverneur met sur pied un nouveau corps d'armée inspiré des tirailleurs indigènes d'Algérie : les « tirailleurs sénégalais ». Les Noirs font de bons soldats, écrit Faidherbe en 1859, « parce qu'ils n'apprécient guère le danger et ont le système nerveux très peu développé ».

Inspirées par son expérience algérienne, les « innovations » administratives de Faidherbe, qui oscillent entre l'extermination et l'assimilation, résonnent avec les débats scientifiques de son temps. Dans les décennies suivantes, l'entreprenant gouverneur publiera d'ailleurs d'innombrables articles dans les revues spécialisées, ravies de partager avec leurs lecteurs les réflexions d'un homme aussi expérimenté. Par exemple celle-ci, énoncée en 1879 : « L'infériorité des Noirs provient sans doute du volume relativement faible de leurs cerveaux. »

Au cœur des « sciences raciales » et de l'idéologie coloniale : l'évolutionnisme

Les modalités d'extraction du profit outre-mer et les justifications avancées pour poursuivre l'entreprise coloniale évoluent de concert au cours du XIXe siècle. Avec le développement de l'anthropologie raciale, les démonstrations « scientifiques » viennent seconder les anciennes justifications religieuses. L'existence et l'inégalité des « races », théorisées par Arthur de Gobineau et Paul Broca, sont désormais considérées comme des faits biologiques incontestables. Ne prêtant aucune attention aux travaux qui démentent ces théories, comme le travail remarquable de l'intellectuel haïtien Anténor Firmin qui publiera *De l'égalité des races humaines* en 1885, et faisant fi de la riche histoire des sociétés africaines, les milieux scientifiques français poursuivent imperturbablement leurs investigations raciologiques. Toutes les « races » humaines ont-elles la même souche ? Ces « races » sont-elles susceptibles d'évolution ? Certaines « races » sont-elles appelées à dominer et les autres à disparaître, comme jadis les « Indiens d'Amérique » ?

La notion d'« évolution », popularisée par les travaux de Lamarck et de Darwin, occupe une place centrale dans les débats scientifiques et les discours politiques. Appliquée à l'espèce humaine, elle permet de distinguer des « races évoluées », dont la supériorité conférerait des droits naturels sur les « races primitives » empêtrées à mi-course sur le chemin ardu qui mène de l'animal sauvage à l'homme blanc.

Pareille « loi biologique », à la fois hiérarchisée et évolutive, fournit des arguments commodes aux partisans de la colonisation : elle permet de justifier, au choix, la disparition des « races inférieures » ou, au contraire, leur régénération. Fâcheuse sans doute, la première option est rendue « nécessaire » par leur inadaptabilité aux lois de l'évolution. Ambitieuse peut-être, la seconde réclame l'assistance fécondante et généreuse des « races supérieures ».

Cette « science des races », alors en cours d'élaboration, est abondamment mobilisée au moment de la relance de l'entreprise coloniale, favorisée à partir des années 1870 par la dépression économique, par la crise de la pensée libérale et par la fièvre nationaliste qui s'empare du continent européen. En France, l'humiliation du Second Empire lors de la guerre franco-prussienne en 1870-1871 rend nécessaire cette nouvelle « ruée » coloniale aux yeux des dirigeants de la IIIe République. Dans *La Réforme intellectuelle et morale de la France* (1871), Ernest Renan fait de la guerre des races un utile dérivatif de la guerre des classes : « La colonisation en grand est une nécessité politique tout à fait de premier ordre. Une nation qui ne colonise pas est irrévocablement vouée au socialisme, à la guerre du riche et du pauvre. La conquête d'un pays de race inférieure par une race supérieure, qui s'y établit pour le gouverner, n'a rien de choquant. »

En quelques décennies, les Français « découvrent » et s'approprient d'immenses territoires – en Indochine, en Afrique, à Madagascar. Une nouvelle génération d'officiers s'élance à travers cet Empire naissant, et soumet les populations avec les méthodes déjà éprouvées par leurs aînés. Une « regrettable » effusion de sang, que les dirigeants français justifient en mêlant arguments républicains, serments patriotiques et considérations raciologiques : « Dieu offre l'Afrique à l'Europe, affirme Victor Hugo en 1879. Au XIXe siècle, le Blanc a fait du Noir un homme ; au XXe siècle, l'Europe fera de l'Afrique un monde. »

Jules Ferry incarne mieux que personne cette République coloniale, qui présente sa propre expansion comme une offre de libération. Dans son célèbre discours devant la Chambre des députés, le 28 juillet 1885, il défend le « droit » des « races supérieures » et leur « devoir de civiliser les races inférieures ». Grâce à l'expansion coloniale, la France doit retrouver son rang, ajoute-t-il, car « elle ne peut pas être seulement un pays libre » : elle doit « aussi être un grand pays exerçant sur les destinées de l'Europe toute l'influence qui lui appartient », « répandre cette influence sur le monde et porter partout où elle le peut sa langue, ses mœurs, son drapeau, ses armes, son génie ».

Si son nom reste attaché à l'école républicaine et aux grandes libertés publiques porteuses de progrès social, Ferry est aussi le héraut de la doctrine coloniale assimilationniste. Tel est en tout cas le souvenir qu'en laissera la IIIe République qui enseigne pendant des décennies aux écoliers français à « aimer » les indigènes et aux « peuples-enfants » des colonies à vénérer leur nouvelle mère patrie.

Parmi les colonisés, certains se plient à l'exercice de l'assimilation. Érigés en modèles, ils accèdent alors à des postes d'auxiliaires (« boys », plantons, interprètes, miliciens, etc.) et jouent aux côtés des chefs traditionnels le rôle d'intermédiaires entre l'administration coloniale et ses administrés. Les plus chanceux se voient décerner le titre d'« évolués » : preuve que la France s'acquitte avec succès de la « mission civilisatrice » qu'elle s'est à elle-même assignée. Rarissimes en revanche sont ceux qui accèdent à la dignité de « citoyens » français : les colonisés, soumis au Code de l'indigénat, restent des « sujets » infra-politiques.

Il faut se méfier des mythes. Si l'idéologie assimilationniste imprègne la société française à partir de la fin du XIXe siècle, elle sert avant tout de justification propagandiste : en infantilisant pernicieusement les colonisés, elle fournit un paravent « humanitaire » à une entreprise coloniale lucrative et foncièrement criminelle.

Du « bon despote » à la « coopération »

Alors que la « pacification » se poursuit au tournant du XXe siècle, faisant des centaines de milliers de morts, les théoriciens de la colonisation sont confrontés à la difficulté qu'avait déjà rencontrée Faidherbe : comment administrer et exploiter durablement les territoires soumis ? Le système d'administration directe se révélant coûteux, inefficace et même contre-productif face à des populations rétives dispersées sur des territoires immenses, les conquérants s'appuient souvent sur les structures politiques existantes. Derrière la doctrine officielle d'assimilation, l'idée d'administration indirecte gagne en popularité chez les doctrinaires coloniaux. Tout comme le concept de protectorat, appliqué en Tunisie dès 1882, dans la péninsule indochinoise dès 1883 et plus tard à travers le continent africain où les chefs traditionnels sont contraints à signer des traités léonins.

Stigmatisant la « manie assimilatrice et révolutionnaire », Jules Ferry lui-même se fait l'ardent défenseur de l'administration indirecte en 1892. « C'est pour avoir cru à la vertu universelle et quasi magique de nos lois, de nos institutions, de nos procédés administratifs que nous avons pris tant de fausses mesures en Algérie », écrit-il dans la préface du livre de Narcisse Faucon *La Tunisie avant et depuis l'occupation française*. D'où l'intérêt du protectorat, qui « décharge » la métropole « des responsabilités du gouvernement direct » et s'adapte à la nature profonde des « races conquises ». Puisque « le régime représentatif, la séparation des pouvoirs, la Déclaration des droits de l'homme et les Constitutions » sont, pour les Arabes, « des formules vides de sens », il faut les gouverner à travers leurs tyrans traditionnels, qu'on se contentera d'orienter et de conseiller. « Il y a là une réalisation pratique et positive de ce rêve du bon despote, qui hante l'esprit aimable de M. [Ernest] Renan », conclut Ferry.

Jean-Marie de Lanessan, gouverneur général de l'Indochine (1891-1894), entend lui aussi s'appuyer sur les cadres locaux pour asseoir l'autorité française. En poste à Hanoï, Hubert Lyautey, alors jeune officier, résume en 1894 les méthodes du gouverneur : « Faire du protectorat et non de l'administration directe. Au lieu de dissoudre les anciens cadres dirigeants s'en servir. Gouverner avec le mandarin et non contre le mandarin. » Il faut donc, note Lyautey, s'appuyer sur la « classe dirigeante » autochtone. « Devenus nos amis, sûrs de nous, ayant besoin de nous, les mandarins n'auront qu'à parler pour que tout se pacifie, à autrement moins de frais et plus sûrement qu'avec toutes les colonnes militaires. »

Collaborateur de Lanessan en Indochine et supérieur hiérarchique de Lyautey, Joseph Gallieni, gouverneur de Madagascar (1896-1905), complète la doctrine. S'il faut « soutenir énergiquement les chefs qui nous servent d'intermédiaires », ordonne-t-il à ses subordonnés en 1898, il est nécessaire de frapper les « chefs rebelles » jusqu'à « leur disparition ou leur soumission complète ». Et si un chef se montre indécis, il faut le « contrôler dans tous ses actes ». « Mieux vaut, en général, conserver ce fantôme de pouvoir, auquel l'indigène est plus habitué et derrière lequel nous pouvons manœuvrer plus à l'aise », ajoute le gouverneur.

Ces prescriptions s'inscrivent dans un cadre plus général, que Gallieni qualifie de « politique des races ». Cette politique consiste, sur un territoire donné, à diviser les sociétés indigènes en « races » distinctes et hiérarchisées pour mieux les dominer. « S'il y a des mœurs et des coutumes à respecter, précise ainsi Gallieni, il y a aussi des haines et des rivalités qu'il faut savoir démêler et utiliser à notre profit, en les opposant les unes aux autres ». La priorité n'est pas tant de « civiliser » les sociétés indigènes que de les pénétrer pour « mettre à profit les éléments locaux utilisables » et « détruire les éléments locaux inutilisables ». Après avoir divisé les « races », conclut Gallieni, il est souhaitable de les constituer en « confédérations indépendantes et autonomes commandées par leurs chefs naturels, dirigés eux-mêmes par nos résidents civils ou militaires ».

Pendant qu'aux colonies les administrateurs dissèquent les sociétés colonisées, certains théoriciens cherchent depuis Paris une manière souple et rentable de les contrôler à distance. Émile Démaret propose par exemple, dès 1899, un système fédératif unissant la métropole aux colonies. Cette fédération gérerait les domaines communs (défense, douanes, affaires étrangères, etc.) et laisserait une grande autonomie à chacune des colonies. Ces dernières, érigées en États, seraient dirigées par les « colons », c'est-à-dire, précise Démaret, « tous les habitants d'une colonie qui sont acquis à nos idées modernes, quelles que soient leur religion, leur couleur ou leur race ». Ainsi, la France retrouvera sa puissance. Elle se délivrera

« d'une multitude de soucis » en confiant « aux conseils locaux le soin des affaires locales » et pourra « se consacrer à un but unique : garder sa place dans le monde par la défense de son territoire, le maintien de son influence, la garantie de son commerce ».

Toutes les configurations évoquées, du protectorat à la fédération, décrivent finalement l'indigène comme la clé de voûte du système colonial. Maintenus sous le joug de leurs « despotes traditionnels » ou acquis « à nos idées modernes », les peuples colonisés sont sommés de participer à l'effort colonial. Une participation d'autant plus nécessaire que le « coût » de l'Empire, de plus en plus vaste, agite à nouveau les milieux politiques. La loi de finances du 13 avril 1900, qui tente de freiner les dépenses métropolitaines en octroyant l'autonomie financière aux colonies, marque de ce point de vue une césure. Désormais, la rentabilisation des territoires repose essentiellement sur la contribution des indigènes : les « élites » sont confortées dans leur mission d'encadrement ; les autres sont accablés d'impôts et soumis en masse au travail forcé.

Pour Jules Harmand, auteur en 1910 d'un ouvrage qui fera référence, *Domination et colonisation*, la viabilité de l'Empire repose *in fine* sur la « collaboration » des colonisés – qu'on ne peut, dit-il, obtenir que par une « politique d'association ou de coopération ».

« Notre point de départ : nous faire aimer d'eux »

La collaboration des indigènes devient un enjeu central au moment de la Première Guerre mondiale, au cours de laquelle des centaines de milliers de travailleurs et soldats coloniaux sont enrôlés. Bousculées par les États-Unis et par l'Union soviétique au sortir du conflit, et toujours contestées par les peuples colonisés, les métropoles impériales révisent leur « politique indigène ». Objectif : susciter le consentement des peuples dominés.

Symptomatique à cet égard est la publication en 1921 du roman autobiographique de l'explorateur et diplomate Auguste Pavie, *À la conquête des cœurs*, préfacé par Georges Clemenceau. Narrant les expéditions qu'il a effectuées trente ans plus tôt dans la péninsule indochinoise, et sa collaboration avec le général Pennequin pour attacher les peuples indigènes à la France, ce texte révèle le fantasme des élites françaises, qui veulent croire que la « pacification » leur attirera l'amour des colonisés.

Ami personnel de Pavie, qu'il a rencontré en Indochine, et désormais Résident général au Maroc (1912-1925), Lyautey est une des figures tutélaires du courant « réformiste » qui se développe dans l'entre-deux-guerres. Actualisant ce qu'il a appris en Indochine et à Madagascar auprès de Lanessan et Gallieni, il consolide sa théorie du protectorat, seul système capable selon lui d'amortir les chocs qui sont portés à l'Empire français.

En offrant aux élites indigènes plus de libertés, tout en garantissant leur sécurité face aux menaces intérieures et extérieures, le protectorat favorise leur rapprochement avec leurs bienfaiteurs métropolitains.

Car, pour lui aussi, l'amour est la solution ultime de l'équation coloniale, comme il le confie quelques mois avant sa retraite. Puisque les colonies finiront bien par se séparer de la métropole, « dans un temps plus ou moins lointain », déclare-t-il devant ses collaborateurs le 14 avril 1925, mieux vaut s'y préparer : « Il faut qu'à ce moment-là, et ce doit être le suprême but de notre politique, cette séparation se fasse sans douleur et que les regards des indigènes continuent toujours à se tourner avec affection vers la France. Il ne faut pas que les peuples africains se retournent contre elle. À ces fins, il faut dès aujourd'hui, notre point de départ, nous faire aimer d'eux. »

Albert Sarraut, ancien gouverneur général de l'Indochine devenu ministre des Colonies, tire une conclusion similaire à l'orée des années 1920. Si elles se font en douceur, les « sécessions coloniales », de toute façon inenvisageables avant un « très long temps », seraient pour la France une juste récompense, note-t-il dans son livre *La Mise en valeur des colonies françaises* (1923). Elles pourraient même avoir des « avantages » si les jeunes États restent pénétrés par « la langue, la tradition, les leçons, le souvenir, l'âme même de la France ». Ne serait-ce pas « pour la Mère-Patrie le meilleur des résultats, nous allions dire la meilleure opération, que d'avoir ainsi noué, avec ses enfants adultes, par les liens durables de la gratitude et de l'intérêt, des rapports économiques et politiques dont la métropole resterait la bénéficiaire privilégiée, sans supporter les charges ou les responsabilités d'autrefois » ?

Ainsi s'esquisse la théorie d'une décolonisation contrôlée. Une théorie paradoxale puisque le droit de séparation reconnu au colonisé est conditionné à l'amour qu'il s'engage à donner au colonisateur (nous ne partirons que si vous nous priez de rester !). Une théorie bien vaporeuse, surtout, puisque à l'époque où elle est énoncée les cris étouffés de la révolte et de la douleur montent toujours des quatre coins de l'Empire français, depuis les montagnes du Rif, où des milliers d'insurgés sont étouffés au gaz moutarde, jusqu'au chantier du chemin de fer Congo-Océan, qui avale chaque année des milliers de travailleurs forcés. L'amour colonial se fait sur un lit de cadavres.

Repères bibliographiques

Yves Benot, *Les Lumières, l'Esclavage, la Colonisation*, La Découverte, Paris, 2005.

Frederick Cooper, *Le Colonialisme en question. Théorie, connaissance, histoire*, Payot, Paris, 2010.

Annie Deperchin et Farid Lekeal, « Le protectorat, alternative à la colonie ou modalité de la colonisation ? », *Clio@Themis, Revue électronique d'histoire du droit*, n° 4, 2011.

Véronique Dimier, *Le Gouvernement des colonies, regards croisés franco-britanniques*, Éditions de l'Université de Bruxelles, Bruxelles, 2004.

Marc Ferro (dir.), *Le Livre noir du colonialisme. xvie-xxie siècle. De l'extermination à la repentance*, Robert Laffont, Paris, 2003.

Makhily Gassama (dir.), *L'Afrique répond à Sarkozy. Contre le discours de Dakar*, Philippe Rey, Paris, 2008.

Raoul Girardet, *L'Idée coloniale en France de 1871 à 1962*, Hachette, Paris, 2007.

Didier Gondola, *Africanisme : la crise d'une illusion*, L'Harmattan, Paris, 2007.

Adame Ba Konare (dir.), *Petit Précis de remise à niveau sur l'histoire africaine à l'usage du président Sarkozy*, La Découverte, Paris, 2008.

Gilles Manceron, *1885 : le tournant colonial de la République*, La Découverte, Paris, 2007.

Guy Pervillé, *L'Europe et l'Afrique, de 1914 à 1974*, Ophrys, Paris, 1994.

Rosa Amelia Plumelle-Uribe, *La Férocité blanche*, Albin Michel, Paris, 2001.

Walter Rodney, *Et l'Europe sous développa l'Afrique*, Éditions caribéennes, Paris, 1986.

Jean Suret-Canale, *Afrique noire. L'ère coloniale, 1900-1945*, Éditions sociales, Paris, 1962.

Odile Tobner, *Du racisme français. Quatre siècles de négrophobie*, Les Arènes, Paris, 2007.

David Todd, *A Velvet Empire. French Informal Imperialism in the Nineteenth Century*, Princeton University Press, Princeton, 2021.

Henri Fonfrède, apologiste de la « décolonisation » (1834)

Face aux mouvements qui réclament partout dans le monde, depuis les années 2000, le retrait des statues et des plaques de rues glorifiant les « héros » du colonialisme, les milieux conservateurs s'escriment à développer un contre-argumentaire. Leur technique favorite consiste à taxer d'anachronisme le raisonnement des contestataires.

« On assimile colonisation et extermination sans réaliser combien le jugement est anachronique et déplacé », affirme par exemple l'historien Marc Michel dans son *Essai sur la colonisation positive* (2009). « L'anachronisme est un péché contre l'intelligence du passé », surenchérissent Jean-Noël Jeanneney, Mona Ozouf, Maurice Sartre, Annie Sartre et Michel Winock dans une tribune, publiée dans *Le Monde* en 2020, dans laquelle ils tentent de régler leur compte aux « déboulonneurs ».

L'argument est le suivant : les statues de Bugeaud, Faidherbe et autre Gallieni qui trônent au cœur de nos villes doivent rester à leur place car elles faisaient consensus à l'époque où elles y ont été installées. Gardons-nous de tout « jugement rétrospectif », exigent les éminents historiens : il ne faut pas regarder l'Histoire avec les catégories morales du présent.

Ce conseil de bon sens cache cependant un argument fallacieux. Est-on sûr que les figures aujourd'hui contestées ne l'étaient pas déjà hier ? Leurs « idéaux » faisaient-ils vraiment consensus à leur époque ? Les peuples colonisés étaient-ils eux aussi unanimes à applaudir leurs oppresseurs ? Pourquoi se sont-ils alors si souvent révoltés ? Et, en France même, n'y avait-il pas aussi quelques voix dissidentes ? Aussi rares fussent-elles, méritent-elles d'être effacées des mémoires ?

« L'anticolonialisme s'est développé en même temps que l'entreprise coloniale, et n'a cessé de l'accompagner », rappelle à juste titre l'historien Claude Liauzu dans son *Histoire de l'anticolonialisme en France* (2007). Insistons sur ces mots : « en même temps ».

La colonisation ? Un « anachronisme »…

Pour s'en convaincre, on peut se tourner vers Henri Fonfrède (1788-1841). Fils de Jean-Baptiste Boyer-Fonfrède, conventionnel guillotiné en 1793, ce négociant bordelais et publiciste de talent professe des idées libérales dans le sillage de Jean-Baptiste Say et Benjamin Constant. S'il se rapproche des milieux conservateurs dans les années 1830, ce qui lui vaudra d'être cité comme un « guérillero » de l'« armée de l'ordre » par Victor Hugo dans *Les Misérables*, il maintient ses positions sur deux sujets qui lui tiennent à cœur : le libre-échange et la colonisation.

Il faut lire ses articles sur la conquête de l'Algérie, publiés dans la presse bordelaise entre 1834 et 1836, puis réédités sous le titre « Du système colonial en général et de la colonisation d'Alger ». Cet opuscule de quatre-vingt-dix pages s'attaque frontalement à la conquête française de l'Algérie, entamée en 1830, et fustige le principe même de la colonisation. Alors que les puissances européennes ont perdu leurs possessions outre-Atlantique au tournant du XIXe siècle, Fonfrède est persuadé que le système colonial, « faux et mauvais en lui-même », appartient au passé. « Nous touchons à l'ère finale des colonies », écrit-il.

Aussi la conquête de la régence d'Alger lui apparaît-elle comme une aberration. « Lorsque la race humaine tend à décoloniser les trois parties du monde dont l'Europe avait jugé légitime de s'arroger la propriété politique et commerciale, s'imaginer, au milieu de cette transformation universelle, qu'on pourra recommencer le système de colonisation [...], c'est une déplorable absence de jugement, c'est un anachronisme dont on pourrait rire s'il ne coûtait à la France le sang de ses meilleurs soldats et la plus vitale substance de ses contribuables. »

Bien avant Raymond Cartier [→ I.2], Henri Fonfrède met le coût de la colonisation au cœur de son raisonnement. Pourquoi dépenser des « centaines de millions » en Algérie alors que la France manque cruellement d'infrastructures (routes, canaux, etc.) ? « Au nom du ciel ! Messieurs, au lieu de canaliser l'Afrique, canalisez la France ! » lance-t-il. Déclaration annonciatrice du « cartiérisme » des années 1950-1960, que Jean Montalat, député-maire de Tulle, résumera cent trente ans plus tard par la célèbre formule : « La Corrèze avant le Zambèze[1]. »

... et un « crime de lèse-humanité »

Privant « la France de ses soldats, de ses travailleurs, de ses finances », écrit Fonfrède, la colonisation de l'Algérie est « un crime de lèse-nation ». Mais c'est aussi « un crime de lèse-humanité ». Car, aux arguments économiques s'ajoutent des arguments moraux : au lieu de « civiliser la France à coups de pioche », déplore-t-il, on s'en va « civiliser l'Afrique à coups de canon ».

Encore faudrait-il trouver un mot plus adéquat que « civilisation » pour qualifier la manie qu'a l'Europe de regarder « les trois autres parties du monde comme des régions subalternes, destinées à servir de colonies à ses besoins, à ses goûts, à ses caprices – civilisation tellement absolutiste que, pour s'implanter où il lui plaît, et là, usurper, accaparer, agioter, elle se croit le droit d'exterminer les indigènes qui ne veulent pas recevoir docilement son empreinte et son joug ». Certes, les Arabes sont « vigoureux, guerriers, fanatiques, d'une religion qui maudit la nôtre », concède Fonfrède, mais c'est d'abord la violence qu'on exerce sur eux qui provoque leurs

1. La formule, prêtée à tort à Raymond Cartier, est prononcée par Jean Montalat à l'Assemblée nationale le 10 juin 1964.

« justes ressentiments » et en fait chaque jour « des ennemis plus acharnés ».

La colonisation est si violente, affirme encore le publiciste, qu'elle « décivilise » les conquérants : « Au lieu de civiliser les barbares du désert, leur contact aura rendu nos soldats féroces comme eux. Ne se vante-t-on pas déjà qu'ils coupent admirablement les têtes et qu'ils les suspendent avec grâce à l'arçon de leur selle ? Échauffés par des scènes infernales, après l'immolation de certaines tribus égorgées, n'ont-ils pas exercé des actes de barbarie, que je dirai si l'on m'y force mais que jusque-là ma plume se refuse à transcrire ? Vous opérez à contre-sens, créateurs de misères ! Vous décivilisez les armées françaises ! »

En pleine guerre d'Indochine, Aimé Césaire emploiera des termes similaires. « Il faudrait d'abord étudier comment la colonisation travaille à déciviliser le colonisateur [...] et montrer que, chaque fois qu'il y a au Viet-Nam une tête coupée et un œil crevé et qu'en France on accepte [...], il y a le poison instillé dans les veines de l'Europe, et le progrès lent, mais sûr, de l'ensauvagement du continent », écrit-il dans son *Discours sur le colonialisme* (1950) [→ I.6].

« Le système colonial tombe en ruine de toute part »

La force n'ayant eu que de piètres résultats, constate Henri Fonfrède, les conquérants cherchent par la ruse à soumettre les indigènes. « On demande donc s'il ne conviendrait pas de changer de système, c'est-à-dire de renoncer à la civilisation par la violence armée, et d'essayer de la douceur, de la protection, de la persuasion ! Mais on croit les Arabes bien stupides, si l'on pense qu'ils se laisseront caresser par la main qui les a si cruellement déchirés ; si l'on pense qu'ils ne comprendront pas la cause de ce revirement soudain. » Les peuples dominés « ont un instinct d'indépendance qui redoute le joug, et qui ne veut le recevoir ni de la violence, ni de l'hypocrite douceur qui ne les flatte que pour les envahir et les déposséder ».

Alors que la conquête de l'Algérie est un contre-sens historique, et que le « système colonial tombe en ruine de toute part », Fonfrède ne voit d'autre solution que la « décolonisation ». Ce néologisme – dont il est l'inventeur – laisse ouverte la possibilité d'un système de domination plus souple, qui n'est pas sans ressemblance avec ce qu'on qualifiera plus tard de néocolonialisme, le polémiste envisageant en effet le maintien d'une présence française sur les « points importants du littoral » algérien.

Mais Fonfrède, qui affirme explicitement que « le mal » se trouve « dans le principe même, dans le système de colonisation », ne voit dans cette présence résiduelle qu'un pis-aller, d'ailleurs susceptible de réconcilier la France avec les peuples autochtones : « Les Arabes, bien convaincus qu'on ne veut plus envahir leur pays par la force, conquérir, brûler ou rançonner leurs villes, seraient bien aises de profiter des rapports favorables qui pourraient s'établir entre eux et nous. »

« J'aimerais mieux encore, je l'avoue, que jamais la France n'eût la malheureuse pensée de coloniser la régence, ni par la guerre, ni par la paix, conclut-il. Mais puisque les faits accomplis ne permettent pas de repousser les deux moyens, je crois que le système pacifique doit avoir la préférence : c'est le seul qui soit à la fois juste et praticable. »

Thomas Deltombe

Chapitre 2

Les habits neufs du capitalisme impérial

Catherine Coquery-Vidrovitch et Thomas Deltombe

La conférence de Brazzaville de janvier-février 1944 marque une étape importante dans l'histoire des relations entre la métropole et les colonies. Cette conférence conclut d'une certaine manière les débats amorcés au lendemain de la Première Guerre mondiale, mais restés inaboutis à la veille de la suivante : sur les objectifs de la colonisation, sur le rôle de l'État, sur la place respective des colons et des indigènes. Albert Sarraut, alors ministre des Colonies, avait joué un rôle essentiel dans ce débat, en publiant en 1923 son copieux programme de « mise en valeur des colonies » qui visait, sur plus de 700 pages, à rationaliser l'exploitation des colonies pour faciliter le relèvement économique de la métropole et garantir un meilleur sort aux « indigènes ». Faute d'ambition politique, il ne fut pas mis en œuvre.

C'est donc à Brazzaville qu'est pour la première fois initié un plan d'ensemble, sous l'égide d'un État conçu comme un arbitre, un planificateur et un investisseur. Ce plan perpétue les objectifs traditionnels de la colonisation mais propose, pour les atteindre, des outils nouveaux. C'est dans ce cadre que se déploie pour la première fois une politique de « développement », qui rompt partiellement avec les pratiques d'avant-guerre. Abandonnant le dogme de l'autonomie financière des colonies, la métropole lance un vaste plan d'investissement dans les territoires d'outre-mer, visant à stimuler et à coordonner leurs efforts productifs. Cette évolution s'accompagne de la progressive mise en place d'une législation sociale censée répondre aux revendications des colonisés.

Cette politique « développementaliste », qui cherche à réaffirmer et à relégitimer la présence française outre-mer, remet en cause les équilibres impériaux traditionnels. Alors que certains métropolitains s'inquiètent dans les années 1950 du « coût démesuré » des colonies, un nombre croissant de colons s'insurgent contre les « faveurs excessives » concédées aux citoyens africains.

Encadrement monétaire

Alors que le concept de « développement » infuse les débats depuis les années 1920, c'est la question du protectionnisme qui s'impose dans les années 1930. Secouées par les turbulences d'une crise mondiale sans précédent, les deux principales puissances coloniales, la Grande-Bretagne et la France, protègent leurs économies derrière des zones monétaires exclusives, la zone sterling et la zone franc, qui reposent l'une et l'autre sur un double principe : libre-échange à l'intérieur, protectionnisme à l'extérieur. Ce dispositif ne suffit pas, cependant, à souder les économies métropolitaines et ultramarines. Instaurée à la fin de l'été 1939, alors qu'éclate la Seconde Guerre mondiale, la « zone franc » est immédiatement fragilisée : l'Empire français, partiellement envahi par les puissances de l'Axe, est écartelé entre le régime de Vichy et la France libre. Les relations maritimes sont rompues. Les échanges commerciaux chamboulés : les colonies développent des relations commerciales avec d'autres pays, au détriment de la métropole. Et les équilibres monétaires bouleversés : à la fin de la guerre, l'inflation galope en métropole alors qu'elle reste maîtrisée dans les colonies.

Dans les mois qui suivent les accords de Bretton Woods (juillet 1944), qui consacrent l'hégémonie des États-Unis et la domination du dollar sur l'économie mondiale, le gouvernement français, présidé jusqu'en janvier 1946 par le général de Gaulle, décide de dévaluer le franc, mais en différenciant les aires géographiques. Cette opération aboutit à la création, fin 1945, de deux « francs », à côté du franc métropolitain : le franc des colonies françaises d'Afrique (CFA) et le franc des colonies françaises du Pacifique (CFP). Passé du ministère des Colonies à celui des Finances, René Pleven justifie cette mesure devant l'Assemblée constituante en évoquant la « générosité » et le « désintéressement » d'une métropole qui se refuse à « imposer à ses filles lointaines les conséquences de sa propre pauvreté ». La création du franc CFA marque la fin du « pacte colonial », jure-t-il, car « cette innovation correspond à notre souci, qui s'était exprimé à la conférence de Brazzaville, de tenir compte équitablement des intérêts de chacun des territoires qui composent l'Union française, de respecter leurs besoins propres et leurs contingences locales ».

Propos particulièrement cyniques, relèvent l'économiste Ndongo Samba Sylla et la journaliste Fanny Pigeaud, qui notent que la création du franc CFA vise au contraire à aider la métropole à reprendre le contrôle de ses colonies africaines et à reconstruire son économie. Et cela grâce à deux caractéristiques : la surévaluation et la parité fixe. La surévaluation du CFA, dont la valeur est fixée par le gouvernement français à 1,7 franc métropolitain en 1945, offre un avantage comparatif à la métropole : elle facilite l'écoulement des produits métropolitains dans les colonies et pénalise l'exportation des produits coloniaux sur le marché mondial, ce qui permet de réorienter les flux vers la métropole qui a besoin de matières premières. Quant à la parité fixe, elle arrime les francs coloniaux au franc métropolitain de manière immuable, ce qui empêche les colonies d'ajuster la valeur de leurs monnaies selon leurs besoins : en cas de dévaluation du franc métropolitain, le franc CFA doit suivre, même si cela pénalise les économies qui l'utilisent. Cette dépendance monétaire perdurera après les indépendances [→ III.2].

Le cynisme d'un tel système n'échappe pas à certains députés africains, qui dénoncent ce carcan monétaire. Prenant au mot ceux qui affirment sans cesse que la relation métropole-colonies implique des droits et des devoirs, le député du Sénégal Lamine Guèye s'insurge le 21 juin 1949, à l'Assemblée nationale, contre la quantité de « devoirs » imposés aux territoires d'outre-mer. Ces derniers, note-t-il, sont incités « à produire beaucoup, à produire au-delà de leurs besoins propres, à produire au détriment de leurs intérêts les plus immédiats, afin de permettre à la métropole de connaître un sort meilleur et un ravitaillement mieux assuré ». Ces mêmes territoires doivent en outre « vendre leurs produits au-dessous des cours mondiaux » et « acheter au-dessus des cours mondiaux » quand ils auraient avantage à faire autrement. Et il leur est évidemment interdit de « prétendre utiliser les devises provenant de [leurs] produits ». Et Guèye de conclure : « Qu'avons-nous obtenu en échange ? Des promesses. »

La promesse du « développement »

Le concept de « développement » a un avantage immense pour ceux qui l'utilisent : on sait rarement ce qu'il recouvre concrètement. Aussi peut-il être manié avec profit par ceux qui, mettant en avant leur propre « désintéressement », souhaitent rester discrets sur les intentions réelles et les effets concrets de leur « générosité ». Tel est en tout cas la conclusion que l'on pourrait tirer des politiques « développementalistes » mises en œuvre après 1945 dans les territoires d'outre-mer et dont l'instrument principal est le Fonds d'investissements pour le développement économique et social (FIDES).

L'instauration du FIDES marque une évolution majeure : elle rompt avec la loi de 1901 sur l'autonomie financière des colonies qui, conformément aux théories impérialistes de l'époque, imposait aux populations indigènes de prendre à leur charge la « mise en valeur » de leurs territoires en échange des efforts consentis par la métropole pour leur apporter la « civilisation ». Mais les théoriciens du colonialisme ne tardent pas à constater les faiblesses d'une pareille transaction : l'impôt de capitation rapporte très peu, les taxes douanières sont inexistantes et l'importation des biens d'équipement se révèle ruineuse. Aussi envisagent-ils de mettre la métropole à contribution, d'abord sous forme de prêts (dans les années 1930) puis sous forme d'investissements (dans les années 1940). C'est dans ce contexte que le gouvernement de Vichy propose pour la première fois, en 1942, un « plan colonial » sur dix ans, et que le gouvernement du général de Gaulle jette, deux ans plus tard, les fondations du FIDES. Ce dernier, adopté par l'Assemblée constituante le 30 avril 1946, sera financé à 45 % par la métropole sans contrepartie et à 55 % par des emprunts contractés par les colonies auprès de la Caisse centrale de la France d'outre-mer créée spécialement à cet effet (les emprunts courant sur vingt ans avec un intérêt de l'ordre de 1 % à 2 %).

Bien qu'elles marquent une rupture avec le dogme de l'autonomie financière des colonies, les politiques de développement des années 1940-1950 ne rompent pas plus que la politique monétaire avec le « pacte colonial ». En témoigne le « second principe » édicté par la Commission de modernisation des territoires d'outre-mer en 1948 : « La métropole fournira en majorité des biens d'équipement et de consommation, et les territoires exporteront en majorité des matières premières : ce sont les missions respectives des pays évolués et des pays jeunes. » Ce partage des tâches, parfaitement conforme au pacte colonial, est confirmé par la répartition des crédits alloués par les plans de développement des territoires d'outre-mer qui se succèdent tous les quatre ans à partir de 1948 : 64 % des ressources sont absorbées par les « infrastructures », c'est-à-dire pour l'essentiel les ports, les routes et les voies ferrées permettant de transférer les richesses coloniales vers la métropole, alors que 18 % des budgets sont consacrés à des « dépenses sociales » (alphabétisation, vaccination, etc.).

Présenté comme la preuve de la solidarité de la métropole à l'égard des colonies, le FIDES fonctionne donc comme un trompe-l'œil. Évoquant les « milliards » déboursés par les contribuables français et agrémentant leur démonstration de quelques exemples bien choisis – hôpital construit en Guinée, école de brousse en Oubangui-Chari etc. –, les dirigeants français donnent l'illusion de lutter avec détermination pour le « développement » en Afrique. Une illusion qui a plusieurs objectifs : favoriser les sentiments pro-français des colonisés, flatter l'orgueil national des métropolitains et répondre aux initiatives des puissances concurrentes – notamment des États-Unis, qui multiplient les programmes d'assistance technique en direction des régions que le président américain Harry Truman qualifie, dans le célèbre « Point IV » de son discours de janvier 1949, de « sous-développées ».

Les sommes mirobolantes que brandissent les responsables français sur toutes les tribunes pour attester la générosité hexagonale doivent pourtant être sérieusement relativisées. C'est ce que démontre l'auteur anonyme, mais très bien informé, d'une étude publiée dans la revue *Présence africaine* en 1956-1957. L'essentiel des 599 milliards de francs métropolitains débloqués par le FIDES entre 1946-1956, note-t-il, ont été captés soit par des entreprises métropolitaines, soit par les métropolitains installés outre-mer, sous forme de profits (colons) ou de salaires (fonctionnaires). À cela s'ajoute que ces « 599 milliards », pour faramineux qu'ils paraissent, sont en fait dérisoires comparés aux dépenses militaires destinées au maintien de l'ordre dans les territoires d'outre-mer : « Il suffit de rappeler que la France a consacré, pendant la même période, 2 135 milliards pour la guerre coloniale d'Indochine, pour mesurer à leur juste valeur et les crédits du FIDES et les "idées généreuses" des constructeurs de l'Union française. »

Soixante ans plus tard, l'économiste Thomas Piketty parvient aux mêmes conclusions : au cours des années 1950, les transferts de la France aux budgets coloniaux ne dépassent jamais 0,5 % du revenu national métropolitain par an, contre 2 % pour les dépenses militaires. Comme le disait le député sénégalais Léopold Sédar Senghor en 1956 : « Ce qui ruine la France, ce ne sont pas les crédits du FIDES mais les guerres coloniales, qui, au lieu de retenir les peuples d'outre-mer, les éloignent – quelquefois pour toujours. »

La rupture : le Code du travail

S'il est une rupture dans la politique coloniale d'après-guerre, c'est dans la législation sociale qu'il faut la chercher. Pour une raison simple : cette législation a plus souvent été arrachée par les colonisés qu'octroyée par la puissance coloniale. Depuis les années 1920 en effet, les grèves se multiplient dans les colonies françaises. À cela s'ajoute une contestation grandissante du travail forcé, auquel l'administration et les colons ont encore massivement recours malgré sa condamnation formelle en 1930 par l'Organisation internationale du travail (OIT).

C'est pour répondre à ces contestations que la conférence de Brazzaville promet aux colonisés le droit de se syndiquer et la fin – progressive – du travail forcé. Le droit syndical, effectivement accordé le 7 août 1944, donne une spectaculaire impulsion aux mouvements sociaux africains jusqu'alors systématiquement brimés. Une grève éclate à Dakar en 1945, qui se généralise en janvier 1946, au moment où s'installe à Paris l'Assemblée constituante élue trois mois plus tôt. Alors qu'on promet la citoyenneté aux indigènes, les mots d'ordre égalitaires fleurissent : « À travail égal, salaire égal ! »

Le travail forcé, dont l'usage s'est intensifié pendant la guerre, est quant à lui aboli le 11 avril 1946 par une loi portant le nom du député ivoirien Félix Houphouët-Boigny. Ce dernier, propriétaire de vastes plantations de café et de cacao, est personnellement intéressé par la question : en tant qu'Africain, il n'a jamais pu bénéficier du travail forcé dont profitent les planteurs européens de Côte d'Ivoire. Cette concurrence déloyale, qui l'a amené à s'impliquer dans le syndicalisme agricole, est une des raisons de son engagement en politique. Et la « loi Houphouët-Boigny », qui lui confère une immense aura, ne sera pas étrangère à son ascension vers le pouvoir [→ I.4].

Malgré ces premières victoires, la mobilisation sociale ne faiblit pas, comme en témoigne la grande grève des chemins de fer de 1947-1948. Bloquant la ligne Dakar-Niger pendant cinq mois et demi, 20 000 cheminots soutenus par leurs familles réclament le « cadre unique », sans discrimination raciale. La grève, qui prend rapidement des proportions mythiques, sera célébrée par Ousmane Sembène dans un roman épique, *Les Bouts de bois de Dieu* (1960) [→ III.7]. Portée par cette vague revendicative, la CGT devient le syndicat dominant en AOF, avec plus de 40 000 adhérents.

Reconnus comme citoyens en mai 1946 mais exclus du Code du travail métropolitain, les travailleurs africains réclament l'égalité de traitement : l'adoption au Parlement d'un code du travail et la reconnaissance des droits qui s'y attachent. Pendant six ans, les parlementaires français traînent les pieds, multipliant les prétextes pour repousser l'examen du texte, qui est finalement adopté en décembre 1952 sous la pression conjointe des travailleurs africains, qui se mettent en grève, et des députés progressistes. Les salariés africains – encore peu nombreux – se voient reconnaître des droits comparables à leurs homologues métropolitains : limitation du temps de travail, salaire minimum, congés payés, etc. Le droit aux allocations familiales, dont bénéficient les employés du service public depuis 1950, est reconnu aux salariés du secteur privé mais sans précisions des modalités. Une nouvelle grève générale de six semaines est nécessaire dans les mois suivants pour obtenir le réajustement du salaire minimum par une augmentation de 20 %. D'autres grèves se succèdent jusqu'à ce qu'enfin les allocations familiales commencent à être versées, à partir du 1er janvier 1956 en AOF et six mois plus tard en AEF.

Dans les milieux patronaux et conservateurs, l'inquiétude grandit devant cette spirale revendicative. Le 20 mars 1956, Pierre-Henri Teitgen sort de son chapeau quelques chiffres farfelus pour alerter l'Assemblée nationale sur la gravité de la situation. Si les colonisés vont jusqu'à réclamer l'« égalité des niveaux de vie », jure l'ancien ministre, il faudra « que la totalité des Français [*sic*] consente à l'abaissement de 25 % à 30 % de leur niveau de vie au profit de nos compatriotes [re-*sic*] des territoires d'outre-mer ». Venant d'un homme qui occupait le poste de ministre de la France d'outre-mer deux mois plus tôt, voilà un argument de poids en faveur de l'autonomisation, politique mais surtout financière, desdits territoires d'outre-mer. Ce qui est précisément l'objectif de la loi-cadre Defferre, que l'Assemblée nationale est alors invitée à examiner [→ II.1].

« Est-ce notre intérêt de garder l'Afrique noire ? »

La question du « coût des colonies » s'insinue dans le débat public au cours des années 1950. À partir de 1952, divers experts soulèvent le sujet dans de discrètes notes ministérielles. L'on y pointe les fonds consacrés au « développement » des colonies et, plus encore, les droits sociaux accordés aux colonisés. On s'inquiète aussi de la démographie « galopante » des territoires d'outre-mer, d'ailleurs stimulée par les campagnes de vaccination, tout en s'étonnant incidemment qu'on concède les allocations familiales à des peuples « polygames ».

Les milieux patronaux aussi se plaignent des « coûteuses incidences du Code du travail ». Mais, derrière cet argument commode, une autre raison explique leur fébrilité : la crise qui frappe les économies coloniales à partir de 1952. Après une décennie exceptionnelle, au cours de laquelle les dividendes distribués aux actionnaires avaient plus que décuplé, la Société commerciale de l'Ouest africain (SCOA) et la Compagnie française de l'Afrique occidentale (CFAO), les deux mastodontes de l'import-export en AOF, commencent à sentir les effets de la chute des cours des produits tropicaux. Alors que les prix du cacao et des oléagineux s'effondrent entre 1954 et 1955, l'action de la SCOA, cotée 7 000 francs en mai 1955, tombe à 2 800 francs en septembre 1956. Pour la première fois depuis vingt ans, la société ne distribue pas de dividendes.

C'est à cette période que la presse commence elle aussi à s'inquiéter du « coût » des colonies. « Est-ce notre intérêt de garder l'Afrique noire ? » s'interroge l'hebdomadaire *Réforme* en avril 1955. Six mois plus tard, la revue *Entreprise* se penche sur le cas néerlandais. Sous le titre « Une économie prospère sans colonie : les Pays-Bas », le journal soutient que la croissance néerlandaise a explosé depuis que le pays s'est délesté de sa colonie indonésienne (1945). Dans les semaines et les mois qui suivent, ce que l'on appellera bientôt le « complexe hollandais » passionne la presse économique. « Est-ce une voie à suivre pour la France ? » se demande le quotidien *Les Échos*. Un pan du patronat métropolitain profite du débat pour défendre la modernisation de l'économie française, dont la compétitivité est selon lui entravée par le boulet colonial. « Il n'est pas interdit de penser que si le problème de l'Union française était réduit à ses seules données économiques, les forces centrifuges risqueraient de venir de la métropole », relève Paul Legatte, ancien chef de cabinet de Pierre Mendès

France, dans *Le Monde* en juillet 1956. Autrement dit, c'est la métropole et non les colonies qui aurait intérêt à la décolonisation.

C'est finalement un journaliste de *Paris Match*, Raymond Cartier, qui donnera son nom à cette nouvelle disposition d'esprit. Au terme d'un périple africain, il revient en septembre 1956 sur le cas néerlandais : « La Hollande ne serait peut-être pas dans la même situation si, au lieu d'assécher son Zuyderzee et de moderniser ses usines, elle avait dû construire des chemins de fer à Java, couvrir Sumatra de barrages, subventionner les clous de girofle des Moluques et payer des allocations familiales aux polygames de Bornéo. » Ce qui l'amène à son tour à évoquer l'avenir de la France en Afrique : « La sagesse d'aujourd'hui consiste à faire le contraire de ce que conseillait la prudence d'hier : accélérer au lieu de freiner. Il faut transmettre le plus vite possible le plus de responsabilités possible aux Africains. À leurs risques et périls. On n'aura d'ailleurs aucune peine à sauvegarder, pour un temps raisonnablement long, les intérêts économiques respectables de la métropole. »

À en croire l'économiste Élise Huillery, qui a travaillé en détail sur le « coût de la colonisation » en AOF, le « cartiérisme » repose sur une illusion temporelle : l'exploitation des colonies avait été tellement profitable dans les décennies précédentes que la baisse de la rentabilité à partir de 1952 a suffi à convaincre nombre d'observateurs de la nécessité de changer de modèle. Sur le long terme, pourtant, la colonisation n'a presque rien coûté aux contribuables français, insiste la chercheuse au terme de son étude. « Nombreux sont encore les habitants des États de l'ancienne Afrique occidentale française qui pensent devoir à la France leurs écoles et leurs routes, leurs hôpitaux et leurs chemins de fer, conclut-elle. Puisse ce travail leur permettre de réaliser que ce sont leurs propres ressources, financières et humaines, qui ont permis la réalisation de la quasi-totalité de ces équipements. Puissent-ils également réaliser que la colonisation leur a fait supporter le coût d'un personnel français aux salaires disproportionnés et de services publics chers et mal adaptés. »

Des richesses enfouies

Paradoxe de l'Histoire : c'est précisément au moment où le « cartiérisme » atteint son apogée que la France met au jour les immenses richesses minérales que recèle le sous-sol de ses possessions africaines.

Les autorités françaises se sont toujours intéressées aux ressources minières des territoires d'outre-mer. Mais c'est seulement après 1945 que cette question prend une importance stratégique. Conscients de la dépendance énergétique de la France, le général de Gaulle puis les dirigeants de la IVe République mettent sur pied divers organismes spécialisés, à l'instar du Bureau de recherches de pétrole (BRP) en 1945, du Commissariat à l'énergie atomique (CEA) la même année et du Bureau minier de la France d'outre-mer (BUMIFOM) en 1948. Géologues, ingénieurs et scientifiques multiplient les missions de prospection au tournant des années 1950, grâce entre autres aux financements du FIDES. Les découvertes ne tardent pas : fer et bauxite en Guinée, phosphates au Sénégal, cuivre en Mauritanie…

C'est en 1956 que le processus change de dimension, avec la découverte des immenses champs pétroliers d'Edjeleh (janvier) et d'Hassi Messaoud (juin), au cœur du Sahara algérien [→ p. 215]. Alors que la France dilapidait ses réserves de dollars pour importer du pétrole, elle peut soudainement se rêver en « puissance pétrolière ». Et cela d'autant plus que les premiers gisements pétroliers sont mis au jour, exactement à la même date, au Gabon : les champs de Pointe-Clairette et d'Ozouri commencent à être exploités par la Société des pétroles d'Afrique équatoriale française (SPAEF, future Elf-Gabon).

Alors que les recherches d'uranium, entreprises par le CEA et le Bureau des recherches géologiques et minières (BRGM), se révélaient jusque-là décevantes, la découverte en décembre 1956 du gisement uranifère de Mounana, toujours au Gabon, change la donne dans ce secteur aussi. Pour exploiter ce premier gisement d'« uranium français », le CEA met sur pied une nouvelle société, la Compagnie des mines d'uranium de Franceville (COMUF, une des composantes de la future Cogema). Les signes encourageants se multiplient également au Niger, où l'on intensifie les missions de reconnaissance à partir de 1956. Ces campagnes aboutiront dans les années 1960 à la découverte des gisements d'Arlit, d'Akokan, d'Azélik, de Madaouela et d'Imouraren.

Ainsi, pendant que la presse parisienne se lamente sur le « coût exorbitant » des colonies, les services de l'État découvrent dans les sous-sols africains des richesses fabuleuses. La loi-cadre Defferre, adoptée en juin 1956 et mise en œuvre l'année suivante, répond parfaitement à ce paradoxe : elle octroie aux politiciens africains une certaine autonomie, pour gérer ce qui coûte, tout en laissant aux techniciens français le loisir d'explorer leurs sous-sols, pour en extraire ce qui rapporte [→ I.3].

Repères bibliographiques

Hubert Bonin, *Histoire économique de la IVe République*, Economica, Paris, 1987.

Frederick Cooper, *Décolonisation et travail en Afrique, l'Afrique britannique et française, 1935-1960*, Karthala-Sephis, Paris, 2004.

Élise HUILLERY, *Histoire coloniale, développement et inégalités dans l'ancienne Afrique occidentale française*, thèse de doctorat en sciences économiques, EHESS, 2008.
Jacques MARSEILLE, *Empire colonial et capitalisme français. Histoire d'un divorce*, Albin Michel, Paris, 1984 [rééd. 2005].
Fanny PIGEAUD et Ndongo Samba SYLLA, *L'Arme invisible de la Françafrique. Une histoire du franc CFA*, La Découverte, Paris, 2018.
Thomas PIKETTY, *Capital et idéologie*, Seuil, Paris, 2019.
Gilbert RIST, *Le Développement. Histoire d'une croyance occidentale*, Presses de Sciences Po, Paris, 1996 [rééd. 2013].
Samir SAUL, *Intérêts économiques français et décolonisation de l'Afrique du Nord (1945-1962)*, Droz, Paris, 2016.

Chapitre 3

« Eurafrique », ou comment penser le colonialisme du futur

Thomas Deltombe

Si la notion de « Françafrique » n'est apparue que fortuitement après 1945 [→ p. 22], celle d'« Eurafrique » est intensément débattue sous la IVe République. La résurgence de ce terme, inventé dès la fin du XIXe siècle et porté par certains milieux intellectuels dans l'entre-deux-guerres, s'explique par le contexte de la décennie 1947-1957, marquée par la guerre froide, les premiers pas de la construction européenne et les prémices de ce qu'on commence à appeler la « décolonisation ».

Ces évolutions suscitent d'intenses réflexions sur la nature, et l'avenir, des États-nations. Alors que deux « blocs » antagonistes s'affrontent après 1947, les nationalismes étriqués et les souverainetés exclusives semblent appartenir au passé. L'heure, dit-on, est à la « coopération » internationale et à l'« interdépendance » des nations.

Les nations d'Europe occidentale, celles-là mêmes qui avaient conquis le monde dans les siècles précédents, sont plus que jamais affaiblies à la fin des années 1940. Utilisant une bonne partie de leurs devises pour se procurer à l'étranger les matières premières nécessaires à leur reconstruction et ayant accepté les crédits du plan Marshall, elles se retrouvent financièrement, politiquement et militairement dépendantes des États-Unis.

Fort de cette position hégémonique, Washington pousse ses alliés européens à mettre leurs querelles en sourdine pour mieux affronter le géant soviétique. C'est dans cette perspective que sont instituées l'Organisation européenne de coopération économique (OECE, future OCDE), en 1948, et l'Organisation du traité de l'Atlantique Nord (OTAN), en 1949. Et c'est à la suite de ces initiatives que sont imaginées successivement la Communauté européenne du charbon et de l'acier (CECA), la Communauté européenne de défense (CED) et la Communauté économique européenne (CEE).

Les nations impériales d'Europe occidentale s'interrogent en parallèle sur l'avenir de leurs possessions d'outre-mer. Confrontées à l'émancipation progressive des colonies orientales et asiatiques, de l'Inde à l'Indonésie, du Liban à l'Indochine, elles concentrent leur attention sur le continent africain, encore largement épargné, semble-t-il, par la « contagion » communiste et le « prurit » nationaliste.

L'Afrique apparaît à certains comme un nouvel eldorado. Ses immenses fleuves – le Nil, le Congo, le Niger, le Zambèze... – n'appellent-ils pas l'installation de puissantes stations hydroélectriques capables d'apporter enfin la lumière à ce continent de ténèbres ? Ne commence-t-on pas à y découvrir de gigantesques gisements de pétrole, d'uranium, de bauxite, de fer et d'autres matériaux stratégiques ? N'est-ce pas, par exemple, grâce à l'uranium du Katanga (Congo belge) que les Américains ont pu mettre au point leur bombe atomique ?

C'est dans ce contexte que renaît, au tournant des années 1950, la notion d'Eurafrique. Particulièrement malléable, elle modernise le projet colonial en décrivant l'Afrique non plus comme un continent primitif, à jamais englué dans un passé sans fin, mais comme une terre d'avenir que l'action bénéfique de l'Europe fera bientôt rayonner. Les deux continents ont destins liés, affirment les thuriféraires de l'idéal eurafricain : rien ne serait plus criminel que de vouloir les séparer.

Aux origines d'un concept

Bien qu'elle remonte, d'une certaine manière, à la conférence de Berlin en 1884-1885, l'idée eurafricaine commence à se formaliser après la Première Guerre mondiale. Plusieurs facteurs expliquent la popularisation de ce concept dans l'entre-deux-guerres : l'instauration de mécanismes de coopération internationale visant à régler pacifiquement les conflits entre États-nations ; la relégation des nations européennes au rang de puissances secondaires derrière les États-Unis et l'Union soviétique ; et la prise de conscience de l'importance stratégique des colonies – gisements immenses de soldats, de travailleurs et de matières premières – en cas de guerre planétaire.

Les tenants de l'Eurafrique voient dans cette notion un moyen de répondre à tous les défis du moment. Plutôt qu'un partage de l'Afrique, qui suscite rancœurs et frictions depuis la conférence de Berlin, ils proposent d'en faire un patrimoine européen commun. Le « continent noir », comme on le surnomme, deviendrait alors le ciment de l'Europe blanche, qui en exploiterait de concert les richesses et les potentialités. Les deux continents finiraient par n'en former plus qu'un, l'Eurafrique, qui rivaliserait ainsi avec les puissances américaine et soviétique.

Reprenant les fondamentaux de l'idéologie coloniale – la « supériorité raciale » européenne et la « complémentarité naturelle » des continents –, la pensée eurafricaine tente d'en renouveler le cadre. Telle est en tout cas l'ambition de diverses personnalités européennes dans les années 1920 et 1930, à l'instar de l'intellectuel d'origine austro-hongroise Richard Coudenhove-Kalergi, auteur en 1923 du manifeste *Pan-Europa* et initiateur du mouvement paneuropéen. « L'Europe est la tête de l'Eurafrique, l'Afrique est son corps », écrit-il en 1929 dans une formule révélatrice.

En France, le courant eurafricain est animé par des personnalités variées, comme le ministre des Colonies Albert Sarraut (*Grandeur et servitude coloniales*, 1931), l'intellectuel maurassien Georges Valois (*Afrique, chantier de l'Europe*, 1931) ou l'économiste et homme d'affaires Eugène Guernier (*L'Afrique, champ d'expansion de l'Europe*, 1933). Tous regardent l'Afrique comme un continent d'avenir, où l'Europe pourrait puiser des richesses fabuleuses et déverser ses excédents de population.

Les idées eurafricaines séduisent les esprits prospectifs qui tentent d'imaginer le monde de demain. Portés par un culte quasi-religieux pour la technique et le machinisme typique des années d'entre-deux-guerres, les théoriciens les plus exaltés de l'Eurafrique, cherchant à « brancher » directement l'Europe et l'Afrique, annoncent des transformations radicales. Ils s'intéressent en particulier à la mer Méditerranée, décrite comme un « lac intérieur » que l'on pourrait traverser de câbles électriques et percer de tunnels sous-marins, voire assécher partiellement, pour faciliter les communications eurafricaines. Le Sahara enflamme également les imaginations : abondamment irrigué, grâce au détournement des eaux méditerranéennes et des fleuves africains, peut-être pourrait-on en faire en quelques décennies une immense zone agricole ?

L'Afrique française, enjeu de la guerre froide

Temporairement discréditée par son succès auprès des dignitaires de l'Allemagne nazie, qui rêvent d'une « *Eurafrika* » au service du IIIe Reich, la notion d'Eurafrique renaît de ses cendres au lendemain de la Seconde Guerre mondiale. La constitution de « grands ensembles » géostratégiques, à la faveur de la guerre froide, et la perpétuation des imaginaires techno-industriels à l'orée des Trente Glorieuses, marquées par le triomphe de l'industrie pétrolière et la fascination pour l'énergie nucléaire, régénèrent les idéaux eurafricains.

La découverte progressive de pétrole, d'uranium et d'autres minerais stratégiques en Afrique, et notamment au Sahara, n'est pas étrangère à cette résurrection. En France en particulier, on regarde avec angoisse l'action des Soviétiques ou des Américains accusés de souffler sur les braises du nationalisme africain et de s'abriter derrière des « plans de développement » pour s'implanter dans les colonies européennes. L'Afrique française devient un enjeu stratégique de la guerre froide. « C'est dans l'Empire français que se trouvent les ressources minérales les plus importantes de tous les pays participants », note par exemple Evan Just, chef de la division matériaux stratégiques de l'organe de contrôle du plan Marshall, en février 1949.

Incapable de résister seule aux géants américain et soviétique, affirment un nombre croissant d'observateurs, la France doit coordonner sa politique coloniale avec ses partenaires européens. « L'Europe pourra, avec des moyens accrus, poursuivre la réalisation d'une de ses tâches essentielles : le développement du continent africain », explique le ministre des Affaires étrangères Robert Schuman dans sa célèbre déclaration du 9 mai 1950, considérée comme le coup d'envoi de la Communauté européenne.

Un homme incarne mieux que tout autre le renouvellement de la pensée stratégique française en Afrique à cette période : le diplomate Eirik Labonne [→ p. 105]. Décrit comme le « prophète de l'Eurafrique » et fort influent dans les cercles dirigeants, il convainc le gouvernement de mettre à l'étude l'implantation d'immenses « Zones d'organisation industrielle africaine » (ZOIA), grandes comme des pays entiers, que des investissements massifs transformeraient en pôles industriels intégrés, sur le modèle des combinats soviétiques. Ces enclaves industrielles, placées sous une autorité civilo-militaire, serviraient de zones de repli au cas où l'Europe serait soumise à une invasion étrangère ou à une attaque nucléaire.

Pareilles perspectives épousent si bien l'esprit du temps, à l'heure de la bombe soviétique et de la guerre de Corée, que Labonne obtient du gouvernement la création en 1950 d'un comité d'études chargé d'établir les plans de plusieurs « zones industrielles » à travers le continent. Deux d'entre elles seraient implantées au Sahara, territoire clé de la pensée eurafricaine. Une autre serait située en Guinée, deuxième producteur mondial de bauxite, dont le gouverneur, Roland Pré, ingénieur des Mines, milite avec ardeur pour la « rationalisation » militaro-industrielle du territoire (*L'Avenir de la Guinée*, 1950). Une quatrième serait installée à Madagascar, aux confins stratégiques de l'Afrique et de l'Asie. En 1953, un Bureau d'organisation industrielle africain (BOIA) est institué, toujours sous l'impulsion de Labonne, pour réaliser les deux « zones » sahariennes, prémices de la future Organisation commune des régions sahariennes (OCRS) [→ p. 215].

Ministres, militaires, journalistes, industriels, administrateurs coloniaux : nombreux sont ceux qui dressent une oreille attentive aux projets de Labonne. Cette génération, consciente du rôle prééminent joué par le continent africain lors du dernier conflit mondial, est sensible à l'idée d'y constituer des zones de repli stratégiques, points d'appui pour une résistance prolongée et une possible reconquête dans l'éventualité d'une nouvelle catastrophe. « Si, par malheur, la tempête devait reprendre, la

France, quoi qu'il arrive, compte sur les Africains », affirme de Gaulle lui-même lors de sa conférence de presse du 25 févier 1953, à la veille de son départ pour une grande tournée africaine.

« Notre dernière chance »

Pour ambitieux qu'ils soient, les projets de Labonne n'en paraissent pas moins crédibles en comparaison avec les projets imaginés par d'autres observateurs. La palme du futurisme eurafricain, à cette période, revient sans doute au célèbre essayiste autrichien Anton Zischka, auteur d'un livre publié en allemand en 1951 et traduit en français l'année suivante sous le titre *Afrique, complément de l'Europe.* « Une œuvre de grandiose anticipation fondée sur les plus rigoureuses données scientifiques », explique *Le Monde* en janvier 1953.

Sous le titre « L'Afrique, far-west de l'Europe », *L'Express* publie dans son premier numéro, le 16 mai 1953, une recension élogieuse du livre de Zischka accompagnée d'une carte. Au cœur d'une Afrique parsemée de « stations thermiques » et ceinturée par des « conduites à haute tension », on y voit deux gigantesques mers artificielles, la « mer du Tchad » et la « mer du Congo », qui communiqueraient avec la Méditerranée via un monumental canal transsaharien. « Utopiste ? Peut-être. Mais nous sommes à une époque où Jules Verne est vite dépassé », commente l'hebdomadaire, enthousiaste. Et d'ajouter : « Si l'Europe ne met pas en valeur le potentiel africain, si elle ne constitue pas une Eurafrique en face de l'Eurasie, elle mérite de disparaître – et, selon les lois de l'histoire, elle disparaîtra. »

L'idée selon laquelle l'Afrique conditionnerait l'avenir de l'Europe, et sa survie même, revient comme une rengaine à cette période. « Sans l'Afrique, l'Europe n'est qu'une petite presqu'île surpeuplée et dépendante. C'est une raison précise et suffisante pour ne pas s'en dessaisir, même s'il fallait lutter pour la garder », affirme le journaliste vedette de *Paris Match*, Raymond Cartier, en novembre 1953. Deux ans plus tard, l'écrivain à succès Pierre Nord publie un livre au titre évocateur au terme d'un périple de plusieurs semaines en Afrique et à Madagascar : *L'Eurafrique, notre dernière chance.*

Reste la question qui fâche : celle du financement. Question lancinante qui explique quelques moues sceptiques devant les techno-utopies eurafricaines. Comment rassembler les milliards nécessaires à ces infrastructures pharaoniques ? C'est là que se loge la dimension proprement « européenne » de tels projets. Puisque les besoins de financement dépassent de beaucoup les possibilités financières de la France, il faut associer les capitaux des partenaires européens, et en particulier allemands, à la mise en valeur de l'Afrique.

Un livre en une page

« L'AFRIQUE COMPLEMENT DE L'EUROPE » par ANTON ZISCHKA

Anton Zischka, Autrichien, 49 ans, vit surtout en Espagne. Il a voyagé à travers le monde entier : Angleterre, Russie, Chine, Brésil, Arabie, etc. Visionnaire, certes. Utopiste ? Peut-être. Mais nous sommes à une époque où Jules Verne est vite dépassé. La thèse d'Anton Zischka est celle que, dès 1930, Georges Valois résumait d'un mot : « L'Afrique, chantier de l'Europe. » La France a — encore pour quelque temps — la possibilité d'apporter en dot à l'Europe les immenses possibilités de mise en valeur de ses territoires africains, qu'elle ne peut exploiter seule. Mais il ne saurait s'agir d'ouvrir simplement à l'Allemagne les portes de l'Afrique ou de lui abandonner des positions. Il est certain qu'une telle collaboration doit se maintenir sur la base et dans le cadre de notre souveraineté. Mais cette souveraineté elle-même n'apparaîtra légitime — et donc ne se maintiendra — que dans la mesure où les Français, tant officiels que privés, auront fait eux-mêmes l'effort maximum dans les territoires qui relèvent de notre autorité.

L'AFRIQUE, FAR-WEST DE L'EUROPE

L'EUROPE n'existera que si, au cours des décades à venir, elle accomplit une grande œuvre qui prouve sa vitalité et la remette au rang des grandes puissances, à l'échelle de l'Amérique et du bloc soviéto-asiatique.

Le champ nouveau, où l'Europe peut s'unir et se régénérer, est à notre porte; c'est l'Afrique, avec ses prodigieuses possibilités.

Si l'Europe ne met pas en valeur le potentiel africain, si elle ne constitue pas une Eurafrique en face de l'Eurasie, elle mérite de disparaître — et, selon la loi de l'histoire, elle disparaîtra.

L'Eurafrique est à la mode en Allemagne. On rappelle volontiers que la France y a une position privilégiée, mais qu'elle ne peut à elle seule faire les investissements et les travaux nécessaires pour développer ce nouveau Far-West, cette nouvelle Sibérie, qui s'étend au Sud de la Méditerranée, mer intérieure de l'Eurafrique.

La situation au départ

En 1939, l'Europe représentait :
8,5 % des terres émergées;
24,6 % de la population mondiale;
52,2 % du commerce mondial.

Les Européens vivent en Europe; mais ils ne vivent pas de l'Europe.

Depuis 1939, la situation de l'Europe dans le monde s'est considérablement aggravée. D'une part, elle s'est appauvrie et rapetissée; d'autre part, le reste du monde s'est organisé sans l'Europe, et contre elle.

Depuis deux siècles, les empires coloniaux européens se sont déchirés en lambeaux. Déjà Turgot disait en 1750 : « Les colonies sont comme des fruits qui ne tiennent à l'arbre que jusqu'à leur maturité. » Le colonialisme européen a dû lâcher prise en Amérique, puis en Asie. Aujourd'hui l'Afrique s'ébranle.

Mais l'Afrique est une terre presque vierge que le destin a mise à portée de l'Europe pour y fonder sa grandeur sur la base d'une puissance économique fabuleuse.

Les fruits à cueillir

L'Afrique, à cheval sur les deux hémisphères, représente le cinquième des terres émergées. Elle possède 40 pour cent des ressources hydroélectriques du monde, alors que l'Amérique du Nord n'en contient que 15 0/0, l'Asie 17 0/0, l'Europe 12,5 pour cent. Le Congo peut fournir à lui seul 135 millions de kWh., soit 20 millions de plus que tous les fleuves américains réunis. Sur le Zambèze, dans les gorges de Kariba, un seul barrage de 65 m. de haut retiendrait plus d'eau que les barrages américains de Boulder Damm, Shasta, Grant et Grand Combe réunis. Cela pour un prix de 8 millions de dollars, alors que le seul Boulder Damm a 229 m. de haut, et a coûté 125 millions de dollars. Or, l'énergie est la base de la puissance économique; la plus exploitable, à vue humaine, est encore l'énergie hydroélectrique, renouvelée au fur et à mesure par l'évaporation solaire.

Ce qui explique ces ressources prodigieuses, c'est le régime des pluies en Afrique. Alors que la France reçoit annuellement 700 millimètres d'eau, l'Afrique équatoriale en reçoit jusqu'à 4.500, et les monts du Cameroun jusqu'à 11.000. De plus, ces chutes de pluie, réparties de part et d'autre de l'équateur, permettent une compensation saisonnière et une production d'électricité relativement constante.

Les ressources hydroélectriques africaines, associées à des richesses minérales que l'on commence seulement à prospecter, permettent d'envisager de puissants complexes industriels, ouvrant une ère nouvelle.

Le barrage du Congo alimenterait la Mer du Congo, la Mer du Tchad, et un nouveau Nil arrosant le nord de l'Afrique. Le barrage de Gibraltar, et le canal des Deux Mers complètent le système. La turbine indique les ressources en énergie hydroélectrique des divers continents.

Zischka cite en exemple la ville de Manono, près d'Albertville, dans le Congo belge. On y extrait le tantale, le niobium, l'étain; 200 techniciens blancs vivent heureux, dans leurs villas entourées de jardins, le long d'allées ombragées plantées de manguiers et de bananiers, à proximité d'aérodromes — car l'avion est le moyen de transport idéal en Afrique, où les vastes distances, le climat, l'érosion rapide causée par les pluies rendent difficiles la construction et l'entretien de routes de type européen.

L'Afrique est un immense espace encore presque vide. Elle contient près de la moitié des territoires tropicaux du monde; mais seulement 16 % des populations tropicales du monde vivent en Afrique. Java, qui nourrit une cinquantaine de millions d'hommes, donne l'exemple de ce que peut être la densité d'un peuplement tropical. L'Angola peut produire tout ce que produit Java, mais ne fait vivre que 4 millions d'habitants; il y a des hauts plateaux où les blancs peuvent vivre en permanence; l'Angola est trois fois plus près de l'Europe que Java.

Les principaux problèmes que pose la mise en valeur de l'Afrique sont : les transports, les investissements, la destruction des sols — trois problèmes purement techniques — et la sous-alimentation.

Le problème alimentaire est le premier de tous. Il ne faut pas oublier qu'en 1950, 66 % du travail humain dans le monde est consacré à l'alimentation. Si l'on y ajoute le travail des ménagères, c'est 80 % qu'il faut compter. Ainsi, il ne reste que 20 % de travail disponible pour tous le reste des activités humaines. (Ce chiffre donne à penser qu'une réduction d'un quart sur les activités nécessaires à l'alimentation humaine libérerait une masse de travail qui permettrait de doubler l'ensemble de toutes les autres activités humaines.)

Un homme consomme normalement sept fois son poids en un an. L'alimentation végétale est beaucoup plus économique que l'alimentation par les produits animaux. C'est ainsi que Zischka attribue la supériorité du Japon sur le plan industriel à ses prix de revient, qui eux-mêmes tiennent essentiellement à ce que l'alimentation japonaise est presque exclusivement végétale, complétée par un peu de poisson.

Or, l'Afrique est le plus prodigieux laboratoire de synthèse chlorophyllienne, où l'énergie solaire se transforme à bon marché en énergie alimentaire. Sur une superficie donnée, la banane (qui doit être considérée comme un légume, non comme un fruit) produit 3 1/2 fois plus de substance nutritive que la pomme de terre, et 15 fois plus que le blé.

La cellulose, base de nombreuses industries de synthèse, devient sous nos climats un produit presque précieux; les cultures tropicales peuvent en fournir une ressource à peu près inépuisable, à l'allure actuelle des besoins mondiaux.

Pour faire l'Afrique, il faut d'abord de la confiance en soi, ensuite du travail. Les capitaux viennent après.

Pas besoin d'argent

Mais, disent les esprits chagrins, où trouver les capitaux d'investissement ? A cela, Zischka répond en donnant l'exemple des Etats-Unis. Le capital américain n'est pas à l'origine de la prospérité des Etats-Unis, qui ont commencé par être un pays pauvre, et même très pauvre. En 1890, les Etats-Unis étaient moins « riches » que l'Europe aujourd'hui. Le capital est la conséquence, non la cause de la prospérité économique. Celle-ci est le fruit du travail, de l'organisation, de l'esprit d'entreprise.

En octobre 1941, l'Américain Berle disait : « Se procurer de l'argent est un problème technique ». Les réserves d'or, par exemple, ne jouent aucun rôle. En 1929, on avait investi dans la production électrique le double des réserves d'or du monde entier. Entre 1903 et 1949, on a investi dans la navigation aérienne huit fois l'équivalent de ces mêmes réserves.

L'ordre des priorités est : d'abord la confiance en soi, qui est la source du crédit; puis le travail, enfin viennent les capitaux. Dès que l'Europe aura assez confiance en elle, les problèmes d'investissements et de crédits se résoudront pour l'Eurafrique, comme ils se sont résolus pour les Etats-Unis.

L'Afrique c'est l'Amérique de l'Europe, à portée de la main.

Il serait invraisemblable que l'on ne puisse dégager les crédits nécessaires, quand on voit ce qui a été fait dans ce domaine pour financer l'art de massacrer ses contemporains. Le coût des guerres s'est accru prodigieusement au cours des temps (sans, hélas! devenir prohibitif!). D'après certains calculs, qu'en coûtait-il pour tuer un ennemi? Moins d'un dollar du temps de Jules César; 3.000 dollars du temps de Napoléon. Lors de la guerre de Sécession, le prix monte à 5.000 dollars; 21.000 dollars à la première guerre mondiale; 50.000 dollars en 1944.

Or, la « faute de finances » n'a jamais empêché les guerres — à peine ralenti les armements!

Ceux qui ont vu clair

Ceux qui ont vu clair : Lyautey. Son secret? La confiance en l'avenir. Sa thèse? En Afrique, il y a du travail pour tous ceux qui veulent travailler.

Et encore Erik Labonne, qui proposait un plan général de mise en valeur de l'Afrique française, selon la formule : « Notre Oural, c'est l'Atlas; notre Sibérie, c'est l'Afrique. »

Mais l'Eurafrique ne peut se faire que sur la base d'une association de la France et de l'Allemagne. Le potentiel français et le potentiel allemand, au lieu de s'annuler, comme ils l'ont fait jusqu'à présent, doivent s'additionner, sur la base d'une tâche positive commune : la mise en valeur de l'Eurafrique.

FIN

Ed. : ROBERT LAFFONT (280 *pages*, 750 *francs*.)

L'EXPRESS. — 16 Mai 1953. Page 11

Compte-rendu du livre *L'Afrique, complément de l'Europe* d'Anton Zischka dans le premier numéro de *L'Express* (16 mai 1953). *Droits réservés*

Mais les militants eurafricanistes des années 1950 vont plus loin et renouent avec les objectifs politiques de Coudenhove-Kalergi : ils font de l'Afrique le fondement même de l'Union européenne. Ancien résistant, Pierre Nord décrit ainsi l'Eurafrique comme le ciment de la réconciliation franco-allemande : « Quel meilleur terrain de compréhension, d'entente de… je ne trouve pas d'autre mot que collaboration (que l'on m'excuse), que cette Afrique sans mauvais souvenirs communs ? »

Pour Pierre Nord comme pour beaucoup d'autres, le vrai problème n'est pas financier mais démographique. Les Blancs étant ultra-minoritaires en Afrique, insiste-t-il, l'Eurafrique ne pourra pas se faire sans l'assentiment des « Noirs, dont la conscience politique s'éveille dans le grand courant d'évolution du monde ». Une fois acquise la réconciliation avec les Allemands, il faudra donc trouver des collaborateurs chez les Africains.

Nouvelle civilisation ou nouvelle tyrannie ?

Parmi ces « Noirs », le chantre incontesté de la collaboration euro-africaine est Léopold Sédar Senghor. Membre des premières assemblées parlementaires européennes[1], le poète-député défend ardemment la notion d'Eurafrique, à laquelle il cherche à insuffler une dimension civilisationnelle [→ I.5].

Étudiant avec minutie le processus d'intégration européenne, depuis la déclaration Schuman, qui aboutit en 1951 à la fondation de la CECA, jusqu'aux débats houleux suscités par le projet de CED, définitivement enterré en 1954, Senghor s'inquiète du peu d'empressement des dirigeants français à y intégrer les territoires d'outre-mer. L'Eurafrique est sur toutes les lèvres, constate le député sénégalais, mais les territoires d'outre-mer servent de simple monnaie d'échange dans les tractations intra-européennes. « L'Eurafrique dont il s'agit, s'interroge-t-il en janvier 1952 à l'Assemblée nationale, est-ce une Eurafrique à la française, dans l'estime et l'égalité réelle, ou est-ce l'*Eurafrika* à l'allemande, celle du pot de fer et du pot de terre ? »

Senghor, qui cite favorablement les projets de Zischka et appelle de ses vœux l'exploitation des ressources africaines, souhaite que les Africains soient impliqués dans l'entreprise eurafricaine et qu'ils en tirent quelques bénéfices, ce qui les détournera des projets « séparatistes ». Le

1. Il fait partie dès 1949 de la délégation française à l'Assemblée consultative européenne de Strasbourg (un des deux piliers, avec le comité des ministres, du Conseil de l'Europe) et sera membre coopté de l'« Assemblée ad hoc » mise en place en 1952 par le Conseil des ministres de la CECA pour élaborer une Communauté politique européenne (CPE).

nationalisme africain n'étant selon lui qu'un caprice immature, le député sénégalais – qui intègre le gouvernement français début 1955 – regarde l'idéal eurafricain comme une alternative à l'émiettement destructeur du continent africain.

« L'intérêt du problème de l'Eurafrique est que les deux continents, parce qu'opposés, comme l'homme et la femme, sont complémentaires », explique Senghor à la revue *Marchés tropicaux* en mai 1955. L'Afrique, qu'il décrit comme un monde de sensibilités instinctives soumis à l'ordre naturel, et l'Europe, force rationnelle qui plie l'environnement à sa volonté agissante, doivent se féconder mutuellement, explique encore Senghor, pour donner naissance à « cette *Eurafrique* que nous appelons de nos vœux et qui doit être la pierre angulaire de la civilisation ».

Autant de théories qui paraissent bien fumeuses à son ami Aimé Césaire. Ce dernier pulvérise le concept d'Eurafrique, en janvier 1954, dans la revue marxiste *Nouvelle Critique*. « Le colonialisme n'est point mort, insiste le poète-député de la Martinique. Il excelle, pour se survivre, à renouveler ses formes. [...] Pour ne parler que de sa dernière trouvaille, l'Eurafrique, il est clair que ce serait la substitution au vieux colonialisme national d'un nouveau colonialisme plus virulent encore, un colonialisme international, dont le soldat allemand serait le gendarme vigilant. On parle beaucoup de pools, ces temps-ci. Il y a le pool charbon-acier, certains préconisent le pool agricole que l'on baptise déjà "pool vert"... Il est clair que l'Eurafrique ne serait pas autre chose que le *pool des tyrannies*. »

L'analyse de Césaire synthétise la position des milieux anticolonialistes et communistes français tels qu'ils s'expriment par exemple dans les revues *Présence africaine* ou *Démocratie nouvelle*. Pour les militants africains, comme pour Césaire, les boniments eurafricains sont le faux nez d'un colonialisme moribond. Les communistes, quant à eux, dépeignent l'Eurafrique comme le rejeton du couple incestueux formé par les colonialistes français et les militaristes allemands, avec la bénédiction des capitalistes américains. Tandis que la CECA et la CED remettent l'Allemagne au centre du jeu européen, analysent-ils, l'intégration des colonies à ce projet fera de l'Afrique l'arsenal militaro-industriel du monde capitaliste. L'Eurafrique, en somme, n'est rien d'autre selon eux qu'une machine de guerre anticommuniste.

« Faire l'Europe sans défaire la France »

Au cours des années 1950, les dirigeants français paraissent tiraillés entre leur désir de construire l'Europe et leur volonté de garder l'Afrique.

L'intégration européenne, s'interrogent-ils, ne risque-t-elle pas de favoriser les intrusions étrangères dans le pré carré français en Afrique ? Laisser, au contraire, les territoires d'outre-mer à l'écart du projet européen ne risque-t-il pas de creuser le fossé entre la métropole et ses dépendances africaines, de plus en plus sensibles aux sirènes indépendantistes ? Il faut trouver le moyen de « faire l'Europe sans défaire la France », résume en mars 1953 Georges Bidault, alors ministre des Affaires étrangères. C'est-à-dire, précise-t-il, « sans défaire l'Union française ».

Jusqu'au milieu des années 1950, les gouvernants français, gardiens jaloux du domaine impérial, cherchent à dissocier les dossiers européens et coloniaux. D'où les critiques de Senghor, qui rêve de transformer la Communauté européenne naissante en Communauté eurafricaine. Mais les choses évoluent rapidement dans les années suivantes, sous l'effet de deux évolutions parallèles : la relance du processus européen autour d'un projet de marché commun (politiquement plus consensuel que la CED) et la contestation grandissante de la domination européenne par les peuples colonisés (de l'Indochine à l'Algérie, et de Bandung à Suez). Au-delà des utopies eurafricaines, l'association de l'Afrique à la construction européenne n'est-elle pas la meilleure manière, finalement, de pérenniser la présence française en Afrique ?

Au double défi pro-européen et anticolonialiste s'ajoutent les doutes qui s'expriment en métropole sur le « coût » des colonies africaines. Le journaliste Raymond Cartier, qui appelait trois ans plus tôt à « lutter » pour conserver l'Empire, donne son nom à cette conception comptable de la présence française en Afrique. « Notre intérêt est d'y rester (pour des raisons morales et politiques beaucoup plus que pour un profit) mais pas à n'importe quel prix », écrit-il en septembre 1956 dans un article retentissant [→ I.2].

Le gouvernement Guy Mollet (février 1956-mai 1957) tente de répondre à tous ces défis simultanément. Dès le premier semestre 1956, il fait voter une loi-cadre, auquel le ministre de la France d'outre-mer Gaston Defferre attache son nom, qui confie aux territoires d'outre-mer une certaine autonomie politique et administrative. Habile manœuvre, observent les commentateurs vigilants, qui permet dans le même mouvement de « balkaniser » le domaine colonial français, en autonomisant chacune de ses entités territoriales, et de transférer une partie des « charges » financières sur les contribuables africains [→ II.1]

Parallèlement à la réforme de l'Union française, le gouvernement Mollet décide de placer les territoires africains au cœur des négociations européennes. À l'initiative de Defferre, Paris fait de leur association une condition *sine qua non* à l'adhésion française au marché commun. Persuadés que leurs partenaires sont à la fois désireux de profiter de l'« eldorado africain » et sensibles aux arguments anticolonialistes, les négociateurs français – auxquels se rallient leurs homologues belges – leur soumettent un plan visant à créer un « marché commun eurafricain » et à européaniser les efforts de « développement » dans les territoires d'outre-mer.

Pour convaincre ses partenaires de son « désintéressement », le gouvernement français mobilise sa plus brillante caution africaine : Félix Houphouët-Boigny [→I.7 et I.8]. Ministre délégué à la Présidence du Conseil, chargé entre autres des questions sahariennes, Houphouët est envoyé à Bruxelles en janvier 1957 pour prêcher la bonne parole eurafricaine. Grâce au soutien financier et commercial de l'Europe des Six, plaide-t-il, les territoires africains de la France et de la Belgique « constitueront pour les colonies voisines un symbole de prospérité » et « rejetteront l'emprise du groupe de Bandung et celle des communistes ».

Mise en avant par le gouvernement français, la très élastique notion de « développement » cache des objectifs géostratégiques qui intéressent la France au premier chef, mais elle vise aussi, en les présentant comme « humanitaires », à faire financer par les partenaires européens des investissements qui incombaient jusque-là au seul gouvernement français. C'est ce que l'on constate lors des négociations en vue de l'instauration d'une Communauté européenne de l'énergie atomique (CEEA, plus connue sous le nom d'Euratom). « La mise en valeur des territoires africains exige un effort gigantesque qui dépasse nos seuls moyens », explique à ce propos le ministère des Affaires économiques dans une note confidentielle portant sur les gisements d'uranium découverts au Niger.

À l'issue des négociations, les Six valident l'« association » des territoires d'outre-mer au marché commun et instituent un Fonds européen de développement (FED). Mais ces dispositions ne sont valables que pour une durée de cinq ans (renouvelables) et la dotation du FED est incomparablement plus faible que ce que prévoyaient les négociateurs français. Ce qui n'empêche pas le gouvernement et la presse de claironner. « L'Eurafrique, notre chance de demain », exulte *Le Monde*, qui se réjouit que « nos partenaires européens » aient accepté de rallier la position française. Le journal oublie en revanche de dire ce qu'en pensent les colonisés africains. Et pour cause : mis à part le ministre Houphouët-Boigny, ils n'ont jamais été consultés.

Sous l'Eurafrique, la « France-Afrique »

Signé le 25 mars 1957, le traité de Rome, qui instaure la CEE et Euratom, est-il une victoire ou une défaite pour les eurafricanistes ? Si on se réfère aux objectifs proclamés d'un Labonne ou d'un Senghor, dans deux registres différents, ce traité ne consacre qu'une Eurafrique au rabais. D'où la désillusion qui s'exprime au lendemain de sa signature. « Pour développer l'Afrique, ce n'est pas l'Eurafrique qu'il faut faire, c'est une France-Afrique dans l'Europe », explique par exemple l'ancien – et futur – ministre Pierre de Chevigné en avril 1957. Un sentiment partagé par Houphouët-Boigny lui-même, qui s'exprime six mois plus tard lors d'un dîner-débat avec son ami François Mitterrand : « Il n'y aura pas d'Europe-Afrique sans l'indispensable relais France-Afrique. »

Mais derrière son apparente défaite, le courant eurafricain français remporte une importante victoire. Car, contrairement à ce que le terme « Eurafrique » laisse penser, ce que défendent les animateurs français de ce courant de pensée, à la fois large et flou, ce sont en priorité les intérêts hexagonaux. Puisant dans l'imaginaire futuriste de l'époque, le discours eurafricain est avant tout un contre-argumentaire opposé à ceux qui regardent l'Union européenne comme l'unique solution d'avenir et décrivent l'Union française comme un poussiéreux fardeau.

Dans les années 1950, alors que la parenthèse coloniale semble se refermer, l'objectif de la pensée eurafricaine aura été de conjuguer le colonialisme au futur et d'ouvrir ainsi la voie à ce que certains critiques commencent à qualifier de « néocolonialisme » : un colonialisme cherchant moins la gestion directe de territoires politiquement dominés que le contrôle de leurs ressources stratégiques grâce à des dispositifs plus discrets et plus économiques. En ce sens, la « Françafrique », telle qu'elle se formalise après la mise en œuvre de la loi-cadre Defferre et la signature du traité de Rome, est la fille de l'Eurafrique.

Repères bibliographiques

Adam ABDOU HASSAN, *Puissance du droit et droit des puissants. Les traités européens et « eurafricains » sous la loupe*, CETIM, Genève, 2021.

Marie-Thérèse BITSCH et Gérard BOSSUAT, *L'Europe unie et l'Afrique. De l'idée d'Eurafrique à la convention de Lomé 1*, Brylant, Bruxelles, 2005.

John CHIPMAN, « The France-Afrique and the Eurafrique Ideas », in *French Power in Africa*, Basil Blackwell, Oxford and Cambridge, Mass., 1989.

Collectif, « Europe et Afrique au tournant des indépendances », *Matériaux pour l'histoire de notre temps*, n° 77, 2005.

Papa DRAMÉ et Samir SAUL, « Le projet d'Eurafrique en France (1946-1960) : quête de puissance ou atavisme colonial ? », *Guerres mondiales et conflits contemporains*, vol. 4, n° 216, 2004.

Peo HANSEN et Stefan JONSSON, *Eurafrica. The Untold History of European Integration and Colonialism*, Bloomsbury, Londres, 2014.

Guia MIGANI, *La France et l'Afrique sub-saharienne, 1957-1963. Histoire d'une décolonisation entre idéaux eurafricains et politique de puissance*, PIE Peter Lang, Bruxelles, 2008.

Yves MONTARSOLO, *L'Eurafrique, contrepoint de l'idée d'Europe*, Publications de l'Université de Provence, Aix-en-Provence, 2010.

Karis MULLER, « The Birth and Death of Eurafrica », *International Journal of Francophone Studies*, vol. 3/1, 2000.

Anne-Laure OLLIVIER, « Entre Europe et Afrique : Gaston Defferre et les débuts de la construction européenne », *Terrains et travaux*, vol. 1, n° 8, 2005.

Maryliz RACINE, *Le Passage à l'ère post-westphalienne : les politiques européennes et impériales de la France pendant la IVe République (1944-1958)*, thèse de doctorat en histoire, Université Laval (Canada) et Aix-Marseille Université (France), 2020.

Rik SCHREURS, « L'Eurafrique dans les négociations du traité de Rome, 1956-1957 », *Politique africaine*, n° 49, mars 1993.

Eirik Labonne, « prophète de l'Eurafrique »

Pour saisir l'esprit eurafricain, on peut se tourner vers Eirik Labonne (1888-1971). Diplomate discret, fin connaisseur de la Russie soviétique et de l'Afrique du Nord, où il a été en poste pendant l'entre-deux-guerres, cet étonnant personnage a souvent été décrit comme un visionnaire, dont les « prémonitions » confinent à la « divination », selon les termes utilisés par Charles-André Julien, grand spécialiste du Maroc. Dans son palmarès des cent plus influentes personnalités françaises, *L'Express* le présente en novembre 1953 comme le « prophète de l'Eurafrique ».

Il y a en effet quelque chose de prophétique chez cet homme longiligne, au regard fier et à l'élégance démodée, qu'on croirait échappé d'un roman balzacien. Car cette allure anachronique cache un esprit bouillonnant qui emmène ceux qui l'écoutent sur les traces des trésors ensevelis sous les sols africains depuis le fond des âges, pour les embarquer ensuite vers un futur inexploré à mi-chemin entre le paradis techno-industriel et l'apocalypse thermonucléaire.

L'Afrique, espérance de l'Europe

L'avenir, selon Labonne, se trouve dans les sous-sols africains. Tel est son credo depuis la fin de la Première Guerre mondiale. Alors que le continent africain est perçu, dans l'entre-deux-guerres, comme une terre d'agriculture, Labonne est persuadé qu'on y découvrira bientôt des richesses minérales immenses – pétrole, bauxite, manganèse, fer, uranium, etc. – qui donneront un ascendant fabuleux aux puissances industrielles qui sauront les exploiter. En poste au Maroc à la fin des années 1920, comme secrétaire général du Protectorat, Labonne fonde le Bureau de recherches et de participations minières (BRPM), qui servira de modèle aux diverses structures de prospection minière et pétrolière françaises après la Seconde Guerre mondiale. Quelques années plus tard, il organise la prospection pétrolière en Tunisie, avec l'aide d'un jeune ingénieur des Mines dont il devient le mentor : Pierre Guillaumat [→ p. 215].

Dès 1932, Labonne théorise ses expériences dans un ouvrage publié sous pseudonyme : *Réflexions sur l'économie africaine*. S'il n'utilise pas le mot « Eurafrique », tous les ingrédients de la pensée eurafricaine des années 1950 sont déjà rassemblés. Sachant que les activités minières nécessitent d'immenses ressources financières, le diplomate défend la « jonction » de toutes les forces – publiques et privées, civiles et militaires, françaises et étrangères – pour stimuler le potentiel africain. « L'Europe morcelée et appauvrie mesure son exiguïté au développement continental des États-Unis et de la Russie soviétique, écrit-il. L'Afrique devient son espérance. »

Les États européens, insiste Labonne, ne doivent plus se penser comme des entités indépendantes et concurrentes, mais comme les rouages d'un vaste ensemble dont les extensions africaines sont les compléments naturels. Comparant l'espace euro-africain à l'URSS, Labonne milite pour une exploitation rationnelle de l'Afrique, à l'instar de ce que les Soviétiques ont entrepris en Sibérie. « L'Atlas est notre Oural », résume-t-il.

Connu des seuls spécialistes jusque-là, Labonne devient un personnage public lors de sa nomination en mars 1946 comme Résident général au Maroc. Il administre le territoire suivant deux principes : libéralisme sur le plan politique et dirigisme sur le plan économique. Le premier principe, qui vise à prévenir les tensions sociales, lui attire l'hostilité des milieux conservateurs, qui obtiennent son renvoi en mai 1947. Le second principe, prolongement de ses réflexions sur l'économie africaine, lui vaut d'être nommé, dès son rappel en métropole, conseiller auprès du président de la République et du président du Conseil, chargé de la coordination des études politiques et économiques de l'Union française.

Labonne devient alors un homme d'influence. « Tout ce qui comptait à Paris d'hommes intéressés à l'avenir de l'Afrique du Nord défilait dans le bureau de l'ambassadeur Labonne », observe Paul-Henri Siriex dans ses Mémoires, *Souvenirs en vérité* (1992). Sollicité par le président de la République Vincent Auriol, écouté par Maurice Thorez comme par Charles de Gaulle, invité à discourir à l'École nationale d'administration (ENA) ou à l'Institut des hautes études de défense nationale (IHEDN), il peut compter sur le soutien des fidèles qui ont collaboré avec lui avant-guerre. À commencer par Pierre Guillaumat, nommé à la fin de la guerre à la tête du Bureau de recherches de pétrole (BRP) puis, en 1951, patron du Commissariat à l'énergie atomique (CEA)[1].

« Impérial par en dessous »

Ce qui fascine les interlocuteurs de Labonne, outre sa foi inébranlable dans les ressources minérales africaines, c'est son sens de l'anticipation. Alors que ses contemporains regardent l'Afrique comme un continent arriéré, son esprit fertile la propulse à l'âge atomique, l'imagine hérissée de derricks, équipée de centrales hydroélectriques, de hauts-fourneaux et d'usines sidérurgiques. Renouvelant l'esprit pionnier de la conquête coloniale, Labonne décrit le continent comme une terre de mission pour les prospecteurs, les ingénieurs et les militaires. À peine rentré du Maroc, il suggère à Vincent Auriol d'y envoyer entre 25 000 et 30 000 légionnaires, transformés en « travailleurs mobiles » au service de l'industrialisation du pays.

Plus ambitieux encore, et c'est sa grande idée, il imagine d'implanter

1. Il joue à ce titre un rôle essentiel dans les négociations d'Euratom en 1956-1957. Guillaumat deviendra par la suite, entre autres, ministre des Armées (1958-1960), ministre délégué chargé de l'Énergie atomique, de la Recherche et de la Fonction publique (1960-1962) et patron de la compagnie pétrolière UGP, qui deviendra Elf (1962-1977).

aux quatre coins de l'Afrique françaises de gigantesques enclaves militaro-industrielles, baptisées « Zones d'organisation industrielle africaine » (ZOIA). D'abord sceptique, le gouvernement se rallie aux ambitieux projets de Labonne : un Bureau d'organisation industrielle africain (BOIA) est créé en 1952, et placé sous la présidence de Louis Armand, directeur général de la SNCF, pour mettre en œuvre deux « Zones industrielles stratégiques » au Sahara [→ p. 215]. C'est dans cette perspective que Labonne et Armand se rendent en Allemagne pour tenter d'y trouver les capitaux nécessaires à l'exploitation des richesses industrielles du désert.

Associé par nombre d'observateurs à l'idée d'Eurafrique, Labonne lui-même fait rarement référence à cette notion. Son « génie » est surtout d'avoir très tôt compris que les leviers stratégiques de l'impérialisme français se situaient dans les sous-sols africains. « Impérial par en dessous », comme le décrivait une de ses connaissances, Labonne l'était dans tous les sens de l'expression. Et ses leçons ne seront pas oubliées quand il s'agira de rendre leur « souveraineté » aux colonies françaises d'Afrique. Avant d'octroyer l'indépendance, en 1960, le régime gaulliste fera signer à leurs dirigeants des accords secrets garantissant à la France la mainmise sur les matières premières stratégiques présentes dans leurs sous-sols [→ II, introduction].

Thomas Deltombe

Chapitre 4

Au service de la « modernisation » coloniale : la fabrique des nouvelles élites africaines

Amzat Boukari-Yabara
et Ghislain Youdji Tchuisseu

De Faidherbe à Ferry en passant par Lyautey ou Gallieni, les doctrinaires coloniaux ont très tôt compris l'intérêt qu'il y avait à gouverner les peuples colonisés à travers leurs représentants (ou supposés tels). S'appuyer sur les « élites indigènes » apparaît comme une méthode plus efficace et moins coûteuse que de dépêcher sur place des milliers d'administrateurs métropolitains. Chefs de village et interprètes, instituteurs et médecins, policiers et soldats sont ainsi recrutés au sein des structures traditionnelles préexistantes ou formés spécifiquement pour servir l'administration coloniale. Ces agents jouent le rôle d'intermédiaires : ils doivent apparaître suffisamment autonomes pour garder du crédit auprès de la population tout en étant suffisamment fidèles à l'administration pour ne pas mettre en péril l'ordre établi. À mesure que la contestation anticoloniale grandit, le rôle de ces élites autochtones devient plus stratégique : elles ont une fonction de pivot dans le processus de « modernisation » du système colonial et ont pour mission implicite de « canaliser » les revendications des peuples qu'elles sont censées représenter.

Nommé gouverneur général de l'AOF en 1908, William Ponty précise l'objectif : « Après avoir formé une élite de jeunes gens appelés à seconder nos efforts, nous devons nous préoccuper de l'éducation de la race entière et essayer de donner au plus grand nombre possible de nos sujets sinon l'assimilation du moins l'empreinte française. » Quand il décède en 1915, son nom est donné à l'école normale de Saint-Louis, créée en 1903. Cette institution chargée de former des auxiliaires est centrale dans la socialisation des élites africaines : on compte parmi ses quelque deux mille diplômés en 1945 un nombre important de futurs dirigeants africains (comme Félix Houphouët-Boigny, Modibo Keïta, Hubert Maga, Hamani Diori, Mamadou Dia, Abdoulaye Wade ou Félix Moumié). Ces diplômes n'étant pas reconnus en métropole, la France ouvre également ses universités et ses grandes écoles à des Africains triés sur le volet. Cette politique s'approfondit après la Seconde Guerre mondiale : alors qu'il n'y avait en métropole que 200 boursiers originaires d'Afrique subsaharienne avant 1939, ils sont 1 655 en 1953 sur un total d'environ 4 000 étudiants d'après le journal *Étudiants d'outre-mer*.

En parallèle, les institutions politiques françaises entrouvrent leurs portes aux élites colonisées. C'est le cas en particulier à l'Assemblée nationale qui compte onze députés subsahariens en 1946, contre un seul avant-guerre. Représentants privilégiés des Africains auprès des Français, et surtout porte-parole de la France auprès des Africains, ces nouvelles élites noires apprennent à privilégier le compromis sur le conflit dans leur rapport au système colonial. Un compromis qui apparaît comme une insupportable compromission aux yeux d'une partie de la jeunesse africaine.

Coloniser avec les élites « autochtones »

Thème privilégié de la propagande coloniale française sur la « mission civilisatrice », l'école n'a en réalité jamais été un investissement prioritaire. Alors que le Royaume-Uni crée dans ses colonies des structures éducatives secondaires destinées aux élites locales dès le XIXe siècle, l'école normale William-Ponty reste pendant plus de trente ans l'unique lieu de formation des auxiliaires africains destinés à seconder le personnel métropolitain. L'établissement prépare également au concours d'entrée à l'école de médecine ouverte en 1918 à Dakar et dont les diplômés ne peuvent exercer légalement que dans les colonies.

Il faut attendre les années 1930 pour que s'ouvrent en dehors du Sénégal des écoles normales, à Katibougou au Soudan français, Brazzaville au Congo et Dabou en Côte d'Ivoire. Elles sélectionnent quelques élèves ayant le certificat d'études primaires et les forment à devenir instituteurs. Des écoles professionnelles cherchent aussi à former une main-d'œuvre africaine dans le travail industriel, agricole et commercial, toujours au service des intérêts coloniaux.

Chargée de former des institutrices et les futures épouses des auxiliaires masculins, une école normale pour les jeunes femmes est également ouverte en 1938 à Rufisque, non loin de Dakar. La politique coloniale maintient un cadre hiérarchique strict appuyé sur un modèle occidental patriarcal de ménage avec la figure centrale de la mère, de l'épouse et de la maîtresse de maison. Les femmes occupent majoritairement des postes d'auxiliaires liés aux filières sociales, d'éducation et de soin. Toutefois, dans les années 1940, on assiste à la montée en puissance d'élites économiques féminines à l'instar des commerçantes de pagnes du Togo.

Pour la France, l'école est un moyen de pénétrer les sociétés colonisées, de contrôler les savoirs et les mœurs et de diffuser une propagande en faveur de la mère patrie. L'accès à cette éducation est lié à une relative proximité avec le pouvoir colonial : naître dans une région dont l'histoire n'est pas marquée par les rébellions contre l'ordre colonial et investie économiquement par l'administration, descendre d'une famille royale ou de chefs traditionnels, avoir des parents intermédiaires coloniaux, etc. En limitant les places, l'école coloniale devient précisément un espace élitiste qui suscite en retour une demande grandissante de la part des élites africaines.

Contraire aux obligations de résultat et d'économie, le principe de l'école publique, gratuite et obligatoire n'a jamais été défendu en AOF et en AEF où le taux de scolarisation est resté en dessous de 10 % jusqu'à la veille des indépendances. Si l'afflux d'élèves flatte la mystique de l'assimilation déployée par le pouvoir colonial autour de la culture et de la langue française, les Africains vont aussi faire de l'amélioration quantitative et qualitative de l'instruction coloniale l'une de leurs revendications, prenant ainsi la France à son propre jeu.

Félix Houphouët-Boigny entre en scène

Le pouvoir colonial contrôle les processus de mobilité sociale qui bousculent les hiérarchies traditionnelles. Ainsi, les « pontins », comme on surnomme les diplômés de l'école William-Ponty, sont appelés à seconder ou remplacer les chefs coutumiers qui ont eux-mêmes été de fidèles alliés du système colonial. Certains chefs traditionnels cherchent à se reconvertir dans les sphères du marché agricole ou du négoce afin de garder leur prééminence économique et sociale. L'éducation et l'argent deviennent ainsi deux éléments incontournables pour donner un contenu au nouveau statut d'élite.

L'Ivoirien Félix Houphouët présente à ce titre un profil particulier. Né officiellement en 1905 à Yamoussoukro, d'origine baoulée, il est le petit-neveu de la reine Yamousso et le neveu d'un chef assassiné pour ses sentiments antifrançais. Réquisitionné par un chef de poste pour intégrer l'école primaire supérieure de Bingerville, il poursuit des études d'instituteur à William-Ponty avant de sortir major de l'école de médecine de Dakar en 1925. De retour en Côte d'Ivoire en tant que médecin auxiliaire, sa dénonciation des conditions sanitaires et de l'exploitation coloniale lui vaut d'être surveillé par les autorités.

En 1939, il hérite de la charge de chef du canton Akoué qu'il associe à son activité de planteur de café, de cacao et de caoutchouc. Grand propriétaire terrien, Houphouët a donc la particularité d'être en même temps chef traditionnel, chef de canton et représentant d'une élite « moderne » disposant d'un capital économique lui assurant une réelle indépendance.

Houphouët profite en outre de la Seconde Guerre mondiale pour conforter ses positions. Il reçoit l'appui d'André Latrille, nommé gouverneur de Côte d'Ivoire en novembre 1943 grâce à l'entremise d'Henri Laurentie, directeur des Affaires politiques du ministère des Colonies [→ I]. Après la conférence de Brazzaville de janvier 1944, le nouveau gouverneur s'engage à apporter des mesures « progressistes » dans un territoire dominé par des colons qui sont restés fidèles jusqu'à la dernière heure au régime de Vichy. Pour faire contrepoids aux grands planteurs réunis dans le Syndicat agricole de Côte d'Ivoire (SACI), présidé par le très conservateur Jean Rose, Latrille cherche à s'allier aux planteurs indigènes.

Outre la bataille politique qui oppose des colons pétainistes à une nouvelle administration centrale gaulliste, Houphouët est engagé dans une bataille économique où les intérêts privés des colons français défient ceux de l'administration représentée par Latrille. Face au SACI, qui empoche leurs cotisations mais refuse d'écouter leurs revendications, Houphouët et plusieurs autres planteurs indigènes dont Gabriel Dadié, Fulgence Brou, Kwame Adingra et Marcel Laubhouet décident de créer en août 1944 le Syndicat agricole africain (SAA). L'égalité des primes et des salaires avec le SACI, ainsi que la liberté de pouvoir traiter directement les prix de vente avec les entreprises commerciales sont à l'agenda. « La plantation du chef de canton Félix Houphouët constitue une des entreprises-pilotes préconisées par la conférence de Brazzaville, se félicite Latrille en avril 1945. Il est particulièrement satisfaisant de constater que cette situation est l'œuvre d'un Africain entièrement formé par la civilisation française. »

En peu de temps, le SAA réunit plus de vingt mille adhérents. Faisant campagne pour l'abolition du travail forcé et de meilleures conditions matérielles, il règle la question de la main-d'œuvre sous contrôle des colons en faisant recruter plusieurs milliers de travailleurs venus de Korhogo et du pays mossi qui était alors intégré à la Côte d'Ivoire. Jouissant désormais d'un énorme soutien populaire et d'une immense fortune, Houphouët, qui ajoute à son patronyme le nom de « Boigny » (« le Bélier », en baoulé, qui devient son totem), construit la base économique et sociale qui accompagne son ascension politique.

En octobre 1945, Houphouët se présente à l'Assemblée constituante. Indiquant dans sa profession de foi qu'il est « assez intelligent pour comprendre, admettre que nous, Africains, ne pouvons nous passer de la France », il entend « préparer le mariage ultime » sans imaginer la moindre infidélité. « J'aime la France à laquelle je dois tout. J'aime la Côte d'Ivoire, partie intégrante du grand Empire français. C'est à seule fin de servir la plus grande France, la France de 130 millions d'habitants, une et indivisible que je brigue vos suffrages », précise-t-il. Élu haut la main, Houphouët-Boigny s'installe début 1946 au Palais Bourbon.

Députés africains à Paris

La présence de députés africains à l'Assemblée nationale est une spécificité française : aucune autre puissance coloniale n'accueille des représentants de ses colonies au sein même de son Parlement métropolitain. Ces parlementaires forment un groupe singulier, considérés à la fois comme les *alter ego* des députés métropolitains et comme des personnalités *à part*, représentant au cœur du Paris politique une « Afrique » encore perçue comme exotique. Eux-mêmes, purs produits pour la plupart de la méritocratie coloniale et de la mystique assimilationniste, surjouent volontiers leur francité pour incarner au mieux l'« idéal franco-africain ».

Élu maire de Dakar puis député SFIO du Sénégal en 1945, Lamine Guèye porte les lois qui suppriment l'indigénat et étendent la citoyenneté française aux sujets de l'Empire. Diplômé en droit, Guèye a eu comme élèves à William-Ponty Félix Houphouët-Boigny, député de Côte d'Ivoire, et Jean Félix-Tchicaya député du Gabon-Moyen-Congo. Les élus guinéen Yacine Diallo et soudanais Fily Dabo Sissoko sont également d'anciens pontins. Élu pour le Dahomey et exerçant un mandat sur le Togo, Sourou Migan Apithy est un expert-comptable diplômé de l'École libre des sciences politiques. Quant à Léopold Sédar Senghor, il est agrégé de grammaire et détient la chaire de linguistique à l'École nationale de la France d'outre-mer (ENFOM) [→ I.5].

Seuls élus non apparentés à un parti métropolitain, les députés du Mouvement démocratique de la rénovation malgache (MDRM) Joseph Raseta et Joseph Ravoahangy-Andrianavalona sont passés par l'école de médecine de Tananarive. Cas particulier, Gabriel d'Arboussier, fils d'un gouverneur colonial français et d'une descendante du résistant sénégalais El-Hadj Oumar Tall, juriste de formation, est élu au premier collège pour le Gabon-Moyen-Congo. Au Cameroun, Alexandre Douala Manga Bell, fils du résistant Rudolf Douala Manga Bell exécuté en 1914 par les Allemands pour s'être opposé à la spoliation foncière, rejoint le Mouvement républicain populaire (MRP) où il prend régulièrement position contre les autres députés africains.

Entre 1945 et 1958, une cinquantaine de députés aux profils similaires siègent ainsi au Palais Bourbon sans réussir à former un groupe parlementaire unique. Répartis entre les trois grands partis français (PCF, SFIO, MRP), les députés africains n'arrivent pas à imiter Kwame Nkrumah et les leaders d'Afrique britannique qui, réunis en congrès en octobre 1945 à Manchester, ont structuré leur combat anticolonialiste autour du panafricanisme. Nkrumah se rend d'ailleurs à Paris en août 1947 pour tenter en vain de rallier Senghor, Apithy et Houphouët-Boigny à la cause panafricaniste.

Encouragés par le vote des premières lois abolissant le travail forcé et l'indigénat, accordant la liberté de réunion et d'association, ou étendant la citoyenneté aux sujets de l'Empire, les députés africains espèrent obtenir d'autres réformes dans le cadre de l'Union française. Ils se rapprochent également des élites originaires des Antilles et de Guyane.

Paris a régulièrement envoyé des administrateurs coloniaux antillais et guyanais en Afrique afin de montrer que le colon n'était pas forcément blanc. À l'instar du Guyanais Félix Éboué, certains d'entre eux font une carrière africaine. C'est le cas du Guadeloupéen Jules Ninine : arrivé au Cameroun en 1929, il y est élu député en 1946. Les Guadeloupéens Albert Béville, *alias* Paul Niger, ou Guy Tirolien forgent également des liens au Sénégal, au Cameroun ou au Soudan français.

Diplômé de l'École libre des sciences politiques, des Langues O et de l'ENFOM, le haut fonctionnaire guadeloupéen Guy Nairay occupe plusieurs postes en AOF avant de rencontrer Houphouët-Boigny en 1946. Dix ans plus tard, Nairay devient son chef de cabinet quand il est nommé ministre délégué à la présidence du Conseil. Deux autres personnalités d'origine antillaise, le médecin Auguste Denise et l'ancien gouverneur de la Côte française des Somalis puis élu de Guinée, Raphaël Saller, sont proches du leader ivoirien qui peut aussi compter sur le ralliement de Gabriel Lisette, diplomate et administrateur colonial guadeloupéen. Houphouët-Boigny a en revanche moins de succès auprès de la députée guadeloupéenne Gerty Archimède. Première femme inscrite au barreau de Pointe-à-Pitre et communiste convaincue, elle repousse les avances de celui qui apparaît comme l'« homme de la France ».

À Paris, les élus africains échangent avec l'avocat et résistant guyanais Gaston Monnerville. Ancien député radical-socialiste (1932-1940), passé par le sous-secrétariat d'État aux Colonies (1937-1938), Monnerville préside en 1945 la Commission de la France d'outre-mer chargée de présenter à l'Assemblée consultative provisoire le cadre constitutionnel et le statut de l'Union française. Partisan convaincu de l'intégration des colonies dans un Commonwealth à la française, il est élu en 1946 au Conseil de la République (le Sénat sous la IVe République) qu'il préside pendant vingt et un ans avec le titre symbolique de « second personnage de l'État ».

Quant au député communiste martiniquais et maire de Fort-de-France Aimé Césaire, figure de proue du courant de la négritude avec son ancien camarade Senghor dans les années 1930 au lycée Louis-le-Grand [→ I.5], il porte la loi du 19 mars 1946 qui érige la Guadeloupe, la Guyane, la Martinique et La Réunion en départements français. Cette loi suscite sans doute des espoirs d'évolution similaire chez les députés africains qui la votent, et qui reçoivent le soutien de Césaire pour le vote de la loi d'abolition du travail forcé portée par Houphouët-Boigny.

La naissance du Rassemblement démocratique africain (RDA)

Le 18 septembre 1946, sept députés africains signent un manifeste dans lequel ils s'inquiètent du conservatisme de la seconde Assemblée nationale constituante. Partisans d'une évolution dans le cadre d'une Union française « librement consentie », Félix Houphouët-Boigny, Fily Dabo Sissoko, Félix-Tchicaya, Sourou Migan Apithy, Gabriel d'Arboussier, Yacine Diallo et Lamine Guèye appellent à la création d'un unique groupe interterritorial d'Afrique de l'Ouest et d'Afrique centrale pour prendre à revers les partis métropolitains qui utilisent les partis africains comme des branches ultramarines. Sous la pression du ministre SFIO des Colonies Marius Moutet, les députés socialistes Lamine Guèye et Yacine Diallo retirent leurs signatures.

Le 18 octobre 1946, en dépit des mesures d'obstruction mises en place par le gouvernement et l'administration coloniale pour empêcher plusieurs participants de voyager, huit cents délégués venus d'AOF et d'AEF convergent à Bamako, où se tient le Ier Congrès interterritorial qui officialise la naissance du Rassemblement démocratique africain (RDA). Défini comme une « union de toutes les couches sociales de l'Afrique noire (du manœuvre au chef indigène, en passant par le fonctionnaire ou l'intellectuel) exploitées, brimées ou outragées par le colonialisme », le RDA est surtout l'appareil des élites politiques africaines.

Dans le sillage du congrès de Bamako, une floraison de formations politiques se placent sous la bannière du RDA : le Parti démocratique de Côte d'Ivoire (PDCI), le Parti démocratique de Guinée (PDG), le Parti progressiste congolais (PPC), le Parti progressiste tchadien (PPT), le Parti progressiste nigérien (PPN), l'Union soudanaise (US), l'Union démocratique sénégalaise (UDS), l'Union des populations du Cameroun (UPC), etc.

Implanté grâce à ces sections territoriales dans toute l'Afrique française, le RDA devient la principale force politique dans les colonies africaines et un acteur important sur la scène parlementaire métropolitaine. Les gouvernements successifs, dépendants des fragiles équilibres parlementaires, surveillent avec attention l'attitude des députés africains. C'est donc à Paris que se joue en grande partie le destin du RDA entre son IIe Congrès, qui se tient à Abidjan-Treichville en janvier 1949, et le IIIe, à Bamako en septembre 1957.

Fondateur du PDCI, Houphouët-Boigny est désigné à la tête du rassemblement interterritorial. C'est lui qui préside le comité de coordination du RDA, l'instance dirigeante du mouvement entre deux congrès. Gouvernant d'abord de manière collégiale, Houphouët-Boigny cherche à concilier plusieurs tendances contradictoires : des assimilationnistes, qui croient en l'égalité dans l'Union française, des nationalistes, qui envisagent la possibilité de l'indépendance, et des marxistes, particulièrement actifs à l'orée de la guerre froide.

Houphouët est secondé dans sa tâche par des vice-présidents : Jean Félix-Tchicaya, Mamadou Konaté et Gabriel d'Arboussier. Le premier, député du Gabon-Moyen-Congo, est le fondateur du PPC-RDA. Le deuxième, ancien surveillant à William-Ponty et fondateur en 1937 du syndicat des instituteurs d'AOF, représente l'Union soudanaise (US-RDA) qu'il a formée au Soudan avec Modibo Keïta (« pontin » lui aussi). Quant à Gabriel d'Arboussier, marxiste convaincu à cette période, il joue un rôle important dans l'apparentement des députés RDA au groupe parlementaire communiste.

Seul mouvement politique métropolitain à avoir encouragé la tenue du congrès de Bamako, le Parti communiste français obtient que les parlementaires du RDA s'apparentent à son groupe à l'Assemblée. Mais cet arrangement place le RDA dans une situation inconfortable lorsque le PCF claque la porte du gouvernement français et rejoint l'opposition en 1947. Fidèle en apparence à l'alliance avec les communistes, Houphouët-Boigny prend – discrètement – ses distances. « Être apparenté ne signifie pas, si peu que ce soit, que nous soyons nous-mêmes communistes, confie-t-il au conseiller de l'Union française Georges Monnet en mars 1948. Est-ce que moi, Houphouët, chef traditionnel, médecin, grand propriétaire, catholique, on peut dire que je suis communiste ? »

Des Africains futurs administrateurs coloniaux

Félix Houphouët-Boigny comprend très vite l'intérêt de former des cadres directement sous son contrôle. En 1946, il souhaite envoyer en métropole un premier groupe de 148 élèves boursiers ivoiriens. Les colons s'y opposent, craignant la naissance d'une élite ivoirienne revendicative. Le gouverneur Latrille transmet la demande à son supérieur René Barthès, gouverneur général de l'AOF. Le ministère des Colonies motive son refus par l'incapacité budgétaire de la colonie de Côte d'Ivoire à payer les bourses et par la crainte, si Abidjan obtenait gain de cause, de voir les autres territoires réclamer les mêmes faveurs. Houphouët-Boigny envoie Auguste Denise défendre le dossier directement au siège du ministère, rue Oudinot. Relevés bancaires à l'appui, Denise fait plier l'administration en soulignant que les frais seront intégralement pris en charge par le Syndicat agricole africain.

Le pouvoir colonial lâche du lest. En 1950, trois ans après le rejet d'une proposition de loi portée par des députés SFIO, dont Senghor et Diallo, « tendant à placer l'enseignement dans les territoires d'outre-mer sous le contrôle du ministère de l'Éducation nationale », François Mitterrand, ministre de la France d'outre-mer, signe avec le ministre de l'Éducation nationale, le décret créant l'académie de l'AOF. Les députés défendent aussi une africanisation de la fonction publique coloniale. C'est ainsi qu'ils appellent à la réforme de l'ENFOM, l'école qui détient le monopole d'accès aux postes d'administrateurs et de magistrats coloniaux et qui a reçu à peine une vingtaine d'Africains avant 1956.

Le vote en 1956 de la loi-cadre Defferre [→ II.1] favorise la création du premier dispositif de discrimination « positive » dans une grande école française : deux nouveaux élèves sur trois doivent être africains. Ils sont reçus après un concours comportant des compositions écrites et un examen oral qui évaluent leur maîtrise du français, leur culture générale et surtout leur loyauté à l'ordre colonial. Au concours de 1956, le Sénégalais Abdou Diouf est le major.

Recevant une bourse de 75 000 francs français, soit le triple de la bourse des autres étudiants africains, les élèves suivent un cursus en trois ans, ponctué d'un mémoire de fin d'études et d'un stage dans leur territoire d'origine. Les fonctionnaires africains peuvent désormais suivre un cycle de perfectionnement à l'ENFOM. Ils sont sélectionnés par l'administration coloniale et doivent présenter un état de service de plus de cinq ans vierge de tout reproche ou de liens avec des revendications syndicales.

Le volet final de la fabrique des nouvelles élites africaines à l'ENFOM se trouve dans l'encadrement de la vie privée et sociale en dehors des murs de l'école pour favoriser leur épanouissement personnel et affectif. Plusieurs activités culturelles sont financées. Des billets d'avion pour retourner en vacances dans son territoire, des aides en cas de mariage, naissance ou deuil sont également octroyés aux élèves. Des séjours individuels au sein de familles françaises sont organisés pour leur faire découvrir, aimer et adopter la vie à la française.

Les tirailleurs montent en grade

Recrutés au sein des « écoles des enfants de troupe » qui avaient été créées entre 1923 et 1939, au Sénégal, au Soudan, à Madagascar et en Côte d'Ivoire, les tirailleurs sont envoyés au Maghreb, en Indochine ou à Madagascar pour réprimer les insurrections nationalistes. Dans la perspective d'une autonomisation croissante des territoires d'outre-mer, ministres et députés s'enquièrent de la formation des soldats et des gendarmes africains. Les bacheliers africains qui passent le concours de l'école spéciale militaire de Saint-Cyr sont peu nombreux dans les années 1950. On y retrouve les Sénégalais Mamadou Mansour Seck et Jean Gomis, le Camerounais Pierre Semengue, l'Ivoirien Émile Blehouan, le Voltaïque Saye Zerbo et le Tunisien Zine el-Abidine Ben Ali.

En 1956, l'École de formation des officiers du régime transitoire des troupes d'outre-mer (EFORTOM) de Fréjus est créée pour former des officiers africains. Après un cursus de deux ans pour atteindre un niveau scolaire équivalent à celui du brevet en sciences et en français, les élèves partent en stage d'application dans des écoles liées à leur spécialisation, comme l'École des transmissions à Montargis ou l'École des officiers de la gendarmerie nationale à Melun. À sa fermeture en 1965, l'EFORTOM compte 275 diplômés africains dont, à titre d'exemple : André Kolingba de la République centrafricaine ; Mathieu Kérékou du Dahomey ; Amadou Hassane Diallo et Seyni Kountché du Niger ; Yoro Diakité et Moussa Traoré du Soudan français ; Sangoulé Lamizana de la Haute-Volta.

La formation de ces Africains est encadrée en 1956 par le général Pierre-Élie Jacquot (commandant) et le lieutenant-colonel Gilbert Casanova (directeur des études). Saint-cyrien et diplômé des écoles supérieures de guerre française et belge, Jacquot a participé à la guerre du Rif en 1925, aux deux guerres mondiales et était commandant en chef en Indochine au moment du retrait des troupes françaises (1954-1956). Casanova a servi en Indochine sous le colonel Charles Lacheroy, théoricien de la guerre « contre-subversive » [→ II, introduction].

Ce qui marque l'encadrement des Africains à l'EFORTOM c'est autant l'omniprésence de la guerre « contre-subversive » que le souci accordé à la vie des élèves. Le carnet et les archives de Casanova foisonnent de détails sur les étudiants : les ressources de leur territoire d'origine, les spécificités de leur région, les caractéristiques de leur « race », etc.

L'école s'active pour favoriser leur « intégration » et leur « bien-être ». Compétitions sportives, visites culturelles et touristiques en Côte d'Azur et suivi personnalisé (aménagement d'un lieu de prière et de repas halal pour les musulmans, accompagnement à la naissance d'un enfant…) montrent que le dispositif d'africanisation militaire cherche à former des élites militaires fidèles en bannissant les discriminations longtemps présentes au sein de l'armée française. Hier « enfants » de troupe, les soldats africains doivent devenir des « frères » d'armes.

Car tel est bien l'objectif des dispositifs français qui ont pour mission de former des « élites » africaines comme l'ENFOM et l'EFORTOM : leurs étudiants ne sont pas seulement destinés à devenir les cadres de l'Afrique de demain, à laquelle on reconnaît le droit à une certaine autonomie, ils sont également formés à rester fidèles à un ordre international favorable aux intérêts français. Les anciens sujets français sont donc appelés à devenir les « frères » des dirigeants métropolitains. Des « petits frères » protégés du soupçon qui pesait sur l'administration coloniale grâce à leur statut d'enfants du terroir et au voile méritocratique qui accompagne le diplôme d'une grande école.

Repères bibliographiques

Nicolas BANCEL, « La voie étroite : la sélection des dirigeants africains lors de la transition vers la décolonisation », *Mouvements*, vol. 21-22, n° 3, 2002, p. 28-40.

Pascale BARTHÉLEMY, *Africaines et diplômées à l'époque coloniale (1918-1957)*, Presses universitaires de Rennes, Rennes, 2010.

Yves BENOT, *Les Députés africains au Palais Bourbon, de 1914 à 1959*, Éditions Chaka, Paris, 1989.

Jean CAPELLE, *L'Éducation en Afrique noire à la veille des indépendances (1946-1958)*, Karthala et ACCT, Paris, 1990.

Catherine COQUERY-VIDROVITCH, *Les Africaines. Histoire des femmes d'Afrique subsaharienne du XIXe au XXe siècle*, La Découverte, Paris, 2013.

Amady Aly DIENG, *Mémoires d'un étudiant africain. Volume I : De l'école régionale de Diourbel à l'Université de Paris (1945-1960)*, CODESRIA, Dakar, 2011.

Véronique DIMIER, *Le Gouvernement des colonies, regards croisés franco-britanniques*, Éditions de l'Université de Bruxelles, Bruxelles, 2004.

Armelle ENDERS, « L'École nationale de la France d'outre-mer et la formation des administrateurs coloniaux », *Revue d'histoire moderne et contemporaine*, vol. 40, n° 2, 1993, p. 272-288.

Ruth GINIO, *The French Army and its African Soldiers. The Years of Decolonization*, University of Nebraska Press, Lincoln (Nebr.), 2016.

Gabriel LISETTE, *Le Combat du Rassemblement démocratique africain*, Présence africaine, Paris, 1983.

Chapitre 5

Léopold Sédar Senghor, chantre du (néo)colonialisme français en Afrique

Khadim Ndiaye

Lorsque Léopold Sédar Senghor naît en 1906, le Sénégal est l'un des joyaux de l'Empire colonial français. Le territoire, qui abrite le siège du gouverneur de l'Afrique occidentale française (AOF), a été organisé au siècle précédent autour des « Quatre Communes » – Saint-Louis, Gorée, Rufisque et Dakar –, vieilles colonies héritées de l'Ancien Régime dont les habitants, imprégnés de culture et de valeurs françaises, jouissent de droits politiques particuliers. De 1848 à 1852, puis de nouveau à partir de 1879, ces quatre communes sont représentées à l'Assemblée nationale, d'abord par des Blancs, puis par des métis. En 1914, au seuil de la Grande Guerre, un Africain noir, Blaise Diagne, représente pour la première fois ces territoires singuliers, dont les habitants obtiennent deux ans plus tard la citoyenneté française. Né à Joal, à quelques dizaines de kilomètres au sud de Dakar, Senghor ne jouit pas de ce privilège : il reste un « sujet » français, soumis au Code de l'indigénat. Mais le désir de devenir pleinement français habite déjà son jeune esprit.

Une fierté française

Soucieux d'« élever ses fils à l'européenne », le père de Senghor confie en 1913 son éducation au père Léon Dubois, d'origine normande, chef de la mission catholique de Joal, puis en 1914, à la mission Saint-Joseph de Ngasobil tenue par les pères du Saint-Esprit où, en plus d'un enseignement religieux, on lui inculque l'amour des auteurs classiques français. Après le cycle primaire, le jeune Léopold est pris en charge, au collège Libermann de Dakar, par le père Albert Lalouse, un Sarthois convaincu de la supériorité de la civilisation occidentale et déterminé à transformer les jeunes Africains en « Français de peau noire ». C'est finalement au

Cours secondaire officiel et laïque, devenu lycée Van Vollenhoven, à Dakar, qu'il obtient son baccalauréat.

Baigné très tôt dans la culture française, suivi par l'administration coloniale qui se félicite de son parcours et qui lui accorde une bourse, Senghor fait partie de la petite minorité d'élèves destinée à constituer l'élite noire de la colonie. Conservant son siège de député jusqu'à sa mort en 1934, fonction qu'il cumule avec celle de maire de Dakar et, pendant un an, celle de sous-secrétaire d'État aux Colonies, Blaise Diagne est le porte-parole de cette élite et le défenseur attitré de la France, à partir des années 1920, alors que les idées d'émancipation, lancées notamment par le panafricaniste Marcus Garvey, se propagent en Afrique de l'Ouest. Lorsque, nanti de sa bourse coloniale, Senghor débarque à Paris en 1928, il bénéficie de l'appui de Diagne. C'est grâce à l'intervention de ce dernier qu'il obtient, de façon dérogatoire, la naturalisation française en 1933.

À Paris, l'admiration de Senghor pour la France et sa littérature se renforce. Élève d'hypokhâgne puis de khâgne au prestigieux lycée Louis-le-Grand, il s'y forge des amitiés durables, notamment avec Georges Pompidou, futur président de la République, et Aimé Césaire, avec qui il fondera en 1935 une éphémère revue, *L'Étudiant noir*. Premier Africain lauréat de l'agrégation de grammaire, Senghor, qui enseigne alors dans divers lycées et publie ses premiers poèmes dans le magazine littéraire *Cahiers du Sud*, sort de l'anonymat en septembre 1937 : invité par les autorités coloniales à prononcer deux discours, un à Dakar, un à Paris, il éblouit son auditoire. Quelques jours plus tard, le 4 octobre, le quotidien d'extrême droite *L'Action française* lui consacre un article louangeur. Senghor est « le type de ces élites indigènes dont la France a le droit d'être fière », note le journal maurassien. Il publie poèmes et articles dans des revues littéraires réputées : *Volontés*, *Charpentes*.

Ainsi s'ouvre une longue tradition. Pendant des décennies, les élites françaises verront en Senghor le reflet de leurs propres fantasmes. Amoureux de l'Hexagone, le poète sénégalais apparaît aux uns comme la preuve vivante du génie colonial français. Chantre de la « négritude », aux côtés de la femme de lettres martiniquaise Paulette Nardal ou d'Aimé Césaire, Senghor est décrit par d'autres comme l'incarnation de la renaissance culturelle africaine. C'est cette ambiguïté que l'on retrouvera tout au long de sa carrière.

Georges Pompidou (à gauche sur la statue) et Léopold Sédar Senghor (à droite) dans les jardins du Luxembourg, à Paris (vers 1930). *© STF / AFP*

Éloge du « métissage » colonial

Pour comprendre l'ambivalence de Senghor, il faut garder en tête que son amour pour la France ne s'arrête pas aux inspirations littéraires qui ont fait de lui l'un des grands poètes d'expression française. Il voue également une admiration ambiguë aux idéologues de la suprématie occidentale. Sous prétexte de valoriser la culture « nègre », il tend à donner une définition essentialiste des « Noirs » et des « Africains » que ne renieraient ni Maurice Barrès, dont Senghor est un disciple revendiqué, ni même Arthur de Gobineau, auteur en 1853 de l'*Essai sur l'inégalité des races humaines*, auquel le poète sénégalais se réfère explicitement.

La même ambivalence apparaît dans son attitude à l'égard des grandes figures de la colonisation, comme Faidherbe ou Lyautey, dont la stratégie consistait à valoriser certains éléments des sociétés africaines pour mieux asservir les masses indigènes [→ I.1]. Passant sous silence les massacres qui ont ponctué la conquête du Sénégal, Senghor célèbre les « vertus » du conquérant : « Faidherbe s'est fait nègre avec les Nègres. » Allusion aux efforts du gouverneur du Sénégal pour soumettre les sociétés africaines. Allusion aussi, sans doute, au fils métis que le même gouverneur eut avec une adolescente sénégalaise. « Si je parle de Faidherbe c'est avec la plus haute estime, jusqu'à l'amitié, parce qu'il a appris à nous connaître », affirmera Senghor en 1969.

Tiraillé entre deux aspirations – « ma vie intérieure a été trop tôt écartelée entre l'appel des Ancêtres et l'appel de l'Europe », écrit-il –, Senghor fait l'éloge du métissage. L'Europe et l'Afrique, parce qu'elles sont en tout point opposées, dit-il, sont « deux mondes complémentaires ». Dans cette complémentarité, l'Europe, incarnant l'élément masculin, représente la raison et la volonté. Le continent africain tient pour sa part le rôle féminin : « Sa faiblesse est d'être émotion, élan d'amour plus que volonté réfléchie. Comme la Femme. » Un clin d'œil évident à Gobineau, pour qui la « variété mélanienne », espèce sensuelle par essence, est dotée de la « personnalité féminine » qui a besoin de l'« élément blanc » fécondant qui, seul, pourra l'élever.

Pour Senghor, la colonisation n'a rien, en soi, de condamnable. N'a-t-elle pas pour louable dessein de « greffer le rameau latin sur le sauvageon africain » ? Le « génie » belge n'a « pas fait autre chose au Congo », dira-t-il le 5 février 1951 devant un parterre d'écrivains belges. À l'en croire, la pénétration européenne dans la psyché africaine est la matrice d'une nouvelle civilisation « afro-latine ». L'Europe, répète-t-il à l'envi, a pour mission de « féconder » l'Afrique, et de cette fécondation doit naître « un grand type métis culturel ».

« Nous ne sommes pas des séparatistes »

Incorporé dans un régiment d'infanterie coloniale en 1939, prisonnier des Allemands en 1940, il est transféré de camp en camp en France pendant plusieurs mois. Libéré début 1942 pour raisons de santé, il reprend sa carrière d'enseignant tout en participant à la Résistance. Repéré par Robert Delavignette, directeur de l'École nationale de la France d'outre-mer (ENFOM), Senghor obtient en novembre 1944 la chaire de langues négro-africaines de cette prestigieuse institution.

Les questions soulevées à cette période par la conférence de Brazzaville – dont les conclusions sont selon lui « un chef-d'œuvre qui fera date dans l'histoire mondiale » – l'incitent à s'impliquer dans les débats publics. C'est à cette période qu'il rédige son premier texte théorique sur les institutions franco-africaines. Ses propositions, publiées début janvier 1945 dans un ouvrage intitulé *La Communauté impériale française*, rejoignent celles d'Henri Laurentie et des autres réformateurs coloniaux [→ I, introduction]. Comme eux, Senghor prône un système fédéral capable d'articuler, et même de transcender, les concepts d'association et d'assimilation. Tout en s'appuyant sur les réflexions de Lyautey et de Delavignette, défenseurs du premier concept, le poète sénégalais défend l'« assimilation active et judicieuse » des Africains. Les colonisés, note-t-il, doivent « s'assimiler l'esprit de la civilisation française », pour que celle-ci « féconde les civilisations autochtones et les fasse sortir de leur stagnation ou renaître de leur décadence ». « Il s'agit d'une assimilation qui permette l'association, résume-t-il. C'est à cette seule condition qu'il y aura "un idéal commun" et "une commune raison de vivre", à cette seule condition un Empire français. »

Le 20 février 1945, suivant une recommandation de la conférence de Brazzaville, une commission spéciale présidée par Gaston Monnerville est créée, chargée d'étudier la représentation des territoires d'outre-mer à l'Assemblée constituante. Les colonies africaines y sont représentées par Senghor, dont le nom a été proposé par Delavignette, et par le Dahoméen Sourou Migan Apithy. Mais les deux hommes déchantent en consultant les documents préparatoires de la commission : les territoires africains, constatent-ils, seront soumis au système discriminatoire du double collège qui confère aux colons un poids politique démesuré. Malgré leurs tentatives pour rééquilibrer les choses, Senghor et Apithy sont la cible de quelques étudiants africains établis à Paris, comme le Sénégalais Abdoulaye Ly et le Dahoméen Louis Béhanzin, qui critiquent leur « docilité ».

Senghor est échaudé par cette première expérience politique. Alors que la commission Monnerville rend son rapport à l'été 1945, il publie dans la revue *Esprit* un article offensif : « Défense de l'Afrique noire ». « Nous sommes rassasiés de bonnes paroles – jusqu'à la nausée –, de sympathie méprisante, lance-t-il ; ce qu'il nous faut, ce sont des actes de justice. Comme le disait un journal sénégalais : nous ne sommes pas des séparatistes, mais nous voulons l'égalité dans la cité. » Il ne sera pas entendu : le gouvernement valide le système du double collège et toutes les dispositions qui marginalisent les « sujets » coloniaux.

L'Union française : une « maison familiale »

Cette première défaite ne l'empêche pas de se porter candidat aux élections du 21 octobre 1945. La colonie Sénégal-Mauritanie se voit attribuer deux sièges à l'Assemblée constituante : un pour le collège des citoyens, un pour le collège des non-citoyens. Lamine Guèye, candidat au siège des citoyens et représentant du parti socialiste, fait de Senghor son colistier pour le siège des sujets, à l'occasion d'un séjour de ce dernier au Sénégal. Tous les deux réaffirment dans leur manifeste électoral leur attachement à la France : « Enfants du Sénégal, totalement dévoués aux destins de ces vieilles terres françaises, notre seule ambition est de servir avec le maximum d'efficacité dans le cadre d'une République qui saura donner un peu de réalité à sa belle devise Liberté-Égalité-Fraternité. Vive la France ! Vive l'Afrique socialiste ! Vive la République ! »

Victorieux, les deux députés s'installent à l'Assemblée constituante en janvier 1946. Senghor, membre de la commission chargée d'élaborer une nouvelle Constitution, approfondit ses réflexions sur les institutions impériales. Le rapport qu'il présente à la commission le 11 avril propose de compenser la sous-représentation des territoires d'outre-mer dans les institutions métropolitaines en dotant leurs assemblées locales de pouvoirs substantiels. Mais ses espoirs, pourtant modestes, sont douchés par le référendum du 5 mai, qui rejette le texte constitutionnel préparé par les députés.

Réélu à la deuxième Assemblée constituante, Senghor réitère ses propositions. Fort de sa théorie de la complémentarité et inspiré par les principes fédéralistes, il veut, dit-il, faire de l'Union française un « mariage plutôt qu'une association ». Mais le débat entre les élus d'outre-mer et les membres du « Parti colonial » se durcit. Alors que les premiers réclament la liberté de gérer localement leurs propres affaires, les forces conservatrices s'insurgent contre l'idée d'une « fédération acéphale et anarchique ». La tension est à son comble. En août 1946, le député sénégalais s'emporte au cours d'un entretien donné à l'hebdomadaire socialiste *Gavroche*. « Nous sommes prêts s'il le fallait en dernier recours à conquérir la liberté par tous les moyens, fussent-ils violents », tonne-t-il. Cette surprenante interview, qui passe inaperçue, contient les déclarations les plus radicales qu'il ait jamais prononcées[1].

1. Senghor, devenu président du Sénégal indépendant, l'inclura dans le recueil de ses œuvres publié au Seuil en 1964.

Lors des débats parlementaires de septembre 1946 sur les futures institutions de l'Union française, le député sénégalais revient à des sentiments plus conformes à sa modération habituelle. L'Union française, plaide-t-il, doit rejeter toute « prime à la sécession », pour devenir plutôt « une maison familiale, où il y aura sans doute un aîné, mais où les frères et les sœurs vivront vraiment dans l'égalité ». Cette sage position, qui dissout l'égalité dans quelques « généralités culturelles », comme le remarque l'historien Yves Benot, esquive la question des « droits politiques réels ». Senghor demeure donc fidèle aux directives de son parti, la Section française de l'Internationale ouvrière (SFIO), qui refuse l'égalité politique aux colonisés. On est loin du panache d'Aimé Césaire, député de la Martinique alors proche du Parti communiste français (PCF), fustigeant en plein hémicycle l'hypocrisie des dirigeants français qui craignent, fulmine-t-il, « que le vin de la démocratie ne soit trop fort pour nos têtes exotiques ».

Discorde chez les députés africains

Dix jours avant le vote du nouveau texte constitutionnel par l'Assemblée, le 28 septembre 1946, plusieurs députés africains signent un « manifeste » convoquant les parlementaires des territoires africains sous administration française à un congrès au mois d'octobre à Bamako, capitale du Soudan français. Objectif : créer un grand mouvement politique africain capable de contrer les offensives conservatrices du lobby colonial [→ I.4].

Cet appel au rassemblement place les députés africains affiliés à la SFIO, donc au gouvernement, dans une position inconfortable. Soumis à d'intenses pressions de leurs « amis » socialistes français, et notamment de Marius Moutet, ministre de la France d'outre-mer, Lamine Guèye, Léopold Sédar Senghor, Yacine Diallo et Fily Dabo Sissoko, pourtant signataires du manifeste[1], décident de boycotter le congrès de Bamako. Selon l'historien Pierre Kipré, des chèques auraient été distribués par Moutet pour inciter ses « camarades » africains à se désolidariser du manifeste. Seul Sourou Migan Apithy, député socialiste du Dahomey-Togo, résiste aux pressions et participe au congrès, qui se tient du 19 au 21 octobre 1946.

Les manœuvres du ministre de la France d'outre-mer auront donc porté leurs fruits. Pensé au départ comme une alliance des forces politiques et syndicales d'Afrique française, le Rassemblement démocratique africain (RDA), le mouvement créé à Bamako et placé sous la présidence du

1. La présence de Senghor parmi les signataires est sujette à caution. Selon l'historien Joseph-Roger de Benoist, Senghor a transmis sa signature par télégramme : marié le 12 septembre 1946 avec Ginette Éboué (fille de Félix), il était en voyage de noces, loin de Paris, au moment où le manifeste est élaboré.

député ivoirien Félix Houphouët-Boigny, est dès sa naissance privé du soutien d'un nombre important de députés africains et décide de compenser cette faiblesse par une alliance stratégique avec le groupe communiste au Parlement français.

Senghor évoquera à plusieurs reprises cet épisode dans les décennies suivantes, incriminant alternativement le communisme de la direction du RDA et l'autoritarisme de la direction de la SFIO. « Mais je dois en toute modestie faire mon autocritique jusqu'au bout, avouera-t-il en 1957. Mon tort a été d'obéir aux ordres qui m'étaient imposés de l'extérieur. » « Si Lamine [Guèye] et Senghor avaient été à Bamako, nous aurions écrit une autre page d'histoire », regrettera pour sa part Houphouët-Boigny.

En délicatesse avec la direction du parti, Senghor quitte la SFIO en 1948. Dans sa lettre de démission envoyée à Guy Mollet, il reproche aux dirigeants socialistes d'user de « pression administrative, de corruption, d'espionnage et de délation » dans les territoires d'outre-mer. Mais le député sénégalais s'abstient de dénoncer la répression qui s'abat sur les militants anticolonialistes, comme c'est notamment le cas à cette période à Madagascar et lors de la grève des cheminots en 1947 [→ I.6].

Dans la foulée de sa démission, Senghor participe à la création d'un nouveau parti, le Bloc démocratique sénégalais (BDS), et se rapproche de Louis-Paul Aujoulat, député du Cameroun, qui quitte de son côté le Mouvement républicain populaire (MRP), pour constituer avec lui un nouveau groupe parlementaire : les Indépendants d'outre-mer (IOM).

Fort d'une dizaine de députés, ce groupe vient directement concurrencer les députés RDA. Il sert aussi de marchepied politique à Aujoulat, nommé secrétaire d'État à la France d'outre-mer en 1949, poste qu'il conservera jusqu'en 1953. Ce dernier, farouche adversaire de l'indépendance des colonies, notamment au Cameroun [→ II.2], crée en 1951 le Bloc démocratique camerounais (BDC), sur le modèle du parti frère sénégalais. Fervent catholique, et partisan comme lui de la « symbiose franco-africaine », Aujoulat est l'alter ego blanc de Senghor. « Ma peau est peut-être blanche, mais mon cœur est plus noir que celui de l'homme noir lui-même », assure-t-il.

Malgré les pourparlers engagés en 1950 par les IOM avec le RDA – alors en plein retournement stratégique [→ I.7] – en vue de constituer un « Bloc africain » à l'Assemblée, aucune alliance n'est scellée entre Léopold Sédar Senghor et Félix Houphouët-Boigny. L'occasion manquée en 1946 à Bamako de créer un grand parti unifié ne sera pas rattrapée. Les rivalités personnelles et les manipulations gouvernementales, observe l'historienne Janet Vaillant, se sont combinées pour maintenir le clivage entre les deux hommes. Les manœuvres des partis politiques pour contrôler certains élus africains exacerbent les divisions.

Dans un rapport présenté au président de la République Vincent Auriol au lendemain des élections législatives de juin 1951, François Mitterrand, alors ministre de la France d'outre-mer, dresse un tableau optimiste des résultats électoraux en Afrique : « Tous les députés d'AOF, sauf deux hommes de valeur qui peuvent être inquiétants et qui sont Senghor au Sénégal et Houphouët en Côte d'Ivoire, sont pro-gouvernementaux. » Houphouët est sous contrôle, précise-t-il, car les députés du RDA sont peu nombreux et inoffensifs. Quant à Senghor, il est « remarquable », estime Mitterrand : « Dans dix ans, il sera la principale personnalité du Sénégal. » Il faut donc « lui enlever ses armes » en manœuvrant le groupe des IOM auquel il appartient « de telle sorte qu'il n'ait pas de puissance parlementaire ».

Reçu à l'Élysée un an plus tard, le nouveau ministre de la France d'outre-mer, Pierre Pflimlin, peut rassurer le président de la République. « Senghor est un homme loyal, juge-t-il. Sa pensée est parfois ondoyante mais, à mon avis, il n'est pas dangereux au point de vue français. »

Le fédéralisme contre l'indépendance

S'il affectionne le concept de « liberté » et celui d'« autonomie », Senghor n'emploie jamais le mot « indépendance » dans les années 1950. Sauf pour en dénoncer les promoteurs. Car l'indépendance nationale est pour lui, comme pour beaucoup de ses contemporains, une « illusion », un « piège », une « notion périmée ». D'où son attrait pour une réforme fédéraliste de l'Union française, qui permettrait d'octroyer quelque liberté aux territoires d'outre-mer tout en renforçant leurs liens avec la métropole.

Dans *La Communauté impériale française*, publié en 1945, Senghor prône déjà un système institutionnel fédéraliste : les territoires français d'outre-mer seraient regroupés en six fédérations (dirigées par des gouverneurs métropolitains), qui seraient elles-mêmes représentées à Paris, à parité avec la métropole, dans un « parlement impérial » chargé des questions communes (défense, affaires extérieures, etc.). « Ce système, insiste-t-il, loin d'affaiblir l'autorité de la métropole, ne ferait que la renforcer puisqu'il la fonderait sur le consentement et l'amour d'hommes libérés, d'hommes libres ; loin d'affaiblir l'unité de l'Empire, il la souderait puisque le chef d'orchestre aurait pour mission non d'étouffer, en les couvrant de sa voix, les voix des différents instruments, mais de les diriger dans l'unité et de permettre à la moindre flûte de brousse de jouer son rôle. »

Senghor restera fidèle à cet idéal fédéraliste, seul antidote selon lui aux nationalismes qui persistent en Europe et s'éveillent en Afrique. Cet idéal inspire ses réflexions sur l'Eurafrique, dont il est un promoteur enthousiaste [→ I.2], et qui irrigue sa vision de l'Union française, dont la réforme est l'objet d'intenses débats dans les années 1950. Pris d'angoisse devant la montée des mouvements anticolonialistes, les revues et les journaux français ouvrent largement leurs colonnes au député du Sénégal, qui décrit la fédération comme l'unique solution pour prévenir en Afrique noire des insurrections comparables à celles qui ensanglantent l'Indochine et le Maghreb. « Le fédéralisme est la vérité du XXe siècle et l'avenir de l'Union française », écrit-il au mois de septembre 1955. Sous la plume senghorienne, l'idéal fédéraliste apparaît donc comme la clé des grands défis de l'époque : il permettra à la France, cœur vibrant d'une civilisation eurafricaine en gestation, de tenir son rang sur la scène internationale en résistant aux « courants centrifuges » qu'alimentent conjointement le capitalisme et le communisme.

Le masque du néocolonialisme

Appelé pour la première fois au gouvernement en mars 1955, comme secrétaire d'État auprès du président du Conseil Edgar Faure, Senghor peut désormais sonner l'alarme depuis le sommet du pouvoir. « Il faut rebâtir l'Union française, réclame-t-il le 5 avril 1955. Dans dix ans, il sera trop tard. Le réveil du nationalisme aura alors tout disloqué. Chez les jeunes Africains encadrés par les communistes ce n'est plus de fédéralisme qu'on parle mais d'indépendance. » Quelques jours plus tard, plusieurs projets de réformes du titre VIII de la Constitution, consacré à l'Union française, sont initiés. Ils vont mener à la loi-cadre Defferre de 1956. Le ministre de la France d'outre-mer, Pierre-Henri Teitgen, en résume l'objectif : « Certes, s'il nous faut renoncer à une impossible assimilation, nous ne saurions accepter la sécession. »

Alors que la conférence des nations afro-asiatiques se réunit fin avril 1955 à Bandung, le secrétaire d'État revient à la charge. C'est la prestigieuse revue *La Nef* – dirigée par l'épouse du président du Conseil, Lucie Faure – qui lui en donne l'occasion dans un numéro spécial sur l'Union française auquel est conviée la fine fleur du « réformisme » colonial (Gaston Monnerville, François Mitterrand, Maurice Duverger, Claude Cheysson, etc.). « Je ressens, comme beaucoup de Français, l'injustice commise à l'égard de la France, dont on a voulu faire le bouc émissaire de la conférence [de Bandung] », écrit Senghor, car « la France n'a jamais été raciste » et est « la moins "colonialiste" des puissances coloniales ». Face à la « gravité de la menace », insiste-t-il, la France doit accélérer les réformes fédérales en octroyant l'« autonomie interne » aux territoires d'outre-mer pour leur éviter d'avoir à choisir « entre l'uniforme de l'assimilation et le carcan de l'indépendance totale ».

Pareilles prises de position suscitent de vives réactions dans les milieux anticolonialistes. Invité par son ami « camerounais » Aujoulat pour une conférence à Douala sur l'avenir de l'Union française, Senghor est publiquement pris à partie en septembre 1953 par le vice-président de l'Union des populations du Cameroun (UPC), Ernest Ouandié, ulcéré par les odes pro-françaises du poète-député sénégalais. Invité en décembre 1954 au Ve Congrès de la Fédération des étudiants d'Afrique noire en France (FEANF), Senghor est interrompu en plein discours par les huées des étudiants. Et la scène se répète en février 1955 : invité à discourir sur « Le fédéralisme et la jeunesse » à la Cité universitaire de Paris, il est accueilli par les cris et les insultes de plus de deux cents étudiants.

Quelques mois plus tard, en août 1955, François Sengat-Kuo, étudiant camerounais membre de la FEANF, tranche le cas Senghor dans les colonnes de la revue *Présence africaine*. Son fédéralisme, comme celui de Mitterrand et de quelques autres, explique l'auteur, « n'est qu'un masque, et un masque n'a jamais rien changé au visage de celui qui le porte ». Ce que Sengat-Kuo qualifie de « néo-colonialisme ». Terme rare à l'époque, mais promis à un bel avenir.

Repères bibliographiques

Sourou-Migan APITHY, *Au service de mon pays – 1946-1956*, Éditions Ouest Afrique, Paris, 1957.

Joseph-Roger DE BENOIST, *Léopold Sédar Senghor*, Beauchesne, Paris, 1998.

Yves BENOT, *Les Députés africains au Palais Bourbon de 1914 à 1958*, Chaka, Paris, 2004.

Amady Aly DIENG, *Les Grands Combats de la FEANF : de Bandung aux indépendances 1955-1960*, L'Harmattan, Paris, 2009.

Pierre KIPRÉ, *Le Congrès de Bamako ou la Naissance du RDA en 1946*, Chaka, Paris, 1989.

Léopold S. SENGHOR, *Liberté 1. Négritude et humanisme*, Seuil, Paris, 1964.

Léopold S. SENGHOR, *La Poésie de l'action : conversations avec Mohamed Aziza*, Stock, Paris, 1980.

UNESCO, *Le Rôle des mouvements d'étudiants africains dans l'évolution politique et sociale de l'Afrique de 1900 à 1975*, UNESCO/L'Harmattan, coll. « Histoire générale de l'Afrique – Études et documents », Paris, n° 12, 1993.

Janet G. VAILLANT, *Vie de Léopold Sédar Senghor. Noir, Français et Africain*, Karthala, Paris, 2006.

Michel Poniatowski et Claude Cheysson, deux théoriciens du néocolonialisme français (1954-1955)

Parmi les nombreux architectes du néocolonialisme français, deux figures méritent d'être mentionnées : Michel Poniatowski et Claude Cheysson. Les deux hommes, aux parcours à la fois similaires et divergents, atteindront l'apogée de leur carrière dans les années 1970-1980 : le premier comme ministre de l'Intérieur de Valéry Giscard d'Estaing (1974-1977), le second comme ministre des Relations extérieures[1] de François Mitterrand (1981-1984). Mais le début de leur carrière est au moins aussi intéressant que la fin.

Ayant l'un et l'autre rejoint la France libre en Afrique du Nord en 1943, et s'étant côtoyés à l'École nationale d'administration (ENA), dont ils sortent tous deux diplômés en 1948, les deux jeunes hauts fonctionnaires obtiennent rapidement des postes dans des territoires « associés » à l'Union française. Michel Poniatowski intègre la direction des Finances du protectorat du Maroc (1948-1953). Claude Cheysson devient conseiller du président du gouvernement du Vietnam, État croupion qui combat le Viêt-minh aux côtés de la France (1952-1953).

De ces expériences coloniales, Poniatowski et Cheysson, nés respectivement en 1920 et 1922, tirent des « théories » qui résument parfaitement les ambitions de cette génération : moderniser le colonialisme pour le perfectionner.

Le « développement » comme arme contre le communisme

Intime de Giscard d'Estaing, qu'il rencontre au tournant des années 1950, Poniatowski publie son premier ouvrage au terme de son séjour marocain : *L'Avenir des pays sous-développés* (1954). Sous l'austère aspect du traité d'économie, cet essai politique offensif décrit le « développement », notion alors relativement neuve, comme une arme de guerre contre l'expansionnisme soviétique.

Les territoires colonisés sont devenus les proies faciles des puissances communistes, estime le jeune fonctionnaire : pendant que la misère incite leurs populations à prendre leurs distances avec leurs mères patries européennes, les pays socialistes leur offrent l'exemple convaincant d'un développement efficace et exploitent leurs penchants « xénophobes ». Il est donc urgent, pour le camp occidental, de réagir en élaborant un solide programme capable de sortir les colonies du « sous-développement ».

Dans cette vaste entreprise, détaille Poniatowski, la tâche de la France se résume en quelques points : ouvrir l'Union française aux investissements des alliés européens pro-occidentaux, organiser les territoires d'outre-mer dans un système fédéral et intégrer les élites des territoires coloniaux au système de gouvernement

1. Nom donné aux ministères des Affaires étrangères à cette période.

français en favorisant parmi elles « “une clientèle” qui corresponde aux formes modernes de la société ». Recyclant donc les principes eurafricains et fédéralistes, et plaçant comme beaucoup d'autres les élites colonisées au cœur de sa réflexion, le livre de Poniatowski est « la synthèse la plus “franche” de la pensée économique du néocolonialisme français », estime la revue *Présence africaine* en décembre 1956.

Le passage le plus « franc » concerne la transition vers un système colonial rénové, seul moyen, selon Poniatowski, de sauvegarder l'« œuvre magnifique de la France » dans son Empire. Ce qui compte désormais, insiste-t-il, c'est de planifier habilement « le transfert d'autorité du pays protecteur au gouvernement souverain local ». Cette planification « nécessite beaucoup d'intelligence politique et de désintéressement apparent des pays évolués », ainsi que « beaucoup de patience » et de « discipline » chez les élites colonisées.

Les agents stratégiques de cette transition sont les « techniciens étrangers » appelés dans les pays sous-développés à former et accompagner les élites autochtones sur les chemins de la « liberté » pro-occidentale. Pour éviter que leur présence ne provoque des « problèmes raciaux » ou qu'ils ne se substituent aux gouvernements locaux, la mission de ces experts doit être précisément définie, prévient tout de même Poniatowski. Car l'objectif est bien de rompre avec la « politique d'administration directe » pour favoriser une « politique de contrôle », rappelle-t-il en empruntant le vocabulaire de Lyautey [→ I.1].

L'« assistance technique » comme garantie de la présence française

Après son expérience auprès du chef du gouvernement de l'État associé du Vietnam, Cheysson est intégré au sein du cabinet du président du Conseil Pierre Mendès France, dont il devient le principal conseiller pour les questions indochinoises. Rompant avec un tabou encore omniprésent dans la sphère politique française, le jeune fonctionnaire estime qu'il ne faut pas craindre de prononcer le mot « indépendance ».

C'est ce qu'il explique dans un article publié en 1955 dans la revue *La Nef*, sous le titre « Présence française dans les États indépendants associés ». Cosigné avec Charles Frappart, que Cheysson a connu en Indochine, l'article affirme que le statut juridique des États associés « n'a qu'une faible importance ». Ce qui importe, expliquent les deux auteurs, comme en écho à Poniatowski, c'est d'« imaginer des moyens pour maintenir dans l'orbite de la France de jeunes États indépendants ».

Ces moyens sont d'abord économiques. Il s'agit pour les entreprises françaises d'associer habilement les élites locales à leurs structures capitalistiques et, pour l'État, de développer les instruments permettant de contourner l'indépendance politique des ex-colonies. Parmi ces outils, Cheysson et Frappart s'intéressent en particulier à trois mécanismes : la zone franc, qui permettra d'éviter la « sécession monétaire » ; les fonds de soutien aux productions autochtones, qui garantiront des liens commerciaux privilégiés avec les États satellites ; et l'aide au développement, qu'il faudra dispenser intelligemment pour éviter les « accusations de néo-colonialisme ».

Plus encore que les relations économiques, ce sont les « liens humains » qui garantiront la défense des intérêts français dans les pays indépendants. « On ne saurait sous-estimer l'importance des considérations humaines, et même affectives, dans le maintien de la présence française dans les diverses parties de son ancien Empire », notent Cheysson et Frappart.

L'idéal est de former les élites autochtones en métropole, car c'est l'occasion de « mettre les futurs chefs des États associés en contact avec les réalités françaises dans des conditions qui leur laissent un souvenir agréable et vivace ». Sentimentalement attachés à la France, ils sauront faire les bons choix au moment de prendre les rênes de leurs jeunes pays : « D'eux-mêmes, les dirigeants feront alors appel à des personnes françaises et leur demanderont leur assistance. »

C'est donc l'« assistance technique » qui maintiendra les « liens humains » essentiels : « Des Français pourront ainsi prendre une influence qui, pour être discrète, n'en sera pas moins importante. Indirectement, ils agiront sur l'orientation générale des solutions adoptées, sur le choix des méthodes et des techniques, sur la sélection des matériels… » Bref, l'assistance technique sera « l'une des formes les plus souples, les plus discrètes et cependant les plus fructueuses de la présence de la France dans les pays sous-développés ».

Garder l'Algérie française… ou sauvegarder les intérêts français en Algérie ?

Malgré des raisonnements très similaires, Poniatowski et Cheysson prennent des positions différentes sur l'Algérie. Le premier, viscéralement attaché à l'Algérie française, se rapprochera des milieux « ultras », au point de nouer des contacts avec l'Organisation de l'armée secrète (OAS) au début des années 1960 malgré ses fonctions de directeur de cabinet de Giscard d'Estaing (alors secrétaire d'État aux Finances). D'après Georges Fleury, auteur de l'*Histoire secrète de l'OAS* (2002), « Ponia » aurait même incité l'organisation à perpétrer un attentat à l'occasion du déplacement de De Gaulle à Strasbourg en novembre 1961…

Cheysson prend une option bien différente. Fin 1956, alors conseiller technique au cabinet d'Alain Savary, secrétaire d'État aux Affaires marocaines et tunisiennes dans le gouvernement Guy Mollet, il rédige avec quelques hauts fonctionnaires un rapport favorable à l'indépendance de l'Algérie. Ce rapport fera grand bruit lorsque la presse s'en fera l'écho quelques mois plus tard. Il jouera aussi un rôle essentiel dans la légende personnelle de Claude Cheysson, qui racontera toute sa vie avoir été démis de ses fonctions en raison de cette audacieuse contribution. Et c'est en martyr de la cause algérienne qu'il aurait rallié Londres en 1957, pour prendre la tête du secrétariat général de la Commission de coopération technique en Afrique (CCTA)...

La réalité est un peu moins glorieuse, car le fameux rapport n'a en réalité rien de particulièrement pro-algérien, bien au contraire. Dans un esprit proche de l'article de Raymond Cartier, publié dans *Paris Match* quelques mois plus tôt [→ I.2], ses auteurs décrivent l'Algérie comme un fardeau aussi inutile que coûteux. Pire encore, préviennent les auteurs, le maintien de l'Algérie sous souveraineté française risque de provoquer une « émigration massive vers la métropole », ce qui constituerait un « danger économique et social redoutable ». Au lieu de « maintenir la souveraineté française sur l'Algérie », conclut finalement le rapport, mieux vaut donc s'en délester en concédant l'indépendance politique aux Algériens et en gardant en échange les richesses sahariennes sous contrôle français.

C'est cette inébranlable volonté de défendre les intérêts hexagonaux dans les ex-colonies, bien plus que les évasives convictions « tiers-mondistes » dont il se réclamera par la suite, qui orientera le destin de Claude Cheysson. En 1962, il est nommé directeur général de l'Organisme saharien, l'instance créée par les accords d'Évian pour superviser l'exploitation des sous-sols sahariens, en coopération avec les Algériens mais sous le contrôle scrupuleux de l'Élysée [→ p. 215]. « Après ce que vous avez écrit sur l'Algérie, vous devez être bien avec ces gars-là ! » lui lance de Gaulle avant de le nommer à Alger[1]. Pendant quatre ans, Cheysson mettra en pratique ses théories néocoloniales sur les « liens humains ».

Thomas Deltombe

1. Cité dans le livre-hommage *Claude Cheyson, une force de conviction*, IBAcom, 2014.

Chapitre 6

Répressions coloniales et résistances africaines

Amzat Boukari-Yabara

En dépit des réformes promises à la conférence de Brazzaville en janvier 1944, toute revendication insistante des colonisés s'expose à la répression. C'est le cas en décembre 1944 à Thiaroye (Sénégal), en mai 1945 en Algérie, en mars 1947 à Madagascar. C'est aussi le cas durant toute l'année 1949 en Côte d'Ivoire, où l'administration coloniale réprime les militants du Rassemblement démocratique africain (RDA), perçu comme un mouvement procommuniste.

Dans d'autres territoires, au Cameroun ou en Guinée, l'essor du syndicalisme pose les fondations de nouvelles formes de résistance. Celles-ci font la jonction avec les débats qui animent les réseaux de la revue *Présence africaine* et de la Fédération des étudiants d'Afrique noire en France (FEANF). Ulcérée par les crimes coloniaux, dénoncés avec éloquence par Aimé Césaire dans le *Discours sur le colonialisme*, une partie de la jeunesse africaine se rebiffe contre les « élites » cooptées par le pouvoir colonial.

En position dominante, les dirigeants français soufflent le chaud et le froid : en même temps qu'ils répriment les « irrécupérables », ils cherchent à canaliser et à retourner à leur avantage les revendications des « modérés ».

De Thiaroye à Sétif : la victoire en massacrant

Le 30 novembre 1944, dans le camp de Thiaroye près de Dakar, des « tirailleurs » rapatriés depuis les camps nazis réclament le paiement de leur solde avant d'être démobilisés et renvoyés chez eux. Reprochant le racisme et le manque de considération de l'administration militaire à leur égard, ils demandent l'égalité de traitement avec les soldats français. Le lendemain, le commandement français fait venir de Saint-Louis des troupes lourdement armées afin de mener la répression. Officiellement, trente-cinq tirailleurs sont exécutés et une trentaine sont condamnés à des peines d'emprisonnement lors d'un procès qui, en mars 1945, présente les événements comme une « mutinerie ». Les archives lacunaires et l'enterrement des victimes dans des fosses communes scellées jusqu'à présent trahissent la volonté de la France de cacher le nombre réel de victimes de ce qui s'apparente à un crime d'État [→ p. 63]. Le massacre de Thiaroye devient une référence pour une nouvelle génération de militants africains.

Le paradoxe entre la victoire contre le nazisme et la répression coloniale s'exprime également lors des célébrations de l'armistice le 8 mai 1945. Dans la matinée, à Sétif (Algérie), les militants du Parti du peuple algérien (PPA) manifestent pour réclamer la libération de leur dirigeant Messali Hadj, déporté à Brazzaville. Tirant dans la foule pour atteindre un porteur de drapeau algérien, symbole anticolonial, la police déclenche une émeute. Dans l'après-midi, des affrontements éclatent également à Kherrata et Guelma. Dans la soirée à Alger, Ferhat Abbas, le leader de l'association des Amis du manifeste et de la liberté (AML), est arrêté par les autorités, à Alger, à plusieurs centaines de kilomètres. En réponse à l'émeute qui s'est propagée dans tout le Constantinois et au cours de laquelle une centaine d'Européens sont tués, l'armée française et les colons massacrent pendant plusieurs semaines des dizaines de milliers de personnes dans la région.

La simultanéité entre les répressions et la célébration de l'armistice illustre l'incapacité du colonialisme français à ouvrir un dialogue politique qui laisserait aux colonisés une autre voie que celle de l'affrontement sanglant. Puisque les seules « réformes » tolérées par les gouvernements français sont celles qui lui permettent de consolider l'ordre colonial, les militants anticolonialistes s'orientent vers des stratégies moins conciliantes. Neuf ans après le carnage de Sétif, Guelma et Kherrata, les nationalistes algériens déclencheront une guerre de libération.

Le sang coule à Madagascar

Le refus français d'écouter la révolte des colonisés s'illustre également à Madagascar. Dans la Grande Île, l'administration coloniale poursuit la « politique des races » promue par le maréchal Gallieni lors de la conquête en 1896, en opposant les Merinas des hautes terres centrales, jugés hostiles à la colonisation, aux populations côtières, décrites comme moins « évoluées » mais plus « dociles » [→ I.1].

Une résistance malgache apparaît dans des sociétés secrètes et des partis clandestins (Vy Vato Sakelika, Pa-Na-Ma, Jina). En 1945, un système de cinq assemblées locales élues au double collège fusionnant ensuite en une assemblée centrale sans distinction de collège permet aux colons de garder le contrôle politique. Pour tenir tête à ces derniers, des intellectuels malgaches constituent à Paris, en février 1946, le Mouvement démocratique de la rénovation malgache (MDRM), auquel adhèrent les trois députés de l'île : Jacques Rabemananjara, Joseph Raseta et Joseph Ravoahangy-Andrianavalona. Fort de près de trois cent mille membres, le mouvement s'oppose au Parti des déshérités de Madagascar (Padesm), soutenu à bout de bras par l'administration coloniale.

Le 21 mars 1946, un incident éclate en séance au Palais Bourbon. Vincent Auriol, alors président de l'Assemblée constituante, refuse de mettre à l'ordre du jour une proposition de loi de Joseph Raseta qui, s'inspirant du statut octroyé à l'Indochine, demande que Madagascar soit elle aussi reconnue comme un « État libre » au sein de l'Union française.

Le 27 mars 1947, alors que Rabemananjara et Ravoahangy-Andrianavalona battent la campagne à Madagascar pour l'élection au Conseil de la République, l'administration coloniale dispose d'informations sur une insurrection imminente. Dans la nuit du 29 au 30 mars 1947, deux mille insurgés armés de sagaies et de coupe-coupe attaquent des officiers et tentent en vain de s'emparer du camp de Moramanga défendu par des « tirailleurs » africains. En se repliant, ils propagent l'insurrection dans plusieurs zones de l'île. Impitoyable et disproportionnée – des rebelles sont jetés vivants depuis des avions en guise de « bombes démonstratives » –, la répression menée par dix-huit mille légionnaires, tirailleurs et parachutistes français fait plusieurs dizaines de milliers de victimes.

Persuadées du bien-fondé de la répression, les autorités coloniales refusent toute remise en question. Le ministre de la France d'outre-mer Marius Moutet reproche simplement aux colons d'avoir laissé la situation dégénérer en bloquant les réformes nécessaires pour réduire les inégalités économiques et sociales. Paris soupçonne la minorité merina de tenter un coup de force, sur le modèle de l'insurrection en Indochine, et d'être le relais des ambitions britanniques dans l'océan Indien.

Dans *Le Monde*, le journaliste Édouard Sablier somme les élus du MDRM de se désolidariser de l'insurrection. Après des débats houleux, Marius Moutet obtient la levée de l'immunité parlementaire des députés malgaches sur la base d'un « flagrant délit continu » (notion invraisemblable mais validée par le juriste Jean Donnedieu de Vabres). Au terme d'une procédure ponctuée d'aveux obtenus sous la torture, Ravoahangy-Andrianavalona et Raseta sont condamnés à la peine capitale et Rabemananjara aux travaux forcés. Détenus à Paris, ils bénéficient d'une amnistie en mars 1956 mais Philibert Tsiranana, chef du Padesm installé par la France à la tête de la Grande Île, ne les autorise à rentrer dans leur pays que trois semaines après avoir proclamé l'indépendance le 26 juin 1960.

Répression en Côte d'Ivoire contre le RDA

Le Rassemblement démocratique africain (RDA), constitué au congrès de Bamako en octobre 1946 [→ I.4], apparaît aux yeux des dirigeants français comme un grave danger. En plus de vouloir rassembler les forces politiques africaines et de chercher à les autonomiser des partis métropolitains, ses parlementaires sont apparentés au groupe communiste à l'Assemblée nationale et à l'Assemblée de l'Union française. Lorsque le PCF quitte la coalition gouvernementale, en 1947, les autorités françaises lancent les hostilités contre le RDA. Cible prioritaire : la Côte d'Ivoire, bastion du mouvement et fief de son président, Félix Houphouët-Boigny. Ce dernier est mis au pied du mur : restera-t-il fidèle à la « subversion » communiste ou s'engagera-t-il dans la voie de la « modération » pro-gouvernementale ?

Initialement prévu à Bobo-Dioulasso, le IIe Congrès du RDA est interdit le 27 novembre 1948 par un arrêté d'Albert Mouragues, gouverneur de Haute-Volta. Le congrès réunit finalement plusieurs centaines de personnes du 2 au 6 janvier 1949 à Abidjan. Dénonçant les réactionnaires colonialistes et les impérialistes américains, le RDA exprime sa solidarité avec les peuples du Vietnam et de Madagascar. Les résolutions adoptées à l'unanimité sur les questions économiques et salariales, ainsi que sur les problèmes ouvriers et paysans, confortent l'administration coloniale dans sa perception de la « menace communiste ».

Dans les semaines qui suivent le congrès, le nouveau gouverneur de Côte d'Ivoire, Laurent Péchoux, mandaté par le ministre de la France d'outre-mer Coste-Floret pour réprimer le RDA et appuyé dans cette tâche par le haut-commissaire de l'AOF, Paul Béchard, passe à l'action. Favorisant les dissensions internes à l'aide d'agents provocateurs et prétextant du moindre « trouble à l'ordre public » pour incarcérer en masse les militants, le tandem Péchoux-Béchard suscite une guerre larvée en Côte d'Ivoire. En novembre 1949, les troupes du lieutenant-colonel Charles Lacheroy, composées de mercenaires syriens, effectuent des manœuvres d'intimidation en région Baoulé. « Mon premier travail fut de soutenir les bons, de rassurer les hésitants et d'avoir la main lourde pour les brebis galeuses », résumera-t-il dans ses Mémoires (*De Saint-Cyr à l'action psychologique*, 2003).

Durant toute l'année 1949, les grèves, les manifestations et les affrontements se multiplient, occasionnant officiellement une cinquantaine de morts et plus de trois mille arrestations, jusqu'au 21 décembre. Ce jour-là, plus de deux mille militantes du RDA menées par Marie Koré lancent la marche des femmes sur la prison de Grand-Bassam (Abidjan) pour réclamer la libération des prisonniers politiques. Félix Houphouët-Boigny intervient pour éviter la répression de la marche. Décidant de contre-attaquer par l'arme économique, il appelle au boycott des produits importés et mobilise sa base pour défendre le prix d'achat du cacao et du café (dont il est lui-même l'un des plus gros producteurs).

Le 26 janvier 1950, Houphouët-Boigny se réfugie derrière son immunité parlementaire pour échapper au substitut du procureur de la République venu l'arrêter à son domicile de Yamoussoukro. Si le leader du RDA bénéficie d'un traitement de faveur, la répression frappe tous les autres cadres du parti. Ainsi, selon le journaliste Georges Chaffard, les troupes de Lacheroy seraient responsables, deux jours plus tard, de la mystérieuse disparition du sénateur RDA Victor Biaka Boda dans la région de Bouaflé. Son corps sera retrouvé décapité six mois plus tard, pendu à un arbre. Quelques heures après la disparition de Biaka Boda, un massacre se produit à Dimbokro : des colons tirent à vue sur une foule de manifestants, faisant treize morts et cinquante blessés.

À Paris, les députés africains obtiennent l'ouverture d'une commission d'enquête parlementaire sur la répression frappant le RDA. Alors que l'avocate et députée guadeloupéenne Gerty Archimède se rend à Abidjan, un collectif d'avocats communistes conduit par Pierre Kaldor, actif depuis le procès des députés malgaches, assure le soutien juridique aux prisonniers politiques du RDA.

Le 21 novembre 1950, la commission d'enquête produit un rapport non diffusé de 1 132 pages d'auditions qui incrimine l'administration et le ministre de la France d'outre-mer pour des actes de corruption et de pressions pour retourner les chefs traditionnels contre le RDA. Parmi les témoins, l'ancien gouverneur de Côte d'Ivoire Georges Orselli, qui avait quitté son poste au bout de quelques mois parce qu'il refusait de suivre les directives du ministre Coste-Floret : « supprimer le RDA », sans craindre de faire couler le sang. Son successeur, Laurent Péchoux, n'aura pas les mêmes scrupules.

La répression a des conséquences paradoxales sur le Parti démocratique de Côte d'Ivoire (PDCI), branche ivoirienne du RDA. Alors que le parti est auréolé par sa résistance et enregistre des adhésions massives, une partie de ses cadres adoptent une position plus conciliante à l'égard des autorités coloniales. Telle est la stratégie adoptée par Houphouët-Boigny, qui souligne désormais les vertus de la « fraternité franco-africaine ». Sous son impulsion le RDA se désapparente du PCF en octobre 1950 [→ I.7].

Cameroun, Guinée : un syndicalisme de plus en plus politique

En août 1944, l'extension de la liberté syndicale dans les colonies offre un nouveau cadre de formation pour les militants politiques africains.

Utilisé comme un contre-pouvoir face au patronat européen et à l'administration coloniale, le syndicalisme donne également une orientation nationaliste aux revendications sociales. Les centrales syndicales françaises appuient la création de Groupes d'études communistes ou marxistes dans les colonies, manifestant leur solidarité – non exempte de paternalisme – avec les travailleurs africains.

Dans la partie du Cameroun placée sous tutelle française par l'ONU, des militants de la Confédération générale du travail (CGT) soutiennent la fondation en décembre 1944 de l'Union des syndicats confédérés du Cameroun (USCC). Le 24 septembre 1945, une manifestation des cheminots en grève à Douala est réprimée. Après l'expulsion des militants français, Ruben Um Nyobè fait partie des jeunes militants camerounais qui réorganisent l'USCC, dont il devient le secrétaire général en 1947.

Né en 1913 sous la colonisation allemande, originaire du pays bassa, Um Nyobè est exclu de l'école normale de Foulassi pour insubordination. Devenu greffier à la fin des années 1930, il participe à plusieurs activités sociales au sein de la Jeunesse camerounaise française (Jeucafra) avant de rejoindre les groupes marxistes. Représentant l'USCC lors de la fondation du RDA à Bamako, Um Nyobè s'engage dans l'Union des populations du Cameroun (UPC), créée à Douala en avril 1948 et bientôt affiliée au RDA. Secrétaire général de l'UPC, Ruben Um Nyobè est l'un des vice-présidents du RDA désignés au congrès du mouvement en 1949. Mais il rejette la politique de collaboration engagée par le président Houphouët-Boigny l'année suivante.

Implantant des comités de base sur tout le territoire camerounais, formant des cadres et disposant d'un organe de presse, l'UPC réclame la fixation d'un délai pour l'indépendance du Cameroun sous tutelle française et sa réunification avec le Cameroun sous tutelle britannique. Ce programme, perçu comme « radical », inquiète les colons du Cameroun qui, avec le soutien du secrétaire d'État à la France d'outre-mer Louis-Paul Aujoulat, utilisent tous les moyens possibles pour réprimer le nationalisme camerounais. Accusée de communisme, l'UPC est victime d'une politique de débauchages, de harcèlement administratif et d'attaques extrajudiciaires. L'administration coloniale, tenue en échec, finit par dissoudre l'UPC en 1955, inaugurant une longue guerre coloniale encore largement méconnue [→ II.2].

En Guinée, le parcours d'Ahmed Sékou Touré présente quelques similitudes avec celui d'Um Nyobè. Descendant du grand résistant Samory Touré, Sékou Touré s'illustre dès sa jeunesse en étant également renvoyé de l'école pour insubordination. Employé à la Compagnie du Niger puis au service financier des PTT, il fonde en mars 1945 le premier syndicat guinéen. En 1946, il assiste au congrès de Bamako avec Madeira Keïta. En juin 1947, les deux hommes profitent d'une visite de Gabriel d'Arboussier à Conakry pour lancer le Parti démocratique de Guinée (PDG-RDA). Sékou Touré parvient à mobiliser de nombreux militants grâce à sa fonction de secrétaire général de l'Union des syndicats confédérés de Guinée (USCG) affiliée à la CGT.

Le destin de Sékou Touré, qui remplace Madeira Keïta au poste de secrétaire général du PDG-RDA, s'éloigne de celui d'Um Nyobè après le désapparentement communiste en 1950. Contrairement au leader camerounais, il se conforme bon gré mal gré à la politique de « collaboration » édictée par Houphouët-Boigny. Battu aux élections législatives de 1951, Sékou Touré tente, aux élections de juin 1954, de succéder au député Yacine Diallo, décédé. Avec 85 000 voix sur 255 000 suffrages, il est battu par Diawadou Barry dans une élection qui, de l'aveu du ministre de la France d'outre-mer Robert Buron, « a été honteusement truquée pour provoquer l'élimination de Sékou Touré » (comme il l'écrit dans son livre *Les Dernières Années de la IVe République*, 1968).

Devenu maire de Conakry en 1955, Sékou Touré est élu député en janvier 1956. Dans le groupe formé par le RDA avec l'Union démocratique et socialiste de la Résistance (UDSR) de François Mitterrand, il appuie la politique du gouvernement français auquel appartient Houphouët-Boigny [→ I.7]. Quand il organise, en janvier 1957 à Cotonou, l'Union générale des travailleurs d'Afrique noire (UGTAN), Sékou Touré espère aussi unifier les syndicats d'AOF dans une centrale indépendante de la CGT procommuniste. Toutefois, l'UGTAN est rapidement divisée puis dissoute dans un contexte où l'activité politique de ses membres l'emporte sur l'activité syndicale. Comprenant que la politique anti-indépendantiste d'Houphouët-Boigny est vouée à l'échec, Sékou Touré se rapproche dans le courant de l'année 1957 des thèses panafricanistes.

Les étudiants africains de France se radicalisent

Perçus comme un vivier de contestation, les étudiants africains installés en métropole sont surveillés en permanence par les autorités. De 1948 à 1953, leur nombre passe de 164 à environ 4 000 grâce à un élargissement des dispositifs boursiers. Si les étudiants se montrent redevables à l'égard des députés africains, auxquels beaucoup doivent leurs bourses, certains émettent des critiques sur leurs aînés qui collaborent avec le régime colonial. Cette contestation grandissante inquiète les autorités, qui misent précisément sur les étudiants africains pour former les cadres de l'Afrique française de demain [→ I.4].

Créée en 1950, la Fédération des étudiants d'Afrique noire en France (FEANF) réunit, sur un modèle interterritorial proche de celui du RDA, des sections regroupant les étudiants par territoires d'origine (AOF-AEF,

Cameroun et Togo) et par lieux d'études (Paris, Toulouse, Clermont-Ferrand, etc.).

Première présidente de la FEANF, Solange Faladé, étudiante en médecine originaire du Dahomey, peut s'appuyer sur l'historien sénégalais Amadou Mahtar Mbow, secrétaire général, et le scientifique nigérien Abdou Moumouni, trésorier. Pour contourner une rivalité qui oppose les étudiants ivoiriens et sénégalais pour le contrôle des instances dirigeantes, les postes stratégiques comme la direction du journal *L'Étudiant d'Afrique noire*, ainsi que les vice-présidences aux affaires extérieures, panafricaines, culturelles ou sociales, font l'objet d'arbitrages.

Association loi 1901 affirmant dans ses statuts qu'elle « n'adhère à aucun parti politique et ne prend part à aucune manifestation organisée par un groupement politique », la FEANF apporte une aide sociale aux étudiants (loyer, bourses, hébergement, restauration, sécurité sociale). Cette action sociale n'empêche pas, au contraire, la politisation croissante du milieu estudiantin africain qui participe activement aux débats sur le colonialisme et l'actualité internationale dans les villes étudiantes (Bordeaux, Toulouse, Montpellier, Caen, Besançon, Nice, Grenoble, Lyon, Marseille, etc.).

Après le désapparentement du RDA en octobre 1950, l'association étudiante qui lui est rattachée, l'AERDA, refuse de suivre Houphouët-Boigny dans ce qui apparaît comme un renoncement à la lutte anticolonialiste. Élu secrétaire général de l'AERDA, le jeune historien sénégalais Cheikh Anta Diop, aidé par Gabriel d'Arboussier, profite de la dissolution du Groupement africain de recherches économiques et politiques (GAREP) de Mahtar Mbow pour réclamer la fusion de toutes les associations africaines au sein de la FEANF. Conscient que l'unité d'action politique découle d'une unité culturelle historique, Diop publie en 1954 *Nations nègres et culture*. Cet ouvrage, véritable manifeste en faveur de la décolonisation de l'histoire et de la renaissance africaine, suscite d'intenses débats dans la continuité de ceux exposés en 1952 dans « Les étudiants noirs parlent », un numéro spécial de la revue *Présence africaine* [→ p. 148].

Les étudiants noirs ne font pas que parler. Ils manifestent devant le ministère de la France d'outre-mer, rédigent des pétitions et distribuent des tracts. En solidarité avec l'Union générale des étudiants musulmans algériens (UGEMA), la FEANF contraint l'Union nationale des étudiants de France (UNEF) à revoir sa position sur la guerre d'Algérie. La pression est mise sur les élus africains, en particulier Félix Houphouët-Boigny, pour qu'ils réclament le retrait des « tirailleurs » africains envoyés en Algérie. *L'Étudiant d'Afrique noire* consacre également plusieurs articles à la guerre au Cameroun, fort peu couverte par la presse française.

De Césaire à Fanon : offensive contre le « fraternalisme », le racisme et le colonialisme

Si Houphouët et Senghor font l'objet de virulentes critiques de la part de la FEANF [→ I.5], le député-poète martiniquais Aimé Césaire s'impose dans les années 1950 comme un pilier de l'anticolonialisme. Évolution paradoxale pour ce normalien, pur produit de la méritocratie républicaine et chantre de la négritude.

Précisément, alors que Senghor fonde la négritude sur une approche essentialiste et nostalgique du passé africain, Césaire propose dans son *Cahier d'un retour au pays natal* (1939) une négritude anticolonialiste qui rejette la « civilisation moribonde » d'une « Europe toute révulsée de sang ». Il pose l'Afrique noire comme référence pour rompre avec l'assimilationnisme en vigueur aux Antilles.

Pourtant, en 1946, Césaire, élu maire et député communiste de Fort-de-France, porte la loi qui érige les vieilles colonies en départements. La départementalisation, qui vise une certaine « décolonisation par assimilation », pour emprunter l'expression de l'historien Tony Chafer, lui semble un moindre mal face à la certitude qu'une indépendance ferait basculer la Martinique dans un impérialisme pire, celui des États-Unis. Césaire n'est pas pour autant assimilationniste.

En 1948, le centenaire de l'abolition de l'esclavage et le transfert des cendres de Victor Schœlcher et Félix Éboué au Panthéon sont une occasion pour interpeller des autorités peu pressées de faire appliquer en Martinique des mesures qui nuiraient aux intérêts économiques des békés. Invité par la revue *Chemins du monde* à publier un texte sur l'Union française, Césaire propose un article, intitulé « L'impossible contact », qui critique vertement le système colonial.

Largement enrichi et retravaillé par son auteur, ce texte est publié par la maison d'édition communiste Réclame sous le titre *Discours sur le colonialisme*, agrémenté d'un exergue et d'une préface du dirigeant communiste Jacques Duclos. En prenant le cas des massacres à Madagascar ou en Indochine, Césaire y dénonce l'hypocrisie de l'Europe qui combat le fascisme et le nazisme mais qui applique dans ses colonies une politique comparable. Il souligne que ce que l'Occident ne pardonne pas à Hitler, « c'est le crime contre l'homme blanc, c'est l'humiliation de l'homme blanc, et d'avoir appliqué à l'Europe des procédés colonialistes dont ne relevaient jusqu'ici que les Arabes d'Algérie, les coolies de l'Inde et les Nègres d'Afrique ».

Quand Présence africaine publie en 1955 la version finale du *Discours sur le colonialisme*, les références au communisme ont disparu. Mais on y trouve un hommage appuyé à Cheikh Anta Diop, auteur de *Nations nègres et culture*, le livre « le plus audacieux qu'un nègre ait jusqu'ici écrit et qui comptera, à n'en pas douter, dans le réveil de l'Afrique ».

Cette évolution n'est pas anodine. Entré en conflit avec les communistes, Aimé Césaire se rapproche en 1955 d'Alioune Diop, le fondateur de la maison d'édition Présence africaine dont la revue du même nom lui permet, ainsi qu'à toute une nouvelle génération de romanciers africains, de braver la censure autour du colonialisme. Le 24 octobre 1956, Césaire envoie une retentissante lettre de démission au secrétaire général du Parti communiste Maurice Thorez. Il y dénonce notamment le « fraternalisme », cette insupportable condescendance de la gauche à l'égard des colonisés.

Sa démission intervient un mois après le Ier Congrès des écrivains et artistes noirs organisé par Présence africaine, qui réunit en Sorbonne le gotha du monde intellectuel noir. Qualifié de « Bandung culturel » par Alioune Diop, le congrès s'ouvre le 19 septembre 1956. La veille, une information a circulé : l'indépendance de la Gold Coast (Ghana) de Kwame Nkrumah est officiellement fixée pour le 6 mars 1957. Césaire, qui prononce un texte intitulé « Culture et colonisation », comprend que la marche vers les indépendances ne pourra plus s'arrêter. « Laissez entrer les peuples noirs sur la grande scène de l'Histoire ! » conclut-il lors de son intervention.

Ces paroles, Frantz Fanon est bien décidé à leur donner réalité. Présent à la Sorbonne dans la délégation martiniquaise aux côtés de Césaire, de Louis Achille et d'Édouard Glissant, le psychiatre martiniquais donne là sa dernière intervention publique en métropole. Dans un congrès qui ne fait pas mention de la guerre d'Algérie, l'auteur de *Peau noire, masques blancs* (1952) présente un texte intitulé « Racisme et culture » qui fait allusion à la situation algérienne. Deux mois plus tard, Fanon démissionne de son poste de médecin à Blida-Joinville (Algérie) et s'engage pour l'indépendance de l'Algérie en rejoignant le Front de libération nationale (FLN) [→ p. 242].

Repères bibliographiques

Thierno Bah, « Les étudiants de l'Afrique noire et la marche à l'indépendance », *in* Charles Robert Ageron et Marc Michel (dir.), *L'Afrique noire française. L'heure des indépendances*, CNRS Éditions, Paris, 2010.

Yves Benot, *Massacres coloniaux : 1944-1950*, La Découverte, Paris, 2001.

Saïd Bouamama, *Figures de la révolution africaine*, La Découverte, Paris, 2014.

Aimé Césaire, *Discours sur le colonialisme*, Présence africaine, Paris, 2000.

Tony Chafer, *La Fin de l'empire colonial français en Afrique de l'Ouest. Entre utopie et désillusion*, Presses universitaires de Rennes, Rennes, 2019.

Henriette DIABATÉ, *La Marche des femmes sur Grand-Bassam*, NEA, Abidjan, 1975.

Abdoulaye DIALLO, « Sékou Touré et l'indépendance de la Guinée. Déconstruction d'un mythe et retour sur l'histoire », *Outre-mers. Revue d'histoire*, vol. 95, n° 358-359, 2008.

Amady Aly DIENG, *Les Grands Combats de la FEANF*, L'Harmattan, Paris, 2009.

Richard JOSEPH, *Le Mouvement nationaliste au Cameroun. Les origines sociales de l'UPC*, Karthala, Paris, 1986.

Gabriel LISETTE, *Le Combat du Rassemblement démocratique africain*, Présence africaine, Paris, 1983.

PRÉSENCE AFRICAINE, « Les étudiants noirs parlent... », Présence africaine, n° 14, Paris, 1953.

Jean-Luc RAHARIMANANA, *Madagascar 47*, Vents d'ailleurs, La Roque-d'Anthéron, 2014.

Elizabeth SCHMIDT, *Cold War and Decolonization in Guinea, 1946-1958*, Ohio University Press, Athens, 2007.

Ibrahima THIOUB, *Le Rassemblement démocratique africain et la Lutte anticoloniale, de 1946 à 1958*, mémoire de maîtrise, Université de Dakar, 1982.

Jacques TRONCHON, *L'Insurrection malgache de 1947*, Karthala, Paris, 1986.

Présence africaine et Afrique 50 : l'anticolonialisme par les mots et l'image

Du lancement de la revue *Présence africaine* (1947) symbolisée par un masque dogon à la réflexion sur l'art posée par Chris Marker et Alain Resnais dans *Les statues meurent aussi* (1953), en passant par le film *Afrique 50* (1950) de René Vautier, au lendemain de la Seconde Guerre mondiale, la littérature, l'art et le cinéma qui avaient servi à construire une propagande raciste et colonialiste, deviennent des espaces de résistance pour redonner la parole aux Africains et appuyer leurs revendications politiques.

Un projet éditorial ambitieux

En 1947, c'est entre Dakar et Paris qu'Alioune Diop et son épouse Yandé Christiane Diop lancent le premier numéro de la revue semestrielle *Présence africaine*. Un an plus tard, Alioune Diop, ancien chef de cabinet du gouverneur de l'AOF, démissionne de son mandat de sénateur socialiste pour se consacrer pleinement à son projet éditorial et panafricaniste qui s'agrandit avec l'ouverture d'une maison d'édition en 1949.

En réalité, note Alioune Diop, « l'idée remonte à 1942-1943. Nous étions à Paris un certain nombre d'étudiants d'outre-mer qui – au sein des souffrances d'une Europe s'interrogeant sur son essence et sur l'authenticité de ses valeurs – nous sommes groupés pour étudier la situation et les caractères qui nous définissaient nous-mêmes. Ni blancs, ni jaunes, ni noirs, incapables de revenir entièrement à nos traditions d'origine ou de nous assimiler à l'Europe, nous avions le sentiment de constituer une race nouvelle, mentalement métissée », précise-t-il dans l'éditorial du premier numéro de la revue [→ I.4].

Pour ne pas connaître l'existence éphémère des revues antiracistes et anticolonialistes de l'entre-deux-guerres, l'intellectuel sénégalais réunit autour de lui un impressionnant réseau francophone, anglophone et lusophone. Ousmane Sembène, Léopold Sédar Senghor, Abdoulaye Sadji ou Bernard Dadié côtoient leurs homologues caribéens ou afro-américains Aimé Césaire, René Maran, Léon-Gontran Damas, René Depestre ou Richard Wright. Les premiers numéros de la revue bénéficient de l'aura d'un comité de patronage composé d'intellectuels français. Et pas des moindres, puisqu'on y trouve André Gide, Jean-Paul Sartre, Emmanuel Mounier, Michel Leiris, Marcel Griaule, Albert Camus ou encore l'anthropologue et sociologue Georges Balandier.

Publiées dans le cadre de plusieurs numéros spéciaux consacrés au « monde noir » ou à l'« art nègre », des opinions libres, des chroniques et des articles dressent un large inventaire des cultures africaines permettant de détruire la thèse de la « mission civilisatrice » fondée sur la supériorité de la civilisation européenne.

Politiser l'art et la culture africaine

En 1953, Présence africaine commande un film à Alain Resnais et Chris Marker. *Les statues meurent aussi* est d'abord un « film sur l'art nègre » mais, souligne Alain Resnais dans la revue *Clarté* en 1961, « nous n'avions pas, au départ, l'idée de faire un film anticolonialiste et antiraciste. C'est naturellement que nous avons été conduits à poser quelques questions, qui ont valu au film d'être interdit ».

Se demander effectivement pourquoi l'art nègre n'est pas au musée du Louvre comme l'art grec ou égyptien mais au musée de l'Homme ouvre un certain nombre de réflexions. Censuré jusqu'en 1963, le film a néanmoins « montré la voie d'un cinéma de combat et militant de surcroît, donc utile et fonctionnel comme l'est l'art africain », note le cinéaste Paulin Soumanou Vieyra. Interdit pour sa part de filmer au Sénégal, Vieyra réalise le film *Afrique-sur-Seine* (1955) sur la vie des étudiants africains à Paris.

Culturel, le projet de Présence africaine devient encore plus politique lorsque le numéro 14 rassemble des textes anticolonialistes sous le titre *Les étudiants noirs parlent* (1953). Alioune Diop ouvre la revue aux débats idéologiques qui traversent la Fédération des étudiants d'Afrique noire en France (FEANF). L'indépendance du Ghana (1957) puis celle de la Guinée (1958) sont couvertes par deux numéros spéciaux. Présence africaine publie également *Le Sang de Bandoeng* (1958), écrit par Jacques Vergès et trois autres avocats à la demande de la FEANF en soutien aux indépendantistes algériens. Surnommée la « Sorbonne des Noirs », la librairie ouverte par les éditions Présence africaine sur la rue des Écoles en plein cœur du Quartier latin est plastiquée en 1962 par l'Organisation de l'armée secrète (OAS).

Entre-temps, *Nations nègres et culture* (1954), écrit par Cheikh Anta Diop, ainsi que la version finale du *Discours sur le colonialisme* (1955), d'Aimé Césaire, sont devenus les œuvres phares de la maison. Aux côtés de nombreux jeunes talents (Mongo Beti, Nazi Boni, Birago Diop, David Diop, Édouard Glissant, Joseph Ki-Zerbo, Jacques Rabemananjara...), le catalogue de Présence africaine s'enrichit de collections sur le « colonialisme » et sur les « leaders politiques africains », incluant les œuvres de personnalités totalement opposées entre elles à l'instar de Kwame Nkrumah et de Léopold Sédar Senghor.

La souplesse idéologique d'Alioune Diop lui permet de réunir une grande partie des sommités intellectuelles noires de l'époque pour le Ier Congrès des écrivains et artistes noirs en septembre 1956 à la Sorbonne. Les débats placent les questions culturelles au centre d'un « double devoir » qu'Aimé Césaire résume lors du IInd Congrès trois ans plus tard à Rome : « Il est de hâter la décolonisation, et il est, au sein même du présent, de préparer la bonne décolonisation, une décolonisation sans séquelles. » C'est dans cette optique qu'Alioune Diop participe activement à l'organisation du premier Festival mondial des arts nègres à Dakar en 1966 et que

Yandé Christiane Diop poursuit le combat culturel après le décès de son époux en 1980.

Afrique 50, premier film anticolonialiste français

Le triptyque « une tribune, un mouvement, un réseau », par lequel l'historienne Sarah Frioux-Salgas définit Présence africaine, pourrait presque s'appliquer à René Vautier. Ce militant communiste breton engagé dès l'âge de 15 ans dans la Résistance, sort en 1948 major de l'Institut des hautes études cinématographiques (Idhec, devenue Femis). C'est à ce titre que la Ligue de l'enseignement lui commande un film destiné à être projeté dans les lycées pour montrer aux jeunes Français comment vivent les populations africaines.

René Vautier part avec son équipe en direction de Bamako. Sur place, il se heurte au décret pris en 1934 par Pierre Laval, alors ministre des Colonies, qui conditionne toute prise de vues à l'accord des autorités coloniales. Vautier refuse de s'y plier et se lance dans un périple à travers le Soudan français, la Haute-Volta et la Côte d'Ivoire.

Pour contourner la méfiance des populations qui ne connaissent pour seuls visiteurs blancs que « l'administrateur qui venait prendre l'argent pour l'impôt, ou bien le recruteur qui venait prendre les hommes pour l'armée », Vautier entre dans les villages en suivant les enfants pour qui « la curiosité est plus forte que la crainte ». Montrant des femmes qui s'occupent des travaux domestiques « comme toutes les femmes du monde », qui font la lessive dans le fleuve Niger « comme dans les lavoirs de chez nous », tandis que « les pêcheurs, comme dans les petits ports de Bretagne, maillent leurs filets », Vautier souligne en voix off que la vie dans les villages africains n'est pas si différente qu'en France.

Des plans rapprochés donnent l'impression que ce sont les Africains qui observent les Français. Ces derniers sont invités à sortir du traditionnel regard exotique des films ethnographiques sur l'Afrique. Et à regarder sous un œil critique les publicités qui, diffusées en entracte dans les cinémas parisiens, font l'éloge de la colonisation. « Tu t'étonnes de voir un village sans école, sans médecin », souligne la voix off qui interpelle le lycéen français. École et médecin n'arrivent que quand les « grosses compagnies coloniales » s'installent. Malgré cela, « ce village a encore de la chance dans sa misère », déclare le commentaire.

Un réseau clandestin pour sauver les négatifs

En Côte d'Ivoire où il se lie à des membres du RDA [→ I.6], Vautier montre également l'horreur de la répression : « Ici se trouvait le village de Palaka, dans le nord de la Côte d'Ivoire. Le chef d'un village n'a pu payer un reliquat d'impôt, 3 700 francs. Le 27 février 1949, à 5 heures du matin, les troupes sont venues. Elles ont cerné le village, elles ont tiré, elles ont brûlé, elles ont tué. » Aux commentaires de la voix off s'associe l'image d'habitations brûlées, de douilles ou de murs souillés : « Ici une enfant de sept mois a été tuée, une balle française lui a fait sauter le crâne... Ici du sang sur les murs, une femme enceinte est venue mourir, deux balles françaises dans le ventre. »

Et c'est « en notre nom à nous, gens de France, précise-t-il, qu'Agboville, Dimbokro, Séguéla, Daloa, Bouaflé, Kétekré, des ruines, des rafles, des fusillades et des noms de villes et de villages sonnant aux Africains comme des Oradour » ont lieu, en référence à l'expédition punitive menée en juin 1944 par les nazis sur un village près de Limoges. Ainsi que « Goobéna, tué à coups de crosse, Bogoum assassiné lors d'une perquisition, Marine Guéno morte des suites d'un interrogatoire de police et tant d'autres, et tant d'autres noms de martyrs sonnant aux Africains comme des d'Estienne d'Orves, comme des Guy Môquet », ajoute-t-il en poursuivant le parallèle avec les résistants français tombés face aux nazis.

Dénonçant le « règne des vautours » que sont les compagnies coloniales, Vautier filme aussi « le célèbre barrage de Markala Sansanding sur le Niger » pour mieux montrer l'exploitation : « Perfectionner l'équipement, à quoi bon ? Une machine ferait le travail de vingt Noirs, bien sûr, mais vingt Noirs à cinquante francs par jour reviennent moins cher qu'une machine. Alors, usons le Noir. » Toutes ces injustices font que « de Dakar à Brazzaville, d'Abidjan à Niamey », le peuple d'Afrique « se heurte à une administration, dont même un député MRP, l'abbé Boganda, a dit qu'elle était corrompue, raciste, machiavélique, qu'elle ne représentait pas la France, mais commettait des crimes au nom de la France et de la civilisation » [→ II, introduction].

Traqué par les autorités, Vautier parvient à rentrer en passant par Dakar. Acheminées en France par des réseaux clandestins, ses bobines sont saisies par le ministère de l'Intérieur qui le convoque. Vautier réussit à subtiliser une partie des bobines saisies. Mélangées à des pellicules de films pornographiques – interdits mais généralement tolérés contre le versement d'une somme d'argent aux policiers chargés de les contrôler –, les négatifs sont développés de manière clandestine dans un laboratoire.

Pour la post-production, Vautier obtient l'aide financière de la section CGT d'Argenteuil. Il mobilise l'orchestre de l'artiste et militant guinéen Fodéba Keïta pour la bande sonore, et réalise lui-même la voix off qui déverse toute une rage accumulée durant son périple. *Afrique 50* est donc diffusé clandestinement dans des réseaux anticolonialistes avec moins de cent copies, qui se perdent progressivement. Jusqu'à ce qu'en 1989 une société opérant pour le compte du Quai d'Orsay décide de restaurer l'une des copies saisies pour la diffuser dans les ambassades françaises, car il est devenu « politiquement important de montrer dans les pays africains qu'un sentiment anticolonialiste existait en France dans l'immédiat après-guerre », explique-t-on à René Vautier qui voit ainsi son film renaître.

Amzat Boukari-Yabara

Chapitre 7

François Mitterrand, précurseur de la Françafrique

Thomas Deltombe

Tout juste trentenaire quand naît la IVe République, en 1946, François Mitterrand ne cache pas ses ambitions. Député de la Nièvre et membre de l'Union démocratique et socialiste de la Résistance (UDSR), un parti occupant une position charnière à l'Assemblée nationale, ce fin stratège sait profiter de l'instabilité gouvernementale pour gravir les échelons. Onze fois ministre entre 1947 et 1957, à des postes toujours plus prestigieux, il manque de peu la plus haute marche gouvernementale, la présidence du Conseil.

Les questions coloniales ont joué un rôle essentiel dans cette ascension politique. Ministre de la France d'outre-mer entre juillet 1950 et juillet 1951, Mitterrand devient rapidement « l'un des spécialistes attitrés de la IVe République pour les problèmes africains », selon le politologue Roland Cayrol. « Mon passage au ministère de la France d'outre-mer est l'expérience majeure de ma vie politique », note l'intéressé lui-même dans son livre *Ma part de vérité* (1969).

Ce passage par le ministère de la rue Oudinot est marqué par une opération politique étonnante : le spectaculaire « retournement » en 1950 de Félix Houphouët-Boigny, président du Rassemblement démocratique africain (RDA), qui passe en quelques mois d'une posture anticolonialiste à une collaboration fervente avec les autorités françaises. La relation qu'entretiennent Mitterrand et Houphouët dans les années suivantes peut être interprétée comme l'amorce d'une nouvelle relation franco-africaine, presque fusionnelle. Au point que le groupe parlementaire que les deux hommes fondent ensemble au début des années 1950, le groupe UDSR-RDA, apparaît rétrospectivement comme un embryon françafricain.

« Je crois que j'ai permis, dès 1950, le règlement des problèmes de l'Afrique noire », expliquera Mitterrand dans une interview au *Nouvel Observateur* en septembre 1965. Reste à nommer les « problèmes » que Mitterrand s'enorgueillit d'avoir conjurés : l'accession des colonies africaines à la pleine souveraineté et la concurrence des puissances étrangères sur le pré carré français.

Dans les coulisses de l'opération Houphouët-Boigny

Au sortir de la Seconde Guerre mondiale, François Mitterrand ne connaît presque rien de l'Afrique. Alors secrétaire d'État à l'Information, il se rend pour la première fois au sud du Sahara en août 1949, invité en AEF par le haut-commissaire Bernard Cornut-Gentille. Redevenu député, il découvre l'AOF en janvier 1950, invité cette fois par l'Alliance française à donner une série de conférences.

Congo, Gabon, Tchad, Soudan français, Sénégal, Niger, Dahomey, Liberia, Gold Coast… Ces deux voyages fascinent Mitterrand. Il observe la vie des colons, s'initie à la chasse aux félins et confie ses pensées à son carnet de bord. « Fauve au pelage déchiré par la lèpre et la solitude, l'Afrique dort sans rêver, écrit-il le 29 janvier 1950 alors qu'il survole en avion ces vastes contrées. […] On n'y distingue, on n'y reconnaît, on n'y voit pas la trace des hommes. Mais sa respiration est comme celle d'une foule d'hommes, d'une foule endormie. »

Lorsque six mois plus tard, René Pleven, président de l'UDSR, est nommé à la présidence du Conseil, Mitterrand n'hésite pas un instant : il réclame le « ministère de l'Afrique ». Le 12 juillet 1950, il est nommé ministre de la France d'outre-mer (FOM)[1].

Contrairement à son ambitieux ministre, Pleven connaît intimement les arcanes du système colonial. Commissaire aux Colonies pendant la guerre, il sait que l'Afrique ne « dort » pas. À l'aube des années 1950, elle est au contraire en pleine ébullition. C'est le cas en particulier en Côte d'Ivoire, où le feu couve depuis 1949. Fief de Félix Houphouët-Boigny, le territoire est le théâtre d'affrontements violents depuis que le haut-commissaire de l'AOF, Paul Béchard, et le gouverneur de la Côte d'Ivoire, Laurent Péchoux, ont entrepris de mettre en pièces le RDA, dont les parlementaires sont apparentés au groupe communiste [→ I.6].

À son arrivée à Matignon en juillet 1950, René Pleven veut rompre avec la politique de force de Béchard et Péchoux. Ou plus exactement : il veut en récolter les fruits. Depuis quelques mois en effet la rumeur court qu'Houphouët, qui s'affiche encore avec ses alliés communistes, serait prêt à rompre l'apparentement avec le PCF. Vincent Auriol, président de

1. Chargé des colonies françaises d'Afrique subsaharienne, de Madagascar et des Comores (ainsi que des Établissements français d'Océanie et de Saint-Pierre-et-Miquelon). Les protectorats marocain et tunisien dépendent du ministère des Affaires étrangères, les départements algériens du ministère de l'Intérieur et l'Indochine d'un ministère d'État spécifique.

la République depuis janvier 1947, est à la manœuvre. « On peut ramener Houphouët et, pour ma part, je m'efforcerai de le ramener », explique-t-il en mars 1950 à un de ses visiteurs. Le 27 juillet, le chef de l'État reçoit secrètement le député ivoirien à l'Élysée. Ce dernier, plein d'obséquiosité, jure n'avoir de désir plus ardent que de « collaborer » avec le gouvernement (il prononce le mot à six reprises au cours de l'entretien).

Promettant de se séparer des communistes et de marginaliser les éléments marxistes de son mouvement, le patron du RDA demande en échange au président de tout faire pour lutter contre l'influence néfaste des colons qui font fortune dans le café et le cacao : le « gros commerce », plaide-t-il, est responsable de tous les maux en Côte d'Ivoire. Ce n'est donc « pas sous l'angle politique » qu'il faut examiner les problèmes ivoiriens, « mais sous l'angle essentiellement économique ». Vincent Auriol comprend évidemment le message : Houphouët, richissime planteur africain, entend monnayer son influence politique contre la défense de ses intérêts économiques.

Informé des bonnes dispositions de Félix Houphouët-Boigny, Pleven le rencontre discrètement à son tour, en septembre, et charge Mitterrand de sceller le rapprochement. D'abord sceptique, Mitterrand reçoit le chef du RDA à deux reprises rue Oudinot. Il constate que son interlocuteur, qu'il regardait jusque-là comme un dangereux contestataire, n'a rien en réalité d'un stalinien borné. Le député ivoirien, qui se déplace en limousine américaine, avec chauffeur français, et qui vient d'acquérir le luxueux château de la Citole, à Villepinte, lui fait au contraire excellente impression.

Le 18 octobre 1950, les parlementaires RDA se désapparentent du groupe communiste. Mais Mitterrand exige des gages supplémentaires : il demande à Houphouët-Boigny la promesse écrite que le RDA respectera définitivement le cadre de l'Union française (et renonce par conséquent à revendiquer l'indépendance). « Ayant arraché ce texte à Houphouët, il le glissa dans un tiroir, racontera Pierre Nicolaÿ, alors directeur de cabinet de Mitterrand et témoin de ces négociations décisives, au journaliste Jean Lacouture. L'important pour lui était de "tenir" aussi son interlocuteur – qui ne le mit jamais d'ailleurs en position d'avoir à dégainer cette arme secrète… »

De fait, l'opération menée conjointement par Auriol, Pleven et Mitterrand fonctionne parfaitement : le chef du RDA n'aura plus jamais un mot critique à l'égard de la France, dont il louera au contraire, jusqu'à la fin de ses jours, le « génie » et la « générosité ».

Le pacte Mitterrand-Houphouët est en quelque sorte officialisé à l'occasion de l'inauguration en grande pompe, début février 1951, du nouveau port d'Abidjan. Casque colonial sur la tête, Mitterrand défile pour les caméras aux côtés de Béchard et Péchoux. Mais il a en parallèle convié Houphouët et quelques-uns de ses amis aux festivités, au grand scandale de la colonie européenne qui peste contre la trahison du ministre et la duplicité du député. Il faudra des années à Houphouët, dont la spectaculaire « conversion » et les subites professions de foi pro-françaises laissent dubitatifs nombre d'observateurs, pour convaincre les autorités et les colons de sa sincérité.

À mesure que le président du RDA conquiert la confiance des milieux coloniaux, l'incrédulité gagne ses camarades. Nombre de militants, qui croyaient à un simple « repli tactique », s'aperçoivent que le député ivoirien joue sincèrement le jeu de la « collaboration fraternelle » avec les ennemis d'hier. Vice-président du RDA, et chef de file de son aile marxiste, Gabriel d'Arboussier crie à la trahison. Plusieurs formations affiliées au rassemblement lui emboîtent le pas : l'Union démocratique sénégalaise (UDS), l'Union des populations du Cameroun (UPC) ou l'Association des étudiants RDA (AERDA) [→ I.6].

Vertement critiqué au sein de son mouvement, Félix Houphouët-Boigny doit en outre assumer la lourde défaite du RDA aux législatives en juin 1951 (massivement truquées, il faut le dire). Largement réélu lui-même en Côte d'Ivoire, il n'aura plus désormais à ses côtés que deux autres députés RDA, Félix-Tchicaya et Mamadou Konaté, au lieu de cinq précédemment. Houphouët, qui risque à tout moment d'être évincé de la présidence du parti, saura pourtant habilement manœuvrer pour imposer sa ligne [→ I. 8].

Un rapport confidentiel datant de 1954, retrouvé dans les archives militaires françaises, décrit le retournement d'Houphouët comme un putsch du président du RDA contre son propre mouvement : « Pendant la période de la mi-1950 à la mi-1951, le RDA fit entièrement volte-face pour devenir progressivement un parti pro-administratif. [...] Ce changement d'attitude fut voulu par Houphouët contre d'Arboussier. [Houphouët] mena son jeu seul avec beaucoup de souplesse, de tergiversations, de roueries dignes de Machiavel, se gardant bien de convoquer soit le comité directeur, soit le congrès de son parti. »

« La France du XXIe siècle sera africaine ou ne sera pas »

François Mitterrand, fin connaisseur de Machiavel lui-même, saura lui aussi tirer parti du retournement d'Houphouët-Boigny. Il fait rapidement de cette opération politique, qui lui avait au départ été soufflée par Auriol et Pleven, le fondement de sa réflexion sur les questions coloniales et un atout stratégique dans sa carrière gouvernementale.

Dans un premier temps, les retombées politiques de l'opération sont plutôt négatives pour Mitterrand. Reconduit dans ses fonctions dans le gouvernement d'Henri Queuille, en mars 1951, le ministre de la FOM essuie les tirs croisés du lobby colonial, qui l'accuse d'avoir « livré l'Afrique noire au communisme international », et des communistes, qui ne lui pardonnent pas d'avoir détourné à son profit leur « ami » africain. Pour ne rien arranger, Pleven, de retour à Matignon en juillet 1951, retire son maroquin ministériel à son jeune lieutenant en lui expliquant – non sans ironie – que le rapprochement avec Houphouët, encore trop sulfureux, risque de fragiliser la coalition gouvernementale.

Loin de baisser les bras, Mitterrand persévère. Renvoyé sur les bancs de l'Assemblée nationale par le patron de l'UDSR, le député de la Nièvre, qui préside le groupe parlementaire du parti, approfondit son « amitié » avec ses collègues africains et fait de l'étiquette « libéral », dont il est désormais affublé, sa marque de fabrique. Le 7 janvier 1952, les trois députés RDA s'apparentent au groupe UDSR et passent ainsi, officiellement, de l'opposition à la majorité gouvernementale. Deux semaines plus tard, Mitterrand est nommé ministre d'État dans l'éphémère gouvernement Edgar Faure, qui lui confie le très sensible dossier tunisien.

L'étoile montante de l'UDSR se présente dès lors comme un spécialiste des questions africaines – au sens continental – et prend soin de se distinguer de Pleven, qui occupe alternativement la présidence du Conseil et le ministère de la Défense presque sans discontinuer entre 1950 et 1954. Pendant que Pleven peine à justifier la ruineuse guerre d'Indochine et s'empêtre dans l'épineux projet de Communauté européenne de défense (CED), son jeune rival ne fait pas mystère de sa volonté de prendre les rênes de l'UDSR : il se désolidarise ouvertement de la politique gouvernementale et place ses pions dans la hiérarchie du parti.

Mitterrand se rapproche à la même période de Pierre Mendès France, qui plaide depuis 1950 pour le retrait d'Indochine. Convaincu comme lui que le bourbier indochinois est un « piège » tendu conjointement par les communistes (qui arment le Viêt-minh) et les Américains (qui financent les Français), Mitterrand exige que le pays se concentre sur sa « vocation africaine ». « La France du XXIe siècle sera africaine ou ne sera pas, écrit-il en mai 1952. Au lieu de s'épuiser dans les combats d'Asie, la France de notre temps n'aurait-elle pas dû implanter ses hommes et ses capitaux dans cet immense empire qui la prolonge jusqu'au Congo ? »

Renouant avec le credo d'Onésime Reclus (*Lâchons l'Asie, prenons l'Afrique*), François Mitterrand se place également sous le double patronage de Jules Ferry et d'Hubert Lyautey, théoricien et praticien du protectorat colonial [→ I.1]. La politique africaine de la France, argumente Mitterrand sur toutes les tribunes, doit s'inspirer de leurs politiques tunisienne et marocaine : se dégager des pesanteurs de l'administration directe et déployer des dispositifs plus souples lui permettant de maintenir les territoires d'outre-mer sous son contrôle exclusif.

Les relations de Mitterrand avec le RDA, comme ses positions sur l'Indochine, la Tunisie ou le Maroc, alimentent sa réputation de « bradeur d'Empire » dans les milieux conservateurs. Rien n'est pourtant plus inexact. « Le premier impératif de la politique française est notre présence en Afrique partout où déjà nous sommes », répète-t-il à l'envi.

Ce qui différencie Mitterrand des colonialistes les plus obtus, c'est moins son objectif que son diagnostic. Vouloir garder à l'identique l'Empire d'avant-guerre est, selon lui, aussi illusoire que suicidaire. Il est désormais impossible, affirme-t-il, de résister aux assauts conjugués des forces communistes, qui lorgnent sur les dépendances coloniales des puissances occidentales, et des Anglo-Américains, qui complotent en permanence contre les intérêts stratégiques de la France. Pour consolider la « présence française » outre-mer, il faut donc trancher dans le vif et mener des réformes cohérentes.

Tel est l'argumentaire de son livre *Aux frontières de l'Union française*, publié en juillet 1953 avec une préface de Mendès France. Le titre du chapitre introductif affiche les priorités : « L'Afrique d'abord ». Investir le continent africain est d'autant plus urgent, insiste Mitterrand, que les forces hostiles sont là aussi à l'œuvre. Les Anglais « empiètent » sur le Togo français, les Américains ont « alléché les Marocains », les Égyptiens ont « répandu [leurs] prédicateurs dans le Sahel tunisien et tchadien ». Tous ces gens « jalousent ces terres brunes soigneusement peignées à fleur de roc, et ils ont prononcé les mots explosifs : indépendance, autonomie, libération ».

Mais, contrairement à l'Asie, il est encore temps d'agir, car « l'Afrique aime la France et espère d'elle son unité, son équilibre, son idéal ». Il faut donc « dire à nos alliés » que ces terres sont « notre domaine réservé » et « dire aux populations d'Afrique que ce domaine est aussi et surtout le leur ». Pour ce faire, et pour cimenter cette « France eurafricaine », le gouvernement devrait instituer des sortes de « protectorats » – mais « peu importe le mot », précise Mitterrand – permettant à la métropole de contrôler en souplesse ses dépendances territoriales en leur concédant une once d'autonomie interne.

Paris, détaille Mitterrand, doit conserver la gestion des domaines communs essentiels : l'« armée », la « diplomatie », la « définition de la monnaie », le « contrôle du crédit », la « possession du sous-sol » ou encore l'« occupation des zones stratégiques ». Les autorités territoriales pourront gérer les affaires secondaires et locales. Une telle répartition des compétences, conclut-il, permettrait à la France de se protéger à peu de frais contre les périls extérieurs et intérieurs qui menacent l'Afrique française :

les empiétements des rivaux étrangers et les aspirations séparatistes des peuples colonisés.

Dès 1953, la plume mitterrandienne esquisse donc un système d'ensemble qui n'est pas sans évoquer les conceptions fédéralistes qu'avaient déjà envisagées quelques avant-gardistes à la fin du XIXe siècle [→ I.1] et qui se concrétisera avec le vote de la loi-cadre Defferre en 1956 et le retour du général de Gaulle en 1958 [→ II]. « Gaston Defferre et moi sommes les deux hommes qui, avant de Gaulle, avons joué un rôle décisif dans l'évolution politique de tout un continent », note-t-il d'ailleurs dans son entretien avec *Le Nouvel Observateur* de 1965.

UDSR-RDA : lune de miel franco-africaine

Dans les semaines qui suivent la publication de son livre, Mitterrand affiche ouvertement ses ambitions. En septembre 1953, prenant prétexte de la déposition du sultan marocain par les autorités françaises, il démissionne avec éclat du gouvernement Joseph Laniel. En novembre, à l'occasion du VIIe Congrès de l'UDSR, il finalise son putsch contre René Pleven et prend la présidence du parti.

L'actualité, marquée par la débâcle de Diên Biên Phu en mai 1954 et la montée des tensions en Afrique du Nord, donne raison à ceux qui dénoncent le « piège » indochinois. Mendès France est nommé chef du gouvernement en juin 1954, et fait de Mitterrand son ministre de l'Intérieur. La France se désengage d'Indochine (accords de Genève, 21 juillet) et promet l'autonomie interne à la Tunisie (discours de Carthage, 31 juillet). Le programme annoncé dans *Aux frontières de l'Union française* semble en passe de se concrétiser.

Mais les choses tournent rapidement à l'aigre pour François Mitterrand. Ruinant les espoirs du gouvernement, les accords de Genève et les promesses de Carthage ne mettent pas fin aux revendications nationalistes. Au contraire : ils les attisent. En quelques mois, les constructions théoriques du ministre de l'Intérieur s'effritent. L'insurrection algérienne du 1er novembre 1954 le place en première ligne. « L'Algérie, c'est la France, parce qu'il se trouve que les départements de l'Algérie sont des départements de la République française, rappelle-t-il. Des Flandres jusqu'au Congo, s'il y a quelque différence dans l'application de nos lois, partout la loi s'impose et cette loi est la loi française. » Engageant le bras de fer avec les insurgés algériens, sa réputation de « libéral » s'évapore. Et bientôt la loi française ne s'impose plus en Tunisie et au Maroc. Là, on ne parle déjà plus d'autonomie interne : on négocie l'indépendance (effective en mars 1956).

François Mitterrand, président de l'UDSR, et Félix Houphouët-Boigny, président du RDA, quittant une réunion avec Guy Mollet, le 30 janvier 1956 à Paris. Le premier vient d'être nommé ministre de la Justice. Le second devient ministre délégué à la présidence du Conseil. *© AFP*

L'échec en Afrique du Nord incite Mitterrand à redoubler d'attention sur l'évolution de l'Afrique subsaharienne. Le « Comité national pour la construction de l'Union française », qu'il avait constitué début 1954 autour des députés UDSR et RDA, est relancé en juin 1955 sous le nom de « Comité France-Afrique »[1]. C'est une véritable lune de miel que vivent à cette période les deux formations politiques. Alors que Félix Houphouët-Boigny ou Gabriel Lisette ont tribune ouverte dans le journal de l'UDSR, *Le Combat républicain*, François Mitterrand et ses amis sont omniprésents dans l'hebdomadaire du RDA, *L'Afrique noire*.

1. À cette date, le comité fusionne avec le « Comité d'études des problèmes d'outre-mer » présidé par le général Georges Catroux.

La collaboration est encore plus spectaculaire après les élections législatives du 2 janvier 1956. Alors que le parti mitterrandien obtient des résultats médiocres, le parti frère revient en force à l'Assemblée, avec neuf députés. Ce succès permet au groupe UDSR-RDA d'obtenir des places de choix dans le cabinet de Guy Mollet, le plus long de la IVe République (février 1956-juin 1957) : Mitterrand devient un acteur central de la scène politique française, en tant que ministre de la Justice, et Houphouët entre pour la première fois dans un gouvernement français, en tant que ministre délégué à la Présidence du Conseil. Le premier intègre Gabriel Lisette (RDA) dans ses équipes, le second prend Jacques Kosciusko-Morizet (UDSR) comme directeur de cabinet.

S'aidant mutuellement à gravir les sommets du pouvoir, l'UDSR et le RDA se félicitent rétrospectivement du rapprochement opéré en 1950. Et la relation quasi fusionnelle qu'entretiennent les deux partis est bientôt vécue par leurs dirigeants comme l'ébauche des futures relations France-Afrique. « Cette interpénétration des moyens et cette collaboration des hommes constitueront le meilleur lien d'une véritable Union française, explique Félix Houphouët-Boigny en mars 1956 dans un discours repris dans le *Bulletin hebdomadaire* de l'UDSR. Vivons dans notre temps. Le siècle est à l'interdépendance des peuples, aux grands ensembles économiques et politiques. Dans ce monde inquiet qui cherche péniblement sa voie vers l'entente internationale, vers l'universalité, nous serons des précurseurs. N'est-ce pas là la vocation constante de la France ? » Et d'ajouter : « Aujourd'hui, l'Afrique c'est la chance de la France, comme la France est la chance de l'Afrique. »

D'une collaboration à l'autre

Publié en novembre 1957, le second livre que Mitterrand consacre aux questions coloniales, *Présence française et abandon*, jette un regard nostalgique sur les quelques années écoulées. Vantant l'« audace » de sa propre politique, l'auteur se désespère que d'autres aient sacrifié la « vocation universelle » de la France en Asie et en Afrique du Nord. Les responsables de l'« abandon » sont clairement désignés : d'une part, les colons qui, cramponnés à leurs privilèges, ont par arrogance braqué les peuples contre la mère patrie ; d'autre part, les dirigeants français qui, à force d'atermoiements, ont « gâché les chances de la politique de réformes, ultime sauvegarde de la présence française ». Ainsi furent perdus l'Indochine, le Maroc et la Tunisie, accuse Mitterrand, qui consacre un chapitre à chacun de ces pays (mais esquive soigneusement l'Algérie).

Mitterrand refuse cependant de se laisser gagner par le défaitisme. Car l'Afrique subsaharienne, à laquelle est consacré le chapitre final, offre de beaux signes d'espoir. En engageant à temps les nécessaires réformes et en tendant courageusement la main aux Africains fidèles, la France a mis toutes les chances de son côté, indique François Mitterrand qui fait un récit avantageux de sa rencontre avec Houphouët-Boigny. « Garder l'Afrique, et y rester, n'était-ce pas d'abord en confier le soin aux Africains qui sauraient fermer les yeux devant les mirages d'un nationalisme illusoire ? »

Plein d'éloges pour les élites africaines qui renoncent à l'indépendance et défendent les intérêts de la France sur le continent, Mitterrand s'empresse d'y associer les peuples tout entiers, qui auraient unanimement acclamé la ligne collaborationniste d'Houphouët-Boigny. Pas un mot donc sur les contestations au sein du RDA, sur les grèves menées par les travailleurs africains ou sur la répression sanglante engagée par les autorités françaises pour faire entrer les peuples dans le rang : à Vogan (Togo) en 1951, à Bebalem (Tchad) en 1952 ou au Cameroun à partir de 1955 [→ II.3].

Brossant fin 1957 un portrait idéalisé de la politique engagée en 1950, moment décisif qui, dit-il, concrétise les promesses de Brazzaville et préfigure la loi-cadre Defferre [→ II.1], Mitterrand sait que cette politique a fait des émules, y compris chez ses adversaires les plus tenaces. Jadis virulents à l'égard d'Houphouët-Boigny, les gaullistes ont mis leurs critiques en sourdine depuis la tournée africaine du Général en mars 1953. De passage à Abidjan, l'homme du 18 Juin n'a-t-il pas été chaleureusement accueilli par le leader ivoirien ?

Au milieu des années 1950, la collaboration avec Houphouët devient une évidence pour l'administration française. Gouverneur de Côte d'Ivoire entre février 1954 et février 1956, Pierre Messmer en témoigne. « Après deux ou trois conversations, je n'ai plus aucun doute sur sa sincérité, note-t-il dans ses Mémoires (*Après tant de batailles*, 1992). Je travaillerai avec lui main dans la main. » Au point de l'inviter, dès juillet 1954, dans sa résidence secondaire de Saint-Gildas-de-Rhuys, pour quelques jours de détente sur les plages du Morbihan.

Au cours de cette période, Houphouët-Boigny rend loyalement hommage aux hommes de l'UDSR qui l'ont sorti de l'ornière communiste et propulsé vers un plus haut destin. Mais Mitterrand sait qu'il n'a plus le monopole du cœur. Houphouët, qui a beaucoup d'« amis » à Paris, est désormais une figure incontournable dans les coalitions gouvernementales et une caution utile pour réprimer ceux qui, en Algérie ou ailleurs, tentent d'arracher l'indépendance de leurs pays.

Coorganisé par l'UDSR et le RDA, le « dîner-débat de l'Afrique noire » qui se tient le 5 décembre 1957 au très chic Cercle militaire, dans le VIIIe arrondissement de Paris, apparaît rétrospectivement comme un repas d'adieu. Mitterrand et Houphouët, qui coprésident l'événement, ont beau clamer leur désir de bâtir ensemble une « Communauté franco-africaine » fraternelle et indissoluble [→ II, introduction], leurs destins personnels ont déjà pris des chemins divergents. Depuis la chute du gouvernement

Guy Mollet, en mai 1957, le premier n'est déjà plus ministre, et ne le sera plus jamais. Le second, à l'inverse, enchaîne les postes ministériels, et ralliera de Gaulle six mois plus tard.

Acteur clé de l'opération Houphouët, qui aura permis à ce dernier de passer en une décennie des communistes aux gaullistes, et précurseur de la politique néocoloniale de la France en Afrique, que de Gaulle approfondira après son retour au pouvoir en mai 1958, François Mitterrand ne peut que sentir la morsure cruelle de la trahison lorsque la Ve République émerge sous les cendres de la précédente. Lui qui rêvait de Matignon échoue, pour vingt ans, sur les bancs de l'opposition.

Repères bibliographiques

Marcel AMONDJI, *Félix Houphouët et la Côte d'Ivoire : l'envers d'une légende*, Karthala, Paris, 1984.

Vinent AURIOL, *Journal du septennat*, édition établie par Pierre Nora et Jacques Ozouf, Gallimard, Paris, 2004.

Paulette DECRAENE, *Secrétariat particulier, 27 ans au côté de François Mitterrand*, L'Archipel, Paris, 2008.

Éric DUHAMEL, *François Mitterrand, l'unité d'un homme*, Flammarion, Paris, 1998.

Franz-Olivier GIESBERT, *François Mitterrand ou la Tentation de l'histoire*, Seuil, Paris, 1977.

Jean LACOUTURE, *Mitterrand, une histoire de Français*, tome 1, Seuil, Paris, 1998.

Philippe MARCHESIN, « Mitterrand l'Africain », *Politique africaine*, n° 58, juin 1995, p. 5-24.

François MITTERRAND, *Aux frontières de l'Union française*, Rencontre (Julliard), Lausanne, 1953.

François MITTERRAND, *Présence française et abandon*, Plon, Paris, 1957.

« Mitterrand et l'Afrique », colloque de Dakar, 11-12 février 1998, Gouvernement du Sénégal-Institut François Mitterrand, Dakar, 1999 (voir notamment les contributions de Gabriel Lisette, Paul Bordier, Oumar Kane et Ibrahima Thioub, p. 127-177).

Paul-Henri SIRIEX, *Félix Houphouët-Boigny, l'homme de la paix*, Seghers-Nouvelles Éditions africaines, Paris-Dakar-Abidjan, 1975.

Ibrahima THIOUB, *Le Rassemblement démocratique africain et la Lutte anticoloniale, de 1946 à 1958*, mémoire de maîtrise, Université de Dakar, 1982.

Jacques Foccart s'attaque au « néo-colonialisme » de Mitterrand et d'Houphouët-Boigny (1951)

S'il est un homme que les manœuvres politiques de François Mitterrand agacent, au tournant des années 1950, c'est bien Jacques Foccart. Inconnu du grand public à cette époque, Foccart est le « Monsieur Outre-mer » du Rassemblement du peuple français (RPF), le parti gaulliste créé en 1947. Entrepreneur spécialisé dans l'import-export, il entretient de nombreuses relations dans les milieux d'affaires implantés dans les colonies. Siégeant à partir de 1950 à l'Assemblée de l'Union française, censée représenter les territoires d'outre-mer à Paris, il y défend les intérêts des colons et combat toute évolution des possessions françaises vers une quelconque autonomie.

Pendant près de dix ans, d'octobre 1949 à décembre 1958, Foccart publie un bulletin hebdomadaire – puis bimensuel – envoyé aux adhérents du RPF installés outre-mer : *La Lettre à l'Union française*. Particulièrement virulent dans les premières années, le ton de la publication s'assagit à mesure que Foccart grimpe dans la hiérarchie du RPF, dont il devient secrétaire général en 1954, et qu'il se rapproche de De Gaulle, qui en fera dans la décennie suivante son plus proche conseiller [→ II.5].

Le passage de François Mitterrand au ministère de la France d'outre-mer en 1950-1951 fournit un bel exemple de l'activisme de Foccart, qui assure la direction de *La Lettre à l'Union française* et dont il signe (presque) chaque semaine l'éditorial en première page. Incarnation de tout ce qu'exècre le gaullisme colonial, Mitterrand devient pendant quelques mois la tête de Turc de la publication.

« Mitterrand aveuglé par sa haine partisane »

À l'occasion de la révocation en janvier 1951 d'Henry de Mauduit comme gouverneur du Tchad, territoire à haute valeur symbolique pour les gaullistes, Foccart accuse le ministre de mener une véritable « épuration » dans l'administration coloniale. « Il ne fait pas de doute que M. Mitterrand, aveuglé par sa haine partisane, se préoccupera peu de la valeur des fonctionnaires qu'il va révoquer et de la désorganisation qu'il va provoquer dans les territoires d'outre-mer. Nous dénoncerons quant à nous ses agissements, sans faiblir », écrit-il dans son éditorial du 25 janvier 1951. Pour Foccart, qui ne manque pas de faire allusion au passé vichyste de Mitterrand, l'objectif du locataire de la rue Oudinot est de réduire au silence les gaullistes d'Afrique qui résistent à l'infâme IVe République.

Le ton monte le mois suivant lorsque Mitterrand se rend à Abidjan et accepte d'y rencontrer les parlementaires du Rassemblement démocratique africain (RDA), qu'il accompagne alors sur la voie de la collaboration parlementaire

[→ I.7]. « Au moment où on refuse les crédits pour la réalisation du programme hydraulique en Haute-Volta, on gaspille 95 millions CFA pour permettre aux amies et amis de M. Mitterrand de venir, en robe du soir et en hauts-de-forme, découvrir l'Afrique », enrage *La Lettre à l'Union française*.

Le spectaculaire retournement d'Houphouët-Boigny, qui abandonne en quelques mois l'étiquette communiste pour s'engager dans des tractations avec les partis gouvernementaux, laisse Foccart pantois. Considérant le leader ivoirien comme un dangereux subversif, responsable des troubles en Côte d'Ivoire en 1949-1950 [→ I.6], les gaullistes ironisent sur la « conversion » houphouétienne, résultat selon eux de cyniques manœuvres gouvernementales. Par « avidité électorale », explique le journal, René Pleven et François Mitterrand pactisent avec les criminels du RDA pour quelques soutiens parlementaires.

Ces manœuvres portent un nom, ajoutent les gaullistes avec force majuscules : le « NÉO-COLONIALISME ». C'est ce que l'on apprend dans l'édition du 5 avril 1951 de la *Lettre* de Foccart, qui reproduit une motion adoptée par le conseil national du RPF. Le texte, intitulé « Le néo-colonialisme des partis », fustige « l'opération politique à laquelle s'est prêté le gouvernement qui a permis au RDA communisant de "se dédouaner" ». Une opération qui se confirme lors des élections législatives de juin 1951, affirme l'hebdomadaire, qui se scandalise des « trucages électoraux » ayant permis au régime des partis d'installer leurs amis africains sur les bancs du Palais Bourbon.

Houphouët-Boigny ? Une « vipère lubrique »

S'amusant de voir Houphouët abjurer désormais publiquement son « communisme » dès qu'il en a l'occasion, *La Lettre à l'Union française* s'interroge en titre le 4 octobre 1951 : « Une nouvelle "vipère lubrique" ? ». Allusion à l'injure appliquée aux « traîtres » soviétiques pendant les purges staliniennes…

Foccart et ses amis, pour leur part, ne croient pas une seconde à la sincérité du député ivoirien. « Sentant son influence diminuée et le souffle de la justice près de son échine M. Houphouët prend peur, analyse *La Lettre à l'Union française* le 18 octobre 1951. Le député voudrait nous faire oublier qu'il est à la base, avec son camarade [Gabriel] d'Arboussier, des émeutes, des pillages, des tortures, en un mot du climat de terreur dans lequel la Côte d'Ivoire a vécu et dont elle n'est sortie que par la puissante volonté d'un gouverneur énergique. Que Monsieur Houphouët soit bien persuadé que ce ne sont pas les sept voix qu'il apporta au cabinet Pleven en 1951, ni ses palinodies actuelles qui arrêteront notre volonté de voir les vrais coupables châtiés comme ils le méritent. » Bref, ajoute le journal quinze jours plus tard, les déclarations d'amour pro-françaises dont se fend désormais le patron du RDA ne trompent personne :

« Le RDA camouflé, c'est encore le séparatisme. »

Une sentence qui ne manque pas de sel rétrospectivement. Dix ans plus tard, c'est le régime gaulliste qui obligera Houphouët à engager le processus d'indépendance de la Côte d'Ivoire et de l'Afrique française [→ II, introduction]. Un processus contre lequel il a lutté avec acharnement, une décennie durant, aux côtés de François Mitterrand.

Thomas Deltombe

Chapitre 8

Félix Houphouët-Boigny impose sa ligne

Jean-Pierre Bat

Comme son nom l'indique, l'objectif du Rassemblement démocratique africain (RDA), à sa naissance en 1946, est moins de former un parti politique autour d'une ligne idéologique définie que de rassembler les responsables politiques et syndicaux africains pour leur permettre de peser sur le destin de l'Union française. Cette caractéristique explique la présence en son sein de tendances différentes : des « modérés » qui souhaitent réformer le système colonial dans un sens plus favorable aux colonisés, des « communistes » qui prônent une ligne idéologique marxiste orthodoxe, des « nationalistes » qui entendent préparer l'indépendance des territoires d'outre-mer.

L'appareil du RDA est conçu de manière à faciliter la coexistence entre ces différents courants, d'une part, et, d'autre part, entre les organisations territoriales affiliées au mouvement. Il fonctionne à travers plusieurs instances. La première est le congrès interterritorial qui réunit toutes les délégations des partis membres. Cette institution est l'organe souverain de la coalition de partis qui forment le RDA : elle se réunit à Bamako lors du congrès fondateur d'octobre 1946 et à Abidjan-Treichville en janvier 1949. Entre deux congrès, le RDA est dirigé par le comité de coordination : il s'agit de l'organe collégial et opérationnel des chefs de chaque parti-membre.

Le président du mouvement, qui dirige le comité de coordination avec l'aide de plusieurs vice-présidents, a également pour mission d'harmoniser les positions. C'est pour cette raison que la fonction échoit à Félix Houphouët-Boigny. Corédacteur du manifeste appelant en septembre 1946 à la création du RDA, il apparaît à l'époque comme la parfaite figure du compromis. Riche propriétaire terrien sachant manier la rhétorique marxiste, le député ivoirien jouit d'une incontestable aura depuis le vote de la loi qui, portant son nom, a aboli le travail forcé dans les colonies. *Primus inter pares*, approchant la cinquantaine à l'orée des années 1950, il est une figure certes importante, mais qui trouve sa place parmi d'autres : il n'est pas un président tout-puissant. D'autres autorités morales le surplombent, à commencer par Mamadou Konaté, son ancien surveillant à l'école William-Ponty qui est le fondateur du syndicat des instituteurs d'AOF en 1937, ou Gabriel Dadié, avec qui il a créé le Syndicat agricole africain (SAA) en Côte d'Ivoire en 1944 [→ I.4].

Les équilibres internes sont cependant difficiles à maintenir. Avec la guerre froide et le passage des communistes français dans l'opposition en 1947, la tendance marxiste du RDA, menée par Gabriel d'Arboussier, donne de la voix. Et tandis que la répression s'abat sur les nationalistes en Indochine comme à Madagascar, les positions tendent à se radicaliser [→ I.6]. L'apparentement avec le PCF, scellé alors que ce dernier appartenait encore au gouvernement, devient un enjeu crucial. Faut-il maintenir cette alliance politique ? Ou faut-il opérer un « repli tactique » et éviter ainsi que le « communisme » ne serve de prétexte à la répression politique du mouvement ? Lorsque Félix Houphouët-Boigny choisit en 1950 la seconde orientation [→ I.7], il rompt avec les fondamentaux du rassemblement. Au risque de le faire exploser.

Un « repli tactique » qui met le feu aux poudres (1950)

Gabriel d'Arboussier, qui n'hésite pas depuis 1946 à tenir tête au président du RDA, est le chef de file de la contestation. Marxiste convaincu, très proche des organisations communistes françaises et internationales, d'Arboussier sait bien que la « dictature du prolétariat » n'est pas pour sitôt en Afrique mais il inscrit son engagement dans le contexte de la décolonisation à l'échelle mondiale. Avec lui, plusieurs cadres du RDA considèrent que le syndicalisme de la CGT ou les méthodes d'actions politiques enseignées par le Parti communiste ont constitué une école essentielle du combat anticolonial.

La rupture du RDA avec le PCF, décidée unilatéralement par Houphouët, fait enrager d'Arboussier. Et cela d'autant plus que le président du RDA ne se contente pas d'un « repli tactique » : il prône la collaboration avec le gouvernement et se rapproche de l'UDSR de René Pleven et François Mitterrand [→ I.7] La lutte fait rage entre les deux hommes, qui s'affrontent pendant des mois par tribunes de presse interposées : *Le Réveil* pour d'Arboussier et *L'Afrique noire* pour Houphouët. « La liberté politique sans liberté économique est une illusion », affirme le nouveau « Manifeste du RDA » publié en une du premier numéro d'*Afrique noire*.

Au lendemain de la visite de François Mitterrand, ministre de la France d'outre-mer, à Abidjan le 6 février 1951, qui consacre publiquement le repositionnement d'Houphouët avec des partis gouvernementaux, le député ivoirien envoie une mission RDA en AOF et en AEF pour expliquer son choix aux partis territoriaux membres du RDA. Cette mission, composée de trois de ses principaux lieutenants, Mamadou Konaté, Ouezzin Coulibaly et Hamani Diori, se heurte à de vives oppositions sur le terrain. Le changement de ligne d'Houphouët scandalise le secrétaire général du Parti progressiste nigérien (PPN-RDA) et la direction de l'Union des populations du Cameroun (UPC-RDA).

Secrétaire général et cheville ouvrière du PPN, Djibo Bakary est la figure de proue du RDA au Niger. Mais il est contesté par une tendance « modérée », incarnée par Hamani Diori et Boubou Hama, qui jugent ses positions trop radicales. La tension monte entre les deux courants lorsque survient la rupture avec le Parti communiste. Bakary évoque une trahison, déplore l'autoritarisme d'Houphouët-Boigny et dénonce les collusions de Hamani Diori avec les houphouétistes. Le secrétaire général du PPN adresse une réprimande au comité de coordination pour lui rappeler que ce sont les organes internes du RDA qui fixent leur ligne aux députés et non l'inverse. S'il doit y avoir un changement d'alliance politique à Paris, c'est donc au comité de coordination de le décider. Le débat s'engage ainsi sur la stratégie politique comme sur le fonctionnement interne du mouvement. La mission RDA envoyée par Houphouët-Boigny en 1951 constitue une réponse claire à la réprimande de Bakary, qui doit céder son poste de secrétaire général du PPN et est rétrogradé au poste de secrétaire à la propagande. L'année suivante, il quitte le parti et crée sa propre organisation politique qui, après plusieurs évolutions, devient le parti Sawaba (« Liberté » en haoussa) et s'impose comme l'adversaire le plus dangereux pour le PPN-RDA laissé entre les mains de Hamani Diori et Boubou Hama [→ II.1].

Si le « repli tactique » d'Houphouët provoque des remous au Cameroun, le comité directeur de l'UPC reste soudé autour de ses deux principaux leaders : son président Félix Moumié, médecin formé dans les années 1940 à William-Ponty où il s'est lié d'amitié avec Gabriel d'Arboussier, et son secrétaire général Ruben Um Nyobè, qui a fait ses armes dans le milieu syndical. Ardents partisans d'un rassemblement panafricain, les deux hommes adoptent une ligne proche de celle de Djibo Bakary. Um Nyobè, dans *L'Observateur d'aujourd'hui* en 1953, accuse les députés du RDA fidèles à Houphouët d'avoir « trahi le programme ». « Au lieu de décider du changement devant les instances, ils l'ont fait devant les autorités coloniales », assène-t-il. Cette trahison a des implications directes pour l'UPC, qui revendique depuis sa création en 1948 la fixation d'un délai pour l'indépendance des Cameroun français et britannique. Le rapprochement d'Houphouët avec le gouvernement français apparaît donc à l'UPC comme un abandon politique et un reniement de leur combat.

Au Soudan français, enfin, l'Union soudanaise (US-RDA) est concurrencée dès 1946 par le Parti de la solidarité et du progrès (PSP), fondé par Fily Dabo Sissoko. Plus modéré que l'US-RDA, le PSP présente toutefois de nombreuses similitudes, à commencer par le rôle qu'y occupent des instituteurs de William-Ponty et par une partie de leurs revendications (Fily Dabo Sissoko a signé le manifeste de septembre 1946 mais n'a finalement pas fusionné le PSP dans le RDA). La concurrence politique du PSP constitue un problème pour Mamadou Konaté, Modibo Keïta et l'US-RDA, qui est devancée jusqu'aux élections législatives de janvier 1956. De sorte que la ligne du compromis ne fait pas l'unanimité au Soudan : si Mamadou Konaté appuie cette option, Modibo Keïta soulève plusieurs critiques internes, sans pour autant oser rompre avec la ligne d'Houphouët.

Le laboratoire politique du RDA (1951-1954)

Pour conduire sa politique au sein du RDA, Houphouët-Boigny n'est pas un homme isolé : il peut compter sur la solide assise qu'il a acquise sur la section ivoirienne du RDA : le Parti démocratique de Côte d'Ivoire (PDCI). Cette formation porte son empreinte bien spécifique : elle est issue du Syndicat agricole africain. Gabriel Dadié, du SAA, qui lui a laissé la présidence dès 1944, décède en 1953. Dès les années 1940-1950, la question économique agricole occupe une place particulière dans le combat que mène le chef du PDCI-RDA, qui est lui-même un grand propriétaire. Aussi Houphouët gère-t-il un triple agenda enchâssé : l'affirmation de son pouvoir politique en Côte d'Ivoire, l'imposition de sa ligne au sein du RDA et la conduite de ses alliances à Paris au cœur de la République coloniale.

La rupture politique de 1950-1951 crée donc des turbulences et des déplacements de centre de gravité au sein du RDA, qui ne doivent pas être sous-estimés. Pour faire face à cette vague de contestations, Houphouët va développer une stratégie pour imposer sa ligne et son hégémonie au sein du mouvement. Cette période est pour lui un véritable laboratoire politique : il met en application tout ce qu'il a observé et appris depuis 1946.

Premièrement, Houphouët a découvert, dans les fragiles équilibres gouvernementaux de la IVe République, le poids que représente le RDA à l'Assemblée… et donc le levier politique dont il dispose, à Paris, face aux partis politiques français. C'est dans ces conditions qu'il se rapproche, puis s'apparente officiellement, à l'UDSR en 1952. L'une des stratégies qu'Houphouët forge dès cette période, et qui constitue une des bases de son succès auprès du gouvernement français, est de se présenter comme l'homme du compromis, le seul capable d'éviter à la République coloniale que le pire n'arrive en Afrique française, c'est-à-dire des insurrections anticoloniales comme en Asie et bientôt en Algérie.

Deuxièmement, Houphouët apprend à manier le charme, la punition et le pardon bien mesurés suivant les circonstances, les adversaires ou les partenaires, dans une alchimie dont il devient un maître inégalé. Son charme politique, il l'exerce en premier lieu sur son premier cercle de fidèles au RDA puis sur la classe politique gouvernementale française, nouant des relations avec différents groupes (UDSR, MRP, RPF, etc.). La punition, il la réserve à ses adversaires les plus déterminés. La campagne contre d'Arboussier est d'une violence extrême, par voie de presse, où tous les coups sont permis. La fracture est profonde mais Houphouët sait que, pour être totale, une victoire s'inscrit dans la durée. C'est là qu'intervient sa politique (savamment instrumentalisée) du pardon. Ainsi répète-t-il qu'un jour d'Arboussier « reviendra picorer dans [s]a main » : il l'exclut du RDA en 1951 et ne le réintègre qu'en 1955, une fois qu'il est politiquement affaibli et que son destin politique est scellé. Pour contrer l'influence de Gabriel d'Arboussier au sein de l'Union démocratique sénégalaise (UDS-RDA), Houphouët s'appuie sur un allié fidèle et dévoué : Doudou Guèye, ami de longue date du député ivoirien (il a présidé la rencontre entre Houphouët et Ouezzin Coulibaly à la gare d'Agboville, en septembre 1945).

Troisièmement, Houphouët développe un usage très politique de l'argent. Il dispose d'une importante fortune personnelle grâce à ses revenus fonciers et agricoles, qui lui garantissent une grande capacité de manœuvres financières. Son argent peut servir à impressionner ou édifier les consciences, influencer ou rallier des acteurs (notamment au sein du RDA), financer des campagnes électorales pour différentes sections du RDA dès 1946 (par exemple celles de Sékou Touré en Guinée ou Hamani Diori au Niger). Au fil de sa conquête du pouvoir, Houphouët s'efforce de consolider son arme financière pour la conduite de ses affaires politiques. Il assume ainsi le passage d'un clientélisme local et cantonal (tel que le régime colonial lui-même auprès de ses clients) à une stratégie de parti politique organisée.

Quatrièmement, pour parvenir à ses fins, Houphouët s'appuie sur une conception très « exécutive » de son pouvoir au sein du RDA. Son virage pro-gouvernemental en 1950-1951 n'est l'objet d'aucun débat au sein du comité de coordination (qui ne sera convoqué qu'en juillet 1955, après six ans d'attente) et d'aucun congrès (le IIIe Congrès n'interviendra qu'en septembre 1957, plus de huit ans après celui d'Abidjan-Treichville). Houphouët en effet est bien conscient que, si une instance délibérative collégiale avait été convoquée pour débattre d'un tel sujet, le risque aurait été de voir ses oppositions internes se fédérer et l'éjecter de la présidence du RDA. Pour imposer son autorité politique sur le mouvement, Houphouët profite de son nouveau statut d'interlocuteur privilégié de la IVe République sur les questions africaines : cette position lui permet de faire bénéficier son cercle de fidèles de certaines faveurs. Le président du RDA joue aussi de la division au sein du comité de coordination, qui compte trois pôles : un à Paris (où il domine), un à Dakar (pour l'AOF) et un à Brazzaville (pour l'AEF). C'est dans ces conditions qu'un comité de coordination est convoqué du 8 au 11 juillet 1955 à Conakry : après quatre ans d'intenses polémiques, Houphouët entend y imposer définitivement sa ligne.

La victoire d'Houphouët-Boigny (1955)

Le comité de coordination RDA de 1955 cristallise toutes les tensions qui traversent le mouvement depuis 1950, tant dans le fond que dans la forme. Au sein du bureau du comité de coordination, Houphouët-Boigny s'appuie sur quelques hommes de confiance. Le premier cercle est tracé par les premiers compagnons de lutte : Mamadou Konaté, Doudou Guèye et Ouezzin Coulibaly. Ce dernier, surnommé le « lion du RDA », est le secrétaire général du mouvement et la cheville ouvrière de la coordination entre les différentes formations. Pour asseoir sa ligne, Houphouët-Boigny promeut des acteurs qui partagent pleinement ses idées de collaboration avec la IVe République coloniale : les deux figures les plus célèbres sont Hamani Diori, nouvel homme fort du Parti progressiste nigérien (PPN-RDA), et Gabriel Lisette, ancien diplômé de l'ENFOM qui a fondé le Parti progressiste tchadien (PPT-RDA). C'est cette coalition d'acteurs organisant le comité de coordination de juillet 1955 qui consacre la reprise en main des instances supérieures du RDA. Le comité de coordination rappelle l'architecture générale du RDA et par là même l'autorité d'Houphouët et de sa garde rapprochée.

Dans les mois qui précèdent cette importante rencontre de Conakry, le paysage géopolitique a profondément muté. La chute de Diên Biên Phu en mai 1954 a entraîné la défaite française en Indochine. La « Toussaint rouge » en novembre 1954 a enclenché une guerre qui ne dit pas son nom en Algérie. Enfin en avril 1955 s'est tenue la conférence de Bandung qui a réuni des forces anticoloniales des mondes asiatiques, arabes et africains. Kwame Nkrumah, chantre de l'unité et de l'indépendance de l'Afrique, s'impose à cette occasion comme l'une des voix dominantes du continent sur la scène internationale.

« Indépendance » : le mot tant évité par le président du RDA devient le centre du débat politique africain et il ne peut pas l'ignorer. Depuis

Abidjan, il ressent la pression exercée contre l'ordre colonial par son voisin ghanéen. Il sait aussi que les slogans indépendantistes rencontrent un succès croissant dans les rangs des militants. En Afrique centrale, le 22 avril 1955, l'UPC adopte une « proclamation commune » appelant à l'indépendance immédiate du territoire.

C'est donc dans ce contexte que se réunit le comité de coordination, le 8 juillet 1955, à Conakry. Houphouët lance un véritable acte de foi fondateur d'alliance avec le gouvernement français : « Notre vœu ardent est que toutes les familles spirituelles françaises comprennent que le Rassemblement démocratique africain est tourné vers l'ensemble du peuple français avec le désir de bâtir avec lui une communauté durable où les inévitables querelles de famille ne nuiront pas à la loyauté, à la confiance, ni à la volonté de vivre ensemble. Qui peut douter que l'expérience France-Afrique[1] constitue le meilleur espoir de l'Union française ? Personne, je crois. »

Le comité de Conakry est surtout l'occasion de reprendre en main l'appareil central du RDA. L'UPC est formellement exclue puisqu'elle s'est « placée en dehors du cadre qui régit le RDA » (une semaine plus tard, le gouvernement français interdira l'UPC, poussant cette dernière dans la clandestinité et dans la lutte armée [→ II.2]). L'Union démocratique sénégalaise (UDS), favorable elle aussi aux thèses indépendantistes, est également bannie. Quant à Djibo Bakary, qui a fondé un parti concurrent du PPN mais qui s'estime dépositaire de la ligne originelle du RDA, il est physiquement expulsé du comité de coordination dès le premier jour. Le lendemain, il publie avec quelques autres un « Manifeste pour un véritable Rassemblement démocratique africain » que l'organe communiste *Démocratie nouvelle* reproduit dans son numéro de septembre. Les dissidents appellent les militants du RDA à « dénoncer immédiatement et vigoureusement le comité "croupion" de M. Houphouët-Boigny et de ses amis et à constituer sans délai des comités fidèles au véritable esprit du RDA pour la lutte anticolonialiste ».

Avec le comité de coordination de 1955, Houphouët impose définitivement son autorité. Mais il existe encore quelques velléités de contestation, notamment du côté des sections guinéenne et soudanaise. Représentants de ces deux sections territoriales, Sékou Touré et Modibo Keïta aimeraient plus de souplesse avec les « radicaux » (ils sont d'ailleurs missionnés pour tenter une conciliation avec Djibo Bakary). Ils s'opposent au président du RDA sur la question fédérale. Houphouët, plutôt rétif à l'idée d'une fédération ouest-africaine, accepte de concéder au comité une motion favorable à une telle orientation. Mais il n'a pas dit son dernier mot sur le sujet, qu'il devine être son prochain problème au RDA.

1. Selon Paul-Henri Siriex, ami et biographe de Félix Houphouët-Boigny, le texte lu par ce dernier contracte l'expression en « Françafrique » [→ p. 22].

La victoire politique des « modérés » au sein du RDA et son alliance avec l'UDSR ouvrent les portes du pouvoir à Houphouët-Boigny, qui devient ministre après les législatives de janvier 1956 et s'installe ainsi au cœur de la République française.

Le « Bélier » au cœur du pouvoir franco-africain (1956-1957)

Dans sa stratégie, Houphouët-Boigny fait le calcul d'un transfert partiel et progressif des pouvoirs politiques en Afrique. La réponse est donnée avec la loi-cadre Defferre votée le 23 juin 1956 et mise en œuvre après les élections territoriales du 31 mars 1957 [→ II.1]. Ce texte, dont Houphouët est un des principaux concepteurs et promoteurs en tant que ministre du gouvernement français, abolit le système discriminant du double collège, instaure pour la première fois le suffrage universel réel dans les territoires africains de l'Union française et crée des conseils de gouvernement, c'est-à-dire des pouvoirs exécutifs locaux africains pour gérer les affaires intérieures de chaque territoire. Cette réforme est accompagnée à l'automne 1956 par l'élection de maires africains des principales villes de l'AOF et de l'AEF, à commencer par les capitales de chaque territoire. L'objectif d'Houphouët-Boigny est à portée de main : que le RDA accède au pouvoir, tant gouvernemental que municipal.

Le RDA remporte de nombreuses victoires électorales entre 1956 et 1957 et se positionne pour gouverner plusieurs territoires. Houphouët est au cœur du dispositif politique et institutionnel officiel : président de l'Assemblée territoriale ivoirienne depuis 1953 et maire d'Abidjan depuis 1956, il devient ministre dans les gouvernements successifs de la IVe République à partir de 1956 (il a cédé à Auguste Denise le poste de vice-président du Conseil de Côte d'Ivoire). Pour compléter ses titres, il est élu président du Grand Conseil de l'AOF en 1957[1]. Il est l'interlocuteur privilégié de la France pour l'Afrique. Il transforme le RDA en parti de gouvernement au sein de la IVe République, tant en France qu'en Afrique. La République lui reconnaît cette place, et l'administration coloniale fait évoluer son rapport au RDA.

Symbole des bouleversements de l'Afrique de l'Ouest, la Gold Coast accède à l'indépendance le 6 mars 1957 et prend le nom de Ghana. Son Premier ministre Kwame Nkrumah est accueilli en visite officielle à Abidjan par Houphouët un mois plus tard, en avril 1957. Alors que leurs

1. L'AOF et l'AEF se voient chacune dotée en 1947 d'un Grand Conseil où siègent des représentants des assemblées territoriales. Jusqu'à leur disparition en 1958, ces structures protofédérales joueront un rôle plus symbolique qu'effectif, leur pouvoir restant strictement encadré et limité.

pays se ressemblent beaucoup, les deux hommes s'opposent sur presque tout. À la suite du discours du président ghanéen, le chef du RDA lui répond : « Après mûre réflexion, tenant compte de l'intérêt supérieur de cette Afrique que nous aimons tous passionnément, vous et nous, et en raison des rapports humains qu'entretiennent Français et Africains, et compte tenu de l'impératif du siècle, l'interdépendance des peuples, auquel nulle puissance ne peut prétendre échapper, nous avons estimé qu'il était peut-être plus intéressant de tenter une expérience différente de la vôtre – unique en son genre, inconnue jusqu'à ce jour dans l'histoire déjà longue des peuples –, celle d'une Communauté franco-africaine, à la base d'égalité et de fraternité. » Et de conclure en lui donnant rendez-vous dans dix ans, pour faire le bilan des deux expériences. En réalité, Houphouët met soigneusement en scène son « pari » politique face à Nkrumah : dans les dix années suivantes, il ne cessera de mettre en miroir, pour mieux accréditer ses choix, le « miracle » économique ivoirien et l'instabilité politique ghanéenne.

Du 25 au 30 septembre 1957, se tient le IIIe Congrès interterritorial du RDA à Bamako. Cette fois, Houphouët contrôle parfaitement la machine : la réunion du comité de coordination d'avril 1957 a permis de préparer en détail le congrès. Une photographie devenue célèbre immortalise le comité de coordination en 1957, avec Gabriel Lisette, Félix Houphouët-Boigny, Ouezzin Coulibaly et Modibo Keïta. Signe du passage du temps, le portrait de Mamadou Konaté, décédé l'année précédente, est accroché au-dessus d'eux. Pourtant, derrière la photographie de groupe, des divisions persistent et agitent le RDA. Ouezzin Coulibaly s'efforce d'articuler la relation complexe d'Houphouët avec l'« aile gauche » du mouvement incarnée par Sékou Touré et Modibo Keïta. Leurs relations avec le chef du RDA se tendent à partir de 1955 car ils ont conscience de l'écart entre les positions politiques d'Houphouët et les aspirations des bases militantes du PDG-RDA et de l'US-RDA. Les positions d'Houphouët ne leur sont acceptables que si elles permettent de ménager les conditions de constitution d'une fédération politique ouest-africaine.

Car les animateurs de cette « aile gauche » militent de plus en plus ouvertement pour une formule fédéraliste qui transcende les frontières des territoires coloniaux de l'Afrique de l'Ouest francophone. Cette querelle fédérale, très vive au congrès de Bamako de septembre 1957, est encore en cours lorsque la IVe République s'effondre en mai 1958. Un bouleversement dont Félix Houphouët-Boigny saura à nouveau profiter pour imposer sa ligne et son hégémonie sur la scène politique africaine.

À la tribune du troisième congrès du RDA à Bamako, en septembre 1957. De gauche à droite : Gabriel Lisette, Ouezzin Coulibaly, Félix Houphouët-Boigny et Modibo Keïta, sous le portrait de Mamadou Konaté. © *CRDA. Droits réservés*

Repères bibliographiques

Marcel AMONDJI, *Côte d'Ivoire : Le PDCI et la Vie politique de 1944 à 1985*, L'Harmattan, Paris, 1986.

Djibo BAKARY, « *Silence ! On décolonise...* » *Itinéraire politique et syndical d'un militant africain*, L'Harmattan, Paris, 1992.

Siriadou DIALLO, *Houphouët-Boigny. Le médecin, le planteur et le ministre (1900-1960)*, Jeune Afrique, Paris, 1993.

Claude FLUCHARD, *Le PPN-RDA et la Décolonisation du Niger (1946-1960)*, L'Harmattan, Paris, 1996.

Laurent Gbagbo, *Côte d'Ivoire. Économie et société à la veille de l'indépendance (1940-1960)*, L'Harmattan, Paris, 1982.

Frédéric Grah Mel, *Félix Houphouët-Boigny. Biographie*, CERAP/Maisonneuve et Larose, Abidjan/Paris, 2003.

Jean-Noël Loucou (dir.), *La Pensée politique de Félix Houphouët-Boigny. Actes du colloque de Yamoussoukro (17-19 février 2014)*, FHB, Abidjan, 2016.

Jean-Noël Loucou, *La Côte d'Ivoire coloniale 1893-1960*, CERAP/FHB, Abidjan, 2016.

Pierre Nandjui, *Houphouët-Boigny. L'homme de la France en Afrique*, L'Harmattan, Paris, 1995.

Daniel Ouezzin Coulibaly, *Combat pour l'Afrique*, NEA, Abidjan, 1988.

Jean-Marc Palm, *Le RDA en Haute-Volta*, CNRST, Ouagadougou, 2011.

Rassemblement démocratique africain, 40 ans, Actes du colloque international sur l'histoire du RDA 1946-1986, CEDA, Abidjan, 1987.

Paul-Henri Siriex, *Houphouët-Boigny, l'homme de la paix*, Seghers-Nouvelles Éditions africaines, Paris-Dakar-Abidjan, 1975.

Klaas van Walraven, *Le Désir de calme. L'histoire du mouvement Sawaba au Niger*, Presses universitaires de Rennes, Rennes, 2018.

Semi-Bi Zan, *Ouezzin Coulibaly le lion du RDA*, PUCI, Abidjan, 1995.

PARTIE II

Des indépendances piégées (1957-1969)

« C'est un fait : la décolonisation est notre intérêt et, par conséquent, notre politique. Pourquoi resterions-nous accrochés à des dominations coûteuses, sanglantes et sans issue, alors que notre pays est à renouveler de fond en comble, alors que tous les pays sous-développés, à commencer par ceux qui hier dépendaient de nous et qui sont aujourd'hui nos amis préférés, demandent notre aide et notre concours ? »

Charles DE GAULLE,
conférence de presse, 11 avril 1961.

« En fin de compte, et tout au moins pour l'essentiel, la politique de coopération est la suite de la politique d'expansion de l'Europe au XIXe siècle, qui s'est marquée par la création ou l'expansion de vastes empires coloniaux, ou par la présence, l'influence économique et politique de l'Europe dans d'immenses contrées. »

Georges POMPIDOU,
Assemblée nationale, 10 juin 1964.

Chronologie

1957 *31 mars* : élections territoriales en AOF et AEF.

25-30 septembre : congrès du RDA à Bamako.

1958 *13 mai-3 juin* : retour du général de Gaulle au pouvoir après le putsch d'Alger.

20-27 août : tournée africaine du général de Gaulle pour défendre le « oui » au référendum sur la Constitution de la Vᵉ République du 28 septembre.

2 octobre : indépendance de la Guinée qui vote « non » au référendum et subit des mesures de représailles immédiates de la France.

1959 *1ᵉʳ janvier* : entrée en vigueur de la Vᵉ République et de la Communauté. Les territoires d'AOF et d'AEF deviennent des Républiques autonomes.

11 décembre : VIᵉ conseil exécutif de la Communauté, à Saint-Louis du Sénégal. De Gaulle accepte la demande d'indépendance de la Fédération du Mali créée un an plus tôt.

1960 indépendance du Cameroun (*janvier*), du Togo (*avril*) et des États africains membres de la Communauté (*juin-septembre*).

3 novembre : assassinat par empoisonnement du leader camerounais Félix Moumié à Genève par un agent des services français.

1962 *19 mars* : cessez-le-feu en Algérie suite aux accords d'Évian (signés la veille).

5 juillet : indépendance de l'Algérie.

1963 *13 janvier* : assassinat de Sylvanus Olympio lors d'un putsch militaire au Togo impliquant notamment le futur président Étienne Gnassingbé Eyadéma.

13-15 août : renversement de Fulbert Youlou au Congo-Brazzaville.

1964 *17-20 février* : putsch manqué au Gabon contre Léon Mba qui est réinstallé au pouvoir par une intervention militaire française.

1965 *29 octobre* : enlèvement et assassinat de l'opposant marocain Mehdi Ben Barka en plein Paris.

1967 *27 novembre* : accession au pouvoir d'Albert-Bernard Bongo au Gabon.

1967 *juin* : début de la guerre civile dans la région pétrolifère du Biafra. La France soutient les sécessionnistes contre le pouvoir central du Nigéria qui l'emporte en 1970.

1969 *28 avril* : démission du président de la République Charles de Gaulle.

DE LA COMMUNAUTÉ FRANÇAISE AUX INDÉPENDANCES (1958-1969)

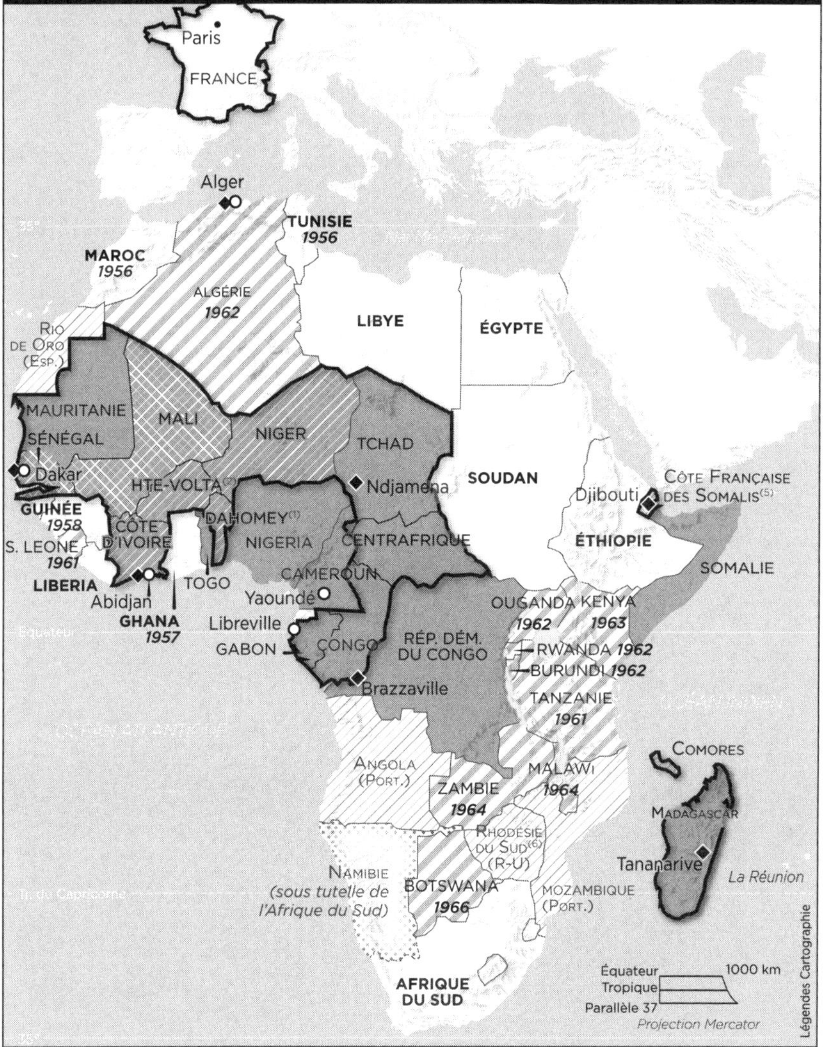

La Communauté française (1958-1960)

- La Communauté
- Fédération du Mali (1959-1960)
- Conseil de l'Entente (mai 1959)
- Accession à l'indépendance des États de la Communauté française en 1960
- ◆ Base militaire française
- ○ Principaux postes du SDECE

Le contexte politique africain (1960-1969)

- **MAROC** État indépendant en 1960
- État accédant à l'indépendance en 1960
- État accédant à l'indépendance entre 1961 et 1969
- ***1962*** Date d'indépendance
- Occupation illégale
- État toujours colonisé en 1969

Abréviations

ESP. : ESPAGNE, PORT. : PORTUGAL

RU. : ROYAUME-UNI

Des territoires qui changent de nom

DAHOMEY(1) : BÉNIN (1975), HAUTE-VOLTA(2) : BURKINA FASO (1984)

CÔTE FRANÇAISE DES SOMALIS(5) : TERRITOIRE FRANÇAIS DES AFARS ET DES ISSAS (1967-1977)-DJIBOUTI (1977), RHODÉSIE DU S.(6) : ZIMBABWE (1980)

Sous les « indépendances »
Un néocolonialisme contre-subversif

Au sortir de la Seconde Guerre mondiale, les questions coloniales ne préoccupaient qu'une poignée de Français. Après cinq années terribles, la priorité allait à la reconstruction. Certes, on avait rétrospectivement découvert que l'Afrique avait joué un rôle essentiel en 1940 et on espérait qu'elle aiderait désormais la métropole à se relever. Mais on associait encore les colonies à quelque chose de lointain et d'exotique.

L'ambiance est très différente dix ans plus tard. Avec les combats en Indochine et des troubles en Afrique du Nord, au Maroc et en Tunisie en particulier, les actualités d'outre-mer s'étalent désormais à la une des journaux et renvoient une image moins glorieuse que naguère. La guerre d'Indochine, qui prend fin avec les accords de Genève en 1954, a laissé des cicatrices profondes dans l'imaginaire hexagonal. Dans la foulée, des pourparlers sont engagés avec les autorités du Maroc et de la Tunisie, qui accéderont à l'indépendance au printemps 1956.

Mais c'est d'Algérie, cœur historique du colonialisme français, que viennent les nouvelles les plus dramatiques. Depuis novembre 1954, les insurgés nationalistes algériens font tanguer la IVe République, incapable de mettre fin à une guerre qui ne dit pas son nom. L'opinion publique se déchire. Les uns réclament toujours plus de fermeté, pour écraser définitivement la « subversion ». Les autres veulent au contraire lâcher du lest, seule chance, disent-ils, de maintenir des relations fraternelles et privilégiées avec le peuple algérien. Deux stratégies différentes pour un objectif commun : sauvegarder les intérêts français.

Pour ne rien arranger, l'« Afrique noire », que les commentateurs se plaisent à décrire comme une belle endormie, se réveille également. De part en part du continent que les puissances européennes dominent encore presque complètement, les mouvements de revendications politiques et sociaux se multiplient. Face à la pression, les Britanniques se sont engagés en Gold Coast et au Nigéria dans une politique nouvelle consistant à transformer leurs possessions africaines en « dominions », à la fois indépendants et membres du Commonwealth.

Le gros de la classe politique française s'insurge bruyamment contre la « trahison » britannique. Et une partie d'elle sait qu'il sera difficile à la France de ne pas s'engager dans une voie comparable. Loin de s'en offusquer, les esprits les plus éclairés, ou les plus retors, appellent de leurs vœux une solution à la britannique. En déchargeant la métropole de ses « devoirs » tout en sauvegardant ses « droits », une indépendance soigneusement encadrée ne serait-elle pas, finalement, une issue profitable à l'insoluble équation coloniale ?

1957-1958 : l'Afrique française face à la concurrence étrangère et à la « subversion » indépendantiste

Au Ghana, une « indépendance purement théorique » ?

Le 6 mars 1957, la Gold Coast proclame son indépendance sous le nom de Ghana. Cinquante-six délégations affluent du monde entier pour célébrer l'événement annoncé depuis déjà quelques mois. La duchesse du Kent représente la reine d'Angleterre et le Commonwealth qui sponsorisent l'entrée aux Nations unies du premier pays indépendant d'Afrique subsaharienne. Estimant avoir réussi un processus de décolonisation pacifique, les Britanniques espèrent que le Premier ministre ghanéen Kwame Nkrumah leur restera fidèle.

Le vice-président des États-Unis Richard Nixon, présent à Accra, a programmé dans la foulée une tournée d'un mois sur le continent africain. Le pasteur Martin Luther King et son épouse Coretta font également le déplacement au Ghana à la tête d'une délégation afro-américaine. Si une délégation soviétique conduite par le ministre des Sovkhozes Ivan Benediktov est présente, Londres, pour éviter tout impair, a refusé qu'une invitation soit envoyée à l'Égypte. La crise de Suez, qui a abouti en novembre 1956 à l'humiliation de la coalition franco-israélo-britannique, est encore dans toutes les têtes. En ce jour de fête, mieux vaut éviter les sujets qui fâchent.

À minuit, ce 6 mars, Accra, capitale du jeune pays, explose donc de joie. « La bataille est terminée ! exulte Nkrumah devant une foule en délire. Et ainsi, Ghana, votre pays bien-aimé, est libre pour toujours ! »

Envoyé à Accra pour y représenter la France, François Mitterrand, alors ministre de la Justice, ne partage pas l'enthousiasme général. Croisant au consulat de France le journaliste britannique Russell Warren Howe, qui raconte la scène dans son livre *Black Star Rising* (1958), il est à deux doigts de perdre ses nerfs. Le Ghana reste membre du Commonwealth, relève le ministre, donc son « indépendance » est « purement théorique » ! Pire : cette indépendance en trompe-l'œil n'est, selon lui, qu'une manœuvre britannique pour déstabiliser l'Afrique française.

Après le Ghana, assure Mitterrand, c'est le Togo, territoire sous tutelle de l'ONU, qui risque de tomber : d'abord le Togo britannique qui lui est frontalier, puis le Togo français où s'agite déjà un « nationalisme » mal inspiré. Et que se passera-t-il quand le Nigéria obtiendra à son tour une « indépendance » de façade ? Qui emportera-t-il dans sa chute ? Le Cameroun, autre territoire sous tutelle onusienne dont une partie est également sous contrôle britannique ? Le Dahomey ? Le Niger ? « Tous les ennuis que nous avons eus en Afrique occidentale française n'ont rien à voir avec un désir d'indépendance, mais avec une rivalité entre les blocs français et britannique, s'emporte Mitterrand. Ce sont des agents britanniques qui ont fomenté tous nos ennuis. » Et le ministre d'inviter le journaliste à l'accompagner en Côte d'Ivoire : « J'ai mon avion qui y part jeudi. J'aimerais vous faire rencontrer Houphouët. Vous verrez comme ils nous aiment. L'Afrique française ne veut pas l'indépendance. »

La nervosité de Mitterrand peut s'expliquer. Depuis quelques années, en effet, les gouvernements français multiplient les déconvenues sur la scène internationale. Étrillée dans la cuvette de Diên Biên Phu en mai 1954, vilipendée à la conférence de Bandung en avril 1955, engluée en Algérie depuis plus deux ans, la France est désormais la cible de critiques acerbes, non seulement à Moscou, cela est attendu, mais également à Washington. Même l'ONU pointe un doigt accusateur vers le colonialisme français. Refusant de croire que les peuples d'outre-mer puissent authentiquement vouloir se séparer de la France, nombre de métropolitains croient leur pays victime d'une conjuration internationale.

Aussi vieille que la colonisation elle-même, la thèse du complot anti-français se renforce après la crise de Suez, fin 1956. La coalition franco-israélo-britannique, pourtant victorieuse de l'armée égyptienne sur le plan militaire, doit battre en retraite sous la pression conjuguée des Américains et des Soviétiques. Quatre mois après la nationalisation du canal de Suez, Nasser triomphe. Et avec lui le Front de libération nationale (FLN) algérien, fréquemment décrit en France comme la marionnette du raïs égyptien. L'indépendance du Ghana, cinq mois plus tard, sonne comme une confirmation. Obtenue après plusieurs années de négociations, elle est analysée, par Mitterrand et par beaucoup d'autres, comme la conséquence des lâchetés britanniques et des ambitions américaines. Le panafricanisme de Nkrumah, qui fait écho au panarabisme de Nasser, ne serait rien d'autre que le paravent des ennemis de la France.

Si les Russes sont perçus par les dirigeants français comme d'incontestables ennemis, les Anglais et les Américains sont bien souvent regardés comme des faux amis. Le rapport rédigé en avril 1957 par Nixon à son retour d'Afrique, où il a fait le tour des pays indépendants (Ghana, Soudan, Liberia, Libye, Maroc, Tunisie, Éthiopie), persuade les Français que leurs partenaires américains misent sur l'émancipation rapide des colonies africaines. « L'émergence d'une Afrique libre et indépendante est aussi importante pour nous sur le long terme qu'elle l'est pour les peuples de ce continent », écrit le vice-président américain. Derrière ce rapport se dessinent deux interprétations divergentes. Alors que le gouvernement français regarde les indépendantistes africains comme les alliés objectifs de Moscou, les dirigeants américains les voient comme des relais potentiels contre le communisme international. D'où leur volonté, au lieu de les rejeter vers le camp communiste, de les accompagner sur le chemin d'une indépendance pro-occidentale. « Dans le prétendu anticolonialisme des États-Unis il y a ceci de vrai qu'ils sont partisans d'une autre forme de colonialisme, moins visible, plus facilement acceptable, pensent-ils, par les populations autochtones qui auraient l'illusion de se gouverner elles-mêmes », commente la revue du PCF *Démocratie nouvelle* au lendemain de la tournée africaine de Richard Nixon.

Les « joujoux » ou la « gégène »

Défi géostratégique, l'indépendance du Ghana pose aux dirigeants français un sérieux problème politique. Car elle intervient un mois seulement avant l'entrée en application des décrets de la loi-cadre, votée l'année précédente sous les auspices du ministre de la France d'outre-mer Gaston Defferre. Préparée dès 1955, adoptée en 1956 et mise en œuvre en 1957, cette disposition légale a pour objectif assumé de prendre de vitesse les mouvements nationalistes africains, encouragés notamment par l'annonce programmée de l'indépendance ghanéenne [→ II.1].

La loi-cadre vient frontalement percuter le double vœu formulé par Nkrumah pour l'avenir de l'Afrique : l'indépendance nationale et l'unité continentale. Plutôt que l'indépendance, les territoires d'outre-mer se voient reconnaître une simple « autonomie interne » décrite comme la seule option crédible dans un monde fait d'interdépendances. Minant les projets unitaires promus par nombre de leaders africains, la loi française inscrit cette autonomie interne dans un schéma strictement territorial qui doit aboutir à moyen terme à la dislocation de l'AOF et de l'AEF : chaque territoire sera doté de son propre exécutif local.

Présenté comme un « progrès » parce qu'il abolit enfin le système du double collège [→ I, introduction] et accorde le suffrage universel aux électeurs africains, le nouveau dispositif est en réalité conçu pour freiner, contrôler et finalement mettre un coup d'arrêt aux velléités unificatrices et émancipatrices des peuples africains.

Généralement conciliant, et ouvertement opposé à l'indépendance, qu'il juge sinon impossible au moins prématurée, Léopold Sédar Senghor lui-même s'insurge contre cette loi-cadre qui ne transfère aux dirigeants africains des territoires dits autonomes que les « apparences du pouvoir » : des « joujoux et des sucettes », affirme le député sénégalais en janvier 1957. En procédant par ailleurs à la « balkanisation » de l'Afrique française, ajoute-t-il, elle empêche les Africains de faire valoir leurs intérêts communs. La loi-cadre, affirme encore Senghor, émiette la « communauté africaine » pour mieux consolider la « communauté franco-africaine ».

C'est au Cameroun que les effets de cette loi-cadre se font le plus cruellement sentir. Territoire sous tutelle de l'ONU, le Cameroun est en ébullition depuis 1955. Dans le but de liquider la contestation sociale et politique, le gouvernement français – auquel Senghor appartenait alors – a purement et simplement interdit le principal mouvement politique du territoire, l'Union des populations du Cameroun (UPC), qui milite pour l'indépendance depuis sa création en 1948. Sous les auspices de Pierre Messmer, nommé haut-commissaire à Yaoundé en avril 1956, après avoir servi comme directeur de cabinet auprès de Gaston Defferre, les autorités françaises tentent un coup de poker : faire élire un exécutif territorial au suffrage universel, conformément aux dispositions de la loi-cadre, sans lever au préalable l'interdiction de l'UPC, le seul mouvement à porter un mot d'ordre indépendantiste. Il s'agit en d'autres termes de donner une onction démocratique à un exécutif territorial fidèle à l'ordre colonial. Refusant le diktat français, et s'inspirant des modèles vietnamien et algérien, l'UPC engage une insurrection armée, que la France et ses alliés camerounais mettront des années à étouffer [→ II.2].

À partir de 1957, l'armée française mène deux guerres parallèles : l'une en Algérie, qui fait la une des journaux, et l'autre au Cameroun, qui se déroule en secret. Deux campagnes de « pacification » d'envergures différentes mais qui servent toutes deux de laboratoires pour les nouvelles stratégies militaires françaises. Ces stratégies, élaborées par quelques officiers, ont pour but d'empêcher que la débâcle indochinoise se reproduise sur d'autres théâtres et, plus généralement, de remporter la guerre idéologique contre la « subversion marxiste ». Ce qui explique leur immense popularité au milieu des années 1950, dans les hiérarchies militaires comme dans les milieux civils (politiques, économiques, administratifs, etc.). Le colonel Charles Lacheroy, l'un des principaux concepteurs de cette doctrine contre-subversive, voit ses écrits publiés dans *Le Monde* dès 1954. Trois ans plus tard, devenu conseiller au ministère de la Défense, il expose ses théories dans le Grand Amphithéâtre de la Sorbonne, devant un parterre de deux mille personnes.

Revenant aux sources de la guerre coloniale telle qu'elle a été conceptualisée par Faidherbe, Gallieni ou Lyautey [→ I.1], en y ajoutant quelques apports plus récents, les théoriciens de la « contre-subversion » estiment que la guerre moderne doit sortir du cadre strictement militaire. C'est une guerre totale, affirment-ils, qui se joue moins sur un « front » que sur les arrières, qui mobilise autant les civils que les militaires, qui se mène en temps de paix comme en temps de guerre. Cette nouvelle guerre est d'abord une guerre psychologique, ajoutent ses promoteurs : c'est dans les cerveaux mêmes qu'il faut traquer et extirper la subversion. C'est aussi une guerre socio-économique : il faut favoriser le « développement », outil essentiel pour « conquérir les cœurs et les esprits » et couper les populations colonisées des agitateurs rebelles.

Telle est donc la doctrine appliquée en Algérie et au Cameroun. Dans les deux cas, les autorités civiles et militaires tentent d'amadouer ceux qui peuvent l'être et répriment sans relâche les « irrécupérables ». La technique ancestrale de la carotte et du bâton, en somme : aux amis de la France quelques « joujoux », pour parler comme Senghor, à ses ennemis la « gégène », la torture à l'électricité utilisée pendant la guerre d'Algérie.

Houphouët et Mitterrand, promoteurs de la « Communauté franco-africaine »

L'indépendance du Ghana, la loi-cadre Defferre et les revendications nationalistes divisent les dirigeants politiques africains. Faut-il s'orienter vers l'indépendance ? Faut-il militer pour l'unité africaine ? Telles sont les deux questions posées au lendemain des élections territoriales du 31 mars 1957, qui découlent de la loi-cadre. Chaque territoire est désormais doté d'un Conseil de gouvernement, dont le président est – de droit – le gouverneur français du territoire, désigné par Paris, et dont le vice-président est désigné par l'Assemblée territoriale, élue au suffrage universel. Deux sources de légitimité, donc, censées incarner la concorde franco-africaine.

Hostiles à la séparation d'avec la France, les responsables politiques d'AOF et d'AEF rejettent pour la plupart la notion même d'« indépendance ». Ils se passionnent en revanche pour la question de l'unité africaine, tout en rejetant le panafricanisme de Nkrumah qui pose l'indépendance comme préalable à l'unité continentale. Deux positions s'affrontent. D'un côté, ceux qui, comme l'Ivoirien Houphouët-Boigny, veulent constituer une « Communauté franco-africaine » dans laquelle chaque territoire africain s'associerait *individuellement* à la France (option fédéraliste). De l'autre, ceux qui, comme le Sénégalais Senghor, voudraient procéder en deux étapes : des fédérations africaines, prenant la suite de l'AOF et de l'AEF, qui associeraient *collectivement* les territoires à la France métropolitaine (option confédéraliste).

Membre du gouvernement français depuis janvier 1956, et cosignataire à ce titre de la loi-cadre Defferre, Houphouët impose ses vues. Mais le débat rebondit en 1957 et divise les cadres du Rassemblement démocratique africain (RDA), pourtant tenu d'une main de fer par le leader ivoirien [→ I.8]. Lors du IIIe Congrès du RDA, qui se tient à Bamako en septembre 1957, Houphouët réaffirme ses positions. Depuis toujours, déclare-t-il, le RDA a choisi « la voie de la coopération au lieu de celle de l'indépendance ». Mais il est contesté par une partie du mouvement, représentée notamment par Ahmed Sékou Touré, député de Guinée à l'Assemblée nationale française et patron de la section guinéenne du RDA. Enhardi sans doute par ses fonctions de vice-président du Conseil de Guinée, Sékou Touré se rallie à l'option confédérale. « C'est seulement à partir d'une unité africaine que se construira une Communauté franco-africaine », lance-t-il sous les acclamations en clôture du congrès. « Félix Houphouët reste notre président mais soutiendra au gouvernement non ses idées mais celles défendues par le RDA », ajoute-t-il sur un ton de défi.

L'idée de Communauté franco-africaine est activement soutenue par François Mitterrand, président de l'Union démocratique et socialiste de la Résistance et allié politique d'Houphouët-Boigny avec lequel il a constitué un groupe parlementaire commun (UDSR-RDA) [→ I.7]. Député de la Nièvre – il a perdu son poste ministériel quelques mois plus tôt –, Mitterrand dépose en décembre 1957 les statuts d'un nouveau mouvement politique : le Rassemblement démocratique pour la Communauté franco-africaine. Cette communauté est rendue d'autant plus nécessaire, affirment en chœur Houphouët et Mitterrand, que les dangers s'accumulent sur la scène internationale. « La France est l'alliée-sœur de l'Afrique : mieux, une amie, une sœur prévenante et dévouée qui n'épargnera aucun sacrifice pour nous élever jusqu'à elle, assure le leader ivoirien devant le congrès de l'UDSR, réuni le 2 février 1958 à Saint-Brieuc. Bien que conscients de la tentation qu'offre à notre jeunesse impatiente l'exemple de territoires anglais voisins, nous refusons l'indépendance parce que stérile, factice et contraire à notre intérêt bien compris. [...] Nous ne voulons aller ni à Bandung ni au Caire. C'est vers Paris que nous nous tournons. » Dès le lendemain, Mitterrand dépose à l'Assemblée nationale une proposition de résolution invitant le gouvernement à instaurer cette Communauté franco-africaine et à en définir les structures institutionnelles. « Pouvons-nous ignorer davantage l'attraction redoutable que peuvent exercer le Ghana, le Soudan, la Libye, la Tunisie, le Maroc, promus États indépendants et membres de l'ONU, si rien n'est fait pour lui opposer une construction audacieuse et cohérente ? » s'interroge-t-il.

L'hégémonie d'Houphouët sur la scène politique franco-africaine oblige ses concurrents à se positionner par rapport à lui. Le leader ivoirien est confronté à deux oppositions : une à l'intérieur du RDA, emmenée par

Sékou Touré, l'autre à l'extérieur du RDA, dont Senghor est la figure de proue. Mais ces deux tendances, à la fois critiques à l'égard d'Houphouët et favorables aux thèses confédéralistes, ne parviennent pas à s'entendre : la première refuse de quitter le RDA, la seconde se coalise en 1958 au sein d'un nouveau mouvement, le Parti du regroupement africain (PRA). Mais il s'agit d'une coalition fragile, qui regroupe des personnalités très différentes et parfois rivales (Léopold Sédar Senghor, Lamine Guèye, Djibo Bakary, Sourou Migan Apithy, Jean Félix-Tchicaya, Hubert Maga, etc.). Il s'agit surtout d'une coalition tardive, qui émerge au moment même où disparaissent les institutions de la IVe République, et de l'Union française, qu'elle entendait justement réformer.

L'alternative politique la plus cohérente à Houphouët-Boigny en AOF et en AEF est portée par les formations qui, dans le sillage de Kwame Nkrumah, réclament l'indépendance immédiate, l'unité africaine et la justice sociale. C'est le cas de deux petites structures créées au Sénégal, en 1957, par d'anciens militants de la Fédération des étudiants d'Afrique noire en France (FEANF) [→ I.6] : le Mouvement de libération nationale (MLN), fondé par l'historien Joseph Ki-Zerbo, qui restera relativement marginal ; et le Parti africain de l'indépendance (PAI), dirigé par Majhemout Diop, qui se révélera très actif dans toute l'Afrique de l'Ouest. Rejetant « les perspectives d'une communauté franco-africaine avec une France impérialiste », comme l'indique Diop en février 1958, ces formations appellent de leurs vœux un front commun avec tous les mouvements anticolonialistes, à commencer par le FLN algérien et l'UPC camerounaise.

De Gaulle sort du désert

Dans son numéro du 6 mars 1957, l'hebdomadaire métropolitain *Carrefour* annonce l'arrivée imminente d'un hôte de marque au Sahara : le général de Gaulle. « Ce voyage est une sorte de réplique à tous ceux qui, non contents d'avoir entraîné la France d'abandons en humiliations, veulent qu'elle quitte définitivement l'Afrique », prévient le journal. « Une réplique, aussi, à ceux qui, ayant appris avec stupéfaction que le Sahara n'était pas une terre aride mais un futur eldorado, veulent s'emparer de ses richesses », ajoute *Carrefour*, qui milite pour le retour au pouvoir de l'homme du 18 Juin.

Le séjour du Général au Sahara, du 10 au 18 mars 1957, est chargé de symboles. Le désert saharien, trait d'union entre le nord et le sud du continent africain, incarne la grandeur coloniale de la France. Le pétrole qu'on y a découvert en grande quantité, et qu'on commence à exploiter, doit permettre au pays de recouvrer son indépendance énergétique [→ p. 215]. Mais le symbole principal n'est autre que le Général lui-même. Ayant quitté ses fonctions de président du gouvernement provisoire en janvier 1946, pour protester contre le « régime des partis », et s'étant retiré dans son village de Colombey-les-Deux-Églises depuis 1954, il est décrit par ses partisans comme le rédempteur, ultime recours face aux lâchetés des politiciens français et irremplaçable rempart face aux intrusions des puissances étrangères.

Suivi dans son déplacement saharien par quelques journalistes, de Gaulle se prête au jeu de la propagande. Le 12 mars, il se recueille devant le monument élevé en l'honneur du général Leclerc de Hautecloque, mort dix ans plus tôt dans un accident d'avion à 65 kilomètres de Colomb-Béchar. « Le Sahara français est pour notre pays une chance immense, lance-t-il aux officiers qui l'accompagnent. Il ne s'agit pas que nous la perdions. Et nous ne la perdrons pas grâce surtout à l'armée française ! » Ouvrant symboliquement les vannes d'un puits de pétrole à Edjeleh, quatre jours plus tard, il rend hommage aux ingénieurs pétroliers qui l'entourent : « C'est la grande chance de notre pays que vous avez mise au monde : dans notre destin cela peut tout changer et je crois que cela commence déjà à tout changer. » Chaque mot est pesé et chaque image calibrée. Le magazine *Point de vue* publiera au terme de ce voyage le premier reportage en couleurs de son histoire.

Avec cette opération de communication, les gaullistes cherchent à tirer profit des angoisses existentielles qui ont saisi la société française. Depuis quelque temps déjà, le nom du Général est cité dans la presse comme un potentiel recours. « De Gaulle reviendra-t-il au pouvoir ? » s'interroge *La Croix* dès octobre 1956. *Carrefour*, pour sa part, prend prétexte du voyage saharien pour retracer le parcours hors norme de « l'homme que la France attend ».

Convaincus de la justesse de leur combat, les partisans du Général s'acharnent contre la IVe République dans l'espoir d'en précipiter la chute. Dans le sillage de Michel Debré, Jacques Foccart, Roger Frey ou Jacques Soustelle, s'agite une galaxie militante hétéroclite, où se côtoient des gaullistes de la première heure et des activistes de la droite la plus extrême. Les uns communient dans un culte presque religieux pour l'ermite de Colombey. Les autres voient surtout en lui le seul bélier capable de renverser le « régime des pourris ». Tous se rejoignent cependant dans la défense passionnée de l'Empire français.

On retrouve ces militants au sein des « Comités de salut public », mis en place en Algérie dès février 1956, chez les Volontaires de l'Union française (VUF) ou dans l'Union pour le salut et le renouveau de l'Algérie française (USRAF), associations peuplées d'anciens combattants d'Indochine et d'Algérie qui n'hésitent pas à faire le coup de poing contre les « bradeurs d'Empire » et autres « communistes ». C'est dans cet univers que naviguent des hommes comme Jean Mauricheau-Beaupré,

Dominique Ponchardier, Roger Delpey, Pierre Debizet, Roger Barberot, Alfred Delarue ou Paul Comiti. Autant de noms qui méritent d'être cités puisqu'on les retrouvera bientôt, à un titre ou à un autre, dans le tentaculaire « système Foccart » [→ II.5].

Pour canaliser cette énergie contestataire, Michel Debré, alors simple sénateur, lance en novembre 1957 un nouveau mensuel, *Le Courrier de la colère*, qui milite sur un ton pamphlétaire pour la défense de l'Algérie française et le renversement de la IVe République, par des moyens illégaux si nécessaires. Le titre de son premier éditorial donne le ton : « Jusqu'à la guillotine… » Debré et ses camarades cherchent en particulier à flatter l'orgueil blessé des militaires français qui crapahutent par milliers dans les djebels algériens avec le sentiment d'être sacrifiés pour rien. Objectif : enrôler cette génération désespérée dans un soutien actif au général de Gaulle.

Les barons gaullistes comptent d'importants relais parmi les haut gradés de l'armée et les spécialistes de la guerre contre-subversive, à l'instar du colonel Charles Lacheroy lui-même. En poste en Côte d'Ivoire à la fin des années 1940, il participait en tant qu'officier à la répression du RDA [→ I.6] tout en militant, en tant que citoyen, au sein de la section locale du RPF (présidée par… son épouse !).

On aurait tort de sous-estimer l'influence de la « doctrine de la guerre révolutionnaire » (DGR) dans les milieux gaullistes : elle joue un rôle capital, et durable, aussi bien chez les activistes antisystème que chez les gaullistes plus modérés. Leader du groupe des Républicains sociaux, qui rassemble les députés gaullistes qui jouent le jeu de la IVe République, Jacques Chaban-Delmas est lui-même un partisan chevronné des théories contre-subversives. Nommé en novembre 1957 au poste stratégique de ministre de la Défense nationale et des Forces armées, il s'entoure d'experts de la guerre psychologique et favorise la diffusion de la DGR dans l'institution militaire. Le 10 mai 1958, il inaugure en Algérie le Centre d'entraînement à la guerre subversive (CEGS), qu'il a mis sur pied avec le général Raoul Salan, commandant supérieur interarmées de l'Algérie, et dont il confie la direction à Marcel Bigeard, « héros » de la bataille d'Alger.

De façon moins officielle, Chaban-Delmas envoie des émissaires à Alger, Léon Delbecque et Lucien Neuwirth, pour y constituer une antenne d'« action psychologique » et canaliser les énergies en faveur du général de Gaulle. Les deux hommes jouent un rôle central dans la crise du 13 mai 1958. Profitant de la crise politique, ils créent un « Comité de salut public Algérie-Sahara », que préside le général Massu, et dont ils deviennent respectivement vice-président et porte-parole. En s'appuyant sur les militants « ultras » et les officiers en rupture de ban, les gaullistes d'Alger parviennent ainsi à remettre de Gaulle au centre du jeu politique.

Un coup de maître qui se transforme en coup d'État : en soufflant sur les braises de la subversion en Algérie, et en agitant la menace d'une guerre civile, les gaullistes l'imposent comme sauveur à Paris. Alors que les paras d'Alger s'apprêtent à sauter sur la région parisienne, dans le cadre d'une opération baptisée « Résurrection », le président de la République René Coty, pris à la gorge, nomme de Gaulle président du Conseil après quinze jours de crise politique. L'Assemblée nationale l'investit le 1er juin 1958 et lui confie le lendemain les pleins pouvoirs pour six mois.

1958-1961 : de la Communauté aux indépendances frelatées, l'Afrique dans le piège français

La pensée du général de Gaulle est moins originale que ne le disent ses partisans. Comme beaucoup d'hommes de sa génération, il est obsédé par la grandeur et l'indépendance de la France qu'il estime menacées par les puissances rivales (Russie, États-Unis, Royaume-Uni). Comme la plupart des responsables politiques des années 1950, il estime que la France ne retrouvera son « rang » qu'en se hissant au statut de puissance nucléaire et en s'appuyant sur le domaine français d'outre-mer. Tout en mettant en scène sa rupture avec le régime des partis, de Gaulle prolonge en partie leur politique : celle de Pierre Mendès France notamment, qui a ouvert la voie au programme nucléaire militaire français dès 1954, et celle de François Mitterrand, qui milite depuis 1950 pour le renforcement du « couple France-Afrique » [→ I.7].

La principale différence entre de Gaulle et les responsables de la IVe République tient dans ses conceptions institutionnelles. C'est sur cette question qu'il avait démissionné en janvier 1946. Favorable à un exécutif fort, seul capable selon lui de donner à la France les moyens de défendre ses « intérêts supérieurs », comme il l'expliquait dans son célèbre discours de Bayeux en juin 1946, il avait bataillé pendant quelques années contre la IVe République avant de regarder le « régime des partis » s'enliser dans les crises coloniales.

Telle est donc la priorité du Général après son « coup d'État démocratique » : doter la France d'un pouvoir exécutif capable de faire entendre la voix de la nation sur la scène internationale et imposer ses vues sur la scène politique intérieure. Le chantier, piloté par Michel Debré, nommé ministre de la Justice, débouche au cours de l'été 1958 sur le projet de Ve République qui fait du chef de l'État l'épicentre de la scène politique, donne à l'exécutif des pouvoirs immenses et rabaisse le Parlement au rang de chambre d'enregistrement.

La « Communauté » gaullienne : un chantage...

Cette conception hiérarchique, voire autoritaire, du pouvoir se retrouve dans le projet de « Communauté », le nouveau nom donné à l'Union française. Le fonctionnement institutionnel de cette Communauté s'inscrit dans la continuité de la loi-cadre Defferre dont elle confirme les grands principes : autonomie partielle des territoires d'outre-mer sans dispositif confédéral [→ II.1]. Preuve de cette continuité : le maintien de Félix Houphouët-Boigny au gouvernement, au rang de ministre d'État. Le leader ivoirien, conseillé sur les aspects institutionnels par le juriste Jean Foyer, est l'interlocuteur privilégié des gaullistes sur les « questions africaines ».

S'inspirant des réflexions sur le fédéralisme franco-africain qui jalonnent l'histoire de l'Union française depuis ses origines, la nouvelle Constitution en tire une conception inégalitaire : le président de la République française est, de droit, celui de la Communauté tandis que le gouvernement français garde la mainmise sur les compétences « communautaires » (politique économique, financière, monétaire, affaires étrangères, défense, matières premières stratégiques). Les autres entités de la Communauté deviendront des « États » autonomes (et n'auront plus de représentants au Parlement français) et divisés (l'AOF et l'AEF seront dissoutes). La Communauté, qui réaffirme l'hégémonie de Paris sur la scène franco-africaine, est conçue comme un instrument permettant de défendre du même coup les intérêts métropolitains sur la scène impériale et les intérêts français sur la scène mondiale.

L'autoritarisme de ce dispositif transparaît dans la façon dont il est imposé aux territoires africains. En dehors d'Houphouët-Boigny, qui participe directement à son élaboration à l'échelon gouvernemental, seuls quatre parlementaires africains sont impliqués dans le processus constitutionnel : Léopold Sédar Senghor, Lamine Guèye, Gabriel Lisette et Philibert Tsiranana, intégrés dans un Comité consultatif constitutionnel appelé à examiner le projet gouvernemental. Les électeurs africains – comme leurs Assemblées législatives – sont en revanche tenus à l'écart. Au terme d'un processus dont ils auront été exclus, ils n'auront droit qu'à un choix binaire à l'occasion d'un référendum commun avec la métropole : adhérer totalement à la Constitution gaulliste ou la rejeter dans son intégralité.

Intervenant le 8 août devant le Comité consultatif, de Gaulle clarifie les enjeux du référendum. Les territoires qui voteront « oui » renonceront à l'indépendance, explique-t-il, mais bénéficieront de l'appui de la France sous toutes ses formes (soutien financier, protection militaire, etc.). À l'inverse, les territoires qui voteraient « non » feraient le choix de la

« sécession » avec tout ce que cela comporte « de charges, de responsabilités et de dangers ».

Les déclarations du Général sont saluées par les partisans d'Houphouët-Boigny, qui voteront « oui » sans hésiter. Les mouvements indépendantistes, choqués mais pas surpris par la brutalité du gouvernement français, voteront évidemment « non ». L'alternative imposée par de Gaulle met en revanche dans l'embarras les autres responsables politiques africains, désireux pour la plupart de garder des liens avec la France mais réservés sur un projet gaullien qui consacre les options anti-indépendantistes et anticonfédérales de Félix Houphouët-Boigny. Faudra-t-il sacrifier le droit à l'indépendance nationale ou la perspective d'une unité continentale sur l'autel de l'amitié franco-africaine ?

« En entendant hier le général de Gaulle, franchement, j'ai été choqué », explique Sékou Touré, opposant d'Houphouët au sein du RDA, au micro de Radio Dakar le 9 août 1958. Président du PRA, et présenté à ce titre comme le principal rival d'Houphouët-Boigny, Senghor se dit pour sa part « très déçu » de voir l'option confédérale assimilée à un projet antifrançais. Quant à Djibo Bakary, chef du gouvernement nigérien, qui s'oppose à la fois à Houphouët (à l'extérieur du RDA) et à Senghor (à l'intérieur du PRA), il décrit l'alternative gaullienne comme un « chantage à l'isolement et à l'étouffement économique ». Ce chantage, prévient-il cependant, « ne peut plus émouvoir à l'heure des "*Spoutnik*" et des "*Explorer*"[1] ». Allusion transparente à l'aide que les Soviétiques et les Américains pourraient apporter aux territoires « sécessionnistes ».

Conscient des risques induits par une position trop tranchée, de Gaulle affine sa stratégie à la veille de sa tournée africaine, organisée du 20 au 26 août 1958 dans le cadre de la campagne référendaire (Tananarive, Brazzaville, Abidjan, Conakry et Dakar).

Lors de l'étape de Brazzaville, le 24 août, de Gaulle dévoile de nouvelles dispositions. Adhérer à la Communauté n'implique pas de renoncer pour toujours au droit à l'indépendance, affirme-t-il : un territoire pourra exercer ce droit, « au bout d'un certain temps que je ne précise pas », s'il est en mesure d'en assumer « toutes les charges » et « tous les devoirs ». Deux conditions floues, donc assez restrictives. Ce droit à la liberté suppose par ailleurs, ajoute-t-il, que « la métropole elle aussi gardera à l'intérieur de la Communauté la libre disposition d'elle-même ». Et comme c'est sur elle que reposent les « lourdes charges » de la Communauté, « elle pourra, si elle le juge nécessaire, rompre les liens de la Communauté avec tel ou tel territoire ». Autrement dit, de Gaulle ajoute un second chantage au premier : les États membres de la Communauté ne

1. *Spoutnik 1* et *Explorer 1* sont les premiers satellites artificiels mis sur orbite autour de la Terre, respectivement par l'URSS (octobre 1957) et par les États-Unis (février 1958).

Discours de Charles de Gaulle à Brazzaville, le 24 août 1958. © *Files Intercontinentales / AFP*

se verront reconnaître le droit à l'indépendance que s'ils accordent à la République française le droit de les en éjecter (et de les priver ainsi de son dispositif de protection et d'aide économique).

Acclamé dans toutes les capitales qu'il traverse, de Gaulle comprend cependant que son stratagème peine à tromper les esprits vigilants, rompus depuis longtemps aux faux-semblants du langage colonial. L'étape de Conakry, le 25 août, est restée célèbre pour cette raison. Cherchant à négocier l'amélioration du projet constitutionnel, dont le texte définitif ne sera rendu publique que dix jours plus tard, Sékou Touré lance à son hôte une phrase qui répond terme à terme au chantage du 8 août : « Nous préférons la pauvreté dans la liberté à la richesse dans l'esclavage. » À cette date pourtant, comme l'explique l'historienne Elizabeth Schmidt, le leader guinéen est encore indécis, tiraillé entre la direction du RDA, qui soutient le « oui », et sa base militante en Guinée, qui incline pour le « non ». C'est finalement l'intransigeance de De Gaulle qui finit par convaincre Sékou Touré de mobiliser les électeurs guinéens derrière le « non ». Outré par l'attitude de Sékou Touré, le Général rejette les nombreuses tentatives de conciliation initiées à l'approche du référendum, tant du côté français que du côté guinéen, et décide de tirer un trait sur la Guinée [→ II.3].

Plutôt que la confrontation, Senghor opte quant à lui pour... la dérobade. Le leader sénégalais est absent le jour de la visite de De Gaulle à Dakar le 26 août 1958 : il a préféré poursuivre ses vacances dans sa belle-famille en Normandie... En l'absence également du chef du gouvernement sénégalais Mamadou Dia, parti suivre une cure en Suisse, c'est donc le ministre de l'Intérieur, Valdiodio Ndiaye, qui reçoit le président du Conseil français dans la capitale de l'AOF. Son discours, pourtant comparable à celui de Sékou Touré la veille, la verve en moins, passe relativement inaperçu. Car c'est de la foule, rassemblée sur la place centrale de Dakar, qu'émergent les protestations les plus virulentes et s'élèvent des dizaines de banderoles : « Indépendance immédiate », « Unité africaine », « Vive l'UPC, vive le FLN ». De Gaulle, s'adressant directement aux « porteurs de pancartes », réitère ses menaces. « Nous demandons qu'on nous dise oui ou qu'on nous dise non, tonne-t-il. Si on nous dit non, nous en tirerons les conséquences. » Mais il sort découragé de la confrontation. « Je crois bien que c'est foutu », confie-t-il à Bernard Cornut-Gentille, ministre de la France d'outre-mer, et à Pierre Messmer, haut-commissaire de la France en AOF depuis le début de l'été. Pour faire mentir son pronostic, les deux hommes se mobilisent pour faire triompher le « oui » au Sénégal. Comme le raconte le journaliste Georges Chaffard dans ses *Carnets secrets de la décolonisation* (1967), des sommes importantes – prélevées sur les fonds secrets – sont transférées aux autorités traditionnelles et religieuses sénégalaises, très influentes, pour les inciter à battre campagne et à orienter le scrutin dans le bon sens...

S'il n'a pas été inclus dans la tournée africaine du Général, le Niger inquiète particulièrement les dirigeants français. Stratégiquement situé, entre l'Algérie et le Nigéria, ce pays apparaît comme un territoire à haut risque : s'il vote « non », et accède à l'indépendance, il deviendra à coup sûr une base arrière pour le FLN algérien et un allié utile pour son puissant voisin anglophone, dont l'indépendance est déjà programmée. Pire encore : en cas de « sécession », le Niger pourrait tomber dans l'orbite soviétique et avec lui ses gisements uranifères, qui viennent d'être découverts. Dès le mois d'août 1958, le gouvernement français engage donc une lutte sans merci pour y faire triompher le « oui » au référendum et remplacer le chef de son gouvernement, le réfractaire Djibo Bakary, par un homme plus docile : le très houphouétiste Hamani Diori, patron de la section locale du RDA [→ II.1].

Manifestants lors de la visite du général de Gaulle à Dakar (Sénégal), le 26 août 1958.
© Pierre Boulat / Cosmos

... et une « foutaise »

Le référendum du 28 septembre 1958 offre un triomphe au général de Gaulle : le « oui » rassemble 79,3 % des suffrages en métropole, et tous les territoires africains, sauf la Guinée, acceptent les nouvelles institutions françaises et renoncent de ce fait à l'indépendance. Le scrutin offre également une belle victoire à Félix Houphouët-Boigny. Dans son fief ivoirien, son parti, le PDCI, a montré son emprise totale : seuls 216 électeurs sur 1,6 million, soit 0,01 %, ont osé braver les consignes officielles. Surtout, le chef du RDA a réussi à imposer sa ligne anti-indépendantiste et anticonfédéraliste, y compris dans des territoires réticents comme le Sénégal, où le « oui » obtient le score surprenant de 97,6 %, et le Niger, où l'abstention des deux tiers des électeurs a permis de faire avaliser la Ve République par 78,4 % des suffrages exprimés. Seule ombre au tableau : le « non » de la Guinée, avec 95,2 % des voix, qui débouche sur son indépendance immédiate.

Affiche électorale destinée aux populations africaines en vue du référendum sur la Constitution de la Ve République du 28 septembre 1958. *Droits réservés*

La victoire gaullienne ne règle pourtant aucun problème. Au contraire, elle les multiplie. Car le nouveau texte constitutionnel, dans son article 76, offre plusieurs possibilités aux territoires qui ont renoncé à l'indépendance. Ils peuvent soit « garder leur statut de territoire d'outre-mer au sein de la République » (TOM), soit devenir des « départements d'outre-mer de la République » (DOM), soit se transformer en « États membres de la Communauté ».

À la stupéfaction des observateurs, le Gabon opte pour la deuxième option : la départementalisation. Le président du Conseil gabonais, Léon Mba, souhaite en effet l'intégration pure et simple du territoire à la France, au même titre que la Guadeloupe ou la Corrèze. Ce choix ne correspondant pas à la stratégie de l'Élysée, Paris remet Léon Mba dans le droit chemin et choisit pour lui la seule option envisageable. Le Gabon devient donc un « État membre de la Communauté », comme tous les territoires africains où le « oui » s'est imposé[1].

La bataille entre fédéralistes et confédéralistes, qui enflamme de nouveau les débats au lendemain du référendum, est plus difficile à régler. L'article 76, introduit discrètement dans le projet constitutionnel au cœur de l'été, précise en effet que les États membres peuvent adhérer à la Communauté « groupés ou non entre eux ». Les jeunes États de l'ex-AOF se déchirent. D'un côté, le Sénégal et le Soudan français, qui mettent sur pied une « Fédération du Mali » pour s'associer collectivement à la Communauté. De l'autre, la Côte d'Ivoire et ses alliés, favorables à l'adhésion individuelle des États à la Communauté.

Le conflit Senghor-Houphouët mute ainsi en bataille régionale. Dakar devient la capitale d'une Fédération du Mali regroupant le Sénégal et le Soudan. Abidjan s'impose comme tête de pont d'une organisation rivale, le Conseil de l'Entente, mise sur pied début 1959, et composée de la Côte d'Ivoire, du Niger, de la Haute-Volta et du Dahomey. Préférant traiter directement avec les États plutôt qu'avec des coalitions africaines, selon la logique impériale du « diviser pour régner », le gouvernement français soutient les efforts d'Houphouët-Boigny pour faire éclater la Fédération du Mali [→ II.7].

La question confédérale agite également les États de l'ex-AEF. Barthélemy Boganda, président du Grand Conseil de l'AEF et leader de la scène politique en Oubangui-Chari, milite pour le regroupement des États : il propose au Gabon, au Tchad et au Moyen-Congo de constituer une grande « République centrafricaine », possible prélude aux « États-Unis de l'Afrique latine » auxquels pourraient se joindre à l'avenir les

1. Dahomey, Soudan français, Côte d'Ivoire, Mauritanie, Niger, Sénégal, Haute-Volta, Tchad, Gabon, Moyen-Congo, Oubangui-Chari et Madagascar. Les Comores, la Côte française des Somalis, la Nouvelle-Calédonie, la Polynésie française et Saint-Pierre-et-Miquelon conservent le statut de TOM.

autres territoires francophones de la région (Cameroun et possessions belges). Un projet ambitieux qui disparaît en même temps que son promoteur : Boganda meurt brutalement, le 29 mars 1959, dans un accident d'avion (dont les causes restent incertaines). L'Oubangui constitue donc la « République centrafricaine » à lui seul et adhère à la Communauté sur une base individuelle, comme les autres États de l'ex-AEF.

S'il surmonte assez facilement le problème des regroupements régionaux, le pouvoir français est confronté à la montée en puissance des revendications indépendantistes. Loin d'avoir refermé le débat sur l'« indépendance », le référendum du 28 septembre l'a plutôt relancé : les électeurs africains, s'ils ont rejeté *l'indépendance immédiate* en votant « oui », n'ont pas tous renoncé pour autant au *droit à l'indépendance* que de Gaulle lui-même leur a concédé lors de son discours du 24 août à Brazzaville.

Après la victoire du « non » guinéen, les regards se tournent naturellement vers Sékou Touré. Le leader guinéen, subitement transformé en héros de la libération africaine, s'associe avec Nkrumah pour constituer le « noyau des futurs États-Unis d'Afrique occidentale ». Ovationné à l'ONU et reçu en grande pompe à Washington, à Londres, à Moscou et à Bonn dans le courant de l'année 1959, Sékou Touré devient l'ennemi juré du régime gaulliste, qui tente par tous les moyens de s'en débarrasser, autant pour le châtier que pour montrer à ceux qui voudraient l'imiter qu'il n'y a pas de salut en dehors du chemin tracé par la France [→ II.3].

Le problème, pour le pouvoir français, c'est justement qu'il trace, en parallèle, un autre chemin au Togo et au Cameroun. L'évolution politique de ces deux territoires sous tutelle de l'ONU, qui n'ont à ce titre pas participé au référendum de septembre 1958, prouve qu'une « indépendance » dans « l'interdépendance avec la France » est bien une option envisageable.

La proximité du Togo avec le Ghana, devenu indépendant en mars 1957, et la victoire écrasante du nationaliste Sylvanus Olympio aux élections législatives du 27 avril 1958 (supervisées par les Nations unies) font de ce territoire le laboratoire d'une décolonisation contrôlée. Les dirigeants français, obligés de se résoudre à l'idée d'indépendance, prennent langue avec Olympio. Pour ne pas être en reste, et pour couper l'herbe sous le pied de l'UPC qui réclame l'indépendance les armes à la main, l'Assemblée législative du Cameroun se prononce solennellement pour l'indépendance le 12 juin 1958. Une indépendance « dans l'amitié avec la France », prend soin de préciser Ahmadou Ahidjo, que l'administration coloniale a installé à la tête du gouvernement camerounais en février 1958 et qui sert de façade civile à la répression militaire française contre l'insurrection upéciste [→ II.2].

De Gaulle, arrivé au pouvoir le 1er juin 1958, n'a d'autre choix que d'avaliser le processus en cours dans ces deux territoires. Au Cameroun, l'assassinat par l'armée française de Ruben Um Nyobè, le leader charismatique de l'UPC, le 13 septembre 1958, convainc les autorités françaises de franchir le pas : elles annoncent leur intention d'octroyer l'indépendance au Cameroun le 1er janvier 1960. Au Togo, Olympio accepte de préparer l'indépendance en coordination avec l'ancienne métropole et de la repousser, pour ce faire, au 27 avril 1960. Les États de la Communauté suivent évidemment ce processus avec intérêt. Comment la France pourrait-elle leur refuser cette « indépendance dans l'amitié » qu'elle s'apprête à octroyer aux Togolais et aux Camerounais ?

Si l'on en croit les propos rapportés vingt ans plus tard par Jean Mauriac, alors journaliste à l'Agence France-Presse, de Gaulle savait dès le départ que la Communauté était condamnée. La scène, telle que Mauriac la raconte, se passe à Abidjan lors de la tournée africaine du Général en août 1958. Le journaliste se répand en éloges mielleux sur la Communauté : « Mon général, ce que vous faites est admirable. C'est un *Commonwealth* à la française. » Réponse cinglante du grand homme : « Pensez-vous, c'est de la foutaise ! Ces gens-là vont à l'indépendance… À peine entrés dans la Communauté, ils n'auront qu'une idée, c'est d'en sortir ! Mais que voulez-vous, il fallait la faire… »

« Indépendance dans la coopération »

Reclus volontaire à Colombey-les-Deux-Églises entre 1954 et 1958, de Gaulle n'en suivait pas moins, avec une attention vigilante, les débats qui agitaient la IVe République. Alors que la Ve République est officiellement instituée, en janvier 1959, et que les anciennes colonies africaines deviennent des Républiques autonomes, il sait qu'une partie des élites politiques et économiques françaises milite depuis déjà quelques années pour l'indépendance des colonies. Cette indépendance, confiée à des autochtones conciliants et soigneusement conseillés, serait une excellente opération, argumentait par exemple le journaliste Raymond Cartier en 1956 : elle libérerait la France de ses « charges » coloniales tout en lui assurant la jouissance de ses « investissements » [→ I.2]. Convaincu par cet argumentaire, qui heurte sans doute sa conscience coloniale mais alimente ses conceptions géostratégiques, de Gaulle s'emploie à le mettre en pratique dans le courant de l'année 1959 : grâce au double mécanisme de l'*indépendance* et de la *coopération*, il s'agit de transformer les anciennes colonies françaises en pays satellites, sur un modèle comparable à celui pratiqué par l'Union soviétique en Europe de l'Est et les États-Unis en Amérique latine.

Cette politique s'annonce particulièrement délicate concernant l'Algérie. De Gaulle n'ignore pas que l'évocation d'une « indépendance » algérienne, quelle qu'en soit la forme, provoquera des réactions scandalisées, notamment chez les militaires et les pieds-noirs, qui sont pour beaucoup dans son retour au pouvoir. Mais il sait aussi que la « pacification » qui s'éternise en Algérie vide les caisses de l'État sans espoir de victoire. Pour sortir de l'impasse, le président reconnaît pour la première fois, lors d'un discours radiotélévisé le 16 septembre 1959, le droit des Algériens à l'« autodétermination ». Trois possibilités s'offrent à eux, annonce le chef de l'État : la « francisation », la « sécession » ou le « gouvernement des Algériens par les Algériens ». La troisième solution, celle qu'il propose, se ferait en bonne harmonie puisque le gouvernement algérien s'appuierait « sur l'aide de la France » et travaillerait « en union étroite avec elle pour l'économie, l'enseignement, la défense, les relations extérieures ».

Deux semaines après cette intervention capitale, la Fédération du Mali demande officiellement à la France son accession à une indépendance en association avec la Communauté. Madagascar lui emboîte le pas en novembre. De Gaulle, qui a son plan en tête, est prêt à accéder à ces demandes. Il l'explique sans ambages à Alain Peyrefitte, alors simple député gaulliste, fin octobre 1959. Ce dernier revenant d'un séjour de cinq semaines en Afrique centrale, la discussion porte sur les évolutions politiques des colonies. Bien que les « indigènes » ne soient pas encore « mûrs pour se gouverner vraiment par eux-mêmes », explique le Général, la France doit « transformer » son « empire colonial, en remplaçant la domination par le contrat » : « Nous avons grand avantage à passer le témoin à des responsables locaux, avant qu'on nous arrache la main pour nous le prendre. » Par ailleurs, poursuit le président dans la veine cartiériste, la colonisation coûte trop cher. « Nous ne pouvons pas tenir à bout de bras cette population prolifique comme des lapins, et ces territoires énormes », explique-t-il. Avant de conclure : « Tant que nous ne nous en serons pas délestés, nous ne pourrons rien faire dans le monde. C'est un terrible boulet. Il faut le détacher. »

Authentiques ou non, les propos rapportés par Peyrefitte dans *C'était de Gaulle*, publié trois décennies plus tard, reflètent parfaitement l'état d'esprit du Général à cette période. Plutôt que de s'accrocher à une vision romantique de la colonisation, estime le chef de l'État, il est temps de calculer rationnellement ce que les territoires d'outre-mer coûtent à la France et ce qu'ils lui rapportent. De là découlera une nouvelle répartition des « charges » entre la France et ses anciennes dépendances. La première ne supporterait plus que les dépenses qui favorisent, directement ou indirectement, sa grandeur, son indépendance et son influence. Les territoires rendus à l'indépendance se chargeraient de toutes les autres.

De Gaulle officialise sa nouvelle doctrine lors du Conseil exécutif de la Communauté qui rassemble les représentants de la France et des États membres à Saint-Louis du Sénégal les 11 et 12 décembre 1959. Il annonce l'ouverture prochaine de négociations avec la Fédération du Mali pour lui permettre d'accéder à l'indépendance dans la coopération avec la France. S'adressant le 13 décembre à l'Assemblée de la Fédération du Mali, à Dakar, le président français ajoute cependant une importante précision sémantique. Au terme « indépendance », dit-il, mieux vaut préférer l'expression « souveraineté internationale ». Car, « le monde étant ce qu'il est », c'est-à-dire un monde de rivalités et d'interdépendances, « l'indépendance réelle, l'indépendance totale, n'appartient en vérité à personne ». C'est pour cette raison, ajoute-t-il, que rien ne sera « possible sans la coopération ».

En pratique, ces déclarations mettent fin à la Communauté institutionnelle prévue par la Constitution de 1958, qui excluait, en son article 86, toute possibilité d'indépendance pour ses membres (sauf la France). On parlera désormais de Communauté « rénovée » ou « contractuelle » : Paris négociera directement avec les représentants de chaque État – ou groupe d'États – souhaitant jouir de la souveraineté internationale des accords de transfert de compétences et des accords de coopération. Comme leur nom l'indique, les premiers concernent les compétences que la France cède à l'État rendu à la souveraineté. Les seconds concernent les compétences que la France garde à sa charge [→ II.4].

Le concept de coopération, secondaire jusque-là, devient ainsi au tournant de l'année 1960 la clé de voûte de la politique africaine du général de Gaulle : d'un côté, la France concède une certaine *indépendance* à ses anciennes colonies ; de l'autre, elle encadre leur souveraineté par les mécanismes de la *coopération*. C'est avec ce principe en tête que le gouvernement français a préparé dès 1958 les indépendances camerounaise et togolaise, proclamées respectivement le 1er janvier et le 27 avril 1960. C'est également sur ce principe que s'engagent les négociations avec la Fédération du Mali, la République de Madagascar et la plupart des États membres de la Communauté. « On donne l'indépendance à condition que l'État, une fois indépendant, s'engage à respecter les accords de coopération signés antérieurement », indique le Premier ministre Michel Debré, qui supervise ces négociations, dans une note envoyée au Gabonais Léon Mba en juillet 1960. Et d'insister : « Il y a deux systèmes qui entrent en vigueur simultanément : l'indépendance et les accords de coopération. L'un ne va pas sans l'autre. »

Ces évolutions scandalisent Félix Houphouët-Boigny, promoteur de la Communauté, qu'il concevait comme un « mariage » franco-africain. « J'ai attendu en vain sur le parvis de l'église, avec mon bouquet de fleurs fanées à la main », dira-t-il plein d'amertume au lendemain de la rencontre de Saint-Louis. Se sentant trahi, il consent de mauvaise grâce à l'indépendance de la Côte d'Ivoire et des pays contrôlés par ses alliés politiques.

Ainsi, tous les États africains membres de la Communauté accèdent à la « souveraineté internationale » au cours de l'année 1960.

Ironie de l'Histoire, les deux principaux négociateurs des accords de coopération, Jacques Kosciusko-Morizet et Jean Foyer, sont d'anciens conseillers ministériels d'Houphouët-Boigny. Le premier, qui fut son directeur de cabinet en 1956-1957, négocie avec les gouvernements africains le prolongement de la tutelle française dans les domaines économiques et monétaires (maintien de la zone franc et du franc CFA, préférences commerciales, coopération douanière, etc.). Le second, conseiller technique d'Houphouët-Boigny en 1958-1959 puis secrétaire d'État chargé des relations avec la Communauté à partir de 1960, s'occupe des autres dossiers : défense, politique extérieure, affaires judiciaires, questions institutionnelles, enseignement supérieur, matières premières stratégiques, etc.

Ces « négociations forcées », comme les qualifie le chercheur Julien Meimon, permettent à la France de conserver les compétences régaliennes des nouveaux États dans les domaines économiques, monétaires et militaires. Profitant de l'état d'impréparation dans lequel la colonisation a laissé ses « partenaires » africains, impréparation que les observateurs mettent généralement sur le compte de l'« immaturité » des Africains, la France vide les indépendances de leur substance. Elle s'autorise par exemple à maintenir des bases militaires dans ses anciennes colonies, pour une durée non spécifiée, et à conserver la direction de leurs forces armées, de leurs forces de police ou de leurs services de renseignement que ses agents auront préalablement mis sur pied. Certaines dispositions lui permettent en outre d'intervenir militairement pour « rétablir l'ordre intérieur » dans ces pays et de garder la mainmise sur leurs « matières premières stratégiques » (à commencer par le pétrole, le gaz et l'uranium) [→ II.4].

Pour justifier ces accords léonins, auprès des opinions publiques et des gouvernements étrangers, on les enrobe dans un langage philanthropique. Le mot « coopération » lui-même gomme le caractère asymétrique des relations franco-africaines. On parle de « solidarité internationale », d'« aide au développement », d'« assistance technique » pour souligner la générosité française à l'égard des jeunes nations africaines. Et on illustre les « efforts consentis » par des chiffres ronflants qui ont toute l'apparence du désintéressement [→ V.10]. Mais cette bienveillance affichée sert avant tout à « légitimer l'hégémonie », comme le souligne encore Julien Meimon, et à maintenir les Africains dans une situation de dépendance. Elle sert aussi à convaincre les alliés de la France qui pourraient sourciller. « La politique de la France en Afrique, tant à l'égard des Arabes que vis-à-vis des Noirs, est de faciliter leur évolution de façon, notamment, à les prémunir contre la tentation d'accepter les offres des pays communistes, explique de Gaulle au secrétaire d'État américain Christian

Herter, le 20 décembre 1959. Nous voulons convaincre les Africains que, contrairement à ce qui se passerait pour eux s'ils se rapprochaient des démocraties populaires, l'aide que nous leur apportons ne comporte de notre part aucune arrière-pensée de domination. »

En d'autres termes : grâce à la coopération et à l'aide au développement, Paris entend transformer ses anciennes possessions africaines en satellites consentants. Avec un double objectif qui ne diffère guère de ceux de la période précédente : faire de cette arrière-cour africaine une réserve de puissance et éviter qu'elle ne tombe sous d'autres influences. Il s'agit finalement, comme de Gaulle l'explique à la télévision le 23 avril 1961, de « poursuivre notre œuvre outre-mer à travers une nécessaire décolonisation ».

1962-1969 : l'âge d'or du « foccartisme »

Jacques Foccart et nos « amis » africains

Un homme incarne plus que tout autre la politique africaine du régime gaulliste : Jacques Foccart. Conseiller personnel du Général pour les affaires africaines et pour les questions de renseignement dès 1958, cet homme de l'ombre occupe une place à part dans le dispositif institutionnel français. Nommé secrétaire général aux Affaires africaines et malgaches en 1960, poste qu'il conservera jusqu'en 1974, il apparaît comme un « super-ministre de l'Afrique », directement rattaché à l'Élysée. Cette position particulière découle de la personnalité de Jacques Foccart, aussi discret qu'efficace, et de sa fidélité à toute épreuve à de Gaulle. Ces qualités ayant fait leurs preuves pendant la crise du 13 mai 1958, qui a permis le retour au pouvoir du Général, elles sont mises au service de sa politique africaine.

La place singulière de Jacques Foccart s'explique aussi par un double contexte historique et institutionnel : l'accession à l'« indépendance » des colonies et la présidentialisation de la Ve République. Deux évolutions qui sont d'ailleurs liées. Deux ans après l'indépendance des États de la Communauté et deux mois après l'indépendance de l'Algérie, de Gaulle annonce sa volonté de procéder à une réforme majeure de la Constitution : l'élection du président de la République au suffrage universel. Une réforme qui lui tient à cœur depuis longtemps mais qu'il se refusait à envisager avant d'avoir « délesté » la métropole (44 millions d'habitants) de ses colonies africaines (45 millions d'habitants). « En 1958, c'était impensable, expliquera Michel Debré rétrospectivement. La décolonisation était loin d'être achevée. L'outre-mer aurait détenu la clé du scrutin. »

Cette réforme, validée par référendum le 28 octobre 1962, couronne la présidentialisation du régime, qui s'est accentuée depuis 1958. Dès 1959, Jacques Chaban-Delmas identifiait devant les instances du parti gaulliste l'émergence de « deux secteurs » : un « secteur présidentiel » et un « secteur ouvert ». Le premier secteur, expliquait-il, comprend les affaires étrangères, les questions de défense et les dossiers algérien, saharien et africain. Le second : « le reste ». Le départ du très offensif Debré de Matignon, remplacé par Georges Pompidou en avril 1962, et la réforme constitutionnelle d'octobre consolident encore le « domaine réservé » présidentiel.

L'hégémonie de l'Élysée renforce le pouvoir de Jacques Foccart, qui marginalise progressivement toutes les institutions théoriquement concernées par les relations franco-africaines, à commencer par Matignon, très présent jusque-là, et les ministères des Affaires étrangères et de la Coopération. Contournant allègrement les instances officielles, et s'appuyant sur de puissants réseaux parallèles, Foccart s'occupe en quelque sorte du volet « humain » – et souterrain – des relations franco-africaines. Conformément aux instructions présidentielles, qui confient entre autres au secrétaire général la gestion des « rapports personnels du président avec les chefs d'État et de gouvernement » africains, il établit des relations directes avec les dirigeants du pré carré et constitue autour du général de Gaulle une véritable « famille africaine » [→ II.5].

Le monopole élyséen sur les affaires africaines n'échappe pas à la sagacité de François Mitterrand. L'ancien ministre, désormais sénateur, interpelle Maurice Couve de Murville, ministre des Affaires étrangères, lors d'une séance au palais du Luxembourg le 12 juin 1962. « Le Quai d'Orsay, qui ne s'y est jamais beaucoup intéressé, n'a qu'une compétence nominale en Afrique », lance-t-il. Le ministère des Affaires étrangères est écrasé par « la diplomatie de l'Élysée, conçue dans le secret du cabinet noir et réglée au son du tambourin des conférences de presse ». Non sans arrière-pensée, Mitterrand fustigera à nouveau dans *Le Coup d'État permanent*, publié deux ans plus tard, la « diplomatie personnelle » du général de Gaulle et le « cabinet noir » de Jacques Foccart.

La toute-puissance du « Monsieur Afrique » de l'Élysée fait grincer des dents au sein même du gouvernement. Dans ses Mémoires, publiées en 2006, Jean Foyer livre un récit plein d'aigreur de son expérience de ministre de la Coopération (1961-1962). Ce portefeuille, pensé comme une sorte de ministère de l'Afrique, se voit systématiquement court-circuité par l'éminence grise de l'Élysée. Le « copinage » entre les présidents africains et Jacques Foccart, écrit-il, « tendait à faire de ce dernier un recours contre les actes des ministres ». En raison de cette conception personnelle des relations franco-africaines, les crédits du Fonds d'aide et de coopération (qui prend le relais du FIDES [→ I.2]) devenaient un moyen de « faire plaisir » aux

« présidents tentés de se comporter en monarques absolus » et de « récompenser la fidélité, voire d'encourager la docilité » (*Sur les chemins du droit avec le Général. Mémoires de ma vie politique 1944-1988*, 2006).

Telle est, en effet, la mission de Foccart : choyer les alliés africains de la France et leur démontrer ainsi qu'ils ne trouveront jamais de plus proches amis qu'à Paris. Joignable par téléphone jour et nuit, Foccart organise la réception en France des dirigeants africains, leur rend des visites régulières dans leurs capitales respectives et tente de répondre au mieux à leurs diverses sollicitations. Le président camerounais Ahmadou Ahidjo souhaite une photo dédicacée du général de Gaulle ? Elle lui sera expédiée dans les plus brefs délais. Le président gabonais Léon Mba se chamaille avec l'ambassadeur de France à Libreville ? On lui en enverra un autre. Le président tchadien François Tombalbaye ne dédaignerait pas un peu de compagnie lors de son prochain séjour à Paris ? Madame Claude, célèbre proxénète et honorable correspondante du Service de documentation extérieure et de contre-espionnage (SDECE), enverra à son hôtel deux charmantes demoiselles (qui rapporteront ensuite aux services de renseignement les confidences recueillies sur l'oreiller)...

Si Foccart se plie en quatre pour les présidents africains amis, ce n'est pas seulement pour le plaisir d'une soirée à la Comédie-Française avec un Senghor en queue-de-pie ou d'une virée centrafricaine avec un Bokassa en maillot de bain. C'est parce qu'il est convaincu, comme il l'expliquera plus tard dans ses entretiens avec Philippe Gaillard, que « ces dialogues entretenus sur un plan humain, souvent amical et décontracté, [sont] plus efficaces que les meilleures notes d'ambassadeur ou lettres de ministre ». Aussi reçoit-il ses interlocuteurs africains non pas dans ses bureaux officiels mais de préférence dans ses domiciles personnels : rue de Prony à Paris ou, le week-end, dans sa villa de Luzarches (Val-d'Oise).

Cette conception très personnelle de la diplomatie franco-africaine découle d'une vision coloniale des « Africains », encore largement partagée par la classe politique française. De Gaulle par exemple n'hésite pas en privé à comparer les dirigeants africains à des enfants : « Ils sont entêtés comme des gosses, explique-t-il un jour à Alain Peyrefitte, devenu ministre de l'Information, à propos des rivalités Senghor-Houphouët. Ils ont cassé le jouet que nous leur avions offert. » Une vision qui a évidemment des implications politiques : comme les « gosses », les Africains ont besoin d'être guidés et encadrés. « Les Africains devinent leur voie, argumente-t-il encore devant Peyrefitte, en janvier 1963. Ils vont la suivre cahin-caha. C'est celle que je leur ai tracée : l'indépendance dans la coopération. Ils savent qu'ils ne peuvent rien faire sans le pays qui les a colonisés, sauf à revenir à la barbarie, et qu'ils ont besoin de son aide pour développer leur technique, leur culture, leur population. Ils suivront cette direction avec bien des péripéties, mais ils la suivront. »

Présidences africaines : colonne vertébrale du système néocolonial

Dans son livre *Les Français en Afrique noire* (1987), le journaliste Pierre Biarnès résume en quelques mots les objectifs de la France après les indépendances africaines de 1960 : « Consolider le pouvoir des dirigeants qui jouaient loyalement le jeu de l'amitié franco-africaine [...] et faire sentir le mors à ceux qui regarderaient un peu trop dans d'autres directions, contrer en même temps les visées des puissances concurrentes dès qu'elles étaient jugées menaçantes. » Cette synthèse correspond à la réalité, reconnaîtra Foccart lui-même dans ses échanges avec Philippe Gaillard en 1995.

À dire vrai, cette politique commence bien avant 1960. Dès la loi-cadre Defferre, les autorités françaises récompensent les gouvernements loyaux et sanctionnent durement les autres. Deux chefs de gouvernement, jugés trop indociles, font les frais de cette politique dès 1958 : le Camerounais André-Marie Mbida, remplacé en février par Ahmadou Ahidjo, et le Nigérien Djibo Bakary, écarté en octobre au profit d'Hamani Diori [→ II.1]. Pour asseoir leur pouvoir, très contesté, Ahidjo et Diori s'octroient les pleins pouvoirs dans le courant de l'année 1959 et reçoivent de la France une aide substantielle. Grâce à l'« assistance technique » de juristes, policiers, gendarmes et militaires français, dont certains ont fait leurs armes en Indochine ou en Algérie, les régimes pro-français du Cameroun et du Niger se transforment en autocraties avant même d'accéder à l'indépendance quelques mois plus tard.

Ancien d'Indochine, administrateur colonial, corédacteur de la loi-cadre et spécialiste de la guerre contre-subversive, Pierre Messmer joue un rôle important dans le durcissement des gouvernements africains à la fin des années 1950. Gouverneur de Côte d'Ivoire (1954-1956), il travaille main dans la main avec Houphouët-Boigny pour mettre au pas les opposants ivoiriens. Haut-commissaire au Cameroun (1956-1958), il pose les fondations de la dictature camerounaise en même temps qu'il mate l'insurrection nationaliste en Sanaga-Maritime [→ II.2]. Haut-commissaire de l'AOF (1958-1959), c'est lui qui pilote depuis Dakar la répression du Sawaba de Djibo Bakary au Niger [→ II.1] et la déstabilisation de Sékou Touré en Guinée [→ II.3]. Il se vantera également, par la suite, d'avoir discrètement travaillé dès 1959 à la dislocation de la Fédération du Mali (qui éclatera définitivement quelques mois plus tard).

Invité à Strasbourg à s'exprimer en public sur l'« avenir de la Communauté », fin décembre 1959, Pierre Messmer ne s'embarrasse pas de circonvolutions inutiles. Tel est en tout cas le constat qui s'impose en consultant le texte de cette conférence, retrouvé dans les archives françaises. « L'Afrique n'est pas démocrate, tranche celui qui vient de quitter ses fonctions de haut-commissaire en AOF. Les notions de liberté individuelle, de séparation des pouvoirs, de respect de l'opposition lui sont étrangères et il ne faut pas compter sur les gouvernements africains pour les faire accepter. À de rares exceptions près les responsables politiques africains n'y croient pas et ils se sont délibérément tournés vers des formules de caractère dictatorial. » Par conséquent, ajoute-t-il, il est facile d'anticiper l'évolution de ces régimes : instauration de partis uniques, abolition des élections libres, censure de la presse et de la radio, dissolution des partis d'opposition et des syndicats. « En résumé, conclut Messmer, les régimes politiques africains, derrière une façade démocratique, seront des dictatures » dont les pouvoirs ne seront limités que « par la diversité, l'étendue et la pauvreté des pays sur lesquels elles s'exerceront ».

Postulant que l'« Afrique » et la « démocratie » sont des concepts incompatibles, de Gaulle, Foccart ou Messmer – nommé ministre des Armées en février 1960, poste qu'il conservera jusqu'en 1969 – n'ont aucun scrupule à aider leurs amis présidents africains à « muscler » leurs régimes. Les Constitutions africaines, partiellement inspirées de la Ve République française, font des présidences africaines les centres névralgiques du système politique franco-africain. Utilisant toutes les ressources juridiques mises à leur disposition, les présidents se dotent de dispositifs « contre-subversifs » pour éloigner ou éliminer leurs opposants. Les partis politiques au pouvoir mutent en quelques mois en partis uniques, sous prétexte de favoriser le « développement » et de lutter contre les dérives « ethniques ». L'armée, la police, la gendarmerie, la Garde présidentielle, la justice militaire et l'administration pénitentiaire deviennent partout les piliers des régimes « amis » qui, tous, se dotent de redoutables polices politiques avec le soutien actif de la coopération française [→ II.6].

Ainsi assiste-t-on au cours des années 1960 à la constitution dans le pré carré français de ce que le colonel Lacheroy appelle dans ses Mémoires des « États têtards » : des États dotés de « grosses têtes », à savoir des présidents tout-puissants appuyés sur des élites opulentes, posées sur « des corps sous-développés », c'est-à-dire des peuples maintenus en situation de soumission et de misère (*De Saint-Cyr à l'action psychologique*, 2003). Les méthodes contre-subversives élaborées par Lacheroy et ses disciples dans les années 1950, dans le contexte des guerres d'Indochine et d'Algérie, se transforment alors en méthodes de gouvernement. Pour le plus grand bénéfice de l'Élysée qui peut manœuvrer ces États à distance, et à peu de frais, à travers les relations privilégiées que Foccart entretient avec ses « amis » autocrates.

Le concept d'amitié étant cependant réversible, Jacques Foccart entretient également auprès de ces dictateurs un solide réseau d'intermédiaires et d'informateurs, constitué grâce à ses connexions au sein du SDECE et du Service de coopération technique internationale de police (SCTIP). À cela s'ajoutent des hommes recrutés dans des cénacles moins « officiels » : *missi dominici*, barbouzes, mercenaires issus du service d'ordre du parti gaulliste ou des marges de l'armée française. Aussi Foccart dispose-t-il, dans l'entourage immédiat des présidents africains, d'hommes de confiance, souvent rompus aux techniques de contre-subversion, qui servent de « circuits courts » à l'Élysée et de « conseillers » aux dictateurs amis [→ II.5].

Stabilité et déstabilisation : le « grand jeu » de la France en Afrique

Si les dirigeants français ont tendance, dans leurs conversations privées, à considérer les présidents africains comme des « pions », des « enfants », voire comme de simples « toutous », la situation leur échappe plus souvent qu'ils ne le pensent. Certains de ces présidents se montrent en effet moins dociles que prévu.

Terriblement déçu par la disparition de « sa » Communauté, Félix Houphouët-Boigny lui-même se rebiffe dans le courant de l'année 1960 : il se résout à regret à l'idée d'indépendance mais refuse pendant quelques mois d'intégrer les dispositifs de coopération que la France entend imposer à ses anciennes colonies. Tout rentre cependant dans l'« ordre » au bout de quelques mois : la Côte d'Ivoire et ses alliés du Conseil de l'Entente (Niger, Dahomey, Haute-Volta) signent les accords de coopération en avril 1961. Et Houphouët s'affirme pour longtemps comme le plus fidèle relais de la politique française sur le continent africain [→ II.7].

Pour stabiliser les régimes pro-français, Houphouët s'oppose systématiquement à Nkrumah. Le leader ghanéen qui a fait de son pays une République en 1960 soutient les nouvelles oppositions francophones favorables à son projet d'unité africaine. À Bamako, le président Modibo Keïta s'oppose de plus en plus frontalement à la France. Estimant que l'éclatement de la Fédération du Mali à l'été 1960 rend caducs les accords signés avec Paris, il fait fermer la base militaire française de Kati, remplace le franc CFA par le franc malien et rejoint l'union formée par le Ghana et la Guinée tout en assumant ses liens avec le bloc soviétique.

Le président togolais Sylvanus Olympio refuse lui aussi de se soumettre à la tutelle envahissante de l'ex-métropole. S'il avait accepté, après son accession au pouvoir en avril 1958, de différer l'indépendance du Togo de quelques mois pour négocier avec la France des accords de coopération provisoires, il souhaite pouvoir développer des partenariats avec d'autres pays (États-Unis, Royaume-Uni, République fédérale d'Allemagne) et prévoit de sortir de la camisole monétaire que constitue selon lui le système CFA. Refusant donc de pérenniser les accords de coopération provisoires, il devient la bête noire des autorités françaises. Le 13 janvier 1963, il est assassiné par des militaires togolais de l'armée française fraîchement rentrés d'Algérie, avec la complicité active de l'ambassadeur de France à Lomé. « Il a été puni par où il a péché », juge cyniquement de Gaulle trois jours plus tard, comme le rapporte Alain Peyrefitte dans ses Mémoires. Fidèle ami de la France, l'ancien Premier ministre Nicolas Grunitzky, que les électeurs togolais avaient rejeté en avril 1958, est immédiatement rappelé au pouvoir et signe, quelques semaines plus tard, les accords de coopération définitifs que son prédécesseur refusait de parapher [→ p. 256].

Si elles n'ont aucun doute sur la nécessité d'aider les présidents amis à « consolider » leurs régimes, les autorités françaises hésitent parfois à les rétablir sur leurs trônes en cas de putsch ou de révolution. C'est ce qui se produit en août 1963 lorsque le président congolais Fulbert Youlou est renversé par un mouvement populaire. En contact téléphonique direct avec lui depuis Colombey le 15 août, de Gaulle propose au président congolais d'assurer sa protection personnelle mais refuse d'autoriser l'armée française à intervenir contre la foule massée devant son palais présidentiel, à Brazzaville. L'abbé Youlou, pourtant pro-français fidèle, est donc renversé : il est remplacé par un régime marxiste. « Que faire, quand une situation pareille se produit ? s'interroge le chef d'État lors du conseil des ministres, une semaine plus tard. Ou bien intervenir systématiquement : nous le pouvons, la force nous appartient, nous pouvons l'accroître. Mais à quoi ça nous conduira ? À agir partout et, finalement, à rétablir le gouverneur général, comme naguère. Ou bien procéder d'après les circonstances. C'est ce que nous avons fait. »

Foccart, injoignable lors de la crise congolaise (il était à la pêche), ne cachera pas son désaccord avec la doctrine gaullienne. Si la France ne montre pas son soutien indéfectible à ses « amis », explique-t-il, les coups d'État se multiplieront. Cette nouvelle doctrine s'impose dès l'année suivante : l'armée française rétablit le président gabonais Léon Mba, victime d'une tentative de putsch, en février 1964 [→ II.4].

L'homme de l'ombre de l'Élysée va plus loin : avec son ami Maurice Robert, responsable du secteur Afrique du SDECE, il s'interroge sur le meilleur moyen de se débarrasser du régime marxiste installé à Brazzaville. La discussion qui s'engage entre les deux hommes, évoquée par Robert dans ses Mémoires, *« Ministre » de l'Afrique* (2004), est révélatrice du sentiment de toute-puissance des dirigeants français. Faut-il simplement « renverser » le président congolais Alphonse Massamba-Débat, comme le propose Robert, ou faut-il en plus procéder à son « élimination physique », comme le préconise Foccart ?

La politique africaine de l'Élysée se clarifie au cours des années 1960. D'un côté, ne laisser aucune « subversion » déstabiliser les présidents « amis ». De l'autre, ne pas hésiter à déstabiliser les régimes qui pourraient nuire aux intérêts français. C'est déjà dans cette optique que Jacques Foccart et Pierre Messmer entreprennent, dès 1960, de déstabiliser l'ex-Congo belge rendu à l'indépendance le 30 juin 1960. Craignant que ce pays immense et convoité ne tombe dans l'escarcelle soviétique, la France transfère clandestinement des mercenaires et des officiers spécialistes de la « contre-subversion » dans la province sécessionniste du Katanga. Objectif : aider le leader katangais Moïse Tshombé, anticommuniste notoire, à faire imploser le Congo et placer sa richissime province, réservoir inestimable de cuivre, d'uranium et d'autres minerais stratégiques, dans la sphère d'influence française [→ III.5].

Malgré l'échec de cette politique, qui se solde par un fiasco en 1963, Paris organise une opération similaire cinq ans plus tard, à l'encontre cette fois du Nigéria. Avec l'aide des fidèles « amis » d'Abidjan et de Libreville, et en liaison avec le régime d'apartheid d'Afrique du Sud, Paris soutient à bout de bras la sécession du Biafra, dans l'espoir de mettre la main sur ses gigantesques ressources pétrolières et de démembrer le géant anglophone de l'Afrique occidentale [→ II.8]. Cette entreprise débouche sur un nouveau fiasco : l'« aide » militaire française n'aura fait que prolonger le conflit opposant les sécessionnistes biafrais au régime nigérian. Une guerre qui aura duré plus de deux ans, entre juillet 1967 et janvier 1970, et provoqué la mort de plusieurs centaines de milliers de personnes.

Repères bibliographiques

Jean-Pierre Bat, *Le Syndrome Foccart. La politique française en Afrique, de 1959 à nos jours*, Gallimard, coll. « Folio », Paris, 2012.

Joseph-Roger de Benoist, *L'Afrique occidentale française, de la conférence de Brazzaville (1944) à l'indépendance (1960)*, Nouvelles Éditions africaines, Dakar, 1982.

Amzat Boukari-Yabara, *Africa Unite ! Une histoire du panafricanisme*, La Découverte, Paris, 2014.

Tony Chafer, *La Fin de l'empire colonial français en Afrique de l'Ouest. Entre utopie et désillusion*, Presses universitaires de Rennes, Rennes, 2019.

Georges Chaffard, *Les Carnets secrets de la décolonisation*, tomes 1 et 2, Calmann-Lévy, Paris, 1965-1967.

Jacques Foccart, avec Philippe Gaillard, *Foccart parle*, tomes 1 et 2, Fayard/Jeune Afrique, Paris, 1995 et 1997.

Julien Meimon, *En quête de légitimité : le ministère de la Coopération (1959-1999)*, thèse de doctorat en sciences politiques, Université Lille II, 2005.

Julien Meimon, « L'invention de l'aide française au développement, Discours, instruments et pratiques d'une dynamique hégémonique », CERI/Sciences Po, *Questions de recherche*, n° 21, septembre 2007.

Guia Migani, *La France et l'Afrique sub-saharienne, 1957-1963. Histoire d'une décolonisation entre idéaux eurafricains et politique de puissance*, PIE Peter Lang, Bruxelles, 2008.

Alain Peyrefitte, *C'était de Gaulle*, tome 1, Fallois/Fayard, Paris, 1994.

Mathieu Rigouste, *L'Ennemi intérieur. Généalogie coloniale et militaire de l'ordre sécuritaire dans la France contemporaine*, La Découverte, Paris, 2009.

Marie-Monique Robin, *Escadrons de la mort, l'école française*, La Découverte, Paris, 2004.

Elizabeth Schmidt, « Anticolonial nationalism in French West Africa. What Made Guinea Unique ? », *African Studies Review*, vol. 52, n° 2, 2009.

Frédéric Turpin, *De Gaulle, Pompidou et l'Afrique, 1958-1974. Décoloniser et coopérer*, Les Indes savantes, Paris, 2010.

Maurice Vaïsse, *La Grandeur. Politique étrangère du général de Gaulle*, CNRS éditions, Paris, 2013.

François-Xavier Verschave, *La Françafrique. Le plus long scandale de la République*, Stock, Paris, 1998.

Marie-Catherine et Paul Villatoux, *La République et son armée face au « péril subversif ». Guerre et action psychologique en France (1945-1960)*, Les Indes savantes, Paris, 2005.

Le Sahara, clé de voûte de l'indépendance et de la puissance de la France

« Eldorado », « Far West », « Terre d'espoir »... Les journaux français ne lésinent pas sur les superlatifs après la découverte de pétrole et de gaz au Sahara. Des découvertes phénoménales. D'abord à Edjeleh à la frontière libyenne en janvier 1956. Puis à Hassi Messaoud en juin : un des champs pétrolifères les plus importants du monde. Et à Hassi R'Mel en novembre : un gigantesque gisement de gaz !

Ainsi sont récompensés les efforts des pionniers qui réclament depuis des décennies qu'on prospecte les sous-sols sahariens. Parmi ceux-ci, l'entreprenant diplomate Eirik Labonne, qui voit le Sahara comme la terre promise d'une nouvelle puissance eurafricaine [→ p. 105]. La première « Zone d'industrialisation stratégique », dont il est le concepteur, commence d'ailleurs à voir le jour à Colomb-Béchar, dans les confins algéro-marocains, lorsque jaillit enfin le pétrole saharien. Ses prédictions se voient donc validées : le Sahara sera à la fois le coffre-fort et la boîte à outils d'un nouvel Empire français.

Derrière le « prophète » Labonne, se profile un de ses disciples : Pierre Guillaumat. Diplômé de l'École des mines, membre des services secrets français pendant la guerre, Guillaumat cumule deux fonctions stratégiques dans les années 1950 : directeur du Bureau de recherches de pétrole (BRP) et administrateur général au Commissariat à l'énergie atomique (CEA)[1]. Au cœur de la prospection des sous-sols sahariens, il ne cache pas sa satisfaction devant l'Association des journalistes d'outre-mer qui organise un banquet en son honneur en janvier 1957. « Grâce au Sahara, sauf événement imprévu, la France se suffira en pétrole dans quinze ans », affirme-t-il, plein d'optimisme.

L'OCRS : détacher le Sahara pour s'emparer de son pétrole

« Sauf événement imprévu »... La précision fait évidemment référence aux « événements » qui menacent alors la présence française en Algérie. Pour éviter que le pétrole du Sahara algérien – et l'uranium dont on commence à suspecter la présence au nord du Niger – n'échappe à la France, le gouvernement de Guy Mollet remet au goût du jour une idée qui fait son chemin depuis le début des années 1950 : le remembrement du Sahara, dont les différentes régions sont administrées depuis Alger (Algérie), Dakar (AOF) et Brazzaville (AEF), et son rattachement direct à Paris.

Sans aller jusqu'à faire du Sahara unifié un département français, comme certains l'avaient imaginé,

1. Il occupe la première fonction de 1945 à 1950 puis de 1955 à 1959, et la seconde de 1951 à 1958.

le gouvernement crée l'Organisation commune des régions sahariennes (OCRS), qui regroupe sous une même administration les Territoires du Sud algérien et les régions septentrionales du Soudan français, du Niger et du Tchad. La Mauritanie est associée à cette nouvelle organisation à vocation « économique » et « sociale ». Le projet est déposé le 1er août 1956, quelques semaines après la découverte du gisement d'Hassi Messaoud et l'adoption de la loi-cadre Defferre. Ainsi unifie-t-on économiquement le « Sahara français » alors même qu'on balkanise politiquement l'AOF et l'AEF [→ II.1].

Le projet est supervisé par Félix Houphouët-Boigny, ministre délégué à la présidence du Conseil, qui est chargé d'en faire la promotion devant les députés. « À ce propos, il est digne de remarquer que l'homme d'État à qui ont été confiées les responsabilités sahariennes soit un Africain, originaire de la Côte d'Ivoire, qui, depuis des années, a fourni les preuves de son expérience politique », note la *Revue militaire d'information* dans un numéro spécial « Sahara ». Aidé par la crise de Suez, qui souligne le caractère stratégique du pétrole et de son acheminement, le gouvernement fait adopter le projet en décembre 1956.

« Nous voulons par l'exploitation des richesses pétrolières rendre à la France et à l'ensemble de l'Union française leur indépendance vis-à-vis de l'étranger en matière énergétique », déclare Houphouët-Boigny, interrogé dans son bureau ministériel par la télévision française, le 5 février 1957. De fait, la France met les bouchées doubles pour acheminer le pétrole saharien, dont les premiers barils arrivent en métropole dès 1957. Pour faciliter son transport, deux oléoducs sont mis en chantier. Le premier, qui relie Hassi Messaoud à Bougie (Béjaïa), est inauguré en décembre 1959. Le second, entre Fort-Polignac (In Amenas) et le port tunisien de Skhira, est mis en service en octobre 1960.

Le Sahara devient évidemment un enjeu crucial des négociations qui s'engagent entre le gouvernement français et le Gouvernement provisoire de la République algérienne (GPRA). Alors que de Gaulle, revenu au pouvoir en juin 1958, voudrait séparer le Sahara du reste du pays, les nationalistes algériens refusent catégoriquement d'abandonner à la France cet immense territoire. Un compromis s'esquisse fin 1961 lorsque de Gaulle renonce aux prétentions de souveraineté française sur le désert algérien. Objectif : garder en échange le contrôle du pétrole saharien après l'indépendance de l'Algérie.

Deux ans après les indépendances des colonies d'Afrique subsaharienne, ce compromis est une nouvelle manifestation de la conversion de De Gaulle à la logique néocoloniale. La France cède la souveraineté politique sur les territoires coloniaux pour mieux se concentrer sur l'exploitation de leurs sous-sols. Un recentrage qui doit se faire en « coopération » avec l'Algérie selon les accords d'Évian signés le 18 mars 1962. Moribonde depuis l'accession du Mali, du Niger et du Tchad à l'indépendance, et désormais limitée au périmètre algérien, l'OCRS se transforme en Organisme technique de mise en valeur des richesses du sous-sol saharien. La direction générale de cet « Organisme saharien » est confiée à Claude Cheysson, spécialiste de l'assistance technique aux pays du tiers-monde [→ p. 132]

Le désert algérien au service de la puissance nucléaire française

Le pétrole n'est pas la seule préoccupation du général de Gaulle. Ce qu'il veut conserver au Sahara, ce sont aussi – et peut-être surtout – les infrastructures militaires. Depuis l'entre-deux-guerres, la France a fait du Sahara – réputé vide d'habitants – un champ d'expérimentation des armes non conventionnelles. Un centre d'expérimentation d'armes chimiques est installé dès 1935 à Béni-Ounif, dans la région de Colomb-Béchar. On y teste le gaz moutarde et le phosgène. C'est dans cette région également qu'est implanté en 1947 le Centre interarmées d'essais d'engins spéciaux (CEES), où sont testés les missiles et les premières fusées spatiales françaises. En mai 1957, le gouvernement choisit le site de Reggane, au cœur du Sahara, pour installer le Centre saharien d'expérimentations militaires (CSEM), où seront testées les armes nucléaires confectionnées par les experts du CEA.

Pierre Guillaumat, patron du CEA depuis 1951, est à nouveau au cœur de ces expérimentations. Nommé ministre des Armées en juin 1958, il est chargé par de Gaulle de superviser l'accession de la France au rang de puissance nucléaire. C'est chose faite le 13 février 1960 : la première bombe A tricolore explose à Reggane (opération Gerboise bleue). « Hourra pour la France ! Depuis ce matin, elle est plus forte et plus fière », écrit le président français dans un télégramme adressé à Pierre Guillaumat, venu assister à cette première expérimentation. Une semaine plus tôt, Guillaumat a cédé son fauteuil de ministre des Armées à Pierre Messmer et a été nommé ministre de l'Énergie atomique et de la Recherche.

Pendant que les expérimentations se poursuivent, le gouvernement français négocie à Évian : il obtient le droit d'utiliser les sites militaires sahariens pendant encore cinq ans après l'indépendance de l'Algérie. Prenant la suite des quatre essais atmosphériques réalisés à Reggane en 1960-1961, treize essais souterrains sont effectués sur le site d'In Ekker entre 1962 et 1966. Mais la France prépare dans le même temps le transfert de ses activités sahariennes dans d'autres colonies : en Guyane pour les infrastructures spatiales et en Polynésie pour les expérimentations nucléaires [→ p. 647].

Les expérimentations chimiques et bactériologiques, pour leur part, se poursuivent bien après 1967 : la base militaire secrète B2-Namous, à Béni-Ounif, sera utilisée par l'armée française jusqu'en 1986, avec l'aval des autorités algériennes et sous une couverture civile : le site est officiellement confié à une filiale du groupe Thomson, la « Société d'études techniques et d'entreprise générale » (Sodeteg). L'existence de ce centre ne sera révélée qu'en 1997 par le journaliste Vincent Jauvert, dans *Le Nouvel Observateur*.

Quand reviennent les sables du passé

Soixante ans après les accords d'Évian, les expérimentations militaires françaises au Sahara continuent d'empoisonner l'atmosphère. Car, contrairement à ce qu'affirmaient les autorités françaises à l'époque, les effets néfastes de ces activités sensibles étaient très loin d'être contenus.

« Nulle part on n'a ressenti une augmentation sensible de la radioactivité, affirmait Pierre Guillaumat au conseil des ministres juste après le premier essai nucléaire de février 1960. Un millier d'hommes se trouvaient employés aux alentours immédiats du polygone de Reggane. Ces hommes, malgré leur position exposée, n'ont ressenti aucun effet fâcheux à la suite de cette expérience. » Un mensonge d'État contre lequel luttent depuis des années les nombreux militaires français dont la santé s'est brutalement dégradée après leur passage à Reggane ou à In Ekker. Une carte militaire, déclassifiée dans le cadre d'une enquête pénale déclenchée par ces vétérans, démontre l'hypocrisie du gouvernement français. « Pour le seul essai “Gerboise bleue” du 13 février 1960, les retombées radioactives, qui ont duré treize jours, ont recouvert toute l'Afrique du Nord, une partie de l'Afrique subsaharienne, jusqu'à atteindre les côtes espagnoles et une partie de la Sicile, détaille *Le Monde* en septembre 2020. Dans la capitale tchadienne, Ndjamena, la radioactivité a même contaminé l'eau. »

Ce n'est là qu'un aspect du problème, soulignent Jean-Marie Colin et Patrice Bouveret, auteurs en 2020 d'un rapport alarmant sur les déchets radioactifs qui jonchent le Sahara depuis soixante ans et que l'armée française n'a jamais pris la peine d'inventorier (« Sous le sable, la radioactivité ! »). Ainsi, entre la pollution de l'air et la contamination des sols, c'est en dizaines de milliers que se comptent les victimes potentielles des essais nucléaires : les 20 000 militaires et civils qui ont travaillé sur les sites et les dizaines de milliers d'habitants qui résident, ou transitent, dans ces zones.

En février 2021, l'affaire s'est également rappelée au bon souvenir des Français : des vents venus du Sahara ont ramené jusque dans l'Hexagone les particules de césium 137 produites par les expérimentations nucléaires réalisées dans le désert des décennies plus tôt.

Thomas Deltombe

Chapitre 1

De la loi-cadre Defferre à la Communauté : les rails institutionnels du néocolonialisme

Ghislain Youdji Tchuisseu et Thomas Deltombe

Le roman national français présente les réformes coloniales entreprises par le gouvernement à la fin des années 1950 comme un moyen de préparer l'indépendance des territoires d'outre-mer. Certains historiens spécialistes des questions coloniales valident ce récit en se focalisant sur les avancées « démocratiques » de la loi-cadre Defferre et de la Communauté. La loi-cadre Defferre, mise en œuvre par la IVe République finissante entre 1956 et 1957, comme la Communauté, instaurée par la Ve République naissante entre 1958 et 1959, constitueraient les ultimes « étapes dans le processus d'émancipation » des colonies africaines de la France.

Un examen rigoureux de ces deux dispositifs, législatif et constitutionnel, incite pourtant à nuancer cette interprétation, qui fait la part belle aux dirigeants français. S'ils témoignent de la volonté de ces derniers d'« anticiper les événements », ces deux dispositifs sont loin de confirmer la volonté des gouvernements français d'accompagner les colonisés vers l'indépendance. L'objectif réel de ces deux réformes complémentaires est plutôt d'éviter la « séparation » des colonies africaines de la métropole française.

L'autonomie partielle contre l'indépendance réelle

Dès sa naissance, la IVe République se débat avec les contradictions de la Constitution de 1946. Alors que celle-ci octroie la citoyenneté aux habitants de l'Union française, l'égalité reste purement théorique. Divers mécanismes légaux verrouillent le système électoral pour empêcher que la métropole ne devienne la « colonie de ses colonies », selon l'expression d'Édouard Herriot : double collège, restriction du corps électoral, sous-représentation de l'outre-mer dans les parlements métropolitains, encadrement strict des Assemblées territoriales, etc. Sur le plan social et économique, les inégalités restent abyssales [→ I, introduction].

Confrontés à la pression des colonisés, qui mettent en avant leur statut de citoyens et qui s'inspirent des progrès politiques observables dans d'autres espaces coloniaux, en Gold Coast britannique notamment, les dirigeants français acceptent de « lâcher du lest ». Cela se concrétise par l'octroi en 1952 d'un code du travail et par quelques timides réformes administratives. Ces concessions accordées aux colonisés font craindre l'explosion des « charges » coloniales. D'où l'idée, au milieu des années 1950, d'entreprendre une réforme d'ampleur qui permettrait de mettre un terme aux revendications à peu de coûts économiques et politiques [→ I.2.].

Au cours des années 1954-1955, les fonctionnaires du ministère de la France d'outre-mer (FOM) multiplient les rapports cherchant à identifier les manières de transférer certaines compétences aux élites africaines. Un tel transfert permettrait d'amortir les coûts administratifs tout en encadrant politiquement les revendications. *Leur* confier quelques responsabilités, se dit-on, serait le meilleur moyen de les mettre dans *notre* camp et de les empêcher de suivre la pente glissante de ce que les milieux coloniaux appellent des « revendications démagogiques ».

Telle est la ligne politique adoptée par le gouvernement d'Edgar Faure (février 1955-janvier 1956), sous la houlette de Pierre-Henri Teitgen, ministre de la FOM. Directeur des Affaires politiques au ministère de la FOM à partir de 1954, Léon Pignon joue un rôle essentiel dans cette politique. Adjoint d'Henri Laurentie, en 1943-1944, lorsque celui-ci organisait la conférence de Brazzaville, il est resté depuis lors un ardent partisan de la politique d'association, seule solution réaliste selon lui pour renforcer les liens franco-africains [→ I, introduction].

Territoire sous tutelle de l'ONU, associé à l'Union française, le Togo français est le premier concerné par cet élan réformiste. En raison des craintes liées à son statut particulier de zone tampon avec l'espace colonial britannique, ce territoire est doté en avril 1955 – après trois ans de débat parlementaire – d'un Conseil de gouvernement de dix membres, nommés pour moitié par le haut-commissaire, représentant la France, et pour moitié par l'Assemblée territoriale, qui voit au passage ses compétences élargies. Le Togo français deviendra l'année suivante une « République autonome ».

En parallèle, Teitgen demande à ses services de mettre au point un projet de loi favorisant la décentralisation administrative de l'Union française. Préparé par l'administrateur Pierre Sanner et déposé fin 1955, ce projet amènerait la métropole à se concentrer sur les domaines prioritaires et communs (armée, police, justice, diplomatie, monnaie, douanes, exploitation minière, etc.) et à déléguer aux territoires les domaines secondaires locaux (éducation, santé, services sociaux, fonction publique territoriale, etc.).

Le projet Teitgen-Sanner inspire le gouvernement suivant, issu des élections législatives de janvier 1956 et présidé par Guy Mollet. Dès le 29 février, le nouveau ministre de la FOM Gaston Defferre dépose un projet de loi-cadre réformant en profondeur l'Union française. « Trop de fois, au-delà des mers, les Français ont donné l'impression qu'ils n'étaient pas capables d'agir en temps utile ; trop souvent, nous avons été le jouet des événements, explique le ministre devant l'Assemblée de l'Union française. Aujourd'hui, si nous savons dominer les événements, si nous savons les devancer, alors nous pourrons rétablir [en Afrique noire] un climat de confiance et de concorde… »

Ce sentiment d'urgence explique le recours à une « loi-cadre ». Ce dispositif législatif spécial permet au pouvoir exécutif d'accélérer les procédures : le gouvernement est autorisé par le Parlement à statuer par décrets dans un domaine normalement réservé au pouvoir législatif. S'étant ainsi dessaisi, le Parlement ne sera plus consulté que pour avis sur les mesures gouvernementales prises pour chacun des territoires d'outre-mer. Se référant à l'Afrique du Nord, Defferre défend cette procédure accélérée devant le Conseil de la République (le Sénat de la IVe République) le 7 juin 1956 : « N'accréditons pas cette idée, inexacte mais dangereuse, que la France ne s'occupe des peuples d'outre-mer que quand la révolte commence à gronder ou le sang à couler. » À la « politique d'abandon », qui consiste selon lui à se laisser déborder par les revendications populaires, Defferre oppose la « politique d'évolution » qui « sait prévoir et agir en temps utile, qui permet à la colonisation d'atteindre son véritable objectif ».

Si Defferre a attaché son nom à la loi-cadre n° 56-619, adoptée le 23 juin 1956, il est loin d'en être l'unique concepteur. Outre le président du Conseil Guy Mollet, deux autres ministres cosignent d'ailleurs cette loi : François Mitterrand (UDSR), ministre de la Justice, et Félix Houphouët-Boigny (RDA), ministre délégué à la présidence du Conseil. Mais les principaux rédacteurs de ce texte se trouvent au sein des cabinets ministériels. En plus de Léon Pignon, resté à son poste depuis 1954, deux hommes jouent un rôle déterminant : Pierre Messmer, nommé directeur de cabinet de Defferre après avoir servi deux ans comme gouverneur de Côte d'Ivoire, où il a noué d'excellentes relations avec Houphouët-Boigny ; et Jacques Kosciusko-Morizet, directeur de cabinet d'Houphouët-Boigny et cadre important de l'UDSR. Il est donc peu surprenant que la philosophie générale de la loi-cadre corresponde exactement à la stratégie promue depuis plusieurs années par le groupe parlementaire UDSR-RDA [→ I.7].

Gaston Defferre, Félix Houphouët-Boigny et François Mitterrand sortant d'une consultation à l'Élysée, le 27 mai 1957. *© Roger Viollet via AFP*

Une « avancée » en trompe-l'œil

Adoptée en juin 1956, la loi-cadre est décrite à l'époque comme une audacieuse « avancée » et la preuve d'une exceptionnelle « générosité ». Si l'on se réfère aux revendications des parlementaires africains depuis 1945, certaines dispositions de la loi apparaissent en effet comme d'indéniables progrès : le système du double collège est aboli et le suffrage universel accordé aux Africains. Ainsi les électeurs blancs et noirs sont enfin mis sur un pied d'égalité. À cela s'ajoutent l'élargissement des prérogatives territoriales et la création d'institutions nouvelles. Dans chaque territoire, un « Conseil de gouvernement » – sorte de gouvernement miniature – est institué. Les Assemblées territoriales sont dotées pour la première fois d'un pouvoir législatif pour les domaines secondaires et locaux. Des conseils de circonscriptions et de collectivités rurales sont créés. Grâce à l'« autonomie interne » ainsi octroyée, une nouvelle classe de notables s'installe à des postes à responsabilités.

Mais derrière ces progrès apparents, les blocages et les faux-semblants sont omniprésents. Le Conseil de gouvernement est présidé par le chef du territoire – gouverneur ou haut-commissaire – nommé par le Conseil des ministres à Paris. C'est donc l'ancien gouverneur colonial qui demeure le « patron » du territoire. Le « vice-président » et les ministres sont désignés par le parti majoritaire à l'Assemblée territoriale. Ils exercent un pouvoir nouveau mais relatif car toutes les décisions importantes doivent recevoir l'aval du chef du territoire. Deux problèmes en découlent. D'une part, les prérogatives laissées aux ministres autochtones sont réduites à la portion congrue. Il ne s'agit que de « joujoux » et de « sucettes », s'insurge Léopold Sédar Senghor en janvier 1957 au moment où des décrets d'application sont présentés à l'Assemblée nationale. D'autre part, le suffrage universel ne sert qu'à donner une onction démocratique à un « gouvernement » territorial qui reste, en réalité, sous la tutelle directe de la France. Aux « apparences du pouvoir », selon Senghor, s'ajoute donc une apparence de démocratie. Et cela d'autant plus que l'administration coloniale garde la main sur l'ensemble du processus électoral, dont elle hésite rarement à orienter les résultats…

Deux autres limites majeures à l'exercice d'une prétendue citoyenneté persistent au plan électoral. D'une part, la loi-cadre ne modifie pas le nombre de sièges réservés aux territoires africains à l'Assemblée nationale française, où ils restent donc largement sous-représentés. D'autre part, le suffrage universel ne concerne dans les faits que les élections territoriales et locales : le seul scrutin « français » auquel les électeurs africains participeront sera le référendum du 28 septembre 1958 qui abolira l'Union française et supprimera la représentation des territoires africains au Parlement français.

La loi-cadre a également de lourdes conséquences administratives. Elle instaure une distinction entre la fonction publique dite d'État, liée aux domaines définis comme stratégiques, et la fonction publique territoriale. « Alors que les fonctionnaires de l'État continueraient à travailler pour le gouvernement français et d'être payés selon les barèmes de la métropole, les salaires et les conditions de travail des fonctionnaires territoriaux relèveraient des Assemblées territoriales locales qui devraient désormais trouver les moyens de financement », détaille l'historien Tony Chafer. En d'autres termes, l'autonomie interne, en introduisant une discrimination entre agents métropolitains et agents territoriaux, a pour la métropole un double avantage : elle lui permet à la fois de ne pas répondre aux demandes syndicales d'égalité salariale entre fonctionnaires noirs et blancs et de se délester d'une partie importante des charges qui lui incombaient jusque-là.

La loi-cadre apparaît finalement comme une opération de division. Division, d'une part, entre les élites africaines, plus redevables que jamais au gouvernement français, et la population, qui constate que la nouvelle représentation renforce sa subordination. Division, d'autre part, entre les cadres administratifs, installés pour la plupart en ville, et les contribuables, qui financent les salaires des précédents avec les maigres revenus issus d'un travail essentiellement rural. Selon l'expression de l'historien Frederick Cooper, la loi-cadre est politiquement un « coup de génie » : les responsables politiques africains, qui jouissent désormais dans leur territoire respectif d'un pouvoir relatif et d'une apparente légitimité démocratique, se retrouvent en première ligne face aux revendications politiques et sociales… que la métropole empêchera de satisfaire à l'avenir en confisquant aux territoires d'importantes ressources budgétaires.

Diviser l'Afrique pour renforcer la France

L'accroissement de ces inégalités politiques, économiques et sociales n'est pas le premier sujet de préoccupation des élites africaines, puisqu'elles en sont d'une certaine manière les principales bénéficiaires. Elles s'intéressent en revanche à un autre sujet d'importance : la « balkanisation » de l'Afrique française. Tel est en effet un des principaux reproches adressés à la loi-cadre : sous prétexte d'« autonomiser » les territoires d'outre-mer, elle sape les efforts de coordination des décisions et de répartition des richesses au sein des « fédérations » d'AOF et d'AEF. En « territorialisant » ainsi le pré carré français, elle met les territoires en situation de concurrence. Conséquence : la métropole renforce son hégémonie en jouant les arbitres et en distribuant à son gré les crédits destinés à l'outre-mer.

Les responsables sénégalais, attachés aux fédérations et conscients de la fragilité économique des territoires, sont les premiers à s'insurger contre cette « territorialisation ». La réforme poussée par le gouvernement, prévient par exemple le député Mamadou Dia avant le vote de la loi, aboutira à « une décentralisation à rebours qui, en démantelant les fédérations, resserrer[a] le corset du pouvoir central ». À l'inverse, le ministre Houphouët-Boigny, président du RDA, est le principal promoteur de la « territorialisation » : homme fort de la Côte d'Ivoire, territoire le plus prospère d'AOF, il préfère dialoguer directement avec Paris plutôt que d'avoir à débattre à Dakar de la répartition des richesses « communes ».

Les élections territoriales du 31 mars 1957, prévues par la loi-cadre, vont intensifier l'activité politique et multiplier les tensions au sein des élites politiques africaines. Au niveau interterritorial, et notamment entre les territoires qui forment l'AOF, le débat sur la place des structures fédérales, polarisé autour de Senghor et Houphouët, se radicalise. Le premier défend l'idée d'une confédération, avec une « fédération primaire » rassemblant les territoires d'AOF et les associant collectivement à la France. Le second défend une conception fédérale, où les territoires s'associeraient individuellement, et directement, à la France sans intermédiation panafricaine.

À l'approche du scrutin du 31 mars pour la formation des premières Assemblées territoriales post-loi-cadre, on assiste à diverses tentatives de coalitions politiques en AOF. Deux formations tentent, à l'échelle interterritoriale, de faire contrepoids au RDA d'Houphouët : la Convention africaine et le Mouvement socialiste africain (MSA). La première rassemble autour de Senghor plusieurs partis à l'hégémonie fragile dans leur territoire. Son objectif affiché est l'unification de tous les partis d'Afrique noire française grâce à une alliance, à terme, avec le RDA. Le MSA rassemble de son côté les partis socialistes autour de Lamine Guèye et affirme son hostilité à l'unification des formations politiques au sein d'un parti interterritorial unique.

À la faveur de ces élections, la vie politique s'anime également à l'échelle territoriale. Alors que certains territoires sont dominés par un parti hégémonique, d'autres connaissent des situations plus concurrentielles selon certaines lignes de fractures régionales et ethniques, comme en Haute-Volta et au Dahomey. Puisqu'elles doivent déboucher sur la désignation d'un « vice-président » et de « ministres », ces élections participent en outre à la personnalisation de la vie politique locale.

Globalement, les formations territoriales affiliées au RDA sortent confortées par le scrutin du 31 mars. Elles l'emportent notamment en Côte d'Ivoire (PDCI, d'Houphouët-Boigny), au Soudan français (US, de Modibo Keïta), en Guinée (PDG, de Sékou Touré), en Haute-Volta (PDU, d'Ouezzin Coulibaly), au Tchad (PPT, de François Tombalbaye) et au Gabon (Bloc démocratique gabonais [BDG], de Léon Mba). Cependant, la formation houphouétiste ne parvient pas à s'imposer partout. Elle est fortement contestée par la Convention africaine qui l'emporte au Sénégal et est représentée dans trois autres assemblées. Mais c'est au Niger que la direction du RDA reçoit son camouflet le plus cinglant : le candidat houphouétiste Hamani Diori est battu par un dissident du RDA : Djibo Bakary, leader de l'Union démocratique nigérienne (UDN, dit Sawaba), qui avait rompu avec Houphouët après son tournant pro-colonial et anticommuniste [→ I.8].

Les nouvelles configurations peinent toutefois à clarifier le paysage politique africain. Les rivalités personnelles, les divergences idéologiques et les affiliations partisanes brouillent encore plus les cartes. C'est ce que l'on constate notamment au IIIe Congrès du RDA qui se tient à Bamako en septembre 1957, au cours duquel Sékou Touré, qui se rallie à l'option confédérale de Senghor, défie ouvertement Houphouët-Boigny sans pour autant rompre avec le RDA.

Entre 1957 et 1958, les différentes tentatives d'alliances interafricaines, avec puis sans le RDA, ne clarifient guère la situation. Elles aboutissent finalement à la création du Parti du regroupement africain (PRA), sorte d'alliance anti-houphouétiste au sein de laquelle les rivalités et les désaccords – notamment entre Djibo Bakary et Léopold Sédar Senghor – s'afficheront vite au grand jour.

La Communauté : un dispositif autoritaire

Le retour au pouvoir du général de Gaulle en mai 1958 vient confirmer les évolutions en cours. En maintenant Houphouët-Boigny au sein du gouvernement, au rang de ministre d'État, le nouveau pouvoir conforte l'hégémonie du leader ivoirien sur la scène politique franco-africaine. Il fait partie des quatre ministres représentés au comité interministériel chargé, sous la houlette du ministre de la Justice Michel Debré, d'élaborer le projet de la nouvelle Constitution dès juin 1958. Léopold Sédar Senghor, Lamine Guèye, Gabriel Lisette et Philibert Tsiranana sont également impliqués dans le processus mais seulement comme membres du Comité consultatif constitutionnel (CCC) formé en juillet, n'ayant d'autre pouvoir que de donner un avis sur le projet gouvernemental.

Les autres élus africains, députés à l'Assemblée nationale française ou membres des Assemblées territoriales, sont abruptement exclus du processus. Pour compenser cette exclusion, les vice-présidents des Conseils de gouvernement d'AOF et d'AEF sont élevés, le 26 juillet 1958, au rang très théorique de « présidents » desdits Conseils. Un cas particulier mérite d'être évoqué dans ce processus de marginalisation des responsables politiques africains : celui de Sékou Touré, député de Guinée à Paris et vice-président du Conseil de gouvernement à Conakry. Alors que le ministre de la France d'outre-mer, Bernard Cornut-Gentille, l'avait chaudement recommandé pour faire partie du CCC, son nom est rejeté à la demande expresse d'Houphouët-Boigny. Une exclusion qui ne sera pas sans conséquence sur son positionnement ultérieur concernant le projet constitutionnel [→ II.3].

Sur le plan institutionnel, la Communauté gaullienne approfondit les réformes de la loi-cadre Defferre. La métropole conserve sa mainmise sur les compétences « communes », les domaines prioritaires définis en 1956. Les territoires d'outre-mer s'autonomisent encore en prenant la forme d'« États », distincts de l'État français mais membres de la Communauté. Les fédérations d'AOF et d'AEF sont formellement dissoutes (leurs hauts-commissaires respectifs, Pierre Messmer et Yvon Bourges, ne quitteront leurs fonctions qu'en décembre 1959 et août 1960).

Les sièges réservés aux Africains dans les assemblées métropolitaines, sont quant à eux purement et simplement supprimés. Les intérêts des territoires ne seront plus défendus à Paris par des députés africains, figures centrales des relations franco-africaines sous la IVe République [→ I.4.], mais par les responsables gouvernementaux des États membres de la Communauté. Ainsi disparaît la trace la plus visible du projet assimilationniste d'antan, au profit du projet associationniste porté par les théoriciens réformistes de la colonisation [→ I, introduction].

La procédure choisie pour faire adopter le projet gouvernemental, le référendum, souligne les intentions gaulliennes. D'une part, les électeurs africains sont appelés à se prononcer sur l'ensemble du texte constitutionnel, et pas seulement sur son titre XII consacré à la Communauté : cela indique que les territoires d'outre-mer restent sous la tutelle française malgré l'« autonomie » qu'on leur propose. D'autre part, le référendum du 28 septembre 1958 est territorialisé : les électeurs sont consultés sur une base territoriale et non « fédérale ». Ce choix radicalise les enjeux : les territoires qui voteront « oui » garderont la possibilité d'agir collectivement (sous l'égide de la France) ; ceux qui voteront « non » choisiront la « sécession », comme l'explique de Gaulle, et en assumeront les « conséquences » : une certaine forme d'isolement (politique, économique, diplomatique, etc.). Ainsi organisé, le référendum vise à mettre en porte-à-faux les électeurs progressistes, sommés de choisir entre leur désir d'indépendance et leur attachement à une certaine solidarité africaine.

Craignant que ce chantage ne se retourne contre lui, le pouvoir gaulliste introduit dans le projet de Constitution, à la toute fin de l'été 1958, quelques ouvertures institutionnelles : l'article 76 autorise des États à adhérer de façon « groupée » à la Communauté et l'article 78 laisse entrouverte l'hypothèse d'une indépendance en association avec la France via des « accords particuliers ». Deux brèches dans lesquelles les dirigeants sénégalais et soudanais s'engouffrent pour constituer, fin 1958, la Fédération du Mali et demander, quelques mois plus tard, son accession à l'« indépendance dans la coopération » avec la France [→ II, introduction].

L'élimination politique de Djibo Bakary : un cas d'école

Le référendum du 28 septembre 1958 aura obligé l'ensemble du personnel politique africain à se positionner publiquement par rapport à la France. Cette injonction met en difficulté l'aile « progressiste » du RDA, emmenée par les leaders guinéen Sékou Touré et soudanais Modibo Keïta. Les deux hommes ont longtemps louvoyé entre les positions pro-françaises de la direction centrale du RDA et les aspirations plus revendicatives de la base militante : ils ont tous deux voté en faveur de la loi-cadre en 1956 avant de se rapprocher de la position confédérale en 1957. Sommé de clarifier ses positions à l'été 1958, Sékou Touré opte *in extremis* pour le « non » au référendum du 28 septembre et subira les rudes conséquences d'une indépendance obtenue à l'arraché [→ II.3]. Modibo Keïta, qui était membre du gouvernement français entre juin 1957 et mai 1958, fait le choix inverse : donnant la priorité à la constitution d'une confédération africaine, il appelle les électeurs soudanais (maliens) à voter « oui » à la Communauté et à renoncer à l'indépendance immédiate. Il s'allie avec Senghor pour constituer la Fédération du Mali [→ II, introduction].

Moins connu est le cas de Djibo Bakary, président du Conseil nigérien et leader du Sawaba. Dès le mois de juillet 1958, Djibo Bakary s'en prend au projet gaullien et au morcellement territorial qu'il implique. Ce projet, déclare-t-il à l'AFP le 18 juillet, est « teinté d'esprit impérialiste ». Tenant fermement sa position lors du congrès du PRA qui se tient à Cotonou une semaine plus tard, il met Senghor en minorité et emporte l'adhésion de la majorité des délégués.

Rejetant le chantage économique au cœur du projet gaullien, Djibo Bakary souligne les faux-semblants du Fonds d'investissement pour le développement économique et social (FIDES) [→ I.2.] et critique la distribution inégalitaire des crédits métropolitains, répartis en fonction des intérêts de la France plutôt que des Africains. Le Niger, note-t-il, reçoit significativement moins de crédits que le Gabon moins peuplé mais exportateur de pétrole depuis 1957. Djibo Bakary le proclame clairement : le Niger veut son indépendance immédiate, même si cela doit lui coûter quelques subsides français.

Stupéfaits, les gaullistes enragent. S'en prenant aux « radicaux » du congrès du PRA dans l'éditorial de sa *Lettre à l'Union française*, le 31 juillet, Jacques Foccart menace : « A-t-on bien mesuré les conséquences de certains propos tenus à la tribune, et mis à l'intérieur du mot "indépendance" tout ce qu'il comporte de réalités et de responsabilités austères ? Et si l'on s'en tient à l'imagerie facile, ou à la magie des formules, s'est-on rendu compte de ce que signifie l'indépendance dans la misère et l'ignorance, les apparences de l'indépendance sous le contrôle de puissances économiques qui ne se reconnaissent point de responsabilités morales ? »

En coulisse, la décision est prise : il faut écraser Djibo Bakary et faire triompher le « oui » au Niger. Le gouverneur du territoire, Louis Rollet, jugé trop mou – Pierre Messmer le décrit dans ses Mémoires comme « trop honnête intellectuellement » pour « démolir » le président du Conseil nigérien –, est remplacé par un homme à poigne : Don Jean Colombani. Ce dernier, arrivé au Niger un mois avant le référendum, lance une vaste opération pour stimuler la campagne en faveur du « oui ». Hamani Diori, le représentant local du RDA, battu par Bakary en mars 1957, entrevoit sa revanche. Soutenu à bout de bras par le haut-commissaire Messmer à Dakar et par le gouverneur Colombani à Niamey, il bénéficie aussi de l'aide d'Houphouët-Boigny à Abidjan. « La Côte d'Ivoire fournit à la campagne en faveur du "oui" d'importantes sommes d'argent, des véhicules et du personnel (hommes armés, conseillers, "spécialistes" électoraux) », note l'historien Klaas van Walraven, le grand spécialiste de ces événements.

Ce volet de l'opération est complété par une campagne d'intimidation contre le Sawaba et les partisans du « non ». Colombani va jusqu'à faire appel à Raoul Salan, délégué du gouvernement français en Algérie : des escadrons de l'armée française sont transférés d'Algérie au Niger pour mener une politique de terreur dans les fiefs électoraux du Sawaba. « Quelque quarante mille villageois terrifiés fuient au Nigéria », relève l'historienne Elizabeth Schmidt. Ainsi la France parvient-elle à « renverser la situation en faveur du "oui" », selon l'expression utilisée par Salan dans ses Mémoires (*Fin d'un empire*, 1974).

C'est dans ces conditions que le « oui » l'emporte au Niger le 28 septembre 1958, avec 78 % des suffrages exprimés (mais 64 % d'abstention). Cependant les autorités françaises ne s'arrêtent pas là : profitant de leur victoire électorale, elles poussent Djibo Bakary à la démission, installent Hamani Diori à sa place et utilisent tous les moyens à leur disposition pour convaincre l'Assemblée territoriale nigérienne de s'autodissoudre. De nouvelles élections sont donc organisées en décembre, dans des conditions similaires à celles qui avaient prévalu à l'occasion du référendum, qui permettent enfin d'installer définitivement un régime pro-français à Niamey. Il s'agit, selon l'historien Klaas van Walraven, du « premier coup d'État en Afrique » : un coup de force qui permet à la France et à ses auxiliaires nigériens de reprendre le contrôle d'un pays qui risquait de leur échapper depuis que Djibo Bakary et le Sawaba avaient sorti le Niger du chemin que lui avait tracé la loi-cadre Defferre.

Repères bibliographiques

Djibo BAKARY, *« Silence ! On décolonise... » Itinéraire politique et syndical d'un militant africain*, L'Harmattan, Paris, 1992.

Nicolas BANCEL, « La voie étroite : la sélection des dirigeants africains lors de la transition vers la décolonisation », *Mouvements*, vol. 21-22, n° 3, 2002.

Joseph-Roger DE BENOIST, *L'Afrique occidentale française de la Conférence de Brazzaville (1944) à l'indépendance (1960)*, Nouvelles Éditions africaines, Dakar, 1982.

Georges CHAFFARD, *Les Carnets secrets de la décolonisation*, tome 2, Calmann-Lévy, Paris, 1967.

Tony CHAFER, *La Fin de l'empire colonial français en Afrique de l'Ouest. Entre utopie et désillusion*, Presses universitaires de Rennes, Rennes, 2019.

Frederick COOPER, *Décolonisation et travail en Afrique, l'Afrique britannique et française, 1935-1960*, Karthala-Sephis, Paris, 2004.

Frederick COOPER, *Français et Africains ? Être citoyen au temps de la décolonisation*, Payot, Paris, 2014.

Abdoulaye DIALLO, « Sékou Touré et l'indépendance guinéenne. Déconstruction d'un mythe et retour sur une histoire », *Outre-mers*, vol. 95, n° 358-359, 2008.

Martin SHIPWAY, « Gaston Defferre's Loi-Cadre and its Application, 1956/57. Last Chance for a French African "Empire-State" or Blueprint for Decolonisation ? », *in* Tony CHAFER et Alexander KEESE (dir.), *Francophone Africa at Fifty*, Manchester University Press, Manchester, 2013.

Elizabeth SCHMIDT, « Anticolonial Nationalism in French West Africa. What Made Guinea Unique ? », *African Studies Review*, vol. 52, n° 2, 2009.

Klaas VAN WALRAVEN, *Le Désir de calme. L'histoire du mouvement Sawaba au Niger*, Presses universitaires de Rennes, Rennes, 2017.

Chapitre 2

Un laboratoire de la Françafrique : la guerre du Cameroun

Thomas Deltombe

Lorsque son avion décolle pour Yaoundé en avril 1956, Pierre Messmer sait qu'il a une mission précise à accomplir. Quittant le poste stratégique de directeur de cabinet de Gaston Defferre, ministre de la France d'outre-mer, il sait aussi que sa nomination comme haut-commissaire de la France au Cameroun ne doit rien au hasard.

Le nouveau patron du Cameroun affectionne particulièrement ce territoire. Il y a effectué un long séjour dès 1937, au cours de sa scolarité à l'École coloniale, et y est retourné en 1940, comme lieutenant des Forces françaises libres (FFL). Deux séjours qui lui ont laissé des souvenirs impérissables, comme il le raconte dans ses Mémoires. Quelle joie, à 24 ans, de pouvoir mener sous les tropiques, grâce à un bel uniforme, cette « vie idiote » consistant à « courir les filles » et « chasser l'éléphant » !

Seize ans plus tard, la mission que lui confie Gaston Defferre est autrement plus sérieuse. Il s'agit d'appliquer au Cameroun les dispositions de la loi-cadre, dont Messmer est un des concepteurs [→ II.1], pour arrimer définitivement ce territoire à ce qu'on appelle encore l'Union française.

Car le Cameroun – comme le Togo – n'est pas une « colonie » comme les autres. Juridiquement, ce n'est même pas une colonie du tout : il s'agit d'un territoire sous tutelle de l'Organisation des Nations unies (ONU), que la France et l'Angleterre administrent depuis la fin de la Première Guerre mondiale au nom de la communauté internationale.

Ce statut particulier, qui nourrit le nationalisme camerounais et fragilise l'impérialisme français, explique la place singulière que le Cameroun occupe dans l'histoire de la Françafrique. Pour maintenir ce territoire dans son orbite, Paris va y mener une guerre secrète pendant une dizaine d'années (du milieu des années 1950 au milieu des années 1960), et y imposer une « indépendance » favorable aux intérêts français. Au prix de dizaines de milliers de victimes.

Des « territoires associés » sous haute surveillance

Comme toutes les ex-colonies allemandes ou ottomanes, « Kamerun » et « Togoland » deviennent des territoires internationaux à l'issue de la Grande Guerre. La Société des Nations (SDN) confie la majeure partie de ces territoires à l'administration française et le restant aux Britanniques. Alors que les mandats du Levant (Syrie, Liban, Palestine) accèdent à l'indépendance après la Seconde Guerre mondiale, la jeune ONU maintient les ex-mandats africains (Cameroun, Togo, Rwanda, Burundi, etc.) sous « tutelle internationale ». Les puissances administrantes, comme on les appelle, sont tenues de respecter les dispositions de la Charte des Nations unies (1945), en particulier l'article 76 qui les engage à « favoriser l'évolution progressive » des territoires sous tutelle « vers la capacité à s'administrer eux-mêmes ou l'indépendance ».

Pour les défenseurs de l'Empire, la référence à l'éventuelle indépendance du Togo et du Cameroun risque de porter un coup fatal à l'édifice colonial français. « D'ores et déjà, deux brèches s'ouvrent dans la façade africaine de l'Union », s'alarme le très gaulliste Jacques Soustelle fin 1946. L'inquiétude grandit lorsque le monde est secoué par les turbulences conjuguées de la guerre froide et des indépendances asiatiques. Les Occidentaux craignent de voir leurs bastions tomber comme des dominos dans l'escarcelle soviétique. Que se passera-t-il en Afrique si le vent du communisme et du nationalisme s'engouffre dans les brèches ouvertes par l'ONU ?

Territoires singuliers, le Togo et le Cameroun sont au cœur de la réflexion sur l'assimilation et l'association qui agite depuis toujours les théoriciens français de la colonisation [→ I, introduction]. Perçus comme un danger par les tenants de l'assimilation, ces « territoires associés » – selon la terminologie de l'Union française – apparaissent au contraire comme un modèle d'avenir aux « réformistes » qui militent pour la modernisation des liens coloniaux franco-africains. La crise du modèle assimilationniste dans la première moitié des années 1950 [→ I.2] fait de ces territoires associés le champ d'étude préféré du réformisme colonial.

Frontalier de la Gold Coast, qui s'engage dans la première moitié des années 1950 dans la voie de l'autonomie, puis de l'indépendance, le Togo français est particulièrement surveillé. Là plus qu'ailleurs, il faut éviter de se laisser distancer par la politique menée par les Britanniques dans la colonie voisine. Une politique qui, comme s'en alarme Jacques Foccart dans un article publié en février 1952, risque par contagion d'entraîner les Togo britannique et français « sur le chemin des abandons ».

Le danger est d'autant plus grand, affirment les observateurs français, qu'un mouvement indépendantiste se développe dangereusement sous la bannière du Comité de l'unité togolaise (CUT). Le leader du mouvement, l'emblématique Sylvanus Olympio, inquiète particulièrement les autorités coloniales. Lesquelles décrivent volontiers cet habile stratège, diplômé de la London School of Economics (LSE) et salarié de la multinationale Unilever, comme le pion des Britanniques au Togo français.

Dissoudre le nationalisme camerounais

Les Français s'émeuvent tout autant de la situation camerounaise, où le nationalisme se développe sous l'impulsion d'un mouvement politique très dynamique : l'Union des populations du Cameroun (UPC), créée en 1948. Affiliée au Rassemblement démocratique africain (RDA), dont elle est la section camerounaise, l'UPC se distingue des autres partis africains, qui louvoient pour la plupart entre les différentes options ouvertes par le réformisme colonial. S'appuyant sur les droits reconnus aux territoires sous tutelle par la Charte des Nations unies, l'UPC revendique clairement l'indépendance – et la réunification – des Cameroun français et britannique. Cette position ferme explique le refus des upécistes de suivre la voie collaborationniste prônée par Houphouët-Boigny en 1950 [→ I.8].

Catégorique sur ses objectifs, l'UPC fait cependant montre d'une grande agilité tactique. Sous l'influence de son secrétaire général, Ruben Um Nyobè, les nationalistes camerounais exploitent les rivalités inter-impérialistes et les paradoxes juridiques d'une « tutelle » qui prolonge le colonialisme sous prétexte d'y mettre fin. Très bien structurée, l'UPC étend rapidement son influence dans tout le sud du Cameroun, dans les centres urbains aussi bien que dans les campagnes.

Les membres du bureau politique de l'UPC, en marge d'une conférence le 6 mars 1955. De gauche à droite : Jacques Ngom, Abel Kingué, Ruben Um Nyobè, Félix Moumié, et Ernest Ouandié. © *Simon Nken*

Pire encore, pour les Français, les leaders de l'UPC parviennent à se faire entendre au-delà des frontières camerounaises, en France, auprès de certains militants progressistes, et à New York, où Um Nyobè est convié à trois reprises, entre 1952 et 1954, à défendre les positions de son mouvement devant le Conseil de tutelle de l'Assemblée générale de l'ONU. De retour au pays, il est chaque fois accueilli comme un héros et ses discours onusiens sont distribués aux quatre coins du territoire. Mois après mois, les rapports secrets de la police française enregistrent la popularité grandissante des nationalistes.

Pour combattre le « danger UPC », l'administration française mobilise toutes les ficelles de la répression coloniale : propagande, surveillance, infiltration, provocation, harcèlement judiciaire, trucage électoral, création de partis pro-administration, etc. Deux acteurs puissants participent à cet acharnement : Louis-Paul Aujoulat, député du Cameroun et membre du gouvernement français presque sans interruption de 1949 à 1955, et la hiérarchie catholique, qui menace les upécistes d'excommunication et n'hésite pas à livrer à la police les secrets de la confession.

Le communisme supposé de l'UPC est évidemment l'argument favori des dirigeants français. L'UPC refuse en effet de se déclarer l'ennemi du communisme : nous luttons pour notre indépendance, répète inlassablement Um Nyobè, et travaillons avec tous ceux qui partagent nos convictions anticolonialistes, quelles que soient leurs confessions religieuses, leurs appartenances ethniques ou leurs orientations idéologiques. N'ignorant rien des sympathies communistes de certains dirigeants upécistes, dont quelques-uns sont même invités en Europe de l'Est ou en Chine populaire, la propagande coloniale exploite le filon. L'inflexible UPC est décrite comme une sorte de Viêt-minh africain, dont le nationalisme masquerait une subversion marxiste.

Tentant de reprendre la main sur l'Empire, bousculé de toute part, le ministère de la France d'outre mer (FOM) cherche en urgence à libéraliser le système colonial pour éviter son implosion, ce qui aboutira à la loi-cadre Defferre en 1956 [→ II.1]. Sous tutelle, le Togo et le Cameroun servent de territoires-pilotes : dès 1955, on leur promet enfin l'application restrictive des dispositions onusiennes (l'autonomie interne) pour mieux écarter ceux qui en font une interprétation extensive (l'indépendance). Incapables d'éradiquer le nationalisme, les Français cherchent désormais à le dissoudre.

C'est Roland Pré, nommé haut-commissaire de la France au Cameroun fin 1954, qui est chargé de mettre en œuvre cette politique. Féru de théories avant-gardistes, celles du colonel Lacheroy sur la guerre contre-révolutionnaire comme celles d'Eirik Labonne sur l'industrialisation eurafricaine [→ I.3], cet anticommuniste obsessionnel ne fait pas dans la dentelle. Il profite d'un vaste mouvement social, qu'il fait réprimer dans le sang en mai 1955, pour accuser l'UPC d'être l'instigatrice des « troubles » et faire emprisonner des centaines de militants. Traqué, Ruben Um Nyobè se réfugie dans sa région natale, la Sanaga-Maritime. Le reste de la direction, emmené par son président Félix Moumié, fuit au Cameroun britannique. Le 13 juillet 1955, le gouvernement Edgar Faure signe l'interdiction pure et simple de l'UPC[1].

Le mouvement politique le plus populaire du Cameroun, et le premier d'Afrique française à avoir revendiqué l'indépendance, est subitement réduit à la clandestinité. Sans susciter beaucoup de réactions, ni à Paris où les yeux sont désormais rivés sur l'Algérie, ni à New York où les fonctionnaires onusiens se préoccupent finalement assez peu du sort des peuples placés sous « tutelle internationale ».

Barbelés, torture, assassinats : les recettes d'une guerre secrète

Grâce au « vide politique » créé par le bannissement de l'UPC en 1955 et aux opportunités offertes aux élites camerounaises par la loi-cadre Defferre, votée en 1956, l'administration française espère faire émerger un « nationalisme modéré », susceptible de se satisfaire d'une simple autonomie interne dans le cadre de l'Union française. Il s'agit, en clair, de susciter un « nationalisme » de façade capable de camoufler la perpétuation des intérêts colonialistes.

Telle est la mission de Pierre Messmer, qui remplace Roland Pré en avril 1956. À 40 ans seulement, le nouveau haut-commissaire a déjà derrière lui une carrière bien fournie. Après ses années au sein de la France libre, il a servi en Indochine (1946-1948), où il a vu comment le refus français de dialoguer avec Hô Chi Minh a dégénéré. Il a aussi gouverné la Côte d'Ivoire (1954-1956), où il a à l'inverse expérimenté avec Houphouët-Boigny les bienfaits de l'« amitié franco-africaine ». Son rêve est désormais de faire avec l'UPC ce que Mitterrand avait réussi en 1950 avec le RDA [→ I.7].

Dès son arrivée au Cameroun, Messmer se penche sur l'organisation des élections territoriales, programmées pour la fin décembre 1956, qui doivent aboutir à la désignation du premier gouvernement « autonome » du Cameroun (conformément à la loi-cadre Defferre). Objectif : faire élire des « modérés » (pro-français) en empêchant les « radicaux » (indépendantistes) de nuire.

1. On notera la simultanéité avec l'exclusion de l'UPC du RDA, lors du comité de coordination du mouvement le 9 juillet 1955 [→ I.8].

Dans les semaines qui précèdent les élections, le ministère de la FOM envoie Gabriel d'Arboussier au Cameroun. Ce dernier, qui jouit d'une solide réputation anticolonialiste mais qui vient secrètement de retourner sa veste et de se rabibocher avec Houphouët-Boigny, a pour mission de convaincre la direction de l'UPC, toujours interdite, de ne pas perturber le scrutin de décembre. Le *deal* est le suivant : l'UPC pourra sortir de la clandestinité, et bénéficier d'une amnistie, si elle accepte la légalité française, et le dispositif de la loi-cadre. En d'autres termes : la France lèvera les sanctions qui frappent l'UPC si celle-ci renonce à ses revendications.

Refusant le chantage de Messmer et ce qu'elle surnomme la « loi-cadre de fer », la direction de l'UPC met sur pied une organisation armée pour faire dérailler les élections de décembre 1956. Le piège se retourne contre le haut-commissaire : le scrutin se tient dans presque toutes les régions mais doit être annulé dans la stratégique région de Sanaga-Maritime. Les militaires français se déploient dans le fief d'Um Nyobè, où des dizaines de milliers de personnes passent « au maquis ».

Sous l'impulsion de Messmer, le Cameroun s'enfonce dans une guerre qui ne dit pas son nom. Une guerre secrète et illégale, qui ne respecte aucune des dispositions onusiennes. En Sanaga-Maritime, se targue le haut-commissaire en janvier 1957, « les forces de sécurité peignent les villages un par un ». Autrement dit : les militaires procèdent à des châtiments collectifs contre les villages suspectés d'abriter des « terroristes ». Dans la région dite « bamiléké », frontalière du Cameroun britannique, c'est Maurice Delauney qui orchestre la répression. Proche du haut-commissaire, cet administrateur de choc fait interner dans des camps spéciaux des centaines de militants. Les gendarmes français, commandés dans cette région par Georges Maîtrier, torturent les prisonniers ou les précipitent vivants dans les immenses chutes d'eau du « pays bamiléké ». Bafouant toutes les règles du droit international, Delauney organise des expéditions punitives clandestines sur le territoire anglais, où se réfugient les militants nationalistes.

Loin de désavouer son ancien directeur de cabinet, le ministre Gaston Defferre se rend personnellement à Londres début 1957 pour menacer son homologue anglais, Alan Lennox-Boyd, de fomenter des troubles en Gold Coast ou au Nigéria s'il n'agit pas énergiquement contre les upécistes établis au Cameroun britannique. En juin 1957, les Britanniques expulsent la direction de l'UPC vers la destination de son choix. Poussés à l'exil, le président de l'UPC, Félix Moumié, et ses vice-présidents, Ernest Ouandié et Abel Kingué, entament une longue transhumance panafricaine – Égypte, Ghana, Guinée, etc. – à la recherche de soutiens matériel et diplomatique.

Après avoir échoué en octobre 1957 à retourner Um Nyobè, Messmer intensifie la répression en Sanaga-Maritime en décembre. Secondé par un habile tacticien, Daniel Doustin, et par un spécialiste de la guerre psychologique, le colonel Jean Lamberton, il y installe une zone de pacification (Zopac), sur le modèle de ce qui se pratique alors en Algérie. L'administration envoie des troupes recrutées en AEF et arme des milices locales. Les villageois qui refusent de quitter le « maquis » sont traqués et éliminés, sans autre forme de procès. Les autres sont installés dans des « centres de regroupement » militarisés, et vivent derrière des barbelés sous la surveillance permanente de l'armée. La torture se généralise sous la supervision du « spécialiste » français Georges Conan.

Ruben Um Nyobè est la victime la plus emblématique de ces « opérations de pacification » en Sanaga-Maritime, qui font un nombre incalculable de morts (sans doute plusieurs milliers). Localisé grâce à des renseignements obtenus sous la torture, il est assassiné en brousse le 13 septembre 1958.

Les Français octroient une fausse indépendance

Mi-octobre 1958, un mois après l'assassinat d'Um Nyobè, les autorités françaises annoncent qu'elles octroieront l'« indépendance » au Cameroun le 1er janvier 1960. Depuis quelque temps en effet, les stratèges français savent que l'autonomie interne ne suffira pas à étancher la soif de liberté des Africains, même « modérés ». La « sécession » de Sékou Touré est là pour l'attester [→ II.3].

Il faut donc offrir l'« indépendance » au Cameroun… en prenant soin de la vider de sa substance. Pierre Messmer, qui a quitté le territoire en février 1958, résumera dans ses Mémoires la stratégie : « La France accordera l'indépendance à ceux qui la réclamaient le moins, après avoir éliminé politiquement et militairement ceux qui la réclamaient avec le plus d'intransigeance. »

Um Nyobè liquidé, Moumié en exil : plus rien ne semble devoir entraver ce projet machiavélique. L'Assemblée législative élue en décembre 1956 malgré le sabotage upéciste est peuplée de « nationalistes modérés » prêts à collaborer avec l'administration. N'ayant pas donné entière satisfaction, le premier homme désigné à la tête du gouvernement, André-Marie Mbida, est remplacé en février 1958 par Ahmadou Ahidjo, homme du nord du Cameroun qui donne tous les gages de son loyalisme pro-français. C'est avec les conseillers (français) d'Ahidjo que le gouvernement français négocie les modalités pratiques de l'accès à l'indépendance. « Ça s'est très bien passé, reconnaîtra plus tard un de ces négociateurs dans un sourire. On parlait entre Français ! »

Il ne reste plus à Paris qu'à faire valider par l'ONU son plan d'« indépendance concertée ». Ce qui est fait début 1959. Paris peut se féliciter des talents manœuvriers de son représentant au Conseil de tutelle des

Nations unies : Jacques Kosciusko-Morizet, cadre important de l'UDSR, proche de François Mitterrand, et ancien directeur de cabinet de Félix Houphouët-Boigny.

Alors que l'indépendance se prépare au Cameroun et que le régime gaulliste s'installe en France, les hommes qui ont mené la répression depuis 1955 s'envolent vers d'autres cieux. Promu haut-commissaire de la France en AEF puis en AOF (1958-1959), Messmer sera nommé ministre des Armées en 1960. Son bras droit, Daniel Doustin, prendra la tête de la Direction de la surveillance du territoire (DST) en 1961. Quant aux autres, ils intègrent rapidement les réseaux de Jacques Foccart, « Monsieur Afrique » du général de Gaulle [→ II.5]. Nombre d'entre eux serviront au Gabon dans les années 1960, où Maurice Delauney, nommé ambassadeur de France, retrouvera Georges Maîtrier et Georges Conan, respectivement chefs de la gendarmerie et de la police politique gabonaises[1].

Reste que l'« indépendance », effectivement proclamée le 1er janvier 1960 par Ahmadou Ahidjo, ne met pas fin à la guerre du Cameroun. Au contraire : elle radicalise les positions. La direction de l'UPC en exil, qui refuse de se soumettre au régime pro-français de Yaoundé, a mis sur pied une nouvelle organisation militaire, l'Armée nationale de libération du Kamerun (ALNK). Cette armée clandestine multiplie les actions et favorise la dissidence de vastes zones dans le sud du Cameroun. Le gouvernement français de son côté, qui a fait signer tous les accords nécessaires au gouvernement camerounais avant l'indépendance, poursuit sa guerre secrète. « Ahidjo me demande de maintenir les administrateurs français, soit ! Mais cette première décision est insuffisante. Je décide d'entreprendre une véritable reconquête », note le Premier ministre français, Michel Debré, dans ses Mémoires. Sans transition, la dernière guerre coloniale de la France en Afrique subsaharienne se transforme en « opération extérieure », la première d'une très longue série [→ III.1].

Si la Sanaga-Maritime a été en grande partie « nettoyée » entre 1957 et 1959, le conflit camerounais dégénère en région dite bamiléké et dans les départements du Mungo et du Wouri. Pour mieux discréditer les fondements politiques de la révolte, les théoriciens français imposent une lecture ethnique du conflit. « Le Cameroun s'engage sur les chemins de l'indépendance avec, dans sa chaussure, un caillou bien gênant. Ce caillou, c'est la présence d'une minorité ethnique : le Bamiléké », écrit dans la revue *Défense nationale*, en mars 1960, le colonel Lamberton, que Pierre Messmer a conservé à ses côtés au ministère des Armées.

1. Georges Maîtrier a entre-temps servi au Togo comme conseiller pour les affaires de sécurité de Sylvanus Olympio (devenu Premier ministre). Proche de Foccart, il aurait joué un rôle central dans l'assassinat de ce dernier le 13 janvier 1963 [→ p. 256].

Sous le commandement du général Max Briand, expert chevronné de la guerre contre-insurrectionnelle, l'armée française organise en quelques mois le « regroupement » forcé de centaines de milliers de personnes et procède pour la première fois à des bombardements aériens. Les « troubles » engendrés par ces opérations font plus de 20 000 morts en six mois, selon Briand lui-même. Alors que la torture se systématise, les Français et leurs auxiliaires locaux organisent de macabres « opérations psychologiques » : les insurgés sont fusillés en place publique et leurs têtes tranchées sont exhibées sur le bord des routes. Cette politique de terreur ne parvient pas pour autant à venir à bout de la « rébellion » qui subsistera pendant des années.

Parallèlement, la traque des opposants en exil s'intensifie. Deux ans après le meurtre de Ruben Um Nyobè, c'est Félix Moumié qui est assassiné. De passage à Genève en octobre 1960, il est victime d'une rocambolesque opération « homo » (homicide) organisée par le service Action du SDECE. William Bechtel, réserviste du service se faisant passer pour un journaliste, invite au restaurant le président de l'UPC. Alors que ce dernier, appelé au téléphone (par un autre agent du SDECE), doit s'absenter quelques instants, Bechtel verse discrètement du thallium dans son verre. Mais le poison, surdosé, agit plus vite que prévu : Moumié, médecin de profession, a le temps d'identifier son assassin avant de s'éteindre, dans un hôpital genevois, le 3 novembre. Trop tard : le SDECE, informé de la bévue, a déjà rapatrié son homme de main.

Les Camerounais héritent d'une vraie dictature

Alors que la guerre se poursuit, une autre évolution s'observe : les méthodes « contre-subversives » utilisées au Cameroun depuis le milieu des années 1950 mutent en méthodes quotidiennes de gouvernement. Sous l'influence d'innombrables « assistants techniques » français, le régime Ahidjo se transforme en dictature. Les libertés publiques sont supprimées, le parti présidentiel devient parti unique et les derniers opposants légaux sont expédiés dans de lugubres « camps d'internement administratif ». Sous prétexte de combattre la subversion, c'est tout le peuple camerounais qui est placé sous une chape de plomb.

La sinistre police politique, initiée dès 1959 par Georges Conan et longtemps peuplée d'experts français, est confiée dès 1961 au policier camerounais Jean Fochivé, un des meilleurs élèves de Maurice Robert, le très « foccartien » chef du service Afrique du SDECE [→ II.5]. L'armée camerounaise, dont les fondations n'ont été posées qu'au moment de l'indépendance, restera en revanche sous tutelle française pendant encore de longues années. Paranoïaque et mal élu, Ahidjo préfère confier son destin à ses parrains parisiens plutôt qu'à ses compatriotes.

L'insurrection upéciste n'est définitivement matée qu'au tout début des années 1970. Rentré clandestinement au Cameroun en 1961, après l'assassinat de Moumié, le vice-président Ernest Ouandié aura résisté près de dix ans. Mais ses maquis, harcelés, désarmés et démoralisés, s'épuisent. Ouandié est finalement arrêté en août 1970 et fusillé en place publique le 15 janvier 1971.

De passage au Cameroun trois semaines plus tard, dans le cadre d'une grande tournée africaine, Georges Pompidou se répand en éloges sur son homologue camerounais. Les photographes immortalisent le regard satisfait de Jacques Foccart, qui suit le président français comme son ombre. Les journalistes qui couvrent la tournée se gardent bien, en revanche, d'évoquer les noms de Ruben Um Nyobè, de Félix Moumié ou d'Ernest Ouandié et *a fortiori* des dizaines de milliers d'anonymes tués par les forces franco-camerounaises.

Ulcéré par ce silence complice, l'écrivain camerounais Mongo Beti, installé en France, décide alors de prendre la plume pour raconter les événements tragiques qui ensanglantent son pays depuis près de vingt ans. Son livre, refusé par les éditions du Seuil, est publié sous le titre *Main basse sur le Cameroun* par François Maspero le 1er juillet 1972… et immédiatement interdit par le gouvernement français [→ p. 451]. Hasard du calendrier, Pierre Messmer atteint le sommet de sa carrière quatre jours plus tard : l'Élysée annonce sa nomination au poste de Premier ministre.

Repères bibliographiques

Mongo Beti, *Main basse sur le Cameroun. Autopsie d'une décolonisation*, François Maspero, Paris, 1972 (rééd. La Découverte, 2010).

Thomas Deltombe, Manuel Domergue et Jacob Tatsitsa, *Kamerun ! Une guerre cachée aux origines de la Françafrique*, La Découverte, Paris, 2011.

Thomas Deltombe, Manuel Domergue et Jacob Tatsitsa, *La Guerre du Cameroun. L'invention de la Françafrique*, La Découverte, Paris, 2016.

Abel Eyinga, *L'UPC, une révolution manquée ?*, Chaka, coll. « Afrique contemporaine », vol. 13, Paris, 1991.

Frank Garbély, *L'Assassinat de Félix-Roland Moumié. L'Afrique sous contrôle*, Triluna/TSR/Arte, 2005, 52 min.

Richard Joseph, *Le Mouvement nationaliste au Cameroun. Les origines sociales de l'UPC*, Karthala, Paris, 1986.

Richard Joseph (dir.), *Gaullist Africa. Cameroon under Ahmadu Ahidjo*, Fourth Dimension Publisher, Enugu, 1978 (rééd. 2002).

Gaëlle LE ROY et Valérie OZOUF, *Cameroun, autopsie d'une indépendance*, Program 33, 2007, 52 min.

Félix Mbog-Len MAPOUT, *Le Mythe de Mapout*, Malo Pictures/Vrai Vrai films, 2014, 57 min.

Achille MBEMBE, *La Naissance du maquis dans le Sud-Cameroun, 1920-1960. Histoire des usages de la raison en colonie*, Karthala, Paris, 1996.

Florence MORICE, « France-Cameroun : comment le tueur de l'indépendantiste Félix Moumié a échappé à la justice », RFI, 3 novembre 2020.

Meredith TERRETTA, *Nation of Outlaws, State of Violence. Nationalism, Grassfields Tradition, and State Building in Cameroon*, Ohio University Press, Athens, 2014.

Frantz Fanon : une critique radicale du (néo)colonialisme

Combattu et censuré par les autorités françaises pour son engagement en faveur de l'indépendance de l'Algérie, Frantz Fanon (1925-1961), penseur révolutionnaire et figure incontournable des luttes de décolonisation, connaît une postérité mondiale avant de revenir dans le débat public français sous l'effet de groupes qui reprennent son combat à l'aune de l'une des citations des *Damnés de la terre* (1961) : « Chaque génération doit dans une relative opacité découvrir sa mission, la remplir ou la trahir. »

Abattre le racisme et sortir de l'aliénation

Cette phrase guide Frantz Fanon durant sa courte existence. Engagé à l'âge de 18 ans dans les Forces françaises libres, il quitte la Martinique pour participer à la libération de la « mère patrie ». Découvrant le racisme français, il fait part à ses parents dans un courrier le 12 avril 1945 de son sentiment de s'être trompé de combat en se faisant « le défenseur des intérêts du fermier quand lui-même s'en fout ». Décoré de la Croix de guerre par le colonel Raoul Salan qu'il affrontera plus tard en Algérie, Fanon rentre en Martinique avant de revenir quelques mois plus tard à Lyon pour commencer des études de médecine et de philosophie. Son premier sujet de thèse, refusé, est publié au Seuil en 1952 sous un titre lourd de sens : *Peau noire, masques blancs.*

Frantz Fanon pointe les mécanismes intimes et psychopathologiques des rapports de domination et d'aliénation entre le colon et le colonisé. En analysant la négritude sous l'angle critique de l'existentialisme, il dissèque les relations sociales et sexuelles complexes entre « le Noir et le Blanc » dans une France qui commence à se métisser. Les mécanismes d'assimilation qu'il décrit font écho à la socialisation des élites africaines en France. Ces élites ont beau s'efforcer de parler un français plus riche que le Français lambda, ce dernier voudra toujours s'adresser à elles par le biais d'un parler petit-nègre qui les renvoie à leur infériorité.

Reprenant la dialectique hégélienne du maître et de l'esclave dans le dernier chapitre intitulé « Le Nègre et la reconnaissance », Frantz Fanon anticipe les indépendances en les comparant à l'abolition de l'esclavage. En libérant l'esclave avant que ce dernier ne se révolte et ne le tue, le maître instaure une relation paternaliste : « Le Noir s'est contenté de remercier le Blanc, et la preuve la plus brutale de ce fait se trouve dans le nombre imposant de statues disséminées en France et aux colonies, représentant la France blanche caressant la chevelure crépue de ce brave Nègre dont on vient de briser les chaînes. »

Devenu psychiatre, il exerce ensuite pendant trois ans à la clinique de Blida, prenant position pour ses patients algériens. Il démissionne en 1956 pour des motifs politiques. Fanon s'engage au sein du Front de libération nationale (FLN) à Tunis. Il écrit pour le journal *El Moudjahid* des pamphlets anticolonialistes où il ne ménage ni la gauche française ni les élus africains. « La première tactique des pays colonialistes consiste à s'appuyer sur les collaborateurs officiels et les féodaux », écrit-il dans un article d'*El Moudjahid* de septembre 1957.

Si sa cible préférée est « le traître » Félix Houphouët-Boigny, qualifié d'« homme de paille » et « commis voyageur du colonialisme français », Frantz Fanon n'épargne aucun des « laquais de l'impérialisme ». Adressées aux uns qui, comme le « béni-oui-ouiste Tsiranana », ont répondu positivement au référendum pour la Communauté, et aux autres comme le Sénégalais Mamadou Dia qui dévoile son « visage de félon » en soutenant aux Nations unies la politique française en Algérie, en passant par « les mercenaires de l'Occident, Kalondji, Monongo, Mobutu, N'Dele, Kandolo, Tshombé, Kasavubu, bourreaux du peuple congolais », les critiques cinglantes de Fanon reposent sur une analyse pointue de la stratégie colonialiste.

Frantz Fanon adhère en revanche à la vision panafricaniste de Kwame Nkrumah, l'ennemi juré du leader du RDA, et devient le représentant du Gouvernement provisoire de la République algérienne (GPRA) à Accra. En décembre 1958, lors de la conférence panafricaine des peuples qui se tient dans la capitale ghanéenne, il provoque un débat en prônant l'utilisation de la violence pour libérer l'Afrique. Plutôt que la violence aveugle, Fanon appelle la jeunesse et le lumpenprolétariat africains à s'organiser contre les intermédiaires africains qui défendent les intérêts économiques du colon en se constituant en bourgeoisies compradores.

« L'ennemi capitule mais ne se convertit pas »

Déchu de sa nationalité française et voyageant avec un passeport libyen sous le nom d'Ibrahim Omar Fanon, il devient une cible, notamment pour la Main rouge, un groupe criminel agissant pour le compte des services français. À l'automne 1959, il est blessé aux vertèbres quand son véhicule saute sur une mine à la frontière algéro-marocaine. Alors qu'il est évacué sur Rome, la voiture prévue pour venir le chercher à l'hôpital est piégée et explose avant son arrivée. Découvrant un encart dans un journal qui indique sa présence à l'hôpital, il demande à changer de chambre. Fanon échappe ainsi à un tueur qui pénètre dans l'établissement mais ne trouve qu'un lit vide.

De retour en Afrique, il décide, à l'été 1960, de rejoindre la frontière algéro-malienne. L'avion devant le conduire de Monrovia à Conakry puis à Bamako étant plein, Fanon se méfie de la proposition d'emprunter un vol suivant d'Air France. Lui et ses camarades décident de faire le trajet par la route et apprennent plus tard que l'avion d'Air France fut finalement détourné vers Abidjan et fouillé par des militaires français.

« Houphouët-Boigny que certains tentent de blanchir continue à jouer dans le système colonial français un rôle de premier plan et les peuples africains gagneraient à l'isoler et à précipiter sa chute. Houphouët-Boigny est objectivement le frein le plus conscient à l'évolution et à la libération de l'Afrique », souligne Fanon en racontant cet épisode dans le journal de bord de son voyage.

Craignant la multiplication des fronts de libération, les colons prennent les devants : « Décolonisons le Congo avant qu'il ne se transforme en Algérie. Votons la loi-cadre pour l'Afrique, créons la Communauté, rénovons cette Communauté mais, je vous en conjure, décolonisons, décolonisons… On décolonise à une telle allure qu'on impose l'indépendance à Houphouët-Boigny. À la stratégie du Diên Biên Phu, définie par le colonisé, le colonialiste répond par la stratégie de l'encadrement… dans le respect de la souveraineté des États. »

Cet encadrement inclut l'élimination des résistants africains, à l'instar du leader camerounais Félix Moumié, empoisonné en octobre 1960, et du Premier ministre déchu du Congo, Patrice Lumumba, exécuté en janvier 1961. Fanon, qui a travaillé avec les deux hommes, note que « le grand succès des ennemis de l'Afrique, c'est d'avoir compromis les Africains eux-mêmes ». Et l'erreur des Africains « est d'avoir oublié que l'ennemi ne recule jamais sincèrement. Il ne comprend jamais. Il capitule, mais ne se convertit pas », ajoute-t-il. Alors que Fanon juge inéluctable la libération de l'Afrique, il craint, en raison de l'absence d'idéologie, de voir le continent tomber sous une autre forme de domination : le néocolonialisme.

C'est pour prévenir ce risque que Frantz Fanon, souffrant de leucémie, jette ses dernières forces pour écrire *Les Damnés de la terre*. Invité par l'auteur à rédiger une préface, Jean-Paul Sartre accepte tout en clarifiant sa position : « Ce livre n'avait nul besoin d'une préface. D'autant moins qu'il ne s'adresse pas à nous. J'en ai fait une, cependant, pour mener jusqu'au bout la dialectique : nous aussi, gens de l'Europe, on nous décolonise : cela veut dire qu'on extirpe par une opération sanglante le colon qui est en chacun de nous. »

Publié par les éditions Maspero, l'ouvrage, écrit dans un style enflammé et prophétique, devient un classique des luttes tiers-mondistes. S'il décède dans un hôpital de Washington DC le 6 décembre 1961, sept mois avant l'indépendance de l'Algérie, Fanon a en revanche eu le temps de voir les élites africaines et les anciens colons promulguer des indépendances vidées de leur substance. De la théorie anticoloniale à la lutte armée internationaliste en passant par la construction d'une culture nationale, Fanon, loin des philosophes de salon qui édulcorent les conflits, s'est battu pour une décolonisation intégrale.

Amzat Boukari-Yabara

Chapitre 3

Déstabiliser la Guinée pour défendre le pré carré

Coralie Pierret et Laurent Correau

25 août 1958. Le référendum sur la Constitution de la Ve République aura lieu dans un peu plus d'un mois. Le président du Conseil français, le général de Gaulle, est en tournée à travers l'Afrique française pour faire la promotion des nouvelles institutions et notamment de la Communauté franco-africaine. Il est accueilli à Conakry par Sékou Touré, le président du Conseil de gouvernement guinéen qui, dans l'atmosphère surchauffée de l'Assemblée territoriale, proclame sa propre vision de la Communauté. Le leader souhaite une entité « multinationale composée d'États libres et égaux » construite sur la « décolonisation intégrale de l'Afrique ». La Guinée, explique-t-il, votera « oui » au référendum si le nouveau texte constitutionnel reconnaît aux peuples associés à la Communauté le « droit à l'indépendance » et le « droit au divorce ». « Nous préférons la pauvreté dans la liberté à la richesse dans l'esclavage », lance-t-il avec panache.

Mal informé par son entourage, le Général est pris à revers par ce discours au ton offensif. Il ne veut en retenir que le mot d'« indépendance » brandi par Sékou Touré à plusieurs reprises. La veille, à Brazzaville, il a justement reconnu pour la première fois aux Africains le « droit à l'indépendance ». Si un territoire veut exercer ce droit, il peut le faire en votant « non » au référendum du 28 septembre, a-t-il précisé, mais cela signifiera alors « qu'il ne veut pas faire partie de la Communauté proposée », « qu'il fait en somme sécession », et qu'il poursuivra « son chemin lui-même, isolément, à ses risques et périls ». La métropole, certes, « en tirera la conséquence », a conclu le général de Gaulle, mais « je garantis qu'elle ne s'y opposera pas ». Croyant, par ces mots, détourner les Africains d'une indépendance qui lui semble aussi aventureuse que prématurée, le Général ne s'attendait pas à être mis au défi, dès le lendemain, par un Sékou Touré plus hardi que jamais. Il quitte Conakry, furieux. « Adieu, la Guinée », notera-t-il dans ses *Mémoires d'espoir* (1970) après avoir relaté l'épisode.

Le 28 septembre 1958, la victoire écrasante du « non » en Guinée est tout sauf une surprise. Mobilisés en masse par le parti de Sékou Touré, le Parti démocratique de Guinée (PDG), plus d'un million d'électeurs ont rejeté la Constitution gaullienne, qui n'a trouvé que 57 000 partisans. Quatre jours plus tard, le 2 octobre, l'Assemblée territoriale guinéenne proclame l'indépendance. Sékou Touré se transforme subitement en héros d'une Afrique en quête de liberté. Mais une incertitude demeure : le régime gaulliste respectera-t-il la promesse solennelle de son chef, prononcée à Brazzaville et répétée à Conakry, de laisser le nouveau pays « suivre la route qu'il voudra » sans que l'ancienne métropole y mette aucun « obstacle » ?

Le casse-tête de la « sécession guinéenne »

L'indépendance guinéenne est un casse-tête pour le pouvoir gaulliste. Comment montrer à la communauté internationale que la France respecte le choix des électeurs guinéens tout en évitant que cette subite « sécession » nuise à ses intérêts ? Avant même le référendum, divers responsables ont mis en garde contre les dangers d'un « non » en Guinée. Il faut rassurer « les dirigeants [africains] qui se seront prononcés pour la France », insiste par exemple Roland Pré, ancien gouverneur du territoire (1948-1951). Ces responsables fidèles, ajoute-t-il dans sa note confidentielle, doivent savoir « que la construction des rapports franco-africains et eurafricains se fera dans le camp des "oui" et non pas dans le camp des "non" ». Interrogé par le journal *Le Monde* quatre jours avant le référendum, le ministre de la France d'outre-mer Bernard Cornut-Gentille manie pour sa part la litote : « La Guinée, si elle vote "non", ne bénéficiera sûrement pas d'une prime. »

En coulisse, pourtant, des points de vue plus conciliants s'expriment à l'automne 1958. André Postel-Vinay, le directeur général de la Caisse centrale de la France d'outre-mer, écrit par deux fois en quelques jours à Jacques Foccart. Inquiet d'éventuelles actions de rétorsion contre la Guinée, il prône le *statu quo* et des négociations. Le puissant conseiller de De Gaulle, lui-même, est moins hostile qu'on pourrait le croire. Il organise des négociations discrètes avec un émissaire guinéen, Nabi Youla, qui fait la navette entre Paris et Conakry d'octobre à décembre 1958. « Je défends un certain *modus vivendi*, résumera Jacques Foccart des années plus tard dans son livre d'entretiens avec Philippe Gaillard, mais le Général reste très marqué par l'affront reçu de Sékou Touré. » Tous les témoignages convergent sur ce point : de Gaulle, inflexible, refuse toute réconciliation avec le leader guinéen. Dans un entretien avec l'historien Frédéric Turpin, l'ancien administrateur colonial Paul Masson, venu plaider l'apaisement franco-guinéen, se souvient d'avoir été vertement accueilli par le Général : « Mais laissez-le donc, Sékou Touré, bouffer ses bananes et ses cacahuètes ! »

Félix Houphouët-Boigny, lui non plus, ne décolère pas contre Sékou Touré. Le leader ivoirien, par ailleurs ministre du gouvernement de Gaulle et principal promoteur africain de la Communauté, ne pardonne pas à son ancien camarade de l'avoir défié si frontalement. Dans une interview au journal *Carrefour* le 15 octobre 1958, il met tout son poids dans la balance : « On laisse entendre qu'à Paris de puissants intérêts font pression pour une politique de faiblesse, de concessions à l'égard de la Guinée. Je n'ose y croire. Si cette politique triomphait, si la France donnait une préférence à ceux qui ont fait sécession contre ceux qui ont choisi la Communauté, alors la sécession guinéenne ferait tache d'huile. Mais la Guinée ne trouve pas en face d'elle la seule métropole. C'est à la Communauté qu'elle a affaire. »

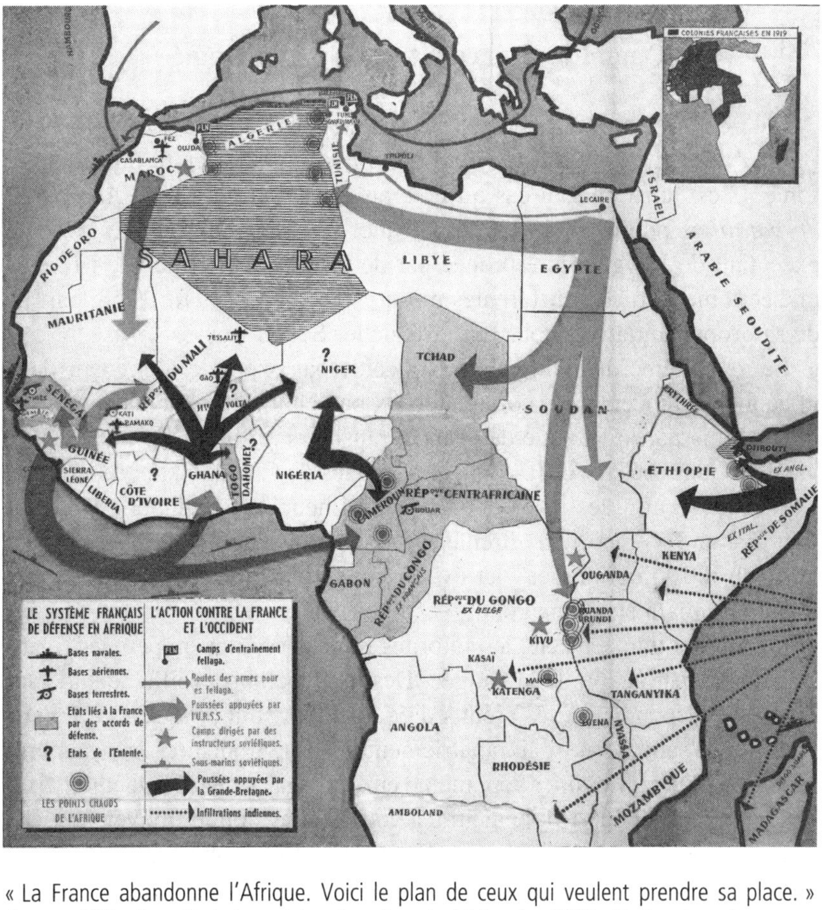

« La France abandonne l'Afrique. Voici le plan de ceux qui veulent prendre sa place. » Carte publiée dans l'hebdomadaire *Carrefour*, le 18 janvier 1961. *Droits réservés*

Le débat sur la Guinée traverse aussi les institutions de défense françaises. Une semaine après la proclamation de l'indépendance guinéenne, une réunion a lieu à Paris à l'état-major de la Défense nationale. Les participants conviennent qu'il faut empêcher « M. Sékou Touré de faire éclater, à son profit, la Communauté française en Afrique noire ». Dans un premier temps, la solution envisagée est modérée : « Priver M. Sékou Touré de sa principale force d'attraction sur le reste de la Communauté, en faisant de la France le champion de l'unité de l'Afrique noire. » Trop tiède pour René Géry qui représente le Service de documentation extérieure et de contre-espionnage (SDECE) lors de cette réunion. Celui-ci marque par écrit son désaccord : « Publiquement [souligné dans le texte] la France doit témoigner toute sa compréhension pour ce nouvel État indépendant. Cela ne l'empêche pas de traiter, avec la discrétion voulue mais les méthodes les plus radicales, ce chancre qui ronge l'Afrique noire restée d'influence française. »

Quand la France dit « non » à la Guinée

Haut-commissaire de la France en AOF de juillet 1958 à décembre 1959, Pierre Messmer est l'un des maillons importants de cette politique de force. C'est ainsi en tout cas qu'il se présente dans son livre *Après tant de batailles*, publié en 1992, dans lequel il se dépeint comme le fidèle exécutant de la ligne dure prônée par de Gaulle. Aussi raconte-t-il avec une certaine fierté les différentes mesures qu'il a prises fin 1958, parfois de sa propre initiative, pour faire trébucher Sékou Touré.

Le jour même du référendum, il décide par exemple d'envoyer dans la capitale guinéenne un commando de parachutistes pour récupérer les billets émis par la Banque de France, plusieurs milliards de francs CFA valables dans toute l'AOF. Alors que les rues de Conakry sont désertes en ce jour de scrutin, les paras débarquent à l'heure du déjeuner à l'institut d'émission. Ils emportent « trente caisses en bois encore plombées pesant au total 400 kilogrammes » et évitent ainsi que le dirigeant guinéen ne mette « la main sur le magot ».

Le « non » guinéen acté, les autorités françaises interrompent les financements à destination de la Guinée. Dès le 1er octobre, veille de la déclaration d'indépendance, les crédits d'équipement sont bloqués. La France lance aussi sans attendre le rapatriement des fonctionnaires français présents en Guinée. Messmer veut même être en avance sur le calendrier fixé. « À cet effet, indique-t-il, je mettrai à votre disposition les moyens aériens que vous me demanderez. » Des télégrammes diplomatiques secrets mentionnent bien qu'il ne s'agit pas d'une simple liquidation de la présence française : il s'agit de « placer la Guinée en situation de demanderesse » et de « se servir de cette arme très réelle pour amener autant que possible la Guinée à résipiscence ».

Le jour de la proclamation de l'indépendance guinéenne, le 2 octobre, le ministère de la France d'outre-mer charge Messmer de trouver des émissaires susceptibles d'agir au sein des foyers guinéens d'opposition. Il doit aussi identifier des chefs religieux capables d'influencer les marabouts guinéens car « des interventions directes ou indirectes multiples ou publiques » de leur part « seraient à coup sûr utiles ».

Cherchant à faire taire la « propagande » de Radio Conakry, le haut-commissaire porte également la bataille sur les ondes. Il propose de manipuler les nouvelles diffusées par la radio de l'AOF, en faisant en sorte que les journalistes insistent « sur les difficultés rencontrées par le gouvernement guinéen et les aléas de sa politique ». Cela « constituera une parade dont l'efficacité est certaine ».

Courant octobre, Pierre Messmer fait dérouter du riz destiné à réapprovisionner les stocks guinéens, quasiment vides. Quatre mille tonnes de riz en provenance de Hongkong et à destination de Conakry sont interceptées à Abidjan sur ses ordres. La décision ne fait pas l'unanimité. « J'ai aussitôt été traité d'affameur et désavoué par Paris », s'amuse Messmer quarante ans après les faits. « À l'époque, écrit-il dans ses Mémoires, la rigueur dans l'exécution de ces décisions m'a été reprochée – non par le général de Gaulle qui m'a approuvé, ni par Sékou Touré qui n'a pas protesté – par de bonnes âmes, souvent étrangères, qui prêchaient le pardon des injures et la générosité sous toutes ses formes. J'étais et je suis encore certain qu'il était nécessaire, en 1958, de traiter la Guinée sévèrement. »

Le spectre de la subversion communiste

Dans les semaines qui suivent la proclamation de l'indépendance, le pays est au centre d'un complexe jeu diplomatique. Pour marquer son accession à la souveraineté, la Guinée cherche à être reconnue sur la scène internationale et à se doter des instruments d'une diplomatie indépendante. Mais Paris, qui souhaite mettre Sékou Touré sous pression, rechigne à reconnaître le nouvel État. La France invite ses alliés anglo-américains à la suivre dans cette voie et bataille pour retarder l'admission du pays à l'ONU. Peine perdue : la Guinée, rapidement reconnue par la communauté internationale, est admise aux Nations unies le 12 décembre grâce à un projet de résolution présenté par le Japon, l'Irak, le Ghana et Haïti. La France elle-même finit par sauter le pas : à l'issue des tractations entre Foccart et Nabi Youla, l'envoyé spécial du gouvernement guinéen en France, des accords sont signés le 7 janvier 1959. Un « chargé d'affaires » français est envoyé à Conakry.

L'année 1959 s'ouvre donc sur une apparente normalisation des relations franco-guinéennes. L'hostilité va pourtant aller crescendo. Les autorités françaises craignent que le pays ne devienne une plateforme de déstabilisation régionale, voire continentale. Les Français sont persuadés depuis l'indépendance que Sékou Touré, qui a la haute main sur l'Union générale des travailleurs d'Afrique noire (UGTAN), utilisera cette organisation pour faire éclater la Communauté. Des moyens ont été mobilisés, avec succès, pour diviser la centrale syndicale. Mais Pierre Messmer se dit convaincu, dans une lettre adressée à de Gaulle en avril 1959, que le leader guinéen songe « à mettre sur pied une organisation de remplacement, de type agressif, par laquelle il tenterait de mettre en difficulté les gouvernements qui ont choisi l'amitié de la France ». Le haut-commissaire s'inquiète dans le même courrier des consignes d'agitation reçues de Moscou par un membre du Parti africain de l'indépendance (PAI) présent en Guinée, Moumouni Abdoulaye. « La Guinée, écrit Messmer, serait utilisée comme centre d'entraînement à la guérilla d'activistes venus des États de la Communauté. »

Quelques semaines avant cette lettre, en mars 1959, des fusils, des armes antichars ou antiaériennes et des voitures blindées ont été débarqués à Conakry. Même si, pour la division du renseignement de l'état-major, « le matériel lourd paraît ancien et usagé », cette cargaison, offerte par la Tchécoslovaquie, inquiète les services français ainsi que les pays voisins de la Guinée. D'autant que, selon une note signée par le général d'armée Demetz, d'autres livraisons sont prévues. « Ainsi se crée, sur initiative soviétique, dans une région d'Afrique jusqu'ici pratiquement désarmée, un arsenal d'armes et de propagande à destination indéterminée », écrit le chef d'état-major général adjoint de la Défense nationale.

Car la pénétration du bloc de l'Est en Afrique via la Guinée inquiète les services secrets occidentaux, français d'abord mais aussi américains. Dans une note de janvier 1959 intitulée « La République de Guinée : un challenge pour l'Ouest », la CIA scrute tous les signes de rapprochement entre les dirigeants guinéens et soviétiques. Dès son accession à l'indépendance, la Guinée est insérée dans une logique de guerre froide et devient le terrain d'une bataille d'influence discrète. Un contexte qui, au sein des services français, conforte la position de ceux qui préconisaient les « méthodes les plus radicales ».

Opération Persil : Sékou Touré dans la ligne de mire du SDECE

Dès le début de l'année 1959, plusieurs parachutistes du « 11ᵉ Choc », le bras armé du SDECE, sont détachés pour travailler sur le dossier guinéen, notamment Alain Gaigneron de Marolles et Freddy Bauer. Le poste de commandement de l'opération est installé à Dakar, le dispositif bénéficie également d'antennes à Tambacounda, dans le Sénégal oriental, et à Abidjan, en Côte d'Ivoire. Maurice Robert, alors permanent du SDECE à Dakar, joue le rôle de « coordinateur de l'ensemble », comme il l'expliquera dans ses Mémoires : « Je mets tout en œuvre pour atteindre le double objectif d'isolement du pays et de déstabilisation de Sékou. »

L'opération a été baptisée « Persil ». Elle a peut-être, d'ailleurs, porté différents noms, et a connu en tout cas différents visages. Le journaliste Georges Chaffard explique qu'« une opération visant à provoquer un coup d'État à Conakry, et éventuellement la liquidation physique du président guinéen, est étudiée début 1959 ». Elle doit s'appuyer sur des opposants guinéens en exil entraînés par le 11e Choc à Dakar.

Cette première tentative de renversement du pouvoir guinéen est éventée par le diplomate Albert Chambon, conseiller diplomatique de l'AOF. Celui-ci apprend, de la bouche d'un agent du SDECE, qu'une action est envisagée afin de réagir « d'une manière définitive » face à Sékou Touré. Il tente d'en alerter discrètement le Quai d'Orsay le 6 mars 1959 en faisant transmettre l'information via le consul général à Freetown (Sierra Leone). Mais le télégramme est trop largement diffusé et vaut à Chambon une convocation d'urgence dans la capitale, puis un entretien « orageux » avec Messmer. Le 10 mars, Pierre Messmer renvoie Chambon de l'AOF et le remet à la disposition de l'administration centrale.

Persil est cependant maintenue. Les versements d'argent aux opérationnels se poursuivent. Freddy Bauer, qui dirige l'opération sur le terrain, effectue fin juillet « conformément à la demande verbale » d'un mystérieux M. F., un relevé des sommes perçues de janvier à juillet 1959. Au total 29 660 000 francs métropolitains. Nommé haut-commissaire en Côte d'Ivoire en juillet 1959, Yves Guéna est reçu à Dakar par Pierre Messmer, qui le met dans la confidence : « Il a été décidé que le SDECE, [par le biais de] son service Action, ferait son possible pour liquider Sékou Touré. Pratiquement personne ne le sait, sauf Houphouët qu'on a mis dans le coup. »

Fin août, Bauer effectue un bilan du dispositif mis en place et se projette sur la suite. Le « réseau de base », note-t-il, devra travailler avec une « organisation clandestine logistique » qu'il faudra mettre en place à partir du 15 septembre : « structures-fonctionnement-caches-bases-transport ».

En d'autres termes, les hommes du 11e Choc s'attachent à monter une insurrection armée aux frontières de la Guinée. Ils s'appuient pour cela sur une organisation de la diaspora guinéenne basée à Dakar et hostile à Sékou Touré, la « Solidarité guinéenne ». Le contact est noué, selon l'un des responsables de cette organisation, Sadou Bobo Diallo, lors d'une rencontre à la brasserie Les Palmiers à Dakar. C'est là que le chef du personnel du gouvernement général de l'AOF, Sébastien Marinacce, présente à l'opposant guinéen un mystérieux « Émile » qui lui propose de l'accompagner à Paris. Au cours de son voyage en France en octobre 1959, Diallo rencontre un certain « Leroy ». L'homme, qui lui est présenté comme une « personnalité officielle, responsable d'une organisation internationale de lutte contre le communisme », lui promet un soutien matériel, financier et technique. De retour à Dakar, Diallo reçoit des mains de Marinacce, au nom de Pierre Messmer, 3 millions de francs CFA. Un « premier versement », est-il précisé, pour mettre sur pied une organisation subversive.

Parallèlement, une équipe de « conseillers techniques » européens prend contact avec les opposants guinéens. Une fois encore, les hommes se font connaître par des prénoms : outre « Émile », que Sadou Bobo Diallo a déjà rencontré, les dissidents font connaissance avec « Jean » et « Victor ». Ces trois hommes viennent former les responsables de la Solidarité guinéenne aux techniques de guérilla. « Une fois formés, confirme Maurice Robert dans ses Mémoires, ceux-ci devaient à leur tour entraîner leurs compatriotes restés dans le Fouta-Djalon [région de la Guinée proche du Sénégal] où des armes, fournies par la France et transitant par le Sénégal et la Côte d'Ivoire, étaient entreposées dans des caches. »

Le « complot des armes » : l'opération secrète éclate au grand jour

La découverte de certaines de ces caches, au Sénégal et en Guinée, donne à l'opération une publicité dont la France se serait bien passée. L'affaire éclate en Guinée le 19 avril 1960. Devant les cadres de son parti, Sékou Touré dénonce une entreprise de subversion « encouragée par l'étranger ». Des suspects sont arrêtés à Conakry et dans le Fouta-Djalon. Des armes acheminées en suivant la filière constituée par le 11e Choc sont saisies, notamment dans les campagnes qui entourent la ville de Mali (une préfecture du Fouta-Djalon). « Il y avait des fusils, des carabines, des mitraillettes, des munitions, des grenades. Tout était dans des caisses », se souvient El Hadj Ousmane Dieng, dont l'oncle a été arrêté à l'époque.

Avant même la dénonciation du « complot » par Sékou Touré, les autorités sénégalaises ont été alertées de l'existence d'activités suspectes à la frontière avec la Guinée. La sortie de Sékou Touré pousse le président du Conseil sénégalais Mamadou Dia à demander au Service de sécurité des frontières de resserrer sa surveillance. Deux dépôts d'armes sont trouvés dans la région de Kédougou. Les enquêteurs suivent la trace du capitaine Garuz, un officier parachutiste français mis à disposition des autorités sénégalaises par le Commandement militaire dakarois et déployé à Tambacounda. Ils découvrent, comme l'explique Mamadou Dia dans une lettre à de Gaulle datée du 13 mai 1960, qu'il a été placé là en liaison avec le SDECE et qu'il a participé, à l'insu des autorités, « à l'établissement, dans le Sénégal oriental, d'une vaste filière de transit de frontière clandestin par la brousse, pour faire passer en Guinée d'importants convois d'armes de guerre, destinés aux conjurés guinéens ».

Garuz est en fait l'un des hommes du 11e Choc. Il a établi sa « base de stockage » dans le nord du parc national du Niokolo-Koba, au Sénégal, d'où les armes étaient convoyées vers la Guinée. Des tracts et des affiches ont été retrouvés au milieu des armes dans les caches démantelées. On découvre le nom que ce mouvement d'insurrection devait prendre : Mouvement de lutte pour le triomphe de la liberté (MLTL). « Peuple de Guinée ne compte que sur toi-même », lance un tract en gros caractères. Avant d'ajouter : « Peux-tu dire maintenant "Non Sékou" ? »

Peu à peu, les enquêteurs remontent la filière. Suivant la trace d'un Land Rover utilisé par les trafiquants d'armes du côté de Tambacounda, ils s'intéressent à un garagiste de Dakar, un certain M. Labille, qui sert d'intermédiaire pour la revente du véhicule suspect et de quelques autres. Les limiers sénégalais ne tardent pas à découvrir l'identité des vendeurs de voitures, qui ne sont autres que les parachutistes français du 11e Choc.

Aujourd'hui encore, les ramifications ivoiriennes de Persil restent floues. À la suite d'un incident, dans la nuit du 12 mai, dans le village de Wolono, à la frontière guinéo-ivoirienne, l'Agence guinéenne de presse évoque l'existence d'une bande armée disposant de matériel et encadrée par des militaires français. Mais l'affaire est rapidement étouffée : envoyé à Abidjan dès le 18 mai, le ministre de l'Intérieur guinéen Damantang Camara est reçu au domicile du président Houphouët-Boigny, qui lui promet de tout mettre en œuvre pour éviter que ce genre d'« incidents » se renouvelle…

De la fausse monnaie pour ruiner l'économie guinéenne

Un autre levier est actionné pour déstabiliser la Guinée : la monnaie. Sékou Touré veut que son pays ait sa propre devise. Suite à la création du franc guinéen le 1er mars 1960, les autorités guinéennes ont exigé les clés du bureau guinéen de la Banque centrale des États de l'Afrique de l'Ouest (BCEAO). Un gouverneur a été nommé à la tête de la « Banque de la République de Guinée ». Un accord a été trouvé avec le gouvernement tchécoslovaque pour faire imprimer des billets à Prague. Des opérations de change sont lancées pour que les entreprises et les particuliers troquent leurs francs CFA contre des francs guinéens. Sékou Touré appelle à une « vigilance douanière » pour empêcher l'évasion massive de capitaux.

Mais la confiance dans la nouvelle monnaie reste fragile. Un mois après la création du franc guinéen, les services de renseignement américains font un constat alarmiste. La monnaie est acceptée à 50 % de sa valeur dans les pays voisins, analyse la CIA, et une partie des Guinéens eux-mêmes sont réticents à l'utiliser, en particulier ceux du Nord qui commercent abondamment avec les pays limitrophes membres de la Communauté. L'agence américaine s'inquiète d'une « pénurie alimentaire généralisée » et décrit un mécontentement croissant.

Les services français, qui ont eux aussi identifié cette faille, décident de s'y engager, ouvrant ainsi un autre volet dans l'opération Persil. Objectif ? « Introduire dans le pays une grande quantité de faux billets de banque guinéens dans le but de déséquilibrer l'économie », explique Maurice Robert dans ses Mémoires. Dans un livre de souvenirs, le colonel Le Roy-Finville, alors patron du Service 7 du SDECE (chargé des interceptions, des falsifications de documents et des opérations clandestines), confirme l'opération : « Nous allons nous procurer des billets de la nouvelle monnaie guinéenne. Dans l'imprimerie ultrasecrète de la Piscine [siège du SDECE], dirigée par un officier pied-noir, nous sommes en mesure de reproduire ces *bank-notes* [billets de banque] le plus parfaitement du monde et nous en inonderons le marché guinéen. »

L'opération est à son tour dévoilée par la Guinée : les 6 et 7 juin 1960, Radio Conakry dénonce la fabrication par les comploteurs de faux billets guinéens « qu'ils se proposent, non seulement d'injecter dans notre pays par le truchement d'autres traîtres, mais de déposer par milliards dans les cercles subversifs des États africains voisins ». Ce qui n'empêche par Le Roy-Finville de décrire l'opération comme un succès, non sans une certaine jubilation : « Sékou Touré se retrouve avec une monnaie inexportable, ruiné, aux abois. Il est à plat ventre comme le souhaitait le Général. »

Repères bibliographiques

Jean-Pierre BAT, *Les Réseaux Foccart. L'homme des affaires secrètes*, Nouveau Monde, Paris, 2018.

Philippe BERNERT, *SDECE Service 7. L'extraordinaire histoire du colonel Le Roy-Finville et des clandestins*, Presses de la Cité, Paris, 1980.

Georges CHAFFARD, *Les Carnets secrets de la décolonisation*, tome 2, Calmann-Lévy, Paris, 1967.

Roger FALIGOT et Pascal KROP, *La Piscine. Les services secrets français, 1944-1984*, Seuil, Paris, 1985.

Jacques FOCCART, avec Philippe GAILLARD, *Foccart parle*, tome 1, Fayard/Jeune Afrique, Paris, 1995.

Pierre MESSMER, *Après tant de batailles... Mémoires*, Albin Michel, Paris, 1992.

Pierre MESSMER, *Les Blancs s'en vont, récits de décolonisation*, Albin Michel, Paris, 1998.

Coralie PIERRET et Laurent CORREAU, « Avril-mai 1960 : le complot fondateur », une série d'articles en sept volets publiée sur le site de RFI Savoirs, savoirs.rfi.fr (version synthétisée disponible dans l'ouvrage *Mémoire collective*, publié par RFI et la FIDH en 2018).

Maurice ROBERT, *« Ministre » de l'Afrique. Entretiens avec André Renault*, Seuil, Paris, 2004.

Ben SALAMA et Antonio WAGNER, *De Gaulle et l'Afrique*, Ina-ECPAD-France Télévisions, 2×52 min, 2011.

Frédéric TURPIN, *Jacques Foccart, dans l'ombre du pouvoir*, CNRS Éditions, Paris, 2015.

La France, suspect principal dans l'assassinat de Sylvanus Olympio (1963)

Le 13 janvier 1963, aux alentours de 7 heures du matin, le président du Togo, Sylvanus Olympio, 60 ans, est assassiné près de chez lui, à Lomé. Quelques heures plus tôt, des hommes armés en tenue militaire ont forcé l'entrée de sa résidence personnelle sans l'y trouver. Ayant compris à la fin de la nuit qu'Olympio s'était réfugié dans l'enceinte de l'ambassade des États-Unis, mitoyenne de sa maison, ils y pénètrent à leur tour. Peu après, trois coups de feu retentissent. Quand l'ambassadeur américain, Leon Poullada, et l'un de ses adjoints arrivent vers 7 h 20 à l'ambassade, ils découvrent qu'une porte de son enceinte est ouverte et que, devant, gît le corps sans vie du président. C'est du moins ce que dit la version officielle américaine. Un médecin légiste indiquera qu'Olympio a été tué par balles et à la baïonnette, d'après un rapport de Poullada au département d'État.

Le « comité insurrectionnel » militaire qui prend le pouvoir ce 13 janvier désigne comme chef d'un « gouvernement provisoire » un allié de longue date de la France, et incidemment beau-frère d'Olympio, Nicolas Grunitzky, qui fut Premier ministre de la République autonome du Togo avant l'indépendance (1956-1958). Les putschistes ont un profil particulier : engagés volontaires, ils ont servi pendant plusieurs années dans les rangs de l'armée française. Démobilisés par la France après avoir pris part à ses guerres coloniales et de retour au Togo depuis quelques mois, ils exigent d'être intégrés au sein des forces armées togolaises. Olympio, qui les considérait comme des « mercenaires », s'y opposait, préférant conserver une armée de petite taille, peu coûteuse. Dans une interview publiée par *Paris Match* le 26 janvier 1963, l'un de ces « démobilisés », Étienne Eyadéma, affirme être celui qui a abattu le président.

Le continent africain est sous le choc : c'est la première fois depuis les indépendances que l'un de ses chefs d'État est assassiné et qu'un putsch réussit. Le groupe de Monrovia, qui réunit une vingtaine de pays africains (l'Organisation de l'unité africaine est en cours de constitution), condamne ce coup de force militaire, demande aux nouvelles autorités togolaises d'ouvrir une enquête sur ce crime et leur recommande d'entamer des poursuites judiciaires contre les présumés coupables. Plusieurs dirigeants peinent à croire la version officielle selon laquelle les putschistes n'avaient que des motivations corporatistes. Le Premier ministre du Congo (Léopoldville) et le ministre nigérian des Affaires étrangères émettent chacun publiquement l'hypothèse que le crime puisse porter la marque d'influences étrangères. Mais Nicolas Grunitzky ne donne pas suite aux requêtes du groupe de Monrovia. Le secrétaire général de l'ONU dit de son côté qu'il n'est pas habilité à diligenter l'enquête internationale que lui réclame le président guinéen Sékou Touré.

Faute d'investigations sérieuses, un halo de mystère entoure cet assassinat. Cependant, du point de vue de la famille Olympio et d'une partie de l'opinion publique, la France fait figure de « suspect numéro un » pour plusieurs raisons liées au contexte général, à l'identité des auteurs du putsch et au comportement trouble de certains représentants français.

« Sylvanus Olympio n'était pas un de nos amis »

Les autorités françaises n'ont jamais apprécié le chef de l'État togolais dont la politique heurtait les intérêts de la France. Ancien cadre du groupe anglo-néerlandais Unilever et figure de la cause indépendantiste, Olympio cherchait à redonner sa liberté d'action à son pays, à le sortir de la relation exclusive dans laquelle la France voulait le maintenir. Il avait développé des liens avec les États-Unis et la République fédérale d'Allemagne, refusait des accords de coopération définitifs que Paris voulait lui faire avaliser. Il avait surtout un projet très avancé de création d'une monnaie nationale. Or le gouvernement français, déjà confronté au départ de la Guinée et du Mali de la zone franc, tenait à conserver son empire monétaire. « Sylvanus Olympio n'était pas un de nos amis, reconnaît Jacques Foccart dans ses entretiens avec Philippe Gaillard (1995). Avec lui, mes relations n'ont jamais été cordiales comme celles que j'entretenais avec Nicolas Grunitzky. »

Dans les jours qui suivent le coup d'État, Théophile Mally, ministre de l'Intérieur d'Olympio, réfugié au Dahomey, porte des accusations directes contre l'ambassadeur de France à Lomé, Henri Mazoyer, et deux officiers français, dont le commandant de la gendarmerie togolaise, Georges Maîtrier, les désignant comme les instigateurs de l'opération. Selon lui, Mazoyer, qui faisait l'interface entre Olympio et les « démobilisés », aurait incité ces derniers à organiser un coup d'État. Le Ghana, avec lequel Olympio était en mauvais termes, leur aurait fourni armes et argent, a aussi affirmé Mally.

Toutes ces accusations sont « calomnieuses et fantaisistes », s'indigne-t-on à Paris. Si l'hypothèse d'une implication du Ghana est difficile à étayer, les indices d'une responsabilité française dans le déroulement des événements sont en revanche nombreux. La France a eu avant le putsch une attitude pour le moins équivoque dans la crise avec les « démobilisés » : elle aurait pu accélérer le versement de leur pension d'anciens combattants, et ainsi faire retomber la tension, mais elle ne l'a pas fait. Par la suite, selon des archives américaines consultées par la chercheuse Kate Skinner et analysées dans son article « West Africa's First Coup. Neo-Colonial and Pan-African Projects in Togo's "Shadow Archives" » (2020), Henri Mazoyer n'a pas dévoilé à son homologue américain Leon Poullada, ni à ses autres partenaires, toutes les mesures que son pays comptait prendre à l'égard des nouvelles autorités. Plus troublant encore : la France n'a pas prévenu l'ambassade des États-Unis dès le déclenchement du coup d'État, a rapporté Poullada à sa hiérarchie.

Les versions divergent à propos de l'heure à laquelle Poullada a su ce qui se passait – d'après des rapports officiels c'était à l'aube, tandis que d'autres documents évoquent le milieu de la nuit. Toujours est-il que, au petit matin du 13 janvier, il s'est rendu à son ambassade, où il a constaté que le bâtiment ainsi que la résidence d'Olympio étaient encerclés par des militaires. Un porte-parole du département d'État a expliqué le 14 janvier à la presse, à Washington, que Poullada avait entendu des rumeurs selon lesquelles Olympio était caché dans les jardins de son ambassade. Mais à 6 h 15, il ne l'avait pas trouvé et aurait quitté les lieux. Sans citer ses sources, le magazine *Black* a pour sa part affirmé en 1985 que Poullada avait vu et parlé avec Olympio, qu'il en aurait ensuite informé Mazoyer, lequel aurait alors indiqué aux putschistes où se trouvait le chef de l'État.

En définitive, tout reste encore à éclaircir : le rôle des ambassadeurs de France et des États-Unis, celui de certains officiers français, ainsi que celui d'Étienne Eyadéma. Ce dernier, en effet, est revenu sur sa revendication du meurtre dans un entretien avec Radio France internationale (RFI) en 1992, puis dans un livre (*Ce que je sais sur le Togo*, 1993), niant cette fois toute responsabilité. Aucun témoin des faits ne s'est jamais manifesté pour confirmer ou infirmer ses dires.

En revanche, il n'y a aucun mystère concernant la direction prise par le Togo après la mort d'Olympio. À leur accession au pouvoir, les insurgés déclarent : « La France est notre amie. » Et dès son entrée en fonctions, Grunitzky s'emploie à renforcer la « coopération franco-togolaise » : il abandonne le projet de monnaie nationale et signe les accords de coopération franco-togolais. Il est toutefois renversé à son tour, en 1967, par un autre « ami » de la France : Étienne Eyadéma en personne, qui reste trente-huit ans au pouvoir. Son fils, Faure Gnassingbé, lui succédera à sa mort en 2005.

Fanny Pigeaud

Chapitre 4

La souveraineté minée par la coopération : quand la France verrouille les indépendances africaines

Thomas Deltombe

La Communauté imaginée par le pouvoir gaulliste au cours de l'année 1958 aura été éphémère. Mise en place en même temps que la Ve République, le 1er janvier 1959, elle tombe en désuétude au cours de l'année 1961. Son évolution, durant ces trois années, marque pourtant une étape fondamentale dans la structuration de ce que l'historien Jean-Pierre Dozon appelle l'« État franco-africain ».

L'objectif initial de la Communauté est double : faire des anciennes colonies françaises d'Afrique des États autonomes, gérant leurs « affaires intérieures », tout en les maintenant dans l'orbite de la France, qui se charge de la supervision des « affaires communes ». C'est Paris en effet qui répartit les compétences : la France, qui fournira l'essentiel des financements et de l'expertise, attend en contrepartie des États africains qu'ils mettent à disposition leurs soldats, leurs ressources naturelles, leurs infrastructures stratégiques (ports, routes, aéroports, ponts, barrages, etc.).

Lorsque le général de Gaulle comprend, vers l'été 1959, que l'accession des États membres de la Communauté à la « souveraineté internationale » devient inéluctable [→ II, introduction], son gouvernement se met en ordre de marche pour réformer la Communauté. Objectif : s'assurer que ces indépendances n'éloigneront pas ces jeunes États de la sphère d'influence française. Sur le modèle de celles déjà lancées avec le Cameroun et le Togo, alors considérés comme des territoires-« pilotes » [→ II.2], des négociations s'engagent au premier semestre 1960 pour parvenir au plus vite à des accords de *transfert de compétences*, qui ouvrent la voie à l'indépendance des États membres de la Communauté, et des *accords de coopération*, qui permettent à l'État français de garder la main sur les compétences « communes ». Mettant en avant la nécessaire « solidarité franco-africaine », Paris octroie donc des indépendances qu'il vide simultanément de leur substance.

La transition entre une gestion coloniale des relations franco-africaines, à la fois rigide et contestée, et une gestion néocoloniale, plus souple, plus discrète et plus durable, s'appuie sur deux types de relations : des relations interétatiques, officielles et formalisées par les accords de coopération, et des relations personnelles, qui se nouent de façon plus informelle à tous les échelons hiérarchiques. Si Jacques Foccart est l'incarnation la plus emblématique de ces relations informelles [→ II.5], les « coopérants » en sont, en un sens, les agents quotidiens [→ III.6].

Signature des accords de coopération entre la France et les États membres du Conseil de l'Entente, à l'Hôtel Matignon, le 25 avril 1961. Assis à la table, de gauche à droite : Hamani Diori (Niger), Maurice Yaméogo (Haute-Volta), Michel Debré (France), Félix Houphouët-Boigny (Côte d'Ivoire) et Hubert Maga (Dahomey). On reconnaît Jacques Foccart debout, derrière Michel Debré. © *Keystone France via Getty Images*

Dans ses Mémoires (*Gouverner*, 1988), Michel Debré, chargé en tant que Premier ministre de superviser les négociations franco-africaines à l'approche des indépendances, résume parfaitement cette double dimension : « Parallèlement aux négociations avec les dirigeants africains et malgache, je tente, au cours, de cette année 1960, d'établir comme une toile d'araignée souterraine, des liaisons à l'image de celles que tissent les Anglo-Saxons et notamment les Anglais dans leurs anciennes colonies. »

La coopération, ou comment ligoter les indépendances

Le gouvernement Debré, qui s'installe en janvier 1959, rompt symboliquement avec les périodes précédentes : il ne compte ni ministère des Colonies, appellation en cours sous la IIIe République, ni de ministère de la France d'outre-mer, selon la terminologie adoptée par la IVe République. Il comprend en revanche un « ministère d'État », confié à Robert Lecourt, dont les attributions sont officiellement précisées le 27 mars 1959 : « chargé de l'Aide et de la Coopération avec les États membres de la Communauté ».

Ce mot de « coopération » devient le label incontournable de la politique africaine sous la Ve République. En mars 1959, le Fonds d'investissement pour le développement économique et social (FIDES), mis en œuvre en 1946, est rebaptisé « Fonds d'aide et de coopération » (FAC), qui dispose à partir de l'été 1959 dans chaque État membre de la Communauté d'une Mission d'aide et de coopération (MAC). Ces dispositifs constituent le bras financier de la France en Afrique subsaharienne. Nommés sur décret du président de la République, les chefs de mission planifient, gèrent et évaluent de multiples projets de « développement » grâce à des centaines d'« assistants techniques », dans tous les domaines : éducation, justice, santé, agriculture, équipements, routes, transports…

La nouvelle terminologie cache cependant d'inévitables continuités. Les MAC, explique Debré dans ses Mémoires, n'ont pas seulement pour mission d'« aider les nouveaux États à assumer leurs responsabilités », elles visent aussi à « soutenir les Français » installés sur place « qui, à travers leurs affaires, maintiennent des liens nécessaires ». Cette assistance, ajoute-t-il, les amènera à comprendre « qu'à côté de la promotion de leurs intérêts, ils ont à défendre la présence de la France ».

Les « assistants techniques », omniprésents dans les ministères et les administrations des États de la Communauté, garantissent également la perpétuation de cette présence française : la plupart d'entre eux ne sont rien d'autre, dans un premier temps, que des fonctionnaires coloniaux ayant changé de titre et, parfois, de bureau. S'ils s'adaptent pour la plupart à leur nouveau statut, certains « assistants » français continuent de se comporter avec leurs nouveaux supérieurs africains comme s'ils étaient toujours les patrons : « en prise directe » et « en gardant l'esprit colo », comme l'explique l'un d'entre eux au chercheur Julien Meimon, spécialiste de l'histoire de la coopération.

C'est dans cette configuration que s'engagent les négociations franco-africaines pour préparer les indépendances. Menées côté français par Jean Foyer, nommé en février 1960 secrétaire d'État chargé des relations avec les membres de la Communauté, sous la tutelle de Matignon, ces tractations sont foncièrement inégalitaires. Elles impliquent d'une part, un État souverain, doté d'institutions solides et disposant de ressources financières importantes, et, d'une autre, des États embryonnaires maintenus sous la dépendance du premier.

Malgré la « grande familiarité » qui unit les dirigeants français et africains, selon l'expression employée par Jean Foyer bien des années plus tard, il peut arriver que ces derniers rechignent devant certaines clauses. Les « assistants techniques » français se révèlent alors très utiles pour débloquer les situations : c'est souvent eux qui négocient directement, au nom des gouvernements africains, avec leurs homologues français…

Ainsi sont signés, selon le décompte de Julien Meimon, pas moins de 138 conventions et accords de coopération entre juillet 1959 et juillet 1963. Ces accords portent sur d'innombrables domaines – diplomatie, défense, commerce, finances, douanes, justice, enseignement, télécommunications, etc. – qui visent tous à garantir à la fois la stabilité des États africains et leur maintien dans le giron français, deux objectifs souvent confondus en un seul dans l'esprit des dirigeants hexagonaux.

En vertu de ces accords, l'ancienne métropole peut maintenir pour encore de longues années, voire des décennies, des assistants techniques dans les rouages administratifs de ses anciennes colonies africaines. « Au Congo, en 1963, le personnel français administre encore dix préfectures sur douze, note par exemple l'historienne Françoise Blum : la plupart des cadres sont français, et bien entendu même à poste équivalent – ce qui est rare – payés beaucoup mieux que les natifs. »

L'emprise de la France est telle que le nombre de « coopérants » et, plus généralement, de résidents français explose à la suite des indépendances africaines. Alors que le nombre d'administrateurs coloniaux en Afrique subsaharienne était inférieur à 7 000 en 1956, on compte 8 749 assistants techniques relevant du ministère de la Coopération en 1963, et 9 364 en 1973 (auxquels s'ajoutent des centaines de « coopérants » relevant d'autres ministères) [→ III.6].

L'augmentation du nombre de coopérants civils s'explique en partie par l'intérêt particulier que la France attache au secteur éducatif : près de la moitié des coopérants civils en 1963 sont des enseignants. Les investissements français dans ce domaine, s'ils paraissent altruistes à première vue, répondent aussi à une préoccupation moins désintéressée : maintenir les sociétés africaines francophones, et en particulier leurs élites, dans une sphère linguistique favorable à l'hégémonie culturelle française. Signe des temps, l'ancienne Afrique « française » est désormais qualifiée de « francophone » [→ VI.9].

Mais c'est parfois de façon moins visible que les accords de coopération perpétuent l'hégémonie française. C'est le cas par exemple dans le domaine monétaire, secteur dans lequel la France conserve sa suprématie grâce à la perpétuation de la zone franc et du franc CFA [→ I.2 et III.2]. Ce système, qui pare de bienfaits (garantir la stabilité monétaire des jeunes États) des objectifs assez peu vertueux (maintenir des États théoriquement souverains sous la tutelle économique de la France), ne manquera pas de susciter des contestations chez certains « partenaires » africains de la France dans les années suivantes [→ p. 256].

Verrou constitutionnel et sécuritaire : les régimes « amis » sous contrôle

L'accession par étapes des États membres de la Communauté à l'indépendance s'accompagne d'un durcissement continu de leurs régimes politiques, perceptible à la lecture de leurs Constitutions successives. Les textes constitutionnels dont ces États se munissent début 1959, avec l'aide des juristes français qui servent d'assistants techniques aux dirigeants, sont assez variés. Certains, attachés au régime parlementaire, adoptent des dispositions proches de celles de la IVe République. D'autres, influencés par les conceptions gaulliennes, offrent plus de prérogatives au pouvoir exécutif. Cette seconde tendance s'accentue lorsque ces États, devenus indépendants, se munissent de nouveaux textes constitutionnels. « En 1959, seule la Constitution de la République centrafricaine avait doté le chef de l'exécutif de pouvoirs identiques à ceux qu'attribue l'article 16 au Président de la République française, notent les constitutionnalistes Dimitri Georges Lavroff et Gustave Peiser dans leur livre *Les Constitutions africaines* (1961). Par contre, les nouvelles Constitutions africaines ont toutes suivi l'exemple de la Constitution française de 1958. »

L'intégration à l'identique, dans les Constitutions de tous les satellites africains de la France, de ce fameux article 16 – qui permet au chef de l'État de s'octroyer les pleins pouvoirs en cas de crise – ne doit rien au hasard. Si l'on en croit l'historien Gabriel Périès et le journaliste David Servenay, elle est le fruit du travail d'Alain Plantey, conseiller à la présidence de la Communauté (assurée, de droit, par le chef de l'État français). Énarque, ancien maître de requêtes au Conseil d'État, Plantey joue un rôle essentiel dans la conception institutionnelle de la Communauté, d'abord au ministère de la France d'outre-mer, comme conseiller technique de Bernard Cornut-Gentille (1958), puis à l'Élysée, où il devient rapidement l'adjoint de Jacques Foccart (1959-1967). Plantey a semble-t-il joué un rôle important dans la présidentialisation à outrance des « Républiques sœurs » d'Afrique francophone.

Les « dispositions de l'article 16 » ont été « élargies dans les nouvelles Constitutions des États africains », constatent Lavroff et Peiser : « Rendant plus facile la mise en œuvre des pouvoirs exceptionnels et moins sévères les contrôles pouvant être exercés, les constituants africains ont accepté de courir le risque de voir un président de la République peu favorable à la démocratie établir une véritable dictature en appliquant la lettre de la Constitution. » Ce qui ne manquera pas de se produire [→ II.6].

Cette présidentialisation autoritaire ne déplaît pas aux chefs d'État africains, dont la plupart ont pour principale légitimité d'avoir été cooptés par la France. Elle arrange aussi les autorités françaises qui pensent pouvoir s'appuyer sur ces présidents « amis » et leur entourage proche, parmi lesquels nombre de conseillers français, pour manœuvrer leurs pays tout entiers.

Conscients cependant que leurs « pions » africains peuvent être renversés, ou se rebeller, les dirigeants français prennent soin, grâce aux mécanismes de la coopération, de placer autour d'eux un solide arsenal sécuritaire. C'est dans ce cadre qu'est créé le 14 mai 1959, par décision présidentielle, le Service de sécurité extérieure de la Communauté (SSEC), dont l'objet initial est de traquer les « menées subversives » menaçant l'unité de la Communauté. Les évolutions de cette dernière amènent les autorités françaises à réformer ce service qui, placé sous la supervision du ministère de l'Intérieur et rebaptisé « Service de coopération technique internationale de police » (SCTIP), permet à la France d'encadrer – et de surveiller – l'administration policière naissante des pays africains amis. Le 30 mai 1959 sont également créés des Postes de liaison et de renseignement (PLR), antennes du SDECE français placées dans toutes les capitales des États membres de la Communauté [→ II.5].

Sous la houlette de Jacques Foccart, ces structures seront par la suite complétées par d'autres dispositifs, parfois informels, permettant de « sécuriser » les présidents amis, c'est-à-dire d'assurer à la fois leur sécurité physique, la stabilité de leur régime et la fidélité de leurs intentions. « La sécurité personnelle du président devient un lien intime entre la France et ses partenaires, note l'historien Jean-Pierre Bat. Plus la France est investie dans cette question, plus le président africain est assuré d'être un "ami de Paris", ayant tout intérêt à défendre les intérêts français dans sa zone, participant ainsi directement de la sécurité du pré carré. »

La coopération militaire, clé de voûte du système néocolonial

Le volet militaire de la coopération évolue lui aussi rapidement entre 1959 et 1961. L'idée, dans un premier temps, est de bâtir un système de « défense commune », sur le modèle colonial traditionnel. Chaque État membre met ses ressources à disposition de la Communauté (c'est-à-dire, en pratique, de la France) : ses soldats, ses infrastructures, son espace aérien, etc. C'est dans ce cadre par exemple que des « troupes de la Communauté », originaires du Tchad, de Côte d'Ivoire ou d'ailleurs, sont envoyées en Algérie et au Cameroun pour participer à la répression des mouvements indépendantistes.

À l'approche des « indépendances » de 1960, Paris et ses alliés africains définissent un nouveau système de défense, sur une base non plus institutionnelle mais contractuelle. Les accords de coopération militaire se déclinent en deux volets principaux : des accords sur l'assistance militaire technique et des accords de défense.

Les premiers définissent les modalités de l'« aide » apportée par la France aux gouvernements alliés pour mettre sur pied leurs forces armées. Une aide précieuse pour les jeunes États, qui accèdent à l'indépendance sans armée nationale ni budget de défense. Les quatorze pays du pré carré français ne disposant, tous ensemble, que de 4 colonels, 6 commandants, 31 capitaines et 157 lieutenants en 1960, ce sont des officiers français qui restent – pour encore des années – à la tête de leurs armées, dans le cadre de ce qu'on appelle la « coopération de substitution ». Outre cette présence stratégique au cœur des dispositifs militaires africains, les accords de coopération permettent à la France de s'octroyer le monopole de la fourniture de leurs équipements.

Les accords de défense définissent pour leur part les engagements pris par la France et ses alliés pour assurer leur « défense mutuelle ». Ces accords bénéficient aux dirigeants africains, qui se placent ainsi sous le parapluie sécuritaire français en cas d'agression. C'est sous ce motif que les autorités françaises négocient avec leurs interlocuteurs la pérennisation des grandes zones de défense stratégique d'outre-mer (ZOM) et le maintien sur leur territoire de milliers de soldats français et de bases militaires tricolores, à commencer par celles de Dakar (Sénégal), Port-Bouët (Côte d'Ivoire), Fort-Lamy (Tchad) et Diego-Suarez (Madagascar) [→ III.1].

La France n'obtient pas seulement de ses alliés le droit d'agir librement sur leur sol ainsi que dans leurs espaces maritime et aérien. De façon plus étonnante, elle s'octroie aussi des droits colossaux sur leurs sous-sols [→ V.9]. Évoquant la nécessité de « garantir leurs intérêts mutuels en matière de défense », les annexes des accords de défense stipulent que « les parties contractantes décident de coopérer dans le domaine des matériaux de défense ». À savoir : les « hydrocarbures liquides et gazeux » ainsi que « l'uranium, le thorium, le lithium, le béryllium, leurs minerais et composés » (la liste, est-il précisé, « pourra être modifiée d'un commun accord »). La France ne disposant quasiment d'aucune de ces ressources et ses partenaires africains n'en ayant qu'un usage limité, la « coopération » s'effectue en réalité en sens unique : les Républiques africaines « réservent par priorité leur vente à la République française » et, « lorsque les intérêts de la défense l'exigent, elles limitent ou interdisent leur exportation à destination d'autres pays »[1].

En cette période de décolonisation, de tels accords ne manquent pas d'attirer de vives critiques. Sous prétexte de « défense mutuelle », accusent les milieux progressistes africains, la France viole allègrement les souverainetés africaines pour défendre ses propres intérêts économiques et géostratégiques. Les « amis » de la France eux-mêmes sont fragilisés par ces accords, qu'ils ont pourtant signés. Comment se présenter comme le « père de la Nation », ou « de l'indépendance », alors que l'ancienne puissance tutélaire maintient sur le sol national ce qui ressemble fort à une armée d'occupation et confisque littéralement le sous-sol du pays ?

Pour répondre à ces inquiétudes, la France décide de réduire ses effectifs militaires en Afrique, qui passent de près de 60 000 hommes en 1960, à 27 000 hommes en 1963 et à moins de 7 000 en 1965. Mais cette diminution, spectaculaire sur le papier, est en partie le résultat d'une illusion statistique : une proportion importante des militaires répertoriés comme « français » jusqu'en 1960 sont en fait des Africains, qui sont donc intégrés dans les jeunes armées nationales dont la France assure directement la formation dans le cadre d'un plan sur quatre ans (« plan Raisonnable »). Au Togo, la non-intégration dans l'armée nationale de soldats ayant servi sous uniforme français en Algérie sera l'un des déclencheurs du renversement et de l'assassinat du président Sylvanus Olympio en janvier 1963 [→ p. 256].

La réduction des effectifs français est en outre la conséquence d'une réforme stratégique et d'une amélioration des capacités à « projeter » des troupes, c'est-à-dire à les envoyer rapidement à un point donné. Ainsi, si l'armée française évacue certaines régions d'ex-Afrique française, elle recentre ses forces sur des zones stratégiquement plus utiles, autour de ses bases permanentes, et met sur pied dès 1962 une force interarmées

1. C'est le cas notamment des accords de défense que la France signe le 15 août 1960 avec le Tchad, le Congo et la Centrafrique, d'une part, et le 24 avril 1961 avec la Côte d'Ivoire, le Dahomey et le Niger, d'autre part. Ces dispositions ne sont nullement secrètes : elles sont publiées avec le reste des accords dans le *Journal officiel de la République française* (respectivement le 24 novembre 1960 et le 5 février 1962).

d'intervention, basée dans le sud de la France, capable d'intervenir directement dans tous les pays « amis ». Selon la terminologie officielle (citée par le journal *Le Monde*), cette force de projection peut être engagée « soit en renforcement pour porter assistance à un département ou territoire d'outre-mer, à une garnison isolée ou à un pays ami en difficulté ; soit en action offensive pour protéger des intérêts français ou ceux de pays alliés dans un pays hostile ou plongé dans l'anarchie ».

Deux crises exemplaires : Congo 1963 – Gabon 1964

Une question reste en suspens au lendemain des indépendances : la France doit-elle intervenir si le président d'un État africain « ami » est confronté à un putsch ou à une insurrection populaire ? Cette délicate interrogation est soulevée très tôt, et au plus haut niveau, comme en témoigne une réunion en petit comité, organisée autour du général de Gaulle le 23 février 1960, dont la chercheuse Guia Migani a retrouvé le compte-rendu dans les archives de Jacques Foccart. « Il faut de toute façon se conserver les mains libres », explique le chef de l'État. Cette instruction trouve sa traduction dans la signature avec un nombre indéterminé d'États africains de « clauses secrètes » aux accords militaires (en réalité des conventions ou des accords spéciaux complémentaires) permettant à la France d'intervenir dans le pays partenaire pour participer au « maintien de l'ordre » intérieur. Difficile, par définition, de connaître le contenu d'accords « secrets », et *a fortiori* de savoir avec certitude s'ils seront – ou non – respectés.

La doctrine gaullienne – se donner la possibilité d'intervenir… ou de s'abstenir – est mise à l'épreuve, coup sur coup, au Congo en août 1963 et au Gabon en février 1964. Au Congo, c'est le président Fulbert Youlou qui est sur la sellette. Prêtre défroqué, homme à femmes, habillé d'une impeccable soutane taillée spécialement chez Dior et sous laquelle il conserve son revolver, Youlou déplaît au général de Gaulle qui n'apprécie guère ses excentricités. Mais le Congo est un rouage important de la défense des intérêts tricolores en Afrique centrale : Brazzaville accueille le quartier général de la Zone de défense n° 2 (ZOM2) et l'armée française maintient 3 000 hommes dans le pays (alors que l'armée nationale n'en compte que 2 000).

Paris assure donc la sécurité de Youlou, et ne cherche nullement à le dissuader lorsqu'il annonce, en août 1962, sa volonté d'instaurer un parti unique. Mais ce projet passe mal : le président congolais est défié par les syndicats et bientôt par la rue. Le 15 août 1963, le palais présidentiel congolais est encerclé par une foule compacte qui réclame la démission de Youlou. Lequel appelle Paris à la rescousse.

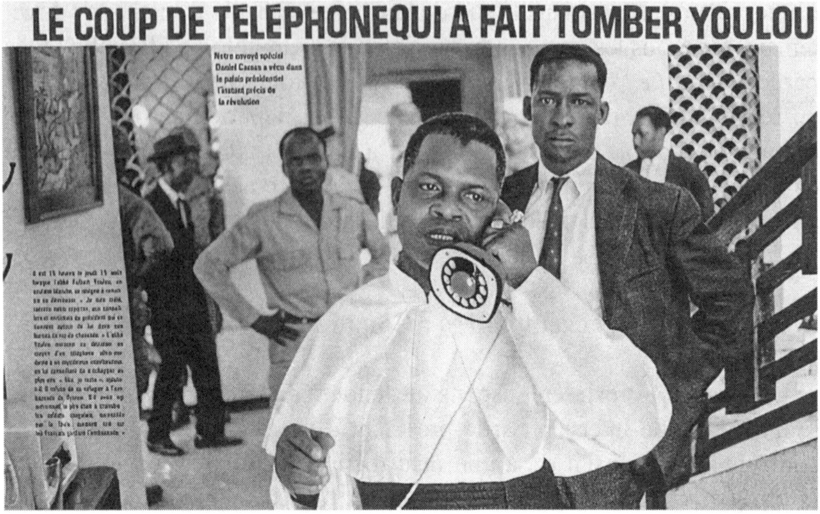

« Le coup de téléphone qui a fait tomber Youlou », 15 août 1963. *© Paris Match. Droits réservés*

La légende veut que Paris ait abandonné Youlou à son triste sort pour une raison logistique. Jacques Foccart était injoignable ce jour-là : il était à la pêche, comme tous les 15 août. L'absence du tout-puissant « Monsieur Afrique » de l'Élysée aurait empêché la France de sauver l'allié congolais. La réalité est assez différente, comme le révèle l'historien Jean-Pierre Bat qui a épluché les archives de Foccart. Si ce dernier est certes absent, un de ses plus fidèles lieutenants, Jean Mauricheau-Beaupré, est bien présent aux côtés de Youlou pendant les heures fatidiques du 15 août 1963. Et il décroche le téléphone de la présidence congolaise et met en relation le président Youlou, retranché dans son palais, et le général de Gaulle, en famille à Colombey.

Paniqué, Youlou demande au Général de donner l'ordre aux militaires français de dégager les protestataires rassemblés sous ses fenêtres. « Mais ils ne pourront pas les disperser autrement qu'en tirant », répond le président français. « Je ne sais pas, mon général, les blindés rouleront, ils les verront, les gens vont se disperser d'eux-mêmes », proteste Youlou, au bord de la crise de nerfs. Si l'armée française n'agit pas immédiatement, poursuit l'abbé, les manifestants « vont entrer dans le palais, alors à ce moment-là, on [aura] beau assurer ma sécurité, mais le pays [sera] perdu, il [sera] communiste ». Mais tel est bien le choix de De Gaulle au terme de cet étonnant échange : l'armée française n'interviendra pas. « J'ai dit ce que j'avais à vous dire, monsieur le président », conclut de Gaulle. « Oui, mon général, merci bien. » La France assure jusqu'au bout la sécurité personnelle de Youlou, qui remet sa démission, mais elle refuse de sauver son régime.

« Cette révolution, surnommée les “Trois Glorieuses”, a provoqué un profond traumatisme parmi les chefs d'État amis de la France, note Jean-Pierre Bat. Foccart décide alors que plus jamais pareil événement ne doit pouvoir se reproduire. » Il le prouve six mois plus tard, à l'occasion d'une tentative de putsch au Gabon. Apprenant le 17 février 1964 que le président Léon Mba a été kidnappé par des haut gradés de l'armée gabonaise, Foccart convoque le général Paul Jacquier (patron du SDECE), René Journiac (conseiller Afrique de Matignon), Pierre Guillaumat (ancien ministre des Armées et grand spécialiste des questions pétrolières) et quelques autres pour une réunion de crise, en pleine nuit, à l'Élysée. Décision est prise d'envoyer en urgence les parachutistes à Libreville. L'opération est menée en quelques heures : le 19 février, les militaires français prennent le contrôle de la capitale gabonaise et remettent Léon Mba dans son fauteuil présidentiel. Contrairement au Congo, dirigé depuis quelques mois par un régime d'inspiration marxiste, le Gabon reste solidement arrimé à la France (et, avec lui, son précieux sous-sol, riche en pétrole et en uranium).

Reste à savoir dans quel cadre légal s'est fait le sauvetage du président gabonais. D'après la biographie que le journaliste Pierre Péan a consacré à Foccart (*L'Homme de l'ombre*, 1990), cette intervention était parfaitement illégale : alors que la demande d'intervention française devait être faite par le président gabonais, elle n'aurait en réalité été formulée que par le vice-président… et après les faits (le document a, semble-t-il, été antidaté). « Pour éviter à l'avenir que la base légale des interventions françaises puisse être contestée, le système est peaufiné, ajoute Péan. Des hauts responsables de la politique africaine de la France vont jusqu'à suggérer aux dirigeants amis de préparer des demandes d'intervention où seule la date sera laissée en blanc. Ces demandes seront ensuite déposées en lieu sûr, dans des coffres à Paris ou dans les ambassades de France bénéficiant d'une solide protection. Quatre pays au moins en ont souscrit : le Gabon, le Cameroun, la Côte d'Ivoire et le Tchad. » Maurice Robert, chef du secteur Afrique du SDECE à cette période et ami de Jacques Foccart, confirmera l'existence de tels documents dans ses Mémoires (*« Ministre » de l'Afrique*, 2004).

Derrière la formalité apparente des accords de coopération militaire, la France aura donc réussi à garder les mains libres, et à maintenir ainsi les présidents « amis » sur le continent africain dans une situation de dépendance à son égard. « Le lien entre ces accords et le nombre d'interventions militaires françaises est tellement ténu qu'on peinerait à en trouver quelque respect dans l'histoire », note le chercheur Julien Meimon. En d'autres termes : la France intervient quand elle veut, si elle veut.

Repères bibliographiques

Jean-Pierre Bat, « 1961, la naissance du SCTIP », *Société française d'histoire de la police*, 17 novembre 2008.

Jean-Pierre Bat, *La Fabrique des « barbouzes ». Histoire des réseaux Foccart en Afrique*, Nouveau Monde, Paris, 2015.

Françoise Blum, *Révolutions africaines, Congo, Sénégal, Madagascar, années 1960-1970*, Presses universitaires de Rennes, Rennes, 2014.

Camille Evrard, « Retour sur la construction des relations militaires franco-africaines », *Relations internationales*, n° 165, 2016.

Julien Meimon, *En quête de légitimité : le ministère de la Coopération (1959-1999)*, thèse de doctorat en sciences politiques, Université Lille II, 2005.

Julien Meimon, « L'invention de l'aide française au développement, Discours, instruments et pratiques d'une dynamique hégémonique », CERI/Sciences Po, Questions de recherche, n° 21, septembre 2007.

Guia Migani, *La France et l'Afrique sub-saharienne, 1957-1963. Histoire d'une décolonisation entre idéaux eurafricains et politique de puissance*, PIE Peter Lang, Bruxelles, 2008.

Gabriel Périès et David Servenay, *Une Guerre noire. Enquête sur les origines du génocide rwandais (1959-1994)*, La Découverte, Paris, 2007.

Franck Petiteville, « Quatre décennies de "coopération franco-africaine" : usages et usure d'un clientélisme », *Études internationales*, vol. 27, n° 3, 1996.

Frédéric Turpin, *De Gaulle, Pompidou et l'Afrique (1958-1974), Décoloniser et coopérer*, Les Indes savantes, Paris, 2010.

Frédéric Turpin, « Le passage à la diplomatie bilatérale franco-africaine après l'échec de la Communauté », *Relations internationales*, n° 135, 2008.

Une puissante critique cinématographique de la « coopération » : *La Noire de...* d'Ousmane Sembène (1966)

Le film *La Noire de...*, réalisé par Ousmane Sembène, est la première – peut-être la plus brillante – critique cinématographique de la « coopération » française et, à travers elle, du néocolonialisme en Afrique. Inspiré de faits réels relatés par *Nice-Matin* en 1958 et adapté d'une nouvelle publiée par son réalisateur cinq ans auparavant dans la revue *Présence africaine*, ce film en noir et blanc de 55 minutes est considéré comme le premier long-métrage africain. Lauréat du prix Jean Vigo, il se voit aussi décerner le Tanit d'or lors de la première session des Journées cinématographiques de Carthage et figure par ailleurs à la sélection du Festival de Cannes.

Ousmane Sembène est alors davantage connu comme romancier et écrivain : il a notamment publié *Le Docker noir* en 1956, roman inspiré de sa propre expérience de docker sur le port de Marseille, et *Les Bouts de bois de Dieu*, en 1960, qui relate la grève des cheminots de la ligne Dakar-Niger à la fin des années 1940 [→ I.2]. Marxiste, un temps membre de la CGT et du PCF, il se rend en 1961 et 1962 en URSS pour se former au cinéma et est accueilli par le studio Gorki à Moscou.

Film fondateur pour la carrière cinématographique d'Ousmane Sembène, *La Noire de...* aborde la question du racisme et du néocolonialisme à travers le travail domestique auquel ont recours les coopérants français.

« Montrer comment le néocolonialisme nous tue »

Diouana Gomis, incarnée par l'actrice Mbissine Thérèse Diop, est une jeune Sénégalaise originaire de Casamance employée auprès de « Madame » et « Monsieur », couple de coopérants français installés à Dakar avec leurs trois enfants. Bénéficiant d'un long congé, ils retournent plusieurs mois dans leur domicile français d'Antibes et demandent à Diouana de les y rejoindre. La jeune employée, initialement embauchée pour prendre soin des enfants, y devient la « bonne à tout faire » assignée à la cuisine, au linge, au ménage.

Construit comme un véritable huis clos dans la demeure antiboise de « Madame » et « Monsieur », *La Noire de...* restitue le terrible enfermement dans lequel Diouana est piégée. Toujours silencieuse face à ses employeurs, Diouana n'exprime ses lamentations que par la voix off (lue par la comédienne Toto Bissainthe) : « La France ici, c'est la cuisine, le salon, la salle de bains et la chambre à coucher. » Diouana endure les brimades de « Madame », qui lui interdit de porter des talons et une robe et lui impose un tablier en lui rappelant : « N'oublie pas que tu es une bonne. »

Au cours d'un déjeuner où sont vantés les avantages de la coopération pour les assistants techniques installés au Sénégal (« la vie est très agréable », « une bonne part de votre salaire est virée en France », « dans les accords tout est assuré », « tant qu'il y a Senghor c'est sûr », etc.), elle est exhibée comme une attraction exotique pour les invités de ses patrons. L'un d'eux la contraint même à un baiser forcé. « Je n'ai jamais embrassé de négresse », ajoute-t-il, ravi.

Isolée, exploitée, humiliée, Diouana sombre dans une profonde dépression, à laquelle « Madame » répond par davantage de brimades, la privant même de nourriture, et « Monsieur » par une attitude détachée, semblant se sentir peu concerné par ces tracas domestiques. Diouana est aussi radicalement privée de parole : le comble de l'humiliation est atteint lorsqu'elle reçoit une lettre de sa mère, que « Monsieur » lui lit et à laquelle il se met à répondre à sa place.

Le film est souvent réduit par les commentateurs à la scène où la détresse de Diouana atteint son paroxysme : après avoir mis en ordre ses affaires et restitué à « Monsieur » l'argent de sa paie, Diouana s'enferme dans la salle de bains, se glisse dans la baignoire et s'y tranche la gorge. Pourtant, la plus grande force du film de Sembène réside dans les scènes qui suivent celle de ce suicide difficilement soutenable. Au retour à Dakar, « Monsieur » se rend auprès de la mère de Diouana afin de lui remettre les affaires de sa fille et l'argent de sa paie – lequel sera, une nouvelle fois, refusé. Face à la colère froide de la mère de Diouana et aux regards lourds des voisins, la culpabilité et la honte semblent empreindre chacun des pas de « Monsieur » dans ces ruelles où vivait Diouana. Ousmane Sembène lui-même, commentant son œuvre, devant la chercheuse Françoise Pfaff en 1978, insiste sur sa volonté de poursuivre le film au-delà du suicide de son personnage principal : « Je devais montrer comment le néocolonialisme nous tue. Au-delà du suicide d'une jeune femme transplantée dans un autre pays, il faut voir que l'homme responsable de son suicide est revenu en Afrique. Va-t-il embaucher une nouvelle domestique ? »

L'ambivalence de cette scène finale, qui dépeint tant la terrible stabilité du néocolonialisme que l'inexorable ressentiment qu'il suscite, fait écho à un leitmotiv qui rythme le film et le structure comme un fil rouge : la présence réitérée et visuellement marquante d'un masque traditionnel. Il est d'abord offert par Diouana à « Madame », immédiatement après son embauche comme employée domestique, et symbolise alors l'enchantement naïf de la jeune femme qui idéalise autant la France que ses patrons. Accroché au mur du domicile antibois, il souligne ensuite l'exotisation permanente que subit Diouana. Lorsque celle-ci décide de se le réapproprier, son geste provoque une dispute avec « Madame » qui marque sa rébellion envers ses employeurs. Restitué par « Monsieur » avec l'ensemble de ses affaires, il est récupéré par un enfant qui s'en coiffe et poursuit l'ancien employeur jusqu'à sa voiture, devenant l'allégorie de la revanche sur le néocolonialisme. « Je devais montrer aux gens que le sujet n'est pas le suicide mais le combat, parce que le colonialisme n'a pas disparu », conclut Ousmane Sembène.

Claire Cosquer

Chapitre 5

Le système Foccart

David Servenay

Regard de glace, crâne chauve, visage rondouillard. Impossible, en regardant les vieilles photos en noir et blanc de Jacques Foccart, de ne pas penser à Bernard Blier dans les *Tontons flingueurs*, le célèbre film de Georges Lautner sorti en 1963. Entre naïveté feinte et froide détermination, le personnage déroute et impressionne à la fois. Toujours à quelques pas derrière ou à côté du Général, parfois caché sous un large chapeau blanc ou de grosses lunettes noires, difficile de lire les pensées de l'« homme de l'ombre ». Difficile aussi de cerner le périmètre exact de son influence dans les affaires de l'État. Officiellement chargé des questions africaines et de renseignement, dans cette zone grise des coulisses du pouvoir, Foccart cumule toutes les caractéristiques d'un personnage de roman noir. Architecte de la Françafrique, spécialiste des affaires occultes, chef des réseaux parallèles, patron des barbouzes, éminence grise : les étiquettes collent à la peau de ce personnage énigmatique sans qu'aucune puisse le définir précisément.

Naissance d'un homme de l'ombre

Cette vie romanesque commence à Ambrières-le-Grand (Mayenne), le 31 août 1913, où Jacques Koch-Foccart naît comme un héritier… peut-être illégitime. Héritier car sa famille est riche et qu'il n'aura jamais à douter de sa bonne fortune. Illégitime peut-être, mais le mystère n'a jamais été éclairci. Version officielle : son père, Guillaume, est un riche planteur de bananes établi en Guadeloupe ; sa mère, Elmire, née Courtemanche de la Clémandière, est une créole issue d'une famille béké très fortunée. D'après la biographie que lui consacre l'écrivain Pierre Péan en 1990, l'enfant serait en réalité le fruit de l'union de Suzanne, la sœur de son père « officiel », religieuse au carmel de Laval, et d'un curé de campagne devenu proche de la famille. Une hypothèse plausible, mais peu crédible selon l'historien Frédéric Turpin qui rappelle qu'aucun document ou témoignage n'a jamais pu la confirmer. À chaque fois que la rumeur refait surface, elle émane de sources malintentionnées. En tout cas, le jeune Jacques passe ses vacances dans le château familial du Tertre à Ambrières. Le reste de l'année, il est interne au lycée de l'Immaculée Conception de Laval. Élève moyen, mais passionné d'histoire, notent ses professeurs. Première rupture : son père meurt en 1925, sa mère restera veuve jusqu'à la fin de ses jours. Jacques Foccart, sans valider l'intégralité de son baccalauréat, se met à travailler, après avoir fait son service militaire dans l'aviation. Commercial chez Renault, il est ensuite employé dans une petite société d'import-export. Sa vie bascule avec la guerre.

Mobilisé à l'été 1939 par l'état-major de l'aviation, il subit l'« étrange défaite » de 1940 sans combattre. En 1942, il crée, avec son associé Henri Tournet, une exploitation de bois dans l'Orne. L'entreprise fournit l'organisation Todt mise en place par l'occupant pour construire l'appareil de défense dans les territoires occupés. Accusés d'escroquerie par les Allemands, les deux entrepreneurs sont incarcérés à Saint-Malo une dizaine de jours en août 1943, puis libérés sous caution moyennant un million de francs : une mesure étonnamment clémente, mais les deux hommes seront définitivement blanchis à la Libération. Son passage dans le camp de la Résistance est définitif en septembre 1943, lorsqu'il devient l'un des responsables du réseau Action Plan Tortue en Mayenne, pour préparer le débarquement des Alliés en Normandie. Un engagement dangereux : par deux fois, « Binot » – son pseudonyme dans la clandestinité – risque sa vie, son réseau est violemment réprimé par la Gestapo au printemps 1944. Il en réchappe et rallie l'Angleterre, en août de la même année, pour s'engager dans les rangs du service de renseignement gaulliste, le Bureau central de renseignement et d'action (BCRA). Cette « belle guerre », quoique controversée, lui vaut d'être titulaire de la Croix de guerre, de la médaille de la Résistance et de la Légion d'honneur.

De cette période, le lieutenant-colonel Foccart conserve un goût prononcé pour la clandestinité et des liens durables avec le Service de documentation extérieure et de contre-espionnage (SDECE), créé en décembre 1945. Lors de périodes de réserve, il s'entraîne régulièrement avec les hommes du service 29 (le SA, service Action). Au menu : sauts en parachute, tirs au bazooka et, surtout, discussions animées au mess des officiers de Cercottes, la base d'entraînement des parachutistes près d'Orléans, ou à Aspretto, en Corse, base des nageurs de combat. Outre le patron du SA, le colonel Henri Fille-Lambie, *alias* Jacques Morlane, Foccart se lie en particulier avec quatre hommes, les « quatre mousquetaires » comme les appelle l'historien Jean-Pierre Bat : Robert Maloubier, plus connu sous le diminutif de « Bob » ; Marcel Chaumien, surnommé « Monsieur Armand » ; René Bichelot, dit « Labiche » ; et enfin René Obadia, dit « Pioche ».

De la guerre, Foccart garde surtout une admiration et un respect sans limites pour le général de Gaulle. L'homme du 18 Juin, qu'il a rencontré pour la première fois en 1946, devient la boussole de son existence. Aussi, lorsque le chef du gouvernement provisoire de la République française lance son fameux « Je fous le camp ! », le 20 janvier 1946, Foccart suit son mentor. Il s'investit dans le parti gaulliste, le Rassemblement du peuple français (RPF), lancé l'année suivante, dont il devient en quelques années l'un des « barons » avec Jacques Chaban-Delmas, Olivier Guichard, Roger Frey et Michel Debré. En parallèle, il relance ses activités d'import-export, en fondant la SAFIEX, société spécialisée dans le commerce avec l'outre-mer. Une activité qui lui garantit son indépendance financière.

Au sein du RPF, il s'occupe d'abord de l'outre-mer, où ses affaires lui permettent de proposer une sorte de bourse d'emplois réservée aux militants et d'asseoir sa réputation au sein du mouvement. En mars 1950, il est désigné conseiller de l'Union française par le RPF, une fonction parlementaire qu'il exercera jusqu'en 1958. Ce poste lui permet de côtoyer nombre d'élus d'outre-mer : les représentants des colons surtout, mais également quelques personnalités africaines.

C'est aussi un Foccart éditorialiste que les adhérents du RPF peuvent lire chaque semaine à partir de 1950 dans *La Lettre à l'Union française*, où il défend un gaullisme pur et dur, dans un langage qui plaît aux militants [→ p. 164]. Par ce canal, et grâce à ses nombreux déplacements, Foccart se construit sur le continent africain une vaste chaîne d'informateurs : beaucoup de militaires et de policiers en poste dans les colonies, mais aussi des religieux ou des commerçants, comme le négociant libanais Mahmoud Bourgi installé à Dakar (et père de Robert [→ VI.6]). En Mauritanie, il fait dès 1947 la rencontre décisive de Maurice Robert. Commandant de poste de Port-Étienne (future Nouadhibou), ce dernier vient d'y créer une section du RPF. Animé comme Foccart par une inébranlable foi gaulliste et anticommuniste, Robert se rapproche du SDECE, qui le recrute en 1954 alors qu'il revient d'Indochine et l'envoie au Sénégal où il a déjà travaillé quelques années plus tôt. La collaboration entre les deux hommes durera des décennies.

Le dévouement de Foccart comme ses talents d'organisateur lui valent la reconnaissance du Général. Alors que le RPF se délite à partir de 1952, Foccart ne baisse pas les bras. Il prépare et accompagne en mars 1953 la tournée africaine de son champion. Mais ce dernier, découragé après le revers électoral qu'essuie le RPF aux municipales d'avril-mai 1953, se retire à Colombey-les-Deux-Églises et entame sa « traversée du désert ». Qu'à cela ne tienne, Foccart continue de gravir les échelons internes au parti, dont il devient fin 1954 le secrétaire général, sans jamais perdre espoir de voir un jour le « patron » revenir aux commandes du pays. Ses vœux sont exaucés en mai 1958, lorsque les militaires d'Alger et les gaullistes font tomber la IVe République honnie. Foccart, on s'en doute, a activement participé aux opérations.

Au cœur des secrets d'État

Récompensé pour sa loyauté, Foccart intègre le petit cercle des conseillers techniques du Général. À Matignon à partir de juin 1958, puis à l'Élysée à partir de janvier 1959, il est chargé de quatre domaines : l'Afrique, les DOM-TOM, les liaisons avec les services de renseignement et le suivi des organisations gaullistes. Autant de missions que Foccart conserve quand il est nommé début 1960 à la tête du secrétariat général à la Communauté, l'organe chargé d'assurer la liaison entre l'Élysée et les États de la Communauté[1].

Jacques Foccart se trouve donc, dès l'été 1958, au cœur des dossiers sensibles. Il est l'une des personnalités qui décident des affaires les plus secrètes : les opérations « homo » (homicides), exécutées clandestinement par le service Action du SDECE. Plusieurs documents, issus de ses archives, montrent qu'il approuve de telles décisions, les annote parfois et les signe pour indiquer le « feu vert » donné aux services spéciaux par le sommet de l'État. Dans les années sanglantes de la guerre d'Algérie, cette liste d'objectifs – « trafiquants », « politiques » mais aussi « Français pro-FLN » – est constamment mise à jour, transmise au directeur du SDECE, le général Paul Grossin, pour exécution. À en croire les Mémoires de Constantin Melnik, responsable de la coordination des services secrets à Matignon après la nomination de Michel Debré comme Premier ministre en janvier 1959, plus d'une centaine de personnes auraient ainsi été envoyées « *ad patres* » au cours de telles opérations.

Mais la principale mission que le président confie à son bras droit est d'assurer, en Afrique subsaharienne, une transition vers des « indépendances » favorables aux intérêts français. Pour cela, Foccart s'appuie là aussi sur les services de renseignement : le général Grossin, bien sûr, qu'il voit une fois par semaine, mais également son ami Maurice Robert, bientôt nommé chef du secteur N (Afrique noire), avec qui il est en liaison permanente. Si le SDECE est statutairement sous la tutelle du Premier ministre, Foccart obtient ainsi le contrôle direct sur les activités africaines de la « boîte ».

À mesure que l'Afrique française s'approche de l'indépendance, l'équipe de Foccart la couvre de réseaux clandestins qui, souvent, doublent

1. Qui prend le nom en 1961 de « secrétariat général à la présidence de la République pour la Communauté et les Affaires africaines et malgaches ».

les services officiels. Dès 1959, Marcel Chaumien, l'un des quatre « mousquetaires », devenu agent du service 7 (opérations spéciales), y installe le « réseau Jimbo », une vaste organisation de renseignement qui s'appuie, entre autres, sur les chefs d'escale de la compagnie aérienne UAT. À la même période, le service Afrique déploie dans les États de la Communauté franco-africaine des Postes de liaison et de renseignement (PLR) qui joueront un rôle important après les indépendances octroyées en 1960. Ces PLR, composés d'agents du SDECE, sont en effet placés auprès de chaque présidence africaine, pour former les services spéciaux locaux et assurer leur coordination avec les services français. Installés le plus souvent dans l'enceinte même des présidences africaines, ils permettent au passage à l'éminence grise du Général de surveiller de près les chefs d'État « amis » grâce à un circuit court de communication. Ce qui ne l'empêche pas de doubler ces PLR, encore trop institutionnels, de réseaux encore plus clandestins.

Dans les affaires les plus délicates, comme l'assassinat de l'opposant camerounais Félix Moumié en octobre 1960 à Genève [→ II.2], ou la déstabilisation d'un régime entier, comme celui de Sékou Touré [→ II.3], le mode opératoire repose sur la doctrine dite du « feu orange ». Le principe est simple : une fois l'objectif fixé ou avalisé par de Gaulle, Foccart s'abstient de l'informer du détail des opérations. « Si le résultat de l'action était un succès, personne n'en parlait, expliquera Maurice Robert dans ses Mémoires ; si c'était un échec, les services en assumaient seuls les conséquences éventuelles et le responsable était réputé avoir pris une initiative personnelle. » Comme les poupées russes, le feu orange s'applique à chaque étage de la hiérarchie : entre le président et son conseiller, entre Foccart et les services spéciaux, et entre le SDECE et ses éventuels « sous-traitants » (tueurs à gages, mercenaires, barbouzes ou malfrats). C'est une sorte de pare-feu pour les détenteurs du pouvoir occulte de l'État. Ce qui n'est pas sans poser de questions, car le « domaine réservé » du président échappe ainsi à tout contrôle démocratique, y compris celui du Parlement. Le vrai pouvoir, de vie et de mort, repose donc sur une poignée d'hommes et sur le respect de la parole donnée.

Cette sanglante politique posera des problèmes de conscience à certains de ses acteurs. Constantin Melnik par exemple, grand rival de Foccart, déclarera bien plus tard vivre dans une « repentance continuelle ». Une repentance tempérée cependant par la conscience d'avoir été couvert par le sommet de l'État. « Il y avait, chez le Général, quand même, une acceptation de la violence d'État que je trouve, avec le recul, assez effrayante », conclut-il.

La « pythie du Général »

Foccart n'a pour sa part jamais exprimé le moindre remords. Ce tueur froid, fin calculateur et bourreau de travail organise sa vie avec méthode, respectant les rituels quotidiens qu'il s'est imposés. Le matin, il commence sa journée par… une séance de tir au pistolet ! Pour cela, il se rend avenue Foch, où se trouve le centre de tir de la police nationale, dirigé par Raymond Sasia, l'un des quatre « gorilles » du Général. Sasia a été pendant quelques années son professeur de judo. Petit gabarit replet, Foccart, sans être un grand sportif, s'est toujours forcé à endurer l'effort physique pour mieux se forger un mental d'acier. Il peut aussi nouer dans ce cadre des liens avec le milieu policier et maçonnique, puisque le maître des lieux est un membre actif de la Grande Loge nationale française (GLNF) [→ IV.2].

Une fois cette formalité accomplie, il se rend à l'hôtel de Noirmoutier, une belle bâtisse parisienne du XVIIe siècle, rue de Grenelle, devenue le siège du secrétariat général aux Affaires africaines et malgaches. Dans la matinée, son équipe, composée d'une centaine de collaborateurs, trie, analyse et filtre la production des espions du SDECE et des diplomates du Quai d'Orsay. Quand, vers 1960-1961, la Communauté se délite et les États africains obtiennent leur indépendance, l'hôtel de Noirmoutier devient une sorte de super-ministère de l'Afrique, qui concurrence directement toutes les instances gouvernementales concernées par cette zone : Matignon, le Quai d'Orsay, le ministère des Armées ou encore le ministère de la Coopération. Chacun connaît le poids du secrétaire général, qui ne se gêne pas pour court-circuiter les instances officielles grâce à ses réseaux personnels, dans les services, l'armée ou la police. Il mène aussi une diplomatie parallèle, en s'appuyant sur quelques ambassadeurs de choc stratégiquement postés, comme Roger Barberot (Bangui), Fernand Wibaux (Bamako), Jacques Raphaël-Leygues (Abidjan).

En tant que conseiller du président, Jacques Foccart dispose également d'un grand bureau au rez-de-chaussée du palais de l'Élysée. Là, il passe son temps au téléphone avec tout ce que l'Afrique francophone compte de personnalités influentes (et tout ce que la France compte de personnalités impliquées en Afrique). Mais l'essentiel se déroule vers 19 heures dans le bureau présidentiel où, tous les jours, il s'entretient avec de Gaulle. Ce dernier teste ses arguments, confronte ses idées et finalement dicte ses consignes à son conseiller (qui, à partir de 1965, les enregistre sur un dictaphone aussitôt l'entretien terminé). Ce tête-à-tête, unique en son genre dans l'histoire de la Ve République, est sans doute la clé de l'influence de Foccart. Jouant de son exceptionnelle proximité avec de Gaulle, entouré du halo de mystère que lui donnent ses contacts dans le monde du renseignement, l'homme de l'ombre apparaît, note Jean-Pierre Bat, comme la « parfaite pythie du Général ». Rares et sibyllines, ses paroles sont interprétées par beaucoup de ses interlocuteurs comme autant d'oracles du chef de l'État.

Fort de cette réputation, Foccart fait fructifier son réseau relationnel qui ne cesse de s'étoffer à mesure qu'il étend son emprise sur les affaires africaines. Il connaît tout le monde – chefs d'État, ministres, hommes d'affaires, journalistes – et intervient sur les grands dossiers comme sur les petits soucis privés. Son pouvoir se fonde sur la relation personnelle et intime avec les chefs d'État africains qu'il comble de multiples attentions. Parmi ses interlocuteurs privilégiés, Félix Houphouët-Boigny, le président ivoirien qu'il considère comme son « frère » africain [→ II.7].

Dernier ancrage du « Monsieur Afrique » : sa maison de Luzarches, petite localité du Val-d'Oise à 30 kilomètres au nord de Paris, où il se rend tous les week-ends et d'où il peut poursuivre sa diplomatie parallèle. Dans cette confortable maison de campagne, construite pour Louis II de Monaco et baptisée « villa Charlotte », il a fait aménager au sous-sol… un stand de tir. Sous les combles, son bureau abrite la « case aux fétiches » où il continue de discuter jour et nuit par téléphone avec l'élite africaine. À la belle saison, sous les grands arbres du jardin, il reçoit le week-end ministres et chefs d'État pour des déjeuners qui peuvent accueillir une centaine de convives. C'est la « famille » franco-africaine.

Une toile d'araignée soigneusement tissée

S'il est un terme qui colle à la peau de Foccart, c'est bien celui de « réseaux ». Depuis ses *réseaux* de renseignement en Afrique jusqu'à ses *réseaux* relationnels dans les milieux les plus divers, en passant par son *réseau* téléphonique grâce auquel il se rend joignable à toute heure, sa vie semble en effet se résumer à ce mot. Et cela d'autant plus qu'en expert de la clandestinité il prend soin de cloisonner les différents milieux sur lesquels il s'appuie. Ce qui donne à son réseau l'aspect d'une toile d'araignée de relations interpersonnelles, soigneusement tissée en cercles parallèles et concentriques.

Grâce à cette toile, le « Monsieur Afrique » du Général peut mobiliser des ressources insoupçonnées, à la frontière entre l'officiel et l'officieux, dans les situations les plus variées. Ainsi s'explique l'omniprésence dans le pré carré français en Afrique d'agents issus des franges les plus réactionnaires de la galaxie gaulliste. Foccart recrute notamment parmi les militants de choc du Service d'action civique (SAC), service d'ordre gaulliste créé en janvier 1960. Patron officieux de cette police parallèle, il envoie ces gros bras dans diverses capitales africaines pour y assurer la sécurité des présidents « amis ». C'est le cas du président du SAC lui-même, Pierre Debizet – *alias* « Debarge » – installé auprès du président tchadien François Tombalbaye au milieu des années 1960.

Pour que ce système fonctionne, Foccart s'appuie également sur une poignée d'hommes à tout faire : les *missi dominici*. Ces « envoyés du maître » jouent un rôle essentiel dans les crises. Ils transmettent des messages bien sûr, mais surtout ils incarnent totalement la doctrine du feu orange, recrutant des mercenaires, organisant une filière clandestine de fournitures d'armes ou un circuit de financement occulte. Tout ce que la guerre de l'ombre nécessite, sans jamais qu'un service officiel de l'État apparaisse, y compris le SDECE. Le tout en étant, au quotidien, auprès des chefs d'État « amis ».

Jean Mauricheau-Beaupré, *alias* « Mathurin » ou « Monsieur Jean », est la figure de proue de ces *missi dominici* de l'Élysée. Militant de l'Action française avant-guerre, résistant dans le réseau Alliance, puis journaliste à *Paris Match*, il intègre les services de renseignement à la Libération. Il est l'« œil de Debré » lorsqu'il rejoint l'équipe Foccart en 1960, après avoir raté le poste occupé par Constantin Melnik auprès du Premier ministre. Depuis Brazzaville, où il est envoyé comme « conseiller spécial » du président congolais Fulbert Youlou, il organise le soutien aux indépendantistes katangais de Moïse Tshombé et devient alors l'officier traitant du mercenaire Bob Denard [→ III.5]. Après la chute de Youlou en 1963, Mauricheau-Beaupré change de patron. Direction la Côte d'Ivoire où il se met au service du président Félix Houphouët-Boigny. À tel point qu'il est le représentant du « Vieux » en Afrique centrale en même temps que celui de Foccart [→ II.7].

En attendant, la méthode *intuitu personae* de Foccart, appliquée à l'ensemble du pré carré africain, s'illustre à merveille au Gabon après la tentative de putsch de février 1964. [→ II.4]. Après avoir rétabli Léon Mba dans son fauteuil présidentiel, grâce à l'intervention des paras français, Jacques Foccart et Maurice Robert s'appuient sur plusieurs hommes de confiance pour remettre le régime sur pied. Le premier, Guy Ponsaillé, ancien administrateur colonial, est devenu l'un des plus hauts cadres de l'Union générale des pétroles (UGP, future Elf) : il est nommé conseiller politique de Léon Mba avec mission de lui fabriquer une « légitimité ». Le deuxième est un ami de longue date de Jacques Foccart : Robert (dit « Bob ») Maloubier. Éloigné du service Action du SDECE en 1956, après avoir monté en Algérie un service « exécution » qui a « mal tourné », selon ses propres termes, il s'est établi au Gabon comme forestier, puis pétrolier. Il sera désormais chargé de constituer la Garde présidentielle gabonaise, une centaine d'hommes rémunérés par la Coopération et débauchés, pour la plupart, dans l'armée, la police et les services français. Cette garde prétorienne se fait rapidement connaître par ses méthodes expéditives. Pour traquer les opposants gabonais, Foccart compte également sur deux policiers aux méthodes musclées : Georges Conan et René Galy. Le premier, qui s'est fait la main au Cameroun avant l'indépendance [→ II.2], est arrivé au Gabon dès 1960 où il a établi la redoutable police politique du régime, le Centre de documentation (Cedoc). Le second, qui s'est formé en Algérie, arrive à Libreville au lendemain du putsch manqué, en tant que chargé de mission du Service de coopération technique internationale de police (SCTIP), pour aider le Cedoc à gagner en « efficacité ».

Lorsqu'il apprend, en 1965, que Léon Mba est atteint d'un cancer incurable, Foccart complète le dispositif. Il confie le président gabonais aux bons soins de son médecin personnel, Victor Dupont, dit « Vic-Dupont », ancien résistant et docteur à l'hôpital Claude-Bernard à Paris, et fait nommer Maurice Delauney ambassadeur de France à Libreville. Delauney, qui s'était lui aussi illustré au Cameroun, est bientôt rejoint par son ami, le très brutal Georges Maîtrier, placé à la tête de la gendarmerie gabonaise. En coordination avec René Journiac et Yves Jouhaux, chargés des questions juridiques au secrétariat général aux Affaires africaines, et avec Georges Rawiri, ambassadeur du Gabon à Paris, tout ce petit monde s'active discrètement, dès 1965, pour préparer la succession de Mba. Lequel meurt à l'hôpital Claude-Bernard, le 27 novembre 1967, avec un successeur installé, Albert-Bernard Bongo, qui correspond en tout point au profil recherché par Foccart pour diriger ce stratégique pays pétrolier.

Libreville, où l'on croisera bientôt moult barbouzes (comme Pierre Debizet) et mercenaires (comme Bob Denard), apparaît alors comme la troisième capitale de la Françafrique, après Paris et Abidjan. Un « Foccartland » d'où l'éminence grise de l'Élysée poursuit, loin des regards, sa diplomatie de l'ombre.

Repères bibliographiques

Jean-Pierre Bat, *Le Syndrome Foccart. La politique française en Afrique, de 1959 à nos jours*, Gallimard, Paris, 2012.

Jean-Pierre Bat, *La Fabrique des « barbouzes ». Histoire des réseaux Foccart en Afrique*, Nouveau Monde, Paris, 2017.

Jean-Pierre Bat, *Les Réseaux Foccart. L'homme des affaires secrètes*, Nouveau Monde, Paris, 2018.

Jean-Pierre Bat, Olivier Forcade et Sylvain Mary (dir.), *Jacques Foccart : archives ouvertes (1958-1974). La politique, l'Afrique et le monde*, Presses de l'Université Paris-Sorbonne, Paris, 2017.

Jacques Foccart, avec Philippe Gaillard, *Foccart parle*, tomes 1 et 2, Fayard/Jeune Afrique, Paris, 1995 et 1997.

Constantin MELNIK, *De Gaulle, les services secrets et l'Algérie*, Nouveau Monde, Paris, 2010.
Vincent NOUZILLE, *Les Tueurs de la République*, Fayard, Paris, 2015 (rééd. 2020).
Pierre PÉAN, *L'Homme de l'ombre*, Fayard, Paris, 1990.
Maurice ROBERT, *« Ministre » de l'Afrique. Entretiens avec André Renault*, Seuil, Paris, 2004.
Frédéric TURPIN, *Jacques Foccart. Dans l'ombre du pouvoir*, CNRS Éditions, Paris, 2015.

Chapitre 6

Nos « amis » dictateurs

Ghislain Youdji Tchuisseu

« M. Tsiranana sera l'hôte du gouvernement français du 26 au 29 octobre. » Le 22 octobre 1960, le journal *Le Monde* ne consacre qu'un entrefilet à l'arrivée imminente du président malgache à Paris. Mais le ton est enthousiaste : « Le président de la Communauté [Charles de Gaulle] désire que cette visite revête un éclat particulier, Madagascar étant le premier État qui ait conclu avec la France des accords de coopération, et le président Tsiranana étant l'un des plus chaleureux partisans d'une collaboration au sein d'un grand ensemble franco-africain et malgache. » Cette visite est la première d'une longue série : tous les présidents « amis » seront accueillis avec le même faste.

À l'arrivée à l'aéroport d'Orly, le président ami est accueilli par le général de Gaulle, accompagné de son Premier ministre, du ministre des Armées et du ministre de la Coopération. Jacques Foccart, secrétaire général aux Affaires africaines et malgaches, n'est jamais loin : c'est lui l'organisateur en chef de la visite. Le cortège officiel s'élance vers le château de Champs-sur-Marne, à 25 kilomètres à l'est de Paris. La luxueuse bâtisse devient pour quelques jours la demeure temporaire du chef d'État invité.

Avant le déjeuner offert à l'Élysée, le général de Gaulle remet à son hôte les insignes de grand-croix de la Légion d'honneur. Cette cérémonie fait partie du protocole et de la tradition diplomatique : elle ponctue toutes les visites d'État en France, indépendamment de la moralité du visiteur. Et une soirée de gala dans un lieu de prestige est organisée pour solder le tout, à la Comédie-Française ou à l'Opéra Garnier.

Selon le décompte réalisé par l'historien Fabien Oppermann, douze présidents africains sont reçus à Champs-sur-Marne entre 1960 et 1962, deux en 1964, un en 1967 et un en 1969. Seize chefs d'État qu'on accueille donc avec faste dans la capitale française, dont on chante les louanges sous les lambris de la République… alors qu'on accompagne dans le même temps leurs dérives autocratiques. Les honneurs à Paris, la répression au pays : la formule semble satisfaire les nouveaux chefs d'État d'Afrique francophone, bien conscients que la bienveillance de leurs

« amis » français leur permet, en toute impunité, de réduire au silence leurs opposants et leurs adversaires dans leurs pays. Bref, Paris est leur assurance-vie.

Devenir un « ami » de la France, et le rester

Rien de tel, pour être considéré comme un « ami » de la France, que d'avoir été élevé et éduqué *à la française*. Les présidents amis sont tous passés par des institutions coloniales françaises : école, administration ou armée. La majorité d'entre eux fait partie des élites « pivots » de la « modernisation » coloniale après la Seconde Guerre mondiale [→ I.4]. L'Assemblée nationale française, où sont passés Léopold Sédar Senghor (Sénégal), Félix Houphouët-Boigny (Côte d'Ivoire), Philibert Tsiranana (Madagascar), Hamani Diori (Niger), Sourou Migan Apithy et Hubert Maga (Dahomey) mais aussi Modibo Keïta (Mali) et Sékou Touré (Guinée), et l'Assemblée de l'Union française, où siégeait Ahmadou Ahidjo (Cameroun), sont les « sas » privilégiés vers une présidence africaine. Là, ils ont pu travailler main dans la main avec le personnel politique français, certains d'entre eux accédant même à des postes ministériels.

L'armée est un autre vivier de présidents « amis ». Étienne Gnassingbé Eyadéma (Togo), Jean-Bedel Bokassa (Centrafrique) et Aboubakar Sangoulé Lamizana (Haute-Volta) sont tous des « anciens combattants » de l'armée coloniale française. Si Lamizana prend le pouvoir à la faveur d'un soulèvement populaire, le 3 janvier 1966, Bokassa et Eyadéma le font grâce à des coups d'État, respectivement le 31 décembre 1965 et le 13 janvier 1967 [→ p. 256].

Les carrières des deux présidents putschistes diffèrent sur plusieurs points. Jean-Bedel Bokassa est un militaire de rang décoré avec vingt et un ans de carrière dans l'armée en 1960. Sergent dans les Forces françaises libres (FFL) pendant la Seconde Guerre mondiale, il participe à la guerre d'Indochine puis à la guerre d'Algérie (sous les ordres notamment de Marcel Bigeard) dans les années 1950. Après l'indépendance, il est conseiller du président de la République centrafricaine David Dacko et chargé de la structuration de la nouvelle armée nationale. Fournissant les preuves d'une parfaite francophilie, et même d'un gaullisme à toute épreuve, Bokassa est immédiatement considéré comme un « ami fidèle » à Paris malgré les conditions de sa prise de pouvoir à la Saint-Sylvestre 1965. Une archive photographique célèbre montre un Bokassa inconsolable le 12 novembre 1970 lors des funérailles du général de Gaulle qu'il appelait « papa » [→ p. 296].

David Dacko, président de gouvernement centrafricain, prononçant un discours en juillet 1960. Jean-Bedel Bokassa, son conseiller militaire (et cousin), se tient derrière lui. Il le renversera cinq ans plus tard. © *AF*

Étienne Gnassingbé Eyadéma, pour sa part, rejoint l'armée coloniale comme volontaire en 1954 en passant par le Bénin pour contourner les accords de tutelle interdisant la conscription de Togolais dans l'armée française. Il affirme, à tort ou à raison, être devenu sergent-chef après son service en Indochine et en Algérie. À la suite de l'indépendance du Togo et de la fin de la guerre d'Algérie, Eyadéma fait partie des 700 soldats togolais qui se retrouvent démobilisés en 1962. Mal perçus par Sylvanus Olympio qui leur reproche ce passé dans la répression des indépendantistes indochinois et algériens, ils ne se retrouvent pas intégrés dans une nouvelle armée togolaise en structuration mais plutôt au chômage forcé. Eyadéma participe à la révolte corporatiste des anciens combattants de 1962 puis à l'assassinat de Sylvanus Olympio en 1963. Cet assassinat permet l'installation dans le fauteuil présidentiel togolais d'un vieil ami de la France, Nicolas Grunitzky (Premier ministre de la République autonome du Togo entre 1956 et 1958). Les états de service d'Eyadéma plaident en sa faveur lorsqu'il renverse Grunitzky en 1967. Un vieil ami en vaut un autre.

Le sort de Grunitzky le prouve (et celui de Bokassa le confirmera quelques années plus tard [→ III, introduction]) : être un « ami » de la

France est une chose, le rester en est une autre. Plusieurs hommes politiques africains pourtant formés en France et loin d'être foncièrement hostiles à l'ancienne puissance coloniale seront châtiés pour manque de loyauté à l'ordre néocolonial. Deux anciens députés membres du groupe UDSR-RDA, alors allié au gouvernement, sont concernés. Le premier, et le plus emblématique, est Sékou Touré, tombé en disgrâce après le référendum de 1958 [→ II.3]. Le second, Modibo Keïta, illustre également la vulnérabilité des présidents africains soumis au bon vouloir de Paris. Promoteur du projet de Fédération du Mali et désireux d'instaurer des relations plus égalitaires avec la France, Modibo Keïta est rapidement considéré, à Paris mais aussi à Abidjan, comme un homme à abattre avant d'être renversé par Moussa Traoré en novembre 1968.

Pour rester un « ami » de la France, les présidents africains doivent faire la preuve incontestable et constamment renouvelée d'un engagement pro-français.

L'avènement des régimes autocratiques

Au moment des indépendances, les dirigeants africains de la Communauté s'inspirent des institutions françaises pour mettre en place des dispositifs légaux leur permettant de garantir leur hégémonie sur la scène politique intérieure.

C'est dans ce cadre qu'ils adoptent des Constitutions qui s'inspirent de celle de la Ve République française [→ II.4]. Les Constitutions africaines incorporent par exemple les articles 16 et 38 du texte constitutionnel français en accentuant encore le pouvoir présidentiel. La version africaine de l'article 16, qui permet au chef de l'État de s'octroyer les pleins pouvoirs, écarte tout contrôle de l'Assemblée ou du Conseil constitutionnel (quand il existe). Elle permet donc au président, au titre de l'état de crise, d'accaparer les pleins pouvoirs sans que son appréciation de la situation dépende de quiconque. Les transpositions africaines de l'article 38, qui permet au président français de légiférer par ordonnances, se gardent bien pour leur part de définir un délai d'application : les présidents sont libres d'écrire des lois et de créer des institutions à volonté.

Comme l'anticipaient nombre d'observateurs, y compris les constitutionnalistes français qui ont aidé à la rédaction de ces dispositions, les Républiques africaines « amies » de la France se transforment rapidement en dictatures. Demandant au Parlement centrafricain de l'aider à faciliter le « développement » le 25 novembre 1960, le président David Dacko ne fait pas mystère de sa volonté de mettre l'opposition au pas. « Le temps des discussions politiques est clos », décrète-t-il. Dans tous les pays du pré carré français, une répression de plus en plus sévère s'abat sur toute personne opposée aux restrictions des libertés fondamentales dans les mois qui suivent les indépendances.

Au Cameroun, où se déroule une guerre acharnée contre les nationalistes de l'UPC [→ II.2], Ahidjo fait lui aussi appel à un impératif « patriotique » de développement pour justifier la mise en place d'un régime présidentialiste et d'un parti unique. Sous prétexte de lutter contre les « hors-la-loi » upécistes, le régime s'attaque à ce qui reste d'opposition légale. Entouré de juristes français, Ahidjo prend le 12 mars 1962 une ordonnance « portant répression de la subversion ». Selon le texte, un acte de subversion se définit comme le fait, « par quelque moyen que ce soit » : d'inciter « à résister à l'application des lois, décrets, règlements ou ordres de l'autorité publique » ; « de porter atteinte au respect dû aux autorités publiques ou inciter à la haine contre le gouvernement de la République, ou de participer à une entreprise de subversion dirigée contre les autorités et les lois de ladite République, ou d'encourager cette subversion ». De plus, la loi punit « quiconque aura soit émis ou propagé des bruits, nouvelles ou rumeurs mensongères, soit assorti de commentaires tendancieux des nouvelles exactes, lorsque ces bruits, nouvelles, rumeurs ou commentaires sont susceptibles de nuire aux autorités publiques ». Grâce à ce texte, le gouvernement peut donc *légalement* envoyer n'importe qui en prison ou dans l'un des sinistres « camps d'internement administratif » dispersés sur le territoire et destinés à la « rééducation » des « subversifs ».

De façon significative, le dispositif antisubversif camerounais se retrouve dans les mêmes termes, dans les Codes pénaux de plusieurs pays amis de la France. C'est le cas par exemple dans celui du Gabon (loi du 31 mai 1963), dans les articles relatifs aux « atteintes à l'ordre et la sécurité publique, à l'autorité de l'État et au crédit de la nation ». Le journal *Le Monde* lui-même, généralement indulgent avec des autocrates amis, s'inquiète dans son édition du 12 janvier 1965 des « brutalités au Gabon ». Alors coopérant à Libreville, le futur journaliste Pierre Péan est une des sources de l'article (comme il le révélera dans ses *Mémoires impubliables*, 2020). « Une équipe excite particulièrement le président à la répression et à l'épuration, explique-t-il anonymement dans l'article du *Monde*. À sa tête se trouve un Français repris de justice, inculpé dans une histoire de trafic d'armes en Algérie… et trois personnalités gabonaises qui forment le comité de rédaction du journal *Le Patriote*, feuille ultra-fasciste, où il n'est question que d'épuration et de rénovation nationale. »

Ces régimes s'appuient sur des polices politiques particulièrement « bien » formées. Et pour cause, ce sont généralement des Français, anciens d'Algérie pour beaucoup, qui assurent la formation dans le cadre de la coopération policière ou militaire. Le secteur Afrique du SDECE agit en étroite collaboration avec les régimes amis et participe à la formation et à l'encadrement de leurs services de renseignement. C'est dans ce contexte que se créent des polices politiques comme le « Service de documentation » (Sedoc) du commissaire camerounais Jean Fochivé formé à Dakar par Maurice Robert en personne, le « Monsieur Afrique » du SDECE. Sous la houlette de Fochivé, la torture, les assassinats et autres mystérieuses « crises cardiaques » deviennent monnaie courante. Là encore, le dispositif camerounais, mis en place avant même l'indépendance du pays en raison de la répression contre l'UPC, servira d'exemple pour d'autres pays comme le Tchad, la Centrafrique ou le Niger.

Parallèlement à ce renforcement de la répression, les dictateurs africains mobilisent les thèmes du « développement » et du « patriotisme » pour justifier l'instauration de partis dits « unifiés ». Cette évolution n'est pas propre aux régimes françafricains : presque aucun régime africain, qu'il soit « pro-occidental » ou « progressiste », n'échappe à cette tendance. Ce qui, par conséquent, ne trouble pas les grandes puissances qui les parrainent, pas plus celles qui se présentent comme les porte-voix du « monde libre » que celles qui se revendiquent du « communisme ». Dans son livre *Les Dirigeants africains face à leur peuple*, en 1964, le ministre malien du Développement Seydou Badian Kouyaté – lauréat l'année suivante du Grand Prix littéraire d'Afrique noire – explique longuement les bienfaits du parti unique. C'est le « seul moyen », affirme-t-il, de « créer la nation » et de mener chaque pays vers un développement prospère. Au Mali comme ailleurs, toute critique formulée contre le parti unique est stigmatisée comme une menace de fractionnement « tribal » de la nation (les opposants étant toujours réduits à leur appartenance régionale). Ce faisant, et par un subtil retournement de sens, les partis uniques, officiellement présentés comme les garants de l'unité nationale, fonctionnent bien souvent sur un mode ethnique, le groupe d'appartenance du président accaparant presque toujours les postes les plus stratégiques. Avec la complicité de quelques intellectuels africains, le parti unique participe surtout à exalter les vertus supposées des chefs d'État. Sous la plume des propagandistes, des dictateurs deviennent des « guides éclairés » qui ne peuvent ni se tromper, ni souffrir, comme tout le monde, de limitations intellectuelles liées à l'état de santé ou à l'âge.

S'il s'exprime de façons différentes d'un pays à l'autre, le culte de la personnalité devient une habitude, chez les « amis » de la France autant qu'ailleurs. Il s'accompagne d'une restriction généralisée des libertés publiques (syndicalisme, presse, etc.) et de mascarades électorales systématiques : les présidents sont chaque fois « triomphalement » reconduits, avec des scores dépassant toujours 90 % et des taux de participation impressionnants.

Un autoritarisme déguisé en défense de l'État

Le continent est marqué dans les années 1960 par une profusion de coups d'État : dix-neuf tentatives dont huit réussies. Cet état des lieux semble crédibiliser la crainte de subversion et donne un excellent prétexte à la répression. Les présidents amis finissent par voir dans toute revendication de grande ampleur une tentative d'« atteinte à la sûreté de l'État » et de « déstabilisation de la patrie ».

Bien que le président sénégalais Senghor jouisse en France d'une réputation flatteuse, depuis sa consécration en tant que poète, il participe comme les autres aux dérives autoritaires du continent africain. Par une loi du 22 décembre 1961, une Haute Cour de justice est créée au Sénégal. C'est une juridiction spéciale censée répondre aux menaces contre l'autorité de l'État. Cette juridiction réduit les droits de défense des personnes accusées et juge dans l'urgence. Elle est entièrement politique car elle est constituée de onze députés du parti au pouvoir : six occupent les postes de juges, quatre composent la commission d'instruction et un fait office d'avocat général assistant le procureur. Le premier procès sera celui de Mamadou Dia.

Cofondateur du parti au pouvoir et compagnon politique de longue date de Senghor, Dia est en 1961 à la fois président du Conseil et ministre de la Défense. Ce régime parlementaire bicéphale n'attribue au président Senghor, garant de la Constitution, que la gestion de la politique extérieure. La politique intérieure et économique revient à Dia. Inspiré par les principes d'autogestion et prônant une sortie planifiée de l'économie arachidière, dont le Sénégal est dépendant, Dia mène une politique économique progressiste qui inquiète les intérêts français et les députés affairistes du parti au pouvoir. Ils réussissent, en soulignant sa popularité grandissante, à le faire passer pour un potentiel rival de Senghor.

Inquiet, Senghor recommande aux députés de déposer une motion de censure contre Dia pour le pousser à se retirer. En apprenant que deux tiers de ses collègues vont soumettre leur motion de censure sans respecter l'obligation légale d'utiliser les instances du parti, Dia fait occuper l'Assemblée nationale par la gendarmerie le jour où le vote doit avoir lieu. Le président Senghor réussit à mobiliser l'armée de terre sur laquelle il n'a, en principe, aucune autorité légale car Dia est titulaire du portefeuille de ministre de la Défense. Elle intervient avant que Dia ne puisse s'adresser au peuple. Le même jour, les députés se réunissent au domicile du président de l'Assemblée nationale, l'ancien député socialiste (SFIO) Lamine Guèye, pour voter à la fois la motion de censure et une réforme présentée comme provisoire de la Constitution sénégalaise. Cette réforme transfère les fonctions de chef du gouvernement au président de la République. Le lendemain, Mamadou Dia est arrêté avec quatre autres ministres.

En mai 1963, la Haute Cour de justice sénégalaise condamne Mamadou Dia à la prison à perpétuité pour tentative de coup d'État, et les quatre ministres à vingt ans de réclusion. Ils purgeront leur peine au centre spécial de détention de Kédougou jusqu'à ce que Senghor accepte enfin de les gracier en 1974. Ancien militant de la Fédération des étudiants d'Afrique noire en France (FEANF), Ousmane Camara, procureur général au moment du procès Dia, écrira dans son autobiographie que la Haute Cour de justice avait « déjà prononcé sa sentence avant même l'ouverture du procès ». La participation de magistrats, ajoute-t-il, ne servait « qu'à couvrir du manteau de la légalité une exécution sommaire déjà programmée ». S'il est clair que l'affaire est planifiée pour éliminer politiquement Dia, il faut souligner que la Haute Cour de justice sénégalaise instituée en décembre 1961, comme la législation antisubversion camerounaise de mars 1962, servira d'exemple dans la fabrique de dispositifs coercitifs.

Le renforcement de ces derniers est présenté par les pouvoirs comme une nécessité patriotique au vu du climat d'instabilité politique. L'année 1963 est particulièrement chargée en la matière : assassinat de Sylvanus Olympio au Togo ; renversements de Fulbert Youlou au Congo et d'Hubert Maga au Dahomey ; mutinerie militaire organisée par le capitaine Amadou Hassane Diallo au Niger. Ce climat attise la paranoïa sécuritaire des dirigeants africains. À la demande de Jacques Foccart et de Pierre Messmer, la sécurité présidentielle et les services de police politique se renforcent au sein des régimes « amis ». Toutefois, comme le montre l'historien Klaas van Walraven dans le cas nigérien, cette paranoïa sécuritaire inverse la chronologie des événements politiques. Ce sont toujours les trucages électoraux, la criminalisation de la contestation politique et le terrorisme d'État qui précèdent la radicalisation politique des opposants. Lorsqu'elles refusent de se soumettre aux régimes autocratiques, des élites dominées finissent par se résoudre à organiser des putschs ou fomenter des révolutions.

Éliminer l'opposition et inventer des « ennemis intérieurs »

Lorsqu'ils ne peuvent pas tirer profit des menaces réelles, il arrive que les dictateurs inventent des complots, des tentatives d'assassinat et de coup d'État. Félix Houphouët-Boigny passe maître dans le maniement des accusations de complots au début des années 1960. En Côte d'Ivoire, le pouvoir est partagé entre les élites terriennes – auxquelles le président appartient –, propriétaires de grandes plantations de cacao et de café, les élites économiques alliées au pouvoir, les élites administratives et les élites libérales et intellectuelles au sein de la Jeunesse du Rassemblement démocratique africain de Côte d'Ivoire (JRDACI) et du gouvernement.

Le gouvernement met en place une politique pour limiter le pouvoir des fonctionnaires et freine les promotions des cadres ivoiriens au début des années 1960. Cependant, lors d'une session extraordinaire de l'Assemblée le 5 avril 1962, le gouvernement échoue à faire voter une loi permettant de contrôler totalement l'activité des fonctionnaires. Le gouvernement veut mobiliser pour les « intérêts de la nation » n'importe quel fonctionnaire et l'affecter arbitrairement à une tâche dans une zone quelconque. Cet échec est lié au vote frondeur des élites les plus jeunes du parti au pouvoir. Pour mettre au pas les personnes « déloyales », le président de l'Assemblée Philippe Yacé préconise de leur imposer une « rééducation politique ». Pour cela, Houphouët-Boigny et Yacé mettent en place une juridiction politique similaire à la Haute Cour de justice sénégalaise : la Cour de sûreté.

Les années qui suivent sont riches en « complots » contre la sûreté de l'État. On assiste à divers « procès » impliquant des hommes appartenant aux marges du pouvoir : ingénieurs, médecins, souvent affiliés à la JRDACI et parfois diplômés de l'enseignement supérieur en France. En janvier 1963, les ministres Joachim Bony, Charles Donwahi et Amadou Koné, accusés de « menées subversives », sont ainsi brutalement destitués. Telle est une des caractéristiques des régimes autocratiques : une fois l'opposition éliminée, le pouvoir invente des ennemis en son propre sein. L'invention d'éternels ennemis intérieurs renforce dans le même mouvement le pouvoir du chef, la paranoïa des élites et la suspicion générale.

Le dispositif coercitif ivoirien recycle aussi les théories coloniales des « ethnies » [→ I.1]. Les Baoulés de l'Est (comme Yacé et Houphouët-Boigny) sont rarement condamnés. Ce dispositif permet la manipulation des sentiments ethniques de la population : c'est le cas lorsque le régime s'attaque aux Akans de l'Est, accusés de comploter contre la Côte d'Ivoire et de chercher à fusionner le pays avec le Ghana de l'Akan Kwame Nkrumah. De plus, la Cour de sûreté condamne majoritairement des Bétés de l'Ouest, présentés historiquement par les colons comme d'éternels « subversifs ».

Les faux complots ivoiriens permettent de saisir deux choses, comme le raconte l'un des condamnés, Samba Diarra, dans un livre publié bien des années plus tard. D'une part, ils poussent l'Assemblée à revenir sur son rejet du projet gouvernemental de contrôle total des fonctionnaires le 17 janvier 1963. D'autre part, ils délégitiment définitivement les jeunes élites par la mise en scène d'aveux publics devant une foule parfois nombreuse (jusqu'à 10 000 personnes). Au bout des six ans de faux complots, le président Houphouët-Boigny dira cyniquement à son conseiller français

Jacques Baulin, en montrant le centre de détention de Yamoussoukro : « C'est là que se trouvent les gens les plus intelligents de Côte d'Ivoire. »

N'ayant plus les moyens ni de contester ni de fuir massivement les dictatures qui leur sont imposées, les citoyens – si le terme à encore un sens – en sont réduits à opter pour une stratégie de résignation, qui passe à tort pour de l'approbation. Ils font preuve d'une « loyauté » apparente et endurent la situation en silence. Le pouvoir sous-estime l'ampleur du mécontentement réel pendant que la défiance augmente en coulisse. Elle devient brutalement perceptible lorsque se produisent des révolutions ou des tentatives de coup d'État sans protestations populaires. C'est ainsi que Senghor est surpris par le mouvement de protestation qui surgit à Dakar en mai 1968 et provoque des manifestations devant l'ambassade du Sénégal à Paris. Les doléances au sujet des bourses étudiantes, les revendications salariales dans la fonction publique et le silence méprisant du pouvoir cristallisent les mécontentements : une grève générale est lancée et les foules marchent vers le palais présidentiel. Si son régime survit à la révolte, Senghor, comme tout autocrate, cherche auprès de ses amis français à disqualifier le mouvement comme une conspiration étrangère.

Tout au long des années 1960, l'État français agit uniquement selon ses intérêts. Il soutient presque toujours ses amis dictateurs contre les révoltes populaires et les coups d'État… sauf lorsqu'il fomente lui-même des putschs pour appuyer les ambitions de nouveaux prétendants prêts à pérenniser la chère « amitié franco-africaine ». Cette singulière amitié, tant vantée à Paris, ne laisse en réalité que deux options aux dirigeants africains : faire preuve d'une absolue « loyauté » ou risquer de se faire rapidement déloger. Ils seront jugés sur leur capacité à faire respecter l'« ordre » et la « stabilité » dans leur pays.

Repères bibliographiques

Jacques BAULIN, *La Politique intérieure d'Houphouët-Boigny*, Eurafor-Press, Paris, 1982.

Rémy BAZENGUISSA-GANGA, *Les Voies du politique au Congo*, Karthala, Paris, 1997.

Françoise BLUM, *Révolutions africaines. Congo, Sénégal, Madagascar, années 1960-1970*, Presses universitaires de Rennes, Rennes, 2014.

Ousmane CAMARA, *Mémoires d'un juge africain. Itinéraire d'un homme libre*, Karthala, Paris, 2010.

Samba DIARRA, *Les Faux Complots d'Houphouët-Boigny : fracture dans le destin d'une nation, 1959-1970*, Karthala, Paris, 1997.

Seydou Badian KOUYATÉ, *Les Dirigeants africains face à leur peuple*, Maspero, Paris, 1964.

Jean-Paul MASSERON, *Le Pouvoir et la Justice en Afrique noire francophone et à Madagascar*, Pedone, Paris, 1966.

Ousmane William MBAYE, *Président Dia*, documentaire, 2012, 54 min.

Patrick J. McGOWAN, « African Military Coups d'État, 1956-2001. Frequency, Trends and Distribution », *Journal of Modern African Studies*, vol. 41, n° 3, septembre 2003.

Alphonse MINKOA SHE, *Droits de l'homme et droit pénal au Cameroun*, Economica, Paris, 1999.

Fabien OPPERMANN, *Dans les châteaux de la République. Le pouvoir à l'abri des regards*, Tallandier, Paris, 2019.

Comi TOULABOR, *Le Togo sous Eyadéma*, Karthala, Paris, 1986.

Klaas VAN WALRAVEN, *Le Désir de calme. L'histoire du mouvement Sawaba au Niger*, Presses universitaires de Rennes, Rennes, 2017.

« Foutez-moi la paix avec vos nègres ! » Quand de Gaulle se lâche sur les présidents africains

Le général de Gaulle, qui défend en public une certaine idée de la fonction présidentielle, se montre en privé plus familier qu'on ne pourrait le croire. Les confidences recueillies par sa famille, ses amis, ses chauffeurs, ses conseillers ou ses ministres convergent sur ce point. On sait, par exemple, qu'il compare fréquemment les Français à des « veaux ». Mais on sait aussi que la haute opinion qu'il se fait de « la France », et de ces mêmes « Français », l'amène à porter des jugements plutôt abrupts sur les dirigeants et les peuples étrangers. Comme on le constate dans les propos rapportés par Jean-Raymond Tournoux (*La Tragédie du Général*, 1967), Claude Guy (*En écoutant de Gaulle*, 1996) ou Alain Peyrefitte (*C'était de Gaulle*, 1994-2000), les peuples colonisés sont particulièrement malmenés.

« Nous sommes quand même avant tout un peuple européen de race blanche, de culture grecque et latine et de religion chrétienne », explique-t-il le 5 mars 1959 à Alain Peyrefitte pour justifier le processus de décolonisation sous contrôle dans lequel il cherche alors à s'engager. « Nous avons fondé notre colonisation, depuis les débuts, sur le principe de l'assimilation, complète-t-il le 20 octobre. On a prétendu faire des nègres de bons Français. On leur a fait réciter : "Nos ancêtres les Gaulois" ; ce n'était pas très malin. Voilà pourquoi la décolonisation est tellement plus difficile pour nous que pour les Anglais. Eux, ils ont toujours reconnu les différences de race et de culture. Ils ont organisé le *self-government*. Il leur suffit de distendre les liens pour que ça marche. »

Parmi les témoignages de première main, le *Journal de l'Élysée* de Jacques Foccart, publié en cinq tomes après sa mort en 1997, compte sans doute parmi les plus intéressants. Le « Monsieur Afrique » y a consigné avec une précision d'orfèvre l'ensemble des conversations qu'il a eues avec de Gaulle, puis Pompidou, entre 1965 et 1974. Comme en temps réel, on y apprend mille détails, souvent étonnants, sur les relations très spéciales que ces deux présidents entretenaient avec leurs homologues africains.

« C'est un couillon, on ne pourra jamais rien faire avec lui »

La relation ambivalente que le général de Gaulle entretient avec Jean-Bedel Bokassa, président de la Centrafrique et modèle caricatural de l'élite africaine « assimilée », est particulièrement révélatrice. Ayant pris le pouvoir à son propre cousin David Dacko le 31 décembre 1965 à l'occasion du putsch dit « de la Saint-Sylvestre », Bokassa affiche d'entrée de jeu une fidélité absolue à la France. L'ancien tirailleur, qui s'est enrôlé dans l'armée coloniale en mai 1939, qui a combattu avec elle en Indochine et qui se flatte de posséder la nationalité française, voue un véritable culte au général de Gaulle. Ce qui n'est pas vraiment réciproque, si l'on en croit le journal de Foccart. Ayant reçu une lettre du putschiste centrafricain le 10 janvier 1966, le président la tend avec mépris à son conseiller, qui lui vante l'extrême « francophilie » de Bokassa. « Oui mais c'est également un couillon, rétorque de Gaulle, et on ne pourra jamais rien faire avec lui. »

Dans les mois suivants, de Gaulle nuance cependant son jugement. Certes, Bokassa « n'est pas un type sérieux » : c'est un « soudard » et un « cinglé ». Mais c'est tout de même un « brave bougre », estime le Général en juillet 1967. Le seul désagrément, avec Bokassa, c'est son indécrottable manie de donner du « papa » au président de la République française. Ce dernier fait part de son agacement à Foccart le 22 septembre 1967 au sortir d'un entretien en tête à tête avec le maître de Bangui : « Il est insupportable, il continue à m'appeler "père", et il n'y a rien à faire. Je lui ai dit : "Vous m'agacez, cessez de m'appeler comme cela ; faites comme tout le monde." Et il m'a répondu, une fois de plus : "Oui, papa." C'est sans espoir ! » Mais le Général estime que « c'est au total un personnage un peu extraordinaire, un type… assez exceptionnel. Il faut l'aider et, finalement, il n'est pas si mal ».

Si l'on doit « aider » Bokassa, c'est non seulement parce que la France compte sur les richesses de son pays, où a notamment été découvert un gisement d'uranium, mais aussi parce que le président centrafricain est menacé par son bras droit, le lieutenant-colonel Alexandre Banza. Ce dernier, acteur central du putsch de la Saint-Sylvestre, menace de se retourner contre Bokassa. Ce qui irrite fortement de Gaulle, persuadé que Banza est « acoquiné avec la CIA ». « Mais qu'est-ce qu'il attend pour le foutre dedans ? » demande-t-il à Foccart le 26 octobre 1967. Lequel en profite pour réclamer et obtenir du président français l'envoi de deux sections militaires tricolores à Bangui pour défendre le régime de l'ami Bokassa. Apprenant un mois plus tard que le président centrafricain semble s'être réconcilié avec son rival, de Gaulle se désespère : « Alors il est cuit. S'il n'a pas eu assez de coffre pour le liquider comme il le devait, je n'y peux rien. C'est Banza qui le bouffera. »

« Des nègres tous les jours à l'Élysée, cela fait très mauvais effet à l'extérieur »

À la lecture du *Journal* de Foccart, on découvre un Général souvent démoralisé par un personnel politique africain obsédé, selon lui, par les honneurs futiles et les chicanes sans importance. Au point que la visite des chefs d'État africains à Paris, signe de l'attachement des élites africaines à l'ancienne métropole, devient pour le général de Gaulle un rituel de plus en plus pesant. « Cela n'en finit plus, ils viennent, ils reviennent, ils sont tout le temps là, s'exaspère-t-il devant Foccart, le 2 mai 1968, alors que le président Houphouët-Boigny s'apprête à lui rendre sa troisième visite en quelques mois. Étant donné leur nombre, c'est insupportable. »

Six mois plus tard, le 8 novembre 1968, de Gaulle explose : « Cela suffit comme cela avec vos nègres », lance-t-il à son conseiller à l'issue d'un dîner en l'honneur du président tchadien François Tombalbaye et à la veille d'une visite de son homologue gabonais Albert-Bernard Bongo. « On ne voit plus qu'eux, poursuit le président : il y a des nègres à l'Élysée tous les jours, vous me les faites recevoir, vous me les faites inviter à déjeuner. Je suis entouré de nègres ici. » Foccart tente une protestation, mais de Gaulle n'en démord pas : « Foutez-moi la paix avec vos nègres, je ne veux plus en voir un d'ici deux mois, vous m'entendez ? Plus une audience avant deux mois. Ce n'est pas tellement en raison du temps que cela me prend, bien que cela soit déjà fort ennuyeux, mais cela fait très mauvais effet à l'extérieur : on ne voit que des nègres tous les jours à l'Élysée. Et puis je vous assure que c'est sans intérêt. »

Foccart ne se laisse pas démonter : « Sans intérêt, mon général ? C'est vite dit, car c'est un appui considérable pour la politique extérieure de la France. » Mais de Gaulle s'énerve : « Ça ne veut rien dire ce que vous racontez là. » Foccart dégaine alors un argument massue : « En tout cas, l'uranium, cela veut dire quelque chose. Si nous avions laissé filer Bongo et qu'il soit aux mains des Américains, vous n'auriez pas eu d'uranium gabonais, et vous n'auriez pas pu réaliser votre programme. » Malgré ces solides arguments, de Gaulle reste intraitable : « C'est dit maintenant : je ne veux pas en voir un seul dans les deux mois qui viennent. »

Trois mois jour pour jour après cette altercation, Bokassa débarque à Paris pour sa première visite officielle en France. Une semaine entière de fastes, de discours pompeux et d'échanges informels. Le président français a peut-être entretenu son homologue centrafricain des questions uranifères et sans doute évoqué avec lui la sécurisation de son régime, de nouveau menacé par le lieutenant-colonel Banza. Preuve que la menace est jugée sérieuse, notent Géraldine Faes et Stephen Smith dans leur livre *Bokassa Ier, un empereur français* (2000), « pendant que le président séjourne en visite officielle en France, les troupes françaises à Bangui sont mises en état d'alerte maximale ».

De retour dans son pays, Bokassa met Banza aux arrêts. « Enfin, il s'est décidé à le coffrer », se félicite de Gaulle. Ce « nègre »-là laissera dorénavant une paix royale au chef de l'État français : atrocement torturé et condamné à mort, Banza est exécuté le 11 avril 1969.

Thomas Deltombe

Chapitre 7

« Big Brother » ou la géopolitique africaine de Félix Houphouët-Boigny

Jean-Pierre Bat

La fin des années 1950 a consacré l'aboutissement de la stratégie de Félix Houphouët-Boigny qui a transformé le RDA en parti de gouvernement au sein de l'Union française et formulé pour la première fois le concept de « Communauté franco-africaine ». Pourtant, lors du IIIe Congrès du RDA, qui se tient à Bamako en septembre 1957, Houphouët-Boigny, président du parti, est mis en minorité : l'« aile gauche », emmenée par Ouezzin Coulibaly, Sékou Touré et Modibo Keïta, obtient contre son avis l'adoption par le mouvement des thèses confédéralistes [→ II, introduction].

Dans les mois qui suivent, Houphouët-Boigny est pris de court par le calendrier politique. Alors que le RDA échoue à réunir tous les partis africains sous sa bannière, un parti concurrent voit le jour à Dakar en mars 1958 : le Parti du regroupement africain (PRA), qui plaide pour la création, dans un ensemble confédéral franco-africain, d'une fédération en Afrique de l'Ouest. L'historiographie oppose traditionnellement la position confédéraliste du PRA à la position antifédéraliste d'Houphouët-Boigny, focalisant l'attention sur un bras de fer politique entre Dakar et Abidjan. Cette lecture ne doit toutefois pas faire oublier que le cœur originel de la « querelle fédérale » se situe au sein du RDA.

Après le retour au pouvoir du général de Gaulle en France, Houphouët engage une triple lutte d'influence sur le continent africain : contre les partisans de la confédération parmi le RDA, contre ses adversaires à l'extérieur du RDA et contre ses concurrents aux frontières du pré carré français.

Houphouët-Boigny installe ses pions sur l'échiquier africain

L'accession au pouvoir du général de Gaulle en juin 1958 est une aubaine qui permet à Houphouët-Boigny de se repositionner : son projet de « Communauté franco-africaine » s'impose, au détriment des thèses confédéralistes.

Depuis les coulisses de l'Union française, le leader ivoirien s'est peu à peu rapproché de Jacques Foccart, le « Monsieur Afrique » du général de Gaulle [→ II.5]. Et, dès 1958, Foccart mise ouvertement sur Houphouët-Boigny. Dans la « querelle fédérale », les thèses d'Houphouët-Boigny servent le dessein de Foccart : la « balkanisation » de l'Afrique facilite la satellisation des Républiques africaines autonomes et leur maintien dans l'orbite française [→ II.1]. Maintenu dans ses fonctions ministérielles par le général de Gaulle en juin 1958, Houphouët-Boigny a conscience qu'il joue sa place dans la géopolitique de l'Afrique de l'Ouest.

Entre l'été et l'automne 1958, le rapport de force bascule en sa faveur. Le 7 septembre, Ouezzin Coulibaly, infatigable artisan de l'unité du RDA, chef du gouvernement de la République de Haute-Volta et partisan de la confédération, meurt à l'hôpital Saint-Antoine à Paris. Avec lui disparaît le dernier lien qui unit Houphouët-Boigny avec les leaders de l'« aile gauche » : Sékou Touré et Modibo Keïta. Le 28 septembre 1958, se tient le référendum constitutionnel en France et en Afrique. L'administration coloniale a tout entrepris pour que le « oui » triomphe.

Ce référendum fait émerger quelques pôles de contestation, tant pour Paris que pour Abidjan. Le premier, et le plus redouté, est celui du Sawaba au Niger : Foccart fait nommer Don Jean Colombani gouverneur à Niamey pour verrouiller la situation et installer au pouvoir Hamani Diori, l'allié local d'Houphouët-Boigny [→ II.1]. Le second pôle de contestation est celui de Sékou Touré, qui fait triompher le « non » en Guinée : Houphouët fait exclure le leader guinéen du RDA et participe aux tentatives françaises de déstabilisation du régime de Conakry [→ II.3].

Une fois Sékou Touré écarté du RDA, le principal adversaire d'Houphouët-Boigny au sein du mouvement est Modibo Keïta, chef de l'US-RDA et du gouvernement soudanais. Membre du gouvernement français jusqu'en mai 1958 et partisan du « oui » au référendum de septembre, Modibo Keïta s'oppose en revanche frontalement à Houphouët-Boigny sur la question confédérale, dont il est un des principaux promoteurs. Pour contrer les ambitions de son rival, Houphouët-Boigny recompose son état-major : en Haute-Volta, il favorise l'ascension de Maurice Yaméogo, promu au rang de chef du RDA local et chef du gouvernement au lendemain du décès de Ouezzin Coulibaly.

La stratégie d'Houphouët-Boigny ne tarde pas à porter ses fruits. Les 29 et 30 décembre 1958 se tient à Bamako le congrès fondateur de la Fédération du Mali, sous l'impulsion de Modibo Keïta et Gabriel d'Arboussier, réunissant les représentants des Républiques du Sénégal, du Mali, de Haute-Volta et du Dahomey. Dès le mois de janvier 1959, la Haute-Volta et le Dahomey, dirigés par des alliés d'Houphouët, se retirent du projet.

La Fédération du Mali se réduit désormais à une alliance entre Dakar et Bamako. Le tête-à-tête sénégalo-malien tourne finalement à l'échec à l'été 1960 et signe le triomphe de la « balkanisation » de l'Afrique française voulue par Foccart. Quant aux relations entre Houphouët-Boigny et Modibo Keïta, elles restent marquées du sceau de la défiance tandis qu'Houphouët fait de son ami l'écrivain Amadou Hampâté Bâ, devenu ambassadeur du Mali à Abidjan, son principal canal pour les relations ivoiro-maliennes.

Entre 1958 et 1960, Houphouët achève de reprendre en main « son » RDA, où il est désormais incontesté : après le Niger et le Dahomey, il s'agit pour lui d'achever de placer à la tête des futures ex-colonies d'AOF et d'AEF des partenaires sous étiquette RDA prêts à mettre en œuvre sa géopolitique, avec le concours de la France. Pour toutes ces missions à travers l'Afrique de l'Ouest et l'Afrique centrale, Houphouët dispose de ses propres hommes de confiance.

Au Congo-Brazzaville, il confie à son émissaire Antoine Hazoume la mission de transférer l'étiquette RDA de Jean Félix-Tchicaya, cofondateur du RDA, à l'abbé Fulbert Youlou. Ce dernier, entré en politique en 1956, est porté au pouvoir le jour de la proclamation de la République le 28 novembre 1958, avec le soutien de Paris et d'Abidjan. Pour garantir l'installation du régime de Youlou, la France envoie officieusement à Brazzaville une poignée de spécialistes de la lutte anticommuniste et contre-subversive, parmi lesquels Alfred Delarue, ancien inspecteur de police et figure notoire des officines anticommunistes de la IVe République. Dès l'été 1960, Foccart mandate Jean Mauricheau-Beaupré comme *missus dominicus* auprès de Youlou [→ II.5].

Houphouët-Boigny complète son maillage en 1959-1960. Au Dahomey, il convainc les forces locales du RDA, dirigées par Émile-Derlin Zinsou, de soutenir Hubert Maga, mieux placé pour garantir la victoire dans la mosaïque politique dahoméenne : Maga devient le champion d'Houphouët tandis que Zinsou reste en réserve du RDA (il deviendra président de la République de 1968 à 1969). Au Tchad, en 1960, Houphouët remplace Gabriel Lisette par François Tombalbaye. Car Lisette souffre d'un défaut politique majeur malgré son compagnonnage avec Houphouët : ancien administrateur colonial et originaire des Antilles, il peine à incarner l'identité politique tchadienne à la veille de l'indépendance.

Partenaire privilégié de Jacques Foccart

En réponse à la Fédération du Mali, Houphouët-Boigny consolide ses alliances en créant en Afrique de l'Ouest dès le 29 mai 1959 le Conseil de l'Entente, qui réunit la Côte d'Ivoire, le Niger, la Haute-Volta et le

Dahomey. Cette structure, qui est complétée dès sa création d'une union douanière avec le Mali, annonce les ambitions d'Houphouët : l'association économique comme clé des alliances, avec Abidjan en épicentre. C'est sur ce modèle qu'il va bâtir toutes ses formules d'alliances régionales au fil des décennies. Car Houphouët-Boigny ne cache pas sa déception de voir la Communauté (« sa » Communauté) avortée à peine portée sur les fonts baptismaux : Youlou, sous l'impulsion d'Houphouët et de Mauricheau-Beaupré, imagine en vain un projet mort-né de Communauté rénovée en 1962. La Communauté est bel et bien morte *de facto* avec les indépendances en 1960 même si elle reste dans les textes constitutionnels (jusqu'en 1995 !) ; Houphouët s'adapte à cette nouvelle donne. Son urgence reste d'obtenir toutes les sécurités de la France. Cela se traduit sur le plan politique et sur le plan personnel.

Paris a définitivement consacré Houphouët comme son premier partenaire sur le continent pour son pré carré africain… et au-delà, comme *primus inter pares* pour discuter avec Foccart des horizons géopolitiques franco-africains. Dans les années 1960, les deux hommes entretiennent une relation de confiance étroite (qui durera jusqu'à la disparition d'Houphouët en 1993). Ils sont en relation directe permanente, via une ligne téléphonique sécurisée lorsqu'ils ne se voient pas en tête à tête à Abidjan ou à Paris (Houphouët dispose d'une résidence personnelle à Marnes-la-Coquette ainsi qu'un appartement avenue Mac-Mahon à Paris). L'hégémonie d'Houphouët-Boigny en Afrique francophone est telle dans les années 1960 qu'il est permis de se demander qui, de lui ou de Foccart, influence réellement l'autre dans le secret de leur relation.

Cette relation privilégiée prend corps à différents degrés, par-delà la relation directe entre les deux hommes. L'un des signes les plus frappants est le fait que l'armée française se tient prête depuis sa base de Port-Bouët – dont Houphouët obtient le maintien alors que de Gaulle a voulu la fermer en 1965 – pour assurer sa sécurité physique en cas de coup d'État ou de tentative d'attentat. Dans un répertoire plus politique, Houphouët-Boigny dispose d'un entourage essentiel à la tenue de son système, en France, en Côte d'Ivoire et dans le reste de l'Afrique francophone. Tous les rapports de force s'équilibrent autour de lui et son écosystème des relations franco-ivoiriennes repose sur quelques personnalités de confiance, qui constituent sa garde politique rapprochée : André Belkiri, secrétaire général de la présidence, Georges Ouégnin, son directeur du protocole, Guy Nairay, directeur de cabinet surnommé « le gouverneur », ou encore Roger Perriard, un ancien journaliste dont Houphouët dit qu'il sait « tous nos masques ». Ce dernier est un acteur clé des relations politiques franco-ivoiriennes, dont il connaît les arcanes les plus secrets des deux côtés de la Méditerranée.

Après l'indépendance, Houphouët obtient deux sécurités supplémentaires. La première est l'installation d'un poste de liaison et de renseignement (PLR) du SDECE à la présidence de la République, qui dépend de lui et non de l'ambassade : le lieutenant-colonel René Bichelot en est le plus célèbre chef (1963-1967) avant de passer sous contrat ivoirien jusqu'à sa retraite dans le courant des années 1980 ; il est secondé par un ancien collègue du service Action, le capitaine Gildas Lebeurier. Tous deux tiennent en main le système de renseignement d'Houphouët-Boigny, à telle enseigne que le président ivoirien dit de Bichelot qu'il lui est « plus précieux qu'un bataillon de l'armée française » (en référence au 43e BIMa de Port-Bouët). La seconde sécurité est, au lendemain de la révolution des « Trois Glorieuses » qui renverse Youlou à Brazzaville en 1963 [→ II.4], la nomination de Jean Mauricheau-Beaupré comme conseiller d'Houphouët-Boigny : homme lige de Jacques Foccart, Mauricheau effectue des navettes permanentes entre Abidjan et Paris (où il conserve discrètement un bureau au secrétariat général de Foccart). À la présidence de la République ivoirienne, l'influence de ces conseillers français est immortalisée par un lieu : le « bureau des Blancs », qui désigne leur office dans l'enceinte du palais.

Une géopolitique du « bloc francophone »

Houphouët-Boigny devient ainsi le chef d'orchestre de la constitution d'un « bloc francophone », un ensemble de Républiques indépendantes issues de la Communauté. Le geste diplomatique fondateur est hautement symbolique : le groupe africain francophone se réunit en décembre 1960 à Brazzaville. L'occasion est offerte par l'activisme, depuis Brazzaville, de l'abbé Youlou en faveur du Katanga sécessionniste de Moïse Tshombé. Alors que le monde entier se déchire autour de l'ex-Congo belge et de Patrice Lumumba, faisant de l'Afrique centrale un des points chauds de la guerre froide, Brazzaville décide d'appuyer la sécession katangaise. Le groupe réuni sous la houlette d'Houphouët-Boigny prend le nom de « groupe de Brazzaville », en écho explicite à la mémoire gaulliste. En parallèle, le chef du RDA fait massivement voter ce groupe contre le plan Kennedy lors de la XVe Assemblée générale des Nations unies qui prévoit de confier à l'ONU la gestion de la crise algérienne. Les Républiques francophones, admises à l'ONU dans la foulée de leur accession à l'indépendance, sauvent ainsi de justesse la souveraineté de la République gaulliste sur l'Algérie. Cet événement consacre publiquement l'alliance diplomatique de la France avec ses « Républiques sœurs » d'Afrique francophone. Car ce groupe de Brazzaville se constitue en opposition explicite au groupe de Casablanca, qui soutient activement le FLN en

Algérie. Le rapprochement entre le groupe de Monrovia, né en mai 1961 de l'élargissement du groupe de Brazzaville, et le groupe de Casablanca donnera naissance à l'Organisation de l'unité africaine (OUA) en 1963.

Houphouët-Boigny poursuit sa géopolitique de « bloc francophone » : il donne corps dès 1961 à l'Union africaine et malgache (UAM), qui réunit les anciennes colonies françaises (à l'exclusion de la Guinée) et fait évoluer cette union vers une logique économico-politique, avec l'Union africaine et malgache de coopération économique (UAMCE) qui devient en 1965 l'Organisation commune africaine et malgache (OCAM).

L'OCAM, qui entend mettre en œuvre une dynamique de coopération du pré carré, a également pour but d'élargir son influence aux autres pays « francophones ». Sous le nom de code « le mariage de ma tante » est ainsi orchestrée l'intégration du Congo-Kinshasa dans l'organisation, lorsque le très francophile Moïse Tshombé en devient l'éphémère Premier ministre (juillet 1964-octobre 1965). C'est l'occasion d'offrir un brevet d'honorabilité à l'ancien sécessionniste katangais, autrement surnommé « Monsieur Tiroir-Caisse », pour l'intégrer dans la famille franco-africaine. Conseillé lui aussi par Mauricheau-Beaupré, Tshombé résume de manière éloquente sa vision des relations franco-africaines lors d'une conférence de presse à Paris, le 12 avril 1964 : « Paris est une capitale africaine et européenne, aujourd'hui plus que jamais. Le nouveau mot qui doit succéder à “Empire” est plus prosaïque, c'est le parapluie atomique, la protection par des accords militaro-politiques [...]. Il est clair que l'Afrique étant sous la France, étant le losange dont la France est le sommet, c'est la protection atomique qu'elle doit rechercher (jusqu'au cap de Bonne-Espérance). »

Dès les années 1960, Houphouët-Boigny impose la Côte d'Ivoire comme une locomotive économique régionale. Le triomphe du café et du cacao ivoiriens, la stratégie de coopération poussée avec la France ainsi que l'engagement pro-CFA qui garantit au pays un équilibre géo-économique en Afrique de l'Ouest incitent les commentateurs à parler de « miracle ivoirien ».

Les années 1960 posent donc les outils d'une influence ivoirienne à long terme, fondée sur une logique économique. Houphouët dispose d'un capital économique structuré qu'il peut engager dans la conduite de ses affaires géopolitiques : de fait, il est connu pour savoir financer ses entreprises politiques et celles de ses alliés, qui sont autant ses partisans que ses obligés, en Côte d'Ivoire comme en dehors de ses frontières. Les dynamiques impulsées par le chef du RDA répondent également à une deuxième nécessité : organiser un « syndicat » des chefs d'État, dont il prend la tête.

Aux relations bilatérales postcoloniales qui impliquent un lien direct entre Paris et chaque ancienne colonie, se superpose donc la logique du

« syndicat » des présidents francophones. Le chef de l'État ivoirien est surnommé le « Vieux », signifiant la déférence et la séniorité que doivent lui accorder les autres chefs d'État de son réseau issu de sa politique au RDA. Ainsi adoube-t-il les nouveaux chefs d'État au sein du pré carré. Deux personnalités qui s'emparent du pouvoir en 1967 trouvent tout particulièrement grâce à ses yeux, au titre de la « deuxième génération » de chefs d'État. À charge pour eux de respecter son autorité : Albert-Bernard Bongo au Gabon et le général Étienne Eyadéma au Togo. Ils deviennent, derrière Houphouët, les plus solides piliers de la Françafrique de la décennie 1970.

Abidjan, pivot géopolitique de la Françafrique

La Côte d'Ivoire devient dès 1958 l'épicentre de la politique d'influence française et francophone. Après la « querelle fédérale », la Guinée de Sékou Touré est le premier enjeu géopolitique pour Houphouët-Boigny. En 1959-1960, l'opération Persil du SDECE se ramifie sur le sol ivoirien (dans les villes d'Abidjan, Man et Odienné) en plus du Sénégal [→ II.3]. Durant toute la décennie 1960, la tension reste vive entre Conakry et Abidjan. Le régime guinéen multiplie les attaques contre le président ivoirien, dénoncé comme un relais de Foccart en Afrique. « Houphouët-Boigny a raté le train de l'Histoire. En définitive, il n'aura pris qu'un FAUX CAR », ironise l'Agence de presse guinéenne le 19 mars 1966. De son côté, Houphouët devient le parrain politique et le financier du Front de libération nationale de la Guinée (FLNG), créé à Abidjan en avril 1966. Des tentatives de déstabilisation de la Guinée sont envisagées par ces opposants guinéens de l'extérieur au fil de la décennie sous l'impulsion de David Soumah, chef de la branche politique exilé à Dakar, et du commandant Thierno Diallo, chef de la branche militaire. Elles culminent avec l'opération *Mar Verde* du 22 novembre 1970, conduite par les forces portugaises et la branche militaire du FLNG. Malgré le soutien politique et logistique offert par Houphouët au FLNG, l'affaire se solde par un fiasco.

Le Ghana représente l'autre adversaire historique d'Houphouët-Boigny, qui se défie de son président Kwame Nkrumah et considère son pays comme un concurrent économique. Après 1960, le combat s'est joué à deux niveaux : internationalement, à travers l'affrontement du groupe de Casablanca (qui compte Kwame Nkrumah, Modibo Keïta et Ahmed Sékou Touré) au groupe de Brazzaville ; localement, à travers la crise du Sanwi qui provoque un bras de fer direct entre Abidjan et Accra (le mouvement de libération du Sanwi, exilé à Accra, demande l'indépendance de ce territoire ivoirien en contestant l'autorité d'Houphouët). La chute de Nkrumah en 1966 est appréciée à Abidjan : elle met un terme à un affrontement personnel autant qu'idéologique et clôt l'affaire du Sanwi. Houphouët ne manque pas de rappeler à cette occasion le pari sur la décolonisation qu'il avait adressé à Nkrumah en 1957 [→ I.8]. Mais il entend pousser son avantage plus loin. Il entreprend de soutenir le principal opposant à Nkrumah : le docteur Kofi Abrefa Busia, qui a fait campagne lors des législatives ghanéennes de 1965 sous le slogan « *No to Nkrumah* » (ce qui lui a valu le surnom de « Dr No » sous la plume de Mauricheau-Beaupré). Abidjan organise avec l'aide de ses conseillers français, notamment Lebeurier, le soutien au « Dr No », qui devient finalement Premier ministre du Ghana de 1969 à 1972.

Le troisième enjeu décisif est l'éléphant nigérian. Par son poids politique et surtout économique (avec notamment le pétrole), le Nigéria constitue aux yeux d'Houphouët une menace géopolitique majeure. Aussi soutient-il la sécession du Biafra menée par le lieutenant-colonel Odumegwu Emeka Ojukwu entre 1967 et 1970. Les conseillers blancs du président ivoirien, Mauricheau et Lebeurier au premier chef, s'activent en faveur des sécessionnistes avec l'aide du SDECE. Ils fournissent un soutien politique, logistique et militaire avec la complicité du Gabon de Bongo (cette épreuve constitue pour lui une forme d'« initiation » à la *realpolitik* de la Françafrique). En vain : le Biafra s'effondre en janvier 1970 et Ojukwu s'enfuit pour la Côte d'Ivoire [→ II.8].

La correspondance échangée entre Paris, Abidjan et Libreville pendant l'épisode du Biafra offre une plongée intéressante dans l'imaginaire des conseillers blancs d'Houphouët-Boigny. Sujet anglophone oblige, le Biafra stimule la créativité de Mauricheau : de Gaulle est baptisé « *Big Father* », Foccart « *His Right Hand* » et Houphouët « *Big Brother* ». Ojukwu passe de « *His Excellency* » au Biafra à simplement « le Barbu » dans son exil de Côte d'Ivoire. Ce jeu de noms de codes donne à lire le dispositif géopolitique de la Françafrique sous la plume de ses acteurs.

L'accueil des exilés politiques est l'une des clés de l'influence du président ivoirien : il s'efforce de se poser en « grand frère » des sorties de crise en faisant de la Côte d'Ivoire une terre d'accueil des perdants. Le lieutenant-colonel Ojukwu, le président déchu de Haute-Volta Maurice Yaméogo, l'empereur centrafricain Bokassa en seront les bénéficiaires les plus célèbres dans les années 1970 et 1980. Houphouët ne se contente pas de les accueillir ; il les entretient comme il a toujours pris soin de subvenir aux besoins de ses obligés politiques. En faisant de la Côte d'Ivoire une terre d'asile, Houphouët conserve ces « preuves vivantes » sous la main, apaisant les crises géopolitiques en les retirant du jeu et invitant tous les acteurs à une certaine (re)tenue. Se positionnant en « Vieux », il feint d'être indifférent à la victoire d'un camp ou de l'autre pour se positionner stratégiquement comme arbitre des crises : en témoigne le « fauteuil de la réconciliation » installé à sa résidence de Yamoussoukro, sa ville natale, où sont invitées à se rencontrer les parties en conflit. Derrière ce cérémonial politique, force est de constater que ce sont bien souvent des arguments plus concrets sortis de ses coffres-forts qui scellent l'efficacité des pactes noués à Yamoussoukro.

En 1969 à la mort du général de Gaulle, il n'y a plus de « *Big Father* » ; mais restent solidement installés « *His Right Hand* » et surtout « *Big Brother* » pour faire vivre cet héritage géopolitique.

Repères bibliographiques

Pascal AIRAULT et Jean-Pierre BAT, *Françafrique. Opérations secrètes et affaires d'État*, Tallandier, Paris, 2019.

Marcel AMONDJI, *Félix Houphouët et la Côte d'Ivoire. L'envers d'une légende*, Karthala, Paris, 1984.

Jean-Pierre BAT, *La Fabrique des barbouzes. Histoire des réseaux Foccart en Afrique*, Nouveau Monde, coll. « Chronos », Paris, 2017.

Jean-Pierre BAT, *Les Réseaux Foccart. L'homme des affaires secrètes*, Nouveau Monde, Paris, 2020.

Jacques BAULIN, *La Politique africaine d'Houphouët-Boigny*, Eurafor-Press, Paris, 1980.

Bilguissa DIALLO, *Guinée, 22 novembre 1970. Opération Mar Verde*, L'Harmattan, Paris, 2021.

Frédéric GRAH MEL, *Félix Houphouët-Boigny : l'épreuve du pouvoir*, CERAP/Karthala, Abidjan/Paris, 2010 (nouvelle édition).

Frédéric GRAH MEL (dir.), *Rencontres avec Félix Houphouët-Boigny*, Frat-Mat Éditions, Abidjan, 2005.

Chapitre 8

Manipulation française au Biafra

Benoît Collombat

2 août 1968. Des trémolos dans la voix, le présentateur vedette de l'ORTF (Office de radiodiffusion-télévision française), Pierre Sabbagh, implore les Français : « Je vous en prie, madame, monsieur, ne tournez pas le bouton de votre téléviseur ! En 1945, vous aviez dit, comme moi : "Plus jamais ça !" Quoi "ça !" ? Le génocide ! Aujourd'hui, un génocide est en cours au Biafra ! » Le journaliste ne se contente pas d'attirer l'attention des téléspectateurs sur les images insoutenables d'enfants squelettiques, le ventre gonflé par le manque de nourriture. Il les exhorte à faire des dons à la Croix-Rouge pour venir en aide aux habitants de cette province orientale du Nigéria qui a proclamé son indépendance le 30 mai 1967.

Derrière cet appel à la générosité populaire se cache une vaste intoxication médiatique de la « cellule africaine » de l'Élysée, sous la houlette de Jacques Foccart et des services spéciaux français qui, depuis plusieurs mois, soutiennent clandestinement la rébellion sécessionniste biafraise en guerre contre le pouvoir fédéral de Lagos.

Pendant toute la durée de cette guerre d'influence (juin 1967-janvier 1970), tous les coups sont permis : en s'appuyant sur ses deux bases logistiques principales, la Côte d'Ivoire en Afrique de l'Ouest, et le Gabon en Afrique centrale, Paris envoie secrètement au Biafra des mercenaires, livre quantité d'armes et organise une propagande cynique en instrumentalisant dans le même mouvement la presse et les associations humanitaires.

Une guerre secrète qui sent le pétrole

Pour les hommes de Foccart, la fin justifie les moyens. L'objectif est de déstabiliser le Nigéria, une ancienne colonie britannique de 50 millions d'habitants indépendante depuis octobre 1960, régulièrement secouée par des violences interethniques et des coups d'État, afin de préserver les intérêts du pré carré africain de la France dans la région

(Côte d'Ivoire, Togo, Niger, Tchad, Cameroun, Gabon...), mais aussi tenter d'affaiblir le géant anglophone perçu comme un allié objectif des Soviétiques en Afrique.

Le général de Gaulle n'a pas digéré l'attitude de Lagos qui, en janvier 1961, a fait expulser son ambassadeur après les essais atomiques français dans le Sahara algérien [→ p. 215]. Depuis 1963, la France a envoyé dans la région un homme des services secrets français, le lieutenant-colonel René Bichelot (dit « Raymond »), détaché auprès du cabinet du président ivoirien, Félix Houphouët-Boigny, afin de suivre de près les activités nigérianes. Bichelot va jouer un rôle important dans l'aide clandestine au Biafra, en lien avec un autre proche de Jacques Foccart, Jean Mauricheau-Beaupré, *alias* « Monsieur Jean » [→ II.5].

Cette guerre secrète menée par la France au Biafra a surtout des forts relents de pétrole : le Nigéria est l'un des principaux pays producteurs d'or noir, aux côtés des pays du Golfe, ce qui explique la présence sur place, dès 1964, de la Safrap, une filiale du groupe pétrolier Erap (le futur Elf) [→ III.3 et IV.4], au sein d'un consortium anglo-saxon comprenant Shell et BP (British Petroleum). Or les deux tiers des gisements pétroliers se trouvent dans la province du Biafra, au sud-est du Nigéria. Dans son livre *Kala-Kala* (1986) l'ancien ambassadeur de France au Gabon, Maurice Delauney – l'un des hommes clés du dispositif d'aide à la sécession mis en place, à l'époque, par Foccart –, reconnaît que la France lorgne sur cet or noir, avec en cas de victoire biafraise « l'assurance que tous les permis détenus par des sociétés britanniques seraient attribués à des sociétés françaises, à Elf en particulier ».

La France aux côtés de l'« Afrique blanche » raciste

Lorsque, le 30 mai 1967, le lieutenant-colonel Odumegwu Emeka Ojukwu, gouverneur de la province orientale, proclame l'indépendance de la République du Biafra, déclenchant ainsi la guerre avec le pouvoir fédéral nigérian, les Français alimentent déjà discrètement en armes les sécessionnistes. Des hommes des services secrets français sont envoyés en renfort sur le terrain pour conseiller Ojukwu, en lien avec Maurice Robert, le « Monsieur Afrique » du SDECE.

Les troupes nigérianes du général Yakubu Gowon bénéficient à la fois de l'aide soviétique (avec des avions de chasse Mig et des bombardiers Iliouchine pilotés par des aviateurs égyptiens) et de l'appui britannique. Une alliance de circonstance qui peut sembler étonnante en pleine guerre froide, mais qui prouve une nouvelle fois que les grandes puissances interviennent en Afrique pour défendre leurs propres intérêts : tandis que les Britanniques lorgnent sur les richesses nigérianes (pétrole, arachide, cacao, huile de palme), l'URSS souhaite s'engager auprès du Nigéria, pourtant pro-occidental, dans le but de regagner de l'influence après les renversements de Patrice Lumumba au Congo et de Kwame Nkrumah au Ghana. Quant à la France, son soutien aux troupes biafraises d'Ojukwu se conjugue à celui, fort peu démocratique, de l'Espagne de Franco, du Portugal de Salazar (l'île de São Tomé devient la base logistique principale du pont militaire aérien), ainsi que de l'« Afrique blanche » raciste : la Rhodésie du Sud et l'Afrique du Sud, au nom de la lutte contre la « subversion communiste ».

Le soubassement religieux du conflit est volontairement mis en avant par Paris. Car la sécession composée d'Ibos en majorité chrétiens s'oppose à la tutelle fédérale des Haoussas, en majorité musulmans... même si le général Gowon qui dirige les troupes nigérianes est chrétien. L'association Caritas et les missions catholiques se trouvent aux avant-postes du soutien à la sécession biafraise à travers notamment les pères irlandais. « J'ai eu l'occasion d'en approcher quelques-uns, écrit Maurice Delauney dans ses Mémoires, tous fanatiques et décidés à mener, contre l'islam envahissant, une véritable "guerre de religion" à l'arrière-plan de laquelle on pouvait retrouver un profond sentiment antibritannique. » Ce qui n'est évidemment pas pour déplaire aux hommes de Foccart.

Un dirigeant pousse fortement à l'aide aux sécessionnistes : Félix Houphouët-Boigny qui craint de voir son pouvoir ébranlé par le Nigéria anglophone et l'influence soviétique [→ II.8]. Le président ivoirien se « proclame ouvertement partisan non seulement du Biafra, mais du dépeçage du Nigéria », raconte le Français Jacques Baulin qui a travaillé à ses côtés, à l'époque. Houphouët-Boigny et Foccart constituent un tandem soudé pour inciter le général de Gaulle à s'engager dans ce conflit.

Le binôme Foccart-Houphouët-Boigny à la manœuvre

L'hypocrisie de la France est totale. Officiellement, elle n'intervient pas dans le conflit, ne reconnaît pas le Biafra et proclame, dès juin 1967, un embargo sur les armes aux belligérants. Il ne faut « ni intervenir ni donner l'impression d'avoir choisi », assure le général de Gaulle à Jacques Foccart, trois semaines après la sécession biafraise. Le président français estime néanmoins « préférable d'avoir un Nigéria morcelé plutôt qu'un Nigéria massif ». « Par conséquent, mon Dieu, si le Biafra réussissait, ce ne serait pas plus mauvais pour nous », lâche finalement le Général, dans un bel euphémisme. De Gaulle donne ainsi son « feu orange » (si l'opération clandestine échoue, vous ne serez pas couvert) à Foccart pour soutenir la sécession biafraise en armes et en munitions, tandis qu'il s'oppose, en novembre 1967, à l'entrée du Royaume-Uni dans le marché commun.

Les industriels de l'armement français sont au diapason. Dans une note du 19 mai 1967 de Sud Aviation, alors dirigée par Maurice Papon[1], adressée à la cellule Afrique de l'Élysée et dévoilée par RFI en 2017, le constructeur aéronautique vante les mérites d'un « soutien occulte » de la France au Biafra par le biais de « privés », c'est-à-dire de mercenaires, qui offrirait à la France « une carte excellente » et « une position privilégiée » vis-à-vis d'un Biafra « en passe de devenir un producteur mondial » de pétrole.

La France ne se contente pas d'envoyer des armes. Le bureau parisien d'Ojukwu, agissant sous le couvert d'un « Centre de recherches historiques sur le Biafra », recrute des mercenaires avec l'aide des services français. On y retrouve Roger Faulques, ancien de l'Indochine, de la bataille d'Alger et du 1er REP (Régiment étranger de parachutistes), qui a déjà bourlingué au Katanga [→ III.5], Rolf Steiner, un mercenaire allemand, ancien de l'OAS (Organisation de l'armée secrète) ou Gildas Lebeurier, ex-commando parachutiste, un habitué des guerres coloniales.

« Ils sont partis avec notre accord au Biafra », confirme un fidèle de Foccart, Philippe Lettéron, qui fait la navette pour transmettre les messages entre Ojukwu et de Gaulle. Des rotations d'avions chargés d'armes sont organisées depuis le Gabon et la Côte d'Ivoire qui transfèrent au Biafra leurs stocks d'armement officiellement livrés par la France. Houphouët-Boigny garantit personnellement plusieurs emprunts pour l'achat d'armes et suggère au général de Gaulle d'utiliser les redevances pétrolières normalement dues au Nigéria pour financer ces opérations secrètes.

Si Foccart agit avec l'aval du Général, derrière le rideau du pouvoir, les gaullistes sont néanmoins divisés sur l'opportunité de ce soutien à la sécession biafraise. Foccart se heurte à la désapprobation des ministres successifs des Affaires étrangères, Maurice Couve de Murville (de 1958 à 1968) et Michel Debré (de 1968 à 1969), qui ne souhaitent pas toucher aux frontières coloniales. Il rencontre aussi le scepticisme du ministre des Armées (de 1960 à 1969) et ancien administrateur colonial, Pierre Messmer, qui estime qu'il s'agit d'« une opération tribale qui ne [peut] pas se développer hors de ses limites ethniques », comme le rapporte son biographe Frédéric Turpin. Toutefois, cette divergence

1. Préfet de police de Paris de 1958 à 1966, ministre du Budget de 1978 à 1981, condamné dans les années 1990 à dix ans de réclusion pour complicité de crimes contre l'humanité concernant son rôle pendant l'occupation nazie.

d'analyse ne pousse nullement les gaullistes réfractaires à se désolidariser de cette guerre d'influence : Michel Debré réclame auprès de l'ONU « la reconnaissance du droit aux Biafrais de déterminer eux-mêmes leur destin » tandis que Messmer ne s'oppose en rien aux livraisons d'armes clandestines…

Sur le terrain, Jacques Foccart doit pourtant vite déchanter. Après quelques victoires initiales, les mercenaires payés par la France doivent battre en retraite face à la puissance de feu de l'armée fédérale nigériane, elle aussi appuyée par des mercenaires chevronnés comme l'Anglo-Irlandais Mike Hoare qui menace les « chiens de guerre » envoyés par Paris (qu'il a pourtant côtoyés au Katanga) d'une « escalade » du type guerre du Vietnam.

Sans rien changer à leur soutien à la sécession biafraise, Foccart et Houphouët-Boigny tentent alors de jouer la carte diplomatique, poussant à la reconnaissance officielle de la République du Biafra pour mieux conforter la légitimité d'Ojukwu.

« Il est grand temps que les canons se taisent pour faire place à des négociations qui, seules, peuvent ramener la paix au Nigéria », déclare Houphouët-Boigny, le 22 avril 1968, à Paris, dix jours après la reconnaissance du Biafra par la Tanzanie, saluant « un acte de grand courage politique et de portée hautement humaine ». Le 15 mai, après la Zambie (prochinoise comme la Tanzanie), la Côte d'Ivoire reconnaît à son tour le Biafra, dans le sillage du Gabon. Mais malgré ses efforts, Houphouët n'emporte pas l'adhésion des pays d'Afrique de l'Ouest, réunis au sein du Conseil de l'Entente.

En mai 1968, le terminal pétrolier de Port-Harcourt tombe aux mains de l'armée fédérale. Privés de leur accès à l'océan Atlantique, les sécessionnistes biafrais, désormais acculés dans leur « réduit » de quelques milliers de kilomètres carrés, sont confrontés à un blocus total.

Le temps de l'intox

Dès lors, pour affaiblir médiatiquement le Nigéria et conforter l'effort de guerre pro-Biafra auprès du général de Gaulle, une vaste opération de propagande va être conçue par les hommes de Foccart, en lien avec le colonel Ojukwu. Il faut plus que jamais gagner la guerre par le verbe et les images.

« Nous voulions un mot choc pour sensibiliser l'opinion publique, raconte Maurice Robert dans *« Ministre » de l'Afrique* (2004). Nous aurions pu retenir celui de massacre ou d'écrasement, mais génocide nous a paru plus "parlant". Nous avons communiqué à la presse des renseignements précis sur les pertes biafraises et avons fait en sorte qu'elle reprenne rapidement l'expression "génocide". *Le Monde* a été le premier, les autres ont suivi. »

Cette opération d'« action psychologique » fonctionne à merveille. Le journal d'Hubert Beuve-Méry s'indigne du « plus affreux génocide qui ait été perpétré [*sic*] depuis la Deuxième Guerre mondiale », donnant ainsi le *la* au reste de la presse et à l'intelligentsia française. Même « la littérature de gare » relaie ce discours, à travers des livres comme *L'Agent spécial au Biafra* ou *Terreur au Biafra*, parus en 1968-1969, qui héroïsent le combat des Biafrais. « Pour la première fois en Afrique, la création d'une nation précède celle de l'État », s'enthousiasme le journaliste *freelance*, François Debré (fils de Michel) dans son livre *Biafra, an II* (1968). « Nous sommes tous des Biafrais », proclame en novembre 1968 la revue de Jean-Paul Sartre, *Les Temps modernes*, s'emparant, comme les autres, du mot « génocide ». Un génocide qui n'a pourtant jamais été confirmé par les enquêtes des parlementaires et les observateurs internationaux envoyés sur place, dès septembre 1968, avec l'aval des autorités nigérianes.

Les « grands reporters » briefés par l'entourage de Foccart s'envolent pour le Biafra depuis Libreville. Les images d'enfants au corps décharné « n'étaient pas prises par des Biafrais mais par des journalistes étrangers, raconte un sourire aux lèvres l'ancien leader de la sécession Ojukwu, devant la caméra de Joël Calmettes qui a exploré les archives et interrogé les témoins de l'époque. Ils avaient découvert que leurs lecteurs avaient faim de détails sur le conflit. On les a simplement aidés à témoigner. » Une « aide » qui pousse très loin l'organisation de la propagande.

Une société de relations publiques basée à Genève, Markpress, organise des charters de journalistes jusqu'au Biafra et diffuse des nouvelles alarmantes par le biais de communiqués destinés prioritairement aux anglophones, afin de retourner l'opinion britannique. Selon le journaliste de l'AFP au Nigéria à l'époque, Claude Brovelli, qui le rapporte dans son livre coécrit avec Jean Wolf, *La Guerre des rapaces. La vérité sur la guerre du Biafra* (1969), le budget de communication dépensé par le Biafra est alors supérieur à celui attribué par les sécessionnistes au secteur de la Défense ! Les enfants à l'agonie sont regroupés dans des « parcs » vers lesquels sont obligeamment conduits les journalistes tandis qu'Ojukwu, diplômé d'histoire contemporaine à Oxford, accuse devant les caméras le général Gowon de « vouloir devenir le nouvel Hitler de l'Afrique ». « Cette propagande sur le génocide a marché, explique avec cynisme l'un de ses artisans biafrais, Paddy Davies. L'aide est arrivée. Elle a contribué à soutenir notre effort de guerre. »

L'opinion a été manipulée avec la complicité active de certains journalistes persuadés d'agir « pour la bonne cause ». Parmi eux, le reporter du *Figaro* Jean-François Chauvel, proche des réseaux Foccart et cofondateur du très droitier syndicat étudiant l'UNI (Union nationale inter-universitaire). L'homme est un ami de Bob Denard, auquel il a déjà fait appel, dès 1963, pour réinstaller « par une véritable croisade » la monarchie traditionnelle au Yémen, comme le célèbre mercenaire l'explique dans son livre *Corsaire de la République* (1998).

« La Direction [biafraise] de la propagande s'est servie de la faim, explique encore Paddy Davies. Après avoir essayé le pogrom, le génocide, la libération de notre province chrétienne… la faim est devenue l'arme ultime ! Le reste du monde, et même l'Afrique, a pu s'identifier aux Biafrais. » Le photographe Raymond Depardon reviendra sur cet épisode dans les colonnes du *Monde*, en août 2020 : « Nous étions naïfs. On ne se rendait pas compte qu'on était complètement manipulés par les autorités françaises et les compagnies pétrolières. »

La « guerre d'Espagne » de Bernard Kouchner

Après les journalistes, les hommes de Foccart doivent se mettre les organisations non gouvernementales dans la poche. L'aide humanitaire française va servir de couverture pour transporter des armes. « Il faut faire quelque chose du côté de la Croix-Rouge française. Elle doit aider le Biafra », lance de Gaulle à Foccart le 3 mai 1968. Une demande qui n'a rien d'innocente quand on sait que le président de la Croix-Rouge française est nommé par le cabinet de la présidence de la République et que le colonel Merle, conseiller militaire de l'ambassade de France au Gabon, est aussi le représentant local de la Croix-Rouge… Cela peut s'avérer utile pour transporter des caisses de munitions.

En août 1968, le Comité international de la Croix-Rouge (CICR) lance un appel : « Il faut aller vite. Il n'y a plus rien à manger au Biafra. On se dispute les rats. Et le lézard est un luxe. La famine engendre épidémies et maladies. » La France s'émeut et répond massivement aux collectes de nourriture. Un petit groupe de médecins français, scandalisés par l'attitude du Nigéria qui refuse l'aide médicale, se portent alors volontaires pour se rendre dans la province orientale du Nigéria. Ils deviennent « pro-Biafrais à fond », comme l'explique le docteur Pascal Greletty-Bosviel, qui fera partie des fondateurs de Médecins sans frontières (MSF) en 1971. Parmi ces médecins, se trouve Bernard Kouchner, ancien militant de l'Union des étudiants communistes (UEC) qui voit le Biafra comme « son Vietnam », ou plutôt « sa guerre d'Espagne », pour reprendre les termes d'Anne Vallaeys, autrice d'un travail de référence sur l'histoire de MSF. « Soigner n'était plus suffisant. Il fallait faire du bruit, clamer que les Nigérians tuaient les enfants, attaquaient les civils, explique Kouchner qui s'est rendu trois fois sur place. Nous avons alors pensé à la fameuse loi du tapage inventée quinze ans plus tôt par l'abbé Pierre, quand il se bagarrait pour les mal-logés. Il fallait faire savoir ce qui se passait au Biafra. »

Ce « tapage médiatique » théorisé par Kouchner sert en réalité idéalement la guerre secrète menée par la France. Fin 1968, Bernard Kouchner crée un Comité international de lutte contre le génocide au Biafra qui fusionne quelques mois plus tard avec l'association France-Biafra, présidée par l'ancien ministre gaulliste Robert Buron, directeur de l'hebdomadaire *Carrefour*, imprégné par la défense de l'Empire colonial et la lutte contre la « subversion marxiste ».

Jusqu'au bout de l'horreur

« Nous avons usé d'un stratagème pas très honnête en laissant filtrer le mot "génocide", nous confiait Maurice Robert en octobre 2004 dans sa maison du cap Ferret. Car nous savions que le général de Gaulle ne pouvait pas accepter un génocide. Et c'est comme ça qu'il s'est impliqué directement. »

Ainsi, lors d'une conférence de presse, le 9 septembre 1968, de Gaulle reconnaît publiquement que « la France a aidé et aide le Biafra dans la mesure de ses possibilités ». « Elle n'a pas accompli l'acte qui, pour elle, serait décisif : la reconnaissance de la République biafraise, car elle pense que la gestion de l'Afrique est avant tout l'affaire des Africains », ajoute le Général, tout en indiquant qu'une telle reconnaissance « n'est pas exclue pour l'avenir ».

Fin 1968, un membre des services spéciaux, John Senart, est envoyé par Foccart au Biafra pour évaluer les chances de la sécession. Ce « dur à cuir », ancien de l'Indochine et de l'Algérie, rend un rapport favorable aux combattants biafrais. « Ces mecs étaient vraiment la crème de l'Afrique, s'enthousiasme John Senart trente-cinq ans plus tard auprès de Joël Calmettes, dans son langage bien à lui. Je n'ai jamais vu de nègres comme ça ! »

Le feu vert du SDECE relance le soutien aux sécessionnistes. Au Gabon, le pont aérien s'accélère sous la houlette de Jean-Claude Brouillet, directeur de la compagnie aérienne Transgabon et chef d'antenne du SDECE à Libreville. Le fidèle de Foccart, Philippe Lettéron, monte une société bidon, la SOGEXI (Société générale d'exportation et d'importation) afin de louer des avions et acheter du matériel militaire « dans la plus grande discrétion ». « J'étais le bras armé de l'aile française au

Biafra, confirme l'ambassadeur de France au Gabon, Maurice Delauney, à Joël Calmettes. Pratiquement toute l'aide française passait par Libreville : mitrailleurs, fusils-mitrailleurs, fusils, grenades, bazookas, petits canons… Dans cette affaire biafraise, je n'ai jamais eu affaire à mon ministre de tutelle, je n'ai obéi et agi qu'en fonction des instructions qui m'ont été données par l'Élysée. »

Des officiers biafrais viennent également se former aux méthodes militaires à Libreville. Des attaques aériennes sont montées grâce à certaines « têtes brûlées » comme le pilote suédois Carl-Gustav von Rosen recruté par Caritas.

Le mercenaire Bob Denard, qui vient tout juste de faire le coup de poing contre les « gauchistes » à Paris en mai 1968, est également recruté comme « intermédiaire » au Biafra, par le biais de Jean Mauricheau-Beaupré. Le « chien de guerre » dispose d'un budget conséquent (« deux milliards de francs en liquide », dit-il dans ses Mémoires) versé par Foccart à la Côte d'Ivoire. Il achète des avions, négocie des livraisons d'armes, recrute de nouveaux mercenaires et supervise le pont aérien entre le Gabon et le Biafra. Grâce à son officier traitant au SDECE, Maurice Robert, Denard dispose même d'un passeport avec une nouvelle identité : Gilbert Bourgeaud.

Bernard Kouchner et Bob Denard réunis sous la même bannière par la grâce de Jacques Foccart : c'est un tournant dans les rouages de la Françafrique. « C'est à partir du Biafra que le soutien politique s'avance masqué derrière l'humanitaire, et qu'une stratégie de compassion se substitue à une stratégie politique », analyse avec justesse l'ancien président de Médecins sans frontières, Rony Brauman, dans un article intitulé « L'humanitaire par-delà la légende », publié en 2000 par la revue *Études*.

Tandis que le marchand d'armes préféré des « services », Georges Starkmann, est également mis à contribution pour fournir armes et munitions au Biafra, comme il le raconte dans son livre *Noir canon* (2011), la cellule africaine de l'Élysée envoie un chalutier, rebaptisé « *Mi Cabo Verde* », convoyé depuis Cherbourg jusqu'à Libreville (avec 600 tonnes d'armes et de munitions) par Bob Denard, sous couverture d'une société panaméenne disposant d'un bureau au Havre. Et lorsque l'indispensable mercenaire se trouve en délicate situation, au large du golfe de Guinée, nez à nez avec un bâtiment de guerre soviétique qui ne dévie pas de sa trajectoire, Paris envoie immédiatement l'un de ses navires pour tirer Bob Denard de ce mauvais pas… L'osmose entre la République française et la barbouzerie est totale, alors qu'officiellement le ministre des Armées, Pierre Messmer, assure que « la France ne livre pas d'armes au Biafra ». En 1969, la France envoie même un escadron de parachutistes au Gabon chargés « d'assurer la logistique des mercenaires payés par la France intervenant militairement au Biafra », reconnaît dans ses Mémoires parues en 2018 (*Général, j'en ai pris pour mon grade*) le général Jean Varret qui commande alors ces hommes.

Mais tout cela ne suffit pas. En janvier 1970, la République du Biafra signe sa reddition. Le leader des sécessionnistes est exfiltré en Côte d'Ivoire, comme l'annonce immédiatement Houphouët-Boigny à Foccart : « Ojukwu est sauvé. Il est chez moi. » « Je suis soulagé », note alors Foccart dans son journal.

Derrière ce « soulagement », le fiasco est complet. Et sanglant. En continuant à livrer jusqu'au bout des tonnes d'armes à la sécession, la France n'a fait que retarder la capitulation biafraise et contribuer à alourdir le bilan d'une guerre qui a fait entre 500 000 et un million de morts. Après un exil de onze ans, Ojukwu (mort en 2011 à 78 ans) tente, en vain, de se faire élire sénateur puis président du Nigéria.

Quant à Bernard Kouchner, il ne touchera jamais à la « légende dorée » de l'humanitaire au Biafra. « Comment peut-on être de gauche et laisser massacrer deux millions d'individus [*sic*] ? clame-t-il dans les colonnes du *Nouvel Observateur*, en janvier 1970. Le massacre des Biafrais est le plus grand massacre de l'histoire moderne après celui des juifs, ne l'oublions pas. » Et lorsque Anne Vallaeys le confronte à l'évidence de la guerre clandestine menée par Paris, le « French doctor » s'emporte : « C'est entièrement faux ! Ces armes françaises, on ne les a jamais vues. De vieilles kalachnikovs, peut-être. » Évoquant dans *Le Monde*, en août 2020, les tonnes d'armes livrées par la France aux sécessionnistes biafrais, Kouchner persistait encore dans le déni : « C'étaient surtout des vieux machins. »

Repères bibliographiques

Matthieu AUZANNEAU, « Biafra (1967-1970) : l'autre "sale guerre" de la France, pour le pétrole du Nigéria », in *Or noir. La grande histoire du pétrole*, La Découverte, Paris, 2015.

Jacques BAULIN, *La Politique africaine d'Houphouët-Boigny*, Eurafor-Press, Paris, 1980.

Joël CALMETTES, *Histoires secrètes du Biafra : Foccart s'en va-t-en guerre*, documentaire, 54 min., Point du Jour International, France 3, 2001.

Joël CALMETTES, « Opération Biafra », *XXI*, n° 39, juillet 2017.

Jean GUISNEL, « Derrière la guerre du Biafra, la France », *in* Roger FALIGOT et Jean GUISNEL (dir.), *Histoire secrète de la Ve République*, La Découverte, Paris, 2006.

Barbara JUNG, « L'image télévisuelle comme arme de guerre. Exemple de la guerre du Biafra, 1967-1970 », *Bulletin de l'Institut Renouvin*, 2007.
Anne VALLAEYS, *Médecins sans frontières, la biographie*, Fayard, Paris, 2004.
Jean WOLF et Claude BROVELLI, *La Guerre des rapaces. La vérité sur la guerre du Biafra*, Albin Michel, Paris, 1969.

PARTIE III

La folie des grandeurs

(1969-1981)

« Nous sommes un vieux couple heureux, d'amis fidèles et sans drame, et notre histoire est belle parce qu'elle s'est nourrie de compréhension et d'estimes réciproques, et notre histoire est féconde parce qu'elle s'enrichit, chaque jour, de contacts et de pensers nouveaux, et notre histoire est sereine, car elle est celle d'une certaine joie de vivre et d'être ensemble, en harmonie, devant les grands problèmes de ce temps. »

Félix HOUPHOUËT-BOIGNY accueillant Georges Pompidou à Abidjan, 7 février 1971.

« Salut, terre d'Afrique ! Salut, Africaines et Africains qui êtes les amis de mon cœur, et que je suis venu visiter chaque fois que j'ai pu le faire. Je connais votre gaité, votre bienveillance. [...] Croyez bien, monsieur le Président à vie, mon cher parent et ami, que la France ressent profondément cette solidarité envers la République centrafricaine, qui, sous votre autorité, s'est engagée dans une action en profondeur de développement économique, culturel et humain. »

Valéry GISCARD D'ESTAING accueilli par Jean-Bedel Bokassa à Bangui, 5 mars 1975.

Chronologie

1969 *15 juin* : élection de Georges Pompidou à la présidence de la République.

1970 *9 novembre* : mort de Charles de Gaulle.

1971 *3-13 février* : tournée africaine de Georges Pompidou dans cinq anciennes colonies.

24 février : nationalisation du pétrole algérien qui conduit la France à accélérer le passage à l'ère du nucléaire civil.

1972 *18 mai* : démission du président de Madagascar Philibert Tsiranana face à un mouvement populaire qui réclame l'abrogation des accords de coopération avec la France.

1973 *26 août* : assassinat à Paris de l'opposant tchadien en exil Outel Bono.

13 novembre : ouverture à l'Élysée du premier « sommet franco-africain ».

1974 *2 avril* : mort du président Pompidou.

15 avril : putsch contre le président Hamani Diori au Niger sur fond de tensions autour de la renégociation du prix de l'uranium.

21 avril : début de l'« affaire Claustre » au Tchad.

27 mai : élection à la Présidence de la République de Valéry Giscard d'Estaing qui nomme Jacques Chirac Premier ministre et limoge Jacques Foccart du secrétariat général aux Affaires africaines et malgaches.

1975 *6 mars* : deuxième sommet France-Afrique, à Bangui (Centrafrique).

6 juillet : proclamation de l'indépendance de l'archipel des Comores par Ahmed Abdallah, renversé le 20 septembre suivant par les mercenaires de Bob Denard.

1976 *mai* : signature par Framatome d'un contrat de six milliards de francs pour construire la première centrale nucléaire sud-africaine.

1977 *16 janvier* : tentative manquée de putsch au Bénin par les mercenaires de Bob Denard.

18 mars : assassinat de Marien Ngouabi et début de l'accession au pouvoir de Denis Sassou Nguesso en République populaire du Congo.

27 juin : indépendance de Djibouti qui conserve une base militaire française.

4 décembre : sacre impérial de Bokassa Ier en Centrafrique.

décembre : début de l'opération Lamantin (Mauritanie).

1978 *18-22 mai* : sauvetage du régime de Mobutu par l'opération Bonite à Kolwezi au Zaïre.

1979 *20-21 septembre* : renversement de Bokassa en Centrafrique et réinstallation au pouvoir de son prédécesseur David Dacko.

10 octobre : *Le Canard enchaîné* révèle l'« affaire des diamants » de Bokassa.

1980 *6 février* : mort de René Journiac, le « Monsieur Afrique » de Valéry Giscard d'Estaing, dans le crash de son avion au Cameroun.

ARMES, PÉTROLE, URANIUM, MONNAIE : QUELQUES INTÉRÊTS STRATÉGIQUES FRANÇAIS EN AFRIQUE DANS LES ANNÉES 1970

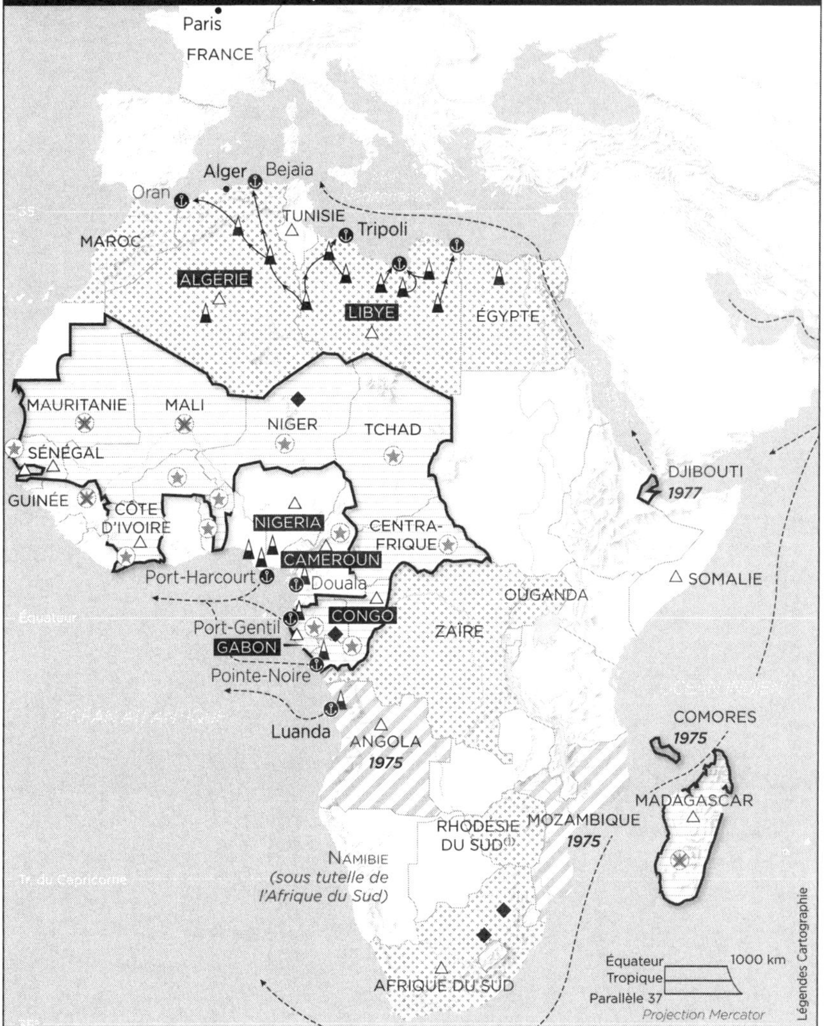

Ressources énergétiques

- Gisement d'hydrocarbure exploité
- Mine d'uranium

Transport des ressources

- Pipe-line
- Port pétrolier
- Route maritime empruntée par les pétroliers

Les dernières indépendances

- État accédant à l'indépendance après 1970

Des territoires qui changent de nom

RHODÉSIE DU S.[1] : ZIMBABWE (1980)

Relations économiques

- Ex-Communauté française
- Pays exportateurs d'hydrocarbure vers la France
- Pays (hors ex-Communauté française) importateurs d'armes françaises durant la période 1970-1981
- Implantation du groupe Elf ou de ses filiales en Afrique entre 1969 et 1981
- État utilisant le franc CFA
- État ayant abandonné le franc CFA

Armes, pétrole et nucléaire
Pillage et corruption « en famille »

Peut-être est-ce là une particularité des barbouzes. Travaillant dans l'ombre des puissants sans se soucier outre mesure de la légalité, elles regardent le monde comme une matière malléable qu'un peu d'imagination et de volonté suffisent à modeler. Tel est en tout cas l'état d'esprit de Jean Mauricheau-Beaupré, *alias* « Monsieur Jean », *alias* « Mathurin », *alias* « JMB », lorsqu'il signe, le 24 février 1971, une longue note confidentielle intitulée « De juin 1940 à l'Erap : pour la préméditation d'une véritable politique africaine ».

Mauricheau-Beaupré n'est pas n'importe qui. Considéré comme l'opérateur en chef des réseaux barbouzards de Jacques Foccart sur le continent africain, il est détaché auprès du président congolais Fulbert Youlou jusqu'au renversement de ce dernier en 1963, avant de devenir conseiller du président ivoirien Félix Houphouët-Boigny, position qu'il occupe au début des années 1970 pour encore de longues années. Gaulliste dans l'âme et intime des milieux d'extrême droite, « Mathurin » rêve de fonder autour de la France une grande alliance africaine, rapprochant les pays du pré carré les plus engagés dans la lutte « antisubversive », à commencer par la Côte d'Ivoire, et les puissances pro-occidentales qui dominent encore la partie australe du continent : l'Afrique du Sud et le Portugal.

Pour « JMB », pareille alliance n'a rien de théorique. Quelques années après avoir organisé depuis Brazzaville un réseau de soutien à la sécession katangaise de Moïse Tshombé [→ III.4], c'est lui qui a mis sur pied un partenariat *ad hoc*, connectant Paris, Abidjan, Libreville, Lisbonne et Pretoria, pour appuyer la rébellion biafraise à l'est du Nigéria [→ II.8]. Supervisant cette opération depuis l'Élysée, Jacques Foccart ne tarit pas d'éloges sur celui qu'il présente alors, dans son *Journal de l'Élysée*, comme son « conseiller pour ce qui concerne les affaires du Biafra ». Mauricheau-Beaupré, note-t-il en novembre 1968, est un « garçon remarquable qui fait un travail considérable avec Houphouët. C'est pour moi un agent de liaison très précieux, enfin un collaborateur très précieux dans nos relations avec la Côte d'Ivoire, comme d'ailleurs avec bien d'autres pays ».

Loin de dissuader Mauricheau-Beaupré, l'échec de l'opération biafraise à l'orée des années 1970 le conforte dans son idée d'alliance continentale.

C'est ce que l'on constate dans sa note du 24 février 1971, dont l'historien Jean-Pierre Bat a retrouvé un exemplaire dans les archives de Philippe Lettéron, bras droit de « Mathurin », et un autre dans celles du mercenaire Bob Denard, avec lequel l'homme lige de Foccart a beaucoup travaillé (le texte est reproduit dans *Les Réseaux Foccart*, 2018).

Ce document s'inscrit dans un contexte particulier. Dix jours plus tôt, le président français Georges Pompidou est rentré d'une grande « tournée africaine », qui l'a mené, entre le 3 et le 13 février, dans cinq anciennes colonies françaises. À en croire les images diffusées par la télévision, le voyage s'est déroulé dans les meilleures conditions. Comme de Gaulle lors de son périple africain d'août 1958 [→ II, introduction], Pompidou est acclamé par des foules enthousiastes. Et pour cause : les présidents africains « amis de la France », appuyés par des partis uniques omniprésents et de redoutables polices politiques, ont tout fait pour offrir un séjour agréable au successeur du Général, décédé trois mois plus tôt.

La note de « Monsieur Jean » intervient surtout au moment même où le président algérien Houari Boumediene annonce la nationalisation du pétrole et du gaz algériens. Les filiales locales des deux grands groupes pétroliers français passent sous la coupe des autorités algériennes : la Compagnie française des pétroles (CFP), bientôt rebaptisée « Total », et l'Entreprise de recherches et d'activités pétrolières (Erap), connue du grand public sous le nom de la marque « Elf » lancée en 1967. Cette décision, rendue publique le 24 février 1971, n'est pas une surprise. Elle était anticipée de longue date. Elle marque cependant un tournant pour la « politique africaine » de la France. Et c'est précisément l'objet des réflexions de Jean Mauricheau-Beaupré.

Désormais privée du contrôle sur le pétrole algérien, explique ce dernier, la France doit intensifier ses recherches pétrolières dans le golfe de Guinée : dans les anciennes colonies du pré carré, mais également dans les pays limitrophes, qu'il faudrait par conséquent rapprocher de la sphère d'influence française. Évitant de s'étendre sur le cas nigérian, où la France vient de subir un humiliant camouflet au Biafra, « JMB » s'intéresse en particulier à l'Angola, qu'une puissante guérilla nationaliste tente depuis plusieurs années d'arracher à la souveraineté portugaise, à la Guinée équatoriale, ancienne colonie espagnole rendue à l'indépendance en 1968, et accessoirement au Ghana, dont les dirigeants multiplient les signes de francophilie depuis le coup d'État qui a renversé Kwame Nkrumah en 1966.

Pour mener à bien cette ambitieuse politique, Mauricheau-Beaupré suggère d'y associer l'Afrique du Sud, « socle industriel » du continent africain, qui pourrait notamment fournir à Elf-Erap les capitaux nécessaires à l'exploitation des nouveaux gisements pétroliers. « Pour des raisons d'opportunité politique du fait de la campagne "anti-apartheid", Pretoria accepterait certainement toute combinaison permettant de masquer sa participation », précise-t-il.

Ainsi pourrait se conclure ce que Mauricheau-Beaupré appelle des « mariages à trois » associant la France, l'Afrique du Sud et chacun des pays africains dotés de régimes pro-français et de ressources pétrolières. « Du fait de notre position charnière, note-t-il, ce sont naturellement les Français qui tireront les ficelles de tous les ménages. » La France doit en tout cas sortir du tête-à-tête avec les Républiques sœurs d'Afrique francophone, insiste JMB : « Il faut, tout en continuant d'occuper le terrain, exploiter les chasses qui nous sont offertes. Ce terrain, comme ces chasses, déborde maintenant [...] le cadre de l'ancienne Afrique française. »

Loin d'être complètement originales, les réflexions de Mauricheau-Beaupré méritent d'être citées précisément pour cette raison : elles résument – sans le fard de la rhétorique officielle – les trois grandes préoccupations de la politique africaine de la France sous les présidences de Georges Pompidou (1969-1974) et Valéry Giscard d'Estaing (1974-1981) : l'approvisionnement énergétique, la sécurisation du pré carré et la pénétration dans les sphères d'influence concurrentes.

L'Afrique au cœur de la crise énergétique mondiale

Les dirigeants français n'ont pas attendu la crise pétrolière des années 1970 pour se préoccuper des questions énergétiques. Instruits par les deux grands conflits mondiaux, nombre d'entre eux s'intéressent dès le milieu du XXe siècle à la question stratégique des ressources pétrolières. Le territoire métropolitain en étant quasiment dépourvu, les regards se tournent vers l'étranger et les colonies. Lorsque le général de Gaulle crée en octobre 1945 le Bureau de recherches de pétrole (BRP), ses objectifs sont clairs : trouver et produire au plus tôt du « pétrole français » pour réduire autant que possible la dépendance nationale à l'égard des devises, des compagnies et des gisements étrangers. Les bonnes nouvelles ne parviennent cependant qu'une décennie plus tard lorsque sont identifiés les immenses gisements du Sahara algérien et les premiers puits exploitables du sous-sol gabonais.

« Mépriser le pétrole, c'est élégant mais c'est mortel ! »

Georges Pompidou fait partie des responsables qui n'ignorent rien de cette histoire. Car ce normalien, agrégé de lettres, ancien professeur, n'est pas seulement l'homme de confiance du général de Gaulle depuis la Libération : c'est aussi un banquier très introduit dans les milieux d'affaires. Haut cadre du groupe Rothschild entre 1953 et 1962 (il abandonne temporairement ses fonctions en 1958 pour devenir, pendant six mois, directeur de cabinet du Général revenu au pouvoir), il connaît sur le bout des doigts les questions économiques franco-africaines. En tant que directeur général de la banque Rothschild, un groupe stratégiquement placé au cœur des circuits capitalistes coloniaux, comme le souligne l'historien Jean Suret-Canale, Pompidou est administrateur de plusieurs sociétés implantées au Sahara, à commencer par la Compagnie franco-africaine de recherches pétrolières françaises (Francarep).

Cette connaissance intime du dossier saharien amène le général de Gaulle à faire de nouveau appel à lui en février 1961 : il lui confie la délicate mission de le représenter personnellement lors des négociations secrètes avec le Gouvernement provisoire de la République algérienne (GPRA). Ces négociations, qui se tiennent en Suisse, sont rendues publiques quelques jours plus tard. « M. Pompidou est sans doute l'un des financiers les mieux informés de l'affaire algérienne et du problème saharien », confirme *Le Monde* le 14 mars 1961. Cette publicité n'est pas sans conséquence : une semaine plus tard, une bombe explose devant le siège de la banque Rothschild. L'attentat est revendiqué par des partisans de l'Algérie française qui, citant nommément Pompidou, accusent la « haute finance » d'avoir « déjà sacrifié le Sahara français ».

L'objectif des dirigeants français est en fait bien différent. Il s'agit au contraire de concéder l'indépendance aux Algériens pour mieux conserver la mainmise sur le domaine saharien [→ p. 215]. C'est sur cette base que sont signés les accords d'Évian en mars 1962. Ayant obtenu l'essentiel, l'indépendance, les négociateurs algériens cèdent aux compagnies françaises implantées au Sahara des avantages exorbitants. Mais nul n'ignore que ces accords sont un début autant qu'une fin : le gouvernement algérien, une fois assurée l'indépendance politique, ne tardera pas à revendiquer l'indépendance économique. Un discret bras de fer s'engage entre les autorités françaises et algériennes, qui durera plus de dix ans.

Nommé Premier ministre en avril 1962, fonction qu'il occupe jusqu'en juillet 1968, Pompidou est donc un parfait connaisseur des enjeux énergétiques. Depuis Matignon, il observe l'envolée de la consommation française de pétrole, qui passe de 23 à 82 millions de tonnes au cours des années 1960. Il constate également les velléités des pays producteurs d'hydrocarbures de s'émanciper des compagnies occidentales. Telle est l'ambition de l'Organisation des pays exportateurs de pétrole (Opep), créée en 1960, qui brandit pour la première fois l'arme pétrolière à l'occasion de la guerre israélo-arabe de juin 1967, dite « guerre des Six Jours ». Inaugurant la raffinerie installée par l'entreprise publique Elf-Erap à Grandpuits (Seine-et-Marne) quelques jours après la fin du conflit, Pompidou souligne « l'importance du pétrole dans l'économie moderne ». Il faut, dit-il, « diversifier au maximum nos sources d'approvisionnement » et favoriser la « solidarité fondamentale entre pays producteurs et pays consommateurs ».

Présent aux côtés du Président lors de cette inauguration, Pierre Guillaumat est le grand architecte de la stratégie énergétique française. Membre des services secrets pendant la guerre, nommé patron du BRP en 1945, ministre des Armées en 1958, il supervise les activités pétrolières et nucléaires françaises au Sahara au tournant des années 1960 [→ p. 215]. Nommé P-DG de l'Union générale des pétroles (UGP) en 1962, il prend la tête de l'ERAP créée trois ans plus tard (il restera patron du groupe pétrolier, rebaptisé Elf, jusqu'en 1977). Avec une mission irrévocable : garantir l'indépendance énergétique de la France.

Bien conscients que la « solidarité » pétrolière que la France a imposée à l'Algérie est en train de se déliter, notamment depuis le coup d'État d'Houari Boumediene en juin 1965, les dirigeants français tournent leurs regards vers le golfe de Guinée. Le Gabon, producteur de pétrole depuis 1957, devient la base arrière d'Elf-Erap : sa production passe d'un à cinq millions de tonnes entre 1964 et 1969. Le Congo-Brazzaville, où les recherches avaient été abandonnées, voit les prospecteurs d'Erap revenir en force à la fin des années 1960 : ils découvrent un vaste gisement au large de Pointe-Noire, qu'ils baptisent « Émeraude », en avril 1969.

Mais c'est le Nigéria qui suscite tous les fantasmes. « Inexistante il y a dix années, la production de pétrole du Nigéria avait atteint près de 21 millions de tonnes en 1966 (soit presque autant que le Sahara) et devait, selon les experts, approcher de 30 millions de tonnes dès la fin [1967] », note le journaliste Philippe Decraene, dans *Le Monde*, en juillet 1968. Ces chiffres, qui font du Nigéria le troisième pays producteur de pétrole en Afrique, après la Libye et l'Algérie, ne sont pas sans incidence sur la détermination de Jacques Foccart, de Jean Mauricheau-Beaupré et de leurs affidés à démanteler le géant anglophone et intégrer le territoire biafrais à la sphère francophone. La province sécessionniste abrite 65 % des ressources pétrolières alors inventoriées au Nigéria [→ II.8].

La présidence de Pompidou, qui débute en juin 1969 à la suite de la démission du général de Gaulle, est dominée par la question énergétique. Trois mois après son investiture, c'est de Libye, alors quatrième producteur mondial de pétrole, que vient le premier coup de tonnerre. Le jeune colonel Mouammar Kadhafi, qui prend le pouvoir le 9 septembre 1969, exige d'emblée l'augmentation du prix du baril libyen et la révision de la fiscalité pétrolière, qu'il obtient quelques mois plus tard en profitant de la division entre les compagnies pétrolières américaines. Aiguillonnés par la victoire libyenne, d'autres producteurs, Iran, Irak et Algérie en tête, lancent l'offensive contre les *majors* occidentales.

L'année 1970 marque un « tournant essentiel », indique le chercheur Matthieu Auzanneau dans son histoire du pétrole (*Or noir*, 2015). Alors que la demande mondiale de brut ne cesse d'augmenter, la production domestique américaine se heurte pour la première fois à ses propres limites. Les États-Unis prennent subitement conscience de leur dépendance et l'Opep comprend qu'elle peut enfin tordre le bras aux pays consommateurs. « La polarité de la planète pétrole s'inverse », résume Auzanneau. En décembre 1970, le cartel exige une augmentation générale des prix du pétrole et une revalorisation des impôts sur les compagnies. Le 24 février 1971, Boumediene annonce la nationalisation des filiales algériennes de la CFP et d'Elf-Erap.

Interrogé sur le contentieux pétrolier franco-algérien, et accusé « d'avoir beaucoup trop temporisé dans les négociations avec l'Algérie » pour ménager les intérêts des groupes pétroliers, le président Pompidou reprend ses airs de professeur lors d'une interview radiotélévisée le 24 juin 1971. « Le pétrole est probablement, à l'heure actuelle, dans un pays comme la France, la denrée la plus essentielle, lance-t-il en rappelant exemples à l'appui l'omniprésence des produits pétroliers dans le quotidien des Français. Alors, vous comprenez, mépriser le pétrole, c'est élégant mais c'est mortel ! »

L'explosion des cours du pétrole à l'occasion de la guerre israélo-arabe de 1973 (« guerre du Kippour ») conforte cette analyse. Le prix du baril, inférieur à 3 dollars jusque-là, est multiplié par quatre en quelques mois. Alors que les Français apprennent à vivre avec le chômage, l'inflation et les économies d'énergie, les pays producteurs et les compagnies pétrolières voient leurs revenus exploser. Cette révolution énergétique bouleverse les équilibres économiques et politiques en Afrique. Disposant désormais d'une immense rente, les leaders des États pétroliers, à l'instar de Mouammar Kadhafi, affichent de nouvelles ambitions sur la scène politique continentale et jouissent de moyens démesurés pour maintenir l'« ordre » dans leurs pays respectifs.

De l'uranium à tout prix

Les tensions croissantes sur le marché des hydrocarbures ont des conséquences majeures pour les autres sources d'énergie, à commencer par l'uranium. Ainsi que la question pétrolière, la technologie nucléaire intéresse depuis longtemps les autorités françaises. Créé en octobre 1945, comme le BRP, et placé sous la supervision directe de plus hautes instances de l'État, le Commissariat à l'énergie atomique (CEA) – dont l'incontournable Pierre Guillaumat devient le patron entre 1951 et 1958 – a pour mission d'encadrer toutes les activités nucléaires nationales. Objectif : doter la France de la capacité de produire, à partir de l'uranium, des armes atomiques et de l'énergie électrique.

Dans une économie dominée par les énergies fossiles (charbon, pétrole, gaz), comme c'est le cas de la France des Trente Glorieuses, les objectifs civils servent fréquemment de paravent au développement du nucléaire militaire, beaucoup plus sensible. Les efforts initiés par le gouvernement provisoire du général de Gaulle à la fin de la Seconde Guerre mondiale et poursuivis par les responsables de la IVe République, se concrétisent dans les années 1960. La première bombe A française explose, au cœur du Sahara, le 13 février 1960. Les essais nucléaires se multiplient dans le désert algérien, avant d'être délocalisés en Polynésie à partir de 1966. Le complexe industriel de Pierrelatte, destiné à fournir de l'uranium à usage militaire, produit son premier lingot d'uranium très enrichi en 1967. La bombe H est expérimentée pour la première fois, à Fangataufa, en 1968 [→ p. 647].

Le développement du nucléaire civil est plus poussif : les six réacteurs mis en service à partir de 1963 fournissent seulement 1,5 % du mix énergétique français sept ans plus tard. C'est la « crise du pétrole » qui lui donne un élan décisif. Le 26 février 1971, deux jours après l'annonce de la nationalisation du pétrole algérien, Pompidou décide la construction de trois nouvelles centrales, bien plus puissantes que les précédentes, et la mise à l'étude d'une nouvelle usine d'enrichissement, financées avec plusieurs partenaires européens[1]. « Nous sommes en train de passer de l'ère de l'uranium militaire à l'ère de l'uranium économique », commente André Giraud, nommé quelques semaines plus tôt administrateur général du CEA.

Trois ans plus tard, c'est Pierre Messmer, nommé Premier ministre en juillet 1972, qui attache son nom à la nucléarisation définitive de la production d'électricité. Ancien ministre des Armées (1960-1968) et de la France d'outre-mer (1971-1972), et ayant à ce double titre suivi au plus près les expérimentations nucléaires françaises, en Algérie comme en Polynésie, il annonce en direct à la télévision le 6 mars 1974, lors d'une interview avec Jean-Marie Cavada, un gigantesque plan électronucléaire civil. « Le but du gouvernement en fonçant dans l'ère nucléaire est le suivant, détaille le commentaire du journal télévisé : en 1980, le nucléaire doit couvrir 23 % de la demande électrique, en 1985, 50 % et, à la fin du siècle, près de 90 %. » Ni Messmer, ni Cavada, ni le reportage diffusé à l'antenne ne mentionnent ce soir-là l'origine du combustible nécessaire à cette radicale reconversion énergétique.

Dès sa création, le CEA lance les recherches tous azimuts, en métropole, à l'étranger et, bien sûr, dans les colonies. Madagascar, Maroc, Algérie, Mauritanie, Cameroun, Oubangui, Congo, Guinée : tous les territoires français d'Afrique sont sondés. Il faut cependant attendre 1956 pour qu'un gisement exploitable soit découvert au Gabon, dont le sous-sol se révèle décidément stratégique pour la France. La Compagnie des mines d'uranium de Franceville (Comuf), créée en 1958 sur fonds publics et privés (dont le groupe Rothschild), exploite les minerais d'uranium de Mounana à partir de 1961, relayés dix ans plus tard par le gisement d'Oklo. Plus tardive, mais plus importante, est l'exploitation des minerais du Niger.

1. Ce projet, connu sous le nom d'Eurodif, verra le jour à la fin de la décennie [→ p. 516].

L'uranium de ce pays, dont la présence est avérée à partir de 1958, devient économiquement exploitable après la découverte en 1966 des immenses gisements d'Arlit et d'Imouraren. La Société des mines de l'Aïr (Somaïr), constituée en 1968, lance l'exploitation d'Arlit en 1971 [→ V.9].

La présence d'uranium dans les ex-colonies africaines explique en partie pourquoi Paris a pris tant de peine, au moment des indépendances, à installer à leur tête des régimes « amis » et à leur faire signer des accords plaçant *de facto* leurs « matières stratégiques » sous contrôle français [→ II.1 et II.4]. Se fournissant directement au Gabon et au Niger, explique l'historien Georges-Henri Soutou, le CEA se met « en devoir de se soustraire au contrôle américain sur les matières premières nucléaires et de mettre sur pied le cycle complet de l'uranium ». Cherchant à se doter des savoir-faire atomiques les plus poussés, et à en faire commerce, Paris refuse en parallèle de signer le traité sur l'arrêt des essais nucléaires de 1963 et le traité de non-prolifération de 1968.

Le refus français de soumettre son industrie nucléaire au contrôle international s'explique aussi par les liens étroits que Paris entretient avec l'Afrique du Sud depuis le début des années 1960. Vivement critiqué depuis le massacre de soixante-neuf manifestants noirs à Sharpeville, en mars 1960, qui provoque un certain malaise chez ses alliés traditionnels américain et britannique, le régime raciste de Pretoria cherche à diversifier ses partenaires. Une aubaine pour la France, qui n'ignore rien des formidables réserves d'uranium que l'Afrique du Sud détient dans son propre sous-sol ou contrôle sur celui du territoire voisin, la Namibie, ancienne colonie allemande qu'elle maintient illégalement sous sa tutelle depuis les années 1920.

Malgré les résolutions votées à l'ONU pour obliger le régime sud-africain à renoncer à l'apartheid et à rendre sa souveraineté à la Namibie, le gouvernement français lui fait les yeux doux. Le 31 janvier 1964, la France et l'Afrique du Sud signent un premier accord secret, qui sera étendu à trois reprises dans les mois suivants. Aux termes de ces accords, détaille l'historienne Anna Konieczna, Paris s'engage à commander à Pretoria 3 600 tonnes d'uranium pour la période 1964-1968 et à lui fournir en contrepartie l'assistance technique et l'équipement nécessaires au développement de ses propres capacités nucléaires. Ces accords prévoient en outre l'approfondissement des relations bilatérales, le CEA projetant d'entrée de jeu d'importer annuellement jusqu'à 3 000 tonnes d'uranium sud-africain entre 1968 et 1978.

Le juteux business des armes « made in France »

Les bouleversements stratégiques provoqués par le boom des produits pétroliers au tournant des années 1970 entraînent à leur tour la mutation d'un autre marché, qui en est à la fois le corollaire et la face cachée : le marché des armes. Les dirigeants des pays pétroliers, qui disposent désormais de revenus colossaux, cherchent dans les équipements militaires de quoi défendre leur pouvoir et leur richesse qu'ils savent plus que jamais convoités. Les pays capables de fournir ces équipements de pointe étant peu nombreux, et souvent les principaux consommateurs de matières stratégiques, une sorte d'économie circulaire s'instaure entre ces deux marchés. Autant de phénomènes qui contribuent à l'explosion du commerce mondial de l'armement, dont le volume passe de 5 milliards en 1960 à 10 milliards en 1970 et à 34 milliards en 1980 (en dollars courants).

L'industrie française de l'armement est l'une des grandes bénéficiaires de cette envolée. Elle profite notamment de l'inflexion de la politique étrangère française impulsée par de Gaulle à l'occasion de la guerre israélo-arabe de 1967. Interrompant les livraisons d'armes aux belligérants, ce qui pénalise essentiellement Israël, l'un de leurs principaux clients, les industriels hexagonaux bénéficient par contrecoup de la réputation « pro-arabe » de la France et de la politique gaullienne de « non-alignement » sur les États-Unis.

Dès son accession au pouvoir en 1969, le bouillant colonel Kadhafi commande à la France pas moins de cent dix Mirage. Ce qui provoque un vif émoi à Washington et à Tel-Aviv, où l'on craint que les avions soient secrètement utilisés par l'Égypte nassérienne. Interrogeant le président français alors en voyage officiel aux États-Unis en février 1970, le *New York Times* met les pieds dans le plat : la vente des Mirage vise-t-elle à assurer à la France l'accès au pétrole libyen ? Réponse de Pompidou : « [Lorsqu'elle] était liée aux pays anglo-saxons, nous n'avons jamais cherché à pénétrer en Libye particulièrement, nous avons parfaitement admis la situation. Du jour où elle devient disponible, où elle nous fait des offres et des demandes de coopération, toute notre politique vis-à-vis de l'Afrique du Nord et vis-à-vis de l'autre côté de la Méditerranée nous oblige à y répondre. [...] Nous achetons du pétrole à la Libye, c'est exact, mais nous ne cherchons pas du tout à étendre notre influence pétrolière spécialement en Libye. »

Si la dénégation du président ne trompe personne dans le cas libyen, il est vrai que les ventes d'armes n'ont pas toujours de contrepartie pétrolière. À dire vrai, la France fait peu de discriminations lorsqu'elle propose son matériel militaire. « Nous sommes fréquemment sollicités pour fournir des armes parce que, contrairement à d'autres pays, nous n'imposons aucune condition politique », se flatte Michel Debré, alors ministre de la Défense, devant un journaliste sud-africain en 1971. Cette ouverture d'esprit fait le bonheur des dictatures les moins sensibles à la notion de droits humains. Le Brésil, l'Argentine, la Colombie, le Pakistan, la Grèce des colonels, l'Espagne franquiste et beaucoup d'autres se ruent donc sur l'équipement « made in France » : avions de combat, hélicoptères, sous-marins, missiles, radars, etc.

La France devient ainsi le troisième exportateur d'armes à l'échelle mondiale, et voit son carnet de commandes quadrupler en valeur au cours des années 1970. « Les ventes représentaient 2,57 % de nos exportations en 1969, et 5,6 % en 1981 : le secteur a progressé deux fois plus vite que l'ensemble du commerce extérieur français », précise le chercheur Jean-Paul Hébert dans une note rédigée en 1982. Des chiffres qui suscitent à coup sûr l'euphorie des industriels (Dassault, Matra, Thomson-CSF, Société nationale industrielle aérospatiale, etc.) et peut-être un certain malaise parmi les quelque 300 000 salariés du secteur (4,5 % de la main-d'œuvre industrielle). Ils font en tout cas le bonheur des intermédiaires plus ou moins crapuleux qui jouent un rôle clé dans ce business aussi juteux qu'opaque [→ V.4].

Si l'Afrique subsaharienne ne représente qu'une faible part du commerce mondial des armes, elle subit directement les conséquences de cette frénésie militariste. L'explosion des dépenses militaires libyennes, par exemple, témoigne des ambitions géostratégiques de Kadhafi sur le continent. Ce qui n'empêche pas la France de dérouler le tapis rouge au Guide libyen, reçu à l'Élysée en novembre 1973, cinq mois seulement après l'invasion par l'armée libyenne de la « bande d'Aouzou » au nord du Tchad [→ IV.5].

L'arsenal constitué par le Portugal, très gros client de la France, n'est pas non plus sans incidence sur l'Afrique : il est presque intégralement destiné à lutter contre les mouvements indépendantistes angolais, mozambicains, bissau-guinéens et cap-verdiens qui cherchent à arracher leurs pays à la domination de Lisbonne. Depuis le début des années 1960 jusqu'à l'effondrement de l'Empire portugais en 1974-1975, les militants de ces mouvements subissent donc le feu des hélicoptères Alouette et Puma, des automitrailleuses Panhard et autres mortiers Hotchkiss-Brandt fournis par la France à Lisbonne en dépit des résolutions du Conseil de sécurité (où la France s'abstient) appelant, en 1963, la communauté internationale à cesser toutes livraisons d'équipements destinés à la répression dans les colonies portugaises.

Les résolutions de l'ONU, non contraignantes pour la plupart, se révèlent tout aussi incapables de freiner la coopération militaire franco-sud-africaine entamée au lendemain du massacre de Sharpeville. Dès 1960, les responsables de l'armée sud-africaine, dont certains sont invités en Algérie à constater l'efficacité des méthodes et des matériels hexagonaux, commandent des dizaines d'hélicoptères de combat (Alouette) et d'avions de chasse (Mirage). Ces premiers contrats seront suivis de nombreux autres : sous-marins classe Daphné, véhicules de transport de troupes, mitrailleuses, radars, etc. L'alliance de la France avec le régime d'apartheid se concrétise également par la mise au point à partir de 1964 d'un missile sol-air, conçu en France par Thomson-CSF et Matra, mais financé à 85 % par l'Afrique du Sud, comme le précise le chercheur Hennie van Vuuren dans son livre *Apartheid, Guns and Money* (2017). Les premiers exemplaires sont livrés à l'armée sud-africaine en 1971 sous le nom de « Cactus » (la version française est baptisée « Crotale »).

La France, devenue le premier fournisseur de matériel de guerre à l'Afrique du Sud, doit cependant essuyer des critiques de plus en plus vives, émanant de l'ONU, des États africains mais également du Royaume-Uni où l'opinion publique est particulièrement sensibilisée aux ravages de l'apartheid (ce qui incite les travaillistes au pouvoir entre 1964 et 1970 à respecter l'embargo onusien... à la grande satisfaction des marchands d'armes hexagonaux). Cherchant à répondre aux critiques, Paris jure que les équipements fournis à l'Afrique du Sud sont destinés à sa défense nationale et non à la répression interne (l'argument a été imaginé dès 1962 par Pompidou alors Premier ministre).

Paris accompagne cette rhétorique spécieuse d'une batterie de mesures visant à dissimuler ses connexions militaires avec Pretoria. La première consiste à délocaliser en Afrique du Sud la fabrication du matériel français : l'armée sud-africaine achète des licences de fabrication aux constructeurs, qui invisibilisent ainsi leurs activités. La seconde technique consiste à impliquer des pays tiers pour effacer les traces les moins reluisantes de ce fructueux commerce : le département économique du Quai d'Orsay suggère par exemple, dès 1971, de passer par le Brésil et l'Argentine, deux dictatures liées au régime d'apartheid par des accords militaires secrets.

La France se trouve dans une configuration similaire avec la Rhodésie du Sud, alliée régionale de l'Afrique du Sud. Dirigé par des suprémacistes blancs qui ont fait sécession de la Grande-Bretagne en 1965, ce pays est discrètement soutenu par la France, toujours désireuse d'empiéter sur les « zones d'influence » anglo-saxonnes. Lorsque le Conseil de sécurité de l'ONU vote, en mai 1968, une résolution – contraignante, pour une fois – appelant les membres de l'organisation à rompre toute relation économique et commerciale avec ce pays paria, le dirigeant sud-rhodésien Ian Smith écrit au général de Gaulle pour souhaiter que les sanctions onusiennes n'empêchent pas la France, qui a pour la première fois voté une résolution contre son régime, de « continuer à commercer » avec la Rhodésie du Sud « à travers des pays tiers ». Grâce notamment à l'entremise des *missi dominici* de Jacques Foccart, Jean Mauricheau-Beaupré et Philippe Lettéron, en poste respectivement auprès des présidences ivoirienne et gabonaise, les relations franco-rhodésiennes se poursuivent tout au long des années 1970.

L'historienne Joanna Warson, qui détaille ces connexions dans un travail sur les relations franco-rhodésiennes, souligne l'hypocrisie de Paris. Le gouvernement français, note-t-elle, prend position contre le régime raciste et illégal de Ian Smith à l'ONU tout en l'aidant en sous-main à briser le blocus onusien et à réprimer les mouvements de résistance qui tentent de le renverser les armes à la main. « Après [l'indépendance de la Rhodésie du Sud en 1965], et plus particulièrement pendant les sept années qui suivent le déclenchement en 1972 de la guérilla, l'équipement militaire français joue un rôle crucial dans la défense physique du pouvoir blanc sur le continent africain », note l'historienne. Équipée d'une cinquantaine d'hélicoptères Alouette et de plusieurs Mirage, armée de roquettes fabriquées par Matra et secondée par des mercenaires français, l'armée rhodésienne fait des ravages au cours de ce conflit, dont le bilan s'élève – selon les chiffres cités par Joanna Warson – à 30 000 morts, 275 000 blessés et 1,5 million de déplacés.

Fournissant discrètement à Pretoria et à ses alliés régionaux des armements conventionnels, Paris approfondit en parallèle la coopération nucléaire avec le régime d'apartheid. Anna Konieczna parle même de la France et de l'Afrique du Sud comme de « jumeaux nucléaires ». Sous couvert de coopération civile, explique la chercheuse, les dirigeants français favorisent activement le développement des potentialités militaires du programme nucléaire sud-africain. En qualité de ministre des Armées puis de Premier ministre, Pierre Messmer joue un rôle décisif, dans le domaine des armes conventionnelles comme dans celui du nucléaire. C'est au cours de son passage à Matignon (1972-1974) que Pretoria obtient l'assistance du CEA pour s'équiper d'une usine d'enrichissement d'uranium de « qualité militaire ».

Turbulences dans le pré carré

Les yeux rivés sur l'Algérie, la Libye, l'Afrique du Sud ou les colonies du Portugal, les responsables de la politique africaine de la France décrivent pour la plupart le pré carré francophone comme un îlot de stabilité à l'orée des années 1970. Quelques coups d'État se sont certes produits à la fin des années 1960, mais aucun ne paraît susceptible de perturber la « *pax franca* » qui règne depuis les indépendances. Après le soulèvement populaire de janvier 1966 qui a renversé le président Maurice Yaméogo, la Haute-Volta est dirigée par le colonel Sangoulé Lamizana, un ancien d'Indochine et d'Algérie, particulièrement fidèle à la France. Au Mali, le renversement de Modibo Keïta en novembre 1968 et l'installation au pouvoir du très autoritaire et très francophile Moussa Traoré débarrassent Paris d'un frein à son influence. Au Dahomey, la chute d'Émile Derlin

Zinsou, chassé par un coup d'État en décembre 1969, ne perturbe en rien les relations cordiales qu'entretient le pays avec l'ancienne puissance coloniale.

Seule ombre au tableau : le Tchad, où le Front de libération nationale (Frolinat), une insurrection armée active au nord du pays depuis le milieu des années 1960, menace le pouvoir du président François Tombalbaye. Pour soumettre les rebelles, la France envoie fin 1969 plus de trois mille hommes, soutenus par d'importants moyens aériens (opération Limousin). Afin de restaurer l'autorité du président tchadien, Jacques Foccart, secrétaire aux Affaires africaines de De Gaulle et de Pompidou, s'appuie sur Fernand Wibaux, alors ambassadeur de France, et sur le général Cortadellas, délégué militaire au Tchad (DMT). À cela s'ajoute le chef des services spéciaux tchadiens, Camille Gourvennec, un officier français employé sous contrat local qui utilise avec application les méthodes qu'il a apprises en Indochine et en Algérie pour châtier les « subversifs » et terroriser la population. Ce dispositif, estime-t-on à Paris, devrait rapidement faire rentrer les choses dans l'ordre.

Lorsque Pompidou entame sa grande « tournée africaine » en février 1971, qui l'emmène successivement en Mauritanie, au Sénégal, en Côte d'Ivoire, au Cameroun et au Gabon, aucun nuage ne semble devoir assombrir l'idylle franco-africaine. Une lune de miel qu'incarne à merveille le tandem que le président français forme avec son homologue sénégalais, Léopold Sédar Senghor, son ami personnel rencontré trente ans plus tôt sur les bancs du lycée Louis-le-Grand [→ I.5]. Saluant dans les colonnes de *Jeune Afrique* la visite de Pompidou, « chef d'État et homme de cœur », le président-poète sénégalais évoque avec emphase les mérites de la coopération France-Afrique, « contribution à la genèse de la civilisation de l'universel ».

Le Cameroun d'Ahmadou Ahidjo illustre à sa façon les « vertus » de cette coopération : les forces franco-camerounaises, aux prises depuis quinze ans avec une rébellion nationaliste, remportent enfin la victoire définitive au terme d'une guerre qui aura fait plusieurs dizaines de milliers de morts [→ II.2]. Ernest Ouandié, dernier leader historique de l'Union des populations du Cameroun (UPC), est fusillé en place publique le 15 janvier 1971. Cet événement macabre ne prive nullement Pompidou de son sens de l'humour lorsqu'il est interrogé, un mois plus tard, sur la « démocratie » camerounaise. Pourquoi ne pas instaurer en France un parti unique, comme au Cameroun ? lui demande dans un sourire un journaliste camerounais en conférence de presse. « Je n'ai peut-être pas l'autorité du président Ahidjo, par conséquent ma réussite n'est peut-être pas totale ! » s'amuse le président français, provoquant l'hilarité de l'assistance.

Premier voyage officiel en Afrique du président Georges Pompidou. Ici dans la voiture du président de la République islamique de Mauritanie Moktar Ould Daddah, à Nouakchott, le 3 février 1971. *© Guy Le Querrec / Magnum Photos*

Promenade en « tipoye » du président français Georges Pompidou et de son homologue gabonais Albert-Bernard Bongo à Libreville, le 11 février 1971. *© Guy Le Querrec / Magnum Photos*

Du Sénégal à Madagascar,
des révoltes populaires contre le système néocolonial

Autocongratulations, parades grandioses, humour... Rien ne semble perturber la « famille » franco-africaine. « La tournée africaine du président de la République française vient de mettre en lumière la qualité des liens qui existent entre nous et les peuples qu'il a visités », commente Jean Mauricheau-Beaupré dans sa note du 24 février 1971. Définitivement arrimées à la France, poursuit le conseiller de l'ombre, les « Républiques indépendantes » du pré carré doivent donc désormais être utilisées comme « autant de chevaux de Troie » pour pénétrer le reste de l'Afrique.

C'est aller un peu vite en besogne et, surtout, mal connaître les « peuples » dominés. Car derrière les apparences, et sous les mots complaisants des journalistes embarqués dans la « tournée africaine » de Pompidou, le feu couve : dix ans après les indépendances, les jeunesses africaines et les classes populaires s'impatientent. Où sont les libertés promises ? Qui récolte les fruits de l'« aide au développement » [→ V.10] ? Pourquoi les coopérants français sont-ils toujours omniprésents [→ III.6] ?

La révolte des étudiants qui secoue le Sénégal en mai 1968 illustre le ras-le-bol des jeunes générations. Parti d'un problème de bourse universitaire, le mouvement s'étend rapidement, et se radicalise. Les jeunes manifestants s'attaquent à la résidence du ministre de l'Éducation nationale, au domicile du chef de la Sûreté, au siège du parti unique... Alors que la répression sévit, l'Union nationale des travailleurs sénégalais (UNTS) lance une grève générale. Les contestataires protestent contre l'autoritarisme du régime et la domination néocoloniale française. Mais Senghor s'entête : il appelle à la rescousse l'armée sénégalaise, puis l'armée française stationnée sur place en vertu des accords de coopération. La répression provoque des dizaines de victimes, des arrestations et l'expulsion de plus d'un millier d'étudiants ouest-africains vers leurs pays d'origine.

Quatre ans après le « Mai sénégalais », le « Mai malgache » fait trembler les dirigeants franco-africains. Là encore, ce sont des revendications étudiantes qui allument la mèche, en janvier 1972. En quelques semaines, le cycle protestation-répression transforme le mouvement en révolte, puis en révolution. En mai, des dizaines de milliers de manifestants conspuent le président Philibert Tsiranana, inféodé à Paris, et les accords de coopération franco-malgache. Cette fois, c'est parmi les insurgés qu'on entend des appels à l'armée, qui fraternise avec les révolutionnaires. Acculé, Tsiranana confie les pleins pouvoirs au général Gabriel Ramanantsoa. Le président est définitivement balayé en octobre par un référendum constitutionnel qui désavoue son régime à 96,43 %.

Ces révoltes populaires s'accompagnent d'une floraison de publications critiquant le néocolonialisme français en Afrique. Nombre de romans et d'essais, signés pour la plupart par des intellectuels en exil, s'attaquent aux régimes autoritaires africains et à leurs parrains français [→ III.8]. Incarnation vivante du jésuitisme néocolonial, Senghor est l'une des cibles favorites des intellectuels critiques, à l'instar de Jean-Pierre N'Diaye (*La Jeunesse africaine face à l'impérialisme*, 1971), Marcien Towa (*Léopold Sédar Senghor. Négritude ou Servitude ?*, 1971) ou Stanislas Spero Adotevi (*Négritude et négrologues*, 1972). Mais d'autres autocrates font également l'objet d'analyses accablantes : Mobutu, par Cléophas Kamitatu (*La Grande Mystification du Congo-Kinshasa*, 1971), ou Ahidjo, par Mongo Beti qui prend sa plume au lendemain de l'exécution sordide d'Ernest Ouandié (*Main basse sur le Cameroun*, 1972).

Ces importantes publications ne trouvent pourtant que rarement le lectorat qu'elles méritent. Soit parce qu'elles sont dénigrées par une presse française plutôt accommodante avec les pouvoirs en place. Soit parce qu'elles sont tout simplement frappées par la censure, comme c'est le cas des ouvrages de Kamitatu, de Mongo Beti ou encore de celui de l'avocat belge Jules Chomé, *L'Ascension de Mobutu*, 1974, tous trois publiés par l'éditeur François Maspero, et tous trois interdits à leur sortie par le gouvernement français, qui dépoussière pour l'occasion une législation ancienne permettant de saisir les publications accusées d'« injures à chefs d'État étrangers » [→ p. 451].

Rififi chez les dictateurs « amis »

Soutenus par Paris mais contestés par leurs peuples, les chefs d'État du pré carré ne savent pas toujours sur quel pied danser. Égal à lui-même, Houphouët-Boigny reste fidèle à la France, et à son ami Jacques Foccart. Ce dernier, que les médias ont sorti de l'ombre à la fin du règne du Général et qui incarne désormais aux yeux de nombreux commentateurs la face obscure du gaullisme, a pu compter sur le soutien efficace du président ivoirien pour conserver auprès de Pompidou son poste de secrétaire aux Affaires africaines et malgaches [→ II.4]. Entouré d'activistes foccartiens, à commencer par l'entreprenant Mauricheau-Beaupré, Houphouët reste le pilier central de la politique française en Afrique.

Dans le sillage de la guerre du Biafra, au cours de laquelle Abidjan a travaillé main dans la main avec Pretoria, Houphouët officialise son rapprochement avec le régime sud-africain. C'est par une « politique de dialogue et de contact », et non par une politique d'affrontement, qu'on fera disparaître l'apartheid, justifie-t-il devant le congrès du parti unique ivoirien, le PDCI, en octobre 1970. « On m'accusera à nouveau d'être un valet du colonialisme, lâche-t-il. Mais nous en avons l'habitude et nous n'y attachons pas d'importance. »

Cet appel à la collaboration avec le régime raciste de Pretoria, opportune caution africaine au florissant commerce franco-sud-africain, provoque des remous sur le continent. Les leaders anglophones se scandalisent pour la plupart de cette initiative. Sékou Touré profite de l'occasion pour accabler son rival ivoirien, « fidèle interprète du néocolonialisme en Afrique », comme il l'explique dans une interview à la télévision britannique. Houphouët trouve cependant quelques complices dans le camp pro-français, comme le Gabonais Albert-Bernard Bongo ou le Malgache Philibert Tsiranana.

Les prises de position d'Houphouët ne manquent pas d'échauder ceux de ses homologues qui ne jouissent pas, dans leurs propres pays, de la même assise que lui. En les incitant à assumer jusqu'au bout leur fonction de « valets du colonialisme » alors même que les peuples se soulèvent sous des bannières hostiles au « néocolonialisme » et à l'« impérialisme », le patron informel de l'Afrique francophone ne joue-t-il pas avec le feu ?

Comme dans les décennies précédentes, Houphouët continue en tout cas de polariser la scène politique africaine. Pour le Directoire militaire qui préside aux destinées de Madagascar après la révolution de 1972, la prise de distances avec le duo Houphouët-Foccart permet d'asseoir sa crédibilité auprès du peuple qui l'a porté au pouvoir. Les nouveaux dirigeants rompent immédiatement les liens noués par Tsiranana avec l'Afrique du Sud et réclament la révision des accords de coopération avec la France. La renégociation de ces accords à partir de janvier 1973 permet à Didier Ratsiraka, alors ministre des Affaires étrangères, de s'imposer au sein du nouveau régime (qu'il présidera de 1975 à 1993).

Mathieu Kérékou, qui prend le pouvoir au Dahomey en octobre 1972, joue une partition similaire. Tandis que la radio d'État évoque un complot français contre le nouveau régime, des manifestations antifrançaises éclatent à Cotonou en février 1973. Les vitres du Centre culturel français sont brisées. Des slogans hostiles à l'« impérialisme » et à son « agent Foccart » sont lancés. Kérékou désavoue les manifestants, mais Paris comprend le message : le secrétaire d'État à la Coopération est envoyé sur place et promet de faire évoluer les relations franco-dahoméennes.

Ainsi s'ouvre un cycle de discussions sur les accords de coopération. Certains dirigeants négocient des révisions majeures. Les dirigeants malgaches obtiennent le retrait des Français de la base militaire de Diego-Suarez, ce qui oblige l'ancienne métropole à repenser tout son dispositif de défense dans l'océan Indien [→ IV.1]. La Grande Île abandonne également le franc CFA. La Mauritanie de Moktar Ould Daddah, qui se rapproche alors de la Ligue arabe, est l'autre acteur important de la remise en cause de la coopération : le pays sort aussi de la zone franc, crée sa propre monnaie et s'attaque à la toute-puissante Société des mines de fer de Mauritanie (Miferma). Cette dernière, dominée par les capitaux français, et qui se comporte comme un État dans l'État, est nationalisée en 1974.

Plus que la coopération en tant que telle, ce sont les relations économiques qu'un certain nombre de responsables africains, y compris les plus francophiles, souhaitent en réalité réviser. C'est le cas d'Étienne Gnassingbé Eyadéma au Togo et, plus encore, d'Hamani Diori au Niger. Pourtant fidèles à Paris, l'un et l'autre demandent publiquement la réforme du système CFA, qui maintient leur économie sous la tutelle française [→ III.2]. L'un et l'autre, encouragés par l'offensive lancée par les pays producteurs de pétrole, tentent également de se réapproprier les richesses nationales, exploitées par les compagnies françaises à des conditions outrageusement avantageuses : le phosphate, qui représente 35 % des exportations togolaises, et l'uranium, dont le Niger devient l'un des premiers producteurs mondiaux. Trois semaines après le lancement en mars 1974 des négociations franco-nigériennes sur le prix de l'uranium – auxquelles est associé le Gabon, second producteur dans le pré carré –, Diori est renversé. Bien des observateurs voient à l'époque une main française derrière ce coup d'État, à tort si l'on en croit les récents travaux de l'historien Klaas van Walraven [→ V.8].

Le régime de Brazzaville, issu de la révolution de 1963 [→ II.4] et dirigé par Marien Ngouabi depuis 1968, tente lui aussi de tirer un meilleur parti de son pétrole, dont l'exploitation par Elf-Erap démarre en février 1972. Bien que le marxisme de Ngouabi soit « bien tempéré », selon l'expression de l'ambassadeur de France à Brazzaville, les tractations pétrolières empoisonnent les relations franco-congolaises pendant plusieurs années, le P-DG d'Elf, Pierre Guillaumat, refusant de céder aux exigences fiscales du gouvernement congolais. Le contentieux trouve finalement une issue en mars 1977 : alors que des négociations entre Elf et des émissaires congolais sont en cours à Paris, Ngouabi est renversé et assassiné à Brazzaville. L'implication de la France, évidemment évoquée, n'a jamais jusqu'à ce jour pu être établie… ni démentie. Le nouveau pouvoir à Brazzaville, dont Denis Sassou Nguesso prend bientôt la tête, trouve en tout cas un arrangement avec le groupe pétrolier français. « Une ère d'apaisement s'ouvre dans les relations pétrolières franco-congolaises », notent Ferdinand Malonga et Samir Saul au terme d'une étude fouillée sur ces épisodes [→ V.2].

Voulant profiter de la redéfinition des relations franco-africaines, certains régimes africains soufflent alternativement le chaud et le froid. Jean-Bedel Bokassa, le « président à vie » de Centrafrique, qui s'octroie bientôt le titre de maréchal, puis celui d'empereur, ne cesse de faire appel à la France pour qu'elle renfloue les caisses de l'État, ruiné par sa gestion chaotique et ses extravagances financières. Lorsque le gouvernement français rechigne, l'autocrate se tourne vers d'autres créanciers – l'Afrique du Sud d'abord, la Libye ensuite – pour bien signifier que son allégeance n'est jamais acquise.

Plus grave est le cas du Tchad, dont le président François Tombalbaye est gagné par la paranoïa depuis que la France a, en 1972, retiré le corps expéditionnaire qui le protégeait des rebelles du Nord. Dans les semaines qui suivent l'invasion libyenne de la bande d'Aouzou en juin 1973, le régime tchadien lance une campagne contre Foccart. Surnommé « Dopélé » par le très gouvernemental *Canard déchaîné*, en référence à une variété de vautours, le « Monsieur Afrique » de l'Élysée est voué aux gémonies par des foules que la police laisse volontiers défiler dans les rues de la capitale Fort-Lamy, bientôt rebaptisée « Ndjamena » dans le cadre de la politique d'« authenticité » initiée par Tombalbaye.

Le 26 août 1973, l'opposant tchadien en exil Outel Bono, partisan d'une « troisième voie » entre le régime de Tombalbaye et les rebelles actifs dans le nord du pays, est assassiné, en plein jour, au cœur de Paris (rue de la Roquette). On sait aujourd'hui, grâce notamment aux investigations de Jean-Pierre Bat, que le meurtre a été organisé par la police politique du régime tchadien, dirigée par l'officier français Camille Gourvennec et son adjoint Pierre Galopin [→ p. 379]. Si le mystère demeure sur le degré d'implication des services spéciaux français, une chose est certaine : cet assassinat restera impuni. Gourvennec, rentré à Paris, meurt empoisonné peu après l'interpellation en 1978 de son homme de main : un dénommé Claude Bocquel, ancien CRS qui a grenouillé quelque temps dans l'entourage d'Omar Bongo et de Jean-Bedel Bokassa. Ce même Bocquel s'évapore, dans la foulée, sans laisser de trace… [→ V.3].

Rassembler la « famille »

Les relations franco-africaines sont, on le voit, marquées par de fortes turbulences au cours des années Pompidou. Certes, la très grande majorité des accords de coopération hérités des indépendances sont finalement reconduits et réaffirment les « relations spéciales » que la France entretient avec chacun de ses satellites africains. Mais les contentieux se multiplient entre ces derniers. L'Organisation commune africaine et malgache (OCAM), créée en 1965 pour rassembler la « famille » africaine de la France, se délite. La compagnie aérienne Air Afrique, qui associe depuis 1961 la plupart des anciennes colonies françaises d'Afrique subsaharienne, est minée par les rivalités intestines.

La France cherche donc de nouveaux instruments pour resserrer les rangs. Le premier est la francophonie, qui trouve sa concrétisation institutionnelle avec la création en mars 1970 de l'Agence de coopération culturelle et technique (ACCT). Ce projet, pour lequel le président-poète Senghor, agrégé de grammaire, milite depuis des années, trouve l'oreille favorable de son ami Pompidou, pour des raisons sans doute sentimentales, lui-même étant agrégé de lettres, mais surtout géostratégiques. Rien de tel que le ciment linguistique pour colmater les fissures politiques qui fragilisent le bloc franco-africain. Rien de tel également pour sceller des alliances avec les anciennes dépendances de la Belgique, pays lui-même membre fondateur de l'ACCT : le Burundi et le Rwanda, intégrés à l'organisation dès 1970, et l'ex-Congo belge, rebaptisé « Zaïre », qui la rejoint en 1977 [→ VI.9].

Réunion des chefs d'État d'Afrique francophone au palais de l'Élysée, autour du président Georges Pompidou et du Premier ministre Pierre Messmer, le 13 novembre 1973. On reconnaît Jean-Bedel Bokassa, Léopold Sédar Senghor, Hamani Diori, Félix Houphouët-Boigny, Sangoulé Lamizana et Albert-Bernard Bongo (auxquels s'ajoutent les représentants des ministères des Finances du Congo, du Dahomey, du Mali et du Togo). À droite : Jacques Foccart. © *AFP*

En plus des invitations personnelles à l'Élysée, qui flattent l'ego des autocrates protégés par la « patrie des droits de l'homme », Pompidou innove en enchaînant les visites officielles dans les anciennes colonies, rituel auquel n'a pas sacrifié de Gaulle (qui n'a jamais visité un État africain indépendant au cours de sa présidence[1]). Dans le sillage de sa grande « tournée » de février 1971, Pompidou se rend au Tchad et au Niger (janvier 1972), en Haute-Volta et au Togo (novembre 1972) puis à Djibouti et en Éthiopie

1. Après les indépendances, de Gaulle ne s'est rendu qu'une seule fois en Afrique : lors d'une escale en Côte française des Somalis (futur Djibouti) en août 1966 [→ V.1].

(janvier 1973). Mais sa principale innovation est l'invitation simultanée de toute la « famille » franco-africaine, à l'Élysée, en novembre 1973. Cette réunion, qui rappelle les conseils exécutifs de la Communauté organisés autour du général de Gaulle à la naissance de la Ve République, se transformera en rendez-vous annuel sous la présidence de Valéry Giscard d'Estaing. Mais les sourires et les photos officielles cachent mal les désaccords qui persistent en coulisse entre leaders africains… mais également entre responsables français. À mesure que la santé de Pompidou se dégrade, les voix hostiles à Foccart bruissent dans les couloirs de la République. L'homme de l'ombre de l'Élysée, par ailleurs patron informel du Service d'action civique (SAC), fait trop de grabuge en Afrique, dit-on, et continue d'intriguer dans les arrière-cuisines de la politique française. Fin 1973, le patron du SDECE Alexandre de Marenches, adversaire déclaré de Foccart, licencie sèchement le très foccartien Maurice Robert, le « Monsieur Afrique » du service, qui rejoint début 1974 le groupe Elf [→ III.4].

Jacques Foccart déjeune avec le président Mobutu et son épouse, dans un train, lors d'un séjour au Zaïre en 1971. © *AFP*

Au sein du parti gaulliste, l'Union des démocrates pour la République (UDR), qui se prépare discrètement à une élection présidentielle anticipée, nombreux sont ceux qui aimeraient également se débarrasser des puissants réseaux Foccart. Lorsque survient la mort de Pompidou, le 2 avril 1974, la « famille » gaulliste se déchire : tandis que Foccart et les barons gaullistes appuient la candidature de Jacques Chaban-Delmas, le jeune loup Jacques Chirac se rallie à celle du libéral Valéry Giscard d'Estaing. À peine élu, ce dernier démet le « fidèle » Foccart de ses fonctions et nomme le « traître » Chirac à Matignon.

La France giscardienne étend ses « chasses gardées » africaines

Valéry Giscard d'Estaing promet « l'Afrique aux Africains »

À peine élu, Valéry Giscard d'Estaing inaugure un rituel que l'on retrouvera désormais à chaque élection présidentielle : la mise en scène d'une « rupture » dans la continuité des politiques précédentes. « La France, souligne-t-il dans un discours lu au Sénat le 30 mai 1974, confirmera et accentuera la mission libérale de sa diplomatie, en soutenant partout dans le monde la cause de la liberté et du droit des peuples, je dis bien des peuples, à disposer d'eux-mêmes. Elle s'interdira toute vente d'armement qui serait contraire à l'exercice d'une telle mission. » Alors que Pompidou apparaissait en 1969 comme le fidèle successeur du général de Gaulle, « VGE » entend incarner une présidence jeune et décontractée, plus attentive aux préoccupations quotidiennes de ses compatriotes et plus respectueuse des aspirations de ses partenaires étrangers.

Comme l'indiquent le limogeage brutal de Jacques Foccart et la dissolution dans la foulée de son secrétariat général aux Affaires africaines et malgaches, la politique africaine de la France n'échappe pas à cette apparente cure de jouvence. Le calendrier des déplacements présidentiels à l'étranger en témoigne. C'est en Centrafrique que Giscard effectue en mars 1975 son premier voyage officiel hors de l'Hexagone, à l'occasion du sommet franco-africain de Bangui. Et les visites en Afrique s'enchaînent dans les semaines suivantes : Algérie en avril, Maroc en mai, Zaïre en août. Autant de destinations qu'aucun de ses prédécesseurs n'a jamais visitées.

Si les velléités de réconciliation avec l'Algérie tournent court, les relations franco-marocaines connaissent en revanche une spectaculaire embellie. Longtemps parasitées par les conséquences du rapt, en plein Paris, et de l'assassinat de l'opposant marocain Mehdi Ben Barka en 1965, ces relations se sont réchauffées sous Pompidou, grâce notamment à l'entregent du patron du SDECE, Alexandre de Marenches, intime du roi Hassan II. Avec VGE, elles se transforment en lune de miel. « Je me sens personnellement honoré, et pourquoi ne le dirais-je pas, un peu surpris que les enchaînements de l'Histoire me conduisent à être le premier président de la République française à rendre visite au Maroc indépendant et à son roi », lance-t-il en posant le pied sur le tarmac de l'aéroport de Rabat. Le souverain marocain, qui parlera bientôt du président français comme de son « copain Valéry », devient un des pivots de la politique africaine de Giscard.

En Afrique subsaharienne aussi le président français entend dépoussiérer la diplomatie tricolore. Désireux d'établir un contact direct avec ses homologues africains et prétextant que les anciennes puissances coloniales n'ont pas de jugement à porter sur les « traditions » de leurs anciennes possessions, il affiche sans complexe sa proximité avec les autocrates « amis », à commencer par le Centrafricain Jean-Bedel Bokassa et le Zaïrois Joseph-Désiré Mobutu. Les deux dictateurs, que le gaullisme officiel avait longtemps regardés avec scepticisme, bien qu'ils aient tous deux réussi à obtenir une invitation officielle à Paris juste avant la démission du général de Gaulle, deviennent des alliés de poids dans la géopolitique giscardienne au sud du Sahara. À ceux qui s'étonnent de sa proximité avec de tels personnages, VGE rétorque que la France respecte la souveraineté de ses partenaires et se refuse donc à s'ingérer dans leur politique intérieure. « L'Afrique aux Africains », clame-t-il. Croyant sans doute avoir inventé la formule, il en fait son slogan.

Mais derrière la rhétorique du renouvellement, c'est la continuité qui s'impose presque immédiatement. Conseillé sur ce dossier par René Journiac, qui fut le bras droit de Foccart pendant près de quinze ans [→ III.3], Valéry Giscard d'Estaing s'appuie sur l'héritage légué par ses prédécesseurs et approfondit dans les grandes lignes leur politique africaine. Nulle rupture, par exemple, avec les piliers de l'ordre franco-africain : Félix Houphouët-Boigny, Léopold Sédar Senghor et Albert-Bernard Bongo (devenu « Omar » suite à sa conversion à l'islam en 1973 et à l'adhésion du Gabon à l'OPEP en 1974). Tous trois participent immuablement aux sommets France-Afrique, désormais institutionnalisés, qui réunissent chaque année la « famille » franco-africaine. Tous trois accueillent le président français dans leur pays respectif avec un faste qui fait l'admiration des journalistes hexagonaux. Tous trois offrent activement leur concours à la politique française en Afrique, dans ses versants aussi bien officiels qu'officieux. Bref, sous prétexte de « respecter l'Afrique », Giscard soutient les tyrans qui souhaitent collaborer avec la France et les laisse en échange martyriser leur peuple impunément. C'est à ces Africains-là que renvoie son slogan.

Un rapide détour biographique aide à comprendre l'incapacité du nouveau président à rompre avec la politique finalement très coloniale de la France en Afrique. Loin d'être un homme nouveau, VGE est un pur produit de la tradition impériale française : son grand-père maternel Jacques

Bardoux, parlementaire et membre de l'Académie des sciences coloniales, et son père Edmond Giscard d'Estaing, patron de la puissante Société financière pour la France et l'outre-mer (Soffo), figurent parmi les plus éminents représentants du « lobby colonial » [→ p. 22].

La triple tradition coloniale, politique et entrepreneuriale de la famille Giscard d'Estaing se retrouve dans la génération suivante. Pendant que Valéry succède en 1956 à son grand-père comme député du Puy-de-Dôme et enchaîne les postes ministériels entre 1959 et 1974, comme secrétaire d'État puis ministre des Finances, ses cousins accèdent à d'importantes positions dans divers secteurs stratégiques. François Giscard d'Estaing, dont il est très proche, passe ainsi de la Banque centrale des États de l'Afrique équatoriale et du Cameroun (BCEAEC) à la Banque française du commerce extérieur (BFCE) après avoir un temps servi de conseiller au président tchadien Tombalbaye. Jacques Giscard d'Estaing, directeur financier du Commissariat à l'énergie atomique (CEA), connaît intimement les questions nucléaires africaines : il préside à partir de 1975 la Société des mines de l'Aïr au Niger (Somaïr). Quant à Philippe Giscard d'Estaing, il occupe de hautes fonctions dans le groupe Thomson-CSF, qui profite à plein de l'explosion du commerce des armes, en Afrique comme ailleurs (il deviendra P-DG de Thomson-CSF International en 1980).

Introduit par ses cousins dans les arcanes de l'économie néocoloniale, Valéry se passionne également pour l'Afrique à travers une autre passion : la chasse. Ce hobby à première vue anecdotique façonne en réalité son appréhension des réalités africaines. Ayant découvert la chasse aux fauves au Mozambique en 1969, ce qui lui attire d'ailleurs des critiques virulentes des leaders anticolonialistes en lutte contre l'armée portugaise, celui qui n'est alors que ministre de l'Économie enchaîne les safaris au sud du Sahara dans les années suivantes. Au cours de ses séjours, il sympathise avec d'importantes personnalités, à l'instar de Jean-Bedel Bokassa, et « découvre » une Afrique qui fleure bon le cliché colonial, comme on peut le constater dans les ouvrages qu'il signera dans les années suivantes. Une Afrique éternelle et sauvage, où l'homme blanc vient prélever quelques trophées exotiques et jouir, « loin du bruit du monde », selon le titre de son cinquième roman, d'un repos mérité.

Cette dévorante passion cynégétique, à laquelle Jean-Jacques Barloy et Françoise Gaujour consacrent un livre dès 1977 (*Un chasseur nommé Giscard. Essai de psychologie féodale*), continue de jouer un rôle non négligeable dans la diplomatie africaine de VGE après son arrivée à l'Élysée. Du Sénégal au Gabon, du Zaïre à la Centrafrique, chacun de ses déplacements au sud du Sahara est l'occasion pour le président français de s'extraire quelques jours de ses lourdes obligations pour traquer l'éléphant, l'antilope et autre buffle nain. « Laissez Giscard chasser partout, raison d'État », avait ordonné le président Senghor dès 1971, selon les propos rapportés dix ans plus tard dans *Les Dossiers du Canard.*

Paris aux avant-postes de la « guerre fraîche »

La vraie nouveauté, au milieu des années 1970, émane du contexte international. Fragilisés par leur défaite militaire au Vietnam en 1973 et par le scandale du Watergate l'année suivante, les États-Unis traversent alors un passage à vide. Le président Richard Nixon démissionne en août 1974. Subissant de virulentes critiques, le département d'État, les hiérarchies militaires et les services secrets sont soumis à un contrôle plus étroit. Élu fin 1976, le président Jimmy Carter place sa diplomatie sous le signe du « respect des droits humains », de quoi horrifier les autocrates africains (dont les pro-occidentaux continuent cependant de recevoir l'aide des États-Unis).

La crise de la politique étrangère américaine n'est pas sans conséquence sur le continent africain, qui connaît au même moment un bouleversement majeur, consécutif à la « révolution des Œillets » en avril 1974 : la chute du régime portugais entraîne le démantèlement de son Empire africain. La Guinée-Bissau, le Cap-Vert, l'Angola et le Mozambique accèdent enfin à la souveraineté internationale. Une souveraineté cependant remise en cause par la résurgence de la guerre froide sur le continent africain et par la ruée des puissances internationales sur ses gisements de pétrole (dont l'Angola est particulièrement bien doté).

En Angola et au Mozambique, les mouvements de libération rivaux, jadis coalisés contre l'adversaire portugais, se disputent désormais le contrôle de leurs pays respectifs. Les guerres anticoloniales se transforment en guerres civiles, derrière lesquelles se profile l'affrontement Est-Ouest. Pendant que Cuba envoie des dizaines de milliers de soldats pour seconder le Mouvement populaire de libération de l'Angola (MPLA) et le Front de libération du Mozambique (Frelimo), les pays occidentaux soutiennent l'Union nationale pour l'indépendance totale de l'Angola (Unita) et le mouvement de Résistance nationale mozambicaine (Renamo). L'Afrique du Sud, qui occupe la Namibie et contrôle indirectement les anciens protectorats britanniques du Lesotho, du Swaziland et du Botswana, ainsi que le Malawi, devient plus stratégique que jamais : le régime d'apartheid est perçu dans les capitales occidentales comme le rempart du « monde libre » face à la poussée communiste en Afrique.

La « guerre fraîche », comme les analystes surnomment cette période, infléchit la politique africaine de la France dans un sens plus atlantiste. Moins hostile aux Américains que ne l'étaient ses prédécesseurs gaullistes, Valéry Giscard d'Estaing affiche un engagement sans faille aux côtés des mouvements anticommunistes africains. Il est encouragé dans cette voie par le patron du SDECE, Alexandre de Marenches, qui milite sans relâche pour faire de la France l'étendard de l'Occident en Afrique. L'Unita, qui reçoit déjà l'appui des États-Unis et de l'Afrique du Sud, est la première bénéficiaire de cette politique. Son chef Jonas Savimbi rencontre le secrétaire général de l'Élysée Claude Pierre-Brossolette dès 1975 et reçoit de la France quantité de matériel militaire ainsi qu'une importante assistance logistique. Admiratif du combat de Savimbi, qu'il décrit comme un « de Gaulle africain », Marenches va jusqu'à accueillir le chef rebelle au siège du SDECE, boulevard Mortier, et à lui rendre personnellement visite dans son maquis angolais [→ III.3].

Malgré les critiques, la France poursuit en parallèle sa collaboration avec le régime sud-africain, comme en témoigne la signature d'importants contrats industriels. En mai 1976, la Franco-américaine de constructions atomiques (Framatome) signe un contrat de six milliards de francs pour construire la première centrale nucléaire sud-africaine à Koeberg, près du Cap, avec un accompagnement financier d'un consortium bancaire dirigé par le Crédit lyonnais (le contrat porte également sur la livraison d'importantes quantités d'uranium à la France).

La répression des « émeutes de Soweto » par la police sud-africaine, qui fait plusieurs centaines de morts en juin 1976, oblige les dirigeants français à faire évoluer leur discours. En visite au Gabon en août 1976, VGE souligne dans un communiqué conjoint avec Omar Bongo son « hostilité fondamentale à l'apartheid ». Au Mali en février 1977, il annonce la suspension des ventes d'armes françaises à Pretoria. Le ministre des Affaires étrangères Louis de Guiringaud, ancien représentant de la France à l'ONU, enchaîne quant à lui les visites de courtoisie dans les pays africains les plus hostiles au régime d'apartheid (Zambie, Tanzanie, Nigeria, Kenya). En novembre 1977, la France vote la résolution 418 imposant pour la première fois un embargo contraignant sur la livraison d'armes à l'Afrique du Sud. D'autres résolutions, qui visaient à sanctionner la coopération économique et nucléaire avec le régime d'apartheid, sont mises en échec par les puissances occidentales.

Ce boycott partiel ne met pas fin à l'apartheid, tant s'en faut, ni même à la collaboration franco-sud-africaine en matière militaire. Les licences vendues dans les années précédentes par les partenaires étrangers de l'Afrique du Sud, en particulier par la France, permettent au régime d'apartheid de produire localement une bonne partie des armes dont il a besoin pour réprimer les militants de l'African National Congress (ANC) et intensifier ses opérations militaires contre les mouvements anticolonialistes des pays environnants. « Ce sont les armes françaises qui tuent en Afrique du Sud, en Rhodésie et en Namibie », rappelle le sénateur communiste Serge Boucheny qui interpelle Louis de Guiringaud au palais du Luxembourg, en juin 1978. Et c'est grâce au soutien français, poursuit-il, que Pretoria intervient en Angola et au Mozambique.

Pour compléter son arsenal militaire, Pretoria met sur pied un circuit clandestin dont l'épicentre mondial n'est autre que l'ambassade d'Afrique du Sud à Paris, construite en 1974 en bord de Seine (59, quai d'Orsay), à deux pas du ministère français des Affaires étrangères. Une trentaine d'agents d'Armscor, l'organisme public sud-africain chargé des programmes d'armement, s'installent secrètement au dernier étage du bâtiment. « Leur mission était d'acheter des armes auprès d'entreprises d'armement et d'intermédiaires venus de toute l'Europe occidentale – du matériel qui alimentait la machine de guerre de l'apartheid, explique Hennie van Vuuren en 2017 dans le journal sud-africain *Daily Maverick*. Tout au long des années 1970 et 1980, les allées et venues de ces agents à l'ambassade étaient parfaitement connues des services français du renseignement. » La France peut ainsi violer tranquillement la résolution 418 qu'elle vient pourtant de voter.

La France comme « gendarme de l'Afrique »

Les protestations internationales, qui portent aussi bien sur le soutien occidental au régime d'apartheid que sur les ingérences internationales dans les anciennes colonies portugaises, incitent les dirigeants français à recourir à des moyens d'action discrets, voire clandestins. En mobilisant ses services secrets et les régimes africains « amis », Paris cherche à camoufler autant que possible la part la moins avouable de sa politique africaine. Le SDECE, dont le service Action s'étoffe sensiblement au milieu des années 1970, prend durant cette période une part de plus en plus active dans la définition comme dans la mise en œuvre de la politique africaine de la France [→ III.3]. Les régimes « amis » jouent également un rôle important, offrant à la politique française un commode paravent africain.

Houphouët-Boigny, qui n'a pas abandonné son idée de « dialogue » avec les régimes racistes d'Afrique australe malgré les condamnations répétées de l'OUA, et qui entend peser sur le destin des ex-possessions portugaises, demeure un pilier essentiel sur l'échiquier continental de la France. Le Maroc de Hassan II et le Zaïre de Mobutu ne sont pas en reste. Tous soutiennent par exemple Jonas Savimbi dans ses efforts pour arracher l'Angola à la domination des marxistes du MPLA, épaulés par les Cubains.

Le Gabon joue un rôle plus stratégique encore. Idéalement situé, jouissant désormais d'une immense rente pétrolière et devenu la plaque tournante du mercenariat français en Afrique à la faveur de la guerre du

Biafra, le pays d'Omar Bongo s'impose comme une plateforme incontournable de la politique française en Afrique centrale et australe. C'est là que s'installent le mercenaire français Bob Denard et nombre des « affreux » qui ont écumé l'Afrique dans les années 1960. En semi-retraite dans la première moitié des années 1970, ces mercenaires se sont recyclés dans la Garde présidentielle gabonaise, dans des entreprises privées de sécurité ou dans des sociétés aériennes. Autant de couvertures qui leur permettent d'honorer quelques contrats pour le régime de Ian Smith, aux prises avec un embargo international et avec deux mouvements insurrectionnels : l'Union populaire africaine du Zimbabwe (ZAPU) de Joshua Nkomo et l'Union nationale africaine du Zimbabwe (ZANU) dirigée par Robert Mugabe.

À la faveur du nouveau contexte international, les mercenaires tricolores débordent de sollicitations dans la seconde moitié des années 1970. Ils sont naturellement envoyés en Angola, pour seconder les troupes de l'Unita. On les croise dans la riche enclave pétrolière du Cabinda, annexée par l'Angola, que le SDECE, le groupe Elf et les alliés africains de la France ambitionnent de rattacher à la sphère d'influence française. Et on les retrouve aux Comores après l'accession (partielle) de l'archipel à l'indépendance en 1975. Pièce importante de la géostratégie française sur la façade orientale de l'Afrique depuis le retrait de l'armée française de Madagascar, l'archipel comorien devient le paradis de Bob Denard et un relais utile pour contourner l'embargo qui frappe l'Afrique du Sud [→ III.4].

L'activisme des mercenaires français ne manque pas de provoquer de vives protestations. Les mouvements de libération africains, comme les médias anglo-saxons, évidemment conscients que ces « soldats de fortune » agissent sur ordre, pointent du doigt la France et ses alliés africains. La tâche leur est du reste facilitée par les « affreux » eux-mêmes qui, quand ils ne narrent pas leurs « exploits » dans la presse, laissent parfois des traces compromettantes. C'est le cas en janvier 1977, à l'occasion d'un putsch manqué contre le président Kérékou au Bénin : contraints de se replier dans la précipitation, Bob Denard et sa troupe oublient sur place des documents qui incriminent directement leurs commanditaires, Omar Bongo et Hassan II…

Parallèlement aux actions « clandestines » grâce auxquelles la France tente de déstabiliser les « régimes hostiles » et de pénétrer les « zones d'influence » rivales, Paris multiplie les opérations militaires – pas du tout secrètes, celles-là – sous prétexte de protéger les pays amis contre les ingérences extérieures. « Je ne veux pas que les États africains amis de la France, lorsqu'ils sont à l'intérieur de leurs droits et lorsque leur sécurité est menacée, se sentent abandonnés, justifie le président de la République en conférence de presse en avril 1977. Ils ne seront pas abandonnés. »

En s'appuyant sur le maillage militaire hérité de la décennie précédente et en développant ses dispositifs de « projection » depuis l'ex-métropole, la France giscardienne se transforme en « gendarme occidental » de l'Afrique, argument commode pour défendre ses « chasses gardées ».

Ainsi commencent à se multiplier les opérations extérieures (opex) d'ampleur. L'opération Lamantin (décembre 1977-mai 1980), montée grâce à l'appui du Maroc et du Sénégal, sert officiellement à aider le gouvernement mauritanien à repousser les intrusions des combattants sahraouis du Front Polisario, soutenus par l'Algérie [→ III.1]. Au Tchad, l'opération Tacaud (février 1978-mai 1980) permet de repousser les rebelles du Frolinat, soutenus par la Libye [→ IV.5]. Quant aux opérations Mazurka, Verveine et Bonite (1977-1978), réalisées pour partie en coordination avec le Maroc et les États-Unis, elles sauvent le régime de Mobutu menacé par une rébellion dans la riche province du Shaba (ex-Katanga), décrite dans la presse française comme le « coffre-fort de l'Afrique centrale ». L'argument massue est alors de faire rempart face au bloc de l'Est, dont ce groupe armé ne serait qu'un faux nez : une thèse aujourd'hui mise à mal par les archives militaires mais qui permet à l'époque de justifier le sauvetage de Mobutu [→ III.5].

Les « amis » africains, acteurs clés de la vie politique française

Entre les élections législatives de mars 1978 et l'élection présidentielle d'avril 1981, la politique africaine devient pour la première fois depuis vingt ans un sujet d'importance pour les médias et un enjeu majeur de politique intérieure française.

Le visionnage des journaux télévisés qui suivent l'intervention des parachutistes français à Kolwezi (opération Bonite) en mai 1978 permet de saisir le changement d'ambiance. L'Afrique qui, dit-on, « n'intéresse personne », occupe pendant plusieurs jours le devant de la scène. L'« héroïsme » des bérets verts de la Légion étrangère, partis délivrer les centaines de coopérants européens pris en otage par les rebelles au Shaba, se mêle sur les écrans à l'« émotion » des envoyés spéciaux qui filment en gros plan les cadavres des Blancs massacrés dans les rues de Kolwezi. Le sujet prend d'autant plus d'importance que l'opération militaire se déroule alors même que s'ouvre à Versailles un nouveau sommet franco-africain. Le général Mobutu, interrogé le 22 mai dans son hélicoptère au-dessus du Shaba, débarque le lendemain au château de Louis XIV en tenue militaire…

Alors que les soldats français sont simultanément engagés en Mauritanie, au Tchad et au Zaïre, les dossiers africains deviennent un enjeu de politique intérieure. La France n'a pas d'autre choix que de porter assistance à ses ressortissants lorsqu'ils sont menacés, reconnaît François Mitterrand, alors premier secrétaire du Parti socialiste. Mais « lorsque le gouvernement français prend le risque de développer des assistances militaires, de soutenir militairement ou techniquement, de façon outrancière, les pouvoirs établis, ce gouvernement expose ses ressortissants à subir les contrecoups des événements intérieurs », ajoute-t-il. Pourquoi, en « détournant de leur sens les accords de coopération », s'obstine-t-on à « maintenir debout des régimes dont les peuples ne veulent plus » ? s'interroge pour sa part Lionel Jospin, secrétaire national du PS chargé des questions du tiers-monde. Aussi débat-on pendant quelques jours, à la télévision et au Parlement, de graves questions que personne n'avait vraiment posées depuis la « décolonisation ».

Sékou Touré se lâche contre François Mitterrand

Si les « affaires africaines » s'invitent dans la vie politique française, c'est aussi que les chefs d'État d'Afrique francophone sont pour la plupart de fins connaisseurs des jeux politiciens hexagonaux. Et pour cause : nombre d'entre eux ont siégé au Parlement français, voire dans le gouvernement, avant les indépendances. Difficile par exemple d'analyser les relations franco-ivoiriennes ou franco-sénégalaises si l'on oublie qu'Houphouët et Senghor sont d'anciens ministres français. Impossible également de comprendre l'évolution de la diplomatie franco-guinéenne si l'on ignore les relations qu'entretiennent Ahmed Sékou Touré et François Mitterrand depuis l'époque où, tous deux députés de la IVe République, ils appartenaient au groupe parlementaire UDSR-RDA [→ I.7].

Sékou Touré, ennemi intime du général de Gaulle en Afrique à partir de 1958, et Mitterrand, qui s'impose comme le leader de l'opposition française à la faveur de l'élection présidentielle de 1965, entretiennent les meilleures relations jusqu'au milieu des années 1970. Cette amitié ancienne, forgée sur les bancs de l'Assemblée nationale dans les années 1950, se prolonge à l'époque du gaullisme triomphant, Mitterrand se rendant même à Conakry à deux reprises, en 1962 et en 1972, pour saluer son camarade guinéen.

Mais les choses se gâtent après la victoire de Giscard d'Estaing sur Mitterrand au second tour de la présidentielle de 1974. Sékou Touré, qui rêve depuis longtemps de se rapprocher de Paris, accepte la main tendue par le nouveau président : les relations diplomatiques franco-guinéennes sont rétablies en juillet 1975 et, pour preuve de sa bonne foi, le gouvernement de Jacques Chirac fait interdire le livre d'un coopérant français qui vient de passer plus de quatre ans dans les geôles guinéennes pour un prétendu « complot » [→ p. 451]. Alors que les organisations de défense de droits humains alertent depuis des années sur la situation en Guinée, où la torture et l'assassinat politique sont monnaie courante, la frange tiers-mondiste du Parti socialiste se saisit du dossier guinéen. Voulant prendre Giscard à revers, les « gauchistes » du PS mettent Mitterrand en porte-à-faux.

Car Sékou Touré, se croyant trahi par son vieil ami, lance une violente campagne contre le leader socialiste français. Tout y passe : les anciennes compromissions de Mitterrand avec le colonialisme, sa prétendue appartenance à la franc-maçonnerie, ses amitiés israéliennes… Fin connaisseur des mœurs politiques franco-africaines, Sékou Touré évoque également le financement des campagnes électorales. « Mitterrand fera financer par Houphouët ses prochaines élections en France », jure-t-il dans un discours-fleuve diffusée le 10 juin 1977 à la radio guinéenne. L'accusation passe cependant inaperçue au milieu de la logorrhée de Sékou Touré qui, entre autres noms d'oiseaux, qualifie le PS de « Parti de la souillure » et compare sa direction aux « émules de Hitler ».

Savourant sa victoire, Giscard d'Estaing accepte sans déplaisir l'invitation de Sékou Touré en Guinée. Au cours de cette visite officielle, en décembre 1978, le président français prend des accents tiers-mondistes. « Il n'y a pas trace d'impérialisme en France », jure-t-il devant les 60 000 personnes rassemblées en son honneur dans le stade de Conakry, avant de leur promettre de ne jamais s'ingérer dans les affaires intérieures guinéennes. Pied de nez évident à son adversaire socialiste. Mais pied de nez également à ses rivaux gaullistes, qui n'ont pas oublié l'affront historique que la Guinée a infligé à leur héros vingt ans plus tôt en refusant d'intégrer la Communauté française [→ II.3].

Au Gabon, le gaullisme en eaux troubles

Comme le laisse entendre Sékou Touré, le financement des campagnes électorales est une des principales raisons de l'immixtion des affaires africaines dans la vie politique hexagonale. Dans son *Journal de l'Élysée*, Jacques Foccart évoque presque naturellement les « enveloppes » transmises par Houphouët-Boigny, par exemple, à l'intention des organisations gaullistes. Alors que le financement de la vie politique n'est à l'époque encadré par aucune loi, la tentation est grande pour les formations politiques françaises, censées vivre des seules cotisations de leurs membres, de solliciter le discret soutien des « amis » africains [→ IV.3].

Au cœur du système : le Gabon. Profitant de l'augmentation de sa production pétrolière, qui passe de 5 à 11 millions de tonnes entre 1969 et 1977, et de l'envolée des prix du baril, qui grimpe de 14 à 35 dollars entre 1978 et 1981, le président Omar Bongo et la direction du groupe Elf amassent un gigantesque trésor de guerre qui leur permet, conjointement ou séparément, d'arroser la scène politique hexagonale. Ainsi naît ce que l'on appellera plus tard le « système Elf » [→ IV.4].

Dans les mois qui suivent l'élection présidentielle de 1974, les choses paraissent simples. Avec Giscard à l'Élysée et Chirac à Matignon, les querelles intestines au sein de la droite française semblent se dissiper. Mais cette illusion s'évapore avec la démission fracassante du Premier ministre le 25 août 1976 (quelques jours d'ailleurs après le retour de VGE d'un voyage au Gabon). La guerre entre le libéral Giscard et le néogaulliste Chirac est ouverte. Jacques Foccart, limogé par le premier en 1974, finit par se rapprocher du second et de son nouveau parti, le Rassemblement pour la République (RPR) [→ III.3].

Un ralliement de poids pour Chirac, car l'homme de l'ombre du gaullisme continue d'entretenir de précieuses relations sur le continent africain, malgré sa mise en « retraite » forcée. « Les "valises de billets" en provenance d'Afrique, et tout particulièrement du Gabon, transitent par Foccart qui les fait remettre à qui de droit au sein du parti gaulliste, note son biographe Frédéric Turpin. Son départ de l'Élysée ne semble pas tarir la manne financière. » Certes, note l'historien, Foccart n'a pas le monopole des relations avec la présidence gabonaise, que fréquentent un grand nombre de personnalités françaises. Mais l'ancien conseiller du général de Gaulle est depuis longtemps en position dominante.

Au Gabon, Foccart peut notamment compter sur deux amis fidèles : Maurice Delauney, qui passe en 1979 de l'ambassade de France à Libreville à la direction de la Compagnie des mines d'uranium de Franceville (Comuf), et Maurice Robert qui, après avoir servi successivement de « Monsieur Afrique » au SDECE et de « chargé de mission » au sein du groupe Elf, remplace le précédent comme… ambassadeur de France au Gabon ! Ces deux piliers des réseaux Foccart s'appuient sur toute une galaxie de gros bras et de barbouzes, comme l'ancien légionnaire Louis Martin, le mercenaire Bob Denard, le patron du SAC Pierre Debizet ou le conseiller spécial Philippe Lettéron, qui occupent diverses fonctions rattachées à la présidence du Gabon.

Généreusement financé par l'argent du pétrole, le « clan des Gabonais », comme le nommera le journaliste Pierre Péan, rend de menus services au président Bongo, lorsque celui-ci souhaite se débarrasser d'un opposant politique ou de quelque amant de sa femme Joséphine, comme le racontera le même Péan dans son livre *Affaires africaines* [→ IV, introduction].

La dérive affairiste et mafieuse du Gabon alimente les rumeurs entourant les disparitions inexpliquées qui se multiplient dans le pays au tournant des années 1980. Par exemple celle de Robert Bossard, un entrepreneur français installé de longue date à Libreville, mort avec sa femme dans un attentat à la voiture piégée le 21 juin 1979. Chef d'une entreprise baptisée « Diesel-Gabon » et représentant des expatriés français au Gabon, ce membre éminent du RPR participait à de curieux arrangements électoraux à la veille des législatives françaises de 1978 [→ p. 404]. L'inspecteur chargé de l'enquête Charles Pellegrini ajoute une précision importante dans son livre *Flic de conviction*, publié vingt ans plus tard : Bossard était impliqué dans des trafics d'armes clandestins à destination de l'Afrique du Sud et de la Rhodésie du Sud.

Alors que les meurtres sans mobile s'enchaînent au Gabon à cette période, d'autres morts suspectes attirent l'attention. Celle par exemple de Robert Boulin, ministre français du Travail, retrouvé mort dans cinquante centimètres d'eau, dans un étang de la forêt de Rambouillet (Yvelines), le 30 octobre 1979. La version officielle du « suicide par noyade » sera remise en cause par plusieurs contre-enquêtes journalistiques dans les années 2000. Adversaire de Chirac au sein du RPR, Boulin menaçait, semble-t-il, de dévoiler certains dossiers liés au financement occulte des partis en lien avec le Gabon. C'est en tout cas ce qu'affirme un témoin qui a participé aux côtés du SAC à une opération de destruction des archives du ministre décédé. Un membre de l'entourage de Boulin, Patrice Blank, qui a joué un rôle trouble lors de la disparition de l'homme politique, était par ailleurs membre du conseil d'administration de la banque occulte d'Elf et du Gabon, la FIBA [→ IV.4]. Il était notamment lié au financement du putsch manqué au Bénin, en 1977, avec Bob Denard. Autant dire que Boulin, passé par des ministères clés comme le Budget ou les Finances, avait autour de lui des personnes étroitement liées aux intérêts qu'il menaçait de dénoncer.

Le fait que le corps de Boulin ait été retrouvé non loin de la maison de René Journiac dans la commune de Gambaiseuil, renforce encore le mystère sur les intentions réelles du ministre. Trois mois plus tard, le 6 février 1980, ce même Journiac, successeur de Jacques Foccart à l'Élysée, trouve la mort dans un crash aérien au nord du Cameroun. Rien jusqu'à aujourd'hui ne laisse penser à un assassinat. Mais quand on sait qu'il rentrait du Gabon dans un avion prêté par Omar Bongo, on est forcément tenté de mettre des guillemets au mot « accident ».

L'Empire centrafricain engloutit les rêves giscardiens

Plus que le Gabon, c'est la Centrafrique qui aimante les regards au terme du septennat de Giscard. Après son élection en 1974, ce dernier a fait de ce pays et de son chef d'État, Jean-Bedel Bokassa, les symboles de sa politique africaine. Plusieurs raisons à cela. D'abord les relations parfois conflictuelles qu'entretenait le pouvoir gaulliste avec le potentat centrafricain, à la fois notoirement instable et pathologiquement francophile [→ p. 296]. « Moi, je suis français », déclare-t-il fièrement lors de sa visite en France en 1969, obligeant Foccart, comme il le raconte dans son *Journal*, à « faire couper par l'AFP » cette ambivalente « proclamation ». Les excentricités de Bokassa, qui déstabilisaient de Gaulle, enchantent à l'inverse Giscard d'Estaing, qui semble voir dans ce « roi nègre » aux allures carnavalesques l'incarnation typique de l'« authenticité africaine ».

D'autres raisons expliquent l'étonnante proximité entre les deux hommes. La mine d'uranium de Bakouma au sud-est de la Centrafrique, découverte par le CEA en 1949, en fait sans doute partie. Bien qu'abandonné en 1971, car non rentable, ce gisement reste potentiellement stratégique pour la France (il sera racheté dans les années 2000 par la société Uramin [→ p. 877]). Il faut également noter, sur un plan plus personnel, que la Centrafrique est la destination favorite du chasseur Giscard d'Estaing. Bokassa en est tellement flatté qu'il attribue aux Giscard d'Estaing, en la personne du cousin François, et à quelques-uns de leurs amis safaristes, un territoire de chasse de 700 000 hectares, soit la superficie du Finistère, entre les villes de Rafaï et Zemio.

Tous ces éléments contribuent à expliquer la grande familiarité qui s'instaure entre Giscard et Bokassa, lesquels se donnent du « cher parent » et s'invitent mutuellement, au palais de l'Élysée pour l'un, dans l'une de ses sept luxueuses propriétés françaises pour l'autre.

Lorsque le chef de l'État centrafricain, qui cumule déjà les titres de « maréchal » et de « président à vie », annonce en 1976 sa décision de devenir « empereur », le gouvernement français ne stigmatise aucunement cette folie des grandeurs. Il l'encourage au contraire en finançant le sacre impérial sur le budget de la Coopération et grâce à des prêts généreux de la BFCE (présidée par l'incontournable cousin François). Le ministre de la Coopération Robert Galley justifie par avance la débauche de luxe qui se déverse sur la capitale centrafricaine. « Je trouve anormal, et cela s'apparente à du racisme, de critiquer ce qui va se passer à Bangui, et dans le même temps de trouver très bien une cérémonie du jubilé de la reine en Grande-Bretagne », déclare-t-il quelques heures avant de rallier la Centrafrique pour représenter officiellement la France lors des festivités.

« Notre propos ici n'est pas de juger mais de vous montrer, explique obligeamment Patrick Poivre d'Arvor, présentateur du journal d'Antenne 2, au lendemain de la cérémonie qui se déroule le 4 décembre 1977. Et je crois que le spectacle, avec tout le recul que nous pouvons y introduire vu de France, en vaut la peine. » À tel point que la chaîne a envoyé pas moins de sept équipes de tournage à Bangui pour immortaliser l'événement. Imitant le sacre de Napoléon, Bokassa Ier place lui-même la lourde couronne impériale, truffée d'or et de diamants, sur sa tête. Puis sa femme s'agenouille devant lui, comme jadis l'impératrice Joséphine, pour être couronnée à son tour.

Sacre de l'empereur Bokassa Ier, à Bangui, le 4 décembre 1977. *© Pierre Guillaud via AFP*

« Le gouvernement français n'a pas lésiné, note le journaliste Claude Wauthier. Il a accordé au gouvernement centrafricain les prêts et aux fournisseurs les garanties nécessaires : une bonne soixantaine de Mercedes neuves ont été amenées du Cameroun, et l'essence a été transportée par avion de Paris à Bangui. » Le tout sans parler des chevaux amenés spécialement de Normandie, du carrosse fait de bronze et d'or massif, des 10 000 pièces d'orfèvrerie, des 5 200 uniformes d'apparat, des 600 smokings, des 40 000 bouteilles de vin (de Bourgogne, de Bordeaux, d'Alsace), des 24 000 bouteilles de champagne, des tonnes de fleurs, etc. Pour égayer le tout, Paris a également dépêché sur place la fanfare des troupes de marine, qui exécute devant les 3 500 invités venus de quarante-trois pays les ritournelles favorites de l'ancien bidasse de l'armée coloniale désormais coiffé d'une couronne impériale : « Lucien tu n'auras pas ma rose » et « Tiens, voilà du boudin ».

Particulièrement chaleureuses, on le voit, les relations franco-centrafricaines se dégradent pourtant brutalement au début de l'année 1979, lorsque la presse fait état d'exactions commises par le régime de Bokassa contre des lycéens. Subitement, VGE comprend qu'il lui sera difficile de protéger plus longtemps un « empereur » qui torture et massacre impunément son peuple. Pire : le sang versé en Centrafrique risque d'éclabousser sa présidence. Le respect dû aux « traditions africaines » commence à toucher ses limites… et cela d'autant plus que le maître de Bangui, fort peu reconnaissant, se rapproche dangereusement du colonel Kadhafi.

Décision est donc prise de remplacer Bokassa. Et puisque celui-ci refuse de quitter le pouvoir, comme l'Élysée le lui demande discrètement, on l'y oblige. Profitant de l'absence de l'empereur, en visite en Libye, l'Élysée lance deux opérations jumelées sur Bangui : l'une menée par le SDECE (opération Caban), l'autre par l'armée régulière (opération Barracuda). L'ancien chef de l'État David Dacko, arrivé dans les avions français avec la première, retrouve par « miracle » son siège présidentiel et demande officiellement le déclenchement de la seconde… au titre de l'accord de défense qui lie la Centrafrique à Paris !

L'histoire ne s'arrête pas là. Le 10 octobre 1979, *Le Canard enchaîné* publie une note signée par Bokassa datant de 1973 : elle atteste que VGE, simple ministre de l'Économie à l'époque, a reçu des diamants à l'occasion d'un de ses safaris centrafricains. Les cousins du président, François et Jacques, ont reçu leur part, ajoute l'hebdomadaire. Ainsi commence l'« affaire des diamants » qui fait les choux gras de la presse pendant plusieurs mois. L'empereur déchu, exilé en Côte d'Ivoire, se venge. Les socialistes se régalent et les gaullistes s'amusent. Et quand vient le temps des affiches électorales, à l'approche de la présidentielle de 1981, des mains anonymes apposent sur celles du président sortant des autocollants en forme de diamants qui, par luminescence, réfléchissent, la nuit, les phares des automobiles. Une idée brillante des hommes de Jacques Foccart.

Repères bibliographiques

Matthieu Auzanneau, *Or noir. La grande histoire du pétrole*, La Découverte, Paris, 2015.

Daniel Bach, « La politique africaine de Valéry Giscard d'Estaing : contraintes historiques et nouveaux espaces économiques », *Travaux et documents*, n° 6, Centre d'étude d'Afrique noire, 1984.

Daniel Bach, *La France et l'Afrique du Sud. Histoire, mythes et enjeux contemporains*, Karthala, Paris, 2000.

Jean-Pierre BAT, *Les Réseaux Foccart. L'homme des affaires secrètes*, Nouveau Monde, Paris, 2018.

Jean-Pierre BAT, « Les diamants (de Bokassa) sont éternels. "Pré carré" et guerre fraîche : la fabrique de la Françafrique », *Afrique contemporaine*, vol. 2, n° 246, 2013.

Jean-Pierre BAT, « Meurtre en Françafrique : l'assassinat d'Outel Bono », *in* Jean-Marc BERLIÈRE, *Les Grandes Affaires criminelles*, Perrin, Paris, 2020.

Françoise BLUM, *Révolutions africaines. Congo, Sénégal, Madagascar (années 1960-1970)*, Presses universitaires de Rennes, Rennes, 2014.

Éric BUSSIÈRE (dir.), *Georges Pompidou face à la mutation économique de l'Occident, 1969-1974*, Presses universitaires de France, Paris, 2003.

Géraldine FAES et Stephen SMITH, *Bokassa Ier. Un empereur français*, Calmann-Lévy, Paris, 2000.

Éric GERDAN, *A comme armes*, Alain Moreau, Paris, 1975.

« Giscard, la monarchie contrariée », *Les Dossiers du Canard*, n° 1, avril 1981.

Jean-Paul HÉBERT, « Le commerce des armes : le minimum mortel pour tous », *Hommes et libertés*, n° 25, 1982.

Gabrielle HECHT, *Uranium africain, une histoire globale*, Seuil, Paris, 2016.

Apoli Bertrand KAMENI, *Minerais stratégiques. Enjeux africains*, Presses universitaires de France, Paris, 2013.

Anna KONIECZNA, *L'Histoire d'une « relation spéciale ». Les relations entre la France et l'Afrique du Sud dans les années 1958-1974*, thèse de doctorat, Institut d'études politiques, Paris, 2013.

Anna KONIECZNA, « Nuclear Twins : French-South African Strategic Cooperation (1964-79) », *Cold War History*, vol. 18, n° 4, 2020.

André LEWIN, *Ahmed Sékou Touré, 1922-1984*, tome 7 (1977-1984), L'Harmattan, Paris, 2010.

Ferdinand MALONGA et Samir SAUL, « ELF-ERAP et le Congo : les vicissitudes d'un mariage de raison (1968-1978) », *Histoire, économie et société*, vol. 2, 2010.

Nathaniel POWELL, *France's African Wars, 1974-1981*, thèse de doctorat, Institut de hautes études internationales et du développement, Genève, 2013.

Nathaniel POWELL, *France's Wars in Chad. Military Intervention and Decolonization in Africa*, Cambridge University Press, Cambridge, 2021.

Georges-Henri SOUTOU, « La France et la non-prolifération nucléaire. Une histoire complexe », *Revue historique des Armées*, n° 262, 2011.

Jean SURET-CANALE, *Afrique et capitaux. Géographie des capitaux et des investissements en Afrique tropicale d'expression française*, tomes 1 et 2, L'Arbre verdoyant éditeur, Montreuil-sous-Bois, 1987.

TRICONTINENTAL, *La France contre l'Afrique*, Maspero, Paris, 1981.

Frédéric TURPIN, *De Gaulle, Pompidou et l'Afrique (1958-1974)*, Les Indes savantes, Paris, 2010.

Frédéric TURPIN, *Jacques Foccart. Dans l'ombre du pouvoir*, CNRS Éditions, Paris, 2015.

Hennie VAN VUUREN, *Apartheid, Guns and Money. A Tale of Profit*, Jacana, Johannesburg, 2017.

Klaas VAN WALRAVEN, « “Opération Somme” : la French Connection et le coup d’État de Seyni Kountché au Niger en avril 1974 », *Politique africaine*, vol. 2, n° 134, 2014.

Joanna WARSON, *France in Rhodesia. French Policy and Perceptions throughout the Era of Decolonisation*, thèse de doctorat, University of Portsmouth, Portsmouth, 2013.

Claude WAUTHIER, *Quatre présidents et l’Afrique*, Seuil, Paris, 1995.

Jeune Afrique démasqué : la contre-histoire d'un « hebdomadaire panafricain » (1971)

L'hebdomadaire *Jeune Afrique* a maintes fois raconté à ses lecteurs l'histoire de sa naissance. Une histoire qui se confond avec celle de son fondateur Béchir Ben Yahmed (1928-2021).

Fils d'un commerçant de Djerba ayant fait fortune à l'époque du protectorat français en Tunisie, le jeune homme s'engage dans les années 1950 aux côtés d'Habib Bourguiba, le « père » de l'indépendance tunisienne, dont il devient le secrétaire. En 1955, le jeune Ben Yahmed fonde un premier hebdomadaire : *L'Action*. En 1956, année de l'indépendance, Bourguiba le nomme ministre de l'Information. Mais les deux hommes entretiennent des rapports complexes, à la fois orageux et respectueux. Ben Yahmed démissionne en 1957 de son poste ministériel, à l'âge de 29 ans, et se consacre à diverses affaires commerciales, grâce auxquelles il se constitue une solide fortune personnelle.

Dans le foisonnement de la guerre d'Algérie et des indépendances africaines, la passion de la presse reprend Béchir Ben Yahmed. Deux ans après la disparition de *L'Action*, l'ancien ministre lance *Afrique-Action* en octobre 1960. Mais les remontrances que lui attire un éditorial sur le « pouvoir personnel » de Bourguiba l'obligent en 1961 à rebaptiser son journal, qui devient *Jeune Afrique*, et à le délocaliser à Rome. Engagé en faveur de l'indépendance algérienne, l'hebdomadaire, qui s'installe définitivement à Paris en 1964, devient pour quelques années le fleuron de la presse anticolonialiste et panafricaine en langue française.

Mais sous ses dehors progressistes, le directeur de *Jeune Afrique*, diplômé de HEC, retrouve ses réflexes d'homme d'affaires. Dirigeant d'une main de fer une rédaction où règnent la soumission et la précarité, « BBY » – comme on le surnomme – cherche à en faire une entreprise lucrative. Secondé par Jean-Louis Gouraud, directeur de la rédaction de 1968 à 1975, il « normalise » le journal qui se transforme peu à peu en porte-voix de tout ce que le continent africain compte de puissances politiques et économiques.

C'est ce que l'on constate à la lecture d'un petit livre publié par les éditions Maspero en 1971, au lendemain d'un conflit social qui opposait une partie du personnel de *Jeune Afrique* à leur tout-puissant patron. Le livre, préfacé par François Maspero et orné d'une couverture du dessinateur Siné, porte un titre explicite : *Jeune Afrique démasqué*.

« Une longue mystification »

Les auteurs de ce pamphlet de quarante-six pages, journalistes en rupture avec la direction de l'hebdomadaire[1], n'y vont pas par

1. Gérard de Beaurepaire, Guy Hennebelle, Guy Le Querrec, Abdelrani Mahenni, Faougi Majhoub, Berthe Schwartz, Ibrahima Signaté et Claire Zarrouk.

quatre chemins. *Jeune Afrique*, affirment-ils, est devenu une machine de propagande impérialiste. « La guerre d'Algérie avait tenu lieu tout à la fois d'idéologie, d'alibi progressiste et de promotion commerciale au P-DG de *Jeune Afrique* qui n'allait pas tarder à abattre ses cartes et à montrer son vrai visage d'opportuniste, écrivent les contestataires. Alors a commencé l'histoire d'une longue mystification qui devait aboutir, par étapes successives et subtiles, à faire de *Jeune Afrique* ce qu'il est devenu aujourd'hui : un magazine commercial au service d'intérêts désireux d'assurer en Afrique la pérennité de leur domination politique et économique. »

Pour preuve de leur affirmation, les auteurs signalent la multiplication d'interviews mielleuses avec des agents de l'impérialisme français en Afrique : les potentats africains francophiles bien sûr (Senghor, Ahidjo, etc.) ou les chefs d'entreprises françaises présentes en Afrique (Marcel Dassault, Paul Berliet, Gilbert Trigano, etc.). Les pages du journal s'alourdissent en parallèle de « longs panégyriques sur les bienfaits de la coopération franco-africaine », d'« articles sur les marchands de canons vus sous l'angle du roman policier » et de « "reportages" – qui ne sont pas là par hasard – sur le tourisme en Afrique, les safaris, les grands hôtels, les circuits, les "grosses bêtes", bref toute la panoplie africaine vue par [les] vieux coloniaux en retraite ».

À cela s'ajoute « une bande dessinée dans laquelle l'héroïne, prénommée Sahara (une Africano-Suédoise blonde aux yeux bleus : coopération oblige), sévit en Guinée-Bissau sur un mode grotesque et révoltant afin de ridiculiser les maquisards qui luttent contre le fascisme portugais ». À signaler également la floraison de papiers racoleurs qui sont autant de « provocations scandaleuses pour les Africaines et qui témoignent d'un mépris qui dépasse en grossièreté et en insulte tout ce qu'auraient pu imaginer les pires petits-blancs dans ce domaine ». Exemple ? Le numéro du 16 février 1971 consacre un article à « la meilleure façon d'exciter les Blancs »...

Expert du double jeu, Ben Yahmed a mis au point une « triple tactique », accusent les auteurs de *Jeune Afrique démasqué* : « affecter une attitude progressiste sur des sujets qui n'ont pas de rapport *direct* avec l'Afrique ; faire montre d'un simili-progressisme sur des sujets qui ont une incidence *indirecte* sur la situation du continent ; faire le silence et le black-out sur les sujets brûlants qui concernent *directement* le continent africain ». Ainsi peut-il « apparaître comme progressiste aux yeux du monde extérieur et profiter de cette couverture usurpée pour mener une politique que les plus cyniques néocolonialistes n'oseraient plus mener aujourd'hui ».

« Le complice d'un système odieux qui méprise l'Afrique »

Le journalisme n'est plus qu'un paravent pour remplir les caisses d'un magazine transformé en *Paris Match* de la bourgeoisie africaine, expliquent les frondeurs, qui identifient trois sources de revenu. La première : les « suppléments » de complaisance facturés à prix d'or aux États despotiques désireux de polir leur image de marque (Sénégal, Mauritanie, Gabon…). La deuxième est la publicité, relèvent les journalistes rebelles, qui notent que « BBY » n'est pas trop regardant dans le domaine : on trouve parmi les annonceurs des entreprises implantées, en plein apartheid, en Afrique du Sud ! Troisième source de financement : l'augmentation du capital, décidée en 1970, qui permet à divers responsables politiques africains, hauts fonctionnaires et autres industriels de prendre des parts dans le journal. Cette technique « donne la vraie mesure de *Jeune Afrique* en 1970 : une bonne affaire pour des hommes d'affaires », écrivent les opposants.

Béchir Ben Yahmed, concluent ces derniers, « se voulait un homme de progrès et il est devenu le représentant de l'establishment compradore qui pille l'Afrique. Il aspirait à jouer les libérateurs du continent africain, il se retrouve l'instrument docile et consentant de toutes les forces qui veulent l'asservir. Il rêvait d'être le prophète d'une Afrique nouvelle, d'une "Jeune Afrique", il n'est en définitive que le complice d'un système odieux qui méprise l'Afrique et les Africains ».

Revanche d'ex-salariés aigris au lendemain d'un conflit social perdu ? Peut-être. Le journaliste Vincent Hugeux tirera pourtant des conclusions très similaires, accents tiers-mondistes en moins, dans son livre *Les Sorciers blancs. Enquête sur les faux amis français de l'Afrique* publié en 2007 [→ V.7]. Sans citer le livre édité trois décennies plus tôt par François Maspero, le journaliste de *L'Express* dresse un portrait accablant de Béchir Ben Yahmed, décrit comme un « despote » prêt à toutes les contorsions pour soutirer le maximum d'argent aux autocrates africains.

Autant de critiques qui semblent avoir échappé à Emmanuel Macron, qui rendra un vibrant hommage au patron de *JA* au lendemain de son décès, le 3 mai 2021. Béchir Ben Yahmed, écrit le président, était « un grand témoin et une haute conscience de l'ère postcoloniale et des combats qui l'ont précédée […], un homme de presse et de convictions qui a accompagné et éclairé les indépendances africaines, qui a insufflé une fraternité d'âme entre les États de ce continent, et qui a incarné la profondeur du lien indéfectible entre la France et l'Afrique ».

Thomas Deltombe

Chapitre 1

L'Afrique francophone dans la nasse militaire française

Thomas Borrel et Yanis Thomas

« L'Afrique est le seul continent qui soit encore à la mesure de la France, à la portée de ses moyens. Le seul où elle peut encore, avec cinq cents hommes, changer le cours de l'Histoire. » Fin 1979, ce commentaire de l'ancien ministre des Affaires étrangères Louis de Guiringaud, cité dans un article de *L'Express* intitulé « Giscard l'Africain », fait directement écho aux dernières opérations extérieures (opex) menées quelques mois plus tôt par l'armée française en Afrique, notamment les interventions de quelques centaines de parachutistes à Kolwezi pour aider le dictateur zaïrois Mobutu puis à Bangui pour renverser l'empereur Bokassa Ier.

Ces deux interventions spectaculaires sont le résultat d'adaptations continues du dispositif militaire français en Afrique depuis les années 1950. L'évolution du statut des territoires d'outre-mer devenant inéluctable, les stratèges français imaginent dès cette époque des dispositifs permettant à Paris de maintenir son système de défense quel que soit le scénario. Cela implique d'une part de conserver un maillage de bases militaires capables de servir de points d'appui à des forces pouvant intervenir rapidement en se « projetant » au cœur du continent africain, et d'autre part d'organiser l'encadrement étroit des armées nationales des jeunes États satellites.

Pouvoir « agir, à tout moment, n'importe où » malgré les indépendances

En mai 1957, quelques mois après le fiasco de l'expédition de Suez, le gouvernement décide d'instituer des forces interarmées d'intervention. Comme l'explique le *Dictionnaire des opérations extérieures* (2018), l'idée du ministre de la Défense Maurice Bourgès-Maunoury est alors qu'un tel type de forces peut être utilisé pour une « simple démonstration », par exemple au Moyen-Orient, ou pour une « action puissante et rapide mettant en œuvre un ensemble interarmées articulé en corps expéditionnaire, avec ses moyens de commandement et ses soutiens logistiques particuliers », notamment sur le continent africain. Mais le projet patine.

Alors que l'armée française est déjà engagée dans des guerres de décolonisation en Algérie et au Cameroun [→ II.2], Paris s'engage secrètement en février 1958, aux côtés de Madrid, dans l'opération Écouvillon, dans la colonie espagnole du Sahara, au nord de la Mauritanie. En toute discrétion, l'armée française envoie 5 000 hommes, soldats de métropole ou « tirailleurs » venus du Sénégal, de Mauritanie et d'Algérie, 600 véhicules et 70 avions pour seconder les 9 000 militaires de la dictature de Franco. L'objectif est de lutter contre les mouvements indépendantistes armés dont une partie, comme l'explique l'historienne Camille Evrard, tentent dans cette région « d'unifier la lutte contre le colonialisme en Algérie et en Afrique saharienne », avec le soutien des nationalistes marocains qui voient là l'opportunité de rétablir le territoire « historique » du royaume chérifien.

Mais l'état-major le sait : ce type d'opération n'empêchera pas indéfiniment les colonies françaises d'accéder à l'indépendance. D'où la nécessité d'anticiper l'échéance. À peine revenu au pouvoir, en juin 1958, le général de Gaulle « institutionnalise des projets qui étaient en germe depuis les années 1950, mais que la IVe République n'avait pu concrétiser », explique encore le *Dictionnaire des opérations extérieures*. Il demande au chef d'état-major général de « commencer des transformations de l'armée française pour intégrer les capacités de frappe nucléaire, la défense décentralisée du territoire français, et de mettre sur pied une force d'intervention », note le chercheur Christopher Griffin. Tels sont les trois piliers de la stratégie militaire du Général.

Dans un premier temps, la création de la Communauté française ne bouleverse pas l'organisation militaire franco-africaine : le nouvel ensemble institutionnel est doté d'une armée unique, commandée depuis Paris, et dont le gros des troupes est fourni par les nouveaux États, qui ne disposent pas d'armées nationales. Les soldats africains sont mutualisés, donc répartis sans attache géographique dans les différentes bases « franco-africaines ».

Ce n'est qu'avec l'échec de la Communauté « rénovée » et l'accession des États membres à l'indépendance que la donne change : il faut constituer des armées nationales. L'enjeu pour Paris est d'en chaperonner la création, pour établir un lien organique, tout en maintenant un réseau suffisant de bases permanentes pour assurer à l'armée française une capacité d'intervention dans tout le pré carré. « Sous des formes nouvelles adaptées à notre siècle, la France est, comme toujours, présente et active outre-mer, déclare le général de Gaulle à Strasbourg le 23 novembre 1961. Il en résulte que sa sécurité, l'aide qu'elle doit à ses alliés, le concours qu'elle s'est engagée à fournir à ses associés peuvent être mis en cause en une région quelconque du globe. Une force d'intervention terrestre, navale et aérienne, faite pour agir, à tout moment, n'importe où, lui est donc bel et bien nécessaire. Nous commençons à la réaliser. »

Des bases contestées

Pour être « une puissance européenne de premier rang », c'est-à-dire en mesure d'imposer ses vues au sein de l'Alliance atlantique (OTAN), et capable de défendre ses intérêts dans « l'Afrique d'expression française », insiste pour sa part le Premier ministre Michel Debré au Sénat le 12 décembre 1961, la France doit avoir, « demain encore plus qu'aujourd'hui, les instruments modernes sans lesquels il n'y a plus de puissance militaire ». D'où la réflexion engagée dès 1959, détaille le chef du gouvernement, sur les « bases que la France enten[d] conserver, aménager et où elle enten[d] faire stationner une partie des éléments de ses troupes d'intervention ». Grâce à ce maillage constitué de « bases principales » et de « bases secondaires », la France conserve des enclaves de souveraineté au cœur du continent africain.

L'insistance de Debré sur la question des bases militaires françaises en Afrique répond aux contestations qui se multiplient sur ce sujet depuis les indépendances. Premier président du nouvel État malien indépendant, après l'éclatement de l'éphémère Fédération du Mali, Modibo Keïta rejette toute « compromission » avec la puissance coloniale et exige, en septembre 1960, le départ des troupes militaires françaises stationnées dans le pays. L'armée tricolore quitte ses dernières installations un an plus tard. C'est également le cas en Haute-Volta (futur Burkina Faso), où le président Maurice Yaméogo s'oppose au maintien des bases françaises : il demande même en septembre 1961 d'accélérer le démantèlement de celle de Bobo-Dioulasso. En Mauritanie, les autorités françaises échouent à faire accepter leur projet de base militaire à Port-Étienne (Nouadhibou), dont les aménagements avaient pourtant été intégrés au budget de 1962. Un camouflet pour le ministre des Armées, Pierre Messmer, qui avait expliqué quelques semaines auparavant aux sénateurs que cette base allait devenir, « puisque nous ne sommes plus à Agadir, plus importante que par le passé pour la surveillance des communications maritimes dans l'Atlantique de l'Est ». La France devra faire sans.

Craignant la menace soviétique, les dirigeants français s'inquiètent en particulier pour la sécurité des installations nucléaires dans le Sud algérien [→ p. 215] et le maintien des bases sur la rive sud de la Méditerranée, jugées nécessaires à la protection de la métropole. En Tunisie, la crise diplomatique autour de la base militaire de Bizerte, dont le président Habib Bourguiba exige à partir de mai 1961 la restitution à son pays, indépendant depuis cinq ans, tourne à l'affrontement militaire en juillet. En Algérie, l'avenir de la base de Mers el-Kébir est suspendu à l'issue de la guerre, même si Messmer espère y maintenir une enclave, comme il l'explique aussi au Sénat fin 1961 : « Quelle que soit la solution politique à laquelle nous parviendrons en Algérie, il est nécessaire que nous demeurions à Mers el-Kébir et nous y demeurerons. » Quelques mois plus tard, les accords d'Évian prévoient que les Français pourront effectivement en disposer encore quinze ans (même s'ils s'en retireront finalement au bout de six ans).

Une assurance-vie pour dictateurs

Progressive, l'adaptation du maillage dépend de l'augmentation des capacités de l'armée française à projeter rapidement des unités à plusieurs centaines de kilomètres d'une base au sol et donc d'un principe de « couverture à distance ». Elle doit aussi prendre en compte le degré de préparation des jeunes armées nationales africaines et de la susceptibilité des nouveaux dirigeants.

Car tous les dirigeants ne demandent pas le retrait des bases françaises : certains souhaitent au contraire conserver une garnison française à proximité de leur palais présidentiel, en guise d'assurance-vie, alors même que les autorités hexagonales n'y voient pas forcément leur intérêt. « C'est le cas, note Camille Evrard, pour la base de Port-Bouët [en Côte d'Ivoire], dont le maintien fait l'objet d'un long combat de la part de Félix Houphouët-Boigny, de la cellule africaine de l'Élysée et du ministère de la Coopération, contre l'avis de l'état-major et des Armées qui souhaitent la fermer. De Gaulle tranche finalement en faveur du maintien. » Ailleurs, certaines bases sont sacrifiées, au grand dam des militaires. Celle de Bouar, qui accueille en Centrafrique jusqu'à janvier 1963 environ 2 000 militaires français sous le commandement du général Marcel Bigeard, est progressivement réduite à moins de 200 hommes.

En 1965, la France annonce le « retrait » des trois quarts de ses effectifs militaires en Afrique subsaharienne, passant ainsi de près de 28 000 hommes à moins de 7 000[1]. Mais une force d'intervention permet alors de couvrir potentiellement tout le pré carré français à partir d'un maillage de bases néocoloniales : Dakar au Sénégal, Port-Bouët en Côte d'Ivoire, Fort-Lamy (future Ndjamena) au Tchad, Libreville au Gabon et Diego-Suarez à Madagascar. « Grâce à ces points d'appui, résume

1. Une bonne partie d'entre eux sont tout simplement des soldats africains intégrés aux nouvelles armées nationales ou démobilisés [→ II.4].

l'historien Walter Bruyère-Ostells, trois zones militaires outre-mer (ZOM) constituent les "régions" militaires sur le continent. Chacune est dotée d'un état-major : Dakar pour l'ancienne AOF, Brazzaville puis Libreville à partir de 1964 pour l'ancienne AEF, et Tananarive pour Madagascar (jusqu'en 1973). » Ce dispositif est complété par la base de Djibouti, qui reste une colonie française jusqu'en 1977 : à l'indépendance, la base perdurera pour héberger les Forces françaises de Djibouti (FFDj) et jouer un rôle crucial de *hub* aérien pour la majorité des opérations menées sur le continent [→ V.1].

L'armée saura adapter ce maillage en fonction du contexte. « Entre 1958 et 1973, Madagascar est considéré [...] par Jacques Foccart comme le premier des "Quatre Grands" du dispositif militaire et sécuritaire français dans son "pré carré", explique l'historien Nicolas Courtin. Au 1er juillet 1970, la mission militaire française à Madagascar est la plus conséquente et la plus nombreuse du dispositif africain ; elle correspond à 20 % des effectifs militaires français outre-mer. » Mais, en 1972, commence la « deuxième indépendance malgache » : une révolte étudiante cristallise un sentiment général de rejet de l'ordre néocolonial qu'entretient le régime en place, protégé par 4 200 militaires tricolores sous les ordres du général Marcel Bigeard, commandant supérieur des forces françaises du sud de l'océan Indien. Paris ne donne pas l'ordre d'intervenir, de peur d'un embrasement qui prendrait pour cible les 48 000 ressortissants français. La « révolution socialiste », qui mènera le jeune ministre Didier Ratsiraka à la tête du pays en 1975, impose à l'armée française de quitter l'île.

Le département de la Réunion, à l'est de Madagascar, accueille à partir de 1973 la base aérienne 181, en complément de la base navale de Port-des-Galets. Et pour continuer de contrôler le canal du Mozambique, la France dispose encore d'une attache dans l'archipel comorien : elle manœuvre pour conserver illégalement l'île de Mayotte lors de l'indépendance des Comores, en 1975 [→ III.4]. L'armée y implante en 1977 une base navale et, deux décennies plus tard, une station d'écoute du réseau satellitaire français d'espionnage des communications.

À la tête des nouveaux États, souvent même dans le fauteuil de président, des officiers formés par les institutions militaires de l'Hexagone [→ I.4] n'ont aucun mal à accepter le maintien de telles enclaves de souveraineté française. Après les indépendances, le nombre de gradés africains accueillis dans les centres de formation militaire français augmente continuellement. « 800 stagiaires africains sont formés chaque année au titre de la coopération militaire », s'exclame ainsi *Jeune Afrique* en février 1971. Des officiers subsahariens qui nouent des liens personnels forts avec leurs promotionnaires, des gradés français, qu'ils seront amenés à revoir. Ces formations renforcent les liens organiques entre les armées française et africaines. « Cela permet accessoirement de sélectionner des hommes de confiance qui peuvent être portés au pouvoir, moyennant une aide plus ou moins directe, explique Raphaël Granvaud, spécialiste des questions militaires au sein de l'association Survie. L'armée française peut ainsi s'enorgueillir d'avoir formé en son sein une collection impressionnante de putschistes et de dictateurs africains. »

En plus d'anciens engagés ou conscrits de l'armée coloniale, comme le Togolais Gnassingbé Eyadéma, le Gabonais Omar Bongo, le Voltaïque Sangoulé Lamizana ou encore le Centrafricain Jean-Bedel Bokassa, on trouve ainsi de nouveaux diplômés des institutions militaires françaises. C'est le cas du général Moussa Traoré, qui renverse en 1968 le trop indépendant Modibo Keïta au Mali. C'est le cas également du lieutenant-colonel Seyni Kountché, formé lui aussi en France quelques années plus tôt, qui renverse en 1974 le président nigérien Hamani Diori [→ V.9]. L'armée française formera aussi le Mauritanien Maaouiya Ould Sid'Ahmed Taya, le Tchadien Idriss Déby, le Congolais Denis Sassou Nguesso, le Centrafricain François Bozizé ou encore le Malgache Didier Ratsiraka (même si ce dernier prend ses distances avec Paris une fois au pouvoir).

Un maillage évolutif

Au moment de concéder l'indépendance au Cameroun, au Togo et aux États de la Communauté en 1960, Paris instaure avec chacun de ces nouveaux pays souverains des relations bilatérales : pour la plupart d'entre eux, les accords de défense, qui régissent la présence éventuelle d'une base permanente, les possibilités d'intervention de l'armée française et les exigences d'accès préférentiel aux matières premières stratégiques, font partie de l'ensemble d'accords de coopération imposés par Paris en l'échange de l'indépendance [→ II.4]. S'y ajoutent les accords d'assistance militaire technique (AMT), censés faciliter la transition en organisant l'appui français à la constitution d'armées nationales, qui s'apparentent en réalité à des filiales de celle de la métropole, par le détachement de gradés français au sein des nouveaux appareils militaires : un volet central de la coopération militaire. L'enjeu est de rendre dépendantes de la France ces nouvelles armées, dont la constitution est organisée dans ce que Paris nomme le « plan Raisonnable » : celui-ci envisage, « dès le début, des forces armées modestes aux équipements légers », note le politiste Robin Luckham.

Toutes les manœuvres de Paris ne sont pas couronnées de succès. Après l'échec de l'idée d'armée unique et de défense commune, les onze pays africains issus de la Communauté et le Cameroun, rassemblés à partir de mars 1961 au sein de l'Union africaine et malgache (UAM), élaborent un pacte de défense et créent un « Conseil supérieur de défense ». Mais ce nouveau projet, en réalité très français, heurte à la fois le nationalisme dont se targuent certains dirigeants africains et les initiatives plus larges de la nouvelle Organisation de l'unité africaine (OUA). Il est abandonné en 1964.

Paris renforce donc ses liens bilatéraux avec chacun des pays « amis ». En 1965 est créée la Mission militaire de coopération (MMC), dirigée par un haut gradé au sein du ministère de la Coopération. Cet officier chaperonne ainsi, en lien étroit avec la cellule africaine de l'Élysée, l'aide militaire apportée à l'ensemble des pays dits « du champ », c'est-à-dire relevant de l'aire géographique de compétence du ministère [→ V.10].

À l'exception du Malien Modibo Keïta, tous les dirigeants ont des armées nationales truffées d'« assistants » militaires techniques français (AMT), dont un grand nombre d'officiers qui assurent des fonctions de commandement, au titre de ce qui sera appelé plus tard la « coopération de substitution ». Les chiffres du ministère français des Armées en 1967 indiquent la présence, en moyenne, d'un assistant pour 40 militaires africains dans les armées de terre des pays du pré carré, de même que dans leurs gendarmeries, outils essentiels de répression. Avec des variations importantes selon les pays : plus de 1 Français pour 20 militaires de l'armée de terre au Gabon, en Mauritanie ou au Tchad, contre moins de 1 pour 60 au Cameroun, au Dahomey (futur Bénin), en Haute-Volta ou au Sénégal ; plus de 1 « assistant » français pour 20 gendarmes au Gabon, en Centrafrique, au Niger et au Tchad, contre moins de 1 pour 100 au Sénégal ou au Dahomey. Pour l'ensemble des États du pré carré, explique *Jeune Afrique* en février 1971, « on compte au 1er janvier 1970, 400 officiers français et 1 000 sous-officiers au titre de l'assistance aux armées nationales », dont près de la moitié dans l'armée de terre et un tiers dans la gendarmerie.

Au plus fort de la guerre froide, les stratèges français craignent certes une agression soviétique en Europe, contre laquelle l'Afrique francophone pourrait à nouveau servir de base arrière et de réservoir d'hommes, mais ils redoutent surtout que la contagion communiste ne menace les intérêts hexagonaux sur le continent. L'AMT intègre donc dès son origine un volet de lutte contre la subversion, au titre du « maintien de l'ordre ». La doctrine de la « guerre révolutionnaire », dont l'armée coloniale française s'était fait une spécialité [→ II, introduction] et qui a été officiellement bannie de l'enseignement militaire métropolitain à partir de 1961, trouve ainsi une seconde vie dans le cadre de la coopération militaire française en Afrique. Peu coûteuse en hommes et en matériel, elle apparaît comme l'instrument idéal pour contenir les « ennemis intérieurs » potentiels que représentent les syndicats, les mouvements d'opposition, les intellectuels, etc.

Les instructeurs français enseignent donc les méthodes éprouvées en Algérie et au Cameroun : techniques de la guérilla et de la contre-guérilla en brousse, rétablissement de l'ordre en centre urbain, quadrillage sécuritaire du pays et de la population, superposition d'une hiérarchie militaire à une hiérarchie administrative civile, guerre psychologique, renseignement, fichage, délation, « disparitions », etc. Des méthodes aussitôt appliquées sur le terrain, avec les militaires français.

Lors de l'opération Limousin, menée de 1969 à 1972 pour aider Ndjamena face à une rébellion au nord du pays, les armées française et tchadienne mènent par exemple conjointement « une lutte antiguérilla, comparable à celle que menaient les armées françaises en Algérie », pourchassant les rebelles en hélicoptère, ou organisant des « milices villageoises » pour veiller à « la sécurité des zones "pacifiées" », expliquent en 2004 les historiens Claude d'Abzac-Épezy et Jérôme de Lespinois dans un ouvrage collectif sur la politique de sécurité de la France en Afrique.

Bien souvent, les militaires français tiennent directement les rênes de l'appareil répressif. Ainsi, lorsque la révolte éclate à Madagascar en mai 1972, « c'est un militaire français, le général Bocchino, qui est le chef de l'état-major particulier du président de la République, explique l'historienne Françoise Blum. Il est associé à ce titre à nombre d'affaires de maintien de l'ordre et de répression. Des militaires français sont également présents aux échelons supérieurs de l'armée malgache dont les cadres ont été formés en France, ont servi dans l'armée française (jusqu'en Algérie et Indochine pour beaucoup) ou ont été instruits par des militaires de la métropole ».

Enfin, l'AMT, placé au plus près des responsables politiques et militaires des États « bénéficiaires », offre un formidable canal de renseignement. Le général Bruno Le Flem en livrera un témoignage en 2016 dans *Le Monde*. En 1984, alors lieutenant-colonel, cet instructeur militaire est conseiller personnel d'Idriss Déby, à l'époque numéro deux des Forces armées nationales tchadiennes (FANT). Le Flem explique être en relation directe avec le colonel Dominique Monti, attaché de défense à l'ambassade de France à Ndjamena : « Moi, je faisais de la formation et du rens' quand je pouvais. Tac-tac, à l'instinct, à l'affût du moindre doc qui traînait à l'état-major des FANT, au cabinet de Déby. [...] Mes docs chapardés, j'avais même pas le temps de les lire. Hop, je transmettais *illico* à Monti. »

La France, « gendarme » au-dessus des lois

Dès 1964, le champ de la coopération intègre les anciennes colonies belges : le Burundi, le Rwanda et la République démocratique du Congo (qui deviendra le Zaïre de 1971 à 1997).

Le Burundi signe en 1969 avec Paris un accord sur la mise à disposition de coopérants militaires français pour « l'organisation, l'instruction et l'emploi de l'escadrille burundaise ». Ainsi détachés au sein du « Bureau d'aide militaire », ces coopérants doivent servir sous uniforme français. En 1972, après avoir écrasé une rébellion qui a commis des massacres de Tutsis dans le sud du pays, le régime du colonel Michel Micombero (un Tutsi président depuis 1966) se livre à l'extermination systématique des élites hutues, dont il craint une prise de pouvoir : entre 200 000 et 300 000 personnes sont massacrées par l'armée burundaise. La Belgique, refusant de cautionner les tueries, prend ses distances et suspend son approvisionnement en munitions. Les autorités françaises n'ont pas les mêmes états d'âme, mais manifestent tout de même une certaine gêne au moment de concrétiser la livraison de deux nouveaux hélicoptères militaires. « Il me paraît impossible *a priori* de répondre à cette demande dans les circonstances actuelles », note Jacques Foccart le 2 juin. La semaine qui suit, un reportage publié dans *L'Express* pointe du doigt le soutien français : « Les deux hélicoptères Alouette III, gracieusement offerts par la France au Burundi [par le passé], ont arrosé de mitraille des dizaines de villages hutus. » Comme le montrent l'historien Jean-Pierre Chrétien et le journaliste Jean-François Dupaquier dans leur livre *Burundi 1972. Au bord des génocides* (2007), au moins un des deux hélicoptères est piloté par un Français, le Burundi ne disposant que d'un seul pilote. L'ambassadeur de France reconnaît la mise à disposition de deux pilotes, mais dit leur avoir donné l'instruction « de refuser de participer à toute mission qui aurait un caractère militaire proprement dit ». Son homologue belge constate pourtant que l'un d'eux aurait « piloté l'hélicoptère qui a mitraillé les élèves hutus en fuite de la mission protestante de Kivoga ». Une complicité de crime contre l'humanité qui n'émeut pas la diplomatie française sur place : elle cherche plutôt à rendre moins voyante la formation à venir des parachutistes burundais, en la délocalisant en France, et continue de soutenir la livraison des deux autres hélicoptères demandés par Bujumbura et le renforcement de la coopération franco-burundaise, au nom de la lutte contre le communisme.

En 1975, la France et le Rwanda signent un accord de coopération militaire portant sur la gendarmerie : il marque le début de l'engagement militaire français auprès du régime de Juvénal Habyarimana, qui a pris le pouvoir deux ans plus tôt, et de ses franges les plus extrémistes. En 1983, le gouvernement rwandais demandera que cet accord soit modifié pour permettre aux militaires français de servir « sous l'uniforme rwandais », leur « qualité d'assistants techniques militaires » étant « mise en évidence par un badge spécifique "Coopération militaire" » sur leurs vêtements. Surtout, l'interdiction explicite faite aux Français d'être associés aux opérations de guerre conduites par la gendarmerie rwandaise est supprimée. Et en 1992, en pleine guerre contre le Front patriotique rwandais (FPR), le terme « gendarmerie rwandaise » sera remplacé par « forces armées rwandaises » : la coopération française avec l'armée rwandaise sera ainsi officiellement étendue à tous les domaines militaires, venant régulariser une situation préexistante [→ IV.9].

La multiplication des opérations militaires, qui vaut rapidement à la France le surnom de « gendarme de l'Afrique », se fait en réalité sans vraiment se soucier du cadre légal des interventions. En 1972, après la dénonciation des accords de défense par le Congo-Brazzaville, Madagascar et la Mauritanie [→ III, introduction], Jacques Foccart fait « procéder à une remise à jour et à un toilettage des accords de coopération, explique l'historien Jean-Pierre Bat dans *Le Syndrome Foccart*. Il parvient ainsi à éviter la publicité de ce vent de réformes, limitant les renégociations à un simple échange discret de lettres diplomatiques officielles » avec le Cameroun, la Côte d'Ivoire, le Sénégal, le Gabon, la Centrafrique et le Bénin. Le tout est fait si discrètement que, pendant des décennies, journalistes et chercheurs continueront de parler des accords « de 1960 ».

C'est en 1974 que Paris signe avec le Zaïre un protocole de coopération militaire, qui prévoit assistance et formation. Mais, excluant explicitement toute participation à des « opérations de guerre et de maintien ou de rétablissement de l'ordre ou de la légalité », il ne donne pas de base juridique à la France pour intervenir en 1977 et 1978 à Kolwezi et sauver deux fois le régime Mobutu [→ III.6]. L'historien militaire André Fourès expliquera dix ans plus tard que, pour l'Élysée, ce type d'intervention se justifie par l'aide à un allié dans le cadre de la Charte des Nations unies, dont l'article 51 prévoit un « droit naturel de légitime défense, individuelle ou collective » pour tout pays qui serait « l'objet d'une agression armée ». C'est donc en quelque sorte par légitime défense collective que Paris vole au secours de ses amis dictateurs.

Tandis que la Légion saute sur Kolwezi, une autre « opération extérieure » en cours au même moment à l'autre bout du continent marque une étape importante dans la stratégie d'intervention française : l'opération Lamantin déployée à partir de décembre 1977 et prolongée jusqu'en mai 1980 au nord de la Mauritanie, également sans qu'aucun accord le prévoie, pour repousser les indépendantistes du Sahara occidental regroupés au sein du Front Polisario. Si elle fait écho à l'opération Écouvillon menée sur place vingt ans plus tôt avec les mêmes objectifs, cette opex « fait date dans la doctrine française de projection des forces à l'extérieur », note Camille Evrard. Les nouvelles capacités techniques permettent en effet de faire intervenir des avions de chasse très loin de leur base, ouvrant la voie à ce qui sera appelé la « diplomatie du Jaguar », du nom des avions français utilisés. « La technologie offre, à travers la puissance aérienne, un outil diplomatique plus marquant et vient accentuer la démonstration de force à but politique », s'extasie pour sa part le *Dictionnaire des opérations extérieures de l'armée française*.

Au Tchad, les rebellions successives en font également l'amère expérience [→ IV.4].

Cela n'empêche pas d'intervenir encore au sol. En septembre 1979, les opérations Caban et Barracuda, menées en vingt-quatre heures, renversent Bokassa [→ III, introduction] et permettent à l'armée française de se réinstaller en Centrafrique : ses bases, à Bouar et Bangui, deviennent des *hubs* aériens pour ses interventions régionales, notamment au Tchad où elle va intensifier ses opérations dans la décennie suivante. La Centrafrique devient même un proconsulat de Paris : le lieutenant-colonel Jean-Claude Mantion, du SDECE, est placé aux côtés du président David Dacko. Maintenu dans ses fonctions y compris auprès de son successeur André Kolingba, il est l'homme le plus puissant du pays jusqu'en 1993. De retour en France, il est nommé général deux étoiles en 1997 par Alain Richard, le ministre de la Défense de Lionel Jospin. Le même gouvernement mènera l'année suivante une profonde réforme de la coopération… qui ne changera en pratique pas grand-chose à la coopération militaire.

Repères bibliographiques

Françoise Blum, « Madagascar 1972 : l'autre indépendance. Une révolution contre les accords de coopération », *Le Mouvement social*, vol. 236, n° 3, 2011.

Walter Bruyère-Ostells, « Outil militaire et politique africaine de la France depuis 1960 : tableau historiographique et perspectives de recherche », *Relations internationales*, vol. 1, n° 165, 2016.

Nicolas Courtin, « Symphonie militaro-sécuritaire sur la Grande Île. Madagascar et l'ordre foccartien », *in* Jean-Pierre Bat, Olivier Forcade et Sylvain Mary, *Foccart : archives ouvertes (1958-1974)*, Presses de l'Université Paris-Sorbonne, Paris, 2017.

Danièle Domergue, « Coopération et interventions militaires en Afrique : la fin d'une aventure ambiguë ? », *Guerres mondiales et conflits contemporains*, n° 191, 1998.

André Dumoulin, *La France militaire en Afrique. Coopération et intervention : un état des lieux*, GRIP/Complexe, Bruxelles, 1997.

Camille Evrard, « Retour sur la construction des relations militaires franco-africaines », *Relations internationales*, vol. 1, n° 165, 2016.

Camille Evrard, « Les interventions extérieures, points saillants de l'histoire de la présence militaire française : l'exemple ouest-saharien (1958-1978) », *Les Temps modernes*, vol. 693-694, n° 2-3, 2017.

Commissaire principal André Fourès, « Caractères des interventions militaires françaises outre-mer de 1960 à nos jours », *Revue historique des Armées*, vol. 4, n° 169, 1987.

Raphaël GRANVAUD, *Que fait l'armée française en Afrique ?*, Agone-Survie, coll. « Dossiers noirs », Marseille, 2009.

Raphaël GRANVAUD, *De l'armée coloniale à l'armée néocoloniale (1830-1990)*, brochure, octobre 2009 (disponible sur <https://survie.org>).

Christopher GRIFFIN, « L'Algérie dans la politique de défense de la métropole, 1940-1962 », in *Défense et colonies dans le mode atlantique : XVe-XXe siècle*, Presses universitaires de Rennes, Rennes, 2014.

Robin LUCKHAM, « Le militarisme français en Afrique », *Politique africaine*, n° 5, mars 1982.

Pierre MESSMER, « Notre défense politique militaire », *Revue Défense nationale*, n° 213, mai 1963.

Françoise Claustre, otage de l'imbroglio franco-tchadien

« J'essaie de ne pas trop penser à ma famille. Bien sûr, le visage de mon mari, celui de ma mère, mes beaux-parents, toute ma famille reviennent sans cesse, mais j'essaie de les chasser – parce que ça me fait trop mal. » Assise en tailleur dans le coin d'une case en raphia, pantalon en toile verte et chemisette sans manches, Françoise Claustre essuie une larme discrète. Puis elle se redresse, fixe l'œil de la caméra, et sa voix plaintive se fait soudain accusatrice : « Sinon, je pense à tous ceux qui m'abandonnent – et ils sont nombreux. »

Cette célèbre séquence, filmée par Raymond Depardon dans le massif du Tibesti, à l'extrême nord du Tchad, saisit les millions de téléspectateurs qui regardent TF1 au soir du 10 septembre 1975. Les journaux du lendemain, évoquant en une l'émotion provoquée par ces images, décrivent en détail le drame vécu par l'ethnologue et archéologue du CNRS retenue depuis près d'une année et demie par les « rebelles toubous » du nord du Tchad. Derrière le drame personnel se cache une situation diplomatique complexe et des mois de tractations rocambolesques.

Une succession d'erreurs et de bévues

Au cœur de l'affaire : Hissène Habré, un guérillero trentenaire au parcours étonnant. Ayant obtenu une bourse dans les années 1960, il a étudié en France, notamment à Sciences Po, et effectué un stage à la sous-préfecture de Sedan (Ardennes). De retour au pays en 1971, il rejoint le Front de libération nationale du Tchad (Frolinat), qui défie depuis 1966 le pouvoir du président tchadien François Tombalbaye. Habré prend la tête, aux côtés de Goukouni Weddeye, d'un groupe baptisé « Forces armées du Nord » (FAN).

Gravement affaiblis par l'offensive militaire entreprise par la France entre 1969 et 1972 (opération Limousin), et entrés en dissidence avec la direction politique du Frolinat établie en Libye, les chefs des FAN décident de prendre en otage des ressortissants occidentaux. L'opération, menée le 21 avril 1974 dans la petite ville de Bardaï, au nord du pays, aboutit à la capture de Françoise Claustre, du coopérant français Marc Combe et du médecin allemand Christoph Staewen (dont l'épouse Elfriede est tuée au cours de l'assaut).

Ainsi commence le calvaire de Françoise Claustre, et le long combat de son mari Pierre – qui occupe de hautes fonctions dans la coopération française au Tchad – pour la faire libérer. Car, contrairement aux autorités allemandes, qui paient immédiatement une rançon pour récupérer leur ressortissant, le gouvernement français traîne les pieds. Comme l'explique l'historien Nathaniel Powell dans son livre *France's War in Chad* (2021), les revendications des ravisseurs, qui demandent de l'argent, des armes et la libération de prisonniers politiques incarcérés à Ndjamena, mettent Paris en porte-à-faux avec le régime de Tombalbaye. Lequel non seulement refuse toute concession aux rebelles du Nord mais ne cesse de jeter de l'huile sur le feu (incarcération de la famille d'Habré, intensification de la répression, etc.). Les négociations entre Habré et Paris piétinent pendant de longues semaines.

Voulant agir sans froisser leur allié tchadien, les dirigeants français enchaînent les erreurs et les bévues. En juin 1974, ils acceptent la proposition formulée par Tombalbaye de confier les négociations à l'ancien numéro deux de la police politique tchadienne, l'officier français Pierre Galopin. Funeste idée : le nouveau négociateur, qui a participé pendant plusieurs années à la lutte contre les insurgés, est détesté par Habré et Goukouni qui le prennent en otage… et l'exécutent en avril 1975.

Pendant ce temps, Pierre Claustre multiplie les démarches. Trouvant porte close à l'Élysée comme ailleurs, il affrète un avion en France et part négocier personnellement avec les rebelles du Tibesti. Il tente en parallèle de sensibiliser les médias, restés particulièrement discrets jusque-là. « Les consignes sont de ne pas faire de peine à M. Tombalbaye », note le mari désespéré dans une lettre publiée par la presse fin mars 1975. Quelques jours plus tard, les autorités françaises lui font une étrange suggestion : fournir lui-même des armes aux rebelles ! L'objectif est clair : satisfaire les demandes des ravisseurs sans compromettre l'État français…

Le 13 avril 1975, coup de théâtre. Tombalbaye est renversé – et assassiné – par des militaires tchadiens, qui profitent de la discrète complaisance des autorités françaises. Dans une volonté de réconciliation nationale, le nouveau pouvoir dirigé par le général Félix Malloum accepte les propositions françaises : payer une rançon aux insurgés et leur livrer du matériel non militaire en échange de la libération de l'archéologue (Marc Combe a entre-temps réussi à s'échapper). En juillet 1975, le nouveau négociateur français, le diplomate Stéphane Hessel, annonce donc aux ravisseurs ce nouvel arrangement, en y ajoutant une clause secrète : Pierre Claustre leur livrera par avion des armes achetées clandestinement au Ghana grâce à la rançon allemande payée l'année précédente.

La boîte de Pandore

Cet arrangement secret tourne au fiasco. Lorsque Pierre Claustre arrive du Ghana avec la livraison secrète, la direction des FAN constate que le matériel ne correspond pas à la commande (il n'y a même pas de munitions !). Abusé par les vendeurs d'armes, Pierre Claustre subit la colère des ravisseurs : il est à son tour retenu en otage.

L'opération est également une catastrophe pour les autorités françaises. Informé du double jeu français, Malloum dénonce l'accord de défense qui le lie à Paris et exige le retrait de tous les militaires français du Tchad. Pour maintenir une coopération militaire, la France négocie dans les mois suivants un accord d'assistance technique, signé à Ndjamena le 6 mars 1976 par le Premier ministre Jacques Chirac. Lequel se rend deux semaines plus tard à Tripoli pour signer des accords de coopération avec Mouammar Kadhafi, et discuter discrètement avec lui de l'« affaire Claustre ».

Car, maintenant que les autorités tchadiennes refusent toute discussion, c'est sur la Libye que la France s'appuie secrètement pour faire libérer les otages. Kadhafi, ravi d'être ainsi invité à s'ingérer dans les affaires du Tchad, sur lequel il lorgne depuis des années, offre aux rebelles tout ce qu'ils demandent – et même plus – en échange de la libération de Françoise Claustre et de son mari, rendus à l'ambassade de France à Tripoli le 31 janvier 1977. L'archéologue française retrouve les siens après plus de mille jours de captivité.

Entre-temps, l'ingérence du Guide libyen a divisé les insurgés : Habré la rejette, Goukouni l'accepte. Les troupes de ce dernier, réarmées et secondées par le voisin libyen, peuvent relancer l'offensive contre le pouvoir tchadien. Les chaotiques négociations françaises auront ainsi ouvert la « boîte de Pandore » au nord du Tchad, conclut Nathaniel Powell. Pour de longues années [→ IV.5].

Thomas Deltombe

Chapitre 2

La laisse monétaire : contestation et consolidation du système CFA

Ndongo Samba Sylla et Fanny Pigeaud

Le président français Georges Pompidou vient à peine d'arriver à Niamey, capitale du Niger, ce lundi 24 janvier 1972, lorsqu'il reçoit un projectile. Une tomate ? Une motte de terre ? Quoi qu'il en soit, l'objet s'écrase sur le veston du chef de l'État alors qu'il traverse la ville avec son homologue, Hamani Diori, debout dans une voiture décapotée, saluant une foule de plusieurs dizaines de milliers de personnes. La police se lance aussitôt à la poursuite des jeunes présumés auteurs du forfait. Le ton est donné. Peu après, Georges Pompidou a l'autre mauvaise surprise de découvrir que la contestation se manifeste aussi au palais présidentiel. Son hôte, arrivé au pouvoir en 1960 avec l'appui de la France, lui fait part d'une demande qui lui déplaît fortement : Hamani Diori plaide pour une révision des accords de coopération franco-nigériens signés au moment de l'indépendance. Il voudrait en particulier réformer le système régissant le franc CFA.

Le président du Niger a beau être un allié fidèle de la France, il est convaincu que le franc CFA, conçu pendant la période coloniale, fonctionne surtout à l'avantage de l'ancienne métropole qui a exigé son maintien en contrepartie de l'octroi de l'indépendance. Lorsqu'il écoute Hamani Diori, ce 24 janvier 1972, Georges Pompidou est parfaitement conscient que le franc CFA est un outil essentiel de la domination de la France sur ses ex-colonies d'Afrique subsaharienne. Il sait que la demande de Diori couvre des enjeux majeurs et comprend qu'il va devoir trouver le moyen de freiner les ambitions du président nigérien.

france

LA TRIBUNE LIBRE
DES DEUX CONTINENTS

DÉCEMBRE – JANVIER
Numéro 238

eurafrique

ABONNEMENTS: 9, RUE BOURDALOUE PARIS 75009
Afrique et Madagascar, un an 2.500 fr. C.F.A.
France, un an 50 fr. - Autres pays, un an 60 fr.

LE C.F.A. EN QUESTION

A OUAGADOUGOU et à
LOMÉ avec
Georges POMPIDOU

Ce qu'ils ont dit
Ce qu'ils en disent

A Ouagadougou, le président Pompidou reçoit, sous le regard amusé du général Lamizana et de Pierre Billecocq, l'offrande du zonkòm, équivalent voltaïque du lait d'amende maghrébin

(Photo N.A.P.)

France Eurafrique, décembre 1972. *Droits réservés*

Touche pas à mon CFA !

Le franc des colonies françaises d'Afrique (franc CFA) est né officiellement le 26 décembre 1945, en même temps que le franc des colonies françaises du Pacifique (franc CFP). L'économie française est alors en ruine, le niveau des prix a progressé plus fortement dans la métropole que dans les colonies et ses principaux pays concurrents. Avec la baisse importante de ses réserves d'or et de ses capacités industrielles, le paiement des importations s'avère une gageure tout comme la défense du cours du franc. Dans cette période d'après-guerre, la France n'a plus d'autre choix que de dévaluer sa monnaie vis-à-vis du dollar américain et de la livre sterling. La décision du ministère des Finances, dirigé par René Pleven, d'utiliser des taux de dévaluation différents pour la métropole et les colonies met fin à l'« unicité monétaire » – c'est-à-dire le principe « un empire, une monnaie » – et donne naissance aux « francs coloniaux », dont le franc CFA et le franc CFP [→ I.2].

En 1958, l'acronyme CFA change de sens pour devenir le franc « de la communauté française d'Afrique ». Après les indépendances, il renvoie à deux significations différentes : le franc « de la communauté financière africaine » émis par la Banque centrale des États de l'Afrique de l'Ouest (BCEAO) pour les huit pays qui forment l'Union monétaire ouest-africaine (UMOA) créée en 1962 ; et le franc « de la coopération financière en Afrique centrale » émis par la Banque centrale des États de l'Afrique équatoriale et du Cameroun (BCEAEC) pour le Gabon, la République du Congo, la République centrafricaine, le Tchad et le Cameroun. Les deux francs CFA et le franc malgache, monnaie partagée par Madagascar et les Comores, sont ainsi les trois unités monétaires circulant dans la zone franc au sud du Sahara.

Le passage aux indépendances et ces changements nominaux n'altèrent en rien l'empreinte coloniale de cet arrangement politico-monétaire. Ce dernier continue de reposer sur quatre piliers. Le premier est celui de la « parité fixe » de ces francs CFA vis-à-vis de la monnaie française : leur valeur en franc ne varie pas et leur évolution par rapport aux autres monnaies suit celle du franc. Le deuxième pilier est celui de la liberté de transfert, assurée entre les pays utilisant le franc CFA et la France. Ce principe donne toute la latitude nécessaire aux entreprises françaises, par exemple, pour investir et désinvestir librement en zone CFA et également rapatrier leurs profits et dividendes. Troisième pilier : la « garantie de convertibilité » du Trésor français. Selon ce principe, le Trésor français s'engage à prêter à la BCEAO et à la BCEAEC les montants en francs qu'elles désirent, dans le cas où le niveau de leurs réserves de change se retrouverait à zéro. En contrepartie de cette « garantie », ces deux banques centrales ayant Paris pour siège doivent déposer l'intégralité de leurs réserves de change dans un « compte d'opérations », un compte spécial du Trésor français ouvert pour chacune d'elles. Toute conversion de francs CFA en devises s'effectue sur le marché des changes de Paris sous le contrôle du Trésor français. Il s'agit du quatrième pilier : la « centralisation des réserves de change ». Jusqu'à la fin des années 1960, le contrôle des changes dans les pays utilisant le franc CFA s'aligne sur Paris. Les États de la zone franc doivent avoir l'autorisation de la France pour commercer avec l'extérieur et investir à l'extérieur. S'ils veulent acheter, par exemple, des automobiles ou des réfrigérateurs hors du pré carré français, le consentement préalable de Paris est nécessaire.

Pourquoi, alors que les autres blocs monétaires coloniaux se désintégraient sur le continent africain, que les pays nouvellement souverains se dotaient chacun de leur monnaie nationale, la France a-t-elle continué à maintenir vaille que vaille ce système archaïque ? Un rapport publié en 1970 par le Conseil économique et social français apporte un début de réponse. La zone franc, c'est-à-dire l'empire commercial et monétaire mis en place par la France en 1939, procure des « avantages incontestables » à la métropole, souligne ce document. La France peut acheter dans sa propre monnaie toutes ses importations dans les pays qui utilisent le franc CFA. C'est un avantage important dans une économie mondiale dominée par le dollar américain puisqu'il permet à la France d'économiser ses réserves de change et de soutenir le cours d'un franc instable. Le rapport du Conseil économique et social précise aussi que le système CFA sert de « garantie aux intérêts français en Afrique » : les entreprises françaises bénéficient de « marchés privilégiés », représentant des « débouchés à la fois importants et stables ». Elles ont aussi la certitude de pouvoir rapatrier leurs capitaux et leurs profits sans craindre une variation du taux de change du franc CFA vis-à-vis du franc. Comme les pays de la zone franc ont des excédents commerciaux vis-à-vis du reste du monde, leurs réserves de change bénéficient au Trésor français qui les utilise parfois pour payer sa dette. Enfin, le rapport du Conseil économique et social souligne que la « garantie de convertibilité » n'a pas été activée jusque-là pour la BCEAO et la BCEAEC. Il faut dire qu'un défaut de réserves en devises pour ces deux banques centrales est un scénario rendu très peu probable. Paris gère directement leur politique monétaire, contrôle leurs réserves de change et les astreint à des règles de gestion strictes. « La France ne garantit le franc CFA que parce qu'elle sait que cette garantie ne jouera pas effectivement », observe le président malien Modibo Keïta en 1962. Autrement dit, le système CFA permet à la France de garder le contrôle sur l'économie – et, à travers elle, la politique – de ses anciennes colonies sans presque rien débourser.

Pour les pays utilisateurs, le franc CFA constitue en revanche un frein majeur à leur développement. L'arrimage fixe à la monnaie française leur enlève toute possibilité d'utiliser le taux de change pour s'ajuster lors de chocs économiques. En de telles circonstances, ils n'ont pour seule option que la « dévaluation interne », c'est-à-dire la baisse des dépenses publiques et du niveau de vie des populations. La surévaluation du franc CFA (sa valeur externe élevée au regard des fondamentaux économiques des pays qui l'utilisent) pénalise par ailleurs la compétitivité de leurs exportations et facilite les importations au détriment de la production locale. De plus, les banques centrales de la zone franc sont obligées, pour défendre la parité fixe vis-à-vis de la monnaie française, de durcir les conditions de financement des économies. Ainsi privés de financements, les États se tournent vers des emprunts en monnaie étrangère qui réduisent encore leur marge de manœuvre. Autre handicap de taille : le principe de libre transfert du système CFA facilite les sorties de capitaux. Au bout du compte, le franc CFA ne permet pas aux pays de la zone franc de mobiliser leurs ressources locales et d'avoir une véritable politique d'industrialisation. Il les maintient dans le statut de pourvoyeurs de matières premières.

Remous en zone franc

Dès les premières années des indépendances, des dirigeants et économistes africains voient bien que la France garde leurs États sous sa coupe grâce au franc CFA. Hamani Diori observe par exemple en mars 1962 que la zone franc a « abouti à maintenir les pays africains dans une dépendance économique à caractère unilatéral et par là même incompatible avec la notion de souveraineté nationale ». Lorsque certains pays tentent de se défaire de ces liens plus qu'étouffants, Paris s'arrange pour tuer dans l'œuf toute velléité d'émancipation économique et monétaire. Ainsi, quand le Mali présidé par Modibo Keïta crée sa monnaie et quitte la zone franc, en 1962, la France ne fait rien pour lui faciliter la tâche. Bien au contraire : elle met à contribution ses affidés de l'UMOA qui instaurent des barrières commerciales pour isoler davantage ce pays enclavé. Quant à Sylvanus Olympio, le président du Togo, porteur d'un projet d'indépendance monétaire, il est assassiné en 1963 par un groupe de militaires togolais liés à la France, dont un certain Étienne Gnassingbé Eyadéma. Si la lumière n'a jamais été faite sur les circonstances exactes et les responsabilités de ce meurtre, il est établi que l'ambassade de France à Lomé a eu un rôle pour le moins trouble [→ p. 256]. Alors que le projet d'Olympio de doter son pays d'une monnaie nationale était à un stade avancé, il est abandonné par son successeur.

Après une brève accalmie (1963-1969), une seconde vague de contestations à l'égard du franc CFA commence à enfler à la fin des années 1960. Le monde vit alors une période de turbulences et d'incertitudes monétaires qui affectent le franc français et les deux francs CFA. Une dévaluation du franc opérée en 1969 crée des tensions entre Paris et certains chefs d'État africains, ces derniers reprochant au gouvernement français d'avoir pris cette mesure sans les consulter, en violation délibérée des dispositions des accords de coopération monétaire et de l'esprit de « partenariat » d'égal à égal censé les régir. Or cette dévaluation a des conséquences immédiates et importantes pour les pays africains : un renchérissement de leur dette extérieure et de la facture de leurs importations, mais aussi des pertes de change, étant donné que leurs réserves de change sont détenues à 100 % en francs français.

C'est dans ce contexte qu'Hamani Diori se rapproche de l'économiste franco-égyptien Samir Amin et le charge en 1969 de lui soumettre une proposition de réforme du franc CFA. Samir Amin est loin d'être un inconnu. Professeur d'économie à l'Université de Dakar de 1963 à 1967, il a produit des analyses tranchantes contre le franc CFA dans des articles académiques. Diori sollicite également les services d'un professeur d'économie canadien, Rodrigue Tremblay, dont les vues font écho à celles de Samir Amin. L'idée de Diori est de produire un projet de réforme à présenter aux autres dirigeants de l'UMOA puis au président Pompidou. Son mémorandum « relatif à l'évolution souhaitable des objectifs, des structures et des mécanismes de la zone franc » porte l'empreinte de ses deux conseillers économiques. Il constitue une « critique radicale de la zone franc », selon l'historien Olivier Feiertag. Le mémorandum défend la nécessité d'une africanisation des institutions de la zone franc. Il émet également le vœu d'une politique monétaire à la fois plus autonome vis-à-vis de la France et plus favorable au développement. Il est approuvé à Abidjan le 8 février 1971 par les pays membres de l'UMOA, à l'exception du Sénégal et de la Mauritanie. La Côte d'Ivoire, la plus grande économie de la zone, s'en distanciera par la suite.

La démarche du président nigérien est osée, vu l'attachement de la France au franc CFA. C'est aussi une relative prise de risques pour Samir Amin. En raison de ses positions anti-impérialistes, l'économiste marxiste est surveillé étroitement par le ministère français de l'Intérieur, lequel ne manque pas d'envoyer des notes à son propos au Quai d'Orsay. Preuve que la lutte pour la décolonisation monétaire est âpre, Samir Amin doit régulièrement croiser le fer avec des économistes qui défendent, selon son expression, les « positions paléo-coloniales » du gouvernement français. Parmi eux, il y a Sylviane et Patrick Guillaumont, un couple d'économistes français, qui demeureront pendant les décennies suivantes les intellectuels organiques les plus emblématiques de l'impérialisme monétaire français.

Samir Amin n'est pas le seul économiste africain à produire des travaux critiques sur le système CFA. Mamadou Diarra, ancien directeur de l'Office national des changes du Sénégal, constate avec lucidité que le franc CFA est une « solution de facilité » et qu'il « ne constitue pas, à proprement parler, une monnaie, mais seulement un sous-multiple du franc français auquel il est lié ». Il le démontre dans son opus *Les États africains et la Garantie monétaire de la France* (1972).

Vent de fronde

Devenu le chef de la dissidence en Afrique de l'Ouest, Hamani Diori n'est pas isolé comme l'étaient, quelques années plus tôt, Sékou Touré et Modibo Keïta [→ II.3]. C'est au nom de son pays, mais aussi des quatre autres membres du Conseil de l'Entente (Côte d'Ivoire, Dahomey, Haute-Volta, Togo), qu'il transmet à l'ambassade de France à Niamey, à la veille de la visite de Pompidou, sa demande de réorganisation de la zone franc. Dans les mois qui suivent, le gouvernement nigérien voit l'attitude de ses partenaires français changer au point de lui apparaître hostile. Le franc CFA n'est pas le seul point de discorde entre les deux pays. L'uranium nigérien exploité par la France est aussi source de tensions : Diori voudrait que le Niger reçoive une meilleure rémunération, ce à quoi Paris s'oppose [→ V.9].

Les autorités françaises font certes pression sur le président nigérien pour qu'il renonce à ses exigences, mais les temps ont changé depuis 1960. Les relations franco-africaines, jugées trop favorables à l'ancienne métropole, sont la cible de critiques de plus en plus nombreuses dans l'opinion publique africaine. Elles s'expriment publiquement, comme Pompidou a pu s'en rendre compte lors de sa visite à Niamey. Non seulement le président français a été chahuté à son arrivée sur le trajet de l'aéroport, mais les élèves des établissements secondaires se sont aussi mis en grève, et des tracts ont circulé. « La France est la source de tous nos maux et de toutes nos misères… Elle continue à sucer goutte à goutte le sang de nos peuples », disait l'un d'eux. Un an auparavant, alors que Pompidou était en visite à Nouakchott, écoliers et lycéens mauritaniens avaient eux aussi lancé une grève. Là-bas, c'était un œuf qui avait été lancé sur le président français. Des slogans avaient été inscrits sur des murs de la ville : « À bas Pompidou ! »

Le mouvement est large puisqu'il s'étend aussi à l'Afrique centrale. En mars 1972, Marien Ngouabi, président de la République populaire du Congo, fait part à son tour à Georges Pompidou de la volonté de son gouvernement de voir révisés les accords de coopération passés entre Paris et Brazzaville, et se dit mandaté par ses pairs des autres pays membres de l'Union douanière et économique de l'Afrique centrale (UDEAC), à savoir le Cameroun, la République centrafricaine, le Gabon et le Tchad, pour « discuter des problèmes touchant cette organisation de la zone franc ». Mais les dirigeants des pays de la zone franc, conscients du danger, font tout pour mécontenter le moins possible leurs interlocuteurs. « Dire la vérité à nos partenaires français comporte toujours de sérieux risques, surtout lorsque nous entendons faire prévaloir les véritables intérêts de nos peuples », explique anonymement un responsable politique togolais au *Monde* en 1972. Après avoir atermoyé pendant plusieurs mois, Paris finit par ouvrir des négociations.

En novembre 1972, Pompidou effectue son troisième voyage présidentiel en Afrique subsaharienne. Il est reçu en Haute-Volta et au Togo. Il s'agit pour lui de montrer que les turbulences des mois précédents n'ont pas érodé les relations franco-africaines, que les « liens de coopération » restent solides. Très bien accueilli à Ouagadougou, il annonce, sûr de lui, que quelques changements seront opérés pour assouplir ce partenariat franco-africain. Pierre Billecocq, secrétaire d'État chargé de la Coopération, qui voyage avec lui, expose des projets de réforme monétaire : « On peut concevoir une zone franc pure et dure et, en deçà, à l'intérieur d'un autre cercle concentrique, une autre zone franc au sein de laquelle les États pourraient avoir leur monnaie nationale, mener leur propre politique de crédit et d'investissements, étant entendu que, pour les échanges extérieurs, ils conserveraient le franc CFA comme monnaie de référence. » Il fait le commentaire suivant, en forme d'aveu : « Nous commençons à cesser de nous mêler de tout. »

Mais à Lomé, rien ne se passe comme prévu avec Étienne Gnassingbé Eyadéma, pourtant considéré comme l'un des relais les plus fiables de la France en Afrique de l'Ouest. À l'issue d'un dîner donné en l'honneur de Pompidou, le chef de l'État togolais porte un toast au goût irritant : il remet en cause la parité du franc CFA avec le franc français, disant qu'elle « ne correspond pas à la réalité » et souhaitant qu'« une étude exhaustive » permette de déterminer rapidement « une nouvelle parité, plus favorable à nos peuples ». Il enchaîne en fustigeant le fait que le franc CFA n'ait pas le statut de monnaie internationale, qu'il ne soit pas accepté, hors de la zone franc, dans les échanges commerciaux et financiers. Pour Eyadéma, l'intérêt de la garantie de convertibilité de Paris est difficile à mesurer si le franc CFA n'a pas de vie internationale propre, indépendamment du franc français. Georges Pompidou, qui n'a pas prévu l'estocade, est obligé d'improviser une réponse. « Nous sommes disposés [...] à toutes les évolutions et à toutes les facilités, sous une réserve cependant, c'est que l'indépendance, c'est que la souveraineté que peuvent réclamer les autres ont leurs limites dans la garantie que donne l'État français. L'une est liée à l'autre », réplique-t-il, acerbe. Ce qui veut dire qu'accepter la « garantie française » revient à concéder en partie sa souveraineté monétaire et politique au profit de Paris.

Concessions cosmétiques

Contrairement à ce que laissait entendre Pierre Billecocq, la France s'organise pour effectuer des changements de façade. Une stratégie qu'elle poursuivra dans les décennies suivantes : chaque fois que les critiques s'intensifient contre le système CFA, les dirigeants français lâchent du lest et procèdent à quelques modifications cosmétiques pour mieux en sauvegarder les piliers [→ p. 912].

En ce début des années 1970, la France consent à ce que les sièges des banques centrales soient transférés de Paris vers Yaoundé en 1977 pour la BCEAEC, rebaptisée « BEAC » (Banque des États de l'Afrique centrale), et vers Dakar en 1978 pour la BCEAO. Elle baisse aussi la part obligatoire des réserves de change que les banques centrales doivent déposer au Trésor français (on passe de 100 % à 65 %)[1]. Elle accepte également l'« africanisation » du personnel des deux banques centrales et la diminution du nombre de ses propres représentants au sein de leur conseil d'administration, tout en conservant un droit de veto. Paris continue ainsi de tenir fermement les rênes du franc CFA. Son contrôle est juste rendu un peu moins visible qu'auparavant.

Les manœuvres de l'État français échouent partiellement : deux pays, la Mauritanie et Madagascar, quittent la zone franc en 1973. La Mauritanie voulait rester liée à la zone franc tout en gardant la garantie du Trésor français via un « compte d'avances », à savoir une ligne de crédit ouverte en francs auprès du Trésor français avec un montant plafonné et sans obligation de dépôt des réserves de change. En contrepartie, elle aurait ouvert une ligne de crédit d'un montant équivalent dans sa propre monnaie au bénéfice du Trésor français. Sans surprise, Paris repousse cette idée, espérant la décourager d'aller plus loin. Les autorités françaises refusent par la suite d'apporter à Nouakchott une aide technique pour le lancement d'une monnaie nationale. Quant à Madagascar, c'est après de longues négociations avec Paris que ses autorités ont créé une monnaie nationale et fait en sorte que le pays se détache de la zone franc. Les dirigeants malgaches, arrivés au pouvoir à l'issue d'un mouvement de contestation nationale portant sur les accords de coopération franco-malgaches, ont pu mener ce projet grâce à un fort soutien populaire et parce que Pompidou voyait peu d'intérêt, sur le plan économique, à maintenir Madagascar dans la zone franc (à l'inverse du ministère des Finances). Les départs de Madagascar et de la Mauritanie seront « compensés » par les arrivées de la Guinée équatoriale, ex-colonie espagnole, qui rejoint la zone franc en Afrique centrale en 1985, et de la Guinée-Bissau, ex-colonie portugaise devenue membre de l'UMOA en 1997.

Certains historiens comme Olivier Feiertag interprètent rétrospectivement l'« africanisation » des institutions de la zone franc opérée au début des années 1970 comme un épisode de « décolonisation monétaire » ayant débarrassé le franc CFA et sa gestion de toute relique coloniale. Ce point

1. Cette proportion sera ramenée à 50 % à partir du milieu des années 2000.

de vue ne peut être plus erroné. Les quelques concessions obtenues par les pays de la zone franc ne touchent pas le cœur du système, à savoir la parité fixe avec le franc, le principe de libre transfert et la prétendue garantie française. Les critiques des économistes comme Samir Amin sur la surévaluation chronique du franc CFA, l'absence de politique monétaire autonome ou le monopole des banques étrangères (françaises) sur l'allocation du crédit intérieur n'ont pas été prises en compte. Et pourtant, leur pertinence sera démontrée dans les années 1980, avec la crise de la dette qui nécessitera des ajustements économiques particulièrement douloureux, dont le point culminant sera la dévaluation de 1994 du franc CFA, décidée en dépit de la promesse de « garantie de convertibilité » du Trésor français. En 1980, Joseph Tchundjang Pouemi, brillant économiste camerounais démissionnaire du Fonds monétaire international (FMI), fait le constat amer dans son livre *Monnaie, servitude et liberté. La répression monétaire de l'Afrique* que « la France est le seul pays au monde à avoir réussi l'extraordinaire exploit de faire circuler sa monnaie, et rien que sa monnaie, dans des pays politiquement libres ». Il se trompe néanmoins sur un point : si la France a pu imposer l'utilisation de sa monnaie à ses anciennes colonies, c'est bien parce qu'elle ne leur a jamais permis de gagner une réelle autonomie politique. Même rendue invisible, la laisse monétaire continue d'être un obstacle majeur à l'autodétermination des peuples africains.

Repères bibliographiques

Conseil économique et social, « Les problèmes monétaires de la zone franc », séances des 10 et 11 mars 1970, *Journal officiel de la République française*, 15 avril 1970.

Olivier Feiertag, « La politique du franc CFA (1959-1974) : le tournant de la décolonisation monétaire », *in* Jean-Pierre Bat, Olivier Forcade et Sylvain Mary (dir.), *Jacques Foccart : archives ouvertes (1958-1974). La politique, l'Afrique et le monde*, Presses de l'Université Paris-Sorbonne, Paris, 2017.

Robert Julienne, *Vingt ans d'institutions monétaires ouest-africaines, 1955-1975*, L'Harmattan, Paris, 1988.

Fanny Pigeaud et Ndongo Samba Sylla, *L'Arme invisible de la Françafrique. Une histoire du franc CFA*, La Découverte, Paris, 2018.

Joseph Tchundjang Pouemi, *Monnaie, servitude et liberté. La répression monétaire de l'Afrique*, Jeune Afrique, Paris, 1980.

Chapitre 3

Foccart, Marenches, Journiac : trois « crocodiles » dans le marigot du renseignement franco-africain

David Servenay

« L'homme des affaires secrètes ». La rédaction du *Nouvel Observateur* a fait preuve de sobriété pour sa couverture du 20 octobre 1969. Un fond noir, un cercle et un visage : celui de Jacques Foccart. L'hebdomadaire publie la première biographie de l'homme de l'ombre, de son enfance au sommet du pouvoir. L'auteur de l'enquête, Georges Chaffard, n'est pas un novice. Il s'est fait une réputation avec ses sidérants *Carnets secrets de la décolonisation*, publiés en deux tomes en 1965 et 1967. Le journaliste y raconte les dessous de vingt ans de politique coloniale. Son enquête sur Foccart, publiée en trois parties entre octobre et novembre 1969, pourrait être l'esquisse d'un troisième volume. Mais il n'en aura pas le temps : le 25 novembre 1969, il meurt avec son épouse dans un banal accident de la route sur la RN 10 du côté de Rambouillet. Précisons que rien ne laisse penser à une mort suspecte.

Jacques Foccart sort de l'ombre

Quand *Le Nouvel Observateur* publie son enquête, Jacques Foccart est au sommet de sa puissance… et pourtant, il n'a jamais été aussi contesté. Son nom, peu connu du grand public, a fait irruption dans l'actualité politique française depuis la démission du général de Gaulle, le 27 avril 1969. À vrai dire, « la Foque », comme on l'appelle parfois, accumule les contretemps depuis la ténébreuse affaire Ben Barka en 1965. L'enlèvement de l'opposant marocain, en plein Paris, par des malfrats proches des services de renseignement français, a mis l'Élysée en porte-à-faux. Antoine Lopez, un honorable correspondant du Service de documentation extérieure et de contre-espionnage (SDECE) directement mêlé à l'opération, aurait, selon l'enquête, lâché une petite phrase explosive : « Foccart est au parfum. » Sans plus de précisions. Révélés quelques semaines après la réélection du Général à l'Élysée, ces mots font les choux gras de la presse de gauche. De Gaulle est-il mêlé à l'affaire ? Foccart aurait-il agi sans l'aval de son chef ? Leur implication n'a jamais été prouvée mais la réputation de l'homme de l'ombre, déjà sulfureuse, en prend un coup.

Le Nouvel Observateur, 20 octobre 1969. © *L'Obs. Droits réservés*

Plusieurs autres scandales éclatent à la même période, montrant que la « boîte », comme la surnomment les agents du SDECE, n'est pas si bien tenue et que des courants contradictoires s'y affrontent brutalement. L'affaire Thyraud de Vosjoli, ancien chef de poste à Washington qui a fait défection aux États-Unis en octobre 1963, révèle ces failles. S'appuyant sur les révélations d'un transfuge du KGB qui évoque l'existence d'un réseau de taupes soviétiques en France, sous le nom de « Saphir », Philippe Thyraud de Vosjoli est persuadé que les Soviétiques se sont infiltrés jusqu'au sommet de l'État français. Foccart lui-même aurait été retourné par Moscou ! Accusation étonnante quand on connaît son anticommunisme viscéral, mais que certains milieux trouvent crédible à l'époque où de Gaulle multiplie les pieds de nez à Washington. L'affaire Saphir rebondit en tout cas dans l'univers de la fiction : elle inspire le best-seller du romancier américain Leon Uris, *Topaz*, publié en 1967 et porté à l'écran deux ans plus tard par Alfred Hitchcock[1].

Le summum est atteint avec la pitoyable affaire Markovic qui traumatise Georges Pompidou quelques semaines après son départ de Matignon. En octobre 1968, Stevan Markovic, ancien garde du corps yougoslave de l'acteur Alain Delon, est retrouvé mort dans une décharge à côté d'Élancourt (Yvelines), abattu d'un tir de 6,35 mm dans la nuque. L'enquête patine et donne lieu à de multiples rumeurs, dont celle de l'organisation de parties fines impliquant personnalités du show-business et de la politique. L'un de ces « ragots », ainsi que le qualifiera le général de Gaulle, vise Claude Pompidou, l'épouse de l'ex-Premier ministre dont il existerait des photos compromettantes. Indirectement, le SDECE se trouve mêlé à l'affaire. Trois de ses officiers traitants (dont Jean-Charles Marchiani, futur collaborateur de Charles Pasqua) auraient diffusé en sous-main de faux clichés où Mme Pompidou apparaît. Rien n'est vrai dans ce tissu d'affabulations – ce sont des montages grossiers –, mais l'affaire restera une plaie ouverte pour le couple Pompidou, qui estime avoir été lâché par certains de ses amis politiques, sur fond de manipulation des services.

La gauche n'est pas la seule à viser Foccart. À droite aussi, certains caciques s'impatientent. La démission de De Gaulle en avril 1969 leur donne l'occasion d'agir. Candidat à la présidentielle, Alain Poher, qui assure l'intérim en tant que président du Sénat, profite de l'occasion : il démet immédiatement Foccart de ses fonctions et fournit à la presse quelques boules puantes. « Où sont les milliards de l'Élysée ? » s'interroge le 21 mai *Le Canard enchaîné*, en référence aux fonds secrets que de Gaulle aurait mis à la disposition de Foccart. Ce dernier est soupçonné de les avoir détournés à son profit. Deux semaines plus tard, l'hebdomadaire satirique l'accuse d'avoir fait installer à l'Élysée des micros et une table

1. Sous le titre *L'Étau* en français.

d'écoute – la « commode à Foccart » – permettant de capter toutes les conversations du palais, jusque dans le bureau du président ! Accusations jamais prouvées mais qui amènent la presse à braquer les projecteurs sur l'homme de l'ombre et ses pratiques obscures.

Victorieux de Poher au second tour de la présidentielle, le 15 juin 1969, Georges Pompidou rappelle Foccart à ses côtés. « Vous êtes un personnage connu et aimé des Africains, vous êtes devenus un symbole pour eux », lui explique-t-il. Foccart est confirmé dans ses fonctions de secrétaire des Affaires africaines et malgaches. Son poste n'est officiellement plus rattaché « à la présidence de la République », relèvent les observateurs, mais le secrétariat de Foccart, jusque-là installé dans l'hôtel de Noirmoutier, déménage en 1970 au 2, rue de l'Élysée, une annexe du palais. Foccart conserve son fidèle bras droit, René Journiac, et le gros de son équipe. Ainsi se perpétue le « système Foccart » [→ II.5], à la grande satisfaction de Pompidou. « Vous êtes vraiment irremplaçable dans ce secteur », confie le président à son « Monsieur Afrique ».

S'il garde la main sur les affaires africaines, Foccart se voit en revanche retirer la liaison élyséenne avec les services de renseignement, car il a aussi des ennemis et des rivaux au cœur même de la galaxie gaulliste. C'est le cas de Pierre Juillet, ami de longue date de Pompidou et « chargé de mission » à l'Élysée. Derrière cette modeste étiquette, en duo avec Marie-France Garaud, Juillet s'occupe en fait des dossiers sensibles. Avocat de formation, ancien responsable du RPF, le parti gaulliste, dans le Limousin, Pierre Juillet s'intéresse peu à l'Afrique mais beaucoup aux services de renseignement. Il a dirigé dans les années 1950 l'agence de presse Opera Mundi (qui édite *Le Journal de Mickey*) à Bruxelles. Une situation qu'il utilise comme couverture, puisqu'il est alors répertorié comme honorable correspondant du SDECE, sous le pseudonyme de « Belvédère ».

Alexandre de Marenches contre les « barbouzes »

Mais la principale bête noire de Foccart s'appelle Alexandre de Marenches. Nommé directeur général du SDECE en octobre 1970, « Porthos », comme on le surnomme en raison de son imposant gabarit et de sa large moustache, doit son poste aux recommandations croisées de Pierre Juillet et de Pierre Messmer.

Foccart prend très mal cette nomination, dont il est informé… par la presse ! « Je n'ai plus le sentiment de faire partie d'une équipe », se plaint-il lors d'un (rare) tête-à-tête avec Juillet. Se confiant à son journal le 8 décembre 1970, il ne cache pas son amertume : « Ce Marenches, qui passe son temps avec Juillet, semble tout à fait dans sa main et il n'a pas même demandé à me voir. J'ai l'impression que Juillet poursuit toujours une espèce de jalousie ; il veut être auprès de Pompidou ce qu'il s'est imaginé que j'ai été auprès du Général, et je lui porte ombrage. »

Foccart a raison de s'inquiéter, car la mission assignée à Marenches est claire : faire le ménage au sein du SDECE pour éviter de nouveaux scandales. Foccart, dont l'influence au sein du SDECE est souvent dénoncée, n'est pas la cible unique de la purge annoncée. Mais la « défoccartisation » du service est à l'ordre du jour. « M. Foccart a été l'homme des affaires spéciales, ou réservées, du Général, expliquera le nouveau maître espion quelques années plus tard dans ses Mémoires coécrites avec la journaliste Christine Ockrent. Il avait monté un certain nombre de réseaux en Afrique noire surtout, où malheureusement il y a eu confusion des genres. [...] L'une des missions qui m'avaient été confiées par le président Pompidou a été de mettre fin à ces opérations de "barbouzes", impossibles à contrôler et à manipuler » (*Dans le secret des princes*, 1986).

La nature de cette mission explique en partie la nomination surprise du nouveau patron du SDECE, totalement inconnu jusque-là dans le monde du renseignement. S'il a été un honorable correspondant du service, sous le pseudonyme de « Pervenche », Marenches n'est issu d'aucune des filières traditionnelles de recrutement des chefs espions : l'armée, la diplomatie ou la préfectorale. Il n'a pas fait Saint-Cyr, il sort brigadier-chef de l'école des sous-officiers, avec un mauvais classement. En revanche, il a fait une « belle guerre » aux côtés du général Juin, dont il est l'interprète et le représentant personnel auprès des états-majors américain et britannique. Ce qui lui vaut d'avoir un carnet d'adresses sans égal dans les hautes sphères militaires anglophones.

Réputé pour son snobisme et son aisance dans les mondanités internationales, le comte de Marenches tranche avec Foccart, d'aspect plus rustaud, plus franchouillard, plus direct dans ses expressions. Les deux hommes ont pourtant de nombreux points communs. Ils viennent tous deux d'un milieu aisé : la noblesse piémontaise émigrée en France au XVe siècle pour Marenches, les riches familles békés des Antilles pour Foccart. Tout en ayant une haute idée du service de l'État, ils jouissent d'une fortune personnelle suffisante pour ne pas dépendre financièrement de leurs positions institutionnelles. Autodidactes l'un comme l'autre, ayant arrêté leurs études après le baccalauréat, ils nourrissent un certain mépris pour les technocrates formés dans les grandes écoles.

Les deux hommes partagent surtout un même ancrage politique, très à droite du champ idéologique. Ils nourrissent une aversion totale pour le communisme et n'ont qu'une très relative confiance dans la démocratie. Dans ses Mémoires, Marenches ne cesse de fustiger la « démocratie molle », vouée selon lui à l'échec face à la pression exercée par le bloc de l'Est. Il ne conçoit pas dans ce qu'on appelle alors le « tiers-monde » d'autres régimes possibles qu'autoritaires. Marenches s'entend donc à merveille avec tout ce que le Moyen-Orient et l'Afrique comptent de despotes. Il entretient des relations privilégiées avec le roi du Maroc Hassan II, apprécie beaucoup le président du Sénégal Léopold Sédar Senghor et ne cache pas sa proximité avec les régimes saoudien, iranien ou sud-africain.

Marenches et Foccart divergent cependant sur un point : les relations franco-américaines. Le premier revendique sa proximité avec Washington. Le second se présente comme le gardien fidèle de l'indépendance gaullienne à l'égard des Américains. « Sans du tout en être conscient, car c'est certainement un homme très loyal et très honnête intellectuellement, Marenches est complètement inféodé aux Américains et ne jure que par eux », explique perfidement Foccart lors d'un tête-à-tête avec Pompidou à l'été 1971. « Oui, oui, je m'en suis rendu compte, répond le président. Je le sais. »

Dès sa nomination à la tête du SDECE, qu'il dirigera pendant onze ans (record inégalé sous la Ve République), Alexandre de Marenches entame une réorganisation en profondeur du service. Il limoge d'emblée une vingtaine de personnes, soupçonnées d'avoir participé aux coups tordus de la période précédente ou d'être trop liées aux milieux communistes. Principal bénéficiaire de ce chambardement : le colonel Jeannou Lacaze, placé en avril 1971 à la tête de la Direction du renseignement (DR). Passé par Saint-Cyr, ancien de la Légion étrangère, vétéran de l'Indochine et de l'Algérie, le « Sphinx » conservera ce poste stratégique jusqu'en 1976.

Sur le pré carré africain, Marenches s'attaque directement aux « foccartiens ». En ligne de mire : Maurice Robert, binôme de Foccart au SDECE et chef pendant une décennie du service Afrique noire, le secteur N, qu'il a mis sur pied en 1959 [→ II.5]. Promu chef du service de renseignement en 1968, Robert garde la haute main sur les affaires africaines du SDECE, à travers ses deux successeurs à la tête du secteur N (Étienne Léon-Kindberg et Jean-Louis Simon). Protégé par Foccart à l'Élysée, il conserve son poste pendant quelque temps. Mais, harcelé par Marenches, il démissionne finalement du SDECE fin 1973… pour rejoindre le groupe Elf.

René Journiac face à la dispersion des « réseaux »

La mort de Georges Pompidou en avril 1974 et l'élection de Valéry Giscard d'Estaing en mai vont rebattre les cartes. Foccart est congédié et son secrétariat général aux Affaires africaines liquidé, mais le fantôme de l'« irremplaçable » conseiller continue de hanter l'Élysée. VGE conserve son bras droit, René Journiac, et en fait son « Monsieur Afrique ». Le système Foccart se perpétue donc… sans Foccart.

Ancien résistant, militant gaulliste, magistrat colonial intégré au secrétariat général de la Communauté dès 1959, Journiac est devenu dans les années 1960 l'un des principaux adjoints de Jacques Foccart. Lorsque Pompidou arrive à Matignon en avril 1962, Journiac est placé à ses côtés comme conseiller pour les questions africaines. « Ce que Foccart est à de Gaulle, Journiac le devient dès lors pour Pompidou », note l'historien Pascal Geneste dans le livre *Jacques Foccart : archives ouvertes (1958-1974)*. Journiac revient à l'Élysée en 1967 et prend donc le relais de son mentor en 1974, avec l'aide d'une équipe restreinte de conseillers.

S'il déteste Foccart, symbole du gaullisme barbouzard, Giscard se prend d'affection pour son successeur. « Les deux hommes s'entendent parfaitement, note *L'Express* en 1979 : le Président, qui sollicite constamment Journiac, apprécie sa discrétion, sa rigueur de juriste, sa compétence reconnue par tous. Même ceux que rebute sa froideur et qu'irrite sa tendance "excessive" au secret saluent son intégrité et son dévouement. Sibyllin, un ministre ajoute : "Journiac, c'est Foccart plus Journiac." »

Journiac met donc ses pas dans ceux de Foccart. Mais l'ambiance a changé depuis le milieu des années 1960. Le paysage franco-africain se diversifie. Les pôles de décision se multiplient. Les réseaux d'influence se dispersent, s'affrontent et s'enchevêtrent. Outre les ministères et organismes intéressés par les affaires africaines, Journiac doit composer avec les héritiers du foccartisme : les agents du SDECE, bien sûr, mais aussi les « réseaux » de Foccart qui essaiment, à Paris comme en Afrique, dans un brouillard toujours plus épais.

Confirmé dans ses fonctions après l'élection présidentielle de 1974, Alexandre de Marenches n'hésite pas à jouer sa propre partition. Et cela d'autant plus qu'il entretient des relations orageuses avec Valéry Giscard d'Estaing. Envisageant sa fonction comme une sorte de super-diplomatie des coulisses du monde, il ne se soucie guère de l'intendance quotidienne, qu'il délègue à une équipe restreinte : son médecin personnel, Maurice Beccuau, devenu son plus proche collaborateur ; ses directeurs de cabinet successifs, Didier Faure-Beaulieu (1971-1977) puis Michel Roussin (1977-1981)[1] ; les chefs de direction que Marenches n'hésite pas à limoger pour des raisons pas toujours identifiées.

Pour mener à bien sa politique, « Porthos » s'appuie en particulier sur le service Action (SA). Jadis considéré comme un bastion foccartien, mais devenu squelettique depuis le milieu des années 1960, le SA redevient un des fleurons de la « boîte ». En juin 1974, Marenches place à sa tête un aristocrate sorti de Saint-Cyr, réputé pour être un « intellectuel » spécialiste

1. On retrouvera ce dernier dans la galaxie chiraquienne par la suite [→ IV.1].

de la contre-subversion : le colonel Alain Gaigneron de Marolles. Ancien du 11e Choc ayant fait ses armes en Indochine, Marolles s'est notamment illustré aux cours des tentatives de déstabilisation de Sekou Touré [→ II.3]. Sous sa direction, le service Action s'étoffe, employant bientôt 800 personnes, militaires et civils, et se dote d'un « groupement opérationnel » à partir des effectifs du 1er RPIMa de Bayonne. Six commandos spécialisés d'une vingtaine d'hommes chacun, disponibles en permanence pour intervenir discrètement là où c'est nécessaire.

N'hésitant pas à sous-traiter les affaires courantes, Marenches s'investit dans les grandes « affaires du monde ». Dans les mois qui suivent l'élection de VGE, il met sur pied une alliance informelle avec les services de renseignement marocains, égyptiens, iraniens et saoudiens. Nom de code : Safari Club. Conçu comme une plateforme d'échanges de renseignements opérationnels, ce « club » entend contrer les menées communistes, notamment en Afrique, que le document fondateur de l'organisation décrit, le 1er septembre 1976, comme le « théâtre de guerres révolutionnaires encouragées et conduites par l'URSS ». D'où le soutien du Safari Club au maréchal Mobutu, menacé au Shaba (ex-Katanga) par le Front de libération nationale du Congo (FLNC), et au rebelle angolais Jonas Savimbi, chef de l'Unita, en guerre contre le régime de Luanda. Financée en grande partie par l'Arabie saoudite, l'intervention franco-marocaine au Shaba en mars-avril 1977 (opération Verveine) est considérée comme la première opération à laquelle participe le Safari Club [→ chapitre III.5].

S'ils n'en font pas formellement partie, les États-Unis suivent attentivement les activités du Safari Club, que certains auteurs décrivent même comme un faux nez des services américains, alors fragilisés par le scandale du Watergate et handicapés par un contrôle accru de leurs activités. Telle est en tout cas l'analyse de Jean-Christophe Notin, biographe de Marenches, qui décrit ce club comme une « béquille temporaire » de la CIA. Le patron du SDECE, note-t-il, peut certes « se présenter comme le commandant des forces secrètes du monde libre en Afrique, mais il ne doit pas faire oublier le commandant suprême, les États-Unis, pour qui le Safari reste avant tout l'outil permettant de continuer à meurtrir l'URSS en se passant de l'aval des parlementaires ».

Les initiatives très personnelles de Marenches ont le don d'agacer Giscard d'Estaing. Déjà tendues, les relations entre les deux hommes se dégradent encore, en 1978, autour du cas Savimbi. Précieux allié de la France en Afrique australe, le chef rebelle angolais est soutenu à bout de bras par le patron du SDECE qui va jusqu'à le recevoir dans les locaux du service, boulevard Mortier, en novembre 1977. Savimbi est un « géant de l'Histoire » comparable au général de Gaulle, explique-t-il à Christine Ockrent, plein d'admiration. En l'aidant à arracher l'Angola aux communistes, poursuit-il, « nous pourrions disposer d'une zone d'influence culturelle française extrêmement forte et qui irait pratiquement de Tanger, du détroit de Gibraltar, jusqu'à la frontière sud de l'Angola et de la Namibie ».

Mais Giscard ne l'entend pas de cette oreille. Alors que le chef de l'Unita perd un à un ses soutiens occidentaux, y compris américains, le président français demande au SDECE de l'abandonner à son sort. Qu'à cela ne tienne : Marenches choisit de... désobéir. Il maintient clandestinement l'approvisionnement en armes à l'Unita et rend personnellement visite à Savimbi dans son maquis en 1980. « Rarement vit-on désobéissance aussi caractérisée dans un service secret occidental », commentent les journalistes Roger Faligot, Jean Guisnel et Rémi Kauffer. Brouillé avec Marenches, Giscard décide de contourner la direction générale du SDECE... et de travailler directement avec Alain Gaigneron de Marolles, promu fin 1979 numéro deux comme directeur du renseignement. Ambiance.

Les foccartistes à la manœuvre

Éloigné des palais de la République, Jacques Foccart n'est pas pour autant retiré des affaires. Bien au contraire. Jouissant de la confiance inébranlable de plusieurs chefs d'État africains, Félix Houphouët-Boigny et Omar Bongo en tête, connaissant comme personne les intrigues franco-africaines, il mobilise ses réseaux au service de la famille gaulliste.

Soutien de Jacques Chaban-Delmas à la présidentielle de 1974, Foccart mettra longtemps à pardonner à Jacques Chirac d'avoir trahi la « famille ». Le jeune loup gaulliste, cornaqué par Pierre Juillet et Marie-France Garaud, a rallié VGE en pleine campagne et accepté dans la foulée de lui servir de Premier ministre. Stratège réaliste, « la Foque » se rapproche cependant par étapes du nouvel homme fort du gaullisme, qui claque la porte de Matignon en août 1976 et remporte la Mairie de Paris à la barbe du candidat giscardien en mars 1977. Deux éléments facilitent le rapprochement. L'un de nature politique : la crainte de voir les « socialo-communistes » remporter les législatives en mars 1978. L'autre d'ordre plus personnel : la disgrâce de Pierre Juillet, dont Chirac se sépare après le désastreux « appel de Cochin » en décembre 1978.

Revenu à de meilleurs sentiments, Foccart ouvre son riche carnet d'adresses au patron du RPR, dont il devient peu à peu le conseiller officieux pour les affaires africaines [→ IV.1]. Objectif : faire du maire de Paris un candidat crédible à la présidentielle et mettre la « famille » africaine au service de cette ambition. En échange, Chirac ouvre au vieux baron gaulliste les portes de la Mairie de Paris, qui devient pour Foccart l'ancrage institutionnel qui lui manquait depuis son éviction de l'Élysée.

L'accueil en grande pompe du président gabonais Omar Bongo à l'hôtel de ville de Paris, le 2 octobre 1980, symbolise parfaitement cette alliance.

Homme de l'ombre, Foccart n'a bien sûr pas attendu Chirac pour diversifier ses réseaux et redéployer sa « toile d'araignée ». Il cultive ses relations dans les sphères officielles et reste en contact étroit avec René Journiac, son ancien bras droit. Mais son retrait de la vie politique institutionnelle donne à la galaxie foccartienne un caractère de plus en plus clanique.

Le passage de son ami Maurice Robert du SDECE à Elf est révélateur de cette évolution. Le P-DG d'Elf, Pierre Guillaumat, lui-même ancien des « services », avait dès les années 1960 recruté des agents du SDECE et doté le groupe de son propre service de renseignement. Embauché le 1er janvier 1974 avec l'appui de son ami Guy Ponsaillé, le colonel Robert complète le dispositif en mettant au service d'Elf ses vingt ans d'expérience au SDECE. Grâce à lui, Foccart dispose d'une puissante antenne à l'intérieur d'Elf et n'ignore rien des pratiques corruptrices du richissime groupe pétrolier public [→ IV.4].

Bastion de la compagnie, le Gabon constitue l'appendice africain de la nébuleuse foccartienne. Un vrai bouillon de culture : militants du Service d'action civique (SAC), officiers de renseignement à la retraite, journalistes à gages, policiers ripoux, affairistes, mercenaires… Toute une faune navigue entre le palais présidentiel d'Omar Bongo, les bureaux d'Elf-Gabon et les coulisses de l'ambassade de France. Laquelle est occupée par le très foccartien Maurice Delauney, déjà titulaire du poste de 1965 à 1972, qui revient à Libreville en 1975. Il sera remplacé en novembre 1979 par… Maurice Robert !

Les adversaires de Foccart, Giscard et Marenches en particulier, observent avec inquiétude la constitution d'une sorte d'État dans l'État entre Paris, Abidjan et Libreville. En 1977, la direction du SDECE diligente une enquête pour identifier les ramifications multiples de la galaxie foccartienne.

Le pouvoir de nuisance de l'homme de l'ombre s'illustre en particulier au cours de l'« affaire des diamants », révélée par *Le Canard enchaîné* en octobre 1979 quelques jours après le putsch français contre l'empereur Bokassa Ier [→ III, introduction]. L'histoire sort sous la plume de Pierre Péan grâce aux informations fournies par un haut fonctionnaire, Maurice Espinasse. Mais l'affaire rebondit lorsque l'étrange journaliste Roger Delpey, confident de Bokassa et proche de Foccart, affirme à la presse détenir des documents explosifs. Foccart était-il « au parfum » ? En tout cas, l'affaire vaut à Delpey un séjour de six mois en prison pour « intelligence avec l'ennemi » et à Péan de se faire un nom dans le paysage des affaires africaines [→ p. 672].

Dans les mois suivants, le SDECE poursuit ses investigations anti-foccartiennes. « Tout ce qu'a fait Marenches contre Foccart, pratiquement, cela a été un échec, assure Pierre Péan dans un documentaire réalisé en 2010 par Cédric Tourbe. Et pourtant, ils ont mis le paquet ! » Le journaliste, auteur en 1990 d'une biographie de l'homme de l'ombre, reconnaît pourtant que la documentation accumulée boulevard Mortier n'aura pas été complètement inutile : « Quand j'ai fait mon livre sur Foccart, disons qu'il m'est arrivé discrètement un dossier de 200 ou 300 pages, qui était fabriqué exclusivement pour "taper" Foccart et ses réseaux. »

Repères bibliographiques

Jean-Pierre BAT, *Les Réseaux Foccart. L'homme des affaires secrètes*, Nouveau Monde, Paris, 2018.

Jean-Pierre BAT, Olivier FORCADE et Sylvain MARY (dir.), *Jacques Foccart : archives ouvertes (1958-1974). La politique, l'Afrique et le monde*, Presses de l'Université Paris-Sorbonne, Paris, 2017.

Roger FALIGOT, Jean GUISNEL et Rémi KAUFFER, *Histoire politique des services secrets français*, La Découverte, Paris, 2012.

Jacques FOCCART, *Journal de l'Élysée*, 5 vol., Fayard/Jeune Afrique, Paris, 1997-2001.

Alexandre de MARENCHES (avec Christine Ockrent), *Dans le secret des princes*, Stock, Paris, 1986.

Jean-Christophe NOTIN, *Le Maître du secret. Alexandre de Marenches. Légende des services secrets français*, Tallandier, Paris, 2018.

Cédric TOURBE (avec Laurent DUCASTEL) *Foccart, l'homme qui dirigeait l'Afrique*, documentaire, 90 min., K'ien Productions, 2010.

Frédéric TURPIN, *Jacques Foccart. Dans l'ombre du pouvoir*, CNRS Éditions, Paris, 2015.

La droite française transforme les expatriés français en Afrique en cheptel électoral (1978)

La loi 77-805 du 19 juillet 1977 « tendant à faciliter le vote des Français établis hors de France » simplifie les démarches des électeurs vivant à l'étranger. Éprouvant de grandes difficultés à participer aux scrutins hexagonaux, en raison des complications administratives liées à l'éloignement géographique, ces derniers peuvent désormais s'inscrire sur les listes électorales de la commune métropolitaine de leur choix, à condition que celle-ci compte plus de 30 000 habitants et que la proportion d'expatriés ne dépasse pas 2 % des électeurs inscrits.

Cette loi, initiée sous le gouvernement Chirac (1974-1976), est une amélioration considérable pour les 900 000 ressortissants français installés à l'étranger, affirme la majorité gouvernementale : résidant à Bonn ou à New York, par exemple, ils pourront désormais voter à Lille ou à Poitiers sans avoir à y justifier une quelconque attache familiale, résidentielle ou fiscale.

Manœuvre gouvernementale, rétorquent les socialistes et les communistes, qui voient dans cette loi, votée en toute hâte six mois avant la clôture des inscriptions sur les listes électorales, une manigance des partis de droite pour gonfler leurs scores dans les circonscriptions menacées aux législatives de mars 1978. Les partis gouvernementaux, giscardiens et gaullistes, n'ont-ils pas créé, juste avant le vote de la loi, une association, le Rassemblement des Français de l'étranger (RFE), pour centraliser ces opérations ?

L'ambassadeur Maurice Delauney à la manœuvre au Gabon

Les informations publiées par *Le Canard enchaîné* confirment l'entourloupe. Les treize ambassadeurs des pays étrangers accueillant les plus importantes communautés françaises ont été discrètement reçus au Quai d'Orsay par Louis de Guiringaud et Christian Bonnet, respectivement ministres des Affaires étrangères et de l'Intérieur, révèle l'hebdomadaire fin septembre 1977. Leur mission : rassembler des dizaines de milliers de procurations « en blanc », que la majorité pourra ainsi ventiler vers les circonscriptions les plus disputées.

Maurice Delauney, le très foccartien ambassadeur de France à Libreville, apparaît très vite comme l'agent le plus zélé de cette pêche aux procurations. « On imagina de faciliter l'inscription des nouveaux électeurs, que l'on pensait en général favorables à la "majorité", dans les secteurs où la compétition avec l'Union de la gauche risquait d'être particulièrement serrée », explique-t-il dans ses Mémoires (*Kala-Kala*, 1986).

Pour ce faire, Delauney mobilise celui que les expatriés au Gabon appellent le « parrain » : l'entrepreneur Robert Bossard, responsable du RPR à Libreville, président de l'association des Français du Gabon et membre actif de la nébuleuse foccartienne au pays d'Omar Bongo.

« M. Bossard [...] a quitté Libreville, hier soir, porteur de 1 650 demandes d'inscription en blanc pour des villes de plus de 30 000 habitants, et de 1 650 procurations, également en blanc, indique Delauney dans une note diplomatique adressée à Guiringaud. Ces documents seront remis ce jour – ainsi qu'il en avait été convenu avec les représentants des partis de la majorité – au siège du RFE (Rassemblement des Français de l'étranger). Deux envois complémentaires identiques au premier seront respectivement confiés les 21 et 23 décembre à MM. Pierre Fouet et Guy Le Bolas, directeurs de sociétés forestières. »

Le Canard enchaîné, qui publie un fac-similé de ce document en décembre 1977, précise que le nombre de procurations en blanc émanant du Gabon est ainsi porté à 4 950 en quelques semaines.

« Racket électoral ! » s'insurge François Mitterrand, premier secrétaire du Parti socialiste, début 1978, alors que le PS saisit la justice pour dénoncer les irrégularités constatées dans plusieurs villes françaises (Paris, Montpellier, Marseille, Grenoble, etc.).

« Un Watergate à la française »

« Delauney ne doit pas porter seul le chapeau, explique l'hebdomadaire du PS, *L'Unité*, le 6 janvier 1978. Son texte prouve seulement qu'il s'agit d'un vaste complot télécommandé de Paris. » Ainsi, ajoute *L'Unité* en guise d'exemple, un certain M. Bascoul, président de l'Union des remorqueurs du port d'Abidjan, oriente les électeurs français de Côte d'Ivoire vers une circonscription bien précise : celle où la droite tente de battre Georges Frêche, député-maire socialiste de Montpellier.

Le pouvoir giscardien a entrepris une guérilla électorale, affirme encore le PS, exemples à l'appui : il a quadrillé la carte électorale et mobilise les électeurs de l'étranger de façon ciblée. Ceux qui résident en Suisse sont inscrits dans la circonscription du socialiste Jean-Pierre Cot en Savoie ; ceux de Madagascar se retrouvent par centaines à voter dans une circonscription socialiste en Bretagne ; plus de deux cents électeurs de l'île Maurice se prennent subitement de passion pour les joutes électorales en Indre-et-Loire pendant que ceux de Belo Horizonte, au Brésil, se mobilisent pour sauver un candidat RPR à la peine dans les Hauts-de-Seine... Ces tricheries constituent rien de moins qu'un « Watergate à la française », se scandalise l'hebdomadaire socialiste dans son édition du 13 janvier 1978.

Sur les quelque 17 000 inscriptions contestées par la gauche, à peine plus de 2 000 radiations des listes électorales sont prononcées dans les semaines qui précèdent les législatives de 1978. La justice, qui rend des jugements contradictoires, se montre particulièrement coulante avec le pouvoir en place. « À la veille des élections législatives ni l'ampleur exacte d'opérations de "saupoudrage" de voix au demeurant incontestables, ni le rôle joué par certains postes diplomatiques et par [...] le Rassemblement des Français de l'étranger, [association] créée pour la circonstance, n'étaient exactement connus », note Michel Kajman dans les « Dossiers et documents » du *Monde* en mars 1978.

S'il est difficile dans ces conditions de mesurer l'impact exact de cette « fraude légale », une candidate en est incontestablement victime : la socialiste Edwige Avice, battue d'un cheveu dans la 16e circonscription de Paris par le candidat RPR Christian de la Malène. Gaulliste ultra, ancien ministre, premier adjoint de Jacques Chirac à la Mairie de Paris (chargé des finances) depuis 1977, ce dernier a bénéficié du coup de pouce providentiel des électeurs français du Gabon. Mais Edwige Avice, devancée au second tour de 59 voix seulement, ne baisse pas les bras. Elle dépose un recours devant le Conseil constitutionnel, qui reconnaît l'irrégularité et invalide le scrutin. Avice remporte finalement la circonscription en octobre 1978 (elle sera nommée ministre après l'élection de Mitterrand à l'Élysée).

Si l'affaire des « procurations en blanc » tombe progressivement dans l'oubli, elle oblige le PS, jusque-là peu regardant, à s'intéresser de près au poids électoral des Français de l'étranger. Jurant qu'on ne l'y prendrait plus, la direction du parti se dote en 1979 de deux délégués nationaux pour coordonner son action dans ce domaine : Jean-Pierre Bayle et Guy Penne. Chargé spécifiquement des pays africains, gisements de voix stratégiques pour les « chiraquiens » aux législatives, ce dernier deviendra deux ans plus tard le « Monsieur Afrique » du président Mitterrand [→ IV, introduction].

L'affaire laisse également quelques traces au Gabon. S'il est peu probable qu'elle ait un lien avec l'attentat à la voiture piégée qui coûte la vie à Robert Bossard en juin 1979, elle a sans doute contribué – entre autres scandales – à convaincre les dirigeants français d'éloigner Maurice Delauney, devenu le trop voyant symbole des tripatouillages électoraux de la majorité. Il est remplacé à l'ambassade de France à Libreville, en novembre 1979, par un autre pilier du système Foccart : Maurice Robert [→ III.3].

Thomas Deltombe

Chapitre 4

Les mercenaires français à l'assaut du continent africain

Maurin Picard

La poignée d'hommes qui débarque du vol Rome-Salisbury, en Rhodésie du Sud, le 25 février 1961, fait profil bas. Sanglés dans leurs costumes civils impeccables et arborant d'élégantes barbes, ces Français affichent sur leurs passeports de curieux patronymes : Fallquens, Laboudounne ou Bovagein.

Le maladroit subterfuge préfigure le *modus operandi* des « barbouzes » : ces agents de police, des services secrets ou membres de la pègre recrutés quelques mois plus tard par le pouvoir gaullien et dépêchés en Algérie à partir d'octobre 1961 pour lutter contre l'Organisation de l'armée secrète (OAS), sous le couvert d'une organisation baptisée « Mouvement pour la Coopération » (MPC).

Mais ces officiers français sous identité fictive, qui se nomment en réalité Roger Faulques, Yves de La Bourdonnaye ou Jean-Louis Bovagnet, n'ont rien d'une police parallèle, et ne doivent pas être confondus avec les futures « barbouzes » d'Algérie. Officiellement, il s'agit de mercenaires enrôlés par la province sécessionniste du Katanga, au sein du jeune Congo indépendant (ex-Congo belge) : des soldats « perdus », en délicatesse avec le pouvoir gaullien par hostilité envers sa politique algérienne, en quête de fortune et de gloire loin d'une métropole qui les aurait rejetés.

La supercherie perdurera plusieurs décennies, au point de tromper les historiens du gaullisme, qui auront tendance à les décrire comme des soldats de fortune aux loyautés fluctuantes, offrant leurs services au premier régime venu. En réalité, les hommes de Roger Faulques sont des officiers et sous-officiers d'active de l'armée française, vétérans des troupes d'élite (Légion étrangère, régiments parachutistes) en Indochine et en Algérie, en service commandé. Et telle sera pendant des années la mission des mercenaires français en Afrique : servir en qualité de bras armé et clandestin de la France.

Bob Denard, quelque part dans la République démocratique du Congo (futur Zaïre), le 26 septembre 1966. *© AFP*

Du Katanga au Biafra, les premiers pas du mercenariat franco-africain

L'utilisation de mercenaires dans la politique africaine de la France est initiée par deux hommes en particulier : Jacques Foccart, secrétaire aux Affaires africaines et malgaches à la présidence de la République, et Maurice Robert, à la tête du secteur Afrique du SDECE [→ II.5 et III.3]. Anciens officiers de la France libre, ils vont mettre leur savoir-faire au service de la lutte contre les mouvements hostiles à l'influence française sur le continent africain, assimilés à une menace communiste globale. La vague d'indépendances qui submerge l'Afrique à l'orée des années 1960 et le « non » guinéen au référendum de septembre 1958 [→ II.3] amènent le régime gaullien à développer les opérations clandestines pour préserver le pré carré. Les opérations de contre-subversion sont confiées aux *missi dominici* de Foccart et Robert sur le terrain : Jean Mauricheau-Beaupré, chargé de mission à Brazzaville puis à Abidjan, le journaliste Michel Lambinet, le colonel François Bistos, le « consul de choc » Joseph Lambroschini, en poste au Katanga en 1961, ou encore l'ambassadeur Maurice Delauney, en poste au Gabon de 1965 à 1979 (avec une interruption de trois ans).

Grâce à ces relais, l'Élysée joue coup double en déployant sur ordre ses « mercenaires » : d'un côté, il éloigne d'encombrants serviteurs trop attachés à une Algérie française condamnée ; de l'autre, il met leurs compétences au service de régimes africains « amis », comme ceux de Félix Houphouët-Boigny en Côte d'Ivoire, de l'abbé Fulbert Youlou au Congo-Brazzaville, et bientôt de ceux d'Omar Bongo au Gabon et de Joseph-Désiré Mobutu au Congo-Kinshasa [→ III.5].

En terre africaine, l'action des mercenaires obéit à un principe que l'historien Jean-Pierre Bat qualifie d'« illégalisme d'État », s'apparentant à un « feu orange » : aucun ordre écrit, aucun document officiel de quelque sorte que ce soit ne valide l'action et les objectifs poursuivis par les missionnaires, qui acceptent implicitement leur sort. Si les choses tournent mal, Paris ne lèvera pas le petit doigt pour eux, et niera les avoir téléguidés. Pas vu, pas pris ; pris, pendus !

Le Katanga en 1961 est le premier coup de dés. La France, qui en convoite les richesses minières, aimerait y prendre pied discrètement et cherche, avec quelques diplomates et militaires expérimentés, à concurrencer les intérêts industriels anglo-saxons et belges qui dominent la province sécessionniste. Le leader katangais Moïse Tshombé est financé par l'Union minière du Haut-Katanga mais, comme son ministre de l'Intérieur Godefroid Munongo, il voit d'un œil favorable toute opportunité de contester la tutelle belge.

Après une mission exploratoire en janvier, le colonel Roger Trinquier, théoricien de la lutte contre-insurrectionnelle, arrive au Katanga, sur ordre exprès de Pierre Messmer, ministre français des Armées. Mais il en est rapidement évincé par les ombrageux conseillers belges de Tshombé. Les hommes de Faulques, en revanche, ceux qui débarquent munis de fausses barbes le 25 février 1961 à Salisbury, continuent à faire profil bas et se maintiennent en place. Passés de la Rhodésie du Sud au Katanga, ils livrent de sanglants combats face aux Casques bleus de l'ONU en septembre puis décembre 1961, avant d'être exfiltrés, sur ordre de Paris, en janvier 1962.

Après plusieurs années de baroud semi-clandestin, en Afrique ou ailleurs, certains mercenaires se rapatrient en métropole au moment de la crise de mai 1968, recyclés au sein des Comités de défense de la République (CDR) ou du Service d'action civique (SAC). Leur savoir-faire est alors placé directement à la disposition d'un régime gaullien plus contesté que jamais.

D'autres sont envoyés au Biafra en 1968 : les mercenaires français, dont nombre d'anciens du Katanga rappelés par le commandant Roger Faulques, affluent dans cette province sécessionniste nigériane dirigée par le lieutenant-colonel Odumegwu Emeka Ojukwu. L'objectif est d'affaiblir le pouvoir central nigérian et d'accaparer les réserves pétrolières du Biafra [→ III.8].

Défendre les « amis », détruire les ennemis

Le Biafra vaincu militairement et contraint de réintégrer le giron du Nigéria le 15 janvier 1970, une double évolution s'opère. D'un côté, les mercenaires français se sédentarisent à partir de bases arrière sûres du pré carré. De l'autre, ils s'imposent auprès des régimes africains pro-occidentaux, au détriment de leurs homologues belges et sud-africains, grâce à leur efficacité et à leur fiabilité : spécialistes de la lutte contre-insurrectionnelle, ils ont fait leurs preuves dans la formation et l'encadrement des nouvelles armées africaines. Une seconde génération de mercenaires émerge au cours des années 1970, qui croit en sa mission face à l'« hydre communiste » qui se répand à la faveur de la « guerre fraîche » et des conflits périphériques, dits de « basse intensité », qui se multiplient en Afrique centrale et australe avec l'effondrement de l'Empire portugais en 1974-1975.

Inaugurant un « deuxième âge » du système mercenarial français en 1970, selon l'expression de l'historien Walter Bruyère-Ostells, les mercenaires adoubés par le SDECE signent des contrats de longue durée avec des régimes proches de la France, leur assurant des revenus réguliers. Les « chiens de guerre », comme on les surnomme, se mêlent alors aux « barbouzes », anciens du 11e Choc (service Action) et membres du SDECE envoyés par Paris en qualité de relais auprès des chefs d'État africains.

Leur plaque tournante sera le Gabon. En 1970, Louis Pierre Martin prend ainsi la tête de la Garde présidentielle gabonaise, remplaçant à ce poste Robert Maloubier (cofondateur du service Action du SDECE en 1947) et Yves Le Braz. Ancien résistant breton, légionnaire parachutiste, « Loulou » Martin a participé au putsch des généraux en 1961 à Alger contre de Gaulle, mais il a écopé d'une sanction modérée (muté en Allemagne, puis à Brive en Corrèze, il a quitté le service actif en 1963). Après une opération au Yémen aux côtés de Bob Denard, il va faire de la « GP » (la Garde présidentielle) et de ses 1 200 hommes triés sur le volet un aimant pour cadres français expérimentés.

Base arrière incontournable lors de la guerre au Biafra, le Gabon s'impose comme un relais stratégique du dispositif sécuritaire français en Afrique francophone : à Libreville, le président Omar Bongo sert directement la diplomatie secrète orchestrée par Jacques Foccart depuis l'Élysée, secondé par l'ambassadeur de France Maurice Delauney. Son régime bénéficie en retour d'une assurance-vie grâce aux centurions français commandant sa garde personnelle. Simultanément à cette consolidation des régimes amis, via des hommes de confiance placés dans l'ombre des dirigeants africains, se juxtaposent les opérations ponctuelles des services secrets français. Le but est le même : conserver le contrôle du pré carré et briser dans l'œuf les tentatives de « subversion » que l'on dit orchestrées par Moscou.

Dès 1969, Bob Denard s'est mis au service d'Omar Bongo, au sein de sa « GP ». Mais il s'inquiète de basculer dans une trop forte dépendance vis-à-vis du pouvoir central gabonais, qui assure la rémunération des cadres, et se rend disponible pour fomenter des coups de main contre des régimes socialistes. Ces opérations commandos obtiennent en général un « feu orange » de la cellule africaine de l'Élysée [→ II.5]. Peu d'entre elles, cependant, seront couronnées de succès.

Dès 1970, deux raids consécutifs visent la capitale libyenne, Tripoli, à la suite du coup d'État de Mouammar Kadhafi, le 1er septembre 1969. Le premier, commandité par le roi déchu Idriss Ier avec le concours de la Grande-Bretagne, emmené par les vétérans français Roger Bruni et Daniel Larapidie, échoue avant même d'avoir commencé : lors de préparatifs en mer, l'équipe d'assaut est repérée par les gardes-côtes italiens au large de Brindisi. L'opération est aussitôt avortée. Le second raid, fin 1972, est dirigé par Bob Denard, mais il est commandité cette fois par le roi du Maroc Hassan II. Deux cents hommes acheminés de Sicile préparent un débarquement sur les côtes libyennes, mais l'opération avorte à son tour, sur ordre soudain de Rabat.

À Libreville, Bob Denard ne se décourage pas. Agissant comme la « main gauche » du SDECE, selon l'expression de Walter Bruyère-Ostells, et sous le nom de « Gilbert Bourgeaud », nouvelle identité fournie par le service de renseignement français, il lance un premier raid sur l'archipel des Comores, dans l'océan Indien, en 1975. Ses troupes ont entre-temps subi un renouvellement générationnel : recrutés par petites annonces, de jeunes officiers peu aguerris mais enthousiastes remplacent progressivement les vétérans des guerres de décolonisation.

Les Comores verrouillent l'accès maritime au canal du Mozambique pour les tankers pétroliers venant du Moyen-Orient et ont obtenu leur indépendance de la France après une « consultation » électorale, le 22 décembre 1974 – une promesse faite par le président Georges Pompidou en 1973 et l'année suivante par le candidat Valéry Giscard d'Estaing. Mais Paris manœuvre pour qu'une des quatre îles, Mayotte, reste dans le giron de la France. L'indépendance ayant été refusée par près de 65 % des électeurs mahorais, selon les chiffres officiels, Paris décide de maintenir l'île de Mayotte sous son administration, en contravention avec les engagements pris au préalable qui excluaient l'émiettement administratif de l'archipel des Comores. Après avoir exigé le respect de ces engagements, le président du conseil des Comores, Ahmed Abdallah Abderamane proclame unilatéralement l'indépendance de l'ensemble de l'archipel, le 6 juillet 1975. Le 3 août, un coup d'État fomenté par le chef de l'opposition de gauche Ali Soilih, favorable à une relation privilégiée avec Paris, le renverse.

Abdallah, réfugié sur son île d'Anjouan, demeure cependant une menace pour le nouveau pouvoir et les intérêts français. Un mois plus tard, Bob Denard débarque avec une poignée de mercenaires et un avion-cargo bourré d'armes, sous le regard bienveillant des gendarmes mobiles français, prévenus par le délégué général français Henri Beaux. Abdallah Abderamane se rend pacifiquement. Il sera extradé vers la métropole.

Ce succès ne se reproduira pas. Lorsque, en 1975, le mouvement marxiste-léniniste MPLA prend le pouvoir en Angola, le SDECE se résout à intervenir au plus haut niveau : son directeur-général Alexandre de Marenches prend langue avec le dirigeant du mouvement d'opposition pro-occidental Unita, Jonas Savimbi, repoussé dans le sud du pays par les troupes du MPLA, et lui offre le discret concours de la France. En janvier 1976, vingt-cinq hommes commandés par Bob Denard débarquent en Angola. La CIA, qui finance l'opération avec la bénédiction des services secrets français, contribue à hauteur de 450 000 dollars, afin d'encadrer les *Fala*, les soldats de Jonas Savimbi.

Deux mois plus tôt, en novembre 1975, un premier front s'est ouvert dans l'enclave du Cabinda, territoire annexé par l'Angola en 1975, à l'embouchure du fleuve Congo. Objectif : seconder le modeste Front de libération de l'enclave du Cabinda (FLEC) pour arracher le petit territoire, très riche en pétrole, à la souveraineté angolaise. Bob Denard y a donc dépêché en parallèle une dizaine d'hommes commandés par un ancien officier du SDECE, René Dulac, avec le soutien du régime zaïrois de Joseph-Désiré Mobutu, sous le très « foccartien » patronage de Maurice Delauney et de Maurice Robert. À Libreville, centre névralgique de la

Françafrique, le premier exerce les fonctions d'ambassadeur de France. Le second, ex-directeur Afrique du SDECE, occupe à partir de 1974 le poste de chef de la sécurité de la filiale au Gabon de la compagnie pétrolière Elf et supervise directement les opérations confiées à Denard et ses hommes.

Au Cabinda, cependant, l'action des Français vire au fiasco. Le 8 novembre 1975, les rebelles, épaulés par les mercenaires et des troupes zaïroises, attaquent les troupes angolaises, renforcées par 232 Cubains. Une contre-offensive stoppe les assaillants, puis les repousse jusqu'à la frontière zaïroise. Bob Denard, en délicatesse avec Mobutu depuis 1967, finit par exfiltrer ses hommes vers la Namibie et l'Afrique du Sud en mars 1976, prenant soin d'éviter le territoire zaïrois.

L'opération Crevette, lancée contre le régime béninois en 1977, se solde à son tour par un fiasco complet. L'objectif des mercenaires était de renverser et d'éliminer physiquement le président Mathieu Kérékou, qui avait entamé un virage marxiste-léniniste depuis son arrivée au pouvoir en 1972. Non content d'épurer le pays de ses cadres civils et militaires, Kérékou braque le roi du Maroc en prêtant assistance au Front Polisario de libération du Sahara occidental. À Paris, René Journiac, conseiller Afrique de Giscard d'Estaing, s'inquiète du risque de contagion. Ses craintes sont partagées par Félix Houphouët-Boigny (Côte d'Ivoire), Gnassingbé Eyadéma (Togo), Joseph-Désiré Mobutu (Zaïre) et Hassan II (Maroc), qui s'entendent sur le principe du renversement de Kérékou et de son remplacement par l'ancien président Émile Zinsou.

Portée sur les fonts baptismaux par Paris, via Elf et Maurice Robert, ainsi que par Rabat et Libreville, l'opération est lancée. Imposant une sélection impitoyable, Denard recrute une cinquantaine d'hommes avec l'aide de son ami belge Roger Bracco. Le Maroc prête un terrain d'entraînement, le Gabon offre la base de départ. Omar Bongo, en 1976, a nommé Bob Denard conseiller technique, en guise de couverture avant l'opération, aux côtés du chef de la sécurité présidentielle, Pierre Debizet, patron du SAC.

Maurice Robert, Bob Denard et Pierre Debizet apportent une innovation aux réseaux françafricains : s'inspirant du modèle anglais de David Stirling et sa société Watchguard International, ils mutualisent leurs moyens et privatisent leurs activités au travers d'officines très spéciales. En France et au Gabon, des sociétés de sécurité voient le jour dont les « employés » pourront agir lorsque le service Action du SDECE en sera formellement empêché. Ainsi naît la Société gabonaise de services (SGS), dont Bongo, Robert, Delauney, Debizet et Denard sont tous indirectement actionnaires (par l'intermédiaire, le plus souvent, de leurs épouses ou compagnes). Cette société, indique encore Walter Bruyère-Ostells, est « conçue comme la vitrine et l'outil de maintien en condition quotidien du groupe des mercenaires français en Afrique ».

Le raid sur le Bénin est fixé au samedi 15 janvier 1977. Mais le quadrimoteur DC-7 est victime d'une avarie nocturne de dernière minute, retardant le décollage de quatre heures. Survolant le golfe de Guinée au ras des flots, les mercenaires parviennent le lendemain au petit jour, à l'aéroport de Cotonou. Dès l'arrivée du commando, à 7 heures du matin, les affaires s'engagent mal. Le palais présidentiel est âprement défendu, alors que Mathieu Kérékou ne s'y trouve même pas, lui préférant sa résidence personnelle. Ces informations erronées et cette résistance inattendue semblent indiquer que l'opération a été éventée. En outre, les notables béninois qui devaient se joindre au coup d'État pour lui offrir une forme de légitimité ne sont pas au rendez-vous. Enfin, comble de malchance, les « chiens de guerre » tombent sur une unité militaire nord-coréenne, qui accompagnait une délégation officielle de Pyongyang, et se retrouvent cloués au sol dans des combats de rue d'une extrême violence. Il est 10 heures du matin. Conscient de l'échec, Bob Denard ordonne le repli vers l'aéroport.

L'affaire a coûté plusieurs centaines de milliers de dollars aux gouvernements français, marocain et gabonais. Ses répercussions seront durables. Premièrement, l'image « romantique » des mercenaires en ressort sérieusement écornée, autant pour leur éthique que pour leur professionnalisme, tout aussi discutables l'une que l'autre. Des civils sont morts et des erreurs invraisemblables ont été commises dans la planification et l'exécution. Deuxièmement, Kérékou a beau jeu de dénoncer un « complot international », tandis que la presse fustige les activités subversives de la France en Afrique, qui se perpétuent malgré la « retraite » officielle de Jacques Foccart. Des critiques d'autant plus virulentes que ces activités sont confiées à des pieds nickelés. Sur le tarmac, le commando Denard a oublié un complice béninois, assoupi avec sa mitrailleuse sur le toit de l'aérogare, mais aussi une cantine recelant les effets personnels des mercenaires, les documents relatifs à l'opération et une serviette en cuir portant des initiales « ABB », comme Albert-Bernard Bongo, *alias* Omar Bongo lui-même.

Le fiasco a terni non seulement l'image du Gabon et de la France, mais également la réputation personnelle de Denard. Seize ans plus tard, en 1993, la justice française ordonnera son interpellation sur la foi des plaintes déposées par les familles de Béninois tués durant l'opération Crevette.

Du Gabon aux Comores : la nouvelle base arrière de Bob Denard

Discrédité, Bob Denard va avoir l'occasion de se « racheter », si l'on peut dire. Depuis le coup d'État militaire de 1975 aux Comores, le règne d'Ali Soilih a pris un tour aigre que n'avaient pas anticipé diplomates et officiers de renseignement français. Il proclame la révolution marxiste et réclame à son tour que la France restitue Mayotte !

« Réactivé » par l'entremise de Maurice Robert, Bob Denard ourdit un nouveau « coup », visant cette fois à réinstaller Ahmed Abdallah Abderamane au pouvoir. L'assaut a lieu par voie de mer, sur l'île de la Grande Comore, le 13 mai 1978. À la tête d'un modeste commando, Denard s'empare de la capitale Moroni et fait mettre aux arrêts Ali Soilih. Celui-ci sera tué quelques semaines plus tard, officiellement lors d'une tentative d'évasion.

Cette fois, le mercenaire vétéran choisit de ne plus repartir. Il s'installe, fonde la société Sogecom, par le biais de laquelle il investit dans le « développement touristique » de l'île. Surtout, il prend la tête d'une Garde présidentielle constituée sur le modèle de la redoutable « GP » gabonaise, tout en servant de premier conseiller présidentiel à Abdallah Abderamane. On le surnomme désormais le « vice-roi des Comores ».

Bob Denard régnera *de facto* sur l'archipel pendant dix ans, resserrant ses liens avec l'Afrique du Sud. À partir de septembre 1979, Pretoria finance intégralement la « GP » comorienne, tandis que Paris contourne via Moroni l'embargo international instauré contre le régime d'apartheid. Grâce aux mercenaires, l'axe franco-sud-africain, né deux décennies plus tôt d'une proximité de vues au sujet de lutte contre-insurrectionnelle et d'échanges en matières nucléaires, est discrètement maintenu [→ III, introduction].

Pour Pretoria, les Comores constituent une base logistique idéale pour mener des raids contre le Mozambique et l'Angola sous influence soviétique ou cubaine, tout en contournant, là aussi, l'embargo international qui lui est infligé. L'Afrique du Sud peut ainsi se fournir en armes et en marchandises, tandis que ses agents, civils et militaires, bénéficient d'identités fictives, sous passeport comorien, pour se rendre en terrain hostile.

Fort de ce soutien sud-africain, le « vice-roi » entreprend de former un corps de mercenaires permanent, appelé à intervenir sur commande, sur initiative de Paris ou Pretoria et sur la foi d'intérêts stratégiques communs en Afrique. La « brigade volante » de Bob Denard ne sera cependant déployée qu'une seule fois, au Tchad en 1981-1982, en faveur du rebelle Hissène Habré en lutte contre le président pro-libyen Goukouni Weddeye [→ IV.5]. Isolé dans son fief à l'est du pays, Habré ne possède pas les ressources financières pour honorer la demande d'assistance adressée à Denard, mais le mercenaire français accepte d'investir à fonds perdu, en ponctionnant le budget de la « GP » comorienne. Il espère que la reconnaissance ultérieure du Tchadien, une fois porté au pouvoir, lui donnera l'occasion de mettre sur pied une « GP » tchadienne, sur les modèles gabonais et comorien. La méfiance d'Hissène Habré à son égard, et vis-à-vis des services secrets français d'une manière plus générale, douchera ses illusions.

Le mirage tchadien sonne progressivement la fin de la partie pour les « chiens de guerre » français. De nouveaux profils barbouzards émergent au tournant de la décennie 1980, enfantés dans les recoins de l'Élysée : au sein de la cellule antiterroriste officient des gendarmes de métier tels que Paul Barril et Robert Montoya qui, bientôt, serviront les basses œuvres de la République, en France comme en Afrique [→ IV.9 et V.6]. La professionnalisation du secteur change également la donne, avec la montée en puissance des entreprises mercenariales anglo-saxonnes qui étendent leur influence sur le continent africain, dans les derniers feux de la guerre froide.

Le déclin des « affreux », forgés par le Katanga, le Biafra ou les Comores, se confirme. Leur manque d'efficacité accélère cette désuétude. Mais les anciennes loyautés perdurent : lors de son premier procès en 1993, pour l'affaire béninoise, Bob Denard verra Maurice Delauney et Maurice Robert se présenter à la barre pour livrer un vibrant plaidoyer en sa faveur. Ce qui n'empêchera pas celui qui se qualifie de « corsaire de la République » d'écoper de cinq ans de prison – avec sursis.

Repères bibliographiques

Jean-Pierre Bat, *La Fabrique des « barbouzes ». Histoire des réseaux Foccart en Afrique*, Nouveau Monde, Paris, 2015.

Walter Bruyère-Ostells, *Histoire des mercenaires*, Tallandier, Paris, 2011.

Walter Bruyère-Ostells, *Dans l'ombre de Bob Denard. Les mercenaires français de 1960 à 1989*, Nouveau Monde, Paris, 2014.

Walter Bruyère-Ostells, « L'influence française dans la sécession katangaise », *Relations internationales*, vol. 2, n° 162, 2015.

Walter Bruyère-Ostells, « Les Comores, une ouverture sur l'extérieur pour l'Afrique du Sud sous embargo 1978-1989 », *Stratégique*, vol. 1, n° 118, 2018.

Pierre Caminade, *Comores-Mayotte : une histoire néocoloniale*, Agone-Survie, coll. « Dossiers noirs », Marseille, 2010.

Romain Pasteger, *Le Visage des affreux. Les mercenaires du Katanga (1960-1964)*, Labor, Bruxelles, 2005.

Thomas Risch, *Bob Denard, profession mercenaire*, documentaire, 52 min., 2005.

Élie Tenenbaum, *Partisans et centurions : une histoire de la guerre irrégulière au XXe siècle*, Perrin, Paris, 2018.

Chapitre 5

Mobutu, allié stratégique de la France au cœur de l'Afrique

Maurin Picard

Paris, 27 mars 1969. Le président congolais Joseph-Désiré Mobutu rencontre son homologue français Charles de Gaulle au palais de l'Élysée. La visite est une consécration pour un Mobutu en quête de reconnaissance internationale. D'autant que Paris et Kinshasa reviennent de loin. Depuis l'indépendance de l'ex-Congo belge en 1960, le gouvernement français a tout misé sur un autre dirigeant, Moïse Tshombé, président de la république séparatiste du Katanga, ramenée dans le rang par les troupes de l'ONU en janvier 1963. Paris a même cru voir cette politique porter ses fruits en avril 1964 lorsque Tshombé hérite, un peu par défaut, du poste de Premier ministre congolais.

Mais les espions et les diplomates français ont commis l'erreur de sous-estimer le colonel Mobutu, qui s'impose, grâce au soutien de la CIA, comme le dirigeant incontesté de ce pays grand comme cinq fois la France. Lorsque les services de renseignement américains appuient son coup d'État, le 24 novembre 1965, Mobutu pousse à l'exil Moïse Tshombé. La France prend désormais la mesure du nouvel homme fort du Congo. L'ambassadeur Jacques Kosciusko-Morizet résume le discours fondateur prononcé par Mobutu : celui-ci appelle à « balayer la politicaille », incite à « se retrousser les manches », geste à l'appui, et promet de « rester au pouvoir pendant cinq ans ».

La France tarde pourtant à choisir son camp. L'« homme des Américains » ne peut raisonnablement être jugé digne de confiance. En juillet 1967, Paris incite le mercenaire français Bob Denard, alors colonel de l'armée nationale congolaise, à appuyer une insurrection qui vise à évincer Mobutu et placer Tshombé au pouvoir.

Mais ce dernier, exilé en Espagne, ne détrônera jamais Mobutu : le 30 juin 1967, il est tombé dans un piège tendu par le président congolais. Un margoulin français à la solde de celui-ci et de la CIA, Francis Bodenan, détourne le biréacteur dans lequel Tshombé avait embarqué pour les Baléares et le fait atterrir à Alger, où il est arrêté. Le président Houari Boumediene sursoit à l'extradition du prisonnier vers Kinshasa, qui aurait certainement débouché sur une exécution médiatisée.

Mobutu est furieux de n'avoir pu faire exécuter Tshombé, mais il se contente de la neutralisation d'un de ses derniers grands rivaux politiques. Certains avant lui ont subi un sort funeste : le 1er juin 1966, Évariste Kimba et trois autres « martyrs de la Pentecôte » ont été pendus en public. Antoine Gizenga a préféré l'exil, l'ex-Premier ministre Cyrille Adoula a embrassé la carrière diplomatique, tandis que l'ancien président Joseph Kasa-Vubu termine ses jours en résidence surveillée. En octobre 1968, Pierre Mulélé, ancien ministre de l'Éducation nationale dans le gouvernement de Patrice Lumumba (1960) et leader de la rébellion Simba (1961-1964), est torturé, puis éliminé à son tour.

Réticence gaulliste à l'égard de Mobutu, « l'homme des Américains »

Pour Paris, cette purge simplifie la donne et, surtout, favorise un changement de paradigme. Dur retour sur terre : l'insertion du grand Congo dans l'orbite française, cette vieille chimère depuis la conférence de Berlin de 1885 (un « droit de préemption » permettait à la France de revendiquer la tutelle du Congo belge dans le cas où Bruxelles renoncerait à ses prétentions), passe désormais inévitablement par le général Mobutu. Certes, il est l'« homme des Américains », mais il s'impose comme un interlocuteur pragmatique et foncièrement pro-occidental.

En coulisse, les émissaires congolais multiplient les appels du pied pour que Mobutu soit reçu à l'Élysée. La direction Afrique-Levant du Quai d'Orsay appuie en ce sens, estimant le 31 mai 1967 dans une note interne que « cela permettrait de renforcer notre influence dans le plus vaste pays francophone d'Afrique ».

L'Élysée s'y refuse encore, mû autant par la méfiance de Foccart envers les réseaux d'influence américains que par le traitement infligé à Tshombé en Algérie, ainsi que par la tentative orchestrée par Mobutu d'édifier avec le Tchadien François Tombalbaye et le Centrafricain Jean-Bedel Bokassa une Union des États d'Afrique centrale (UEAC). Celle-ci vise à affranchir ses membres des puissances occidentales et, en particulier, des jeux d'influence orchestrés par Foccart. Le « Monsieur Afrique » de l'Élysée ayant cependant réussi à détacher Bokassa de cette alliance (en échange d'une visite officielle à Paris), Mobutu dénonce vertement les manœuvres foccartiennes, le 19 décembre 1968 : « Nous n'accusons pas la France, mais nous accusons une certaine France, et plus précisément les personnages périphériques qui entourent le grand chef. »

François Tombalbaye (gauche), Joseph-Désiré Mobutu (centre) et Jean-Bedel Bokassa (droite) à l'aéroport de Kinshasa, le 17 avril 1968, quelques jours après la signature au Tchad de la charte de l'Union des États d'Afrique centrale (UEAC). © *AFP*

Le 15 février 1969, alors que Bokassa termine son fastueux voyage officiel en France, le ministre congolais des Affaires étrangères, Justin Bomboko, se rend à Paris pour « déblayer le terrain ». Il est porteur d'une lettre de Mobutu ainsi libellée : « Permettez-nous, Monsieur le Président, de vous dire que nous n'avons jamais perdu de vue que la République démocratique du Congo est le plus grand pays francophone du monde quant à sa superficie. Elle est également en très bonne place quant à sa population. »

« Vous avez vu la lettre que m'envoie Mobutu ? demande de Gaulle à Foccart, qui rapporte l'échange dans son *Journal*. Bientôt, ce sont eux qui auront inventé le français ! » Mobutu et son entourage sont « des zigotos qui ne me font pas bonne impression », indique le Général : ils sont « dans la main des Belges » et « des Américains ». « Mais il y a les affaires, poursuit le président. Il faut que la France s'entende avec le Congo-Kinshasa ; c'est son intérêt. » De Gaulle indique donc à Bomboko qu'il recevra Mobutu « avec plaisir » quand il viendra en France.

L'autocrate congolais se rengorgera par la suite d'avoir été le « dernier chef d'État à être reçu par de Gaulle, un mois jour pour jour avant sa démission », suite au référendum constitutionnel du 27 avril 1969. Malgré ses réserves initiales, et selon Jacques Foccart (dans ses entretiens avec le journaliste Philippe Gaillard parus en 1995), le président français ressort impressionné de sa rencontre avec ce jeune dirigeant de 38 ans, « rempart de l'Occident » face à la subversion communiste, qui manie admirablement la rhétorique gaullienne. « Tous les malentendus qui ont pu exister entre la France et la République démocratique du Congo ont été dissipés », jure Mobutu au terme de son séjour parisien.

Le dernier de ces « malentendus » disparaît trois mois plus tard : le 5 juillet 1969, Alger annonce que Moïse Tshombé a succombé à un « arrêt cardiaque », après deux ans de captivité. La voie est libre pour Mobutu, et pour une France affranchie de ses errements passés.

L'installation de Georges Pompidou à l'Élysée en juin 1969 accélère le rapprochement entre Paris et Kinshasa. Valéry Giscard d'Estaing, ministre des Finances du gouvernement Chaban-Delmas, fait le déplacement en Afrique centrale en 1971, pour dessiner les contours de l'aide économique. Pompidou rassure Mobutu : « Aider le Zaïre, c'est s'aider soi-même », lui confie-t-il, comme le rapportera *Le Monde* en octobre 1982.

Le Congo-Kinshasa vient en effet d'être rebaptisé au titre de la politique des « trois Z » : le pays, le fleuve et la monnaie de l'ancien Congo belge prennent le nom de Zaïre. Les Congolais – devenus « Zaïrois » – sont invités à abandonner leurs patronymes chrétiens, tandis que leur président se « réinvente » en Mobutu Sese Soko Kuku Ngbendu Wa Za Banga (en langue lingala, « Mobutu le guerrier qui vole de victoire en victoire sans que personne puisse l'arrêter »). Il se pare d'une toque en peau de léopard et se targue de mener une politique d'« authenticité ». Même de Gaulle n'échappe pas à cette frénésie iconoclaste d'apparence anticolonialiste : à Kinshasa, l'artère portant son nom reprend son appellation antérieure (avenue du Commerce), et ce « malgré l'admiration que les Zaïrois éprouvent pour lui », croit devoir préciser Mobutu.

La France n'en prendra pas ombrage. Le mobutisme est né avec sa bénédiction : un régime bâti sur un parti unique, qui remplace les fêtes religieuses par un culte national-paganiste où l'effigie de Mobutu se substitue à celle de Jésus. Le « nouveau Messie noir » connaît son apothéose le 30 octobre 1974, avec le « match de boxe du siècle », organisé à grands frais entre Muhammad Ali et George Foreman à Kinshasa. « Une rencontre entre deux Noirs, dans un pays noir, organisée par des Noirs, et attendue dans le monde entier, voilà une victoire pour le mobutisme ! » promettent les affiches placardées dans la capitale, à la veille du « *Rumble in the Jungle* » qui tournera à l'avantage de Muhammad Ali.

En parallèle à cette émergence du Zaïre sur la scène internationale, la France place ses pions et cherche à s'attirer les faveurs de Mobutu. Dès le 30 janvier 1974, le ministre de l'Intérieur Michel Poniatowski interdit la publication en France du livre de l'avocat belge Jules Chomé qui attribue *L'Ascension de Mobutu* – c'est le titre de l'ouvrage – à la CIA et décrit le régime de terreur, l'élimination systématique de tout rival potentiel et la répression sanglante contre les étudiants en 1969 [→ p. 451].

La Belgique, elle, refuse d'interdire l'ouvrage. Elle en paye le prix fort. Le 10 mai 1974, Mobutu annule le traité d'amitié belgo-zaïrois signé quatre ans plus tôt. De « privilégiées », les relations belgo-zaïroises deviennent « ordinaires ». Et la « rétrocession » suit la « zaïrianisation » : le régime fait main basse sur toutes les entreprises encore détenues par des Belges, pour les confier à des cadres mobutistes.

Mobutu-Giscard, l'accord parfait

L'occasion est inespérée pour Paris, où Valéry Giscard d'Estaing vient d'être élu à la présidence de la République, le 19 mai 1974. Soucieux de poursuivre l'élargissement de la sphère d'influence française en Afrique centrale, le nouveau chef de l'État estime que les allégeances américaines de Mobutu n'interdisent pas de renforcer les liens. L'homme qui succède à Jacques Foccart à l'Élysée, René Journiac, est le grand artisan de ce rapprochement.

Le 22 mai 1974 est signé un accord de coopération militaire (qui ne sera ratifié qu'en novembre 1978, puis publié par décret en 1980). Un contrat valide l'acquisition de dix-sept avions de chasse Mirage 5, dont les deux premiers exemplaires sont livrés par Dassault le 27 octobre 1975, juste à temps pour les célébrations de la fête nationale.

Le 16 mai 1975, l'ambassadeur de France à Kinshasa, André Ross, martèle à l'intention de René Journiac la nécessité de composer avec l'imprévisible Mobutu : « Nos intérêts [...] ne se situent pas à court terme mais à moyen et à long terme. Il est essentiel d'assurer pour l'avenir notre ravitaillement direct en cuivre et en métaux non ferreux dont ce pays a les gisements les plus riches en teneur [...]. Pour nous, c'est cela le Zaïre mais aussi le deuxième pays francophone du monde qui, par son poids, exerce nécessairement une attraction sur les pays de notre ancienne Afrique noire, et nous devons veiller à nos positions. Les Américains qui ont aidé le Zaïre dans une période difficile en ont conservé des positions essentielles. Notre action doit tendre aujourd'hui à nous servir de la situation actuelle pour nous placer de façon comparable. »

À Paris, le Zaïre est désormais perçu comme la clé de la « stabilité régionale », dont le régime Mobutu va assurer les actions de police. La coopération sécuritaire entre Kinshasa et Brazzaville, capitale de l'autre Congo, sise de l'autre côté du fleuve éponyme, est particulièrement fructueuse : dès avril 1973, les services zaïrois livrent au régime du colonel Marien Ngouabi l'opposant Ange Diawara, qui est aussitôt exécuté.

Chantre d'un marxisme modéré, et en négociations serrées avec le groupe Elf depuis la découverte d'importants gisements de pétrole au large de Pointe-Noire, Marien Ngouabi est assassiné à son tour le 18 mars 1977. L'implication de Mobutu n'a jamais été prouvée mais, selon la journaliste belge Colette Braeckman, il est probable que la CIA a intrigué contre Ngouabi depuis Kinshasa, avec la bénédiction des services français. Le président de la firme Elf Aquitaine a organisé l'asphyxie économique du Congo de Ngouabi, tandis que des négociations pétrolières se déroulent à Paris. Celles-ci aboutiront immédiatement après l'élimination de Ngouabi, Elf Aquitaine renforçant son empreinte dans l'ex-Congo français [→ V.2].

Pour Paris, cette proximité de vues sécuritaires avec Kinshasa l'emporte sur les considérations purement économiques : la France importe certes un tiers de son cuivre du Zaïre, et lorgne sur le cobalt et les diamants du Kasaï, mais le total des investissements français ne dépasse pas 20 millions de dollars par an, à comparer aux 800 millions belges et aux 200 millions américains.

Le 7 août 1975, Valéry Giscard d'Estaing s'envole pour une visite d'État au Zaïre à bord de l'avion supersonique Concorde. Accueilli à bras ouverts, VGE pousse la courtoisie jusqu'à revêtir la traditionnelle toque de léopard. Le jeu en vaut la chandelle : des contrats pharaoniques sont conclus dans le domaine des télécommunications, pour le bénéfice de la société Thomson-CSF (dont Philippe Giscard d'Estaing, cousin germain du président de la République, est un des cadres dirigeants).

En novembre 1976, Mobutu inaugure une tour de béton de dix-neuf étages, la « Cité de la Voix du Zaïre », avec treize studios de télévision et une chaîne satellitaire, la première du continent africain. Pour ce chantier à 400 millions de francs, sous maîtrise d'œuvre de Thomson-CSF, la Coface, organisme public chargé d'assurer les contrats d'exportation français, a apporté sa garantie préalable [→ V.10]. Peu importe que les ascenseurs du « grand tam-tam d'Afrique » tombent en panne, que les journalistes doivent gravir les étages équipés d'une lampe de poche et que les studios cessent progressivement d'émettre, faute de ressources financières. Cela n'empêche pas les dirigeants zaïrois de plastronner et, comme le raconte le journaliste Jean-Pierre Langellier, de se féliciter de ce magnifique outil de propagande qui servira à « former les masses populaires en les informant des principes du mobutisme ».

Le patron du SDECE, Alexandre de Marenches, obtient carte blanche pour renforcer ses effectifs au Zaïre, tandis que le colonel Yves Gras est nommé à la tête de la mission militaire française, après avoir assisté à la chute de Saigon (Sud-Vietnam) en avril 1975. Il va jouer un rôle décisif dans la survie du régime.

Parce qu'il est « irremplaçable », tout est pardonné à Mobutu. Apprécie-t-il le Concorde ? Le fleuron d'Air France (dont Edmond Giscard d'Estaing, le père du président, est un des administrateurs) est mis à sa disposition à plusieurs reprises, au départ de son « Versailles dans la jungle » : le fastueux palais de Gbadolite, érigé à 1 000 kilomètres au nord de Kinshasa, en pleine forêt équatoriale.

La gabegie mobutiste choque d'autant plus que l'économie du Zaïre se révèle fragile. Elle a encaissé de plein fouet la crise économique de 1973, la hausse du prix du pétrole et la chute vertigineuse en 1974 de celui du cuivre, qui faisait sa force. À ses créanciers français, américains et arabes, Mobutu assure qu'il s'agit juste d'une mauvaise passe et qu'il pourra rembourser les prêts répétés, sitôt la demande mondiale de minerais rétablie.

L'endettement du pays se creuse de manière irréversible, pour s'élever à 887 millions de dollars en 1975. En 1977, le déficit budgétaire atteint 32 % du budget de l'État zaïrois et l'inflation s'envole. En 1979, le pouvoir d'achat est tombé à 4 % de son niveau de 1960. Les créanciers du Zaïre se tournent vers le Fonds monétaire international (FMI) pour tenter d'enrayer la corruption omniprésente. Mais tous se montrent incapables d'empêcher le dictateur de détourner des fortunes en activant la planche à billets à la moindre occasion pour son usage personnel. Neuf plans de stabilité et programmes d'ajustement structurel et 331 millions de dollars d'aide annuelle ne changeront rien à ce pillage en règle.

En 1978, un auditeur allemand de la Banque mondiale, Erwin Blumenthal, est nommé à la tête de la Banque nationale du Zaïre. Un an plus tard, il jette l'éponge, écœuré. Le rapport au vitriol qu'il finalise en 1982 demeurera confidentiel. Blumenthal, grinçant, écrit qu'« on ne peut pas plus empêcher Mobutu de piller qu'un chat d'attraper les souris ». Il désigne aussi les bénéficiaires des largesses de Mobutu. Outre les banques Paribas et Crédit commercial de France, les constructeurs automobiles Peugeot et Renault sont sommés de prêter allégeance à Mobutu et d'« ouvrir » leur trésorerie à ses caprices. Une annexe au rapport présente une série de questions soumises à l'ancien Premier ministre Jean Nguza Karl-I-Bond, en exil depuis 1980, qui nomme les récipiendaires occidentaux des largesses de Mobutu. D'après la journaliste d'investigation britannique Michela Wrong, Valéry Giscard d'Estaing lui-même aurait reçu de somptueux cadeaux : des diamants pour son épouse Anne-Aymone, ainsi que des remboursements de prêts pour des sociétés où la famille Giscard possède des intérêts.

Mobutu est reçu comme chez lui en France. Outre un luxueux appartement de 800 mètres carrés avenue Foch, à Paris, il possède une somptueuse villa à Roquebrune-Cap-Martin, sur les hauteurs de Monaco. Moralement indéfendable, il a su se rendre politiquement indispensable. Fort de son assise stratégique au cœur du continent, il alimente le maquis anticommuniste de l'Unita de Jonas Savimbi en Angola, tout en détournant l'essentiel de la manne financière provenant de Washington.

La France sauve Mobutu

Le 8 mars 1977, deux mille « gendarmes katangais » du Front de libération nationale du Congo (FLNC), lointains héritiers du régime sécessionniste de Moïse Tshombé, pénètrent depuis l'Angola dans l'ex-Katanga, renommé Shaba (« cuivre », en swahili), dans le but avoué de renverser Mobutu. À Paris et à Washington, on interprète les événements comme la preuve d'une vaste offensive communiste sur le Zaïre.

Face à la débandade de son armée, Mobutu appelle au secours Giscard d'Estaing, qui dépêche René Journiac à Kinshasa. La gravité de la menace est vite établie. Le Zaïre est politiquement « capital », insiste une note de l'ambassade de France : « L'influence que lui confère sa position centrale jointe à ses dimensions exceptionnelles est considérable. Un changement qui installerait à Kinshasa un régime progressiste rendrait 1. la survie des régimes modérés dans les pays proches ou voisins (Gabon, Cameroun, RCA [République centrafricaine], Rwanda, Burundi) extrêmement aléatoire et surtout 2. compromettrait gravement les chances d'une solution pacifique des problèmes d'Afrique australe, augmentant du même coup les possibilités de pénétration offertes aux influences extérieures hostiles à l'Occident. »

Le 2 avril 1977, le colonel Michel Franceschi, commandant du 1er régiment parachutiste d'infanterie de marine (1er RPIMa), est dépêché toutes affaires cessantes à Kolwezi. Dix-huit cadres du régiment le rejoignent le 4 avril. Le but de cette opération baptisée « Mazurka » : mettre fin à la débandade des troupes congolaises, prises de panique face à un agresseur réputé féroce, et « sauver Kolwezi » en renforçant son périmètre défensif.

Tandis qu'une poignée de bérets rouges français s'efforcent de retarder l'hallali en réorganisant les troupes zaïroises, les diplomates s'activent en coulisse. Un accord est trouvé entre Paris, Rabat et Kinshasa, avec la bénédiction de Washington. L'opération Verveine est lancée : le 8 avril, une dizaine d'avions de transport français C-130 et DC-8 convoient mille cinq cents soldats marocains au Shaba. Cette noria aérienne contrecarre les plans des « gendarmes » katangais. En moins d'une semaine, le terrain est reconquis. Le 12 avril, Valéry Giscard d'Estaing s'explique à la télévision : « [J'ai] voulu donner un signal de solidarité. [...] L'Europe ne peut pas se désintéresser de ce qui se produit sur le continent africain [...]. L'Afrique, c'est un continent d'où viennent traditionnellement un certain nombre de nos ressources et de nos matières premières, avec lequel nous avons des liens très étroits. »

La deuxième guerre du Shaba, qui éclate le 11 mai 1978, vient tester ces engagements. Quatre mille rebelles « tigres » du FLNC pénètrent au Shaba, depuis la Zambie voisine, et atteignent la cité minière de Kolwezi, où résident quelque trois mille expatriés européens (parmi lesquels quatre cents Français), dont beaucoup d'employés de la Société générale des carrières et des mines (Gécamines, ex-Union minière du Haut-Katanga, nationalisée par Mobutu). Dans la confusion, des massacres sont perpétrés, soit par les rebelles, soit par l'armée zaïroise en déroute.

Préparée sur place par le service Action du SDECE et pilotée depuis Kinshasa par le colonel Gras, l'opération Bonite est lancée le 19 mai : six cents parachutistes français de la Légion étrangère sautent sur Kolwezi, en parallèle d'un largage non concerté de para-commandos belges. La ville est prise en quelques heures. Cinq soldats français et un belge sont tués. Sept cents civils africains, cent soixante-dix expatriés européens et un nombre indéterminé de rebelles périssent au cours des opérations. La télévision française qui suit les événements en direct applaudit cette intervention qualifiée d'« humanitaire ».

Le caractère humanitaire de l'opération, bien que réel, a aussi servi de prétexte pour des buts sécuritaires plus larges, note cependant l'historien Nathaniel Powell. Ce que confirmera d'ailleurs le colonel Gras, quelques années plus tard. « Nous savions parfaitement à qui nous avions affaire, écrira-t-il en 1985, quel était le but des Katangais manipulés par les Soviétiques et nous savions très bien que, s'ils parvenaient à séparer le Shaba du reste du Zaïre, cette opération provoquerait soit la chute du régime de Mobutu, soit, ce qui sur place nous semblait beaucoup plus grave, une guerre civile au Zaïre, entre le Nord et le Sud, du genre de celle du Biafra, dont on sait comment elle commence, mais dont on ne sait jamais comment elle se termine et qui, en tout cas, sert de prétexte à de longues interventions extérieures. » Les archives consultées par Nathaniel Powell suggèrent cependant que l'implication de conseillers cubains et est-allemands, largement commentée, est sujette à caution : elle émane d'écoutes réalisées par les services de renseignement zaïrois qui avaient tout intérêt « à exagérer, voire inventer de toutes pièces, une menace communiste ».

Après cette intervention musclée, la France s'engage à former une brigade aéroportée de trois mille hommes au sein de l'armée zaïroise. Ces troupes d'élite, affirme Mobutu, serviront à « renforcer la sécurité d'une région aux richesses convoitées par les Russes, les Cubains et les Allemands de l'Est ». Pour l'essayiste David Van Reybrouck, « les deux guerres du Shaba ont révélé que, un, Mobutu était vraiment prêt à tout pour maintenir sa position, deux, son armée ne valait rien, et trois, il survivra grâce au soutien de l'étranger ».

Le message de Paris est limpide : les régimes africains alliés peuvent compter sur sa protection contre les menaces externes, tandis que les agresseurs potentiels sont informés de la détermination française à écraser toute manœuvre subversive. Cité par Nathaniel Powell, Valéry Giscard d'Estaing se vantera auprès de son homologue américain Jimmy Carter que, à Kolwezi, « l'Occident n'a pas seulement arrêté la désintégration du Zaïre mais aussi celle de l'Afrique ».

Dans l'imagerie populaire, l'intervention française s'affirme comme l'archétype d'une politique néocoloniale décomplexée. Aujourd'hui encore, de nombreux livres et sites internet célèbrent l'« action héroïque » des légionnaires à Kolwezi.

Laissant Mobutu fanfaronner lors du cinquième sommet franco-africain, qui se tient à Versailles les 22 et 23 mai 1978, le gouvernement français renforce son emprise sur le Zaïre : les entreprises Thomson-CSF, Compagnie générale des eaux (CGE) et Péchiney décrochent de nouveaux contrats. Lorsque Valéry Giscard d'Estaing tire sa révérence en 1981, la France reste le dernier créditeur étranger sur lequel s'appuie le régime Mobutu. Relais fidèle au cœur d'une Afrique où se multiplient les expériences d'inspiration marxiste, le « maréchal-président » est un partenaire trop important pour qu'on lui reproche son train de vie somptueux.

Repères bibliographiques

Euloge BOISSONNADE, *Le Mal zaïrois*, Hermé, Paris, 1990.

Colette BRAECKMAN, *Le Dinosaure : le Zaïre de Mobutu*, Fayard, Paris, 1992.

Christian CASTERAN et Jean-Pierre LANGELLIER. *L'Afrique déboussolée*, Plon, Paris, 1978.

Jean-Pierre LANGELLIER, *Mobutu*, Perrin, Paris, 2017.

Thierry MICHEL, *Mobutu, roi du Zaïre*, documentaire, RTBF Canal Plus, Belgique, 1999.

Nathaniel POWELL, *France's African Wars, 1974-1981*, thèse de doctorat, Institut de hautes études internationales et du développement, Genève, 2013.

Nathaniel POWELL, « La France, les États-Unis et la Force interafricaine au Zaïre (1978-1979) », *Relations internationales*, vol. 2, n° 150, 2012.

David VAN REYBROUCK. *Congo. Une histoire*, Actes Sud, Arles, 2012.

Michela WRONG, *In the Footsteps of M. Kurtz. Living on the Brink of Disaster in Mobutu's Congo*, Fourth Estate, Londres, 2000.

Chapitre 6

Les coopérants, acteurs clés de la « présence française » en Afrique

Claire Cosquer

Au moment des indépendances, la France s'assure une présence dans ses anciennes colonies africaines via un nombre important de coopérants, qui se mêlent aux rangs des expatriés et des anciens colons. La grande diversité des statuts des coopérants rend particulièrement difficile l'estimation de leur nombre, mais les chiffres officiels permettent de restituer la dynamique de cette présence. En 1964, le ministère de la Coopération dénombre 9 000 assistants techniques – dont la moitié d'enseignants – dépendant de ses services en Afrique subsaharienne et à Madagascar. C'est en 1980 que les coopérants civils sont le plus nombreux : le ministère compte alors 10 292 agents affectés à l'assistance technique en Afrique subsaharienne, chiffre qui ne fera dès lors plus que décroître. La même année, on estime qu'un Français vivant à l'étranger sur cinq est installé en Afrique subsaharienne, soit plus de 200 000 personnes. La plus grosse concentration de ces « expatriés » se trouve dans les points nodaux de la Françafrique, en Côte d'Ivoire (40 000 Français) et au Gabon (27 000).

La coopération traduit un fait migratoire complexe, où s'imbriquent intentions néocoloniales et tiers-mondistes. Investie par une génération militante et critique du néocolonialisme, elle a aussi permis le recyclage d'une partie du personnel administratif colonial. Bon gré mal gré, ces coopérants aux sensibilités politiques parfois diamétralement opposées ont assuré la transition d'une colonisation directe à des techniques de pouvoir néocoloniales plus discrètes, maintenant l'influence de la France dans un contexte de guerre froide.

La coopération : naissance d'une technique de pouvoir postcoloniale

Au tournant des années 1960, la France conçoit une politique de « coopération » particulièrement ambitieuse et prépondérante au niveau européen. Elle n'en détient pas pour autant le monopole : de façon générale, la coopération lie des États « tutélaires » à des États « bénéficiaires », les seconds étant de façon écrasante les anciennes colonies des premiers. D'un point de vue institutionnel, cette politique internationale est gérée en France par un ministère *ad hoc,* le ministère de la Coopération, créé en 1959 par le général de Gaulle. Sis dans un hôtel particulier au 20, rue Monsieur à Paris, il est indépendant, parfois concurrent, du ministère des Affaires étrangères, par lequel il sera finalement absorbé fin 1998 [→ II.4 et V, introduction]. À sa tête, les ministres se succèdent à un rythme souvent effréné, sous le contrôle toujours étroit de l'Élysée et de ses conseillers aux affaires africaines. Le portefeuille ministériel comprend le Fonds d'aide et de coopération (FAC), fondé en 1960 mais reprenant en fait des outils financiers créés au sortir de la Seconde Guerre mondiale sous le giron du ministère de la France d'outre-mer : le FAC naît en effet de la fusion entre le Fonds d'investissement pour le développement économique et social (FIDES), créé en 1946, et le Fonds d'équipement rural et de développement économique et social (FERDES), créé en 1949.

La coopération prend donc la forme d'une politique développementaliste forgée dans les derniers temps de la colonisation, particulièrement dans l'après-guerre et au lendemain des indépendances. Pensée dès la seconde moitié des années 1940, elle est mise en place à partir de 1960. La politique d'aide française se singularise de ses homologues européens par le poids de l'assistance technique, culturelle et militaire dans la coopération, dispositif qui repose sur l'envoi d'un volume important de personnel. Ce personnel doit théoriquement renforcer de façon transitoire les capacités locales, notamment en occupant des responsabilités administratives dans l'attente de l'émergence d'une cohorte de cadres nationaux. Les coopérants doivent ainsi assurer provisoirement un rôle d'experts auprès des États naissants, tout en canalisant aussi l'aide au développement fournie par les États « tutélaires ». L'intention affichée est ainsi celle d'une coopération de « formation », fournie par une France se voulant « éducatrice des peuples », par contraste avec une coopération de « substitution » – deux termes qui rejouent la dialectique coloniale de l'association et de l'assimilation [→ I, introduction].

Dans les années 1960 et 1970, le poids des coopérants est tel que la coopération tient au moins autant de la substitution que de la formation. Les intentions françaises, affichées volontiers comme émancipatrices, sont évidemment loin d'être désintéressées. Il s'agit aussi de sauvegarder les avantages économiques intrinsèques aux liens coloniaux et de maintenir l'aire d'influence de la France dans les « pays du champ » ou encore dans le pré carré, qui absorbera les anciennes colonies belges à partir de 1966. En cela, la coopération s'inscrit dans le contexte de la guerre froide, en traduisant très directement la volonté de combattre l'extension de l'influence soviétique sur le continent africain, tout en témoignant de luttes internes entre alliés pour le maintien de leur influence propre, au travers de leur présence militaire, économique, culturelle, dans les anciennes colonies. La coopération française est ainsi scrutée de près par les services de la CIA, qui l'interprètent bien davantage comme une façon pour la France d'avancer des pions sur l'échiquier géopolitique global que comme une volonté d'aider les anciennes colonies à accéder à une véritable autonomie.

Le personnel coopérant, nébuleuse de statuts ou recyclage du personnel colonial ?

Au sens strict, le terme de « coopérant » désigne le statut particulier de toute personne sous contrat avec le ministère de la Coopération, ou un autre ministère au titre de la coopération, et travaillant au nom de la France dans un État étranger. Toutefois, cette définition administrative se heurte, en pratique, à l'hétérogénéité des statuts de coopérant.

La figure typique du coopérant est celle de l'enseignant : les professeurs du secondaire et de l'enseignement technique ont constitué la plus grande partie de l'assistance technique française, à laquelle il faut ajouter les effectifs d'universitaires envoyés dans les facultés locales ainsi que les chercheurs rattachés à divers instituts, dont l'Office de la recherche scientifique et technique outre-mer (ORSTOM), qui deviendra en 1998 l'Institut de recherche pour le développement (IRD). Ces enseignants étaient le plus souvent des coopérants civils, mais leurs rangs ont aussi été grossis par les Volontaires du service national (VSN), dont le nombre augmente considérablement entre 1964 et 1976. Ce dispositif, ancêtre du volontariat international, permet aux jeunes appelés d'éviter le service militaire, tout en se valorisant d'une expérience à l'étranger généralement bien vue. Les appelés représentent, en 1972, 23 % des agents de l'assistance technique – ils ne se cantonnent par ailleurs pas uniquement à l'enseignement, certains sont même placés directement en entreprise (les VSNE) –, et constituent une main-d'œuvre coopérante relativement peu onéreuse : en 1969, le ministère de la Coopération dépense en moyenne 21 000 francs annuels par appelé, contre 54 500 francs pour un coopérant civil. Il n'est pas rare que cette expérience de service national à l'étranger constitue la première étape d'une carrière coopérante, les appelés passant alors dans le civil pour rester dans leur pays d'affectation ou dans un autre pays africain.

À ce contingent s'ajoutent des coopérants militaires et l'ensemble des employés d'entreprises et d'organisations spécialisées, notamment dans le domaine des transports et des infrastructures, financées directement ou indirectement par le ministère de la Coopération. Dans une acception plus large, le terme de « coopérant » désigne de fait toutes les personnes étrangères – françaises, pour ce qui nous intéresse ici – qui sont professionnellement liées aux administrations des États nouvellement indépendants. Certains contrats privés, notamment en Côte d'Ivoire et au Gabon, peuvent aussi être labellisés comme des contrats de coopération, élargissant encore l'acception du terme. En pratique, la frontière semble très floue entre les participants au mouvement de l'assistance technique au titre de la coopération et les participants à l'assistance technique hors du cadre administratif de la coopération.

Enfin, si les coopérants relèvent du ministère *ad hoc* lorsqu'ils sont affectés en Afrique subsaharienne, les coopérants d'Afrique du Nord – et d'autres régions du monde – sont quant à eux généralement rattachés au ministère des Affaires étrangères. La division des tâches entre les deux ministères traduit d'ailleurs la racialisation de leurs champs de compétences respectifs : l'Afrique « noire » à la Coopération, le reste du monde aux Affaires étrangères – preuve que la première n'est pas encore tout à fait considérée comme *étrangère* par son ancienne métropole.

En vertu des accords de coopération signés en 1960, Paris demande d'ailleurs une « contribution » des États, versée directement au budget du ministère de la Coopération. « Alors qu'elle devait être en principe égale, pour chaque assistant technique, au salaire d'un homologue local, elle fut en fait dès le départ forfaitaire et proportionnelle à l'effectif de l'assistance technique », explique en 1994 un rapport du ministère. Des accords spécifiques dits de « globalisation » sont même signés avec la Côte d'Ivoire (1966), le Gabon et le Sénégal (1977) puis avec Madagascar (1978) : la France prend alors en charge un forfait fixe, au-dessus duquel les assistants techniques supplémentaires sont intégralement à la charge du pays « bénéficiaire ».

Cette nébuleuse coopérante est souvent décrite comme livrée à elle-même, ne nourrissant aucun esprit de corps et n'entretenant que de très lâches relations avec le ministère dont elle est censée relever. Si cette hétérogénéité et cette volatilité sont relativement vérifiables pour la plus jeune génération de coopérants, elles le sont moins pour les personnes qui entrent en coopération après avoir connu une expérience professionnelle préalable dans les administrations coloniales. Dans les années 1960 et 1970, la coopération se déploie comme une gestion non seulement de la transition coloniale, mais aussi de la transition du personnel colonial lui-même.

L'anticipation de la coopération comme technique de pouvoir postcoloniale, dès l'après-guerre et de façon accélérée dans les années 1950, est d'ailleurs nourrie par les cadres des administrations coloniales eux-mêmes. L'inquiétude des administrateurs de la « France d'outre-mer » (FOM) est perceptible à la fin des années 1950 : la loi-cadre de 1956 et la mise en place de la Communauté en 1958 ouvrent des perspectives de transfert de responsabilités aux élites africaines [→ II.1]. Les administrateurs de la FOM se font les acteurs de leur propre « recyclage » et de leur maintien en Afrique, en proposant d'eux-mêmes leur détachement futur auprès d'organismes locaux. Dans une note du 11 décembre 1958 exhumée par Julien Meimon, le Syndicat national des administrateurs de la France d'outre-mer écrit : « Les administrateurs de la France d'outre-mer présentent une qualification et une expérience indiscutables en matière d'assistance administrative et technique aux pays sous-développés, que ces pays soient membres ou non de la Communauté. Or les besoins dans ce domaine sont considérables et ne peuvent que s'accroître, tandis que la France ne dispose pas, au total, pour y faire face, d'un volant de fonctionnaires qui présentent à la fois une expérience concrète des pays sous-développés et le désir de s'expatrier. »

En 1958, deux corps spéciaux sont ainsi créés pour assurer la reconversion de ces administrateurs coloniaux. Celui des administrateurs des Affaires d'outre-mer préfigure la coopération en permettant de « conserver une vocation à l'assistance technique et à l'outre-mer » et garantit le maintien de certains administrateurs dans les pays africains, comme le relève Julien Hélary dans un dossier coordonné par Odile Goerg et Marie-Albane de Suremain dans la revue *Outre-Mers* (2014). Celui des conseillers des Affaires administratives permet également d'intégrer le ministère de la Coopération, et par là permet le réemploi d'une autre partie des anciens administrateurs coloniaux dans les États africains, après un bref retour en France.

Intégrer les milieux progressistes au néocolonialisme français

Si les coopérants ne font pas « corps », à l'inverse de leurs collègues d'autres administrations, ils constituent également un groupe fracturé sur le plan politique et idéologique. Cette fracture idéologique, qui fait écho aux carrières professionnelles, recoupe aussi en partie une dimension générationnelle.

D'une part, les « anciens » de la FOM, présents dans les pays africains avant leur indépendance, appartiennent davantage à la droite conservatrice et vivent la coopération comme un service rendu à la République et à l'État. Au-delà d'une logique de carrière et de l'impératif de recyclage professionnel, l'investissement des administrateurs coloniaux dans l'élaboration précoce d'une stratégie de coopération et de statuts de coopérants relève aussi de l'idéologie. Il doit être compris dans le contexte d'une hostilité de ces mêmes administrateurs à la décolonisation, qu'ils considèrent majoritairement comme hâtive, insuffisamment préparée et inadaptée à la faiblesse des cadres africains. Dans certains cas, la décolonisation est même perçue comme un renoncement vis-à-vis des aspects « positifs » de la colonisation, justifiant alors d'autant plus de poursuivre une politique développementaliste, sinon civilisatrice, sous d'autres formes.

Par ailleurs, les nouveaux coopérants, plus jeunes, rejoignent les rangs de la coopération comme on rejoint aujourd'hui les rangs de l'associatif ou de l'humanitaire. Cette fracture générationnelle est d'autant plus criante après mai 1968, les coopérants se faisant alors davantage militants et contestateurs du néocolonialisme. L'importance des volontaires en service national dans les rangs coopérants souligne cette politisation : leur rejet du service militaire dénote un engagement antimilitariste marqué à gauche. Les référentiels politiques des coopérants ne sont pas pour autant homogènes, et dessinent une gauche diverse, quoique majoritairement non communiste. Ces référentiels mêlent les partis et les syndicats (UNEF, CFDT, PSU…) à la sphère du catholicisme social et de ses organisations de jeunesse. Cette génération de nouveaux coopérants valorise souvent la découverte d'un « ailleurs », sinon d'un « Autre », appréhendés dans ce que Julien Meimon décrit comme un « émerveillement » qui n'est pas lui-même dénué d'ambivalences et d'exotisation : sous des dehors valorisants, les discours coopérants peuvent perpétuer un imaginaire essentialisé des « Africains », transformant sans le rompre le rapport de pouvoir colonial.

Quelles que soient leurs motivations, les carrières en coopération s'inscrivent dans une dynamique migratoire extrêmement privilégiée. Un guide édité par le ministère de la Coopération en 1964 explique ainsi aux coopérants qu'ils « bénéficient pratiquement de la double nationalité de fait », tout en leur rappelant que la France n'est jamais loin. Ces carrières jouent aussi le rôle d'accélérateur professionnel, permettant à de jeunes « expatriés » d'accéder à des postes et des niveaux de responsabilité auxquels ils n'auraient pu prétendre en France, considérant leur expérience et leurs qualifications. Julien Meimon, dans le volume réalisé pour la revue *Outre-Mers*, cite par exemple le cas d'un jeune homme de 23 ans, propulsé à la direction d'un hôpital dans le cadre de son poste de coopérant, avec pour toute qualification un DEUG de droit. D'autres exemples peuvent être tirés des études sur la coopération universitaire : de jeunes docteurs de troisième cycle, au chômage en France, obtiennent des postes d'enseignement ou de recherche dans les universités africaines, y font carrière ou les quittent lorsqu'un poste de titulaire leur est promis en France. Les coopérants tirent ainsi bénéfice d'une migration qui s'inscrit, à cet égard, dans une nette continuité avec les migrations coloniales depuis les métropoles. Les salaires – supérieurs à ceux perçus en France, en dehors du cas des appelés – et l'aide au logement permettent d'accumuler un certain capital et d'adopter un style de vie très confortable, tout en bénéficiant d'un personnel domestique rémunéré aux standards locaux. Le guide du ministère promet ainsi à ses agents que « certaines maîtresses de maison auront la chance de disposer de l'aide de domestiques », ajoutant par une généralisation inébranlable que, « si elles ont des enfants, elles s'apercevront bientôt que les Africains leur sont très attachés ». Il vante également un style de vie inatteignable en France : « Les ressources financières autorisent des plaisirs et des distractions auxquels beaucoup ne songeaient pas en France. Il est courant, selon les lieux, de faire de la voile, du ski nautique, de la pêche sportive ou bien du cheval, de la chasse, etc. »

Malgré les discours d'ouverture culturelle, les sociabilités et les pratiques sont généralement marquées par la ségrégation raciale et nationale, et bien souvent les coopérants habitent les mêmes quartiers, fréquentent les mêmes restaurants, les mêmes clubs, que les « expatriés » et les anciens colons. Bernard D. Yonli, proviseur burkinabè interviewé par Honoré Ouedraogo, auteur d'une histoire orale de la coopération en Haute-Volta, se rappelle ainsi une « communauté française » repliée sur elle-même : « Chacun avait sa maison, son personnel, mais très peu se laissaient fréquenter. » Les coopérants, ajoute-t-il, qui fréquentent le centre culturel français et quelques « clubs » sélectifs, « se retrouvaient entre eux, ils ne se mêlaient pas à la population locale ».

Ce milieu est aussi majoritairement masculin et compte en particulier peu de femmes célibataires. Alors que les unions mixtes demeurent rares, ces conditions favorisent la reproduction de comportements sexuels prédateurs vis-à-vis des femmes locales. Dans son livre autobiographique *Si tu vois le margouillat…* publié en 2007, Pierre Biarnès, qui fut correspondant du *Monde* en Afrique « francophone » de 1959 à 1983, raconte ainsi, un brin vantard, qu'il faisait dès qu'il le pouvait « le tour des bars à putes jusqu'à une heure avancée de la nuit », en compagnie d'un ami coopérant puis entrepreneur, dont il dit qu'il « avait toujours de superbes maîtresses métisses ou noires, qui lui coûtaient très cher ». Quelques pages plus loin, Biarnès rapporte encore que Christian Nucci, ministre de la Coopération entre 1982 et 1986, n'avait d'autre préoccupation que « de tirer son coup avec toutes les putes que les coopérants français complaisants lui rabattaient, à la demande expresse de l'ambassadeur ». Qu'elles soient véridiques ou exagérées, ces allégations illustrent les représentations sexuelles et racialisées qui avaient cours – et qui ont perduré – dans les milieux des coopérants et des expatriés [→ p. 438].

En somme, malgré les intentions souvent bienveillantes des coopérants, le dispositif de coopération réussit à intégrer les milieux progressistes au néocolonialisme français. Ce paradoxe se traduit par la concordance entre l'apogée de la coopération et la politisation progressiste des coopérants : dans la décennie post-68, les coopérants atteignent leur nombre maximal au moment même où leurs rangs sont le plus nettement dominés par la gauche et le tiers-mondisme. Si ces coopérants entendent vivre leur expérience africaine en rupture avec le colonialisme, ils participent à la reconfiguration de la domination française dans les anciennes colonies. Une ambivalence qui n'échappe pas à l'écrivain camerounais Mongo Beti. « Les coopérants, bon gré mal gré, sont à notre égard ce que sont des jaunes à l'égard d'ouvriers en grève », note-t-il en 1981 dans la revue *Peuples noirs Peuples africains* qu'il a fondée avec Odile Tobner [→ III.7]

Les critiques de la coopération et des coopérants

L'hétérogénéité et la supposée inorganisation des coopérants leur ont attiré des critiques très précoces, quasi concomitantes de la mise en place de la politique de coopération elle-même. Elles s'expriment notamment dans un rapport rédigé en 1963 par Jean-Marcel Jeanneney. Suit entre 1970 et 1985 une série de rapports, parmi lesquels le rapport Ravel de 1983 est particulièrement critique à l'égard des coopérants eux-mêmes. Cette hétérogénéité coopérante participe à l'opacité qui marque les rapports de la Françafrique, aussi bien sous les présidences de De Gaulle, Pompidou et Giscard que celle de Mitterrand : les critiques prônant une rationalisation administrative de la coopération tout autant qu'une extension de l'aide au développement au-delà du pré carré des anciennes colonies subsahariennes vont parfois de pair.

Outre la politique de coopération en tant que telle, la présence même des coopérants dans les pays africains, leurs pratiques et le mode de vie dont ils profitent attirent aussi les critiques. Le style de vie colonial des expatriés est très tôt dépeint et critiqué par Ousmane Sembène dans son célèbre film *La Noire de...* réalisé en 1966 [→ p. 271]. C'est également à une attaque en règle de la coopération que se livre le magazine tiers-mondiste *Nouvel Africasia* dans son premier numéro en janvier 1973 : « Que ses intentions soient pures comme de l'eau de roche et qu'il veuille racheter les péchés du colonialisme, ou bien qu'il soit conscient du rôle qu'on lui fait jouer et qu'il y consente, peu importe : objectivement [le coopérant] est un rouage d'un système et le système le sait. »

La critique des coopérants trouve un écho inattendu avec le livre *Les Colonies de vacances*, de l'essayiste François de Negroni (1977). Très largement jugé pamphlétaire et excessif, cet ouvrage est cependant discuté et commenté dans la presse généraliste, du *Monde* au *Figaro* en passant par *Le Point* et même *Paris Match*. Le livre de Negroni constitue la première critique explicite de l'expatriation française en Afrique parvenant à atteindre le grand public. Le néologisme de « sexpatriation », qui y est forgé pour souligner l'investissement de l'expatriation comme opportunité sexuelle, fera notamment date.

Le premier – et unique – numéro du magazine *Nouvel Africasia*, janvier 1973. *Droits réservés*

Peu audibles en France, les points de vue africains sur la présence expatriée française sont inévitablement divers, parfois contradictoires. Ils sont pourtant très précieux pour saisir les effets symboliques et matériels de la migration des coopérants. L'histoire orale menée par Honoré Ouedraogo, et qu'il synthétise dans le volume coordonné par Goerg et Suremain, montre que les souvenirs conservés par les élèves burkinabè de leurs anciens professeurs coopérants entremêlent l'admiration et l'intériorisation du racisme, une partie des élèves interprétant l'absence de professeurs noirs comme la preuve de la supériorité intellectuelle des hommes blancs. Ces témoignages, s'ils s'attachent parfois à souligner le sérieux, l'intégrité, la conscience professionnelle, la bonne volonté et la pédagogie des professeurs français, illustrent cependant l'inévitable violence symbolique, et son caractère profondément racialisé, de la présence coopérante. D'autres témoignages soulignent d'ailleurs le racisme dont faisaient plus ou moins ouvertement preuve certains enseignants en coopération. Issa Boli, également interviewé par Honoré Ouedraogo, se rappelle ainsi un professeur qui semblait ne pas supporter les élèves noirs : « Le comportement de Herbomer s'apparentait à du racisme. Il ne supportait pas les Noirs. Il n'aimait pas voir les élèves. À peine la cloche sonne, il a jeté ses bagages et il est parti. Il ne voulait pas du tout le contact. C'est comme s'il était venu pour terminer les heures et puis partir. Il n'y avait pas d'élèves qui l'approchaient. »

Les mémoires locales pointent l'incompétence d'une partie du corps professoral, celle-ci n'étant par ailleurs pas très surprenante : les volontaires en service national affectés à des postes d'enseignement n'étaient pas enseignants de métier et n'avaient souvent aucune expérience pédagogique. Les enseignants locaux ont aussi souligné que leurs collègues coopérants participaient à l'exportation d'un programme scolaire centré sur l'Europe et la France, malgré des velléités d'adaptation, tout en ralentissant le développement d'un enseignement dans les langues locales – parmi les coopérants, rares sont ceux qui apprennent ces langues et plus rares encore ceux qui les maîtrisent. Dans la revue *Outre-Mers*, Françoise Raison-Jourde rappelle que le syndicat malgache des enseignants du secondaire public s'insurge, dès 1962, contre les programmes d'histoire centrés sur Charlemagne et Napoléon. Or ces programmes, dont les coopérants ne dévient qu'exceptionnellement, constituent eux aussi un vecteur majeur de violence symbolique et d'intériorisation du racisme : une enseignante en coopération à Antananarivo (Madagascar) rapporte ainsi, avec une lucidité rare, que, à la question « qu'est-ce qu'une nation ? », ses élèves de terminale répondent en citant Ernest Renan et Jeanne d'Arc. Une seule copie évoque la nation malgache et son indépendance retrouvée en 1960. Nombreux sont les professeurs coopérants qui sont convaincus de l'universalité de la culture et de l'histoire européennes, à l'image de

Françoise Lieutier. Cette coopérante raconte dans *Le Monde* du 17 février 1980 ses tentatives d'enseigner Kant et Descartes aux élèves de terminale dans un lycée de Ouagadougou (Haute-Volta), titrant son article d'un évocateur « Descartes chez les Mossi ». C'est pour répondre à ce type de prise de position que la revue *Peuples noirs Peuples africains* décide en 1981 de consacrer un dossier à ces questions. Son titre : « Peut-on être coopérant et intelligent ? »

Repères bibliographiques

Odile GOERG et Marie-Albane de SUREMAIN (dir.), « Coopérants et coopération en Afrique : circulations d'acteurs et recompositions culturelles (des années 1950 à nos jours) », *Outre-Mers. Revue d'histoire*, vol. 101, n° 384-385, 2014. Voir notamment les contributions de Julien Hélary, Julien Meimon, Honoré Ouedraogo, Françoise Raison-Jourde et Bernard D. Yonli.

Michel GROSSETTI, « Enseignants en coopération. Aperçus sur un type particulier de trajectoires sociales », *Revue française de sociologie*, vol. 27, n° 1, 1986.

Suzie GUTH, *Exil sous contrat. Les communautés de coopérants*, Silex Éditions, Paris, 1984.

Julien MEIMON, *En quête de légitimité, le ministère de la Coopération (1959-1999)*, thèse de doctorat en sciences politiques, Université de Lille, 2005.

Julien MEIMON, « L'invention de l'aide française au développement », *Questions de recherche*, n° 44, 2007.

MINISTÈRE DE LA COOPÉRATION, *L'Assistance technique française (1960-2000) : rapport d'étude*, Paris, 1994.

Baptiste SIBIEUDE, « The Daily Lives of Françafrique. French Expatriate Communities in Gabon 1960-1989 », *Global Histories*, vol. 2, n° 1, 2016.

Pierre Biarnès, un correspondant du *Monde* dans les égouts du journalisme françafricain

Couvrant l'actualité africaine depuis Dakar, où il est établi comme correspondant du *Monde* depuis 1959, Pierre Biarnès sillonne l'Afrique francophone dans les années 1960 et 1970 et en connaît intimement toutes les figures marquantes : Senghor, Houphouët, Bongo, Ahidjo, Mobutu, Bokassa, etc.

En parallèle à son travail au *Monde*, il dirige la Société africaine d'édition (SAE), qu'il a fondée en 1961 et qui publie des revues spécialisées, comme *Le Moniteur africain du commerce et de l'industrie* (1961-1974) et *Le Mois en Afrique* (1966-1987). Pour animer ces revues, Pierre Biarnès fait appel à son collègue Philippe Decraene, autre spécialiste « Afrique » du journal *Le Monde*.

Désireux de diversifier les activités de la SAE, les deux hommes mettent leurs épouses à contribution. Paulette Decraene, embauchée par la SAE en 1965, s'occupe du bimestriel *L'Afrique littéraire et artistique*. Elle quitte cependant l'entreprise en 1973 lorsqu'elle est recrutée comme secrétaire particulière de François Mitterrand, qu'elle connaît depuis les années 1950 et auprès duquel elle travaillera pendant plus de vingt ans. Monique Biarnès publie pour sa part deux livres de recettes pour la SAE, *La Cuisine sénégalaise* (1972) et *La Cuisine ivoirienne* (1974), et devient rédactrice en chef d'une revue destinée aux expatriés, *Français d'Afrique*, lancée en 1979.

« Bob Denard de la rotative »

D'une façon générale, Pierre Biarnès et Philippe Decraene ne brillent pas par la radicalité de leur critique, ni à l'égard de la politique africaine de la France, ni à l'égard des satrapes africains alliés à Paris. Lorsque les deux journalistes quittent *Le Monde*, au début des années 1980, l'écrivain camerounais Mongo Beti raille la « virtuosité » dont ils ont fait preuve dans l'art de la « désinformation ». Philippe Decraene et Pierre Biarnès, note-t-il, « furent en quelque sorte les Bob Denard de la rotative ».

Pierre Biarnès confirme à sa manière la moquerie de Mongo Beti dans le livre qu'il publie, bien des années plus tard, aux éditions L'Harmattan : *Si tu vois le margouillat. Souvenirs d'Afrique* (2007). Ce livre étrange, à la fois informé, bourré d'inexactitudes et particulièrement graveleux, donne un aperçu saisissant des mœurs journalistiques françafricaines dans les années 1960-1970.

Biarnès ne le cache pas : son statut de correspondant du *Monde* lui attire bien des sympathies. Il est à tu et à toi avec les présidents africains, auxquels il rend visite comme à de vieux amis. « Pour Ahidjo, précise le journaliste, il valait mieux le voir chez lui, en fin de journée. Pendant qu'il prenait une douche, un de ses serviteurs vous offrait du champagne ; puis il arrivait, prenait une bière, se tapait sur les cuisses et commençait à parler. Il était souvent un peu ivre. » Le journaliste boit également pas mal de champagne avec Omar Bongo et fréquente la boîte de nuit privative du palais présidentiel gabonais.

Joignant l'utile à l'agréable, Biarnès bénéficie des petits coups de main de ses amis africains. Sa société d'édition profite par exemple des largesses de l'ambassadeur du Zaïre à Paris, qui ponctionne quelques grosses coupures dans ses « énormes valises bourrées de billets » pour régler les factures impayées. Une faveur qui explique peut-être l'onctuosité avec laquelle le journaliste dépeint l'autocrate zaïrois, un « homme très intelligent » qui a réussi la prouesse de « rétablir l'ordre » dans l'ex-Congo belge. Mobutu, jure-t-il, n'avait « rien à voir avec les caricatures qu'en faisait la presse de gauche européenne, dont les plumitifs n'avaient d'ordinaire jamais mis les pieds au Zaïre ».

Le correspondant du *Monde* entretient également des liens étroits avec les services de renseignement français. Plutôt difficiles avec le responsable du SDECE de Dakar, auquel le journaliste rend pourtant « bien des services », ses relations sont en revanche très cordiales avec Gérard Bouan, son homologue à Abidjan. Quant au chef de poste de Yaoundé, il missionne carrément le correspondant du *Monde* pour une opération d'espionnage lorsque Goukouni Weddeye prend le pouvoir au Tchad au tournant des années 1980 [→ IV.5]. Objectif : repérer pour le compte de l'armée française les activités libyennes à l'aéroport militaire de Ndjamena. « De retour à Dakar, mon petit exploit m'avait valu un diplôme de colonel d'honneur de l'Infanterie de marine, que m'avait remis l'attaché de défense, se félicite le journaliste. Puis, quelques mois plus tard, j'avais reçu les insignes de la Légion d'honneur. »

Ce mélange des genres se retrouve dans ses activités au sein de la franc-maçonnerie [→ IV.2]. Membre du Grand Orient de France, Pierre Biarnès entretient d'étroites relations avec ses « frères de lumière », dignitaires africains ou diplomates français – à l'image de Fernand Wibaux, ambassadeur au Tchad puis au Sénégal. Envoyé par Mobutu en mission informelle à Bangui, pour humer l'ambiance dans les couloirs de la présidence centrafricaine au lendemain de la victoire des socialistes français en 1981, Biarnès ne se contente pas de « rendre compte » au dictateur zaïrois (qui met, pour l'occasion, un avion à sa disposition). Il fait aussi son rapport à Guy Penne, membre éminent du Grand Orient et conseiller Afrique de François Mitterrand [→ IV, introduction].

« Les Trente Glorieuses du cul »

Ce qui frappe dans le récit de Pierre Biarnès, c'est l'omniprésence d'anecdotes sexuelles et de formules salaces. Le titre même de son livre, dérivé d'un refrain du chanteur ivoirien Daouda, est une métaphore phallique : le margouillat, lézard africain bien connu, se glisse où il lui plaît…

Tous les ragots y passent. Celui, célèbre, prêtant à Valéry Giscard d'Estaing une liaison avec la femme de Bokassa (accusation lancée par l'ex-empereur lui-même peu après son éviction). Ou celui, plus trouble, accusant Houphouët-Boigny d'avoir assassiné « d'un coup de revolver sa maîtresse Bintou, la fille du grand écrivain malien Amadou Hampâté Bâ, qu'il avait surprise en train de se faire un chauffeur » (confidence que Biarnès dit tenir de Gérard Bouan).

Étalant *ad nauseam* ses obsessions libidineuses, Biarnès raconte par le menu ses expéditions dans les « boîtes à filles » et les « bars à putes », qu'il fréquente assidûment aux quatre coins du continent. « Mais y avait-il un seul bar en Afrique qui ne soit pas à putes ? » s'interroge le journaliste en s'amusant de la facilité avec laquelle il s'attire les faveurs des jeunes Africaines. « Pas besoin de se mettre en frais pour lever une fille, note-t-il, une bouteille de Samba (le Lion), la célèbre bière du Katanga, suffisait. La chtouille était à chaque coup assurée. » Mais, ajoute-t-il plein de nostalgie, « nous vivions en des temps bénis, entre la vérole et le sida. C'étaient les Trente Glorieuses du cul ».

De retour de mission, le journaliste du *Monde* retrouve les plaisirs quotidiens de Dakar. Il apprécie notamment l'atmosphère du Chez-Vous, « le bordel le plus chic de la ville [...], où plusieurs années après l'indépendance on trouvait encore des putes blanches ». Biarnès offrira à la tenancière de l'établissement un exemplaire dédicacé d'un de ses nombreux ouvrages : « À Solange, qui, elle aussi, défend vaillamment les positions françaises sur les côtes d'Afrique. »

Biarnès ne précise pas si Solange a eu le temps de lire sa prose : « Elle sera assassinée d'une balle dans la tête, probablement parce qu'elle en savait trop. » Il ne précise pas non plus que cet assassinat – en réalité *deux* balles dans la tête – fait suite à l'ouverture d'une enquête lancée par la police française et Interpol en 1989. Le Chez-Vous, note alors une dépêche AFP, est la « plaque tournante d'un réseau de proxénétisme, mis en place en 1955-1956 par Alexandre et Solange Nemeti », entre Bordeaux et Dakar. Le couple « a “traité” en trente ans, selon les policiers, plusieurs centaines de jeunes femmes » (françaises, africaines, colombiennes).

Pendant que Pierre vaque à ses occupations, sa femme Monique poursuit ses activités à la Société africaine d'édition. Son magazine est rebaptisé *Revue des Français d'Afrique* au moment où son mari quitte *Le Monde* et entame une seconde carrière. Encarté au Parti socialiste depuis les années 1960, il est élu sous cette étiquette au Conseil supérieur des Français de l'étranger (CSFE) en 1982. Sept ans plus tard, il entre au Sénat. Il y représentera les expatriés français jusqu'en 2008.

Thomas Deltombe

Chapitre 7

Les écrivains africains défient le néocolonialisme français

Fanny Pigeaud et Kalidou Sy

Un peloton d'exécution, une foule silencieuse écrasée de douleur, et trois condamnés à mort. Le 15 janvier 1971, Ernest Ouandié, dernier chef historique de l'insurrection nationaliste camerounaise, et deux de ses camarades sont fusillés sur la place publique à Bafoussam, dans leur région natale de l'Ouest camerounais. Comble de l'épouvante pour les écoliers de la ville, ils ont l'obligation d'assister à ces exécutions. « Nous sortions de l'école sans savoir où nous allions. Et nous avions peur. C'était le sentiment qui dominait dans la population : la peur et la colère », se souvient l'un de ces élèves, alors âgé de 6 ans.

Les trois hommes sont jugés coupables de « complot contre la sécurité de l'État » à l'issue d'un procès expéditif devant le tribunal militaire de Yaoundé. Certains de leurs prétendus « complices », dont l'évêque catholique Albert Ndongmo, obtiennent une grâce du président Ahmadou Ahidjo et voient leur condamnation à mort commuée en détention à vie dans les sinistres camps d'internement où le pouvoir camerounais entasse par milliers ceux qu'il qualifie de « subversifs » [→ II.2].

Pour l'écrivain camerounais Mongo Beti, ce « procès de Yaoundé » marque un tournant. Depuis la France où il vit en exil, il a suivi de près cette mascarade judiciaire. Au-delà de l'horreur de l'assassinat programmé de plusieurs hommes, c'est un système de domination transnational qui se révèle à ses yeux. Scandalisé, Mongo Beti, qui a déjà publié cinq romans, décide d'écrire pour la première fois un essai politique, *Main basse sur le Cameroun : autopsie d'une décolonisation* (Maspero, 1972). Il y dresse d'une plume acérée le portrait du régime dictatorial et violent d'Ahidjo, au pouvoir depuis l'indépendance, en 1960, et montre qu'il est avant tout le relais du (néo)colonialisme français au Cameroun.

Les dirigeants africains (Houphouët, Tombalbaye, Ahidjo) fusillant leurs peuples sur ordre du président français Pompidou. Affiche du Secours rouge, 1971. © *Roger Viollet via AFP*

Le colon est « caché en nous »

Mongo Beti n'est pas le seul intellectuel à porter un jugement sévère sur la première décennie d'indépendance qui vient de s'écouler. La période est à la désillusion générale dans les anciennes colonies africaines de la France. Le sentiment de satisfaction après l'obtention de l'indépendance et l'espoir de jours meilleurs sont loin. La trajectoire prise par les nouveaux États tourne au fiasco : les coups de force militaires se succèdent au Togo, au Congo, au Gabon, au Dahomey, au Mali, en Haute-Volta, en République centrafricaine… La plupart des dirigeants se révèlent corrompus ou tyranniques, s'acharnant à faire échec à toute alternative et tentative de contradiction [→ II.6]. Les anciens mouvements de libération sont moribonds ou morts, les opposants éliminés ou réduits au silence. Et toujours, l'ombre de l'ancienne puissance coloniale plane : les pays africains restent enchaînés de différentes manières à la France, la décolonisation n'est qu'une imposture, le pillage par l'Occident se poursuit et se renforce…

Nombreux sont les romanciers et auteurs de théâtre qui observent et racontent, chacun à sa manière, cet état de fait. Parmi eux, l'Ivoirien Bernard Binlin Dadié (*Les Voix dans le vent*, Éditions Clé, 1970), le Congolais Sony Labou Tansi (*La Vie et demie*, Seuil, 1979), les Guinéens Tierno Monénembo (*Les Crapauds-Brousse*, Seuil, 1979) et Alioum Fantouré (*Le Cercle des Tropiques*, Présence africaine, 1972). Plutôt que la plume, d'autres intellectuels saisissent la caméra pour mettre en accusation le (néo)colonialisme. C'est le cas de l'acteur et réalisateur franco-mauritanien Med Hondo, qui signe *Soleil Ô* en 1967.

L'écrivain et réalisateur de cinéma sénégalais Ousmane Sembène occupe une place particulière dans cette galaxie. Utilisant à la fois le roman et le cinéma, il rend hommage à la lutte des colonisés et dissèque la société (néo)coloniale [→ p. 271]. Dans son livre *Xala*, publié par les éditions Présence africaine en 1973, et dont il fait aussi un film, il met en scène les représentants d'une bourgeoisie sans envergure, qui s'est construite « sur l'infortune des humbles et honnêtes gens » et affiche un nationalisme de façade pour mieux dominer le reste de la population. Veule et grossière, cette classe de nouveaux riches n'aspire qu'à prendre la place des capitalistes étrangers qui conservent les rênes de l'économie et dont elle s'est faite le suppôt : « Le colon est devenu plus fort, plus puissant, caché en nous, en nous ici présents. Il nous promet les restes du festin si nous sommes sages. Gare à celui qui voudrait troubler sa digestion, à vouloir davantage du profit », dit, devenu soudain lucide, le personnage principal de *Xala*, un homme d'affaires véreux qui a autrefois milité pour l'indépendance.

Un essai contre Houphouët-Boigny ne peut « pas passer »

Dans son premier livre, *Les Soleils des indépendances* (Seuil, 1970), Ahmadou Kourouma propose quant à lui une critique du régime de Félix

Houphouët-Boigny. En 1963, il a passé plusieurs jours en prison, accusé avec d'autres intellectuels d'avoir comploté contre le président ivoirien. Cette expérience l'a marqué, tout comme le sort d'Ernest Boka, qui a démissionné de son poste de président de la Cour suprême pour protester contre les arrestations arbitraires et qui est mort en détention dans des conditions suspectes peu après avoir été interpellé à son tour, en avril 1964. Kourouma écrit pour témoigner, pour « dire » que ses camarades ont été « injustement arrêtés ». Houphouët-Boigny étant « très puissant et appuyé par la politique française et la politique de l'Occident », il juge cependant qu'un essai sur lui ne peut « pas passer », comme il l'expliquera plusieurs années après, et choisit alors de s'exprimer par le biais de la fiction. C'est donc en suivant le destin imaginaire de Fama Doumbouya, prince malinké déchu de son titre pendant la colonisation et non réhabilité après l'indépendance de son pays, la République de la Côte des Ébènes, que *Les Soleils des indépendances* raconte de manière satirique les frustrations nées après la « décolonisation », les espoirs déçus, l'instrumentalisation de la justice, la corruption de l'administration, le pouvoir qui devient à la fois paranoïaque, népotique et manipulateur...

Toutefois, ce livre ne paraît pas tout de suite en France. Les maisons d'édition françaises sollicitées par Kourouma rejettent son manuscrit. Ce sont les Presses de l'Université de Montréal qui le publient dans un premier temps. Mais seulement après l'avoir considérablement remanié pour le rendre davantage fictionnel : l'éditeur canadien, avant tout intéressé par les qualités littéraires du texte original, demande à son auteur de supprimer les passages explicitement politiques et liés à l'actualité ivoirienne. « Des longs reportages journalistiques sur les sottises du président et les tortures qu'il inflige, ça n'intéresse que les journalistes, pas les lecteurs ! » explique-t-il à Ahmadou Kourouma. C'est donc un manuscrit « épuré » que le Seuil publie après en avoir racheté les droits en 1970.

Mongo Beti essuie lui aussi plusieurs refus d'éditeurs français pour *Main basse sur le Cameroun*. Et notamment de la part de Jean Lacouture, directeur de la collection « L'Histoire immédiate » au Seuil. « Ce violent réquisitoire contre la personne même de M. Ahidjo nous semble trop passionnel, trop diffamatoire pour constituer une "autopsie" scientifique, explique Lacouture, qui n'a pourtant jamais mis les pieds au Cameroun. Il ne suffit pas d'attaquer un homme pour attaquer un régime. Je pense même que le ton et la forme de ce pamphlet nuisent à vos idées et à votre cause dans la mesure où ils ne peuvent convaincre sans arguments solides. » Rejeté par le Seuil avec ces arguments paternalistes, caractéristiques de « l'homme blanc, toujours sûr de lui », comme Mongo Beti le notera quelques années plus tard, le livre paraît finalement chez Maspero en juillet 1972.

Feu sur la « négritude » de Senghor

Dans son essai *Négritude et négrologues* (Union générale d'éditions, 1972), le philosophe Stanislas Spero Adotevi, qui a été ministre de l'Information et de la Culture au Dahomey dans les années 1960, et qui a participé au Festival panafricain d'Alger de 1969, s'attaque à la perpétuation des schémas intellectuels coloniaux. La décolonisation n'a rien changé, observe-t-il, jugeant que les premières années d'indépendance ne sont que des « années de carnaval ». Pire, « l'exploitation s'est faite plus hideuse et plus efficace » grâce à la collaboration d'une partie des élites africaines : « Des bourgeoisies sous-développées ont été mises en place pour restaurer les régimes qui se contentent de succéder sans réforme au pouvoir colonial. Les anciens vassaux se sont transformés en vavasseurs. Leur inefficience et la fragilité de leurs fondements les rendent plus maniables. »

Pour que l'indépendance, qui n'est aujourd'hui qu'un « statut », devienne enfin une réalité, il faut sortir de la chimère qu'est la « négritude » proposée par le président-poète sénégalais Léopold Sédar Senghor. Certes, ce concept a permis à bien des colonisés africains de prendre conscience de l'humiliation et de l'exploitation qu'ils ont subies. Mais il est inachevé, souligne Stanislas Spero Adotevi. Il faut aller au-delà d'une simple description poétique et culturelle, car la négritude, telle qu'elle est utilisée par Senghor, « n'est rien moins qu'une pure et plate propagande ». « La très bizarre formule [de Senghor] de division raciale du travail intellectuel (l'émotion est nègre comme la raison est hellène) vise uniquement à perpétuer un régime considéré comme néocolonialiste et dont il est président », estime Adotevi.

Le philosophe fustige aussi le « socialisme africain » dont se réclame Léopold Sédar Senghor. « Enfant légitime des compromissions néocoloniales », c'est un socialisme « distant » qui « met au garage la révolte ». Face à la propagande les appelant à se soumettre à l'impérialisme, les Africains doivent se montrer combatifs : « La reconnaissance de l'identité noire » passe par « la destruction du système qui a nié » le Nègre « en tant qu'homme », à savoir le capitalisme, écrit Adotevi. Et le philosophe d'utiliser une formule qui a dû faire frémir le président sénégalais : « Le Nègre doit devenir dangereux ! »

Les Africains doivent abandonner l'idée d'être « sauvés » par d'autres, note encore Adotevi. « Camarade, lance-t-il, ne nous occupons plus des progressistes d'Europe ; ni d'aucun pays impérialiste ou simplement héritier de l'impérialisme. Ils sont encore plus "paumés" que nous ; broyés qu'ils sont par le système d'où ils procèdent. »

Les intellectuels français, entre mépris et indifférence

Faisant écho à Adotevi, Mongo Beti constate avec dépit le double standard des intellectuels français, qui sont solidaires des progressistes martyrisés en Amérique latine et des dissidents persécutés en Europe de l'Est, mais qui ignorent presque totalement ce qui se passe sur le continent africain où la France est pourtant très présente. « Le désastre de la décolonisation du Cameroun n'a pu se nouer qu'au milieu de l'engourdissement d'une opinion française intoxiquée par les mythes gaulliens ou résolument complice des visées de grandeur du gaullisme », estime Mongo Beti. Lequel déplore aussi le silence des organisations de défense des droits humains si promptes « à s'enflammer partout où les intérêts de la France ne sont pas en jeu ».

L'écrivain camerounais s'attaque en particulier aux journalistes français, singulièrement complaisants à l'égard de la politique africaine de leur pays. Lors du procès d'Ernest Ouandié et de Mgr Albert Ndongmo, seuls *L'Humanité* et *La Croix* se sont mobilisés. Les autres ont oscillé entre mépris et indifférence. Plus grave encore, note-t-il, des journalistes, qui passent pour des progressistes aux yeux de l'opinion publique française, n'ont pas hésité à dénigrer le combat des nationalistes camerounais et à colporter des « mensonges » éhontés. Des « journaux communément classés à gauche, tels *Le Monde* et *Le Nouvel Observateur* », ne se gênèrent pas pour éconduire « les Camerounais qui, de Paris par exemple, se démenèrent pour essayer d'arracher Ernest Ouandié au peloton d'exécution », rappelle Mongo Beti, qui a lui-même tenté d'alerter l'opinion alors que le leader nationaliste camerounais était envoyé à la mort.

Confrontés à l'autocensure des journaux et des maisons d'édition, les intellectuels africains doivent aussi braver la censure pure et simple, dans leurs pays d'origine comme en France [→ p. 451]. Mongo Beti est bien placé pour le savoir : deux jours après sa sortie en librairie, le 3 juillet 1972, *Main basse sur le Cameroun* est interdit par un arrêté du ministre français de l'Intérieur, Raymond Marcellin, au motif que l'ouvrage serait « de provenance étrangère » et relèverait de l'« injure à chef d'État étranger ». Il est saisi deux jours plus tard dans les locaux des éditions Maspero. Cette décision s'appuie sur un décret pris en 1939 par les autorités françaises pour limiter la propagande nazie venue d'Allemagne.

Manifestement, le livre dérange les pouvoirs camerounais et français, qui ont d'ailleurs espionné Mongo Beti alors qu'il rédigeait son essai. Il choque surtout Jacques Foccart, qui a obtenu son interdiction, sans provoquer la moindre réaction au sein de l'intelligentsia parisienne. Rares sont les intellectuels français qui, comme l'anthropologue français Jean Copans, rendent hommage au travail de Mongo Beti. La description que ce dernier fait « du cynisme et de la violence néocoloniale ne pourra que surprendre ceux qui croient encore aux vertus de l'aide française et de la politique de coopération », note-t-il dans les *Cahiers d'études africaines* en 1973.

Après quatre ans de procédures, François Maspero et Mongo Beti obtiennent l'annulation de l'arrêté d'interdiction de *Main basse sur le Cameroun*. Entre-temps, le livre a été publié dans d'autres pays où il s'est vendu à plusieurs milliers d'exemplaires. Dans une nouvelle préface, Mongo Beti s'attaque à « Jacques Foccart, l'homme des services secrets et de toutes les mafias de l'Afrique dite francophone » et étrille le « néocolonialisme français au Cameroun et en Afrique noire en général ». Enfin publié en France, le livre reste en revanche proscrit au Cameroun, où il ne circulera pendant longtemps que sous le manteau : ceux qui possèdent un exemplaire d'un titre aussi « subversif » s'exposent à de graves conséquences.

Ailleurs aussi, la culture est étroitement contrôlée. En 1974, Ahmadou Kourouma est obligé de quitter la Côte d'Ivoire, où il est retourné vivre après quelques années d'exil. La cause : une pièce de théâtre, *Le Diseur de vérité*, qu'il a écrite et qui est présentée à Abidjan. L'ambassadeur de France en Côte d'Ivoire Jacques Raphaël-Leygues déclare qu'il s'agit d'une « pièce révolutionnaire ». Ce qui, dans la bouche de ce diplomate ultra-foccartiste, n'est pas un compliment : c'est une condamnation. Anticommuniste, Houphouët-Boigny s'arrange pour éloigner Ahmadou Kourouma : il le fait nommer directeur général de l'Institut international des assurances, dont le siège est à Yaoundé et où l'écrivain restera dix ans. Mongo Beti lui reprochera vertement de s'être montré complaisant à l'égard du pouvoir dictatorial camerounais pendant cette période.

Ousmane Sembène fait de son côté les frais des singulières conceptions culturelles de Léopold Sédar Senghor lorsqu'il sort son film *Ceddo* en 1977. Il a pourtant pris soin d'enrober élégamment ses critiques dans cette œuvre politique qui transpose une tragédie grecque au Sénégal. Mais le président sénégalais, qui se présente comme un défenseur de la culture, trouve un prétexte inattendu pour faire interdire le film pendant cinq ans : le mot wolof *ceddo*, affirme-t-il, ne prend qu'un seul *d*...

Un écrivain foudroyé : Yambo Ouologuem

Dans la même période, Yambo Ouologuem est la cible d'attaques d'une violence rare. En 1968, ce jeune et brillant écrivain malien de 28 ans, cigarette à la main, donne une interview sans langue de bois à la télévision française : « La négraille a vu à travers le fait colonial l'occasion inespérée de pouvoir impunément s'abreuver de culture blanche afin de mieux s'élever parmi les Noirs », dit-il. Il parle de son livre, *Le Devoir de violence* (Seuil, 1968), qui vient de provoquer un séisme au sein de l'intelligentsia littéraire franco-africaine.

À travers l'histoire de l'empire fictif du Nakem et de la dynastie des Saïfs, Yambo Ouologuem décrit une Afrique violente, conquérante, barbare et esclavagiste bien avant la colonisation. Il dit narrer « la véritable histoire des Nègres ». Personne n'est épargné dans son œuvre : ni les empires précoloniaux, ni le système colonial, ni ses complices africains, ni les intellectuels parisiens qui se croient antiracistes mais conservent un système de pensée plein de préjugés. Le paradigme africain qu'il décrit est aux antipodes de celui porté par la littérature africaine en vogue et qui met en scène une Afrique pure, sans défaut. Il brise ainsi avec fracas le mythe et prend le contre-pied de la négritude chère à Léopold Sédar Senghor.

Le Devoir de violence est plébiscité par la presse en France et à l'étranger, unanime pour louer la qualité exceptionnelle de son écriture. Deux mois seulement après sa sortie, il remporte le prix Renaudot. Yambo Ouologuem, premier auteur africain à recevoir cette distinction, écrit dans la foulée deux autres livres tout aussi corrosifs : *Lettre à la France nègre* et *Les Mille et Une Bibles du sexe*, édité sous le pseudonyme d'Utto Rodolph – tous deux publiés en 1969. Le fait qu'il renvoie dos à dos colons et colonisés explique peut-être son succès auprès d'une partie de son lectorat français. Toujours est-il que le nombre d'exemplaires vendus s'envole et que le livre est traduit en dix langues.

Mais, après son triomphe fulgurant, la foudre frappe le jeune et brillant Yambo Ouologuem. Il y a d'abord une flambée de critiques venues d'intellectuels africains, et en premier lieu de Léopold Sédar Senghor qui qualifie d'« affligeante » la posture du jeune romancier : Ouologuem « nie ses ancêtres », affirme le président-poète, et ne fait ainsi rien d'autre que de « [dire] aux Blancs ce qui est agréable aux Blancs ». Et puis, il y a l'« affaire Ouologuem » qui éclate en mai 1972 : l'écrivain est accusé de plagiat, la pire des infamies pour un créateur. Des lecteurs et des journalistes ont repéré des similitudes entre *Le Devoir de violence* et *Le Dernier des Justes*, d'André Schwarz-Bart, publié également par le Seuil et prix Goncourt 1959, tandis que le journal américain *Times Literary Supplement* en voit d'autres avec *C'est un champ de bataille* de Graham Greene. Yambo Ouologuem se défend en assurant qu'il avait mis des guillemets dans son premier manuscrit, mais que ceux-ci ont disparu avant impression à l'initiative de son éditeur. Son intention était bien de faire, dans son roman, des « clins d'œil, références, guillemets, narrations, analyses », afin de donner au lecteur une « infinité de possibilités de lecture », tente-t-il d'expliquer, citant parmi ses sources Schwarz-Bart, Flaubert, Maupassant… Mais il n'est pas cru, pas entendu. Dans un courrier, l'éditeur explique à l'un de ses interlocuteurs que le terme de « plagiat » est « exagéré », qu'il « ne s'agit pas de citations mais de lambeaux de phrases qui sont truffés de changements apportés par l'auteur ». Il finit cependant par lâcher Yambo Ouologuem : *Le Devoir de violence* est retiré de la vente. Profondément blessé, brisé, l'écrivain qui accuse le Seuil d'avoir « déclenché une campagne de presse afin de le salir pour ne pas payer les droits qui lui étaient dus », se retire à Sévaré, au Mali, et se mure définitivement dans le silence.

La revue *Peuples noirs Peuples africains* contre-attaque

Face aux attaques, Mongo Beti, lui, ne fléchit pas. Il contourne la censure en revenant au roman. Avec *Remember Ruben* (Union générale d'éditions, 1974) et *La Ruine presque cocasse d'un polichinelle, Remember Ruben II* (Éditions des peuples noirs, 1979), il reprend les idées développées dans *Main basse sur le Cameroun*. « Pourquoi ? Parce qu'en France il y a une tradition de ne pas saisir tout ce qui est romanesque, tout ce qui est une œuvre d'art. Donc, j'ai trouvé là une astuce pour dire sous une forme romanesque tout ce que j'avais déjà dit et qui n'avait pas été autorisé dans le pamphlet », explique-t-il en 1979. Avec son épouse, Odile Tobner, il lance aussi, en 1978, avec leurs propres deniers, une revue, *Peuples noirs Peuples africains* (*PNPA*). « Dix-huit ans après les indépendances, voici enfin une publication noire importante contrôlée financièrement, idéologiquement et techniquement par des Africains francophones noirs, et par eux seuls », annonce le premier numéro. Le duo dit son « écœurement » face à cette « extraordinaire muraille de Chine invisible » dressée par Paris « autour de ses chasses gardées du continent africain, paradis intouchables et d'ailleurs inabordables de la dictature, de la torture ».

Avec *PNPA*, Mongo Beti et Odile Tobner entendent faire vivre et rendre visible la lutte des progressistes africains, « proclamer aussi souvent qu'il le faudra la seule vérité qui, aujourd'hui, tienne à cœur à tous les Noirs », à savoir que l'Afrique rejette « toutes les tutelles, celle de Paris autant que celle de Washington, celle de Moscou aussi bien que celle de Pékin ». Ouvrant la revue à diverses plumes, maniant volontiers la satire, ils dénoncent le silence coupable ainsi que les compromissions des intellectuels de gauche, les maux infligés par les régimes néocoloniaux, la manière dont les ressources africaines sont bradées. Le capitalisme est « l'ennemi mortel de l'Afrique », le pétrole, la « malédiction du sud du Sahara », démontrent-ils, évoquant par exemple, fin 1979, « l'intention des compagnies pétrolières françaises de s'emparer du pétrole camerounais sans avoir à payer de contrepartie, même symbolique, au peuple camerounais ». Pendant une douzaine d'années, le couple se consacrera à cette « littérature de combat » sans concession.

Repères bibliographiques

Mongo BETI, *Africains, si vous parliez*, Homnisphères, Paris, 2005.

Patrick CORCORAN et Jean-Francis EKOUNGOUN, « L'avant-texte des *Soleils des indépendances* », *Genesis*, n° 33, 2011.

Armelle CRESSENT, « Penser une guerre de libération et (ré)écrire l'histoire : le cas de Mongo Beti », *Études littéraires*, vol. 35, n° 1, hiver 2003.

Julien HAGE, « Les littératures francophones d'Afrique noire à la conquête de l'édition française (1914-1974) », *Gradhiva. Revue d'anthropologie et d'histoire des arts*, n° 10, 2009.

Lobna MESTAOUI, « Ousmane Sembène, entre littérature et cinéma », *Babel*, 24, 2011.

Jean-Pierre ORBAN, « Livre culte, livre maudit : Histoire du *Devoir de violence* de Yambo Ouologuem », *Continents manuscrits* (hors-série), 2018.

La loi du silence : quand la France censure les dissidents africains en exil

La législation française fournit un puissant arsenal juridique aux autorités pour réduire au silence ceux qui contestent la politique étrangère de la France, en Afrique ou ailleurs.

En plus des dispositions traditionnelles permettant de poursuivre un auteur ou un éditeur pour diffamation ou injure, la loi de 1881 protège les chefs d'État, français et étrangers. Elle sanctionne aussi bien « l'offense au président de la République » française (article 26) que « l'offense commise publiquement envers les chefs d'État étrangers, les chefs de gouvernements étrangers et les ministres des Affaires étrangères d'un gouvernement étranger » (article 36).

Modifiée en mai 1939 par un décret-loi (jamais ratifié par le Parlement), la loi sur la presse donne également un pouvoir démesuré au ministre de l'Intérieur : celui-ci peut interdire « la circulation, la distribution ou la mise en vente » sur le territoire français de toute publication « de provenance étrangère », quelle qu'en soit la nature et sans même avoir à motiver sa décision (article 14).

Parfaitement informés de ces dispositions, les autocrates africains et leurs amis français les utilisent abondamment dans les années 1970 pour intimider leurs adversaires.

Jacques Foccart traque les « emmerdeurs » africains

Mobutu est particulièrement actif dans ce domaine. Il le démontre après la publication en France d'un livre intitulé *Enterrons les zombies* (1969). Édité à compte d'auteur par Aubert Mukendi, opposant au régime de Kinshasa, l'ouvrage suscite l'ire du dictateur congolais, qui porte plainte auprès du parquet de Paris en 1970. La justice française interdit l'ouvrage et condamne l'opposant en exil à une lourde amende pour délit d'« offense publique à chef d'État étranger ». La police française saisit ce qu'il reste des mille exemplaires imprimés.

En 1971, Cléophas Kamitatu subit à son tour la colère de Mobutu. Ayant occupé plusieurs postes ministériels au Congo, dont celui de l'Intérieur et des Affaires étrangères, Kamitatu a été accusé et condamné pour « complot » dans les mois qui ont suivi le putsch de Mobutu en 1965. Libéré deux ans plus tard, il s'installe en France et rédige un livre à charge contre le tyran du Congo-Zaïre : *La Grande Mystification du Congo-Kinshasa. Les crimes de Mobutu*. Publié par les éditions Maspero en juin 1971, l'ouvrage est immédiatement interdit et saisi sur ordre du ministre de l'Intérieur Raymond Marcellin.

Derrière le ministère de l'Intérieur, c'est bien sûr Jacques Foccart, « Monsieur Afrique » du président Georges Pompidou, qui manœuvre en coulisse. Et comme Mobutu ne se satisfait pas de l'interdiction du livre, l'homme de l'ombre de l'Élysée fait pendant des mois pression sur Pompidou et

Marcellin pour obtenir l'expulsion de Kamitatu.

Ce dossier devient même une obsession pour Foccart, qui cherche par tous les moyens à étendre l'influence française dans l'ancienne colonie belge. « C'est bien l'affaire Kamitatu qui détruit nos relations avec le Zaïre », enrage-t-il début janvier 1973 dans son *Journal de l'Élysée*. Ce que lui confirme Mobutu trois mois plus tard au cours d'un déjeuner. À Foccart, qui lui reproche de n'avoir pas confié aux industriels français la construction du gigantesque complexe hydroélectrique Inga II, sur le fleuve Congo, le président zaïrois répond dans un sourire : « Monsieur Foccart, vous en connaissez bien la raison. »

En janvier 1974, Jules Chomé, un des avocats de Kamitatu, est à son tour la cible du gouvernement français. Le ministère de l'Intérieur profite de sa nationalité belge pour faire interdire, sous prétexte de « provenance étrangère », un livre que l'avocat publie lui aussi aux éditions Maspero : *L'Ascension de Mobutu. Du sergent Joseph Désiré au général Sese Seko*. Le texte de Chomé, vendu librement dans son propre pays, restera interdit en France pendant de longues années [→ III.5].

La mort de Pompidou et le limogeage de Foccart en 1974 [→ III.3] permettent à Kamitatu d'échapper à l'expulsion, indique l'historienne Meredith Terretta dans son article « The French Trials of Cléophas Kamitatu » (2018). Bénéficiant de l'amnistie accordée par Mobutu aux exilés politiques en 1975, l'opposant pourra même se rendre librement au Zaïre en 1976 et publiera aux éditions L'Harmattan un nouveau livre sans être inquiété par les autorités françaises (*Zaïre, le pouvoir à la portée du peuple*, 1977). En 1980, il se réinstalle définitivement au Zaïre, où Mobutu lui offre... un poste ministériel !

Le président camerounais Ahmadou Ahidjo utilise lui aussi la présence en France de certains de ses opposants pour faire pression sur Paris. Foccart, partisan de la manière forte, s'en fait le relais complaisant à l'Élysée et dans les ministères parfois réticents à une telle répression.

Il est nécessaire d'expulser Abel Eyinga, explique sans relâche le « Monsieur Afrique » au président Pompidou. L'intellectuel camerounais, qui défie Ahidjo depuis Paris, a osé présenter sa candidature symbolique à la présidentielle camerounaise de mars 1970 contre le président-candidat du parti unique. « Il s'est conduit vis-à-vis d'Ahidjo d'une façon inadmissible », s'offusque Foccart devant le président français quelques semaines après le scrutin camerounais (remporté par Ahidjo avec 100 % des suffrages). Condamné par contumace par un tribunal militaire à Yaoundé et mis sous pression par les autorités françaises, Eyinga se réfugie à Alger et signera bientôt, aux éditions L'Harmattan, un puissant livre sur la dictature camerounaise (*Mandat d'arrêt pour cause d'élections*, 1978).

Mongo Beti subit lui aussi la hargne foccartienne au moment de la sortie de son livre *Main basse sur le Cameroun* en juillet 1972 [→ III.7]. Juste avant la publication, le conseiller élyséen se précipite chez le ministre de l'Intérieur pour obtenir l'interdiction de l'ouvrage. « J'essaie de faire comprendre à Marcellin qu'il est ridicule de faire l'effort que nous faisons du point de vue financier auprès de Mobutu comme auprès d'Ahidjo pour tout détruire simplement à cause d'un ou deux emmerdeurs originaires de leurs pays, qui se trouvent à Paris, où ils font de l'agitation », note-t-il dans son *Journal*. Le livre de Mongo Beti est immédiatement interdit, sous le motif de sa « provenance étrangère ».

Mais l'affaire se complique : comment justifier cette « provenance étrangère » alors que Mongo Beti, professeur de lettres au lycée Corneille de Rouen, est fonctionnaire en France, titulaire de l'agrégation française, marié à une Française et père de trois enfants français ? L'écrivain, dont la nationalité est mise en cause pour justifier le bannissement de son livre et sa possible extradition, devra attendre 1976 pour être rétabli dans ses droits par un tribunal rouennais. Son livre sera enfin (re)publié en 1977.

Entre-temps, *Main basse sur le Cameroun* aura été publié au Québec, où un collectif de cinéastes en fera même une adaptation cinématographique en 1976. Ce film de 26 minutes, intitulé *Contre-censure*, est le premier documentaire jamais réalisé sur la guerre du Cameroun [→ II.2].

VGE contre les victimes de Sékou… et les coups bas de Bokassa

L'arrivée de Valéry Giscard d'Estaing à l'Élysée en 1974 ne met pas fin à la censure. Le nouveau président, qui s'était engagé pendant sa campagne à ne jamais procéder à la saisie d'un journal ou d'un livre, s'empresse de ne pas respecter sa promesse. Quelques mois après son élection, il fait interdire le livre *Prison d'Afrique* publié par les éditions du Seuil dans la collection « L'Histoire immédiate » de Jean Lacouture (1976).

Son auteur, Jean-Paul Alata, a un profil atypique. Ancien fonctionnaire colonial français, il a pris fait et cause pour Sékou Touré au moment de l'indépendance guinéenne en 1958 [→ II.3]. Il obtient la naturalisation guinéenne et se voit déchoir de sa nationalité française en raison de ses prises de position anticolonialistes. Mais les choses tournent mal en 1971 : Sékou Touré, sujet à la paranoïa, accuse Alata et quelques autres de « complot » et expédie les prétendus « conspirateurs » dans les geôles guinéennes. Libéré en 1975, dans le contexte du rapprochement entre Giscard et Sékou entamé après la présidentielle française, Alata revient en France et publie le récit de ces longues années de détention. Sous l'argument désormais classique de sa « provenance étrangère », le livre est interdit par le ministre de l'Intérieur Michel Poniatowski [→ p. 132]. Une « provenance étrangère » bien douteuse, une fois de plus, s'agissant d'un auteur devenu *de facto* apatride.

Prenant à témoin l'« opinion française », à laquelle le pouvoir français cache les exactions du régime guinéen, les journalistes

Hervé Hamon et Patrick Rotman décortiquent l'affaire dans un livre publié par le Seuil (*L'Affaire Alata*, 1977). « Leurs découvertes éclairent brutalement la collusion entre les grands intérêts du capitalisme international et certains régimes qui se prétendent, comme celui de Sékou Touré, révolutionnaires », indique l'éditeur en quatrième de couverture. Menacé d'extradition vers la Guinée, Alata s'installe en Côte d'Ivoire, où il meurt brutalement en septembre 1978 (empoisonné, affirment certains opposants guinéens). L'interdiction de son livre ne sera levée qu'en juillet 1982.

Si le recours à l'article 14 de la loi de 1881 se raréfie dans les années suivantes, les tribunaux français sont fréquemment sollicités pour trancher les litiges franco-africains. Quatre ans après sa retraite présidentielle, Valéry Giscard d'Estaing obtient l'interdiction d'un livre de Jean-Bedel Bokassa, *Ma vérité* (1985), dans lequel l'ex-empereur centrafricain étale ses griefs contre l'ex-président français : les diamants, l'uranium, la chasse et la liaison qu'il accuse VGE d'avoir eue avec sa propre épouse… Jugeant ces allégations diffamatoires, le tribunal ordonne la mise au pilon du livre avant même sa diffusion. Le 27 juin 1985, Bokassa assiste en personne dans un entrepôt parisien à la destruction des 30 000 exemplaires imprimés.

Bien des années plus tard, en 2001, c'est le président de l'association Survie qui est convoqué au tribunal. À la suite de la publication de son livre *Noir Silence* (2000), trois chefs d'État africains « amis » de la France, Omar Bongo, Idriss Déby, Denis Sassou Nguesso, le poursuivent pour « offense à chefs d'État étrangers ». Ils seront déboutés [→ V.3].

Il faut attendre mars 2004 pour que la France abroge l'article 36 de la loi de 1881, après avoir été condamnée par la Cour européenne des droits de l'homme. Le décret de 1939 – sur la « provenance étrangère » – modifiant l'article 14 sera supprimé quelques mois plus tard. À partir de cette époque, la bataille judiciaire en France sur la censure se concentre sur les « poursuites-bâillons », ces procédures pour diffamation, voire pour « dénigrement », qu'intentent des acteurs publics ou privés contre des journalistes, associations et lanceurs d'alerte pour, à nouveau, les contraindre au silence. Le groupe Bolloré, qui attaque régulièrement les journalistes qui évoquent ses activités africaines, s'en est fait une spécialité [→ VI.1].

Thomas Deltombe

PARTIE IV

La fausse alternance

(1981-1995)

« Il n'y a pas de hiatus dans la politique africaine de la France avant et après mai 1981. Si la méthode a changé, l'objectif est resté le même. Il consiste à préserver le rôle et les intérêts de la France en Afrique. »

François MITTERRAND,
Yaoundé (Cameroun), 22 juin 1983.

« Je n'imagine pas qu'il puisse y avoir de conflit entre le président de la République et le Premier ministre français sur les problèmes de développement et notamment sur les problèmes africains, où nous partageons une conviction commune. »

Jacques CHIRAC,
Yamoussoukro (Côte d'Ivoire), 15 avril 1986.

Chronologie

1981 *10 mai* : élection de François Mitterrand à la présidence de la République.

1982 *juillet* : dissolution du Service d'action civique (SAC). Création du Groupe de sécurité de la présidence de la République (GSPR) puis de la cellule antiterroriste de l'Élysée (*août*).

6 novembre : Paul Biya succède à Ahmadou Ahidjo à la présidence du Cameroun.

7 décembre : démission de Jean-Pierre Cot du ministère de la Coopération.

1983 *août* : début de l'opération Manta au Tchad.

octobre : publication d'*Affaires africaines*, de Pierre Péan.

1984 *3 octobre* : visite d'État de trois jours d'Omar Bongo en France.

1985 *1er janvier* : élargissement de la zone franc à la Guinée équatoriale.

1986 *17-19 février* : premier sommet de la Francophonie, au château de Versailles.

mars : début de la première cohabitation avec le retour à Matignon de Jacques Chirac, accompagné de Jacques Foccart comme conseiller Afrique, hors hiérarchie.

avril : début du scandale du Carrefour du développement.

septembre : Jean-Christophe Mitterrand devient le nouveau « Monsieur Afrique » de l'Élysée.

1987 *5 février* : disparition de Michel Baroin lors du crash de son avion au Cameroun.

15 octobre : assassinat du président du Burkina Faso Thomas Sankara, remplacé par Blaise Compaoré.

1988 *29 mars* : assassinat à Paris de la militante sud-africaine Dulcie September, représentante de l'ANC en France.

8 mai : réélection de François Mitterrand et fin de la cohabitation.

1989 *juillet* : Loïk Le Floch-Prigent est nommé P-DG d'Elf.

1990 *février* : première conférence nationale souveraine d'Afrique, au Bénin.

mai : émeutes à Libreville et Port-Gentil (Gabon) et déclenchement de l'opération Requin.

20 juin : discours de François Mitterrand au XVIe sommet France-Afrique, à La Baule.

octobre : début de l'opération Noroît au Rwanda.

1993 *mars* : nomination à Matignon d'Édouard Balladur et début de la deuxième cohabitation.

août : Philippe Jaffré est nommé P-DG d'Elf.

décembre : mort du président ivoirien Félix Houphouët-Boigny, puis funérailles (8 février 1994) en présence d'une importante délégation française conduite par François Mitterrand.

1994 *janvier* : dévaluation du franc CFA.

7 avril-juillet : génocide des Tutsis au Rwanda.

été : début de l'affaire Elf

MAILLAGE MILITAIRE ET OPÉRATIONS EXTÉRIEURES FRANÇAISES EN AFRIQUE (1960-1994)

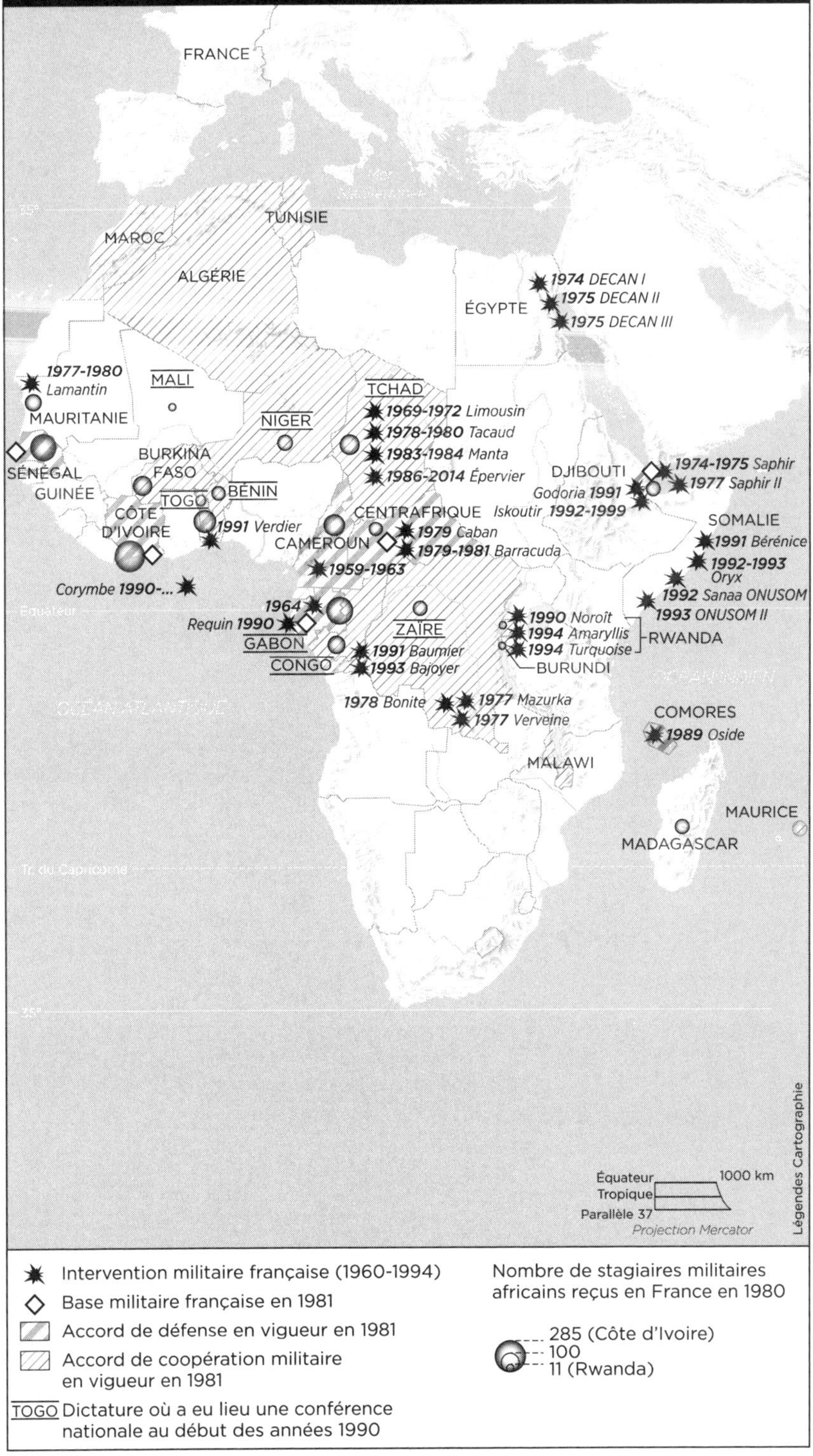

- Intervention militaire française (1960-1994)
- Base militaire française en 1981
- Accord de défense en vigueur en 1981
- Accord de coopération militaire en vigueur en 1981
- TOGO Dictature où a eu lieu une conférence nationale au début des années 1990

Nombre de stagiaires militaires africains reçus en France en 1980

- 285 (Côte d'Ivoire)
- 100
- 11 (Rwanda)

Les années Mitterrand La continuité dans le « changement »

21 mai 1981. Onze jours après son élection à la présidence de la République, François Mitterrand remonte la rue Soufflot, en plein Quartier latin, à Paris, suivi d'une foule en liesse. Dans une mise en scène savamment orchestrée par son beau-frère l'acteur Roger Hanin et le réalisateur Serge Moati, il pénètre dans la crypte du Panthéon, au son de l'*Hymne à la joie*. Le président socialiste dépose une rose rouge sur les tombeaux de Jean Moulin, Jean Jaurès et Victor Schœlcher. Trois figures symboliques incarnant la Résistance, le socialisme et l'abolition de l'esclavage.

Moins connue en métropole que les deux premiers, la figure de Schœlcher (député de Guadeloupe, de Martinique puis sénateur de la Martinique de 1875 à 1893) colle parfaitement à la vision mitterrandienne des relations entre la France et ses anciennes colonies. En effet, si Schœlcher est resté dans les livres d'histoire comme celui qui, en tant que sous-secrétaire d'État aux Colonies, pousse à l'abolition de l'esclavage par un décret signé le 22 mai 1848 par le gouvernement provisoire de la IIe République, il n'en demeure pas moins un farouche défenseur de la politique coloniale censée « apporter la civilisation aux territoires colonisés », comme il l'écrit lui-même.

Lorsqu'il dirige en 1882 le *Moniteur des colonies*, « journal politique organe des intérêts coloniaux et maritimes » qui défend l'« aptitude de la France à coloniser », Schœlcher souhaite ainsi, « en exposant la grande valeur politique et commerciale de nos possessions d'outre-mer, montrer que leur extension et leur prospérité ne pourraient manquer de tourner au profit de la mère-patrie ». Incarnant en quelque sorte un colonialisme « de progrès » propre à la IIIe République, il a même les honneurs du général Faidherbe, le « pacificateur » du Sénégal, qui lui dédie un livre en 1889.

Un colonialisme « éclairé », voilà de quoi plaire à un François Mitterrand dont le passage au ministère de la France d'outre-mer de 1950 à 1951 « marqua de façon décisive la suite de [ses] choix politiques », comme il l'explique dans son livre *Ma part de vérité* (1969) [→ I.7].

1981-1983 : le Parti socialiste tombe le masque

François Mitterrand, l'illusionniste

Bien qu'issu de la droite catholique conservatrice, ayant travaillé pour le gouvernement de Vichy et reçu la Francisque des mains du maréchal Pétain tout en rejoignant les réseaux de la Résistance en 1943, François Mitterrand s'est patiemment imposé comme l'unique recours de la gauche française pour reconquérir le pouvoir.

En 1964, son célèbre essai *Le Coup d'État permanent* lui permet de se forger une stature d'opposant à de Gaulle, auquel il reproche en particulier d'avoir récupéré à son profit personnel les évolutions inexorables de l'Empire. « On nous épargnera, je l'espère, le couplet rituel sur l'esprit divinateur du général de Gaulle, sur son aptitude à pressentir les déroulements de l'Histoire », écrit-il. Plein d'amertume, le député de la Nièvre accuse de Gaulle d'avoir interrompu les efforts de ceux qui – comme lui-même, on l'aura compris – avaient dans les années 1950 initié une « mutation habile et souple des anciennes structures » impériales. « Après avoir encouragé la résistance des ultras en Algérie, après avoir construit la communauté franco-africaine en Afrique noire pour stopper l'indépendance, de Gaulle, ses spéculations démenties par l'événement, se fait le héraut de ce qu'il n'a su empêcher et [se] pose [en] champion de la décolonisation », conclut Mitterrand.

Cette stratégie de déconstruction de l'image de décolonisateur visionnaire du Général s'accompagne d'une volonté de reconstruire la sienne. Dès les années 1960, l'ancien ministre de la France d'outre-mer commence à se sculpter, rétrospectivement, un visage de précurseur de l'émancipation africaine. Ainsi explique-t-il, dans *L'Expansion* en août 1972 : « Quand de Gaulle est arrivé au pouvoir, grâce aux colonels d'Algérie, j'avais pris depuis longtemps position pour la décolonisation. » Plutôt en faveur d'une rénovation du système colonial, à laquelle il œuvrait avec son allié d'alors, l'Ivoirien Félix Houphouët-Boigny, il avait le même but que celui dont il accuse de Gaulle : contenir les élans indépendantistes et les récupérer au profit des intérêts de la métropole.

Par la suite, par esprit tactique, Mitterrand continue d'entretenir cette ambiguïté auprès de ses partenaires politiques sur sa vision des relations franco-africaines. Fin stratège, il parvient en 1971 à prendre la tête du Parti socialiste (PS) et signe l'année suivante avec le Parti communiste (PCF) l'ambitieux « programme commun » dont il va tirer un bénéfice politique jusqu'à son accession au pouvoir. Mitterrand devient ainsi le dépositaire moral d'un texte qui appelle entre autres à refuser toute « intervention extérieure de caractère colonialiste ou impérialiste » ; à établir avec tous les pays en développement « de nouveaux rapports de coopération librement négociés et excluant tout esprit néocolonialiste » mais qui demande aussi à la France de faire « face à ses responsabilités particulières à l'égard des pays de son ancien Empire colonial ».

Le premier secrétaire du PS donne quelques gages aux contempteurs de la politique africaine de la France, dénonçant par exemple dans son livre *La Rose au poing* (1973) l'indignation sélective de la droite française vis-à-vis de la répression du printemps de Prague. En retour, il pointe ainsi le soutien de la France à la Centrafrique de Bokassa ou au Tchad « où le président Tombalbaye exerce son pouvoir sous la protection de notre armée », écrit-il en rappelant que la dictature y sévit et que Paris fournit une aide financière « pour continuer les ratissages ».

Dans un livre d'entretiens avec Guy Claisse, *Ici et maintenant* (1980), il rappelle avoir « interpellé le gouvernement sur l'affaire Bokassa » avant qu'éclate le scandale des diamants offerts au président Valéry Giscard d'Estaing : « Le scandale, énorme à mes yeux, tenait tout entier dans la complaisance de la France avec ce couronnement, ces festivités, ces copineries, ces parties de plaisir, tandis qu'on tuait [en] Centrafrique. Pourtant, le gouvernement savait. »

Avocat de formation, Mitterrand dénonce avec des accents anti-impérialistes les « maux » dont souffrent toujours les départements et territoires d'outre-mer, à savoir « l'obsédante domination de Paris par le canal d'une administration qui reste coloniale » et « l'exploitation sans frein des hommes et des biens par les grandes sociétés métropolitaines ou multinationales ». Il s'insurge de voir « que les puissances capitalistes n'entendent pas réduire l'endettement des pays du tiers-monde autrement que par une mouture nouvelle du pacte colonial ».

L'illusion est donc quasi-parfaite lorsqu'il endosse implicitement, en 1981, le Programme socialiste pour l'Afrique concocté par la commission « Tiers-Monde » de son parti. « C'est pour une bonne part sur sa politique africaine que notre pays est et sera jugé dans le tiers monde », souligne le PS dans ce texte, tout en indiquant que la présence de la France en Afrique « est aujourd'hui essentielle au poids international de notre pays ».

À l'instar de nombreux militants de gauche, l'élection du 10 mai 1981 soulève logiquement un élan d'euphorie parmi les opposants africains, dans leurs pays ou dans la diaspora de France. La revue *Peuples noirs Peuples africains* les met pourtant en garde dans un éditorial publié alors que Mitterrand entre à l'Élysée et qu'une majorité de gauche s'installe au Palais Bourbon : « Il est aisé de prévoir l'évolution du pouvoir socialiste dans les mois, dans les années qui viennent, en ce qui concerne l'Afrique et les Africains. Trop longtemps tenus à l'écart des affaires et même des dossiers, les trop candides dirigeants socialistes vont peu à peu découvrir, non sans amertume, certes, mais de plus en plus effarés, les contraintes étroites au milieu desquelles est condamné à s'avancer tout projet gestionnaire (s'il n'est que gestionnaire) des intérêts nationaux en France. » Et la revue de s'interroger : « Que diront et que feront les dirigeants socialistes en découvrant concrètement à quel point la prospérité de l'Hexagone et la misère de nos populations sont étroitement imbriquées ? »

Mongo Beti et Odile Tobner, qui animent la revue, pointent ainsi un enjeu encore mal identifié à l'époque : ce système idéologique, politique, économique et culturel, qui sera plus tard désigné sous le nom de « Françafrique », ne peut pas être réformé ou balayé facilement, tant il s'enracine dans une tradition national-colonialiste que Mitterrand n'a non seulement jamais dénoncé mais dont il est, au même titre que de Gaulle, l'un des dépositaires historiques depuis les années 1950. La suite va leur donner raison.

La façade tiers-mondiste

Dès son arrivée au pouvoir, François Mitterrand prend grand soin de mettre en scène ce qu'il présente comme une « rupture » avec les pratiques de ses prédécesseurs.

La nomination de Jean-Pierre Cot au poste de ministre délégué chargé de la Coopération et du Développement est censée refléter cette volonté affichée de changement. Fils d'un ancien ministre du Front populaire, brillant professeur de droit à l'Université Paris I et spécialiste des questions européennes au sein du PS, ce député de 44 ans est loin de faire l'unanimité dans le sérail franco-africain. À peine nommé, l'hebdomadaire *Jeune Afrique* le décrit comme « ne connaissant rien » au continent africain, où il n'est jamais allé. Cot ne fait pas partie du premier cercle du chef de l'État : il est connu pour sa proximité avec Michel Rocard, premier opposant à Mitterrand au sein du PS, et sa nomination a été poussée par le Premier ministre Pierre Mauroy.

Jean-Pierre Cot se revendique ouvertement d'une « mobilisation tiers-mondiste » qu'il n'hésite pas à comparer, dans une interview au *Monde*, « à la mobilisation antifasciste des années 1930, à la mobilisation anticolonialiste et anti-impérialiste des années 1960 ». Il recrute d'ailleurs une partie de ses conseillers au sein de la commission « Tiers-Monde » du parti et entend, comme celle-ci l'a recommandé, réformer les « structures de coopération ». Objectif : normaliser les relations franco-africaines en faisant du Quai d'Orsay l'interlocuteur diplomatique unique, en supprimant la cellule africaine de l'Élysée et le ministère de la Coopération et en créant une agence de développement. C'est au sein de cette commission que Jean-Pierre Cot choisit son directeur de cabinet : Jean Audibert, un ancien administrateur colonial qui a fait carrière au sein du ministère de la Coopération et en maîtrise donc tous les rouages. Le lien avec l'Élysée est assuré par un proche de Jacques Attali, qui l'a recommandé auprès de son ministère : Éric Arnoult, connu plus tard sous le nom de plume d'Erik Orsenna.

Dès sa prise de fonctions, Jean-Pierre Cot explique publiquement le nouveau cadre qu'il souhaite mettre en place : « L'Afrique n'est plus un domaine réservé de la France. Il s'agit de décoloniser nos rapports qui s'étaient progressivement recolonisés. Mais passer d'une rhétorique à une politique n'est pas chose facile. Nous n'entendons pas financer n'importe quoi à n'importe qui. De ce point de vue, nous serons des empêcheurs de tourner en rond ! »

En fin manœuvrier, François Mitterrand, bien qu'il maintienne une cellule africaine à l'Élysée, ne cherche pas ouvertement à contrarier cette orientation. Dans un premier temps, Jean-Pierre Cot peut donc espérer une véritable rupture. Ainsi, dès septembre 1981, le très foccartien Maurice Robert, ancien responsable Afrique du SDECE, est débarqué du poste d'ambassadeur de France au Gabon qu'il occupe depuis deux ans [→ III.4]. La décision est en réalité moins une volonté d'assainir la relation franco-gabonaise que de la dégager de l'emprise des réseaux Foccart. Le nouvel ambassadeur, Robert Cantoni, un diplomate de carrière n'ayant aucune expérience africaine, se rend vite compte de la singularité de cette succession, en découvrant que son bureau est truffé de micros...

Pour les tiers-mondistes du PS, ce changement emblématique d'ambassadeur est encourageant, comme l'est le « discours de Cancún », en réalité prononcé à Mexico, en octobre 1981. Mitterrand y exalte le droit des peuples qui veulent « vivre libres » et met en avant la volonté de la France de les accompagner : « Chaque nation est, en un sens, son propre monde : il n'y a pas de grands ou de petits pays, mais des pays également souverains, et chacun mérite un égal respect. Appliquons à tous la même règle, le même droit : non-ingérence, libre détermination des peuples, solution pacifique des conflits, nouvel ordre international. »

Quelques semaines plus tard, Paris accueille le sommet France-Afrique, après des tractations serrées avec le maréchal Mobutu puisque c'est au Zaïre qu'il devait initialement se tenir, ce qui aurait forcément détoné avec le discours officiel d'une « conférence de solidarité » et avec l'idée de rupture avec Valéry Giscard d'Estaing [→ III.6]. Pour ne pas trop contrarier le bouillant dictateur, l'engagement est pris : la rencontre suivante se tiendra bien à Kinshasa, en octobre 1982. « Je ne me sens guère dépaysé parmi vous, lance François Mitterrand lors du discours d'ouverture de son premier sommet France-Afrique. J'ai, de longue date, accordé un vif intérêt au continent qui est le vôtre. » Puis il entonne les accents de la rupture avec le passé. « L'Afrique ne revendique rien d'autre que plus de justice, de respect et de liberté, pour les États comme pour les peuples », affirme le président français, tout en insistant sur sa proximité avec son auditoire : « J'entends vous parler comme à des amis, comme à des frères. » François Mitterrand propose même de remplacer la dénomination « sommet France-Afrique » par une autre formule « correspondant mieux à l'esprit qui nous anime », dit-il. La proposition fait long feu mais le message politique est habilement passé dans les médias.

En réalité, Jean-Pierre Cot et ses soutiens tiers-mondistes pèsent peu. Au sein du gouvernement, le ministre délégué siège aux côtés de plusieurs ténors qui ont joué des rôles clés lors de la reconfiguration, sous la IVe République, des liens entre la métropole et ses colonies. Ainsi, Gaston Defferre, ministre de l'Intérieur et de la Décentralisation, maire de Marseille, est l'ancien ministre de la France d'outre-mer dont le nom reste associé à la loi-cadre de juin 1956, étape importante dans l'institutionnalisation du néocolonialisme français en Afrique [→ II.1]. Moins connu est le rôle passé de Claude Cheysson, ministre des Relations extérieures (dénomination temporaire du ministre des Affaires étrangères, jusqu'en 1984) : s'il bénéficie publiquement d'une image de « tiers-mondiste », cet ancien collaborateur de Pierre Mendès France peut en réalité être considéré comme un des plus précoces théoriciens du néocolonialisme tricolore [→ p. 132]. Quant à Michel Jobert, ministre d'État chargé du Commerce extérieur, il est l'ancien directeur de cabinet du haut-commissaire de l'Afrique occidentale française (AOF) de 1956 à 1958, puis de Robert Lecourt, qui prend la tête du ministère de la Coopération lors de sa création, de 1959 à début 1960.

Et à l'Élysée, un autre personnage incarne la continuité avec la période précédente : Guy Penne, nommé responsable de la cellule africaine.

Dans les bottes de Jacques Foccart

« Bonjour, monsieur Foccart ! » C'est avec ces mots que le conseiller spécial de l'Élysée, Jacques Attali, dont le bureau jouxte stratégiquement celui de François Mitterrand, accueille en mai 1981 Guy Penne, désormais « conseiller pour les Affaires africaines et malgaches » du chef de l'État.

Cet homme de 56 ans aux cheveux blancs, à l'œil bleu et à l'allure discrète, doyen de la faculté de chirurgie dentaire de Paris VII, n'est pas un spécialiste de l'Afrique même s'il a donné des cours d'études dentaires ou participé à des jurys de thèse à Abidjan, Dakar, Libreville ou Bangui. Mais il a l'entière confiance de François Mitterrand.

Ancien président de l'Union nationale des étudiants de France (UNEF), Guy Penne l'a accompagné durant toute son ascension politique. Aux yeux de Mitterrand, c'est un homme sûr doublé d'un fin négociateur, raison pour laquelle il le nomme dans les années 1970 à la commission des conflits du PS puis au poste de délégué national du parti pour les Français de l'étranger.

L'atout maître dont bénéficie Guy Penne est son appartenance à la franc-maçonnerie, le Grand Orient de France (GODF) qu'il rejoint en 1965. « C'est dans les clubs et les loges maçonniques que François Mitterrand a trouvé ses marques, alors qu'il ne disposait d'aucun parti (et donc d'aucun appareil) pour l'appuyer », raconte Guy Penne dans ses *Mémoires d'Afrique* (1999). Pour contourner les réseaux puissants de Jacques Foccart, le fait que Guy Penne soit un « Frère de lumière » constitue un atout non négligeable vis-à-vis de certains piliers de la Françafrique, à l'image d'Omar Bongo, grand maître de deux obédiences gabonaises, le Grand Rite équatorial (GRE) et la Grande Loge nationale du Gabon (GLNB), créées par ses soins [→ IV.2].

Lorsqu'il s'installe au 2, rue de l'Élysée, dans les bureaux occupés jadis par Jacques Foccart, puis par René Journiac et son éphémère successeur Martin Kirsch, les tiroirs sont vides hormis deux feuillets sur les retraites des anciens combattants africains. Le ménage a été fait mais les ponts ne sont pas rompus avec les équipes giscardiennes. Au-delà des clivages politiques, la continuité des agissements de la République en Afrique doit prévaloir (au même titre que la dissuasion nucléaire ou les engagements de l'État), comme le fait clairement comprendre le président sortant, Valéry Giscard d'Estaing, à ses collaborateurs, à commencer par son « Monsieur Afrique », Martin Kirsch, qui le raconte dans le documentaire *Françafrique* (2010) : « Pas de contact avec les successeurs, dit Giscard, sauf pour Kirsch étant donné que ce sont des affaires africaines. »

Malgré les déclarations antérieures de Mitterrand sur la fin du « pacte colonial » spoliant les pays africains, dès sa prise de fonctions, Guy Penne s'inscrit en réalité dans les pas de Jacques Foccart auprès de qui il sollicite rapidement audience. Ce dernier apprécie visiblement la portée du geste si l'on en croit l'ancien ministre de la Coopération, Jacques Godfrain, un proche de Foccart, en septembre 2017, dans les colonnes de *Jeune Afrique* : « L'entretien a duré un bon moment et s'est mieux passé qu'on n'aurait pu le croire, car les deux hommes partageaient l'idée que l'Afrique donnait une dimension plus grande à la France dans le monde. » Sous-entendu : par la perpétuation d'un système de domination néocoloniale de la France sur son pré carré. Avec Guy Penne, « nous n'avions aucun désaccord profond », reconnaît Jacques Foccart dans ses *Mémoires*.

Les relations sont si bonnes que Guy Penne propose même de maintenir à son poste d'ambassadeur au Gabon Maurice Robert. « J'avais accepté de faire allégeance au président de la République, ce qui me paraissait normal, explique ce dernier dans un entretien qu'il nous a accordé en

2004. Mais Mitterrand m'a poursuivi de sa haine féroce, persuadé que je connaissais beaucoup trop de choses sur lui », cingle Maurice Robert, en faisant notamment allusion à l'attentat de l'Observatoire, en octobre 1959[1]. Rien de personnel, en réalité, dans la décision du chef de l'État. Mitterrand continue à faire du Maurice Robert mais sans lui, car l'homme est trop ouvertement identifié à Foccart.

À peine nommé, Guy Penne déjeune tout naturellement avec le président ivoirien Félix Houphouët-Boigny, pilier de la Françafrique, qui exprime « sa joie de voir un changement en France » en multipliant les « souvenirs personnels » de ses liens anciens avec François Mitterrand, comme en témoigne une note du conseiller à l'attention du président de la République en date du 15 juin 1981.

Afin de sauver les apparences, Guy Penne organise des réunions régulières à l'Élysée avec un petit groupe de chercheurs et d'africanistes proches du PS dont certains prennent rapidement conscience du rôle de caution qu'on leur assigne. Car François Mitterrand, par le biais de Guy Penne, entend toujours privilégier les contacts personnels avec les potentats africains au détriment des canaux diplomatiques qui prévalent avec les autres pays. Les responsables africains « voulaient avoir un lien direct avec le président à travers moi, explique Guy Penne à David Servenay en janvier 2006. Ils ne s'adressaient pas forcément aux ambassadeurs, à Paris ou dans leur pays. Ils voulaient avoir un lien particulier. Si bien que je voyageais tout le temps. Il y avait beaucoup de problèmes à traiter en direct. » Guy Penne adopte la méthode Foccart du « circuit court » entre l'Élysée et les chefs d'État africains. Chaque jour, il rédige une note d'une page ou deux adressée au président Mitterrand qui lui donne en retour ses instructions.

Dès l'été 1982, le « Monsieur Afrique » de François Mitterrand fait venir à ses côtés le fils aîné du président de la République, Jean-Christophe : d'abord engagé comme contractuel au Quai d'Orsay, Guy Penne en fait rapidement son adjoint à l'Élysée. Difficile d'envoyer un message plus clair aux dictateurs couvés par Paris : la politique africaine de la France demeure bien une « affaire de famille ».

Journaliste à l'Agence France-Presse durant neuf ans, de 1973 à 1982, en poste à Nouakchott, Dakar, Paris (où il travaille au bureau Afrique) puis Lomé, Jean-Christophe Mitterrand se pique de bien connaître l'Afrique et ne voit donc aucun problème à rejoindre l'équipe élyséenne. Celui que *Le Canard enchaîné* surnomme « Papa m'a dit » part régulièrement en mission sur des avions du Groupe de liaisons aériennes ministérielles (GLAM) au Tchad, en Centrafrique, au Gabon ou au Togo. À son retour,

1. Une étrange tentative d'assassinat contre Mitterrand. Alors sénateur de la Nièvre, ce dernier sera rapidement accusé d'avoir monté cette opération pour attirer l'attention sur lui.

il rend compte à son « père-chef de l'État » au petit-déjeuner. « C'était l'un de mes avantages, assure-t-il en 2010. Je pouvais [lui] parler en dehors des heures de bureau. » Avec son allure de soixante-huitard, le fils Mitterrand, que les chefs d'État africains appellent « Jean-Christophe » et qu'ils tutoient, est en phase avec son père : « L'Afrique est un géant aux pieds d'argile, tente de justifier Jean-Christophe Mitterrand en 2001 dans son livre *Mémoire meurtrie*. [...] Ce n'est pas en braquant psychologiquement les responsables politiques que l'on pouvait faire avancer le débat. Sauf à risquer une répression tous azimuts. »

Guy Penne et Jean-Christophe Mitterrand, conseillers Afrique du président français, et Jacques Attali, son conseiller spécial, au sommet France-Afrique, le 8 octobre 1982 à Kinshasa. © *Georges Gobet / AFP*

Pierre Marion et Jean-Pierre Cot face au mur de la Françafrique

L'autre signal apparent de rupture avec les « barbouzeries » en lien avec la Françafrique s'incarne dans la nomination de Pierre Marion à la tête du SDECE, en remplacement du très atlantiste Alexandre de Marenches [→ III.4]. Ce polytechnicien, spécialiste des questions aéronautiques (il a travaillé pour Air France en Asie et pour Aérospatiale en Amérique du Nord), arborant une petite moustache et à l'allure un peu raide, est un novice en matière de renseignement.

Contrairement à la plupart de ses prédécesseurs ou des postulants à la fonction, Pierre Marion n'a nullement intrigué pour décrocher ce poste éminent qu'il refuse dans un premier temps. « Monsieur le président, avez-vous bien réfléchi ? lance Pierre Marion à François Mitterrand. Mon expérience est exclusivement industrielle, je n'ai aucune connaissance des services secrets et je ne sais rien des affaires militaires. » C'est justement ce qui plaît à Mitterrand : un homme qui n'est pas inféodé à l'institution et lui rendra compte directement, comme Marenches avec Pompidou. Alors que Pierre Marion hésite avant de donner sa réponse, sa nomination est rapidement publiée au conseil des ministres. « On m'a forcé la main, écrit Pierre Marion dans ses *Mémoires de l'ombre*. [...] Je me sens pris au piège. » Il accepte malgré tout le poste en pensant, dit-il, « pouvoir faire œuvre utile ».

Ainsi, Pierre Marion entreprend rapidement une réforme importante du renseignement extérieur français dont il juge l'organisation obsolète. Il décide notamment de développer le renseignement économique tout en découvrant la puissance des réseaux Foccart toujours présents au sein de la « boîte », comme ses agents surnomment le contre-espionnage. Car, malgré son appartenance à la Grande Loge nationale française (GLNF), Marion n'est pas un véritable « initié » de la Françafrique.

« Je découvre qu'il y a des réseaux très puissants, de renseignement et d'influence, dans les principaux pays africains francophones » mais aussi au sein même des services secrets, témoigne Pierre Marion dans son livre. Le nouveau patron du SDECE entend y mettre bon ordre alors que plusieurs « fuites » dans la presse sont orchestrées par des proches de Foccart pour tenter de décrédibiliser son action, notamment dans le dossier tchadien. « Je dois faire face à des forces hostiles au SDECE et au gouvernement en place, mobilisées pour nous déstabiliser ou nous tromper par des renseignements erronés », constate Pierre Marion.

Fin octobre 1981, alors que Paris s'apprête à accueillir le sommet France-Afrique, les rédactions parisiennes s'affolent : les troupes libyennes seraient entrées dans la capitale du Tchad. La nouvelle paraît crédible : il y a quelques mois, le président tchadien Goukouni Weddeye et le colonel Kadhafi ont déclaré la fusion du Tchad et de la Libye, poussant les services secrets français à soutenir la rébellion d'Hissène Habré contre le régime de Ndjamena. Mais l'information se révèle bidon : il s'agit d'une opération d'intoxication médiatique, visiblement destinée à décrédibiliser la politique africaine de Mitterrand et à déstabiliser Marion.

En décembre 1981, celui-ci procède à une purge d'éléments qu'ils jugent inféodés aux réseaux Foccart-Robert. Et, afin de bien faire passer le message, quatre mois plus tard, le SDECE est rebaptisé « Direction générale de la sécurité extérieure » (DGSE).

Mais Pierre Marion n'entend pas s'arrêter là. Il souhaite également donner un grand coup de balai dans les réseaux Elf-Foccart en Afrique, à commencer par son centre névralgique : le Gabon. Il s'en ouvre au président Mitterrand qui, à sa grande surprise, affiche une complète indifférence à ce sujet. « Je retire de ma conversation avec Mitterrand l'impression diffuse qu'il en sait plus que moi mais qu'il ne veut pas me le dire, écrit encore Marion. Et qu'il a des contacts avec ces mouvances dont je ne connais pas exactement la nature. »

Pierre Marion aggrave encore son cas lorsqu'il fait part au chef de l'État des « affaires douteuses et dangereuses pour l'image de la France » que l'un de ses proches, Roger-Patrice Pelat, « fait au Gabon, en se recommandant de l'amitié et de la protection du Président lui-même ».

En s'attaquant à Elf et aux réseaux gabonais, Pierre Marion touche au cœur du système françafricain. Il franchit une ligne rouge. Créée en 1967, la société pétrolière Elf Aquitaine garantit à la France un approvisionnement en hydrocarbure en organisant la corruption des dirigeants des anciennes colonies, voire leur remplacement quand ils prennent trop d'indépendance, tout en offrant un financement occulte aux élites françaises [→ IV.3].

Avec l'accord de Mitterrand, Marion organise une rencontre avec le gaulliste Albin Chalandon, P-DG d'Elf depuis 1977, afin de lui signifier clairement que le renseignement et l'influence doivent rester la prérogative des services officiels français. Le déjeuner a lieu dans la salle à manger personnelle du patron de la DGSE, loin des regards et des micros indélicats. « Je vous demande, en accord avec le président de la République, de retirer vos agents des pays dans lesquels ils sont accrédités actuellement », lance le chef espion au dirigeant d'Elf. « Je m'attendais à une discussion très difficile, raconte Pierre Marion dans le documentaire *Une Afrique sous influence* (2000). [Albin Chalandon] m'a tout de suite dit : “Tout à fait d'accord !” Mais son sourire voulait dire : “Parle toujours, mon bonhomme, tu n'y arriveras pas.” Et je n'y suis pas arrivé. »

Quelques jours après son déjeuner avec Chalandon, Marion tente encore de convaincre Omar Bongo de remplacer ses agents de sécurité par des hommes de la DGSE. Le président gabonais fait mine d'accepter mais en réalité ne change rien.

Se sentant ignoré par un chef de l'État sourd à ses initiatives, Pierre Marion démissionne en novembre 1982, avec la garantie d'obtenir un poste important. Il est nommé président d'Aéroports de Paris le 1er janvier 1983 tandis que l'amiral Pierre Lacoste, ancien chef du cabinet militaire de Raymond Barre, lui succède à la tête de la DGSE.

Un mois après l'éviction de Pierre Marion, c'est au tour de Jean-Pierre Cot d'être poussé vers la sortie. En décembre 1982, le ministre délégué à la Coopération reçoit un appel du Premier ministre Pierre Mauroy :

« Jean-Pierre, est-ce que tu veux être ambassadeur à Madrid ? » Cot décline la proposition, préférant retourner enseigner à l'université. « François Mitterrand trouvait très commode d'avoir ces deux fers au feu, de pouvoir jouer sur les deux tableaux, explique Jean-Pierre Cot à Patrick Benquet en 2010. Mais ça n'a eu qu'un temps, parce qu'à partir d'un certain moment, il a fallu choisir et Mitterrand a choisi. » En réalité, le choix est fait depuis longtemps et François Mitterrand n'entend pas s'encombrer davantage des tiers-mondistes de son parti. D'ailleurs, dès juillet 1982, Pierre Dabezies, qui fut l'aide de camp de Pierre Messmer au ministère des Armées puis patron du 11e Choc du SDECE au début des années 1960, prend la relève à l'ambassade si stratégique de Libreville.

Christian Nucci, alors haut-commissaire en Nouvelle-Calédonie, est nommé pour succéder à Jean-Pierre Cot. Il annonce tout de suite la couleur : « On ne fait pas de la coopération avec des formules mais avec des hommes qui se voient, qui s'apprécient, avec des contacts humains. » Et le 20 janvier 1983, François Mitterrand enterre définitivement la parenthèse Cot. « C'est moi qui détermine la politique étrangère de la France, pas mes ministres », affirme le chef de l'État au journal *Le Monde*, après sa troisième visite officielle en Afrique subsaharienne qui s'achève par un déplacement au Gabon. Six mois plus tard, François Mitterrand est en visite officielle au Cameroun où l'ancien dictateur Ahmadou Ahidjo vient d'être remplacé par son Premier ministre Paul Biya. Le président français se fait alors encore plus clair, assurant qu'« il n'y a pas de hiatus dans la politique africaine de la France avant et après mai 1981 ».

Le « cabinet noir » de l'Élysée

Face aux réseaux installés par Jacques Foccart à l'intérieur et en dehors des rouages de l'État [→ III.4], François Mitterrand entend bien être informé par ses propres relais, hors hiérarchie officielle.

Son ami intime Roger-Patrice Pelat, dont la société Vibrachoc est rachetée dans des conditions troubles par Alstom en 1982, entre ainsi quand il veut dans le bureau présidentiel. Ce proche de la famille Bettencourt meurt en 1989 alors qu'il est mis en cause dans le scandale Péchiney, une affaire de délits d'initiés.

Le parrain de Mazarine Pingeot, la fille cachée du chef de l'État, François de Grossouvre, qui a joué un rôle actif dans le financement des précédentes campagnes de Mitterrand [→ IV.3], est nommé « chargé de mission » à l'Élysée. Derrière cet intitulé assez vague, se cache une triple casquette dévolue à cet ancien honorable correspondant du SDECE engagé dans les réseaux anticommunistes de l'OTAN durant les années 1950 : le renseignement, l'armement et certains dossiers africains. En marge des ministères concernés, Grossouvre (qui est rémunéré par Dassault à partir de 1985) sert d'émissaire avec les pétromonarchies du Golfe, le Maroc (il est l'ami d'Hassan II), la Syrie, le Liban, le Tchad et Omar Bongo dont il est proche. Également président du comité des chasses présidentielles où il cultive ses contacts avec les hommes de pouvoir, Grossouvre voit toutefois son influence décliner au cours du premier septennat de Mitterrand.

Méfiant vis-à-vis de la hiérarchie policière autant que des fonctionnaires de terrain qu'il juge trop inféodés au Service d'action civique (SAC), ex-milice gaulliste dissoute à l'été 1982, le chef de l'État demande rapidement à l'officier de gendarmerie Christian Prouteau de réorganiser sa protection. Le 1er juillet 1982, le Groupe de sécurité de la présidence de la République (GSPR) est créé. Un mois plus tard, à la suite de l'attentat de la rue des Rosiers à Paris, il confie au même officier la création d'une cellule antiterroriste. Installée au 2, rue de l'Élysée, celle-ci va en réalité servir de paravent à une série de « barbouzeries » comme l'affaire des Irlandais de Vincennes (des explosifs déposés au domicile de sympathisants de la cause de l'Armée républicaine irlandaise, l'IRA) ou celle « des écoutes » lancées illégalement contre plus de deux mille personnes, dont des journalistes (et qui vont se poursuivre hors de tout contrôle jusqu'en 1986).

Deux hommes emblématiques figurent au sein de cette cellule antiterroriste : l'ex-chef adjoint du Groupe d'intervention de la gendarmerie nationale (GIGN), Paul Barril, qui noue des liens privilégiés avec François de Grossouvre, et l'adjudant de gendarmerie Robert Montoya, considéré comme un spécialiste des questions corses [→ V.10]. Lorsqu'ils quittent la cellule de l'Élysée, en 1983 pour l'un et 1986 pour l'autre, les deux hommes fondent chacun leur propre société de sécurité : ils se mettent alors au service des principaux régimes despotiques africains et moyen-orientaux, avec la bienveillance des services français. « Paul Barril voulait être le nouveau Bob Denard. Il était fasciné par ses coups d'État aux Comores », nous confie Christian Prouteau en avril 2013. La grande continuité dans la politique africaine de la France va lui donner l'occasion d'exercer ses « talents » encore de longues années, notamment au Rwanda [→ IV.9].

Alors que le 12 juin 1962, le sénateur Mitterrand dénonçait « la diplomatie de l'Élysée, conçue dans le secret du cabinet noir », le président Mitterrand emploie donc les mêmes méthodes vingt ans plus tard en recourant à un petit cercle de personnes en marge des ministères, pour mener sa politique africaine. Cette politique de l'ombre est aussi un domaine où excelle Roland Dumas. Vieux complice du chef de l'État, député UDSR lorsque Mitterrand dirigeait le parti (1956-1958) où il a noué des relations personnelles avec l'Ivoirien Houphouët-Boigny et le Guinéen Sékou Touré, avocat des « porteurs de valises » du FLN durant la guerre d'Algérie, l'homme aime se présenter comme engagé « contre le colonialisme et pour l'émancipation des peuples » (*Coups et blessures*, 2011). Après la victoire socialiste, il se retrouve logiquement sur le devant de la scène. On le voit ainsi en costume de lin beige, bras dessus bras dessous avec Mitterrand, remontant la rue Soufflot vers le Panthéon. Mais Dumas agit également dans les coulisses. Le chef de l'État l'utilise comme émissaire dans certains dossiers sensibles, comme lorsqu'il s'agit de rencontrer discrètement le colonel Kadhafi, à Tripoli, en août 1983 à propos de la situation au Tchad [→ IV.5] ou pour faire passer des messages auprès d'Omar Bongo. En décembre 1984, Dumas est nommé ministre des Affaires étrangères (jusqu'en mars 1986), poste qu'il retrouve après la réélection de Mitterrand (mai 1988-mars 1993).

Dumas partage la même vision que Mitterrand sur l'Afrique, rangeant Jean-Pierre Cot dans la famille des « bien-pensants », des personnes « assez peu raisonnables », avec « des idées tout à fait révolutionnaires » (*La Diplomatie sur le vif*, 2013).

1983-1989 : François Mitterrand gardien du pré carré français en Afrique

« Le danger, c'est l'Américain »

Après avoir longtemps fustigé le « coup d'État permanent » du « pouvoir personnel » instauré par de Gaulle depuis 1958, François Mitterrand s'est parfaitement coulé dans le moule des institutions en perpétuant les rouages politiques, économiques et militaires propres à la Françafrique.

Dans un long plaidoyer *pro domo* en faveur de la politique étrangère de François Mitterrand publié en 2016, *Les Mondes de François Mitterrand*, Hubert Védrine justifie la politique mitterrandienne en Afrique par un pragmatisme de bon aloi. « L'essentiel aux yeux de l'ancien ministre de la France d'outre-mer [François Mitterrand] est que la déstabilisation des régimes en place aurait tôt fait de réveiller les antagonismes ethniques tant bien que mal contenus à l'intérieur des frontières héritées des colonisateurs, écrit l'ancien porte-parole puis secrétaire général de l'Élysée de 1988 à 1995. Que gagneraient la France et les Africains eux-mêmes à ce que l'on exige brutalement des pays d'Afrique parmi les plus pauvres de la planète qu'ils respectent du jour au lendemain des normes démocratiques dont sont encore incapables la grande majorité des pays d'Amérique latine ou d'Asie (sans parler, à l'époque, des pays de l'Est) ? » Une antienne paternaliste partagée à l'époque par le principal adversaire politique de

Mitterrand, Jacques Chirac qui considère le multipartisme comme « une sorte de luxe » pour l'Afrique [→ IV.1].

Pas de rupture avec la ligne gaullo-giscardienne donc mais une vision mitterrandienne offensive, au nom des intérêts de la France. « En fait la prolongation de la politique néocoloniale du général de Gaulle », résume parfaitement Pierre Messmer dans une interview à *Géopolitique africaine* en 2001. Et, aurait-il pu ajouter, la perpétuation de son obsession de l'influence anglo-saxonne, car François Mitterrand reste aussi obsédé par le « complexe de Fachoda » qu'il l'était dans les années 1950 [→I, introduction]. Cette grille de lecture le pousse à voir dans les moindres revers ou critiques de la politique africaine de la France la main des Américains. Malgré le contexte de guerre froide, avec des Soviétiques encore au faîte de leur puissance lorsqu'il accède à l'Élysée, le président redoute en effet que la France perde de l'influence au profit de son principal allié.

Sa vision de l'Afrique, François Mitterrand l'expose sans fard, en décembre 1984, au colonel Jean Varret qui dirige alors les forces militaires françaises en République centrafricaine, comme le rapporte ce dernier dans son livre *Général, j'en ai pris pour mon grade* (2018). À l'occasion d'une tournée africaine, le chef de l'État fait une escale de quelques heures pour saluer le président centrafricain André Kolingba puis demande au colonel Varret de le rejoindre dans une villa restaurée pour l'occasion par la Caisse française de développement. « Que pensez-vous de ma politique africaine ? » l'interroge *ex abrupto* le chef de l'État. Jean Varret se lance alors dans un long monologue où il évoque pêle-mêle la « lutte contre le terrorisme et l'agression libyenne au Tchad ». Mitterrand reste silencieux avant de lâcher : « Vous n'avez rien compris à ma politique africaine. Pour pouvoir garder, voire renforcer notre place dans le monde, il nous faut cet atout africain. Lors des votes à l'ONU, nos amis africains nous apportent leurs voix au grand dam des Américains. Notre ennemi n'est que marginalement le Libyen, il ne menace pas directement notre pays. Le danger, c'est l'Américain qui cherche à nous supplanter sur notre terrain d'excellence. »

La volonté mitterrandienne de préserver le pré carré de la France n'est cependant pas uniquement guidée par une vision géopolitique. Elle s'explique également par des intérêts sonnants et trébuchants, notamment via Elf. Dans l'esprit de Mitterrand, les réseaux Foccart ne doivent donc pas être combattus, simplement contournés. Une cohabitation organisée est simplement nécessaire pour que le système continue de fonctionner.

Les députés membres de la commission d'enquête parlementaire sur les agissements du SAC, mise en place au lendemain de l'accession de la gauche au pouvoir, en ont fait l'expérience. Lorsqu'ils ont voulu creuser les liens financiers entre le SAC et l'Afrique, ils se sont heurtés à des pressions politiques venues de l'Élysée. « Il aurait fallu pouvoir remettre en cause ces réseaux, regrette par exemple Alain Vivien, à l'époque vice-président

PS de l'Assemblée nationale et membre de cette commission d'enquête, comme il nous le confiera en 2014. Même après 1981, ce sujet est resté une sorte de "domaine réservé" du président de la République. »

Continuité militaire pour défendre la « citadelle »

Le Programme socialiste pour l'Afrique de 1981, tout en dénonçant l'« interventionnisme français » trop lié aux « intérêts économiques », soutenait le principe de la coopération militaire et des accords de défense. Il appelait seulement à actualiser ces derniers, signés pour la plupart au début des années 1960 et révisés pour certains dans les années 1970, demandant simplement qu'ils n'aient plus pour but « la protection inconditionnelle de régimes ou de gouvernants ». Le Parti socialiste ne remettait pas non plus pleinement en cause le principe de la présence militaire en Afrique : s'il ouvrait la possibilité de ne pas pérenniser les bases françaises, cela restait à discuter au cas par cas, « dans un esprit ouvert et novateur, avec les pays concernés, compte tenu de leur situation géostratégique ». Difficile de faire plus flou.

Le 21 mai 1982, jour de l'anniversaire de son investiture, François Mitterrand affirme depuis le Niger, à Niamey, à l'occasion de sa première tournée africaine, la ligne esquissée depuis quelques mois : « Présence oui, ingérence non. » « Pour cela, explique le président français, il faut que les pays qui ont besoin de voir leur sécurité assurée pour partie par de bons accords avec la France se sentent [...] en confiance. S'ils ne sont pas en confiance et s'ils se disent : "Ah bon, j'ai besoin de la France et j'entre dans un processus néocolonial", naturellement cela gâche les rapports. » Au journaliste qui l'interroge pour être sûr de bien comprendre, il assène : « La France n'est pas le gendarme de l'Afrique, il faut bien vous mettre ça dans l'esprit. » Néanmoins, il prend grand soin de préciser que « la France respectera toujours son engagement » concernant les accords militaires de coopération passés ou à venir.

Cet héritage est encore plus clairement assumé à partir de juillet 1983 : l'exécutif reconnaît alors pleinement la continuité militaire avec ses prédécesseurs, sur tous les volets. Dans le rapport qui lui est annexé, la loi de programmation militaire 1984-1988 promeut l'assistance militaire et justifie que la politique de défense de la France soit menée dans « les zones où résident nombre de nos ressortissants, celles où sont situés des pays avec qui nous avons des relations particulièrement étroites, des accords de coopération ou des accords de défense, ainsi que les régions essentielles pour nos approvisionnements et nos communications maritimes ». Le maillage militaire tissé entre les DOM-TOM et les principales bases africaines est donc revendiqué [→ III.1].

C'est au Tchad que le pouvoir socialiste va renouer avec les interventions militaires. À partir de juin 1983, le nouveau président tchadien Hissène Habré, qui a pris le pouvoir par la force un an plus tôt, est à son tour menacé par la contre-offensive de son prédécesseur Goukouni Weddeye, aidé par les Libyens : l'Élysée hésite à intervenir. Dans un premier temps, le ministère de la Coopération envoie du matériel militaire à la Garde présidentielle d'Habré et la DGSE fournit des conseillers de son service Action pour la former à son utilisation. Cette opération, baptisée « Oméga », est complétée par l'envoi d'une trentaine de mercenaires français et belges recrutés par René Dulac, un adjoint de Bob Denard, et Olivier Danet, un militant d'extrême droite récemment sorti de prison. L'équipe de barbouzes est rémunérée en toute opacité par une association fraîchement créée par le ministère de la Coopération, devenue célèbre par la suite : « Carrefour du développement » [→ p. 530]. L'appui de ces instructeurs et de ces mercenaires, dont certains sont selon le correspondant du *Monde* « affublés d'invraisemblables casques coloniaux », permet de renverser momentanément le rapport de force. Mais les soldats de Weddeye et les Libyens se réorganisent rapidement : l'Élysée se résout finalement à déclencher l'opération Manta au mois d'août 1983.

Aucun accord ne le prévoit mais Mitterrand voit « deux sortes d'obligations » à intervenir ainsi, comme il l'écrit trois ans plus tard dans l'introduction à ses *Réflexions sur la politique extérieure de la France*. Tout d'abord, au titre de l'alliance avec Ndjamena, Paris ne peut accepter de « tirer un trait sur plus de trois quarts de siècle de vie commune avec le Tchad ». Ensuite parce que « la France, sans se prévaloir d'aucune mission particulière, représente économiquement, politiquement, culturellement, pour une grande partie du continent africain, un facteur incomparable d'équilibre et de progrès ». Elle doit donc envoyer un signal aux autres États francophones avec lesquels elle est unie par « de véritables traités d'alliance militaire ». Ce second argument, tout aussi colonial que le précédent, impose donc d'intervenir au Tchad pour rassurer les autres pays liés à la France par un accord militaire, qui s'inquiètent des ambitions de Kadhafi. « Si le Niger et le Cameroun craquent, c'en est fini de l'influence française en Afrique », confie ainsi François Mitterrand au moment de déclencher l'opération. « Il est des domaines non négligeables, un pré carré dont je revendique, lorsqu'il est empiété, qu'il soit reconquis et rendu à la France, poursuit François Mitterrand dans ce texte où il ne fait pas mystère des grandes lignes de sa politique africaine. Dans ce pré carré, je distingue en premier notre langue, notre industrie et notre sécurité, qui sont autant de fronts où garder nos défenses sans les quitter des yeux. Que l'une cède et la citadelle tombera. »

Au Tchad, le déploiement est progressif, mais massif [→ IV.5]. Les implantations de l'armée française au Gabon et en Centrafrique servent de base arrière. Le jeune François Hollande, qui vient de quitter l'équipe de Jacques Attali pour devenir directeur de cabinet du nouveau secrétaire d'État porte-parole du gouvernement, Max Gallo, gère avec doigté la communication politique autour de l'opération. Mais le dispositif français se heurte à un problème, comme l'explique l'historien John Chipman : la présence d'appelés du contingent dans le service chargé de l'approvisionnement en carburant empêche, dans un premier temps, d'en déployer certaines unités au Tchad. Selon la Constitution de 1958, l'exécutif ne peut pas décider seul de l'envoi de conscrits sur une opération extérieure, la décision doit forcément passer par le Parlement… auquel François Mitterrand, qui dénonçait en 1964 l'exorbitant « domaine réservé » de De Gaulle, n'est désormais plus désireux de donner un droit de regard sur les interventions militaires.

Le gouvernement trouve la parade pour se passer des conscrits, et donc du feu vert des parlementaires, au moment de créer les forces d'action rapide. Cet outil de défense est conçu par le pouvoir socialiste contre une éventuelle agression soviétique, mais également pour servir en Afrique : les « forces terrestres d'action rapide, prévoit la loi de programmation militaire de 1983, [sont] équipées et entraînées pour intervenir hors de nos frontières, aussi bien en Europe qu'outre-mer ».

Or, en février 1984, à l'occasion de la mise en œuvre de cette loi de programmation militaire, le ministre de la Défense Charles Hernu annonce qu'il va veiller à « une meilleure répartition entre appelés volontaires et engagés ». Le tour est joué : l'armée de terre comprendra bientôt vingt régiments entièrement professionnalisés, désormais mobilisables sans aucun débat parlementaire préalable, et vingt-quatre autres partiellement professionnalisés.

L'association Information pour les droits du soldat (IDS), créée par des militants de gauche pour défendre les droits des appelés, s'alarme dans un communiqué que, « avec un quart des forces armées professionnalisées, la force d'action rapide et le renforcement de la gendarmerie, le gouvernement se donne les moyens d'intervention de type colonial sans débat parlementaire considéré comme le minimum démocratique ».

Tchad, Somalie, Comores, Gabon, Rwanda, Djibouti, Zaïre… Sur les deux septennats de François Mitterrand, l'armée française mène une vingtaine d'opérations extérieures en Afrique, soit le double du nombre de celles des deux décennies précédentes. Au point que Pierre Messmer qualifiera en 1998 le successeur de Valéry Giscard d'Estaing de « maniaque de la gesticulation militaire en Afrique ».

« Affaires africaines » : un livre qui dérange

Publié en octobre 1983 aux éditions Fayard, le livre *Affaires africaines* du journaliste Pierre Péan marque une rupture dans la médiatisation des relations troubles entre Paris et ses anciennes colonies. Cet ouvrage de 340 pages devient immédiatement un best-seller : il propulse son auteur au rang des journalistes vedettes tout en l'exposant à de graves représailles. Son écho médiatique exceptionnel crée une tension inédite entre Paris et Libreville qui oblige les principaux acteurs de la Françafrique à tenter d'éteindre l'incendie par tous les moyens.

Journaliste passé par l'Agence France-Presse, *L'Express* et *Le Nouvel Économiste*, pigiste régulier au *Canard enchaîné* (où il contribue à révéler l'affaire des diamants de Bokassa), Pierre Péan connaît bien le Gabon : entre 1962 et 1964, il travaille au ministère des Finances gabonais puis comme coopérant au sein du ministère des Affaires étrangères. En février 1964, il est aux premières loges pour assister à l'intervention française décidée par Jacques Foccart pour remettre au pouvoir le président Léon Mba [→ II.4].

Depuis cette période, le journaliste a conservé de solides contacts au Gabon. Déjà auteur de plusieurs ouvrages comme *Après Mao, les managers*, *Bokassa Ier* ou *Les Deux Bombes*, Pierre Péan dispose également de multiples sources dans le monde du pétrole et celui du renseignement qui l'alimentent en informations sur l'émirat équatorial gabonais. Pour écrire *Affaires africaines*, outre ses sources au sein du ministère de la Coopération (il est proche de Jean Audibert), Péan rencontre notamment l'ancien P-DG d'Elf, Pierre Guillaumat, le numéro deux de la compagnie pétrolière, André Tarallo, un journaliste proche de Bob Denard et de Maurice Robert, Alain Leluc, ou encore l'ancien bras droit de Foccart, Jean Mauricheau-Beaupré, qui « voue une haine farouche à Bongo » selon Péan. Des petites vengeances au sein du monde clos de la Françafrique dont le journaliste fait son miel.

Dans son ouvrage, Pierre Péan détaille le fonctionnement occulte d'Elf et du Gabon en se concentrant sur les agissements de ceux qu'il appelle le « clan des Gabonais » : les incontournables Maurice Robert et Maurice Delauney, Pierre Debizet, ancien patron du SAC, détaché par le ministère de la Coopération auprès de la présidence gabonaise de 1968 à 1981, mais aussi beaucoup d'autres personnages, anciens du BCRA (Bureau central de renseignement et d'action) du SDECE ou du 1er REP (Régiment étranger de parachutistes) qui constituent une « toile d'araignée », adeptes de « la corruption et [de] l'action violente » selon les mots du journaliste. Péan n'épargne pas non plus des socialistes français qui se sont fort bien accommodés des « tyranneaux qu'ils dénonçaient ».

Le journaliste évoque surtout un sujet très sensible pour le président gabonais : l'assassinat de l'amant de l'épouse d'Omar Bongo, le peintre en bâtiment Robert Luong, à Villeneuve-sur-Lot, le 27 octobre 1979, avec la complicité de policiers et de barbouzes proches du SAC. L'affaire s'est conclue par un non-lieu en juillet 1980.

Autant d'éléments qui affolent Paris et Libreville avant même la publication de l'ouvrage et vont créer un climat de menaces, y compris physiques, autour de Pierre Péan [→ p. 672].

Le président gabonais ne décolère pas et tient à le faire savoir. Libreville publie un communiqué officiel qualifiant le livre de « manœuvres subversives [...] en direction des Gabonais pour déstabiliser son régime » et interdit la diffusion de toute information d'origine française ou faisant état du rôle de la France dans le monde. Omar Bongo fait également semblant de se rapprocher des Américains en recevant le conseiller pour les Affaires africaines du président Ronald Reagan. Crime de lèse-majesté, il menace même, en privé, de nationaliser Elf-Gabon.

L'Élysée commence sérieusement à s'inquiéter. Fin 1983, plusieurs émissaires sont donc envoyés auprès du président gabonais : Roland Dumas repart avec un mémorandum résumant tous les griefs de Libreville contre le brûlot de Pierre Péan, François de Grossouvre et Guy Penne s'envolent également pour la capitale gabonaise tandis que l'ambassadeur de France au Gabon tente d'arrondir les angles. Pour Paris, il est urgent de mettre en scène la solidité des relations franco-gabonaises.

Interrogé au Gabon par des journalistes d'Europe 1, Omar Bongo explique en janvier 1984 qu'il acceptera de se rendre à Paris à l'invitation de François Mitterrand à condition que « les Français, à un niveau très élevé, viennent préparer ici cette visite » afin de « réparer » les « insultes » proférées à l'encontre de son régime. « Nous avons été traînés dans la boue mais nous sommes des gens de pardon, lance un Bongo aux accents magnanimes. [...] Ça marche très bien avec le président Mitterrand qui, lui au moins, connaît l'Afrique. » Deux mois plus tard, le Premier ministre Pierre Mauroy se rend en visite officielle au Gabon. Finalement, le 3 octobre 1984, François Mitterrand accueille Omar Bongo sur le tarmac de l'aéroport d'Orly pour une visite d'État de trois jours. « L'honneur fait au président Bongo, à sa demande, est exceptionnel, note à l'époque *Le Monde*. [...] Le gouvernement français a semblé juger que la bonne entente entre Paris et Libreville demeure la priorité des priorités, ce qui explique le faste avec lequel le président Bongo est accueilli à Paris. » Dîner à l'Élysée, dépôt de gerbe sur la tombe du soldat inconnu, réception à l'hôtel de ville de Paris par Jacques Chirac, déjeuner au Conseil national du patronat français (CNPF, ancêtre du Medef), dîner de gala au Quai d'Orsay à l'invitation du Premier ministre

Laurent Fabius... Rien n'est trop beau pour le président gabonais logé à l'hôtel Marigny où il reçoit le ministre des Relations extérieures, Claude Cheysson, le ministre de la Défense, Charles Hernu, et le ministre délégué chargé de la Coopération et du Développement, Christian Nucci. Au plan diplomatique, l'affaire est close.

Des assassinats emblématiques durant la cohabitation

Du 17 au 19 février 1986, le premier sommet des chefs d'État et de gouvernement des pays francophones est organisé au château de Versailles. Interrogé par un journaliste sur l'attitude de la « communauté francophone » vis-à-vis du régime d'apartheid en Afrique du Sud, François Mitterrand botte en touche : il assure que « l'existence d'une communauté francophone ne prive pas chacun des États de son indépendance ». C'est à chacun d'entre eux de se déterminer en fonction de sa « volonté souveraine », dit-il.

Un mois plus tard, le RPR emporte les élections législatives. Jacques Chirac devient Premier ministre et appelle à ses côtés Jacques Foccart. Bien que simple conseiller hors hiérarchie, ce dernier redevient le véritable pilote des affaires africaines du gouvernement, comme en convient lui-même le ministre de la Coopération Michel Aurillac. Deux mois à peine après son arrivée à Matignon, Jacques Chirac décide de renvoyer à Pretoria l'ambassadeur de France que François Mitterrand avait rappelé en 1985 pour protester contre l'apartheid.

Cet apparent bras de fer est trompeur. Car derrière les affrontements protocolaires visibles dès la tenue du sommet France-Afrique à Lomé, en novembre 1986, les grands axes de la politique africaine sont partagés entre François Mitterrand et Jacques Chirac. « Je ne me plains pas quand je vois le Premier ministre, comme le faisaient ses prédécesseurs, développer avec beaucoup de dynamisme la politique qui me convient », déclare ainsi le chef de l'État à l'hebdomadaire *Le Point*.

Élu sénateur des Français de l'étranger en septembre 1986, Guy Penne est remplacé à la tête de la cellule Afrique de l'Élysée par son adjoint Jean-Christophe Mitterrand dont les relations avec Jacques Foccart sont sans nuage : « Je n'avais reçu aucune instruction (comprenez : venant de mon père) visant à lui faire barrage ou à m'ingérer dans son pré carré, écrit le fils aîné Mitterrand dans son livre *Mémoire meurtrie*. [...] Nos contacts, ténus, restèrent néanmoins cordiaux. »

Entre Mitterrand et Chirac, l'Afrique constitue essentiellement un instrument au service d'ambitions politiques personnelles : chacun veut s'en servir comme d'un outil pour retrouver la plénitude du pouvoir. Mais sur le fond : aucune divergence majeure.

Ainsi, l'assassinat du charismatique président burkinabè, Thomas Sankara, le 15 octobre 1987, ne provoque aucune dissension politique entre François Mitterrand et son Premier ministre. Aujourd'hui encore le rôle exact de la France, en lien avec la Côte d'Ivoire, reste à éclaircir [→ p. 562]. « Nous [n'étions] plus à l'époque des colonies ! assure Jean-Christophe Mitterrand lorsque *Jeune Afrique* l'interroge sur le sujet, en octobre 2017. Ils faisaient leur révolution sans nous. La relation était la même qu'avec les autres pays africains. [...] La France n'avait aucun intérêt à se débarrasser de Sankara. [...] Je considère qu'il s'agit plutôt d'un accident que d'autre chose. » Un « accident » qui interrompt une dynamique dont la France avait au contraire tout à craindre, par l'effet de contagion qu'elle pouvait entraîner.

Le président français François Mitterrand (au centre) parlant au ministre de la Coopération Michel Aurillac, avec son fils et conseiller Afrique Jean-Christophe Mitterrand (derrière lui), et le président burkinabè Thomas Sankara (à droite), en novembre 1986 à Ouagadougou (Burkina Faso). *© Patrick Aventurier via Getty Images*

Un an avant sa mort, le 17 novembre 1986, lors de la visite d'État de François Mitterrand au Burkina Faso, Thomas Sankara n'hésitait pas à dénoncer l'attitude conciliante de Paris vis-à-vis du régime d'apartheid sud-africain. La France ne venait-elle pas de recevoir le Premier ministre sud-africain Pieter Willem Botha en « visite privée » quelques jours plus tôt ? « Des tueurs comme Pieter Botha ont eu le droit de parcourir la

France si belle et si propre, lâchait alors Sankara. Ils l'ont tachée de leurs mains et de leurs pieds couleur de sang. Et tous ceux qui leur ont permis de poser ces actes en porteront l'entière responsabilité ici, aujourd'hui. Et ailleurs, toujours. » La critique était également adressée à Jacques Chirac, qui supportait par ailleurs très mal le soutien de Sankara aux indépendantistes de Nouvelle-Calédonie [→ IV.1].

Cette indulgence française vis-à-vis de Pretoria vient de loin. Des années 1970 jusqu'à la fin de l'apartheid, des agents du pouvoir raciste d'Afrique du Sud ont pu continuer à acheter tranquillement des armes avec l'aide des services français, au mépris de l'embargo. La compagnie Thomson-CSF (future Thalès) a été l'un des principaux bénéficiaires de ce trafic [→ III, introduction].

Selon des archives dévoilées par l'ONG sud-africaine Open Secrets, une série de réunions sont organisées à Paris avec la DGSE, en juillet 1987. Jacques Foccart profite de l'occasion pour demander une faveur aux services sud-africains : retarder la libération du coopérant français Pierre-André Albertini, détenu depuis octobre 1986 dans le bantoustan du Ciskei pour avoir transporté des armes destinées aux militants anti-apartheid de l'African National Congress (ANC). « Si Albertini est libéré, maintenant, c'est le président Mitterrand qui en sera crédité, explique Foccart, selon des archives sud-africaines déclassifiées consultées par le chercheur Hennie van Vuuren. Le Premier ministre, Jacques Chirac, tient à éviter cela. » Le coopérant est finalement libéré deux mois plus tard. Pretoria souligne alors le « rôle personnel » joué par Jacques Chirac qui a missionné son directeur de cabinet Michel Roussin ainsi que l'intermédiaire françafricain Jean-Yves Ollivier afin de « prendre le président de la République de vitesse » dans la bataille présidentielle de 1988, confirme l'ancien conseiller Afrique au Quai d'Orsay, Jean-Marc Simon, dans son livre *Secrets d'Afrique* (2016). Cela ne sera pas suffisant pour l'emporter dans les urnes.

Le 29 mars 1988, soit deux mois avant la réélection de François Mitterrand, la représentante en France de l'ANC, Dulcie September, est abattue de cinq balles dans la tête, au quatrième étage d'un immeuble parisien où se trouvait son bureau. Alors qu'elle était menacée et que le risque d'une action de commandos sud-africains sur le sol français était bien réel, le ministère de l'Intérieur lui avait refusé une protection. Cette militante anti-apartheid dénonçait avec vigueur le contournement par la France de l'embargo sur les armes. Un assassinat politique resté impuni. Après s'être orientée vers la piste d'un mercenaire français proche de Bob Denard, l'enquête judiciaire se conclut finalement par un non-lieu en juillet 1992.

1990-1993 : poudre aux yeux démocratique et mue libérale

Le mythe du discours émancipateur de La Baule

Fin 1989, l'Europe est traversée par un bouleversement historique. La jeunesse allemande fait tomber le mur de Berlin, puis l'armée roumaine renverse le régime dictatorial de Nicolae Ceaușescu, ébranlé par un mouvement populaire inédit. Dès lors, les pays du pré carré craignent à la fois une « contagion démocratique » et la perte du soutien de leurs alliés occidentaux, qui ont toujours justifié leur politique africaine par la crainte des intrusions communistes.

Empêtrés dans les plans d'ajustement structurel exigés par le Fonds monétaire international [→ IV.6], les gouvernants d'Afrique francophone savent qu'ils doivent lâcher du lest pour éviter que la contestation croissante de ces politiques d'austérité ne cristallise un rejet de leur régime [→ IV.7]. Dès décembre 1989, le dictateur béninois Mathieu Kérékou autorise la tenue d'une Conférence nationale, qui aura lieu trois mois plus tard. Omar Bongo est le deuxième chef d'État africain à accepter le principe d'une telle conférence, qui se tient du 23 mars au 19 avril 1990. Lors de son discours d'ouverture, il assure qu'« il faut que le Gabon soit un pays qui, de par sa maturité politique et par les composantes de son pays, aura ouvert la voie royale à toutes les démocraties ». En réalité, hormis des concessions superficielles, Bongo entend bien conserver son pouvoir absolu, y compris avec l'aide de mercenaires français. *Libération* écrit même, le 6 avril, que « l'ex-super-gendarme Paul Barril a recruté quinze mercenaires chargés d'enseigner aux Gabonais, en cas d'affrontements violents, le maniement des gaz contre les manifestants ». Libreville démentira le projet d'utilisation de gaz, mais pas le recours aux services de l'ancien membre de la cellule antiterroriste de l'Élysée.

Le 21 mai 1990, la réforme instituant le multipartisme est votée par le Parlement gabonais. Mais, deux jours plus tard, l'annonce de la mort suspecte d'un leader de l'opposition met le feu aux poudres : des émeutes éclatent à Libreville et surtout à Port-Gentil, où se trouvent les installations pétrolières d'Elf et une grosse communauté française. Pour Paris, la ligne rouge est franchie. « La France, comme principal soutien du président Bongo, est plus particulièrement visée », reconnaît le ministère français des Armées dans le *Dictionnaire des opérations extérieures* qu'il coédite en 2018. L'opération Requin est alors déclenchée : sous couvert de protéger les ressortissants français, le débarquement de 1 200 militaires français donne un coup de pouce salutaire au régime d'Omar Bongo.

En Côte d'Ivoire ou au Zaïre, les émeutes se multiplient également. Le président Houphouët-Boigny promet d'instaurer le multipartisme. François Mitterrand a bien conscience que sa ligne en matière de politique africaine, le *statu quo*, est de plus en plus difficile à tenir, d'autant que des voix critiques apparaissent au sein du gouvernement par l'intermédiaire de ténors du Parti socialiste comme Jean-Pierre Chevènement, Lionel Jospin ou Pierre Joxe.

Comme le rapporte Jacques Attali dans son livre *Verbatim*, lors du conseil des ministres du 30 mai 1990, le ministre de la Défense Jean-Pierre Chevènement critique ouvertement le soutien militaire de la France à Bongo alors que « des changements sont de plus en plus nécessaires en Afrique. [...] Il faut réfléchir à la manière dont ces pays pourraient être plus démocratiques », dit-il. « C'est leur affaire ! réplique Mitterrand, excédé. [...] Est-ce ou non notre intérêt d'avoir des Français qui travaillent en Afrique ? »

Quelques jours plus tard, le conseil des ministres du 5 juin est à nouveau orageux. « Trente ans après les indépendances, il y a un nouveau tournant à prendre, tonne Jean-Pierre Chevènement. [...] Il y a des soldats français qui se trouvent sous des uniformes étrangers. [...] Aux Comores, nous encadrons la Garde présidentielle. » « C'est un héritage ! On ne m'en a jamais parlé ! ose alors Mitterrand. [...] Il y a un malentendu très profond entre nous. Je suis surpris et peiné de ce que j'entends. »

Le ministre de l'Intérieur, Pierre Joxe, n'est pas en reste. Il rapporte dans son ouvrage *Pourquoi Mitterrand ?* (2006) qu'il décide d'évoquer ce sujet sensible en tête à tête avec le chef de l'État : « Je lui "révélai" ce que j'avais appris sur les mesures spéciales organisées par notre détachement de l'armée de l'air, au Gabon, qui maintenait en veille, sur ordre, un équipage 24 heures sur 24, 365 jours par an, prêt à tout moment à exfiltrer Bongo en cas de besoin. Je lui évoquai encore quatre ou cinq histoires de ce genre, feignant de ne pas tout savoir et concluant que nous étions là dans le même rôle que la CIA en Amérique centrale auprès de tyrans comme [le Nicaraguayen Anastasio] Somoza [Debayle]. » Bien entendu, François Mitterrand n'ignore rien de ce que lui explique son ministre de l'Intérieur : « Je vous remercie de m'avoir dit ce que vous m'avez dit », lui lance le chef de l'État pour faire bonne figure.

Dans son livre *Mes années avec Mitterrand* (2015), l'ancien secrétaire général de l'Élysée Jean-Louis Bianco raconte lui aussi qu'il va frapper à la porte du président Mitterrand pour lui expliquer que « la France doit être à l'avant-garde du mouvement qui est irrésistible » à travers « une nouvelle politique africaine » mettant « plus l'accent – sans illusion sur les résultats à court terme – sur les droits de l'homme, la démocratie, le pluralisme, la lutte contre la corruption ».

Depuis avril 1990, le président de la République dispose également sur son bureau d'une note d'Éric Arnoult (*alias* Erik Orsenna), son ancien conseiller culturel désormais au cabinet du ministre des Affaires étrangères, qui plaide pour un *aggiornamento* de la politique africaine avec l'« envoi de messages » aux « élites africaines » et l'« annonce d'un plan d'appui à la mise en place concrète de la démocratie ». Dans un premier temps, Mitterrand « n'est pas vraiment enthousiaste », écrit dans son *Verbatim* son conseiller élyséen, Jacques Attali. Mais face aux bouleversements géopolitiques et aux tensions politiques dans son entourage, Mitterrand décide finalement de saisir l'opportunité du seizième sommet France-Afrique, à La Baule, le 20 juin 1990.

« Il nous faut parler de démocratie, lance le chef de l'État au beau milieu du sommet. C'est un principe universel qui vient d'apparaître aux peuples de l'Europe centrale et orientale comme une évidence absolue au point qu'en l'espace de quelques semaines, les régimes, considérés comme les plus forts, ont été bouleversés. [...] Il faut bien se dire que ce souffle fera le tour de la planète », poursuit-il, passant ainsi sous silence les mobilisations démocratiques antérieures en Afrique, réprimées le plus souvent avec l'aide de la France.

François Mitterrand assure encore, comme pour revendiquer un rôle actif dans l'ébullition démocratique en cours, avoir « naturellement un schéma tout prêt : système représentatif, élections libres, multipartisme, liberté de la presse, indépendance de la magistrature, refus de la censure ». Mais c'est pour rapidement introduire une nuance centrale de ce discours et pourtant souvent éclipsée par ses commentateurs, celle du temps nécessaire pour y parvenir : « C'est la direction qu'il faut prendre, dit François Mitterrand. Certains ont pris des bottes de sept lieues, soit dans la paix civique soit dans le désordre, mais ils ont fait vite. D'autres marcheront pas à pas. » Chacun à son rythme, donc : une idée centrale des théoriciens du colonialisme qui mettaient l'évolutionnisme au cœur de leur analyse [→ I, introduction], et que le chef de l'État reprendra un an plus tard dans son discours au sommet de la Francophonie, au palais de Chaillot à Paris.

À La Baule, les autocrates amis de la France comme Omar Bongo peuvent donc savourer la subtile invitation de François Mitterrand : « À vous peuples libres, à vous États souverains que je respecte, de choisir votre voie, d'en déterminer les étapes et l'allure. La France continuera d'être votre amie et, si vous le souhaitez, votre soutien, sur le plan international, comme sur le plan intérieur. » Au moment où le président français prononce ces paroles, son armée est encore déployée à Port-Gentil.

Le discours n'affirme nullement que la France va désormais « conditionner » strictement son aide au respect de critères démocratiques, contrairement à l'habile *storytelling* forgé depuis par l'entourage de

Mitterrand. Certes le chef de l'État affirme que « la France liera tout son effort de contribution aux efforts qui seront accomplis pour aller vers plus de liberté », mais c'est pour aussitôt contredire cet engagement : « Il faut pour cela que l'on vous fasse confiance. Il faut avoir confiance dans le temps. » Le message est reçu cinq sur cinq par les potentats africains : la France continuera de les aider.

Érik Orsenna a rapidement revendiqué la paternité de ce discours. Pourtant, le texte qu'il a proposé a officiellement « été "perdu", expliquent Emmanuel Faux, Thomas Legrand et Gilles Perez en 1991 dans *Plumes de l'ombre*. Certaines feuilles ont pu être faxées, d'autres ont été retranscrites de mémoire » juste avant pour alimenter le véritable discours, selon eux. Son projet « n'est pas retenu », résume plus brutalement Éric Fottorino dans *Le Monde* en 1997. En tout cas, qu'il ait contribué à l'inspirer ou à le rédiger, Orsenna participe, comme beaucoup d'autres, à une opération générale de construction d'un mythe selon lequel François Mitterrand aurait imposé la démocratie aux dictatures du pré carré français.

Au micro de RFI, le politologue gabonais Guy Rossatanga-Rignault, bien que proche d'Ali Bongo, s'étrangle en 2016 que ce discours soit toujours « présenté comme le moment fondateur des démocratisations des systèmes politiques d'Afrique noire francophone. Ce moment fondateur relève plus du hold-up intellectuel parce que les faits montrent pertinemment que le discours de La Baule n'a eu qu'une influence relative sur ces processus [...]. [François Mitterrand] a été habile, et ses communicants ont été encore plus habiles, pour faire passer une réaction comme une action ».

Un an après le discours de La Baule, le secrétaire d'État chargé des Relations culturelles internationales, ex-directeur des relations internationales d'Elf Aquitaine, Thierry de Beaucé, intègre la cellule africaine de l'Élysée que quitte Jean-Christophe Mitterrand en juillet 1992 : ce dernier est remplacé par Bruno Delaye, ancien ambassadeur de France au Togo. Immédiatement recruté par la Compagnie générale des eaux, « Jean-Christophe » sera licencié après le départ de son père de l'Élysée.

Privatisation d'Elf et dévaluation du franc CFA : le retour de la droite néolibérale

Le 28 mars 1993, une « vague bleue » déferle sur l'Assemblée nationale : la droite (RPR et UDF) remporte une majorité écrasante aux élections législatives, c'est le début de la deuxième cohabitation. Jacques Chirac, président du RPR, veut préserver sa popularité en vue de la présidentielle de 1995 et laisse donc Matignon à son « ami » Édouard Balladur, qui avait occupé le poste clé de ministre de l'Économie, des Finances et de la Privatisation lors de la première cohabitation. Nommé ministre du Budget et porte-parole du gouvernement, le député-maire de Neuilly Nicolas Sarkozy poursuit son ascension politique. Son ex-mentor Charles Pasqua fait, lui, son grand retour au ministère de l'Intérieur [→ IV.8]. Quant à Michel Roussin, l'ancien bras droit du patron du SDECE [→ III.4], il quitte son poste de directeur de cabinet de Jacques Chirac à la mairie de Paris pour devenir ministre de la Coopération : une partie de la Françafrique chiraquienne se met au service d'Édouard Balladur, ouvrant ainsi la voie à des batailles intestines.

Pour ce gouvernement, la « modernité » s'incarne dans le recul de la puissance publique et la priorité est donc à la relance des privatisations. Dans l'interview télévisée qu'il donne le 14 juillet 1993, trois mois après le début de cette nouvelle cohabitation, François Mitterrand s'inquiète de ces privatisations annoncées « dans des domaines qui touchent à la défense de la France, à la recherche, au cœur même de ce qui fait notre capacité, notre force, notre sécurité, notre intelligence ». Le chef de l'État rappelle « les précautions prises pour protéger nos capacités d'achats de production énergétique » et cite Elf parmi les exemples d'entreprises qui « pourraient, peut-être, être le porte-drapeau français, quand même ». En fait, le problème n'est pas à ses yeux la privatisation elle-même, mais le risque de prise de contrôle par des intérêts étrangers, une préoccupation que partage le gouvernement Balladur [→ V.7].

Privatiser Elf n'est pas une idée nouvelle : la compagnie pétrolière figurait déjà parmi les entreprises visées par la loi de privatisation de 1986. Pour préparer cette opération, le balladurien Philippe Jaffré est nommé à la tête d'Elf en août 1993, en remplacement du mitterrandien Loïk Le Floch-Prigent, qui occupait le poste depuis 1989. Dès le 1er février 1994, le sort du groupe public est scellé par la commission chargée de veiller au transfert des participations de l'État : 37 % du capital de la compagnie pétrolière doivent être privatisés dans l'année.

Ironie de l'histoire, c'est à ce moment-là que débute l'« affaire Elf ». Durant l'été 1994, la Commission des opérations de Bourse (COB) s'étonne de certains investissements du géant pétrolier dans le groupe textile de Maurice Bidermann. Elle alerte le parquet de Paris qui ouvre rapidement une information judiciaire contre X pour abus de biens sociaux. L'enquête est confiée à la juge Eva Joly qui, avec l'aide de Laurence Vichnievsky puis de Renaud Van Ruymbeke, va mettre au jour une partie d'un système tentaculaire de corruption et de prédation économique [→ IV.4].

Le libéralisme d'Édouard Balladur s'incarne aussi dans sa doctrine dite « d'Abidjan » visant à subordonner le soutien économique français au respect des préconisations des institutions de Bretton Woods [→ IV.6]. Outre les mesures draconiennes d'« ajustement structurel » et les privatisations qu'elles comportent, cela implique un « ajustement monétaire » pour les pays africains : une dévaluation du franc CFA dont ne veulent pas entendre parler la plupart des dirigeants du pré carré. Ils craignent que la modification du taux de change par rapport au franc français de cette monnaie coloniale n'entraîne des réactions populaires explosives. En effet, un tel changement va immanquablement se traduire par une augmentation brutale de leur dette extérieure, libellée principalement en monnaies étrangères, et surtout du coût des denrées et marchandises importées, dont dépendent largement les populations urbaines. L'explosion sociale assurée.

Comme le racontent Jean-Pierre Bat et Pascal Airault dans leur livre *Françafrique. Opérations secrètes et affaires d'État* (2016), un tel projet avait déjà été envisagé, puis abandonné, par le pouvoir socialiste en 1992. Dès qu'ils ont eu vent de cette dévaluation programmée, le Gabonais Omar Bongo, le Burkinabè Blaise Compaoré, le Sénégalais Abdou Diouf et l'Ivoirien Houphouët-Boigny se sont précipités à l'Élysée pour obtenir de François Mitterrand qu'il fasse renoncer le gouvernement à ce projet trop risqué à leurs yeux.

Balladur et ses conseillers retiennent la leçon : seul un petit groupe de hauts fonctionnaires est au courant de l'opération en préparation, à Paris et au sein des institutions de Bretton Woods. Afin de venir à bout de certaines réticences, Pierre Messmer, ancien Premier ministre et vieux routier des arcanes franco-africains, est chargé de rédiger un rapport en faveur de la dévaluation. François Mitterrand se fait même l'allié du gouvernement : il envoie son conseiller Afrique Bruno Delaye auprès de Jacques Foccart, opposé à une dévaluation dont les conséquences l'inquiètent, pour lui demander « de ne pas interférer » dans le processus. Dès août 1993, la libre convertibilité du CFA avec les autres monnaies est suspendue, pour limiter les fuites de capitaux en attendant la dévaluation.

Le 7 décembre 1993, la mort d'Houphouët-Boigny, après trente-trois ans à la tête de la Côte d'Ivoire, retarde l'annonce officielle de la dévaluation mais lève un obstacle de taille, tant le « Vieux » y était opposé.

Il reste cependant à faire passer cette mesure pour une décision « africaine ». Le jour même de la mort d'Houphouët, le ministre de la Coopération affirme au Sénat qu'il « n'est pas question de dévaluer le franc CFA, car nous sommes très attachés à la zone franc ». Trois semaines plus tard, le même Michel Roussin explique à l'AFP que la décision appartient aux chefs d'État africains et devra être « concertée et unanime ».

Finalement, le 10 janvier 1994 à Dakar, sous la pression conjuguée du FMI et de Paris, au terme de dix-sept heures de négociations tendues, les chefs d'État africains annoncent avoir « décidé souverainement » de diviser par deux la valeur de leur monnaie par rapport au franc français, auquel elle reste arrimée.

Comme l'expliquent Fanny Pigeaud et Ndongo Samba Sylla dans *L'Arme invisible de la Françafrique* (2018), la France a donc réussi le triple exploit de maintenir l'unité de la zone franc, d'échapper à son obligation de garante de cette monnaie en la laissant être dévaluée de moitié et de doubler sa capacité d'action financière en francs CFA : avec le même budget en francs français, le ministère de la Coopération et la Caisse française de développement peuvent en effet financer deux fois plus de choses dans les pays de la zone. La Françafrique s'est parfaitement adaptée aux recettes néolibérales.

1994 : les fantômes du Rwanda à l'Élysée

Maintenir la stabilité et contrer l'influence anglo-saxonne au prix d'un génocide

10 mai 1994. Alors qu'il entame sa quatorzième et ultime année au pouvoir, François Mitterrand répond au traditionnel exercice, toujours très convenu, de l'entretien télévisé, alors que le génocide des Tutsis est en cours depuis plus d'un mois au Rwanda. Le 6 avril, l'attentat contre le président Juvénal Habyarimana y a en effet donné le signal de départ d'un coup d'État et de l'extermination d'un supposé « ennemi de l'intérieur », préparée par les extrémistes hutus depuis des mois.

« Pourquoi la communauté internationale n'a pas réussi à éviter ces massacres terribles qui se sont déroulés récemment au Rwanda ? » demande le journaliste Paul Amar au chef de l'État français. « Comme c'est un pays francophone, la France a été constamment appelée au secours, assure François Mitterrand. Nous y avons envoyé des soldats à la fois pour aider à sauvegarder nos compatriotes qui vivent au Rwanda… et sauvegarder en même temps ce que nous avons fait. Mais nous n'avons pas envoyé d'armée pour combattre. » « Nous n'étions pas là-bas pour faire la guerre ? » lui demande Patrick Poivre d'Arvor. « Non, nous ne sommes pas destinés à faire la guerre partout, même lorsque c'est l'horreur qui nous prend au visage, rétorque François Mitterrand. Nous n'avons pas les moyens de le faire. Nos soldats ne peuvent pas être les arbitres internationaux des passions qui aujourd'hui bouleversent et déchirent tant de pays. »

Beaucoup de mensonges en peu de mots. Car, depuis octobre 1990, la France est bien en guerre au Rwanda, sans le dire publiquement. Elle soutient militairement le président Juvénal Habyarimana face aux offensives du Front patriotique rwandais (FPR), une rébellion dirigée entre autres par Paul Kagame. Malgré de multiples signaux d'alerte (politiques, militaires, diplomatiques ou émanant du renseignement) sur la préparation d'un génocide des Tutsis par l'aile dure du régime qui fera selon l'ONU 800 000 morts, la France poursuit son soutien à Kigali en continuant même à livrer en plein massacre des armes par des voies détournées, contournant ainsi l'embargo international. L'ancien membre de la cellule antiterroriste de l'Élysée reconverti dans le business de la sécurité, Paul Barril, suivi à la trace par la DGSE, fait partie des contacts privilégiés par le gouvernement génocidaire, de même que l'autoproclamé « corsaire de la République » Bob Denard [→ IV.9].

Le 29 avril 1994, trois semaines après le début du génocide, le chef d'état-major particulier de l'Élysée Christian Quesnot parle encore du FPR comme de « Khmers noirs ». Une ligne élyséenne qui n'est nullement remise en cause par la deuxième cohabitation.

Ainsi, treize jours avant l'intervention télévisée du chef de l'État évoquant « l'horreur qui nous prend au visage », deux responsables du gouvernement génocidaire rencontrent à Paris le Premier ministre, Édouard Balladur, le ministre des Affaires étrangères, Alain Juppé, ainsi que le conseiller de François Mitterrand aux affaires africaines, Bruno Delaye. Et cela, alors même que « l'immense majorité des victimes » ont déjà été tuées, comme le montre l'historien Florent Piton dans son livre *Le Génocide des Tutsis du Rwanda* (2018).

Avant, pendant et après le génocide des Tutsis, l'État français, à travers une poignée d'hommes – François Mitterrand une partie du gouvernement et quelques haut gradés –, soutient le pouvoir extrémiste hutu, avec en arrière-plan cette idée fixe de maintenir la stabilité des régimes en place et de contrer l'influence anglo-saxonne dans la région. « La France ne le sait pas, mais nous sommes en guerre avec l'Amérique, confie François Mitterrand à la fin de son mandat à Georges-Marc Benhamou qui le rapporte dans son livre *Le Dernier Mitterrand* (1997). [...] Oui, ils sont très durs les Américains, ils sont voraces, ils veulent un pouvoir sans partage sur le monde. C'est une guerre inconnue, une guerre permanente, sans mort apparemment et pourtant une guerre à mort. »

« On a un récit unilatéral du massacre, assure encore François Mitterrand au chancelier Helmut Kohl, lors du sommet franco-allemand de Mulhouse, le 31 mai 1994. La réalité est que tout le monde tue tout le monde. » Une thèse fallacieuse d'un « double génocide » qui sera reprise par de nombreux acteurs politiques comme Dominique de Villepin alors directeur de cabinet du ministre des Affaires étrangères ou par Pierre Péan devenu proche de Mitterrand et de Bongo [→ p. 672]. Lorsque l'auteur d'*Affaires africaines* rencontre François Mitterrand, le 1er juillet 1994, comme le journaliste le raconte lui-même dans ses Mémoires, le chef de l'État lui lance cette phrase qui résume bien son état d'esprit : « Savez-vous que les Tutsis massacrent aussi ? »

Le testament françafricain de François Mitterrand

8 novembre 1994. Alors que le livre de Pierre Péan *Une jeunesse française* révélant au grand public le passé vichyste de François Mitterrand (avec l'accord de ce dernier) déchaîne les passions, le chef de l'État cherche encore à sculpter son image pour l'Histoire. Le dix-huitième sommet franco-africain de Biarritz constitue à ses yeux une ultime occasion de le faire. « Au moment de conclure, je pense à ce long compagnonnage avec l'Afrique qui fut le mien pendant près d'un demi-siècle », déclare-t-il à la tribune.

« Si la France et ses partenaires africains ont su organiser pacifiquement la décolonisation – et je vois ici plusieurs des fondateurs avec lesquels, à l'époque, j'ai pu me réjouir de travailler à une grande œuvre –, si nous avons pu arriver à bout des obstacles, c'est parce que la volonté ne nous a jamais manqué, ajoute Mitterrand. Pour ma part, je me suis toujours opposé aux tentations déclarées ou insidieuses de brader la politique africaine de la France ou de décider pour tel ou tel pays, à la place de ceux qui en avaient la charge, comme si nous étions des prophètes inspirés, chargés de dicter aux peuples africains ce qui était la voie la meilleure pour eux. Ce sont des tentations permanentes, une forme de colonialisme renversé que je n'accepte pas plus que les autres. » Ou comment justifier la perpétuation d'une politique néocoloniale en invoquant l'anticolonialisme…

François Mitterrand sait qu'il est condamné, à brève échéance, par son cancer de la prostate (il meurt le 8 janvier 1996). Il ne peut donc s'empêcher de livrer le fond de sa pensée, dans la foulée : la France, dit-il, doit conserver « ses vieilles traditions » en Afrique. Avant de lancer cet ultime avertissement : « J'en appelle à ceux qui auront après moi la charge des affaires du pays. La France ne serait plus tout à fait elle-même aux yeux du monde, si elle renonçait à être présente en Afrique, aux côtés des Africains. […] Nous en serons capables, mes successeurs, à travers le temps qui vient, plus tard encore : c'est une affaire qui durera plus longtemps que chacun d'entre nous. » Son successeur, Jacques Chirac, n'a pas besoin d'être convaincu.

Repères bibliographiques

Pascal AIRAULT et Jean-Pierre BAT, *Françafrique. Opérations secrètes et affaires d'État*, Tallandier, Paris, 2016.

Jean-François BAYART, *La Politique africaine de François Mitterrand*, Karthala, Paris, 1984.

Jean-Pierre Cot, *À l'épreuve du pouvoir. Le tiers-mondisme, pour quoi faire ?*, Seuil, Paris, 1984.

Roland Dumas, *Coups et blessures. 50 ans de secrets partagés avec François Mitterrand*, Le Cherche Midi, Paris, 2011.

Roger Faligot, « Dans les pas des réseaux Foccart : le faux tournant de la politique africaine de François Mitterrand », *in* Roger Faligot et Jean Guisnel (dir.), *Histoire secrète de la Ve République*, La Découverte, Paris, 2006.

Frédéric Laurent, *Le Cabinet noir. Avec François de Grossouvre au cœur de l'Élysée de Mitterrand*, Albin Michel, Paris, 2006.

Pierre Marion, *Mémoires de l'ombre. Un homme dans les secrets de l'État*, Flammarion, Paris, 1999.

Parti socialiste, « Programme socialiste pour l'Afrique », in *Le Mois en Afrique*, n° 186-187, juin-juillet 1981.

Pierre Péan, *Affaires africaines*, Fayard, Paris, 1983.

Pierre Péan, *Mémoires impubliables*, Albin Michel, Paris, 2020.

Guy Penne, *Mémoires d'Afrique (1981-1998). Entretiens avec Claude Wauthier*, Fayard, Paris, 1999.

Fanny Pigeaud et Ndongo Samba Sylla, *L'Arme invisible de la Françafrique. Une histoire du franc CFA*, La Découverte, Paris, 2018.

Hubert Védrine, *Les Mondes de François Mitterrand. À l'Élysée. 1981-1995*, Fayard, Paris, 1996.

Claude Wauthier, *Quatre présidents et l'Afrique. De Gaulle, Pompidou, Giscard d'Estaing, Mitterrand*, Seuil, Paris, 1995.

Chapitre 1

Jacques Chirac, l'Africain

Benoît Collombat

« Le multipartisme n'est pas lié à la démocratie. Il y a des pays africains parfaitement démocratiques, comme la Côte d'Ivoire, qui sont des pays à parti unique où la démocratie s'exerce au sein de ce parti unique. Le multipartisme est une sorte de luxe que ces pays en voie de développement n'ont pas les moyens de s'offrir. » Février 1990, Abidjan. Interrogé par RFI à l'occasion d'une réunion de l'Association internationale des maires francophones (AIMF) au sujet de la conférence nationale au Bénin qui prône un « renouveau démocratique » [→ IV.7], le maire de Paris et président du RPR Jacques Chirac livre alors le fond de sa pensée. Une parole qui rappelle les mots du général de Gaulle [→ II, introduction], dont Chirac se veut l'héritier, à Alain Peyrefitte en juin 1963, à propos du Maroc : « Vous savez, les démocraties sont toujours plus ou moins fragiles. Tout le monde ne peut pas s'offrir le luxe d'un régime fragile. Ce genre de pays, il vaut mieux qu'ils ne cherchent pas à être trop démocratiques. »

« Est-ce qu'il n'est pas un peu raciste de dénier aux Africains le droit d'avoir plusieurs partis, comme n'importe quel citoyen du monde ? » l'interroge à la même époque sur Europe 1 la journaliste Catherine Nay. Face à cette familière des coulisses du pouvoir (la journaliste partage sa vie depuis 1968 avec l'ancien P-DG d'Elf, le gaulliste Albin Chalandon), Jacques Chirac creuse le même sillon : « Il n'y a pas d'affrontements idéologiques entre Africains, mais des divisions ethniques. [...] Le grand effort des dirigeants modernes de ces pays depuis les indépendances, c'est de rassembler ensemble ces gens, de les faire s'entendre et de réaliser l'unité nationale et l'effort de redressement. Dès que vous envisagez la création d'un certain nombre de partis, simplement parce que l'Europe considère que c'est bien, ce que je peux comprendre, que se passe-t-il ? Vous avez immédiatement un parti par tribu et au lieu d'avoir la démocratie, vous avez l'affrontement et un risque d'anarchie. »

Toute la vision de l'Afrique de Jacques Chirac tient là, en quelques phrases. Elle s'inscrit aussi dans le droit fil de la pensée de l'homme qui s'est mis à son service, depuis le milieu des années 1970 : Jacques Foccart

[→ II.5]. Dans son livre d'entretiens avec Philippe Gaillard, le « Monsieur Afrique » du gaullisme dit sans surprise « penser comme [Chirac] [...] Le multipartisme est un mode d'expression des antagonismes ethniques dont on a vu qu'il est de nature à les envenimer. Les structures politiques des vieilles démocraties ne sont pas adaptées à l'Afrique actuelle, dont les populations admettent mal la démocratie représentative et la loi de la majorité. Je crois qu'il faut maintenir un exécutif fort ». Ou comment justifier le maintien de dictatures ou de régimes répressifs dans le pré carré au nom de la stabilité de l'Afrique et des intérêts bien compris de la France.

À la fin de sa longue carrière politique, pour mieux faire oublier le rôle pivot qu'il a joué au sein des réseaux de la Françafrique, Jacques Chirac tentera de mettre en avant un « autre Chirac », pour reprendre le titre d'un ouvrage hagiographique de Pierre Péan (2016) qui le transforme même en militant clandestin, dans les années 1960-1970, de l'African National Congress (ANC), le mouvement anti-apartheid de Nelson Mandela. Cultivant l'image d'un président « amoureux de l'Afrique », l'héritier du gaullisme donnera même son nom, trois ans avant sa mort, au musée des « arts premiers », pour ne plus dire primitifs, ouvert en 2006 quai Branly à Paris, qui rassemble des collections issues de la longue histoire impériale française.

Un soutien inconditionnel aux dictatures africaines contre les mouvements d'émancipation populaire, l'acceptation de liens de corruption à un niveau himalayen et un cynisme à toute épreuve pour conquérir le pouvoir ou le conserver, face à François Mitterrand comme face à ses concurrents au sein de la droite. Ainsi se dessine le portrait de « Chirac l'Africain », dans les années 1980-1990.

La guerre d'Algérie, matrice de la vision coloniale de Jacques Chirac (1950-1960)

« Jacques Chirac est le dernier de nos présidents à avoir connu la guerre », écrit l'hebdomadaire *Paris Match*, après la disparition de l'ancien chef de l'État, en octobre 2019. Dans un édito énamouré intitulé « Humain, tellement humain », le directeur de la rédaction Olivier Royant loue sa « compassion plus forte que le cynisme », ainsi que « le destin exceptionnel d'un homme que les Français ont mis du temps à aimer mais à qui, au final, ils ont tout pardonné ». Dans l'album photo de ce numéro-hommage, des images en noir et blanc montrent un « séduisant jeune lieutenant » qui effectue « ses premiers pas de chef » en Algérie.

Tout commence donc au sommet d'un piton, dans le djebel algérien. Depuis novembre 1954, la France fait la guerre aux indépendantistes algériens, sans le dire officiellement. Le 1er avril 1956, alors que l'Assemblée nationale vient de voter les « pouvoirs spéciaux » au gouvernement du socialiste Guy Mollet en Algérie, le sous-lieutenant Chirac, âgé de 24 ans, est affecté au 6e régiment de chasseurs d'Afrique où il va diriger jusqu'en juin 1957 une unité de trente-deux hommes à Souk-el-Arba, près de la frontière marocaine. Entre opérations de « ratissage » et « embuscades », « il a l'air heureux » sur « son piton de la gloire », toujours muni de son nerf de bœuf, dont il se sert volontiers auprès de ses hommes, écrit son biographe Franz-Olivier Giesbert.

« C'est la période la plus passionnante de mon existence », confie Chirac aux auteurs du livre *Jacques Chirac ou la République des cadets*, paru en 1972. « En opérations permanentes, nous étions conditionnés par notre mission. Je ne voyais vraiment pas, à l'époque, pourquoi l'Algérie ne resterait pas française. »

Ses années algériennes font même hésiter le jeune homme à s'engager dans l'armée : « La seule carrière que j'aie réellement envisagée – autre que politique – c'est la carrière militaire », confie-t-il à Radio Monte-Carlo en juin 1972. Le soldat Chirac vit donc cette période comme l'apprentissage exaltant du commandement au service d'un Empire colonial français en pleine ébullition qu'il souhaite préserver.

Au-delà des contorsions idéologiques qui ont jalonné sa longue carrière politique, Jacques Chirac ne se défera jamais complètement de cette vision du monde. « Je suis fier de l'œuvre coloniale de la France. Il n'y a que les intello-gaucho-masochistes pour critiquer cela. C'est pourtant une image superbe de la France. Quand Jacques Médecin inaugure, à Nice, une place de l'Indochine, je dis qu'il a raison », déclare-t-il en mars 1988, alors qu'il est Premier ministre et candidat à l'élection présidentielle.

En juin 1959, les élèves de la promotion « Vauban » de l'ENA, celle de Jacques Chirac, sont envoyés en Algérie en « renfort administratif ». Chirac est affecté à la direction du cabinet de Jacques Pélissier, directeur de l'agriculture et des forêts auprès du gouvernement général d'Alger. Ce haut fonctionnaire est chargé de faire appliquer le plan de Constantine du général de Gaulle afin de « pacifier l'Algérie » et d'affaiblir politiquement le Front de libération nationale (FLN) en redistribuant des terres agricoles détenues par les grands propriétaires coloniaux.

Mais en janvier 1960, lorsque les pieds-noirs commencent à dresser des barricades dans Alger car ils s'estiment trahis par de Gaulle qui préconise l'« autodétermination », le cœur de Jacques Chirac balance. Sa promotion à l'ENA décide d'adresser une motion de soutien au Général. Tout le monde accepte de signer le texte… sauf Chirac qui finit par s'y rallier à la dernière minute.

« Nous ne fûmes pas surpris des réticences de Jacques Chirac à donner sa signature », témoigne Bernard Stasi, son camarade de promotion à l'ENA, dans le livre *Chirac ou la Fringale du pouvoir* (1977). « Pendant quarante-huit heures, ses convictions en faveur de l'Algérie française tinrent en échec son sens de la discipline. » Ce qui n'empêche pas Chirac, une fois ce texte signé, de devenir « l'homme le plus actif pour soutenir cette motion », confie André Tarallo [→ IV.4], un autre camarade de promotion à l'ENA et voisin de bureau de Chirac en Algérie, à David Servenay dans *Histoire secrète du patronat* (2014).

Malgré ce ralliement tardif à la politique algérienne du général de Gaulle, Chirac ne cesse par la suite d'exprimer sa nostalgie de l'« Algérie française ». Il la revendique même auprès de ses proches, comme lorsqu'il s'enorgueillit auprès de son conseiller à Matignon (de 1976 à 1977), Bernard Billaud, d'avoir « constitué un comité de soutien » aux officiers putschistes « incarcérés à la prison de Tulle », à son retour d'Algérie.

Durant toute sa carrière politique, Jacques Chirac conservera « de la sympathie à l'égard de [ses] amis restés attachés jusqu'au bout à l'espoir, devenu désormais illusoire, de préserver une Algérie française », comme il le reconnaît lui-même dans le premier tome de ses Mémoires (2009).

Cette « empreinte algérienne » influence également Jacques Chirac dans le choix de certains hommes qui l'entourent, comme Jacques Pélissier (que le jeune énarque a servi en Algérie) que Chirac nomme au poste clé de directeur de cabinet lorsqu'il devient Premier ministre, en juin 1974. Avant d'être un nostalgique de l'Empire, Jacques Chirac est avant tout un orphelin de l'Algérie française.

La naissance des « réseaux Chirac », sous le parrainage de Jacques Foccart (1960-1970)

La rencontre avec Jacques Foccart, au début des années 1960, constitue l'autre facteur déterminant qui conditionne la façon dont Chirac envisage ses relations avec le continent africain.

Dès 1962, lorsqu'il embrasse une carrière politique comme chargé de mission au cabinet du Premier ministre Georges Pompidou, avant de devenir député de la Corrèze, secrétaire d'État à l'Emploi, à l'Économie et aux Finances, ministre délégué aux relations avec le Parlement, ministre de l'Agriculture puis de l'Intérieur, le « jeune loup » Chirac comprend très vite l'intérêt de se mettre dans les pas de la politique néocoloniale incarnée par Foccart. Ainsi, il ne tarit pas d'éloges sur l'action des gros bras du Service d'action civique (SAC) pilotés par l'homme de l'ombre du gaullisme. « Ce que nous vous devons tous est formidable », lance Chirac à Foccart, en juin 1969, comme on peut le lire dans le tome III du *Journal de l'Élysée* de ce dernier (1999).

Derrière ce cri du cœur, il y a surtout un calcul politique. Pour Chirac, le pré carré représente un instrument de conquête du pouvoir, même s'il va par la suite nouer aussi des liens serrés avec des pays d'Afrique du Nord (le roi Hassan II au Maroc, Kadhafi en Libye) et du Moyen-Orient (Saddam Hussein en Irak, Hafez el-Assad en Syrie, Rafiq Hariri au Liban, le roi Fahd d'Arabie saoudite). Des régimes autoritaires et dictatoriaux avec lesquels Chirac saura toujours fort bien s'entendre.

En 1974, la campagne présidentielle divise le camp gaulliste. Jacques Foccart, soutien de Jacques Chaban-Delmas, seul candidat légitime aux yeux des gaullistes historiques, s'oppose à Jacques Chirac, qui pousse, lui, la candidature de Pierre Messmer avant de contribuer à la victoire du candidat centriste Valéry Giscard d'Estaing qui le nomme Premier ministre en récompense de sa trahison politique. Le schisme laisse des traces au sein du parti gaulliste. Mais par pragmatisme politique, Foccart se rapproche – par étapes – de Chirac, après la rupture de ce dernier avec VGE, en août 1976 [→ III.4].

L'ex-conseiller du général de Gaulle et de Pompidou, mis sur la touche par leur successeur, accompagne la création du RPR, en décembre 1976, puis soutient la candidature de Chirac à la mairie de Paris, en mars 1977, contre le candidat giscardien Michel d'Ornano. La mairie de Paris redonne une crédibilité institutionnelle à Foccart, qui met son épais carnet d'adresses au service de Chirac. Ce dernier écarte ses conseillers Pierre Juillet et Marie-France Garaud qui lui ont soufflé l'« appel de Cochin », en décembre 1978, où le président du RPR fustigeait « le parti de l'étranger », le parti centriste de Giscard, avant les élections européennes. Désormais, Foccart a donc entièrement l'oreille de Chirac.

« Jacques Chirac développe, avec l'aide de Foccart, une véritable stratégie visant à lui donner une stature africaine, résume l'historien Frédéric Turpin dans sa biographie de Jacques Foccart (2015). Il s'agit pour lui d'être prêt pour le moment où il exercera la magistrature suprême. »

Pour Chirac, cornaqué par Foccart, le lien personnel est essentiel : les pays africains, ce sont d'abord « des chefs ». Cette « stature africaine » censée lui ouvrir la route de l'Élysée passe donc par de multiples rencontres avec les présidents africains qui lui apportent aussi des soutiens financiers. « L'Afrique a toujours été considérée par Chirac comme un vaste coffre-fort », résume crûment son ancien conseiller Jean-François Probst dans son livre *Chirac, mon ami de trente ans* (2007) [→ IV.3].

L'Association internationale des maires francophones (AIMF), créée en 1979, constitue l'habillage de ce dispositif relationnel et financier. Le maire de Paris sillonne les capitales africaines au nom de l'AIMF et reçoit en grande pompe les dignitaires de la Françafrique, avec force accolades et sourires mécaniques, la « griffe » de Chirac. La rencontre, en octobre 1980, dans son bureau de l'Hôtel de Ville, avec le dictateur gabonais Omar Bongo, alors en visite officielle, en annonce beaucoup d'autres.

« Jacques Chirac ? Il a le cœur sur la main. Pour moi, c'est un vrai parent. Il est toujours présent quand vous avez besoin de lui », lance Omar Bongo en 1994. Et le président gabonais n'est pas ingrat. « De tous les chefs d'État de l'ex-Empire, écrit encore Jean-François Probst, le seul vrai ami de Chirac s'appelle Omar Bongo », « cynique » et très « attaché à l'argent », « comme Chirac », ajoute-t-il. Les deux hommes partagent la même conception de la démocratie appliquée au continent africain. « L'exubérance de la démocratie provoque l'indiscipline et le désordre », affirme ainsi en 2001 le président gabonais.

Mais le cynisme et l'argent ne font pas tout : pour conquérir et conserver le pouvoir, il faut des réseaux. Et le parrain de Chirac, Jacques Foccart, n'en manque pas.

Les « Africains » de Jacques Chirac contre François Mitterrand (1980-1990)

L'échec de Chirac à la présidentielle de 1981 ne change rien à sa stratégie africaine. Au contraire. Alors que, en juin 1981, son ex-directeur adjoint de campagne Alain Juppé, le député RPR Michel Aurillac et la professeure de droit Nicole Catala[1] lancent le Club 89, un cercle de réflexion censé préparer l'alternance, une « antenne africaine » est immédiatement mise en place par un pilier de la Françafrique, proche de Jacques Foccart : Maurice Robert, ancien responsable de la cellule Afrique au SDECE, recruté chez Elf de 1974 à 1979 avant d'être nommé ambassadeur de la France au Gabon, un poste dont il sera évincé rapidement après l'élection de Mitterrand [→ IV, introduction].

« J'ai alimenté Jacques Chirac en informations et réflexions sur l'Afrique lorsqu'il était maire de Paris, écrit Maurice Robert dans ses Mémoires (2004). Je me rendais à peu près tous les mois ou tous les deux mois à son bureau de l'Hôtel de Ville pour faire avec lui un tour d'horizon des questions africaines. » Un tour d'horizon où les questions de renseignement ne sont jamais loin.

En 1984, c'est Michel Roussin, ancien officier de gendarmerie, ex-directeur de cabinet du patron du SDECE, Alexandre de Marenches [→ III.4], qui devient chef de cabinet du maire de Paris. Il hérite du même poste à Matignon lorsque Chirac est nommé Premier ministre en 1986, avant de retourner avec lui à l'Hôtel de Ville comme directeur de

1. L'engagement de Nicole Catala la mènera à devenir secrétaire d'État chargée de la Formation professionnelle dans le gouvernement de Jacques Chirac, en 1986.

cabinet en 1988. En bon spécialiste du renseignement, Roussin a un œil sur tout ce qui bouge en Afrique. Et sans doute aussi sur le financement du parti gaulliste. « Son rôle occulte était considérable », déclare l'ancien trésorier adjoint du RPR Jacques Durand à Philippe Madelin, dans son livre *Les Gaullistes et l'Argent* (2001).

« J'ai accompagné Jacques Chirac à chacun de ses déplacements en Afrique », raconte Michel Roussin dans son livre *Le Gendarme de Chirac* (2006) sans épiloguer sur le sujet. Le nom de ce « passionné » d'Afrique, selon ses propres termes, recruté en 1998 par l'homme d'affaires Vincent Bolloré [→ VI.1], apparaît dans plusieurs affaires judiciaires : il est condamné dans l'affaire des marchés publics d'Île-de-France et cité dans la cassette posthume du promoteur immobilier Jean-Claude Méry qui affirme en 1996 avoir remis à Roussin une valise contenant 5 millions de francs en liquide au bénéfice du RPR. « Abracadabrantesque ! » rétorque Chirac en 2000, dans une formule demeurée célèbre.

Lorsque Jacques Chirac revient à Matignon durant la première cohabitation, de mars 1986 à mai 1988, le trio Jacques Foccart-Maurice Robert-Michel Roussin donne sa pleine mesure. Robert travaille « à titre officieux » auprès de Michel Aurillac, devenu ministre de la Coopération, comme il l'explique lui-même dans ses Mémoires, tandis que Michel Roussin ne cesse d'accompagner Chirac et Foccart en Afrique et dans les DOM-TOM.

L'aller-retour effectué en Côte d'Ivoire par Chirac et Foccart auprès du président ivoirien Félix Houphouët-Boigny dès le 12 avril 1986, a valeur de symbole. C'est également un signal envoyé à François Mitterrand : pas question de respecter à la lettre le « domaine réservé » du chef de l'État. Mais sur le fond, les deux hommes ont la même lecture des choses, comme quand il faut par exemple voler au secours du général Eyadéma au Togo, en septembre 1986, en lui envoyant 200 parachutistes. Il n'y a « aucune divergence de vues » avec François Mitterrand sur l'Afrique, affirme Chirac, cité par *Le Monde* en avril 1986.

Nommé « conseiller auprès du Premier ministre » tout en étant officiellement hors hiérarchie, Jacques Foccart s'entoure de différentes personnalités influentes, comme Michel Lunven, Fernand Wibaux ou Frédéric Guéna. Le premier a été détaché pour le compte du ministère de la Coopération successivement en Côte d'Ivoire, au Burkina Faso, au Gabon, au Tchad, au Mali, en Mauritanie ou au Niger, où il est nommé ambassadeur de France en 1988. Le deuxième a été chef de cabinet de Gaston Defferre au moment de la loi-cadre [→ II.1], ambassadeur au Mali (1961-1964), au Tchad (1968-1974), au Sénégal (1977-1983) ou encore haut-commissaire de France en Nouvelle-Calédonie au moment du massacre de la grotte d'Ouvéa [→ p. 580]. Le troisième est le fils du gaulliste Yves Guéna, lui-même ancien haut-commissaire puis « envoyé exceptionnel plénipotentiaire » en Côte d'Ivoire, après l'indépendance. Cette équipe s'installe dans un grand bureau situé au premier étage du 58, rue de Varenne, juste en face de Matignon. Tout un symbole, car c'est ici que se prennent les véritables décisions. « Le professeur [Foccart] est content de son élève [Chirac] », confirme l'adjoint de Foccart, Michel Lunven dans son livre *Ambassadeur en Françafrique* (2011). « En fait, Chirac ne lui refuse rien », résume-t-il.

Si les deux hommes échangent régulièrement sur la politique intérieure ou les questions de renseignement, les affaires africaines demeurent au cœur des discussions. Entre deux verres de punch, Chirac et Foccart se préoccupent notamment de verrouiller les oppositions africaines.

Ainsi, le 22 avril 1987, *Le Canard enchaîné* révèle l'existence d'un « Bureau de liaison sur les problèmes africains » (surnommé « BDL » par ses membres) destiné à surveiller les opposants africains sur le sol français. Réuni deux fois par mois au ministère de l'Intérieur, ce bureau – créé sur proposition de Jacques Foccart – regroupe les représentants de quatre cabinets ministériels (Matignon, et les ministères de l'Intérieur, de la Coopération et des Affaires étrangères) et de quatre services de police (la DGPN, Direction générale de la police nationale, la DCPJ, Direction centrale de la police judiciaire, la DST, Direction de la surveillance du territoire, et les RG, Renseignements généraux), le tout chapeauté par le directeur central des RG, Philippe Massoni. L'ancien brigadier de police Daniel Léandri, fidèle lieutenant de Charles Pasqua, représente le ministre de l'Intérieur au sein de ce « Bureau de liaison » au rôle assez singulier. Officiellement, sa fonction est de « centraliser les informations de divers ministères pouvant intéresser les gouvernements africains alliés de la France », écrit à l'époque le journal *Le Monde*.

Un compte-rendu de la première réunion de cette structure qui s'est tenue le 7 novembre 1986, publié par *Le Canard enchaîné*, dévoile ses véritables intentions : « Le Premier ministre a décidé la création de ce groupe de travail afin que soit mieux contrôlée l'activité des oppositions africaines sur notre territoire (respect de leur neutralité). » Il est notamment question de la situation d'opposants du Togo, de Djibouti [→ V.1], du Cameroun, du Gabon et des Comores résidant en France. Cette note « fait état de demandes de surveillance à l'encontre de certains d'entre eux formulées par les diplomates des pays concernés », écrit *Le Monde* le 23 avril 1987. Pourtant, relève encore *Le Canard*, il s'agit bien « d'opposants » et « non de droits-communs ou de terroristes ». De plus, étant donné le caractère peu démocratique des régimes en question, « aider leurs polices à surveiller, ou à "neutraliser", leurs dissidents, c'est risquer, s'ils retournent au pays, de livrer ces hommes à la prison, voire à la torture », conclut le journal satirique.

Autre front sur lequel le Premier ministre Jacques Chirac est particulièrement vigilant : le vote des anciennes colonies françaises aux Nations unies, qui permet à la France de continuer à peser dans le concert des « grandes nations ». Pas question pour Chirac qu'un « ami » déroge à la règle qui veut que ces pays votent comme la France. D'où son profond agacement vis-à-vis de certains chefs d'État africains qui ne se montrent pas assez dociles. C'est notamment le cas du Burkinabè Thomas Sankara, dont le pays coparraine en décembre 1986 une résolution inscrivant la Nouvelle-Calédonie sur la liste des pays à décoloniser.

Dans une note (non datée) révélée par *Le Canard enchaîné* le 21 octobre 1987, que Jacques Chirac adresse vraisemblablement à son ministre de la Coopération, Michel Aurillac, le Premier ministre laisse éclater sa colère. « J'observe que le Burkina Faso a coparrainé la résolution relative à la Nouvelle-Calédonie à l'occasion de la 41e session de l'Assemblée générale des Nations unies, écrit Jacques Chirac. Trop c'est trop. Il convient d'en tirer les conséquences et d'aller au-delà de ce que nous avions envisagé pour ce qui concerne la réduction de l'aide à ce pays pour 1987. » Quand les lecteurs du *Canard* découvrent cette note, Sankara et sept de ses collaborateurs viennent d'être éliminés à l'occasion d'un putsch, où l'on retrouve en arrière-plan la France et la Côte d'Ivoire [→ IV.7].

Les fantassins de Jacques Chirac contre Édouard Balladur

À partir de 1993, les réseaux africains de Jacques Chirac vont à nouveau être activés pour tenter de contrer cette fois les ambitions élyséennes du Premier ministre Édouard Balladur.

Face à l'argent d'Elf [→ VI.5] présidée par le balladurien Philippe Jaffré et aux rétrocommissions des gros contrats d'armement (vente de sous-marins au Pakistan et de frégates à l'Arabie saoudite), Chirac peut toujours compter sur les mallettes d'argent liquide de Bongo et Mobutu [→ IV.3], comme le confirme un intermédiaire à Pierre Favier et Michel Martin-Roland dans la *Décennie Mitterrand* (1999). Dans son livre *Blanc comme nègre* (2001), Bongo se dit persuadé qu'un « coup d'État sans soldat » a alors été monté contre lui par des balladuriens souhaitant l'atteindre à travers le procès du couturier Francesco Smalto (accusé de proxénétisme après avoir envoyé des *call girls* auprès des dictateurs africains afin de vendre ses costumes) et la propagation de rumeurs sur la prétendue séropositivité du président gabonais. « Nous avons longuement parlé de cette opération de déstabilisation » avec Charles Pasqua qui tient à s'en désolidariser, ajoute Bongo à propos de son « ami » ministre de l'Intérieur qui a rallié Balladur, tout comme Michel Roussin.

Le Libanais Rafiq Hariri (à qui Chirac remettra les insignes de grand-croix de la Légion d'honneur en avril 1996 pour le remercier d'avoir été présent « dans les heures difficiles ») ou le président de la Polynésie française, Gaston Flosse, dont les connexions financières n'ont rien à envier à la Françafrique du pré carré [→ p. 647], s'avèrent également des alliés précieux pour Chirac.

En Irak, comme en Libye ou au Maghreb, le rival de Balladur peut aussi compter sur l'entregent de l'homme d'affaires corrézien Patrick Maugein, spécialiste en courtage pétrolier (nommé par Chirac au conseil d'administration de l'Institut du monde arabe et de l'Opéra de Paris en 1986), à la fois proche du Premier ministre irakien Tarek Aziz, du trader américain Mark Rich, du numéro deux d'Elf Alfred Sirven… et de Roland Dumas.

Tandis qu'Édouard Balladur est devenu la coqueluche des grands médias et des sondages, Foccart, lui, reste fidèle à « Chirac l'Africain ». Dans l'une de ses rares interviews, accordée au *Point* en novembre 1994, l'ancien secrétaire général aux Affaires africaines et malgaches estime que « Chirac est beaucoup plus dans la ligne du gaullisme que Balladur ». Avant de délivrer son onction suprême : « Chirac s'est beaucoup occupé des chefs d'État africains. Il les rencontre fréquemment. Pour eux, c'est le grand frère. »

Quant à François Mitterrand, dès la fin 1993, il a choisi « son candidat » pour lui succéder : ce sera Chirac, qui bénéficie des services du conseiller en communication de l'Élysée, Jacques Pilhan. « Vous allez être élu », glisse discrètement à Chirac un chef de l'État affaibli par la maladie, en août 1994, lors du 50e anniversaire de la Libération de Paris, à l'Hôtel de Ville. « C'est à son tour », dit encore Mitterrand à ses proches. Comme un passage de témoin entre « Africains ».

Repères bibliographiques

Raphaëlle BACQUÉ, *Chirac ou le Démon du pouvoir*, Albin Michel, Paris, 2001.

Bernard BILLAUD, *D'un Chirac l'autre*, Fallois, Paris, 2005.

Henri DELIGNY, *Chirac ou la Fringale du pouvoir*, Alain Moreau, Paris, 1977.

José FRÈCHES, *Voyage au centre du pouvoir*, Odile Jacob, Paris, 1989.

Franz-Olivier GIESBERT, *Jacques Chirac*, Seuil, Paris, 1987.

Michel LUNVEN, *Ambassadeur en Françafrique*, Guéna, Paris, 2011.

Jean-François PROBST, *Chirac et dépendances*, Ramsay, Paris, 2002.

Jean-François PROBST, *Chirac, mon ami de trente ans*, Denoël, coll. « Impacts », Paris, 2007.
Michel ROUSSIN, *Le Gendarme de Chirac*, Albin Michel, Paris, 2006.
SURVIE-AGIR ICI, *Jacques Chirac et la Françafrique. Retour à la case Foccart ?*, L'Harmattan, coll. « Dossiers noirs », n° 6, Paris, 1997.
Frédéric TURPIN, *Jacques Foccart. Dans l'ombre du pouvoir*, CNRS Éditions, Paris, 2015.
François-Xavier VERSCHAVE, *Noir Chirac*, Les Arènes, Paris, 2002.

Chapitre 2

Franc-maçonnerie : le joker de la Françafrique

Ghislain Youdji Tchuisseu

« Alors, Roland, tu vas voir tes frères ? » C'est par ces mots peu protocolaires que le président Mitterrand s'adresse à son fidèle compagnon de route Roland Dumas, avocat, franc-maçon et alors porte-parole du gouvernement, à l'occasion de la visite officielle à Paris d'Omar Bongo, le 4 octobre 1984. Deux mois plus tard, le même Dumas remplacera Claude Cheysson comme ministre des Affaires étrangères, poste qu'il conservera jusqu'en mars 1986 et qu'il retrouvera après la réélection de Mitterrand (mai 1988-mars 1993). En rencontrant ainsi le président gabonais, Roland Dumas n'est pas seulement le relais du chef de l'État, il représente également aux yeux de Bongo, lui aussi franc-maçon, le garant d'une « communauté d'intérêts » cimentée symboliquement par les « frères ». « Nos relations dépassent le simple cadre de l'amitié », préfère dire le président gabonais lorsqu'il évoque Dumas en 1994.

Pour comprendre cet état d'esprit, il faut revenir un peu en arrière. Depuis la période coloniale, les réseaux maçonniques métropolitains, partagés entre les trois grandes obédiences que sont la Grande Loge nationale française (GLNF), la Grande Loge de France (GLF) et le Grand Orient de France (GODF) constituent des lieux centraux du pouvoir franco-africain : on y retrouve les élites administratives, économiques et politiques qui tissent au quotidien les liens d'intérêts entre la France et l'Afrique. Le tout dans le secret de l'ordre maçonnique, propice aux fantasmes les plus divers, dont ont appris à jouer les dictateurs françafricains pour consolider leur pouvoir.

Une franc-maçonnerie en phase avec la politique coloniale

Née en Angleterre en 1717, la franc-maçonnerie, société de pensée basée sur un enseignement rituel et philosophique, s'installe à Paris à la fin des années 1720. Devenant un lieu d'échanges entre révolutionnaires, hommes politiques, intellectuels libéraux et élites des milieux d'affaires, elle va gagner en influence au point de devenir présente dans tout l'Empire français, à commencer par Saint-Louis (Sénégal), où une loge est créée dès 1781.

Durant deux siècles, plusieurs hommes clés de l'Empire français comme Victor Schœlcher, Jules Ferry, Pierre Savorgnan de Brazza, Blaise Diagne, Gaston Doumergue, Félix Éboué, Félix Faure, Gaston Monnerville et Pierre Mendès France appartiennent à la franc-maçonnerie. Et comme l'expliquent les journalistes Renaud Lecadre et Ghislaine Ottenheimer dans leur ouvrage *Les Frères invisibles* (2001), « l'administration préfectorale a largement contribué à l'émergence de loges en Afrique, aux Antilles et dans le Pacifique. Sous les IIIe et IVe Républiques, vingt-huit francs-maçons se sont succédé au ministère des Colonies et de l'Outre-mer ».

De fait, les idéaux de progrès, d'humanisme et de fraternité de la franc-maçonnerie se coulent parfaitement dans l'idéal républicain colonial qui décrit la « Plus Grande France » comme le « phare du monde » et de la « civilisation » [→ I, introduction]. Avec la même hypocrisie : au sein des loges africaines, le montant de la cotisation est prohibitif pour les colonisés tandis qu'un préjugé raciste fait des Noirs des personnes qui ne sont pas encore « initiables ». Ce préjugé tranche avec la position des francs-maçons qui initient des hommes noirs dans les loges en métropole mais aussi dans d'autres colonies comme à La Réunion, en Martinique et en Guadeloupe. C'est pour cette raison que le Sénégalais Blaise Diagne est initié en 1899 à La Réunion où il a été affecté dans l'administration coloniale. En 1914, il devient le premier Africain élu à la Chambre des députés, où il défend une politique d'assimilation [→ I.4 et I.5]. Il dirige la loge parisienne « Pythagore » à partir de 1922, où il initie d'autres Africains, et devient le premier franc-maçon noir à accéder au Conseil de l'ordre du Grand Orient. Jusqu'à sa mort en 1934, la carrière maçonnique de Diagne, qui siège au gouvernement en 1931 comme sous-secrétaire d'État aux Colonies, s'accompagne de la multiplication de loges en Guinée, en Côte d'Ivoire, au Sénégal, au Cameroun et au Congo-Brazzaville.

Embrassant le plaidoyer du ministre Albert Sarraut pour la « mise en valeur des colonies » et pour un « colonialisme humaniste », ces loges adoptent des noms révélateurs de la vision coloniale, employant le vocable de « civilisation » ou de « lumière ». Dès la fin des années 1920, des archives témoignent de débats sur des thèmes en apparence avant-gardistes tels que l'interdiction de nouvelles conquêtes coloniales, la suppression du Code de l'indigénat, la demande d'une instruction gratuite obligatoire et laïque au sein d'une école unique pour les « sujets » coloniaux, l'application des lois sociales métropolitaines et la suppression du recrutement forcé au sein des colonies. Mais cet élan « humaniste » est savamment dosé au sein des loges. Comme l'explique l'historien et franc-maçon Georges

Odo en 2001 dans la revue *L'Histoire*, « l'assimilation de l'"indigène" est l'objectif retenu par la majorité des loges, soucieuses de servir un idéal de civilisation occidentale humaniste. [...] Cette approche s'accompagne de l'intérêt porté par les maçons pour le système de l'association des autres colonies. Mais il ne s'agit à aucun moment d'indépendance ».

La franc-maçonnerie épouse ainsi les lignes de partage du débat au sein du courant colonial « libéral », qui entend sauver l'Empire en desserrant un peu son joug : les loges cherchent à favoriser un colonialisme en quelque sorte « plus humain », plus supportable et donc plus durable. Ces débats sont interrompus en août 1940, quand le régime de Vichy décide d'interdire la franc-maçonnerie. Cette interdiction pousse les francs-maçons d'Afrique occidentale française (AOF), sous domination vichyste jusqu'en 1943, à se replier dans la clandestinité.

La situation est bien différente en Afrique équatoriale française (AEF) qui rallie la France libre dès 1940 sous l'impulsion décisive du Guyanais Félix Éboué, gouverneur colonial du Tchad et franc-maçon. Le ralliement de ce dernier à de Gaulle provoque un effet domino. Parmi les dizaines de milliers de soldats enrôlés dans les troupes gaullistes, 4 000 à 5 000 sont des ressortissants des Antilles et de la Guyane recrutés en partie via les réseaux maçonniques.

Après la guerre, les « frères de lumière » reprennent de l'activité et les premières loges fondées par des Africains allument leurs feux. Mais les réseaux d'initiés vont continuer à se comporter en alliés discrets de l'Empire et en promoteurs de ses évolutions. Dans les années 1950, la franc-maçonnerie en Afrique reste en effet en phase avec la politique gouvernementale : toutes les réflexions « humanistes » des grandes obédiences métropolitaines, auxquelles appartiennent nombre d'administrateurs coloniaux mais aussi d'importantes personnalités des services de renseignement (à l'instar de Paul Grossin, patron du SDECE de 1957 à 1962), épousent cette fois les grandes lignes des projets d'encadrement de l'autonomie « sous contrôle » que constituent la loi-cadre et la Communauté [→ II.1].

Après l'indépendance, encadrements et criminalisations

Lors des indépendances, les nouveaux chefs d'État africains considèrent d'abord la maçonnerie avec méfiance, l'envisageant comme le possible laboratoire d'une opposition intellectuelle et politique. Un danger d'autant plus angoissant pour eux qu'elle s'entoure de secret et est considérée comme liée à des élites métropolitaines puissantes. Pour garder la main sur le jeu politique, les présidents oscillent alors entre deux stratégies : la prise de contrôle ou la répression des loges maçonniques.

La première stratégie consiste à encadrer légalement les loges sur le territoire par une reconnaissance administrative officielle. Cet encadrement se fait soit par le contrôle du président ou d'un de ses proches en tant que Vénérable Maître d'une seule loge, soit par la présence majoritaire des élites au pouvoir au sein de différentes loges – empêchant ainsi l'initiation d'un groupe significatif d'opposants.

Avec des spécificités selon les pays. Au Sénégal, les loges ont une reconnaissance administrative légale et s'inscrivent dans la politique du président Léopold Sédar Senghor qui prône une construction nationale arrimée à la laïcité. On retrouve au sein de ces loges des Sénégalais proches du parti au pouvoir, initiés localement ou lors de leur séjour étudiant en France.

Au Gabon, le président et franc-maçon Léon Mba va s'atteler avec son directeur de cabinet Albert-Bernard Bongo – qui est initié en 1965 à Angoulême, comme le signalera en 2009 la *Charente Libre* – à fusionner les loges au sein d'une première obédience nationale. La loge « Europafrique » est créée en 1967 à Libreville avec des Gabonais auparavant étudiants initiés en France.

La seconde stratégie est celle de la répression. Elle consiste à ne pas reconnaître administrativement la franc-maçonnerie, à l'interdire tout en propageant des rumeurs, en l'accusant d'être le lieu de divers complots contre l'État.

Au Cameroun d'Ahmadou Ahidjo, on assiste à la fois à la création d'une obédience nationale, le Grand Orient et loges unis du Cameroun (GOLUC), et à la stigmatisation dans l'espace public des francs-maçons en tant que « groupe puissant » de pression qualifié tantôt de « capitaliste », tantôt de « communiste ».

Au Mali, la surveillance policière d'opposants francs-maçons et la présence de Libanais considérés comme des « suppôts du capitalisme international » par le pouvoir socialiste amènent les « frères de lumière » à considérer la fréquentation des loges comme trop risquée. En 1962, Fily Dabo Sissoko et Hammadoun Dicko, francs-maçons et opposants majeurs, sont arrêtés pour « complot » sur ordre du président Modibo Keïta. Ils mourront en détention.

En Côte d'Ivoire, le président Félix Houphouët-Boigny s'invente une multitude de faux « complots » pour éliminer des élites concurrentes [→ II.6]. L'appartenance à la franc-maçonnerie sert ainsi de prétexte à une importante purge dans les rangs de son parti en 1963 : plusieurs cadres, dont l'ancien président de la Cour suprême Ernest Boka, qui mourra « suicidé » en prison, sont torturés parfois sous les yeux du chef de l'État, dans sa ville natale à Yamoussoukro. Les « aveux » sur la complicité de la franc-maçonnerie, lâchés lors des sévices, permettent à Houphouët-Boigny de justifier l'interdiction de toutes les loges ivoiriennes.

Dans son livre *Si tu vois le margouillat* (2007), Pierre Biarnès, franc-maçon et correspondant du *Monde* à Dakar de 1959 à 1982 [→ p. 438], raconte comment et pourquoi il a intercédé en faveur de ses « frères » en Côte d'Ivoire. Craignant que la longue interdiction de la franc-maçonnerie ne pousse des élites ivoiriennes à se tourner progressivement vers les obédiences maçonniques anglo-saxonnes, il explique comment il tente d'organiser la contre-offensive française. « Avec l'accord du Grand Maître du Grand Orient de France, je m'étais ouvert de la chose auprès de Raphaël-Leygues, l'inamovible ambassadeur de France à Abidjan, écrit Pierre Biarnès. Lui-même avait alerté Pompidou, qui avait donné son feu vert au motif, précisément, qu'il fallait contrer les Américains. » Houphouët-Boigny accepte finalement de recevoir le Grand Maître du Grand Orient, conclut l'ancien correspondant du *Monde*, fier d'avoir défendu du même coup l'influence française et les « frères de lumière ». Finalement, Houphouët reconnaît publiquement que ces complots sont une invention – dont il accuse les forces de police – et réhabilite la franc-maçonnerie en Côte d'Ivoire en 1971.

Lorsque Joseph-Désiré Mobutu s'empare du pouvoir à Kinshasa en 1965, il est tout aussi méfiant : il sait que les réseaux francs-maçons belges sont proches de l'ancien Premier ministre Patrice Lumumba, éliminé en 1961, et décide donc d'interdire la franc-maçonnerie. Mais en 1972, après avoir définitivement consolidé son pouvoir, Mobutu sort la franc-maçonnerie de l'illégalité, sur les conseils d'Omar Bongo et du futur Premier ministre belge, Edmond Leburton, tous deux initiés.

Après avoir réduit au silence toute contestation politique, les dictateurs d'Afrique francophone changent donc d'attitude vis-à-vis de la franc-maçonnerie dans les années 1970. Ils comprennent qu'elle constitue un atout non négligeable pour assurer leur pouvoir dans leur pays et pour avoir des relations « fraternelles » avec des élites françaises appartenant aux réseaux maçonniques.

« Grand silence » pour les opposants potentiels au « Grand Maître » Bongo

Au Gabon, Omar Bongo a parfaitement compris que l'ésotérisme maçon pouvait servir à mettre en scène le récit d'un chef d'État détenteur de « pouvoirs surnaturels », et ainsi renforcer son pouvoir symbolique sur ses affidés et ses éventuels opposants. Il a déjà vu les effets de cette stratégie avec des sociétés initiatiques secrètes traditionnelles, le Bwiti et le Ndjobi, instrumentalisées à son profit par son prédécesseur Léon Mba en accueillant dans son parti des groupes bwitistes à même de le parer de « protections surnaturelles ».

Fréquentant la loge nationale unifiée « Europafrique » sans en être le Grand Maître, Omar Bongo décide donc en arrivant au pouvoir de créer de nouvelles loges nationales : le « Grand Rite équatorial » abrité dans un de ses immeubles personnels et la « Grande Loge nationale du Gabon » (GLNB) qui se réunit dans l'un de ses palais. La volonté de contrôle de Bongo va avec son élévation directe au trente-troisième degré par la GLNF : à Paris, les responsables maçonniques assument ainsi leur complaisance avec l'instrumentalisation de leur institution par le régime gabonais. Alors qu'il a fallu des années à Blaise Diagne et Félix Éboué pour atteindre ce grade, Bongo se retrouve le même jour « Vénérable Grand Maître » abritant deux loges dans ses propres murs.

L'appartenance aux loges sous le contrôle de Bongo se limite aux élites gabonaises capables de supporter financièrement la cotisation annuelle obligatoire. Si elles sont membres du gouvernement, elles se doivent d'être initiées aux pratiques du « Guide » de la nation. Le régime autocratique de Bongo récupère ainsi à son profit l'un des principes importants de la franc-maçonnerie : l'obéissance au Grand Maître et aux initiés de rangs supérieurs. Ces initiés sont à la fois des proches du président et des membres importants du gouvernement. Et, à l'instar de ce qui se pratique à la GLNF, on retrouve aussi dans chaque loge au moins un responsable des dispositifs nationaux de renseignement.

En agissant ainsi, Bongo gagne sur tous les tableaux : il muselle *de facto* les membres du gouvernement qui auraient l'idée saugrenue de contester son pouvoir, puisqu'il est l'unique Vénérable Grand Maître. Et il empêche les élites gabonaises de constituer un groupe politique dissident, puisque les services de renseignement veillent au sein des loges.

Symétriquement, le refus éventuel d'une nouvelle élite gabonaise de se faire initier serait vu par le pouvoir comme une opposition implicite justifiant le fait de contrôler ses activités. Le piège maçonnique élaboré par Bongo est parfait.

La franc-maçonnerie « recyclée » par le maréchal-président Mobutu et Denis Sassou Nguesso

Au Zaïre, Mobutu comprend bien, lui aussi, l'intérêt d'instrumentaliser la franc-maçonnerie, alors que, après deux décennies de gestion personnelle du pouvoir, l'économie s'effondre, la contestation populaire gronde et les dettes s'accumulent [→ III.6]. Il va donc créer en 1985 la *Prima Curia*, une « loge sorcière » et secte des barons du régime, selon le journal kinois *Umoja* qui en révèle l'existence en décembre 1990. Mêlant pratiques rituelles traditionnelles, lexique et règles maçonniques, la *Prima Curia* exige la fidélité aveugle des élites congolaises qui en sont membres et met en scène les pouvoirs surnaturels du Grand Maître Mobutu. Comme l'explique Thassinda Uba Thassinda, la « loge sorcière » présidentielle veut assurer la protection contre les esprits « malfaisants »... ou frondeurs. Bien qu'il n'existe aucune trace historique de l'appartenance de Mobutu à la franc-maçonnerie, les « frères de lumière » sont omniprésents à ses côtés : on trouve des ministres comme le Grand Maître du Grand Orient du Zaïre, Henry-Désiré Takizala, ou Auguste Mabika Kalanda, l'inspirateur de la politique d'« Authenticité », mise en œuvre par Mobutu pour mieux imposer son hégémonie.

Au Congo-Brazzaville, Denis Sassou Nguesso va opérer une synthèse entre le dispositif maçonnique mis en place par Omar Bongo et la « loge sorcière » de Mobutu. Au début des années 1990, il instrumentalise la franc-maçonnerie dans sa stratégie de reconquête du pouvoir [→ V.2] en créant la « Grande Loge du Congo », le président élu, Pascal Lissouba, étant affilié au GODF. Une fois au pouvoir, Sassou Nguesso crée une secte baptisée « Elikia » (ce qui signifie « espoir ») censée rassembler toutes les obédiences maçonniques congolaises, dirigée... par son neveu Jean-Dominique Okemba, responsable des services de renseignement. Une manière de contrôler les élites maçonniques du précédent régime ainsi que les actuels membres des corps de l'État contraints de « passer sous le bandeau ». Désormais, à Brazzaville, comme le disent les rumeurs populaires et les élites contestataires, « il faut s'initier pour manger » : refuser d'être initié, c'est renoncer à faire carrière.

Dans les années 1990, il n'existe officiellement aucun chef d'État d'Afrique francophone ouvertement opposé à la franc-maçonnerie. Tous ont compris que cette appartenance leur fournit de puissants leviers de contrôle sur la scène politique, sociale et économique intérieure. Et tous savent, ou croient savoir, que les réseaux francs-maçons peuvent leur apporter des soutiens utiles à l'étranger, notamment en France.

Des services secrets et des militaires français « aux premières loges »

La franc-maçonnerie est utilisée par les Français, depuis la période coloniale, comme un réseau de surveillance et d'influence en Afrique. Et cela s'est perpétué après les indépendances. Influente dans différents milieux français, diplomatiques, militaires, patronaux, ainsi que dans les services de renseignement, la franc-maçonnerie apparaît comme un outil supplémentaire dans la perpétuation de l'« amitié » – et en l'occurrence de la fraternité – franco-africaine que les élites francophones des deux continents aiment tant vanter.

Considérée comme la plus à droite des obédiences françaises et historiquement moins implantée en Afrique francophone que ses « concurrentes », la GLNF a su s'y développer efficacement à partir des années 1980 car elle est la seule à être reconnue internationalement (contrairement au Grand Orient et à la GLF, dont le credo laïc est contraire aux règles maçonniques anglo-saxonnes). Nombreux sont les chefs d'État africains qui appartiennent à des loges affiliées à la GLNF. Renaud Lecadre et Ghislaine Ottenheimer recensent ainsi, parmi les vieux alliés de la France, en plus d'Omar Bongo et de Sassou Nguesso, Blaise Compaoré au Burkina Faso, Idriss Déby au Tchad, Hassan II au Maroc et le Camerounais Paul Biya (également affilié à la société ésotérique des Rose-Croix, comme l'explique *Jeune Afrique* en novembre 2016). On y retrouve aussi depuis les indépendances les hommes clés du renseignement et du pétrole, comme Pierre Guillaumat, ancien ministre des Armées et premier patron d'Elf, et le « Monsieur Afrique » du groupe pétrolier français André Tarallo [→ IV.4].

Le Grand Orient n'est pas en reste. L'obédience maçonnique, à l'origine avec la GLF des premières loges coloniales, compte dans ses rangs (depuis 1959, au moment où il entre chez le pétrolier Mobil Oil) celui qui deviendra en 1989 directeur des affaires générales d'Elf, Alfred Sirven. Ou encore Fernand Wibaux, dont la carrière va du cabinet du ministre Gaston Defferre au moment de la loi-cadre [→ II.1] à la fonction de représentant personnel de Jacques Chirac auprès des chefs d'État africains [→ IV.1], aux côtés de Jacques Foccart, dans les années 1990. Nommé en 1994 au cabinet du ministre de l'Intérieur Charles Pasqua, Claude Guéant, qui poursuivra sa carrière auprès de Nicolas Sarkozy, est également un initié du Grand Orient, selon Renaud Lecadre et Ghislaine Ottenheimer.

Une des règles d'or héritées de la tradition maçonnique est qu'un maçon doit prendre le risque de tout sacrifier pour venir en aide à un « frère ». Cette règle favorise le « renvoi d'ascenseur » entre initiés. Un atout que ne rechignent pas à mobiliser Guy Penne, conseiller pour les Affaires africaines de François Mitterrand au début de sa présidence [→ IV, introduction], mais aussi Christian Nucci, ministre de la Coopération de 1983 à 1986, et son chef de cabinet Yves Chalier, membres tous les deux de la loge « Victor Schœlcher », cofondée par Guy Penne et affiliée au Grand Orient. Lors de l'affaire « Carrefour du développement », dans laquelle Chalier et Nucci sont accusés d'avoir détourné plusieurs millions de francs, les complicités maçonniques joueront à plein (notamment dans l'achat d'un château en Sologne, volet le plus excentrique de l'affaire) même si, à l'époque, cet aspect du scandale passe complètement inaperçu [→ p. 530]. La franc-maçonnerie agit ainsi comme un possible « nœud de corruption », selon l'expression d'un juge du pôle financier de Paris.

Pour les dictateurs « amis de la France », avoir dans leur entourage des « frères de lumière » donne donc l'opportunité de consolider des liens avec des personnes au cœur du pouvoir à Paris. Après tout, la plupart des ministres de la Coopération ne sont-ils pas francs-maçons, de Christian Nucci à Charles Josselin en passant par Jacques Godfrain ?

Un des personnages importants de la Françafrique des années 1980 symbolise parfaitement cette imbrication profitable entre les réseaux maçonniques et françafricains : Jeannou Lacaze. Ancien du 2e REP (Régiment étranger parachutiste) avec lequel il intervient au Tchad, au Togo et en Côte d'Ivoire, directeur du renseignement au SDECE (1971-1976) [→ III.4], gouverneur militaire de Paris, nommé chef d'état-major des Armées par Giscard début 1981, il est maintenu à son poste par François Mitterrand. En août 1985, l'initié Lacaze devient conseiller spécial du ministre de la Défense Charles Hernu, lui-même maçon, chargé de suivre les relations militaires avec les pays africains ayant signé avec la France des accords de défense ou de coopération militaire [→ II.4]. Une fonction qu'il occupe auprès des successeurs du socialiste jusqu'en 1989. Parallèlement, les présidents Mobutu, Houphouët-Boigny et Denis Sassou-Nguesso en font leur conseiller spécial : c'est évidemment l'ensemble de son CV et de son réseau relationnel qui les intéresse. Jeannou Lacaze est notamment membre de la très secrète loge « La Lyre » : son carnet d'adresses au sein de l'influente GLNF est donc une corde de plus à leur arc pour « fluidifier » la relation entre leurs palais et Paris.

Dans les « affaires » maçonniques

L'atout maçon est aussi largement utilisé par les fleurons de l'économie françafricaine, tels que Total, Elf, Bouygues ou Bolloré, avec l'assentiment du pouvoir politique [→ V.7]. « Si la France ne maintient pas des réseaux africains à travers la maçonnerie, les Américains, eux, ne se priveront pas de développer les leurs », explique ainsi en substance François Mitterrand à un chef d'entreprise, rapportent Renaud Lecadre et Ghislaine Ottenheimer en rappelant que la CIA n'hésite pas non plus à utiliser les loges comme couverture.

Les ordres maçonniques africains, liés aux principales loges françaises, jouent un rôle central dans cette lutte d'influence en Afrique francophone. C'est aussi le cas en outre-mer. Comme le raconte Jean Verdun, Grand Maître de la Grande Loge de France de 1985 à 1988, dans son livre *Carnets d'un Grand Maître* (1990), à peine nommé ministre de l'Intérieur en 1986, Charles Pasqua tente d'infiltrer des policiers dans des loges en Nouvelle-Calédonie en tâchant (en vain) de les faire préalablement initier à Paris. Le ministre de Jacques Chirac souhaite alors recueillir des renseignements sur un territoire où les aspirations à l'indépendance sont de plus en plus vives [→ p. 580].

Cela dit, l'appartenance à une loge n'est nullement une condition requise pour s'imposer dans l'univers françafricain. Ainsi, en dépit des rumeurs persistantes à son sujet, Michel Roussin, bras droit de Jacques Chirac, ministre de la Coopération d'Édouard Balladur de 1993 à 1994, n'a pas eu besoin de l'initiation aux secrets maçonniques pour se faire une place au soleil.

En Afrique francophone, ces multiples connexions entre réseaux françafricains et l'univers maçonnique nourrissent toutes sortes de fantasmes. L'instrumentalisation des rites ésotériques par des dictateurs soucieux d'offrir une aura surnaturelle à leur pouvoir alimente rumeurs et articles de presse autour de crimes « rituels » d'élites initiées à la franc-maçonnerie ou appartenant à divers réseaux occultes. Cette suspicion populaire, paradoxalement, continue de servir les pouvoirs en place en produisant de l'impuissance politique. Car si le pouvoir au sein de la Françafrique est détenu par des personnes aux pouvoirs surnaturels, il est vain d'essayer de contester l'ordre politique établi.

Repères bibliographiques

Francis AKINDÈS, « La franc-maçonnerie en Côte d'Ivoire, brève histoire des enjeux actuels » (entretien avec Marie Miran-Guyon), *Afrique contemporaine*, vol. 3, n° 263-264, 2017.

Rémy BAZENGUISSA-GANGA, *Les Voies du politique au Congo. Traité de sociologie historique*, Karthala, Paris, 1999.

Lucette BUFFON, « Félix Éboué : le franc-maçon. Témoignage », *Bulletin de la Société d'histoire de la Guadeloupe*, n° 143-144, 2006.

Brett Logan CARTER, *Inside Autocracy : Political Survival and the Modern Prince*, thèse de doctorat, Harvard University, Cambridge (Mass.), 2014.

Renaud LECADRE et Ghislaine OTTENHEIMER, *Les Frères invisibles*, Albin Michel, Paris, 2001.

Renaud LECADRE, « De l'influence aux "affaires", la Ve et les francs-maçons », *in* Roger FALIGOT et Jean GUISNEL (dir.), *Histoire secrète de la Ve République*, La Découverte, Paris, 2006.

Pierre MARION, *Mes bien-aimés frères ! Histoire et dérive de la franc-maçonnerie*, Flammarion, Paris, 2001.

François NGOLET, « Ideological Manipulations and Political Longevity. The Power of Omar Bongo in Gabon since 1967 », *African Studies Review*, vol. 43, n° 2, 2000.

Georges ODO, *La Franc-Maçonnerie en Afrique : 1781-2000*, Éditions maçonniques de France, Montélimar, 2017.
Hassan THASSINDA UBA THASSINDA, *Zaïre, les princes de l'invisible. L'Afrique noire bâillonnée par le parti unique*, C'est-à-dire Éditions, Caen, 1992.
Jean-Claude WILLAME, *Patrice Lumumba. La crise congolaise revisitée*, Karthala, Paris, 1990.

La mort étrange de Michel Baroin au Cameroun (1987)

« Quand on nous explique que nous ne sommes plus à l'époque des meurtres politiques de la République de Venise, ce n'est pas si sûr ! » Tel est le commentaire surprenant lâché en mars 2005 par l'ancien conseiller spécial de Valéry Giscard d'Estaing, Victor Chapot, lorsque nous évoquons devant lui la disparition brutale, en février 1980, de son ami René Journiac, le « Monsieur Afrique » de Giscard, dans un accident d'avion (qu'il juge « incompréhensible ») au Cameroun [→ III, introduction].

La mort de Journiac s'inscrit dans une longue liste d'accidents d'avion suspects, ou qui recèlent encore leur part de mystère, dans l'univers de la Françafrique. Citons, pêle-mêle, la mort du général Philippe Leclerc de Hautecloque, le 28 novembre 1947, dans le désert du Sahara (la thèse du sabotage de son bombardier bimoteur a longtemps prospéré avant d'être écartée au profit d'un accident) ; celle du charismatique Premier ministre centrafricain, député-maire de Bangui, Barthélemy Boganda, pourfendeur de l'administration coloniale, disparu dans le crash d'un avion de ligne français, le 29 mars 1959 (l'un de ses neveux affirme qu'une bombe se trouvait à bord de l'appareil) ; ou encore celle de l'hyperactif secrétaire général de l'ONU (de 1953 à 1961), le diplomate suédois Dag Hammarskjöld (*alias* « Monsieur H »), dont le DC-6 s'écrase avec quinze autres passagers en Rhodésie du Nord (l'actuelle Zambie), dans la nuit du 17 au 18 septembre 1961, probablement victime de l'action de mercenaires favorables à la sécession katangaise [→ III.4] comme l'explique Maurin Picard dans son livre *Ils ont tué Monsieur H* (2019).

L'« intime conviction » de Jean-Michel Blanquer

« Michel Baroin est mort dans des conditions bizarres aussi… » commente encore devant nous l'ancien conseiller de l'ombre de VGE, Victor Chapot.

5 février 1987. Un avion transportant le P-DG de la Garantie mutuelle des fonctionnaires (GMF) et président de la FNAC, Michel Baroin (le père de l'homme politique François Baroin), s'écrase avec huit autres passagers, au Cameroun. Il avait 57 ans. Ce personnage influent mais peu connu du grand public, à la fois proche de Jacques Chirac (les deux hommes étaient ensemble à Sciences Po) et de François Mitterrand, venait de rencontrer le président congolais Denis Sassou Nguesso, à Brazzaville, officiellement à la suite de la création d'une société destinée à exploiter un domaine forestier. Michel Baroin n'était pas que le P-DG de la GMF, partenaire de Francis Bouygues dans le futur rachat de TF1. Depuis 1986, il était également président du Comité d'organisation du bicentenaire de la Révolution française, adoubé par l'Élysée et Matignon. Après

sa disparition, sa famille dépose plainte pour homicide involontaire, mais l'enquête conclut à un simple accident.

Si son allure ressemble à celle d'un homme de la IIIe République (cheveux en brosse, moustache et collier de barbe poivre et sel), le parcours de Michel Baroin est celui d'un homme des réseaux de la Ve République : ancien commissaire de police, il travaille à la DST puis aux Renseignements généraux (où il se frotte au SAC et à l'OAS), avant de devenir en 1971 directeur de cabinet adjoint du président de l'Assemblée nationale, Achille Peretti (lui aussi ancien policier). Nommé à la tête de la GMF en 1974, Michel Baroin transforme la mutuelle en un groupe puissant qui développe ses activités en Afrique, en construisant par exemple le palais présidentiel d'Omar Bongo à Libreville. Grand Maître du Grand-Orient de France de 1977 à 1979, Michel Baroin est également un acteur incontournable de la franc-maçonnerie [→ IV.2]. Élu maire de Nogent-sur-Seine en 1983 puis conseiller général, il promeut le concept d'« économie sociale », tout en cultivant des amitiés à droite comme à gauche. Au moment de sa disparition en Afrique, le Landerneau parisien lui prêtait de hautes ambitions politiques.

Cinq ans après sa mort, un de ses grands admirateurs consacre un ouvrage à ce parcours hors du commun : Jean-Michel Blanquer. Dans son livre *Michel Baroin : les secrets d'une influence* (1992), le futur ministre de l'Éducation nationale évoque une possible conspiration. « Ce qui m'a rendu sceptique à plusieurs reprises, c'est la vigueur immédiate avec laquelle l'hypothèse de l'attentat était rejetée », écrit-il avant de passer en revue différentes possibilités. La plus probable, estime-t-il, est une action fomentée par le colonel Kadhafi désireux de contrer la politique de la France au Tchad [→ IV.5] en ciblant Baroin qui devait faire une escale en Algérie, à ce sujet. Cette « piste internationale » forgée sur une « intime conviction » est « la plus convaincante », insiste Blanquer, qui détaille même le mode opératoire : soit une « “bombe à vide”, un engin qui tue par raréfaction de l'oxygène », soit d'une substance « qui provoque l'incendie à l'intérieur de l'appareil », deux procédés qui peuvent « expliquer que l'avion ne se soit pas éparpillé en l'air mais qu'il se soit plutôt écrasé d'une seule pièce au sol ».

Chantage atomique

Ce que révèle la journaliste Dominique Lorentz dans son livre *Une guerre*, paru en juin 1997, c'est que Michel Baroin a aussi été un acteur de l'ombre des dossiers nucléaires dans les années 1970. Selon elle, c'est pour cette raison qu'il a été éliminé. Les autres thèses constituent à ses yeux des écrans de fumée : « Je m'apercevrai qu'en matière de terrorisme, dans la plupart des cas, l'expert est celui qui ment », écrit-elle à propos de « l'expert en terrorisme » Roland Jacquard, réputé proche de la droite française et d'Omar Bongo, qui se présente alors dans la presse comme « l'ami intime » de Michel Baroin et tient à dissiper les « rumeurs » sur « des opérations de diplomatie secrète » dans cette affaire.

S'appuyant sur le recoupement et l'analyse minutieuse de l'ensemble des sources ouvertes, la journaliste montre que Baroin, proche de Pierre Guillaumat, ancien patron du Commissariat à l'énergie atomique (CEA) et ancien P-DG d'Elf, accompagne dans les années 1970 le dispositif lié à l'enrichissement de l'uranium gabonais exploité via la Compagnie des mines d'uranium de Franceville (Comuf). Il suit également de près les coulisses de l'accord Eurodif signé en 1974. L'une de ses clauses prévoit la livraison d'uranium à l'Iran du shah, actionnaire du consortium européen Eurodif, à travers l'usine de Pierrelatte (Drôme). Après la révolution islamique en 1979, l'ayatollah Khomeini réclame l'application des accords signés par le shah (qui lui donnent le droit de récupérer jusqu'à 10 % de la production de l'usine).

Débute alors un chantage nucléaire qui, comme le décrypte Dominique Lorentz, se concrétise par la vague d'enlèvements et d'attentats qui touche la France en 1986-1987, sur fond de cohabitation Chirac-Mitterrand. C'est dans le cadre de cette campagne terroriste que s'inscrit la mort, le 5 février 1987, de Michel Baroin, affirme Dominique Lorentz, mais aussi l'assassinat, le 17 novembre 1986, de Georges Besse (Action directe n'ayant selon elle servi que de paravent à l'opération). Ce dernier, alors président de Renault, était le fondateur et ex-directeur général de l'usine d'enrichissement d'uranium Eurodif. Ni Georges Besse ni Michel Baroin ne voulaient céder au chantage nucléaire de Téhéran.

Le 6 mai 1988, au lendemain du retour des otages français retenus au Liban par le Hezbollah pro-iranien (le journaliste Jean-Paul Kauffmann et les diplomates Marcel Carton et Marcel Fontaine) et à l'avant-veille du second tour de l'élection présidentielle, le gouvernement de Jacques Chirac signe un accord rétablissant les droits iraniens dans Eurodif. Engagement parachevé par un accord final signé à Téhéran le 29 décembre 1991, par le ministre des Affaires étrangères Roland Dumas, trois ans après la réélection de François Mitterrand. L'Iran peut donc faire sa bombe, grâce à la France.

Dans son livre *Des sujets interdits* (Les Arènes, 2007), Dominique Lorentz revient sur les pressions qu'elle a subies, avec son éditeur Laurent Beccaria, pour avoir poursuivi son travail sur la prolifération nucléaire (*Affaires atomiques*, 2001). Elle se retrouve sous surveillance et approchée par des inconnus, dont l'un lui chantonne un jour, « dans le creux de l'oreille, ce refrain de Guy Béart : "Le premier qui dit la vérité, il doit être exécuté..." »

Benoît Collombat

Chapitre 3

La République des mallettes

Benoît Collombat

« J'allais chasser et pêcher avec ceux qui pouvaient financer le parti. C'est comme jouer au tennis ou aux cartes avec quelqu'un : on voit tout de suite si c'est un bon ou un mauvais… » se souvient Victor Chapot, lorsque nous le rencontrons à son domicile parisien, en mars 2005. L'ancien financier du parti giscardien n'a pas l'habitude de se confier. Homme de l'ombre de la vie politique française, aux côtés de Valéry Giscard d'Estaing depuis 1959, il en sait long sur le financement discret des partis politiques, qu'il provienne des officines du patronat français (notamment par le biais de l'UIMM, Union des industries et métiers de la métallurgie), des fonds secrets de Matignon ou de l'argent liquide des potentats africains.

Michel Bassi, ancien porte-parole de Giscard à l'Élysée de 1976 à 1977, confirme le rôle central de Chapot à Christophe Dubois et Marie-Christine Tabet (*L'Argent des politiques*, 2009). Le président de la République, qui le charge en 1977 de créer une association de soutien à sa politique, lui indique la procédure à suivre : « Voyez avec Chapot. » Rendez-vous est donc pris avec le grand argentier, qui reçoit Bassi dans son bureau. « Il a ouvert une armoire-forte, de couleur verte, qui occupait tout un mur, se souvient ce dernier. Elle était bourrée de billets. Il a demandé : “Combien de points voulez-vous ?” Un point correspondait dans son langage à 10 000 francs. »

Du côté de Jacques Chirac aussi, l'argent liquide coule à flots. Des liasses de billets sont soigneusement rangées dans un coffre disposé… dans le cabinet de toilette de son bureau de l'Hôtel de Ville. Le président du RPR, ex-Premier ministre de VGE, utilise alors la mairie de Paris (conquise en mars 1977) comme tremplin pour accéder à l'Élysée [→ IV.1]. François Mitterrand n'est pas en reste. « Le pouvoir politique issu de l'alternance de 1981 s'est engagé très tôt sur la voie de l'argent facile, financements occultes et enrichissement personnel », résume Dominique Fonvielle, officier de la DGSE affecté au secteur « Afrique » dans les années 1980 (*Mémoires d'un agent secret*, 2002).

Il faut dire que les règles du financement des partis politiques et des candidats sont quasi inexistantes jusqu'aux lois du 10 mars 1988 et du

15 janvier 1990 qui créent en juin 1990 une Commission nationale des comptes de campagne et des financements politiques. Désormais, l'essentiel du financement des partis politiques provient d'une aide de l'État. À partir de janvier 1995, les dons des personnes morales (entreprises, associations, fondations, syndicats…) sont interdits et les dons privés limités. Ce qui ne met nullement fin aux dérives. Dans les années 1990, la caisse du RPR « regorgeait de liasses de billets », témoigne l'ex-assistante du trésorier du parti et épouse du chauffeur de Chirac, Armelle Laumond. De l'argent provenant des dessous-de-table des marchés publics d'Île-de-France, mais aussi des liens de corruption tissés avec les potentats de la Françafrique.

Cette « République des mallettes », pour reprendre le titre d'un ouvrage du journaliste Pierre Péan paru en 2011, scelle un double pacte du silence entre les élites parisiennes elles-mêmes, d'une part (si tu me dénonces, tu tombes avec moi), et entre ces mêmes élites et celles du pré carré africain, d'autre part (si tu parles, on peut te faire tomber ; si tu envisages de me lâcher, je peux te faire chanter), personne n'ayant intérêt à lever le voile sur des valises de billets qui ont souvent plus à voir avec l'enrichissement personnel qu'avec le strict financement politique.

En réalité, l'argent occulte est consubstantiel au système, même s'il n'en constitue qu'une facette. Ce n'est que lorsqu'un grain de sable vient se nicher dans l'impunité dont jouissent les principaux acteurs de cette corruption généralisée (lors de l'affaire Elf ou de celle des biens mal acquis) [→ V.3] que certains d'entre eux menacent de parler. Comme dans la mafia.

Des billets de banque à l'Élysée

27 mars 1981, sur les marches du palais de l'Élysée, Victor Chapot attend fébrilement la visite de deux émissaires du président gabonais Omar Bongo. Le conseiller pour les Affaires africaines de VGE, Martin Kirsch, patiente à son côté. L'objet de cette rencontre est particulièrement délicat : il s'agit de clore une crise qui agite depuis plusieurs mois les cercles de la droite française, à l'approche de la prochaine élection présidentielle. Des indiscrétions relayées par plusieurs médias français, comme *La lettre A*, *Le Canard enchaîné* ou *Le Point*, laissent entendre que le RPR de Jacques Chirac aurait les faveurs sonnantes et trébuchantes d'Omar Bongo et de la compagnie pétrolière Elf Aquitaine, dirigée depuis 1977 par le gaulliste Albin Chalandon.

L'enjeu est de taille pour le pouvoir giscardien pour des raisons tant financières que stratégiques : alors que Jacques Foccart met ses réseaux au service de Jacques Chirac, l'Élysée ne veut surtout pas montrer que le Gabon, pièce essentielle du pré carré français, favorise le candidat du RPR.

Face à Victor Chapot et à Martin Kirsch, le vice-Premier ministre gabonais, Georges Rawiri, et son ministre de la Défense sont donc porteurs d'une lettre d'Omar Bongo. Dans cette missive sans en-tête officiel destinée à rassurer l'Élysée, révélée par *Le Canard enchaîné* le 13 octobre 1982, le président gabonais se livre à un exercice diplomatique de haute voltige : il reconnaît « qu'une somme de deux millions de francs français, en deux fois (cinquante millions de francs CFA à chaque fois), a été envoyée [à Jacques Chirac] pour soutenir sa campagne électorale », tout en jurant qu'il ignorait « la destination précise de ces fonds ». Dans un style sirupeux, le président gabonais assure qu'il va désormais faire « tout ce qu'il peut pour assurer la victoire de son Ami, le président Valéry Giscard d'Estaing » lors du prochain scrutin présidentiel.

« Cette opération a été montée par Elf Aquitaine », en prélevant l'argent sur le pétrole vendu « pour le compte du Gabon », le tout dans le dos du président gabonais, explique encore, contre toute vraisemblance, Omar Bongo. Les responsables désignés sont « Jean Daniel d'Elf Aquitaine[1] » et le ministre gabonais des Mines, de l'Énergie et des Ressources hydrauliques.

Dans le troisième tome de ses Mémoires, *Le Pouvoir et la Vie* (2006), Giscard revient sur cet épisode en se donnant le beau rôle. Le chef de l'État raconte qu'il décroche son téléphone afin de demander des explications à Omar Bongo. « En finançant Chirac, j'aurai davantage d'influence pour le déterminer à vous soutenir ! » finit par lâcher le président gabonais.

Quelques jours plus tard, l'homme de confiance de Bongo, Georges Rawiri, se présente au poste de garde de l'Élysée. « Il transportait avec lui une valise remplie de billets de banque », écrit encore Giscard, avant de conclure : « L'Élysée [n'accepte] pas ce genre de contributions. [...] Le président Bongo a dû se méprendre sur le sens exact de ma mise en garde. »

Omar Bongo, la *cash machine* des politiques français

En réalité, même si le RPR bénéficie d'une « prime » en tant qu'héritier du parti gaulliste, le camp giscardien n'est en rien oublié par les subsides gabonais étant donné le rôle décisif joué par Libreville dans le système Elf, à travers notamment une banque : la FIBA (French Intercontinental

1. Il s'agit vraisemblablement de Jean-Pierre Daniel, ancien de la Légion étrangère et du SDECE, les services secrets français rebaptisés « DGSE », où il fut chef de poste à Libreville. Surnommé « le Colonel », il est embauché chez Elf en 1979 avant de devenir responsable de la sécurité du groupe pétrolier jusqu'en 1997.

Bank). Créée en 1975 par Omar Bongo, la FIBA est la « tirelire » d'Elf et du Gabon [→ IV.4] pour toutes les opérations occultes de la compagnie pétrolière, à commencer par le financement des partis politiques français.

« Il y avait effectivement des "allocations" données aux partis politiques, lâche l'ancien P-DG d'Elf-Gabon, André Tarallo, lorsque nous l'interrogeons sur le sujet en septembre 2005, en faisant semblant d'ignorer la préférence longtemps accordée au RPR de Chirac. Je savais que ça existait, mais ça me paraissait tout à fait normal. Toutes les entreprises de France l'ont fait. »

Dès 1977, le responsable du « service Afrique » chez Elf, Maurice Robert, écrit dans un rapport cité par *Le Canard enchaîné* que Bongo « met tous ses espoirs en Jacques Chirac et pense qu'il faut continuer de l'aider ». « Sept millions de francs ont été dégagés au profit du RPR à l'occasion d'une transaction pétrolière avec le Gabon quelques semaines avant le premier tour », estiment Pierre Péan et Jean-Pierre Séréni dans leur ouvrage *Les Émirs de la République* (1982). Soit trois fois plus que les sommes indiquées dans la lettre de Bongo à l'Élysée, en mars 1981.

Les remises de fonds s'effectuent la plupart du temps lors de la venue d'Omar Bongo dans sa suite à l'Hôtel de Crillon, place de la Concorde, à Paris. « Dans les années 1980, je me souviens de Chirac quittant précipitamment l'Hôtel de Ville, escorté par son directeur des relations internationales, témoigne son ancien collaborateur Jean-François Probst. Ce dernier me murmurant au passage : "On va chez Bongo..." [...] Des valises vides étaient déposées dans le coffre de la voiture. »

« Je ne nie pas avoir aidé les uns et les autres, finit par reconnaître le président gabonais dans le livre *Blanc comme nègre* (2001), mais je ne veux pas que l'on dise que j'ai aidé tel parti contre tel autre. Pourquoi mettrais-je en difficulté les gens que j'ai aidés, comme j'en ai le droit ? [...] C'était mon argent à moi. » En réalité, comme l'a révélé le site Mediapart en avril 2015, tout l'argent de l'économie gabonaise est capté par une holding (Delta Synergie) entièrement dédiée à la famille Bongo, qui possède de multiples comptes offshore. Un pillage organisé de tous les secteurs (assurances, banques, agroalimentaire, sécurité, transports, médicaments, BTP, agriculture, matières premières...) d'un pays où plus d'un tiers des habitants vit sous le seuil de pauvreté. « Appliqué au règne animalier, le système Delta Synergie équivaut au fonctionnement d'une sangsue, écrit l'auteur de ces révélations, Fabrice Arfi : il s'agrippe partout où il le peut et il pompe. » Une holding qui possède des liens capitalistiques avec des multinationales françaises comme Bolloré, Bouygues, BNP-Paribas, le groupe minier Eramet ou encore Total, qui absorbe Elf en 2000.

L'extrême droite n'est pas non plus oubliée par Omar Bongo. Le Front national peut notamment compter sur l'appui de l'ancien patron de la Garde présidentielle gabonaise (de 1970 à 1988), « Loulou » Martin, ancien militaire français aux côtés de Jean-Marie Le Pen lors de l'expédition de Suez en 1956 et durant la guerre d'Algérie. « [Le Pen], au moins, m'a donné des conseils utiles pour gérer mon immigration notamment d'Équato-Guinéens, dit encore Bongo, cité par Péan. J'ai payé tout le monde, y compris le Front national, mais pas le Parti communiste. » Si le FN a toujours nié avoir reçu de l'argent de Bongo, cela n'empêche pas le conseiller de Jean-Marie Le Pen pour les relations internationales, Jacques Dore, de s'exclamer : « Bongo est notre meilleur ami en Afrique. On a même voyagé dans l'avion présidentiel ! » comme le rapporte un article de *Charlie Hebdo* de mai 1996, intitulé « L'extrême droite sous les palmiers. Les amis africains du FN ».

« L'ensemble de la classe politique française a reçu des valises du Gabon, lors de la présidentielle de 1988 », nous confie aussi, en février 2019, un habitué de Libreville qui tient à rester discret. Selon cette source de premier plan, l'ambassadeur de France au Gabon, à l'époque, Louis Dominici, se plaignait de devoir organiser des cocktails à la chaîne pour recevoir la cohorte d'émissaires venus chercher leurs valises de billets. « L'argent était retiré par un Français, ancien membre de la direction française du Trésor qui travaillait dans une banque locale », conclut ce témoin.

L'or du « Vieux » et les milliards de Mobutu

Au nom de l'anticommunisme, plusieurs pays du Moyen-Orient, comme les Émirats arabes unis, le Qatar ou l'Arabie saoudite, soutiennent également la droite française qui le leur rend bien en accordant son blanc-seing à ces dictatures. Depuis 1974, l'argent saoudien transite notamment dans les caisses du parti gaulliste par le biais de la Société française d'exportation de systèmes avancés (Sofresa), la structure créée spécialement par le gouvernement de Pierre Messmer pour la commercialisation des ventes d'armes au Moyen-Orient. Comme l'a montré l'enquête judiciaire sur le trafic d'armes en Angola entre 1993 et 1995 (baptisé « Angolagate » [→ V.4]), de l'argent des contrats d'armement passe également par des structures comme l'association France-Afrique-Orient pilotée par Charles Pasqua et Pierre Messmer.

Selon de multiples témoignages, l'Irak de Saddam Hussein constitue également une source de financement non négligeable pour le RPR. Depuis le déplacement de Jacques Chirac, alors Premier ministre, à Bagdad, fin 1974, puis la visite de Saddam Hussein en France, en septembre 1975 afin de conclure un accord de coopération nucléaire, la « lune de miel » n'a jamais cessé entre les deux hommes.

Pour autant, une large part du financement politique provient des dirigeants des anciennes colonies africaines dont le président ivoirien Félix

Houphouët-Boigny, soutien historique du parti gaulliste [→ II.7]. À la mort du « Vieux », en décembre 1993, sa fortune liée en grande partie à la filière café-cacao est évaluée entre sept et onze milliards de dollars, placés en grande partie dans la banque suisse UBS. Une prospérité financière qu'Houphouët-Boigny a revendiquée sans fard dans un discours d'avril 1983. « Les gens s'étonnent que j'aime l'or. C'est parce que je suis né dedans », lance le chef de l'État tout en se vantant d'avoir été le premier à avoir une Cadillac en Côte d'Ivoire.

« Houphouët-Boigny, comme la plupart des chefs d'État africains préoccupés par les élections françaises et leurs résultats, m'a fait parvenir une assez forte somme pour aider la campagne [législative] », dit clairement Jacques Foccart au président Pompidou, le 20 février 1973, comme on peut le lire dans son *Journal de l'Élysée*. « Ce n'est pas la première fois [qu'Houphouët-Boigny] agit ainsi. J'en prendrai une partie pour la campagne », note Foccart sans s'appesantir sur les détails. On apprend seulement que l'argent est directement remis à l'ambassadeur de France en Côte d'Ivoire Jacques Raphaël-Leygues, qui « m'apporte un grand soutien d'Houphouët-Boigny pour nos élections », se félicite encore le secrétaire général aux Affaires africaines et malgaches.

La fortune d'Houphouët-Boigny permet au président ivoirien de renforcer sa crédibilité, déjà forte puisqu'il partage les grands choix de Foccart, auprès de ses interlocuteurs français. Près de vingt ans plus tard, le 10 septembre 1990, Jacques Chirac est présent à l'inauguration de la méga-basilique de Yamoussoukro officiellement financée (pour 37 milliards de francs CFA) sur la cassette personnelle d'Houphouët-Boigny, l'un des plus riches propriétaires immobiliers d'Abidjan. « Mon cahier de comptabilité, je l'ai tenu et déposé aux pieds de l'Éternel. C'est Lui seul qui sait ce que j'ai reçu et ce que j'ai donné », explique, faussement candide, le président ivoirien le 19 mars 1990 sur TF1.

L'argent liquide ne vient pas uniquement du pré carré historique de la France. Le maréchal Mobutu Sese Seko qui depuis 1965 se maintient au pouvoir au Zaïre (ex-Congo belge) par « la terreur et l'argent », selon les mots de son biographe Jean-Pierre Langellier, semble, lui aussi, vouloir soigner ses relations avec les gaullistes et leurs héritiers.

Les investigations d'Erwin Blumenthal, détaché par le FMI auprès de la Banque nationale du Zaïre, en 1978, montrent l'ampleur de la corruption du régime de Mobutu (dont le gros de la fortune, évaluée à 4 milliards de dollars, est placé en Suisse) sans pour autant ébranler le soutien des élites occidentales, et notamment françaises, au dictateur zaïrois [→ III.5].

Ainsi, « en mars 1988, lors d'un séjour à Nice, [Mobutu] charge son conseiller spécial Nkema Liloo de remettre en main propre à M. Chirac 5 millions de francs français, à titre de contribution personnelle à son budget électoral », écrit le diplomate zaïrois Emmanuel Dungia dans son livre *Mobutu et l'argent du Zaïre* (1992).

Et lorsque, en 1995, Mobutu est interdit de séjour aux États-Unis et en Belgique, la France, qui a apprécié sa coopération lors de l'opération Turquoise pendant le génocide des Tutsis au Rwanda [→ IV.8], lui accorde de bonne grâce un visa. Mobutu peut donc deviser avec Jacques Foccart, dans sa résidence de Cap-Martin sur la Côte d'Azur, et être reçu par Jacques Chirac à l'Élysée, en novembre 1995, lors des cérémonies célébrant les cinquante ans de l'Unesco. Une visite alors prudemment qualifiée de « privée » par le Quai d'Orsay.

Si l'on en croit l'ancien porteur de valises de billets Robert Bourgi, l'homme à la toque de léopard aurait fait remettre « 10 millions de francs » à Chirac en 1995, en présence du secrétaire général de l'Élysée Dominique de Villepin (ce que démentent les principaux intéressés).

Le PS ne ferme pas le « robinet » d'Elf

La droite française n'est pas la seule à bénéficier des mallettes africaines ainsi que du système Elf. Dans l'émission « Envoyé spécial » en avril 2001, l'ancienne collaboratrice de François Mitterrand, Laurence Soudet, explique sans fard de quelle manière, en 1965, le secrétaire général d'Elf lui avait remis « une enveloppe » à la veille du premier tour de l'élection présidentielle. Mitterrand ayant mis de Gaulle en ballottage, à la surprise générale, la collaboratrice du candidat de l'union de la gauche retourne donc voir le secrétaire général d'Elf avant le second tour. Ce dernier lui remet cette fois « une valise » de billets, ce qui l'oblige à trouver un taxi au lieu de rentrer chez elle en métro comme prévu ! « J'ai dû y retourner une ou deux fois pour des législatives, témoigne encore Laurence Soudet. Là c'étaient des enveloppes nominatives [attribuées] à tel ou tel député. J'y suis retournée pour la campagne de 1974 où j'ai vécu à peu près le même topo. » L'ancien P-DG d'Elf, Albin Chalandon, ne dément rien : « Pour les législatives de 1978 et la présidentielle de 1981, ça [représentait] 7 millions de francs, partagés à égalité entre la gauche et la droite, au nom du principe d'impartialité d'une entreprise publique. »

Selon Pierre Péan, pour l'élection présidentielle de 1981 « les dons gabonais aux partis politiques français s'élevaient à environ 20 millions de francs », la plus grande partie revenant au RPR (10 millions de francs), le reste se répartissant entre l'UDF de Giscard et le PS de Mitterrand.

Tandis que la droite française dit craindre les chars russes place de la Concorde, après l'élection de Mitterrand à la présidence de la République, l'argent de Bongo scelle donc le sort de l'alternance. Albert Yangari, un conseiller de Bongo, a raconté à Pierre Péan « comment il avait pris rendez-vous, en avril 1981, rue de Solférino, pour porter une petite valise de billets » en pensant qu'il serait éconduit. « La valise fut acceptée », dit le journaliste, ajoutant que le conseiller de Bongo est revenu « entre les deux tours avec une deuxième valise – beaucoup plus grosse – qui fut aussi facilement acceptée par un autre interlocuteur ».

« Nous continuons à nous accommoder, voire à appuyer, des régimes antidémocratiques et corrompus » en échange de « valises pleines de billets » de « potentats africains », constate, amer, l'ancien patron des services secrets français, Pierre Marion, dans ses *Mémoires de l'ombre* (1999).

L'attitude adoptée par François Mitterrand vis-à-vis d'Elf est révélatrice du caractère institutionnel de cette corruption. Après avoir joué la continuité en maintenant le gaulliste Albin Chalandon à son poste, remplacé en 1983 par un homme du nucléaire, le chef de l'État attend le début de son second mandat pour modifier, à l'avantage de son camp, la clé de répartition de l'argent liquide versé par le groupe pétrolier aux partis [→ IV.4]. L'ancien P-DG de la société pétrolière, Loïk Le Floch-Prigent, nommé par François Mitterrand en 1989, raconte lors du procès Elf comment les choses se sont passées : « Il est de notoriété publique que les candidats à l'élection présidentielle avaient accès au secrétaire général du groupe et demandaient l'enveloppe correspondante. En septembre 1989, je m'en suis ouvert au président de la République. Je lui ai demandé : “Voulez-vous ou non que je ferme le robinet ?” Réponse du président : “Ah ! non, nous continuons ce qui a été mis en place par le général de Gaulle.” Il m'a simplement demandé de rééquilibrer les choses, sans toutefois oublier le RPR. » C'est là que se scelle le pacte du silence : en n'écartant pas un adversaire politique de cette pompe à finances occulte, le pouvoir le compromet et le dissuade ainsi de parler…

« En dehors du premier président de la Guinée-Conakry, Sékou Touré, qui avait des relations extrêmement tendues avec son ancienne puissance tutélaire, et tout particulièrement Charles de Gaulle [→ II.3], tous les chefs d'État francophones ont financé la classe politique française », affirme sans vraiment s'en offusquer, en juillet 2011, Roland Dumas, ancien ministre des Affaires étrangères de François Mitterrand (1984-1986 et 1988-1993), au journaliste Xavier Harel. « Ces financements avaient pour objectif d'entretenir de bonnes relations avec la classe politique française et ses futurs chefs d'État », ajoute ce proche d'Omar Bongo qui a côtoyé Sékou Touré sur les bancs de l'Assemblée nationale en 1956-1957. Derrière ce lien par l'argent, il y a aussi l'idée de figer l'ordre politique des ex-colonies françaises : « J'ai entendu vingt fois Mitterrand constater : “À quoi cela sert-il de changer les hommes ? Celui que l'on mettrait à la place ferait la même chose…” », conclut placidement Dumas en janvier 2011 dans les colonnes du *Monde*.

« Un système encore plus opaque »

Ces financements ont-ils vraiment disparu avec les nouvelles lois des années 1990 ?

Les archives du Conseil constitutionnel chargé de valider les comptes de campagne en 1995, révélées en octobre 2020 par Élodie Gueguen et Sylvain Tronchet de la cellule investigation de Radio France, montrent qu'il n'en est rien. En effet, les « Sages » ont validé les comptes de campagne de Jacques Chirac et d'Édouard Balladur après les avoir maquillés, alors que les deux candidats de la droite avaient largement dépassé le plafond des dépenses autorisées et commis de nombreuses irrégularités. Des versements suspects en liquide ont abondé leurs comptes de campagne. 10,25 millions de francs (en billets de 500) versés en une fois, trois jours après le premier tour, côté Balladur. Concernant Jacques Chirac, trente et une personnes se sont présentées la veille du second tour à la banque Rivaud, héritière de l'époque coloniale, pour déposer 3,5 millions de francs en liquide…

Les membres du Conseil constitutionnel eux-mêmes, pourtant garants suprêmes de la loi, ne se sont guère fait d'illusions sur l'origine de ces fonds. « Chacun sait très bien d'où venait cet argent », lance Maurice Faure, ancien ministre de la Justice (mai-juin 1981) et vieux routier de la IVe et de la Ve République, en faisant allusion aux fonds secrets, de l'argent en espèces, non déclaré, circulant dans les ministères sous l'égide de Matignon jusqu'au début des années 2000. « Cela pouvait aussi provenir de l'argent de la Françafrique, de certains chefs d'État comme le président du Gabon, Omar Bongo », nous confiait en février 2012 un autre ancien membre du Conseil constitutionnel, Jacques Robert, qui – tout en l'assumant à l'époque – a vécu cet épisode comme une « tache » sur l'indépendance de l'institution.

Depuis les années 2000, la justice enquête sur le camp Balladur pour savoir si cet argent a un lien avec des rétrocommissions liées à des marchés d'armement en Arabie saoudite et au Pakistan [→ V.5].

Le candidat élu, lui, s'en tire à bon compte. Dans son livre, *Chirac, mon ami de trente ans* (2007), l'ancien collaborateur de Jacques Chirac, Jean-François Probst, raconte avoir consulté un cahier à spirale saisi dans le coffre de la directrice de cabinet de l'ancien président congolais Pascal Lissouba. On y voit « la liste des sommes remises à Dominique de Villepin à Paris, au Plazza Athénée, ou au Bristol. […] Il s'agissait de la participation du président Lissouba aux bonnes œuvres et au combat politique de Chirac, entre 1992 et 1995 », commente Probst. Denis Sassou Nguesso, qui a renversé Lissouba par les armes en 1997 avec le soutien d'Elf et de l'Élysée [→ V.2], connaît bien ces pratiques pour avoir déjà été au pouvoir de 1979 à 1992.

Le 11 septembre 2011, dans *Le Journal du dimanche*, l'avocat franco-libanais, Robert Bourgi, « porteur de valises » pour Jacques Foccart pendant vingt-cinq ans [→ VI.5], règle ses comptes avec le camp Chirac au moment de rallier Nicolas Sarkozy. Il affirme que cinq chefs d'État africains « ont versé environ 10 millions de dollars » à Jacques Chirac pour financer sa campagne de 2002 : Abdoulaye Wade (Sénégal), Blaise Compaoré (Burkina Faso), Laurent Gbagbo (Côte d'Ivoire), Denis Sassou Nguesso (Congo-Brazzaville) et Omar Bongo (Gabon). L'enquête préliminaire ouverte après les déclarations de Bourgi est classée sans suite.

« Villepin et Robert Bourgi m'ont demandé de cracher au bassinet pour l'élection en 2002 en France, confirme Laurent Gbagbo dans son livre *Pour la vérité et la justice* (2014). C'était le prix pour avoir la paix en Françafrique. » Le président ivoirien sera bien mal payé en retour, les chiraquiens ayant beaucoup manœuvré pour tenter de l'écarter du pouvoir, avant que cela ne se concrétise en 2011 sous le mandat de Nicolas Sarkozy [→ V.5].

Le successeur de Jacques Chirac n'est pas exempt, non plus, de tout soupçon. Selon des notes diplomatiques américaines révélées par WikiLeaks en 2010, près de 30 millions d'euros auraient été détournés de la Banque des États de l'Afrique centrale (BEAC) au profit d'Omar Bongo qui aurait remis une partie de l'argent à Jacques Chirac... mais aussi à Nicolas Sarkozy.

L'affaire des financements libyens montre également que de l'argent liquide a continué à circuler dans les rangs sarkozystes après 2006 [→ VI.4].

Il en va de même pour l'argent du pétrole. Entendu le 15 novembre 2019 dans le cadre de l'affaire des biens mal acquis, l'ancien P-DG d'Elf, Loïk Le Floch-Prigent, reconverti dans le « conseil » aux entreprises, confirme que les commissions occultes du pétrole qui alimentent la corruption politique « continuent d'exister » de manière « encore plus opaque ». L'homme qui a cautionné ce système pendant de nombreuses années constate bien tardivement l'impact « désastreux » pour les pays africains de cette prédation pétrolière.

D'autres acteurs du paysage françafricain n'ont pas ces remords, plus ou moins sincères. « Annuler l'élection de Chirac aurait eu des conséquences terribles », estime ainsi l'ancien président du Conseil constitutionnel Roland Dumas (dont la voix a été prépondérante pour valider les comptes d'Édouard Balladur), en janvier 2015, dans les colonnes du *Figaro*. Pourtant du point de vue du droit, le rejet des comptes de campagne du candidat Chirac n'aurait nullement annulé son élection. Il aurait entraîné le refus du remboursement des dépenses de campagne par l'État. Jacques Chirac serait resté à l'Élysée, mais le discrédit politique aurait été majeur. « J'ai pensé à mon pays, poursuit Dumas. Je suis un homme de devoir. Nous avons finalement décidé, par esprit républicain, de confirmer, à l'unanimité au deuxième tour, son élection présidentielle. Je suis convaincu que j'ai sauvé la République en 1995. » La République des mallettes.

Repères bibliographiques

« L'argent secret des élections », *Les Dossiers du Canard*, n° 27, mars 1988.

« Elf. Fric, politique, barbouzes et pétroleuses. L'empire d'essence. Enquête sur le super-scandale d'État », *Les Dossiers du Canard*, n° 67, avril 1998.

Éric Aeschimann et Christophe Boltanski, *Chirac d'Arabie. Les mirages d'une politique française*, Grasset, Paris, 2006.

Emmanuel Dungia, *Mobutu et l'argent du Zaïre. Les révélations d'un diplomate, ex-agent des services secrets*, L'Harmattan, Paris, 1992.

Xavier Harel et Thomas Hofnung, *Le Scandale des biens mal acquis. Enquête sur les milliards volés de la Françafrique*, La Découverte, Paris, 2011.

Xavier Harel et Julien Solé, *L'Argent fou de la Françafrique. L'affaire des biens mal acquis*, Glénat, Paris, 2018.

Karl Laske, *Des coffres si bien garnis. Enquête sur les serviteurs de l'État-voyou*, Denoël, coll. « Impacts », Paris, 2004.

Jean-Claude Laumond, *Vingt-cinq ans avec lui*, Ramsay, Paris, 2001.

Philippe Madelin, *L'Or des dictatures*, Fayard, Paris, 1993.

Philippe Madelin, *Les Gaullistes et l'Argent*, L'Archipel, Paris, 2001.

Pierre Marion, *Mémoires de l'ombre. Un homme dans les secrets de l'État*, Flammarion, Paris, 1999.

Pierre Péan et Jean-Pierre Séréni, *Les Émirs de la République. L'aventure du pétrole tricolore*, Seuil, Paris, 1982.

Pierre Péan, *Affaires africaines*, Fayard, Paris, 1983.

Pierre Péan, *La République des mallettes. Enquête sur la principauté française de non-droit*, Fayard, Paris, 2011.

Pierre Péan, *Nouvelles Affaires africaines. Mensonges et pillages au Gabon*, Fayard, Paris, 2014.

Pierre Péan et Philippe Cohen, *Le Pen. Une histoire française*, Robert Laffont, Paris, 2012.

Jean-François Probst, *Chirac, mon ami de trente ans*, Denoël, coll. « Impacts », Paris, 2007.

Olivier Toscer, *La France est-elle une République bananière ?*, Larousse, coll. « À dire vrai », Paris, 2009.

L'affaire Carrefour du développement : fausses factures et vrais règlements de comptes

Le 28 avril 1986, Michel Aurillac, ministre de la Coopération depuis un mois dans le gouvernement Chirac, prévient la presse qu'il a saisi la justice après avoir constaté « des anomalies d'ordre comptable » dans la gestion de l'association Carrefour du développement où « plus de 10 millions de francs » semblent s'être volatilisés. Son intervention ne doit rien au hasard. Car les comptes de l'association et de son ministère sont en réalité déjà dans le viseur de la Cour des comptes, dont le rapport a permis d'alerter le gouvernement. L'affaire se corse un peu plus lorsqu'on apprend que le siège de l'association, dans le XIVe arrondissement de Paris, a été cambriolé, mais sans effraction, dans la nuit du 22 au 23 avril : des pièces justificatives des dépenses ont disparu.

De somptueuses dépenses personnelles

Créée trois ans plus tôt par l'équipe de l'ancien ministre socialiste de la Coopération, Christian Nucci, l'association est dotée de moyens généreux avec pour objectif officiel de « sensibiliser l'opinion publique », notamment en relançant la revue *Actuel Développement* qui dépend du ministère. Guy Penne fait partie du conseil d'administration, présidé par une jeune universitaire, Michèle Bretin-Naquet. La fonction stratégique de trésorier échoit au chef de cabinet de Nucci, Yves Chalier.

Rapidement, ce dernier s'inquiète de la décision de François Mitterrand d'organiser le prochain sommet France-Afrique au Burundi : il estime que le budget prévisionnel ne permettra pas de couvrir les investissements matériels et les frais liés à la logistique et à la sécurité. En mars 1984, le Service de coopération technique internationale de police (SCTIP) du ministère de l'Intérieur suggère dans un courrier à Yves Chalier d'éviter le « processus administratif de passation des marchés » pour les contrats liés à la sécurisation du sommet, et de privilégier une autre méthode… « à définir ».

La structure souple et discrète de l'association lui permet de le faire, et même d'aller bien au-delà. Elle sert en effet, dans les mois qui suivent, à financer des frais de la campagne législative du PS de 1986 dans le département du ministre et de somptueuses dépenses personnelles. L'enquête judiciaire met rapidement au jour le rôle clé joué par Yves Chalier, accusé d'avoir profité de sa position pour acheter un château en Sologne et offrir plusieurs centaines de milliers de francs de cadeaux à son ex-femme et à l'une de ses maîtresses. Des fausses factures, correspondant par exemple à l'envoi de semences au Sahel ou à du matériel médical hospitalier, permettent de détourner la manne du Fonds d'aide et de coopération (FAC) géré par le ministère de la Coopération : l'entreprise complice prélève une commission et reverse le reste de l'argent sur les comptes d'une société-écran à Genève, dans lesquels pioche ensuite un proche de Chalier. Christian Nucci affirme publiquement, sans vraiment convaincre, tout ignorer, se défaussant sur son chef de cabinet.

En fuite à l'étranger, Yves Chalier transmet au gouvernement de Jacques Chirac des confessions écrites et donne même des interviews à charge contre son ex-ministre, pour le plus grand bonheur de la droite, bien décidée à exploiter politiquement cette affaire qui met en difficulté le Parti socialiste. Mais le scandale va vite revenir en boomerang dans les rangs du RPR.

Le 1er novembre 1986, Chalier décide finalement de rentrer discrètement en France. Il se confie à deux journalistes du *Point*, qui affirment alors l'avoir rencontré au Brésil et que le fugitif s'y trouve toujours. L'interview est explosive : l'ancien chef de cabinet de Christian Nucci affirme que c'est le ministre de l'Intérieur, Charles Pasqua, qui a demandé au contre-espionnage français (la DST) d'organiser sa fuite en lui fournissant une identité d'emprunt via un « vrai-faux passeport » pour rejoindre le Brésil, où il sera pris en charge par des affairistes corses. En échange de cette couverture, le fugitif était censé tout déballer sur son ex-patron. Chalier, un ancien saint-cyrien ayant flirté avec le monde du renseignement, explique même au *Point* que cette proposition lui a été faite dans les locaux du Club 89, une association satellite du RPR alors présidée par Michel Aurillac.

Charles Pasqua en arroseur arrosé

Le scandale se retourne alors contre Pasqua, qui laisse la DST se retrancher derrière le secret défense pour éviter les questions du juge d'instruction. L'affaire éclabousse également Jacques Chirac. Interrogé à ce sujet lors d'une conférence de presse fin janvier 1987, ce dernier assure qu'il fait « toute confiance » à son ministre de l'Intérieur. « Cela me laisse dans un état de sérénité parfaite », ajoute le Premier ministre en balayant les enquêtes journalistiques par ces mots : « Ce n'est pas parce que quelques journaux mènent des campagnes de diffamation à des fins politiques de déstabilisation qu'il faut automatiquement prendre ce qu'ils disent pour argent comptant. »

Malgré cet épisode de l'« arroseur arrosé », à l'automne 1987, la droite vote au Parlement la mise en accusation de Christian Nucci devant la Haute Cour de justice, seule compétente pour juger les délits et crimes commis par les ministres dans l'exercice de leurs fonctions. Nucci bénéficie finalement du retour des socialistes au pouvoir lors des législatives qui suivent la réélection de François Mitterrand, en 1988. Le 15 janvier 1990, le PS, également éclaboussé par l'affaire URBA (du nom d'un des bureaux d'études finançant le parti par le biais de fausses factures), vote une loi sur le financement des campagnes électorales qui amnistie opportunément les infractions antérieures à juin 1989, « sauf en cas d'enrichissement personnel de leurs auteurs ».

Deux mois et demi plus tard, les membres de la commission d'instruction, désignés parmi les juges de la Cour de cassation, doivent donc renoncer à renvoyer Nucci devant la Haute Cour : bien que lui reprochant un « recel de deniers publics frauduleusement soustraits » de 1,3 million de francs, cette infraction est couverte par la loi d'amnistie. « C'est la première fois dans l'histoire de notre République que l'on amnistie des faits criminels », lâche à l'AFP le président de la commission, amer.

Au même moment, le ministre de la Justice Pierre Arpaillange (nommé ensuite président de la Cour des comptes) annonce qu'il ne demandera pas au Parlement de se prononcer sur un éventuel renvoi de Charles Pasqua devant la Haute Cour de justice pour l'affaire du « vrai-faux » passeport. Une décision prise « dans un souci d'apaisement », selon l'entourage du ministre cité par *Le Monde*. Les socialistes ont bien compris l'intérêt de laisser « les cadavres dans le placard », pour ne pas réveiller d'autres règlements de comptes internes à la Françafrique [→ IV.3].

Finalement, Yves Chalier ainsi qu'un homme d'affaires qui a fourni des fausses factures seront les seuls à être lourdement sanctionnés par la justice : estimant qu'ils se sont enrichis à des fins personnelles, la cour d'assises leur refuse l'amnistie et les condamne respectivement à cinq et deux ans de prison.

Thomas Borrel

Chapitre 4

Corruption et influence occulte : le triomphe du système Elf

Benoît Collombat et Thomas Borrel

« C'étaient des fonds occultes… qui étaient très connus. » En quelques mots, lâchés lors du procès qui s'est tenu en mars 2003 devant le tribunal correctionnel de Paris [→ V.3], l'ancien responsable de l'audit chez Elf, Pierre Fa, résume parfaitement l'hypocrisie et l'impunité qui ont entouré la gestion de la compagnie pétrolière depuis la création de son ancêtre, la Régie autonome des pétroles (RAP), en 1939.

Lorsque François Mitterrand entre à l'Élysée en mai 1981, la société publique Elf Aquitaine, baptisée ainsi depuis 1976, constitue un État dans l'État. De par sa connaissance des rouages de la République, François Mitterrand sait déjà qu'il serait vain ou dangereux d'essayer d'en prendre le contrôle en y plaçant immédiatement ses hommes.

Alors qu'il provoque une valse des grands patrons sans précédent à la tête de groupes publics ou d'entreprises privées qu'il nationalise, le chef de l'État conserve donc Albin Chalandon à la tête d'Elf. L'ancien ministre gaulliste, nommé patron du groupe pétrolier en 1977 par Valéry Giscard d'Estaing avec l'accord de Jacques Chirac (qui n'est pourtant plus Premier ministre), reste aux commandes du fleuron énergétique français jusqu'en 1983.

Deux ans après l'arrivée des socialistes au pouvoir, Chalandon est remplacé par un homme inconnu du grand public : Michel Pecqueur. Polytechnicien et ancien ingénieur des Mines, ce dernier est un parfait nucléocrate. Il a fait toute sa carrière (depuis 1957) au Commissariat à l'énergie atomique (CEA), où il fut l'un des artisans du procédé français d'enrichissement de l'uranium. Administrateur général du CEA et président de la Cogema, groupe public dédié à l'exploitation de l'uranium, de 1978 à 1983, Michel Pecqueur est également l'un des pères de l'usine d'enrichissement d'Eurodif, située à Pierrelatte (Drôme). L'uranium étant un enjeu crucial pour Paris [→ V.10] au même titre que le pétrole, Pecqueur fait donc partie des « initiés » des réseaux diplomatiques et industriels en lien avec la Françafrique.

« Si M. Chalandon était un dirigeant remarquable, son successeur, M. Pecqueur, est un dirigeant exceptionnel », déclare lors de sa nomination le porte-parole du gouvernement, Max Gallo, qui souligne ainsi la grande continuité mitterrandienne dans le choix des hommes pour diriger le groupe.

Car Elf n'est pas seulement une compagnie pétrolière, c'est aussi une des tirelires politiques françafricaines [→ IV.3] et un outil d'influence qui fait la pluie et le beau temps dans les pays du golfe de Guinée.

Pierre Guillaumat et André Tarallo : aux origines du système Elf

C'est sous l'impulsion du gaulliste Pierre Guillaumat, ancien responsable de la direction des carburants passé par la direction du Commissariat à l'énergie atomique (CEA) et le ministère des Armées, influencé par le diplomate Eirik Labonne pour qui l'avenir des puissances industrielles est indissociable des sous-sols africains [→ p. 105], que la société Elf (ex-Erap, Entreprises de recherches et d'activités pétrolières) voit le jour. Guillaumat préside la compagnie pétrolière de 1967 à 1977.

« Elf » jouit d'un statut à part dans le paysage des entreprises françaises. Créée par le pouvoir gaulliste pour exploiter le pétrole en Afrique subsaharienne alors que les positions françaises au Sahara étaient fragilisées par l'indépendance algérienne [→ p. 215], elle représente le prolongement de la politique étrangère de la France dans les « pays du champ », selon la terminologie employée pour désigner la zone de compétence du ministère de la Coopération.

Structurée dès les années 1960 pour mener une véritable diplomatie parallèle, la compagnie pétrolière permet à Paris d'exercer un contrôle serré sur les pays pétroliers de son ancien pré carré. Pour cela, Elf met en place un système tentaculaire de contrôle et de corruption des régimes africains riches en pétrole : elle dispose d'agents, officiels ou officieux, au cœur du pouvoir dans les deux pays clés que sont le Gabon et le Congo, ainsi que d'une ingénierie financière sophistiquée qui bénéficie aussi aux élites politiques françaises. Elf devient ainsi rapidement la « vache à lait de la République », pour reprendre une expression utilisée par l'ancien ministre des Affaires étrangères Roland Dumas en 2001, poursuivi dans un volet de l'affaire Elf avant de bénéficier d'une relaxe en 2003, en appel.

L'autre homme clé du « système Elf » est né à Centuri, un petit village du nord de la Corse. Petit-fils d'un boulanger, fils d'un percepteur des impôts, André Tarallo est un enfant de la méritocratie française. Énarque (promotion Vauban en 1957, d'où sort également Jacques Chirac), il entre chez Elf dès 1967 et devient rapidement l'un des hommes de confiance de Pierre Guillaumat. Homme de terrain et d'influence, il est promu directeur Afrique en 1974 et tisse des liens étroits avec les chefs d'État du continent. Pendant près de vingt ans, André Tarallo, le « Monsieur Afrique » d'Elf, parfois surnommé le « Foccart du pétrole », est le chef d'orchestre d'un système d'influence et de détournement à grande échelle des recettes pétrolières qui permet à l'entreprise publique de régner quasiment sans partage sur les pays du pré carré du golfe de Guinée. Sa proximité avec Omar Bongo et Denis Sassou Nguesso est telle qu'il devient patron d'Elf-Gabon et d'Elf-Congo.

Les réseaux d'Alfred Sirven, la « pompe à fric » mitterrandienne

François Mitterrand attend son second septennat pour placer un proche du Parti socialiste à la tête d'Elf. En juillet 1989, le Premier ministre Michel Rocard nomme donc Loïk Le Floch-Prigent en remplacement de Michel Pecqueur. Ingénieur, ancien directeur de cabinet du ministre socialiste de l'Industrie Pierre Dreyfus et ancien patron de Rhône-Poulenc (1982-1986) qu'il dirige à la demande de François Mitterrand, Loïk Le Floch-Prigent est un fidèle du chef de l'État, au point que la droite le surnomme « Pink Floch ». Dans ses bagages, il amène avec lui Alfred Sirven, un drôle de personnage, franc-maçon (au Grand Orient de France) [→ IV.2], ancien des bataillons de Corée, condamné pour braquage au Japon en 1954, passé par Mobil Oil avant de devenir directeur des affaires sociales chez Moulinex (1978-1983) puis DRH chez Rhône-Poulenc.

Initialement, Alfred Sirven devait remplacer André Tarallo. Mais le « Foccart du pétrole » s'accroche malgré une carrière et des comptes déjà bien remplis. À la fois concurrents et alliés, Sirven et Tarallo vont finalement se répartir les périmètres d'action. André Tarallo conserve la haute main sur les affaires africaines, Alfred Sirven se concentre, lui, sur l'« arrosage » des décideurs français tout en développant son propre réseau en Afrique. La pompe à finances d'Elf fonctionne donc toujours à plein régime. Les deux hommes détournent des centaines de millions de francs au profit de la classe politique française, des régimes africains « amis » et de leurs propres comptes bancaires.

Les enveloppes de liquide ont pour principal avantage de ne laisser aucune trace, ce qui n'empêche pas quelques langues de se délier au fil du temps [→ IV.3]. Ces pratiques éclatent au grand jour à la fin des années 1990 à la faveur de l'un des plus importants scandales financiers de la Ve République. L'« affaire Elf » débute à l'été 1994 par un signalement de la Commission des opérations de Bourse (COB) au parquet de Paris concernant des investissements d'Elf et du Crédit lyonnais dans le groupe textile français Bidermann effectués à partir de 1990 à la demande – selon Le Floch-Prigent – de Pierre Bérégovoy, ministre de l'Économie et des Finances, de Dominique Strauss-Kahn, ministre de l'Industrie, mais aussi de Jacques Chirac.

Ce signalement entraîne dès le mois d'août 1994 l'ouverture d'une information judiciaire contre X pour abus de biens sociaux et abus de confiance. Philippe Jaffré, nommé P-DG d'Elf en 1993 par le Premier ministre Édouard Balladur, qui cohabite avec le président Mitterrand, décide de se constituer partie civile au printemps 1995. Sa stratégie est double : il s'agit, d'une part, de renvoyer la responsabilité de cette affaire aux réseaux chiraquiens et mitterrandiens en positionnant le pouvoir balladurien en « chevalier blanc » de pratiques censées appartenir au passé, et d'autre part, d'occulter le caractère systémique de ces détournements en présentant la société pétrolière (privatisée en 1994) comme la victime d'agissements individuels. L'effet boomerang va être spectaculaire.

Car l'enquête confiée aux juges Eva Joly, Laurence Vichnievsky puis Renaud Van Ruymbeke met pour la première fois en lumière le système de corruption généralisée mis en place par Elf, ce qui débouchera sur un procès spectaculaire entre mars et juillet 2003 puis sur un appel en mars 2005. En première instance, Loïk Le Floch-Prigent, André Tarallo et Alfred Sirven (arrêté en 2001 après une cavale aux Philippines) sont condamnés à de la prison ferme pour abus de biens sociaux [→ V.3].

En revanche, le caractère systémique de la corruption ne débouche sur aucune condamnation, le versement de commissions à des agents publics étrangers étant légalement autorisé jusqu'à l'application en septembre 2000 d'une convention OCDE interdisant cette pratique, ratifiée par la France un an plus tôt. Quant au financement politique occulte, il est évoqué lors du procès Elf mais les juges, confrontés à une véritable omerta, n'ont pas réussi à récolter de preuves formelles.

Face au tribunal, Loïk Le Floch-Prigent dévoile certes sans détour l'aspect généralisé de ce financement politique : « On va appeler un chat un chat : l'argent d'Elf part en Afrique et revient en France. » Et l'ancien patron du groupe Elf (1989-1993) de poursuivre : « Il est de notoriété publique que les candidats à l'élection présidentielle avaient accès au secrétaire général du groupe et demandaient l'enveloppe correspondante. » Mais l'accusateur se garde bien d'orienter la justice vers des faits précis.

En février 2005, Alfred Sirven, à qui la presse prêtait le pouvoir de faire « sauter vingt fois la République », meurt d'une crise cardiaque, sans avoir rompu ce pacte du silence. « J'ai financé tous les partis politiques, sauf le Front national », se contente de lâcher l'ancien directeur des affaires générales d'Elf lors du procès en première instance, en indiquant tout de même avoir distribué la bagatelle de 243 millions de francs (37 millions d'euros) en petites coupures à un grand nombre de personnalités politiques françaises.

Avec la volonté de n'oublier personne. « Elf a toujours eu besoin d'être bien avec le pouvoir en place, qu'il soit d'un parti ou d'un autre, explique encore Alfred Sirven à la barre du tribunal. La politique a besoin d'argent. Les campagnes électorales sont de plus en plus chères. » Pas seulement en France : dans les années 1990, le renflouement de la raffinerie est-allemande de Leuna s'accompagne de financements occultes au bénéfice de la CDU, le parti du chancelier Helmut Kohl, avec la bénédiction de François Mitterrand. Même si la géopolitique du pétrole impose certaines « règles » à la corruption politique. « Sur l'Angola, par exemple, il ne faut pas que des courants politiques français se retrouvent en train de favoriser une compagnie anglo-saxonne, explique Loïk Le Floch-Prigent dans le livre *Affaire Elf, affaire d'État* (2001). Si jamais on entre dans un combat entre socialistes et gaullistes dans un pays africain, on ne sait plus où on va. Il fallait que les hommes politiques français nous soutiennent partout. » Et puis, précise l'ancien patron, « si tout le monde se sert du gâteau, plus personne ne peut plus rien dire ». C'est ce qui s'appelle acheter le silence.

Un système bien huilé : les trois étages de la corruption

Si l'argent d'Elf retourne pour partie, via des rétrocommissions, dans la poche de responsables et de partis politiques français, il sert également à maintenir le consentement des dirigeants des « émirats pétroliers » de la Françafrique par le biais de commissions parfaitement connues de l'Élysée, du ministère des Finances et d'une poignée de hauts fonctionnaires, selon les dires de Le Floch-Prigent.

Comme l'expliquent Xavier Harel et Thomas Hofnung dans leur ouvrage *Le Scandale des biens mal acquis* (2011), ce système comporte « trois étages » : les « bonus », les « abonnements » et les « préfinancements ». Les « bonus » (ou « frais de pré-reconnaissance ») correspondent aux sommes versées par la compagnie pétrolière pour décrocher un permis d'exploration-production. Un « ticket d'entrée » en quelque sorte dont une partie ne figure pas dans la comptabilité officielle des pays concernés, reconnaît Le Floch-Prigent devant les enquêteurs. Avec, à la clé, des montants colossaux : 1,2 milliard de francs (183 millions d'euros) par an en moyenne de 1991 à 1993.

Deuxième étage de la corruption : les « abonnements ». Le principe est le suivant : une commission prélevée sur chaque baril exporté atterrit ensuite sur les comptes bancaires des autocrates africains dans des paradis fiscaux, notamment au Lichtenstein. Devant le juge Renaud

Van Ruymbeke, l'homme chargé de cette comptabilité occulte, Claude Gosselin, explique que ces abonnements versés au Gabon, à l'Angola, au Nigéria, au Congo et au Cameroun ont atteint une soixantaine de millions de dollars par an dans les années 1980. Une « solution de longue date », dit-il, qui a donné « entière satisfaction aux bénéficiaires par son opacité et ses secrets ». Dans des courriers dévoilés par David Servenay sur le site Rue 89 en 2009, on constate que, en 1987 et 1991, Omar Bongo fixe lui-même le montant de l'abonnement pour Elf-Gabon (un dollar par baril) qui lui est ensuite reversé ! « Nous vous confirmons que les montants qu'il convient de prélever pour les frais commerciaux sont d'environ 10 millions de dollars par trimestre », écrit encore le président gabonais au P-DG d'Elf, Philippe Jaffré, le 13 décembre 1996.

Troisième technique utilisée : les « préfinancements ». Il s'agit cette fois d'avances de trésorerie consenties par Elf aux États producteurs de pétrole (pour la paie des fonctionnaires, par exemple) contre une garantie en futurs barils de brut. Une dette cachée : la société se rembourse directement en pompant le pétrole. Architecte du système en tant qu'adjoint à la direction financière d'Elf, et surnommé le « petit Mozart de la finance », Jack Sigolet explique ainsi au juge Van Ruymbeke que le mécanisme « était conçu de telle sorte que les [dirigeants] Africains ne connaissaient que la banque officiellement prêteuse et ignoraient tout le système, rendu particulièrement et volontairement opaque ». Une technique qui n'est pas l'apanage des Français. « Ce n'est pas propre à Elf, cela fonctionne aussi chez Total, Mobil, Shell », tente ainsi de justifier le directeur de l'audit d'Elf Pierre Fa, auprès du juge Van Ruymbeke.

Au total, l'ensemble de ces tuyaux corruptifs ont autant servi les intérêts d'Elf qu'ils ont enrichi les autocrates africains. Un jugement de décembre 2007 portant sur un litige financier entre Bongo et Tarallo cité par Harel et Hofnung indique que « des sommes d'un montant total d'au moins 120 millions de dollars pour la période 1990-1993 ont été détournées par ces seuls circuits financiers ». La partie émergée de l'iceberg.

Les « guerres africaines » d'Elf

Au-delà d'une machine à corrompre les élites françaises et africaines, Elf est également un instrument puissant destiné à maintenir l'« ordre » et la « stabilité » dans les pays du pré carré (et au-delà), y compris en alimentant les conflits.

Dans des régimes parfaitement verrouillés, comme au Gabon, au Congo-Brazzaville ou au Cameroun, Elf s'arrange pour financer une opposition fantoche. « Omar Bongo considérait qu'il fallait toujours qu'il existe une opposition formelle et cette opposition devait être incarnée par des personnes qu'il adoubait. Ces personnes étaient prises parmi les effectifs d'Elf-Gabon, qui les rémunérait », explique Loïk Le Floch-Prigent le 15 novembre 2019 sur procès-verbal (dans le cadre de l'affaire des biens mal acquis).

Au Cameroun, lorsque Paul Biya se trouve en difficulté face à la popularité de son opposant John Fru Ndi, qui enflamme les foules lors de la première élection présidentielle pluraliste, en 1992 [→ IV.7], la compagnie pétrolière vole au secours de l'autocrate. « Il avait besoin de 45 millions de dollars pour sa campagne », explique Alfred Sirven, cité par le site Bakchich en août 2008. Aussitôt dit, aussitôt fait : Elf consent immédiatement un prêt à la Société nationale des hydrocarbures (SNH) du Cameroun, gagé sur la production future du pays, pour soutenir « son candidat ».

Intervenir ainsi sur le cours de l'Histoire nécessite un certain savoir-faire et ce n'est donc pas un hasard si, depuis l'origine, la compagnie pétrolière recrute dans ses rangs des membres des services secrets, devenant *de facto* un service parallèle de renseignement et d'influence au sein de la République.

Lorsqu'il quitte le SDECE en 1973, Maurice Robert est ainsi recruté par Pierre Guillaumat pour intégrer le service de renseignement d'Elf où il retrouve son vieil ami Guy Ponsaillé, ancien administrateur colonial et chef du personnel de l'Union générale des pétroles (UGP), avec qui il a rétabli le président gabonais Léon Mba au pouvoir, en 1964 [→ II.4]. Quant à l'ancien nageur de combat du SDECE, proche des réseaux Foccart, Robert (dit « Bob ») Maloubier, créateur de la Garde présidentielle gabonaise… il rejoint le groupe Elf-Erap dès 1967, au moment de la guerre du Biafra [→ II.8].

Elf dispose également d'un service de sécurité pour assurer la protection des sites et du personnel, baptisé « Protection, sécurité administrative » (PSA). Longtemps dirigé par Jean Tropel, un ancien du « Service 7 » du SDECE (chargé de l'interception de documents et des interventions délicates), puis par Jean-Pierre Daniel, ex-légionnaire parachutiste (surnommé « le Colonel ») passé lui aussi par le SDECE dont il fut chef de poste à Libreville, ce service agit en réalité comme une tour de contrôle des ex-colonies françaises.

« L'ambassadeur de France devient presque un employé d'Elf », résume Loïk Le Floch-Prigent. En perquisitionnant le 42e étage de la tour Elf, dans le quartier de la Défense, à Paris, le 15 mai 1997, les juges d'instruction de l'affaire Elf ont pu se rendre compte du pouvoir d'influence de la compagnie. En fouillant dans le bureau du responsable de la sécurité, Jean-Pierre Daniel, les magistrats ont découvert de multiples rapports sur des affaires judiciaires en cours (comme le financement du Parti républicain – rebaptisé ensuite « Démocratie libérale » – ou l'affaire des marchés publics d'Île-de-France), l'activité de journalistes français, le lobbying des compagnies pétrolières anglo-saxonnes en Afrique ou des notes manuscrites sur des sujets sensibles comme le projet d'assassinat dans les années 1980 du journaliste Pierre Péan [→ p. 672]. Un compte-rendu du 27 novembre 1991 attire également leur attention. Il montre que le président congolais Denis Sassou Nguesso, fragilisé par la conférence nationale qui lui impose des élections pluralistes dans quelques mois, tente en vain de convaincre son chef d'état-major, Jean-Marie Mokoko, d'organiser un putsch à son profit. Une « équipe de mercenaires » se tient prête à intervenir depuis Libreville, en lien avec des proches de Charles Pasqua, indique le document, visiblement bien informé.

Trois semaines après cette perquisition, le même Sassou Nguesso déclenche une guerre civile pour reprendre le pouvoir à Pascal Lissouba [→ V.2]. Elf finance alors les deux camps, avant de donner l'avantage à Sassou qui bénéficie du soutien décisif du président angolais José Eduardo Dos Santos… un ancien marxiste (comme le dictateur congolais) soutenu par Elf ! Lissouba perd ainsi son fauteuil présidentiel : il a eu le tort de conclure un accord de préfinancement pétrolier avec la compagnie américaine Occidental Petroleum (OXY) et d'avoir soutenu des mouvements indépendantistes au Cabinda, un territoire coincé entre le Congo et la République démocratique du Congo, annexé en 1975 par l'Angola, dans lequel Elf exploite de nombreux gisements.

La FIBA, « tirelire » d'Elf et du Gabon

Pour mener à bien toutes ces opérations opaques, une banque, la Banque française intercontinentale (FIBA), est créée en 1975. L'initiative en revient au président gabonais Omar Bongo qui, constatant le quadruplement des prix du pétrole en 1973-1974 lors du premier choc pétrolier [→ IV, introduction], voit tout de suite l'utilité d'avoir sa propre banque pour gérer au mieux ses avoirs pétroliers. En réalité, la famille Bongo crée trois établissements : la FIBA à Paris, la Banque du Gabon et du Luxembourg (BGL) à Libreville et la Société internationale de Banque (SIBA) au Luxembourg.

Le premier président de la FIBA, le gaulliste René Plas, par ailleurs membre de la Grande Loge de France, comme Sirven, a écumé les ministères de la IVe République avant de devenir, au début des années 1970, un homme clé des affaires gabonaises, nommé président d'honneur de la Sogafinex (Société gabonaise de financement et d'expansion), puis de la Setimeg, une société d'ingénierie contrôlée par Elf.

La famille Bongo possède 51 % de l'ensemble constitué par la FIBA, la SIBA et la BGL, mais sans avoir la majorité des voix, car le Trésor français a imposé un droit de vote double pour les investisseurs européens. Elf prend 40 % de la FIBA en 1978, tout en contrôlant les postes stratégiques, tandis que les deux autres structures disparaissent du paysage : la SIBA transformée en société financière cesse son activité, la BGL fait faillite. En 1984, la présidence de la FIBA est confiée à Jack Sigolet, bras droit d'André Tarallo à la direction financière d'Elf et concepteur du système de détournements de fonds qui structure les relations entre l'entreprise pétrolière et les États africains. Grâce à cet entrelacs d'interconnexions personnelles et financières, la FIBA est également connectée à Rivunion, la filiale de la trésorerie d'Elf, créée en 1980 et basée en Suisse, utilisée elle aussi pour le versement des commissions occultes.

Concrètement, la FIBA joue un rôle institutionnel en gérant les revenus de la manne pétrolière – ministères et institutions gabonaises y ont des comptes officiels, alimentés par la production pétrolière – mais sert aussi de banque familiale, où proches et affidés d'Omar Bongo piochent pour financer leur train de vie fastueux. Les besoins personnels du seul président gabonais coûtent annuellement entre 30 et 40 millions de francs. Il suffit d'un ordre oral de sa part pour que s'ouvrent les portes de la caverne d'Ali Baba : des remises de grosses sommes d'argent, toujours en liquide, dans les succursales de la banque, dont celle de l'avenue George-V à Paris. À chacun de ses passages dans la capitale française, l'autocrate se livre au même rituel dans sa suite de l'hôtel de Crillon où il a ses habitudes. Bongo reçoit en audience tout le personnel politique français, de droite comme de gauche, pour des discussions à bâtons rompus, assorties de la remise d'une enveloppe bien garnie de billets pour s'assurer de leur soutien. Quelques cadres supérieurs d'Elf profitent aussi de ce système, en obtenant de la FIBA des prêts fort avantageux pour financer des achats immobiliers.

« Si vous ne comprenez pas ce que représente la FIBA, vous ne comprenez pas le système Elf », assure Loïk Le Floch-Prigent. La banque finit par fermer ses portes en janvier 2000, avant que la justice ne s'y intéresse, faisant sans doute pousser un « ouf » de soulagement à de nombreux responsables politiques…

À la fin des années 1990, la société Elf fusionne avec le groupe Total qui l'a rachetée pour 46 milliards d'euros après une offre publique d'échange (OPE) hostile lancée en juillet 1999. Une recomposition qui ne change rien aux pratiques en vigueur, comme le reconnaît avec une certaine franchise Omar Bongo, interrogé sur la question en 2005 par un journaliste : « Avec Total, cela se passe comme avec Elf, rien n'a changé. »

« La République semble double », écrit à ce sujet le philosophe Alain Deneault dans son ouvrage *De quoi Total est-elle la somme ?* (2017), d'un côté quelques individus sont condamnés, de l'autre un continent est englouti – et la corruption, érigée en modèle de fonctionnement, demeure impunie.

Repères bibliographiques

Matthieu AUZANNEAU, *Or noir. La grande histoire du pétrole*, La Découverte, Paris, 2015.

Fabrizio CALVI, Laurence DEQUAY et Jean-Michel MEURICE, « Elf, une Afrique sous influence », documentaire, coproduction La Sept ARTE, MK2TV, diffusé sur Arte le 12 avril 2000.

Alain DENEAULT, *De quoi Total est-elle la somme ? Multinationales et perversion du droit,* Rue de l'Échiquier, Paris, 2017.

Jean GUISNEL, « Foccart, Elf et le sang noir de l'Afrique », *in* Roger FALIGOT et Jean GUISNEL (dir.), *Histoire secrète de la Vᵉ République*, La Découverte, Paris, 2007.

Xavier HAREL, *Afrique, pillage à huis clos*, Fayard, Paris, 2006.

Xavier HAREL et Thomas HOFNUNG, *Le Scandale des biens mal acquis. Enquête sur les milliards volés de la Françafrique,* La Découverte, Paris, 2011.

Eva JOLY, *Notre affaire à tous*, Les Arènes, Paris, 2000.

Eva JOLY, *Est-ce dans ce monde-là que nous voulons vivre ?*, Les Arènes, Paris, 2003.

Eva JOLY, *La Force qui nous manque*, Les Arènes, Paris, 2007.

Karl LASKE, *Des coffres si bien garnis. Enquête sur les serviteurs de l'État-voyou*, Denoël, Paris, 2004.

Loïk LE FLOCH-PRIGENT, entretiens avec Éric DECOUTY, *Affaire Elf, Affaire d'État*, Le Cherche Midi, Paris, 2001.

Pierre PÉAN et Jean-Pierre SÉRÉNI, *Les Émirs de la République. L'aventure du pétrole tricolore*, Seuil, Paris, 1982.

David SERVENAY, « André Tarallo, le Foccart du pétrole », *in* Benoît COLLOMBAT et David SERVENAY (dir.), *Histoire secrète du patronat de 1945 à nos jours. Le vrai visage du capitalisme français*, La Découverte, Paris, 2014.

Jean-Pierre VANDALE, *L'Affaire totale*, Écrire, Paris, 2001.

Chapitre 5

La France au Tchad, l'opération militaire permanente

Marielle Debos

« Il n'a jamais été question d'envoyer des soldats français au Tchad », déclare François Mitterrand en novembre 1981, à la veille de son premier sommet France-Afrique. Les partisans d'une politique de rupture avec la politique néocoloniale de la France ont cependant vite déchanté. L'opération Manta, lancée en 1983, marque le ralliement de la gauche mitterrandienne aux interventions militaires en Afrique et la fin du tiers-mondisme au Parti socialiste. Peu de choses distinguent alors la politique étrangère de Mitterrand de celle de ses prédécesseurs : politique de *containment* de la Libye, refus nationaliste des ingérences américaines dans le pré carré et attachement au mythe de la puissance française. La politique française au Tchad dans les années 1980 est également révélatrice du soutien de Mitterrand à des alliés gouvernant par la violence. Si l'ampleur de la brutalité du régime d'Hissène Habré n'a été établie qu'après son renversement, en décembre 1990, la France ne pouvait ignorer que des crimes généralisés et systématiques étaient commis.

La politique mitterrandienne au Tchad doit cependant être resituée dans l'histoire si particulière d'un pays qui est resté un terrain de jeu pour l'armée française. Le Tchad est le pays d'Afrique qui a connu le plus grand nombre d'interventions militaires françaises depuis l'indépendance en 1960. L'armée française est bien plus qu'une puissance extérieure qui ne serait venue que pour résoudre des « crises » : elle a été et reste encore un acteur à part entière de la politique tchadienne et des conflits que le pays a connus. Un rapport d'information de l'Assemblée nationale française datant de 2015 présente une vision particulièrement positive et optimiste de cette stratégie : « La présence française – discontinue puis continue – au Tchad depuis quarante-cinq ans (opérations Limousin, Tacaud, Manta, Épervier, EUFOR Tchad, Barkhane) a réellement favorisé la construction d'un État et de forces armées parmi les plus solides dans la région », peut-on lire. Et pourtant, les effets de la politique française dans le pays sont beaucoup plus problématiques que ne veulent le voir les parlementaires.

Un siècle de présence quasi continue des militaires français

Depuis les premières années du XXe siècle, les militaires français tiennent une place centrale au Tchad. Considérée comme une zone difficilement exploitable et peu rentable, la colonie est laissée entre les mains de militaires et d'administrateurs coloniaux souvent novices. La région du Borkou-Ennedi-Tibesti, au nord du pays, reste d'ailleurs sous administration militaire française jusqu'en 1965, soit cinq ans après la déclaration d'indépendance. Depuis que le Tchad a dénoncé en 1975 l'accord de défense avec la France, les deux pays sont liés par un « accord de coopération militaire technique » signé un an plus tard [→ p. 379]. Cet accord, interprété de façon abusive, fournit un habillage légal aux interventions armées qui vont se succéder.

C'est la position stratégique du Tchad, et non pas les intérêts économiques, qui explique cette permanence militaire. Le pétrole tchadien a bien suscité des convoitises en France, mais Elf [→ IV.4] ainsi que l'américain Shell se retirent en 1999 du consortium international en pleines négociations sur le projet d'exploitation pétrolière entre le Tchad et le Cameroun. La faible rentabilité du pétrole tchadien, les troubles politiques dans le pays, ainsi que les déboires judiciaires d'Elf expliquent ce revirement. Ce sont finalement des entreprises américaines, chinoises et malaisiennes qui exploitent le pétrole depuis 2003. Si les ressources naturelles n'ont jamais été la motivation première de Paris, le Tchad est en revanche considéré comme un espace stratégique. Situé au sud de la Libye, au carrefour de la bande sahélo-saharienne et de l'Afrique centrale, il occupe une place particulière dans la politique française sur le continent : la France maintient dans ce pays une de ses bases militaires les plus importantes et y multiplie les opérations militaires depuis un demi-siècle. Le Tchad, parfois surnommé le « porte-avions du désert », a également une place particulière dans l'imaginaire des militaires français qui craignent et respectent les combattants du désert qui leur ont tenu tête lors de la période coloniale et postcoloniale.

Les opérations extérieures (opex) qui se sont succédé au Tchad avaient avant tout pour objectif de maintenir la crédibilité de la France dans son rôle de « gendarme » œuvrant à la « stabilité » du continent, ce que François Mitterrand et d'autres présidents français aiment présenter comme une « responsabilité historique » de Paris dans son pré carré. Cette politique étrangère est non seulement néocoloniale mais aussi paternaliste, l'ancienne puissance coloniale s'érigeant en puissance protectrice d'un pays considéré comme fragile. Ironiquement, comme l'a montré l'historien

Nathaniel Powell, les guerres menées par la France au nom de la stabilité ont souvent eu les effets inverses de ceux escomptés. Malgré leur longue présence au Tchad, les Français ne sont jamais parvenus à saisir les ressorts locaux des violences et ont parié sur une lecture régionale et géopolitique des conflits qui les a souvent conduits à l'échec.

Opération Manta, la gauche mitterrandienne se rallie à l'interventionnisme néocolonial

Les années 1960 et 1970 sont marquées par la révolte des populations du centre, de l'est et du nord du Tchad, et l'éclatement du Front de libération nationale du Tchad (Frolinat) en différentes factions rebelles, sur fond de néocolonialisme. Les Français sont *de facto* à la tête de l'armée nationale tchadienne et mènent une véritable guerre contre-insurrectionnelle contre les rebelles du Frolinat. L'opération Limousin (avril 1969 à août 1972) est en outre associée à un programme civil de reconstruction de l'État à travers la Mission pour la réforme administrative (MRA). Les interventions françaises visent alors à maintenir au pouvoir des élites pro-françaises et à assurer le rôle hégémonique de la France dans la région.

En février 1979, des combats éclatent dans la capitale, puis s'étendent à l'ensemble du territoire. L'armée nationale est devenue une force combattante comme une autre dans cette guerre civile marquée par les ingérences de la France (avec l'opération Tacaud de mars 1978 à mai 1980), de la Libye et dans une moindre mesure du Soudan et du Nigéria. En janvier 1981, Goukouni Weddeye, à la tête du Gouvernement d'union nationale de transition (GUNT), et le colonel Kadhafi déclarent la fusion du Tchad et de la Libye. Valéry Giscard d'Estaing, qui est encore président pour quelques mois, tente de limiter l'influence de la Libye sur le Tchad, une politique qui débouchera sur un douloureux échec. Face à l'occupation militaire du nord du Tchad par la Libye, la France soutient clandestinement la faction rebelle dirigée par Hissène Habré : les Forces armées du Nord (FAN).

Quand François Mitterrand est élu président en mai 1981, le Tchad est encore en guerre. Mitterrand tente alors de se rapprocher du GUNT dans l'espoir de le détacher de la Libye et met fin au soutien de la France à Habré. Ce dernier bénéficie encore de l'aide française, mais de manière plus clandestine, par l'intermédiaire du Service de documentation extérieure et de contre-espionnage (SDECE) et grâce à l'appui de mercenaires, dont Bob Denard [→ III.4]. Le GUNT est également soutenu par les Américains.

En octobre 1981, répondant aux pressions françaises et africaines, Goukouni Weddeye ordonne l'expulsion de l'armée libyenne. Kadhafi se retire du territoire tchadien mais maintient son occupation de la bande d'Aouzou, une partie du pays qui longe la frontière libyenne. Habré saisit cette opportunité pour relancer son offensive. Malgré la présence d'une force de maintien de la paix de l'Organisation de l'unité africaine (OUA), le chef de guerre atteint la capitale tchadienne et prend le pouvoir en juin 1982, mettant ainsi fin à la présidence de Weddeye et obligeant le GUNT à entrer en clandestinité. En dépit des critiques formulées par François Mitterrand pendant la campagne présidentielle contre la politique giscardienne en Afrique et alors que le Parti socialiste s'interroge sur les bases militaires en Afrique, le nouveau président français se rallie à l'interventionnisme militaire.

Dès août 1983, l'armée française intervient à nouveau au Tchad, avec la bénédiction des États-Unis et de certains pays du pré carré africain, dont la Côte d'Ivoire de Félix Houphouët-Boigny, opposé à un changement de cap dans la politique africaine de la France. Mitterrand justifie l'opération Manta en affirmant qu'elle intervient à la demande du gouvernement tchadien en vertu des accords en vigueur. Manta doit barrer la route aux avancées du GUNT (toujours dirigé par Weddeye) soutenu par la Libye et sanctuariser le territoire tchadien au-dessous de la « ligne rouge » du 15e parallèle – déplacée ensuite au niveau du 16e parallèle. L'enjeu est aussi de montrer que la France reste (ou entend rester) une puissance capable d'intervenir en faveur de ses alliés africains et qu'elle n'est pas prête à laisser les États-Unis assurer seuls ce rôle. Il s'agit alors de la plus grande opération française menée depuis la guerre d'Algérie : 3 500 militaires français sont envoyés sur le terrain. En dépit de la signature, en septembre 1984, d'un accord sur l'« évacuation totale et concomitante » des troupes françaises et libyennes du Tchad, les Libyens ne se retirent pas. Ils renforcent même leur dispositif, ce qui constitue une humiliation pour Paris. À la fin de l'année 1984, les Français mettent fin à l'opération Manta.

Avec cette opex, les Français passent de la guerre contre-insurrectionnelle déjà éprouvée à la « diplomatie du Jaguar », du nom de l'avion de chasse utilisé par l'armée française. Les thèses tiers-mondistes ont fait long feu : ceux qui croyaient au règlement diplomatique de la crise n'ont pas été entendus ou ils ont été discrédités avec l'argument qu'ils seraient pro-libyens... Des intellectuels français qui se réclament alors de la gauche, notamment Bernard Kouchner et André Glucksmann, se rallient à la politique interventionniste de Mitterrand. Dans sa célèbre *Lettre ouverte à ceux qui sont passés du col Mao au Rotary* (1986), Guy Hocquenghem dénonce le « militarisme mitterrandiste » et la trahison du « Paris-gauche-*Libé*-néo-droite à la Glucksmann ».

Opération Épervier, de la guerre contre la Libye à la « guerre contre le terrorisme »

En 1986, une nouvelle opération extérieure française est organisée à la demande du président Hissène Habré. L'objectif de l'opération baptisée « Épervier » est de rétablir la « ligne rouge » face au renforcement du dispositif libyen et aux avancées des rebelles tchadiens soutenus par Kadhafi.

Contrairement aux opérations précédentes, l'opération Épervier est surtout aérienne. Les 1 500 militaires français positionnés à Ndjamena, Moussoro, Abéché et Faya-Largeau jouent un rôle de soutien en matière de renseignement, de logistique et de fourniture de munitions. Ce soutien est décisif pour les militaires tchadiens qui lancent des offensives contre l'armée libyenne, défaite en 1987. Après l'évacuation de la bande d'Aouzou par les forces libyennes, la victoire des Tchadiens montés sur leurs pick-up contre l'armée de Kadhafi constitue un moment de fierté nationale qui contribue au-delà du pays, notamment en France, à réactiver le vieux cliché colonial des combattants tchadiens vus comme de valeureux « guerriers du désert ».

Lancée pour contrer les ambitions libyennes au Tchad, l'opération Épervier n'a pourtant plié bagage ni après la victoire de l'armée tchadienne, ni même après le règlement judiciaire du différend entre les deux pays, en 1994, lorsque la Cour internationale de justice rend un arrêt affirmant que la bande d'Aouzou est tchadienne. L'opération se poursuit jusqu'à fin juillet 2014, quand elle est remplacée par Barkhane [→ VI.2]. L'opération antiterroriste française destinée à lutter contre les djihadistes au Sahel installe en effet son quartier général sur la base d'Épervier.

Épervier, qui constituait *de facto* une force prépositionnée avec environ un millier de militaires, a ainsi traversé les décennies, de Mitterrand à François Hollande. Si le contexte géopolitique régional et mondial a changé, la volonté des Français de maintenir leur présence dans ce pays considéré comme stratégique est restée. La longévité du dispositif répond aussi à des logiques institutionnelles et corporatistes. Comme l'explique le chercheur Roland Marchal, le Tchad a fait preuve d'une « grande retenue » dans les taxes qu'il a appliquées au contingent français et offre des conditions d'exercice intéressantes pour les militaires : vaste espace aérien, zones de savane et de désert… Épervier coûte certes cher (104 millions d'euros pour la seule année 2008) mais, comme pour toutes les opérations extérieures, son coût n'est pas supporté par le seul ministère de la Défense : plusieurs autres ministères français sont sollicités au titre de la « solidarité interministérielle ». Dernier élément, la participation à une telle opex offre aux militaires déployés des bénéfices financiers et symboliques auxquels ils ne sont pas prêts à renoncer.

Le soutien à Hissène Habré, criminel contre l'humanité

Si François Mitterrand a dans un premier temps parié sur Goukouni Weddeye, Hissène Habré devient donc rapidement un des « amis de la France », Paris ne voulant pas voir le Tchad passer sous influence américaine.

Si l'Élysée, le gouvernement, la diplomatie, l'armée et les services de renseignement ne sont pas toujours alignés, le soutien à Habré reste massif jusqu'en 1990. En plus de l'aide militaire directe, il bénéficie d'un soutien financier, d'une assistance technique ainsi que des formations pour son armée. Comme l'a montré une enquête de l'ONG Human Rights Watch, chaque département de l'état-major de l'armée tchadienne bénéficie de son propre conseiller militaire français. La France a aussi livré au Tchad une quantité impressionnante d'armes dont les factures n'ont jamais été réglées, à l'exception de celles achetées en 1990.

Les Français ne peuvent alors ignorer les crimes commis contre les prisonniers de guerre libyens ainsi que contre les rebelles et les populations civiles tchadiennes. Entre 1982 et 1985, les mouvements d'autodéfense créés dans le Sud (les « codos ») sont violemment réprimés. Entre juin et septembre 1984, au cours d'une période baptisée « septembre noir », ce sont des villages entiers qui sont pillés et incendiés. Les troupes qui s'en prennent aux populations du Sud sont dirigées par Idriss Déby… qui deviendra dictateur à la place du dictateur six ans plus tard. Au cours de ce sanglant mois de septembre, Guy Penne, conseiller de Mitterrand pour les affaires africaines, se rend au Tchad pour une rencontre avec Hissène Habré. Quelques années plus tard, en 1987, ce sont des membres de l'ethnie hadjaraïe qui se révoltent : la répression sur leur région d'origine, au centre du pays, est terrible. En 1989, des leaders zaghawas, dont Idriss Déby, font défection. C'est à nouveau une punition collective qui s'abat sur leur communauté.

La répression passe également par la Direction de la documentation et de la sécurité (DDS), la police politique du régime, qui collabore avec la DGSE française. La DDS quadrille le territoire avec son bras armé, la Brigade spéciale d'intervention rapide, et arrête tous ceux qui, à tort ou à raison, sont soupçonnés de soutenir l'opposition. Des tortionnaires de la DDS vont même être formés par des Français. Selon le rapport de la commission d'enquête sur les crimes d'Habré publié en 1992, le régime serait responsable de la mort de près de 40 000 personnes. Dans ses *Mémoires d'Afrique* (1999), Guy Penne, ex-patron de la cellule Afrique de l'Élysée (1981-1986), évoque les massacres en des termes extrêmement prudents et mesurés. « Nous en savions quelque chose, mais pas tout », élude-t-il. Jean-Christophe Mitterrand, le fils du président, ex-adjoint puis remplaçant de Guy Penne (1986-1992), botte également en touche. « Vous savez, moi, à l'époque où Habré dirigeait le Tchad, j'étais loin de tout savoir de la réalité complexe de ce pays », explique-t-il au *Monde* en mai 2016. Les archives de l'Élysée sur cette période n'ont toujours pas été déclassifiées.

La France n'est pas le seul soutien à Hissène Habré. Un des changements clés des années 1980 est l'implication nouvelle des États-Unis au Tchad. Radicalement opposés à Kadhafi, les États-Unis de Reagan soutiennent celui qui est désormais considéré comme le héraut dans la lutte antilibyenne. Des officiels américains rendent régulièrement visite aux agents de la DDS. Plusieurs centaines de militaires libyens capturés sont formés par la CIA qui crée une unité de dissidents prêts à se battre contre Kadhafi. Cette unité de *contras* connue comme la « force Haftar » est dirigée par le colonel Khalifa Haftar, qui deviendra deux décennies plus tard l'un des hommes forts de la Libye en guerre.

L'implication croissante des États-Unis au Tchad a une autre conséquence : inciter les Français à soutenir l'homme qui a pris la tête d'une coalition rebelle au Darfour voisin pour renverser Habré, jugé désormais insuffisamment loyal. Comme l'a déclaré Claude Silberzahn, ancien directeur de la DGSE (1989-1993), cité dans le rapport de Human Rights Watch, Hissène Habré « a voulu me faire sentir qu'il n'avait plus besoin de nous. Qu'il n'avait plus besoin de la France d'ailleurs, qu'il avait une alliance à ses côtés qui faisait qu'il pouvait se passer de nous. À ce moment-là, il signe son arrêt ». « On l'abandonne en se disant explicitement qu'on va rebattre les cartes, écrit encore l'ancien chef espion dans son livre *Au cœur du secret* (1995). [...] Nous estimions alors qu'Hissène Habré avait échoué à satisfaire l'attente de la France, c'est-à-dire diriger un État calme et tranquille. Non point une démocratie, à l'impossible nul n'est tenu ! »

Le vent tourne, la base militaire reste

En 1990, le vent tourne donc. Habré le sent-il, quand il tacle publiquement les intentions affichées par François Mitterrand, en juin, au sommet de La Baule [→ IV, introduction] ? « Comment la civilisation qui a produit la traite des nègres, le colonialisme, le national-socialisme et Hitler, le fascisme et Mussolini, le franquisme et Franco, prétend-elle apporter sur un plateau d'argent la démocratie et les droits de l'homme à l'Afrique qu'elle méprise et pille sans vergogne ? » lâche devant les caméras celui qui se fait l'apôtre de la « complexité » tchadienne en matière de démocratie.

Habré est de plus en plus critiqué par certains militaires français et a perdu des soutiens au sein du Parti socialiste en raison de sa répression féroce. Surtout, le rapprochement d'Habré avec les États-Unis est très mal vu à Paris. Les Français redoutent en particulier l'utilisation du Tchad et de la « force Haftar » par les Américains pour lancer une guerre en Libye qui aurait pour objectif le renversement de Kadhafi, un projet jugé trop dangereux par la France.

Quand Idriss Déby, à la tête d'une coalition rebelle, lance fin 1990 une attaque depuis sa base arrière au Darfour, le dispositif Épervier ne fait donc pas grand-chose pour aider Hissène Habré. Les rebelles ont, au préalable, bénéficié d'un soutien opérationnel de la DGSE et reçu des équipements militaires de la société française d'armement ACMAT (Atelier de construction mécanique de l'Atlantique).

L'accession au pouvoir d'Idriss Déby, le 2 décembre 1990, est facilitée par les Français. Paul Fontbonne, officier de la DGSE en poste à Khartoum, est à ses côtés dans sa traversée du Tchad et sa conquête du pouvoir. Il reste pendant plus de trois ans un proche du nouveau chef d'État avec le titre de conseiller à la présidence. Comme l'explique Roland Marchal, c'est une période de « gloire » au Tchad pour la DGSE qui prend l'ascendant sur le Quai d'Orsay et les militaires qui ne font pas partie de son giron. Le départ de Paul Fontbonne en juin 1994 ouvre cependant une période mouvementée entre la présidence tchadienne et la DGSE : plusieurs agents sont expulsés du pays entre 1995 et 2000.

Quelques jours après sa prise du pouvoir, Idriss Déby déclare à la foule venue le saluer : « Je ne vous promets ni or ni argent, mais la liberté. » Pourtant, si le Tchad s'engage comme d'autres anciennes colonies françaises dans une conférence nationale souveraine début 1993, elle ne débouche pas sur la démocratisation promise [→ IV.7]. Certes, le niveau de violence politique sous Déby est bien moindre que sous Habré, mais le mode de gouvernement passe encore largement par la répression et la cooptation de l'opposition. Les élections sont truquées et contestées, ce qui n'empêche pas les Français de les reconnaître et d'apporter ainsi leur caution au vainqueur.

Pendant trois décennies, Idriss Déby ne cesse de bénéficier de forts soutiens de la France, notamment auprès des militaires. L'ancien stagiaire de l'École de guerre à Paris bénéficie en outre du prestige de ceux qui ont combattu et vaincu. Idriss Déby est pourtant loin d'être l'allié idéal : son pouvoir est autoritaire, sa politique étrangère instable et il s'engage parfois dans des rapports de force avec son « partenaire » français, multipliant les chantages et les coups de bluff.

Quant à Hissène Habré, après une longue campagne menée par les victimes de son régime et par leurs familles avec le soutien d'ONG tchadiennes, sénégalaises et internationales, il est jugé à Dakar en 2016 par un tribunal spécial : les « Chambres africaines extraordinaires » créées en vertu d'un accord entre l'Union africaine et le Sénégal. Il est condamné à la prison à perpétuité pour crimes contre l'humanité, torture, crimes de guerre et viols (cette dernière qualification est abandonnée en appel). La France fait partie des États qui ont contribué au financement de ces Chambres. Sa contribution s'élève à 300 000 euros, contre un million de dollars pour les États-Unis, une somme bien mince au regard des montants dépensés pendant les huit années de soutien au régime d'Habré.

Malgré les revirements des relations entre Paris et Ndjamena, l'armée française est restée au Tchad. La base militaire « Sergent-chef Adji Kosseï », adossée à l'aéroport international de Ndjamena, a vu se succéder une armée coloniale et plusieurs opérations extérieures. Cette suite quasi ininterrompue de guerres visait à assurer une présence militaire française dans la région et à maintenir l'influence stratégique de Paris. Cette politique a un coût humain direct, les morts et les blessés des guerres, et indirect, les conséquences d'une politique qui, derrière son objectif de stabilisation, a alimenté les conflits et les violences. Elle a aussi un coût plus difficile encore à mesurer : celui que paient les populations tchadiennes pour le soutien que les Français offrent à leurs dirigeants. Nul besoin pour ces derniers de mener une politique sociale, dans un pays marqué par d'immenses inégalités, ni de se construire une légitimité démocratique. Leur survie politique se joue à Paris au moins autant que dans leurs propres pays, comme l'ont encore montré des opérations de sauvetage du « soldat Déby » par l'armée française jusqu'à sa mort en avril 2021 [→ VI, introduction].

Repères bibliographiques

Commission d'enquête nationale du ministère tchadien de la Justice, *Les Crimes et Détournements de l'ex-président Habré et de ses complices*, Rapport de la Commission, L'Harmattan, Paris, 1993.

Commission des affaires étrangères de l'Assemblée nationale française, « Engagement et diplomatie : quelle doctrine pour nos interventions militaires ? », Rapport d'information présenté par Guy-Michel Chauveau et Hervé Gaymard, 2012.

Marielle Debos, *Le Métier des armes au Tchad. Le gouvernement de l'entre-guerres*, Karthala, Paris, 2013.

Marielle Debos et Nathaniel Powell, « L'autre pays des “guerres sans fin” : une histoire de la France militaire au Tchad (1960-2016) », *Les Temps modernes*, n° 693-694, 2017.

HUMAN RIGHTS WATCH, « Allié de la France, condamné par l'Afrique : les relations entre la France et le régime tchadien de Hissène Habré (1982-1990) », Human Rights Watch Report, 2016.
Roland MARCHAL, *Petites et Grandes Controverses de la politique française et européenne au Tchad*, Comité de suivi de l'appel à la paix et à la réconciliation (CSAPR), Ndjamena, avril 2015.
Nathaniel POWELL, *France's Wars in Chad : Military Intervention and Decolonization in Africa*, Cambridge University Press, Cambridge, 2020.

Chapitre 6

Le nœud coulant de la dette

Olivier Blamangin

Une fois de plus, l'aveuglement du système bancaire a été total. Quand le Mexique annonce le 20 août 1982 qu'il suspend le remboursement de sa dette extérieure[1], c'est la stupeur. Le pays n'a pas le choix, les caisses de l'État sont vides. Immédiatement, la panique s'empare des grands établissements financiers, qui ferment le robinet du crédit. Les défauts de paiement s'enchaînent, d'abord en Amérique latine, puis en Afrique, qui plonge dans une crise de la dette inédite par son ampleur et sa durée. Les pays en développement sont pris dans une spirale infernale, qui permet aux institutions financières internationales d'imposer leur projet libéral. Principal État créancier des pays d'Afrique subsaharienne, la France est un protagoniste de premier plan de cette crise qui, par bien des aspects, résume les liens de domination tissés entre le « Nord » et le « Sud ».

Comment en est-on arrivé là ? D'abord, par un contexte international particulièrement favorable à l'endettement. Dans les années 1970, les banques occidentales disposent en effet d'énormes liquidités grâce aux pétrodollars, les taux d'intérêt sont faibles et une embellie sur les prix des matières premières accroît les capacités de remboursement des pays en développement. De leur côté, les pays industrialisés s'enfoncent dans la crise et cherchent à soutenir leurs entreprises à grand renfort de « crédits exports ». La guerre froide incite d'ailleurs à ne pas être trop regardant sur l'utilisation des fonds prêtés aux pays « amis » pourvu qu'ils restent fidèles au camp occidental. L'offre abondante de financements s'accompagne d'une corruption à grande échelle, de détournements massifs et de projets pharaoniques inutiles (« éléphants blancs ») en pagaille. Toutes les conditions sont réunies pour que la dette extérieure des pays en développement explose. Entre 1970 et 1980, elle est multipliée par huit et passe de 47 à 381 milliards de dollars. Celle de l'Afrique subsaharienne

1. Sauf mention contraire, il sera toujours question ici de la « dette extérieure publique ou à garantie publique et de long terme », c'est-à-dire de la dette à plus d'un an, contractée par un État, par une entreprise publique ou par une entreprise privée ayant reçu une garantie de l'État.

augmente pratiquement dans les mêmes proportions, de 20 à 30 % chaque année, pour atteindre 41,9 milliards de dollars en 1980.

Le piège de la dette se referme

À la veille de la crise, les pays du Sud sont donc fragilisés par un endettement croissant mais, tout le monde semble vouloir le croire, *a priori* soutenable. Dans son *Rapport sur le développement dans le monde* de 1981, la Banque mondiale considère encore « qu'il sera plus difficile pour les pays en développement de gérer leur dette, mais [les projections] n'annoncent pas de problème généralisé ». Le second choc pétrolier de 1979 et l'adoption de nouvelles politiques économiques par les pays industrialisés vont pourtant précipiter la chute. Pour juguler la hausse des prix aux États-Unis, la Réserve fédérale (la banque centrale américaine) décrète une augmentation des taux d'intérêt américains. L'inflation est rapidement vaincue, au prix d'une récession qui accentue la chute des prix des matières premières. Les pays endettés sont alors pris en tenaille, entre une charge de la dette qui explose avec l'envolée du dollar et des taux d'intérêt – la plus grande part des emprunts a été contractée en devises et à taux variables – et des capacités de remboursement qui s'effondrent avec la baisse de leurs recettes d'exportation. C'est l'« effet ciseaux », le défaut de paiement est inévitable.

Le « piège de la dette » s'est refermé, implacable. En Afrique, la crise gagne d'autant plus rapidement les pays de la zone franc [→ III.2] que la dette y est bien plus lourde que partout ailleurs au sud du Sahara. L'écart est considérable, avec un endettement par habitant trois fois plus élevé en moyenne que dans les autres pays du sous-continent. Pour l'économiste Olivier Vallée, « c'est principalement le fantôme de la République française » qui explique l'abondance de crédits dont ces pays ont bénéficié. « La force des liens politiques, économiques et monétaires [avec la France] y a joué comme une prime à la capacité d'emprunt », en rassurant les prêteurs. Avec des conséquences vertigineuses puisque l'endettement total de ces pays aura été multiplié par treize entre 1970 et 1982 ! Pas plus que les autres, les États de la zone franc ne peuvent résister à la crise et tombent les uns après les autres. Le Sénégal tente de renégocier ses créances dès 1982, le Togo, la Centrafrique et le Niger en 1983, la Côte d'Ivoire en 1984. Une deuxième vague emporte ensuite les pays producteurs de pétrole : le Congo (1986), le Gabon (1987) et le Cameroun (1989), mais aussi le Mali, le Bénin et le Tchad. Le Burkina Faso sera le dernier à se résoudre à négocier une restructuration de sa dette, en 1991.

La rue crie, les créanciers font la sourde oreille

Les défauts de paiement s'enchaînent mais, du côté des créanciers, on se refuse à prendre la mesure de la crise, officiellement interprétée comme un problème de liquidité temporaire. Les « experts » n'en doutent pas : de simples reports d'échéances de remboursement et de nouveaux prêts permettront de surmonter ces difficultés passagères. Dans une tribune publiée par *Le Monde diplomatique,* Édouard Saouma, directeur général de l'Organisation des Nations unies pour l'alimentation et l'agriculture (FAO), s'alarme pourtant dès 1986 d'une « fuite en avant » qui impose « de supporter plus longtemps un fardeau temporairement allégé ». De reports d'échéances, qui alourdissent un peu plus la charge à venir, en nouveaux emprunts, qui servent simplement à rembourser les précédents, c'est une spirale d'endettement qui s'amorce.

Édouard Saouma ne s'est pas trompé, chaque nouvel accord entre un pays endetté et ses prêteurs n'apporte qu'un court répit.

Alors, il faut négocier de nouveau, emprunter toujours plus et négocier encore. En une vingtaine d'années, le Sénégal a ainsi été contraint de se présenter à quatorze reprises devant ses créanciers. Le Niger, le Togo ou Madagascar ont chacun signé plus d'une dizaine d'accords successifs, sans jamais sortir de l'ornière. Et la Côte d'Ivoire, qui avait obtenu une première restructuration de sa dette en 1984, devra solliciter de nouveaux rééchelonnements presque chaque année jusqu'en 1989, puis de nouveau en 1991, en 1994 et en 1998. Elle s'y plie, mais s'enfonce chaque fois un peu plus avec un endettement qui passe de 5 à 12 milliards de dollars – dont 3,7 milliards d'arriérés – sur la période. Pourtant, dans le même temps, le pays aura remboursé 8 milliards de dollars à ses créanciers, publics et privés. L'ensemble de l'Afrique subsaharienne suit le même chemin, avec une dette qui culmine à 175 milliards en 1995.

Longtemps, les bailleurs de fonds campent sur leurs positions et refusent toute annulation de créances, aussi limitée soit-elle. François Mitterrand le réaffirme d'ailleurs dans son discours d'ouverture du sommet France-Afrique de Paris, en décembre 1985 : « Le remboursement de la dette extérieure est une obligation que les États membres [de l'Organisation de l'unité africaine] doivent honorer. » Un collectif d'associations de solidarité internationale, le Centre de recherche et d'information pour le développement (CRID), s'indigne de cette position française, « l'une des plus intransigeantes vis-à-vis des pays débiteurs ».

Il faut attendre 1988 pour que Paris et les pays les plus riches se rendent à l'évidence d'une crise de solvabilité bien trop profonde. Réunis en G7 à Toronto, ils admettent – enfin ! – qu'une partie des créances ne pourra pas être remboursée et adoptent, timidement, le principe d'une annulation très partielle du « stock » de dettes, pour les seuls pays les plus pauvres et les plus endettés. Mais la situation est tellement dégradée que ces allégements trop limités ne suffisent pas à rompre la spirale. Alors, l'opinion publique se mobilise. D'un sommet du G7 à l'autre, les manifestations pour l'annulation de la dette mobilisent des centaines de milliers de personnes pour faire plier les grands créanciers, qui tergiversent, encore et toujours. Il faudra finalement une dizaine d'années de pression populaire pour qu'une initiative d'ampleur soit enfin adoptée, en 1999, avec la promesse d'annulations pour rendre « soutenable » la dette des pays les plus pauvres. Une décennie perdue qui s'ajoute à la précédente, au cours de laquelle les remboursements ont lourdement amputé les budgets qui auraient pu être mobilisés pour la santé, l'éducation ou l'accès à l'eau, par exemple.

La France à la tête du « tribunal des créanciers »

Pendant toutes ces années, aucun officiel français n'a pourtant omis de dénoncer la « détérioration des termes de l'échange » ou l'« effondrement des prix des matières premières ». Dans son fameux discours de La Baule de juin 1990, François Mitterrand – le même qui exigeait quelques années plus tôt le remboursement des créances – s'insurge cette fois contre « le cercle vicieux entre la dette et le sous-développement » et « l'évasion, parfois [le] vol de vos matières premières ». Mais comme les mots ne suffisent pas toujours, surtout lorsque l'on est le principal créancier, la France se résigne, elle aussi, à faire un premier geste : en 1989, elle efface la dette contractée au titre de l'aide publique au développement (APD) [→ V.9] par les trente-cinq pays les plus pauvres d'Afrique subsaharienne pour un total de 16 milliards de francs, étalé sur de nombreuses années.

Les sommets France-Afrique se suivent alors et se ressemblent avec, presque rituellement, l'annonce de nouvelles initiatives d'allégement. En marge du sommet de La Baule, Paris propose de réduire à 5 % les taux d'intérêt des prêts accordés par la Caisse centrale de coopération économique (ancêtre de l'Agence française de développement) aux pays à revenu intermédiaire de la zone franc. En septembre 1992, le sommet de Libreville accouche, lui, d'un Fonds de conversion de créances doté de 4 milliards de francs. Et le sommet des pays de la zone franc de Dakar, en janvier 1994, qui consacre la dévaluation du franc CFA, est aussi celui de l'annonce d'une annulation de 50 % du stock de la dette APD du Cameroun, du Congo, de la Côte d'Ivoire et du Gabon.

La France aime ainsi se draper dans sa robe d'avocate de l'Afrique et des pays en développement alors que, dans le même temps, elle préside le principal « tribunal des créanciers », le bien nommé Club de Paris. Cette institution, fort peu philanthropique, réunit les pays prêteurs les plus importants, du Japon aux États-Unis, en passant par l'Allemagne ou les pays scandinaves. Tous les pays du G7 en sont membres.

Son objectif est clair : « assurer le recouvrement des créances officielles », en défendant les intérêts des prêteurs – pas ceux des débiteurs. Bercy a fait de ce cartel de créanciers un instrument de sa stratégie d'influence internationale et le défend avec acharnement. Le pays qui sollicite une restructuration se retrouve seul face à ses prêteurs, qui définissent par consensus le niveau des concessions accordées, mais les conditionnent toujours – c'est un des principes du Club de Paris – à la signature préalable d'un accord d'ajustement avec le Fonds monétaire international (FMI). Autrement dit, pour bénéficier d'un allégement de sa dette ou d'un simple report de ses échéances, le pays concerné doit s'engager à mettre en œuvre un programme de réformes pour rétablir l'équilibre de sa balance des paiements, ne plus « vivre au-dessus de ses moyens » et donc, en théorie, garantir les remboursements futurs.

Les effets dévastateurs de l'« ajustement structurel »

Le nœud coulant de la dette se resserre ainsi un peu plus et place *de facto* le débiteur sous tutelle. Les réformes imposées puisent dans une longue liste de mesures libérales, toujours les mêmes : réduction des dépenses publiques, fin des subventions aux produits de base, privatisation, dévaluation, libéralisation du commerce extérieur, ouverture aux investissements étrangers, etc. Appliquées avec obstination pendant deux décennies malgré des protestations populaires toujours plus nombreuses, ces politiques d'austérité sont dévastatrices pour l'accès à la santé, à l'éducation ou à l'emploi, sans parvenir à endiguer la hausse de la dette extérieure.

Encore une fois, la position française est pleine d'hypocrisie. Officiellement, Paris affiche sa distance vis-à-vis de la Banque mondiale et du FMI (pourtant dirigé par un Français, Michel Camdessus, de 1987 à 2000), jugés trop dogmatiques, et joue les médiateurs entre ses « protégés » africains et les institutions financières pour que la potion des réformes ne soit pas trop amère. La France revendique une politique autonome, l'« ajustement réel », par opposition à l'« ajustement monétaire » préconisé par les institutions de Bretton Woods. En réalité, comme le souligne l'économiste et politologue Béatrice Hibou, « les diagnostics de la crise africaine, de la part de la France, du FMI et de la Banque mondiale sont très proches » et induisent finalement de proposer les mêmes remèdes. Chacun s'accorde sur la nécessité et sur les grands principes de l'ajustement, et personne ne conteste qu'ils conditionnent toute restructuration de dette.

Avec le temps, les positions françaises et celles des institutions financières convergent même tellement qu'elles finissent par se confondre.

Le ton est donné en septembre 1993 par Édouard Balladur, dans le journal *Le Monde*. Le Premier ministre prévient que « seuls les pays qui auront engagé avec courage une indispensable politique de redressement pourront désormais compter sur un soutien durable de la France ». « Nous sommes prêts à user de toute notre influence pour que les institutions de Bretton Woods [...] apportent leur appui aux pays africains, poursuit Édouard Balladur. Mais nous ne pourrons plus intervenir si certains pays préfèrent rester à l'écart de la communauté financière internationale et des règles de la bonne gestion. » Le Premier ministre français pose ainsi les fondations de ce qui, un an plus tard, prendra le nom de « doctrine d'Abidjan », après qu'il aura prononcé un discours dans la capitale économique ivoirienne. La « conditionnalité à l'ajustement structurel » remplace désormais la « conditionnalité démocratique », exagérément prêtée au discours de La Baule [→ IV, introduction]. Elle le fait d'autant plus facilement que la seconde n'a été qu'un effet d'annonce et que la première est en réalité déjà appliquée depuis plus d'une décennie, chaque fois qu'un pays conclut un accord avec le Club de Paris.

Naturellement, cette rigueur toute balladurienne pourra souffrir quelques exceptions quand un pilier du pré carré risque le défaut de paiement. De fait, l'aide française n'a jamais manqué au Cameroun, au Congo ou au Gabon, qui sont pourtant loin d'être des modèles de vertu économique aux yeux du FMI. Dans une schizophrénie dont la diplomatie française a le secret, Paris va ainsi tenter de concilier la rigueur budgétaire de l'ajustement portée par Bercy et les largesses financières du clientélisme néocolonial dont usent et abusent le ministère de la Coopération et l'Élysée, les deux jambes d'une politique dont les peuples sortent toujours perdants. Mais au-delà de ses petits arrangements entre amis avec la doctrine économique, l'alignement de Paris sur les positions du FMI est bien réel, la nouvelle doctrine Balladur se concrétisant par l'annonce de la dévaluation du franc CFA.

La grande braderie des privatisations

Cette dévaluation est un vieux serpent de mer des relations françafricaines. La citadelle de Bercy, lassée de financer les déficits et les arriérés africains, est convaincue depuis le milieu des années 1980 de la nécessité de rompre le *statu quo* monétaire. La dévaluation doit rendre leur compétitivité aux pays de la zone franc, réduire leurs importations et augmenter leurs recettes d'exportations, en un mot rétablir les équilibres.

Mais l'Élysée, les chefs d'État africains et le patronat français résistent à cette injonction. Sentant le vent tourner, Omar Bongo, Blaise Compaoré,

Abdou Diouf et Félix Houphouët-Boigny ont même débarqué en force à l'Élysée, à l'été 1992, pour convaincre François Mitterrand des risques d'explosion sociale qu'entraînerait une telle décision. Mais le FMI et la Banque mondiale accentuent tellement la pression que le nouveau gouvernement français de cohabitation s'empare du dossier en 1993 pour évaluer différents scénarios. Les jeux sont faits et, dès la fin de l'été, il ne reste qu'à négocier les mesures d'accompagnement et à tordre le bras des États les plus récalcitrants.

Dans la soirée du 11 janvier 1994, après trois jours de sommet à huis clos, le ministre camerounais des Finances lit, les traits tirés par la fatigue, le communiqué qui annonce la nouvelle parité : cent francs CFA ne valent plus qu'un franc français, contre deux auparavant. En quelques jours, tous les produits importés, même les plus indispensables, doublent de prix. Des dizaines de millions de foyers africains voient leur pouvoir d'achat s'effondrer et le vivent comme une nouvelle trahison de l'ancien colonisateur. Pour Michel Roussin, alors ministre français de la Coopération, qui participe au sommet, « il y a eu la colonisation, la loi-cadre, les indépendances et la dévaluation… c'est un moment historique ! ».

Cette conversion française à l'ajustement structurel est d'autant plus aisée que les privatisations d'entreprises ou de services publics sont un autre mantra des réformes libérales et que les groupes français déjà implantés en Afrique, ou qui souhaitent s'y développer, lorgnent sur quelques joyaux nationaux. C'est la grande braderie, des centaines d'entreprises sont vendues ou proposées en concession. Des services publics de l'eau aux sociétés de télécommunications, du secteur bancaire à l'agroalimentaire, en passant par les chemins de fer, l'énergie, ou l'industrie, tout y passe, pour le plus grand bonheur des sociétés hexagonales. Et cela d'autant plus que ces dernières ont alors peu de concurrents, qu'elles savent mobiliser leurs réseaux, s'appuyer sur la diplomatie française et profiter de procédures d'appels d'offres pas toujours transparentes [→ V.7]. La Banque mondiale le reconnaît elle-même dans son rapport de 1994 (*L'Ajustement structurel en Afrique*) : les potentiels bénéfices des privatisations, minés par « le favoritisme et la corruption », ont souvent été « contrebalancés par le traitement privilégié offert aux nouveaux propriétaires : avantages fiscaux, importations en franchise, protection tarifaire, accès prioritaire au crédit ».

Quand la France alimente la « dette odieuse »

Il est enfin une question sur laquelle Paris et le FMI s'accordent, sans aucune divergence : le refus absolu de reconnaître la coresponsabilité des créanciers dans la façon dont la crise de la dette s'est nouée, et plus encore le caractère illégitime de nombreux emprunts, alors qu'une large partie des crédits concédés a simplement servi à financer des régimes autoritaires ou corrompus.

L'exemple de la dette odieuse de l'ex-Zaïre est presque caricatural tant le « maréchal-président » Mobutu, alors au pouvoir, a bâti un système de gouvernement fondé sur le pillage des ressources, le clientélisme, la violence et la peur [→ III.5]. Les grands bailleurs de fonds, dont la France, l'ont alimenté sans états d'âme, via des prêts d'aide publique au développement ou des crédits exports [→ VI.3]. Lorsque le vieux dictateur est chassé du pouvoir en 1997, la fortune de son clan, disséminée dans une multitude de banques occidentales ou de paradis fiscaux, est évaluée aux deux tiers de la dette publique totale du pays, qui s'élève pourtant à plus de neuf milliards de dollars. La France figure alors en seconde position des créanciers bilatéraux, et donc des financeurs du régime, juste derrière les États-Unis. Fin 1999, Paris détient encore 1,6 milliard d'euros de dettes sur la jeune République démocratique du Congo, pour l'essentiel héritées de la période Mobutu.

La liste des dictateurs qui laissent ainsi – ou qui laisseront – de lourdes créances à leur peuple est malheureusement fort longue. Le Tchad d'Hissène Habré (1982-1990) a ainsi contracté pour 614 millions de dollars de nouvelles dettes, le Mali de Moussa Traoré (1968-1991) pour 2,5 milliards, le Gabon d'Omar Bongo (1967-2009) pour 9,8 milliards. Au Congo de Denis Sassou Nguesso, l'addition des nouveaux emprunts contractés entre 1979 et 1992 – sa première période au pouvoir – atteint la somme vertigineuse de 6 milliards de dollars, auxquels s'ajoutent 5 milliards de nouveaux crédits depuis son retour aux affaires en 1997. Toutes ces sommes génèrent elles-mêmes de nouvelles dettes au gré des rééchelonnements, des capitalisations d'intérêts ou des nouveaux emprunts contractés pour rembourser les précédents. À chaque fois, la France occupe, parfois de très loin, la première place des pays créanciers.

À défaut de reconnaître leurs responsabilités, les grands créanciers imposent leur agenda. Ils s'opposent farouchement – y compris la France – à toute approche multilatérale du surendettement qui permettrait aux pays débiteurs de faire valoir, collectivement, leurs intérêts. Les appels de l'Organisation de l'unité africaine (OUA) à la tenue d'une conférence internationale sur la dette de l'Afrique ne sont pas entendus. Thomas Sankara, qui a pris en août 1983 la tête de la Haute-Volta, rebaptisée « Burkina Faso », est une des rares voix officielles à dénoncer ce carcan. Dans un discours resté célèbre, prononcé en juillet 1987 devant l'assemblée de l'OUA, il encourage ses pairs à répudier la dette. « Non pas dans un esprit belliqueux, belliciste, [mais] pour éviter que nous allions individuellement nous faire assassiner, explique le jeune capitaine. Si le Burkina Faso tout seul refuse de payer la dette, je ne serai pas là à la prochaine conférence ! Par contre, avec le soutien de tous [...], nous pourrons éviter de payer. » Pour Sankara, « ceux qui nous ont conduits à l'endettement ont joué comme au casino. Tant qu'ils gagnaient, il n'y avait point de débat. Maintenant qu'ils perdent au jeu, ils nous exigent le remboursement. »

Il y a quelque chose de prémonitoire dans cet appel du jeune chef d'État que son plus proche lieutenant, Blaise Compaoré, fera assassiner trois mois plus tard. En décembre 1987, pour l'ouverture du sommet France-Afrique d'Antibes, François Mitterrand réaffirme la position française, comme une réponse posthume à Sankara : « Certains sont parfois tentés de recourir à des solutions unilatérales, croyant ainsi en finir avec la dette. Ce ne sont là, à mon sens, qu'illusions. »

Repères bibliographiques

Plateforme française Dette & Développement, *Dette odieuse. À qui a profité la dette des pays du Sud ?*, 2007 (disponible sur <https://dette-developpement.org>).

Plateforme française Dette & Développement, *Club de Paris : Comment sont restructurées les dettes souveraines et pourquoi une alternative est nécessaire*, 2020 (disponible sur <https://dette-developpement.org>).

Abderrahmane Sissako, *Bamako*, long-métrage, Les Films du Losange, 2006.

Éric Toussaint, *Le Système dette. Histoire des dettes souveraines et de leur répudiation*, Les Liens qui libèrent, Paris, 2017.

Éric Toussaint et Damien Millet, *60 questions 60 réponses sur la dette, le FMI et la Banque mondiale*, coédition CADTM-Syllepse, Liège et Paris, 2008.

François-Xavier Verschave, *L'Envers de la dette. Criminalité politique et économique au Congo-Brazza et en Angola*, Agone-Survie, coll. « Dossiers noirs », n° 16, Marseille, 2002.

L'ombre de la France derrière l'assassinat de Thomas Sankara (1987)

Quel rôle a joué la France dans l'assassinat de Thomas Sankara ? Depuis le coup d'État du 15 octobre 1987 de Blaise Compaoré, au cours duquel le père de la Révolution burkinabè a été éliminé avec douze de ses proches [→ IV.7], la question ne cesse de hanter les relations entre la France et ses anciennes colonies.

Couvé par les dirigeants français comme par le président ivoirien Félix Houphouët-Boigny, Compaoré est finalement renversé par une insurrection populaire à l'automne 2014. Exfiltré par les forces spéciales françaises, il se réfugie à Abidjan, où Alassane Ouattara lui octroie aussitôt la nationalité ivoirienne. La Côte d'Ivoire n'ayant pas d'accord d'extradition avec le Burkina Faso, Compaoré reste intouchable pour la justice burkinabè qui a relancé l'enquête sur l'assassinat de Sankara en 2015.

Malgré cet obstacle, les autorités burkinabè décident, en avril 2021, de renvoyer Compaoré devant un tribunal militaire pour « complicité d'assassinat » et « atteinte à la sûreté de l'État ». Il est poursuivi aux côtés de son ex-chef d'état-major particulier Gilbert Diendéré, détenu au Burkina Faso pour une tentative de putsch en 2015, et de douze anciens militaires soupçonnés d'être impliqués dans la mort de Sankara.

Les investigations judiciaires menées par Ouagadougou, dont les conclusions ont été révélées en janvier 2021 par Hervé d'Africk dans le bimensuel burkinabè *Courrier confidentiel*, pointent le rôle de la France à deux niveaux, avant et après l'assassinat. Premier point : Paris semblait parfaitement au courant d'une élimination programmée de Sankara, dont les positions agaçaient au plus haut point le président Mitterrand et son Premier ministre Jacques Chirac. Deuxième élément compromettant : après l'assassinat, la France aurait envoyé sur place une équipe d'agents secrets afin de détruire les écoutes téléphoniques impliquant Blaise Compaoré et son commando.

« Le compte à rebours est enclenché »

Entendu par la justice burkinabè en juillet 2018, l'ancien porteur de valises de billets de Jacques Chirac devenu sarkozyste, Robert Bourgi [→ V, introduction et VI.5], assure qu'il a tenté de mettre en garde le président burkinabè. « À l'époque de la première cohabitation [1986-1988], M. Foccart me savait très proche du président Sankara, affirme-t-il. Ce que je vais vous dire aujourd'hui n'est connu de personne. M. Foccart m'a dit ceci : "Robert, il serait bon que vous alliez à Ouaga [afin] de mettre en garde le président Sankara dont vous êtes l'ami. D'après ce que je sais, il pourrait lui arriver des désagréments." » Et Bourgi ajoute qu'il appelle dans la foulée… Blaise Compaoré pour lui annoncer son arrivée !

Une fois sur place, face à un Sankara « surpris » disant vouloir « éclaircir tout cela », Robert Bourgi lui aurait rétorqué : « Thomas, le message vient de M. Foccart. Il n'a pas l'habitude comme tu le sais de dire n'importe quoi. Sois donc prudent. » Et il précise sur procès-verbal que Foccart « avait des informations » provenant « de la DGSE » sur cette menace imminente. « Grande fut ma peine », après l'assassinat de Sankara, ajoute l'ex-émissaire de Foccart. Avant de conclure, faussement naïf : « L'assassin doit avoir été bien préparé et soutenu. Ça ne peut pas être un acte isolé. Je ne sais pas qui a préparé et soutenu ces assassinats. »

Si le récit de Bourgi doit être pris avec prudence tant le personnage aime reconstituer les faits à son avantage, il a tout de même le mérite de restituer une certaine ambiance. Car la mise en garde de Bourgi ressemble fort, en réalité, à un avertissement comme le suggère le témoignage d'un autre familier des coulisses de la Françafrique, Guy Delbrel, directeur des relations extérieures avec l'Afrique d'Air France. Celui-ci raconte sur procès-verbal les confidences du journaliste, travaillant à l'époque pour *Libération*, Élio Comarin (aujourd'hui décédé), « bouleversé » après une discussion qu'il a eue avec le Premier ministre français. « J'ai noté avec précision les propos d'Élio entendus quelques heures auparavant de la bouche de Jacques Chirac. Celui-ci, mécontent du vote du Burkina Faso aux Nations unies en faveur de l'autodétermination du peuple calédonien [→ IV.1], réunit quelques journalistes [...] à qui il dit : "Dites à votre petit capitaine qu'il commence à compter ses abattis, le compte à rebours est enclenché" », témoigne Guy Delbrel « abasourdi » par la scène rapportée par Élio Comarin.

Une équipe française efface les traces

Il n'y a pas que Jacques Chirac qui se fait menaçant. C'est aussi le cas de Félix Houphouët-Boigny, si l'on en croit plusieurs membres de son entourage. Interrogé par *L'Humanité* en avril 2021, son conseiller à l'époque, Robert Dulas, raconte que le président ivoirien « avait compris qu'il était préférable de pencher du côté de la force. Je me souviens d'une conversation dans son bureau avec Omar Bongo au bout du fil, et Houphouët lui disait : "Le petit [Sankara], il n'a pas compris. Fidel Castro, il a les Russes derrière lui, mais le petit il n'aura que les jeunes pour l'accompagner. Ce n'est pas suffisant, il n'a pas encore assis son pouvoir qu'il s'attaque déjà aux Blancs" ». Autrement dit : Sankara va trop loin. D'autant que les tentatives de corruption de l'homme qui en 1984 a rebaptisé la Haute-Volta le « pays des hommes intègres » (Burkina Faso) se soldent par un échec.

Convaincu que « Blaise Compaoré a obtenu un feu vert d'Abidjan voire de Paris pour assassiner Thomas Sankara », Guy Delbrel dit avoir tenté d'alerter Sankara, à l'époque. Mais ce dernier semble sceptique sur la volonté réelle de Compaoré de passer à l'acte, en répondant à Delbrel : « Le jour où la révolution fera couler le sang, nous aurons perdu… »

« Nous avions infiltré l'opposition burkinabè qui était en Côte d'Ivoire et financée par le président Houphouët-Boigny, témoigne pourtant un agent du renseignement burkinabè dans la procédure judiciaire. […] Il nous est revenu de façon formelle et précise que le président Houphouët-Boigny a dit à cette opposition d'arrêter son plan de déstabilisation parce que Blaise [Compaoré] allait se charger d'éliminer Sankara. »

Inflexible, Sankara devait donc disparaître. Tout comme les traces de son assassinat.

D'anciens agents burkinabè affirment ainsi sur procès-verbal que des espions français seraient intervenus pour effacer les traces d'écoutes téléphoniques compromettantes pour Blaise Compaoré et l'un de ses proches, le commandant en chef de la gendarmerie nationale, Jean-Pierre Palm. « Nous avons pris les écoutes concernant Blaise Compaoré et Jean-Pierre Palm que nous nous sommes partagées [avant de] procéder à leur destruction, explique ainsi un témoin. [Jean-Pierre Palm] en personne est venu dans notre service, accompagné de Français […]. Il a récupéré toutes nos bandes d'enregistrement et toutes nos archives, y compris une table d'écoute portative qu'il a emportée avec lui […]. La table [d'écoute téléphonique principale] elle-même a été désactivée puisqu'elle ne pouvait pas être emportée. Elle était bien fixée et scellée. »

Devant les enquêteurs burkinabè, Jean-Pierre Palm lui-même « confirme la présence de militaires de la DGSE française à Ouagadougou au lendemain du 15 octobre 1987 », indique encore la procédure judiciaire burkinabè. Peu loquace, l'ancien bras droit de Compaoré se contente d'expliquer qu'il s'agissait d'« une mission française » destinée « à faire le point des matériels des forces armées ». Jean-Pierre Palm reconnaît que les espions français « sont venus [le] rencontrer » afin d'accéder « aux transmissions ». Mais il se dit incapable de préciser s'ils « ont pris ou emporté quelque chose ».

La présence sur place d'espions français immédiatement après l'assassinat de Sankara soulève des questions. « Nous savons que des agents de la […] DGSE française se sont rendus à la gendarmerie après le 15 octobre et ont travaillé avec les putschistes, affirme encore un ancien commandant de gendarmerie burkinabè. Est-ce une indication de leur implication, de leur collusion ? Je le crois. »

Un « Baril » qui sent le soufre

Si Jean-Pierre Palm ne livre aucun nom, l'un de ses anciens collaborateurs n'a pas cette prudence. « Dès le lendemain [de l'assassinat, le] 16 octobre 1987, […] Jean-Pierre Palm est venu, accompagné d'un Blanc qui serait un technicien, plus un autre qui serait un capitaine français dénommé Baril, dit-il sur procès-verbal en orthographiant ce nom avec un seul "r". Un des deux [Blancs] a suggéré à Jean-Pierre

Palm d'arrêter [...] le chef de service de la technique opérationnelle [chargé des écoutes] car il était très dangereux. » Ce dernier confirme avoir été arrêté, à l'époque, par « des Blancs, probablement des Français », sans donner d'indication sur leur identité.

Même s'il n'est corroboré par aucun autre élément dans la procédure, ce « Baril » sonne comme un coup de tonnerre. Il évoque immanquablement le nom du capitaine Paul Barril, ancien membre de la cellule antiterroriste de l'Élysée reconverti dans la sécurité et la protection des dictatures proches-orientales ou africaines [→ IV, introduction]. L'homme a joué un rôle actif auprès des extrémistes hutus durant le génocide des Tutsis au Rwanda [→ IV.9]. Mais il semble peu probable qu'il livre ses explications dans l'assassinat de Sankara : en décembre 2020, une expertise d'un neurologue dans le dossier rwandais indiquait que sa maladie de Parkinson était « parvenue à son niveau le plus élevée », ce qui ne lui permet « plus de soutenir ni audition ni confrontation ».

La vérité jaillira-t-elle des archives françaises ? Rien n'est moins sûr. En novembre 2017, lors de sa venue à Ouagadougou pour son premier déplacement en Afrique, le président Macron s'était engagé à fournir « tous les documents produits par des administrations françaises pendant le régime de Sankara et après son assassinat [qui sont toujours] couverts par le secret défense national ». Or, la plupart des documents fournis jusqu'ici par Paris à la justice burkinabè sont des documents diplomatiques sans grand intérêt. En avril 2021, des archives portant sur la coopération de la police et de la gendarmerie françaises au Burkina Faso ont été transmises à Ouagadougou.

Benoît Collombat

Chapitre 7

La voix des peuples et l'écho lointain de la démocratie

Amzat Boukari-Yabara

Le 31 décembre 1980, le président sénégalais Léopold Sédar Senghor, 74 ans, démissionne au profit de son Premier ministre Abdou Diouf, qui a presque trente ans de moins que lui. Si cette « succession en souplesse » en cours de mandat est inédite en Afrique francophone, note le correspondant du *Monde* à Dakar Pierre Biarnès, elle se répète au Cameroun. Le 4 novembre 1982, Ahmadou Ahidjo, 58 ans, démissionne au profit de son Premier ministre Paul Biya, 49 ans. Mais derrière ces passages de témoin, les nouveaux « amis de la France » [→ II.6] maintiennent des régimes autoritaires, placés dans l'orbite de Paris. « Paul Biya, Ahmadou Ahidjo, même censure ! » titre Mongo Beti au sujet de la saisie au Cameroun des numéros de sa revue *Peuples noirs Peuples africains.*

Après déjà deux décennies de confiscation des indépendances, la déception provoquée par ces « nouveaux » chefs d'État – qui ne sont que des produits du système néocolonial français – n'entame pas la détermination des peuples africains à reprendre le contrôle de leur destin, pris entre le marteau des régimes autoritaires et l'enclume des institutions financières internationales. Mais face aux mobilisations des années 1980, la voix des peuples est rapidement muselée par des régimes toujours aussi répressifs qui vont se contenter, à l'aube des années 1990, d'adopter des façades démocratiques tout en menant les politiques de rigueur budgétaire réclamées par les bailleurs de fonds.

Sénégal, Cameroun, Gabon : faux départs, ravalements de façade et colmatages

Avant d'accéder à la magistrature suprême le 1er janvier 1981, Abdou Diouf a le temps de prendre ses marques. Premier ministre depuis 1970, ses responsabilités s'élargissent tandis que Senghor, accusé par l'opposition de mener une « dictature molle », passe de plus en plus de temps en France. Socialiste, Diouf coordonne une politique de nationalisation de l'économie qui ne fait que renforcer le clientélisme. Confronté à la sécheresse, ainsi qu'à la crise des cours du pétrole, des phosphates et de l'arachide qui réduit les revenus de l'État, Diouf répond aux revendications des travailleurs, des paysans et des étudiants en accentuant la répression héritée du régime Senghor.

S'il concède dès 1981 la mise en place du multipartisme intégral pour conforter le Sénégal dans son statut de « vitrine de la démocratie », Abdou Diouf soumet les Sénégalais à une politique de rigueur budgétaire, ouvrant la voie aux programmes d'ajustement structurel dont les mesures antisociales nourrissent plusieurs vagues de contestations populaires dans les années 1980 et 1990.

Au Cameroun, Ahmadou Ahidjo qui a éliminé ses rivaux et décapité l'Union des populations du Cameroun (UPC) [→ II.2] est « réélu » en 1980, dans un régime de parti unique. Le 29 octobre 1982, il est en visite à Paris. Dans ses *Mémoires d'Afrique* (1999), Guy Penne se souvient d'avoir reçu « un homme calme, mais un peu dépressif », en proie à un « surmenage », et qui aurait été convaincu d'être atteint d'une maladie incurable. Ahidjo n'a jamais confirmé si la raison était médicale, mais le 4 novembre 1982, au lendemain de son retour au Cameroun, il annonce sa démission. Comme au Sénégal, mais depuis trois ans seulement, la Constitution fait du Premier ministre son successeur désigné.

Paul Biya douche rapidement les espoirs de changement. Après avoir définitivement écarté Ahidjo, qui pensait rester à la tête du parti unique et ainsi continuer à tenir le pays, puis déjoué une tentative de coup d'État en 1984, Biya développe un mélange d'autoritarisme et de clientélisme, perfectionnant les outils qui vont lui permettre de rester quatre décennies au pouvoir : corruption, harcèlement policier et judiciaire de l'opposition, musellement de la presse, fraudes électorales systématiques…

L'alternance en France donne également espoir à l'opposition gabonaise de faire partir Omar Bongo dont beaucoup pensent qu'il tient son pouvoir de la droite française. C'est notamment la conviction du prêtre catholique Paul Mba Abessole, qui avait tenté en vain d'affronter Bongo à l'élection présidentielle de 1979. Exilé en France, il appuie clandestinement la formation du Mouvement de redressement national (Morena).

En décembre 1981, le Morena ose organiser à Libreville une manifestation réclamant pour la première fois la mise en place du multipartisme. Les quelques manifestants sont aussitôt pourchassés par les autorités qui déplorent l'attention que porte la presse internationale à cette « agitation ». Et, en novembre 1982, dans un procès monté de toutes pièces, treize membres du Morena sont condamnés à vingt ans de travaux forcés pour « atteinte à la sûreté de l'État » et « outrage au président ». Inébranlable, Omar Bongo ne manque pas, à chaque séjour à Paris, de s'étonner des « protections » offertes par la France à Mba Abessole qu'il ramènera finalement progressivement dans son giron, comme la plupart des opposants, après l'ouverture contrôlée au multipartisme.

Comme le résumera le philosophe camerounais Fabien Eboussi Boulaga en 1993, « quand l'adversité prend la figure d'un pouvoir qui prétend tout contrôler, qui veut surveiller et investir tous les processus de socialisation et de personnalisation, occuper jusqu'à l'imaginaire de tous et de chacun, le peuple se définit alors comme la somme des résistances à ce projet totalitaire ». Les ravalements de façade au Sénégal et au Cameroun, ainsi que les fissures vite colmatées au Gabon, ne laissent aucune place à des mouvements populaires structurés, qui vont finalement trouver en Afrique de l'Ouest une incarnation en la personne de Thomas Sankara.

Burkina Faso, tombeau de l'impérialisme

En 1966 en Haute-Volta, un premier mouvement populaire et syndical renverse le président Maurice Yaméogo, remplacé par le général Sangoulé Lamizana. En 1980, ce dernier est balayé à son tour par le colonel Saye Zerbo. Nommé secrétaire d'État à l'Information l'année suivante, Thomas Sankara incarne une ligne radicale et charismatique qui séduit la jeunesse et s'accommode mal des arrangements politiciens. Le 21 avril 1982, il démissionne en direct à la télévision avec une formule tonitruante : « Malheur à ceux qui bâillonnent le peuple ! »

En novembre 1982, Saye Zerbo est renversé et, deux mois plus tard, Thomas Sankara devient le Premier ministre de Jean-Baptiste Ouedraogo. Envoyé à la Conférence des non-alignés à New Delhi en mars 1983, il se lie d'amitié avec le Cubain Fidel Castro et le président de la République populaire du Mozambique Samora Machel. Le mois suivant, il reçoit le colonel Kadhafi, un autre ennemi de la France, à Ouagadougou. C'en est trop. Le 16 mai, Guy Penne se rend à Ouagadougou et, le jour même, le président Ouedraogo fait arrêter Sankara. Des manifestations populaires éclatent en soutien au jeune capitaine, qui est finalement libéré. Le 4 août 1983, il est porté au pouvoir par un commando mené par son fidèle ami, Blaise Compaoré.

Donnant le ton en concluant son premier discours présidentiel le poing levé accompagné d'un « La patrie ou la mort, nous vaincrons ! », Sankara installe un Comité national de la révolution (CNR). Disposant d'une immense popularité qui l'émancipe des partis, Sankara lance une politique de souveraineté nationale et de solidarité internationale. Le pays, renommé « Burkina Faso » (« patrie des hommes intègres »), se proclame « tombeau de l'impérialisme ». Révolutionnaire, panafricaniste, écologiste et féministe, refusant les privilèges, Sankara brise aussi les codes de la Françafrique.

Venu armé et en treillis au sommet franco-africain d'octobre 1983 à Vittel, il boycotte le sommet suivant à Bujumbura en dénonçant les « carcans organisationnels hérités de l'époque coloniale ». En décembre 1985, il reçoit Mouammar Kadhafi à Ouagadougou pendant que le sommet se tient cette fois-ci à Paris. Dénonçant la dette et le franc CFA, estimant que la politique africaine de la France est surtout « très française », Sankara veut s'appuyer sur la solidarité internationale entre les peuples pour rendre obsolète la politique française d'aide et de coopération [→ V.9]. Dans les instances internationales, il refuse de s'aligner sur les positions françaises, prenant même fait et cause à la tribune des Nations unies en faveur de l'indépendance de la Nouvelle-Calédonie. Il multiplie les occasions de froisser Paris.

En novembre 1986, les caméras immortalisent sa passe d'armes avec François Mitterrand en visite officielle à Ouagadougou. Le vieux socialiste français écoute, crispé, le jeune président dénoncer l'hypocrisie de la France à l'égard du régime de l'apartheid et de la guerre en Angola, puis lui répond sur le ton de la menace. Au sommet de l'OUA de juillet 1987 à Addis-Abeba, Sankara a bien conscience de franchir une nouvelle ligne rouge en appelant à refuser de payer la dette et en prenant publiquement à témoin le président ivoirien Félix Houphouët-Boigny. Il conclut sous forme de boutade qu'il ne sera plus vivant au prochain sommet si le Burkina Faso est seul à s'engager dans cette voie.

Il faut tuer Thomas Sankara

Inquiet face à la dimension subversive de la révolution burkinabè, Houphouët-Boigny fait feu de tout bois. Après avoir soutenu en vain le projet d'opposants burkinabè cherchant à écarter Sankara, il profite finalement d'une visite de Blaise Compaoré à Abidjan pour lui présenter avec insistance Chantal Terrasson de Fougères. Cinq mois plus tard, Compaoré épouse la jeune Franco-Ivoirienne qui, avec l'appui d'Houphouët-Boigny, parvient à détourner son époux de la révolution sankariste pour briguer le pouvoir.

Se doutant que son meilleur ami prépare un coup contre lui, Thomas Sankara refuse pourtant de sévir. Dans l'après-midi du 15 octobre 1987, alors qu'il commence une réunion dans le bâtiment du Conseil de l'Entente, un commando débarque. Sankara se lève et sort sur le perron où il est immédiatement abattu, victime d'une coalition d'ennemis [→ p. 562].

En interne, malgré le soutien populaire, Thomas Sankara était fragilisé par une série de crises politiques. Dans la sous-région, sa proximité avec le président ghanéen Jerry Rawlings inquiétait Houphouët-Boigny et le Togolais Gnassingbé Eyadéma. Garants des intérêts français, ils ne cachent pas leur préférence pour Blaise Compaoré, jugé plus malléable et beaucoup moins intègre.

C'est aussi l'avis du chef de guerre libérien Charles Taylor qui se heurtait au refus de Sankara d'héberger ses hommes. Une fois au pouvoir, Compaoré accueillera les rebelles au Burkina Faso où ils recevront armes et financements depuis la Libye de Kadhafi, avant d'aller mener la guerre au Liberia avec la bénédiction d'Houphouët-Boigny et le soutien discret de la France et des États-Unis [→ V.4].

Paris entend bien refermer la parenthèse de la révolution burkinabè et réduire l'épisode Sankara à un simple accident de parcours. Ainsi, Guy Penne fait pression sur le journaliste François Hauter qui, invité initialement à rencontrer le patron de la DGSE, l'amiral Pierre Lacoste, se voit remettre un dossier afin de publier dans *Le Figaro* une série d'articles à charge contre Sankara quelques jours avant son assassinat. « J'ai eu le sentiment affreux d'avoir été manipulé, confie trente ans plus tard le journaliste au micro de RFI, d'avoir été au fond instrumentalisé pour préparer l'opinion à la disparition de cet homme, à travers les dérives entre guillemets de son régime, parce que ce n'était pas non plus la Corée du Nord ou la Chine sous les gardes rouges. »

Les Burkinabè ne savent pas encore qu'ils viennent de revenir pour longtemps dans le giron de Paris. Le 16 octobre 1987, des milliers de personnes défilent au cimetière où le jeune capitaine et douze de ses camarades ont été sommairement enterrés. Martyr de la Françafrique, Sankara devient une icône pour la jeunesse et les peuples africains [→ VI.7].

Le Bénin invente les Conférences nationales « souveraines »

L'arrêt brutal de la révolution sankariste rappelle que toute tentative de sortie du cadre néocolonial s'expose à une répression. Toutefois, malgré cette épée de Damoclès, entre 1988 et 1993, toute l'Afrique francophone est traversée par des mobilisations populaires exacerbées par l'injustice sociale des programmes d'ajustement structurel [→ IV.6] et galvanisées par la situation en Europe de l'Est.

Depuis 1972, le général Mathieu Kérékou dirige d'une main de fer l'ex-Dahomey, qu'il a rebaptisé « Bénin » et engagé dans la voie du marxisme-léninisme. Il a nationalisé l'économie, créant plus d'une centaine de sociétés nationales qui pèsent sur le budget de l'État et renforcent la corruption et le clientélisme des cadres du Parti de la révolution populaire du Bénin (PRPB), le parti unique.

En mars 1987, une crise éclate à la suite de la mobilisation des syndicats de travailleurs. En situation de banqueroute, le gouvernement s'engage à négocier une aide, fin 1988, auprès des institutions financières internationales (IFI) en échange de conditionnalités. Celles-ci incluent notamment la libération ou l'amnistie des prisonniers politiques et exilés, ainsi que des politiques d'austérité faisant partie des réformes dites de « bonne gouvernance ». Mais le gel des salaires et des embauches ne fait que renforcer l'impopularité du régime. Après une série de grèves massives de juillet à décembre 1989, Kérékou, acculé par la rue, sous pression des bailleurs de fonds dont il a besoin pour payer les salaires des fonctionnaires, renonce au marxisme-léninisme et accorde l'amnistie demandée.

Des opposants exilés se prennent alors à rêver d'une forme de réconciliation nationale. L'un d'eux, Adrien Houngbédji, évoque mi-novembre dans une interview à *Jeune Afrique* l'idée de « discussions ouvertes à toutes les forces vives du pays, autour d'une table ronde ». Exilé depuis 1975, cet avocat vit depuis six ans au Gabon, où il compte désormais la filiale locale d'Elf et le président-dictateur parmi ses clients. En août 1989, « c'est à bord d'un avion de la présidence du Gabon, flanqué d'un ministre d'État et du chef de la Garde républicaine d'Omar Bongo », qu'il est revenu pour la première fois au Bénin pour s'assurer de son amnistie, racontera François Soudan dans *Jeune Afrique* vingt et un ans plus tard. Un profil qui fait de lui le candidat idéal, vu de Paris, pour devenir Premier ministre d'un gouvernement d'union nationale.

Au pouvoir depuis dix-sept ans, Mathieu Kérékou cherche à lâcher du lest, tout en préservant l'essentiel. C'est dans cette optique, le 7 décembre 1989, soit quelques jours à peine après la chute du mur de Berlin, qu'il propose l'organisation dans les six mois à venir d'une conférence des forces vives de la nation. Une tactique qu'il avait déjà adoptée par le passé, rappelle le philosophe Fabien Eboussi Boulaga : « En 1979, le chef de l'État, qui n'était autre que le même Kérékou, avait initié presque à l'improviste une conférence des Cadres qui avait duré dix jours. On y avait librement débattu de tout, dans l'horizon du Parti unique, non sans demander la suppression de celui-ci. Un document en était sorti. Ses propositions étaient restées lettre morte. » Mais cette fois, tout ne se passe pas comme prévu.

Du 19 au 28 février 1990, dans un hôtel hautement sécurisé, la Conférence nationale prépare le « renouveau démocratique » du Bénin, selon les mots mêmes de Kérékou. Présidée par l'archevêque monseigneur de Souza, sous la forme d'états généraux, elle réunit les différents acteurs politiques, économiques, sociaux, ainsi que les forces syndicales et la société civile. Près de cinq cents délégués débattent déjà âprement lorsqu'un médecin sans étiquette politique, Alexis Hountondji, propose d'ajouter au règlement intérieur une phrase qui va tout faire basculer : « La Conférence nationale proclame sa souveraineté et la suprématie de ses décisions. »

Les débats, retransmis en direct à la radio, s'enflamment. Kérékou s'invite à la Conférence nationale pour tenter d'en infléchir le cours, en vain : votée à une écrasante majorité, la souveraineté de l'assemblée est proclamée au bout d'une semaine. Refusant de démissionner, le chef de l'État peut rester au pouvoir jusqu'aux élections qui suivront l'adoption d'une nouvelle Constitution, mais il est flanqué d'un Premier ministre de transition.

C'est finalement Nicéphore Soglo, ancien administrateur de la Banque mondiale et diplômé de l'ENA française, qui est élu à ce poste. Il dirige un Haut Conseil de la République qui fait adopter une nouvelle Constitution en décembre 1990 et organise des élections présidentielles pluralistes, libres et démocratiques en mars 1991. Les IFI, qui résument les problèmes africains à des enjeux de « gouvernance », se réjouissent comme Paris de l'élection de Soglo à la tête du pays.

Alternances fragiles au Congo-Brazzaville et au Mali

L'exemple béninois inspire les peuples de toute l'Afrique francophone, qui vont à leur tour exiger, avec plus ou moins de succès, la tenue de Conférences nationales souveraines, en plus de l'avènement du multipartisme. Mais il n'y a que deux pays où, face à la pression populaire pour chasser le dictateur, l'état-major militaire refuse de soutenir le pouvoir en place.

Au Congo-Brazzaville, la Conférence nationale souveraine ouverte le 25 février 1991 débouche sur une alternance pacifique avec l'élection de Pascal Lissouba en avril 1992. Mais, n'ayant pas digéré la défaite dans les urnes, Denis Sassou Nguesso reviendra au pouvoir cinq ans plus tard par les armes et avec le soutien d'Elf [→ V.2].

L'alternance est différente au Mali où, tout au long de l'année 1990, des manifestations dénoncent la corruption et les abus d'un pouvoir qui réprime le peuple et ne parvient pas à mater la rébellion des Touaregs au nord. Le 28 janvier 1991, l'arrestation de plusieurs manifestants dont le secrétaire général de l'Association des élèves et étudiants du Mali (AEEM), Oumar Mariko, entraîne une insurrection. La jeunesse s'en prend à tous les biens identifiés des dignitaires du régime. En représailles, un cycle de répressions fait des centaines de victimes. Moussa Traoré perd le peu de légitimité qui lui restait en faisant tirer sur des femmes venues dénoncer la mort de leurs enfants.

Deux mois plus tard, en liaison avec les forces démocratiques, le lieutenant-colonel Amadou Toumani Touré (« ATT ») prend le pouvoir. En juin 1992, la Conférence nationale valide la transition arrachée par le peuple, et Alpha Oumar Konaré remporte l'élection présidentielle. Le

Mali devient, avec le Bénin, un « modèle » démocratique dont la fragilité n'éclatera au grand jour que vingt ans plus tard [→ VI.2].

Omar Bongo instaure le pluralisme au service du *statu quo*

Presque partout ailleurs, la voix des peuples est noyée ou étouffée. Au Gabon, Omar Bongo pense avoir éteint toute contestation en faisant revenir au pays l'opposant Mba Abessole, quand le campus universitaire de Libreville entre en ébullition. En décembre 1989, en appelant de manière pacifique à la grève, les étudiants brisent un accord tacite qui liait l'octroi des bourses universitaires à l'allégeance au régime. Un mois plus tard, ces mêmes étudiants occupent l'université et obtiennent un rendez-vous avec le chef de l'État. Omar Bongo écoute leurs doléances et congédie le recteur de l'université qui porte son nom. Leur exemple encourage les travailleurs des Postes et Télécommunications et de la société d'électricité du Gabon à mener des actions de délestage et de débrayage.

Cherchant à noyer les demandes de démocratisation, Omar Bongo autorise une forme de pluralisme à l'intérieur du parti unique. En externe, une multitude de partis satellites sont constitués. Ce multipartisme de façade est adopté à l'issue d'une Conférence nationale non souveraine réunissant du 27 mars au 2 avril 1990 près de deux mille délégués des mouvements politiques, sociaux et citoyens. La nomination au poste de Premier ministre de transition de Casimir Oyé Mba, un ancien fonctionnaire du FMI, ne rassure pas les populations qui réclament plutôt une politique de réduction des inégalités.

Le répit est de courte durée car la mort de l'opposant Joseph Rendjambé le 23 mai 1990 à Libreville provoque des manifestations réclamant la démission de Bongo. Les troubles gagnent Port-Gentil, la capitale économique, où résident plusieurs milliers de Français. Le consul de France est séquestré par des opposants. Michel Rocard suit la situation depuis Matignon et alerte la base du 6e BIMa de Libreville. Face à la menace d'une guerre civile et à la décision d'Elf de suspendre sa production de pétrole, et donc à l'effondrement de son pouvoir, Bongo s'en remet à l'intervention française (opération Requin) pour rétablir l'ordre [→ IV, introduction].

Manifestants gabonais, le 27 mai 1990, lors des émeutes à Port-Gentil (Gabon) suite à l'assassinat d'un opposant. © *Joël Robine via AFP*

Militaires français devant un bâtiment Elf à Port-Gentil le 25 mai 1990, lors de l'opération Requin déclenchée en réponse aux émeutes populaires. © *via Getty Images*

Transition gelée au Togo

Dirigeant une armée composée d'hommes de son ethnie qui traquent les opposants, entouré de conseillers français à la réputation sulfureuse comme l'ancien doyen de la faculté de droit d'Aix-en-Provence Charles Debbasch, Gnassingbé Eyadéma peut également faire valoir ses relations personnelles avec François Mitterrand, Jacques Chirac et Charles Pasqua. À la tête du parti unique, le Rassemblement du peuple togolais (RPT), Eyadéma juge sévèrement le vent d'ouverture venu du Bénin voisin qui héberge de nombreux réfugiés.

Son régime n'échappe pas à la contestation populaire. Le 5 octobre 1990, des jeunes manifestants prennent d'assaut le palais de justice de Lomé, où des étudiants sont jugés pour avoir diffusé des tracts contre le régime. Si le pouvoir répond par la répression, le mouvement de défiance se poursuit jusqu'au lancement d'une grève générale sur le campus de Lomé le 12 mars 1991.

Finalement, en avril, Eyadéma abolit le parti unique. En mai, un Collectif de l'opposition démocratique (COD) est constitué. Le 12 juin 1991, après de vives négociations entre le régime et le COD menées sous la supervision de l'ambassadeur de France Bruno Delaye, des accords sont signés. L'opposition les rompt rapidement et se divise autour du caractère souverain de la conférence nationale. Eyadéma tranche en rejetant la souveraineté de la conférence qui s'ouvre le 8 juillet. Une transition est mise en place malgré l'opposition des militaires et des partisans du dictateur togolais.

En décembre 1991, l'armée accule donc dans ses bureaux le nouveau Premier ministre de transition Joseph Kokou Koffigoh. Alors que des militaires tricolores sont arrivés au Bénin et se tiennent prêts à débarquer au Togo pour protéger les ressortissants français, Koffigoh demande également une intervention française au ministre de la Défense, Pierre Joxe. Bruno Delaye racontera plus tard à John Heilbrunn et Comi Toulabor comment Jean-Christophe Mitterrand, conseiller à l'Élysée et ami personnel d'Eyadéma, est intervenu auprès de son père. François Mitterrand téléphone à son homologue togolais au prétexte de lui rappeler qu'il est le seul habilité à demander l'exécution des accords de défense, et rejette donc la demande du Premier ministre de transition. Koffigoh est alors capturé par les militaires et la transition togolaise est livrée à la répression qui fait des centaines de victimes dans les mois suivants, en tentant de décapiter l'opposition.

Ainsi, Gilchrist Olympio, fils du président Olympio assassiné trente ans plus tôt [→ p. 256], est grièvement blessé dans un attentat en mai 1992.

En juillet, c'est au tour de Tavio Amorin d'être blessé par balles. Poignardé par des agents du régime durant son transfert vers un avion médicalisé, le leader du Parti socialiste panafricain (PSP) décède à son arrivée dans un hôpital parisien. Le champ est libre pour Eyadéma qui, élu en 1986 avec 100 % des voix dans le cadre d'un parti unique, est réélu en 1993 avec 96,5 % des suffrages. Le dictateur togolais conservera le pouvoir jusqu'à son décès en 2005, remplacé par son fils.

La Françafrique historique reste sourde

Dans cette période d'effervescence, une ouverture survient en Côte d'Ivoire où Félix Houphouët-Boigny autorise l'opposant historique Laurent Gbagbo, militant syndicaliste et socialiste, à le défier à l'élection présidentielle d'octobre 1990. Largement réélu, le « Vieux » charge un ancien cadre du FMI, Alassane Ouattara, de mener des réformes pour sortir le pays d'une crise liée à la chute des cours du cacao et du café.

La jeunesse se fait également entendre. En mai 1991, des étudiants sont réprimés dans la commune de Yopougon par les hommes du général Robert Guéï. En février 1992, plusieurs centaines de membres de l'opposition dont le leader Laurent Gbagbo sont arrêtés lors d'une manifestation. L'alternance n'intervient pas du vivant d'Houphouët-Boigny dont la mort, officialisée le 7 décembre 1993, ouvre une longue période de crise [→ V.5].

Au Cameroun, l'ouverture en mars 1990 du procès de l'avocat et ancien bâtonnier Yondo Black, arrêté et accusé avec neuf autres personnes d'avoir signé un manifeste pour l'instauration du multipartisme, fragilise le régime de Paul Biya. En effet, le barreau camerounais et l'Église soutiennent les accusés et leurs revendications.

Le 26 mai, le meeting inaugural du parti d'opposition anglophone, le Social Democratic Front (SDF), dirigé par John Fru Ndi, un dissident du parti présidentiel, est réprimé dans le sang à Bamenda. Pendant plusieurs mois, des opérations « villes mortes » ont lieu à Douala et dans plusieurs provinces de l'Ouest et du Nord, également sujettes à des grèves, des manifestations populaires et des affrontements.

Paul Biya décide finalement d'instaurer le multipartisme, tout en comptant bien se maintenir au pouvoir. Le 3 décembre 1990 à l'Assemblée nationale, il se présente même comme l'initiateur de l'ouverture, en déclarant : « Je vous ai amenés à la démocratie et à la liberté. » En avril 1991, il amnistie les prisonniers politiques mais il divise ensuite l'opposition en promettant de fortes sommes d'argent aux partis qui renonceraient aux mobilisations de rue pour jouer plutôt le jeu électoral. En octobre 1992, au terme d'une campagne tendue et d'un scrutin entaché par de nombreuses fraudes, il est réélu président face à John Fru Ndi qui, de l'avis même de plusieurs cadres du régime, était vainqueur dans les urnes.

Le cas du Cameroun fait ainsi écho au célèbre et hypocrite discours de La Baule : François Mitterrand « le répète, la France n'entend pas intervenir dans les affaires intérieures des États africains amis ». En clair, pas même une condamnation publique des régimes en place. Comme le note Mongo Beti, « rien n'a donc changé en réalité dans les dispositions de l'Élysée à l'égard de l'Afrique : c'est toujours le même choix, en faveur des dictateurs, contre les peuples ».

« Cohabitation », « gouvernement d'union nationale », « dialogue inclusif », de nouveaux termes apparaissent au cours de cette période de mobilisations exceptionnelles qui permettent sur la forme de desserrer la pression autoritaire sur les opposants. Dans le fond, si les visages du pouvoir changent parfois, les pratiques, elles, demeurent. L'opposition est désormais autorisée mais dans des marges si limitées qu'elle ne représente aucune menace réelle pour le pouvoir, qui organise des élections sans crainte de les perdre. Si une société civile se développe, les parlements, les tribunaux et les médias restent largement dépendants des exécutifs. La récupération est totale : c'est l'ère de la « bonne gouvernance », précepte libéral sans consistance démocratique qui offre une nouvelle légitimité de façade aux oligarchies au pouvoir.

Repères bibliographiques

Essé Amouzou, *La Démocratie à l'épreuve du régionalisme en Afrique noire*, L'Harmattan, Paris, 2013.

Richard Banégas, *La Démocratie à pas de caméléon*, Karthala, Paris, 2003.

Mongo Beti, *La France contre l'Afrique*, La Découverte, Paris, 1993.

Mongo Beti, *Africains, si vous parliez*, Homnisphères, Paris, 2005.

Mamadou Diouf, *Libéralisations politiques ou transitions démocratiques : perspectives africaines*, Codesria, Dakar, 1998.

Fabien Eboussi Boulaga, *Les Conférences nationales en Afrique noire. Une affaire à suivre*, Karthala, Paris, 1993.

Mamoudou Gazibo, *Introduction à la politique africaine*, Presses de l'Université de Montréal, Montréal, 2010.

Babacar Gueye, « La démocratie en Afrique : succès et résistances », *Pouvoirs*, vol. 2, n° 129, 2009.

John Heilbrunn et Comi Toulabor, « Une si petite démocratisation pour le Togo… », *Politique africaine*, n° 58, 1995.

Bruno Jaffré, *Biographie de Thomas Sankara. La patrie ou la mort…*, L'Harmattan, Paris, 2007.

Bruno JAFFRÉ, « Who Killed Thomas Sankara ? », *in* Amber MURRAY (dir.), *A Certain Amount of Madness. The Life, Politics and Legacies of Thomas Sankara*, Pluto Press, Londres, 2018.

Joseph KI-ZERBO, *À quand l'Afrique ?*, entretien avec René Holenstein, Éditions de l'Aube, Paris, 2003.

Guy LABERTIT, « Le militant, la France et l'Afrique » (entretien), *Politique africaine*, n° 105, 2007.

Fanny PIGEAUD, *Au Cameroun de Paul Biya*, Karthala, Paris, 2011.

Ouvéa, un massacre colonial (1988)

Près de trente ans après les indépendances des États de l'AOF et de l'AEF, l'idéologie et les méthodes coloniales les plus caricaturales restent pleinement d'actualité dans d'autres colonies françaises.

Fin avril 1988 doivent avoir lieu le premier tour de l'élection présidentielle en France et, en Nouvelle-Calédonie, les élections régionales pour remplacer le congrès du territoire et les conseils de région. Ces dernières font suite à une réforme menée par le gouvernement de cohabitation dirigé par Jacques Chirac, qui entend depuis deux ans couper l'herbe sous le pied des indépendantistes kanaks en octroyant au territoire un peu plus d'autonomie tout en modifiant les règles du jeu électoral pour avantager la droite coloniale.

« La réunion le même jour, dans les circonstances que l'on sait, de ces deux scrutins, a quelque chose d'anormal, commente le 27 mars François Mitterrand. C'est fait, à l'évidence, pour brouiller les cartes en Nouvelle-Calédonie et pour peser sur l'élection présidentielle. » Le président socialiste, candidat à sa réélection, se méfie de l'instrumentalisation de la montée en tension dans ce territoire d'outre-mer de plus en plus secoué par les mobilisations des indépendantistes, la répression brutale des autorités et les actions violentes des groupes paramilitaires contre des partisans de l'autodétermination.

En plus des policiers et gendarmes présents, quelque 6 500 militaires français sont déployés. Un « quadrillage du pays » qui s'inspire des « méthodes conçues pour la guerre contre-révolutionnaire », dénonce en 1991 l'ancien député calédonien Maurice Lenormand, un métropolitain ayant fondé avec des Kanaks l'Union calédonienne, parti autonomiste puis indépendantiste. Malgré ce dispositif, le Front de libération nationale kanak et socialiste (FLNKS) appelle à boycotter l'élection par une « mobilisation musclée ».

« La barbarie de ces hommes, si tant est qu'on puisse les qualifier ainsi »

Le 22 avril, deux jours avant le scrutin, des indépendantistes tentent d'occuper une gendarmerie sur l'île d'Ouvéa : la situation dégénère en fusillade. Quatre gendarmes sont tués, un autre grièvement blessé. Vingt-sept gendarmes sont emmenés en deux groupes d'otages, dont l'un dans la grotte de Gossanah, accessible seulement à pied.

Déshumanisant les assaillants, Jacques Chirac se dit « consterné par cette sauvagerie, par la barbarie de ces hommes, si tant est qu'on puisse les qualifier ainsi, sans doute sous l'emprise de la drogue et de l'alcool », entretenant les mensonges de la presse qui évoque une « tuerie » (*Libération*), des gendarmes « sauvagement assassinés à coups de machette » (*Le Parisien*) ou « tués à coups de hache » (*France Soir*).

Chargée dès le lendemain par le Premier ministre d'une mission de maintien de l'ordre sur tout le territoire calédonien, l'armée se déploie et isole l'île d'Ouvéa : communications et transports sont coupés, la presse est refoulée. C'est l'opération Victor, une véritable expédition militaire.

Un des deux groupes d'otages est relâché au bout de trois jours, mais pas celui détenu dans la grotte. Pour localiser celle-ci, les habitants de l'île subissent des interrogatoires qui virent aux séances de torture, forcés par exemple à « assister au spectacle de leurs jeunes garçons, liés à des cocotiers par les bras et les jambes pendantes », écrit le député Lenormand. Simulacres d'exécutions, coups, étranglement jusqu'à l'évanouissement, armes pointées sur la tête, voire « tirs rasant » les corps, témoigneront plus tard les victimes de l'armée française. En 1989, un rapport d'enquête de la Ligue des droits de l'homme qualifiera ces méthodes de « résurgence perfectionnée de la fameuse "gégène" de la guerre d'Algérie ».

« La haine du Kanak »

L'affaire s'invite dans l'entre-deux-tours de l'élection présidentielle française. Dénonçant les mobilisations indépendantistes, le candidat Chirac criminalise les actions des militants kanaks en fantasmant sur « des centaines de blessés, des dizaines, des dizaines et des dizaines de femmes violées, des centaines de maisons, de fermes ou de biens attaqués, pillés ». Et le 5 mai 1988, trois jours avant le second tour, son gouvernement décide, avec l'aval du président-candidat Mitterrand, de donner l'assaut : le GIGN est épaulé par les troupes du 11e Choc, bras armé de la DGSE. « Il y allait de l'honneur de la France », explique le soir même le ministre de l'Outre-mer Bernard Pons. Dix-neuf Kanaks sont tués, dont un villageois désarmé qui ravitaillait la grotte, exécuté sommairement comme plusieurs des preneurs d'otages. « On avait la haine du Kanak ! » témoigneront certains des militaires français auprès du journaliste Jean-Guy Gourson, qui a enquêté sur le massacre. Vingt ans après, le capitaine du GIGN qui dirigeait l'assaut, Philippe Legorjus, parle pudiquement d'« actes contraires à l'honneur », devant la caméra de Mehdi Lallaoui (*Retour sur Ouvéa*, 2008).

« On n'imagine pas ça face à des indépendantistes corses [ou à] des régionalistes bretons. [...] On se l'autorise parce qu'on pense qu'en face ce sont des inférieurs », analyse en 2018 sur La 1re de France TV Info Edwy Plenel, qui avait couvert le sujet pour *Le Monde*. « C'est un massacre colonial, résume-t-il. À la fois le mode d'opération, les tortures qui ont précédé l'assaut, l'assaut lui-même et les corvées de bois qui suivent », en référence aux exécutions sommaires de prisonniers pendant la guerre d'Algérie.

Les détenus sont transférés en métropole. Leur avocat Michel Tubiana, devenu trente ans plus tard le président d'honneur de la Ligue des droits de l'homme, se souvient qu'à l'époque il constate tout de suite que « malgré le délai qui s'est écoulé, c'est-à-dire plus d'une semaine au moins [depuis leur arrestation], ces gens portent encore des marques de sévices visibles à l'œil nu ». Il obtient d'ailleurs une expertise montrant que ses clients « avaient servi de cendriers aux forces de l'ordre ».

François Mitterrand est finalement réélu et Michel Rocard succède à Jacques Chirac à la tête du gouvernement. Les accords de Matignon-Oudinot, négociés dès juin 1988 sous son autorité, garantissent une amnistie, « à l'exception des crimes de sang »… qui seront pourtant eux aussi amnistiés début 1990. Vingt ans plus tard, Michel Rocard expliquera pourquoi au micro de France Culture : « Des blessés kanaks ont été achevés à coups de bottes par des militaires français dont un officier. Il fallait prévoir que cela finisse par se savoir et que ceux-là aussi soient garantis par l'amnistie. »

Thomas Borrel

Chapitre 8

Des Hauts-de-Seine à la « Corsafrique » : les réseaux parallèles de Charles Pasqua

Benoît Collombat

« François Mitterrand avait indiscutablement le sens de l'État. C'était un patriote. Nous n'avions pas la même définition du mot "républicain", au départ, mais finalement nous nous sommes rejoints. » Tel est le commentaire flatteur de Charles Pasqua sur François Mitterrand, lors d'un entretien diffusé sur France 2 en mars 2015, deux mois avant la mort de « ce diable de M. Pasqua », selon l'expression prêtée au président socialiste.

Si lors de la première cohabitation (1986-1988), les relations entre le ministre de l'Intérieur, alors entièrement dévoué au Premier ministre Jacques Chirac, et le président Mitterrand sont glaciales (le chef de l'État tente de s'opposer à sa nomination place Beauvau), il n'en ira pas de même lors de la deuxième cohabitation (1993-1995). Il n'est plus question d'attaquer frontalement Mitterrand à travers des tentatives de déstabilisation qu'on retrouve dans l'affaire Carrefour du développement [→ p. 530], la répression de la prise d'otages d'Ouvéa [→ p. 580] ou la libération des Français enlevés au Liban (1986-1988). Durant cette période, Pasqua se rapproche du Premier ministre Édouard Balladur, rival de Chirac, mais aussi de Mitterrand qu'il a pris l'habitude de retrouver pour des déjeuners secrets à Louveciennes (Yvelines), entre 1991 et 1993, après le parcours de golf du président. « Il disait tout le mal qu'il pensait de ses amis et moi des miens, ce qui fait que nous étions d'accord », ironise en 2015 l'ancien baron de la droite française.

Comme le révèle *Le Monde* en février 2001, ces rencontres discrètes étaient organisées par l'un des personnages principaux de l'affaire Elf [→ IV.4], Alfred Sirven, dans une vaste propriété appartenant au docteur Laurent Raillard, un proche du chef de l'État par ailleurs salarié d'une filiale du groupe pétrolier de juin 1990 à avril 1993. « [Les] capacités manœuvrières [de Mitterrand] me fascinaient, les miennes ne le laissaient pas indifférent », écrit encore Charles Pasqua dans ses

Mémoires. La Françafrique constitua un parfait terrain d'entente entre les deux hommes.

D'autant que, avant de faire de la politique, Pasqua a pu largement roder ses talents de « manœuvrier ».

Du « clan » Ricard au SAC

Entré chez le fabricant de pastis marseillais Ricard comme simple représentant en 1952 (il est recruté par son fondateur Paul Ricard), Pasqua gravit tous les échelons de l'entreprise : directeur général des ventes, directeur commercial puis numéro deux du groupe en 1967, avant de fonder sa propre société (« Europe-Alimentation » dite « Euralim ») dans le but d'exploiter un apéritif, l'Americano, appartenant à la marque italienne Gancia. Ce qui n'est pas du goût de son employeur qui le « met en demeure » de quitter le groupe Ricard, en lui reprochant « un véritable concert frauduleux d'actes caractérisés de concurrence déloyale » ainsi que « la mauvaise gestion de son département [d'activité] », selon un rapport des Renseignements généraux de 1971 révélé par *Charlie Hebdo* en janvier 2002. Et la note des RG ajoute : « M. Pasqua, qui dispose d'un chauffeur et de gardes du corps, mènerait un train de vie que ne justifient pas ses ressources personnelles semble-t-il. » « Nous étions plus qu'une famille… un clan », préfère commenter pudiquement Pasqua, en 2012 au *Journal du dimanche*, assurant qu'il ne « serait jamais devenu » ce qu'il est, s'il n'avait « pas travaillé avec Paul Ricard ».

S'il accompagne la création du SAC, le service d'ordre musclé du parti gaulliste, fin 1959, dont il devient vice-président en 1967, Pasqua n'entretient pas de bonnes relations avec Jacques Foccart, poussant avec d'autres gaullistes à la mise en place de mouvements parallèles comme les Comités de défense de la République (CDR). Après l'élection de Pompidou qui souhaite « purger » le SAC suite à l'affaire Markovic [→ III.3] et le retour de Pierre Debizet, ex-partisan de l'Algérie française, à la tête du service d'ordre à la demande de Foccart, Pasqua quitte le mouvement en 1969.

Lieutenant de Jacques Chirac, il accompagne la « chiraquisation » de l'Union des démocrates pour la République (UDR), en décembre 1974, en installant son propre service d'ordre concurrent de celui du SAC. « Le gaullisme d'ordre se divisait à présent en deux familles rivales : les réseaux de Charles Pasqua et ceux de Jacques Foccart », constate le spécialiste du SAC François Audigier, dans la revue d'histoire *Vingtième Siècle* (2012). Les relations avec Foccart vont se réchauffer après la création du RPR fin 1976 lorsque le « Monsieur Afrique » du gaullisme et le SAC en pleine dérive mafieuse se mettent véritablement au service de Jacques Chirac [→ IV.1]. Après la dissolution du SAC, un an après la tuerie d'Auriol (une famille massacrée dont un enfant de 7 ans, en juillet 1981), Charles Pasqua voit d'un mauvais œil le parrainage par Foccart et Debizet du très droitier Mouvement initiative et liberté (MIL) qui vise à le refonder sous un autre nom, préférant lancer une structure *bis* baptisée « Solidarité et défense des libertés » destinée à rassembler « ceux qui refusent le socialisme et veulent agir ».

Casinos, machines à sous, pétrole, armements et amitiés corses (comme avec l'intermédiaire Étienne Léandri condamné pour collaboration économique à la Libération) : dans les années 1980-1990, Pasqua maîtrise tous ces réseaux parallèles. Son soutien infructueux à la candidature d'Édouard Balladur à la présidentielle de 1995 ne marginalise pas longtemps celui qui fut l'homme des « coups tordus » du RPR.

La SEM Coopération 92, « tirelire » de la Françafrique

Puissant, Pasqua l'est non seulement par ses contacts privilégiés au sein de l'appareil d'État, au-delà des alternances politiques, mais surtout parce que, depuis octobre 1988, il se trouve à la tête du plus riche département de France (un budget annuel de plus de 1,5 milliard d'euros dans les années 2000) : les Hauts-de-Seine, qu'il dirige jusqu'en mai 2004. Le siège qu'il occupe au Sénat de 1977 à 1986, 1988 à 1993 (il préside le groupe RPR), 1995 à 1999 puis 2004 à 2011 lui donne un point d'appui supplémentaire dans les hautes sphères de la République. Les Hauts-de-Seine, « c'est la Californie de la France », pour reprendre l'expression de l'ancien *Pasqua boy* Jean-François Probst, un quasi-État dans l'État branché sur la Françafrique.

Le système s'articule autour d'une société d'économie mixte créée en 1991, la SEM Coopération 92, dont le budget oscille entre l'équivalent de 4 à 5 millions d'euros, elle-même en lien avec les plus grosses entreprises du pays, actives dans le secteur du bâtiment, du pétrole, des transports ou des communications. L'objectif affiché est celui « d'une véritable croisade en faveur du développement », comme l'affirme Charles Pasqua le 5 janvier 1994, dans l'émission « La Marche du siècle » sur France 3. « Dès mon arrivée à la tête du département, j'avais décidé que mon action s'inspirerait largement des principes de la politique définie pour la France par le général de Gaulle, écrit Charles Pasqua dans le tome II de ses Mémoires (2008), en promettant de consacrer « 1 % du budget départemental à la coopération en direction des pays en voie de développement » [→ V.10], à commencer par les pays du pré carré où Pasqua se rend fréquemment, accompagné parfois du gaulliste Pierre Messmer, ancien administrateur colonial et ancien Premier ministre. Ces visites en Afrique ressemblent à un tableau du « bon vieux temps » des colonies, sous la plume de Pasqua qui s'extasie dans ses Mémoires sur l'« affection réelle » manifestée par les populations sur place. Alors que les deux hommes rendent visite au président Abdou Diouf au Sénégal, « un immense colonel de la garde demanda à Pierre Messmer s'il se souvenait de lui, car, enfant, il lui donnait des bonbons », écrit ainsi l'ancien ministre de l'Intérieur. Même accueil en Côte d'Ivoire, raconte encore Pasqua, empli de bouffées nostalgiques. Là, c'est le directeur de cabinet du président Houphouët-Boigny « tellement heureux de voir Pierre Messmer » qui lance à l'ancien gouverneur de la France d'outre-mer : « J'espère que nous n'avons pas trop abîmé ce que vous nous avez laissé ! »

Derrière les accents paternalistes du grand manitou des Hauts-de-Seine se cachent d'autres considérations, moins avouables : la SEM Coopération 92 sert surtout de « tirelire » aux bastions de la Françafrique, à commencer par le Gabon d'Omar Bongo, par ailleurs grand pourvoyeur de valises de billets aux partis politiques français [→ IV.3]. « Pasqua, c'est mon frère, on a le même tempérament », affirme Omar Bongo dans son livre *Confidences d'un Africain* (1994) tandis que le président du conseil général des Hauts-de-Seine, qui a adopté le surnom de « grand Batéké des Hauts-de-Seine » – allusion aux terres natales du président gabonais –, assure sans rire que c'est grâce à Omar Bongo qu'il a « pu comprendre et pénétrer l'âme africaine ».

Au Gabon, l'« âme africaine » est surtout incarnée par le patron des services secrets, le général Samuel Mbaye, ancien ambassadeur du Gabon en France, qui pilote le programme triennal de coopération lancé en 1991 entre les Hauts-de-Seine et différentes régions gabonaises. Une « aide » qui bénéficie essentiellement à une entreprise dirigée par un homme d'affaires libanais, Hassan Hejeij, étroitement lié au régime gabonais.

Et quand Libreville estime que le compte n'y est pas, Omar Bongo prend lui-même la plume pour appeler son ami Pasqua à la rescousse. « L'échéance électorale présidentielle [gabonaise] m'incite à vous demander de bien vouloir faire un effort supplémentaire pour la construction de cinq ponts [...] ainsi que quarante salles de classe sur les différents sites de la province du Haut-Ogooué », la région natale d'Omar Bongo, écrit le président gabonais à Charles Pasqua, le 3 juin 1993. Quatre mois plus tard, Bongo remercie chaleureusement le président du conseil général des Hauts-de-Seine, comme le rapporte en 2005 le livre du collectif de journalistes d'investigation Victor Noir.

En 1999, la chambre régionale des comptes d'Île-de-France finit tout de même par épingler la SEM Coopération 92 : elle relève une longue liste d'irrégularités (absence de mise en concurrence ou d'appels d'offres) notamment au Gabon où le « motif d'urgence » invoqué pour construire une école et une route par une entreprise gabonaise de travaux publics paraît « fort mal fondé » aux yeux des magistrats financiers.

Charles Pasqua, alors sénateur et président du conseil général des Hauts-de-Seine, reçu par le président Omar Bongo, au Gabon, le 1er février 1997. *© James Andanson / Sygma via Getty Images*

Lorsqu'il succède à Charles Pasqua à la tête du département en 2004, Nicolas Sarkozy est rattrapé par la gestion opaque de cette structure. Mais il ne change rien à ses fondations. Malgré un audit accablant, pointant de possibles emplois fictifs et de multiples « anomalies comptables » relevées par le commissaire aux comptes, celui qui est alors ministre de l'Économie et des Finances du gouvernement de Dominique de Villepin décide de maintenir à son poste le directeur général de la SEM Coopération 92, Yan Guez. Celui-ci est le fils d'un ami personnel de Charles Pasqua passé par la Sofremi, l'office de vente d'armes du ministère de l'Intérieur. Le commissaire aux comptes fait pour sa part un signalement à la justice. Une enquête préliminaire est alors ouverte par le parquet de Nanterre, mais le dossier est finalement classé dès l'automne 2009, alors que Nicolas Sarkozy a succédé à Jacques Chirac à l'Élysée.

Des amitiés couleur pétrole

Outre les connexions africaines de la SEM Coopération 92, Charles Pasqua peut compter sur le soutien fidèle d'Alfred Sirven, l'éminence grise d'Elf de 1989 à 1993. Le directeur des affaires générales de la compagnie pétrolière chargé d'arroser les responsables politiques n'oublie pas de rémunérer les hommes de Pasqua en Afrique comme Daniel Léandri ou François Antona, un ancien membre du cabinet du ministre de l'Intérieur entre 1993 et 1995, très présent au Cameroun de Paul Biya. Le financement transite par Elf International Services (EIS), une filiale suisse de la compagnie pétrolière dirigée par Sirven. Des avions d'Elf sont même mis à la disposition du « souverainiste » Pasqua, lors du référendum sur le traité de Maastricht en 1992.

« Charles Pasqua et Loïk Le Floch-Prigent [P-DG d'Elf de 1989 à 1993] ont partagé les mêmes vues sur l'évolution politique du Gabon et surtout du Congo, quand Elf était divisé », constate le journaliste Éric Fottorino dans son portrait-enquête « Charles Pasqua l'Africain » publié en mars 1995 dans *Le Monde*. Et d'expliquer : « Une partie de l'état-major "appuyait" la transition démocratique de Pascal Lissouba. Charles Pasqua et ses amis rejoignaient Loïk Le Floch-Prigent dans leur sympathie pour le président Sassou. Avant mars 1993, Elf fit des opérations malheureuses au Kazakhstan. M. Pasqua reçut le président ouzbek, Islam Karimov, au conseil général des Hauts-de-Seine, servant ainsi de relais auprès de M. Le Floch-Prigent. C'est dire combien les deux hommes se sont compris et appuyés, appréciés aussi. »

Et lorsque le balladurien Philippe Jaffré prend la direction d'Elf en 1993, les réseaux Pasqua ne perdent rien de leur vigueur. Ainsi, lorsqu'en janvier 1997 le P-DG de la compagnie pétrolière « décide de se rendre en Angola, il doit décaler sa visite d'une semaine » car Pasqua « a programmé au même moment un déplacement à Luanda et risque de monopoliser les meilleurs interlocuteurs », rappelle Raphaëlle Bacqué dans *Le Monde* en 2015. Le système Pasqua concurrence donc le système Elf, tout en y étant intimement mêlé. « Charles, je n'y toucherai jamais », lâche même Sirven aux enquêteurs qui l'arrêtent aux Philippines en février 2001, après quatre ans de cavale, selon Nicolas Beau dans son livre *La Maison Pasqua* (2002). Un sous-volet de l'enquête Elf montrera comment un terrain vendu en 1991 par la compagnie pétrolière à un groupe privé sera ensuite revendu à la SEM Coopération 92 avec une importante culbute financière, permettant d'alimenter une commission de 60 millions de francs de l'époque à Sirven. De quoi cimenter une fidèle amitié.

Robert Feliciaggi et Michel Tomi, les Corso-Africains de Pasqua

Outre les réseaux Elf et les connexions des Hauts-de-Seine, Charles Pasqua s'appuie sur deux figures corses installées dans le golfe de Guinée (Cameroun, Congo, Gabon) : Robert Feliciaggi et Michel Tomi.

Originaire de la vallée du Taravu, en Corse du Sud, Robert Feliciaggi est l'exemple parfait de cette « Corsafrique » qui, après avoir fait fortune à l'époque coloniale, connaît une deuxième jeunesse à partir des années 1970 avec la naissance d'un « marché » africain pour les jeux d'argent, comme l'explique la chercheuse Vanina Profizi dans un article publié en 2016 dans les *Cahiers d'études africaines*. Surnommé « Bob l'Africain », Feliciaggi est également le maire divers droite du village de Pila-Canale, considéré comme le fief du « parrain » Jean-Jérôme (dit « Jean-Jé ») Colonna, suspecté d'avoir appartenu à la « French Connection », le fameux réseau de trafic d'héroïne organisé par des truands corses depuis Marseille vers les États-Unis. En 1973, une enquête du magazine américain *Newsday* cite le nom de Pasqua (qui parle, lui, de « pure calomnie ») parmi les contacts de l'un des parrains présumés de ce trafic, Jean Venturi, ex-représentant de Ricard au Canada, sous l'autorité hiérarchique de la figure gaulliste.

L'autre personnage clé, Michel Tomi, est lui aussi originaire de la vallée du Taravu. Cet ancien croupier à Monaco a travaillé dans les années 1970 sur la Côte d'Azur dans des établissements contrôlés par le « milieu » avant d'être interdit de gestion dans le casino de Bandol (fermé par la justice en 1988) dont son frère Jean Tomi était l'actionnaire principal. Condamné à deux ans de prison, dont un avec sursis, dans le dossier du casino de Bandol, Michel Tomi décide de prendre le large en Afrique francophone. « Je suis davantage africain que corse ou français », déclare au *Monde* en 2014 l'homme qui a désormais la double nationalité franco-gabonaise.

Dans ces années 1990, Michel Tomi et Robert Feliciaggi deviennent donc les « empereurs » corses des jeux en Afrique. Ils ont l'oreille d'Omar (puis d'Ali) Bongo, de Denis Sassou Nguesso (Robert Feliciaggi a été à l'école à Pointe-Noire avec lui) ou de Paul Biya. Ils multiplient les ouvertures de casinos et développent les paris du PMU au Gabon, au Congo, au Cameroun, mais aussi au Togo, au Bénin, en Côte d'Ivoire ou au Mali, sur des courses hippiques… en France. Un marché juteux qui, comme l'explique en juin 1995 le politologue Jean-François Bayart dans une note du Centre d'analyse et de prévision du ministère des Affaires étrangères sur la criminalisation en Afrique subsaharienne, sert à « convertir en toute quiétude du cash d'origine douteuse ». Dans les années 2000, alors qu'il est rattrapé par de multiples procédures judiciaires, Tomi, surnommé « le parrain des parrains », brasse plus de 600 millions d'euros de chiffre d'affaires avec son groupe Kabi (qui regroupe le BTP, les jeux et le transport aérien).

Les investigations judiciaires menées à Monaco sur les comptes du Rassemblement pour la France (RPF), le parti créé par Charles Pasqua avec Philippe de Villiers après les élections européennes de 1999, montrent rapidement la proximité financière de l'ex-ministre de l'Intérieur avec le duo Feliciaggi-Tomi. La fille de Michel Tomi, Marthe Mondoloni, par ailleurs patronne du PMU gabonais, qui a figuré en cinquante-cinquième position sur la liste européenne de Charles Pasqua, renfloue les caisses du RPF à hauteur de 7,5 millions de francs en 1999. L'argent provient en réalité de la vente en 1994 du casino d'Annemasse, en Haute-Savoie, contrôlé alors par Robert Feliciaggi, qui venait tout juste de bénéficier d'une autorisation pour l'exploitation des machines à sous… grâce au ministre de l'Intérieur Charles Pasqua, contre l'avis de ses propres services ! Lui aussi visé par la justice dans cette affaire, Michel Tomi a « sollicité le soutien d'une banque camerounaise qui s'est portée caution à hauteur de 3 millions de francs pour le RPF alors au bord de la cessation de paiement », relève *Libération* le 22 avril 2001.

« Bob l'Africain », lui, n'aura pas le temps de s'expliquer à la barre d'un tribunal. Le 10 mars 2006, Robert Feliciaggi est abattu de plusieurs balles dans la tête, alors qu'il s'apprête à monter dans sa voiture, à l'aéroport de Campo del Oro, près d'Ajaccio. Du travail de professionnel.

Rattrapé par les « affaires »

L'élection de Jacques Chirac à l'Élysée en 1995 n'empêche pas Pasqua de continuer à placer certains de ses fidèles au cœur du pouvoir. C'est le cas de son ancien garde du corps, le brigadier de police Daniel Léandri, qui fut aussi son collaborateur place Beauvau où il servait d'émissaire en Afrique. Nommé « chargé de mission » par le nouveau ministre de l'Intérieur Jean-Louis Debré (mai 1995-juin 1997), Léandri s'occupe notamment du dossier corse, continue à rendre compte à son véritable patron, Charles Pasqua, et à échanger – en corse – avec le préfet de police de Paris, Philippe Massoni, nommé à son poste en avril 1993 par le même Pasqua. Également, son homme des missions secrètes, Jean-Charles Marchiani, promu préfet du Var en novembre 1995, continue d'agir dans les coulisses des réseaux françafricains, si l'on en croit le journaliste Éric Lemasson, qui dans son livre *Marchiani, l'agent politique* (2000) raconte comment le préfet « reçoit parfois un appel d'un proche conseiller de Mobutu, quand le président zaïrois a besoin de visas pour ses enfants, par exemple. Le président [zaïrois] les obtient vite ».

S'il passe au travers des gouttes de nombreuses enquêtes judiciaires, l'ambition présidentielle affichée par Pasqua pour 2002 réveille peu à peu des rancœurs dans l'entourage de Jacques Chirac, comme le montrent les carnets personnels couvrant les années 1998 à 2003 de l'ancien directeur des Renseignements généraux (de 1992 à 2004), Yves Bertrand, qui suit de près les affaires politico-financières en cours, notamment l'Angolagate.

La perquisition au siège du RPF et au conseil général des Hauts-de-Seine par le juge Courroye, en novembre 2000, dans le cadre de cette affaire de trafic d'armes tentaculaire [→ V.4], marque le début réel des ennuis judiciaires de Charles Pasqua.

S'il bénéficie finalement en appel d'une relaxe dans l'Angolagate, le « grand Batéké des Hauts-de-Seine » est en revanche condamné, en mars 2008 (peine confirmée en appel), à dix-huit mois de prison avec sursis pour le financement illégal de sa campagne européenne, et à un an d'emprisonnement avec sursis, en avril 2010, pour complicité d'abus de biens sociaux dans l'affaire de la Sofremi, des commissions occultes distribuées en marge de ventes de matériel de police à l'étranger. Deux condamnations dans un océan d'impunité [→ V.3].

Repères bibliographiques

François Audigier, *Histoire du SAC (Service d'action civique) : la part d'ombre du gaullisme*, Stock, Paris, 2003.

François Audigier, « Le gaullisme d'ordre des années 1968 », *Vingtième Siècle. Revue d'histoire*, vol. 4, n° 116, 2012.

Edoardo Baldaro, Silvia D'Amoto et Tommaso Giuriati, « *CorsAfrique.* "The Corsican Milieu in Africa, between Business and Raison d'État" », *The European Review of Organised Crime*, 2019.

Nicolas Beau, *La Maison Pasqua*, Plon, Paris, 2002.

Christophe Bouquet, Christophe Nick, Pierre Péan et Vanessa Ratignier, *Mafia et République*, documentaire en trois parties, YAMI 2 productions, Arte, 2017.

Jacques Follorou et Vincent Nouzille, *Les Parrains corses*, Fayard, Paris, 2004.

Jean-Paul Philippe et Noël Pons, *92 Connection. Les Hauts-de-Seine, laboratoire de la corruption ?*, Nouveau Monde, Paris, 2013 (édition mise à jour, 2015).

Jérôme Pierrat, *Une histoire du milieu : grand banditisme et haute pègre en France de 1850 à nos jours*, Denoël, Paris, 2003.

Frédéric Ploquin, *Les Gangsters et la République*, Fayard, Paris, 2016.

Vanina Profizi, « Les Corses au Gabon. Recomposition identitaire d'une communauté régionale en situation d'expatriation », *Cahiers d'études africaines*, n° 221-222, 2016.

Chapitre 9

Génocide des Tutsis au Rwanda : le rôle accablant de la France

David Servenay

2 octobre 1990. C'est un mardi matin habituel au 2, rue de l'Élysée, dans l'aile gauche du palais présidentiel. Dans son vaste bureau un peu défraîchi, Jean-Christophe Mitterrand reçoit le chercheur Gérard Prunier, spécialiste respecté du continent africain. Ce jour-là, il est venu s'entretenir du Soudan avec le conseiller Afrique du chef de l'État. Tout à coup, le téléphone interrompt la conversation. Depuis New York, le président rwandais Juvénal Habyarimana, affolé, appelle à l'aide. La veille, une colonne de plusieurs milliers de rebelles de l'Armée patriotique rwandaise (APR), branche militaire du Front patriotique rwandais (FPR) dirigée par Paul Kagame, a franchi la frontière ougandaise, au nord du pays, pour fondre sur la capitale. Ils ne sont plus qu'à 70 kilomètres de Kigali et, en face, les Forces armées rwandaises (FAR) se débandent. La menace est réelle. Au bout de dix minutes, le fils Mitterrand raccroche et fanfaronne, avec un clin d'œil, comme le racontera Gérard Prunier : « Nous allons lui envoyer quelques bidasses, au petit père Habyarimana. Nous allons le tirer d'affaire. Cette histoire sera terminée en deux ou trois mois. » Le fils aîné du président Mitterrand se trompe lourdement.

Dès les années 1960, Paris s'est attelé à intégrer le Rwanda, ex-colonie belge, dans sa sphère d'influence. Depuis qu'il a pris le pouvoir à Kigali par un coup d'État en 1973, Juvénal Habyarimana a intégré la « grande famille » françafricaine, et Paris entend bien ne pas lâcher son allié, pointe avancée de son pré carré dans cette région des Grands Lacs africains. Face à la menace d'un retour armé depuis l'Ouganda des réfugiés issus des pogroms antitutsis au moment de l'indépendance – qui devient plus précise avec la création du FPR en décembre 1987 –, Paris fait le choix d'appuyer le régime Habyarimana, y voyant un « pouvoir hutu » légitime car il représente à ses yeux 85 % de la population.

La France maintient son soutien entre 1990 et 1994 à un régime dont l'aile dure prépare puis met en œuvre un génocide contre les Tutsis qui fera en trois mois entre 800 000 morts, selon l'ONU, et un million de victimes,

Le secrétaire d'État français à la Coopération Jean-Pierre Cot, le président François Mitterrand et son homologue rwandais Juvénal Habyarimana, le 7 octobre 1982 au Rwanda. *© Pierre Guillaud / Pool / AFP*

d'après les autorités rwandaises. Malgré les innombrables signaux d'alerte, Paris continue à former et à fournir des armes aux extrémistes hutus, dans le plus grand secret, avant de mener une opération militaro-humanitaire en plein génocide qui permet au pouvoir génocidaire de se replier au Zaïre voisin (aujourd'hui République démocratique du Congo, RDC).

Discret engagement militaire

Dès le lendemain du coup de fil d'Habyarimana, depuis le golfe Persique où il effectue une tournée diplomatique, François Mitterrand entérine le principe d'une intervention française, dont les modalités sont rapidement définies avec ses conseillers militaires.

Le 4 octobre, légionnaires et marsouins débarquent à Kigali. Leur mission ? « Protéger l'ambassade de France, assurer la protection des ressortissants français et être en mesure de participer à leur éventuelle évacuation ». Trois cents Européens sont effectivement évacués. Mais sur le front militaire, la contre-offensive a déjà commencé : dès le 3 octobre, plusieurs hélicoptères d'attaque Gazelle fournis par la France ont bombardé les colonnes du FPR, infligeant de gros dégâts aux troupes rebelles. L'un d'entre eux était-il piloté par un officier de la DGSE, comme l'affirme alors *Libération* ? Quoi qu'il en soit les pilotes rwandais sont assistés par des instructeurs français : depuis 1975, le Rwanda d'Habyarimana est lié à Paris par un accord de coopération militaire [→ III.1] qui, jusqu'en 1992, ne porte officiellement que sur la gendarmerie. En réalité, l'armée française a déjà établi des liens dans bien d'autres domaines.

De retour au Rwanda, le général-président Habyarimana veut pousser son avantage. Il réclame un « appui aérien » et l'« engagement terrestre » des forces françaises. Refus de Paris : officiellement, il est hors de question de s'engager directement dans les combats. Indirectement, c'est autre chose… le soutien est immédiat.

Dans une note rédigée le 8 octobre 1990, l'amiral Jacques Lanxade, chef d'état-major particulier du président, suggère à François Mitterrand de poursuivre l'aide militaire déjà engagée en faveur du président rwandais : « Des munitions lui ont été fournies dans les premiers jours de la crise. Un petit lot de roquettes pour l'armement de ses hélicoptères pourrait utilement lui être maintenant envoyé. » « Oui », répond, de sa main, François Mitterrand, en marge de la note. Mais tout cela reste confidentiel. Les roquettes arrivent le 18 octobre à Kigali. Grâce au soutien discret de la France, les FAR ont alors repris le contrôle de la situation.

Derrière l'opération Noroît (d'octobre 1990 à décembre 1993), censée poursuivre la mission initiale fixée par le président français (à savoir la protection des ressortissants européens), se met en place un soutien discret à l'armée rwandaise. À partir de mars 1991, l'état-major décide de déployer un détachement d'assistance militaire et d'instruction (DAMI) à la disposition de l'armée rwandaise. Un télégramme diplomatique adressé à l'ambassadeur français donne le ton : « Nous n'avons pas l'intention d'annoncer officiellement la mise en place du DAMI. Vous direz au président Juvénal Habyarimana que nous souhaiterions qu'il agisse de la même manière. »

Les « experts » des forces spéciales du DAMI sont chargés d'instruire les troupes d'élite des FAR. Mais lorsque le FPR passe à l'attaque, ces commandos français se retrouvent de fait engagés directement dans les combats qui opposent les FAR à la rébellion. En février 1993, le colonel Didier Tauzin est envoyé secrètement à Kigali avec une vingtaine d'officiers des forces spéciales du 1er RPIMa, ayant pour mission de « reprendre en main l'armée rwandaise en déroute » et d'arrêter l'offensive du FPR. La France mène bien une guerre aux côtés du président Habyarimana, sans le dire officiellement.

Fourniture d'armes à de futurs génocidaires

De 1990 à 1994, Paris fournit quantité d'armes aux Forces armées rwandaises, soit par des ventes directes qui font l'objet d'une autorisation d'exportation de matériel de guerre (hélicoptères de combat Gazelle, canons d'artillerie de 105 mm, radars, postes de tir antichar, lance-roquettes, mortiers, mitrailleuses, munitions…), soit par le biais de cessions gratuites : des armes et des munitions prélevées directement sur les stocks de l'armée tricolore, sans faire l'objet d'une quelconque autorisation. Il faut également inclure 20 000 mines antipersonnel, alors que débute en 1992 la campagne internationale pour leur interdiction, et des appareils de communication en tout genre. Soit un total de 406 millions de francs (62 millions d'euros) d'achat d'armes, sur la période allant de 1990 à 1994.

Alors que des massacres de Tutsis sont perpétrés dans le sud du pays en 1992, le soutien matériel des Français au gouvernement rwandais ne tarit pas. Paris se contente de masquer son implication et Kigali diversifie ses fournisseurs.

Un premier contrat de 6 millions de dollars est passé avec l'Égypte du général Hosni Moubarak. Le financement est assuré par le Crédit lyonnais à Londres, où la Banque nationale du Rwanda (BNR) détient un compte. Un an plus tard, la traçabilité devient encore plus opaque avec l'intervention d'un intermédiaire français, Dominique Lemonnier, qui propose des armes polonaises et israéliennes à partir de la Suisse. Là encore, la commande est copieuse : obus, mortiers, roquettes et munitions de toute sorte. Le contrat est évalué à plus de 12 millions de dollars.

En février 1993, lorsque le FPR relance une offensive, l'état-major français des armées rappelle à l'attaché de défense sur place qu'il lui revient de « faire en sorte que l'armée rwandaise ne se trouve pas en rupture de stock de munitions sensibles et que les livraisons aux FAR de matériels militaires s'effectuent dans la plus grande discrétion ». Même en janvier 1994, quelques mois après la signature des Accords de paix d'Arusha entre le FPR et le gouvernement rwandais qui interdisent la livraison de matériel de guerre, la France fait encore parvenir quatre-vingt-dix caisses de munitions à Kigali. La mission de l'ONU, la Minuar, les saisit et les place sous scellés.

Pour autant, la France n'est pas le seul fournisseur d'armes du régime, qui aura dépensé plus de 83 millions de dollars en armements, entre 1990 et 1994, selon les données de la Banque nationale du Rwanda. La Belgique, l'Afrique du Sud, l'Égypte et la Chine complètent l'offre tricolore.

Mais Paris est bien à la pointe de ce soutien, en déployant dans la coulisse de cette guerre secrète tout son savoir-faire en matière de coopération militaire. La France contribue ainsi à mettre en place un système d'interception des communications radio du FPR, avec deux centres d'écoute, l'un à Kigali, l'autre près de Gisenyi. À plusieurs reprises, ce système dirigé par le chef du renseignement militaire, le colonel Anatole Nsengiyumva, sera à l'origine d'opérations d'intoxication visant entre autres à mettre en cause la responsabilité du FPR dans des attentats.

La gendarmerie française, pilier historique du soutien militaire au Rwanda, n'est pas en reste. Un DAMI-Garde présidentielle est ainsi chargé de former un groupe de choc au sein du régiment qui protège le président tandis qu'un DAMI-police judiciaire doit fournir depuis 1990 une assistance technique sur les questions de maintien de l'ordre. Ce dernier a notamment pour mission d'informatiser le fichier des « personnes recherchées et à surveiller » de la gendarmerie nationale. En rassemblant les fiches sur les suspects recensés par des forces de l'ordre rwandaises déjà arc-boutées sur la lutte contre l'« ennemi intérieur » que représenteraient les Tutsis, cette base de données ouvre la possibilité de lister ensuite les personnes à éliminer à l'heure du génocide.

« Liquidation » programmée des Tutsis : l'alerte ignorée d'un officier français

L'appui de la France va donc s'avérer décisif pour faire contrepoids à la pression exercée par le FPR, sur le plan militaire et politique. À Paris, c'est l'Élysée qui pilote le dossier rwandais. Le président en premier lieu, en tant que chef des armées, puis le secrétaire général de l'Élysée, Hubert Védrine, qui transmet les notes envoyées au chef de l'État sur le sujet, tout comme son chef d'état-major particulier, le général Christian Quesnot. Sans oublier l'amiral Jacques Lanxade, qui devient chef d'état-major des armées à partir d'avril 1991, et une poignée d'hommes du Quai d'Orsay (comme Paul Dijoud, directeur des Affaires africaines et malgaches, ou Dominique de Villepin, directeur de cabinet d'Alain Juppé alors ministre des Affaires étrangères), tous fervents partisans d'une ligne dure et sans concession vis-à-vis du FPR.

Paris est pourtant parfaitement informé des intentions des extrémistes du régime. Ainsi, dès le 15 octobre 1990, l'ambassadeur Georges Martres écrit dans un télégramme diplomatique que « la population rwandaise d'origine tutsie [...] compte encore sur une victoire militaire, même partielle [du FPR, qui] lui permettrait d'échapper au génocide ». Quelques jours plus tard, le 24 octobre, c'est l'attaché de défense à Kigali, le colonel René Galinié, qui évoque dans un télégramme diplomatique un risque éventuel d'« élimination physique à l'intérieur du pays des Tutsis, 500 000 à 700 000 personnes, par les Hutus, 7 millions d'individus ».

Une autre alerte émane du général Jean Varret, chef de la Mission militaire de Coopération (MMC) depuis octobre 1990. Il informe sa hiérarchie dès décembre 1990 sur les dérives d'une partie du régime rwandais et le risque de soutenir un clan extrémiste prêt à tout pour conserver le pouvoir, après que le commandant de la gendarmerie rwandaise lui a clairement dit : « Les Tutsis ne sont pas très nombreux, on va les liquider. » À plusieurs reprises, Varret refuse les demandes extravagantes d'armement de Kigali : pas de mortiers pour faire du maintien de l'ordre. En février 1993, il recadre sévèrement le DAMI du 1er RPIMa après avoir constaté qu'il participait à du renseignement militaire derrière les lignes ennemies, en Ouganda. Varret se voit retirer le commandement des unités DAMI quelques jours plus tard et apprend dans la foulée qu'il est évincé de ses fonctions, alors qu'il devait rester en poste encore un an. En clair, l'officier est débarqué par le petit groupe de personnes qu'il désigne comme le « lobby militaire ». « Il s'agit d'une connivence entre certains militaires qui n'étaient pas majoritaires, mais qui se trouvaient à des postes clés, nous précise Jean Varret, en mars 2019 : l'état-major particulier, la Direction du renseignement militaire, l'état-major des armées... » Pour Jean Varret, ces militaires – en lien direct avec François Mitterrand – ont trop poussé l'engagement de la France au Rwanda. Désavoué, il préfère faire valoir ses droits à la retraite. Jean Varret est remplacé par le général

Jean-Pierre Huchon, ex-chef de corps du 1er RPIMa, en phase avec le « lobby militaire ».

La DGSE s'inquiète d'« un vaste programme de purification ethnique »

Cet entêtement au sommet de l'État est d'autant plus irresponsable que les signaux d'alerte se multiplient à mesure que le pays s'enfonce dans la crise. Le 24 janvier 1993, le président de l'association Survie, Jean Carbonare, est sur le plateau du journal télévisé de France 2, de retour du Rwanda où il a participé à une commission internationale d'enquête sur les graves violations des droits humains. Il témoigne avec émotion : « On sent que, derrière tout ça, il y a un mécanisme qui se met en route. On a parlé de purification ethnique, de génocide, de crimes contre l'humanité dans le pré-rapport que notre commission a établi. Nous insistons beaucoup sur ces mots. »

Il n'est pas le seul. Les analystes de la DGSE, Pierre Conesa de la Délégation aux affaires stratégiques (DAS) du ministère de la Défense, Gérard Fuchs, secrétaire du Parti socialiste aux relations internationales, et même Guy Penne, l'ancien conseiller Afrique du président devenu sénateur, tentent eux aussi de tirer la sonnette d'alarme.

Le 18 février 1993, les agents de la DGSE décrivent ainsi dans une note blanche de « véritables massacres ethniques » à Gisenyi. « Il s'agirait d'un élément du vaste programme de "purification ethnique" dirigé contre les Tutsis, dont les concepteurs seraient des proches du chef de l'État, ou tout au moins des personnalités influentes du MRND [Mouvement républicain national pour le développement, parti du président] et de la CDR [Coalition pour la défense de la République, parti extrémiste du Hutu Power], relayés par les préfets et bourgmestres », écrivent les espions français. En clair, une organisation des tueries, planifiée par les autorités militaires et civiles. Un constat écarté par Paris.

Pire encore : certains de ses émissaires alimentent la dynamique de radicalisation à l'œuvre. Fin février, sur instruction de l'Élysée, le ministre de la Coopération, Marcel Debarge, demande aux opposants hutus de « faire front commun » avec le président Juvénal Habyarimana contre le FPR, un appel évidemment interprété selon une grille de lecture ethniste opposant Hutus et Tutsis.

En janvier 1994, la DGSE analyse précisément la stratégie de provocation des milices Interahamwe (extrémistes hutus) vis-à-vis du FPR et du contingent de l'ONU censé assurer l'application des accords de paix. Un mois plus tard, d'autres notes décrivent des distributions d'armes dans la population, au vu et au su de tout le monde, mais aussi la politique de blocage du président Habyarimana dans le processus de réconciliation. « Si on voulait savoir que quelque chose se préparait, on pouvait le savoir aisément », explique en juin 1994 à *La Lettre du continent* un cadre de l'entreprise Chillington dont les ventes de machettes au Rwanda ont explosé. Paris n'ignore rien de la logique génocidaire en cours mais n'infléchit pas sa politique.

Pendant le génocide, les livraisons d'armes continuent

Dans la nuit du 6 au 7 avril 1994, l'avion qui ramène à Kigali le président Habyarimana et son homologue burundais d'un sommet régional en Tanzanie est abattu par deux missiles sol-air. Un attentat dans lequel les zones d'ombre, notamment sur la possible participation de Français, pourraient ne jamais être éclaircies. C'est le début d'un coup d'État et de l'extermination programmée des Tutsis : très vite, les extrémistes du Hutu Power prennent les commandes et les ministres modérés sont éliminés. La Première ministre Agathe Uwilingiyimana et les dix soldats belges de son escorte onusienne sont abattus par la Garde présidentielle.

Alors que le monde découvre, à partir du 7 avril, le Rwanda et son cortège de massacres, la duplicité des autorités françaises reste entière. L'Élysée ne modifie en rien sa politique puisque, quelques jours plus tard, le nouveau Gouvernement intérimaire rwandais (GIR) est formé en partie dans les locaux mêmes de l'ambassade de France, à Kigali.

Si le Premier ministre Édouard Balladur affirme en 1998, devant la Mission d'information parlementaire sur le rôle de la France au Rwanda [→ p. 939], avoir décidé dès le 8 avril de « suspendre toute exportation de matériels de guerre à destination du Rwanda », des armes continuent d'être livrées aux génocidaires. Dans la nuit du 8 au 9 avril, trois avions militaires Transall C-160 atterrissent à Kigali. Des officiers de la Minuar observent les soldats français décharger leur cargaison : environ cinq tonnes de munitions (des obus de mortiers) sont livrées aux FAR, qui les transportent vers le camp de la Garde présidentielle. Sous couvert d'évacuer les ressortissants européens, l'opération Amaryllis sert donc aussi à alimenter l'armée rwandaise qui élimine les opposants hutus et massacre systématiquement les Tutsis, du nouveau-né au vieillard.

Même Hubert Védrine finira par reconnaître ces livraisons d'armes et de munitions, en avril 2014 devant la commission de la Défense nationale et des forces armées de l'Assemblée nationale, en expliquant qu'il s'agissait de « la suite de l'engagement d'avant, la France considérant que, pour imposer une solution politique, il fallait bloquer l'offensive militaire. [C'était] pour contrer les attaques, ça [n'avait] rien à voir avec le génocide ». L'ancien secrétaire général de l'Élysée ne peut pourtant pas ignorer que les forces armées rwandaises furent le fer de lance du génocide, commis en grande partie par balles et grenades. Même l'ordre d'opération d'Amaryllis, daté du 8 avril 1994, signale que « les membres de la Garde présidentielle » ont procédé dès le 7 avril à Kigali à l'« élimination des opposants et des Tutsis ». Et puisque les troupes du FPR, qui reprennent l'offensive à partir du 10 avril, mettent fin aux massacres dans les zones dont elles prennent le contrôle, « bloquer l'offensive militaire » contribue donc aussi à prolonger le génocide.

Mais Paris ne s'intéresse qu'à la guerre contre le FPR et néglige le génocide des Tutsis. « Les forces gouvernementales rwandaises sont à court de munitions et d'équipements militaires », constate le général Christian Quesnot dans une note du 4 mai 1994. Le chef d'état-major particulier du président de la République est tout à fait conscient du problème qui pourrait se poser en s'affichant ouvertement comme soutien à un gouvernement qui met en œuvre le génocide. Pourtant, dans la coulisse, les tractations se poursuivent. Dès la fin avril, le lieutenant-colonel Cyprien Kayumba, directeur du service financier du ministère rwandais de la Défense, est à Paris pour négocier ces achats d'armes. Il reste 27 jours lors de ce premier séjour, puis 24 jours lors d'un second voyage. Kayumba est logé à l'ambassade du Rwanda et rencontre à plusieurs reprises le chef de la Mission militaire de Coopération, le général Huchon.

Le 6 mai, dans une nouvelle note au président de la République, le général Quesnot suggère : « À défaut d'une stratégie directe dans la région qui peut apparaître politiquement difficile à mettre en œuvre, nous disposons des moyens et des relais d'une stratégie indirecte qui pourraient rétablir un certain équilibre. » Et pour cause, la fine fleur du mercenariat français se prépare à se rendre sur place. Quelques jours plus tard, une équipe de « chiens de guerre » menés par l'ancien super-gendarme de l'Élysée Paul Barril, qui est en lien depuis trois ans avec la frange extrémiste hutue, arrive en effet à Goma, à la frontière du Zaïre, pour se rendre au Rwanda. Le groupe doit entre autres aider à réorganiser la contre-offensive des FAR. Même mission pour Jean-Marie Dessales, un lieutenant de Bob Denard, qui vient rencontrer le chef d'état-major des FAR et le ministre de la Défense du gouvernement génocidaire afin de « constituer une unité spéciale » avec des « spécialistes européens » pour « lutter contre l'avancée du FPR » (comme il le dira lui-même sur procès-verbal dans l'enquête judiciaire sur l'attentat contre l'avion du président Habyarimana).

L'embargo de l'ONU sur la fourniture d'armes, le 17 mai 1994, n'empêche pas les Français de continuer à fournir les génocidaires. Le 19 mai, Philippe Jehanne, ancien de la DGSE et chargé des affaires de défense au cabinet du ministre de la Coopération Michel Roussin, se confie au chercheur Gérard Prunier. « Nous livrons des munitions aux FAR en passant par Goma, dit-il. Mais bien sûr, nous le démentirons si vous me citez dans la presse. » Jehanne semble informé de l'action menée par Paul Barril, comme l'indique un document du 26 juin 1994 adressé par l'un de ses correspondants lui signalant que le « capitaine GIGN Barril [est] à Paris depuis quatre jours ». Un lien que Barril dément lorsqu'on l'interroge sur ce point, en décembre 2013… tout en reconnaissant qu'il « connaissait Michel Roussin et son directeur de cabinet ». Barril négocie dans cette période un contrat d'assistance de 1,2 million de dollars avec la famille Habyarimana qui prévoit notamment de fournir des armes, des munitions et des mercenaires commandos à l'armée rwandaise. Selon l'ONG Human Rights Watch, au moins cinq livraisons d'armes ont été effectuées par les Français après la mise en place de l'embargo de l'ONU.

Une désastreuse « politique d'influence » en Afrique

Alors que le FPR est sur le point de défaire militairement l'armée du gouvernement génocidaire, en pleine débâcle, les autorités françaises déclenchent le 22 juin 1994 l'opération Turquoise. Tandis que les images du génocide choquent la planète entière, cette opération est présentée par Paris comme une action « humanitaire » censée mettre fin aux massacres et protéger les populations. Si ce déploiement sous mandat de l'ONU de 2 500 militaires français contribue à sauver des vies, il n'en demeure pas moins que Turquoise a des objectifs militaires bien différents.

« Notre mission première était de remettre en place le gouvernement génocidaire à qui nous avons livré les armes, nous raconte en mars 2018 le lieutenant-colonel Guillaume Ancel, qui a participé aux opérations. Nous avons reçu l'ordre de déclencher des frappes aériennes. » Des frappes annulées à la dernière minute. L'envoi ciblé de parachutistes sur Kigali, une option poussée par le général Quesnot, est refusé, selon ses dires, par le Premier ministre Balladur. Mais la mission prioritaire des militaires est bel et bien de stopper l'avancée du FPR.

Le drame qui se joue dans les collines de Bisesero, à l'ouest du Rwanda, illustre parfaitement le mépris du commandement militaire vis-à-vis du génocide des Tutsis. Il est alerté dès le 27 juin par des militaires et des journalistes sur le sort de centaines de Tutsis qui « comptent sur une protection française » (comme l'indique un compte-rendu militaire transmis à l'état-major le jour même) car ils sont pourchassés quotidiennement par des miliciens hutus. Il faut finalement attendre trois jours, durant lesquels les massacres se poursuivent au vu et au su de l'armée française (accusée d'avoir laissé circuler des génocidaires), pour que les derniers rescapés soient sauvés grâce à l'initiative d'un groupe de militaires dont certains disent avoir désobéi pour intervenir.

L'armée française protège même le repli des génocidaires au Zaïre, afin de les aider à se réarmer. Comme l'a révélé en février 2021 le site Mediapart, grâce aux archives consultées par le chercheur François Graner, de l'association Survie, l'ordre politique est également donné de faire partir les principaux membres du gouvernement génocidaire. Le représentant du Quai d'Orsay auprès des militaires envoyés au Rwanda dans le cadre de l'opération Turquoise, l'ambassadeur Yannick Gérard, réclame des « instructions claires » de Paris afin d'arrêter des autorités rwandaises qui, il le rappelle, « portent une lourde responsabilité dans le génocide ». Mais un télégramme « confidentiel diplomatie » émis le 15 juillet 1994 par le cabinet du ministre des Affaires étrangères de l'époque, Alain Juppé, sous la signature de Bernard Émié (nommé directeur de la DGSE en 2017) vient doucher les ardeurs du diplomate. « Vous pouvez [...] utiliser tous les canaux indirects et notamment vos contacts africains, en ne vous exposant pas directement, afin de transmettre à ces autorités notre souhait qu'elles quittent la Zone Humanitaire Sûre », contrôlée par les militaires français, dit le télégramme, qui précise que « les Nations unies devraient très prochainement déterminer la conduite à suivre à l'égard de ces soi-disant autorités ». Autrement dit : vous devez faire filer discrètement les responsables du génocide... avant que l'ONU ne demande de les arrêter. Cette décision, qui permet aux génocidaires d'aller préparer la reconquête du Rwanda depuis l'autre côté de la frontière, contribuera à embraser l'est du Zaïre puis de la RDC pendant des décennies [→ V, introduction].

Pendant ce temps, les livraisons d'armes se poursuivent via l'aéroport de Goma, la ville zaïroise jumelle de Gisenyi au nord du lac Kivu. Un bénévole de la Croix-Rouge, Walfroy Dauchy, raconte ainsi avoir vu courant juillet sur l'aéroport contrôlé par les Français le débarquement de caisses d'armes, extraites de Transall de l'armée française et livrées directement aux FAR. Dans son livre *Rwanda, la fin du silence*, le lieutenant-colonel Guillaume Ancel ajoute que la force Turquoise a sciemment couvert ces livraisons d'armes destinées à soutenir l'armée rwandaise en déroute. Avec un impératif : que la presse n'en sache rien.

À l'heure des bilans, le Rwanda aura été un dramatique révélateur de ce que peut entraîner la politique d'« influence » française en Afrique. Pour deux raisons : d'abord, même sans partager l'intention génocidaire, la France a maintenu son soutien aux extrémistes hutus jusqu'à se rendre sciemment complice du dernier génocide du XXe siècle, car elle a facilité sa réalisation. Ensuite, parce que le déni constant dont fait preuve la classe politique française, tous partis confondus, sur ce sujet, aujourd'hui encore

[→ VI, introduction ; et p. 939], est à la hauteur du scandale : une guerre cachée, un projet génocidaire volontairement ignoré, des extrémistes soutenus jusqu'au bout.

Repères bibliographiques

Guillaume ANCEL, *Rwanda, la fin du silence. Témoignage d'un officier français*, Les Belles Lettres, Paris, 2018.

Benoît COLLOMBAT et David SERVENAY, *Au nom de la France, guerres secrètes au Rwanda*, La Découverte, Paris, 2014.

Laure CORET, François-Xavier VERSCHAVE (dir.), *L'Horreur qui nous prend au visage. L'État français et le génocide au Rwanda. Rapport de la Commission d'enquête citoyenne*, Karthala, Paris, 2005.

Alison DES FORGES, *Aucun témoin ne doit survivre. Le génocide au Rwanda*, Human Rights Watch/FIDH, Paris, 1999.

Raphaël DORIDANT et François GRANER, *L'État français et le Génocide des Tutsis au Rwanda*, Agone-Survie, coll. « Dossiers noirs », Marseille, 2020.

Vincent DUCLERT, *La France, le Rwanda et le génocide des Tutsi (1990-1994). Rapport au Président de la République de la Comission de recherche*, Armand Colin, Paris, 2021.

Jean-François DUPAQUIER, *L'Agenda du génocide, témoignage de Richard Mugenzi, ex-espion rwandais*, Karthala, Paris, 2010.

Jean-François DUPAQUIER, *Politiques, militaires et mercenaires français au Rwanda. Chronique d'une désinformation*, Karthala, Paris, 2014.

François GRANER, *Le Sabre et la Machette. Officiers français et génocide tutsi*, Tribord, Mons, 2014.

Raphaël GLUCKSMANN, David HAZAN et Pierre MEZERETTE, *Tuez-les tous ! Rwanda : histoire d'un génocide « sans importance »*, documentaire, 100 min., Dum Dum Films – La classe américaine, 2004.

Jean-Christophe KLOTZ, *Retour à Kigali, une affaire française*, documentaire, 75 min., Les Films du Poisson, 2019.

Olivier LANOTTE, *La France au Rwanda (1990-1994). Entre abstention impossible et engagement ambivalent*, P.I.E. Peter Lang, Bruxelles, 2007.

Laurent LARCHER, *Rwanda. Ils parlent. Témoignages pour l'Histoire*, Seuil, Paris, 2019.

Jacques MOREL, *La France au cœur du génocide des Tutsi*, L'Esprit frappeur, Paris, 2010.

Florent PITON, *Le Génocide des Tutsi du Rwanda*, La Découverte, Paris, 2018.

Patrick de SAINT-EXUPÉRY, *L'Inavouable. La France au Rwanda*, Les Arènes, Paris, 2004.

Patrick de SAINT-EXUPÉRY, *La Traversée. Une odyssée au cœur de l'Afrique*, Les Arènes, Paris, 2021.

SURVIE, *Le Crapuleux Destin de Robert-Bernard Martin : Bob Denard et le Rwanda*, rapport publié le 18 février 2018 (disponible sur <https://survie.org>).

Laure de VULPIAN et Thierry PRUNGNAUD, *Silence Turquoise. Rwanda 1992-1994. Responsabilités de l'État français dans le génocide des Tutsi*, Don Quichotte, Paris, 2012.

PARTIE V

Dévoilement et camouflages (1995-2010)

« Si demain [Nicolas Sarkozy] me renie parce qu'il est président, je lui dirai : "Ce n'est pas sérieux, Nicolas !" [...] Je crois que le fondement même de la Françafrique restera, quitte à l'améliorer. »

Omar BONGO, sur France 24, 16 février 2007.

« La colonisation n'est pas responsable de toutes les difficultés actuelles de l'Afrique. Elle n'est pas responsable des guerres sanglantes que se font les Africains entre eux. Elle n'est pas responsable des génocides. Elle n'est pas responsable des dictateurs. »

Nicolas SARKOZY, Dakar, 26 juillet 2007.

« On oublie seulement une chose. C'est qu'une grande partie de l'argent qui est dans notre porte-monnaie vient précisément de l'exploitation, depuis des siècles, de l'Afrique. Pas uniquement. Mais beaucoup vient de l'exploitation de l'Afrique. Alors, il faut avoir un peu de bon sens, de justice, pour rendre aux Africains, je dirais, ce qu'on leur a pris. D'autant que c'est nécessaire, si on veut éviter les pires convulsions ou difficultés, avec les conséquences politiques que ça comporte dans un proche avenir. »

Jacques CHIRAC, en 2008 dans le documentaire de Michael Gosselin, *10 mai. Africaphonie*.

Chronologie

1995 *mai* : élection de Jacques Chirac à la présidence de la République.

1996 *octobre* : création de l'Alliance des forces démocratiques pour la libération du Congo (AFDL), parrainée par le Rwanda qui attaque les génocidaires réfugiés dans les camps au Zaïre.

1997 *19 mars* : mort de Jacques Foccart.

2 mai : élargissement de la zone franc à la Guinée-Bissau.

20 mai : arrivée au pouvoir de Laurent-Désiré Kabila au Zaïre et exil de Mobutu au Maroc.

2 juin : nomination à Matignon du socialiste Lionel Jospin et début de la cohabitation.

5 juin : déclenchement par Denis Sassou Nguesso d'une nouvelle guerre civile au Congo pour reprendre le pouvoir à Pascal Lissouba (il y parvient en octobre).

1998 *avril* : parution du livre de François-Xavier Verschave, *La Françafrique. Le plus long scandale de la République*.

décembre : rapport de la mission d'information parlementaire sur le Rwanda présidée par Paul Quilès.

décembre : absorption du ministère de la Coopération par le Quai d'Orsay et transformation de la « Caisse » en Agence française de développement.

1999 *juillet* : TotalFina dépose une offre publique d'échange (OPE) hostile sur Elf, qui aboutira à la fusion effective en mars 2000.

2000 *19 mars* : alternance au Sénégal avec la victoire d'Abdoulaye Wade face à Abdou Diouf.

2001 *février* : procès en première instance de François-Xavier Verschave poursuivi pour offense à chefs d'État par Omar Bongo, Denis Sassou Nguesso et Idriss Déby.

décembre : incarcération de Jean-Christophe Mitterrand à la prison de la Santé, à Paris, dans le cadre de l'Angolagate

2004 *novembre* : bombardement de Bouaké et massacre de l'hôtel Ivoire par l'armée française, en Côte d'Ivoire.

2005 *février* : mort de Gnassingbé Eyadéma et transition dynastique à son fils Faure au Togo.

2007 *mai* : élection de Nicolas Sarkozy à la présidence de la République.

juillet : discours de Dakar de Nicolas Sarkozy affirmant que « l'homme africain n'est pas assez entré dans l'histoire ».

2008 *février* : sauvetage d'Idriss Déby par l'armée française au Tchad.

25-29 février : répression de l'insurrection populaire au Cameroun.

mars : éviction du secrétaire d'État à la Coopération Jean-Marie Bockel qui prétendait vouloir signer l'« acte de décès » de la Françafrique ; il est remplacé par Alain Joyandet.

8 juin : mort d'Omar Bongo et transition dynastique au Gabon où son fils Ali lui succède.

2010 *mai* : sommet Afrique-France à Nice, invitation des dictateurs françafricains et de leurs armées au défilé sur les Champs-Élysées le 14 juillet.

AIDE PUBLIQUE AU DÉVELOPPEMENT, ENSEMBLES MONÉTAIRES ET FIRMES FRANÇAISES EMBLÉMATIQUES EN 2021

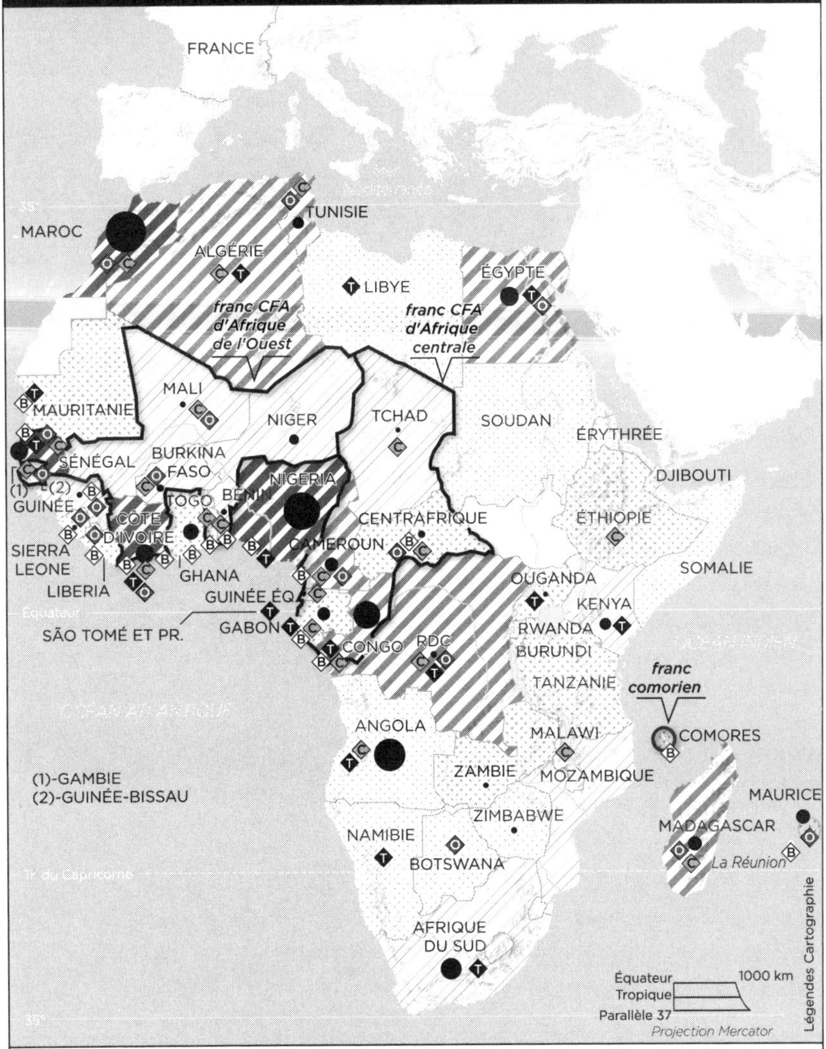

Montant annuel moyen comptabilisé en Aide publique au développement (APD) française de 1999 à 2018, en millions de dollars (dollars constants 2018, source : OCDE)

200
100
50
10
1
0

Stock d'investissements directs étrangers (IDE) français en 2018, en millons d'euros pour les pays pour lesquels les données sont connues (source : Banque de France)

10 000
5 000
1 000

Sous-ensembles monétaires de la zone franc depuis 1997

Implantations de firmes françaises emblématiques

- Ports où est implanté le groupe Bolloré en 2021
- Brasseries du groupe Castel en 2021
- Principales activités d'exploration et de production pétrolières ou gazières de Total en 2021
- Présence d'Orange dans les télécommunications en 2021

De Jacques Chirac à Nicolas Sarkozy
Une Françafrique décomplexée

« Je voudrais saluer la présence ici d'un vieil Africain, d'un Africain d'ancienne tradition qui a été longtemps avec le général de Gaulle, puis avec Georges Pompidou, puis avec moi, c'est Jacques Foccart. Je suis heureux qu'il ait pu faire ce premier voyage en Afrique pour moi, comme il avait accompagné le Général et Georges Pompidou. » Ce 22 juillet 1995, dès le début de son intervention devant la communauté française au Gabon, Jacques Chirac assume pleinement un « retour à la case Foccart », pour reprendre la formule de l'association Survie, qui joue un rôle central dans la dénonciation de ce que l'on commence, à l'époque, à appeler la « Françafrique » [→ p. 22]. En accédant au sommet du pouvoir deux mois plus tôt, le nouveau chef de l'État a fait revenir à l'Élysée l'emblématique « Monsieur Afrique » de De Gaulle et de Pompidou. Tout un symbole.

Au journal télévisé, on voit quelques images de cet octogénaire physiquement affaibli, jadis si puissant : assis dans son fauteuil, il ne se lève pas pour saluer les officiels gabonais. La scène est doublement trompeuse. D'une part car elle donne à voir un homme du passé, fatigué, et laisse donc imaginer, à tort, la décrépitude de ses réseaux. D'autre part parce qu'elle entretient l'illusion que la toute-puissance française en Afrique se résumerait à un seul homme, effaçant la complexité des relations interpersonnelles et surtout l'importance des institutions autour desquelles se sont nouées les relations franco-africaines depuis la fin de la IVe République.

Le nouveau chef de l'État maîtrise mieux que quiconque ces arcanes françafricains, ayant établi au fil des ans une certaine intimité avec la plupart des potentats du pré carré. Ainsi, pour cette première tournée africaine, Jacques Chirac commence par se recueillir sur la tombe de son ami Félix Houphouët-Boigny en Côte d'Ivoire, mort en décembre 1993, avant de se rendre à Libreville et à Dakar. Lors de ces étapes en Afrique de l'Ouest et en Afrique centrale, il convie les chefs d'État de la sous-région à faire le déplacement jusqu'à lui, dans une étonnante manifestation d'allégeance que seul refuse le Malien Alpha Oumar Konaré.

Certains chefs d'État d'Afrique francophone, tel Omar Bongo, expriment alors leur satisfaction de voir arriver à l'Élysée celui qui passe pour le meilleur héritier du gaullisme, en matière de relations africaines comme dans d'autres domaines. Il était leur premier choix face à Lionel Jospin, issu de la mouvance tiers-mondiste du Parti socialiste, et à Édouard Balladur, dont le gouvernement a dévalué brutalement le franc CFA dix-huit mois plus tôt et a laissé les institutions de Bretton Woods imposer des remèdes ultralibéraux aux pays du pré carré [→IV, introduction].

L'élection de Chirac constitue donc un gage de continuité, qui rassure les dictateurs soutenus par Paris. Pourtant, les critiques – jusqu'au sein du ministère de la Coopération – sur le rôle de la France au Rwanda [→IV.9], le début de grands scandales d'État (affaire Elf, Angolagate...) [→ V.3] puis la mort de Jacques Foccart, en mars 1997, vont amener nombre de politologues et journalistes français à évoquer hâtivement la « fin d'une époque ». Ainsi, sous la plume de Stephen Smith dans les colonnes de *Libération*, le 20 mars 1997, Foccart est décrit comme un homme qui s'est approché « de la lumière, prudemment, comme une phalène d'une bougie », s'est finalement « brûlé les ailes » et « laisse un bout d'Afrique orpheline ». Il n'en est rien. Certes, le paysage franco-africain connaît de profondes évolutions : la fin de la guerre froide, la vague libérale qui déferle sur l'Afrique [→ V.8], les chefs d'État vieillissants du pré carré qui se prêtent au jeu du multipartisme, la montée d'une contestation de plus en plus visible de la Françafrique... Mais les présidences successives de Jacques Chirac (1995-2007) puis de Nicolas Sarkozy (2007-2012) ne vont en rien modifier les pratiques du passé, donnant encore lieu à de sanglants coups tordus et à de multiples manipulations de la France en Afrique.

Jacques Foccart de retour à l'Élysée

Une deuxième cellule africaine, officieuse

Vu de l'extérieur, Jacques Chirac a dû concéder à certains « modernes » des relations franco-africaines qui l'entourent, au premier rang desquels son Premier ministre Alain Juppé et le secrétaire général de l'Élysée Dominique de Villepin, de ne pas confier la cellule africaine officielle aux « anciens » et notamment à Jacques Foccart, mais sur le fond la démarche reste la même. Côté pile, la cellule au 2, rue de l'Élysée est confiée à Michel Dupuch, resté quatorze années au poste très stratégique d'ambassadeur de France en Côte d'Ivoire, de 1979 jusqu'à la fin du règne d'Houphouët-Boigny. Côté face, Foccart et son fidèle adjoint, Fernand Wibaux, sont nommés représentants personnels de Jacques Chirac auprès des chefs d'État africains. Une cellule africaine « officiellement officieuse » donc, installée dans les mêmes locaux que le chef d'état-major particulier du président, au 14, rue de l'Élysée.

Le ministère de la Coopération est confié à l'ancien président du groupe d'amitié parlementaire France-Gabon Jacques Godfrain. De quoi satisfaire Omar Bongo, mais pas seulement. Depuis ses 22 ans, Godfrain côtoie régulièrement Jacques Foccart, qui l'a « repéré » pendant la campagne présidentielle de 1965. « C'est [Foccart] qui m'a éclairé sur le fait que la France comptait beaucoup sur le plan international par ses amitiés sur le continent noir », écrit Godfrain dans son livre *L'Afrique, notre avenir* (1998). Foccart intercède en 1973 pour le faire recruter à l'Élysée comme chargé de mission et en 1995 pour qu'il obtienne son portefeuille ministériel. Jacques Godfrain connaît bien les arrière-cours du parti gaulliste : il a été trésorier de 1976 à 1978 du Service d'action civique (SAC) puis des Comités de défense de la République (CDR).

Pour ce disciple revendiqué de Jacques Foccart, les dossiers chauds ne manquent pas. L'« Afrique d'expression française », comme on le disait au début de sa carrière politique, est en ébullition : en Afrique de l'Ouest, où doit se dérouler la première élection présidentielle en Côte d'Ivoire depuis la mort d'Houphouët-Boigny, mais aussi dans la région des Grands Lacs, où le régime de Mobutu est sur la sellette.

Jacques Chirac, meilleur ami des dictateurs

Dès sa prise de fonctions, Jacques Chirac est dans son élément. Lors de sa tournée en juillet 1995, le successeur de François Mitterrand est tellement à l'aise au milieu des chefs d'État africains qu'il surprend les journalistes en s'affranchissant du protocole avec un : « Salut, Paul, à bientôt ! » lancé au président camerounais Paul Biya venu le voir à Libreville. Cette décontraction un peu forcée qu'il a érigée en style politique, il va l'appliquer douze années durant en recevant à Paris les dictateurs les moins fréquentables, auxquels il n'hésitera jamais à donner une chaleureuse accolade sur le perron de l'Élysée.

À l'heure du multipartisme et alors que l'administration Clinton donne l'impression, pour accroître l'influence des États-Unis, d'encourager les processus démocratiques, ces grandes accolades chiraquiennes sont largement utilisées par des despotes soucieux de légitimer un pouvoir usurpé par la force et la fraude électorale. Exhiber par voie de presse le soutien de l'hôte de l'Élysée reste pour un autocrate africain le meilleur moyen d'inhiber dans son pays toute velléité contestataire sérieuse : les opposants politiques savent que, tant que la France soutient le régime auquel ils font face, ils ont peu de chance de le faire tomber.

Un an après sa première tournée africaine en tant que président, Chirac prononce à Brazzaville, le 18 juillet 1996, un discours « sur l'histoire de l'Afrique et son accession à la démocratie ». « L'Afrique est un continent libre, riche d'anciennes et puissantes traditions, de fécondes valeurs de civilisation, déclame-t-il. Moins qu'ailleurs, la démocratie ne s'y exporte, ne s'y plaque, ne s'y décrète. Plus qu'ailleurs, elle doit s'y ressentir, s'acclimater, s'enraciner. » Déclinaison de sa formule sur le « luxe » du multipartisme, employée alors qu'il était maire de Paris [→ IV.1], voilà une manière policée de justifier par avance la reconnaissance française de résultats d'élections frauduleuses dans les pays du pré carré. C'est ce qui va se passer successivement au Cameroun (1997), au Togo (1998), au Gabon (1998) ou encore à Djibouti (1999), où la présence de la principale base militaire française du continent vaut bien d'étouffer l'assassinat d'un coopérant français, le magistrat Bernard Borrel [→ V.1]. Interrogé hors micro en juillet 1999, comme le raconte *Le Canard enchaîné*, le président français ironise : « Il faut bien que les dictateurs gagnent les élections, sinon ils n'en feront plus ! »

La victoire des « foccartiens » sur le Quai d'Orsay

Le 31 août 1995, saisissant l'opportunité de la conférence des Ambassadeurs, le ministre des Affaires étrangères Hervé de Charette annonce l'intégration prochaine du ministère de la Coopération au Quai d'Orsay : « Nous avons fixé un calendrier et les méthodes pour que la Coopération soit durablement l'un des volets de la politique extérieure de la France, et pour faire en sorte que ces deux ministères n'en forment qu'un en 1997. »

L'idée n'est pas nouvelle. Elle a même été déjà sérieusement envisagée par le Premier ministre Alain Juppé, alors qu'il était à la tête du Quai d'Orsay dans le gouvernement Balladur (1993-1995). Avant lui, en 1982, un décret du Premier ministre Pierre Mauroy avait déjà acté le rapprochement des deux ministères. Mais celui-ci ne s'est jamais concrétisé et, lorsque Jacques Chirac devient Premier ministre en 1986, il rend officiellement toutes ses compétences à la Coopération, sorte de « ministère français de l'Afrique » et puissant outil d'influence par son maillage d'assistants techniques [→ III.6] et sa Mission militaire de coopération [→ III.1].

Comme le secrétaire général de l'Élysée Dominique de Villepin, Alain Juppé passe pour un « moderne » de la politique africaine de la France. Il n'apprécie guère les méthodes de Pasqua ou de Foccart, tout en partageant pleinement les objectifs de Jacques Chirac vis-à-vis de l'Afrique. Cette fois, il pense pouvoir mener cette réforme à son terme, même si elle risque de semer le trouble « rue Monsieur » (l'adresse et le surnom du ministère) et dans certains palais africains. Soucieux de rassurer, le Quai d'Orsay précise aussitôt dans un communiqué qu'il s'agit d'une « mesure d'ordre technique qui ne met pas en cause les missions ni les responsabilités des services concernés » et surtout qui « donnera lieu aux contacts naturels (*sic*) avec nos partenaires traditionnels ». Insuffisant pour des potentats comme Omar Bongo, qui se plaint déjà de ne plus être l'objet de toutes les attentions de Paris depuis l'effondrement du bloc soviétique. Pour contrecarrer ce projet, ils ont un allié de poids en la personne du ministre de la Coopération, Jacques Godfrain.

Dans les semaines qui suivent l'annonce d'Hervé de Charette, Godfrain mobilise donc ses relations à l'Élysée, où il insiste sur l'inquiétude des chefs d'État africains à l'idée de perdre leur interlocuteur privilégié, comme il le racontera plus tard au chercheur Julien Meimon. Ses efforts paient. Le 3 décembre 1995, Jacques Chirac, qui profite du sommet de la Francophonie au Bénin pour fuir un peu le contexte social explosif en France, rassure ses homologues africains. « Depuis le général de Gaulle prévaut la conscience d'une relation privilégiée avec l'Afrique, relation qui n'est pas de même nature que celle que nous entretenons avec les autres pays du monde. C'est pourquoi il y a en France un ministère de la Coopération, rappelle-t-il. [...] Je peux vous le dire, ici à Cotonou, il y aura toujours en France, en tous les cas tant que j'assumerai mes responsabilités, un ministère de la Coopération ayant ses moyens et son identité. »

Jacques Godfrain exulte, conforté dans sa vision. Dans son livre *L'Afrique, notre avenir*, il explique l'intérêt stratégique selon lui d'« un grand ministère de la Coopération, avec une visibilité institutionnelle et un budget propre [...] pour nous démarquer des autres pays du monde » grâce à ce qu'il appelle « nos amitiés africaines ».

Aider les génocidaires rwandais et soutenir Mobutu, jusqu'au bout

À partir du début des années 1990, la situation est à nouveau difficile pour le maréchal Mobutu, doyen des dictateurs et ami de la France [→ III.5]. Le Zaïre est en proie à une profonde crise politique et militaire, et à une répression qui a entraîné depuis 1993 des sanctions internationales contre le régime. Dès le printemps 1994, l'Élysée encore occupé par François Mitterrand s'emploie, avec l'aval du Premier ministre Édouard Balladur et surtout du ministre de l'Intérieur Charles Pasqua [→ IV.8], à replacer Mobutu dans le jeu régional en tâchant de lui bâtir un rôle de « médiateur » au sujet du Rwanda. À peine Chirac au pouvoir, Wibaux et Foccart sont mobilisés pour rencontrer discrètement le vieux maréchal et œuvrer à son retour en grâce au sein de la communauté internationale, à commencer par la famille franco-africaine. « Dès son arrivée à l'Élysée, le nouveau président a levé toutes les interdictions de visas pour Mobutu et sa famille », explique *La Lettre du continent* en septembre 1995.

La situation est critique à l'est du pays où, face à la victoire militaire du Front patriotique rwandais (FPR) qui a mis fin au génocide des Tutsis de l'autre côté de la frontière, près de deux millions de réfugiés ont fui au Zaïre de peur d'éventuelles représailles. Parmi eux se dissimulent les principaux exécutants du génocide, soldats des ex-Forces armées rwandaises et miliciens Interahamwe, mais aussi les donneurs d'ordre, que les militaires français de l'opération Turquoise laissent passer [→ IV.9]. Anciens ministres, préfets, bourgmestres et cadres des différentes administrations rétablissent ainsi au sein des camps les structures hiérarchiques qui ont encadré, durant trois mois, l'impitoyable mécanique d'extermination. Tous ces génocidaires rêvent de revanche. Profitant de l'aide des organisations humanitaires comme de la protection de l'ONU et de l'armée zaïroise, ils se réarment dans les camps des réfugiés le long de la frontière malgré un embargo international – largement violé dès juillet 1994, au vu et au su de l'armée française présente sur place. Ils se réorganisent et s'entraînent en vue de lancer une opération de reconquête du Rwanda, où ils mènent régulièrement des raids meurtriers.

Leurs chefs continuent également de voyager pour négocier l'acquisition d'armes et de munitions. Le chercheur britannique Andrew Wallis explique dans son livre *Stepp'd in Blood* (2019) que Théoneste Bagosora, officier des Forces armées rwandaises connu pour être le « cerveau » du génocide, se fait même payer par la France son séjour à Paris. Face aux protestations de la justice belge sur sa présence en Europe, car Bagosora est lié à l'assassinat de dix Casques bleus belges lors du coup d'État du 7 avril 1994, les autorités françaises prétextent qu'il n'existe pas de base légale pour l'arrêter… L'homme est en fait protégé par des « personnalités politiques françaises », déplore le parquet de Bruxelles, en juillet 1995. Il faut attendre mars 1996 pour que Bagosora soit appréhendé au Cameroun, d'où il sera transféré au Tribunal pénal international pour le Rwanda (TPIR) qui le condamnera à perpétuité.

Le Zaïre s'embrase

Les nouvelles autorités rwandaises n'entendent pas laisser leurs ennemis se réorganiser à leur porte. Dans leur pays, elles ont brutalement démantelé les camps de déplacés où se mêlaient aussi des génocidaires, commettant en avril 1995 à Kibeho un massacre sous les yeux des personnels humanitaires et de quelques soldats onusiens, impuissants. Dès novembre, Kigali revendique une incursion en territoire zaïrois pour anéantir un camp de miliciens et d'ex-soldats génocidaires sur l'île d'Iwawa, sur le lac Kivu.

Trois semaines plus tard, le nouveau président rwandais Pasteur Bizimungu met ouvertement en cause Paris, en déclarant à l'AFP en marge d'un sommet sur la paix dans la région que « la France souhaite la restauration des anciens leaders qui ont planifié le génocide ». Au même moment, affirme Andrew Wallis, Mobutu reçoit Agathe Habyarimana – la veuve de l'ancien président rwandais, influente au sein de l'Akazu, le clan des extrémistes hutus –, deux généraux de l'ex-armée génocidaire ainsi que trois officiers français (dont le colonel Gilbert Canovas, ancien coopérant militaire auprès de l'état-major rwandais). Au centre de leur discussion : des plans de reconquête du Rwanda et le recours à des mercenaires français, affirme encore le chercheur britannique.

Le soutien de la hiérarchie militaire française à ses alliés génocidaires converge avec d'autres intérêts nationaux : Jacques Chirac reste en effet à l'écoute de Foccart pour qui il faut poursuivre la normalisation des relations avec Mobutu. Celui-ci est ainsi discrètement reçu à l'Élysée en avril 1996, en dehors de tout agenda officiel.

Trois mois plus tard, la commission de l'ONU sur la surveillance de l'embargo sur les armes estime que les anciens génocidaires disposent de 50 000 hommes prêts à lancer l'assaut sur plusieurs fronts. Les autorités rwandaises, excédées de la tolérance dont jouissent leurs ennemis à leur frontière, appellent une nouvelle fois au démantèlement des camps et laissent ouvertement entendre aux Américains que, si l'ONU reste passive, elles interviendront directement.

En octobre 1996, Kigali parraine la création de l'Alliance des forces démocratiques pour la libération du Congo (AFDL) autour de Laurent-Désiré Kabila, un vieil opposant à Mobutu. Avec le soutien de l'Ouganda, cette rébellion et l'armée rwandaise prennent le contrôle de l'est du Zaïre, après avoir réduit à néant les camps, attaqués à l'arme lourde pour en déloger les génocidaires. Des massacres qui seront utilisés durant un quart de siècle par les tenants de la thèse négationniste d'un second génocide, permettant ainsi de relativiser et d'implicitement légitimer le génocide des Tutsis commis deux ans et demi plus tôt. Environ 700 000 réfugiés rwandais rentrent de force au pays où, contrairement à ce qu'annonçait la propagande des génocidaires qui ont pris le contrôle des camps, ils ne sont pas exterminés. Mais 200 000 à 250 000 fuient en direction de l'ouest du Zaïre, spontanément ou sous la contrainte de leurs chefs qui les utilisent comme boucliers humains contre l'AFDL et l'armée rwandaise. Ils pillent les régions traversées, attaquant les villageois, et sont pourchassés par les troupes rwandaises et l'AFDL, qui commettent aussi leur lot de massacres, recensés en 2010 par le rapport Mapping de l'ONU. Celui-ci, qui ne parvient pas à établir précisément une chronologie des faits et la responsabilité des différents crimes qui s'enchaînent, pointe également les innombrables tueries commises par l'armée zaïroise et par les ex-Forces armées rwandaises (FAR) désormais fondues au sein des Forces démocratiques de libération du Rwanda (FDLR). C'est le début d'une terrible succession de crimes contre l'humanité à l'est du Zaïre, qui implose, et d'une guerre larvée entre groupes armés qui durera des décennies.

Le fiasco congolais des mercenaires parrainés par la France

Dès la création de l'AFDL, la France cherche comment sauver, une fois de plus, le pouvoir du maréchal Mobutu qui risque d'être balayé en quelques semaines. Mais Paris ne peut pas intervenir seul alors que son soutien aux génocidaires rwandais, en 1994, est de plus en plus contesté. Début novembre 1996, Paris soumet donc le principe d'une opération militaro-humanitaire à l'est du Zaïre au Conseil de sécurité de l'ONU, qui accepte. Quelques jours plus tard, les attaques de plusieurs camps provoquent le retour au Rwanda de centaines de milliers de réfugiés. Et Washington, allié du nouveau pouvoir à Kigali, s'oppose finalement à l'opération.

Pour la France, il ne reste donc plus que l'option d'un soutien indirect. Dans une note citée par *La Lettre du continent*, la société française Geolink, connue pour ses téléphones satellitaires mais qui cherche à se diversifier dans les ventes d'armes, propose à Fernand Wibaux de recruter cent commandos serbes « pour déstabiliser ou prendre Kigali. Nous sommes en relation commerciale très étroite avec la Fédération de Yougoslavie ainsi qu'avec les Serbes de Bosnie », écrit le directeur commercial de l'entreprise, Philippe Perrette, qui se vante de « [représenter] des sociétés françaises auprès des autorités compétentes militaires, civiles (Thomson, Intertechnique, Arpège Défense, Pinault…) ».

Pour tenter de réorganiser l'armée de Mobutu en déroute, 280 mercenaires, dont deux tiers de Serbes, débarquent effectivement sur place fin 1996. Geolink fournit aussi des hélicoptères de combat et des avions de chasse. L'équipe est également composée de Français et de Belges, recrutés parmi les compagnons de route de Bob Denard et les milieux d'extrême droite : on y retrouve notamment Emmanuel Pochet et François-Xavier Sidos qui dirigent le Cercle de défense de l'industrie d'armement et de l'armée française, une officine proche du Front national (FN). « Comme Denard n'est plus opérationnel depuis la débâcle aux Comores [en octobre 1995], un Belge a pris la tête du groupe qu'il aurait autrement commandé », commente un diplomate français dans *Libération* en janvier 1997, en parlant de Christian Tavernier. À 61 ans, cet « affreux », ami de Denard, a déjà une longue expérience des « barbouzeries », y compris au Congo en 1964-1965 [→ III.4]. Toujours d'après le quotidien, le mercenaire rencontre cinq fois l'adjoint de Foccart à Paris entre septembre 1996 et mars 1997 : il est en effet « un vieil ami de Fernand Wibaux », précise, de son côté, *La Lettre du continent*. « Deux ans après s'être trouvée mêlée à un génocide en 1994, la France parraine l'envoi de criminels de guerre serbes coupables de purification ethnique aux côtés des ex-FAR pour soutenir Mobutu », se scandalise le politologue Jean-François Bayart dans le numéro d'avril 1997 de la revue *Croissance*.

Quant au chef des mercenaires serbes, le « colonel Dominik Yugo », *alias* Jugoslav Petrušić, il a vraisemblablement servi d'intermédiaire au préfet Jean-Charles Marchiani, proche de Charles Pasqua, dans la négociation pour la libération de deux pilotes français en Serbie deux ans plus tôt. Il a aussi aidé Geolink à vendre des équipements aux Serbes, notamment des radars Thomson. Arrêté à Belgrade en 1999, l'homme est accusé d'avoir monté un réseau d'espionnage pour le compte de la France, dont il a obtenu la nationalité par mariage en 1990. En 1998, un rapport de l'ONU indique que tous ces hommes ont été recrutés par Robert Montoya, l'ex-gendarme de l'Élysée qui fait désormais des affaires florissantes en Afrique de l'Ouest [→ V.6].

Cet envoi de mercenaires auprès de Mobutu tourne au fiasco : début mars 1997, la ville de Kisangani est sur le point de tomber, ouvrant la voie à une victoire de l'AFDL sur le régime zaïrois. L'Élysée sort alors sa dernière carte : la proposition, auprès de l'Union européenne et de l'ONU, d'une intervention militaire pour empêcher les rebelles de prendre le contrôle de l'aéroport de la ville. Officiellement, il s'agit de sécuriser l'arrivée de vivres et de médicaments pour les opérations humanitaires dans la zone. En pratique, l'aéroport est surtout un point stratégique d'où décollent des hélicoptères et des avions pilotés par les mercenaires. À l'étranger, tout le monde trouve la ficelle élyséenne un peu grosse, comme le raille le quotidien britannique *The Times* : « Il est clair pour tout le monde, sauf pour les Français, que la proposition de M. Chirac [une force d'intervention au Zaïre] ne servirait en rien à aider les Africains assiégés, mais plutôt à conforter l'influence politique et économique déclinante de la France [...]. Après avoir armé et soutenu les tueurs hutus au Rwanda, la France tente maintenant désespérément de justifier ses choix politiques très intéressés. » Le projet avorte.

Le 15 mars, Kisangani tombe : les mercenaires qui le peuvent s'enfuient à bord d'avions Transall que l'armée française utilise pour exfiltrer quelques ressortissants. C'est l'échec de l'ultime tentative de Paris de sauver son allié Mobutu. Ironie du sort, Jacques Foccart meurt quatre jours après ce fiasco.

Deux mois plus tard, Mobutu, très diminué par la maladie, abandonne le pouvoir et fuit au Togo puis au Maroc, chez son vieil allié Hassan II. Le 17 mai 1997, les hommes de l'AFDL entrent dans Kinshasa aux côtés des troupes rwandaises, tandis que Laurent-Désiré Kabila s'autoproclame rapidement président de cet immense pays qu'il rebaptise « République démocratique du Congo » (RDC). Mobutu meurt en septembre 1997, six mois après Foccart.

« Ni ingérence ni indifférence », le prudent « droit d'inventaire » de Lionel Jospin

Ne pas toucher aux bases militaires en Afrique

Depuis vingt ans, Paris s'est tellement impliqué dans l'aide au régime de Mobutu que son effondrement semble sonner le glas de l'influence française. Dès décembre 1996, l'écrivain-diplomate Jean-Christophe Rufin explique dans *Le Figaro* que « les événements du Zaïre [...] masquent un grave revers de notre politique africaine et risquent d'être retenus par l'Histoire comme le début de sa fin ». Avec la chute du dictateur zaïrois et la mort de Foccart, l'idée que la France perd pied en Afrique s'impose facilement. Cette impression générale est confortée par les mutineries militaires en Centrafrique et l'emballement de l'affaire Elf : le système de corruption généralisée devient soudainement tellement visible qu'il paraît inimaginable qu'il perdure [→ IV.4].

C'est dans ce contexte que la dissolution de l'Assemblée nationale décidée par Jacques Chirac, qui espère renforcer la majorité parlementaire de son camp, débouche finalement sur un gouvernement de « gauche plurielle » dirigé par Lionel Jospin. En accédant à Matignon, l'ancien secrétaire national du Parti socialiste chargé des relations avec les pays du tiers-monde (1975-1979) « manifeste assez rapidement son "droit d'inventaire" et sa volonté de prendre ses distances avec la vieille politique des réseaux – de droite comme de gauche », écrit en 2007 la revue *Politique africaine*.

Le nouveau gouvernement doit tenir compte des accusations portées contre l'armée française au Rwanda mais aussi en Centrafrique, où l'explosion d'un sentiment antifrançais à la suite de la répression des mutineries militaires contraint Paris à annoncer en août 1997 la fermeture de ses bases de Bouar et Bangui.

Officiellement, le nouveau Premier ministre veut rompre avec la part d'ombre de la politique africaine de la France, mais il n'est pas question de toucher aux dispositifs institutionnels dans lesquels est enserrée la relation franco-africaine. Le voyage de Jospin au Sénégal et au Mali, en décembre 1997, douche les espoirs de ceux qui attendaient une profonde réforme de cette politique : sa ligne, résumée dans la formule « ni ingérence ni indifférence », préserve les fondamentaux.

Sur le plan monétaire, alors même que le franc français va prochainement laisser la place à l'euro, « rien ne va changer dans la zone CFA », assure le Premier ministre devant les chefs d'entreprise français et sénégalais. « Le rattachement du franc CFA à l'euro constitue un nouvel atout », estime même Jospin, car « il facilitera le commerce et les investissements » avec l'ensemble de la zone euro. « Les mécanismes actuels de la zone [franc] subsisteront et vous ouvriront des possibilités nouvelles », précise-t-il encore à Bamako.

La même continuité est assumée sur le plan militaire. Lors de son étape à Dakar, le locataire de Matignon l'affirme sans équivoque devant les forces françaises qui, rappelle-t-il, « sont présentes [ici] depuis 1960 ». « Elles remplissent aujourd'hui des missions d'une importance considérable qui bénéficient mutuellement à la France et au Sénégal, estime le Premier ministre. Elles participent, par leur présence, à la stabilité de la région. » Une rhétorique que ne renieraient ni Jacques Chirac ni François Mitterrand. Pour le dirigeant socialiste, « cette présence a été également exemplaire parce que, depuis 1960, elle a su s'adapter dans la forme, au gré des évolutions de l'un ou l'autre des pays, ainsi qu'en témoignent la renégociation des accords de 1960, dès 1974, et les adaptations successives convenues en 1979 et 1989 ». Le message est clair : nul besoin de revoir le maillage des bases militaires françaises en Afrique.

Nouvelle doctrine, vieilles techniques

Pour désamorcer les critiques, le gouvernement concède tout de même certaines adaptations concernant les opérations extérieures (opex) et la coopération militaire. Pour les interventions, les maîtres mots de sa « nouvelle doctrine » sont désormais la légalité internationale, avec un mandat onusien, le multilatéralisme, avec une volonté d'européanisation des opérations (notamment pour des raisons budgétaires), et une « africanisation » du dispositif, au moins sur le papier.

C'est dans cet esprit que Lionel Jospin annonce, toujours depuis Dakar, le lancement du programme RECAMP, Renforcement des capacités africaines de maintien de la paix, pour préparer les armées africaines, explique-t-il, « à intervenir dans des opérations qui seraient placées sous la direction stratégique du Département des opérations de maintien de la paix de l'ONU ». Ce département hautement stratégique créé en 1992 est justement passé le 1er janvier 1997 sous la responsabilité d'un Français,

Bernard Miyet, nommé secrétaire général adjoint en remplacement de Kofi Annan qui prend, lui, la tête des Nations unies. Depuis cette période, Paris a réussi à conserver la main sur ce département clé pour les intérêts français : cinq diplomates français s'y sont succédé en un peu plus de deux décennies.

L'idée d'œuvrer au développement d'une armée interafricaine autonome n'a rien de nouveau : elle remonte à la Communauté française, en 1958, et a connu différentes déclinaisons. Dans les années 1980, le général Jeannou Lacaze, alors chef d'état-major du président Mitterrand, avait par exemple été chargé « d'étudier la faisabilité d'une force d'intervention africaine, constituée d'unités désignées par les États africains francophones auxquelles la France apporterait sa coopération », raconte Pierre Messmer dans son livre *Les Blancs s'en vont, récits de décolonisation* (1998). Et, comme l'explique Raphaël Granvaud dans son essai *Que fait l'armée française en Afrique ?* (2009), « ce thème est réactivé en 1994, au moment où la France lance l'opération Turquoise au Rwanda. Alors qu'elle leur a refusé son soutien logistique, la France justifie son intervention par la paralysie des forces africaines, mais promet d'aider prochainement à dépasser cette situation. Lors du sommet France-Afrique qui suit, à Biarritz en novembre 1994, le général-président togolais Gnassingbé Eyadéma est chargé par ses pairs de préparer un rapport sur la question », conclut ce spécialiste des questions militaires au sein de l'association Survie.

Les États-Unis et la Grande-Bretagne souhaitent eux aussi l'émergence d'une force africaine, ce qui, dans un contexte de regain de rivalité entre Français et Anglo-Saxons sur le continent, n'est pas sans créer quelques difficultés, car si Paris cherche à moins apparaître en première ligne lors de ses interventions, il ne veut rien perdre en influence. Finalement, Français, Britanniques et Américains trouvent un accord en mai 1997, soit juste avant l'arrivée à Matignon de Lionel Jospin dont le gouvernement n'a plus qu'à formaliser le volet français du dispositif. « Selon la définition officielle, explique encore Raphaël Granvaud, il ne s'agit pas uniquement d'un programme prédéfini, mais d'un “concept”, autrement dit d'une étiquette [RECAMP] que l'on peut coller sur toute initiative » dès lors qu'elle semble compatible avec l'objectif flou d'aider au maintien de la paix sur le continent, comme « la fourniture de moyens militaires à des armées africaines, les Écoles nationales à vocation régionale (ENVR), l'organisation de cycles de formation incluant des exercices militaires » ou « le soutien à certaines opérations sous mandat de l'ONU ou de l'Union africaine (UA) ».

Concrètement, la France maintient sa coopération militaire, mais « africanise » ses dispositifs en accentuant la formation en Afrique (donc en invitant de moins en moins d'officiers africains à se former en France) et en mettant progressivement en place une quinzaine d'ENVR, parmi lesquelles quatre sont dédiées aux formations liées au « maintien de l'ordre » dont raffolent les dictatures… Ces écoles accueillent chacune des officiers de différents pays africains : pays francophones, mais aussi Angola, Cap-Vert ou Guinée équatoriale. En apparence « africain », ce dispositif « suppose la maîtrise de la formation par la France, la présence de formateurs français, et une vérification régulière de la conduite de l'enseignement », explique en 2001 Bernard Cazeneuve dans un rapport parlementaire consacré au bilan de la réforme de la coopération militaire. À cette occasion, le député PS vante la formation comme un « instrument d'influence remarquable, à la fois peu onéreux […] et aux répercussions durables, les personnels étrangers ainsi formés étant plus accessibles ensuite à la présentation des méthodes de fonctionnement et d'organisation françaises, et connaissant mieux les responsables français ».

Le changement de posture concerne aussi les conseillers militaires placés auprès des autorités des pays concernés : est officiellement abolie la coopération de « substitution » où des postes de commandement sont occupés de façon permanente par des Français. Le député Bernard Cazeneuve se félicite ainsi que « tous les postes de coopération auprès des autorités politiques (chefs d'État, Premiers ministres) [aient] été supprimés [entre 1998 et 2001]. N'ont été maintenus que les postes de conseillers auprès des hautes autorités militaires, à l'exception des postes au sein des gardes prétoriennes, qui ont aussi été supprimés ». Au terme d'une réforme menée quarante ans après les indépendances, des coopérants français restent donc placés au cœur des appareils militaires et policiers des pays francophones d'Afrique subsaharienne, comme conseillers des chefs d'état-major, des commandants de gendarmerie, voire des ministres de la Défense. Et si une telle fonction stratégique peut en pratique les amener à « suggérer » voire à donner franchement des ordres, ils sont juridiquement intouchables : ils ne peuvent plus être poursuivis si l'armée auprès de laquelle ils sont détachés commet un crime.

Coopération : une réforme préparée dans le plus grand secret

Dans le même temps, le projet de suppression du ministère de la Coopération, bloqué par Chirac en 1995, redevient discrètement une option à l'étude. La « rue Monsieur » n'est plus que l'ombre de ce qu'elle a été. En 1996, un rapport de la Cour des comptes montre que le ministère n'a plus la main que sur 11,5 % des sommes comptabilisées en aide publique au développement (APD), majoritairement attribuée par Bercy [→ V.10]. Même pour les seuls pays dits « du champ », c'est-à-dire la trentaine de pays relevant de sa zone de compétence (principalement en Afrique), la

« rue Monsieur » pilote désormais moins de la moitié de l'aide bilatérale, contre plus de 80 % quinze ans plus tôt.

Le nombre de coopérants français relevant du ministère[1] a considérablement baissé. Plus de 10 000 en 1980, ils sont 6 300 en 1991, 2 300 six ans plus tard. Une partie de cette forte baisse est imputable à la crise de la dette [→ IV.6] qui, à partir des années 1980, empêche plusieurs États africains de s'acquitter auprès de Paris de la contribution financière exigée depuis l'indépendance pour la mise à disposition d'assistants techniques français (censée encourager leur substitution par du personnel local). En 1991, alors que les contributions passées impayées s'accumulent à hauteur de 900 millions de francs (137 millions d'euros), Paris exige encore des pays supposés solvables une contribution annuelle de 315 millions de francs (en particulier, 5 ou 6 millions pour le Congo ou le Cameroun, 10 millions pour Djibouti, plus de 100 millions pour la Côte d'Ivoire ou le Gabon !).

C'est le cas notamment pour la Côte d'Ivoire qui, alors qu'elle a versé jusqu'à 630 millions de francs de contribution en 1981, connaît une première défaillance de versement en 1984. Dans ce pays phare de l'influence française étranglé par sa dette extérieure, le nombre de coopérants rattachés à la « rue Monsieur » est ainsi passé de plus de 4 000 en 1981 à moins de 700 en 1993, selon un rapport publié par le ministère en 1994.

Cette déflation du nombre d'assistants techniques, qui sera plus tard perçue à tort comme une simple conséquence de la suppression du ministère de la Coopération, la précède en fait : le cœur de l'influence française s'est déplacé vers Bercy et la Caisse de développement.

D'autres raisons motivent également le PS, qui traîne le poids des scandales de l'ère Mitterrand, à faire disparaître la « rue Monsieur ». C'est le cas de l'affaire du Carrefour du développement [→ p. 530], dont les suites judiciaires se prolongent jusqu'à la fin du second septennat du président socialiste. Mais surtout, le soutien intangible aux génocidaires rwandais, notamment par le biais de la Mission militaire de coopération, tiraille les personnels du ministère. Une ancienne cadre de la « rue Monsieur » confie au chercheur Julien Meimon, dix ans plus tard, que le Rwanda a représenté au sein de son administration une « cassure », avec des coopérants rapatriés « qui débarquent en larmes » et des services « complètement bouleversés » : « On ne peut pas garder un ministère de la Coopération qui fait du développement alors que la politique est faite par d'autres réseaux », dit-elle. Un autre cadre résume : « Le Rwanda, je dirais que ça a été notre "affaire Dreyfus"... » À l'époque, certains personnels appellent même ouvertement à une « objection de conscience ».

1. Ces chiffres officiels n'intègrent donc pas les expatriés français rattachés à d'autres ministères, comme la santé ou la recherche. En tout, ils sont environ 23 000, en 1980.

Désormais ministre des Affaires étrangères dans le gouvernement de Lionel Jospin (juin 1997-mai 2002), Hubert Védrine a suivi de près la situation au Rwanda, en tant que secrétaire général de l'Élysée sous François Mitterrand. Ce fidèle du chef de l'État va finalement intégrer au sein de son ministère ces personnels de la « rue Monsieur », à la faveur d'une réforme présentée comme un moyen de rationaliser la politique de coopération.

Dès le 21 décembre 1997, depuis la résidence de France à Bamako, Lionel Jospin évoque cette réforme à venir du dispositif de coopération, « de façon à le rendre plus efficace ». « L'objectif, précise-t-il, est de rénover nos instruments techniques et financiers pour les adapter aux nouveaux défis du monde en développement. » Depuis l'été 1997, un petit groupe de conseillers de différents cabinets ministériels (Affaires étrangères, Coopération, Finances...) se réunissent en secret à la demande de Matignon, sans même y associer leurs ministres, pour préparer une réforme « à la hussarde », comme l'expliquera l'un d'eux en 2004 à Julien Meimon. À l'instar de Georges Serre, qui faisait partie de la cellule africaine de l'Élysée de 1992 à 1994, tous ont déjà une expérience de la politique africaine.

Un souci d'affichage pour les relations franco-africaines

Les grandes lignes de cette réforme sont finalement présentées en conseil des ministres en février 1998. La « Caisse » française de développement est transformée en « Agence », dont le poids ne va cesser de s'accroître, tandis que le ministère de la Coopération devient un secrétariat d'État intégré au Quai d'Orsay. Le gouvernement se dote d'un comité interministériel censé favoriser la coordination de ses politiques en matière de développement et d'un organe consultatif ouvert à la société civile, le Haut Conseil de la coopération internationale. « Le signe politique qui est affiché à travers la "fin" du ministère des ex-colonies, maintenant intégré à celui des Affaires étrangères, apparaît pour le moins "brouillé" par la création du poste de ministre délégué à la Coopération », constate le chercheur Marc Pilon dans le rapport de l'Observatoire permanent de la coopération française publié en 1998. Il s'agissait en effet d'une exigence de Jacques Chirac, qui tenait à conserver un tel portefeuille par souci d'affichage vis-à-vis des présidents africains. Cette fois, le chef de l'État ne s'est en effet pas opposé à la réforme, qui ne menace en réalité pas les relations franco-africaines : il affirme plutôt qu'elle s'inscrit « dans le droit fil de la démarche » qu'il aurait lui-même initiée.

Interrogé par *Jeune Afrique* en février 1998, Omar Bongo a bien compris que les changements sémantiques ne modifient rien à l'esprit de la politique africaine de la France. « Que le responsable [français] de la coopération soit appelé ministre, secrétaire ou planton, cela m'est égal, dit-il, puisque la coopération demeure. »

Le 22 juin 1998, scandalisés par le projet de décret censé traduire la réforme, les personnels du ministère de la Coopération font publiquement part de leur « déception ». Dans un communiqué au vitriol rédigé à l'issue de leur assemblée générale, ils « réaffirment avec force qu'ils ne sont pas responsables des errements et dérives de la politique africaine de la France qui relevaient du domaine réservé de l'Élysée et de l'action de réseaux et de groupes de pression ». Et ils s'interrogent sur la nouvelle architecture proposée : « Comment ce dispositif entend-il combattre l'emprise des réseaux d'influence (cellule de l'Élysée, réseaux parallèles illustrés par le Rwanda), des financements occultes (Elf), des lobbies générateurs de corruption qui prolifèrent sur les financements publics ou dans les processus de privatisations des entreprises africaines ? »

Une réponse cynique leur est fournie deux ans plus tard, lorsque Bruno Delaye est nommé à la tête de la puissante Direction générale de la coopération internationale et du développement, créée au Quai d'Orsay au moment de la réforme. Le diplomate est un intime de la Françafrique : il a dirigé la cellule africaine de Mitterrand de 1992 à 1995, expérience au sujet de laquelle il a eu en 1998 cette formule, rapportée par *Le Figaro* : « J'ai dû recevoir dans mon bureau 400 assassins et 2 000 trafiquants de drogue. On ne peut pas ne pas se salir les mains avec l'Afrique. » Comme s'en amuse *La Lettre du continent*, ses nouvelles fonctions l'obligent à rendre compte à son ministre Hubert Védrine et au conseiller Afrique de ce dernier, Georges Serre… un ancien collaborateur de Delaye à l'Élysée. Le symbole est cruel : les agents de la « rue Monsieur » se retrouvent désormais sous l'autorité d'un trio tout droit issu du cœur du pouvoir franco-africain au moment de la « cassure » du Rwanda.

La « Françafrique » démasquée, mais pas déstabilisée

Le combat de François-Xavier Verschave

Le 9 décembre 1998, *Le Monde* publie un éditorial au titre choc : « Françafrique, rien ne change », qui constate avec amertume « que les vieilles habitudes où se mêlent corruption et paternalisme, dédain pour la démocratie africaine et mépris des principes proclamés, ont toujours cours ». En cause, l'étrange mission d'observation électorale organisée par l'avocat Robert Bourgi, un très proche de Foccart, pour avaliser la mascarade électorale au Gabon. Parmi la douzaine d'« observateurs » de l'Association internationale pour la démocratie, son président Georges Fenech intéresse au même moment les médias à cause des propos antisémites d'un avocat général à la Cour de cassation diffusés dans le bulletin de la très droitière Association professionnelle des magistrats, qu'il préside aussi.

« L'affaire gabonaise, où l'on voit des avocats et des magistrats français, engagés à droite, voire à la droite de la droite, répondre aux sollicitations d'un survivant des réseaux de la "Françafrique" légués par le défunt Jacques Foccart pour se porter garants de la réélection d'un président inamovible est sidérante, écrit encore *Le Monde*. Elle l'est encore plus quand l'on découvre que nombre de ses protagonistes ont leurs entrées à l'Élysée et que s'y ajoute un ténébreux épisode où circule, de Libreville à Paris, une mallette d'argent liquide dont la découverte n'a mystérieusement donné lieu à l'ouverture d'aucune enquête. » La chronique du quotidien du soir est révélatrice de l'état d'esprit général : le journal, qui n'emploie l'expression « Françafrique » que depuis juillet 1997 (et toujours entre guillemets), la relègue déjà au passé.

Huit mois plus tôt seulement, le militant François-Xavier Verschave a publié un essai, *Françafrique. Le plus long scandale de la République*, qui donne de l'écho à sa nouvelle utilisation de ce néologisme apparu dès 1945, dont la paternité est attribuée à tort à Houphouët-Boigny [→ p. 22]. Cet économiste de formation a rejoint en 1984 la campagne lancée trois ans plus tôt par une cinquantaine de Prix Nobel appelant à mieux utiliser l'argent de l'aide publique au développement, notamment pour mettre fin à l'« extermination par la faim ». Avec d'autres militants de ce mouvement, qui, sous le nom de « Survie », se constitue en association fin 1984, Verschave se rend progressivement compte que l'aide n'est pas seulement inefficace, ou mal utilisée, mais qu'elle alimente des circuits de corruption au profit des intérêts français. Tout en continuant à défendre le principe – consensuel, mais jamais mis en œuvre – d'une « loi de Survie » pour améliorer l'aide au développement, Verschave a créé en septembre 1993 une feuille d'information, *Billets d'Afrique*, pensée d'abord comme un supplément au bulletin mensuel sur la « campagne pour la survie et le développement ». Le mot « Françafrique » y apparaît (sans guillemets) dans le numéro de janvier 1994. À partir du génocide des Tutsis, l'analyse et la dénonciation de la Françafrique deviennent *de facto* les objectifs principaux de l'association, qui conserve son nom.

Les développements de l'affaire Elf, et bientôt de l'Angolagate [→ V.4], révèlent au-delà du cercle des connaisseurs l'ampleur de la criminalité des relations franco-africaines. Verschave, par ailleurs employé de mairie à temps partiel dans la banlieue de Lyon, déploie une énergie impressionnante pour se consacrer à ce qui devient le combat de sa vie. Tout en publiant plusieurs ouvrages et le journal mensuel *Billets d'Afrique*, il enchaîne les déplacements, multiplie les conférences où ses talents d'orateur font mouche, et contribue à faire connaître la Françafrique dans les réseaux associatifs et syndicaux, dans les partis politiques de gauche et au sein du tout jeune mouvement altermondialiste. Le procès intenté par les dictateurs du Gabon, du Tchad et du Congo-Brazzaville pour « offense à chef d'État » va paradoxalement élargir son audience et diffuser plus largement son discours [→ V.3].

Analysant la Françafrique comme un ensemble de « dérives » qui s'alimentent les unes les autres, il évite les postures trop clivantes malgré la gravité des accusations qu'il porte. « La logique de la Françafrique est assez simple, écrit-il en 2000 dans son ouvrage *Noir Silence* : c'est le double langage, le dualisme de l'officiel et du réel, de l'émergé et de l'immergé, du légal et de l'illégal, avec une forte domination du second terme. » Puis il appelle à « une reconquête démocratique et citoyenne de ce que [l'historien] Fernand Braudel appelle *L'Identité de la France* ». Tout en montrant que l'histoire franco-africaine est loin de l'image d'Épinal du « pays des droits de l'Homme », Verschave conforte ainsi ses lecteurs dans l'idée apaisante que les « valeurs françaises » ont un sens.

Son travail est essentiel dans la révélation de la Françafrique au grand public, et surtout dans la création d'une indignation collective autour de pratiques et mécanismes jusque-là connus seulement de quelques spécialistes qui en parlent souvent avec euphémisme, parfois en légitimant une telle politique de défense cynique des intérêts français.

Comme un iceberg, avec 90 % d'invisible

S'il a joué un rôle indéniable de pionnier, le discours de Verschave a aussi ses limites : le président de Survie résume dans un premier temps la Françafrique au foccartisme, même s'il inclut progressivement les mécanismes institutionnels dans son analyse. « Le foccartisme reste encore la référence et la culture communes, écrit-il dans *Noir Silence*. La nécessité d'une forte présence militaire en Afrique, tant de l'armée que des services secrets, n'est guère contestée. […] Tandis que la France affiche sa neutralité, promeut la "réforme" de sa coopération et sa "nouvelle" politique africaine, la Françafrique poursuit et modernise ses pratiques délinquantes ».

Le président de Survie prévient : « "La France" ne pourra pas plus s'en exonérer que du régime de Vichy. » Verschave perçoit en effet très vite le danger de certaines thèses, sur la « privatisation » de la Françafrique, qui permettent à « la France instituée [d'être] exonérée de tous les forfaits commis par certains Français ». Il rappelle inlassablement que, malgré l'éclatement des réseaux et les effets de concurrence qui offrent un paysage forcément différent dans les années 1990 par rapport à l'« âge d'or » du foccartisme, les liens avec le pouvoir politique sont trop importants pour ne pas y voir une logique étatique, déployée depuis certains bureaux clés de l'Élysée. Avec la disparition de Foccart, dont il a souligné le rôle central, Verschave cherche à montrer que l'idée même de Françafrique reste opérante. Il y parvient en désignant un nouveau personnage clé : Jacques Chirac, alors au centre du jeu franco-africain.

Le président de l'association Survie François-Xavier Verschave, l'artiste plasticien camerounais Barthélémy Toguo et le journaliste Stephen Smith aux Grands Débats de Radio France, à Nantes en 2004. *Droits réservés*

Dans son analyse, le president de Survie commet une erreur imputable à son inébranlable optimisme, encouragé par des avancées démocratiques dans plusieurs pays du pré carré (Bénin, Mali, Niger, Sénégal…). Selon lui, si la mobilisation est nécessaire, c'est pour limiter l'impact à brève échéance de ces réseaux car « il est clair qu'à terme, dix ans peut-être, la Françafrique est condamnée à disparaître », affirme-t-il en 2000 toujours dans *Noir Silence*. Surtout, Verschave considère que la révélation du scandale suffira à le faire disparaître. Il explique par exemple en 1998, dans une conférence publiée deux ans plus tard sous le titre *Françafrique. Le crime continue*, que « la politique de la France en Afrique, c'est comme un iceberg : 10 % de visible, 90 % d'invisible. L'invisible est inavouable, il n'est possible que parce qu'on ne le sait pas. Il comporte des mécanismes tellement honteux, tellement scandaleux que, s'ils étaient exposés, 90 % de la population française marquerait son désaccord ». Le constat est sans doute vrai pour la partie la plus ouvertement violente des méthodes françafricaines, mais pas pour l'ensemble des mécanismes d'ingérence par lesquels la France parvient, bien après les indépendances, à confisquer une partie de la souveraineté des États de son ancien pré carré.

Au début des années 2000, le président de Survie pose différents jalons pour que la dénonciation de la Françafrique soit portée de manière plus collective. Il s'emploie, avec une poignée de militants et les trois ou quatre salariés de l'association, à rassembler les organisations de développement, celles de défense des droits humains, les syndicats et les partis politiques, en tentant de fédérer autour d'approches transversales plutôt que sur l'actualité d'un pays : le mercenariat, la dette, la création de la Cour pénale internationale, les paradis fiscaux et la criminalité offshore, la transparence financière dans l'industrie extractive… Il mobilise des artistes et multiplie les connexions avec des opposants africains, des « résistants » qu'il contribue à faire connaître en même temps que le système qui les oppresse.

Une expression incontournable

Désormais, même l'entourage de Jacques Chirac va devoir composer avec l'emploi de l'expression « Françafrique ». En 2002, après la réélection du chef de l'État, l'un de ses fidèles collaborateurs (il le conseillait à Matignon dans les années 1970), Michel de Bonnecorse, remplace Michel Dupuch à la direction de la cellule Afrique de l'Élysée. Cet ancien chef de la mission française de coopération au Sénégal de 1978 à 1982 puis à Madagascar de 1982 à 1985 a été ambassadeur de France au Kenya de 1990 à 1993 puis au Maroc de 1995 à 2001. Avec Bonnecorse, les chiraquiens tentent de donner un nouveau visage, plus présentable, à la politique africaine de la France. « J'ai toujours été un anti-Foccart, un adversaire des réseaux, assure Bonnecorse au journal *Le Monde*, en février 2007. Ils ont disparu avec le fils Mitterrand et l'arrivée de Chirac à l'Élysée. La cellule s'est institutionnalisée. »

Une antienne déjà entonnée par Chirac lui-même, en janvier 2001, lors du sommet franco-africain de Yaoundé, en réponse à une lettre de l'épiscopat français l'invitant à prendre ses distances avec les autocrates du continent « qui pratiquent la fraude électorale, la confiscation des ressources […], l'emprisonnement, parfois même l'élimination physique ».

Le meilleur soutien des dictateurs africains ose alors cette formule : « Nous avons saigné l'Afrique pendant quatre siècles et demi. Ensuite nous avons pillé ses matières premières. Après, on a dit : "Ils [les Africains] ne sont bons à rien." [...] Après s'être enrichi à ses dépens, on lui [l'Afrique] donne des leçons. »

Afin de donner l'illusion d'un changement d'époque, l'écrivain corrézien Denis Tillinac, ancien représentant personnel du chef de l'État auprès des pays francophones de 1995 à 1998, fonde également en 2001 une association baptisée « Renaissance Afrique-France » (RAF) « qui entend établir avec l'Afrique des liens de nature différente de ceux institués par Jacques Foccart », relève Gérard Claude en 2007 dans la revue *Politique étrangère.* « Il faut en finir avec les émissaires officieux, les réseaux louches, les rapports personnels. Il y a trop de monde qui se réclame de Jacques Chirac en Afrique », déclare Tillinac à *Libération* en août 2001 dans un article intitulé ironiquement « Chirac change de masque africain ». Il n'y aura plus « de pétrole », plus « de jeux de hasard », plus « d'armes ni de drogues », derrière les intermédiaires franco-africains, jure encore Tillinac. « Il y a eu trop d'affaires. La Françafrique, il commence à y en avoir marre. » L'utilisation de ce mot dans la bouche d'un grognard de Chirac montre à quel point l'expression est devenue incontournable.

Le terme, en général assorti de guillemets, se diffuse dans la presse mais aussi dans le monde culturel : la littérature, le cinéma et surtout la chanson, en France et en Afrique francophone, contribuent à populariser le concept et la réalité criminelle qu'il qualifie. Alors que, au moment du sommet France-Afrique, en 1994, le premier « contre-sommet » se résumait à une conférence de presse tenue par deux personnes dans une chambre d'hôtel de Biarritz, en février 2003, les associations Survie et Agir ici (qui deviendra plus tard Oxfam France) organisent en contrepoint de la « réunion de famille » à Paris un « Autre Sommet pour l'Afrique ». Les débats, un concert de solidarité et une manifestation de trois mille personnes contre le soutien français aux dictatures fédèrent pour la première fois sur cette question une partie de la société civile française et des mouvements d'opposants africains de plusieurs pays.

L'édition suivante du sommet officiel, qui se tient au Mali fin 2005, change de nom pour la première fois : en le rebaptisant « sommet Afrique-France », ses organisateurs font l'aveu implicite que Verschave et Survie ont réussi à imposer le mot « Françafrique » et sa connotation scandaleuse dans le débat public.

À la même époque, le rôle de la colonisation revient sur le devant de la scène. Suite à un amendement de l'UMP, la loi du 23 février 2005 sur les rapatriés d'Algérie et les harkis préconise d'enseigner « le rôle positif de la présence française outre-mer, notamment en Afrique du Nord » à travers les manuels scolaires. L'alerte lancée par de nombreux intellectuels incite l'opposition parlementaire à s'offusquer d'une telle réécriture de l'Histoire. « Il faut cesser avec la repentance permanente en France [...] qui fait qu'il faudrait s'excuser de l'Histoire de France », affirme Nicolas Sarkozy, en décembre 2005 sur France 2, tandis que dans un jeu d'équilibriste le Premier ministre Dominique de Villepin déclare sur France Inter que « ce n'est pas aux politiques, ce n'est pas au Parlement d'écrire l'Histoire ou de dire la mémoire. [...] Il n'y a pas d'histoire officielle en France » [→ VI, épilogue]. Face au tollé suscité par le texte, le président Chirac et son Premier ministre sont finalement contraints de saisir le Conseil constitutionnel afin d'abroger l'amendement litigieux en février 2006.

Soutien discret aux autocrates et dissonance ivoirienne

La cohabitation de Chirac avec Jospin n'empêche ni les coups tordus ni la légitimation des « dictateurs amis de la France ». Outre la reconquête sanglante du pouvoir au Congo par Denis Sassou Nguesso [→ V.2], la fin des années 1990 est marquée par d'effroyables crimes de masse de l'armée d'Idriss Déby au sud du Tchad, et par les sanglantes guerres civiles au Liberia et en Sierra Leone, respectivement jusqu'en 1997 et 2002, où les services de renseignement laissent complaisamment les réseaux français fournir des armes aux rebelles qui sèment la terreur [→ V.4]. Sur tous ces dossiers, le gouvernement français n'entreprend rien qui ne se démarque fondamentalement de ses prédécesseurs. Tout au plus le soutien aux autocrates se fait plus discret.

Il en est de même au Burkina Faso, où l'impunité et les assassinats politiques sont la règle. Celui du journaliste Norbert Zongo [→ V.7] marque les esprits : le 13 décembre 1998, le véhicule de ce journaliste et ses trois compagnons de voyage est mitraillé et incendié. Prétendant dans un premier temps qu'il s'agit d'un accident de la route, puis d'un meurtre commis par des braconniers, le régime de Blaise Compaoré, au pouvoir depuis l'élimination de Thomas Sankara en 1987, manque alors d'être emporté par des manifestations spontanées. La coopération militaire et policière française tourne à plein régime pour fournir le matériel nécessaire au maintien de l'ordre.

La ligne dissonante de Jospin s'exprime toutefois au sujet de la Côte d'Ivoire. Le 24 décembre 1999, un coup d'État militaire balaie le président Henri Konan Bédié, qui a introduit en amont de l'élection présidentielle de 1995 un critère d'« ivoirité », c'est-à-dire de filiation familiale ivoirienne, afin de disqualifier un concurrent, l'ancien Premier ministre Alassane Ouattara. Le gouvernement français refuse alors d'honorer l'accord de défense franco-ivoirien, qui prévoit que Paris peut intervenir en cas de menace vis-à-vis du pouvoir en place [→ II.4]. Charles Josselin, ministre délégué à la Coopération et à la Francophonie, explique ainsi sur RFI, le

27 décembre : « Il n'est plus question de nous ingérer dans le débat de politique intérieure, il n'est pas question de maintenir contre la volonté populaire tel ou tel dirigeant, mais il est évident aussi que cette non-ingérence ne signifie pas indifférence, encore moins abandon. » La France n'abandonne en effet pas la Côte d'Ivoire où, l'année suivante, l'opposant Laurent Gbagbo, proche des réseaux socialistes (Gbagbo surnomme le député socialiste et ancien trésorier du PS Henri Emmanuelli, né le même jour que lui, son « jumeau blanc »), remporte l'élection présidentielle. Le critère d'ivoirité, toujours en vigueur, a de nouveau empêché Ouattara de se présenter. Une soudaine rébellion, partie du Burkina Faso voisin, tente de balayer à son tour Laurent Gbagbo en 2002, après que la droite française a retrouvé tous les leviers du pouvoir [→ V.5].

Élections frauduleuses et coups de force constitutionnels

Dans la plupart des pays du pré carré, les élections ne sont souvent que des formalités. Depuis l'avènement du multipartisme, les potentats africains ont trouvé le moyen de rester au pouvoir en organisant des élections frauduleuses, avec le savoir-faire des réseaux chiraco-pasquaïens. Mais leurs Constitutions, depuis les mobilisations populaires du début des années 1990 contre les présidences à vie [→ IV.7], leur interdisent en général de faire plus de deux mandats présidentiels. Les régimes françafricains entreprennent donc de les modifier pour faire sauter ce verrou – à l'instar du Togo du général Eyadéma en 2002, du Tchad d'Idriss Déby en 2005, ou encore du Cameroun de Paul Biya en 2008. À défaut, les autocrates africains prétendent en modifiant une autre disposition que le compteur du nombre de mandats est remis à zéro par l'entrée en vigueur de la « nouvelle » Constitution : tel est le stratagème utilisé par exemple par Blaise Compaoré au Burkina Faso et Omar Bongo au Gabon.

Ces tours de passe-passe constitutionnels entraînent de vives réactions de la part des forces démocratiques de ces pays, mais les mobilisations populaires se heurtent à une répression souvent brutale. Au Cameroun, en février 2008, le déverrouillage du nombre de mandats conduit à l'embrasement. La crise financière et son contrecoup sur la spéculation autour des denrées alimentaires, qui fait exploser les prix, provoquent partout dans le monde des « émeutes de la faim », largement médiatisées. Mais au Cameroun, la revendication sur le pouvoir d'achat se double aussitôt d'une revendication politique, qui se répand comme une traînée de poudre dans ce pays bilingue : « Biya doit partir, Biya must go. » Pendant trois jours, la jeunesse camerounaise bloque la capitale politique, Yaoundé, et surtout la capitale économique, Douala. Conscients du soutien dont bénéficie le régime, les émeutiers s'en prennent en particulier aux intérêts français :

les échoppes Orange, les stations Total, les stands de paris sur les courses hippiques du PMU introduits au Cameroun par les réseaux corses et, dans la zone bananière, les installations de la Compagnie fruitière sont pris pour cible. La répression est sanglante. Au moins cent quarante personnes sont tuées, environ trois mille sont arrêtées : une chape de plomb s'abat sur le pays, tandis qu'en France l'indignation médiatique se focalise uniquement sur une répression similaire menée par la Chine au Tibet. Les Camerounais comprennent que Biya, comme d'autres dictateurs, est prêt à tout pour « mourir au pouvoir ».

Émeutes politiques à Douala (Cameroun) en février 2008. Les manifestants réclament le départ du dictateur Paul Biya (au pouvoir depuis 1982) soutenu par Paris et visent symboliquement des intérêts français. © *Talla Ruben via Reuters*

Au Togo, la mort du général-président Eyadéma en février 2005 n'a nullement permis de démocratiser l'espace politique. À son décès, après trente-huit ans à la tête du pays, Jacques Chirac déplore la disparition d'« un ami de la France » mais aussi d'« un ami personnel ». La formule, osée diplomatiquement, ne surprend pas, de la part de celui qui avait défendu le régime après la publication du rapport « Togo : État de terreur » d'Amnesty International, documentant en mai 1999 les exécutions extrajudiciaires de centaines d'opposants largués par avion au large des côtes togolaises et béninoises, suite à l'élection présidentielle, un an plus tôt. De passage à Lomé deux mois après, le chef de l'État français l'avait publiquement soupçonné d'être « une opération de manipulation », en se demandant « d'où proviennent les informations et qui en est à l'origine ».

Arrivée du président français Jacques Chirac à Lomé (Togo) le 22 juillet 1999, quelques mois après une vague de répression féroce. © *Georges Gobet / AFP*

À la mort d'Eyadéma, l'état-major togolais, soucieux de conserver ses privilèges, décide de confier le pouvoir à son fils Faure Gnassingbé. Le juriste Charles Debbasch intervient pour prodiguer ses bons conseils. L'ancien président de l'Université d'Aix-Marseille, qui fut aussi vice-président de FR3 puis dirigeant du journal *Le Dauphiné libéré*, est un habitué des palais africains (Abidjan, Libreville, Brazzaville…).

L'homme réside désormais au Togo, dont il a obtenu la nationalité, où il continue de percevoir un confortable salaire français au titre de la coopération entre l'Université d'Aix-Marseille et celles de Lomé et de Kara, comme le révéleront *Marseille l'Hebdo* puis *Le Canard enchaîné* en 2006. En vingt-quatre heures, Faure Gnassingbé qui était ministre devient député puis président de l'Assemblée nationale, et donc président par intérim, le temps d'organiser une mascarade d'élection deux mois plus tard, en avril 2005. Une répression féroce accompagne cette transition dynastique : 800 morts selon la Ligue togolaise des droits de l'homme (200 à 500 selon l'ONU), des dizaines de milliers de déplacés internes et de réfugiés dans les pays voisins. Le renseignement français suit tout cela de près. Alain Holleville, ambassadeur à Lomé de 2003 à 2007, expliquera en 2021 lors du procès du bombardement ivoirien de Bouaké que « le chef de poste de la DGSE dans un certain nombre de pays à cette période a une double casquette : il est chef de poste de la DGSE et conseiller à la présidence ».

Observant ce qui se passe au Togo, les victimes des différentes tyrannies françafricaines découvrent avec effroi que la disparition d'un despote ne suffit pas à faire tomber la dictature.

En France, atteint d'un cancer foudroyant qui l'emporte en juillet 2005, François-Xavier Verschave consacre ses ultimes efforts, jusque sur son lit d'hôpital, à dénoncer le soutien de Paris à ce coup d'État dynastique. Mais les témoignages recueillis sur la fraude, les photos de victimes de la répression, l'accueil en France de défenseurs des droits humains togolais, les images largement diffusées de militaires s'enfuyant avec les urnes ne suffisent pas à ébranler le système.

Un an plus tard, en avril 2006, des Mirage français interviennent au Tchad contre une rébellion qui menace de renverser le régime de Déby, ce qui permet à ce dernier d'annoncer deux semaines plus tard sa « réélection » dans une relative indifférence politique et médiatique à Paris.

Nicolas Sarkozy : de la comédie anti-Françafrique au sacre du système

« Tourner la page des complaisances »… tout en perpétuant les réseaux Chirac-Pasqua

En France, c'est une autre forme de succession qui se met en place. Pour mieux se démarquer de Jacques Chirac, Nicolas Sarkozy adopte une position de rupture pour conquérir l'Élysée en 2007. La politique africaine n'échappe pas à la règle.

Dès son déplacement au Bénin, en mai 2006, celui qui n'est encore que ministre de l'Intérieur du gouvernement de Dominique de Villepin se transforme subitement en pourfendeur de la Françafrique, tout en continuant de couver discrètement les réseaux Pasqua : « Il nous faut construire une relation nouvelle, assainie, décomplexée, équilibrée, débarrassée des scories du passé et de ses obsolescences », affirme un Sarkozy qui ajoute vouloir « tourner la page des complaisances, des officines, des secrets et des ambiguïtés ». « Il nous faut débarrasser notre relation des réseaux d'un autre temps, des émissaires officieux qui n'ont d'autre mandat que celui qu'ils s'inventent », martèle encore à Cotonou le futur candidat à la présidentielle, dans une allusion transparente à Jacques Foccart, disparu neuf ans plus tôt. « Nous ne soutiendrons ni les dictatures ni les pays dirigés par des régimes corrompus », proclame à l'unisson le programme électoral de l'UMP en 2007.

Cette prétendue « relation nouvelle » entre la France et l'Afrique n'est qu'un rideau de fumée. L'invitation au très chic restaurant Fouquet's sur les Champs-Élysées d'hommes d'affaires bien connus en Afrique [→ V.8], comme Martin Bouygues (témoin du second mariage du chef de l'État), pour célébrer sa victoire, ou encore l'escapade de trois jours sur le yacht prêté par Vincent Bolloré, autre pilier de la Françafrique [→ VI.1], donnent tout de suite le ton du quinquennat. Si, après son entrée en fonction, la première personnalité étrangère reçue (un quart d'heure !) par Nicolas Sarkozy est la présidente du Liberia (un pays anglophone), Ellen Johnson Sirleaf, première femme démocratiquement élue à la tête d'un État africain, c'est pour mieux accueillir dans la foulée l'incontournable dinosaure de la Françafrique Omar Bongo, à qui le président français avait immédiatement téléphoné après son élection pour « le remercier de ses conseils ». « Il faut bien que nous parlions à ceux qui font l'Afrique », se justifie alors l'Élysée auprès de l'AFP.

« La rupture, cela ne veut pas dire qu'on doit se fâcher avec des amis historiques de la France comme le Sénégal et le Gabon », affirme lui-même Nicolas Sarkozy, le 27 juillet 2007, en achevant sa première visite en Afrique par un passage à Libreville, où il assiste à un défilé militaire au son de la fanfare gabonaise jouant un classique de l'armée française, « Auprès de ma blonde »… Nicolas Sarkozy en profite pour annoncer un allègement record de 20 % de la dette bilatérale du Gabon, soit un milliard d'euros. « Le Gabon n'a pas de riches réserves pétrolières, affirme le président français lors d'une conférence de presse. […] Dans dix ans, si on ne trouve pas de nouveaux gisements, il n'y aura plus de pétrole. Présenter le Gabon comme un pays qui ne peut pas bénéficier de remise de dette, c'est me semble-t-il une injustice. » La population gabonaise, victime de l'accaparement de la rente pétrolière par la famille Bongo et d'un sous-financement général des infrastructures, appréciera…

Bruno Joubert, le nouveau « Monsieur Afrique » de l'Élysée (dont le titre officiel est : conseiller diplomatique adjoint du président, chargé de l'Afrique), est alors présenté dans la presse comme un « rénovateur », opposé aux « vieux réseaux » foccartiens. C'est en réalité un homme du sérail. Ex-directeur Afrique au Quai d'Orsay, ce haut fonctionnaire est également passé par les « affaires stratégiques » à la DGSE. Le profil parfait pour se fondre dans le moule d'institutions qui, faute d'être modifiées, permettent aux rouages françafricains de continuer à fonctionner, quitte à simplement changer de visage.

Renouant avec la politique Chirac-Pasqua des années 1980, Nicolas Sarkozy remet également l'immigration au cœur de son discours politique. Son « plus vieil ami », selon ses propres mots, Brice Hortefeux, est nommé ministre en charge de l'Immigration, de l'Intégration, de l'Identité nationale… mais aussi du Codéveloppement ! Un curieux alliage de termes, qui témoigne d'une philosophie générale directement inspirée de l'extrême droite : en aidant les pays pauvres à se « développer » (tout en affichant des objectifs chiffrés d'expulsion), on stoppera à la source l'« immigration » qui parasite notre « identité » [→ VI.8]. Quant à Claude Guéant, après avoir servi Charles Pasqua comme directeur adjoint de cabinet et directeur général de la police nationale, puis avoir été le collaborateur numéro un de Nicolas Sarkozy dans ses précédents ministères, il est nommé au poste clé de secrétaire général de l'Élysée. Brice Hortefeux et Claude Guéant : deux hommes qui seront mis en cause quelques années plus tard par la justice (tout comme Nicolas Sarkozy) dans l'affaire libyenne [→ VI.4].

Le discours que Nicolas Sarkozy prononce le 26 juillet 2007 à Dakar illustre bien la position faussement équilibrée adoptée par le successeur de Jacques Chirac, faisant mine de se poser en surplomb d'une époque décrite comme révolue pour mieux nier la perpétuation d'un système néocolonial. « La colonisation fut une grande faute, lance Nicolas Sarkozy. […] Il y a eu des crimes. » « Le colonisateur a pris […] mais […] il a aussi donné, poursuit le président français. Il a construit des ponts, des routes, des hôpitaux, des écoles. » Avant d'ajouter : « L'Afrique a sa part de responsabilité dans son propre malheur. […] La colonisation n'est pas responsable de toutes les difficultés actuelles de l'Afrique. Elle n'est pas responsable des guerres sanglantes que se font les Africains entre eux. Elle n'est pas responsable des génocides. Elle n'est pas responsable des dictateurs. » Omar Bongo n'aurait donc rien à voir avec la politique de la France en Afrique. Le génocide des Tutsis au Rwanda, non plus [→ IV.9].

« Le drame de l'Afrique, c'est que l'homme africain n'est pas assez entré dans l'Histoire, poursuit Nicolas Sarkozy dans une formule restée célèbre. […] Jamais l'homme ne s'élance vers l'avenir. Jamais il ne lui vient à l'idée de sortir de la répétition pour s'inventer un destin. Le problème de l'Afrique, et permettez à un ami de l'Afrique de le dire, il est là. » Et c'est bien sûr au nom de cette « amitié » que le président Sarkozy va continuer à dérouler le tapis rouge aux dictateurs africains.

Un « acte de décès » bien prématuré

Le 27 septembre 2007, deux mois après le discours de Dakar écrit par son conseiller spécial Henri Guaino, Nicolas Sarkozy remet la rosette de chevalier de la Légion d'honneur à Robert Bourgi, fils d'un vieil ami de Foccart (Mahmoud Bourgi), intime d'Omar Bongo (qu'il appelle « papa ») et ancien porteur de mallettes de Jacques Chirac [→ IV.3]. Passé dans le camp sarkozyste dès septembre 2005, Bourgi connaît depuis longtemps le nouveau chef de l'État qu'il rencontre pour la première fois en 1983, au sein du RPR. Sa remise de la Légion d'honneur n'a rien d'anecdotique. La cérémonie se déroule en présence des ambassadeurs et des représentants des pays africains connus pour avoir financé son grand rival, Jacques Chirac (Gabon, Congo-Brazzaville, Côte d'Ivoire, Guinée équatoriale…).

« Je sais, cher Robert, pouvoir continuer à compter sur ta participation à la politique étrangère de la France, avec efficacité et discrétion, lance alors Nicolas Sarkozy à un Robert Bourgi aux anges. Je sais que, sur ce terrain de l'efficacité et de la discrétion, tu as eu le meilleur des professeurs et que tu n'es pas homme à oublier les conseils de celui qui te conseillait jadis de "rester à l'ombre, pour ne pas attraper de coups de soleil". Sous le chaud soleil africain, ce n'est pas une vaine précaution. Jacques Foccart avait bien raison. […] Porte [cette distinction] pour moi et pour la France […] car tu peux en être fier », conclut un Sarkozy lyrique. Plus question donc de « tourner la page » des « émissaires officieux ». Washington, qui suit de près la politique française en Afrique, ne s'y trompe pas. « Tuer la France-Afrique est plus facile à dire qu'à faire », ironise en 2008 un mémo du département d'État américain révélé par WikiLeaks deux ans plus tard.

Dès lors, les vœux à la presse du secrétaire d'État à la Coopération Jean-Marie Bockel, où il évoque « la mauvaise gouvernance, le gaspillage des fonds publics, l'incurie de structures administratives défaillantes et la prédation de certains dirigeants » comme « l'un des premiers freins au développement », suivis d'un entretien choc dans les colonnes du *Monde*, le 16 janvier 2008, apparaissent vite comme une fausse note politique. « La Françafrique est moribonde, estime l'ancien député socialiste qui a rejoint le gouvernement de François Fillon. Je veux signer son acte de décès. […] La rupture tarde à venir. Il y a encore trop de rentes de situation, trop d'intermédiaires sans utilité claire, trop de réseaux parallèles pour permettre un partenariat assaini, décomplexé, d'égal à égal. » L'erreur d'analyse est totale : la Françafrique n'a rien de « moribonde » et la volonté de rupture est inexistante. De plus, si la formule sur « l'acte de décès de la Françafrique » marque alors les esprits, les propos de Bockel au *Monde* sont en réalité d'un grand conservatisme puisque le secrétaire d'État à la Coopération se réclame de la sempiternelle doctrine mitterrandienne de La Baule [→ IV, introduction] : « conditionner notre aide à une bonne gouvernance, faire comprendre à l'opinion et aux dirigeants que ce serait plus efficace », en saluant même au passage Omar Bongo, « un ami de longue date de la France ». « Sur la liste des pays problématiques, je ne le placerais pas en tête », assure Jean-Marie Bockel au sujet du Gabon dans cette interview qui va faire couler beaucoup d'encre.

C'en est trop pour le président gabonais qui, soutenu par Denis Sassou Nguesso et Paul Biya, entame alors un blitzkrieg contre Bockel. La colère d'Omar Bongo est d'autant plus grande que l'affaire dite des « biens mal acquis » (BMA) agace au plus haut point les caciques du pré carré. Ainsi, en mars 2008, le Gabon proteste officiellement contre la diffusion par France 2 d'un reportage sur le considérable patrimoine immobilier du potentat gabonais. Une première à la télévision publique française [→ V.3]. Deux mois plus tôt, des procès-verbaux de l'enquête judiciaire ont fuité dans les colonnes du *Monde*, alors que l'enquête préliminaire a été classée par le parquet de Paris en novembre 2007 au motif que « les infractions [seraient] insuffisamment caractérisées » (il faudra une nouvelle plainte l'année suivante pour relancer l'affaire). La France entière découvre qu'Omar Bongo dispose de trente-trois appartements ou maisons, à Paris, dont un hôtel particulier de 18 millions d'euros. Un « acharnement médiatique », une « campagne de dénigrement », estime Libreville qui convoque l'ambassadeur de France et « réfléchit à la suite à donner aux relations franco-gabonaises ».

Une partition bien rodée, déjà jouée sous Mitterrand après la nomination de Jean-Pierre Cot puis la publication d'*Affaires africaines* de Pierre Péan en 1983 [→ p. 672] mais qui commence à inquiéter sérieusement Paris, d'autant que des manifestations antifrançaises sont organisées à Libreville avec des slogans explicites inscrits à la peinture sur les murs de l'ambassade de France : « Pilleurs de pays », « Laissez Bongo tranquille », « Vous mangez les bourses et chassez les boursiers » (allusion à l'expulsion de deux étudiants gabonais), « Trop c'est trop, rentrez chez vous, espèces de sans-papiers », ou encore « Y en a marre des Français ». La police doit « traquer » au « Kärcher tous les Gaulois en situation irrégulière » au Gabon, renchérit dans la foulée le quotidien gouvernemental *L'Union*, alors qu'un Français travaillant dans le secteur pétrolier vient d'être refoulé, faute de visa.

Le 18 mars 2008, Jean-Marie Bockel est brutalement transféré du secrétariat d'État à la Coopération à celui des Anciens combattants. Interrogé par Antoine Glaser et Stephen Smith dans leur livre *Sarko en Afrique*

(2008), l'ancien ambassadeur de France au Gabon, Jean-Marc Simon, explique que ce ne sont pas les simples propos de Jean-Marie Bockel qui ont entraîné son limogeage. Alors que l'incident Bockel était « clos », affirme le diplomate qui assurait alors le lien entre Paris et Libreville, c'est l'affaire des BMA qui relance la fureur de Bongo : « La publication dans *Le Monde* [daté du 31 janvier 2008] de l'enquête sur les biens immobiliers des présidents africains a été vécue par Bongo comme la preuve d'un "complot" contre lui. Là, la ligne rouge était franchie, et il a réclamé la tête de Bockel, qu'il a eue. »

Bongo appelle donc celui qu'il surnomme son « fiston », Robert Bourgi : « Ça ne peut pas continuer, il faut que tu dises à Nicolas que moi et les autres, nous ne voulons plus de ce ministre », aurait dit le président gabonais d'après le récit fait par Bourgi, toujours soucieux de se mettre en avant, en septembre 2009 sur RTL. Et Bourgi poursuit : « Je suis allé voir le président de la République à l'Élysée en présence de M. Guéant et je lui ai passé le message ferme et voilé de menaces du président Bongo. Et il m'a dit : "Écoute, dis à Omar [...] et aux autres chefs d'État que M. Bockel partira bientôt et sera remplacé par un de mes amis, un ami de M. Guéant." Il m'a donné le nom, en me demandant de le garder pour moi ».

Un « VRP de la République » à la Coopération

Remplaçant au pied levé Bockel au secrétariat à la Coopération, Alain Joyandet se rend immédiatement à Libreville. Par ce déplacement, explique Claude Guéant qui fait partie du voyage, le gouvernement français veut « dire au président et au peuple gabonais l'estime, la gratitude et la reconnaissance de la France ». Soucieux de se présenter comme le bon élève d'une diplomatie tournée vers le business, qui serait décomplexée par rapport à l'héritage du passé, Alain Joyandet multiplie les déclarations à la presse où il se présente comme un VRP de la République souhaitant « défendre notre pays et ses parts de marché » en Afrique afin de contrer des « puissances émergentes », comme la Chine.

« Je ne veux pas m'enferrer dans des considérations idéologiques, qui ne concernent pas les jeunes générations en Afrique », explique ainsi Joyandet dans les colonnes de *Libération*, le 24 juin 2008, en faisant semblant de ne pas voir le rejet croissant de la France au sein d'une jeunesse qui aspire à d'autres horizons politiques et économiques. « Il faut renforcer l'influence de la France, ses parts de marché, ses entreprises, poursuit le nouveau secrétaire d'État à la Coopération. Ne pas avoir peur de dire aux Africains qu'on veut les aider, mais qu'on veut aussi que cela nous rapporte. » « C'est un langage d'entrepreneur », lui fait remarquer le journaliste Thomas Hofnung qui l'interroge. « C'est ce que je suis, rétorque Joyandet. J'ai créé ma première boîte à 24 ans, sans un rond, c'était bien plus compliqué de faire cela que de s'occuper de l'Afrique. » Sur le papier, voici donc venu le temps des entrepreneurs de la coopération franco-africaine, loin des réseaux sulfureux et des trafics inavouables. En réalité, que ce soit à travers la figure du ministre de tutelle de Joyandet, Bernard Kouchner, auteur de rapports inutiles mais très bien payés pour le Gabon et le Congo-Brazzaville, ou de Patrick Balkany, poisson-pilote des réseaux Pasqua-Sarkozy en Afrique, ces relations troubles ne vont pas cesser [→ V.11].

Toiletter les accords de défense pour faire oublier le sauvetage d'Idriss Déby

Deux semaines seulement après les vœux à la presse de Jean-Marie Bockel, un bastion du pré carré français, le Tchad, entre en ébullition. Fin janvier 2008, une colonne de deux mille à trois mille rebelles armés grâce au Soudan voisin, embarqués sur trois cents pick-up, fond sur Ndjaména, en traversant le pays au vu et au su de l'armée française. Au lendemain d'intenses combats à l'extérieur de la capitale, les rebelles arrivent aux portes du palais d'Idriss Déby, le 2 février. Les affrontements font rage et une partie de la presse française annonce le dictateur tchadien déjà en fuite. En réalité, il parvient à reprendre l'avantage, notamment grâce à des hélicoptères de combat pilotés par des mercenaires étrangers : les appareils peuvent venir faire le plein de carburant et de munitions à l'aéroport, qui est protégé par les militaires tricolores au nom de l'évacuation des ressortissants français.

Officiellement, Paris, qui n'a plus d'accord de défense avec le Tchad depuis 1975 [→ IV.5], n'intervient pas et se borne à faire adopter à l'ONU le 4 février une résolution appelant les « États membres à apporter leur soutien au Tchad ». « Je n'ai pas voulu qu'il y ait d'intervention directe [...] avant qu'il y ait un cadre juridique bien précis », affirme le lendemain Nicolas Sarkozy, qui ajoute : « On n'est plus dans ce qu'on appelait la Françafrique [...] Il y a des règles internationales et je veux m'y conformer. »

En réalité, Paris « fournit les rations alimentaires, les soins aux blessés, le carburant, les munitions, divers matériels et appuis logistiques, mais aussi et surtout le renseignement militaire, explique Raphaël Granvaud. Autant dire que, sans les militaires français, l'état-major tchadien est sourd, aveugle et manchot ». Surtout, dès le 2 février, l'Élysée contacte Kadhafi pour que la Libye fournisse des munitions à l'armée tchadienne. Sur place, les dizaines d'officiers français du Commandement des opérations spéciales (COS), appartenant à un détachement d'assistance militaire et d'instruction (DAMI) arrivé quelques semaines plus tôt, sont chargés « d'instruire [,] de conseiller les forces d'Idriss Déby, [et] de les accompagner au combat, si nécessaire », comme l'explique alors *Le Canard enchaîné.* Dans *La Croix*, le journaliste Laurent d'Ersu raconte que « des officiers du Commandement des opérations spéciales ont bien "coordonné" la contre-offensive de l'armée tchadienne. [...] Sur le terrain, des soldats français "ont tiré pour tuer", affirme une autre source militaire, qui ajoute : "Quand des membres du COS ouvrent le feu, ce n'est pas pour effrayer les pigeons" ».

Le mensuel *Marchés tropicaux* détaille même que, « dès l'entrée des rebelles sur le territoire tchadien, une cellule de crise est mise en place à Farcha, quartier du centre de Ndjamena. Aux commandes, on retrouve le colonel Jean-Marc Marill, attaché de défense à l'ambassade de France à Ndjamena. Tout au long des combats, il dirigera les opérations pour le compte d'Idriss Déby », ajoute le journal qui précise : « Le colonel Marill obéit à des ordres qui lui viennent de l'Élysée. »

Cela n'empêche pas le ministre des Affaires étrangères Bernard Kouchner de fanfaronner, le 12 février : « Pour la première fois dans l'histoire de la France, nous n'avons pas pris parti dans une lutte africaine. » Mais à l'Élysée, on mesure l'ampleur de la polémique sur le renouvellement du soutien militaire français à un régime qui, au plus fort des combats, en a profité pour faire enlever des opposants politiques : Ibni Oumar Mahamat Saleh, porte-parole de la Coordination pour la défense de la Constitution, la principale coalition des partis d'opposition, ne réapparaîtra pas. Nicolas Sarkozy allume donc un contre-feu. Le 28 février, depuis l'Afrique du Sud où il effectue un déplacement placé sous le signe des intérêts économiques, il réaffirme d'abord la ligne officielle, à savoir que « la France s'est interdit de s'immiscer dans les combats ». « Je n'ai pas autorisé à ce qu'un seul soldat français tire sur un Africain, même si pour moi il convenait de soutenir le gouvernement légal du Tchad. C'est un changement sans précédent », assure le chef de l'État. Puis il prend tout le monde de court : « Ce changement il faut le poursuivre, parce que la présence militaire française en Afrique repose toujours sur des accords conclus au lendemain de la décolonisation, il y a cinquante ans ! Je ne dis pas que ces accords n'étaient pas à l'époque justifiés. Mais j'affirme que ce qui a été fait en 1960 n'a plus le même sens aujourd'hui. La rédaction est obsolète et il n'est plus concevable, par exemple, que l'armée française soit entraînée dans des conflits internes. L'Afrique de 2008 n'est pas l'Afrique de 1960 ! » Le président français annonce alors son intention d'« adapter les accords existants aux réalités du temps présent » et d'associer « étroitement le

Parlement français aux grandes orientations de la politique de la France en Afrique ».

Pour concrétiser cette promesse, l'exécutif glisse dans la révision constitutionnelle française de juillet 2008 une disposition répondant – partiellement – aux velléités des députés et sénateurs de contrôler les interventions de l'armée française : pour toute nouvelle opération extérieure, le Parlement devra désormais être « informé » par le gouvernement dans les trois jours, et autoriser la prolongation de l'opex au-delà de quatre mois. Un léger renforcement du contrôle parlementaire qui ne change finalement rien aux interventions militaires en Afrique. Ainsi, en janvier 2009, les parlementaires français votent sans hésiter la poursuite de l'opération Épervier, en cours au Tchad depuis 1986.

De même, le processus de toilettage des accords de défense amène à supprimer le « maintien de l'ordre » comme motif d'intervention et l'accès préférentiel aux matières premières stratégiques [→ II.4], mais il ne remet pas en cause le lien fondamental avec Paris. Huit pays sont concernés : le Cameroun, la Centrafrique, les Comores, la Côte d'Ivoire, Djibouti, le Gabon, le Sénégal et le Togo de Faure Gnassingbé, qui est le premier à signer le nouveau « partenariat de défense ». Mais Omar Bongo ne paraphera pas ce nouveau volet de l'histoire militaire franco-africaine.

À Omar Bongo, la Françafrique reconnaissante

Douze ans après Jacques Foccart, une autre figure de la Françafrique s'éteint. Désireux d'éviter la France pour préserver la confidentialité de son état de santé, c'est dans une clinique espagnole que le dictateur gabonais tente une dernière fois de se faire soigner, en mai 2009. Omar Bongo y décède le mois suivant à 73 ans, dont quarante-deux passés à la tête de son pays.

Le ban et l'arrière-ban de la Françafrique font le déplacement pour ses obsèques à Libreville. Côté français, Nicolas Sarkozy et Jacques Chirac sont bien sûr présents, accompagnés de Bernard Kouchner, Alain Joyandet, Bruno Joubert, Claude Guéant, Robert Bourgi, Patrick Balkany, ainsi que de nombreux anciens ministres de la Coopération comme Bernard Debré, Charles Josselin, Michel Roussin, Jacques Godfrain, sans oublier Michel de Bonnecorse. Signe des temps, quelques huées et exclamations fusent à leur arrivée sur place, comme le rapporte le reporter de *Libération* Thomas Hofnung : « Laissez le Gabon tranquille ! », « On est un pays souverain ! », « On ne veut plus de la France ! ». Tandis que le fils Bongo, Ali, se prépare pour l'élection à venir, Nicolas Sarkozy lui affirme : « La France n'a pas de candidat, cette époque est totalement révolue. » Quatre ans après le Togo, un scrutin truqué consacre en septembre 2009 une succession dynastique. Cinq mois plus tard, le président français remet discrètement la Légion d'honneur à son nouvel homologue Ali Bongo, ainsi qu'à la présidente du Sénat gabonais Rose Rogombé, qui a assuré l'intérim, « pour son rôle joué dans la transition », explique l'Élysée à une journaliste du *Nouvel Obs*.

C'est néanmoins en président réformateur que Nicolas Sarkozy entend faire de 2010 « l'année de l'Afrique » : il crée un poste de secrétaire général du cinquantenaire des indépendances africaines, qu'il confie au chiraquien Jacques Toubon, ancien président du très françafricain Club 89. Ce dernier explique, en septembre 2009 devant des militants de l'UMP, qu'il compte mettre en œuvre le souhait du président d'utiliser cette célébration « comme un tremplin pour assumer, réaffirmer, clarifier, renouveler et prolonger, reconstruire pour l'avenir ce lien spécifique, privilégié et, on peut même le dire, unique » entre la France et son pré carré. Jacques Toubon, qui assume de défendre « de manière totalement décomplexée » les aspects positifs de la colonisation, veut célébrer « une décolonisation qui s'est faite [...] par consentement mutuel » et une « indépendance pleine et entière d'États souverains, secondés par la France [...] et soutenus par elle tout au long de ces cinquante années ».

Militaires maliens, nigériens, béninois et tchadiens au défilé du 14 juillet 2010 sur l'avenue des Champs-Élysées, invités par le président Nicolas Sarkozy pour célébrer le cinquantenaire des indépendances africaines. © *John Van Hasselt – Corbis via Getty Images*

C'est dans ce cadre que Nice accueille, en mai 2010, le seul sommet franco-africain du quinquennat Sarkozy. Le successeur de Jacques Chirac invite aussi les chefs d'État des quatorze « colonies » françaises ayant officiellement accédé à l'indépendance en 1960 (Cameroun et Togo compris) à venir faire défiler leurs armées sur les Champs-Élysées le 14 juillet, au son des tambours français et africains. Seule l'armée du président ivoirien Laurent Gbagbo, représenté à Paris par son ministre de la Défense, manque à l'appel. Battent ainsi les pavés de la capitale française des militaires qui rançonnent, pillent, matraquent et parfois tuent au Burkina Faso, au Cameroun, en Centrafrique, au Congo-Brazzaville, au Gabon, en Mauritanie, au Tchad ou au Togo… Interrogé sur la possible présence de criminels dans ces contingents appelés à défiler, le ministre de la Défense Hervé Morin se fait rassurant : il n'a eu « aucune indication de la sorte ».

Repères bibliographiques

Jean-Pierre Chrétien, *L'Afrique de Sarkozy. Un déni d'histoire*, Karthala, Paris, 2008.

Gérard Claude, « Chirac "l'Africain". Dix ans de politique africaine de la France, 1996-2006 », *Politique étrangère,* vol. 4, 2007.

Samuel Foutoyet, *Nicolas Sarkozy ou la Françafrique décomplexée*, Tribord, Bruxelles, 2009.

Makhily Gassama (dir.), *L'Afrique répond à Sarkozy. Contre le discours de Dakar*, Philippe Rey, Paris, 2008.

Raphaël Granvaud, *Que fait l'armée française en Afrique ?,* Agone-Survie, coll. « Dossiers noirs », Marseille, 2009.

Gilles Labarthe, *Sarko l'Africain*, Hugo & Cie, Paris, 2011.

Patrick de Saint-Exupéry, *La Traversée*, Les Arènes, Paris, 2021.

Survie-Agir ici, *France-Zaïre-Congo (1960-1997). Échec aux mercenaires*, L'Harmattan, coll. « Dossiers noirs », n° 9, Paris, 1997.

Gaston Flosse, la Françafrique polynésienne

13 juin 1995. Un mois après son élection à l'Élysée, Jacques Chirac annonce son intention « irrévocable » de relancer les essais nucléaires dans le Pacifique Sud avec la garantie qu'il n'y aura « strictement aucune conséquence écologique ». Le chef de l'État recycle ainsi les éléments de langage sur la prétendue « innocuité » des essais atomiques avancée depuis les années 1960 par le lobby nucléaire et par l'indéboulonnable président du gouvernement de la Polynésie française, Gaston Flosse. Celui-ci est en effet au pouvoir de 1984 à 2004 (excepté une parenthèse entre 1988 et 1991), en février 2008 (à la faveur d'une alliance de circonstance avec les indépendantistes) puis en 2013-2014.

Avec l'indépendance de l'Algérie en 1962 et la décolonisation en trompe-l'œil des colonies d'Afrique subsaharienne, la France doit impérativement trouver de nouveaux territoires pour ses essais nucléaires – même si une clause secrète des accords d'Évian l'autorise à les poursuivre dans le sud de l'Algérie jusqu'en 1967 [→ p. 215]. Le choix du pouvoir gaulliste et des ingénieurs du Commissariat à l'énergie atomique (CEA) se porte sur la Polynésie française, déjà envisagée dans les années 1950, qui accueille à partir de 1966 le Centre d'expérimentation du Pacifique (CEP).

La France veut sa bombe, à n'importe quel prix. Et pour cela les militaires mais aussi les appelés du contingent envoyés sur place tout comme les populations des îles polynésiennes doivent tout ignorer des effets véritables des radiations nucléaires, parfaitement connues des autorités métropolitaines. Cette chape de plomb nucléaire permet également d'« arroser » les élites locales (loin des yeux des chambres régionales des comptes jusqu'au début des années 2000) et de museler les oppositions indépendantistes.

Gaston Flosse l'a parfaitement compris. En tant que conseiller gaulliste du gouvernement polynésien, il assiste d'ailleurs au premier essai nucléaire dans le Pacifique, le 2 juillet 1966, aux côtés du général Pierre Billotte, ministre des Départements et Territoires d'outre-mer. Dès lors, il ne va cesser d'instrumentaliser la question nucléaire pour son plus grand profit politique et personnel. Un peu à l'image de l'Ivoirien Félix Houphouët-Boigny prônant une association avec la métropole plutôt qu'une réelle indépendance, Gaston Flosse réussit dès les années 1980 à obtenir une large autonomie de gestion en se présentant comme l'unique rempart face aux indépendantistes polynésiens. « Il est de toute évidence de notre intérêt de nous entendre avec lui, ce que je vais m'efforcer de faire », écrit le ministre socialiste de la Défense Charles Hernu au Premier ministre Pierre Mauroy, en juin 1982, comme le rapporte l'historien Jean-Marc Regnault dans son livre *Le Pouvoir confisqué en Polynésie française* (2005). « Papa Flosse » profite de ce blanc-seing de Paris pour mettre en place un système clientéliste où la corruption règne en maître.

L'élection de Jacques Chirac à l'Élysée ne fait que renforcer l'impunité dont il bénéficie. Et pour cause. Les deux hommes sont intimement liés : Flosse a même appelé un de ses neuf enfants Jacques, en demandant à Chirac d'en être le parrain. Membre du comité central du RPR dès sa création en 1976, Gaston Flosse (également surnommé « Monsieur 10 % » pour sa supposée dîme prélevée sur les différents marchés) s'est immédiatement rendu indispensable aux yeux de Jacques Chirac qui le considère comme « un frère ». Car Flosse est un initié des secrets politiques et financiers de la droite française. Il est par exemple le dernier responsable politique à avoir officiellement rencontré le ministre du Travail Robert Boulin, le 29 octobre 1979, qui trouve la mort le lendemain dans des conditions troubles [→ III, introduction]. Avant de partir vers un mystérieux rendez-vous, Boulin, qui s'opposait à Jacques Chirac au sein du RPR, avait annulé tous ses rendez-vous, sauf celui avec Gaston Flosse.

« Pas touche à la Polynésie ! »

Si Gaston Flosse a su se rendre aussi indispensable auprès de Jacques Chirac, c'est que sous sa présidence la Polynésie française constitue une branche de la Françafrique dans l'océan Pacifique.

Bien conscient de son rôle stratégique, Jacques Chirac insiste dès les années 1970 pour que Flosse intègre la prestigieuse commission des Finances à l'Assemblée, d'ordinaire réservée aux parlementaires aguerris. Lors de la première cohabitation (1986-1988), le même Chirac n'oublie pas de nommer son ami Flosse comme secrétaire d'État au Pacifique Sud.

À partir des années 1990, c'est tout le système de la mairie de Paris (emplois fictifs, faux électeurs, trucage des marchés publics) qui va être dupliqué dans le Pacifique, en Polynésie, mais aussi en Nouvelle-Calédonie, au moment où commencent à éclater les scandales financiers tels que la Lyonnaise des eaux, les frégates de Taïwan ou l'affaire Elf [→ V.3].

Les années Chirac donnent des ailes à « Papa Flosse ». Le président du gouvernement de la Polynésie française met en place une garde prétorienne de gros bras à son service baptisée « Groupement d'intervention de la Polynésie », qui n'est pas sans similarité avec le SAC de triste mémoire. À partir de l'été 1997, la République française détache même d'anciens agents de la DGSE pour mettre en place un Service d'études et de documentation (SED), en fait un système de surveillance et d'espionnage des opposants à Gaston Flosse, comme l'a établi l'enquête judiciaire sur la disparition suspecte en décembre 1997 du journaliste Jean-Pascal Couraud, dit « JPK ». Des méthodes de contrôle et de répression similaires à celles qui sont utilisées au Cameroun, au Gabon ou au Congo-Brazzaville.

La cohabitation avec Lionel Jospin de 1997 à 2002 ne change nullement les choses. Le président Chirac considère la Polynésie française comme son « domaine réservé » et il le fait savoir.

« Chirac avait laissé les mains libres à Jospin sur la Nouvelle-Calédonie, nous confie en 2013 l'ancien secrétaire d'État en charge de l'Outre-mer auprès du ministre de l'Intérieur, Jean-Jack Queyranne. Mais il ne fallait pas toucher à la Polynésie ! » Le président de la République fait même passer le message que toute intervention directe de Matignon concernant Gaston Flosse serait considérée par Chirac « comme une attaque personnelle », se souvient Alain Christnacht, alors conseiller pour l'Outre-mer à Matignon (1997-2002).

Quant à Jacques Foccart, il a toujours laissé prospérer cette branche polynésienne de la Françafrique chère à Jacques Chirac, malgré un certain agacement, si l'on en croit l'ancien bras droit du « Monsieur Afrique » du gaullisme, Michel Lunven dans son livre *Ambassadeur en Françafrique* (2011) : « [Foccart] ne se gênait pas pour contester la bonne relation qu'entretenait Chirac avec Gaston Flosse qu'il considérait comme un bandit de grand chemin », écrit ainsi Lunven. Des considérations éthiques et morales qui n'ont pourtant jamais étouffé Foccart, quand il s'agissait de réprimer des opposants à la Françafrique, y compris dans son versant polynésien.

Ainsi, c'est au nom de la raison d'État que le père de l'indépendantisme polynésien, Pouvanaa Oopa, partisan du « non » au référendum du 28 septembre 1958 organisé par de Gaulle [→ II, introduction], est arrêté pour « incitation à la violence » : le pouvoir l'accuse faussement d'avoir appelé à incendier la ville de Papeete. Le 21 octobre 1959, le député polynésien est condamné à huit ans de prison et quinze années d'interdiction de séjour à Tahiti. Comme l'a montré l'historien Jean-Marc Regnault, son arrestation avait un double objectif : éteindre les velléités indépendantistes et prévenir les protestations antinucléaires au moment du transfert des essais du Sahara au Pacifique. Amnistié en 1968, Pouvanaa (que les Polynésiens appellent Te Metua, « le Père de la Nation ») rentre à Tahiti et devient sénateur en 1971 jusqu'à sa mort en 1977. Mais il faut attendre octobre 2018 pour que la Cour de cassation annule sa condamnation inique par un tribunal colonial.

Quant à Gaston Flosse, cité dans de multiples dossiers judiciaires (corruption, favoritisme, prise illégale d'intérêts, trafic d'influence…), la justice se hâte lentement avant qu'il ne soit condamné, à la fin des années 2000, pour détournement de fonds publics, puis déclaré inéligible. Ce qui n'empêche pas l'inoxydable fondateur du Tahoeraa Huiraatira (Le Rassemblement du Peuple), à plus de 90 ans, de se rêver encore un avenir politique, quitte à réécrire l'Histoire en se faisant passer pour un partisan de l'autodétermination du peuple polynésien…

Et lorsque, en mars 2021, un ouvrage (*Toxique*) révèle, documents à l'appui, le mensonge d'État sur les conséquences dévastatrices des essais nucléaires sur la population polynésienne comme sur l'environnement, Gaston Flosse joue l'ingénu : « Je ne pouvais pas imaginer qu'un président de la République pouvait nous mentir et nous tromper. »

Une parole difficilement audible pour les adversaires de la Françafrique polynésienne comme le parti indépendantiste et écologiste « Heiura-Les Verts » qui souhaite débaptiser les lieux portant les noms de Charles de Gaulle et Jacques Chirac pour les remplacer par ceux des figures de la lutte antinucléaire.

Benoît Collombat

Chapitre 1

Djibouti, indépendance sous influence

David Servenay

Le 19 octobre 1995, le soleil est levé depuis une bonne heure lorsque deux gendarmes français de la prévôté militaire découvrent un petit 4×4 Suzuki bleu abandonné sur un parking surplombant le Goubet, une vaste baie à 80 kilomètres au nord-ouest de Djibouti ville. En inspectant les lieux, ils aperçoivent un corps sans vie à une dizaine de mètres en contrebas de la rambarde qui borde la falaise de rochers. Le cadavre de cet homme, à moitié brûlé, est celui d'un magistrat français détaché au titre de la coopération. Le doute est rapidement levé, car ses papiers d'identité sont restés dans la voiture et l'individu a été signalé « disparu » au cours de la nuit. Après de rapides premières constatations, le message des gendarmes fait aussitôt le tour de la communauté française et remonte jusqu'à l'Élysée : Bernard Borrel s'est donné la mort. Bien que choquante pour les expatriés sur place, la nouvelle ne fait alors pas grand bruit en France. Pourtant, il ne s'agit pas là d'un simple fait divers, même si, à plus de 5 300 kilomètres de la capitale française, Djibouti apparaît comme un simple confetti un peu exotique de l'ex-Empire colonial.

En effet, peu de Français en dehors des militaires savent même localiser ce pays minuscule situé à la pointe de la Corne africaine, au nord-est du continent. Ils sont encore moins nombreux à avoir eu l'occasion d'y séjourner, car cette terre désertique n'a jamais été une destination touristique. Et encore moins savent que ce territoire grand comme la Normandie fut la dernière colonie française d'Afrique à accéder à l'indépendance en juin 1977.

La société djiboutienne est structurée autour de clans familiaux qui se rattachent à des groupes ethniques bien distincts. Les évaluations fluctuent selon les sources et il n'existe pas de recensement récent et fiable. Autrefois majoritaires, les Afars, présents aussi en Éthiopie, représentent désormais presque un tiers des Djiboutiens. À l'inverse, les Issas, des Somalis qui étaient minoritaires à l'époque coloniale, forment à présent la moitié de la population, dont le reste se partage entre descendants de migrants pour la plupart originaires du Yémen (qualifiés d'Arabes), mais aussi d'Europe. La gestion de la population a toujours été l'un des leviers clés du pouvoir : d'abord pour contrarier les velléités d'indépendance, ensuite pour tenir le pays. L'actuel président Ismaël Omar Guelleh (Issa du clan Mamassan) a ainsi favorisé la migration de nombreux Issas somaliens à Djibouti pour asseoir sa domination politique. L'arabe et le français sont les langues officielles, mais la plupart des habitants parlent au quotidien le somali ou l'afar. Enfin, l'immense majorité est musulmane sunnite.

En réalité, ce qui donne de la valeur à cette enclave, c'est la géographie. Non pas la géographie des ressources naturelles, car l'essentiel de ses 23 200 km^2 est un vaste et aride désert où se perdent souvent les candidats éthiopiens à l'exil, qui tentent de rejoindre clandestinement la péninsule Arabique. Une étendue désertique vide de gaz ou de pétrole. À peine un million d'habitants peuplent ce territoire, frappés par une pauvreté endémique. Les trois quarts des Djiboutiens vivent avec moins de trois dollars par jour.

La vraie richesse de Djibouti, c'est plutôt sa façade côtière sur l'océan Indien et la mer Rouge, seule voie d'accès maritime pour son voisin géant l'Éthiopie, cent fois plus peuplé. Cette situation lui permet de contrôler le détroit de Bab-el-Mandeb (la « Porte des Lamentations » en arabe) qui voit transiter les cargos chargés de pétrole de toute la zone proche-orientale, soit environ 30 % de la production mondiale d'or noir. La principale source de revenu de ce petit État provient de ce trafic maritime qui alimente les terminaux portuaires. Son autre ressource est liée à l'intérêt que suscite cette position pour la présence de militaires étrangers, notamment français. Comme le résume en 2014 l'amiral Marin Gillier, directeur de la Coopération de sécurité et de défense, lors d'une audition à l'Assemblée nationale française, Djibouti représente « un positionnement extraordinaire » qu'il n'est « pas imaginable de quitter », car « il a toujours été et restera stratégique ». « Je ne connais pas d'autre endroit dans le monde, conclut-il, où la gamme de nos intérêts soit aussi large pour un emplacement aussi réduit. »

Un porte-avions à terre

Djibouti est en effet avant tout une plaque tournante militaire dans la région, un véritable porte-avions ancré sur la terre ferme. Créée dans les années 1930, la base aérienne complète le maillage des bases militaires qui quadrillent à partir de 1960 le pré carré africain de la France [→ III.1]. « À cette époque, explique Jacques Foccart dans ses Mémoires, aucun avion ne pouvait aller sans escale de la métropole à La Réunion », où il faut alors contenir la pression indépendantiste. Le camp Lemonnier – 200 hectares au cœur de la capitale – sert de quartier général aux milliers de soldats stationnés en général pour deux ans. Depuis les indépendances africaines, ceux-ci sont pour la plupart issus de la Légion étrangère et des troupes de marine (l'ex-infanterie coloniale). Dès le printemps 1962, la 13e demi-brigade de la Légion étrangère (DBLE) en provenance d'Algérie s'installe à Djibouti. Elle va y rester presque cinquante ans. À partir de 1969, le 5e Régiment interarmes d'outre-mer (RIAOM), fort d'une longue tradition coloniale, s'y installe aussi et accueille les « unités tournantes » qui viennent s'entraîner. Séjournant pour quatre mois, ces autres unités de l'armée de terre trouvent un terrain idéal pour entraîner leurs commandos à la lutte antiguérilla, au combat en zone désertique ou maritime. Pour l'armée de l'air, les vastes zones inhabitées offrent une opportunité unique de tirer sur des cibles réparties dans le désert, ce qui est impossible à faire en Europe. Quant à la Marine nationale, elle en a fait l'un de ses principaux ports d'attache dans l'océan Indien, avec Madagascar puis la Réunion.

Ce *hub* militaire, le pouvoir gaullien n'est pas prêt à le lâcher, comme en atteste un massacre colonial lors de la visite du Général, fin août 1966, alors qu'il se rend au Cambodge pour y prononcer son célèbre discours dans lequel il condamne la guerre du Vietnam. C'est la première fois depuis 1959 que le chef de l'État remet les pieds en Afrique subsaharienne. À son arrivée à Djibouti, le 25 août, il est fraîchement accueilli par des manifestants issas qui brandissent des pancartes réclamant l'indépendance, à laquelle les Afars sont opposés. Le Général le prend comme un camouflet, il refuse de recevoir les leaders de l'opposition. La tension monte. Le lendemain, des milliers de personnes sont rassemblées place Lagarde où le président doit prononcer son principal discours. Selon le coopérant Philippe Oberlé, de Gaulle donne alors l'ordre qu'on « déblaie la place ». Sans sommation, les légionnaires dispersent la foule à coups de grenades offensives. Bilan officiel : 6 morts et des centaines de blessés. Probablement plus si l'on en croit certains décomptes publiés dans la presse. La place est tellement ensanglantée que le général de Gaulle doit rejoindre l'Assemblée territoriale pour y prononcer son discours.

Dans les semaines qui suivent, de nouvelles victimes sont à déplorer autour du barrage filtrant que l'armée française a installé autour de la ville : miné et électrifié, avec miradors et points de passage, il vise à empêcher l'infiltration des immigrés somaliens considérés comme subversifs. « Le barrage de barbelés isolant notre capitale du reste du territoire en plus de son aspect moral et psychologique comme "mur de la honte" est une entrave à la liberté de circulation à l'intérieur d'un pays », dénonce l'opposition sept ans plus tard. Il ne sera définitivement démantelé qu'en 1982.

En mars 1967, au moment du référendum sur le statut d'autonomie que l'opposition a obtenu, de nouvelles manifestations sont réprimées. Bilan : au moins 12 morts et 20 blessés.

La pression sur Paris augmente aussi au plan international, au sein de l'ONU notamment, et ne fait que croître après l'indépendance des Comores. Le 31 décembre 1975, la France se résout à affirmer la vocation du territoire à accéder à l'indépendance, tout en cherchant à maîtriser chaque étape du processus.

À Djibouti, la tension atteint son paroxysme en 1976 : le 3 février, un commando du Front de libération de la Côte française des Somalis prend en otage un car scolaire, avec trente-et-un enfants de militaires, une institutrice et le chauffeur, un jeune appelé du contingent. Le commando est bloqué au passage frontière de Loyada, vers la Somalie. Paris envoie le tout nouveau Groupement d'intervention de la gendarmerie nationale (GIGN) avec ses tireurs d'élite commandés par le lieutenant Christian Prouteau. L'événement fait la une de la presse métropolitaine qui rend compte en détail de l'assaut, au cours duquel 2 des enfants sont tués, ainsi que l'ensemble du commando. Ce drame va accélérer la dynamique de l'indépendance djiboutienne. Cinq mois plus tard, après des affrontements violents entre l'opposition et les partisans du pouvoir, le haut-commissaire décide de provoquer des élections, qui placent les indépendantistes modérés sur orbite. Le 8 mai 1977, le « oui » l'emporte à 99 % lors du référendum sur l'indépendance et, pour l'élection des 65 députés, la liste unique menée par Hassan Gouled Aptidon est plébiscitée. Ce dernier devient le président du nouvel État, le 27 juin.

Contrairement aux Comores, le nouvel État récupère sa souveraineté monétaire : depuis 1949, la colonie a quitté la zone franc pour utiliser le franc Djibouti, monnaie indexée sur le dollar américain pour faciliter les échanges commerciaux avec les pays de la Corne de l'Afrique. Mais Paris, qui s'assure que le pouvoir atterrit dans les mains de dirigeants francophiles, impose un accord très avantageux sur le stationnement de ses forces armées. Si elle n'est pas formellement un « accord de défense », cette alliance en a toutes les caractéristiques, puisque dans les faits Djibouti délègue entièrement sa défense aérienne et navale à son allié. Le « protocole provisoire », dont le contenu ne sera dévoilé par un décret qu'en 1985, indique qu'en échange des facilités logistiques dont elle bénéficie, la France s'engage à défendre Djibouti contre toute agression extérieure : Paris redoute les deux grands voisins de son ex-colonie, l'Éthiopie (qui a annexé l'Érythrée) et la Somalie, soutenus par le bloc de l'Est. Mais cet engagement peut facilement dériver en ciblant aussi les multiples groupes armés d'opposition qui utiliseraient ces territoires comme base arrière.

Cet accord, contrairement à ceux passés avec d'autres pays [→ II.4.], exclut explicitement toute participation « à des opérations de maintien ou de rétablissement de l'ordre ». Néanmoins, la Légion étrangère, formée aux techniques de contrôle des foules, peut toujours être appelée en renfort pour assurer la protection des sites militaires comme elle a eu l'occasion de le faire à de nombreuses reprises avant l'indépendance.

La face cachée du dispositif militaire : écoute et surveillance

Au jour de l'indépendance, l'armée locale compte 3 000 hommes, alors que l'armée française entretient sur place un contingent de 5 000 soldats et 500 coopérants civils. Cette présence aura durant des décennies une incidence économique réelle. Selon les calculs réalisés par une mission d'information de l'Assemblée nationale en 2000, elle coûte alors près d'un milliard de francs (153 millions d'euros) au budget des armées. Les dépenses effectuées par les Forces françaises stationnées à Djibouti (FFDj) représentent alors 20 % du PIB du pays. De leur côté, les militaires français sont très attachés à conserver cette présence historique, d'autant qu'en moyenne ils triplent leur rémunération lorsqu'ils y séjournent.

Même si les effectifs tricolores ne cessent de diminuer au fur et à mesure des restrictions budgétaires, ils constituent toujours la plus grosse base permanente en Afrique : les forces qui y sont prépositionnées participent ainsi aux deux tiers des opérations extérieures de l'armée française sur le continent entre 1984 et 2014, précisent les députés Yves Fromion et Gwendal Rouillard dans un rapport parlementaire. Le « porte-avions » djiboutien reste donc indispensable aux yeux de l'état-major français.

L'importance de ce dispositif militaire a depuis toujours sa face cachée, qui n'est pas mentionnée dans les rapports parlementaires. Cela s'explique par la relative discrétion d'un outil installé en 1954 : une station d'écoute très performante qui, grâce à sa position, peut couvrir toute la péninsule arabique et une grande partie du Proche-Orient. L'insigne du Détachement autonome des Transmissions (DAT) résume bien sa mission. Il représente une grande araignée rouge qui tisse sa toile sur la Terre entière, comme symbole d'un contrôle aussi invisible qu'efficace. Basé à Arta, à une quarantaine de kilomètres à l'ouest de la ville de Djibouti, dans les montagnes, ce DAT emploie dans les années 1990 une cinquantaine d'agents qui travaillent directement pour la Direction du renseignement militaire (DRM). Les « grandes oreilles » françaises alimentent aussi la DGSE qui surveille de près l'activité des groupes armés répertoriés comme tels et actifs dans la région. La station d'Arta peut aussi intercepter les fréquences radio de la police djiboutienne.

Cette surveillance s'étend désormais aussi au Web, puisque, comme le notent les députés Yves Fromion et Gwendal Rouillard dans leur rapport en 2014, « c'est au large de Djibouti que se trouve le principal nœud de câbles sous-marins de télécommunications desservant l'Afrique de l'Est :

presque tout Internet en Afrique de l'Est passe ainsi par Djibouti, ce qui constitue un enjeu autant économique que sécuritaire ».

Un pouvoir verrouillé

Comme de nombreux États africains du pré carré, Djibouti n'a pas connu d'alternance politique depuis son indépendance. Pire : le pouvoir suprême est resté aux mains du même clan (Issas Mamassan), au sein de la même famille. À la tête du pays depuis 1999, Ismaël Omar Guelleh (IOG) est en effet le « neveu » de son prédécesseur Hassan Gouled Aptidon, qui est le cousin de son père. Longtemps resté dans l'ombre du président, comme chef de cabinet, IOG a pris en main les services de sécurité pour s'imposer face à son frère qui briguait aussi la succession. Une « note blanche » des services de renseignement français retrace précisément son parcours, qu'il a commencé en 1968 dans la police coloniale de Djibouti au service des Renseignements généraux. « Il met alors à profit ses activités professionnelles, précise la note, pour acquérir les renseignements et recruter les informateurs nécessaires à porter son oncle au pouvoir et à asseoir sa propre influence. [...] En 1978, il est nommé directeur de la sécurité intérieure et extérieure. Le Service de documentation et de sécurité (SDS) est placé sous sa responsabilité, de même que la Garde présidentielle. » Autrement dit, dès l'indépendance, IOG devient l'un des personnages clés de l'appareil sécuritaire djiboutien. Voilà pour la carrière. Reste la manière. Là aussi, les analystes des services français disent les choses sans fard : « Intelligent et habile, Ismaël Omar Guelleh est totalement corrompu, affairiste, ambitieux, sans aucun scrupule moral ou humain. Ses brutalités, son comportement scandaleux et sa richesse ostentatoire le rendent particulièrement impopulaire. »

IOG devra patienter jusqu'en 1999, au départ de son « oncle », pour s'emparer du pouvoir en instaurant un état de surveillance permanent de la société djiboutienne. Les principaux leviers de ce système sont désormais bien rodés. Tout d'abord, l'ancien inspecteur des RG va patiemment mettre en place un très efficace réseau de renseignement. Le SDS sait tout sur (quasiment) tout le monde. Cette méthode de contrôle s'applique au monde politique comme à la société civile. Toute velléité d'opposition est soit muselée, soit achetée : aucun parti politique ne peut se développer librement. Des faux nez sont créés peu avant les échéances électorales, puis, une fois le scrutin (truqué) passé, leurs chefs obtiennent des postes convoités. Même méthode pour les associations de défense des droits humains qui sont pourchassées et obligées de s'appuyer sur des soutiens à l'étranger, dans la diaspora djiboutienne répartie un peu partout à travers le monde.

Un secteur est particulièrement scruté par les agents du régime : la presse. Dans le classement 2020 de la liberté de la presse, Reporters sans frontières (RSF) situe Djibouti au 176e rang sur les 179 pays recensés, seulement devant la Chine, l'Érythrée et le Turkménistan. L'ONG n'hésite pas à qualifier le paysage local de « terreur médiatique ». « Harcèlement judiciaire, perquisitions illégales, arrestations, condamnations à des amendes exorbitantes entraînant la détention pour impayé… énumère RSF. Aucun média privé ou indépendant n'est installé sur le territoire. » Le contrôle s'effectue bien en amont, puisque, comme le rappelle RSF, « la loi sur la liberté de la communication de 1992 prévoit, entre autres, des peines de prison pour les délits de presse et des contraintes d'âge et de nationalité pour créer un média ». Les seuls médias un peu critiques sont basés en Europe, mais ils sont régulièrement brouillés comme la radio La Voix de Djibouti qui diffuse depuis Paris ses émissions par un site web. Internet fait aussi l'objet d'une vigilance particulière avec une bande passante volontairement limitée, afin que les internautes ne soient pas trop influencés par des sources extérieures indépendantes. Enfin, le relais émetteur de RFI est coupé depuis janvier 2005, suite à un traitement éditorial de l'affaire Borrel qui n'a pas plu au chef de l'État.

Le fiasco de l'affaire Borrel

Il faut attendre décembre 1999 pour que l'affaire Borrel devienne une véritable affaire d'États, entre la France et Djibouti. Jusqu'alors, l'hypothèse du suicide a prévalu dans ce dossier judiciaire instruit à Paris. Mais Élisabeth, sa veuve, elle aussi magistrate, ne s'est pas résolue à accepter la version officielle expliquant la mort de son mari. Avec ses avocats, maîtres Olivier Morice et Laurent de Caunes, elle a traqué une à une les multiples invraisemblances du dossier. Dès la fin 2003, les expertises médico-légales montrent, de manière indiscutable, que Bernard Borrel n'a pas pu se suicider. Du moins pas dans les conditions dans lesquelles son corps a été retrouvé : deux fractures en particulier, l'une sur l'arrière du crâne, l'autre sur l'avant-bras gauche, indiquent que la victime a été frappée et qu'elle a tenté de se défendre de son ou ses agresseurs. Les médecins légistes relèvent aussi que le corps a forcément été transporté, *post mortem*, à l'endroit où il fut découvert par les gendarmes. Les brûlures constatées ne correspondent pas à un « geste d'autoaspersion » pouvant valider le scénario du suicide, selon les mêmes experts. Et cela pour deux raisons : d'abord, deux carburants différents ont été répandus de manière aléatoire sur le corps ; par ailleurs, aucun reste de combustion n'a été retrouvé dans les voies respiratoires, ce qui confirme le scénario du crime. Les trois experts mandatés l'écrivent en toutes lettres : « Tous les éléments militent en faveur de l'intervention d'un tiers. »

Par la suite, l'enquête met au jour de nouvelles invraisemblances sur le déroulement des faits, puisque la nouvelle de la mort de Bernard Borrel a circulé dans la nuit avant que son corps ne soit « découvert » par les gendarmes de la prévôté militaire. Plusieurs officiers de renseignement alors en poste à Djibouti en témoignent sur procès-verbaux devant les juges d'instruction chargés de l'enquête. Le lieutenant-colonel Jean-François Étienne, chef du 2e Bureau (renseignement) des FFDj est formel : il a été averti de la mort du coopérant avant que le corps de ce dernier ne soit officiellement retrouvé par les gendarmes. En fait, la source initiale des agents de renseignement français vient du SDS djiboutien.

C'est du reste un officier djiboutien qui va ouvrir la première brèche dans la version officielle défendue par les autorités. Mohamed Saleh Alhoumekani est lieutenant de la Garde présidentielle lorsqu'il voit, le 19 octobre 1995 en fin de matinée, une petite équipe venir rendre compte à Ismaël Omar Guelleh, qui est alors le chef de cabinet du président Aptidon. Le groupe est composé du chef du SDS, du patron de la gendarmerie djiboutienne, de deux hommes condamnés pour leur participation à des attentats antifrançais et d'un « Français ». Autrement dit, un Blanc. L'échange se déroule, en langue somalie, dans les jardins du palais présidentiel.

« Le juge fouineur est mort et il n'y a plus de traces, dit l'un des deux repris de justice.

– Vous êtes sûrs qu'il n'y a plus de traces ? demande IOG.

– C'est vrai, il y a ce registre des immatriculations au PK 51, le check-point de la gendarmerie, s'inquiète le chef du SDS.

– Pas de problème, nous l'avons récupéré », répond le patron de la gendarmerie.

Diffusée en 1999 dans *Le Figaro* et sur TF1, la description de cette scène, par le témoin qui s'est réfugié en Belgique à cause des menaces dont il fait l'objet, est le grain de sable qui va bloquer la machine judiciaire. Dès lors, l'exécutif français va tout mettre en œuvre pour freiner l'ardeur des juges à identifier les exécutants et les commanditaires de ce crime. Objectif : enterrer l'affaire à tout prix. À Paris, l'exécutif mobilise tous ses moyens. Comme dans chaque « dossier signalé », ces informations remontent immédiatement au ministre de la Justice, puis à l'Élysée, où le conseiller Afrique de Jacques Chirac, Michel de Bonnecorse, suit chaque rebondissement avec attention. Les conseillers du président de la République cherchent la riposte aux expertises. Ils pensent l'avoir trouvée en suggérant une manœuvre juridique aux Djiboutiens.

Le 17 mai 2005, Ismaël Omar Guelleh est reçu à l'Élysée pour un entretien aussi officiel que glacial. Le président djiboutien est furieux, car la juge d'instruction l'a convoqué comme témoin pour l'entendre dans la procédure Borrel. C'est bien sûr impossible, le chef d'État étant couvert par l'immunité pénale liée à son statut, mais la nouvelle fait le tour des médias. Un véritable camouflet pour l'homme fort de Djibouti. Jacques Chirac essaie de réchauffer l'atmosphère. Il félicite d'abord IOG pour sa réélection, bien que tout à fait frauduleuse (officiellement 72 % des suffrages), puis tente de le rassurer en reprenant la version du suicide, comme le précise la note de Michel de Bonnecorse qui assiste à l'échange : « Nous sommes face à un complot médiatico-judiciaire d'une dizaine de magistrats et de journalistes qui ont réussi, via les médias, à faire croire à l'assassinat du juge Borrel et qui, parfois, mettent en cause les plus hautes autorités de Djibouti. [...] Ils ont réussi à travestir totalement la vérité, car mes collaborateurs m'indiquent que la thèse du suicide est de loin la plus probable. » Ce qui est évidemment faux.

Mais Jacques Chirac va plus loin : il suggère à son homologue d'attaquer la France devant la Cour internationale de justice (CIJ), car les magistrats en charge de l'instruction refusent la transmission du dossier judiciaire réclamé par les autorités djiboutiennes. « Nous allons vous répondre officiellement que nous ne pouvons pas vous transmettre le dossier, poursuit le président français. Sur la base de cette réponse, rien n'empêcherait vos avocats de saisir la Cour internationale de justice au motif de refus d'application d'une convention d'entraide sans motif valable. » *In fine*, l'objectif de l'opération consiste à juger l'affaire à Djibouti pour appliquer ensuite le principe du *non bis in idem* (on ne juge pas deux fois les mêmes faits) et clore ainsi cette histoire une bonne fois pour toutes.

La manœuvre finit par échouer, même si la France a bien été condamnée par la CIJ pour n'avoir pas motivé son refus de transmission du dossier judiciaire à Djibouti. Élisabeth Borrel, qui a compris la manœuvre, dénonce un cas de « haute trahison » commis par un président en exercice pour faire barrage aux institutions judiciaires de son propre pays. Sans résultat.

Plusieurs hypothèses ont été envisagées par les enquêteurs comme mobile possible du crime : du trafic de combustible nucléaire au règlement de comptes politique interne à la droite française, en passant par un possible financement politique illégal de partis politiques par les milieux du jeu tenus par des Corses... Dans tous les cas, Bernard Borrel était susceptible de découvrir quelque chose qu'il ne devait pas savoir. Jusqu'ici aucun de ces scénarios n'a pu être confirmé.

Une « guerre contre le terrorisme » qui rapporte gros

Le 11 septembre 2001 marque un tournant dans la jeune histoire de Djibouti, que le nouveau chef d'État négocie avec habileté. En basculant sur l'arc proche-oriental, l'attention du monde transforme la région en un carrefour d'observation très prisé par les grandes puissances. IOG comprend très bien le parti à tirer de cette nouvelle donne géostratégique. Il parvient à monnayer à la hausse la position de son pays sur la carte des enjeux mondiaux en reprenant à son compte la rhétorique de l'« axe du mal » définie à Washington. Pour parvenir à ses fins, il suffit d'agiter le chiffon rouge terroriste, quitte à exagérer un tant soit peu la dangerosité de la situation. « La menace terroriste djihadiste, dans la Corne de l'Afrique, analyse la chercheuse Sonia Le Gouriellec dans un essai paru en 2020, est surestimée pour la période allant de 1998 à 2005. Néanmoins, cette menace, construite par le discours et instrumentalisée par les décideurs politiques, s'est révélée être une forme de prophétie autoréalisatrice. » Plus les attentats se multiplient dans la région, plus une forte implantation militaire sur place paraît nécessaire et justifiée aux yeux des puissances étrangères.

Le pays va donc accueillir six nouvelles armées en une décennie. Les premiers à faire mouvement sont les Américains, dès 2002, même s'ils vont un temps hésiter avec l'Érythrée qui présente quelques atouts : une large façade maritime sur la mer Rouge, des ports adaptés aux grands gabarits et un climat montagneux plus agréable que les fortes chaleurs désertiques de la Corne. Finalement, ils optent pour Djibouti, pour les mêmes raisons « stratégiques » que les Français. Petit à petit, Washington investit le camp Lemonnier, libéré par la Légion étrangère, pour y déployer 4 000 soldats : des *Navy Seals* des forces spéciales (dont un groupe tuera Oussama Ben Laden), mais aussi des drones armés dont la tâche est de frapper les « *High Value Targets* », autrement dit les chefs d'Al-Qaïda au Yémen et en Somalie. L'Italie, l'Espagne, le Japon et l'Allemagne placent aussi de plus petits contingents. Dernière arrivée, la Chine va suivre le même chemin, en s'installant en 2017 juste à côté des Américains, pour s'ouvrir de nouvelles « routes de la soie » en direction de l'Afrique. La Russie et l'Iran, qui avaient postulé, se sont fait éconduire par IOG, qui a âprement rediscuté le montant des loyers exigés pour prix de son hospitalité. Selon l'historien Jean-Luc Martineau, l'ensemble rapporte 128 millions d'euros par an au milieu des années 2010, soit 3 % du PIB, une somme supérieure au montant global des exportations du pays. Une manne qui ne profite qu'au clan accroché au pouvoir, dénoncent les opposants contraints à l'exil. Avec le soutien renouvelé de Paris, au prétexte de contenir ces influences étrangères concurrentes.

Repères bibliographiques

Élisabeth Borrel et Bernard Nicolas, *Un juge assassiné*, Flammarion, Paris, 2006.

Jean-Michel Boucheron, *Rapport d'information parlementaire sur les Forces françaises de Djibouti*, septembre 2000.

Fabien Conord, « Les dernières indépendances des colonies françaises : les Comores et Djibouti (1962-1980) », *Studia Politica. Romanian Political Science Review*, Faculty of Political Science, University of Bucharest, 2019.

Jean-Louis Destans, Rapport, au nom de la commission des Affaires étrangères, sur le projet de loi n° 425, autorisant la ratification du traité de coopération en matière de défense entre la République française et la République de Djibouti, avril 2013.

Yves Fromion et Gwendal Rouillard, Rapport d'information parlementaire sur l'évolution du dispositif militaire français en Afrique, juillet 2014.

Sonia Le Gouriellec, *Djibouti : la diplomatie de géant d'un petit État*, Presses universitaires du Septentrion, Villeneuve-d'Ascq, 2020.

Jean-Luc Martineau, « Djibouti et le "commerce" des bases militaires : un jeu dangereux ? », *L'Espace politique*, 2018.

Franck Petiteville, « Quatre décennies de "coopération franco-africaine" : usages et usure d'un clientélisme », *Études internationales*, vol. 3, n° 7, 1996.

Secrétariat général de l'ONU, *Rapport de la Mission des Nations unies chargée d'observer le référendum et les élections en côte française des Somalis (Djibouti)*, 15 juin 1977.

David Servenay et Thierry Martin, *Une affaire d'États,* Soleil, coll. « Noctambule », Paris, 2017.

Chapitre 2

Denis Sassou Nguesso : terreur et prédation à Brazzaville

Amzat Boukari-Yabara

Dans le jeu des sept familles de la Françafrique, Denis Sassou Nguesso appartient à celle des prédateurs. Né en 1943 à Edou, dans le nord du pays, il suit une formation d'instituteur avant de s'engager dans l'armée. Envoyé sur la base militaire française de Bouar en République centrafricaine, il prend pour modèle son supérieur hiérarchique, le général Marcel Bigeard, ancien d'Indochine et d'Algérie. Après une formation à l'école d'infanterie de Saint-Maixent en France, Sassou Nguesso rentre au Congo et intègre le corps des parachutistes.

En 1968, il participe à la prise du pouvoir par le commandant Marien Ngouabi. Membre du comité central du Parti congolais du travail (PCT), qui se réclame du marxisme-léninisme, il gravit les échelons au sein d'un appareil d'État qualifié d'oligarchie bureaucratique militaro-tribale (Obumitri) par Ange Diawara, un jeune militaire à la tête du M22, l'une des premières rébellions qu'il écrase en 1972 en sa qualité de chef des services de sécurité. Devenu ministre délégué à la Défense en 1976, Sassou Nguesso accède au pouvoir suprême en février 1979, peu après l'assassinat du président Marien Ngouabi et le court mandat du général Joachim Yhombi-Opango.

Qualifié par le sociologue Rémy Bazenguissa-Ganga de « leader conservateur et non charismatique », compensant son faible capital culturel par la mobilisation de croyances mystiques [→ IV.2], Sassou Nguesso organise au fil des ans un solide réseau d'influence qui lui permet de continuer à tirer les ficelles du pouvoir durant les cinq années de présidence de Pascal Lissouba (1992-1997). Devenu un rouage essentiel de la Françafrique, son arrivée à la tête du pays en 1979 coïncide avec un boom pétrolier qui fait du Congo un territoire où désormais l'eau potable coule moins que le sang et le pétrole.

1992-1997 : faux départ et alternance noyée dans le pétrole

En octobre 1979, Sassou Nguesso effectue sa première visite de chef d'État en France avant de recevoir en 1980 le président Valéry Giscard d'Estaing, accompagné des anciens Premiers ministres Jacques Chirac et Pierre Messmer, pour la commémoration du centenaire de la création de Brazzaville. En juillet 1981, alors que les socialistes sont entrés à l'Élysée, Sassou Nguesso expose au Conseil national du patronat français (CNPF) à Paris son plan de développement quinquennal dont l'attractivité repose sur l'exploitation pétrolière gérée par la compagnie française Elf [→ IV.4]. Sassou Nguesso devient pour la France l'homme qu'il faut à l'endroit où il faut. Suffisamment fort pour écraser toute opposition en interne, suffisamment souple pour ne jamais réclamer plus de 17 % de redevance nationale sur les revenus déclarés du brut, il prend sa propre part en silence.

Le 30 juin 1991, dans le contexte d'ouverture au multipartisme [→ IV.7], Sassou Nguesso se résout à accepter une conférence nationale qui conduit à une élection présidentielle qu'il est certain de gagner. Finalement éliminé dès le premier tour, il négocie un futur poste de Premier ministre en échange de son ralliement à Pascal Lissouba qui l'emporte face au maire de Brazzaville, Bernard Kolélas. Cependant, le non-respect du pacte conclu entre les deux hommes débouche sur une première guerre civile de juillet 1993 à février 1994.

Derrière les rivalités politiques, se joue le contrôle de la rente pétrolière qui fait du Congo un pays stratégique pour la France et la compagnie Elf. Dès janvier 1992, le Premier ministre congolais de transition, André Milongo, dénonce, dans une lettre ouverte publiée dans le quotidien français *Le Figaro*, le refus d'Elf de réaliser les audits réclamés par la Conférence nationale aux entreprises pétrolières. Quand Pascal Lissouba accède au pouvoir, le P-DG d'Elf Loïk Le Floch-Prigent lui refuse une avance en lui reprochant de ne pas avoir respecté l'accord qu'il avait conclu avec Sassou Nguesso durant l'élection présidentielle. Tout en augmentant la part de l'État sur les recettes pétrolières de 17 % à 33 %, Lissouba se tourne vers le groupe américain Occidental Petroleum (OXY) qui, en échange d'un permis d'exploration, lui accorde un prêt de 150 millions de dollars pour régler les arriérés de salaires.

Parallèlement, le multipartisme conduit la compagnie Elf à ménager les opposants pour ne pas être prise à revers en cas d'alternance. Ainsi, Alfred Sirven et André Tarallo, en leur qualité de numéro deux et de « Monsieur Afrique » d'Elf, gardent respectivement le contact avec Pascal Lissouba et Denis Sassou Nguesso, avec une nette préférence pour ce dernier. L'homme a l'avantage d'être toujours resté fidèle à la compagnie française. Ainsi, note le chercheur Etanislas Ngodi, « Bongo, Elf par l'intermédiaire d'André Tarallo, le réseau Foccart (Maurice Robert) et celui de Pasqua par l'intermédiaire de Daniel Léandri et Jean-Charles Marchiani, complot[ent] pour renverser Pascal Lissouba ».

Le président congolais obtient toutefois le départ de l'ambassadeur de France au Congo, Michel André, proche de Sassou Nguesso, tandis que le balladurien Philippe Jaffré remplace Le Floch-Prigent à la tête d'Elf en août 1993. Peu après une visite officielle de Jacques Chirac à Brazzaville, c'est en compagnie de Jaffré, venu spécialement de Paris, que Lissouba inaugure la plateforme pétrolière de Nkossa, le 22 novembre 1996. Lissouba, qui a bien compris qu'on ne saurait faire d'infidélités à Elf sans craindre des représailles, annonce que, « avec Nkossa, tout le monde aura sa part ». Cela ne sera pas suffisant pour qu'il se maintienne au pouvoir.

1997 : Sassou II, le retour par les armes

Le 26 janvier 1997, après dix-huit mois d'exil à Paris, Denis Sassou Nguesso arrive à l'aéroport de Brazzaville. Accueilli par ses partisans, il rêve d'imiter ses camarades ex-marxistes, le Béninois Mathieu Kérékou et le Malgache Didier Ratsiraka, revenus au pouvoir par les urnes en 1996.

Face à la censure organisée à son encontre par le président Lissouba, Sassou Nguesso se confie dans le *Courrier d'Afrique centrale*, média appartenant à son ami Jean-Paul Pigasse. Dans une interview parue le 15 mai 1997, il n'hésite pas à se présenter comme le père de la démocratie, celui qui a permis l'alternance de manière pacifique en 1992. Sassou Nguesso rejette habilement sur Lissouba la responsabilité de la guerre de 1993 en l'accusant d'avoir décomposé l'armée républicaine en groupes de milices qui, grenade à la ceinture et kalachnikov à la main, ont semé la terreur à Brazzaville et à Pointe-Noire. Se méfiant de l'armée longtemps contrôlée par Denis Sassou Nguesso, Pascal Lissouba avait effectivement mis en place des milices (zouloues, cocoyes, aubevilloises) pour préserver son régime. L'opposant Bernard Kolélas avait également recruté des jeunes de son ethnie dans des milices Ninjas.

Quant aux miliciens Cobras de Sassou Nguesso, ils reçoivent l'appui d'ex-génocidaires rwandais et des anciens de la garde de Mobutu, tous réfugiés à Brazzaville après le renversement de ce dernier, ainsi que des soldats tchadiens spécialement convoyés depuis la base d'Abéché par des avions militaires français. Sassou Nguesso peut également compter sur une centaine de mercenaires serbes recrutés par la société Geolink pour intervenir initialement à Kinshasa, ainsi que sur les services de l'ancien capitaine du GIGN français Paul Barril.

Selon *La Lettre du continent* du 19 juin 1997, même l'Élysée contacte des sociétés de sécurité (Éric SA, Orion Finance Holding) prêtes à recruter des « instructeurs » pour former les miliciens de Sassou Nguesso. Signe du soutien de Paris et Libreville, le journaliste du *Canard enchaîné* Claude Angeli révèle le cas d'un chargement de vingt-cinq tonnes de fret envoyé du Bourget le 3 juin sous couvert de la « présidence du Gabon », puis transféré aux milices Cobras en passant par l'aéroport gabonais de Franceville.

Le 5 juin 1997, alors que l'armée intervient à son domicile brazzavillois pour arrêter deux de ses collaborateurs accusés de la mort d'une vingtaine de personnes, Sassou Nguesso en profite pour lancer les hostilités et déclencher une nouvelle guerre civile. Dès le lendemain, les premières batailles accompagnées de pillages débutent dans Brazzaville. Les liaisons téléphoniques internationales sont coupées par les hommes de Sassou Nguesso qui vont également brouiller l'émetteur de Radio France internationale (RFI). Dans la nuit du 5 au 6 juin, un avion Air France avec 90 passagers est empêché de décoller : le contrôle de l'aéroport devient rapidement un enjeu stratégique. Les forces françaises – environ 500 hommes – y sont déjà présentes dans le cadre de l'opération Pélican qui vise à évacuer les ressortissants étrangers bloqués à Kinshasa, de l'autre côté du fleuve frontière qui sépare Brazzaville du Zaïre, où Laurent-Désiré Kabila vient de prendre le pouvoir [→ V, introduction]. L'opération reçoit le renfort de 400 soldats supplémentaires venus des unités prépositionnées en Centrafrique, au Gabon et au Tchad, tandis que la frégate *Surcouf* part en patrouille au large de Pointe-Noire.

Le 7 juin, un légionnaire français est tué et cinq autres sont blessés lors de tirs croisés entre factions rivales. Immédiatement, une cellule de crise est ouverte au Quai d'Orsay en lien avec le conseiller Afrique de l'Élysée Michel Dupuch et le conseiller diplomatique de Matignon Jean-Maurice Ripert. Paris veut gérer la crise congolaise en préservant ses intérêts stratégiques incarnés par Elf, tout en assurant la sécurité de ses ressortissants. Denis Sassou Nguesso va parfaitement manœuvrer pour tirer profit de la situation.

Quand Jacques Chirac et Omar Bongo réhabilitent le putschiste Sassou Nguesso

La guerre dans l'ancienne capitale de la France libre éclate alors même que débute, le 2 juin 1997, la cohabitation entre Jacques Chirac et Lionel Jospin. La mort de Jacques Foccart à peine trois mois plus tôt sert de prétexte à une communication politique axée sur une prétendue rupture. Sur la chaîne de télévision LCI, le nouveau secrétaire d'État à la Coopération

Charles Josselin fait part de son souhait de modifier une politique africaine « marquée depuis près de quarante ans par des réseaux qui ont vieilli » et qui ont montré leurs limites au Zaïre. Il précise dans un entretien au journal *Le Monde* la nouvelle ligne : « ni ingérence ni indifférence ». Paris ne s'interposera pas entre les belligérants à Brazzaville et les troupes françaises se retireront une fois les derniers ressortissants évacués. Dès la fin de l'opération Pélican le 15 juin 1997, le retrait est effectif, à l'exception d'un peloton de gendarmes protégeant l'ambassadeur Raymond Césaire et une centaine de civils français restés sur place.

Alors que Pascal Lissouba demande le soutien de Paris, Jacques Chirac lui rappelle que l'accord de défense entre les deux pays a été rompu par les Congolais après le renversement de Fulbert Youlou en 1963 [→ III.4]. Le président français l'invite à signer un « accord de principe » comportant un cessez-le-feu et une médiation sous l'égide d'Omar Bongo. Mais les dés sont pipés. Lissouba ignore que Chirac a reçu discrètement Sassou Nguesso à l'Élysée en compagnie de Bongo, le 1er novembre 1996, et que même si sa marge de manœuvre est limitée par la cohabitation, le président français lui a promis que Paris ne s'opposerait pas à son retour au pouvoir.

En revanche, les présidents ivoirien – Henri Konan Bédié –, sénégalais – Abdou Diouf – et burkinabè – Blaise Compaoré – appellent Jacques Chirac à soutenir Pascal Lissouba afin d'éviter de donner un mauvais exemple. En effet, comment, après avoir officiellement encouragé la « démocratie », la France pourrait-elle hésiter à soutenir un président élu ? De la mi-juin à la mi-septembre 1997, les négociations se succèdent avec des accords de cessez-le-feu qui ne sont pas respectés sur le terrain. Des milliers de civils se réfugient à Kinshasa où tombent des obus tirés depuis Brazzaville, entraînant des tirs de riposte de l'ex-Zaïre devenu République démocratique du Congo (RDC).

Le temps joue en réalité en faveur de Sassou Nguesso car le délai prévu pour l'élection présidentielle qui doit se tenir le 27 juillet 1997 est intenable, alors que le mandat de Lissouba expire le 31 août. Les négociations menées par l'ONU et l'Organisation de l'unité africaine (OUA) ou la proposition de Kabila de déployer une force d'interposition africaine à Brazzaville semblent satisfaire Lissouba tandis que Sassou Nguesso préfère s'en remettre à la médiation d'Omar Bongo, auquel il est lié. Sa fille Édith est en effet devenue la première dame du Gabon, depuis son mariage avec Bongo le 4 août 1990. Le président gabonais connaît les principaux acteurs de la crise et maîtrise les équilibres ethniques régionaux : il était déjà intervenu en 1977 pour empêcher l'exécution de Lissouba (condamné à mort après une tentative de coup d'État) et obtenir sa libération par Sassou Nguesso en 1979.

Ainsi, le 1er septembre 1997, alors que Lissouba revient de Libreville avec une proposition de Bongo consistant à créer un « conseil présidentiel » avec Sassou Nguesso comme vice-président et un Premier ministre nommé par consensus, le président congolais reçoit un appel téléphonique de Chirac lui enjoignant de donner au futur Premier ministre le contrôle de l'armée et les pleins pouvoirs. Repartant à Libreville le lendemain, il apprend de Bongo que Sassou Nguesso souhaite occuper ce poste si stratégique de Premier ministre. S'étonnant de l'alignement des positions entre Bongo, Sassou Nguesso et Chirac, Lissouba se rend alors à Paris pour obtenir des explications. Dans un échange téléphonique au cours duquel les deux présidents passent d'un tutoiement cordial à un vouvoiement glacial, Chirac annonce à Lissouba que sa réception à l'Élysée ou à Matignon est conditionnée à la signature des propositions qui lui ont été faites.

C'est finalement au sommet de Libreville, le 14 septembre, qu'en exprimant son point de vue devant un parterre de présidents françafricains (Bénin, Centrafrique, Gabon, Guinée équatoriale, Mali, Sénégal, Tchad, Togo) Sassou Nguesso prend un ascendant diplomatique décisif. Venu à Libreville avec une étiquette de putschiste, Sassou Nguesso repart avec l'image d'un homme d'État ouvert au dialogue tandis que Lissouba, qui a préféré au dernier moment se rendre à Kinshasa pour s'entretenir avec Kabila du soutien de la RDC, du Rwanda et de l'Ouganda, donne l'impression de vouloir passer en force.

Soutenu par l'Angola, adoubé par Elf

Denis Sassou Nguesso est proche du président angolais Eduardo Dos Santos, également arrivé au pouvoir en 1979. Liés par l'idéologie marxiste-léniniste, ainsi que par le soutien du PCT au Mouvement populaire de libération de l'Angola (MPLA) de Dos Santos, en guerre contre l'Union nationale pour l'indépendance totale de l'Angola (Unita) de Jonas Savimbi, ils disposent d'intérêts communs dans les secteurs du pétrole, de l'armement et du renseignement.

D'un côté, l'Unita qui a perdu le soutien du Zaïre après le renversement de Mobutu par Laurent-Désiré Kabila se replie sur Brazzaville, puis sur Pointe-Noire d'où elle apporte un soutien intéressé à Lissouba face à Sassou Nguesso. De l'autre, le MPLA d'Eduardo Dos Santos appuie le retour au pouvoir de Sassou Nguesso qui priverait l'Unita du soutien du régime de Brazzaville et contraindrait également les différentes factions indépendantistes du FLEC, le Front de libération de l'enclave du Cabinda (une portion de territoire angolais riche en pétrole située entre Pointe-Noire et la RDC), à capituler.

Plaque tournante des avions Antonov qui fournissent les milices gouvernementales en cargaisons d'armes, l'aéroport de Pointe-Noire devient une cible stratégique. Si la capitale économique de la République du Congo constitue la base congolaise d'Elf, ses rivales américaines présentes en Angola (Chevron et Gulf Oil) ne s'opposent pas à une intervention angolaise en faveur de Sassou Nguesso. Pour les Américains, le soutien à un Sassou Nguesso proche de la victoire est aussi une manière de se repositionner en vue de la future répartition des champs pétroliers congolais. Le 7 octobre 1997, les troupes de Sassou Nguesso soutenues par des centaines de soldats angolais lancent une vaste offensive qui leur permet de contrôler Pointe-Noire le 15 octobre, deux jours après avoir pris le palais présidentiel à Brazzaville.

Interpellé par le secrétaire général de l'ONU, Kofi Annan, sur son ingérence militaire, Luanda invoque une « agression » venue du territoire congolais et un droit de poursuite à l'égard des rebelles cabindais réfugiés au Congo. Pour éviter de donner l'image d'une occupation étrangère, les troupes angolaises restent en arrière, assurent la logistique et la formation, pilotent les avions et se replient rapidement sur l'enclave du Cabinda dès la victoire acquise. Celle-ci est reconnue le 17 octobre 1997 par la communauté internationale.

À Brazzaville, l'ambassadeur français reçoit immédiatement les émissaires de Sassou Nguesso. À Paris, Charles Josselin confirme qu'il faudra « discuter pour mettre en place un nouveau processus démocratique », tandis que le ministre des Affaires étrangères, Hubert Védrine, loue « l'état d'esprit de coopération » de Sassou Nguesso qui annonce un gouvernement d'union nationale pour aller vers des élections.

Le 23 octobre, escorté par une cinquantaine de véhicules, l'ancien dictateur chassé cinq ans plus tôt par les urnes entre triomphalement dans Brazzaville. Le lendemain, alors que Kolélas en exil à Abidjan dénonce un coup d'État et demande à la France d'intervenir, Sassou Nguesso redevient donc officiellement président de la République du Congo. Le 26 octobre, il reçoit le P-DG d'Elf Philippe Jaffré qui débloque le versement des redevances pétrolières gelées depuis la fin du mandat de Lissouba. Pour le pétrolier français, en pleine privatisation [→ V.8], le Congo possède à nouveau un chef d'État en apparence légitime et surtout… conciliant.

Pendant toute la guerre de 1997, l'exploitation pétrolière s'est poursuivie sur les plateformes au large du golfe de Guinée, Elf a ainsi fait circuler en dehors de toute comptabilité officielle des centaines de millions de dollars. Ces sommes transitant par les comptes de sa banque, la FIBA, sous le contrôle de Jack Sigolet et d'André Tarallo, ont permis aux belligérants de s'armer avec le soutien du pétrolier français. Un député socialiste confiera quelques mois plus tard à François-Xavier Verschave, président de l'association Survie, que « chaque balle a été payée par Elf ».

Passant par sa filiale helvétique Rivunion qui alimente un compte de l'État congolais ouvert au Crédit agricole de Genève, ou par l'intermédiaire du compte ouvert au Crédit suisse de Zurich par la Sopar, une fondation basée au Liechtenstein dont Jean-Claude Marchiani est l'ayant droit, Elf verse des millions de dollars de commissions suspectes à des intermédiaires qui entretiennent ainsi la guerre civile.

1997-2002 : crimes contre l'humanité, disparitions et impunité

Alors que Lissouba dépose une plainte auprès du parquet de Paris contre les dirigeants d'Elf pour complicité de coup d'État, Sassou Nguesso se dépêche d'étrenner son nouveau statut à l'international. Le 27 octobre 1997 à Luanda, il signe avec les présidents Bongo, Kabila et Dos Santos un accord destiné à combattre tout mouvement armé qui utiliserait le territoire d'un pays de la région pour en attaquer un autre : pour Sassou, comme pour Kabila et Dos Santos, il s'agit d'empêcher toute reconquête militaire d'un pouvoir pourtant acquis par les armes. Après avoir poussé à la confrontation armée, l'ancien marxiste converti au néolibéralisme lance également un appel à l'aide internationale… pour la reconstruction du Congo.

Quant à Jacques Chirac, en visite officielle à Luanda le 30 juin 1998, il explique s'être « réjoui de l'intervention de l'Angola au Congo [car] ce pays était en train de s'effondrer dans la guerre civile, de s'autodétruire et qu'il était souhaitable que l'ordre revienne. Il y avait quelqu'un qui était capable de le faire revenir, c'était Denis Sassou Nguesso ».

De son côté, le président congolais réorganise son appareil sécuritaire avec un système de renseignement et d'écoutes téléphoniques au service d'un État policier. Ainsi, pendant toute l'année 1998, des groupes paramilitaires pourchassent les ex-Ninjas de Kolélas ralliés à Lissouba qui se sont réfugiés autour de Brazzaville, notamment dans le département du Pool, dans le sud du pays.

En mai 1999, répondant à l'appel au retour lancé par Sassou Nguesso un mois plus tôt, plusieurs centaines de réfugiés en RDC quittent le terminal de Kinshasa, puis disparaissent en arrivant au port fluvial du Beach de Brazzaville. En décembre 2001, s'appuyant sur de nombreux témoignages faisant état de centaines d'exécutions, des organisations de défense des droits de l'homme portent plainte devant le procureur de la République du tribunal de grande instance de Paris contre le président Sassou Nguesso et plusieurs dignitaires du régime pour « crime contre l'humanité, disparitions et tortures ». Plus de vingt ans après les faits, l'affaire des disparus du Beach n'a toujours pas connu son dénouement judiciaire [→ V.3].

Revenu au pouvoir par la force, Denis Sassou Nguesso manie les menaces de poursuites, les promesses d'amnistie et l'achat de conscience pour mieux mettre en scène des cérémonies de réconciliation qui vident le camp de l'opposition, réduite à faire de la figuration. En août 1999, en présence d'Omar Bongo, il se fait même adouber par les chefs traditionnels Batékés, l'une des plus importantes ethnies transfrontalières. Après la signature d'un accord en décembre 1999 entre le pouvoir et l'opposition pour officialiser la fin de la guerre, des assises et un dialogue national débouchent sur l'élection présidentielle de mars 2002. Sans adversaire réel, Sassou Nguesso obtient officiellement 89,41 % des suffrages.

Déterminé à bien garder le pouvoir jusqu'à sa mort, tel un empereur, Sassou Nguesso ne s'embarrasse d'aucun scrupule pour garantir sa postérité. En 2009, dans un livre d'autopromotion (*Parler vrai pour l'Afrique*), il n'hésite pas à glisser une fausse préface de Nelson Mandela, dans laquelle l'autocrate de Brazzaville est présenté comme l'un « de ceux qui ont œuvré sans relâche pour libérer de leurs chaînes les peuples opprimés ».

Repères bibliographiques

Rémy Bazenguissa-Ganga, *Les Voies du politique au Congo*, Karthala, Paris, 1997.

Fédération des Congolais de la diaspora, *Sassou Nguesso ou l'Irrésistible Ascension d'un pion de la Françafrique*, L'Harmattan, Paris, 2010.

Xavier Harel, *Afrique. Pillage à huis clos*, Fayard, Paris, 2006.

Yitzhak Koula, *La Démocratie congolaise « brûlée » au pétrole*, L'Harmattan, Paris, 1999.

Etanislas Ngodi, *Pétrole et géopolitique en Afrique centrale*, L'Harmattan, Paris, 2008.

Théophile Obenga, *L'Histoire sanglante du Congo-Brazzaville (1959-1997)*, Présence africaine, Paris, 2000.

Paul Soni-Benga, *Les Dessous de la guerre du Congo-Brazzaville*, L'Harmattan, Paris, 1998.

Patrice Yengo, *La Guerre civile du Congo-Brazzaville*, Karthala, Paris, 2006.

Le grand retournement de Pierre Péan : du dénonciateur d'*Affaires africaines* au défenseur de la Françafrique

« L'Élysée et les Gabonais ne te laisseront jamais sortir le livre. » Voilà Pierre Péan prévenu : dès le printemps 1983, un ancien inspecteur des Renseignements généraux, Gilles Kaehlin, débarque au domicile du journaliste avec ce message limpide. Le livre qu'il prépare, *Affaires africaines*, consacré aux turpitudes d'Elf et du Gabon, dérange et inquiète en haut lieu [→ V, introduction]. Kaehlin est le garde du corps de François de Grossouvre, conseiller de François Mitterrand et proche d'Omar Bongo.

Selon Péan, l'émissaire lui explique donc que Grossouvre propose une transaction financière (au moins trois millions de francs de l'époque sur un compte en Suisse) pour qu'il renonce à son projet, avec l'aval de Libreville. Et après la carotte, vient le bâton : « Tu n'as pas le choix. Si tu refuses, tu vas être broyé. »

Péan décline la proposition, mais les pressions plus ou moins « amicales » se multiplient autour de lui, comme il le raconte dans ses *Mémoires impubliables* (Albin Michel, 2020). Claude Marti, un publicitaire ami de Michel Rocard qui s'occupe de l'image de François Mitterrand et d'Omar Bongo, en appelle à l'« esprit de solidarité de gauche » de Péan. La ministre déléguée au Temps libre, à la Jeunesse et aux Sports, Edwige Avice – qui avait pourtant eu maille à partir avec le « clan des Gabonais » quelques années plus tôt [→ p. 404] –, lui reproche lors d'un dîner d'« aller contre les intérêts de la France ». Guy Penne est au diapason.

De leur côté, les émissaires du président Bongo menacent le journaliste de représailles sur des prisonniers politiques gabonais, notamment l'un de ses amis, le protestant Jean-Marc Ekoh, ancien membre du Conseil œcuménique des Églises.

Quelques jours avant la sortie du livre, Pierre Péan décide d'écrire au président de la République française : « Le chantage dont je fais l'objet me semble suffisamment grave pour m'adresser directement à vous... »

François Mitterrand alerté, l'affaire prend un tour politique, mais la crise est loin d'être terminée. À peine le livre publié, en octobre 1983, Pierre Péan est menacé physiquement.

Une élimination physique programmée

Tandis que le ministre de la Défense gabonais propose à l'éditeur Fayard de racheter tous les exemplaires du livre, le journaliste est informé qu'un « dossier mouillé » est en préparation à Libreville. Autrement dit : il y a un contrat sur sa tête. La menace est prise très au sérieux par l'ancien patron du renseignement extérieur, Pierre Marion, qui ordonne à Péan de se mettre au vert et tente de convaincre Bongo de renoncer à ses plans, en faisant jouer ses relations maçonniques [→ IV.2].

Rien n'y fait. Le climat reste toujours aussi lourd autour de Pierre Péan qui se sait sur écoute : coups de fil anonymes, surveillance de son domicile, cambriolages, vol de documents par des individus cagoulés, course-poursuite sur le périphérique parisien… Dans la nuit du 8 au 9 juin 1984, une bombe explose devant le garage de son pavillon, sans faire de victime.

Le plus grave reste à venir : une élimination physique est à nouveau programmée depuis Libreville pour l'automne 1984 par un « spécialiste » français qui a roulé sa bosse au Mozambique et au Zaïre. Selon Péan, ce mercenaire aurait également été approché par le capitaine Paul Barril (qui dément catégoriquement être lié à cette affaire), membre de la cellule antiterroriste de l'Élysée et proche de François de Grossouvre, qui aurait proposé au tueur de « flinguer » le journaliste « à une terrasse de café », en plein Paris. Proposition non retenue par le mercenaire qui, aidé par une équipe de Corses, prévoit, lui, de suivre le véhicule du journaliste avec des motos, de provoquer un accident puis de faire disparaître son corps. Mais il renonce au dernier moment à éliminer sa cible, comme le raconte le fils de Pierre Péan, parti à la rencontre de la barbouze dans son livre *L'Ombre en soi* (2012). Le mercenaire aurait senti que quelque chose ne tournait pas rond en voyant circuler au domicile du journaliste un proche du commanditaire… Et il aurait décidé d'en rester là, tandis que Paris arrondissait les angles avec Libreville.

L'épisode laisse des traces profondes dans le parcours de Pierre Péan, qui dès lors devient pour beaucoup un modèle du « journalisme d'enquête ». Mais il correspond également à l'amorce d'un virage dans ses relations de plus en plus amicales avec le pouvoir et les principales figures de la Françafrique.

Ce grand retournement débute par une réconciliation assez inattendue… avec l'homme qui a tenté de le tuer. En 1991, grâce à « un ami, ancien des services secrets », Péan retrouve à Genève le mercenaire qui devait l'éliminer sept ans plus tôt et se lie d'amitié avec lui. La barbouze devient même par la suite une sorte de « protecteur » de Péan, qui continue d'agiter les milieux pétroliers à travers certains de ses ouvrages à succès.

Des liens chaleureux avec Omar Bongo

« Il m'arrive assez souvent de devenir proche de gens qui m'ont attaqué ou que j'ai attaqués, explique Péan dans un entretien à FigaroVox, en mars 2014. Je n'ai pas dans les tripes l'envie de faire tomber des têtes. Je ne suis pas un militant. J'aime traquer les vérités qu'on me cache, mais je n'ai pas envie de tuer, j'ai envie de comprendre. »

Dans le cas d'Omar Bongo, cette envie est allée très loin. Longtemps *persona non grata* à Libreville, le journaliste se réconcilie discrètement avec le dictateur gabonais en décembre 1993, en marge de la première élection présidentielle officiellement pluraliste. Une parodie de scrutin démocratique. L'auteur d'*Affaires africaines* soutient alors l'« opposant officiel » de Bongo, Paul Mba Abessole... avec dans la coulisse la bénédiction du numéro deux d'Elf, André Tarallo [→ IV.4]. Dans ses Mémoires, Péan explique que c'est à ce titre qu'il accepte de rencontrer clandestinement Bongo dans son palais présidentiel afin d'assurer le « bon déroulement des futures élections ». Devant le journaliste, l'autocrate se livre à un grand numéro, assurant qu'il est prêt à passer la main, tout en se présentant comme le garant de la paix civile. Le maintien au pouvoir de Bongo avec l'aval de la France n'empêche pas le journaliste de continuer à nouer des liens de plus en plus chaleureux avec le président gabonais. Les deux hommes ont même longtemps eu un projet de livre ensemble sur les coulisses de la vie politique française dont Bongo se targue de connaître tous les secrets. « C'est un garçon que j'aime bien, dit Omar Bongo dans son livre *Blanc comme nègre* (2001). Maintenant, Pierre Péan vient au Gabon quand il veut. »

Une proximité que Péan assume parfaitement dans son livre *Noires fureurs, blancs menteurs* (2005), dans lequel il défend la thèse fallacieuse d'un double génocide au Rwanda. « J'ai, en d'autres temps, affronté Bongo et dénoncé le rôle de la France dans *Affaires africaines*, écrit-il. Aujourd'hui, je n'ai pas honte et j'ai même plaisir à rencontrer le président du Gabon et à discuter avec lui de l'évolution de l'Afrique et de la politique française dont il est un fin connaisseur. Si le Gabon n'est pas le paradis, je n'y connais pas d'affrontements ethniques, il y règne la paix civile, chacun peut y critiquer le chef de l'État sans risquer de se retrouver dans un cul-de-basse-fosse. Le pays n'est pas montré du doigt par Amnesty International. »

« J'ai bien conscience que ma relation avec Omar Bongo n'est pas facile à comprendre », écrit encore Péan dans ses *Mémoires impubliables*. Mais « j'ai été agacé par les magouilles, manipulations et complots autour de lui à la fin de sa vie [...]. Peut-être l'empreinte très forte de mon éducation catholique explique-t-elle mon attitude, tant avec celui que j'appelle mon "tueur" qu'à l'égard de Bongo, poursuit le journaliste. Sur la croix, le Christ, juste avant de mourir, ne dit-il pas : "Père, pardonnez-leur, car ils ne savent pas ce qu'ils font" ? »

Adoubé par François Mitterrand

Sa fascination est la même vis-à-vis d'un autre acteur incontournable de la Françafrique : François Mitterrand. Passionné par son livre sur Jacques Foccart (*L'Homme de l'ombre*), paru en 1990, le chef de l'État français demande au journaliste de venir le voir à l'Élysée. « Vous faites bien votre travail. Vous êtes courageux, j'aime ce que vous faites... » aurait lâché un Mitterrand pourtant avare de compliments, selon le propre récit de Péan.

Deux ans plus tard, Mitterrand lui tend une perche : « Pour tout ce qui vient de l'Élysée, je peux vous aider. Vous êtes sérieux. Vous pouvez consulter les archives de l'Élysée. » Les deux hommes travaillent en bonne intelligence à l'écriture du livre *Une jeunesse française* (1994) qui revient sur le passé vichyste du président socialiste. Péan vit très mal les attaques contre Mitterrand à ce sujet.

Au même moment, le génocide des Tutsis au Rwanda éclabousse le soutien de l'Élysée et de l'état-major militaire aux extrémistes hutus. Alors que l'association Survie de François-Xavier Verschave [→ V, introduction] dénonce une « complicité de génocide », l'Élysée cherche un contre-feu. Le conseiller pour les affaires africaines, Bruno Delaye, fait alors une proposition très intéressée à Péan, comme ce dernier le raconte en novembre 2016 à Rue 89 : « Il me propose d'avoir tous les papiers à disposition pour faire une analyse de la situation. Il me dit : "Qu'est-ce qu'on a pu faire pour mériter de telles attaques ?" Il m'a alors proposé de m'enfermer dans une pièce avec tous les papiers sur le Rwanda. Je serais fouillé à l'entrée et à la sortie, avec interdiction de sortir le moindre document, mais totale liberté pour travailler dessus. Comme j'étais dans *Une jeunesse française*, je ne l'ai pas fait. Je le regrette. »

Péan se rattrape par la suite en défendant inconditionnellement la politique de François Mitterrand au Rwanda dans ses ouvrages. Et après le père, le fils. En 2001, juste avant le procès de l'Angolagate [→ V.4], le journaliste publie et préface les Mémoires de Jean-Christophe Mitterrand « victime d'une grave injustice », qui « concentrait déjà sur lui les haines et les frustrations accumulées contre son père ».

« Mon ami Chirac »

La droite n'est pas en reste. Jusqu'à la mort de Jacques Foccart, qu'il rencontre grâce à son éditeur en 1995, Péan entretient « des contacts téléphoniques [avec lui] pour papoter sur l'actualité ».

S'il publie régulièrement des coups d'éclat audacieux (*La Face cachée du Monde*, avec Philippe Cohen en 2003, *La République des mallettes* en 2011, *Compromissions* en 2015 sur la mafia corse), le journaliste revient à l'hagiographie du pouvoir avec *Chirac, l'inconnu de l'Élysée*, en 2007. Chirac lui-même ne s'y trompe pas : « Pour une fois qu'on ne met pas mes conneries en exergue », lâche-t-il alors au journaliste.

Dans un texte publié lors de la sortie en poche de l'ouvrage (*L'Autre Chirac,* 2016), Péan explique avoir « une dette à l'égard de Jacques Chirac » qui lui ouvre les portes de l'hôpital du Val-de-Grâce et prend régulièrement de ses nouvelles suite à un problème cardiaque du journaliste survenu après la publication de *Chirac, l'inconnu de l'Élysée*. « Très vite, je vais avoir le sentiment diffus d'être sous la protection de Chirac », écrit un Péan aux accents quasi mystiques qui revendique « d'avoir essayé de comprendre *l'autre Chirac* avec, pour ce type d'enquête, le seul bon outil opérationnel, l'empathie ».

Cette proximité avec le successeur de François Mitterrand

lui permet de côtoyer d'autres figures de la Françafrique comme Denis Sassou Nguesso [→ V.2], que Péan approche en 2008 pour préparer son enquête sur Bernard Kouchner [→ V.11]. Lorsque Péan appelle Chirac sur son portable en présence du président congolais, le visage de ce dernier devient « illuminé ». « Mon statut à l'égard de Sassou a complètement changé, écrit le journaliste. Je suis désormais celui qui est capable d'appeler son ami Chirac. »

Trente ans après sa critique au vitriol du « clan des Gabonais » dans *Affaires africaines,* Péan confie à David Servenay et Zineb Dryef de Rue 89 : « Je déteste ce concept de Françafrique, c'est marginal, ce n'est plus d'actualité. » En 2012, il explique dans la *Revue internationale et stratégique* qu'il se « bat contre ce concept », estimant qu'« il n'y a pas de comparaison entre ce qu'on a appelé le néocolonialisme et les relations actuelles » entre la France et ses ex-colonies, « les interventions [n'ayant] plus rien à voir avec ce qui se passait dans les années 1960 », préférant ignorer les mécanismes financiers, institutionnels et militaires toujours à l'œuvre.

« Je suis de cette génération où l'on comprend la raison d'État », explique encore Péan en 2016. À sa mort en juillet 2019, à l'âge de 81 ans, l'Élysée se fend d'un communiqué saluant un homme « farouchement libre et indépendant » qui « avait aussi le respect du secret défense ». Trois mois plus tôt, plusieurs journalistes ont été convoqués par les services de renseignement intérieur pour « atteintes au secret de la défense nationale » concernant l'utilisation d'armes de fabrication française dans la guerre du Yémen.

Benoît Collombat

Chapitre 3

La Françafrique dans le prétoire

Fabrice Tarrit

À partir de la fin des années 1990, de gigantesques affaires de détournements de fonds comme le dossier Elf ou l'Angolagate atterrissent sur les bureaux des juges d'instruction français. Ces derniers mettent pour la première fois en lumière, y compris médiatiquement, le rôle de différents acteurs de la Françafrique et les mécanismes d'un pillage et d'une corruption à l'échelle industrielle. Est-ce la fin du « Noir silence », décrit par François-Xavier Verschave dans son ouvrage éponyme, paru en 2000 ?

En mars 2001, le procès du président de l'association Survie, qui compte quelques centaines de militants, poursuivi par trois chefs d'État africains, sert de caisse de résonance au vaste mouvement de protestation contre la Françafrique. Dans le prolongement de ce procès inédit, les années 2000 sont marquées par la judiciarisation croissante de dossiers mettant en cause des dirigeants français et africains. La création de la Cour pénale internationale (CPI) en 2002, malgré les verrous que lui opposent certains États, dont la France, redonne espoir aux victimes de dictatures et aux familles de disparus, appuyées par des ONG internationales. Tandis que les plaintes initiées à la fin des années 1990 contre les présumés génocidaires rwandais réfugiés en France s'enlisent, l'accumulation de preuves recueillies par des associations, des journalistes et des chercheurs établissant la complicité de la France dans le génocide des Tutsis au Rwanda ouvre la voie à des plaintes contre des responsables français.

La brèche dans l'impunité paraît ouverte. Mais les acteurs politiques du système, qui détiennent les clés des appareils législatif et judiciaire, en France et dans les pays du pré carré, ne sont pas prêts à céder aussi facilement face aux parties civiles et aux plus audacieux des juges. Manœuvres de l'exécutif, renoncements du parquet, dessaisissements ou dépaysements d'instructions ne vont pas tarder à jalonner toutes ces affaires.

La Françafrique acquittée

Jusqu'aux années 2000, les détournements de fonds, les assassinats d'opposants africains sur le sol français, les coups de force de mercenaires ou autres barbouzeries n'intéressent guère la justice. Et lorsqu'elles font l'objet de plaintes, ces affaires débouchent généralement sur un classement sans suite ou un enterrement progressif du dossier, au gré des mutations de magistrats instructeurs parfois soumis à la pression d'un parquet qui dépend de l'exécutif.

C'est ce qui se passe dans l'affaire Outel Bono, du nom de cet opposant tchadien au régime de Tombalbaye, assassiné en 1973 en plein Paris, rue de la Roquette, probablement par un ancien agent français du SDECE [→ III, introduction]. Elle se conclut par un non-lieu en 1982 et le rejet du pourvoi en cassation de sa veuve. Pire, il sera même demandé à cette dernière de payer les frais de justice, la préméditation du meurtre d'Outel Bono n'ayant pu être prouvée.

C'est également le cas dans l'affaire Dulcie September, qui se solde par un non-lieu en 1992, quatre ans après l'assassinat de cette opposante sud-africaine antiapartheid à Paris.

À l'impunité des crimes perpétrés sur le sol français s'ajoute celle des affaires impliquant des acteurs françafricains sur le sol africain. Ainsi, dans l'enquête sur la mort à Djibouti du coopérant Bernard Borrel en 1995, conseiller technique auprès du ministre djiboutien de la Justice, l'institution judiciaire française s'évertue à multiplier les blocages et à maquiller, des années durant, la nature et le mobile réels de l'assassinat de ce « juge fouineur », pour reprendre l'expression de proches du président djiboutien [→ V.1].

Mais celui qui incarne sans doute le mieux la pusillanimité de la justice à l'égard des crimes de la Françafrique est le mercenaire préféré de la République, Bob Denard.

Il faut attendre mai 1999 pour que se tiennent son premier procès et celui de son bras droit Dominique Malacrino, au palais de justice de Paris. Les deux hommes sont accusés d'avoir assassiné, dix ans plus tôt, le président de la République comorienne, Ahmed Abdallah Abderamane. Leur acquittement « au bénéfice du doute » est alors sifflé par une partie du public, dénonçant une mascarade de procès. Intouchable Denard, qui avec ses « affreux » aura traîné sa bosse pendant quarante ans dans tous les coups tordus, avec le blanc-seing ou l'appui direct de l'État français [→ III.4]. C'est en 2006 qu'ont lieu l'ultime procès du mercenaire et ceux de plusieurs de ses complices. Lors de la tentative de putsch de 1995 contre le président Djohar aux Comores, l'Élysée, mis sous pression, avait en effet dû déclencher une opération militaire et ordonner leur arrestation. Mais une nouvelle fois, Denard échappe à la prison. Il meurt chez lui, en Gironde, un an plus tard, affublé dans toutes les nécrologies d'un titre flatteur, qu'il s'était lui-même attribué : le « corsaire de la République ». L'impunité, jusque dans sa tombe.

Le procès Verschave fait tomber les masques

Le 28 février 2001 à Paris, le président de l'association Survie, François-Xavier Verschave, au sein de laquelle il a forgé et fait connaître le néologisme « Françafrique » dans son acception dénonciatrice [→ p. 22], comparaît devant la 17e chambre du tribunal correctionnel pour délit d'offense à chefs d'État. En cause, des passages de l'ouvrage *Noir Silence*, décrivant des crimes et malversations de nombreux potentats emblématiques de la Françafrique, dont le Gabonais Omar Bongo, le Congolais Denis Sassou Nguesso et le Tchadien Idriss Déby qui ont porté plainte.

D'un côté, ces trois dictateurs « amis de la France », aux moyens financiers illimités et aux liens bien établis avec les autorités françaises, défendus par le très médiatique Jacques Vergès. De l'autre, un militant de 55 ans, fonctionnaire territorial et directeur de publication du journal associatif *Billets d'Afrique*. Une plume engagée, autodidacte, sans carte de presse ni réel soutien au sein d'une profession qui se méfie un peu de celui qui se revendique « simple citoyen », parti croiser le fer avec des despotes sans foi ni loi. Son éditeur, Laurent Beccaria, qui comparaît à ses côtés, n'est pas encore un poids lourd de l'édition. Il a créé depuis seulement quatre ans Les Arènes, après avoir quitté la maison Stock, au sein de laquelle il avait soutenu le premier ouvrage de référence de Verschave, *La Françafrique. Le plus long scandale de la République* (2000). Un succès de librairie certes, avec ses dizaines de milliers d'exemplaires écoulés, mais pas de nature à ébranler sérieusement les institutions.

Ce « noir procès », comme l'appellera le président de Survie, sera le révélateur médiatique de son travail de fourmi, après plus de quinze ans passés à décortiquer, analyser et dévoiler les travers de la politique de la France en Afrique.

Tandis que les avocats des chefs d'État rivalisent de mauvaise foi pour défendre l'honorabilité de leurs clients et tentent de décrédibiliser François-Xavier Verschave qualifié de « Tintin au Congo » par un Me Vergès forçant à souhait la caricature, les témoignages se succèdent à la barre pendant trois jours pour illustrer les accusations contenues dans *Noir Silence*. « D'une certaine façon, nous avons déjà gagné, explique Verschave lors de l'audience. Désormais, la Françafrique est un problème incontournable. »

Au-delà du jugement qui reconnaît la « bonne foi » de l'accusé et le relaxe des poursuites engagées contre lui, les militants français et africains sont frappés par le grand mouvement de solidarité qui accompagne ce procès symbolique. La couverture médiatique est inespérée pour le président de Survie, invité au journal télévisé de 20 heures sur France 2 en 2001 pour parler de son combat. Pour appuyer son propos, la chaîne publique diffuse un reportage implacable contre le néocolonialisme français et ses amis dictateurs. Du jamais-vu à une heure de grande audience. L'effet boomerang est total pour les thuriféraires de la Françafrique.

Le délit d'offense à chef d'État, inscrit dans la loi de 1881 sur la liberté de la presse, héritier du crime de lèse-majesté et déjà dans le collimateur de la Cour européenne des droits de l'homme et de quelques députés, ne survivra pas au procès Verschave : trop anachronique [→ p. 451].

Les dictateurs dans le collimateur de la justice internationale

Au tournant des années 2000, le terme « Françafrique » commence à s'imposer, la contestation de ce système faisant parallèlement l'objet de mobilisations importantes, en France et sur le continent africain. Les aspirations démocratiques et la soif de liberté des peuples trouvent aussi un écho avec la judiciarisation en Afrique d'affaires emblématiques comme les assassinats du président Thomas Sankara, en octobre 1987 [→ p. 562], et du journaliste Norbert Zongo, en décembre 1998, tous deux éliminés au Burkina Faso à l'instigation du clan Compaoré. Il s'agit en premier lieu de dénoncer les crimes de ces dictateurs « amis de la France », qui ont provoqué l'exil de tant d'opposants.

Mais les chances de succès de poursuites au sein même des dictatures sont maigres. Pour lutter contre l'impunité, l'idée ancienne d'une Cour pénale internationale refait surface dans les débats aux Nations unies après l'effondrement du mur de Berlin, hélas rapidement confortée par l'ampleur des crimes commis en Yougoslavie à partir de 1991 puis au Rwanda en 1994, qui mènent à la création de tribunaux pénaux internationaux *ad hoc*. À l'instar d'autres démocraties (États-Unis, Belgique, Espagne…), la France intègre à cette époque dans son droit national un principe de compétence universelle, qui permet de saisir la justice française pour certains crimes commis à l'étranger, notamment la torture et les traitements inhumains. À partir de l'été 1998, l'adoption par cent vingt États du Statut de Rome, qui prévoit la création de la CPI dès que soixante d'entre eux l'auront ratifiée, et l'arrestation à Londres de l'ancien dictateur chilien Augusto Pinochet sur demande d'un juge espagnol encouragent des victimes à poursuivre des dignitaires françafricains. C'est le cas de l'ancien dictateur tchadien Hissène Habré [→ IV.5] contre lequel une première plainte est déposée en janvier 2000 au Sénégal, qui devra finalement se doter de chambres extraordinaires au sein du tribunal de Dakar pour le juger, seize ans plus tard.

En France, l'officier mauritanien tortionnaire Ely Ould Dah est reconnu en juin 1999 par deux de ses anciennes victimes, alors qu'il effectue un stage à l'école du commissariat de l'armée de terre de Montpellier. L'officier est arrêté suite à une plainte de la Fédération internationale pour les droits humains (FIDH), mais s'enfuit en Mauritanie à la faveur de sa libération sous contrôle judiciaire : il est finalement condamné par contumace en 2005 à dix ans de réclusion criminelle.

À partir de la création effective de la CPI, le 1er juillet 2002, s'engage une féroce bataille sur la transposition de son traité fondateur en droit français, en particulier l'extension du principe de compétence universelle qui doit permettre de poursuivre tous les crimes couverts par le Statut de Rome, notamment les actes de génocide et les crimes de guerre ou contre l'humanité. La France, qui dès l'origine a tenté de bloquer la compétence de la Cour pour les crimes de guerre commis par ses ressortissants pendant les sept premières années suivant son entrée en vigueur, continue à mobiliser d'autres verrous juridiques pour limiter la portée de la compétence universelle en droit français. Paris fait en sorte que le parquet soit le seul à pouvoir mettre la justice en mouvement : même en se constituant parties civiles, les victimes ne peuvent plus obtenir l'ouverture d'une enquête judiciaire. Pire, les faits poursuivis doivent être pénalement condamnables à la fois en France et dans le pays concerné pour que le parquet français puisse lancer une enquête. En dépit de ces freins, bien réels, quant à la traduction en droit national de l'idée originelle de la CPI, le climat judiciaire apparaît désormais plus favorable à la poursuite en France de certains auteurs de crimes.

Massacre du Beach : Paris au secours de Brazzaville

C'est ce qui va se passer avec deux dignitaires congolais, le général Norbert Dabira et le chef de la police Jean-François Ndenguet, accusés de figurer parmi les commanditaires du massacre du Beach (le port fluvial) de Brazzaville par des familles de rescapés et des organisations de défense de droits de l'homme dont la FIDH, qui ont déposé plainte en décembre 2001. Deux ans plus tôt, 353 réfugiés de la guerre civile ont été tués à leur retour au port fluvial de Brazzaville, en dépit des promesses d'amnistie [→ V.2]. Lors du dépôt de la plainte en France, où ce type de crimes relève déjà de la compétence universelle, les parties civiles avaient précisé que le général Norbert Dabira était localisé en Seine-et-Marne, en

France, où il dispose d'une résidence, à l'instar de Jean-François Ndenguet. Dès janvier 2002, le procureur de la République de leur lieu de résidence ouvre une information judiciaire contre X et désigne deux magistrats instructeurs. Dabira est arrêté en mai 2002, Ndenguet deux ans plus tard. Mais sous la pression de l'exécutif congolais qui conteste la compétence des juridictions hexagonales, les deux hommes bénéficient rapidement d'interventions favorables des autorités françaises. Quelques heures seulement après son arrestation, Ndenguet est libéré grâce à un référé liberté intenté par le parquet, examiné à 2 heures du matin par la cour d'appel de Paris – un « fait inédit dans les annales judiciaires depuis la Libération », rappelle *Le Monde*. Des journalistes de *L'Express* évoquent l'intervention de l'Élysée et du ministre de l'Intérieur Dominique de Villepin. Cet épisode, abondamment commenté par la presse, scandalise les parties civiles. Leur avocat, maître Patrick Baudouin, dénonce « une affaire qui, pour faire plaisir à un ami de la France, a fait jouer à la justice un rôle exceptionnel et stupide ».

Cette affaire des disparus du Beach connaît de multiples rebondissements : annulation du dossier par la chambre de l'instruction de la cour d'appel de Paris en 2004, organisation d'un simulacre de procès au Congo en 2005, pour rendre inopérant un procès français, reprise de l'instruction en France en 2007 malgré tout, puis dessaisissement des juges au profit du pôle « crimes contre l'humanité, crimes et délits de guerre » (créé en janvier 2012) du tribunal de grande instance (TGI) de Paris. Pour le pouvoir congolais, qui a mobilisé des moyens diplomatiques et judiciaires considérables pour tenter d'étouffer l'affaire, et qui voit ses relations avec Paris empoisonnées par ce bras de fer judiciaire, c'est une véritable offense. La France ne serait-elle plus le pays où l'on peut se reposer, se soigner, investir tranquillement pour soi et sa famille ? Pour les parties civiles, ces multiples péripéties judiciaires s'apparentent à un parcours du combattant. Une guerre d'usure qui prolonge indéfiniment les lourdes séquelles de la guerre civile au Congo et de ses crimes contre l'humanité.

Elf, Angolagate, Biens mal acquis : la République « exemplaire » ébranlée

Plusieurs dossiers judiciaires qui occupent l'espace médiatique au début des années 2000 sont aussi des occasions d'ouvrir une brèche dans l'impunité des Français impliqués dans des crimes commis dans les pays françafricains.

La République est ainsi secouée par une affaire judiciaire d'une ampleur extraordinaire, qui dévoile une sombre affaire de ventes d'armes à l'Angola en pleine guerre civile, au cours des années 1993 à 2000, mettant en scène un réseau international d'intermédiaires parmi lesquels plusieurs personnalités ou décideurs français. L'instruction de ce que l'on commence à appeler l'Angolagate [→ V.4] opère comme un rouleau compresseur qui semble, dans un premier temps, pulvériser tous les obstacles. Au premier trimestre 2001, tout s'accélère : perquisitions au siège d'un parti politique (le RPF de Charles Pasqua) et au conseil général des Hauts-de-Seine (que Pasqua préside), mise en examen d'un intermédiaire, Pierre Falcone, travaillant régulièrement avec la Société française d'exportation de matériels, systèmes et services relevant du ministère de l'Intérieur (dirigée de 1993 à 1995 par Charles Pasqua), et de proches d'un ancien président de la République (Jean-Christophe Mitterrand et Jacques Attali), perquisition au Quai d'Orsay… L'enchaînement des épisodes judiciaires est vertigineux.

Le 23 février 2001, la chambre de l'instruction de la cour d'appel de Paris valide la quasi-totalité de l'enquête menée par les juges Courroye et Prévost-Desprez et, contre l'avis du parquet général qui requiert l'abandon des charges, maintient les poursuites pour trafic d'armes.

Les juges poursuivent avec opiniâtreté leur instruction judiciaire pendant cinq ans, avant de passer la main au parquet, dont le réquisitoire de cinq cents pages ouvre la voie à un renvoi en correctionnelle des prévenus.

L'Angolagate fait écho à un autre dossier judiciaire dont l'instruction marathon est assurée par les juges Eva Joly et Laurence Vichnievsky (rejointes par Renaud Van Ruymbeke), celui de l'affaire Elf, qui met également en lumière plusieurs hommes d'affaires et personnalités politiques de droite comme de gauche. Émaillée de multiples rebondissements, l'instruction fait les gros titres de la presse, de même que le procès, qui se tient en 2003.

Le récit des audiences fait plonger les lecteurs et auditeurs au cœur de la grande corruption, de la raison d'État et de tous ses abus : corruption, détournements, manipulations, commissions occultes, financements politiques, emplois fictifs, arrangements « entre amis » avec les régimes congolais ou gabonais… Jamais autant de rouages françafricains n'avaient jusqu'ici été évoqués à la barre d'un tribunal. En inspirant par la suite le cinéma, le théâtre et la fiction télévisée, l'affaire Elf entre dans l'histoire collective des grands procès de la République.

Le 12 novembre 2003, le président de la 11e chambre correctionnelle du TGI de Paris, Michel Desplan, prononce un jugement inédit dans une affaire de cette ampleur en condamnant à cinq ans de prison ferme l'ancien P-DG, Loïk Le Floch-Prigent, et l'ancien directeur des affaires générales de la compagnie pétrolière, Alfred Sirven – mais ce dernier décède avant son procès en appel. Écopant pour sa part de quatre ans d'emprisonnement, l'ancien « Monsieur Afrique » d'Elf, André Tarallo, fait appel de cette décision… et est finalement condamné à sept ans de prison. Il est en réalité libéré au bout de quelques semaines pour « raisons de santé ». Et le ministère des Finances attendra dix ans pour que Tarallo, privé de sa Légion d'honneur en 2007, s'acquitte enfin de son amende de deux millions d'euros et de ses dettes fiscales.

En mars 2007, alors que le dossier des disparus du Beach s'enlise, Denis Sassou Nguesso n'en a pas fini avec les déboires judiciaires. Le président congolais et son entourage sont cette fois directement visés, tout comme le Gabonais Omar Bongo, l'Équato-Guinéen Teodoro Obiang Nguema, l'Angolais Eduardo Dos Santos et le Burkinabè Blaise Compaoré, par une plainte déposée par les associations Survie, Sherpa et la Fédération des Congolais de la diaspora. Le dossier repose en partie sur un rapport publié par le Comité catholique contre la faim et pour le développement (CCFD) : l'ONG française y expose l'énorme patrimoine, notamment immobilier, acquis en région parisienne par les despotes pour leur bénéfice personnel ou celui de leurs proches. Cette plainte pour « recel de détournement de biens publics et complicité » est classée sans suite quelques mois plus tard.

Il faut finalement une deuxième plainte avec constitution de partie civile contre Sassou Nguesso, Bongo et Obiang Nguema, déposée par Sherpa, Transparency International et des citoyens congolais et gabonais, pour aboutir à l'ouverture d'une instruction semée d'embûches. Une noria d'avocats se précipitent au secours des chefs d'État mis en cause. Dès lors, l'affaire des BMA (biens mal acquis) devient le dossier judiciaire emblématique pour illustrer la Françafrique, bien qu'aucun Français ne figure parmi les mis en cause. Il faut attendre 2015 pour que le rôle d'une banque hexagonale, la Société générale, soit mis en avant par l'enquête judiciaire.

Génocide au Rwanda, la longue course d'obstacles de la justice française

Viols, meurtres, inaction face à un massacre, financement d'achats ou livraisons d'armes, les dossiers mettant en cause des Français pour des faits de complicité de génocide perpétrés en 1994 au Rwanda s'accumulent sur les bureaux des juges du pôle « crimes contre l'humanité, crimes et délits de guerre » du TGI de Paris. Les premiers dossiers instruits en France concernent une trentaine de présumés génocidaires rwandais qui ont pu trouver asile ou refuge en France sans être inquiétés jusqu'à ce que des rescapés et des associations, avec en première ligne le Collectif des parties civiles rwandaises (CPCR), ne les découvrent. Si les premières plaintes ont été enregistrées dès 1995, il faut attendre 2014 pour voir aboutir un premier procès aux assises, celui du capitaine Pascal Simbikangwa (condamné en appel à vingt-cinq ans de réclusion) et… 2020 pour que les autorités françaises arrêtent sur le sol français une figure importante du génocide, en l'occurrence son « financier » supposé, Félicien Kabuga.

Le degré de protection dont certains génocidaires ont pu bénéficier donne une idée des relations plus qu'ambiguës entretenues par l'État français avec les autorités rwandaises de l'époque. Parmi ces hôtes encombrants figure en effet la veuve du président Juvénal Habyarimana, Agathe Kanziga, exfiltrée par Paris en avril 1994. Bien qu'exclue du bénéfice de l'asile en 2007, car considérée par la Commission des recours des réfugiés (l'actuelle Cour nationale du droit d'asile) comme « au cœur du régime qui s'est rendu coupable des crimes perpétrés entre 1973 et 1994 [...] et donc parmi les responsables de la planification du génocide », puis visée en 2007 par une plainte du CPCR, cette dernière continue de couler des jours tranquilles sur le sol français.

C'est en 2005 qu'une première série de plaintes pour complicité de génocide visant spécifiquement des militaires français est déposée par des rescapés tutsis pour des faits survenus à Bisesero et à Murambi pendant l'opération Turquoise [→ IV.9]. L'enquête est ouverte par le tribunal aux armées de Paris, au sein duquel la juge Brigitte Raynaud doit affronter de nombreuses difficultés pour instruire les plaintes et se rendre au Rwanda, avant de transmettre le dossier au pôle « crimes contre l'humanité, crimes et délits de guerre ». Depuis, le dossier, qui compte plus de 17 000 cotes, dont un nombre important a été fourni ou réclamé par les avocats des parties civiles, a changé plusieurs fois de magistrat instructeur, avec de longues phases de mise en veille. Les plaintes de rescapées tutsies accusant de viols systématiques des militaires français dans le camp de Nyarushishi pendant l'opération Turquoise, déposées en 2004, ont connu la même inertie judiciaire et attendu sept ans avant de commencer à être instruites par le tribunal aux armées.

Un autre dossier lié au génocide, très médiatisé, fait régulièrement la une de l'actualité judiciaire dans les années 2000 : il concerne l'attentat du 6 avril 1994 contre l'avion du président Habyarimana. De 1998 à 2007, ce dossier est instruit de manière unilatérale par le juge Jean-Louis Bruguière, désireux de mettre en cause le régime de Paul Kagame, quitte à valider des témoignages douteux sous l'influence de Paul Barril et de relais des extrémistes hutus, comme Fabien Singaye, qui lui sert de traducteur. Un télégramme diplomatique américain du 26 janvier 2007 révélé par WikiLeaks montre la volonté de Bruguière, par ailleurs candidat UMP (Union pour un mouvement populaire) lors des élections législatives cette année-là, de « coordonner son calendrier avec le gouvernement [français] », comme il l'a expliqué lui-même aux diplomates américains. Il faut attendre la reprise de l'instruction par le juge Marc Trévidic, rejoint par Nathalie Poux puis Jean-Marc Herbaut, pour que l'enquête s'oriente vers une autre piste, celle d'extrémistes hutus, sans parvenir à éclairer le rôle potentiel joué par des militaires ou des mercenaires français.

Coup de balai ou effets de manches ?

En définitive, de toutes les instructions ouvertes dans les années 2000, bien peu ont débouché sur des condamnations à des peines dissuasives à l'encontre d'acteurs clés du système françafricain. Non seulement l'affaire Elf n'a pas fait « trembler la République » vingt fois, selon l'expression que la presse a prêtée à Alfred Sirven, mais les pratiques du passé n'ont guère changé. Total, qui a absorbé Elf, a vu son poids économique et diplomatique continuer à prospérer dans des pays comme le Gabon, le Congo ou l'Angola, de même que ses liens avec les pouvoirs politiques locaux et la diplomatie française. Le jugement en appel de l'Angolagate, en avril 2011, se solde par une victoire sur toute la ligne pour les principaux prévenus, ramenant l'affaire à une « banale histoire d'argent », comme l'explique un an plus tard *Le Canard enchaîné*. Le journal satirique pointe notamment le rôle joué par le nouveau président de la cour d'appel, Alain Guillou, propulsé dans ce fauteuil deux mois avant le procès. Un juge réputé proche de l'UMP passé par Monaco, la Nouvelle-Calédonie et le tribunal aux armées de Paris qui devient, à sa retraite… conseiller de la présidence du Gabon.

Malgré ses liens établis avec nombre d'affaires sulfureuses connectées à la Françafrique et à ses réseaux gaullistes puis chiraquiens, Charles Pasqua meurt dans son lit, en juin 2015, sans jamais avoir connu la prison [→ IV.8].

Jacques Chirac, disparu à son tour en septembre 2019, bien que condamné à deux ans de prison avec sursis en 2011 (une première pour un chef d'État français), n'a jamais été sérieusement inquiété par les juges à propos de dossiers liés au continent africain. Vingt ans après le « noir procès » intenté à Verschave, Denis Sassou Nguesso, le clan Bongo et les proches d'Idriss Déby (décédé en avril 2021, aussitôt remplacé par un de ses fils, Mahamat Idriss Déby) sont toujours au pouvoir.

Après ses échecs répétés à faire condamner les dignitaires de certaines dictatures africaines (l'ex-vice-président du Congo-Kinshasa Jean-Pierre Bemba Gombo, le président kényan Uhuru Kenyatta, le Soudanais Omar el-Bechir) et des accusations récurrentes de partialité à l'encontre de ses procureurs, en particulier Luis Moreno Ocampo, la CPI a vu sa crédibilité entamée. Elle est apparue de plus en plus comme l'outil d'une justice des vainqueurs, ainsi que l'a illustré le procès de l'ex-président ivoirien Laurent Gbagbo et de ses proches, seul camp mis en cause pour les violences qui ont entouré la crise électorale de 2011 [→ V.5].

Après vingt ans d'instruction, l'affaire des disparus du Beach n'a abouti à aucune condamnation des principaux acteurs ou commanditaires. Pas plus que l'affaire Elf, le dossier des BMA n'a pas remis fondamentalement en cause les pratiques inavouables de la République, malgré des épisodes spectaculaires et inédits, tels que la saisie, à Paris, de biens appartenant aux clans Bongo, Sassou et Obiang, et la condamnation en appel à trois ans de prison avec sursis du fils Obiang, en 2020.

L'institution judiciaire aura donc permis une médiatisation et une mise en lumière d'une partie des crimes de la Françafrique, auparavant soustraits à tout débat public. Mais paradoxalement, cette victoire indéniable contre la Françafrique s'accompagne d'un échec dans la lutte contre l'impunité.

Repères bibliographiques

Raphaël DORIDANT et François GRANER, *L'État français et le Génocide des Tutsis au Rwanda*, Agone-Survie, coll. « Dossiers noirs », Marseille, 2020.

Xavier HAREL et Thomas HOFNUNG, *Le Scandale des biens mal acquis. Enquête sur les milliards volés de la Françafrique*, La Découverte, Paris, 2011.

Eva JOLY, *Est-ce dans ce monde-là que nous voulons vivre ?*, Les Arènes, Paris, 2003.

Nicolas LAMBERT, *Elf. La pompe Afrique*, L'Échappée, Montreuil, 2014.

Géraud DE LA PRADELLE, *Imprescriptible. L'implication française dans le génocide tutsi portée devant les tribunaux*, Les Arènes, Paris, 2005.

François-Xavier VERSCHAVE, *Noir Silence*, Les Arènes, Paris, 2000.

François-Xavier VERSCHAVE, *Noir Procès*, Les Arènes, Paris, 2001.

Chapitre 4

Concurrence criminelle dans le trafic d'armes en Afrique

Thomas Borrel et Yanis Thomas

Le 30 avril 2010, Charles Pasqua est condamné à un an de prison avec sursis par la Cour de justice de la République (CJR), une juridiction taillée sur mesure pour juger – et souvent amnistier – les actes de ministres et parlementaires. Cette ancienne figure du Service d'action civique (SAC), qui a dirigé à deux reprises le ministère de l'Intérieur, se débat alors depuis une dizaine d'années dans les « affaires ». Son agenda judiciaire s'est singulièrement alourdi depuis que, fort du résultat de sa liste commune avec Philippe de Villiers aux élections européennes de 1999, il tente de faire concurrence au RPR chiraquien.

Longtemps passé entre les gouttes, il n'échappe pas à la justice cette fois-ci. Il est condamné dans une affaire de détournements de fonds opérés via la Société française d'exportation de matériels et systèmes relevant du ministère de l'Intérieur (Sofremi), une entreprise spécialisée dans l'exportation de matériel de surveillance et de maintien de l'ordre, créée par le ministère de l'Intérieur en 1986. Copropriété de l'État et d'industriels français, celle-ci a versé des millions de francs de commissions à des intermédiaires pour des contrats au Koweït et en Amérique latine à l'époque où Pasqua occupait la place Beauvau, de 1993 à 1995. Les bénéficiaires ? Des proches du ministre, parmi lesquels Étienne Léandri et Pierre Falcone, deux intermédiaires respectivement impliqués dans le scandale des frégates de Taïwan et dans le commerce d'armes vers l'Angola en pleine guerre civile.

Cette affaire de la Sofremi le prouve une nouvelle fois : si le commerce des armes emprunte des circuits financiers complexes, l'État ferme souvent les yeux sur la légalité de ces arrangements qui servent de façon souterraine des jeux d'influences géostratégiques. Nécessaire à de tels trafics, une nébuleuse d'intermédiaires profite de juteuses commissions, dont une partie repart la plupart du temps sous forme de rétrocommissions à destination de partis politiques et de décideurs qui s'enrichissent personnellement au passage.

Vraies armes, faux destinataires

La France s'est particulièrement distinguée dans ce double jeu, dès la période de l'apartheid en Afrique du Sud [→ III, introduction]. Un article du *Canard enchaîné* le rappelle en janvier 1996, en révélant une des ventes d'armes qui ont régulièrement ponctué la coopération franco-sud-africaine depuis les années 1960. La société publique française Aerospatiale (un des ancêtres d'EADS, devenue Airbus) a négocié à partir du milieu des années 1980 la fourniture d'hélicoptères Super Puma au régime raciste de Pretoria. Le montage implique des généraux portugais et s'appuie sur la complicité de l'Uruguay pour l'obtention du « certificat d'utilisateur final » (*end user certificate*, en anglais), le sésame exigé par les gouvernements pour toute transaction internationale, qui doit logiquement préciser aux services des douanes le client final de la livraison d'armes. En échange de la remise à niveau technologique de leurs propres hélicoptères, les généraux de l'armée de l'air portugaise acceptent donc de servir de faux clients pour permettre à la France d'exporter discrètement les siens vers le régime d'apartheid.

L'affaire serait restée secrète si Jorge Pinhol, l'homme qui a mis en musique la relation Paris-Lisbonne-Pretoria grâce à ses contacts au sein de l'armée portugaise, avait dûment obtenu le paiement de sa commission.

La révélation de l'affaire dans la presse montre que la France a utilisé des intermédiaires pour contourner l'embargo onusien des ventes d'armes à Pretoria, qu'elle viole en réalité depuis son instauration en 1977.

L'entregent des intermédiaires tricolores peut, tout aussi efficacement, être mis à profit par des groupes armés pour se procurer des armes avec la complicité de gouvernements prêts à jouer les faux clients pour l'occasion : si ces livraisons d'armes servent leurs intérêts stratégiques. Il suffit alors aux autorités françaises de fermer les yeux sur des transferts qu'elles pourraient pourtant empêcher par un simple coup de téléphone.

Burkina Faso, plaque tournante françafricaine du trafic d'armes

Dans ce grand jeu occulte, les pays du pré carré africain de la France jouent un rôle de premier plan. Ainsi, au tournant des années 2000, au Burkina Faso, le régime de Blaise Compaoré, installé en 1987 par un coup d'État soutenu par Paris [→ IV.7], représente un foyer de déstabilisation pour toute l'Afrique de l'Ouest, de par son rôle dans la fourniture d'armes et de combattants aux groupes armés ravageant le Liberia et la

Sierra Leone. Un rapport de l'ONU publié en 2000 précise que le Burkina Faso a reconnu avoir envoyé quatre cents soldats auprès des rebelles de Charles Taylor en 1994 et 1995 pour aider celui-ci à prendre le pouvoir. Ce chef de guerre et le potentat burkinabè sont aussi très proches de Foday Sankoh, le chef du Front révolutionnaire uni (RUF), qui mène une effroyable guerre en Sierra Leone, faite d'enrôlements d'enfants-soldats, de massacres et de mutilations systématiques pour terroriser la population.

L'approvisionnement en armes de cette rébellion passe par le Liberia et le Burkina Faso, avec l'aide de trafiquants. Le plus célèbre d'entre eux est Viktor Bout, dont les avions immatriculés dans des pays africains comme la Centrafrique et la Guinée équatoriale ont notamment servi au déploiement de l'armée française au Rwanda en 1994 [→ IV.9]. Cet ancien officier soviétique fait partie, avec Leonid Minin, un Israélien d'origine ukrainienne, des trafiquants qui ont inspiré le personnage campé par Nicolas Cage dans le film hollywoodien d'Andrew Niccol *Lords of War* (2005), auquel le Liberia sert en partie de toile de fond.

Le groupe d'experts de l'ONU chargé de surveiller l'embargo sur les armes destinées à la Sierra Leone estime qu'un arsenal d'au moins 68 tonnes arrive à Ouagadougou, la capitale burkinabè, en mars 1999. Achetées à une société ukrainienne par une société immatriculée à Gibraltar et agissant pour le compte du ministère de la Défense burkinabè, ces armes sont officiellement destinées à l'armée du Burkina. Le « certificat d'utilisateur final » est signé par le lieutenant-colonel Gilbert Diendéré, pilier du régime et indéboulonnable patron de la Garde présidentielle, soupçonné d'avoir participé à l'assassinat de Thomas Sankara en 1987 [→ p. 562]. En réalité, les armes sont réexpédiées au Liberia par un avion appartenant à Leonid Minin et, de là, gagnent la Sierra Leone. Minin n'en est pas à son coup d'essai. Il avait déjà acheminé en décembre 1998 à Monrovia, la capitale libérienne, des armes appartenant à l'armée du très francophile président nigérien Baré Maïnassara, utilisées un mois plus tard lors de l'offensive dévastatrice du RUF sur Freetown, la capitale sierra-léonaise.

Pour soutenir ses alliés sierra-léonais, le Burkina Faso ne s'appuie pas uniquement sur Leonid Minin. Des armes sont aussi achetées en Roumanie par Gérard Desnoes, un Français proche de Jacques Chirac nommé en 1987 conseiller économique du nouveau dictateur burkinabè. Au total, 35 tonnes de matériels militaires divers sont chargées sur des camions dès leur arrivée à l'aéroport de Ouagadougou. L'intermédiaire assure quelques années plus tard au journaliste Laurent Léger qu'il ignorait la destination de cet arsenal… Mais il reconnaît en revanche être en relation régulière avec les agents auxquels revient de suivre ce secteur sensible à la DGSE, le renseignement extérieur français. L'État est en effet parfaitement informé des trafics criminels alimentant la guerre en Sierra Leone depuis des pays de son pré carré.

Et cela n'est pas spécifique à ce conflit. Selon un rapport parlementaire publié en 2000, la DGSE assure « un suivi permanent des activités des individus soupçonnés d'être des trafiquants d'armes internationaux dans le monde » et « un suivi des matériels de guerre exportés, dans l'optique du contrôle des réexportations. [...] La surveillance et la mise en évidence de ces transferts font partie de la mission permanente de la DGSE [et elle les] signale au gouvernement ».

Comme le mercenariat [→ III.4], le commerce illicite d'armes est donc loin d'être une activité criminelle menée à l'insu des services de l'État, qui relèverait seulement d'aventuriers tentés par un enrichissement rapide...

Protégé puis lâché par les services français

La Direction de la surveillance du territoire (DST, ancêtre de la DGSI), service de contre-espionnage français (qui change de nom en 2008), entretient, elle aussi, des liens avec des trafiquants d'armes internationaux. C'est le cas notamment avec Jacques Monsieur. Cet ancien militaire belge se spécialise à la fin des années 1980 dans la livraison d'armes américaines à l'Iran, alors sous embargo international, puis dans la revente d'armes et de munitions iraniennes à des pays en guerre. Au début des années 1990, il s'installe en France, en s'offrant un haras dans le Cher, et continue son business, notamment à destination de l'Afrique : Guinée-Bissau, Sierra Leone, Liberia, Burundi, Libye, Côte d'Ivoire, etc.

Son activité n'échappe pas à la DST : en 2004, l'intéressé explique au micro de RFI avoir alors directement rencontré le contre-espionnage français afin de clarifier les modalités juridiques de son commerce depuis le sol hexagonal. Selon lui, cela ne pose aucun problème à ses interlocuteurs qui lui expliquent qu'il suffit que les armes ne transitent pas par le territoire national pour que l'intermédiaire ne soit pas en infraction.

Jacques Monsieur fait ses premiers pas dans le pré carré françafricain de façon indirecte, à travers le système des fameux « certificats d'utilisateur final ». Très actif en Croatie au début des années 1990, alors que la Yougoslavie en guerre est sous embargo de l'ONU, Jacques Monsieur doit trouver des faux clients disposés à passer des commandes d'armement et à prétendre qu'ils sont les destinataires d'armes qui se retrouveront en réalité dans les Balkans. Monsieur s'appuie ainsi sur le Togo et le Tchad dont les autorités acceptent d'établir les papiers administratifs nécessaires, contre des commissions de quelques pourcents du contrat. Dans le cas du Tchad, l'intermédiaire affirmera aux policiers être passé par l'attaché militaire tchadien en poste à Paris pour obtenir ces certificats de complaisance et que l'argent des commissions est allé tout droit dans la caisse noire du parti présidentiel d'Idriss Déby : qu'elle soit fondée ou non, cette accusation illustre bien le juteux trafic entourant ces faux certificats.

Pour autant, les liens avec les services français ne constituent pas des garanties à toute épreuve. Jacques Monsieur en fait les frais au Congo-Brazzaville. Au milieu des années 1990, il est nommé conseiller à la présidence de Pascal Lissouba, élu en 1992 à l'issue de la première élection multipartite, qui cherche alors à diversifier ses débouchés pétroliers. Multitâche, le trafiquant d'armes met en avant ses contacts au Moyen-Orient et aux États-Unis. Cette diversification des sociétés pétrolières œuvrant au Congo constitue un *casus belli* pour l'entreprise pétrolière française Elf, qui aide Denis Sassou Nguesso à reprendre le pouvoir par les armes [→ V.2]. Jacques Monsieur s'active pour équiper les troupes de Lissouba, notamment avec de l'armement iranien et slovaque. Mais cette fois, il parie sur le mauvais cheval. Après la victoire de Sassou Nguesso, Monsieur se retrouve donc avec une ardoise de plus de 60 millions de dollars d'impayés de l'État congolais, qui n'en honorera qu'un douzième.

Ses déboires ne s'arrêtent pas là. Le 29 octobre 1996, Jacques Monsieur a la désagréable surprise de voir la gendarmerie française perquisitionner chez lui, en vertu d'une commission rogatoire de la justice belge sur ses activités de courtier en armements. Les gendarmes mettent alors la main sur quantité de documents compromettants. Pourtant, malgré des éléments accablants, les autorités françaises prennent tout leur temps. Il faut en effet attendre un an et demi, et peut-être aussi l'arrivée de la « gauche plurielle » au gouvernement, pour que le ministre de la Défense Alain Richard porte plainte, en mai 1998. Jacques Monsieur est désormais accusé de trafic international de matériels de guerre, malgré les assurances que lui avait apportées la DST au début de la décennie. Après quelques années de cavale, il finit par se rendre à la police française et passe quelques mois en prison, avant que le Tribunal de grande instance de Bourges le condamne en 2008 pour trafic d'armes avec le Togo, le Qatar, le Congo-Brazzaville, le Congo-Kinshasa et le Kazakhstan, à quatre ans d'emprisonnement avec sursis et 4 500 euros d'amende. Une décision de justice étonnamment clémente, qui ne l'empêche pas de poursuivre ses activités. C'est d'ailleurs pour une dizaine de ventes illicites réalisées entre 2006 et 2009 à destination notamment du Tchad, de l'Iran, de l'Indonésie, du Pakistan et de la Mauritanie, que Jacques Monsieur est à nouveau condamné en 2018, en Belgique cette fois, à quatre ans de prison ferme et 1,2 million d'euros d'amende.

Aux origines d'une affaire d'État : l'Angolagate

Avec la guerre civile en Angola, les réseaux de trafiquants d'armes vont montrer l'étendue de leurs connexions au plus haut niveau de l'État français.

Ancienne colonie portugaise, l'Angola ne se situe pas au cœur de la zone historique d'ingérence française, mais ses incroyables réserves pétrolières et de diamants aiguisent les appétits. Surtout, c'est un pays qui cristallise les luttes d'influence de la guerre froide en Afrique australe. Le Mouvement populaire de libération de l'Angola (MPLA) est soutenu par le camp communiste, en particulier par Cuba qui y envoie dès l'indépendance, en 1975, un corps expéditionnaire. Parvenu au pouvoir, le MPLA fait face à la rébellion de l'Unita, menée par Jonas Savimbi et puissamment aidée par le camp occidental, notamment par la droite française : de Valéry Giscard d'Estaing à Jacques Chirac en passant par François Léotard. Dans les années 1980, la DGSE dirigée par le général René Imbot n'hésite pas à fournir des mines antipersonnel prélevées sur les stocks de l'armée française et des missiles antichars pour soutenir la guérilla.

Malgré tous les soutiens militaires et politiques dont elle bénéficie, l'Unita ne parvient pas à s'imposer lors des premières élections, en 1992, remportées par le MPLA de José Eduardo Dos Santos. Elle en rejette le résultat, la guerre civile reprend et Dos Santos cherche à rééquiper son armée. Il se tourne alors vers Jean-Bernard Curial, un Français responsable de l'Afrique australe au PS, qui lui vend déjà du matériel divers pour ses troupes, mais pas d'armes. Curial plaide la cause angolaise auprès de l'Élysée, qui ne donne pas suite. Le président Mitterrand n'a d'ailleurs officiellement que peu de moyens pour peser sur la commission interministérielle (la CIEEMG) qui doit valider les exportations d'armes, sous la houlette du gouvernement de cohabitation dirigé par Édouard Balladur. Curial sollicite alors Jean-Christophe Mitterrand, ancien « Monsieur Afrique » de son père de 1986 à 1992, qui l'oriente vers l'homme d'affaires Pierre Falcone. Cet intermédiaire connecté aux réseaux Pasqua via la Sofremi travaille avec Arcadi Gaydamak, un ex-colonel du KGB reconverti dans les affaires, devenu un « honorable correspondant » de la DST, qui cumule les nationalités russe, israélienne, française et canadienne. Le duo Falcone-Gaydamak s'installe sur le marché angolais de l'armement et écarte ses concurrents comme Jean-François Clarisse ou Claude Leboeuf, qui travaillaient jusqu'ici sous le regard bienveillant des services français.

Falcone et Gaydamak organisent de 1993 à 2000 la livraison de chars, d'hélicoptères, de navires de guerre et de munitions au régime de Dos Santos pour un montant de 790 millions de dollars. Le pillage des ressources naturelles finance ces transactions, pour lesquelles aucune demande officielle n'est faite au gouvernement français. Mais il en est parfaitement informé, au moins depuis la fin de 1995, comme le prouve une note de la DGSE adressée alors à l'Élysée et aux ministères de la Défense et des Affaires étrangères. Ce document prévient que « le gouvernement angolais a reçu de grandes quantités de matériel militaire provenant de certains pays de l'Est et de la Russie par l'entremise d'un intermédiaire français non autorisé [...], la société franco-slovaque ZTZ-OSOS dirigée, entre autres par un Français, Pierre Falcone ». Les autorités françaises ferment les yeux.

L'affaire rebondit à l'été 2000, dans le cadre d'une affaire de blanchiment d'argent entre le Maroc et la France : une perquisition chez un avocat fiscaliste amène les enquêteurs à s'intéresser à deux de ses clients, Gaydamak et Falcone. Ils perquisitionnent alors le domicile de la secrétaire de Falcone, qui a eu l'imprudence de conserver une trentaine de disquettes informatiques recensant de généreux versements via des banques opportunément situées en Suisse ou à Monaco, au profit de grands noms du monde politique et culturel français comme Jean-Christophe Mitterrand, l'écrivain Paul-Loup Sulitzer ou encore Jacques Attali, coqueluche des milieux économiques parisiens et ancien conseiller spécial de François Mitterrand. Il y est question de plusieurs centaines de milliers, voire de millions, de francs. Charles Pasqua, ministre de l'Intérieur de 1993 à 1995 [→ IV.8], est lui aussi rapidement mis en cause, tout comme son conseiller pour le renseignement et la lutte antiterroriste, le préfet Jean-Charles Marchiani, élu avec son mentor au Parlement européen en 1999 au terme d'une campagne dont une partie du financement pourrait (selon ces disquettes) provenir de Brenco, une société de Falcone. C'est le début d'une affaire d'État, baptisée par la presse « Angolagate ».

Un bouclier diplomatique pour un marchand d'armes

Le scandale politique devient médiatique avec l'arrestation du fils Mitterrand, placé en décembre 2000 en détention préventive : l'enquête montre qu'il a touché 2,6 millions de dollars. Il reste incarcéré une vingtaine de jours, jusqu'à ce que sa mère Danielle Mitterrand verse la caution de 5 millions de francs nécessaire à sa remise en liberté, qu'elle qualifie devant les caméras de « rançon ». Le dossier connaît ensuite plusieurs rebondissements judiciaires et surtout d'incroyables immixtions du pouvoir politique.

C'est seulement fin janvier 2001 que le ministre de la Défense, Alain Richard, porte plainte pour « infraction à la législation sur les armes », rendant possibles des poursuites sur ce trafic, au-delà du volet fiscal. Les juges mènent deux mois plus tard une perquisition au Quai d'Orsay, suspectant un trafic d'influence de Jacques Attali auprès du ministre des Affaires étrangères Hubert Védrine en 1998, pour régler les problèmes fiscaux de Falcone : ils y découvrent des notes de la DGSE et d'autres documents classés secret défense dont la déclassification leur sera refusée.

Tandis que l'instruction suit son cours (elle va durer quatre ans), Dos Santos fait nommer Falcone représentant permanent de l'Angola auprès de l'Unesco : un marchand d'armes dans le temple onusien de l'éducation, de la science et de la culture, l'image a de quoi surprendre… Un bouclier « imaginé par les amis chiraquiens de Falcone », selon le journaliste Jean Guisnel. Mais le passeport diplomatique ainsi obtenu ne suffit pas à le protéger : les juges lui refusent l'immunité.

Arrivé au pouvoir en 2007, Nicolas Sarkozy ne ménage pas ses efforts pour resserrer les liens entre la France et l'Angola, alors que le dictateur Dos Santos s'agace des ennuis judiciaires de son ex-fournisseur d'armes et que le groupe Total lorgne sur de nouveaux permis pétroliers. En mai 2008, soit cinq mois seulement avant l'ouverture du procès en première instance de l'Angolagate, le président français se rend à Luanda où il lâche sans nuance : « Nous avons décidé de tourner la page des malentendus du passé. » Puis, s'adressant à son homologue angolais au moment de le quitter : « Je vous attends à Paris en 2009, vous allez reprendre vos habitudes sur la Côte d'Azur. » Le patron de Total fait partie du voyage, durant lequel il commente la place de son groupe en Angola : « On doit être probablement encore seconds et nous serons premiers dans deux, trois ans. »

Deux mois plus tard, le ministre de la Défense Hervé Morin se fend d'un courrier à l'avocat de Falcone affirmant que le trafic d'armes n'est pas constitué puisque le matériel n'a pas transité par le territoire français. Une lettre étonnante quand on sait qu'à la même époque le jugement condamnant Jacques Monsieur spécifie explicitement qu'il n'est pas nécessaire que les armes passent par la France : y effectuer un « acte positif » de courtage suffit. Or, dans le cas de l'Angola, la signature des contrats d'armement a bien eu lieu en France.

Quand Charles Pasqua menace de « faire trembler la République »

Le procès révèle des pratiques de corruption franco-africaine, sur fond de trafics criminels. Le tribunal correctionnel rend son jugement le 27 octobre 2009 : Falcone et Gaydamak sont bien reconnus coupables de trafic d'armes. Surtout, alors que le parquet n'avait pas requis de prison ferme contre Charles Pasqua, ce dernier écope d'un an de détention et son fidèle lieutenant Jean-Charles Marchiani d'un an et trois mois. Mais l'ancien ministre refuse de servir de fusible. Le soir même au journal télévisé de 20 heures sur France 2, il affirme que « le président de la République était au courant de l'affaire de ventes d'armes à l'Angola » tout comme « le Premier ministre » et « la plupart des ministres ». Pasqua demande même « de lever le secret défense sur toutes les ventes d'armes, sur toutes ces opérations qui ont été réalisées à l'étranger afin que l'on sache s'il y a eu des retours de commissions en France et qui en a bénéficié ». Et il prévient : « J'en ai vu d'autres et je ne me laisserai pas abattre. » Le lendemain sur Canal +, le vieux gaulliste paraphrase une expression prêtée à Alfred Sirven dans l'affaire Elf, en lâchant : « Ça fera trembler un certain nombre de personnages de la République. » Histoire de bien faire passer le message.

À quelques semaines du procès en appel, le magistrat qui devait présider l'audience, un homme réputé coriace qui maintenait Falcone derrière les barreaux de peur qu'il ne prenne la fuite, est opportunément muté à la Cour de cassation. Un poste prestigieux qui ne se refuse pas. Son successeur Alain Guillou a deux mois pour reprendre au pied levé ce dossier colossal.

Dans les colonnes du *Figaro*, propriété du groupe Dassault, le directeur adjoint de la rédaction Yves Thréard se fait l'avocat de Falcone qu'il décrit comme un « entrepreneur français [...] victime d'un acharnement judiciaire depuis dix ans », qui serait « otage d'un vieux règlement de comptes politique ». Cette fois, la justice se fait justement plus clémente : en avril 2011, Falcone et Gaydamak sont relaxés des charges de trafic d'armes au motif qu'ils « ont agi au nom et pour le compte de l'Angola » et qu'en conséquence ils sont « couverts par l'immunité de juridiction en ce qui concerne les actes de puissances publiques », dont les achats d'armes font évidemment partie... Falcone, condamné seulement à trente mois de prison concernant des abus de biens sociaux connexes aux ventes d'armes, est libéré immédiatement, sa peine correspondant à la durée de son incarcération déjà effectuée. Quant à Pasqua et Marchiani, ils sont blanchis des accusations de trafic d'influence concernant l'attribution de la médaille de chevalier national de l'ordre du Mérite à Arcadi Gaydamak, au nom de son intervention présumée dans la libération en décembre 1995 de deux pilotes français détenus en Bosnie. La République ne tremble plus.

Quelques mois plus tard, Total confirme être devenu le premier opérateur pétrolier en Angola, tandis qu'Alain Guillou demande en vain une mise en disponibilité pour devenir conseiller auprès d'une autre dictature, cette fois au Gabon : il lui faudra attendre d'être à la retraite pour être nommé, en 2017, conseiller spécial d'Ali Bongo.

Le procès médiatisé de l'Angolagate a momentanément mis en lumière l'étendue de la corruption politique qui entoure les trafics d'armes, mais assez peu les stratégies d'influence qui les sous-tendent. Il clôt symboliquement « l'âge d'or » des canaux officieux de fourniture de matériel de guerre, dynamisés par l'effondrement du bloc de l'Est et le bradage mafieux du contenu des arsenaux soviétiques. La mécanique de l'ombre, avec ses réseaux et ses guerres de clans parisiens, va dans les années suivantes s'estomper au profit de contrats plus officiels – et non moins immoraux – de fourniture de matériel militaire que ne limitera pas vraiment le traité sur le commerce des armes, négocié de 2009 à 2013. Depuis cette époque, la France figure régulièrement dans le peloton de tête des principaux pays vendeurs d'armes dont les clients sont les pires dictatures de la planète.

Repères bibliographiques

Gilles GAETNER, *Le Piège. Les réseaux financiers de Pierre Falcone*, Plon, Paris, 2002.

Jean GUISNEL, *Armes de corruption massive. Secrets et combines des marchands de canons*, La Découverte, Paris, 2011.

Jean GUISNEL, « La République et ses curieux vendeurs d'armes : l'Angolagate », *in* Roger FALIGOT et Jean GUISNEL (dir.), *Histoire secrète de la Vᵉ République*, La Découverte, Paris, 2006.

Laurent LÉGER, *Trafics d'armes. Enquêtes sur les marchands de mort*, Flammarion, Paris, 2006.

SURVIE, « Angolagate : "Quand la politique entre dans le prétoire, la justice en sort" », *in* SURVIE, *France-Afrique. Diplomatie, business et dictatures*, 2008.

Hennie VAN VUUREN, *Apartheid, Guns and Money. A Tale of Profit*, Jacana, Johannesburg, 2017.

Anne POIRET, *Mon pays vend des armes,* Les Arènes, Paris, 2019.

Chapitre 5

Coups tordus et guerre française en Côte d'Ivoire

Raphaël Granvaud et David Mauger

Depuis l'indépendance, le régime de Félix Houphouët-Boigny, avec celui de Bongo au Gabon, a été le pivot de la Françafrique et de ses activités criminelles. La Côte d'Ivoire est également l'un des pays où les intérêts économiques français sont les plus anciens et les plus développés. À la mort du président ivoirien, fin 1993, la crise de succession qui s'ouvre est donc surveillée de près par les autorités françaises. Les principaux prétendants au pouvoir, Henri Konan Bédié, Alassane Ouattara et Laurent Gbagbo, vont dominer la vie politique ivoirienne pendant trois décennies. Bédié, président de l'Assemblée nationale depuis 1980, est à ce titre le dauphin constitutionnel pour assurer l'intérim. Il prend également la tête du Parti démocratique de Côte d'Ivoire (PDCI), l'ancien parti unique. Ouattara, nommé Premier ministre en 1990 pour mettre en œuvre les plans d'ajustement structurel du FMI [→ IV.6], dont il est issu, lui dispute le pouvoir suprême. Tandis que Bédié est soutenu par les chiraquiens, Ouattara a la sympathie des balladuriens, avec lesquels il a préparé la dévaluation du franc CFA. Il est également l'ami de Martin Bouygues, dont le groupe a bénéficié des privatisations en Côte d'Ivoire [→ V.8]. Enfin, Laurent Gbagbo, fondateur du Front populaire ivoirien (FPI), membre de l'Internationale socialiste, s'est imposé comme le principal opposant à Houphouët-Boigny lors de la première élection « libre » du pays en 1990, avec un score de 18 % des voix.

Bédié assure l'intérim mais, pour rester au pouvoir, il fait modifier la Constitution de façon à exclure Ouattara de la course à la présidentielle, en contestant son ascendance et sa nationalité ivoiriennes. Ainsi est introduite dans la vie politique la dangereuse notion d'« ivoirité » : une politique xénophobe, sur fond de crise économique et sociale, stigmatisant les étrangers ainsi que les Ivoiriens du Nord, dont la nationalité est jugée d'autant plus douteuse qu'ils sont supposés acquis à Ouattara.

Le jeu trouble de Paris vis-à-vis du candidat de la « seconde indépendance »

En 1995, cédant aux pressions des réseaux français et ouest-africains favorables à Bédié, Ouattara renonce à se présenter à l'élection présidentielle. Son parti, le Rassemblement des républicains (RDR), appelle alors au boycott du scrutin. Gbagbo, qui ne veut pas servir de faire-valoir à l'élection truquée de Bédié, que le FPI qualifie de « représentant de commerce de la France », opte lui aussi pour le boycott. Bédié l'emporte avec 96 % des voix et le soutien ostensible de Paris.

Le 24 décembre 1999, une mutinerie de soldats renverse le régime Bédié, miné par la crise économique et les scandales de corruption, et place à la tête de l'État le général Robert Guéï, ancien chef d'état-major d'Houphouët-Boigny, qui promet un retour à la démocratie et la fin de l'ivoirité. Le président Chirac se laisse convaincre par le gouvernement socialiste de Lionel Jospin de renoncer à envoyer les militaires français pour rétablir Bédié au pouvoir.

Moins d'un an après le putsch, la présidentielle d'octobre 2000 voit s'affronter Guéï et Gbagbo, alors que la candidature de Ouattara est retoquée en s'appuyant sur le critère d'ivoirité. Malgré une tentative de fraude de Guéï, Gbagbo est élu « dans des conditions calamiteuses » comme il le reconnaît lui-même. Il l'emporte aussi dans la rue, grâce à la mobilisation populaire et au soutien d'une partie de l'armée, après de violents heurts avec les partisans de Ouattara qui réclament un nouveau scrutin. Gbagbo, qui se présentait comme le candidat de la « seconde indépendance », se garde bien de mener une politique aussi audacieuse que celle de Thomas Sankara au Burkina Faso quelques années plus tôt [→ IV.7]. Pour autant, il ne sera jamais accepté par Chirac.

Dans la nuit du 18 au 19 septembre 2002, alors que Chirac a été réélu président et que la droite est de retour au gouvernement français après cinq années de cohabitation, une rébellion entraînée au Burkina Faso tente de s'emparer d'Abidjan, la capitale économique ivoirienne. Après d'intenses combats, le coup d'État échoue et les rebelles se replient au nord. Gbagbo dénonce la passivité de Paris. Alors qu'il avait déjà prévenu la France de la menace, et même demandé l'assistance des services secrets après une première tentative de déstabilisation, l'armée française prétend n'avoir rien vu venir. Contrairement à la pratique habituelle en pareilles circonstances, Chirac refuse de faire jouer l'accord de défense qui lie les deux pays. L'armée française déclenche l'opération Licorne mais se contente de s'interposer au lieu de repousser l'offensive rebelle. Les partisans de Gbagbo accusent Ouattara, qui échappe à une tentative d'assassinat, d'avoir commandité la rébellion, et la France d'en être complice. Dans le même temps, certains journalistes de *Libération* et *La Croix* relaient des manœuvres de désinformation [→ V.7], niant d'abord l'existence d'un coup d'État et faisant passer l'assassinat par les rebelles de certaines personnalités, comme Émile Boga Doudou, ministre de l'Intérieur, pour un règlement de comptes interne au camp Gbagbo.

Opération Licorne : la France sanctuarise la rébellion

À partir de fin septembre 2002, en France, une campagne de presse sur le thème du risque imminent d'un « nouveau Rwanda » agite les éditoriaux des principaux quotidiens, en écho aux justifications de la diplomatie française, et permet ainsi de légitimer la prolongation de l'opération Licorne, déclenchée initialement sous prétexte de protéger les ressortissants français. Progressivement, sous couvert d'une demande de la Communauté économique des États de l'Afrique de l'Ouest (Cedeao) puis d'un mandat de l'ONU, l'intervention française coupe le pays en deux d'est en ouest, interdisant aux rebelles de porter la guerre à Abidjan, où la France possède des intérêts économiques et où résident de nombreux ressortissants. Mais, ce faisant, elle sanctuarise également la rébellion dans la partie nord du pays pour de nombreuses années. Cette menace persistante va dès lors être utilisée contre le régime Gbagbo comme une épée de Damoclès, afin d'obtenir de sa part un partage du pouvoir. Dans certaines occasions, l'armée française va même jusqu'à intervenir militairement pour arbitrer des dissensions mafieuses entre factions rebelles et éviter ainsi l'implosion et le délitement du mouvement armé.

Après la signature d'un cessez-le-feu, la diplomatie française convoque, fin janvier 2003, à Marcoussis, dans la banlieue parisienne, un sommet visant à imposer un accord de partage du pouvoir. Sont conviés les rebelles et les partis politiques, mais pas les représentants de l'État ivoirien (la surreprésentation de l'opposition et de la rébellion sera plus tard reproduite à l'identique dans la commission électorale). La stratégie française consiste à faire accepter la désignation d'un Premier ministre « de consensus », lequel hériterait à titre exceptionnel des prérogatives présidentielles, en échange d'un désarmement des rebelles. Gbagbo serait ainsi mis sur la touche. À l'issue de cette réunion, le président ivoirien est sommé par Dominique de Villepin – alors ministre des Affaires étrangères – et Jacques Chirac d'accepter un Premier ministre issu du RDR ou de confier les ministères de la Défense et de l'Intérieur aux représentants des rebelles, baptisés « Forces nouvelles » pour l'occasion. Mais l'annonce de cette dernière option par les rebelles eux-mêmes va provoquer de violentes manifestations antifrançaises en Côte d'Ivoire, qui permettent à Gbagbo de reprendre la main. L'accord de Marcoussis, qualifié de « coup d'État constitutionnel » par le ministre ivoirien de l'Intérieur, ne sera jamais appliqué.

Dans les mois qui suivent, le président ivoirien croit pouvoir acheter la neutralité de la France en renouant avec la politique de sanctuarisation de ses intérêts économiques. Bouygues se voit par exemple promettre le renouvellement de ses concessions dans l'eau et l'électricité et paraît assuré de récupérer la construction du troisième pont d'Abidjan qui menaçait de lui échapper. Bolloré obtient, sans appel d'offres, et pour un prix dérisoire, la gestion de l'important terminal à conteneurs du port d'Abidjan [→ VI.1].

En août 2003, Ibrahim Coulibaly, le véritable père de la rébellion ivoirienne, est arrêté à Paris alors qu'il recrute des mercenaires pour organiser un nouveau coup d'État. Il était jusque-là resté dans l'ombre pour ne pas compromettre Blaise Compaoré, dictateur du Burkina Faso voisin, qui lui avait accordé l'asile politique. Cette arrestation, au terme de ce qui semble être un traquenard tendu par la Direction de la surveillance du territoire (DST), est interprétée par le pouvoir ivoirien comme un signe de bonne volonté de Paris. Mais elle permet également à Guillaume Soro, le rival de Coulibaly, qui a joué le jeu des accords de paix voulus par l'Élysée, de s'imposer définitivement à la tête de la rébellion.

Signe d'une certaine détente entre Paris et Abidjan, la répression sanglante d'une manifestation de l'opposition par les forces loyalistes ivoiriennes en mars 2004 ne provoque qu'une réaction timorée de la diplomatie française. Cette dernière brandissait pourtant la menace de la Cour pénale internationale les mois précédents au sujet des exactions et des massacres commis par ces mêmes forces loyalistes contre les populations du nord du pays. Durant cette période, les militaires ivoiriens sont réarmés grâce au détournement de l'argent de la filière cacao, et avec l'aide de certains réseaux françafricains, sous l'œil attentif de la cellule Afrique de l'Élysée. Gbagbo fait notamment l'acquisition de deux avions d'attaque Sukhoï par l'intermédiaire de Robert Montoya, ancien gendarme de la cellule antiterroriste de l'Élysée, reconverti dans les sociétés de sécurité privées et le conseil aux chefs d'État africains [→ V.6]. La présidence ivoirienne mobilise également le mercenaire Christian Garnier, qui a déjà participé à de nombreuses opérations clandestines au Tchad, au Zaïre, au Katanga, au Rwanda, en Afrique du Sud ou en Centrafrique.

Le 16 avril 2004, le journaliste franco-canadien Guy-André Kieffer, qui enquêtait sur ces mécanismes financiers occultes, est porté disparu. Son corps ne sera jamais retrouvé et aucun des pouvoirs successifs en France comme en Côte d'Ivoire ne se montrera très désireux de parvenir à la vérité.

Du bombardement de Bouaké aux tirs de l'hôtel Ivoire

Mis sous pression par son propre camp, et croyant avoir les coudées franches pour mener une opération de reconquête du nord du pays, Gbagbo lance l'opération Dignité le 4 novembre 2004, après avoir prévenu Chirac.

Pendant deux jours, ni les troupes françaises ni celles de l'ONU, chargées de faire respecter le cessez-le-feu signé l'année précédente, ne réagissent aux bombardements des positions rebelles. Mais le 6 novembre, l'un des deux avions Sukhoï du pouvoir ivoirien bombarde un campement militaire français à Bouaké, faisant une quarantaine de blessés et dix morts, neuf soldats français et un civil américain. L'opération Licorne procède alors à la destruction immédiate de la totalité de la flotte aérienne ivoirienne et à la prise de contrôle par la force de l'aéroport d'Abidjan. En réaction, le mouvement des Jeunes patriotes favorable au président Gbagbo organise une campagne d'intimidation des expatriés français, lesquels sont rapidement évacués. Le 14 novembre 2004, *Le Monde* évoque à sa une « des scènes de terreur et d'horreur. Des blessés, des disparus, des corps blancs décapités à la machette, des femmes violées ». En réalité, trois plaintes pour viol seront enregistrées à Paris. Aucune mort française n'est à déplorer. Les seuls véritables massacres sont passés sous silence : ceux commis par les militaires français contre des civils ivoiriens désarmés entre le 6 et le 9 novembre.

Répondant aux appels des Jeunes patriotes à défendre le pays, les Ivoiriens, qui ignorent le bombardement de Bouaké et craignent un coup d'État contre Gbagbo, descendent massivement dans les rues. Dans la nuit du 6 au 7 novembre, alors qu'ils tentent de traverser les ponts menant à l'aéroport et à la base française voisine, ils sont pris pour cible par les hélicoptères de combat français. Ceux qui passent les ponts se heurtent aux barrages et aux chars des soldats français qui tirent à balles réelles et à la grenade, selon un rapport d'Amnesty International. Le 7 novembre, trois colonnes blindées de Licorne en provenance du nord descendent pour renforcer le contrôle d'Abidjan, forçant des barrages à la mitrailleuse, faisant ainsi de nouvelles victimes. À la suite d'une « erreur d'orientation », selon la version officielle française, les militaires s'arrêtent ensuite face à la résidence du président Gbagbo. Les 8 et 9 novembre, après cette escale « involontaire », ils occupent l'hôtel Ivoire, sous prétexte de protéger les ressortissants français… qui ne s'y trouvent pourtant plus, car ils ont déjà été évacués. Avant de se retirer, l'armée française ouvre à nouveau le feu sur la foule des manifestants, hostiles mais désarmés, venus de toute la ville se masser devant l'hôtel : un carnage.

Des militaires français de l'opération Licorne contrôlent un véhicule sur le pont Charles de Gaulle, le 7 novembre 2004 à Abidjan (Côte d'Ivoire). En arrière-plan, les enseignes rappellent les intérêts tricolores : Peugeot, Total et Awa (marque d'eau minérale produite par le groupe Castel). © *AFP*

Devant l'hôtel Ivoire, à Abidjan, le 11 novembre 2004. Deux jours plus tôt, l'armée française a ouvert le feu sur la foule de manifestants, commettant un massacre qui marquera la jeunesse ivoirienne. © *AFP*

Finalement, les autorités sanitaires ivoiriennes dénombrent une soixantaine de morts et plus de deux mille blessés, des chiffres confirmés par plusieurs ONG. Côté français, les versions mensongères se succèdent : on nie d'abord les bombardements et les tirs français avant d'invoquer la légitime défense face à des foules armées. Des scénarios battus en brèche par différents rapports d'enquête et surtout par les images tournées ou récupérées sur place par des journalistes de Canal +, dont la rediffusion dans l'émission « 90 minutes » sera censurée par la chaîne.

Le bombardement ivoirien sur le camp militaire français de Bouaké reste inexpliqué et fait l'objet de plusieurs interprétations. La thèse la plus probable est celle d'un « coup tordu » de la cellule Afrique de l'Élysée qui aurait mal tourné. C'est la version défendue par l'avocat Jean Balan, qui représente les familles des militaires français décédés, ainsi que par le général Renaud de Malaussène, numéro deux de l'opération Licorne. L'aviation ivoirienne aurait été manipulée par de fausses informations sur une réunion des chefs rebelles dans un bâtiment au cœur d'une enceinte française. Son bombardement devait servir de prétexte pour renverser Gbagbo et lui « offrir » un exil vers un pays étranger. Mais il n'était pas prévu que des soldats français se réfugieraient près du bâtiment, qui avait été préalablement fermé, ni que les mobilisations ivoiriennes mettraient en échec la tentative de coup d'État.

La seule chose certaine, c'est que ce sont les autorités françaises qui ont systématiquement fait obstruction à la manifestation de la vérité, en laissant délibérément s'enfuir à deux reprises les mercenaires russes, biélorusses et ukrainiens qui entretenaient et pilotaient les Sukhoï, puis en refusant de procéder à la levée du secret défense demandée par les magistrats français. En février 2016, Sabine Kheris, la dernière juge d'instruction en charge du dossier, a dénoncé une « concertation à un haut niveau de l'État » dans la fuite des mercenaires et demandé le renvoi devant la Cour de justice de la République (CJR) des ministres en exercice au moment des faits (Michèle Alliot-Marie à la Défense, Dominique de Villepin à l'Intérieur, Michel Barnier au Quai d'Orsay) pour « recel de malfaiteurs », « entrave à la manifestation de la vérité » et « non-dénonciation de crime ». Mais, en 2019, la commission des requêtes de la CJR a finalement estimé qu'il n'y avait pas lieu d'ouvrir une procédure…

Après ces événements sanglants qui marquent la fin de l'année 2004, il n'est plus question pour l'Élysée d'assouplir sa position à l'égard du président ivoirien. La diplomatie française torpille une tentative de médiation sud-africaine et adopte une nouvelle stratégie de pression qui passe désormais par l'ONU. Depuis la tentative de coup d'État de 2002, aucune élection n'a pu avoir lieu en Côte d'Ivoire. Le mandat des députés comme celui du chef de l'État arrivent à expiration en 2005. La France fait alors voter des résolutions au Conseil de sécurité des Nations unies qui autorisent d'année en année leur prolongation, sous condition de bonne coopération. Il s'agit toujours d'obtenir l'application – sélective – des accords de paix (Marcoussis et ceux qui ont suivi) : permettre à un Premier ministre, choisi avec l'aval de la France, de prendre l'ascendant politique et obtenir l'organisation d'une élection présidentielle à laquelle Alassane Ouattara pourra se présenter en dérogation de la Constitution. En contre-partie, et au préalable, les rebelles sont censés désarmer et permettre la réunification administrative du pays.

En octobre 2005, un Groupe international de travail (GIT) est créé pour surveiller la mise en œuvre de ces mesures. Dirigé par la diplomatie française, il tente de mettre sous tutelle les institutions ivoiriennes. Mais Gbagbo résiste, comptant à la fois sur la mobilisation populaire et sur diverses manœuvres. Le président ivoirien fait par exemple provisoirement emprisonner deux cadres français de la multinationale Trafigura venus négocier après l'immense scandale sanitaire provoqué par le déversement dans une décharge d'Abidjan, en août 2006, de déchets toxiques transportés par le cargo *Probo Koala*, affrété par l'entreprise. Dans le même temps, les tentatives françaises pour faire prévaloir les résolutions de l'ONU sur la Constitution ivoirienne se heurtent aux réticences des États-Unis, de la Russie et de la Chine qui y voient un précédent dangereux.

En 2007, alors que Chirac arrive en fin de mandat, Gbagbo reprend la main : il entame des négociations directes avec Blaise Compaoré, le parrain de la rébellion, et crée la surprise en annonçant la signature des accords de Ouagadougou, lesquels prévoient notamment la suppression de la « zone de confiance », sous contrôle de l'opération Licorne, qui sépare le Nord du Sud. Le chef de la rébellion, Guillaume Soro, est nommé Premier ministre. Mais le changement de locataire à l'Élysée ne modifie la donne qu'en apparence.

Laurent Gbagbo arrêté : retour à l'ordre françafricain

Nicolas Sarkozy amorce une politique de décrispation sous condition avec le chef de l'État ivoirien. Différents ministres et secrétaires d'État sont successivement envoyés pour renouer les relations politiques et économiques (la gestion de la dette ivoirienne constitue notamment un moyen de pression important pour Paris). Malgré cette amorce de rapprochement, Gbagbo reste *persona non grata* : une rencontre officielle avec Sarkozy demeure subordonnée à l'organisation de l'élection présidentielle, aux conditions fixées par la France. S'ensuit alors un interminable feuilleton politico-juridique autour de la constitution du fichier électoral, sous la supervision d'une Commission électorale indépendante (CEI) contrôlée par l'opposition, d'une entreprise imposée par les autorités françaises,

Sagem, et d'un représentant spécial du secrétaire général de l'ONU chargé de « certifier » le processus électoral.

Repoussé à plusieurs reprises, le premier tour du scrutin est finalement organisé le 31 octobre 2010. Avec près de 85 %, la participation est massive. Gbagbo arrive en tête avec 38 % des voix, suivi de Ouattara (32 %) et Bédié (25 %). Ce dernier affirme que son résultat et celui de Ouattara ont été intervertis par la CEI, mais finit par appeler à voter contre Gbagbo. Au lendemain du second tour, la stratégie de chaque camp consiste à revendiquer la victoire et à la faire entériner par les instances qu'il contrôle. Alors que la CEI, censée fonctionner par consensus, est paralysée, son président est mis sous pression par les ambassadeurs français et américain pour annoncer la victoire de Ouattara, ce qu'il fait depuis le QG électoral de ce dernier, avant d'être exfiltré vers la France. Côté pro-Gbagbo, le Conseil constitutionnel outrepasse également son mandat en annulant le scrutin dans les départements contrôlés par la rébellion, où des fraudes massives ont été commises. Il proclame Gbagbo président. Quant au représentant du secrétaire général de l'ONU, le Coréen Young-jin Choi, il ne se contente pas de certifier le scrutin : il proclame Ouattara vainqueur, sur la base de résultats différents de ceux avancés par les institutions ivoiriennes déjà citées…

Bien malin qui peut donner le nom du véritable vainqueur, compte tenu des nombreuses irrégularités constatées des deux côtés et de la grande opacité qui a entouré le décompte des votes ainsi que la participation. Mais la question est en réalité secondaire. Car il y a plus grave : les deux camps, qui jouaient officiellement le jeu de l'affrontement électoral dans les mois précédents le scrutin, se préparaient en coulisse à en découdre militairement. C'est ce que démontrera en avril 2011 un rapport de l'ONU dont la publication a été délibérément retardée. Par ailleurs, si Gbagbo finit par consentir à des compromis exigés par les accords de paix, la réunification du pays n'était que de façade tandis qu'aucun processus de désarmement n'a été entamé par les rebelles. La France n'a d'ailleurs jamais exercé de pression pour les y contraindre. Quelle valeur pouvaient avoir des élections organisées dans ces conditions ?

Alors que s'ouvre une crise électorale, les rebelles se rallient officiellement à Ouattara qui, sur le conseil de l'ambassadeur de France, les rebaptise « Forces républicaines de Côte d'Ivoire » (FRCI). La France prend la tête d'une coalition internationale, en lien avec les États-Unis, pour peser sur le camp Gbagbo et sur les pays, notamment africains, qui le soutiennent encore comme l'Afrique du Sud ou l'Angola. La stratégie française pour pousser Gbagbo vers la sortie utilise des leviers politiques, diplomatiques, économiques et *in fine* militaires. Si le soutien de l'Union européenne est rapidement acquis, il faudra plus de temps pour convaincre les représentants de l'Union africaine, et en particulier le poids lourd que constitue l'Afrique du Sud.

Limogé par Gbagbo, Guillaume Soro provoque l'escalade en mobilisant ses partisans, dont certains armés, pour marcher sur la radiotélévision et sur la primature le 16 décembre 2010. Dénonçant la répression brutale de cette marche (plus d'une trentaine de morts), Sarkozy donne quarante-huit heures à Gbagbo pour quitter le pouvoir. L'ultimatum étant resté sans réponse, Paris impulse différentes mesures de sanctions pour provoquer l'asphyxie économique du régime : embargo de fait sur les marchandises (y compris de première nécessité, jusqu'aux médicaments), gel des crédits du FMI et de la Banque mondiale, blocage du compte ivoirien à la Banque centrale des États de l'Afrique de l'Ouest (dont dépend le pays pour sa monnaie, le franc CFA), interruption des exportations de cacao, etc. Parallèlement, une offensive des rebelles est préparée et lancée à partir de février 2011, à laquelle les militaires français ne prennent pas officiellement part. Mais plusieurs témoignages rapportés par des journalistes (l'AFP, *Le Canard enchaîné* ou Mediapart) laissent au contraire penser que cette rébellion a été cornaquée par des instructeurs des forces spéciales ou clandestines françaises et américaines. Les dénégations officielles sont d'autant plus fortes que les exactions commises par les rebelles au cours de leur offensive vers Abidjan, notamment les massacres perpétrés à Duékoué à partir du 29 mars, pourraient être qualifiées juridiquement de crimes contre l'humanité.

Mais, parvenues dans la capitale économique, les troupes de Ouattara et Soro se heurtent à la supériorité militaire des forces loyalistes, en dépit de la défection de certains officiers et du harcèlement d'un commando infiltré, dirigé par Ibrahim Coulibaly qui fait sa réapparition. La diplomatie française rejoue alors la partition précédemment mise en œuvre pour intervenir en Libye [→ VI.4] : sous couvert d'une résolution de l'ONU autorisant la protection des populations civiles, les hélicoptères français bombardent Abidjan à partir du 4 avril, visant les moyens militaires du camp Gbagbo et quelques objectifs civils. Comme les FRCI ne parviennent toujours pas à reprendre l'ascendant militaire, l'Élysée ordonne une intervention terrestre de blindés pour littéralement pousser les rebelles jusqu'à la résidence de Gbagbo, où ce dernier est arrêté sous l'œil des caméras françaises. « Une opération *in fine* entre Ivoiriens », commente, sans rire, à Paris, le ministre de la Défense Gérard Longuet…

Quelques mois plus tard, alors que Ouattara a pris le pouvoir, Gbagbo est déféré à la Cour pénale internationale à l'instigation de la France (il sera définitivement acquitté en mars 2021), qui fait pression pour que ne soient jugés que les crimes imputés au camp du président déchu, mais pas ceux du camp Ouattara, ni bien entendu ceux commis par l'armée française. Certes la France n'a restauré ni les mêmes privilèges politiques ni les situations de quasi-monopole économique qui prévalaient du temps d'Houphouët-Boigny, mais elle a néanmoins retrouvé un partenaire conciliant, qu'il s'agisse des marchés accordés de gré à gré aux entreprises françaises, de la défense du franc CFA ou de ses intérêts stratégiques. La base militaire de Port-Bouët, qui avait été juridiquement fermée à la demande de Gbagbo et intégrée à l'opération Licorne, regagne son statut de base française permanente, le président Ouattara constituant désormais un allié indéfectible de Paris dans la « guerre contre le terrorisme » menée au Sahel [→ VI.2]. Tout cela sans faire de vagues en France. Ce qui permet à Nicolas Sarkozy de se réjouir, comme le rapportent les journalistes Nathalie Schuck et Frédéric Gerschel dans leur livre *« Ça reste entre nous, hein ? »* (Flammarion, 2014) : « On a sorti Laurent Gbagbo, on a installé Alassane Ouattara, sans aucune polémique, sans rien. »

Repères bibliographiques

Jean BALAN, *Crimes sans châtiment. Affaire Bouaké, l'un des plus grands scandales de la Vᵉ République*, Max Milo, Paris, 2020.

Philippe DUVAL, *Côte d'Ivoire. Chroniques de guerre 2002-2011*, L'Harmattan, Paris, 2012.

Raphaël GRANVAUD et David MAUGER, *Un pompier pyromane. L'ingérence française en Côte d'Ivoire d'Houphouët-Boigny à Ouattara*, Agone-Survie, Marseille, 2018.

Stéphane HAUMANT, Jérôme PIN et Laurent CASSOULET, *Côte d'Ivoire : le crépuscule des Français*, reportage diffusée le 30 novembre 2004, dans l'émission « 90 minutes » sur Canal +.

Stéphane HAUMANT, Jérôme PIN et Laurent CASSOULET, *Côte d'Ivoire : le mardi noir de l'armée française*, reportage diffusé le 8 février 2005, dans l'émission « 90 minutes » sur Canal +.

Bernard KIEFFER (avec Benoît COLLOMBAT), *Le Frère perdu. L'affaire Guy-André Kieffer, enquête sur un crime d'État au cœur de la Françafrique*, La Découverte, Paris, 2015.

Fanny PIGEAUD, *France-Côte d'Ivoire, une histoire tronquée*, Vents d'ailleurs, Paris, 2015.

Magali SERRE, *Côte d'Ivoire : roquettes sur nos soldats*, reportage diffusé le 2 mars 2007, dans l'émission « Pièce à conviction » sur France 3.

Chapitre 6

Mercenaires, armes et comptes offshore : dans les secrets de Robert Montoya

Jean Merckaert

Le 6 novembre 2004, dans une Côte d'Ivoire scindée en deux entre rebelles (« Forces nouvelles ») concentrés au nord et forces gouvernementales au sud, le camp militaire français de Bouaké, situé dans la partie septentrionale, est bombardé par des avions aux couleurs de l'armée ivoirienne. Neuf soldats français et un civil américain sont tués, trente-huit personnes blessées. En représailles, l'armée française anéantit la flotte aérienne ivoirienne, suscitant la colère des partisans du président Laurent Gbagbo, qui descendent dans la rue à Abidjan. Des troubles auxquels l'armée française riposte, dans les jours qui suivent, en tirant sur la foule, faisant des dizaines de morts [→ V.5].

Très vite, la presse française s'interroge sur le rôle d'un ancien membre de la gendarmerie française, bien connu des observateurs de la Françafrique : Robert Montoya. Elle l'accuse d'avoir vendu à l'armée ivoirienne les deux avions Sukhoï qui ont mené le raid, en fournissant même les techniciens et les pilotes, hébergés par ses soins à Lomé, au Togo.

Et pourtant, Montoya ne sera jamais inquiété par la justice. Une situation d'autant plus incompréhensible que, comme nous le révélons, les magistrats en charge de l'enquête sur les morts français et américain de Bouaké disposaient d'éléments sur sa responsabilité pénale. Les relevés de comptes offshore de l'ancien gendarme figurant dans le dossier d'instruction, auquel nous avons eu accès, prouvent *a minima* la corruption d'un agent public étranger.

« VRP » de l'armement en Afrique

Né en Algérie en 1948, Robert Montoya est d'abord adjudant de gendarmerie en France dans les années 1970. Repéré par Christian Prouteau, il est affecté de 1982 à 1986 à la cellule antiterroriste de l'Élysée créée par François Mitterrand, en réalité au cœur de l'affaire des écoutes illégales [→ IV, introduction]. En 1986, il reprend une société privée, la Société de protection et d'investigations industrielles (SPII), spécialisée dans les écoutes téléphoniques, fondée par Charles Pellegrini, autre ancien de la cellule antiterroriste de l'Élysée. En 1988, Montoya écope de quelques mois de prison dans une affaire de stupéfiants avant d'être mis hors de cause. Au début des années 1990, il part s'installer en Afrique, épaulé par Jeannou Lacaze, l'ancien chef d'état-major des armées (de 1981 à 1985) devenu conseiller des dictateurs du pré carré [→ IV.2].

Dès 1991, l'ancien gendarme établit son fief à Lomé, où il crée une société de gardiennage, de sécurité et de transports de fonds, SAS, dont il exporte rapidement le savoir-faire. Ceinture noire de judo, il sait parfaitement tirer parti de la férocité du général-président Eyadéma : il aide le régime à écouter ses opposants, à équiper ses services antiémeutes de matraques électriques, ou encore à monter un service de renseignement clandestin. Il fait aussi office de recruteur de mercenaires, serbes notamment, pour le compte de Pascal Lissouba au Congo-Brazzaville (sans succès), puis pour celui du maréchal Mobutu, dont il n'empêche pas la chute [→V, introduction].

En s'appuyant sur son réseau d'anciens de l'armée française, Montoya tisse peu à peu un empire commercial à travers de multiples sociétés : Gypaele dans le secteur de l'aviation, STACI pour la logistique et la surveillance du pipeline Tchad-Cameroun, ou encore Darkwood Logistics pour l'équipement des forces de sécurité et la maintenance aéronautique... L'homme étend son savoir-faire au Cameroun, au Bénin, au Burkina Faso, au Tchad, au Congo-Brazzaville ou encore à la Guinée. Il s'occupe également de la sécurité personnelle de plusieurs chefs d'État et devient auprès d'eux le représentant du gotha des entreprises françaises de l'armement comme Thomson, Panhard ou Héli-Union (hélicoptères)...

Son carnet d'adresses intéresse aussi le président Laurent Gbagbo. Ce dernier veut rééquiper rapidement l'armée de l'air ivoirienne car, depuis 2002, les rebelles se sont emparés des quelques appareils dont disposaient les forces régulières. Gbagbo active trois filières : l'une israélienne, l'autre chinoise, et la « filière Darkwood », celle de Montoya. Celle-ci voit transiter « les deux tiers des marchés militaires de la Côte d'Ivoire entre 2002 et 2004 », selon le rapport 2005 des experts des Nations unies sur ce pays. Montoya est alors nommé conseiller spécial de Gbagbo pour les affaires diplomatiques et militaires, et obtient un passeport diplomatique ivoirien.

Compte tenu de l'ampleur de ses activités « commerciales », Montoya ne peut plus se contenter de gérer ses affaires depuis le Togo. Il lui faut consolider l'armature financière de son groupe. Car un bon marchand d'armes est d'abord un acrobate de la finance. Et notamment de la finance offshore : le secret qui entoure ces transactions doit être bien gardé, comme le montre l'analyse détaillée de ses relevés de comptes, de 1993 à 2004.

Une lune de miel bancaire à Monaco qui finit mal

En homme avisé, Robert Montoya ouvre son premier compte à Monaco dès le 4 mai 1992, chez Martin Maurel (qui deviendra Martin Maurel Sella), une vieille banque familiale spécialisée dans la gestion de patrimoine. Le 10 mai 1993, il apporte 238 000 francs en liquide pour abonder ce compte personnel. La banque n'y trouve rien à redire. C'est le début d'une entente parfaite entre la banque et son client.

À partir de 1999, Montoya en fait un des pivots de son empire. Suivant son conseil, il crée une société régie par les lois de Gibraltar, Darkwood Ltd., qui ouvre naturellement un compte chez Martin Maurel. Montoya en est le seul donneur d'ordre, mais le propriétaire est en apparence Europa Trust Company Ltd., un fournisseur de prête-noms à travers des sociétés-écrans. De 1999 à 2002, la lune de miel bancaire se poursuit. Le 24 février 1999, le compte personnel de Montoya est crédité de près d'un million de francs, ce qui ne semble toujours pas émouvoir sa banque. S'ensuivent des retraits réguliers pour un montant cumulé de 700 000 francs.

Mais en 2002, la belle machine se grippe. Le 15 octobre, le compte de Montoya est crédité de plus de trois millions d'euros correspondant à l'achat de trois hélicoptères de combat par le ministère de la Défense ivoirien. À l'origine de ces généreux versements : W Finance. Ce spécialiste de la gestion de patrimoine, qui appartient alors au groupe AGF, fonctionne comme un réseau de consultants. Parmi eux, se trouve celui qui fera progressivement office de directeur financier du groupe Montoya : Patrick Imbert de Friberg. Mais à Monaco, l'arrivée de ces trois millions, que Montoya demande de transférer *illico* vers d'autres destinations, provoque un certain émoi. La banque, tenue au devoir de vigilance, demande cette fois des précisions sur leur provenance.

Le 24 octobre, c'est le branle-bas de combat : l'épouse du marchand d'armes, Vanessa Montoya, appelle l'établissement Martin Maurel et se déclare « surprise par [cette] demande de renseignements ». Le transit des fonds via W Finance ne suppose-t-il pas que la transaction soit déjà passée par le service antiblanchiment ? Elle explique qu'une partie des fonds provient de la Caisse autonome d'amortissement d'Abidjan, une autre du compte de Darkwood chez W Finance... Imbert de Friberg appelle, à son tour. Furieux, il accuse la banque monégasque de malversation, dc rétention d'informations et la menace de poursuites. C'en est trop : Martin Maurel décide d'alerter l'autorité antiblanchiment de Monaco. Une heure plus tard, les époux Montoya s'exécutent : les documents demandés sont finalement envoyés et les transferts réalisés. L'ancien gendarme peut mener à bien ses opérations, en distribuant plusieurs centaines de milliers d'euros de commissions à lui-même ou à son directeur financier.

Mais cette passe d'armes laisse des traces. La banque souhaite désormais se séparer de cet encombrant client. Voilà donc Robert Montoya à la recherche d'une banque encore moins regardante que les établissements de la principauté. Le 28 octobre 2002, la tentative de faire un virement vers la banque Rothschild à Genève tourne court. La porte se referme encore chez UBS Zurich, en Suisse, et même à Gibraltar. Heureusement pour Montoya, il y a la Lettonie.

Des produits tropicaux à la livraison de blindés, un business prospère

Dans la division internationale du travail, Riga a fait le choix d'investir le secteur bancaire. Et de fermer les yeux sur la provenance des capitaux. Le ratio de transactions bancaires et financières est évalué par les banques centrales européennes à 242 000 euros par habitant, un niveau « hallucinant » au regard du salaire moyen (290 euros par mois), selon le commandant de police affecté à l'époque à l'ambassade de France en Lettonie cité dans le dossier d'instruction. Certaines banques lettones, y compris la banque centrale, se retrouvent d'ailleurs sous le feu des projecteurs judiciaires depuis le milieu des années 2000. Montoya en choisit une soutenue en haut lieu : la Parex Bank. Un compte de sa société Darkwood y est ouvert le 5 novembre 2002. Mais tirant les leçons de ses déboires monégasques, l'ancien gendarme veut cette fois s'assurer de la loyauté de sa banque : fin 2003, pour un million d'euros, il en acquiert 1 % du capital.

Le fidèle Imbert de Friberg rejoint, lui aussi, la Lettonie, une échappatoire bienvenue car à Paris ses opérations de ventes d'armes ne passent pas inaperçues : le service antiblanchiment Tracfin a été saisi. Voilà donc cet ancien de Saint-Cyr intronisé vice-président du conseil de surveillance (présidé par l'épouse Montoya) et représentant officiel du tout nouveau groupe RM Holdings à Riga. En clair : il est le grand argentier de Montoya, avec à ses côtés deux avocats lettons nommés vice-présidents du groupe : Agris Taurenis et Ilmars Blumbergs.

Dans son roman d'espionnage paru en 2015, *Le Dossier Rodina*, Imbert (sous son nom d'auteur Patrick de Friberg) s'amuse à faire d'Agris Taurenis un major du KGB devenu ministre en Lettonie, et d'Ilmars Blumbergs son Premier ministre. Friberg (élevé au grade de chevalier de l'ordre des

Arts et des Lettres en 2015) fait dire au narrateur : « Nous reconnaissons qu'Agris Taurenis a pu être secondé par des mercenaires, anciens des services soviétiques, attirés par la possibilité de mettre à sac un pays tout entier, sans se soucier un instant de sa souveraineté. » Une allusion au rôle de RM Holdings en Côte d'Ivoire ? Contacté, l'auteur nous met en garde contre tout rapprochement avec la réalité : « Ne mélangez pas la fiction avec un quelconque "aveu" [de ma part]. »

Ce qui est sûr, c'est que, depuis Riga, la galaxie Montoya continue de se diversifier : elle se renforce dans l'aviation avec Wing Logistique, s'étend au négoce de produits tropicaux, à la transformation de café, au cacao, à la noix de cajou, à l'édition, aux télécommunications et aux nouvelles technologies. Pour exaucer l'un des rêves du président Eyadéma, Montoya investit même dans la création d'une réserve animalière à Djamdé, au nord du Togo… À son apogée, au milieu des années 2000, le groupe se présente comme l'employeur de 3 500 personnes. RM Holdings en est le centre névralgique.

« Contrairement aux fantasmes véhiculés par certains, mon activité principale n'a rien à voir avec la sécurité ou les armes, assure Montoya, contre toute évidence, en janvier 2006 au journal *Le Monde*. Mes sociétés sont essentiellement spécialisées dans les produits tropicaux et la logistique. » Pourtant, par son intermédiaire, la Biélorussie livre bien à la Côte d'Ivoire, au début des années 2000, quatre avions Sukhoï Su-25, un avion-cargo Antonov 122, des blindés, des camions de transport, des 4×4, des armes et des munitions. Au total, entre 2002 et 2004, l'empire Montoya encaisse 40 millions de dollars d'argent public ivoirien – soit 1,3 % du budget annuel de l'État ivoirien à l'époque.

Une myriade de comptes bancaires

Sitôt ouverts, les comptes lettons ne tardent pas à crépiter. S'y retrouver demande un petit effort car la Parex Bank a pour clients les sociétés Darkwood, RM Holdings, Robert Montoya Holdings SIA ou encore… Robert Montoya. Pour couronner le tout, chaque compte est divisé en deux, l'un en euros, l'autre en dollars, auxquels il faut parfois ajouter un compte en lats (la monnaie lettone). Imbert de Friberg aime jongler de l'un à l'autre, histoire de perdre les importuns qui tenteraient d'y comprendre quelque chose. Pour percer les secrets de la galaxie offshore Montoya, il faut donc reprendre le détail de la chronologie de ses opérations financières.

Tout commence quelques semaines après le déclenchement de la première offensive des rebelles, en septembre 2002. Le 21 novembre, le secrétaire général de la présidence ivoirienne, Abou Coulibaly, ordonne au directeur général de la Caisse autonome d'amortissement le virement de trois milliards de francs CFA sur le compte de Darkwood à la Parex Bank, à Riga. Objectif : acheter 50 000 litres de gaz lacrymogène, 2 000 masques à gaz, 20 000 grenades, 500 kg de pains de plastic, 500 kg de TNT, 1 000 obus pour hélicoptères, 2 200 roquettes antipersonnel... Le virement, de plus de 4,5 millions de dollars, est aussitôt exécuté via la Deutsche Bank.

Quelques jours auparavant, le compte est crédité d'un montant équivalent, via cette fois la Citibank, en provenance de la « SAFP ». Un sigle qui renvoie au Service administratif et financier de la présidence ivoirienne, selon les explications de Robert Montoya à la justice française, mais qui correspond d'après les experts onusiens à une structure baptisée « Source autonome de financement du président ». Faut-il y voir la « caisse noire » de Gbagbo ? À ces deux virements bancaires s'ajoutent 2,5 millions d'euros en provenance de « W Finance ». Grâce à son nouveau havre de paix bancaire letton, Darkwood encaisse donc 11,6 millions d'euros en quinze jours...

Le gros des fonds va aux fournisseurs de Montoya : les vendeurs d'armes BSVT et Hans Wrage, les transporteurs Transavia et Volga Dniepr, Sofrecap pour les vêtements militaires, sans que tout soit parfaitement identifiable. Ainsi, un compte se voit attribuer 1,65 million de dollars, pour ensuite abonder un autre compte nommé « VARO »... comme Vanessa et Robert Montoya ? En tout cas, s'il se rémunère grassement (350 000 euros versés sur ses comptes personnels en un an), l'ancien membre de la cellule antiterroriste de l'Élysée n'oublie pas son réseau d'intermédiaires. À la faveur des différents contrats, 352 000 euros atterrissent par exemple sur les comptes suisses d'un certain Zlatko Gluhbegovic. Quel rôle a-t-il réellement joué ? Contacté, l'homme ne nous a pas répondu.

Une juteuse commission pour un proche de la présidence ivoirienne

Pour soigner ses relations avec Abidjan, Robert Montoya est prêt à aller loin dans le versement de juteuses commissions. Ainsi, le 28 janvier 2003, Darkwood transfère plus de 1,62 million d'euros vers la banque Neuflize Schlumberger de Paris, sur le compte d'Anselme Séka Yapo, qui n'est autre que l'aide de camp de la première dame ivoirienne Simone Gbagbo, chargé de sa sécurité. Ce qui équivaut à 15 % des sommes versées par les institutions ivoiriennes. Hélas pour Darkwood, au même moment, le milieu bancaire français est en émoi : l'affaire dite du Sentier bat son plein à Paris, mettant en cause le défaut de vigilance de la Société générale dans un système de blanchiment. Prudente, la banque Neuflize refuse donc d'encaisser ce virement non justifié destiné au proche d'un chef d'État étranger. L'argent retourne à l'envoyeur, la Parex Bank.

L'établissement parisien veut un virement justifié ? Qu'à cela ne tienne ! Le 9 février, Imbert de Friberg procède au transfert de 1,5 million de dollars vers le compte d'un vieux client de la même banque Neuflize, un certain… Robert Montoya. Motif invoqué pour justifier le virement : « clôture des comptes 2002 ». La banque française n'est pas dupe et retourne aussitôt la somme. À ses yeux, Darkwood et la Parex Bank sont désormais grillées. L'ancien gendarme doit pourtant tenir ses engagements et faire parvenir la somme à l'intéressé ! Heureusement, le financier de Montoya ne manque pas d'imagination. À la même époque, il crée une société baptisée « Stonebury International ». Nul ne sait si ce canal financier a été envisagé pour faire transiter la commission, mais *stone bury* signifiant « enterrer la pierre », le nom aurait été bien choisi pour enlever pour de bon un gros caillou dans la chaussure de Montoya. Quoi qu'il en soit, le 24 mars 2003, il tente un transfert d'un million de dollars vers le compte de cette toute nouvelle société dans une autre banque lettone, Rietumu. Mais même cette dernière, d'ordinaire laxiste, refuse de blanchir de l'argent de façon aussi grossière.

Pour payer la commission au bras droit de Simone Gbagbo, Patrick Imbert de Friberg imagine alors un ingénieux stratagème : créer une société dont l'objet est suffisamment large pour permettre tout type de transaction, en confier la possession et la présidence à Anselme Séka Yapo tout en prenant soin de l'inscrire sous un autre nom (Anicet Bessekon Ohoueu, dont les experts onusiens ont révélé la véritable identité). Le grand argentier de Montoya décide enfin d'alimenter le chiffre d'affaires de cette société, non pas avec un gros chèque de 1,62 million d'euros, qui serait suspect pour une entreprise à peine créée, mais grâce à un virement régulier qu'il prendra soin de justifier de façon crédible dans les écritures comptables.

C'est ainsi que naît officiellement, le 2 décembre 2013, APEX Holdings, une entreprise au capital de 200 000 euros domiciliée « rue de la Liberté » à Riga. Pour endormir les soupçons, la société, où l'on retrouve le trio Blumbergs, Taurenis et Imbert, se présente comme « un groupe d'investisseurs […] ayant foi en l'économie ivoirienne ».

Les transferts vers APEX peuvent commencer. Un premier virement intitulé « remboursement de créance » est effectué en novembre 2003 pour apporter le capital fondateur de l'entreprise et, dès le mois suivant, une série de virements réguliers d'un peu moins de 100 000 euros en moyenne sont opérés, intitulés sobrement « honoraires assistance technique sur marchés ouest-africains ». En moins d'un an, ce sont au total près de 1,62 million d'euros qui sont donc virés vers la société de Séka Yapo, soit exactement la somme initialement refusée par la banque française Neuflize. L'écran de fumée a parfaitement fonctionné.

Mais une question demeure : l'équipe de Montoya se serait-elle donné tout ce mal pour un simple aide de camp ? Même si Séka Yapo est décrit par le journal *La Croix* comme appartenant au « premier cercle » de la présidence ivoirienne, Montoya aurait-il octroyé 15 % du montant du contrat à un second couteau ? Il est permis d'en douter.

Quand Robert Montoya se lance dans l'édition

Pour Montoya, les années ivoiriennes constituent une période faste. Il mélange allègrement ses comptes professionnels et personnels, faisant par exemple passer le loyer de son fils sur les frais de sa société. À Paris, l'homme fréquente les bijouteries, investit dans la fabrication de sacs en coton et la chirurgie esthétique dentaire, et n'oublie pas non plus d'augmenter son patrimoine. Au 2, rue Astrid de la capitale luxembourgeoise, il crée une société boîte aux lettres, Wallis SA (rapidement rebaptisée « Samax SA ») qui lui permet d'acheter pour 300 000 euros un duplex à La Garenne-Colombes, en banlieue parisienne, en 2003, ainsi qu'un appartement rue d'Alésia à Paris pour 635 000 euros, un an plus tard.

La fortune ivoirienne de l'ancien gendarme lui donne aussi l'occasion de révéler « sa vérité », par livre interposé, sur ses faits d'armes à la cellule antiterroriste, comme sur l'affaire des écoutes de l'Élysée. Il confie l'écriture de *Scandales à l'Élysée* (2004) à la journaliste et éditrice Véronique Anger, qui est par ailleurs… l'épouse de Patrick Imbert. Autre étrangeté : d'habitude, c'est l'éditeur qui rémunère l'auteur, or là c'est Montoya qui débourse 133 000 euros pour convaincre les éditions Jacques-Marie Laffont de publier son livre – une pratique dont ledit éditeur (qui n'a pas répondu à nos questions) semble coutumier.

Mais cela ne suffit pas à redorer son blason. Le bombardement de Bouaké, la mise en cause de Montoya dans les médias et les rapports onusiens sur ses activités finissent par sonner le glas de la holding à Riga. L'ancien gendarme opère alors un retrait stratégique de Côte d'Ivoire en laissant agir à sa place son partenaire, Frédéric Lafont, un ancien légionnaire reconverti dans la sécurité. Quant à Imbert de Friberg[1], il décide de se faire un peu oublier pour s'adonner, depuis la France ou le

1. Signalons qu'à la même époque, en 2004-2005, sa sœur Anne Imbert évolue comme conseillère en communication des chefs de la rébellion ivoirienne Guillaume Soro et Chérif Ousmane.

Québec, à l'écriture de romans d'espionnage. « Entré dans la promotion de [son] nouveau roman », il a d'ailleurs préféré décliner nos demandes d'entretien.

Les réseaux Montoya n'en demeurent pas moins actifs. Ainsi, quand Séka Yapo cherche des armes pour Gbagbo (jusqu'à sa chute en 2011), il se tourne vers l'incontournable Letton Ilmars Blumbergs, qui lui fait profiter de ses réseaux en Ukraine et en Russie : « Prix directs, pas d'intermédiaires, lui écrit-il dans un courriel du 19 juillet 2009. Ils ont des comptes bancaires à Riga, donc tu peux [...] prendre une commission pour toi au passage. » Inversement, en août 2010, Blumbergs n'hésite pas à solliciter Séka Yapo pour : « repérer un joli petit port » et y acheminer « 250 000 tonnes de déchets » en provenance d'Italie, « un mélange de terre et de charbon [qui] a servi de matériel filtrant ». Avant d'ajouter : « On paiera pour ça. » Nous sommes alors quatre ans après le scandale du *Probo Koala*, navire de Trafigura dont la cargaison de déchets toxiques a empoisonné plus de cent mille personnes à Abidjan...

Un silence qui vaut de l'or

À Paris, les juges en charge de l'enquête sur le bombardement de Bouaké ont sous les yeux la plupart des informations financières qui documentent le « système Montoya ». Ils veulent donc en savoir plus et obtiennent en 2006 le mandat pour enquêter sur l'implication possible de Montoya dans du blanchiment d'argent ou du recrutement de mercenaires. Plusieurs acteurs clés sont convoqués, auditionnés, parfois placés en garde à vue, des perquisitions sont menées aux domiciles des uns et des autres. Et pourtant, « l'information [judiciaire] n'a pas permis de caractériser les faits de blanchiment », constate le procureur dans son ordonnance de non-lieu, le 5 juillet 2010. Comment est-il possible qu'aucune infraction pénale n'ait finalement été retenue contre Montoya ou sa femme ?

Les yeux rivés sur les causes du bombardement, les magistrats qui se sont succédé dans ce dossier n'auraient-ils pas vu la corruption ? En tout cas, lors des interrogatoires, les questions qui fâchent sont tout juste effleurées. Montoya explique pourquoi Anselme Séka Yapo, qu'il connaît « très bien », constituait un passage obligé pour atteindre le couple Gbagbo : « C'est lui qui s'occupait de tous les agréments pour pénétrer dans les résidences officielles de la Côte d'Ivoire. » Mais il dément toute corruption, en prétextant que l'argent versé à l'aide de camp de Simone Gbagbo correspondait à des activités en lien avec l'« hévéa » et les « produits tropicaux ». Et lorsque les enquêteurs l'interrogent sur cette télécopie envoyée à son propre conseiller le 17 février 2003 l'informant

« du transfert de 1 500 000 euros » pour sa « rémunération sur la fin du dossier Côte d'Ivoire », et que, sentant le vent du boulet, ce dernier refuse, l'ancien gendarme assure qu'il s'agissait seulement « de vente de cacao »…

Robert Montoya a-t-il été protégé dans l'affaire de Bouaké, qui ressemble de plus en plus à un coup tordu ? De multiples indices laissent penser que ce bombardement aurait pu initialement servir de prétexte à des représailles pour renverser Laurent Gbagbo [→ V.5]. Difficile d'en savoir plus car, dans le dossier d'instruction, de nombreux passages des notes des services de renseignement concernant l'ancien gendarme sont biffés « secret défense ».

Selon Bernard Houdin, un Français proche de Gbagbo, « derrière Montoya, il y a les services ». Autrement dit, un électron apparemment libre mais qui prêterait son concours au renseignement français. « Je rencontrais régulièrement des membres des services français », admet d'ailleurs l'intéressé lors de son audition devant la police judiciaire, le 18 mai 2010, en référence à l'époque où il travaillait comme conseiller du président Gbagbo, entre 2002 et 2004. Précisons que, à cette même période, l'ancien gendarme côtoyait régulièrement l'armée française à l'aéroport de Lomé.

« Montoya est sans doute l'homme le plus informé sur tout ce qui touche Gbagbo, son entourage, ses transactions et ses contacts à Paris », estime *La Lettre du continent*, le 21 août 2006, ajoutant qu'« un *deal* a été passé entre l'Élysée et Robert Montoya », dans le dossier Bouaké, ce dernier s'engageant « à ne plus se rendre à Abidjan et, surtout, à ne rien révéler sur les dysfonctionnements, voire les manipulations, autour de cette affaire » contre la promesse de ne pas être inquiété.

Robert Montoya a bien cherché à se faire discret. Mais la poursuite de ses activités avec la Côte d'Ivoire jusqu'à la chute du régime Gbagbo, fût-ce depuis le Maghreb et le Togo, n'a pas échappé aux enquêteurs onusiens, qui dénoncent « de claires violations de l'embargo » sur les armes. Sans que l'homme soit davantage inquiété. En 2017, il vend encore des balises espions GPS au Maroc. En mars 2021, le *Journal du dimanche* indique qu'une source le localise « en Algérie », son pays natal. En léger retrait, mais pas à la retraite…

Repères bibliographiques

Jean BALAN, *Crimes sans châtiment. Affaire Bouaké, l'un des plus grands scandales de la Ve République*, Max Milo, Paris, 2020.

Laurent LÉGER, *Trafics d'armes. Enquêtes sur les marchands de mort*, Flammarion, Paris, 2006.

Jean MERCKAERT, « Un chocolat au goût amer. L'accaparement des richesses en Côte d'Ivoire », *PERI Working Paper 526*, University of Massachusets, Amherst, octobre 2020.
Nicholas SHAXSON, *Les Paradis fiscaux. Enquête sur les ravages de la finance néolibérale*, André Versaille, Paris, 2012.

Chapitre 7

De la presse coloniale au journalisme sous contrôle : la fabrique de l'information

Jean-Bruno Tagne

Albert Londres était un maître du reportage, un professionnel engagé. En 1927, il embarque en Afrique pour un périple de quatre mois au cœur de l'Empire français. Il se rend tour à tour au Soudan français, en Côte d'Ivoire, au Gabon et au Congo. Pendant son séjour, le journaliste découvre la face cachée du colonialisme français. De retour en France, il publie *Terre d'ébène*, un reportage saisissant sur les horreurs de la colonisation : la torture, le travail forcé, le pillage des ressources.

Bien qu'imprégné d'un certain esprit colonial, l'ouvrage va susciter l'ire de la France officielle qui se défend – sans convaincre grand monde – de toute exaction dans ses colonies africaines. Albert Londres affiche alors une conviction solide, devenue depuis lors le mantra de bien des journalistes : « Notre métier n'est ni de faire plaisir, ni de faire du tort. Il est de porter la plume dans la plaie. »

Albert Londres est devenu une figure iconique au sein de la profession journalistique. Depuis 1932, un prix prestigieux à son nom est décerné chaque année aux meilleurs journalistes francophones. Mais combien sont-ils à porter vraiment la plume dans la plaie, notamment en ce qui concerne la politique de la France en Afrique ?

Perpétuation des clichés coloniaux

D'une manière générale, l'Afrique est peu présente dans les médias français, renforçant ainsi une grande méconnaissance d'un continent aussi vaste que complexe.

Le traitement médiatique de l'actualité africaine charrie beaucoup de clichés, ce qui n'est d'ailleurs pas une spécificité française, comme le montrent notamment les travaux de Toussaint Nothias, du Centre d'études africaines de l'Université de Stanford. « Le traitement occidental de l'Afrique, résume l'Observatoire européen du journalisme, s'appuie sur des images, une rhétorique et des techniques de langage qui perpétuent l'idéologie coloniale. Le "raisonnement tribal" est souvent présenté comme la cause des conflits en Afrique, et ces derniers sont perçus comme différents des conflits européens par essence. »

La grille de lecture d'un conflit en Afrique, qui résulte pourtant toujours de processus éminemment politiques, consiste ainsi à n'y voir bien souvent qu'une rivalité interethnique ou religieuse avec un rappel quasi obsessionnel des ethnies des responsables politiques locaux. Une façon de percevoir et de présenter les pays africains non pas comme des États, mais comme une simple juxtaposition d'ethnies antagonistes.

Au tournant des années 2000, cette lecture colonialiste, condescendante et finalement infantilisante de l'Afrique est par exemple incarnée par Stephen Smith, journaliste à *Libération* (1988-2000) puis patron du service Afrique du *Monde* et chef adjoint du service Étranger (2000-2005). En 2003, il publie *Négrologie. Pourquoi l'Afrique meurt* chez Calmann-Lévy. Le ton est donné dès les premières lignes. L'auteur y présente l'Afrique sous les traits d'un « Ubuland » sans frontières, une « terre de massacres et de famines, mouroir de tous les espoirs ».

À sa propre question, celle de savoir pourquoi l'Afrique meurt, Stephen Smith répond, volontairement frontal : « En grande partie parce qu'elle se suicide. » L'auteur enfonce le clou lorsqu'il affirme que, « depuis l'indépendance, l'Afrique travaille à sa recolonisation ». En clair, les Africains seraient responsables de leurs propres malheurs et n'auraient donc à s'en prendre qu'à eux-mêmes.

Le livre de Stephen Smith est pourtant accueilli par les hourras de ses confrères de la presse parisienne et gratifié du prix France Télévisions du meilleur essai 2004. Un « remarquable essai » pour *Sud-Ouest*, « compétent, informé et honnête » selon *La Croix*, une « analyse courageuse et sans démagogie » pour France 3, un « terrible réquisitoire et utile rappel » d'après *La Tribune*, un « essai implacable » et « décapant » selon *L'Express*, écrit par un journaliste qui « veut dire la vérité sur l'Afrique noire d'aujourd'hui » pour *Alternatives économiques*...

Les responsables politiques français, eux, saluent la « lucidité » du journaliste du *Monde*. Et cela d'autant plus que l'auteur déresponsabilise l'ancienne puissance coloniale française, faisant une impasse fort surprenante sur la connivence entre certains dirigeants africains et les responsables politiques français sur fond de corruption et de financement occulte de leurs campagnes électorales, mais aussi sur l'exploitation des richesses de l'Afrique ou le maintien depuis des lustres du franc CFA...

En réponse au « discours pervers » développé dans *Négrologie,* Boubacar Boris Diop, Odile Tobner et François-Xavier Verschave publient un ouvrage, *Négrophobie,* qui balaie point par point les arguments développés par Stephen Smith. Mais il n'aura pas les mêmes faveurs de l'élite politique et journalistique française.

Le contrôle de l'information, une vieille tradition

Le contrôle de l'information et donc sa manipulation ont toujours été essentiels dans la stratégie coloniale de la France en Afrique.

Dès le début du XXe siècle, des journaux sont créés par l'administration française ou ses affidés pour magnifier son œuvre. Charles de Breteuil devient un magnat de la presse sur le continent en créant dans les années 1930 la Société africaine de publicité et d'édition fusionnée (SAPEF) qui édite plusieurs titres dans les colonies françaises en Afrique : *Paris-Dakar* devenu *Dakar-Matin* en 1961, *France-Afrique* devenu en 1954 *Abidjan-Matin, La Presse de Guinée* (de 1954 à 1958) et *La Presse du Cameroun* en 1955.

Si la presse coloniale bénéficie d'un soutien politique et économique, il n'en va évidemment pas de même pour celle qui ose la moindre critique. Elle fait face au harcèlement incessant de l'administration française.

En Côte d'Ivoire par exemple, *Africa* lancé en 1946 ne paraîtra qu'une seule fois. Dès son premier et ultime numéro, il est saisi pour avoir dénoncé les abus de la colonisation.

L'Union des populations du Cameroun (UPC) lance *La Voix du peuple du Cameroun* qui porte les aspirations indépendantistes de ses promoteurs. « La colonisation, c'est le vol, c'est le pillage, c'est le meurtre », dénonce le journal en 1950. Cette prise de position n'est pas du goût de l'administration coloniale. Le journal ne paraîtra plus jusqu'en 1952.

Jacques Foccart, le « Monsieur Afrique » du général de Gaulle, connaît lui aussi très bien la presse : il a animé la *Lettre à l'Union française*, une revue (hebdomadaire puis bimensuelle) destinée aux militants gaullistes d'outre-mer, de 1949 à 1958 [→ p. 164].

Devenu secrétaire général aux Affaires africaines et malgaches de l'Élysée, Foccart fonde le Bureau de documentation et de presse (BDP) dont le rôle est, explique l'historien Jean-Pierre Bat, d'« assurer les relations avec la presse française d'outre-mer et les presses et services d'information africains ». Un précieux réseau de fabrique de l'opinion.

Pour ses opérations de manipulation médiatique, Foccart peut notamment compter sur Jean Mauricheau-Beaupré. Ancien résistant, ce dernier a un temps flirté avec la presse, notamment *Le Grand Soir* ou encore *Le Courrier de la colère* alors animé par Michel Debré.

Son efficacité va très vite se faire ressentir, notamment au Congo en proie à une rébellion dans la riche province du Katanga (1960-1963)

[→ III.4]. Après l'échec de la sécession katangaise, Jacques Foccart et Mauricheau-Beaupré lancent, à coups d'articles de presse orientés, une campagne psychologique qui vise à préparer les esprits pour le retour de Moïse Tshombé alors en exil à Madrid. « L'équipe de Mauricheau, explique Jean-Pierre Bat, travaille à le présenter, à travers la presse occidentale, comme le seul Congolais capable d'endiguer la rébellion et empêcher la désagrégation de l'État central. Il s'agit de montrer que cette troisième voie Tshombé, soutenue en coulisse par la France, est la seule apte à solder le chaos congolais. » Et Tshombé devient effectivement Premier ministre en juillet 1964 [→ III.5].

Une opération similaire d'intoxication est menée à la fin des années 1960 suite à la guerre déclenchée par la province sécessionniste du Biafra, au Nigéria. Mais l'instrumentalisation réussie du mot « génocide » par les équipes Foccart pour mieux couvrir l'aide armée clandestine aux sécessionnistes ne suffit pas à empêcher un échec cuisant de cette politique [→ II.8].

Journalistes « amis » et « confidences » orientées pour initiés

Le recours aux journalistes pour des besoins de renseignement en Afrique va se poursuivre après Foccart. L'ancien patron du renseignement extérieur français Claude Silberzahn n'en fait pas mystère dans le livre qu'il publie en 1995 avec Jean Guisnel, *Au cœur du secret. 1 500 jours aux commandes de la DGSE (1989-1993)*. « Si c'est essentiellement aux universitaires que la DGSE offre des billets d'avion et des séjours, écrit-il, [le renseignement français] n'en néglige pas pour autant les journalistes. »

Ainsi, Claude Silberzahn explique que, lorsqu'un spécialiste d'un pays étranger ou d'une région a l'habitude de s'y rendre en reportage, il rencontre plus de monde que ne l'aurait fait le correspondant local de la DGSE. Et il ramène en général plus d'informations qu'il n'en publie dans son journal, pour un souci d'espace, d'opportunité ou d'intérêt. Or, ce qui n'apparaît pas prioritaire pour le journaliste peut se révéler essentiel pour les renseignements. De retour en France, le journaliste conciliant sera donc questionné quelques heures par son contact à la DGSE afin de « rapporter à son agent traitant les informations nouvelles », moyennant bien sûr le remboursement de quelques « faux frais ». Cette technique, confie Silberzahn, fut par exemple utilisée au Gabon dans les années 1990. « Il n'y a rien là qui soit contraire à la déontologie d'un journaliste, ajoute l'ancien patron du renseignement : nous lui dressons une petite *shopping-list*, mais notre ami et "associé" ne voyage pas avec un faux nez. Nous lui proposons un travail parfaitement propre et correct. »

La DGSE n'est pas le seul service à se soucier des médias, loin s'en faut. Ainsi la Direction du renseignement militaire (DRM) crée en 1996 le Bureau d'action psychologique (BAP) placé sous l'autorité du chef d'état-major des armées. L'objectif de ce service est de manipuler la presse, comme le révèle *Le Canard enchaîné* le 8 janvier 1997. L'hebdomadaire satirique montre que l'unanimisme du *Figaro*, de *Libération* ou encore de l'AFP au sujet de la Guyane, présentée comme « livré[e] aux hordes d'immigrés clandestins venus du Surinam voisin », résulte d'un voyage de presse soigneusement ficelé par le BAP.

Et dans le cadre des petites guerres d'influence entre services, la DST, Direction de la surveillance du territoire, la DGSE, la DRM ou même la DPSD, (ancêtre de la DRSD, Direction du renseignement et de la sécurité de la défense), peuvent opportunément laisser fuiter des informations pour savonner la planche à leurs collègues. Les diplomates français ne sont pas en reste, pour accélérer ou bousculer des carrières. *La Lettre du Continent*, bimensuel créé en 1985 par Antoine Glaser au sein du groupe Indigo Publications, est rapidement devenue la caisse de résonance de ce type de « scoops ». Le tarif d'abonnement prohibitif, qui réserve le périodique à une élite française et africaine, renforce la valeur des informations confidentielles qu'il révèle au compte-gouttes, servant au passage des stratégies d'influence politique et économique.

L'information est aussi un enjeu militaire. En 1998, alors qu'enfle la polémique sur le rôle de l'armée française au Rwanda avant et pendant le génocide des Tutsis [→ IV.9], le ministère de la Défense se dote d'une Délégation à l'information et à la communication (Dicod). Son « pôle "Influence" assure les relations médias et valorise le ministère », explique désormais sa page Internet, notamment pour « expliquer ses problématiques et ses enjeux auprès des relais d'opinion ». Elle délivre les accréditations de la défense et coordonne notamment la communication des services d'information et de relations publiques des armées (SIRPA Terre, Air, Marine) et de la Direction générale de l'armement (DGA). En dix ans, son budget annuel va atteindre 9,8 millions d'euros et ses effectifs 220 personnes, afin de participer à la mise en récit médiatique des opérations militaires en Afrique.

La « crise ivoirienne », à partir de septembre 2002 [→ V.5], fait figure de cas d'école en matière de « brouillard médiatique », comme le décryptent Raphaël Granvaud et David Mauger dans leur ouvrage sur l'ingérence française dans ce pays. Contacté par leurs soins, le journaliste Christophe Ayad, alors à *Libération*, concède avoir été « manipulé » (sans dire par qui) au sujet de la nature de la rébellion, qu'il présente à l'époque comme le fruit d'un règlement de comptes au sein du gouvernement ivoirien. Stephen Smith – encore lui – martèle dans *Le Monde* l'accusation des « escadrons de la mort » du camp Gbagbo, apparue dans une interview d'Alassane Ouattara au sujet d'un véhicule de gendarmerie se rendant chez lui au lendemain de l'offensive rebelle. Installée dans le paysage médiatique, cette accusation ne pourra jamais être solidement documentée. Dans *La Croix*, Laurent d'Ersu cite de bien mystérieux « observateurs français avertis » qui le convainquent de dédouaner la rébellion suite à la tentative d'assassinat du ministre ivoirien de la Défense. Pendant des mois, le risque d'un « nouveau Rwanda » est agité un peu partout.

Concernant le massacre de l'hôtel Ivoire en novembre 2004, la manipulation se poursuit plusieurs années après. Le spécialiste « défense » du *Point*, Jean Guisnel, affirme ainsi en 2007 dans l'ouvrage *Histoire secrète de la Vᵉ République* que les militaires français ouvrent le feu sur la foule car ils « défendent » le bâtiment où sont « réfugiés nombre d'Européens » (qui ont en réalité quitté les lieux depuis longtemps). Dans *Libération*, Thomas Hofnung adopte une prudence très officielle en juin 2010 lorsqu'il explique que la France a « frôlé la catastrophe » et qu'« au moins deux Ivoiriens auraient été tués ». En 2013, dans son livre *Le Crocodile et le Scorpion*, Jean-Christophe Notin (lauréat en 2016, pour un autre ouvrage, du « Prix littéraire de l'Armée de terre » décerné par le SIRPA Terre) reprend la thèse soutenue indûment par les autorités françaises selon laquelle les manifestants ivoiriens dissimulaient des pistolets-mitrailleurs sous leur tee-shirt. Un massacre par légitime défense, en somme.

Une presse française docile et complaisante

Mais la plupart du temps, les médias français n'ont même pas besoin d'être manipulés. Ils le font très bien tout seuls en faisant preuve d'une certaine complaisance à l'égard de dirigeants africains pas toujours en phase avec la démocratie et les droits de l'homme. C'est le cas, par exemple, avec l'Ivoirien Houphouët-Boigny le 12 novembre 1965 dans un reportage complaisant diffusé à la télévision française. Sans nuance, le commentaire salue ses grandes réalisations, sa réussite agricole, et magnifie les vertus du parti unique qu'il a instauré dans son pays. Très à l'aise, le président ivoirien profite alors des caméras françaises pour tancer Pékin et le communisme. En pleine guerre froide, cela fait toujours bon effet. Houphouët-Boigny connaît la force du verbe et de l'image. Dès 1944 en effet, il s'est rapproché du journaliste Roger Perriard, devenu plus tard son fidèle et influent conseiller [→ II.7].

Le maréchal Mobutu du Zaïre, dont le pouvoir absolu sur fond de brutalité et d'assassinats politiques s'exerce depuis 1965 [→ III.6], a lui aussi ses heures de gloire à la télévision française. C'est le cas notamment le 7 août 1975 dans l'émission « Profile », où le chantre de « l'authenticité » s'exprime devant les caméras sans qu'à aucun moment il soit mis en difficulté par la moindre question sur ses crimes et le pillage des richesses de son pays. Une complaisance conforme à celle qui s'exerce par ailleurs à l'endroit des responsables politiques français interviewés à la même époque.

Même la presse qualifiée de tiers-mondiste succombe à la propagande françafricaine. En août 1976, Ahmadou Ahidjo dirige le Cameroun d'une main de fer. Au pouvoir depuis 1960, il a réussi à anéantir toute forme de contestation et éliminé, avec le concours de ses alliés français, tous les indépendantistes de l'UPC [→ II.2]. Cela n'empêche nullement *Le Monde diplomatique* de lui consacrer un supplément intitulé « Cameroun : seize ans de stabilité politique », rédigé par des universitaires français comme Raoul Girardet, Albert Bourgi, Pierre-François Gonidec ou encore Edmond Jouve. Ce volumineux dossier, généreusement parsemé de quelques annonces publicitaires de sociétés publiques et parapubliques camerounaises, évoque entre autres la « stature » du président Ahidjo ainsi que les vertus du retour au parti unique, « l'originalité de la politique extérieure du Cameroun », ses bonnes relations avec les pays industrialisés, ou encore le « libéralisme planifié » qui associe le secteur privé aux efforts de développement.

La pratique du « publireportage », c'est-à-dire un article de complaisance financé par l'entreprise ou la personne qui en est le sujet, est une constante dans l'histoire de la médiatisation des relations franco-africaines. Le successeur d'Ahidjo a pris l'habitude d'acheter « des pages publicitaires vantant ses mérites dans les grands journaux européens et américains, comme *Le Monde*, *Le Figaro*, *L'Express* ou le *New York Times* », relève la journaliste Fanny Pigeaud dans l'ouvrage qu'elle consacre à Paul Biya en 2011. En juillet 2009, la Société des journalistes (SDJ) de *L'Express* dénonce d'ailleurs publiquement la diffusion d'un tel publireportage, « en totale contradiction avec le traitement éditorial qui est réservé à ce dirigeant » en temps normal dans ses colonnes.

Sans aller jusqu'au publireportage, certains silences éditoriaux sont tout aussi éloquents. Au Cameroun, en février 2008, quand l'armée tire à balles réelles sur les manifestants s'opposant à la modification de la Constitution, faisant plus d'une centaine de morts et de nombreux blessés, et arrête des milliers de contestataires, les grands médias français s'abstiennent d'analyser ces violences, reléguées à de simples « émeutes de la faim ». Ils n'ont d'yeux que pour la répression menée au même moment par la Chine au Tibet, où la mort de quatre-vingts manifestants est intensément commentée sur tous les plateaux de télé et toutes les radios.

Il y a, enfin, le cas des médias qui se mettent gracieusement au service de ces régimes, notamment quand ils appartiennent à des entreprises ou des groupes ayant des intérêts en Afrique.

Nombre d'autocrates africains peuvent ainsi compter sur la bienveillance de Vincent Bolloré. Très investi dans la logistique portuaire et terrestre, l'industriel, désireux d'étendre son influence dans les pays africains [→ VI.1], est propriétaire de l'agence de communication Havas et contrôle plusieurs chaînes de télévision dont Direct 8 (rebaptisée « D8 » en 2012 puis « C8 » en 2016) et i-Télé devenue CNews en 2017.

En 2006, Direct 8 lance une émission mensuelle intitulée « Paroles d'Afrique » présentée par l'ancien ministre français de la Coopération Michel Roussin. Sous couvert de présenter une bonne image du continent, l'émission donne abondamment la parole aux « amis » africains du groupe Bolloré. « On chante par exemple les louanges d'un livre "très intéressant" du président sénégalais Abdoulaye Wade, relève *Le Monde diplomatique*, en 2009. On écoute religieusement le président gabonais Omar Bongo. On invite l'ambassadeur de la République du Congo à Paris, intime de M. Denis Sassou Nguesso ; ou le patron du syndicat patronal camerounais, par ailleurs soutien politique du président Paul Biya. Sans oublier de diffuser des reportages colorés sur les ports de Douala ou de Pointe-Noire ; sur le transport maritime au Sénégal ou ferroviaire à Madagascar. »

L'Afrique est aussi un vaste « marché » pour les communicants français qui se livrent une bataille féroce pour obtenir les faveurs des chefs d'État africains. Ils et elles s'appellent Patricia Balme, Stéphane Fouks, Yasmine Bahri-Domon, Jacques Séguéla, Claude Marti ou Jean-Pierre Fleury.

Omar Bongo, Alassane Ouattara, Denis Sassou Nguesso, Joseph Kabila, Abdoulaye Wade, Laurent Gbagbo ou (encore) Paul Biya, chaque potentat a son « sorcier blanc ». Le président camerounais est particulièrement fan des communicants venus de Paris. Il les a pratiquement tous essayés. Celle qui semble avoir des appuis solides au palais présidentiel à Yaoundé, c'est Patricia Balme, qui a créé son agence PB Communication. Cette ancienne journaliste à *Jours de France* est souvent reçue sous les ors et lambris du palais par le président Biya devant les caméras de la télévision publique camerounaise.

Ce goût prononcé de nombreux chefs d'État africains pour les gourous parisiens de la communication permet de flatter leur ego et de créer une bulle médiatique fort éloignée de la réalité sociale. Étant donné la proximité de ces communicants avec l'écosystème médiatique et politique hexagonal, il constitue également « un canal privilégié avec le centre du pouvoir français, en l'occurrence l'Élysée », comme l'analyse le journaliste Vincent Hugeux dans son livre *Les Sorciers blancs*.

Jeune Afrique : la voix de son maître

La presse dite panafricaine joue elle aussi un rôle décisif dans la fabrication de l'information et de l'image formatées des dirigeants africains. Plusieurs journaux comme *Africa International*, *L'Autre Afrique*,

Le Gri-Gri international ou *Backchich* qui prétendaient trancher avec cette connivence n'ont pas survécu. Un titre écrase à lui seul l'ensemble de la presse « panafricaine » par son tirage et son influence : *Jeune Afrique*, fondé par le Franco-Tunisien Béchir Ben Yahmed en 1960 [→ p. 363] et dirigé désormais par ses fils Amir et Marwane.

Une longévité qui doit beaucoup à son « pragmatisme commercial » et même au chantage. « Car, comme l'explique encore Vincent Hugeux, "*JA*" monnaie volontiers ses pages auprès des présidences [africaines]. En contrepartie de l'achat d'espaces publicitaires par les ministères ou les entreprises publiques, on obtient un cahier spécial à la tonalité bienveillante, voire un de ces longs entretiens censés asseoir votre stature d'homme d'État. En revanche, gare aux candidats qui ont l'outrecuidance de décliner le "plan de communication" qu'on a la bonté de leur offrir. »

Ainsi, lorsqu'en 2003 le président par intérim de l'Union africaine, l'Ivoirien Amara Essy, souhaite briguer un mandat à la tête de la commission de l'Union africaine, après avoir été le dernier secrétaire général de l'Organisation de l'unité africaine (OUA), il reçoit tout naturellement de la régie publicitaire de *JA* (baptisée « DIFCOM »), une proposition commerciale signée de sa P-DGère Danielle Ben Yahmed, l'épouse du patron du journal. Le *deal* est le suivant : un supplément de seize pages à la gloire de l'ancien ministre ivoirien facturé 192 000 euros. Amara Essy décline l'offre et les représailles ne vont pas tarder. Dans son éditorial, Béchir Ben Yahmed (BBY) soutient alors que l'Ivoirien ne peut en aucun cas être l'homme du nouveau départ de l'institution panafricaine. « Il devrait, je pense, considérer comme accomplie la mission transitoire qui lui a été confiée et se féliciter de passer le relais à un homme de la stature d'Alpha Oumar Konaré », conclut le fondateur de *JA*. Le Malien Alpha Oumar Konaré sera préféré à l'Ivoirien Amara Essy.

Balayant les accusations de monnayage de ses pages auprès de certains despotes africains, BBY plaide le pragmatisme : « Qu'est-ce que vous pouviez faire contre Bongo pour le changer ? s'interroge-t-il, à l'occasion des soixante ans de *Jeune Afrique*. Y avait-il un opposant que l'on pouvait soutenir contre Bongo ? Il n'y en avait pas. Il avait verrouillé le pouvoir et neutralisé ses opposants, qu'il a achetés l'un après l'autre. Paul Biya fait la même chose. Vous êtes donc obligés de vous accommoder de pouvoirs qui se sont installés là, et auxquels il n'y a pas d'alternative. » Des propos parfaitement calqués sur ceux de la diplomatie française…

Un « pragmatisme » qui pousse BBY à changer radicalement de ton vis-à-vis de Paul Kagame. D'abord critique, comme l'était la diplomatie française, *JA* s'attendrit lorsque le président rwandais, soucieux lui aussi de polir son image, accepte les plans de communication proposés par l'hebdomadaire panafricain. « Paul Kagame a séduit *Jeune Afrique*, car il a instauré un système qui a l'air de marcher », commente désormais BBY.

Le directeur de la rédaction, François Soudan, arrivé à *Jeune Afrique* en 1977, lui a même consacré un ouvrage en 2015 (*L'Homme de fer, conversations avec Paul Kagamé*).

François Soudan jouit d'une certaine proximité avec d'autres dirigeants africains, notamment le président congolais Denis Sassou Nguesso. Il a épousé une de ses nièces, Arlette Nonault, elle-même journaliste devenue une cadre du parti-État et même ministre à partir du milieu des années 2010. Ce qui n'est pas sans conséquences sur le traitement de l'actualité congolaise, comme le dénonce une manifestation de groupes d'opposants congolais en France protestant contre le parti pris pro-Sassou du journal, le 16 octobre 2005, devant le siège de *JA*. Pas de quoi bouleverser la ligne éditoriale de l'hebdomadaire. « La limitation des mandats a, en Afrique, ses partisans et ses détracteurs, justifie François Soudan dix ans plus tard, dans un billet publié au moment du tripatouillage de la Constitution ("Aux urnes, Congolais !", 28 septembre 2015). Ce n'est pas parce que les premiers sont de loin les plus audibles, les mieux connectés et les mieux relayés par l'Occident auprès des médias et des ONG que les seconds n'existent pas et n'ont pas d'arguments. »

Une complaisance à géométrie variable. Ainsi, en 2010, Béchir Ben Yahmed n'hésite pas à s'en prendre au bilan « désastreux » du président Joseph Kabila en République démocratique du Congo. « C'est un grand pays qui est en train d'être bradé avec la complaisance de la communauté internationale, l'ONU, les États-Unis, la France, dénonce-t-il. Ce malheureux pays connaît la même malédiction que la Guinée. Il est sorti de Mobutu pour tomber dans Kabila. Et cela fait cinquante ans que ça dure… » On ignore si le régime avait décliné une offre de la régie publicitaire…

Norbert Zongo, Pius Njawé : symboles de résistance et de répression

Ce traitement assez univoque de l'actualité africaine n'épargne pas Radio France internationale (RFI), comme le montre la couverture des obsèques du président Bongo, en juin 2009. Trois heures de direct qui ont déclenché l'ire de l'Intersyndicale de la « radio mondiale. »

« Record battu ! Bongo, mieux que Jean-Paul II, Senghor ou Aimé Césaire qui n'ont eu droit, en leur temps, qu'à une heure ou deux de spéciale en direct. Après avoir refusé pendant des décennies d'être la voix de la France, acceptons-nous d'être aujourd'hui la voix de la Françafrique ? » s'alarme l'Intersyndicale.

En Afrique francophone, cela ne fait pas débat : les médias publics sont en général les porte-voix des pouvoirs en place, tels de simples relais de la propagande officielle. C'est le règne de l'unanimisme. Au Cameroun, le directeur général de la radiotélévision publique (CRTV) Charles Ndongo déclare même le 16 septembre 2016 que le média qu'il dirige est « le tam-tam du président de la République ».

Seuls quelques journalistes et titres de presse, essentiellement dans le secteur privé, osent dénoncer les autocrates africains et le néocolonialisme français. À leurs risques et périls.

C'est le cas de Norbert Zongo, le directeur de l'hebdomadaire *L'Indépendant*, au Burkina Faso, qui dans les années 1990 a l'habitude de dire que « chaque compromission avec une dictature est toujours payée au prix fort ». Autant dire qu'il ne s'accommode pas du régime de Blaise Compaoré, un ami de la France qui règne sans partage sur son pays depuis l'assassinat le 15 octobre 1987 de Thomas Sankara [→ p. 562]. Zongo dérange par sa dénonciation de la dictature et par ses enquêtes, dont celle qu'il mène sur la mort de David Ouedraogo, qui était le chauffeur du frère du président burkinabè. Une enquête qui sera fatale au journaliste, tué le 13 décembre 1998 avec trois autres personnes à Sapouy, à 100 kilomètres au sud de Ouagadougou. Le pouvoir de Blaise Compaoré tente en vain de nier l'évidence d'un assassinat politique qui va marquer la vie publique au Burkina Faso.

Au Cameroun, le journaliste Pius Njawé est maintes fois arrêté, torturé et emprisonné pour avoir tenté d'exercer son métier. Directeur du quotidien *Le Messager* qu'il fonde en 1979, il doit faire face aux foudres de Paul Biya. Le simple fait de relater un « malaise » du président camerounais lors d'un match de football lui vaut par exemple dix mois de prison en 1998. Ce harcèlement, avec à la clé plus de quatre cents procès, selon un décompte de Reporters sans frontières et d'Amnesty International France cités par l'universitaire Thomas Atenga, n'entamera en rien la détermination de ce défenseur acharné des droits de l'homme et de la démocratie, jusqu'à sa mort en 2010.

Cette répression qui installe un climat de peur et d'autocensure dans les rédactions a d'autant plus d'effets qu'elle s'accompagne d'une grande précarité pour la profession en Afrique. Cumulant parfois des mois, voire des années, d'arriérés de salaire, de nombreux journalistes africains se retrouvent à la merci de toutes sortes de compromissions, allant de la simple acceptation d'un très subjectif « voyage de presse » à l'achat de conscience pur et simple.

Les plus résistants se heurtent aux contraintes fixées par leur rédaction : même lorsqu'elle ne se comporte pas comme une obligée du pouvoir en place, elle impose souvent de ne pas contrarier des annonceurs dont les budgets publicitaires sont indispensables à la pérennité financière du journal. Nombre de médias locaux, qui dépendent économiquement de multinationales françafricaines comme Bolloré, Orange, le

PMU, Castel ou la Société générale restent ainsi étrangement muets à leur sujet.

Reste l'exil, pour certains, par nécessité de se mettre à l'abri ou par quête illusoire d'une meilleure situation. Mais là encore, la possibilité d'exercer son métier demeure une gageure, comme le constate amèrement *Le Gri-Gri international* en 2005 : « Salaires de misère, tracasseries administratives… les journalistes africains en France n'ont que leurs plumes pour panser leurs plaies ! »

Repères bibliographiques

Gnimdéwa ATAKPAMA, « Les plumes de la galère », *Le Gri-Gri international*, 24 mars 2005.

Thomas ATENGA, « La presse privée et le pouvoir au Cameroun. Quinze ans de cohabitation houleuse », *Politique africaine*, vol. 97, n° 1, 2005.

Jean-Pierre BAT, « Le marigot médiatique africain. Approches d'une information à rebours (2010-1960), *Le Temps des médias*, n° 16, juin 2011.

Boubacar-Boris DIOP, Odile TOBNER et François-Xavier VERSCHAVE, *Négrophobie*, Les Arènes, Paris, 2005.

Raphaël GRANVAUD et David MAUGER, *Un pompier pyromane. L'ingérence française en Côte d'Ivoire d'Houphouët-Boigny à Ouattara*, Agone-Survie, coll. « Dossiers noirs », Marseille, 2018.

Vincent HUGEUX, *Les Sorciers blancs. Enquête sur les faux amis français de l'Afrique,* Fayard, Paris, 2007.

André-Jean TUDESQ, *Feuilles d'Afrique. Étude de la presse de l'Afrique subsaharienne*, Maison des sciences de l'homme d'Aquitaine, Bordeaux, 1995.

Chapitre 8

La Françafrique prend la vague libérale

Olivier Blamangin et Thomas Borrel

Le 11 janvier 1994, l'annonce de la dévaluation du franc CFA marque une rupture symbolique, comme une digue submergée par la vague libérale qui déferle sur le monde. Avec cette décision, le gouvernement d'Édouard Balladur ouvre une période de profonds bouleversements dans les relations entre Paris et ses anciennes colonies. Pour de nombreux observateurs, la « main invisible du marché » va définitivement avoir raison des réseaux d'un autre âge. La doxa libérale doit s'imposer et, par là même, « normaliser » les relations entre la France et l'Afrique. De fait, en une quinzaine d'années, de nombreux « joyaux » de la Françafrique sont privatisés, restructurés, dépecés pour certains. Quelques symboles tombent – Elf n'est pas le moindre – et les entreprises s'émancipent de la tutelle étatique dont elles ont, longtemps, été le bras armé en Afrique. Mais les logiques d'influence et d'accaparement sont toujours là. L'État se met tout entier au service de ces intérêts privés. Il mobilise diplomatie officielle et connexions de l'ombre pour leur ouvrir les portes de son pré carré ou leur faciliter l'acquisition de sociétés africaines, elles aussi privatisées à tour de bras. De cette lame de fond libérale naissent finalement les nouveaux empires qui, aujourd'hui encore, structurent une large partie des relations entre la France et l'Afrique.

Des craintes patronales vite dissipées

En imposant la dévaluation du franc CFA, le gouvernement d'Édouard Balladur est resté sourd aux pressions du patronat hexagonal, très opposé à ce changement de parité monétaire. Il faut dire que, pour les sociétés françaises, un CFA surévalué fonctionne comme une subvention aux exportations, en même temps qu'il accroît la valeur des actifs détenus. Nombre d'entreprises ont cependant pris les devants et ont rapatrié à temps une partie de leurs avoirs. Près de trente ans après la dévaluation, on ignore toujours si elles ont été informées à l'avance de cette décision. Quoi qu'il en soit, le patronat grince des dents. Le président du Conseil français des investisseurs en Afrique (CIAN) de l'époque, Jean-Pierre Prouteau, s'inquiète d'une « onde de choc » qui « pourrait atteindre 10 milliards de francs pour les entreprises françaises investies en Afrique ». L'impact sera en réalité de courte durée. Pour les sociétés hexagonales, l'effet le plus important est essentiellement comptable, avec une baisse de la valeur des actifs détenus. Les filiales africaines voient également augmenter le coût des emprunts – peu nombreux – qu'elles ont contractés en devises ou se réduire la valeur des créances qu'elles détiennent sur les administrations locales. Mais la Caisse française de développement [→ V.10] veille au grain et met rapidement en place des dispositifs de financement d'urgence. Paris donne la priorité, dans son aide aux États de la zone CFA, à l'épurement de la dette publique vis-à-vis des entreprises. L'augmentation des prix des produits importés entraîne mécaniquement une baisse des exportations françaises. Pour autant, ce renchérissement des prix impacte peu les sociétés dont la production est implantée en Afrique et, dès juillet 1994, le P-DG de Coralma International, la branche tabac du groupe Bolloré, se réjouit dans le journal *Les Échos* d'une compétitivité retrouvée et des « effets positifs de la dévaluation [qui] commencent à se faire sentir ». Surtout, les exportations françaises vers la zone CFA reprennent rapidement pour dépasser, dès 1995, leur niveau d'avant dévaluation.

Les nouveaux empires

Les larmes du patronat français sèchent d'autant plus vite que la dévaluation marque le retour en force du Fonds monétaire international et de la Banque mondiale, qui imposent aux gouvernements de la zone CFA d'accélérer les réformes d'ajustement structurel et relancer les programmes de privatisations. Aucun pays, aucun secteur d'activité n'y échappe, des centaines de sociétés d'État ou de services publics sont mises en vente ou en concession. La carte de la présence hexagonale en Afrique se redessine en profondeur, avec de véritables empires qui se bâtissent parfois en à peine quelques années.

Vincent Bolloré en est, sans aucun doute, l'un des principaux bénéficiaires [→ VI.1]. Mais les vieilles entreprises coloniales françaises ne sont pas en reste. Le groupe agroalimentaire SOMDIAA par exemple, société de la famille Vilgrain installée depuis 1947 au Congo, profite des privatisations pour s'emparer des plantations de canne à sucre et des usines de la CAMSUCO au Cameroun et de la SONASUT au Tchad. Dans la région, son principal rival pour l'acquisition des sociétés sucrières est un autre groupe français, Castel, né dans l'immédiat après-guerre du négoce de vin bon marché entre la métropole et ses comptoirs coloniaux avant de se lancer dans l'aventure brassicole africaine. Le groupe met la main sur une partie des actifs de la Sodesucre en Côte d'Ivoire et sur la SOGESCA en République centrafricaine. Pierre Castel, à la tête de l'entreprise, est un proche d'Omar Bongo depuis la fin des années 1960, qui lui facilite également l'acquisition de la société sucrière gabonaise SOSUHO. La presse parisienne s'alarme d'une possible « guerre du sucre » africaine entre groupes français. Mais les deux rivaux parviennent finalement à s'entendre au début des années 2010, avec l'entrée de Castel au capital de SOMDIAA. Le groupe brassicole prend finalement le contrôle de l'entreprise jusqu'à disposer d'un véritable monopole de la production sucrière dans l'ensemble des pays francophones d'Afrique centrale.

Pierre Castel ne cache pas sa proximité avec de nombreux dirigeants africains. En 2014, dans une interview au magazine *Challenges*, il assume : « Je les connais tous ; ça aide. [Ils] sont reconnaissants quand vous les soutenez. Aucun ne m'a trompé. » Autant d'amitiés qui lui permettent d'étendre son empire au-delà du pré carré traditionnel, sur les marchés en très forte expansion d'Éthiopie ou d'Angola par exemple. Très lié à José Eduardo Dos Santos, président angolais de 1970 à 2018, le Français est ainsi le principal bénéficiaire de la privatisation de la Companhia União de Cervejas de Angola (CUCA), aux côtés de quelques fonds d'investissement des caciques du régime angolais. L'entreprise est naturellement attribuée à Castel sans appel d'offres.

Ces acquisitions sont d'autant plus profitables que les privatisations ne s'accompagnent pas nécessairement – ou pas tout de suite – d'une libéralisation commerciale du secteur concerné. C'est une évidence pour les grandes entreprises de réseaux – eau, électricité, chemins de fer, concessions portuaires ou gestion des aéroports – dont les « monopoles naturels » sont concédés à des entreprises privées comme Bouygues (distribution d'eau et d'électricité de Côte d'Ivoire, distribution d'eau au Sénégal, au Mali et en Centrafrique), Vivendi (distribution d'eau et d'électricité au Gabon, au Tchad et aux Comores, distribution d'eau au Niger) ou Bolloré (réseau ferroviaire du Cameroun et de Côte d'Ivoire, concessions portuaires sur toute la façade atlantique). Mais c'est aussi le cas dans l'industrie ou l'agro-industrie, où l'on ne compte souvent qu'une ou deux cimenterie(s) par pays, une seule brasserie, une minoterie ou un unique distributeur de cigarettes. Et si la rentabilité des entreprises sucrières centrafricaine, camerounaise ou gabonaise est menacée par des importations à bas prix, les privatisations sont assorties de stricts quotas sur les importations, voire parfois de prohibition totale de celles-ci, et/ou d'un monopole de distribution, pour protéger durablement les repreneurs. En fait, la vague libérale aura surtout permis aux entreprises françaises de mettre la main sur des marchés monopolistiques et de s'assurer, pour de nombreuses années encore, de confortables rentes.

Une Afrique couleur Orange

Un secteur fait ici exception, celui des télécommunications, où les multinationales sud-africaine (MTN), anglaise (Vodafone), françaises (France Télécom et Vivendi) ou émiratie (Etisalat) s'affrontent dès les premières privatisations. La compétition est entretenue par la très forte croissance du marché africain des communications. Au milieu des années 1990, le continent compte moins de 2 millions d'abonnés à la téléphonie mobile. Dix ans plus tard, on en dénombre 87 millions, quatre fois plus en 2010. De quoi aiguiser l'appétit de France Télécom, dont la filiale France Câbles & Radio a déjà un pied sur le continent comme opérateur de communications internationales par câbles et satellites. Le groupe, fragilisé par une concurrence croissante sur le marché hexagonal, cherche des relais de croissance externe. La priorité est d'abord européenne, au Royaume-Uni, en Allemagne ou en Europe de l'Est, mais les prix d'acquisition flambent sur le vieux continent. Rien de tel en Afrique, où les conditions de reprise restent accessibles.

En janvier 1997, France Télécom prend donc le contrôle de la société ivoirienne des télécommunications. Quelques mois plus tard, le groupe récidive et entre au capital de la Sonatel, l'opérateur public sénégalais. Très rapidement, l'Afrique « émergente » devient la priorité du groupe français et de sa nouvelle marque Orange. « Nous plantons d'abord notre drapeau dans tous les pays qui ont des liens historiques et culturels avec la France en nous appuyant systématiquement sur des partenaires locaux », explique en 2007 Marc Rennard, alors directeur du groupe pour la zone Afrique et Moyen-Orient. La Sonatel, une « formidable machine à cash », selon le magazine *L'Express*, part ensuite à la conquête des marchés de la Guinée, de la Guinée-Bissau, du Mali et, plus récemment, de la Sierra Leone. France Télécom se porte acquéreur des entreprises publiques mauricienne et centrafricaine, s'implante au Cameroun, au Niger ou à Madagascar, prend des participations dans un opérateur égyptien et se lance à l'assaut des marchés anglophones, au Botswana d'abord, puis au Kenya et en Ouganda. En 2010, le groupe est présent dans quinze pays africains et y réalise un chiffre d'affaires de 3 milliards d'euros. En une dizaine d'années, il s'est hissé en seconde position des opérateurs du continent, derrière MTN, au coude-à-coude avec Vodafone.

Défendre les fleurons de la Françafrique

Naturellement, la vague de privatisations ne touche pas seulement l'Afrique mais déferle aussi sur l'Hexagone. En 1986 déjà, le premier gouvernement de cohabitation avait mis en vente quelques joyaux (Saint-Gobain, Suez, Paribas, TF1, Société générale, etc.). Les gouvernements d'Édouard Balladur (1993-1995) et d'Alain Juppé (1995-1997) accélèrent la cadence. Dans la longue liste des entreprises privatisables figurent quelques « fleurons nationaux » des secteurs bancaires ou de la défense. On y trouve aussi des entreprises très présentes en Afrique, comme la Compagnie générale maritime (CGM) dans le transport de marchandises, Péchiney dans la métallurgie, la SEITA associée à Vincent Bolloré au capital du cigarettier Coralma, ou encore l'assureur UAP, actionnaire de référence de la Coface (Compagnie française d'assurance pour le commerce extérieur) qui gère les garanties de l'État à l'exportation. Et surtout Elf Aquitaine, symbole de la Françafrique [→ IV.4], objet de toutes les attentions.

Le débat hexagonal autour des privatisations se focalise en effet sur le risque d'une prise de contrôle des entreprises stratégiques par des intérêts étrangers. Et puisque le droit européen ne permet pas aux autorités d'interdire formellement l'entrée au capital d'un investisseur qui ne serait pas français, elles vont échafauder deux parades : la constitution de « noyaux durs » d'actionnaires stables par la vente, de gré à gré, de participations à des investisseurs tricolores de référence, et les « actions spécifiques » (*golden share*) qui confèrent à l'État français un droit de veto à l'entrée au capital de tel ou tel investisseur.

Fin 1993, une *golden share* est ainsi créée pour l'entreprise Elf Aquitaine afin « d'éviter que des investisseurs indésirables [ne] portent atteinte aux intérêts nationaux », affirme le ministre de l'Économie Edmond Alphandéry. Dès février 1994, l'État cède 37 % du groupe pétrolier tout en réservant 10 % à un noyau dur constitué notamment d'Axa, de la BNP, de Paribas, du Crédit agricole ou de la Sofexi, une holding du groupe Renault. Le journal *Les Échos* se réjouit en janvier 1995 du « succès » de l'opération, l'ultime participation publique étant vendue par le gouvernement de « gauche plurielle » de Lionel Jospin, en avril 1998. Fin 2002, le gouvernement de Jean-Pierre Raffarin est contraint d'abroger la *golden share* encore détenue par l'État, après son invalidation par la Cour de justice des Communautés européennes. Elle n'a, de toute façon, plus grande utilité. Car, entre-temps, le pétrolier françafricain est plongé dans la tourmente judiciaire [→ V.3]. Alors, plutôt que de s'opposer à une prise de contrôle hostile, autant que le prétendant soit français, en tout cas sur le papier : en juillet 1999, le gouvernement laisse donc le groupe Total se lancer à l'assaut d'Elf. Une bonne affaire pour la major pétrolière qui s'attribue ainsi ses gisements et réseaux d'influence en Afrique. Mais un échec pour les souverainistes les plus sourcilleux puisque le nouveau groupe TotalFinaElf est, dès sa constitution, détenu par des investisseurs institutionnels majoritairement étrangers.

Moins connue, la Compagnie française pour le développement des fibres textiles (CFDT) illustre également à merveille l'énergie déployée autour de la privatisation d'un fleuron françafricain. Créée en 1949 par l'État colonial, la société garde la main sur la production cotonnière d'Afrique francophone. Elle a même conservé l'essentiel de son influence malgré la création, au lendemain des indépendances, de sociétés cotonnières nationales, dans lesquelles elle reste actionnaire et dont elle a continué à assurer les débouchés. En 2001, en vue de sa mise en vente, la société est rebaptisée « Dagris ». Le sujet est sensible dans les milieux françafricains et le processus de cession connaît des interventions d'émissaires en cascade et de multiples rebondissements.

Finalement, en 2008, l'État cède de gré à gré 51 % du capital au consortium Géocoton, formé par le groupe français de négoce Advens du Franco-Libano-Sénégalais Abbas Jaber, ami du fils du président sénégalais Abdoulaye Wade, et par la CGA-CGM du Français Jacques Saadé. L'avocat franco-libanais Robert Bourgi, qui aime à se présenter comme un héritier de Foccart [→ VI.5], n'a pas ménagé ses efforts pour ce duo gagnant, de même que l'incontournable Anne Méaux, communicante en vogue du CAC 40, ou encore l'ancien eurodéputé Michel Scarbonchi, ex-sous-officier parachutiste du 1er RPIMa, cousin du patron du contre-espionnage (de 2008 à 2012) Bernard Squarcini et lobbyiste appointé de quelques dirigeants africains, comme l'Ivoirien Laurent Gbagbo ou le Togolais Faure Gnassingbé. L'Agence française de développement (AFD) hérite de 14 % du capital afin de veiller quelques années encore aux intérêts cotonniers hexagonaux. L'essentiel est préservé puisque, même privatisé, le groupe reste « français ». Son siège est à Paris, ses réseaux d'influence aussi.

Le mythe du désengagement français en Afrique

La conquête du monde, toutes les entreprises françaises en rêvent. Elles ont, depuis longtemps, ouvert des filiales et des représentations commerciales sur les quatre continents. Mais, comme le souligne Martine Orange dans *Histoire secrète du patronat*, le mouvement qui s'amorce dans les années 1990 est d'une tout autre nature : « il s'agit d'acheter des concurrents, de rafler des places, d'acquérir une taille mondiale », il faut « manger ou être mangé ». La « taille critique » devient l'obsession des chefs d'entreprise et des dirigeants politiques hexagonaux, avec le sentiment d'un retard accumulé vis-à-vis d'autres pays.

Tous les regards se tournent vers l'Asie, en particulier la Chine, ou vers les Amériques – du Nord et du Sud – qui font figure de nouveaux eldorados. Et dans cette course effrénée à l'internationalisation, les marchés africains, aussi rentables soient-ils, apparaissent souvent bien étroits.

D'autant que les perspectives de croissance y restent, jusqu'au milieu des années 2000, très incertaines. Les acquisitions qui s'y réalisent, notamment à l'occasion des privatisations, se font à des prix sans commune mesure avec les opérations outre-Atlantique, ce qui pèse inévitablement sur les statistiques. En réalité, les investissements français en Afrique continuent de croître – le stock d'investissements y est même multiplié par douze entre 1995 et 2010 ! – mais à un rythme plus lent qu'en Asie ou en Amérique latine. Les écarts qui se creusent donnent l'illusion d'un désengagement. Ce n'en est pas un.

Au tournant des années 2000, on parle encore peu de concurrence chinoise mais le mythe de « l'abandon » du continent par les entreprises françaises s'impose progressivement dans l'opinion, porté par un afro-pessimisme ambiant très en vogue. Il se diffuse d'autant plus que les mutations de l'outil productif hexagonal pèsent sur la perception des relations entre la France et l'Afrique, avec un déplacement des enjeux économiques du secteur industriel, très mal en point, vers celui des services.

Les restructurations de Péchiney, géant tricolore de l'aluminium et de l'emballage, illustrent parfaitement ce basculement. Le groupe est en effet l'héritier d'une très longue histoire africaine, qui prend corps dans les années 1950. L'électricité est alors une ressource rare mais indispensable à la fabrication d'aluminium par électrolyse. Péchiney s'intéresse de près au potentiel hydroélectrique des colonies françaises. Il lance des études au Congo, en Guinée ou au Cameroun, où le projet se concrétise, à la veille des indépendances, par la construction d'une usine d'aluminium adossée au barrage hydroélectrique d'Édéa. En 1957, le groupe se lance dans la construction d'une raffinerie d'alumine à Fria, en Guinée, dont les gisements de bauxite comptent parmi les plus riches au monde – le projet sera mené à son terme, malgré la crise franco-guinéenne [→ II.3]. Mais la crise des années 1970 rattrape le métallurgiste français qui enchaîne restructurations et tentatives ratées d'internationalisation. Privatisé en 1995, Péchiney se retire de Guinée dès 1997 et passe en 2003 sous le contrôle du canadien Alcan, lui-même avalé en 2008 par le géant du secteur, l'anglo-australien Rio Tinto. La plupart des quarante entreprises françaises du groupe – raffineries, usines d'aluminium par électrolyse, laminoirs – sont alors vendues « à la découpe », à des intérêts espagnols, allemands, indiens ou nord-américains, quand elles ne sont pas tout simplement fermées. De ce groupe intégré et très sourcilleux sur la sécurisation de ses approvisionnements, il ne reste aujourd'hui presque rien. Rio Tinto, qui se désengage progressivement de toutes les activités de transformation, annonce en octobre 2014 qu'il cesse ses participations dans la société camerounaise Alucam. Avec la désindustrialisation, les enjeux de l'accès aux matières premières africaines sont moins prégnants pour l'Hexagone, alors qu'ils deviennent absolument centraux pour la Chine, le nouvel atelier du monde.

La valse des pantouflages

La création des « champions français » est naturellement accompagnée et encouragée par le pouvoir politique, de droite comme de gauche, qui ne rechigne pas à intervenir pour faciliter l'acquisition d'une entreprise étrangère ou peser sur l'attribution d'un marché. La « diplomatie économique » n'est pas chose nouvelle, mais elle change ici de forme et d'objectif : l'État se désengage, privatise à tour de bras, abandonne ses ambitions de contrôle direct, tout en mettant ses réseaux – diplomatiques comme officieux – au service des intérêts privés nationaux. La « Mission Entreprises » créée en 1998 à l'initiative d'Hubert Védrine au sein du ministère des Affaires étrangères témoigne du volontarisme du pouvoir politique en ce domaine. Les liens très étroits tissés de longue date entre diplomates, responsables politiques et grands patrons français participent de ce « mélange des genres ». On passe d'un « monde » à l'autre, pour revenir à l'ancien, sans que cela offusque qui que ce soit.

Le plus connu de ces transfuges françafricains est sans doute Michel Roussin, ancien directeur de cabinet de Jacques Chirac [→ IV.1] puis ministre de la Coopération dans le gouvernement Balladur, qui prend la présidence du « Comité Afrique » du Medef international avant de mettre son carnet d'adresses en Afrique au service du groupe Bolloré (mais aussi d'EDF, de 2010 à 2015).

On peut également citer Pierre Arnaud, alors directeur général de la Proparco, une filiale de la Caisse française de développement (future AFD) dédiée au secteur privé, qui prend en 1997 la vice-présidence de la Compagnie fruitière, ancienne société coloniale marseillaise qui prospère grâce à ses bananeraies du Cameroun et de Côte d'Ivoire. Il connaît d'autant mieux l'entreprise que la Proparco est, depuis 1987, actionnaire de sa filiale camerounaise.

Les responsables politiques sont particulièrement prisés des groupes français qui appointent des hommes d'influence, comme, de l'UMP (Union pour un mouvement populaire), Jean-Pierre Cantegrit, président du groupe d'amitié France-Afrique centrale au Sénat et représentant des Français établis hors de France, qui cumule son mandat avec la fonction de « chargé des relations extérieures » du groupe Castel. Selon ses dires, rapportés par Mediapart en 2011, son prédécesseur à cette fonction n'était autre que l'influent François de Grossouvre, très proche conseiller du président François Mitterrand [→IV, introduction].

La Françafrique s'est donc fondue dans la mondialisation sans se dissoudre : la « normalisation » annoncée n'est pas venue. En mai 2006, devant les parlementaires béninois, le ministre de l'Intérieur Nicolas

Sarkozy, affirme encore, péremptoire, que « ces grands groupes français n'ont pas besoin de la diplomatie française pour exister et se développer en Afrique. S'ils y sont aussi dynamiques, c'est à l'ancienneté de leur implantation – ils ont cru à l'Afrique avant beaucoup d'autres –, au talent de leur management et de leurs collaborateurs qu'ils le doivent, et à eux seuls ». En est-il lui-même si sûr ? Un an et demi plus tard, Vincent Bolloré, l'un de ses intimes, est en lice pour la concession du port de Lomé alors que se tient le sommet Europe-Afrique de Lisbonne. *Le Canard enchaîné* rapporte que Nicolas Sarkozy, devenu chef de l'État, se penche à l'oreille du jeune dictateur togolais Faure Gnassingbé et lui glisse : « Quand on est ami de la France, il faut penser aux entreprises françaises. » Sans nul doute une injonction très « amicale », qu'un président français ne peut se permettre qu'en Françafrique.

Repères bibliographiques

Laurence BADEL, « Diplomatie et entreprises en France au XXe siècle », *Les Cahiers Irice*, vol. 3, n° 1, 2009.

Thomas DELTOMBE, Alain DENEAULT, Thomas NOIROT et Benoît ORVAL, « Multinationales françaises : entre Françafrique et mondialisation », *in* Thomas NOIROT et Fabrice TARRIT (dir.), *Françafrique, la famille recomposée*, Syllepse, Paris, 2014.

Andrea GOLDSTEIN, « Privatisations et contrôle des entreprises en France », *Revue économique*, vol. 47, n° 6, 1996.

Martine ORANGE, « Le triomphe du capitalisme financier », *in* Benoît COLLOMBAT et David SERVENAY, *Histoire secrète du patronat de 1945 à nos jours*, La Découverte, Paris, 2014.

Olivier PIOT, « Les entreprises françaises défiées dans leur pré carré », *Le Monde diplomatique*, avril 2017.

Erwan SEZNEC, « PS et RPR à l'heure des privatisations des années 1980 : grandes manœuvres et petits arrangements », *in* Benoît COLLOMBAT et David SERVENAY (dir.), *Histoire secrète du patronat de 1945 à nos jours*, La Découverte, Paris, 2014.

SURVIE, rapport « De l'Afrique aux places offshore : l'empire Castel brasse de l'or », avec le soutien de la Plateforme Paradis fiscaux et judiciaires, juin 2021 (disponible sur <https://survie.org>).

Le droit au service de la France : l'OHADA, une « réussite africaine » très parisienne

Dans la zone franc [→ III.2], la France n'intervient pas uniquement sur la politique monétaire : elle s'applique, depuis la fin de la guerre froide, à ce que son influence juridique ne régresse pas. Volontiers présentée comme une « réussite africaine », l'Organisation pour l'harmonisation en Afrique du droit des affaires (OHADA) est une création française, à l'initiative de Paris : Jacques Godfrain, ministre de la Coopération de 1995 à 1997, sous Jacques Chirac, en revendique même la paternité. Si l'institution s'est certes mise en place à cette période, sa genèse est plus ancienne.

Réunis à Paris, en octobre 1991, les ministres des Finances de la zone franc – dont le Français Pierre Bérégovoy – demandent à la France de financer une mission d'étude sur l'insécurité juridique comme frein à l'investissement étranger dans la zone monétaire. En réalité, le principe peut être élargi au-delà de cet espace. Un an plus tard, les chefs d'État rassemblés au sommet France-Afrique de Libreville approuvent ainsi dans leur déclaration finale « le projet d'harmonisation du droit des affaires » et demandent « aux ministres des Finances et de la Justice de tous les pays intéressés d'en faire une priorité ». Ils désignent un directoire de trois juristes pour mettre en œuvre le projet, le Sénégalais Kéba Mbaye et deux Français : le haut fonctionnaire et conseiller d'État Michel Gentot et le conseiller à la Cour de cassation Martin Kirsch, ancien conseiller Afrique du président Valéry Giscard d'Estaing (1980-1981).

C'est finalement après l'arrivée d'Édouard Balladur à la tête du gouvernement français que le traité fondateur de l'OHADA, préparé sous la houlette de ce trio, est adopté au sommet de la Francophonie à l'île Maurice, en octobre 1993.

« Contrôler la norme, c'est bien souvent gagner le marché »

À l'heure où la vague libérale déferle sur l'Afrique francophone [→ V.8], le corpus de règles juridiques accumulées progressivement dans le cadre de l'OHADA sécurise effectivement les investissements extérieurs en leur assurant un droit des affaires stable – un État seul ne peut pas le remettre en cause – et commun aux pays qui en sont membres. En pratique, il s'agit d'un droit des affaires dit « continental », similaire à celui de la France, en opposition au système juridique anglo-saxon, basé sur la *Common Law*. Il avantage de ce fait les acteurs économiques français.

Comme l'explique la chargée des relations extérieures avec l'Afrique et les pays francophones au Conseil supérieur du notariat, Anne-Marie Cordelle, lors d'un colloque sur la francophonie en 2016, « tout pays qui achète une langue, achète un système juridique et derrière il y a les entreprises, et derrière il y a des parts de marché pour les entreprises qui parlent cette langue ». L'organisation compte dix-sept États membres : les quinze pays de la zone franc, auxquels se sont ensuite joints la Guinée en 2000 et, douze ans plus tard, le Congo-Kinshasa. Une bulle juridique francophone qui ne doit rien au hasard.

Le Conseil d'État français le reconnaît dans un rapport de 2001 : le « rayonnement juridique » est « un élément de puissance » au plan politique mais aussi économique. « Contrôler la norme c'est aujourd'hui bien souvent gagner le marché », note-t-il. Le juge administratif suprême rappelle que la rédaction du traité fondateur de l'OHADA et des actes juridiques qui s'imposent aux États membres « s'est faite sous l'impulsion du gouvernement français avec une large participation de juristes français », et que l'organisation « reste très fortement marquée par l'influence de la France ».

Dans son rapport « Relancer la présence économique française en Afrique », l'ancien ministre de l'Économie Hervé Gaymard calcule en 2019 que la France y a investi plus de 20 millions d'euros depuis sa création. Même si le soutien financier est moins important depuis le milieu des années 2000, un expert technique français reste dépêché auprès du secrétariat général, basé à Yaoundé, précise-t-il.

Tous les députés, sénateurs et anciens ministres qui rédigent des rapports pour s'inquiéter de la perte d'influence culturelle ou économique française appellent à appuyer l'OHADA. Ainsi, tout en proposant que la France œuvre à son élargissement géographique, Hubert Védrine, Lionel Zinsou, Jean-Michel Severino, Tidjane Thiam et Hakim El Karoui s'inquiètent, dans un rapport publié en 2013 (« Un partenariat pour l'avenir »), de ce « capital commun que la France sous-valorise : la maîtrise de l'outil OHADA [qui] offre une position forte et ouverte de la France vis-à-vis des investisseurs anglo-saxons, africains anglophones et émergents ». Dans son rapport de 2019, Hervé Gaymard, qui a succédé à Jacques Godfrain à la tête de la Fondation Charles de Gaulle, est catégorique : « Ne pas apporter un soutien politique, technique et financier maximal à l'OHADA et à des projets connexes, dans un contexte où la France cherche à la fois à augmenter son aide au développement, à encourager les entreprises françaises à s'implanter en Afrique, et à encourager le secteur privé africain, serait incompréhensible. »

Thomas Borrel

Chapitre 9

Saccage et verrou nucléaire français au Niger

Raphaël Granvaud

Depuis près de cinquante ans, l'existence du parc nucléaire français est justifiée par l'« indépendance énergétique » qu'il procure à la France en matière de production d'électricité. Mais comment parler d'indépendance alors que l'uranium nécessaire au fonctionnement des centrales provient en totalité de l'étranger depuis 2001, comme c'était déjà le cas en grande partie auparavant ? Ce mythe coriace de l'« indépendance énergétique » a permis d'occulter l'importance de l'uranium africain dans l'histoire du nucléaire français ainsi que les conditions environnementales, sanitaires, économiques et politiques de cet approvisionnement.

Car le bilan de cinquante ans d'exploitation de l'uranium au Niger par les filiales d'Areva (aujourd'hui Orano) est édifiant. Cet uranium a contribué pour un tiers à la production d'électricité par les centrales nucléaires françaises et donc joué un rôle non négligeable dans le maintien de la France parmi les principales puissances économiques mondiales. Aujourd'hui encore, Paris demeure dépendant à 100 % de l'uranium du Niger pour le nucléaire à usage militaire. Quant à Areva, c'était le premier groupe mondial du nucléaire civil, jusqu'à son démantèlement. Son chiffre d'affaires a toujours été de très loin supérieur au PIB du Niger et les mines nigériennes ont toujours été considérées comme stratégiques aux yeux de l'entreprise, même après la diversification des pays d'approvisionnement. Pour sa part, le Niger n'a, selon diverses estimations, récupéré qu'environ 12 % de la valeur marchande de l'uranium produit et n'a jamais quitté le podium des trois pays les plus pauvres de la planète, cumulant les indicateurs de développement humain les plus catastrophiques dans les domaines de la santé, de l'éducation, de la malnutrition et de la mortalité infantile. Et, bien sûr, la plupart des Nigériens n'ont toujours pas accès à l'électricité, qui reste largement importée du Nigéria voisin…

Une double omerta

Pour sécuriser ce qu'il faut bien appeler le pillage de l'uranium nigérien au détriment des populations, les autorités françaises ont soutenu les régimes les moins démocratiques, en tout cas tant qu'ils respectaient les intérêts français. L'exploitation du sous-sol nigérien s'est donc trouvée au croisement d'une double omerta, d'une double raison d'État : ce qui est propre, d'une part, à la filière nucléaire (militaire puis civile) et, d'autre part, au néocolonialisme. Les acteurs historiques du nucléaire français sont d'ailleurs pour partie les mêmes que ceux de la Françafrique : le gaulliste Pierre Guillaumat, par exemple, qui fut le père du programme nucléaire militaire français [→ p. 215], fut également par la suite le premier président d'Elf [→ IV.4].

En 1945, quand est créé le Commissariat à l'énergie atomique (CEA), une campagne de prospection tous azimuts est lancée en France et dans les colonies. En Afrique, après quelques espoirs déçus à Madagascar, c'est en 1956 au Gabon qu'est découvert le premier gisement valable, exploité à partir de 1961. En 1963, de Gaulle passe un contrat d'approvisionnement en uranium avec l'Afrique du Sud dominée par le régime raciste de l'apartheid. Le minerai provient pour partie de la Namibie, occupée illégalement par Pretoria, malgré plusieurs résolutions de l'Assemblée générale de l'ONU. La Cour internationale de justice condamne également les transactions commerciales qui impliqueraient une reconnaissance de cette occupation coloniale. Pourtant, les collusions françaises avec l'Afrique du Sud se poursuivront avec tous les successeurs de De Gaulle, en matière nucléaire comme dans d'autres domaines [→ III, introduction]...

C'est toutefois sur le Niger que reposent les espoirs les plus importants, satisfaits avec la découverte du site d'Arlit en 1966. Après l'échec du projet d'Organisation commune des régions sahariennes (OCRS), le contrôle de l'uranium et du pétrole est l'une des raisons du maintien d'un dispositif de domination de la France sur ses anciennes colonies. Après avoir contraint à l'exil le leader indépendantiste Djibo Bakary [→ II.1], le Niger indépendant est confié à Hamani Diori, francophile convaincu, qui instaure un régime autoritaire à parti unique et s'appuie sur un groupe de conseillers français connus à Niamey sous le nom de « mafia corse » en raison de leur origine géographique. Parmi ceux-ci, Don Jean Colombani, qui passe du poste de gouverneur à celui d'ambassadeur de France, et Nicolas Leca, qui restera directeur de cabinet du président Diori jusqu'à sa chute en 1974. Les indépendances n'ont été concédées qu'en échange d'accords de coopération dans des domaines très variés et notamment celui de la défense [→ II.4]. Les annexes de ces derniers contiennent des clauses à caractère économique relatives à l'« approvisionnement préférentiel » sur les « matières premières et produits classés stratégiques » dont les pays africains doivent réserver « par priorité [la] vente à la République française ». Il n'y a donc nulle souveraineté en la matière. Dès lors, quand la Société des mines de l'Aïr (Somaïr) est fondée en 1968 pour exploiter le gisement d'Arlit, le Niger n'obtient que 20 % des parts et doit concéder des dispositions fiscales très avantageuses pour l'ancienne métropole. En 1970 la création de la deuxième société minière, la Cominak, s'effectue dans des conditions à peine moins défavorables.

Chasse gardée nucléaire

Confronté à une contestation sociale grandissante, et encouragé par la hausse du prix des matières premières après le choc pétrolier de 1973, Diori exige bientôt une revalorisation du prix de l'uranium. Alors que la France, sous l'impulsion du Premier ministre Pierre Messmer, lance son grand programme de construction de centrales, le président nigérien demande que le prix de l'uranium nigérien soit apprécié au regard de la valeur stratégique qu'il représente pour Paris, et pas simplement en fonction du cours du minerai sur le marché mondial, largement décidé à l'époque par les ententes secrètes d'un cartel de quelques pays. En mars 1974, la délégation française refuse de négocier sur cette base et quitte le Niger. Les discussions sont repoussées d'un mois. Mais entre-temps, alors que Diori s'apprête à prononcer à l'ONU un discours sur les matières premières, il est renversé par un coup d'État militaire conduit par son chef d'état-major, Seyni Kountché. Le putsch s'appuie sur la crise politique que traverse alors le Niger : le régime, après plusieurs vagues de répression, est au sommet de son impopularité. Des dissensions se font jour jusqu'au sein du parti unique, et les relations du président avec l'institution militaire n'ont cessé de se tendre. Au vu des circonstances et d'un certain nombre d'éléments troublants, il a longtemps semblé évident que les militaires avaient dû obtenir des gages de non-intervention côté français avant de passer à l'action. Mais depuis 2014, les travaux du chercheur Klaas van Walraven, menés sur la base d'archives gouvernementales françaises inédites, suggèrent qu'un plan militaire secret pour remettre rapidement Diori au pouvoir commence à être mis en œuvre avant d'être annulé, ce qui écarterait le scénario d'une complicité des autorités françaises avec les putschistes. Des zones d'ombre subsistent toutefois concernant le rôle exact joué, à l'époque, par Jacques Foccart.

Quoi qu'il en soit, une fois la junte militaire au pouvoir, le Niger revoit à la baisse ses prétentions et se contente d'une hausse raisonnable du prix de l'uranium, conformément aux attentes de Paris. Durant tout son règne, marqué par l'affairisme et la répression, Kountché se montre d'ailleurs soucieux de ménager les intérêts économiques français. Il « a accompli honnêtement sa tâche de chef d'État », résume Foccart dans ses Mémoires. Si l'avis est partagé par le président socialiste François Mitterrand qui fait du Niger sa première destination africaine après son accession à l'Élysée, il ne l'est évidemment pas par la population nigérienne… À la mort de Kountché en 1987, le général Ali Saibou prend la relève mais se voit contraint par la mobilisation syndicale et populaire de jouer la carte de la « décrispation » avant de concéder le multipartisme. En 1990, une Conférence nationale débouche sur une nouvelle Constitution pour un régime démocratique, contre l'avis de la diplomatie française. Mais l'expérience est de courte durée : à la faveur d'une crise politique due aux rivalités entre partis pour le partage du pouvoir, le pays est victime d'un nouveau coup d'État militaire.

Le 27 janvier 1996, le général Ibrahim Baré Maïnassara (dit « IBM ») prend le pouvoir à la tête d'un Conseil de salut national, cinq jours après le passage à Niamey du patron de la DGSE, Jacques Dewatre. La coïncidence est troublante. Sous l'impulsion de Fernand Wibaux, adjoint de Foccart et représentant personnel de Jacques Chirac auprès des chefs d'État africains, les putschistes reçoivent rapidement la bénédiction des autorités françaises et des dictateurs francophiles des pays voisins. Affilié à la Grande Loge nationale française (la loge maçonnique préférée des dictateurs françafricains) [→ IV.2], fraîchement diplômé du Collège interarmées de défense (l'École de guerre) à Paris, IBM a le *curriculum vitæ* idéal. Néanmoins, pour l'Élysée et les bailleurs de fonds internationaux, un effort d'habillage électoral s'impose. Les conseillers français pressent donc Baré d'organiser un scrutin. En contrepartie, la coopération française sera rétablie moins de cinq semaines après sa suspension. Le général s'exécute et se fait tailler une nouvelle Constitution sur mesure par le député et juriste gaulliste Pierre Mazeaud, un spécialiste en la matière. Malgré cela, IBM n'arrive qu'en troisième position du scrutin présidentiel. La Commission électorale nationale indépendante (CENI) qui fait de la résistance est dissoute, tandis que la répression frappe tous les opposants. Baré se proclame vainqueur au premier tour, ce qui n'empêche pas la France d'envoyer son ministre français de la Coopération, Jacques Godfrain, un disciple de Foccart, assister à une cérémonie d'investiture boycottée par la plupart des autres pays. Une fois Lionel Jospin arrivé à Matignon, les socialistes oublient leurs critiques et se contentent d'avaliser la légitimité du nouvel homme fort. En 1999, la farce électorale et la répression de la contestation populaire se répètent mais cela n'empêche pas IBM d'être officiellement reçu à l'Élysée et d'exprimer publiquement sa gratitude à cette occasion : « Même après le coup d'État, la France a été pratiquement le seul pays à nous accompagner dans ce que nous avons fait depuis, dit-il. [...] N'eût été l'intervention des autorités françaises, certainement les choses se seraient passées autrement. »

Mais le 9 avril 1999, Baré est abattu, à son tour victime d'un coup d'État fomenté par le chef de la Garde présidentielle, Daouda Malam Wanké. Les autorités françaises dénoncent sans rire « un recul pour la démocratie » et suspendent leur coopération. Wanké promet de se retirer, non sans avoir pris soin d'obtenir des garanties d'amnistie pour tous les militaires putschistes. Tandis qu'un pouvoir de transition continue d'être fustigé par la France, société civile et partis politiques nigériens sont associés à la rédaction d'une nouvelle Constitution. Six mois plus tard, une élection présidentielle porte au pouvoir Mamadou Tandja, ancien militaire devenu préfet, puis responsable politique. Les relations sont au beau fixe avec la France pendant plusieurs années, le différend le plus important portant sur l'annulation d'une étape de la course du Paris-Dakar en janvier 2000. Le pays, qui n'avait pas reçu de président français depuis la visite de Mitterrand en 1982, accueille à grands frais le président Chirac en mai 2003, lequel félicite chaleureusement Tandja pour sa réélection l'année suivante. Tant qu'on ne touche pas à l'uranium, les autorités françaises sont satisfaites.

Poker menteur pour le contrôle d'une mine d'uranium

Les relations franco-nigériennes se tendent à nouveau à partir de 2006. À l'instar de Diori en 1974, s'appuyant sur un nouveau contexte international, Mamadou Tandja engage à son tour un bras de fer avec Areva et les autorités françaises pour une revalorisation du prix de l'uranium. Alors que les lobbies pro-nucléaires veulent faire croire que la construction de nouvelles centrales représente la solution au réchauffement climatique, le cours de l'uranium se met à flamber sur le marché mondial. Après un pic à 86 $/kg atteint en 1978, puis une chute régulière, jusqu'à son minimum historique de 14 $/kg en 2001, le cours du minerai remonte brutalement. En 2006, Areva paie 27 300 francs CFA le kilogramme (soit 52 $/kg) en vertu d'une convention qui court jusqu'à fin 2007, quand le prix sur le marché mondial caracole à 146 $/kg. Il atteint même un maximum de 272 $/kg en juin 2007. Certes, les fluctuations quotidiennes des cours mondiaux ne reflètent pas le prix des marchés négociés à long terme, qui représentent l'essentiel des transactions. Mais le décalage paraît alors trop énorme, d'autant que le prix payé par Areva est aussi inférieur de moitié à la moyenne internationale de ces contrats.

Dans le contexte de la mondialisation libérale, Mamadou Tandja entend désormais jouer de la concurrence pour faire pression sur Areva. Depuis 2004, il distribue des permis d'exploration à un rythme et dans des conditions d'opacité qui donnent rapidement le vertige aux ONG soucieuses de transparence. Si beaucoup d'entreprises ne sont que des « juniors » à la recherche de coups spéculatifs, ce n'est pas le cas de la China Nuclear Uranium Corporation (CNUC) qui fait son apparition sur deux petits gisements en 2006, annonçant la fin du monopole jusque-là détenu par Areva. À l'inverse, les demandes de nouveaux permis formulées par la firme française restent lettre morte, à commencer par celui du gisement d'Imouraren grâce auquel, dans le contexte d'euphorie nucléaire de l'époque, l'entreprise annonce vouloir doubler sa production mondiale. Les exigences de Mamadou Tandja se font d'autant plus pressantes que le régime doit bientôt faire face à une nouvelle rébellion touarègue : le Mouvement des Nigériens pour la justice (MNJ) attaque des installations minières à partir de février 2007.

Pour répondre à cette situation inédite, Areva décide alors de faire appel à deux personnalités au *curriculum vitæ* bien marqué. Le diplomate Dominique Pin, ancien membre de la cellule Afrique de l'Élysée, prend la tête d'Areva au Niger. Et la société de sécurité privée EPEE, chargée de la protection des installations françaises à l'étranger, recrute le colonel Gilles Denamur, ex-attaché de défense à l'ambassade de France à Niamey dans les années 1990, au moment où la précédente rébellion touarègue avait fait l'objet d'une forte ingérence des services secrets français. Sitôt nommé, le colonel Denamur établit des contacts avec la rébellion, dans le dos des autorités nigériennes. La riposte de Tandja est immédiate : Denamur est expulsé pour « intelligence avec l'ennemi ». Un mois plus tard, c'est au tour de Dominique Pin de connaître le même sort. Dans un pays où la France et Areva ont fait la pluie et le beau temps pendant des décennies, c'est du jamais-vu. Si l'on ne peut prouver que les Français ont tenté d'instrumentaliser la rébellion pour affaiblir Tandja, il ne fait guère de doute qu'ils ont, *a minima*, tenté d'obtenir une trêve au seul profit d'Areva et donc au détriment de ses concurrents. Les autorités françaises font profil bas et Areva finit par plier : le prix de l'uranium est progressivement doublé et le Niger regagne le droit de vendre directement une partie de sa production sur le marché mondial.

Mais la crise entre Paris et Niamey n'est pas complètement soldée. Un contentieux reste encore en suspens : la concession du gisement d'Imouraren, que Tandja menace d'attribuer en partie aux Chinois, à moins que Paris n'accepte de manifester un soutien politique clair au chef de l'État nigérien. En effet, au terme de son second mandat, Mamadou Tandja ne peut théoriquement plus se représenter, mais il n'entend pas pour autant lâcher le pouvoir. Son projet de coup d'État constitutionnel se fait de plus en plus clair et suscite une opposition virulente jusque dans son propre camp politique. À défaut d'un soutien intérieur, Tandja souhaite l'appui du pays qui, à l'ONU, tient la plume pour les résolutions concernant les pays africains francophones. La convention d'exploitation du site d'Imouraren est finalement signée début 2009, après que Nicolas Sarkozy a accepté de faire escale au Niger et d'accorder publiquement un certificat de bonne moralité démocratique à son hôte. Le Niger lâche finalement du lest : sa participation dans la nouvelle société d'Imouraren reste minoritaire (33,35 % contre 66,65 % à Areva) et les autres projets de développement économique exigés par Niamey, notamment la construction d'une ligne de chemin de fer, restent à l'état de promesse. Mamadou Tandja passe en force, s'arroge les pleins pouvoirs, muselle l'opposition grandissante et fait adopter par la fraude une nouvelle Constitution. Une fois Imouraren obtenu, le soutien français sera de courte durée. Lâché de toutes parts, sauf par la Chine et l'Iran, le régime Tandja est renversé en février 2010 par un nouveau coup d'État militaire. Les services secrets français et américains en avaient préalablement été informés. À nouveau, les militaires promettent de restaurer la démocratie et envisagent même d'auditer tous les contrats miniers souscrits sous l'ère Tandja, y compris ceux d'Areva. Mais quelques décaissements de fonds d'urgence par l'entreprise française semblent avoir suffi pour mettre un terme à ces velléités de transparence, d'autant plus facilement que plusieurs milliards de francs CFA se sont volatilisés lors de la transition assurée par la junte militaire.

Les tours de passe-passe comptables d'Areva

Une nouvelle Constitution est élaborée en concertation avec la société civile puis soumise à référendum. En mars 2011, les électeurs portent à la tête de l'État Mahamadou Issoufou, le leader du Parti nigérien pour la démocratie et le socialisme (PNDS, membre de l'Internationale socialiste) qui promet un plan de développement du pays, notamment par la valorisation des ressources du sous-sol nigérien. Issoufou connaît bien la question de l'uranium, pour avoir été directeur d'exploitation puis secrétaire général de la Somaïr dans les années 1980. Il n'a d'ailleurs pas manqué par le passé de dénoncer le rapport inégalitaire entre la firme française et l'État nigérien. Fin 2012, alors que la Somaïr bat son record de production, le gouvernement nigérien dénonce un partenariat « très déséquilibré en défaveur du Niger ». Les conventions d'exploitation des filiales d'Areva arrivent bientôt à échéance et le Niger exige qu'elles renoncent à une « clause de stabilité » originelle permettant à la firme de se soustraire aux évolutions législatives plus contraignantes du Code minier. En clair, derrière la suppression de cette clause : la possibilité de taxer Areva à hauteur de 12 % contre 5,5 % jusqu'alors. Issoufou exige également le démarrage du chantier d'Imouraren avant la fin de son mandat. Car avec la chute des cours de l'uranium, l'exploitation du gisement ne cesse d'être repoussée d'année en année, faisant ainsi s'envoler les promesses initiales d'une production annuelle de 5 000 tonnes, et les retombées fiscales afférentes. En dépit des 800 millions d'euros investis par Areva sur le chantier d'Imouraren, son exploitation ne verra sans doute jamais le jour, sauf spectaculaire remontée des cours de l'uranium liée à une très forte demande.

Cinquante ans après les indépendances, les prétentions du gouvernement nigérien peuvent paraître assez limitées, ne remettant nullement en cause sa position d'actionnaire minoritaire et ne réclamant ni réparations ni indemnisation pour les dommages ou spoliations passés. Mais c'est manifestement déjà trop aux yeux de la firme française, qui multiplie les manœuvres visant à faire pression sur le gouvernement nigérien, avec comme axe principal le chantage à l'emploi : menace de suspendre la production, fermeture temporaire des mines… Le gouvernement nigérien ayant revu ses prétentions à la baisse, un nouvel accord, toujours partiellement secret, est finalement signé en 2014 : sur le point principal, le démarrage d'Imouraren, le Niger se rend finalement aux arguments d'Areva, espérant d'hypothétiques jours meilleurs sur le marché de l'uranium. Quant au groupe Areva, il accepte de se plier à la loi minière, mais en contrepartie de nouvelles exonérations fiscales. En 2017, les ONG Oxfam, ONE et Sherpa constatent dans un rapport commun qu'Areva paie finalement moins qu'avant au Niger malgré la renégociation de sa convention minière, grâce à plusieurs tours de passe-passe comptables. Le Niger, qui produit alors 30 % de l'uranium d'Areva, ne touche que 7 % des versements de la firme aux pays producteurs, tandis que le Kazakhstan qui en produit 26 % concentre les trois quarts des paiements d'Areva…

Mais l'heure n'est plus à la contestation pour le président Issoufou, qui semble désormais se satisfaire de voir les autorités françaises fermer les yeux sur ses dérives autoritaires à l'encontre des mouvements sociaux et s'affiche comme l'un des plus fervents soutiens à la « guerre contre le terrorisme » menée par la France dans le Sahel [→ VI.2].

Areva disparaît, les désastres restent

Après plusieurs désastres financiers, liés notamment à la construction des EPR (European Pressurized Reactors) et à l'affaire Uramin [→ p. 877], le groupe Areva est finalement démantelé. La partie « construction de centrales nucléaires » (anciennement Framatome) est avalée par EDF. Quant à la partie « combustible » (ex-Cogema), elle est rebaptisée « Orano » en janvier 2018. Si le changement de nom vise certainement à faire oublier ces scandales, les Nigériens vont garder longtemps le souvenir de la présence d'Areva qui a provoqué une véritable catastrophe écologique et sanitaire partout où elle s'est implantée : pollution radioactive et chimique omniprésente, déchets miniers utilisés par les habitants, contamination de l'air (par le radon), des sols et de l'eau, ou encore siphonnage de la nappe phréatique fossile. Comme au Gabon, les maladies radio-induites dont souffrent et meurent les travailleurs des mines sont toujours niées. Enfin, un naufrage social se profile, dont des centaines de salariés directs ou en sous-traitance commencent à faire les frais. En 2019, Orano annonce la fermeture de la Cominak dont les réserves s'épuisent. Puis viendra le tour de la Somaïr : qu'en sera-t-il des 150 000 habitants de la ville d'Arlit, entièrement dépendante de l'exploitation de l'uranium en plein désert ? Le scénario de la fermeture de la mine de Mounana au Gabon en 1999 va-t-il se répéter ? Salariés et habitants ont été complètement abandonnés, la ville minière se transformant en ville fantôme du jour au lendemain, avec, comme seul legs d'Areva, la radioactivité et ses dangers. Aucune décontamination sérieuse du site gabonais n'a été menée. Ces questions concernent les citoyens français plus qu'ils ne le pensent : comme Areva, Orano est toujours une entreprise à capitaux publics, engageant la responsabilité de l'État français.

Repères bibliographiques

Élodie Apard, *Queues de pie et grands boubous. Une histoire franco-africaine. Les relations politiques franco-nigériennes, des années 1950 aux années 2000*, thèse de doctorat en histoire de l'Afrique, Paris 1, 2012.

Djibo Bakary, *« Silence ! On décolonise... » Itinéraire politique et syndical d'un militant africain*, L'Harmattan, Paris, 1992.

Jacques Baulin, conseiller du président Diori, Fonds d'archives Baulin, édition numérique <www.fonds-baulin.org>.

Criirad (Commission de recherche et d'information indépendantes sur la radioactivité), rapport n° 03-40, 19 décembre 2003 ; rapport n° 05-17, 20 avril 2005 ; rapport n° 10-05, 28 janvier 2010 ; rapport n° 10-07, 28 janvier 2010 ; rapport n° 10-09, 12 février 2010.

Michel Despratx, « Uranium : la Cogema a-t-elle contaminé le Niger ? », reportage diffusé le 25 avril 2005, dans l'émission « 90 minutes » sur Canal +.

Andrea A. Dixon, « Abandonnés dans la poussière. L'héritage radioactif d'Areva dans les villes du désert nigérien », Greenpeace, avril 2010.

Raphaël Granvaud, *Areva en Afrique : une face cachée du nucléaire français*, Agone-Survie, coll. « Dossiers noirs », Marseille, 2012.

Gabrielle Hecht, « The Power of Nuclear Things », *Technology and Culture*, vol. 51, n° 1, janvier 2010.

Dominique Hennequin, *Uranium, l'héritage empoisonné*, Nomades TV/ Public Sénat, documentaire diffusé le 7 décembre 2009 sur Public Sénat.

Quentin PARINELLO, « AREVA, transparence en terrain miné », *in* « La transparence à l'état brut, décryptage de la transparence des entreprises extractives », *Publiez ce que vous payez*, ONE, Oxfam, Sherpa, avril 2017.

SHERPA, « La Cogema au Niger. Rapport d'enquête sur la situation des travailleurs de la Somaïr et Cominak, filiales nigériennes du groupe Areva-Cogema », 25 avril 2005.

SURVIE, rapport « De l'Afrique aux places offshore : l'empire Castel brasse de l'or », avec le soutien de la Plateforme Paradis fiscaux et judiciaires, juin 2021 (disponible sur <https://survie.org>)

SURVIE-AGIR ICI, *Tchad, Niger. Escroqueries à la démocratie*, « Dossiers noirs », n° 8, L'Harmattan, Paris, 1998.

Amina WEIRA, *La Colère dans le vent*, documentaire, 54 min., VraiVrai Films, 2016.

Chapitre 10

La grande illusion de l'aide publique au développement

Thomas Borrel

« Nous encourageons l'aide qui nous aide à nous passer de l'aide. Mais en général la politique d'assistance et d'aide n'aboutit qu'à nous désorganiser, à nous asservir et à nous déresponsabiliser dans notre espace économique, politique et culturel », explique Thomas Sankara le 4 octobre 1984 devant l'Assemblée générale des Nations unies. Ce jour-là, le président burkinabè bat en brèche l'idée d'une générosité désintéressée en direction des pays considérés comme les plus pauvres.

Le principe de l'aide publique au développement (APD) a pourtant tout pour plaire, tant à ceux qu'anime un élan religieux de charité qu'aux militants tiers-mondistes scandalisés par la famine, le manque d'accès à l'éducation ou aux soins. C'est un « discours sans opposants », pour reprendre l'expression du politologue Philippe Juhem à propos de l'humanitaire et de toutes les « causes généreuses qui suscitent *a priori* la sympathie et qu'aucun acteur n'a intérêt à mettre en cause ».

Mais Sankara le sait : mise en place au moment de la décolonisation, l'APD ne représente qu'un agrégat de dépenses pour la plupart liées à une stratégie d'influence, susceptibles dans le cas français de camoufler les pires mécanismes de soutien aux dictatures et de défense des intérêts hexagonaux.

En campagne pour sa réélection en 1965, le général de Gaulle en convient lors d'une interview télévisée où il estime nécessaire de se justifier, face aux critiques, sur les « dépenses extraordinaires que nous faisons pour les pays sous-développés ». « Ce n'est pas de l'argent perdu, à beaucoup près, explique-t-il. D'abord, c'est ainsi que nous gardons avec ces pays-là des liens extrêmement étroits au point de vue culturel – cela va de soi puisqu'ils parlent tous français –, au point de vue politique, au point de vue économique puisqu'ils sont un grand débouché de nos exportations, et puis enfin du point de vue de notre standing international, car il est bon qu'un pays comme la France ait des amis, et des amis qui soient des amis particuliers. [...] Par conséquent, cet argent que nous donnons pour l'aide aux pays sous-développés n'est de l'argent perdu à aucun point de vue.

Je considère même que c'est un très bon placement. » Six ans plus tard, à l'occasion du voyage du président Pompidou en Mauritanie, Jacques Foccart a parfaitement conscience qu'il faut rester discret sur le sujet, comme il l'écrit dans son *Journal de l'Élysée* : « Si nous démontrons aux Français que la coopération est bénéfique pour la France, ce sera ressenti positivement par l'opinion française, mais nous donnerons des armes aux adversaires des présidents [africains], qui diront : "Voilà bien la preuve du néocolonialisme !". »

C'est donc avec un discours de générosité revendiquée que Paris occupe officiellement, dans les années 1980 et 1990, la première place de bailleur bilatéral en faveur de l'Afrique subsaharienne, avec des montants équivalents à ceux cumulés des deux autres donateurs figurant sur le podium, l'Allemagne et le Japon.

Dès l'origine, un outil politique d'influence

L'idée d'aide au développement apparaît pour la première fois, de manière formelle, dans le discours à la nation de 1949 du président américain Harry Truman. Dans le prolongement du plan Marshall pour la reconstruction de l'Europe, il s'agit alors de favoriser une relance économique permettant de contenir la propagation du communisme, tout en ouvrant des marchés aux firmes américaines. Pour préserver la Communauté française, au moment des indépendances, les gaullistes s'en inspirent pleinement. La France dispose déjà pour cela d'outils adéquats, issus de sa politique coloniale. Sa Caisse centrale de la France d'outre-mer a été renommée « Caisse centrale de coopération économique » (CCCE). Surtout, pour les douze États issus de la Communauté et leurs deux voisins sous tutelle, le Cameroun et le Togo, elle transforme son réseau d'outre-mer en Missions d'aide et de coopération (MAC) et crée le Fonds d'aide et de coopération (FAC) en rebaptisant simplement un instrument colonial, le FIDES [→ I.2 et II.4]. Dédiés à ces quatorze pays, ces instruments sont placés sous la supervision d'un ministère de la Coopération créé dans la précipitation en 1959, comme une coquille administrative dont le pilotage politique ne sera formalisé qu'en 1961 : il doit maintenir l'influence française dans ces « pays du champ », dont la liste va s'allonger au cours des décennies suivantes.

Fin 1960, le Premier ministre Michel Debré propose dans une note à de Gaulle de rassembler au sein d'une « aide publique française au développement » l'ensemble des aides octroyées par Paris aux douze États qui ont intégré la Communauté, avec un engagement sur cinq ans présenté comme « une sorte de plan Marshall de la Communauté ». Avec un avantage évident : « Nous conserverions notre pouvoir de décision et les orientations politiques indispensables pour toute aide économique », tout en faisant « de l'effort français une présentation un peu spectaculaire », explique Debré un mois plus tard dans une seconde note révélée par le chercheur Julien Meimon. Dissimuler efficacement l'intervention de la France dans la politique interne de chacun de ces États, tout en surjouant la générosité, en somme.

L'époque s'y prête bien. Depuis 1958, le Conseil mondial des Églises réclame « une aide extérieure substantielle provenant des pays économiquement plus développés [pour] aider les pays qui disposent de solides plans de développement à les mettre en œuvre ». L'organisation chrétienne, basée à Genève, appelle les pays dits « riches » à y consacrer « au moins 1 % du revenu national ». Aucune justification n'est donnée à ce chiffre, mais les transferts de capitaux publics et privés vers les pays à « aider » représentent au milieu des années 1950 environ 0,5 % du Revenu national brut (RNB) de l'ensemble des pays dits « développés » : il faudrait donc doubler cette manne financière.

Fin 1960, l'Assemblée générale de l'ONU adopte ainsi une résolution qui « exprime l'espoir que les flux d'assistance internationale et de capitaux soient augmentés » pour atteindre 1 % du RNB des « pays économiquement avancés ». Ce chiffre sorti du chapeau est alors avalisé par un groupe d'économistes qui, via une modélisation économique bancale, concluent à un besoin financier correspondant justement à ce 1 %. Dans les années qui suivront, l'ONU va constater que la part publique représente entre deux tiers et trois quarts des transferts effectifs de capitaux et va donc décider de formaliser l'objectif d'une APD à hauteur de 0,7 % du RNB, un ratio gravé dans le marbre depuis 1970.

Dans les années 1960, les agences, les fonds ou les ministères chargés de l'aide au développement fleurissent successivement dans le bloc de l'Ouest : France, États-Unis, Allemagne, Japon, Belgique, Norvège, Pays-Bas, Royaume-Uni, Suède, Canada, etc. L'Organisation de coopération et de développement économiques (OCDE), née dans le sillage du plan Marshall, établit en 1969 une définition de l'APD et érige progressivement des règles sur le type de dépenses pouvant officiellement être pris en compte.

L'APD inclut ainsi l'aide dite « multilatérale », faite de contributions aux organisations intergouvernementales (FMI, Banque mondiale, organismes onusiens, Fonds européen de développement...), et l'aide bilatérale, qui englobe les transferts et dépenses d'argent public (État, collectivités, agences de développement, etc.) concernant un pays donné. Parmi ces transferts, l'OCDE autorise la comptabilisation de prêts s'ils sont concédés à des conditions plus avantageuses que celles d'un prêt commercial.

C'est ainsi que, depuis la fin des années 1980, l'acteur prépondérant de l'« aide » française est le ministère de l'Économie et des Finances. Dans les années 1980, au début de la crise de la dette [→ IV.6], les prêts APD français aux pays d'Afrique subsaharienne s'envolent pour compenser les difficultés de ces derniers à se financer auprès des créanciers privés, jusqu'à représenter la moitié de l'aide bilatérale de la France pour ces pays. Si la proportion baisse au cours de la décennie suivante, le principe demeure.

Quand l'endettement d'un pays devient insoutenable, il reste possible pour les créanciers comme la France d'en annuler une partie – en comptabilisant cette restructuration de dette dans l'APD. L'OCDE note, par exemple, 244 millions d'euros d'annulation de créances pour le seul Cameroun en 2003… soit les deux tiers de l'« aide » bilatérale de la France à ce pays cette année-là !

Parmi les dépenses prises en compte au titre de l'« aide » figurent également des frais liés à du conseil et de l'expertise relevant de près ou de loin d'une politique de développement, qu'on regroupe sous le terme d'« assistance technique ». Une aubaine pour Paris, dont le maillage d'administrateurs coloniaux se fond dans un réseau de coopérants : des coûts immédiatement imputés en APD. En 1994, une évaluation menée par le ministère de la Coopération conclut pourtant qu'« il n'y a aucun lien évident entre les effectifs de l'assistance technique et le développement économique des pays africains ».

Les chiffres de l'esbroufe

La composition exacte de l'aide française est d'autant plus difficile à identifier qu'elle est gérée par différents acteurs dont l'enchevêtrement institutionnel complexe est régulièrement dénoncé dans des rapports officiels. Et les statistiques ont leurs limites, comme le reconnaît Jean-Michel Severino, directeur de l'Agence française de développement (AFD) de 2001 à 2010, lors d'une table ronde au Sénat en 2012 : « [Aussi] étonnant que cela puisse vous paraître, en tant que directeur général de l'AFD, je n'ai jamais compris la nature des chiffres communiqués à l'OCDE, tant ils avaient subi les transformations, les structurations et les triturations destinées à rendre notre discours présentable. »

L'OCDE compile en effet les données sur l'APD prodiguée par ses membres, en établissant à partir d'un critère de revenu par tête une liste de bénéficiaires officiels assez étonnante : la Chine en fait par exemple toujours partie en 2020, tout en étant elle-même devenue un important bailleur de fonds en Afrique.

Plus surprenant encore, les dépendances de certains grands donateurs apparaissent sur cette liste. Les départements d'outre-mer (DOM) français en ont été retirés en 1992, mais pas tous les territoires d'outre-mer (TOM),

Paris s'inscrivant toujours dans la logique de « présentation spectaculaire » décrite par Michel Debré. Ce tour de passe-passe comptable permet ainsi de gonfler le montant annuel officiellement consacré à l'APD, en incluant une « aide de la France à la France », comme l'explique le chercheur Philippe Marchesin. Selon ce dernier, « la part des DOM-TOM dans l'aide de la France s'élève à plus du tiers entre 1966 et 1975 », une proportion qui dépasse même les 40 % sur la période 1975-1980.

Les chiffres de l'OCDE montrent que, à elles seules, la Nouvelle-Calédonie et la Polynésie représentent dans les années 1980 et 1990 un dixième du total de l'APD française. Un temps supplantés par la Côte d'Ivoire, ces deux TOM sont en réalité ses premiers bénéficiaires officiels de 1977 à 1989 puis à nouveau de 1996 à 1999 – juste après les six nouveaux essais nucléaires en Polynésie [→ p. 647]. Ils sont retirés de la liste en 2000, mais pas Mayotte, qui fait alors à son tour partie des principaux destinataires de l'aide bilatérale française, jusqu'à sa départementalisation en 2011.

Plus aberrant encore : une part de l'APD bilatérale ne sort même pas des frontières hexagonales. C'est le cas des dépenses dites d'écolage, qui correspondent aux frais liés à la présence d'étudiants étrangers : un cinquantième du salaire d'un enseignant comptant un Malien parmi ses cinquante étudiants est ainsi considéré comme de l'aide au développement. C'est le cas également des frais liés à l'« accueil des réfugiés », du moins ceux qui se trouvent en situation régulière (budgets alloués aux Centres d'accueil de demandeurs d'asile, par exemple). Étrange postulat que de considérer qu'accueillir un Tchadien persécuté par un dictateur, par ailleurs soutenu par la France, contribue au développement de son pays ! Cette pratique, autorisée par l'OCDE, permet d'augmenter d'autant plus artificiellement l'aide qu'il y a d'étudiants : sur la période 2007-2009, cela représente la moitié de l'APD bilatérale française à la Chine, qui passe ainsi pour le quatrième plus important bénéficiaire de l'ensemble de l'aide de Paris.

Le train de vie des coopérants, qui détonne en général par rapport aux conditions de vie locales, permet lui aussi de gonfler le volume de l'APD. Malgré une chute de leur nombre depuis les années 1980, la coopération technique continue de représenter un quart de l'aide française totale dans les années 2000, en salaires et frais de fonctionnement souvent exagérément dispendieux. Qu'ils essaient sincèrement ou non de contribuer par leur travail au « développement » global des pays qui les accueillent, leur salaire (majoré au titre de leur expatriation) n'est que très partiellement dépensé dans l'économie locale (notamment en biens importés) et nourrit une épargne qui leur servira une fois revenus en France. « On ne voit guère qu'un pays pour lequel le poids des dépenses des assistants techniques serait significatif, reconnaît en 1994 le rapport d'évaluation du ministère de la Coopération : c'est Djibouti, peu peuplé, petit économiquement, où le nombre de coopérants français reste considérable » [→ V.1].

Quant à la part multilatérale, qui augmente pour atteindre environ 40 % de l'APD française dans les années 2000, elle alimente peu les organismes onusiens comme son Programme pour le développement (PNUD), parents pauvres de la générosité de Paris. La moitié abonde les mécanismes d'aide de l'Union européenne via le budget communautaire et le Fonds européen de développement (FED), dont la France a depuis l'origine fait un instrument au service de ses intérêts tant politiques qu'économiques [→ I.3]. Dès 1967, Jacques Foccart note au sujet de cet outil européen « que la France profite environ de 45 % des marchés qu'il finance, alors qu'elle ne contribue au financement du Fonds qu'à hauteur de 33 % ». Contrairement à l'aide bilatérale française, le FED maintient d'ailleurs jusqu'en 2020 parmi ses bénéficiaires la Nouvelle-Calédonie, la Polynésie française, Saint-Barthélemy, Saint-Pierre-et-Miquelon, les terres Australes et Antarctiques françaises, Wallis-et-Futuna, aux côtés de quelques autres « pays et territoires d'outre-mer » (PTOM) néerlandais, danois (Groenland) et britanniques (jusqu'au Brexit).

Le reste de l'aide multilatérale tricolore alimente principalement les fonds des institutions de Bretton Woods, fers de lance d'une libéralisation économique dont les entreprises françaises savent tout autant tirer profit [→ V.8].

De l'huile dans les rouages

En 1970, dans la *Revue Défense nationale*, le secrétaire d'État aux Affaires étrangères chargé de la Coopération Yvon Bourges écrit avec satisfaction que « les études les plus sérieuses estiment que 80 % des sommes affectées au tiers-monde reviennent dans le pays donateur sous forme de salaires, de commandes passées à ses entreprises, de réinvestissements, d'économies personnelles et de bénéfices d'entreprises ».

Dans le cas français, une note du service de coopération économique du Quai d'Orsay évoque en 1983 les « retombées » de l'aide multilatérale : « Si l'on totalise les contrats ou sous-contrats donnés à des entreprises françaises, les prestations fournies par des experts français, nous retrouvons en général nos contributions et parfois au-delà. Le taux de retour est en effet de 90 % pour le FED, de 144 % pour la Banque mondiale, de 153 % pour le PNUD. » En mai 1992, le magazine canadien *PME* constatait même, avec jalousie, un taux supérieur : « De 1984 à 1989, pour chaque dollar investi à la Banque mondiale, l'Allemagne obtenait un retour de 2 $, la Grande-Bretagne 2,5 $, l'Italie 3,2 $ et la France 3,8 $. » Le génie français.

Certaines dépenses d'APD ont même un taux de retour de 100 %, comme l'assurance-crédit à l'exportation, qui couvre le risque encouru par des entreprises françaises lorsqu'elles signent un contrat avec un régime susceptible de ne jamais payer la facture. L'argent public sert alors à garantir les exportations depuis la France, en cas de défaillance de l'acheteur. Si le Congo de Sassou Nguesso laisse traîner la facture d'équipements réalisés par Bouygues et que l'État français finit par la régler, l'annulation de cette créance commerciale est alors comptabilisée en APD pour le Congo-Brazzaville. Entre les deux, un opérateur clé : la Compagnie française d'assurance pour le commerce extérieur (Coface). Créée en 1946, elle est contrôlée par des capitaux publics jusqu'en 1994. Même après la privatisation de son actionnaire principal, l'Union des assurances de Paris (UAP), ou sa prise de contrôle par la banque Natixis en 2002, la Coface continue de gérer pour le compte de l'État français cette garantie publique, finalement transférée en 2017 à la nouvelle Banque publique d'investissement Bpifrance. La nationalisation des pertes traverse ainsi les époques. En 2008, des sénateurs ont calculé que, de 2002 à 2004, 10 % à 15 % de la part bilatérale de l'APD française étaient constitués d'annulations de créances commerciales garanties, généralement concentrées sur un nombre restreint de pays.

Des sommes plus importantes encore sont en jeu à travers d'autres mécanismes d'« aide liée », c'est-à-dire des financements octroyés si le marché est attribué à des entreprises du pays donateur : une façon pour le bailleur de subventionner les exportations de ses propres entreprises. Ce mécanisme engendre régulièrement des surfacturations énormes (de 15 % à 30 %, selon un rapport publié par l'OCDE en 2009) et favorise des projets à l'utilité douteuse – comme des salles informatiques flambant neuves non reliées à une alimentation électrique –, parfois pharaoniques, surnommés « éléphants blancs ». Souvent financés par des prêts, ces projets contribuent à creuser encore plus vite la dette des pays qui en « bénéficient ».

À la fin des années 1990, selon l'OCDE, plus de la moitié de l'aide bilatérale internationale est totalement ou partiellement « liée » et sert donc indirectement de soutien à l'export. Et Paris se trouve aux avant-postes : selon l'économiste Nabyla Daidj, en 1997, la France est alors le deuxième bailleur, après les États-Unis, à recourir à l'aide liée, sur les deux tiers de son aide bilatérale. Malgré les efforts de l'OCDE pour limiter cette pratique (notamment par une « recommandation » de 2001), un dixième de l'aide française reste encore officiellement liée en 2009. On comprend bien pourquoi : deux ans plus tard, le ministère de l'Économie calcule qu'un euro engagé sous forme d'aide liée depuis 2000 a rapporté entre 5 et 10 euros de contrats français. Dans certains cas, il suffit de lier l'aide sur une partie d'un projet pour positionner des entreprises tricolores sur l'ensemble du marché [→ VI.3]. Un placement d'autant plus rentable pour les entreprises françaises que la mise de départ est publique…

Assistance à la dictature

Jusqu'à son absorption par le Quai d'Orsay en 1998 [→ V, introduction], le ministère de la Coopération est chargé de piloter la majorité de l'assistance technique dans les pays dits de son « champ ». Celui-ci comprend d'abord les ex-colonies françaises d'Afrique subsaharienne avec le Cameroun et le Togo, auxquels se sont progressivement ajoutées les anciennes colonies belges puis celles des pays lusophones d'Afrique, des États insulaires des Caraïbes et le Cambodge – soit trente-sept États au milieu des années 1990.

Les coopérants peuvent dépendre d'autres ministères : en 1978, près de deux cents agents du ministère de l'Économie et des Finances étaient ainsi détachés en Afrique subsaharienne, dont la moitié issue de la direction générale des impôts – pour « aider » à mettre en œuvre des politiques fiscales.

Tous font partie, parfois à leur corps défendant, d'une matrice d'influence française qui imprègne profondément les administrations des États du pré carré [→ III.6]. Un *soft power*, au même titre que les instruments de promotion de la langue française (eux aussi pris en compte dans l'APD), qui favorise directement ou indirectement les intérêts de Paris [→ VI.9].

Cette assistance technique n'est pas que civile : depuis les indépendances, des conseillers militaires français sont détachés au sein des appareils répressifs [→ III.1], sous les ordres de la Mission militaire de coopération. Dès lors, sont également comptabilisés dans l'APD certains frais du Service de coopération technique internationale de police (SCTIP), créé en 1961 pour faire du renseignement et influencer la police des nouveaux États indépendants africains [→ II.4].

Malgré les évolutions institutionnelles successives (disparition du ministère de la Coopération en 1998, fusion du SCTIP au sein de la direction de la coopération internationale – DCI – de la police nationale en 2010), l'APD inclut des dépenses de coopération policière ou militaire au profit des dictatures, au prétexte que sans sécurité le développement est impossible… Cela concerne le conseil et la formation, mais aussi la fourniture d'équipements. C'est ainsi que, cinq ans après une transition dynastique particulièrement violente au Togo, qui a fait au moins 500 morts et poussé 40 000 personnes à l'exil, Paris et l'Union européenne y soutiennent la « sécurisation des cycles électoraux », en 2010. Révélé par *La Lettre du Continent*, ce projet d'un demi-million d'euros consiste à équiper 6 000 gendarmes et policiers, en amont d'une élection présidentielle volée d'avance, avec du matériel de répression… acheté auprès d'entreprises françaises.

Peu après cette mascarade électorale, une vidéo qui circule sur Internet illustre parfaitement la réalité de cette coopération militaire comptabilisée comme aide. On y voit le lieutenant-colonel Létondot, coopérant français en poste à Lomé, s'en prendre à un journaliste togolais qui l'a photographié en compagnie de gendarmes à proximité d'une manifestation. La scène est filmée par un autre journaliste : « Je m'en fous que tu sois de la presse. Tu enlèves ça. […] Tu veux qu'on te donne un coup sur l'appareil ou quoi ? » Puis s'adressant aux gendarmes togolais : « Tu le mets en taule s'il part, tu le mets en taule ! » Et au journaliste : « Tu sais qui je suis ? Je suis le conseiller du chef d'état-major de l'armée de terre, OK ? Est-ce que tu veux que j'appelle le RCGP pour foutre un peu d'ordre là-dedans ? » Ce sigle désigne le redoutable Régiment des commandos de la Garde présidentielle, le cœur de l'appareil sécuritaire. Mis à pied dix jours pour avoir « porté atteinte au renom de l'armée », ce militaire, qui affiche vingt-cinq ans de service, ne souffre pas longtemps de cette sanction minime. Il fait partie des gradés promus chevaliers de la Légion d'honneur en juillet 2017 par Emmanuel Macron.

Face aux critiques, réformer pour que rien ne change

En 1992, l'ancienne Caisse centrale de coopération économique (CCCE), toujours chargée de gérer les fonds à destination des pays du « champ » (le FAC) et de l'outre-mer français (le FIDES et le FIDOM), est rebaptisée « Caisse française de développement ». Mais, en tant qu'établissement de crédit, la « Caisse », comme on la surnomme, consent des prêts dans un périmètre bien plus large (une soixantaine de pays) et prend progressivement de l'importance dans le dispositif d'influence française vis-à-vis de pays considérés comme des marchés en forte croissance.

Fin 1998, la « réforme de la Coopération » intègre le ministère éponyme au Quai d'Orsay et transforme alors la Caisse en Agence française de développement (AFD), avec des domaines d'action élargis. Le gouvernement Jospin revendique d'en faire désormais l'« opérateur pivot » de l'aide française : elle sera désormais à même de désigner à qui confier la plupart des projets financés. Mais « son statut n'est pas autrement modifié », constate l'historien de l'AFD François Pacquement. Aux trente-sept pays du « champ » de la coopération succède désormais une « Zone de solidarité prioritaire » (ZSP) de quelques dizaines d'États où « l'aide publique bilatérale […] peut produire un effet significatif en termes économiques ou politiques », explique le Quai d'Orsay en 2001. Font ainsi leur entrée des économies africaines à fort potentiel, comme l'Afrique du Sud, le Kenya, l'Éthiopie, le Ghana ou encore le Maroc, sur lesquelles lorgnent les entreprises françaises.

Des interventions politiques peuvent toutefois amener à s'affranchir de la liste : alors que la Libye est hors ZSP, l'Agence reçoit par exemple en 2008 une dotation exceptionnelle de 30 millions d'euros pour la réhabilitation de l'hôpital de Benghazi, réclamée par le colonel Kadhafi à Nicolas Sarkozy un an plus tôt, en échange de la très médiatisée libération de cinq infirmières bulgares et d'un médecin palestinien…

En 2004, l'AFD récupère une bonne partie de l'assistance technique qui avait été intégrée au Quai d'Orsay lors de la réforme de 1998. Elle devient ainsi un poids lourd dans un « marché de l'aide » en pleine expansion, face à d'autres grandes banques de développement international et à l'activité croissante d'acteurs privés comme la Fondation Bill et Melinda Gates.

La réforme de 1998 ne modifie pas les compétences de la Direction générale du Trésor. Ses protocoles financiers « sont recentrés sur un rôle unique d'instrument de soutien commercial », écrit encore François Pacquement, qui explique que « la notion de protocole par pays est abandonnée au profit d'une stratégie d'accompagnement des entreprises ».

Malgré cette réforme, l'échec patent des politiques de développement entraîne la multiplication des travaux de recherche sur l'efficacité réelle de l'aide, désormais questionnée jusque dans les cénacles officiels, en France comme à l'international. La profusion d'acteurs, les effets d'empilement et d'éparpillement des projets de développement y sont régulièrement épinglés, mais sans remettre en cause le principe même de l'APD dont la « véritable signification politique », écrivent Claude Duval et François Ettori, deux anciens fonctionnaires internationaux à la Banque mondiale, semble pourtant être de « tenter de préserver l'ordre et les hiérarchies mondiales hérités des puissances coloniales européennes ».

Refusant en quelque sorte de « jeter le bébé avec l'eau du bain », la société civile s'inquiète dans les années 2000 de la montée en puissance de l'aide budgétaire, consistant à allouer des fonds directement au Trésor public des pays bénéficiaires au lieu de privilégier des projets ou des programmes précis (par exemple dans l'agriculture ou la santé) : ce type de subvention est accusé de financer l'armée et la police, donc la répression des opposants aux régimes en place. Dans leur livre publié en 2007, *L'aide publique au développement*, Jean-Michel Severino, alors directeur général de l'AFD, et son conseiller Olivier Charnoz rappellent cependant que le financement par projet pose lui aussi le problème de « la "fongibilité de l'aide" : si un projet finance cent écoles, rien n'empêche le gouvernement aidé de diminuer son effort d'éducation d'autant pour renforcer son armée. En ce sens, l'aide par projet ressemble bien malgré elle à un chèque en blanc »… Voulant défendre le principe d'aide budgétaire, ces deux auteurs avouent ainsi implicitement que l'APD contribue, quelle que soit sa forme, à renforcer des régimes autoritaires.

Finalement, les seules critiques du principe même de l'aide qui aient du poids dans le débat politique proviennent de courants néolibéraux. Ainsi, l'économiste zambienne Dambisa Moyo appelle à suppléer les carences de l'APD par la libéralisation accrue des marchés. L'idée n'est pas nouvelle : résumée par le slogan « *trade, not aid* », elle a été largement promue par des théoriciens libéraux comme Milton Friedman dans les années 1990, au prétexte que l'aide créerait des effets de dépendance vis-à-vis des bailleurs, orienterait les politiques internes et encouragerait indirectement le gaspillage d'argent public. Prenant pour modèle les « nouveaux tigres » du Sud-Est asiatique qui se sont industrialisés par des politiques néolibérales, ce courant idéologique impose son influence : peu à peu se diffuse l'idée que la seule utilisation efficace de l'aide publique serait de favoriser un afflux d'investissements privés étrangers [→ VI.3].

Toutes ces adaptations ne modifient en rien la mécanique économique implacable qui étouffe les « bénéficiaires » de l'aide. Au tournant des années 2010, on estime que, pour environ 100 milliards de dollars comptabilisés en aide au développement de type « Nord-Sud », 1 000 milliards font le trajet inverse « Sud-Nord » via des montages opaques dans des paradis fiscaux, notamment par les opérations comptables internes aux multinationales. En 2020, la Conférence des Nations unies sur le commerce et le développement (CNUCED) estime qu'en Afrique les « fuites de capitaux » s'élèvent en moyenne à plus de 88 milliards de dollars par an, entre 2013 et 2015. Soit presque autant que la somme de toute l'APD (48 milliards par an) et de tous les investissements directs étrangers (54 milliards par an) à destination du continent, sur la même période. De quoi sérieusement douter des appels à davantage libéraliser et à amplifier encore les mécanismes de l'APD.

Repères bibliographiques

Michael A. Clemens et Todd J. Moss, « Le mythe des 0,7 % : origines et pertinence de la cible fixée pour l'aide internationale au développement », *Afrique contemporaine*, vol. 3, n° 219, 2006.

Nabyla Daidj, « L'Aide à l'Afrique : situation et évolution », *Afrique contemporaine*, n° 188, décembre 1998.

Claude Duval et François Ettori, « États fragiles… ou États autres ? Comment repenser l'aide à leur développement, notamment en afrique ? », *Géostratégiques*, n° 25, octobre 2009.

Philippe Marchesin, *La Politique française de coopération. Je t'aide, moi non plus*, L'Harmattan, Paris, 2021.

Julien Meimon, *En quête de légitimité : le ministère de la Coopération (1959-1999)*, thèse de doctorat de sciences politiques, Lille, 2005.

Ministère de la Coopération, *L'Assistance technique française (1960-2000) : rapport d'étude*, Paris, 1994.

Ocde, Banque de données en ligne, <https://data.oecd.org/fr/developpement.htm>

Guillaume Olivier, *L'Aide publique au développement, un outil à réinventer*, Éditions Charles Léopold Mayer, Paris, 2004.

François Pacquement, *Histoire de la coopération technique. Une généalogie d'Expertise France*, Karthala, coll. « Terrains du siècle », Paris, 2021.

Chapitre 11

Bernard Kouchner, Patrick Balkany : deux visages de la Sarkozie en Françafrique

Benoît Collombat

Le 5 novembre 2006, Nicolas Sarkozy, alors ministre de l'Intérieur du gouvernement Villepin, accorde un long entretien à *Jeune Afrique*, l'un des canaux éditoriaux privilégiés des autocrates africains [→ V.7] dans lequel il expose sa vision de l'Afrique. « Beaucoup d'Africains se réjouissent enfin d'entendre un nouveau discours global sur la politique africaine de la France », se satisfait alors le futur candidat de l'UMP à l'élection présidentielle, expliquant (comme il l'avait dit six mois plus tôt au Mali) qu'il faut « cesser de répéter que la France [est] présente en Afrique pour piller ses ressources, car, à tout bien peser, c'est vrai, nous n'avons pas besoin économiquement de l'Afrique – et je mets quiconque au défi de me prouver le contraire. La France est en Afrique avec des ambitions plus amicales ». Nicolas Sarkozy « souhaite mettre un terme », il l'assure, « à ce système de relations personnalisées dans lequel on traite indistinctement avec les démocraties et avec les dictatures. [...] On ne fera pas bouger les choses par le seul tutoiement entre le chef de l'État français et ses homologues du continent, mais par la conscience collective d'un intérêt commun, ajoute le futur président de la République. C'est d'ailleurs ce qu'avait pressenti François Mitterrand lors du discours de La Baule de 1989 [*sic*] : le temps des réseaux occultes et des émissaires autoproclamés est révolu. Place aux relations différenciées selon le degré de démocratie de chacun ».

La référence au discours de La Baule de juin 1990 n'est pas un hasard. Dès son accession à l'Élysée, Sarkozy tente de convaincre Hubert Védrine d'accepter le poste de ministre des Affaires étrangères au sein du gouvernement Fillon. Conseiller diplomatique de Mitterrand dès 1981 puis secrétaire général de l'Élysée (1991-1995), Védrine dirigeait déjà le Quai d'Orsay au sein du gouvernement Jospin (1997-2002). Le président de l'Institut François Mitterrand (depuis 2003) incarne à merveille le *storytelling* autour du discours prétendument progressiste et visionnaire de

La Baule [→ IV, introduction]. Arguant du fait que « les conditions de son retour n'étaient pas réunies », selon l'AFP, Védrine décline la proposition élyséenne mais il accepte dès juillet 2007 de rédiger un rapport sur « la place de la France et de l'Europe dans un monde globalisé ». C'est l'ancien ministre de la Santé du gouvernement Jospin (2001-2002), ex-ministre de la Santé et de l'action humanitaire sous la présidence Mitterrand (1992-1993), Bernard Kouchner, qui hérite du Quai d'Orsay. Avec la nomination de Jean-Pierre Jouyet (secrétaire d'État aux Affaires européennes), de Jean-Marie Bockel (Coopération), issus du PS, ou de personnalités de la société civile comme Martin Hirsch (haut-commissaire aux Solidarités actives contre la pauvreté et à la Jeunesse), ancien directeur de cabinet de Bernard Kouchner, l'opération est présentée comme une « ouverture » politique très novatrice. En réalité, l'ex-*french doctor* entré dans la lumière depuis la guerre au Biafra [→ II.8] n'incarne rien de bien nouveau. Parallèlement à d'anciens intermédiaires chiraquiens, comme Alexandre Djouhri, ou à des fidèles sarkozystes à l'image de Patrick Balkany, il va perpétuer les liens d'intérêts et de connivence avec le cœur de la Françafrique.

Les onéreuses consultations du docteur Kouchner

« Nous avons parlé avec le président de la gouvernance et de la lutte contre la corruption. Il a un programme là-dessus. Ce n'est pas ça la Françafrique, pour moi. C'est l'expression pratique, réelle, de cet appétit de France et d'une demande un peu différente à travers le monde mondialisé [...] qui va du changement climatique aux attitudes face aux grands de ce monde, aux [pays] émergents, par exemple. » Ce 10 janvier 2010, à l'issue d'un entretien avec Denis Sassou Nguesso, Bernard Kouchner, ministre des Affaires étrangères depuis presque trois ans, tresse des lauriers démocratiques au président congolais, passant ainsi sous silence les exactions et les tortures perpétrées par l'autocrate [→ V.2]. Cette relation franco-congolaise, « ce n'est pas la Françafrique historique et la corruption, [mais] une communauté sentimentale, de projets, de démarches communes », ajoute Kouchner, pour qui Brazzaville « est une capitale de la fraternité, du développement, de l'exemple ». Un cri du cœur qui vient mettre un terme à près d'une année d'une mini-crise médiatique faisant suite à la publication en février 2009 du nouvel opus du journaliste Pierre Péan, *Le Monde selon K.* Car cette charge contre le ministre des Affaires étrangères ne doit rien au hasard. Plus que les propos du secrétaire d'État à la Coopération Jean-Marie Bockel sur la « Françafrique [...] moribonde » [→ V, introduction], Libreville ne supporte pas la perspective d'une enquête sur les « biens mal acquis », lancée en 2008 [→ V.3], et tient à le faire savoir à Paris. Dès lors, exaspéré par la politique de rapprochement diplomatique de la France avec le Rwanda de Paul Kagame incarnée par Kouchner, Péan devenu proche d'Omar Bongo (qui a épousé la fille de Sassou Nguesso) n'a aucun mal à recueillir des informations de première main sur les « affaires » gabonaises et congolaises de l'ex-*french doctor* [→ p. 672].

Car avant de diriger le Quai d'Orsay à la demande de Nicolas Sarkozy, Bernard Kouchner (qui soutient la candidate Ségolène Royal lors de la présidentielle en 2007) a une double casquette : il est responsable d'un groupement d'intérêt public baptisé « Esther » (Ensemble pour une solidarité hospitalière en réseau) chargé d'apporter une aide médicale aux pays les plus pauvres… tout en étant consultant pour le compte de deux sociétés privées (Africa Steps et Imeda) gérées par des proches dont l'un, Jacques Baudouin, dirigera la communication au sein de son cabinet ministériel. Ces structures facturent des audits sur des « réformes du système de santé » auprès de régimes qui ne passent pas spécialement pour des hérauts de la bonne gestion des fonds publics : le Gabon et le Congo-Brazzaville (des liens sont également noués avec le Niger sans déboucher officiellement sur un contrat). Selon Péan, Bernard Kouchner aurait ainsi empoché 2,6 millions d'euros pour ses travaux de consultant au Gabon et 1,8 million d'euros au Congo-Brazzaville.

Bernard Kouchner est coutumier du fait. En 2003, il avait déjà accepté de « blanchir » l'image de Total en Birmanie en rédigeant un rapport de dix-neuf pages, facturé 25 000 euros par sa société BK Conseil, qui exonérait la compagnie pétrolière des accusations de travail forcé auprès des populations locales. Face à la polémique, Kouchner a assuré qu'il allait reverser cet argent à trois associations humanitaires.

« Je n'ai jamais touché les sommes dont parle Pierre Péan, se défend Bernard Kouchner dans *Le Figaro* après la publication du livre du journaliste. J'ai été bien moins payé que la plupart des experts internationaux (Banque mondiale, OMS…). J'ai été rémunéré moins de 6 000 euros par mois, après impôts, sur trois ans, pour un travail considérable dont tout le monde peut se féliciter. » Sur le fond, le ministre ne voit donc pas où est le problème. « Il a abandonné ses activités commerciales dès son entrée au gouvernement », souligne également Nicolas Sarkozy lors d'une émission télévisée intitulée « Face à la crise » où on l'interroge sur le sujet. « Je devrais dire, moi, au ministre des Affaires étrangères, Bernard Kouchner, qui a eu le courage d'apporter son talent – et il est grand – au service de la politique étrangère de la France, que je le lâche parce qu'il y a un livre qui a été fait ? » ajoute le chef de l'État.

L'exécutif porte son courroux sur l'auteur du livre, alors que nul n'ignore qui a alimenté le journaliste en informations. Dès le 17 octobre 2007, *La Lettre du Continent* publiait d'ailleurs cette énigmatique devinette aux allures d'épée de Damoclès pour le pouvoir sarkozyste : « Quel est le ministre français qui vient de toucher 863 000 euros en cash d'un président africain pour un contrat qu'il avait réalisé avant de prendre son portefeuille ? » En août et septembre 2007, le patron de la société Imeda, Éric Danon, relance la trésorerie générale du Gabon pour se faire régler un « reliquat » de 817 000 euros... alors qu'il vient d'être nommé ambassadeur à Monaco par Bernard Kouchner. Une facture finalement soldée par Omar Bongo en mars 2008, au moment où Jean-Marie Bockel est exfiltré de la Coopération. « [Nous étions] la *dream team* des gens qui voulaient en finir avec la Françafrique », assure le 24 février 2009 dans *Libération* le même Danon, nommé ambassadeur auprès de la Conférence du désarmement à Genève après son passage à Monaco.

Pourtant, les préconisations généreusement rémunérées du « docteur Kouchner » n'ont guère amélioré la situation hospitalière au Gabon. « Tout le matériel est désuet, obsolète, il n'y a pas de médicaments, ni d'aiguilles ou de seringues pour faire une banale injection, explique à l'époque la secrétaire générale du syndicat Hippocrate, Sylvie Nkogue-Mbot, chef de service à l'hôpital pédiatrique d'Owendo à Libreville. On se débrouille avec les moyens du bord. Les hôpitaux sont bondés, les infrastructures ne suivent pas, la caisse d'assurance qui s'occupait des indigents a été dissoute... M. Kouchner devrait venir sur le terrain. C'est le ras-le-bol général ! » Une situation sanitaire parfaitement connue des autorités gabonaises puisque, dès 2002, le Gabon disposait déjà d'un rapport circonstancié de 160 pages sur « la coopération française dans le secteur de la santé au Gabon » commandé par la Direction générale de la coopération, dépendant du ministère des Affaires étrangères.

« Mon copain » Alpha Condé

Après son départ du gouvernement en 2010, Bernard Kouchner reprend ses activités de conseil au sein de la société No Borders Consultants. Selon *Le Nouvel Obs* du 5 avril 2011, il participe notamment à une conférence pour VIP publics et privés à Genève, intitulée « Gateway to Africa » (« Passage pour l'Afrique ») au cours de laquelle cet « humanitaire de renommée mondiale, diplomate, visionnaire et médecin » est censé « dresser un bilan des systèmes de santé en Afrique ». Il exerce également ses talents de « consultant » auprès de son ami le président guinéen, Alpha Condé (ils ont étudié ensemble au lycée Turgot à Paris), lui-même proche de Vincent Bolloré à qui il a accordé la concession du terminal à conteneurs du port autonome de Conakry [→ VI.1]. Selon une enquête de France Info publiée en décembre 2011, Kouchner « chapeaute notamment la construction d'une maternité à Conakry [...] financée par des mécènes dont Sanofi, EDF et Total ». Selon Lama Bangoura, l'un des leaders de l'opposition guinéenne, il dispose d'« un bureau dans les locaux de Bolloré à Conakry », « roule dans un véhicule affecté par la présidence de la République avec des gardes du corps militaires guinéens » et « fait des affaires en Guinée ». Mais l'ancien *french doctor* n'apprécie guère qu'on l'interroge sur tous ces sujets, comme le montre son entretien orageux avec le journaliste auteur de l'enquête. « Je ne suis pas une barbouze, je suis bénévole, je suis avec mon copain, c'est clair ? » lui répond Kouchner, exaspéré. Avant de conclure : « [Ce sont] des conneries. [...] J'étais sûr que vous en viendriez là avec votre œil énigmatique. Allez, barrez-vous ! » L'ex-ministre multicarte est également « administrateur de la banque d'affaires espagnole BDK Financial Group et l'a aidée à ouvrir en 2017 une filiale en Côte d'Ivoire, en partenariat avec la Poste ivoirienne, établissement public », note encore Mediapart en mai 2019 [→ p. 835].

Règlements de comptes entre « Pasquaboys »

La « communauté de projets » pudiquement évoquée par Bernard Kouchner au Congo-Brazzaville en 2010 permet également à d'anciens émissaires chiraquiens ralliés à Sarkozy, tels Ziad Takieddine ou Alexandre Djouhri, de continuer à exercer sereinement leur activité [→ VI.5]. Étiqueté « chiraquien », Djouhri n'aura guère de mal à rejoindre les rivages sarkozystes. La réconciliation est organisée en avril 2006 dans un salon du Bristol, à Paris, par le futur patron du renseignement intérieur français (de 2008 à 2012), Bernard Squarcini, alors numéro deux des Renseignements généraux. « Il fallait lever le malentendu, explique Squarcini en mars 2010 au *Nouvel Obs*. Djouhri sert notre pays et le bleu-blanc-rouge. Bien sûr, il fait des affaires pour lui, mais il en fait profiter le drapeau. » Ce qui n'empêche pas certaines frictions, comme lorsque Djouhri s'oppose avec véhémence en 2009 au conseiller justice de Nicolas Sarkozy, Patrick Ouart, dans le dossier de l'Angolagate [→ V.4]. Djouhri plaide alors la cause du protégé de l'Angola, l'intermédiaire vendeur d'armes Pierre Falcone rattrapé par la justice, auprès du secrétaire général de l'Élysée Claude Guéant, tandis que Ouart prône une ligne de prudence vis-à-vis de Falcone tout en renouant les liens avec Luanda. « Avec son format, une balle ne peut pas le rater ! » aurait lancé Djouhri à des personnes qui ont rapporté la scène à Patrick Ouart, selon *L'Express*, ce que Djouhri conteste. Et quand il faut rendre des coups de main très politiques, « Monsieur Alexandre » est toujours là. Il l'a montré depuis longtemps : en février 1995, en plein scandale sur l'Office HLM de Paris qui menace judiciairement Jacques Chirac, il conseille à l'ancien conseiller général RPR Didier Schuller de prendre la fuite à l'étranger car « il y a un contrat sur [sa] tête dans les milieux corses » en Afrique. Djouhri, se présente alors comme « un chef d'antenne des services secrets en Afrique », ainsi que l'a expliqué Schuller devant les tribunaux. « Les hommes de Charles au Gabon s'occuperont de vous faire un sort si vous ne quittez pas la France pour un bon moment », aurait lancé Djouhri, raconte encore Schuller aux journalistes du *Monde* Simon Piel et Joan Tilouine. Allusion assez claire à Charles Pasqua et Michel Tomi [→ IV.8]... Djouhri, lui, dément la scène, tout comme l'avocat Francis Szpiner (membre du « cabinet noir » de Jacques Chirac), dont la présence à ce rendez-vous a également été évoquée par Didier Schuller.

En 2005, le même Schuller est condamné pour avoir fait financer illégalement son activité politique par des entreprises à Clichy-sur-Seine (Hauts-de-Seine), entre 1988 et 1995, contre l'attribution de marchés de l'Office HLM du département dont il était le directeur général. Son président (1983-1998), Patrick Balkany, est en revanche relaxé. En octobre 2013, Schuller décide de se confier au juge Renaud Van Ruymbeke sur le patrimoine (dont une somptueuse propriété à Marrakech) caché au fisc du couple Balkany. Le début des ennuis pour un très proche de Nicolas Sarkozy.

Patrick Balkany, émissaire officieux de Nicolas Sarkozy en Afrique

Car parallèlement à des intermédiaires du type Djouhri, Nicolas Sarkozy dispose d'autres émissaires officieux sur qui compter. C'est le cas du député-maire de Levallois-Perret, Patrick Balkany (maire de 1983 à 1995, il est réélu en mars 2001), qui grâce au ministre des Affaires étrangères Bernard Kouchner dispose jusqu'en septembre 2012 d'un passeport diplomatique qui lui permet de passer sans encombre les frontières.

Formé par Charles Pasqua dans les Hauts-de-Seine, Balkany se lance dans une grande « tournée des dictateurs » avant la campagne présidentielle de 1995 (où il soutient Édouard Balladur, comme Sarkozy et Pasqua) en rencontrant Paul Biya, Omar Bongo, Mobutu et Idriss Déby. Douze ans plus tard, après l'accession de Nicolas Sarkozy à l'Élysée, la commune de Levallois-Perret jumelée à Libreville devient un lieu très prisé des émissaires de la Françafrique comme Fabien Singaye, le conseiller du président centrafricain François Bozizé, à qui Balkany attribue une HLM municipale. Par ailleurs gendre du génocidaire rwandais Félicien Kabuga, Singaye a joué un rôle trouble en tant qu'interprète, par le biais de l'ex-gendarme Paul Barril, dans l'enquête escamotée du juge Bruguière sur l'attentat contre l'avion du président Habyarimana [→ IV.9]. « Je reçois tous les jours des Africains qui viennent passer des messages car ils savent que le maire a l'oreille de Nicolas Sarkozy », assure au *Canard enchaîné* le conseiller de Patrick Balkany Renaud Guillot-Corail qui écume également les capitales africaines aux côtés de l'élu des Hauts-de-Seine.

Le maire de Levallois accompagne le président Sarkozy sous la tente du colonel Kadhafi, en Libye, en juillet 2007, lors de la visite qui suit la libération de cinq infirmières bulgares et d'un médecin palestinien négociée par Paris, et dans les voyages présidentiels en Afrique francophone. À tel point que le secrétaire général de l'Élysée, Claude Guéant, croit utile de préciser publiquement : « En Afrique, M. Balkany n'est pas l'émissaire du président. » Lorsqu'en juillet 2008 le président du conseil général des Hauts-de-Seine, Patrick Devedjian (qui a succédé à Nicolas Sarkozy à cette fonction) déclare dans une interview à *L'Express* qu'il souhaite « nettoyer les écuries d'Augias » et « rendre [à ce département] une bonne réputation », en supprimant notamment la sulfureuse SEM Coopération 92 [→ IV.8], la réaction ne se fait pas attendre. La vice-présidente UMP du conseil général, Isabelle Balkany, épouse de Patrick, très proche des époux Sarkozy, se dit « extrêmement choquée par ces déclarations qui mettent en cause l'honorabilité et la respectabilité des élus, de l'administration du conseil général et de ses deux anciens présidents », Pasqua et Sarkozy, et réclame « des excuses publiques ».

Soucieux de soigner ses relations avec les potentats africains, Balkany signe en 2008 un contrat de 5,7 millions d'euros pour la rénovation (assurée par une filiale immobilière de la mairie) de l'ambassade du Tchad [→ IV.5] en France, tout en proposant à l'ambassadeur d'utiliser des locaux municipaux. Une opération qui sera étrillée en 2010 par la cour régionale des comptes jugeant l'opération sans « liens avec le champ de compétence de la ville de Levallois-Perret ».

Le « Monsieur Afrique » officieux de l'Élysée bénéficie d'une grande mansuétude, malgré ses nombreuses sorties fort peu diplomatiques. En août 2008, il soutient publiquement le putsch du général Mohamed Ould Abdel Aziz en Mauritanie, pourtant condamné par la Commission européenne, l'Union africaine et les États-Unis, tandis que le Quai d'Orsay souhaite « un retour à l'État de droit » tout en soulignant son attachement à la « stabilité » de son ancienne colonie. Autre exemple : en septembre 2009, Balkany déclare à des représentants du président putschiste guinéen Dadis Camara que sa candidature à la prochaine présidentielle « ne pose pas de problème », en ajoutant ce commentaire : « Le Quai d'Orsay est à côté de la plaque [...], les problèmes de l'Afrique ne se posent pas en termes d'élections. » Une semaine plus tard, l'armée du président guinéen tire sur la foule rassemblée dans un stade. Bilan : 150 morts. Balkany continue pourtant d'avoir la confiance de l'Élysée, tandis que le

« Monsieur Afrique » officiel de l'Élysée, Bruno Joubert, est lui nommé ambassadeur de France au Maroc en octobre 2009.

« Balkany n'a aucun mandat pour représenter la France, assure un conseiller du président dans les colonnes du *Canard enchaîné* en février 2010. Il n'est pas qualifié pour cela et [nous] le signalons fréquemment aux responsables africains qu'il rencontre. »

Balkany joue pourtant bien les intermédiaires officieux, par exemple lorsque le président centrafricain François Bozizé bloque la mise en exploitation du gisement d'uranium de Bakouma, acquis par Areva avec le rachat de la compagnie Uramin en 2007. « Tu sais, moi, si je vais beaucoup en Afrique, c'est parce que Nicolas avait l'impression qu'il se faisait baiser par l'équipe Guéant-Djouhri. C'est moi qui m'occupe des affaires. Il sait que moi je serai correct et que je respecterai ses intérêts », aurait déclaré Patrick Balkany lors d'un déjeuner dans sa mairie, en 2010, selon un témoin cité par le journaliste Jean-Charles Deniau dans *Balkany l'impuni* (2019). Dans ses pérégrinations à Bangui pour le compte d'Areva, Balkany croise notamment Fabien Singaye ou l'homme d'affaires belge George Forrest, vieux routier de la Françafrique et consul de France honoraire au Katanga. Ce dernier affirmera avoir versé une commission de 5 millions de dollars à Balkany sur le compte suisse d'une société panaméenne, prélude à un gigantesque scandale de corruption [→ p. 877]. Le tonitruant Balkany, fait commandeur dans l'ordre du Mérite centrafricain par le président Bozizé en septembre 2010, perd de sa superbe avec la fin de l'ère Sarkozy. En novembre 2014, il est indirectement visé par une plainte déposée en France par la République centrafricaine qui accuse Bozizé (renversé en mars 2013) et ses proches d'avoir touché indûment 30 millions d'euros. Le parquet financier a ouvert une enquête pour corruption d'agent public étranger.

Soupçonnés d'avoir dissimulé 13 millions d'euros au fisc entre 2007 et 2014, Isabelle et Patrick Balkany sont également condamnés en appel en mai 2020 à respectivement quatre et cinq ans de prison pour blanchiment de fraude fiscale. Condamnation confirmée définitivement en juin 2021 par la Cour de Cassation qui annule toutefois la confiscation de leur résidence dans l'Eure et le montant des dommages et intérêts dûs à l'État : la Cour d'appel doit donc fixer de nouvelles peines pour cette condamnation. En septembre 2019, Patrick Balkany avait déjà été condamné, dans le volet fraude fiscale de l'affaire, à quatre ans de prison ferme pour fraude fiscale (peine ramenée à trois ans de prison ferme en appel), avec incarcération immédiate. Après cinq mois de détention, Patrick Balkany a été remis en liberté pour raisons médicales. « J'ai de la peine pour lui et je pense à lui. C'est certainement pas quand les gens sont dans la difficulté qu'il faut les abandonner », réagit alors Nicolas Sarkozy qui n'oublie pas les « bons et loyaux services » rendus par son ami d'enfance.

Repères bibliographiques

Benoît COLLOMBAT, « Enquête sur les affaires africaines du docteur Kouchner », site de France Inter, février 2009.

Jean-Charles DENIAU, *Balkany l'impuni. Secrets, mensonges et trahisons*, Nouveau Monde, Paris, 2019.

Étienne HUVER et Marina LADOUS, *Le Scandale Areva*, Slugnews, Arte, 2015.

Julien MARTIN, *Les Balkany*, Éditions du Moment, Paris, 2014.

Joan TILOUINE et Simon PIEL, *L'Affairiste. L'incroyable histoire d'Alexandre Djouhri, de Sarcelles à l'Élysée*, Stock, Paris, 2019.

PARTIE VI

Le temps de la « reconquête » (2010-2021)

« Je romprai avec la “Françafrique”, en proposant une relation fondée sur l’égalité, la confiance et la solidarité. Je relancerai la francophonie. »

François HOLLANDE,
« Projet présidentiel », engagement n° 58, 2012.

« Ce que nous allons faire dans le quinquennat, c’est surtout sortir d’un passé qui ne veut pas passer. Sortir des luttes fratricides qui affaiblissent la France, le Maghreb, l’Afrique. Sortir de la Françafrique ! »

Emmanuel MACRON,
discours à Marseille, 1er avril 2017.

Chronologie

2010 *septembre* : enlèvement par Al-Qaïda au Maghreb islamique (Aqmi) de sept salariés d'Areva et Vinci, dans la région d'Arlit (Niger).

2011 *janvier* : chute des présidents Zine el-Abidine Ben Ali (Tunisie) et Hosni Moubarak (Égypte).

19 mars : début de l'opération militaire Harmattan en Libye qui aboutit à la chute puis l'assassinat de Mouammar Kadhafi le 20 octobre.

11 avril : arrestation de Laurent Gbagbo par les ex-Forces nouvelles (pro-Ouattara) dans le palais présidentiel ivoirien, bombardé par l'armée française.

septembre : déclarations dans la presse de l'avocat Robert Bourgi concernant des remises d'argent de présidents africains au bénéfice de Jacques Chirac et Dominique de Villepin.

2012 *6 mai* : élection de François Hollande à la présidence de la République française.

2013 *11 janvier* : déclenchement de l'opération Serval au Mali.

2 novembre : enlèvement et assassinat des journalistes français Claude Verlon et Ghislaine Dupont (Mali).

5 décembre : début de l'opération Sangaris en Centrafrique.

2014 *août* : début de l'opération Barkhane (Burkina Faso, Mali, Mauritanie, Niger, Tchad).

30-31 octobre : insurrection populaire au Burkina Faso qui aboutit à la chute de Blaise Compaoré, exfiltré par la France.

2015 *avril* : révélations dans la presse d'accusations de viol d'enfants centrafricains par des soldats français de l'opération Sangaris.

2016 *31 octobre* : Jean-Yves Le Drian annonce la fin de l'opération Sangaris en Centrafrique.

décembre : Alliance entre la Caisse des dépôts et consignations (CDC) et l'Agence française de développement (AFD) pour créer un fonds d'investissement commun (STOA).

2017 *7 mai* : élection d'Emmanuel Macron à la présidence de la République française.

28 novembre : discours d'Emmanuel Macron à Ouagadougou (Burkina Faso).

2019 *21 décembre* : Emmanuel Macron et Alassane Ouattara annoncent à Abidjan une « réforme historique » du franc CFA en Afrique de l'Ouest et son remplacement par l'eco.

2020 *18 août* : arrestation et démission du président malien Ibrahim Boubacar Keïta (au pouvoir depuis 2013).

2021 *mars* : remise du rapport de la commission Duclert sur le rôle de la France au Rwanda de 1990 à 1994.

19 avril : mort d'Idriss Déby et prise de pouvoir par une junte militaire dirigée par son fils.

10 juin : Emmanuel Macron annonce la « fin » de l'opération Barkhane.

7-9 octobre : 28e sommet Afrique-France à Montpellier.

RENOUVEAU MILITAIRE FRANÇAIS ET CONTESTATIONS POPULAIRES (2010-2021)

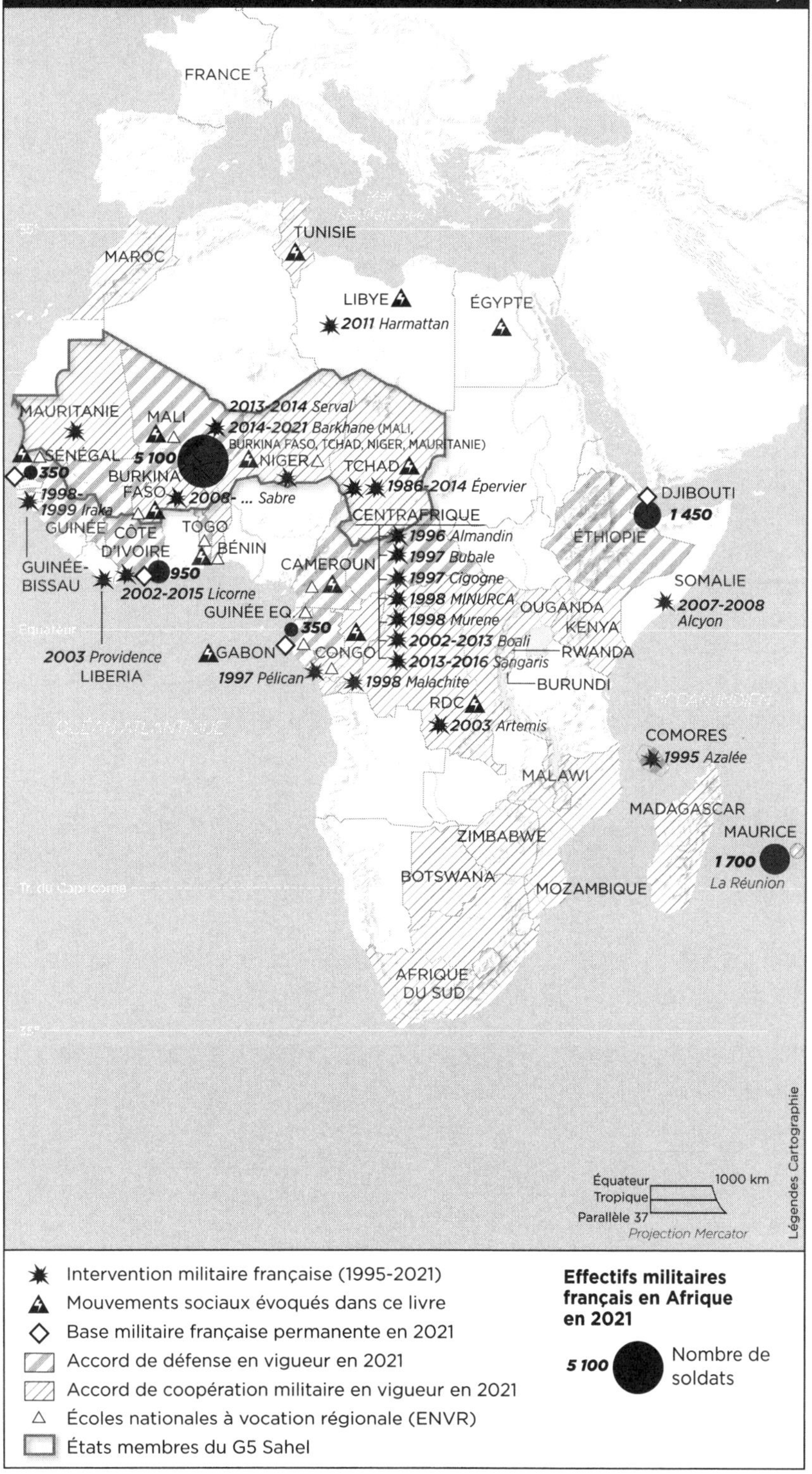

- Intervention militaire française (1995-2021)
- Mouvements sociaux évoqués dans ce livre
- Base militaire française permanente en 2021
- Accord de défense en vigueur en 2021
- Accord de coopération militaire en vigueur en 2021
- Écoles nationales à vocation régionale (ENVR)
- États membres du G5 Sahel

Effectifs militaires français en Afrique en 2021

5 100 — Nombre de soldats

« L'Afrique est notre avenir »
Les nouveaux horizons de la Françafrique

Depuis que Jacques Chirac a quitté l'Élysée, les présidents français successifs se targuent d'appartenir à une génération qui n'a pas connu la colonisation : ils revendiquent d'être en quelque sorte immunisés contre tout penchant néocolonial. Mieux encore : ils promettent tous la « rupture » avec la Françafrique. Car nul ne conteste désormais que la Françafrique, telle que l'a décrite François-Xavier Verschave, a bel et bien existé. Chacun tente cependant de se convaincre qu'elle appartient à un temps révolu. Place, donc, au « partenariat », aux relations franco-africaines « normalisées » et « égalitaires ». Cette rhétorique est devenue le nouveau credo en matière de politique africaine, à gauche comme à droite.

En voyage officiel au Gabon en février 2010, Nicolas Sarkozy campe parfaitement cette posture. « Je n'appartiens pas à la génération de la colonisation, lâche-t-il, l'air crâne. Je n'en ai donc pas les réseaux, même si j'ai lu des livres d'histoire, mais je n'en ai pas non plus les complexes. » Presque dix ans plus tard, Emmanuel Macron entonne, à son tour, le même refrain. « Moi je n'appartiens pas à une génération qui a connu le colonialisme, beaucoup des jeunes [...] ne l'ont pas connu davantage et parfois prêtent à cette époque les difficultés d'aujourd'hui, lance-t-il à Abidjan le 21 décembre 2019. Donc rompons les amarres, ayons le courage d'avancer, de regarder et de bâtir ensemble en effet un partenariat décomplexé. »

Cet argumentaire de « rupture », ressassé depuis la fin des années 2000, cache mal la perpétuation des mécanismes institutionnels traditionnels de la Françafrique : franc CFA, bases permanentes de l'armée française, coopération militaire et policière, influence culturelle et économique, soutien diplomatique à nombre d'autocrates, etc. Les « amarres » du système néocolonial sont encore loin d'être larguées.

Au cours des années 2010, chacun de ces mécanismes institutionnels va être l'objet de réformes, annoncées à grand renfort de communication et censées incarner les « changements majeurs » que le locataire de l'Élysée du moment prétend imprimer aux relations franco-africaines. L'objectif est chaque fois le même : contenir la vague montante de contestations

« antifrançaises » en Afrique. Et, ainsi, y préserver l'essentiel : une influence politique internationale, des situations privilégiées pour les entreprises françaises, une immigration choisie et malléable ou encore un sentiment de supériorité dans les relations interpersonnelles.

Cette rhétorique de la « rupture » et du « renouvellement » rappelle incontestablement celle qui s'était progressivement imposée dans les années qui ont suivi la Seconde Guerre mondiale. Et cela ne doit rien au hasard : la France tente de rééditer le tour de passe-passe des années 1950-1960, lorsqu'elle s'était délestée d'un lourd système colonial d'administration directe et avait octroyé une indépendance en trompe-l'œil aux élites loyales de ses anciennes colonies. Alors que les mouvements populaires africains réclament désormais une « seconde indépendance » et que d'autres puissances concurrencent son influence sur le continent, Paris cherche de nouveau à réformer le système françafricain et à le débarrasser de ses oripeaux les plus usés, pour mieux le faire perdurer. Ressuscitant pour l'occasion la notion d'« Eurafrique », dont la France serait naturellement le pilier, le journal *Le Monde* résume bien la dynamique à l'œuvre dans son édition du 3 juin 2021 : « Si elle veut contrer l'influence de la Chine, de la Russie ou de la Turquie en Afrique, l'Europe doit se débarrasser de tous soupçons colonialistes. » Il s'agit donc non pas de fermer le livre de la Françafrique, mais d'en tourner une page… pour continuer l'Histoire.

« Guerre contre le terrorisme », « printemps arabes » et ingérences françaises

Le révélateur tunisien

Mardi 11 janvier 2011, avant la traditionnelle joute oratoire de la séance de questions au gouvernement, le président de l'Assemblée nationale, Bernard Accoyer, prend la parole, l'air grave : « Mes chers collègues, vendredi dernier, deux de nos jeunes compatriotes ont été enlevés au Niger. Ils ont été assassinés par leurs ravisseurs le lendemain. » Trois jours plus tôt, les forces spéciales françaises, secrètement prépositionnées depuis quelques mois au Burkina Faso dans le cadre de l'opération Sabre, ont donné l'assaut sur la colonne de véhicules des ravisseurs, qui venait de passer au Mali.

L'opération, officiellement menée à la demande de l'État nigérien, a été intitulée « Archange foudroyant ». Et c'est bien la foudre qui s'est abattue sur les deux Français : Antoine de Léocour a été abattu à bout portant par les ravisseurs tandis que son ami Vincent Delory, l'autopsie le révélera, a été touché par une balle française avant de mourir dans l'incendie du véhicule pris sous le feu des militaires.

Dans l'hémicycle, où tout le monde pense que les deux otages ont été exécutés par leurs ravisseurs, le Premier ministre François Fillon adopte une posture martiale. La France, tonne-t-il, entend « montrer de la fermeté dans son engagement, aux côtés des pays de la zone, à lutter contre le terrorisme ». Cette rhétorique commence à peine à s'installer dans le champ politique français, notamment depuis la tentative de libérer un autre otage d'Al-Qaïda au Maghreb islamique (Aqmi), Michel Germaneau, quelques mois plus tôt. Elle va structurer l'ingérence militaire française en Afrique pour toute la décennie et permettre au despote tchadien Idriss Déby de se repositionner au centre du jeu politique au Sahel [→ VI.2].

L'autre fait marquant qui s'invite dans le débat parlementaire, ce 11 janvier, concerne un mécanisme traditionnel de soutien à une dictature. Le député communiste Jean-Paul Lecoq interroge en effet la ministre des Affaires étrangères Michèle Alliot-Marie au sujet de la Tunisie, en s'étonnant que « d'un côté la France appelle au respect de la démocratie en Côte d'Ivoire alors que de l'autre elle soutient de manière indéfectible la dictature de M. Ben Ali ». À Abidjan, la crise postélectorale approche de son paroxysme, la France enjoignant à Laurent Gbagbo de reconnaître la « victoire » d'Alassane Ouattara [→ V.5]. Et à Tunis, une insurrection populaire déclenchée par l'immolation d'un jeune vendeur ambulant persécuté par l'administration est réprimée dans le sang par l'appareil sécuritaire de Ben Ali.

Michèle Alliot-Marie explique alors que la réponse des autorités tunisiennes « montre le bien-fondé de la politique que nous voulons mener quand nous proposons que le savoir-faire de nos forces de sécurité, qui est reconnu dans le monde entier, permette de régler des situations sécuritaires de ce type ». « Afin que le droit de manifester soit assuré de même que la sécurité », conclut-elle, la France propose de renforcer sa coopération avec la Tunisie. Un propos applaudi dans les rangs de l'UMP mais qui suscite l'indignation de l'opposition. Celle-ci semble subitement découvrir le soutien concret, militaire et policier, que la France apporte depuis toujours au régime de Ben Ali.

Les insurrections populaires au Maghreb et au Machrek, qualifiées de « printemps arabes », poussent Ben Ali à fuir la Tunisie le 14 janvier, puis l'Égyptien Hosni Moubarak à démissionner à son tour le 11 février.

Michèle Alliot-Marie, intime du clan Ben Ali, concentre la critique au point de devoir démissionner, le 27 février 2011. Nicolas Sarkozy s'adresse aux Français le soir même, entonnant un surprenant *mea culpa* : « Ces régimes, tous les États occidentaux et tous les gouvernements français qui se sont succédé depuis la fin des colonies ont entretenu avec eux des relations économiques, diplomatiques et politiques, malgré leur caractère autoritaire parce qu'ils apparaissaient aux yeux de tous comme des remparts contre l'extrémisme religieux, le fondamentalisme et le terrorisme. » Le président français ne fait en réalité référence qu'aux pays d'Afrique du Nord, comme si le sud du Sahara n'était pas concerné.

« Voici qu'à l'initiative des peuples s'esquisse une autre voie, s'exclame encore le locataire de l'Élysée. En opposant la démocratie et la liberté à toutes les formes de dictature, ces révolutions arabes ouvrent une ère nouvelle dans nos relations avec ces pays dont nous sommes si proches par l'histoire et par la géographie. Ce changement est historique. » Le président Sarkozy emprunte alors une rhétorique directement inspirée de la guerre froide : « Nous ne devons avoir qu'un seul but : accompagner, soutenir, aider les peuples qui ont choisi d'être libres ! »

Préparer les esprits à une intervention militaire en Libye

Suite au limogeage de Michèle Alliot-Marie, Nicolas Sarkozy annonce un remaniement du gouvernement qui donne toute la mesure du « changement » : Alain Juppé devient ministre des Affaires étrangères, un poste qu'il occupait notamment pendant le génocide des Tutsis au Rwanda [→ IV.9]. Il est remplacé au ministère de la Défense par Gérard Longuet qui, après une jeunesse engagée dans l'extrême droite, a été ministre durant les deux cohabitations sous François Mitterrand. Enfin, en remplacement de Brice Hortefeux, qui devient son conseiller politique, le président confie le ministère de l'Intérieur à Claude Guéant, jusqu'alors secrétaire général de l'Élysée, qui fut aussi son ancien directeur de campagne en 2007 et son homme lige auprès de Mouammar Kadhafi [→ VI.4].

L'homme qui a déroulé le tapis rouge au Guide libyen en décembre 2007, sur fond de possibles financements occultes, se fait le chantre de la résistance des peuples. « Entre l'ingérence qui ne serait pas acceptée et l'indifférence qui serait une faute morale et stratégique, déclare-t-il lors de son allocution du 27 février 2011, il nous faut tout faire pour que l'espérance qui vient de naître ne meure pas car le sort de ces mouvements est encore incertain. Si toutes les bonnes volontés ne s'unissent pas pour les faire réussir, ils peuvent aussi bien sombrer dans la violence et déboucher sur des dictatures pires encore que les précédentes. » Le chef de l'État français prépare surtout l'opinion publique à une intervention militaire en Libye : le radical retournement d'alliance avec Tripoli se voit pleinement justifié.

Paris essaie d'entraîner ses partenaires européens et mobilise militairement l'OTAN pour frapper le régime libyen qui doit désormais faire face à une insurrection armée. Surtout, la France manœuvre à l'ONU en instrumentalisant la « responsabilité de protéger » les populations civiles pour arracher un feu vert du Conseil de sécurité. Celui-ci est effectif après la résolution du 17 mars 2011, pour laquelle se sont abstenus cinq membres du Conseil, dont la Chine et la Russie, mais également l'Allemagne, alors accusée de fragiliser la solidarité européenne. L'embargo sur les armes imposé à la Libye est aussitôt violé par les services secrets français, désireux d'équiper les rebelles. L'opération Harmattan est déclenchée le 19 mars, avec des motivations bien moins altruistes qu'annoncées.

Le 30 mars, une nouvelle résolution, adoptée à l'unanimité à l'initiative de la France – et officiellement du Nigéria –, brandit à nouveau la « responsabilité de protéger » pour donner cette fois un cadre d'intervention directe en Côte d'Ivoire. Quelques jours plus tard, l'armée française entre en action pour permettre l'arrestation de Laurent Gbagbo. À seulement quelques semaines d'intervalle, l'armée française bombarde deux palais présidentiels africains, à Tripoli et à Abidjan, en se prévalant de résolutions onusiennes, contribuant ainsi à aggraver, en Afrique, le discrédit de l'organisation internationale.

La Cour pénale internationale au service des intérêts français

De son côté, l'ONU demande la saisine de la Cour pénale internationale (CPI) au sujet des accusations de crimes commis par le régime Kadhafi lors de la répression de l'insurrection en Libye.

Pour la Côte d'Ivoire, d'autres manœuvres ont cours en parallèle, comme le montrent des documents révélés par Mediapart en 2017. Alors qu'un flou juridique entoure la compétence de la CPI dans ce pays qui n'a pas ratifié son traité fondateur (le Statut de Rome), la diplomatie française et le bureau du procureur de l'institution internationale, Luis Moreno Ocampo, cherchent depuis quatre mois un moyen d'inculper Laurent Gbagbo pour le sortir du jeu politique ivoirien.

Le 11 décembre 2010, Béatrice Le Fraper du Hellen, conseillère juridique à la mission permanente française auprès des Nations unies, écrit à Ocampo. « J'ai besoin de savoir ce qu'a donné ta conversation avec Alassane Ouattara », demande la diplomate qui a dirigé pendant quatre ans la très stratégique division de la CPI dédiée à la coopération avec les États. La France et Ocampo ont besoin que Ouattara, président ivoirien depuis le 3 décembre 2010 selon l'ONU, mais sans pouvoir et retranché dans un hôtel d'Abidjan, lève le flou juridique en officialisant la compétence de la CPI en Côte d'Ivoire.

Lorsque Gbagbo est arrêté dans le palais présidentiel d'Abidjan par les forces pro-Ouattara avec l'aide de l'armée française, le 11 avril 2011, le directeur Afrique du Quai d'Orsay, Stéphane Gompertz, s'empresse de prévenir l'Élysée et une poignée de diplomates de la stratégie secrètement convenue avec le procureur de la CPI pour maintenir en détention le président ivoirien déchu, en dehors de tout cadre légal, jusqu'à ce que la Cour soit officiellement saisie. « As-tu parlé avec Ouattara ? » écrit Béatrice Le Fraper du Hellen au procureur de la Cour pénale internationale quelques heures après. Visiblement, oui : le nouveau président ivoirien fait le nécessaire pour que Laurent Gbagbo soit maintenu en détention pendant sept mois dans son pays, accusé temporairement de « crimes économiques », le temps que les juges de la CPI l'inculpent et demandent son transfert à La Haye.

Le 22 avril, Béatrice Le Fraper du Hellen fait partie de la dizaine de diplomates nommés chevaliers de la Légion d'honneur par Nicolas Sarkozy, sur la recommandation du ministre des Affaires étrangères.

Un mois plus tard, le chef de l'État se rend en Côte d'Ivoire, pour l'investiture d'Alassane Ouattara. « En matière démocratique, il n'y a pas d'arrangement, s'enorgueillit Nicolas Sarkozy, depuis la base militaire française de Port-Bouët. Il y a la démocratie ou il y a la dictature, le respect de l'État de droit ou la violence. » Ces propos s'appliquent-ils aux régimes criminels alliés de Paris ? Deux jours plus tard, la question turlupine Vincent Hugeux, spécialiste Afrique de *L'Express*, qui juge « périlleux » le distinguo sarkozien : « Faut-il reléguer le Cameroun de Paul Biya, le Congo-Brazzaville de Denis Sassou Nguesso ou Djibouti au rang d'implacables dictatures ? Ce serait un rien outrancier. » Bien que le journaliste refuse de les considérer comme des « démocraties dignes de ce nom », les régimes autocratiques d'Afrique méritent toujours un sens de la nuance... quand ils jurent amitié à la France.

Lors de la traditionnelle conférence des ambassadeurs au mois d'août 2011, le président Sarkozy se vante d'une rupture avec les pratiques passées, suite aux « printemps arabes » : « Pendant ces événements, la France, plus que d'autres pays, a été interpellée et critiquée. C'est la rançon de l'Histoire : ici, elle en faisait trop, au risque d'être accusée de "néocolonialisme" ; là, pas assez et pas assez vite, et la voilà taxée d'une coupable indifférence ! […] Ce qui est nouveau, après des décennies pendant lesquelles la stabilité des régimes en place primait, à l'est comme au sud de l'Europe, c'est la volonté de la France d'accompagner avec détermination le mouvement des peuples vers la démocratie. »

Championne autoproclamée de l'émancipation, la France se convainc à la même période d'être investie d'une autre mission historique : contrer les régimes autocratiques qui cherchent à gagner en influence en Afrique, menaçant la souveraineté des peuples. Au premier rang desquels la puissante Chine communiste.

Le chiffon rouge de la « Chinafrique »

En janvier 2012, l'hôtel de Montesquiou, rue Monsieur à Paris, est racheté par la Chine pour y établir les services de la chancellerie de son ambassade. Au printemps 2007, Jacques Chirac était intervenu pour empêcher *in extremis* Pékin d'acheter à l'État français cet immeuble qui abritait jusqu'à fin 1998 le ministère de la Coopération. Il avait finalement été acquis par des investisseurs russes qui, en le revendant cinq ans plus tard, fournissent un symbole aux contempteurs français de la « présence chinoise » en Afrique, qui redoutent cette concurrence croissante dans le pré carré. Une inquiétude popularisée par la parution en mai 2008 d'un ouvrage des journalistes Serge Michel et Michel Beuret, au titre accrocheur : *La Chinafrique. Pékin à la conquête du continent noir.*

L'expression est construite en référence à celle désormais utilisée pour dénoncer l'ingérence française en Afrique. « La Françafrique, expliquent les deux auteurs dans une interview donnée à *20 minutes*, recouvre [...] l'interpénétration politico-affairiste entre les élites africaines et les milieux français intéressés (Élysée, grandes entreprises, armée). La formule Chinafrique renvoie à la même idée, la création d'un monde incestueux et souvent corrompu. [...] La Chine, dans son bras de fer avec les démocraties à l'ONU, cherche à renforcer ses appuis politiques aussi. » Mais contrairement au concept de Françafrique, qui provoque des moues dédaigneuses chez nombre d'observateurs français, le néologisme « Chinafrique » fait immédiatement florès et sa pertinence n'est nulle part débattue.

Quatre mois après la publication de ce livre, Nicolas Sarkozy fait publiquement part de son inquiétude à la tribune des Nations unies : « Prenons garde à un réendettement public trop rapide et trop coûteux. Ne préparons pas une nouvelle crise de la dette africaine pour 2030. » Sans la citer, l'allusion au rôle financier de la Chine est sibylline. Fin 2009, il se fait plus direct, lors d'un débat avec quelques responsables d'ONG suite au sommet de Copenhague sur le climat : « Les Africains n'ont pas osé s'affranchir de la Chine, explique-t-il. [...] Alors que nous faisons beaucoup d'efforts pour désendetter l'Afrique, la Chine est en train de la "réendetter" à la vitesse grand V, sans les mêmes conditions que nous. »

Si, comme le souligne le chef de l'État, le poids croissant de Pékin se constate aisément en termes économiques et concurrence potentiellement l'influence française, en revanche, ceux qui s'inquiètent de la conquête chinoise du continent africain sont bien en peine de démontrer que le parallélisme est pertinent au plan militaire : Pékin a bien signé avec des États africains des contrats d'armement auxquels est associée une assistance technique spécifique, mais celle-ci est limitée à certains pays hors du pré carré français. La Chine ne coadministre pas non plus un système de monnaie commune avec ses partenaires sur le continent : elle ne bénéficie donc pas, contrairement à la France avec le CFA, d'un outil intrusif de contrôle et de répression monétaire de l'économie des pays « amis » [→ III.2].

Pourtant, après la crainte des « Anglo-Saxons » dans les années 1950, des communistes dans les années 1960-1970, puis à nouveau des États-Unis depuis les années 1990, la désignation de ce nouvel adversaire de l'hégémonie française trouve un écho certain à Paris, où l'ouvrage de Serge Michel et Michel Beuret devient une référence incontournable. Un chapitre entier prétend démontrer que « la Chine enterre la Françafrique ».

Leurs certitudes ont tout pour plaire à une intelligentsia française qui ne supporte pas de se voir accusée de néocolonialisme. Sans craindre les métaphores douteuses, les deux auteurs décrivent en ces termes la relation que l'« Afrique » entretient avec la France : « Après avoir été sa servante sous la colonisation, était devenue sa maîtresse à l'indépendance. Peu à peu, les blessures de l'histoire semblaient se refermer. Et malgré la condescendance de l'ancien maître, l'Afrique affranchie l'a aimé. Au début des années 1990, pourtant, la France n'a plus voulu de sa maîtresse. Ses mœurs (la corruption, l'indolence, l'inertie) et son tempérament (imprévisible, intéressée, autoritaire et violente) la rendait embarrassante. Et puis une autre belle attirait son regard, moins tourmentée, plus docile et prometteuse : l'Asie. Voilà l'Afrique francophone – et l'Afrique tout court – livrée à elle-même pour une décennie de conflits et de déclin économique. C'est à ce moment que la Chine commence de lorgner sur elle et lui propose un mariage de raison. » Tout y passe : du cliché sur les Africains violents au mythe du désengagement des entreprises françaises en Afrique [→ V.8].

Offrant implicitement une nouvelle légitimité à la « présence » de la France en Afrique, qui apparaît en comparaison d'autant plus vertueuse que la « patrie des droits de l'homme » offre une onction démocratique à tous ceux qui lui jurent fidélité, l'idée de « Chinafrique » repose sur une réalité simple : à l'échelle du continent, la Chine s'impose à partir de 2009 comme le premier partenaire commercial de l'Afrique, devant les États-Unis.

La compétition avec Paris est particulièrement vive au niveau du contrôle de l'endettement, un puissant outil de domination économique [→ IV.6], et dans le domaine diffus du *soft power* [→ VI.9]. Pour diffuser la culture chinoise et enseigner le mandarin, Pékin crée en 2004 des centres culturels, ses Instituts Confucius. Quinze ans plus tard, il en existe plus d'un demi-millier situés dans plus de cent cinquante pays, dont une centaine aux États-Unis, une trentaine en Grande-Bretagne et une vingtaine en France. En comparaison, Paris finance plus d'un millier d'Alliances françaises, réparties dans une centaine de pays.

L'offensive culturelle chinoise ne cible donc pas particulièrement l'Afrique, où le premier Institut Confucius ouvre fin 2005 à Nairobi, au Kenya. Mais, en quinze ans, elle en établit sur le continent autant qu'il y existe d'instituts français. Pékin crée en 2012 une chaîne télévisée d'information « africaine », CCTV Africa, qui émet depuis Nairobi. Une concurrence directe pour la BBC mais également pour TV5 Monde, chaîne vitrine de la Francophonie, et pour France 24, qui émet aussi en anglais depuis son lancement en 2006 et qui, dans cette guerre d'influence par l'information, tente rapidement de concurrencer la qatarie Al-Jazeera en émettant en arabe.

Durant la décennie suivante, le poids économique et l'influence de la Chine continuent de croître. Sujet légitime de préoccupation pour les analystes africains, Pékin focalise des attaques d'une étonnante hypocrisie en France, où il semble en revanche toujours aussi difficile de porter un regard critique sur l'histoire des relations franco-africaines.

François Hollande, la Françafrique complexée

Alors que Nicolas Sarkozy entame la dernière année de son quinquennat, ses liens avec des potentats africains et les déclarations fracassantes de l'avocat Robert Bourgi détaillant dans la presse la remise d'argent à des personnalités politiques françaises font douter de plus en plus d'observateurs de la disparition de la Françafrique [→ V, introduction]. Mais, pensent-ils, les révélations de Bourgi n'en sont que la queue de comète et l'alternance à la tête de l'État français devrait permettre d'en finir pour de bon.

Les grandes promesses et les petits « messages en privé »

En juin 2011, Thomas Mélonio, jeune responsable Afrique du PS, pointe dans un livret publié par la Fondation Jean Jaurès « les aspects les plus anachroniques de la politique africaine de la France » afin de suggérer des pistes de réformes. Il prévient, dès l'introduction, que « le thème n'est pas nouveau : deux ministres de la Coopération [Jean-Pierre Cot et Jean-Marie Bockel] ont dans le passé été marginalisés politiquement après s'être manifestés trop bruyamment contre cette insaisissable et indéfinissable "Françafrique". Voilà qui aurait de quoi décourager les volontés les plus réformatrices »... Par ailleurs cadre de l'Agence française de développement (AFD), le jeune homme sait que la bonne volonté ne manque pas dans le milieu français de la coopération mais qu'elle ne suffit pas à s'extraire des logiques de politiques d'influence.

Malgré tout Thomas Mélonio veut défendre ses propositions. Le militant socialiste, qui ne sait pas encore qui portera les couleurs de son parti dans la compétition électorale, dresse des perspectives qui semblent alors audacieuses, même si elles n'entraîneraient pas de rupture franche. Il suggère ainsi de faire évoluer le franc CFA vers un système de change flottant plutôt que fixe vis-à-vis de l'euro. Il propose surtout de « mettre fin aux accords de défense », de réduire les contingents militaires prépositionnés et de passer les bases sous contrôle européen, plutôt qu'uniquement français – afin de « mutualiser les coûts et de réduire les malaises » –, pour garder une capacité d'évacuation des ressortissants, sans s'interroger néanmoins sur la souveraineté des pays hôtes. Et il met en garde : « Pour les socialistes, le respect des droits de l'homme et l'existence d'un État de droit sont, et doivent être, des conditions préalables à toute intervention en faveur d'un État. »

Élu l'année suivante sur un slogan de « changement », mais incarnant la continuité avec le socialisme mitterrandien, François Hollande – qui n'a pas vraiment de passif « africain » au sein du PS – ne détaille pas ses propositions sur la politique africaine de la France. Il se contente de promettre dans son programme qu'il va « rompre avec la "Françafrique" », avec les guillemets de rigueur et sans la définir.

Son élection suscite néanmoins de grands espoirs au sein des mouvements démocratiques d'Afrique francophone. Comme leurs aînés en 1981, ces militants considèrent bien souvent que les amitiés douteuses avec les potentats et les relations politico-affairistes sont l'apanage de la droite – le quinquennat de Nicolas Sarkozy ne vient-il pas d'en offrir une éclatante illustration ? Mais François Hollande ne tarde pas à décevoir ceux qui ont cru au grand changement.

Le nouveau président trébuche dès son investiture, le 15 mai 2012. À l'instar du président Mitterrand rendant hommage à Victor Schœlcher en 1981, François Hollande décide de mettre à l'honneur un « grand homme », sorte de parrain tutélaire de son mandat. Il choisit Jules Ferry, symbole républicain de l'éducation, sans se rendre compte, oubli révélateur, et sans que personne dans son entourage le lui rappelle que le promoteur de l'école publique fut aussi le héraut de l'expansionnisme colonial des « races supérieures ». Ce choix stupéfie et scandalise, notamment dans les départements d'outre-mer. Pensant sortir par le haut de la polémique, le chef de l'État maintient son hommage tout en évoquant de simples « égarements politiques » : « Toute grandeur a ses faiblesses et tout homme est faillible. [...] Sa défense de la colonisation fut une faute morale et politique. Elle doit à ce titre être condamnée. » Reléguant cet aspect à une erreur de jugement, le nouveau président absout implicitement le système colonial, dont Ferry fut un rouage et un symbole [→ I.1].

À son arrivée à l'Élysée, Hollande intègre Thomas Mélonio à sa cellule africaine, que dirige Hélène Le Gal, une diplomate passée par le cabinet du ministre délégué à la Coopération Charles Josselin.

Le militant socialiste Mélonio, si ambitieux un an plus tôt, renonce vite, par pragmatisme ou par impuissance, à ses propositions. Dès le 5 juillet 2012, le Gabonais Ali Bongo est reçu par le chef de l'État français, en dépit de la pétition lancée quelques jours plus tôt par l'association Survie et d'autres acteurs de la société civile pour demander au président Hollande de renoncer à cette rencontre – pétition qui rassemble 65 000 signatures, du jamais-vu sur un sujet lié à la Françafrique.

Sous le feu des critiques, l'Élysée explique dans un communiqué avoir œuvré en faveur d'un « dialogue exigeant sur les questions de gouvernance, de lutte contre la corruption et de pluralisme démocratique », tandis que quelques habiles indiscrétions laissent entendre à la diaspora gabonaise, très remontée, que François Hollande aurait été particulièrement critique vis-à-vis de son interlocuteur. Certes, un dictateur africain a été reçu à l'Élysée, mais sans plus ni moins d'égards que d'autres chefs d'État : la normalité, en somme. Cette petite musique élyséenne est complétée par celle d'acteurs « de terrain » comme le P-DG de Total, Christophe de Margerie, qui explique au *Monde*, le 7 juillet : « La Françafrique, pour moi, elle n'existe plus, ou alors elle est vraiment en fin de course. »

Cette ligne politique se confirme quand François Hollande se rend à Kinshasa pour le sommet de la Francophonie, en octobre 2012. Joseph Kabila étant très contesté, l'Élysée décide après quelques hésitations, feintes ou réelles, de maintenir le déplacement du président… qui « boude » son hôte une fois sur place, arrivant en retard et n'applaudissant pas ses discours. Mais sans un mot public de condamnation. Face aux ONG qui s'offusquent du fait qu'il ait tout de même fait le déplacement, les diplomates répètent le mantra qui marque le début du quinquennat : « On accepte de voir tout le monde, mais on passe des messages en privé. »

De l'« atout » du CFA à l'opération Serval : l'ingérence normalisée

François Hollande reçoit ainsi dès janvier 2013 un dinosaure de la Françafrique : Paul Biya, arrivé au pouvoir au Cameroun un an après l'élection de François Mitterrand. Mais l'Élysée insiste plus volontiers sur la relation entretenue avec le Nigérien Mahamadou Issoufou ou le Sénégalais Macky Sall, élus démocratiquement en 2011 et 2012, puis plus tard avec le président du Mali Ibrahim Boubacar Keïta (IBK), élu en 2013 alors que l'opération Serval quadrille le pays.

Surtout, dès octobre 2012, François Hollande assume pleinement l'héritage institutionnel de l'ingérence française en Afrique, dans le discours qu'il choisit de prononcer dans la capitale sénégalaise, comme un pied de nez à Nicolas Sarkozy et à son désastreux « discours de Dakar » [→ V, introduction]. Devant les députés sénégalais, il commence certes par asséner que « le temps de la Françafrique est révolu » (air connu), prétendant y opposer « le partenariat entre la France et l'Afrique ». La différence tient, selon lui, au fait que « les émissaires, les intermédiaires et les officines trouvent désormais porte close à la présidence de la République française comme dans les ministères ». De cette manière, François Hollande réduit implicitement la Françafrique à une définition qu'explicite sa conseillère Hélène Le Gal en août 2013 sur France 24 : « Une espèce d'institutionnalisation d'un système mafieux de réseaux. C'est pas du tout la manière dont se passe aujourd'hui la relation entre la France et l'Afrique. »

Les émissaires et intermédiaires sont certes plus visibles à la droite de l'échiquier politique [→ V.5]. Mais la relation entre la France et ses anciennes colonies (et au-delà) n'est pas pour autant renouvelée, comme l'indique François Hollande lui-même à Dakar, entre quelques vœux pieux sur l'« aide au développement », les « relations commerciales plus équitables » et le « renforcement de la réglementation européenne en faveur de la transparence des comptes des entreprises extractives ». Il appelle ainsi à la « consolidation de la zone franc », en présentant le franc CFA comme un « véritable atout ».

Le chef de l'État revendique surtout « une définition parfaitement claire de la présence militaire française en Afrique », sans évidemment la remettre en question. Il s'agit seulement que celle-ci se poursuive « dans un cadre légal et dans la transparence », dans le prolongement de la refonte des accords de défense impulsée en 2008 par Nicolas Sarkozy. « J'irai au bout de cette démarche », s'engage le président français, tout en précisant : « Un dispositif ne doit pas être figé, il doit s'adapter, et privilégier la réactivité plutôt qu'une présence statique. » François Hollande l'ignore peut-être, mais il reprend ainsi une vieille rengaine des stratèges militaires français depuis plus d'un demi-siècle [→ III.1].

Pendant que les communicants du président élaborent les éléments de langage accompagnant sa « nouvelle » politique africaine, l'état-major peaufine différentes stratégies d'intervention au Mali, en crise depuis le renversement du président Amadou Toumani Touré (ATT) par un coup d'État militaire en mars 2012. Officiellement, l'Élysée veut pourtant en finir avec l'image du « gendarme de l'Afrique ». Pour la reconquête du nord du Mali, déjà contrôlé par des groupes armés se revendiquant du djihad, « la France apportera un appui logistique, explique encore François Hollande dans son discours de Dakar. Mais à sa place. »

Trois mois plus tard, sur la base de renseignements fournis par l'état-major, prétendant que la colonne djihadiste qui vient de s'emparer de la ville de Mopti (au centre du Mali) compte fondre sur Bamako, François Hollande décide une intervention au sol. Les forces spéciales se positionnent dès le 10 janvier à l'aéroport de Sévaré, à proximité de Mopti – objectif stratégique des djihadistes, qui souhaitaient empêcher une intervention de reconquête du Nord. Le lendemain, prétextant la nécessité de protéger Bamako, le président annonce le début de l'opération Serval, ouvrant une ère de puissante relégitimation de la présence militaire française en Afrique [→ VI.2].

Le maillage militaire français sur le continent, notamment les bases au Tchad et en Côte d'Ivoire, permet rapidement au dispositif de monter en puissance avec une opération d'une envergure inégalée depuis l'opération Turquoise au Rwanda. Afin de justifier cette intervention en droit international, Paris brandit une demande d'aide du président malien par intérim, ce qui suffit au regard de la Charte de l'ONU. Celle-ci prévoit en effet, à son article 51, que des pays membres puissent se venir mutuellement en aide : un prétexte utilisé par le passé par Paris pour justifier ses interventions en Mauritanie et au Tchad à la fin des années 1970.

Trois semaines plus tard, François Hollande est accueilli en héros libérateur à Tombouctou puis à Bamako. Inquiet du symbole néocolonial que cette nouvelle opération militaire peut représenter, le président tente de rassurer : « La France n'a pas vocation à rester ici au Mali, parce que ce sont les Maliens eux-mêmes, les Africains qui assureront la sécurité, l'indépendance, la souveraineté. » Devant les journalistes, il se montre encore plus sûr de lui : « Nous n'avons [...] pas encore terminé notre mission. [Mais], j'allais dire, le retrait est inscrit. Il n'y a aucun risque d'enlisement. » C'est dire s'il est bien conseillé sur le plan militaire... Un an et demi plus tard, cette opération extérieure sera fusionnée avec une autre, Épervier, en cours au Tchad depuis 1986, et étendue à tout le Sahel pour devenir l'opération Barkhane.

En septembre 2013, le gouvernement est confiant. Il envisage de réduire en quelques années d'un millier d'hommes et de femmes les forces prépositionnées en Afrique. Mais « la priorité est de conserver une réactivité, explique le ministre de la Défense Jean-Yves Le Drian à la commission des Affaires étrangères du Sénat. […] Une réorganisation intelligente consiste à diminuer nos effectifs en augmentant notre présence ». Un vieux *leitmotiv* militaire français. Et le ministre poursuit, en oubliant le langage diplomatique qui sied en général à ce genre d'échanges : « J'en parlerai prochainement au président de la République. Ces décisions seront ensuite expliquées aux chefs d'État africains concernés. » Éclairant, ce passage est expurgé du compte-rendu officiel de la séance.

Trois mois plus tard, en décembre, la France déclenche une nouvelle opération militaire d'ampleur : Sangaris, en Centrafrique, où une rébellion a pris le pouvoir en début d'année. Un bourbier pour l'armée française, rapidement prise dans un des plus grands scandales de son histoire récente [→ VI.8].

Exfiltrer Blaise Compaoré et appuyer Denis Sassou Nguesso

François Hollande pousse très loin, en matière de relations franco-africaines, l'art de la « synthèse » dans lequel il est passé maître.

Le 30 octobre 2014, au moment même où une impressionnante insurrection populaire balaie Blaise Compaoré au Burkina Faso [→ VI.7], la lettre que lui avait adressée le président français trois semaines plus tôt fuite opportunément dans *Jeune Afrique*. Cette diffusion permet de confirmer que l'Élysée, qui risque d'être accusé d'avoir soutenu jusqu'au bout le dictateur, lui avait bien fait passer des « messages en privé ». La missive appelle en effet le potentat burkinabè à éviter « les risques d'un changement non consensuel de Constitution », qu'il prépare, en expliquant que la France le soutiendra s'il souhaite briguer un mandat dans une organisation internationale. En clair, Paris tente de lui offrir une échappatoire confortable, en toute impunité.

Jeune Afrique explique aussi que c'est l'armée française qui est intervenue pour exfiltrer le dictateur déchu, le soustrayant à la justice de son pays, bien qu'il ait refusé la main tendue de Paris. En déplacement au Canada, François Hollande s'en explique en prétendant avoir voulu éviter un « bain de sang », formule choquante au vu du déroulé pacifique et rapidement structuré de l'insurrection, et revendique sa politique des messages discrets : « Les valeurs démocratiques sont pour nous essentielles. Les élections doivent se tenir aux dates prévues et avec l'ordre constitutionnel tel qu'il a été arrêté. […] Le président Compaoré a voulu se succéder à lui-même après vingt-sept ans de présidence, c'était beaucoup. Donc nous l'avions informé de ce que nous pensions de cette intention. » Une prise de distance publique qui n'intervient qu'*a posteriori*, à l'instar d'ailleurs des innombrables commentaires médiatiques sur le rôle de Blaise Compaoré comme figure de la Françafrique – dont la fin serait à nouveau illustrée par la chute de l'autocrate. C'est toujours après leur renversement que les Français commentent les tares de leurs anciens « amis ».

L'exemple burkinabè inspire cependant la société civile d'autres dictatures francophones, mettant Paris sous pression pour éviter que la contestation ne se mue en sentiment « antifrançais ». Fin novembre 2014, à la veille d'un nouveau sommet de la Francophonie, François Hollande met implicitement en garde tous les chefs d'État, dans une interview sur RFI, France 24 et TV5 Monde : « On ne change pas l'ordre constitutionnel par intérêt personnel. » Au Congo-Brazzaville, où Denis Sassou Nguesso est justement sur le point de modifier la Constitution pour s'éterniser au pouvoir, les démocrates exultent : la France, pensent-ils, va enfin lâcher le tyran !

Mais, le 21 octobre 2015, interrogé lors d'une conférence de presse sur le référendum de façade organisé par le régime congolais pour acter ce changement constitutionnel, le président français douche leurs espoirs : « Le président Sassou peut consulter son peuple, ça fait partie de son droit, et le peuple doit répondre. » La veille, la gendarmerie congolaise, dont le commandant est conseillé par un coopérant militaire français, a réprimé à balles réelles la foule de manifestants qui tentait de s'opposer à ce passage en force, fauchant littéralement le mouvement de contestation en faisant des dizaines de victimes.

La déclaration du locataire de l'Élysée est immédiatement inscrite sur une grande banderole, apposée sur la mairie de Brazzaville. Pour les partisans de Sassou Nguesso, le signal est limpide : ils ont le soutien de Paris. Le 25 octobre, malgré le boycott massif, la modification constitutionnelle est officiellement validée. Du Burkina Faso au Congo, la synthèse de François Hollande penche du côté des vainqueurs, quels qu'ils soient.

« Papa Valls l'Africain »

Premier ministre de mars 2014 à décembre 2016, Manuel Valls affiche très vite de hautes ambitions politiques adossées à un solide réseau africain. « Il est clanique. Et c'est important en Afrique », souffle élégamment un proche de François Hollande à Mediapart, en avril 2016. Le site d'investigation, qui s'intéresse aux « réseaux africains de Manuel Valls », rappelle que « certains de ses proches connaissent bien le continent, comme le communicant Stéphane Fouks, qui a notamment travaillé pour Laurent Gbagbo en Côte d'Ivoire, Ali Bongo (Gabon) et Paul Biya (Cameroun) ». Le Premier ministre est également très proche d'Alain Bauer, parrain d'un de ses fils, « ancien conseiller de Nicolas Sarkozy » et ancien « Grand Maître du Grand Orient (GO), obédience maçonnique très présente en Afrique » [→ IV.2].

Huit mois après son arrivée à Matignon, Manuel Valls entame une tournée africaine au Tchad et au Niger, deux pays stratégiques dans le cadre de la « guerre contre le terrorisme ». Suivront le Mali, le Burkina Faso, le Sénégal, le Ghana, et la Côte d'Ivoire… Accompagné de son conseiller

Afrique « officieux », le Franco-Mauritanien Ibrahima Diawadoh N'Jim, qui a ses entrées dans la plupart des capitales d'Afrique francophone, Manuel Valls aime cultiver l'image d'un homme d'État qui aurait une vision différente des relations avec le continent. « La Françafrique, c'est terminé ! » entonne-t-il, lui aussi, dans les colonnes de *Jeune Afrique*, en janvier 2016, prenant en exemple… l'intervention au Mali. « J'ai la conviction qu'une part de l'avenir de l'Europe et donc de la France se joue en Afrique et que ce siècle sera celui des Africains, poursuit Manuel Valls. […] L'Afrique est la nouvelle frontière sur laquelle l'Europe doit bâtir en partie son avenir, pour des raisons démographiques, stratégiques et économiques. » Une rhétorique qui n'est pas sans rappeler celle des milieux coloniaux du XIXe siècle et des promoteurs de l'idée d'Eurafrique avant les indépendances [→ I.3].

De fait, la vision du Premier ministre est nourrie d'un (néo)colonialisme qui n'a rien de très moderne. Interrogé à la même époque sur RFI, Manuel Valls entonne un refrain connu depuis déjà bien des années. L'Afrique, jure-t-il, est « une opportunité d'influence, de présence, de développement y compris pour nos entreprises […] qui réussissent et qui sont de très grands noms. Je pense évidemment à Bolloré, à Eiffage, à EDF, je pense à la SNCF, à tout ce qui concerne la filière cacao, il y a des opportunités pour les grandes entreprises, mais aussi pour les petites entreprises, et pour ces start-up liées à l'innovation ». « Vous vous rendez compte, ces millions de personnes qui parlent le français ! » s'exclame-t-il béatement avant de se faire le chantre, comme bien d'autres avant lui, d'« une relation basée sur un partenariat de confiance, et pas sur les vieilles pratiques du passé ».

Ces pratiques et ces réseaux n'ont en réalité pas disparu, y compris dans le propre entourage de Manuel Valls. Ainsi, le 17 juin 2015, le Premier ministre élève au grade d'officier de la Légion d'honneur une figure de la Françafrique : Jean-Yves Ollivier, un proche du dictateur congolais Denis Sassou Nguesso [→ V.2] qui a joué les discrets émissaires pour le compte de Jacques Chirac dans les années 1980-1990. L'homme aime se présenter avantageusement comme l'un des artisans de la libération de Nelson Mandela en 1990 puis de la chute de l'apartheid l'année suivante à travers articles, livres et même un documentaire à sa gloire (*Plot for Peace*, 2013). Le portrait qu'en dresse Hennie van Vuuren est pourtant légèrement plus nuancé : Jean-Yves Ollivier « a négocié l'importation de centaines de milliers de tonnes de charbon sud-africain pour l'industrie française à partir de 1986-1987 – en violation de l'embargo – et fut récompensé par l'ordre de Bonne Espérance décerné en décembre 1987 par le gouvernement sud-africain », explique le chercheur sud-africain dans son livre *Apartheid, Guns and Money* (2017). Il était également « P-DG du négociateur en pétrole Comoil puis travailla par la suite pour la compagnie armurière française Thomson-CSF comme son représentant en Afrique du Sud » [→ III, introduction].

En mars 2016, *L'Obs* révèle que l'orchestre dont l'épouse de Manuel Valls, la violoniste Anne Gravoin, est la directrice artistique, est « soutenu par la fondation du plus important groupe d'armement en Afrique (Paramount) », dirigé par le milliardaire sud-africain Ivor Ichikowitz. L'Alma Chamber Orchestra est en outre parrainé par une autre fondation, liée au président congolais Denis Sassou Nguesso. Malaise. « La Fondation Brazzaville a uniquement apporté son soutien moral à des concerts pour la paix donnés par cet orchestre avec lequel elle a en commun d'œuvrer pour la paix », précise le créateur et président de la fondation… Jean-Yves Ollivier. Ce dernier explique avoir par ailleurs « sollicité le cabinet du Premier ministre afin que les insignes de la Légion d'honneur [lui soient] remis par M. Valls eu égard à sa fonction », au moment où il a fait acte de candidature. Mais il jure ne l'avoir « jamais rencontré » avant sa remise de décoration, ni par la suite. Quant au cabinet du Premier ministre, embarrassé par l'épisode (la décoration a été remise à Jean-Yves Ollivier deux mois après la tournée de l'orchestre d'Anne Gravoin en Afrique du Sud), il justifie la remise de la Légion d'honneur à Jean-Yves Ollivier « par le rôle qu'il a joué en Afrique du Sud ».

S'il martèle à *Jeune Afrique* qu'« il faut que s'impose à tous l'idée que l'Afrique n'est pas un pré carré », Manuel Valls continue d'entretenir des relations personnelles avec les figures de la Françafrique. Comme le relèvent Lénaïg Bredoux et Clément Fayol dans Mediapart, il rend par exemple visite à Denis Sassou Nguesso en juillet 2015 dans un hôtel de luxe parisien « dans un cadre privé, en dehors de tout agenda officiel, alors que le président congolais prépare déjà son référendum pour se maintenir au pouvoir et qu'il est poursuivi en France dans l'affaire des biens mal acquis ».

Lors d'une nouvelle tournée en Afrique de l'Ouest, en octobre 2016, au Togo (où il estime qu'une « Afrique nouvelle se dessine » alors que Faure Gnassingbé maintient depuis une décennie le pays en coupe réglée par la torture, la corruption et la répression), en Côte d'Ivoire et au Ghana, Manuel Valls tente une nouvelle fois de sculpter sa stature présidentielle. « "Papa Valls l'Africain" marchait comme un chef, se tenait droit comme un chef, parlait comme un chef », s'extasie alors Nicolas Domenach dans les colonnes de *Challenges*.

Un mois plus tard, quand François Hollande annonce qu'il ne se représente pas à l'élection de 2017, Manuel Valls s'imagine déjà investi pour porter les couleurs du PS au scrutin présidentiel. Candidat malheureux à la primaire de son parti, il quitte finalement le premier plan de la scène politique française.

Économie, sécurité : l'Afrique comme champ de « bataille »

Pendant le mandat de François Hollande comme pendant celui de son successeur, la question de la « présence française » polarise le débat politique sur la relation franco-africaine. Pendant que les rapports et déclarations se multiplient sur le retrait supposé de la France au plan économique, provoquant des commentaires angoissés dans la presse hexagonale, la réorganisation de l'influence militaire de Paris passe inaperçue et l'idée prévaut que les réseaux françafricains se sont évaporés dans les années 2000. Le brouillard entourant les libérations d'otages comme le sulfureux dossier du « parrain des parrains » Michel Tomi [→ p. 888] ne semble guère alerter les commentateurs sur la perpétuation des pratiques anciennes. Plus qu'à la « rupture » et à la « normalisation » si souvent annoncées, on assiste à une nouvelle recomposition des connivences franco-africaines, occultes ou non.

Un Quai d'Orsay « ministère des entreprises »

À peine installé au Quai d'Orsay en 2012, Laurent Fabius promeut la « diplomatie économique ». Chaque ambassadeur doit être « à la tête de l'équipe de France de l'export ». « La diplomatie économique consiste à mobiliser notre politique étrangère au service des intérêts économiques du pays, résume le ministre socialiste dans un entretien en 2013 à la revue trimestrielle *Géoéconomie*. […] Nous avons un rôle majeur à jouer pour nos entreprises, pour nos emplois, pour la croissance et pour le redressement économique du pays, en mettant à disposition des entreprises le réseau diplomatique français, un des plus étendus au monde. »

En juin 2013, à l'occasion d'une conférence à l'École polytechnique intitulée « La France, "puissance d'influence", face aux changements du monde », Laurent Fabius précise qu'il veut « que le ministère des Affaires étrangères ne soit pas seulement le ministère des relations politiques ou de l'action culturelle extérieure mais qu'il soit aussi le ministère des entreprises ». Celui qui fut le Premier ministre de François Mitterrand (1984-1986) explicite à cette occasion l'étroite imbrication entre intérêts stratégiques et économiques, qui ne fonctionnent pas à sens unique : « [La diplomatie économique] est aussi une mobilisation au service de notre influence, car si celle-ci ne se réduit pas à notre poids économique, elle lui est évidemment liée à moyen et long terme. […] Le rayonnement culturel, intellectuel et scientifique contribue à notre poids politique et participe à la construction d'une image positive de la France. Ce sont des dimensions complémentaires des aspects politiques et économiques de notre politique étrangère. » C'est ce qu'il appelle la « diplomatie d'influence ». Le terme l'a précédé au Quai d'Orsay : validé par la très sérieuse Commission générale de terminologie et de néologie (placée sous l'autorité du Premier ministre français), il a été publié en mars 2012 au *Journal officiel*. Avec cette définition : « Forme de diplomatie privilégiant le pouvoir de convaincre et utilisant tous types de réseaux et de relations personnelles. »

Quatre mois plus tard, un rapport parlementaire expose clairement l'enjeu pour Paris d'assumer une politique africaine décomplexée. Son intitulé, « L'Afrique est notre avenir », reprend presque à l'identique le titre de l'autobiographie de Jacques Godfrain sur son expérience de ministre de la Coopération (*L'Afrique, notre avenir*, 1998). « Ce rapport est né d'une préoccupation, expliquent les auteurs en introduction, celle d'enrayer le déclin de l'influence de notre pays dans le monde en général et en Afrique en particulier. » D'autant, se lamentent-ils, que « les entreprises françaises perdent des parts de marché et parfois quittent le continent au moment même où il décolle ».

Les deux auteurs sont des sénateurs qui connaissent bien les relations franco-africaines : Jeanny Lorgeoux, un intime de Jean-Christophe Mitterrand qui passait déjà pour un « spécialiste de l'Afrique » lorsqu'il était député socialiste (1988-1993), et Jean-Marie Bockel, éphémère secrétaire d'État à la Coopération qui avait cru en 2008 pouvoir signer l'« acte de décès » d'une Françafrique qu'il pensait alors « moribonde » [→ V, introduction]. Tout est question de définition. Car cinq ans plus tard, Bockel affirme avec Lorgeoux que, « si on parle d'une politique africaine et non d'une politique asiatique ou américaine, c'est précisément en raison des caractères indissociables des enjeux diplomatiques, militaires, culturels, économiques et migratoires. Il n'existe pas de continent où nous ayons une palette aussi large d'interactions et où les enjeux soient aussi indissociables ».

Ce rapport fait donc des propositions pour « relancer » les relations franco-africaines, fondées « sur des intérêts communs dans un partenariat rénové » : celles-ci reviennent en réalité à approfondir ou compléter des dispositifs préexistants, le tout habillé d'un discours de modernité. Ainsi, en présentant le rapport en commission au Sénat, Jean-Marie Bockel tient à se donner l'image d'un grand réformateur. « Depuis dix ans, regrette-t-il, tout se passe comme si notre politique africaine était tétanisée par le débat sur la "Françafrique". »

Un constat que partagent les auteurs d'un rapport remis deux mois plus tard au ministre de l'Économie et des Finances à l'occasion du premier sommet Afrique-France de François Hollande, le « sommet de l'Élysée », en décembre 2013. Des hommes du sérail : Hubert Védrine, ancien secrétaire général de l'Élysée et ex-ministre français des Affaires étrangères ; Lionel Zinsou, banquier d'affaires passé notamment par la

conférence de presse organisée dans un hôtel de Bamako. Interrogé par une journaliste malienne sur « le pillage de l’Afrique et de ses ressources », celui qui se voyait déjà à l’Élysée avait dénoncé une « vision déconnectée de la réalité » en expliquant que « la France, économiquement, n’a pas besoin de l’Afrique ». Puis, avec un certain paternalisme : « Si c’est ce que l’on croit en Afrique, on doit s’attendre à des désillusions ! »

Cette affirmation, régulièrement ressassée par des commentateurs qui mettent en avant le faible poids des marchés africains dans la balance commerciale française, permet incidemment de contrer les accusations d’ingérence et de néocolonialisme : puisque la France n’a plus « aucun intérêt » sur le continent africain, ceux qui l’accusent de chercher à peser sur son destin ne sont-ils pas « déconnectés de la réalité » ?

Coopération militaire : un instrument efficace de contrôle et de renseignement

Au cours du printemps 2011, qui suit la polémique sur la coopération avec la dictature tunisienne, les députés français ratifient les nouveaux accords de défense passés avec le Gabon, le Togo, le Cameroun et la Centrafrique. En annonçant la refonte des accords de défense et la publication des nouveaux textes [→ V, introduction], Nicolas Sarkozy promet que ceux-ci ne permettraient plus « que l’armée française soit entraînée dans des conflits internes », contrairement à ceux signés au moment des indépendances [→ II.4] et discrètement modifiés dans les années 1970 [→ III.1].

Les nouveaux accords ne prévoyant pas d’intervention relative au maintien de l’ordre, ils ne suscitent pas d’opposition parlementaire : les nouveaux textes semblent rompre sur ce point avec une pratique passée. Aucun député ne relève que, selon le Livre blanc sur la défense de 2008, « la distinction entre sécurité intérieure et sécurité extérieure [n’était déjà] plus pertinente ». Celui de 2013 évoque la « continuité » qui existe entre ces deux notions : face à une menace de plus en plus diffuse, il deviendrait illusoire de distinguer le rôle de « défense » d’une armée et celui de « sécurité intérieure » d’une force de police. C’est la théorie du « continuum sécurité-défense », que consacre en 2017 la *Revue stratégique de défense et de sécurité nationale*, sorte de point d’étape avant un prochain Livre blanc.

Présenté comme une nouvelle grille d’analyse des menaces terroristes dites « non conventionnelles » auxquelles font face la France et ses alliés, le continuum sécurité-défense efface toute frontière entre les fonctions d’une armée, appelée à défendre le territoire et à intervenir à l’étranger, et celles de « sécurité intérieure » d’une force de police. C’est, en quelque sorte, le retour de la lutte contre l'« ennemi intérieur » théorisée par la doctrine de la guerre révolutionnaire [→ II, introduction]. Une terminologie que n'hésite d'ailleurs pas à utiliser le ministre de l'Intérieur Manuel Valls, dès l'automne 2012, quand il évoque la présence sur le sol hexagonal d'un « ennemi intérieur ». Les théoriciens de ce continuum évoquent ainsi la « policiarisation » des opérations militaires et la « militarisation » des opérations de police, et préfèrent donc parler indifféremment de « forces de sécurité ».

En application du Livre blanc de 2008, la coopération dite « structurelle » – c'est-à-dire permanente – tant policière que militaire relève depuis 2009 d'une seule et même direction rattachée au Quai d'Orsay, la Direction de la coopération de sécurité et de défense (DCSD). Elle pilote cette coopération « dans les domaines de la défense, de la sécurité intérieure et de la protection civile », explique en 2014 son directeur, l'amiral Marin Gillier, devant la commission de la Défense nationale et des forces armées de l'Assemblée nationale. « Notre objectif, explique-t-il, est de mettre en place, de renforcer et de pérenniser les capacités régaliennes des pays partenaires, afin de les aider à faire face aux menaces et à prévenir les crises et, plus généralement, afin d'accroître leur stabilité. » Pour cela, la DCSD dispose alors, « dans vingt-trois pays africains, [de] soixante conseillers auprès des plus hautes autorités politiques et militaires ».

Jeanny Lorgeoux et Jean-Marie Bockel sont plus précis en écrivant dans leur rapport que la DCSD est chargée de « garantir la stabilité des pays partenaires tout en soutenant l'extension de l'influence française dans le monde. 70 % de notre coopération militaire est destinée à l'Afrique [subsaharienne] ». Dans des pays où des potentats sont au pouvoir depuis vingt, trente ou quarante ans, la « stabilité » a toujours un sens particulier.

Cette coopération se déploie dans une certaine opacité tant sur les pays qui en bénéficient le plus que sur les fonctions occupées par les gradés français dans les appareils répressifs des dictatures ainsi conseillées. Le directeur de la DCSD se fait rassurant devant les députés auteurs d'un rapport parlementaire de 2014 sur l'évolution du dispositif militaire français en Afrique : « La Françafrique, c'était de la coopération de substitution, qui arrangeait tout le monde ; la logique a totalement changé. » Les officiers français n'occupent en effet plus officiellement des postes de commandement, depuis la réforme de la coopération [→ V, introduction]. Mais, comme l'expliquent ces mêmes députés, « les coopérants sont insérés directement dans les cabinets, états-majors et services où ils sont affectés, sous l'uniforme du pays ». Ce qui, selon les rapporteurs, « permet à la France [...] de conserver ainsi des leviers d'influence à un coût très modéré [et] de bénéficier d'un accès privilégié à la connaissance des pays concernés, tant pour ce qui concerne leurs dirigeants civils et militaires que pour ce qui est des caractéristiques de ces théâtres ». En d'autres termes, Paris conserve un instrument efficace de contrôle et de renseignement au cœur des régimes alliés.

Au début des années 2000, les organisations intergouvernementales et non gouvernementales cherchaient à se positionner et à se coordonner dans un continuum « humanitaire-développement », notamment pour alimenter le moins possible les conflits armés par leur intervention au profit des populations victimes. Les théoriciens militaires vantent désormais plutôt le continuum « sécurité-développement » selon l'idée, *a priori* imparable, que la sécurité des citoyens d'un pays est nécessaire pour que celui-ci se développe, et que le renforcement des institutions auquel doit contribuer une dynamique de « développement » permet à son tour d'améliorer cette sécurité.

Comme dans la doctrine de guerre révolutionnaire théorisée un demi-siècle plus tôt, ce présupposé permet de lier l'idée de « développement » à celle, très militaire et axée sur la lutte contre un ennemi intérieur, de « défense-sécurité » au nom de laquelle Paris prodigue conseils et matériels répressifs à des dictatures. C'est aussi à ce titre que la DCSD continue de former les armées africaines, soixante ans après les indépendances : ses coopérants interviennent dans les Écoles nationales à vocation régionale (ENVR) créées en 1997, pour démultiplier à moindre coût l'influence et la diffusion du savoir-faire tricolore.

Le business des otages

Malgré toutes ces bonnes intentions affichées par Paris, au Sahel le développement et la sécurité se font attendre. À l'instar des deux jeunes Français enlevés au Niger en janvier 2011, les Occidentaux constituent une cible de choix pour les prises d'otages, monnayables au prix fort – un « marché » sur lequel viennent se greffer toutes sortes d'intermédiaires françafricains, toujours bien actifs.

Officiellement, la France ne paie pas de rançons, comme l'affirme à plusieurs reprises François Hollande au cours de son quinquennat. Pourtant, les batailles de réseaux avec en arrière-plan de fortes sommes d'argent viennent polluer à plusieurs reprises les négociations pour la libération d'otages français en Afrique.

Le cas des sept employés d'Areva et de Vinci capturés par Al-Qaïda au Maghreb islamique (Aqmi) en septembre 2010 dans la région d'Arlit, au nord du Niger, est emblématique. Dès l'annonce de la prise d'otages, Guy Delbrel, conseiller pour l'Afrique du P-DG d'Air France-KLM Jean-Cyril Spinetta, qui préside également le conseil de surveillance d'Areva (de 2009 à 2013), active ses réseaux. L'homme possède notamment ses entrées auprès du président burkinabè Blaise Compaoré [→ p. 562]. Ce dernier le met en relation avec le président malien Amadou Toumani Touré (ATT) qui l'oriente vers un homme clé bien connu des services secrets français : le Touareg Ahmada Ag Bibi.

« Au bout de quelques semaines, c'est un Ahmada Ag Bibi légèrement embarrassé, selon une source proche du dossier, qui confie à l'émissaire d'Air France que "quelqu'un d'autre" a fait son apparition dans le paysage et qu'il a "beaucoup d'argent" », écrivent Antoine Glaser et Thomas Hofnung dans leur ouvrage *Nos chers espions en Afrique* (2018). Ce « quelqu'un d'autre » est un ancien colonel de la DGSE reconverti dans la sécurité privée, Jean-Marc Gadoullet, qui réussit à entrer en contact avec Abou Zeïd, l'un des principaux chefs d'Aqmi. Son intervention débouche sur la libération, en février 2011, de trois des otages (un Togolais, un Malgache et la Française Françoise Larribe). Mais il faut encore attendre quatre ans avant que les quatre derniers otages ne soient relâchés. Car, dans les coulisses, les affrontements sont féroces autour de l'argent qui circule entre les différents intermédiaires et les réseaux djihadistes.

Ainsi, au printemps 2012, la mission de Jean-Marc Gadoullet est brutalement interrompue par le chef d'état-major de l'Élysée, le général Benoît Puga… trois jours avant le second tour de l'élection présidentielle française.

Un réseau poussé par Cédric Lewandowski, directeur de cabinet du ministre de la Défense Jean-Yves Le Drian, se met alors en place par l'intermédiaire d'un autre ancien de la DGSE reconverti lui aussi dans le business de la sécurité privée : Pierre-Antoine Lorenzi (surnommé « PAL »). Malgré la désapprobation du nouveau patron de la DGSE, Bernard Bajolet, ce Corse proche de Bernard Squarcini, ancien patron du renseignement intérieur sous Nicolas Sarkozy et intime de Michel Tomi, fait équipe avec un autre acteur incontournable de ces tractations de l'ombre : Mohamed Akotey, un responsable politique touareg nommé en 2008 président du conseil d'administration d'une filiale d'Areva chargée de la future exploitation de la mine d'uranium d'Imouraren, où ont été enlevés les Français [→ V.9].

Le 30 octobre 2013, les derniers otages d'Arlit (Daniel Larribe, Pierre Legrand, Thierry Dol et Marc Féret) foulent enfin le tarmac de l'aéroport militaire de Villacoublay, accueillis par le président Hollande et le ministre des Affaires étrangères Laurent Fabius. Mais l'affaire vire rapidement au règlement de comptes général. Jean-Marc Gadoullet réclame 3 millions d'euros à Areva et Vinci, estimant avoir été victime d'une campagne de dénigrement qui l'aurait écarté des négociations. « Le business des otages est sordide et mon arrivée a pu gêner des entreprises, explique l'ancien colonel de la DGSE au *Parisien* en juin 2015. J'ai donc dérangé cette économie du malheur qui aiguise bien des appétits. »

Dans un entretien à Mediapart en janvier 2017, l'autre négociateur « barbouze » Pierre-Antoine Lorenzi affirme que 42 millions d'euros ont été versés à Aqmi pour la libération des otages d'Arlit : 12 millions par Areva et Vinci, 30 millions par l'État français, prélevés sur les fonds spéciaux de la DGSE avec l'accord du président de la République, mais contre l'avis des services secrets. Lorenzi estime que le refus du patron de la DGSE, Bernard Bajolet, de verser 3 millions en plus de la rançon versée aurait trahi les engagements pris à l'égard d'Aqmi et l'aurait mis en danger. Quant aux otages, eux-mêmes, l'un d'entre eux (Marc Féret) décide de porter plainte contre X en 2016, estimant que sa libération a été sciemment torpillée par les autorités françaises.

Quatre jours après la libération des derniers otages d'Arlit, deux journalistes de RFI, Ghislaine Dupont et Claude Verlon, sont à leur tour enlevés à Kidal, grande ville à majorité touarègue au nord du Mali. Ils sont exécutés, peu de temps après, par leurs ravisseurs.

Existe-t-il un lien entre les deux dossiers ? Officiellement, non. Mais le commanditaire et plusieurs membres du commando qui a assassiné les deux journalistes avaient gardé les otages d'Arlit. L'un d'entre eux, dont le véhicule a été utilisé pour kidnapper les reporters de RFI, Baye Ag Bakabo, avait même été débriefé par la DGSE alors qu'il se présentait comme un repenti, en mars 2013, soit huit mois avant le rapt des journalistes. Par ailleurs, au moment de leur enlèvement, Ghislaine Dupont et Claude Verlon étaient justement en train d'enquêter sur les coulisses de la libération des otages d'Arlit. Surtout, des notes de la Direction du renseignement militaire (DRM) révélées par l'émission « Envoyé spécial » en janvier 2017 sur France 2 évoquent une possible « vengeance » d'Aqmi qui pourrait être liée au détournement d'une partie de la rançon versée par l'État français pour libérer les otages d'Arlit. Les juges antiterroristes chargés d'enquêter sur le dossier se heurtent depuis le début au secret défense : l'État maintient une chape de plomb sur l'affaire. Une situation qu'a même dénoncée la rapporteuse spéciale de l'ONU sur les exécutions extrajudiciaires, Agnès Callamard, dans un courrier adressé en janvier 2021 aux autorités françaises.

Des zones d'ombre similaires entourent le rapt de Sophie Pétronin. Enlevée fin 2016 à Gao, dans le nord du Mali, par le Groupe de soutien à l'islam et aux musulmans (GSIM), cette septuagénaire convertie à l'islam s'était installée dans ce pays en 2001 où elle était responsable d'un centre d'accueil pour orphelins. Face à l'inertie des canaux officiels, son fils Sébastien Chadaud-Pétronin doit remuer ciel et terre pour faire aboutir les négociations.

Les déclarations publiques de Sophie Pétronin après sa libération, le 8 octobre 2020, provoquent le malaise des autorités françaises. Elle explique avoir vécu sa détention comme une « retraite spirituelle », précise avoir « toujours été respectée » et refuse de voir en ses ravisseurs des « djihadistes », préférant les qualifier de « groupes de militaires » opposés au régime malien. « Sophie Pétronin est-elle atteinte du syndrome de Stockholm ? » selon lequel un otage s'attache à son bourreau, s'interroge alors *Le Figaro*. À Paris, la réaction de défiance est quasi unanime vis-à-vis de cette femme qui semble remettre en cause la grille de lecture assez binaire avec laquelle est perçue la situation au Sahel. Durant sa captivité, la France a changé de président de la République, mais la « guerre contre le terrorisme » se poursuit sans aucune inflexion de la part du nouveau locataire de l'Élysée.

Emmanuel Macron, la grande illusion africaine

Depuis son accession à l'Élysée en mai 2017, Emmanuel Macron cherche à construire une image de président jeune, moderne, qui serait en quelque sorte naturellement enclin à rompre avec les pratiques de ses prédécesseurs, notamment concernant l'Afrique.

Son expérience de six mois au Nigéria comme stagiaire pour l'ENA (2002), qu'il évoque régulièrement dans ses interviews, lui aurait « donné une bonne compréhension des défis auxquels sont confrontés les États africains », comme il le confie à *Jeune Afrique* en avril 2017.

« J'avais à l'époque un ambassadeur, Jean-Marc Simon, qui m'a appris d'autres choses de l'Afrique, explique encore le chef de l'État à Antoine Glaser et Pascal Airault. Il avait passé plusieurs années à Bangui et était un pur produit des anciennes colonies. » Mais lui, jeune président français quasiment inconnu trois ans plus tôt, peut se targuer de n'avoir aucun réseau africain, même s'il a rencontré plusieurs chefs d'État du continent lorsqu'il était ministre de l'Économie (août 2014-août 2016). Un pedigree qui va lui permettre facilement, à son tour, de mettre en scène la « rupture ».

Coups de menton militaires

Celui qui, en octobre 2016, appelait de ses vœux une présidence « jupitérienne » endosse volontiers le fonctionnement des institutions de la Ve République. Comme tous les présidents depuis François Mitterrand, Emmanuel Macron conserve à ses côtés le chef d'état-major particulier de son prédécesseur, pour assurer la continuité du conseil militaire. Celui-ci, l'amiral Bernard Rogel, connaît bien les dossiers africains. En tant qu'adjoint au chef d'état-major particulier de Jacques Chirac, il a été en charge du suivi des opérations militaires extérieures et du renseignement au moment du bombardement de Bouaké et de ce qui s'apparente à une tentative de renversement de Laurent Gbagbo en Côte d'Ivoire en novembre 2004 [→ V.5]. Puis, comme sous-chef d'état-major des armées responsable des opérations, il a supervisé celle de 2011 en Libye [→ VI.4] et l'intervention en appui aux forces armées d'Alassane Ouattara pour arrêter Gbagbo dans son palais.

Après avoir revêtu les habits du « monarque républicain », le nouveau président envoie un signal aux alliés de Paris sur le continent en conservant au gouvernement Jean-Yves Le Drian, le « ministre de l'Afrique » de François Hollande, le faisant passer de l'hôtel de Brienne au Quai d'Orsay. À la tête du ministère de la Défense, le socialiste a durant cinq ans multiplié les contrats de ventes d'armes de par le monde et régulièrement fréquenté les palais africains, notamment ceux des alliés militaires au Sahel. Il a même interrompu ses congés estivaux, en août 2016, pour honorer l'invitation à la cérémonie d'investiture du dictateur tchadien Idriss Déby.

Quant au conseiller Afrique du nouveau président français, Franck Paris, diplômé comme Emmanuel Macron de la promotion « Senghor » à l'ENA (2004), c'est un ancien membre du cabinet de Le Drian à la Défense, qui s'est entre-temps forgé une expérience au sein de la DGSE où il a été numéro deux de la direction du renseignement.

Si Le Drian change de portefeuille et devient ministre des Affaires étrangères, c'est aussi qu'Emmanuel Macron a besoin d'affirmer sa propre autorité de nouveau chef des armées – au point que, rappelant publiquement cette fonction constitutionnelle au chef d'état-major Pierre de Villiers après les critiques émises par celui-ci sur des arbitrages budgétaires, le Président le fera démissionner mi-juillet.

Emmanuel Macron multiplie pourtant rapidement les gestes symboliques vis-à-vis de l'armée, à commencer par sa très martiale remontée des Champs-Élysées à bord d'un véhicule militaire le jour de son investiture. Moins d'une semaine après son entrée en fonctions, il se rend auprès des soldats français déployés au nord du Mali, à Gao, où son homologue Ibrahim Boubacar Keïta se précipite toutes affaires cessantes, pour l'accueillir. « L'opération Barkhane ne s'arrêtera que le jour où il n'y aura plus de terroristes islamistes dans la région », tonne le président français sans réaliser qu'un tel horizon temporel n'existe pas.

Endossant parfaitement le treillis de chef de la « guerre contre le terrorisme », Emmanuel Macron demande à IBK d'organiser une réunion des pays du G5 Sahel (Burkina Faso, Mali, Mauritanie, Niger et Tchad) à laquelle il souhaite assister personnellement. Il l'avait annoncé juste avant son élection : « Je réunirai le plus rapidement possible le G5 Sahel. » Le message est clair : c'est toujours à Paris que les choses importantes se décident.

Début juin 2017, il reçoit son homologue ivoirien Alassane Ouattara, qui bénéficie en France de l'image d'un « président légitime » et qui, depuis la chute de Blaise Compaoré, endosse le rôle de gardien des intérêts de Paris en Afrique de l'Ouest, en défendant en particulier le franc CFA. Ouattara est inquiet du risque de mutinerie au sein des ex-rebelles qui l'ont porté au pouvoir, et dont le chef Guillaume Soro, par ailleurs président de l'Assemblée nationale ivoirienne, cache de moins en moins ses ambitions.

À l'issue de la rencontre, Macron annonce que la France et la Côte d'Ivoire vont « renforcer dans les prochaines semaines, de manière concrète, leur partenariat militaire et dans le renseignement ». Cela se traduit entre autres par l'affectation d'un lieutenant-colonel français comme conseiller du directeur du renseignement militaire ivoirien et l'envoi auprès du Conseil national de renseignement, sur financement européen, du commissaire divisionnaire Vincent Avoine, ex-patron des RG des Hauts-de-Seine. Une coopération militaire renforcée aussi par la formation des forces spéciales ivoiriennes, en attendant l'ouverture d'une nouvelle École nationale à vocation régionale (ENVR) en Côte d'Ivoire.

En bon allié militaire, Idriss Déby obtient aussi d'être reçu à l'Élysée dès le 11 juillet. Mais les communicants d'Emmanuel Macron semblent gênés par le symbole : le rendez-vous, qui ne figure pas à l'agenda officiel du président français, n'est signalé aux journalistes accrédités qu'une heure avant l'arrivée du chef d'État tchadien, empêchant toute couverture médiatique de la rencontre.

Diasporas, développement : la mise en scène de la « disruption »

Cette continuité dans la politique militaire contraste avec le message que veulent faire passer Emmanuel Macron et son équipe, celui d'une « disruption » appliquée à la politique africaine de la France. À la conférence des ambassadeurs, fin août 2017, le chef de l'État explique ainsi qu'« une politique étrangère désireuse de rétablir la sécurité doit activer trois grands leviers, [...] les trois D, Défense, Développement et Diplomatie ». Une formule nouvelle, pour appeler notamment l'AFD à travailler « en étroite symbiose » avec l'état-major des armées françaises, avec lequel elle a pourtant déjà signé un accord-cadre en 2016.

Surtout, Emmanuel Macron annonce la création d'un « Conseil présidentiel pour l'Afrique » (CPA). Composée d'une douzaine de membres qui ont principalement en commun d'appartenir à une jeune génération d'entrepreneurs supposément en lien avec les « diasporas » africaines, cette structure rattachée directement au président symbolise la « société civile » telle qu'il la conçoit, dans une approche libérale et très anglo-saxonne du terme : celle du monde de l'entreprise.

L'idée avait été avancée dès le mois d'avril, à la fin de la campagne présidentielle, dans une tribune publiée dans *Jeune Afrique*. Elle était signée de Jules-Armand Aniambossou, ancien ambassadeur du Bénin à Paris, qui prend la tête du CPA dès sa création, et trois des coauteurs du « rapport Védrine » de 2013 : Jean-Michel Severino, Lionel Zinsou et Hakim El Karoui. Le CPA, écrivaient-ils, devra « faire des recommandations aux responsables politiques [et] élaborer ce qui pourrait devenir le nouveau récit franco-africain ».

Cette instance devra en effet incarner « le renouvellement du partenariat entre la France et l'Afrique », explique à sa création un conseiller élyséen au journaliste du *Monde* Cyril Bensimon. L'homme précise que les membres du CPA ont été présélectionnés par le conseiller Afrique de Macron, Franck Paris, et par le directeur Afrique du Quai d'Orsay, Rémi Maréchaux : un ancien de la cellule africaine de Nicolas Sarkozy, passé comme Franck Paris par la DGSE. Ainsi, dès son origine, le CPA est conçu de façon que son avis « consultatif » ne vienne pas contrarier les principaux intérêts stratégiques français.

L'un de ses membres explique innocemment à la rédaction du site Mondafrique : « On ne fait pas de politique. » Son coordinateur Jules-Armand Aniambossou vante pour sa part des « esprits neufs », en opposition aux « vieux véreux corrompus ». « Qu'est-ce que la Françafrique a apporté aux Africains et aux Français ? Rien, poursuit-il, avant de conclure : Nous voulons réenchanter l'Afrique. » Rien de moins.

Le CPA est dans un premier temps hébergé à l'AFD, avant d'être transféré dans un bâtiment appartenant à l'Élysée, et c'est Franck Paris qui se charge, selon Antoine Glaser et Pascal Airault, de le réunir une fois par mois. Sa première « mission » est de conseiller Macron pour son grand discours de politique africaine, qu'il choisit de tenir symboliquement devant la jeunesse du Burkina Faso, le 28 novembre 2017, à l'Université de Ouagadougou, trois ans après l'insurrection qui a chassé Blaise Compaoré.

Après avoir pris l'engagement que la France transmettra à la justice burkinabè les éventuelles archives concernant l'assassinat de Thomas Sankara, le président français commence par rendre hommage à celui-ci, puis explique qu'il n'est pas venu faire un « grand discours pour ouvrir une nouvelle page de la relation entre la France et l'Afrique ». Fier de son effet, il annonce : « Il n'y a plus de politique africaine de la France ! » La formule fait mouche chez les journalistes français, qui commentent abondamment la petite phrase. Le discours paraît ainsi nouveau, en rupture avec le style de ceux de ses prédécesseurs.

Emmanuel Macron s'inscrit pourtant dans le droit fil de Nicolas Sarkozy et de François Hollande, qui avaient déjà, eux aussi, promis la « rupture ». Comme eux, il évoque une « amitié » qui impliquerait une forme de « sincérité » imposant de « tout se dire », donne son opinion sur les grands « défis » auxquels ferait face le continent africain tout en se défendant de donner des « leçons »... Francophonie, éducation, « partenariat », rôle des femmes, financement du développement : le discours balaie des thématiques très classiques, mais avec beaucoup d'effets de manches pour donner une illusion de nouveauté, à laquelle contribue déjà la « jeunesse » présidentielle. Mais sur le fond, Emmanuel Macron évite les sujets qui fâchent, comme le franc CFA et les bases militaires.

C'est le débat qui suit, avec les étudiants burkinabè, qui constitue sur la forme une véritable rupture – aucun président français ne s'était risqué à un tel exercice – et révèle la façon dont se positionne le nouveau locataire de l'Élysée sur les fondamentaux de la politique africaine de la France. À la question d'une étudiante sur le grand nombre de soldats français présents au Burkina Faso, la réponse est cinglante : « Vous ne devez qu'une seule chose aux militaires français : les applaudir ! » Face à une critique sur le franc CFA, le président français s'étonne du peu d'étudiants, parmi ceux venus l'écouter, qui suivent des cursus d'économie : du haut de son expérience de banquier d'affaires, il affirme alors que le franc CFA est un « non-sujet » pour la France.

C'est surtout en réponse à une étudiante qui s'offusque de voir que l'ambassade de France a loué deux énormes climatiseurs pour rendre l'amphithéâtre confortable à son prestigieux hôte du jour, que le président français choque. Il réplique tout sourire que c'est à son homologue burkinabè de s'occuper de l'équipement des universités de ce pays, et donc de faire en sorte qu'elles soient climatisées. Le chef de l'État burkinabè quittant alors la salle, Macron lâche, hilare : « Du coup, il est parti réparer la climatisation ! » L'entourage du président du Burkina Faso, qui finalement est revenu quelques minutes plus tard à sa place, prétextera une « pause technique » pour aller, pile à ce moment-là, aux toilettes. Pas de crise diplomatique donc.

Cette « disruption », Emmanuel Macron entend, comme ses prédécesseurs, l'appliquer à la fin « des réseaux de connivence franco-africains et des influences affairistes dont on a vu que, malheureusement, ils subsistent encore dans le système politique français, en particulier à droite et à l'extrême droite », comme il l'explique en avril 2017 à *Jeune Afrique*. Las : les activités africaines d'Alexandre Benalla, ex-garde du corps du candidat Macron, un temps chargé de mission auprès de l'Élysée, qui côtoie notamment le puissant homme d'affaires Vincent Miclet présent dans le BTP et le pétrole en Afrique [→ VI.5], montrent bien que, même dans son proche entourage, rien n'a vraiment changé.

En mai 2018, *Jeune Afrique* affiche en couverture le portrait du président et s'interroge toujours : « Va-t-il achever la Françafrique ? » Le politologue Jean-François Bayart en doute sérieusement : « Après le discours un peu évangélique de Ouagadougou sur les temps nouveaux, on est revenu dans l'ancien monde. La politique africaine de la France est strictement subordonnée à la lutte contre l'immigration. Macron est tout à fait dans la continuité de Sarkozy et Hollande. » Autre personnalité interrogée, l'historien Achille Mbembe pose alors un regard lucide : « [Macron] lâche du lest sur quelques questions symboliques, mais la remilitarisation est à l'ordre du jour. Or c'est un foyer structurant du contentieux franco-africain. »

Depuis l'Alliance française de Lagos où il annonce en juillet 2018 le lancement de la Saison Africa 2020 censée « convertir le regard » sur le continent, une expression qu'il affectionne particulièrement et qui, surtout, le pose en éclaireur avant-gardiste, Macron invite dans le même temps à « ne pas regarder le sujet des migrations par l'angle uniquement sécuritaire » [→ V.9]. Visiblement influencé par les derniers écrits de Stephen Smith, il pointe alors « la démographie galopante, où vous avez 7-8 enfants par femme », reprenant à son compte une vieille obsession paternaliste qui fait de la sexualité des Africains la cause de leurs maux.

Entendant bien dépasser ce contentieux, Emmanuel Macron veut mobiliser les diasporas africaines en France qui ont un « rôle essentiel », comme il l'explique lors de l'échange organisé par l'Élysée sur ce thème en juillet 2019 en présence du président ghanéen, et intitulé « Parlons Afrique ». Devant une assistance supposée représenter « les diasporas », le président leur explique que, dans l'objectif de « repenser ce partenariat » avec l'Afrique, elles sont un « formidable levier » car elles sont les « meilleurs ambassadeurs » de Paris : un vecteur d'influence.

Sentiment « antifrançais » ?
Une manœuvre des « puissances étrangères » !

Devant Antoine Glaser et Pascal Airault, Emmanuel Macron fait étalage de ses bonnes intentions en comparaison de « gens qui sont d'énormes cyniques », prêts à tout pour défendre leurs intérêts : « Les Russes et les Turcs ne veulent pas du tout le développement de l'Afrique. Ils sont néocoloniaux. Ils n'ont pas notre sophistication sur des modèles de développement partenariaux. »

Si le nom des concurrents change au fil du temps, la mise en garde sur les pays rivaux, en opposition à une France présentée comme un parangon de vertu, demeure un classique de la relation franco-africaine. Celle-ci reste finalement fixée à la même boussole.

Le président Macron disait ainsi, à Ouagadougou, vouloir « que l'Afrique soit une priorité de la diplomatie économique française ». Comme il ne fait pas mystère de l'intérêt qu'il porte au dynamisme économique des pays non francophones (Nigéria, Éthiopie, Kenya, Afrique du Sud, etc.), ce tropisme est perçu en France comme un des signes de « rupture » : celui-ci a pourtant toujours existé, du Katanga au Biafra en passant par l'Afrique du Sud [→ III].

Face au « modèle [occidental] de coopération qui est transparent », assène le président français devant Glaser et Airault, il y en aurait un autre, « beaucoup plus intrusif, qui repose sur des éléments d'intrusion économique : c'est le modèle chinois ». Emmanuel Macron ne manque pas une occasion de pointer la responsabilité de la Chine, notamment dans l'explosion du volume de prêts aux États africains : un thème largement mis en avant lors de sa tournée dans la Corne de l'Afrique placée sous le signe des relations économiques, en mars 2019.

« Et, ensuite, vous avez des modèles d'influence », accuse Emmanuel Macron : en cause, cette fois, l'Arabie saoudite et, plus récemment, le Qatar, la Turquie et bien sûr les Russes, « moins idéologiques sur le plan religieux, mais opportunistes ».

La Turquie est venue justement contrarier les stratégies d'influence française en Libye, où Paris n'hésite pas, en parallèle d'une position de soutien officiel au gouvernement de Tripoli reconnu par l'ONU, à apporter jusqu'en 2020 une aide au maréchal Haftar, qui a même bénéficié de l'envoi d'agents de la DGSE. L'ancien allié des Américains au Tchad [→ IV.5] tente de s'imposer par les armes, notamment avec du matériel et du conseil militaire fournis discrètement par Paris. Des missiles antichars qu'avait achetés la France sont d'ailleurs retrouvés dans son QG, lors d'un assaut des forces loyalistes. Un soutien que dément bien sûr l'ambassade de France à Tripoli, dirigée à partir d'octobre 2018 par Béatrice Le Fraper du Hellen, la diplomate qui s'activait fin 2010 pour aider la CPI à inculper Laurent Gbagbo.

Mais derrière les effets de manches, le récit « disruptif » s'essouffle. Ainsi, l'enthousiasme des entrepreneurs africains suscité par l'initiative destinée à promouvoir les start-up du continent, annoncée à Ouagadougou, est vite retombé. Comme le raconte Mediapart, Digital Africa, créée fin 2018, est si bien reprise en main par l'AFD, qui siège avec sa filiale Proparco et Canal France International à son conseil d'administration, que les entrepreneurs africains qui revendiquent une indépendance vis-à-vis de Paris et plus de transparence dans la gestion du budget sont éjectés des instances de l'association au printemps 2021.

Quant à la « jeunesse » du président Macron, elle s'accommode finalement plutôt bien des vieux autocrates cramponnés au pouvoir. En juillet 2018, de passage au Nigéria, un journaliste camerounais l'interroge sur la situation dans son pays, où la répression des mobilisations pacifiques dans les régions anglophones a entraîné une guerre civile fort peu médiatisée au cours de laquelle l'armée brûle des villages par dizaines et Paul Biya, au pouvoir depuis trente-six ans, s'apprête à briguer un nouveau septennat. Sans hésiter, le président Macron répond que le Cameroun a besoin de « stabilité », un mot qu'il parvient à répéter quatre fois en une minute trente. « Je suis très attaché à la stabilité des États, même quand nous sommes face à des dirigeants qui ne défendent pas nos valeurs ou peuvent être critiqués », avait d'ailleurs lâché le candidat Macron, juste avant le second tour de la présidentielle en mai 2017.

Le néolibéralisme économique du chef de l'État va de pair avec un conservatisme politique, dissimulé derrière un refus de toute ingérence et de toute forme de paternalisme. « Le président de la République française n'a pas à expliquer dans un pays africain comment on organise la Constitution, comment on organise des élections ou la vie libre de l'opposition », dit-il dans son discours à Ouagadougou. Une ligne en réalité à géométrie variable, puisque Emmanuel Macron ne se gêne pas, en janvier 2018, pour dénoncer la « dérive autoritaire inacceptable » du pouvoir au Venezuela. Il n'est de toute façon pas à une contradiction près. En 2020, il salue la « décision historique » d'Alassane Ouattara de ne pas briguer un troisième mandat en Côte d'Ivoire. Mais lorsque ce dernier se ravise après le décès de son Premier ministre, dont il avait fait un dauphin désigné, l'Élysée est pris à contre-pied : le *storytelling* s'effondre, révélant que le projet n'était pas une élection, mais bien un nouveau type de transition dynastique.

Résultat de cette continuité, partout en Afrique francophone, le rejet de la politique africaine de Paris est de plus en plus palpable. Mais c'est seulement lors de crises importantes que le sujet s'immisce dans les rédactions françaises. La condamnation par la France du coup d'État militaire d'août 2020 au Mali, pourtant acclamé par la jeunesse du pays, enflamme les rues de Bamako. Le renversement du président IBK et du gouvernement intervient en effet quelques semaines après la répression de grandes mobilisations populaires dénonçant l'incurie du pouvoir et l'ingérence de Paris dans la vie politique et militaire malienne. Mais c'est surtout lors des émeutes au Sénégal début 2021, qui font suite à deux ans de mobilisations sur le thème « France dégage » [→ VI.7], que le grand public de l'Hexagone découvre avec étonnement le « sentiment antifrançais ».

À Bamako, slogans et pancartes hostiles à la présence militaire de l'ONU (Minusma) et de la France (opération Barkhane) lors des manifestations de soutien à l'armée malienne, qui a renversé le président Ibrahim Boubacar Keïta et créé un Comité national pour le salut du peuple (CNSP), en août 2020. © *Annie Risemberg / AFP*

Après le décès brutal d'Idriss Déby en avril 2021, qui prend littéralement de court Paris, l'Élysée fait étalage de tout son cynisme. « La France perd un ami courageux », commente le communiqué de la présidence. « Nous serons à vos côtés pour la transition démocratique », ose Macron face au fils Déby, qui vient d'être propulsé à la tête de l'État par les généraux du régime, dans une transition militaro-dynastique similaire à celle du Togo seize ans plus tôt. Seul chef d'État européen présent aux obsèques du dictateur soutenu depuis trente ans par Paris [→ IV.5], Emmanuel Macron condamne, pour une fois, la répression brutale des manifestations quelques jours après. Rétropédalage ? Non, simple opération de communication pour désamorcer l'explosion de colère qui cible l'ancienne puissance coloniale. Car, dans la foulée, les services de l'ambassade mettent la pression sur les responsables d'organisations de la société civile tchadienne pour qu'ils cessent de réclamer l'application des mesures de transition prévues par la Constitution. Dès lors, est-il si difficile de comprendre les racines de ce sentiment « antifrançais » dont s'inquiètent régulièrement les élites et les médias hexagonaux ?

Dans les colonnes de *Jeune Afrique*, en novembre 2020, le président de la République préfère une nouvelle fois y voir « une stratégie à l'œuvre, menée parfois par des dirigeants africains, mais surtout par des puissances étrangères, comme la Russie ou la Turquie, qui jouent sur le ressentiment postcolonial. Il ne faut pas être naïf sur ce sujet : beaucoup de ceux qui donnent de la voix, qui font des vidéos, qui sont présents dans les médias francophones sont stipendiés par la Russie ou la Turquie », assène-t-il. En agitant le spectre d'une manipulation étrangère pour expliquer le rejet du « modèle partenarial » proposé par Paris, le président, qui ne rate pas une occasion de rappeler qu'il n'a pas connu la colonisation, reprend pourtant à son compte un des thèmes les plus éculés de la pensée (néo)coloniale française [→ I, introduction].

Le président français Emmanuel Macron (seul chef d'État européen présent) et le général Mahamat Idriss Déby, président du Conseil militaire de transition, lors des obsèques du père de ce dernier, le maréchal Idriss Déby, le 23 avril 2021. © *Issouf Sanogo / AFP*

Réforme du franc CFA, restitution du patrimoine africain et autre poudre de perlimpinpin

Là où Emmanuel Macron se démarque de ses prédécesseurs, c'est dans son habileté à poser un regard lucide sur le passé… pour immédiatement l'escamoter, en appelant à le dépasser au moment même de commencer à le nommer. S'il avait surpris durant la campagne présidentielle de 2017 en qualifiant la colonisation de « crime contre l'humanité », il adopte une tout autre posture une fois élu. À Ouagadougou, il déclare que « les crimes de la colonisation européenne sont incontestables et font partie de notre histoire », donnant l'illusion d'une condamnation… qui ne viendra jamais.

En juin 2020, alors que la France est secouée par une mobilisation mondiale qui replace les discriminations raciales et les violences policières contemporaines dans l'histoire longue des dominations impériales, le président dénonce dans une allocution radiotélévisée une « réécriture haineuse ou fausse du passé », un combat « inacceptable » car « récupéré par les séparatistes ». Ce dernier mot, directement emprunté au vocabulaire colonial des années 1950, devient la nouvelle obsession du président. À ceux qui protestent contre la glorification des crimes coloniaux dans l'espace public, il répond que « la République ne déboulonnera pas de statue ». Il est certes nécessaire de « regarder ensemble toute notre histoire, toutes nos mémoires, notre rapport à l'Afrique en particulier », concède-t-il, mais il ne saurait « en aucun cas » être question « de revisiter ou de nier ce que nous sommes ».

Le Premier ministre Jean Castex poursuit le raisonnement sur le plateau de TF1 le 3 novembre 2020 : ceux qui incitent la France à « s'autoflageller, regretter la colonisation ou je ne sais quoi encore », affirme-t-il, font le jeu de l'« islamisme radical » que la France combat sur son territoire comme sur les terrains extérieurs. « La première façon de gagner une guerre, assène le Premier ministre, c'est que la communauté nationale soit soudée, soit unie, soit fière. Fière de nos racines, de notre identité, de notre République, de notre liberté. Il faut gagner le combat idéologique. »

Soufflant alternativement le chaud et le froid, et cherchant à réunir autour de lui un électorat hétéroclite, le président français se pose en revanche en héraut de la restitution du patrimoine africain. À Ouagadougou, il avait créé la surprise en annonçant une restitution « temporaire ou permanente » d'œuvres d'art africaines. Temporaire ou permanente : voilà deux conceptions bien différentes. Dans le rapport qui leur est commandé par l'Élysée dans la foulée de cette annonce, l'économiste sénégalais Felwine Sarr et l'historienne française Bénédicte Savoy cherchent à mettre fin à cette ambiguïté : les restitutions temporaires doivent être une « solution transitoire [...] permettant le retour définitif et sans condition d'objets du patrimoine sur le continent africain », écrivent-ils.

Remis en novembre 2018, ce rapport est l'occasion de rappeler que 88 000 objets d'art africains se trouvent dans les musées publics français (dont 70 000 au musée du Quai Branly-Jacques Chirac), pour le plus grand bonheur des touristes et des conservateurs. Mais ils demeurent inaccessibles pour les millions de personnes de leurs pays d'origine, privées de leur patrimoine, d'un accès à leur culture, leur identité. Sans compter les collections privées.

Le gouvernement français s'engage alors à donner suite à la demande de restitution de vingt-six objets d'art formulée par le Bénin en 2016. En novembre 2019, le Premier ministre Édouard Philippe remet même au président sénégalais le sabre d'El Hadj Oumar Tall, grand résistant toucouleur à la colonisation. Mais il ne s'agit que d'un dépôt temporaire. En France, le code du patrimoine empêche la restitution des œuvres depuis les indépendances.

En octobre 2020, n'osant pas contrarier un puissant lobbying des collectionneurs et conservateurs de musée, le gouvernement présente à l'Assemblée nationale une loi permettant de déroger à ce principe d'inaliénabilité des collections publiques françaises seulement au cas par cas, notamment pour finaliser le transfert de propriété du sabre d'El Hadj Oumar Tall et des vingt-six œuvres béninoises. Celles-ci sont vouées à rejoindre un nouveau musée aux normes internationales construit grâce à 35 millions d'euros de dons et de crédits accordés le 4 juin 2021 au gouvernement béninois par l'AFD, qui se positionne comme un acteur incontournable sur ce dossier. Mais, au-delà du cas par cas, la plupart des œuvres africaines restent toujours conservées dans les musées français…

Cette façon d'annoncer qu'une page se tourne pour s'épargner l'effort de la lire jusqu'au bout, l'Élysée l'a appliquée au néocolonialisme monétaire. Fin 2019, Emmanuel Macron tente de prendre de court tous les adversaires du franc CFA, de plus en plus nombreux et déterminés sur le continent africain : en déplacement en Côte d'Ivoire, où il se fait, comme ses prédécesseurs, le promoteur des industriels français [→ p. 927], il annonce avec son homologue Alassane Ouattara ce qui est présenté comme la « fin du franc CFA ». « C'est une réforme qui supprime les marqueurs symboliques qui concentraient toutes les critiques et [tous] les fantasmes », explique-t-il en mai 2021 au *Journal du dimanche*. C'est surtout une réforme qui préserve l'essence même du contrôle monétaire en tentant de neutraliser la critique [→ p. 912]. Mais l'effet est réussi.

Au printemps 2019, l'Élysée réussit un autre exercice de prestidigitation : face à une conscience collective de plus en plus aiguë des responsabilités françaises au Rwanda avant, pendant et après le génocide des Tutsis, Emmanuel Macron demande à l'historien Vincent Duclert de présider une commission mandatée pour explorer les archives françaises sur le sujet. Le rapport, remis en mars 2021, conclut à des « responsabilités accablantes » d'une poignée de décideurs français de l'époque, tout en rejetant toute idée de « complicité ». Une étape essentielle dans le rapprochement entre Paris et Kigali, qui permet à Emmanuel Macron de se rendre deux mois plus tard au Rwanda.

Dans son discours, très attendu, au Mémorial de Kigali, il explique que « la France a un rôle, une histoire et une responsabilité politique au Rwanda », mais en précisant bien qu'« elle n'a pas été complice ». Car, explique le président, en soutenant le régime malgré la préparation du génocide, Paris a « endoss[é] une responsabilité accablante dans un engrenage qui a abouti au pire », mais sa politique fut balayée « par une mécanique génocidaire » et, dès lors, « la communauté internationale mit près de trois mois [...] avant de réagir ». Le soutien aux génocidaires pendant et après le génocide est discrètement évacué : prétendant être venu « dire, nommer, reconnaître », Emmanuel Macron élude toutes les dimensions du soutien multiforme que Paris a apporté aux génocidaires et laisse ses non-dits emporter la part la plus dérangeante de l'histoire franco-rwandaise [→ p. 939].

Mais, comme à chaque fois, la soudaine reconnaissance officielle d'une part de vérité jusqu'ici occultée provoque un concert de louanges. Ceux qui étaient légitimement en droit d'attendre bien plus, notamment les rescapés du génocide, saluent ainsi l'avancée. Comme de coutume dans l'histoire de la Françafrique, chaque « avancée » est analysée comme une étape « décisive », une véritable « rupture », quand il ne s'agit bien souvent que d'une recomposition fertile. Les jardiniers savent bien pourquoi on taille les rosiers : non pour les tuer mais pour les revigorer. Et pour donner quelques fleurs à l'être aimé…

« Entre la France et l'Afrique ce doit être une histoire d'amour », clame justement le président français en novembre 2020 dans *Jeune Afrique*, recyclant un poncif des relations franco-africaines. Ces différentes annonces, entre coups de bluff et tours de passe-passe mémoriels, s'inscrivent dans cette stratégie de séduction. « Au-delà du Rwanda, Emmanuel Macron veut envoyer un signal à tout le continent, explique RFI en mars 2021. L'Élysée parle d'une brique supplémentaire dans un travail de refondation des relations de la France avec l'Afrique, après la restitution des œuvres d'art et du patrimoine africain et la réforme du franc CFA. »

Et quand les événements semblent lui échapper, le président français parvient à user des mêmes artifices. Ainsi, après un deuxième coup d'État militaire mené au nez et à la barbe des Français au Mali, en mai 2021, le même Emmanuel Macron, qui soutenait un mois plus tôt les putschistes tchadiens, claironne dans *Le Journal du dimanche* : « Je ne resterai pas aux côtés d'un pays où il n'y a plus de légitimité démocratique ni de transition. » Sans masquer son inquiétude : les nouveaux dirigeants pourraient chercher à négocier avec les groupes djihadistes. « Si cela va dans ce sens, je me retirerai », ajoute-t-il. Une annonce spectaculaire, dont ni le ministre des Affaires étrangères ni l'état-major n'avaient été informés, selon *Le Canard enchaîné*…

Le 10 juin 2021, alors que l'action militaire française au Sahel est de plus en plus critiquée au plan international et dans l'Hexagone, le couperet tombe : le président annonce « la fin de l'opération Barkhane en tant qu'opération extérieure ». Mais les précisions apportées par l'Élysée indiquent vite qu'il s'agit surtout d'adapter ce dispositif coûteux et de plus en plus impopulaire, en Afrique comme en France, pour le fondre dans une force multilatérale où plusieurs centaines de soldats des forces spéciales françaises continueront d'intervenir. En clair, Emmanuel Macron fait disparaître Barkhane pour mieux prolonger son action derrière le paravent de l'opération Takuba, une force européenne impulsée depuis 2018 par la France et officiellement en exploitation depuis juillet 2020, mais jusqu'à présent sous-dotée en moyens et en hommes. « Moins d'emprise, mais peut-être plus de muscle », résume Jean-Yves Le Drian le 18 juin 2021 sur BFM TV.

Le *storytelling* macronien trouve de puissants relais dans certains milieux intellectuels africains. Pourtant critique à l'égard du président français et signataire de nombreuses tribunes mettant en cause son gouvernement, l'historien Achille Mbembe surprend son entourage en acceptant subitement de « travailler avec Emmanuel Macron », comme il l'indique dans la presse. En vue du sommet Afrique-France de Montpellier qui doit se tenir en octobre 2021, il rassemble une équipe d'intellectuels africains ayant pour mission de favoriser le « dialogue » entre l'hôte de l'Élysée et des représentants de la « jeunesse africaine », cible prioritaire de l'offensive macronienne en Afrique.

Le théoricien du postcolonialisme se défend de jouer les faire-valoir et revendique une démarche constructive. Il vaut mieux « mettre sur la table des choses crédibles, des propositions fortes que personne ne peut réfuter », explique-t-il en avril 2021 à TV5 Monde et au *Monde*, plutôt que « de [se] plonger dans une espèce de spleen qui ne débouche que sur l'immobilisme ». Il se fait ainsi l'ambassadeur d'une politique des « petits pas, qui doivent permettre d'aller de l'avant ».

Comment croire pourtant que « dialogue » et « petits pas » permettront de mettre fin à la Françafrique ? Ce système évolutif n'a-t-il pas fait la preuve, depuis des décennies, de sa capacité à s'adapter aux évolutions du monde et à digérer les critiques pour mieux se réinventer ? Emmanuel Macron n'a d'ailleurs aucun doute sur la finalité de sa politique. Lors de son déplacement fin mai 2021 en Afrique du Sud, il évoque ses attentes vis-à-vis de ce sommet Afrique-France de Montpellier. « Nous allons déboucher sur une forme de programme, stratégie, un plan de reconquête ! » lance-t-il en prenant à témoin Achille Mbembe, présent dans l'assistance. Mais cette reconquête ne pourra pas se faire, précise-t-il, si elle n'est pas « portée par le terrain ». Et de conclure : « Ce partenariat, pour moi, est extrêmement important. Il vient compléter tout ce qui est fait sur le plan institutionnel, gouvernemental, par des acteurs installés, parce qu'il va aider aussi à changer les regards et les esprits. »

Repères bibliographiques

Philippe Baqué, *Un nouvel or noir. Le pillage des objets d'art en Afrique*, Agone-Survie, coll. « Dossiers noirs », Marseille, 2021.

Christophe Boisbouvier, *Hollande l'Africain*, La Découverte, Paris, 2015.

Léonard COLOMBA-PETTENG, *La coopération militaire franco-africaine : une réinvention complexe (1960-2017)*, L'Harmattan, Paris, 2019

Michel GALY, *La Guerre au Mali. Comprendre la crise au Sahel et au Sahara : enjeux et zones d'ombre*, La Découverte, Paris, 2013.

Antoine GLASER et Thomas HOFNUNG, *Nos chers espions en Afrique,* Fayard, Paris, 2018.

Antoine GLASER et Pascal AIRAULT, *Le Piège africain de Macron. Du continent à l'Hexagone*, Fayard, Paris, 2021.

Bruno JAFFRÉ, *L'Insurrection inachevée. Burkina Faso 2014*, Syllepse, Paris, 2019.

Aline LEBŒUF et Hélène QUÉNOT-SUAREZ, *La Politique africaine de la France sous François Hollande. Renouvellement et impensé stratégique*, Les Études de l'IFRI, Paris, 2014.

Thomas NOIROT et Fabrice TARRIT (coor.), *Françafrique, la famille recomposée*, Syllepse, Paris, 2014.

SURVIE, *La France en guerre au Mali. Enjeux et zones d'ombres*, Tribord, Mons, 2013.

SURVIE, rapport « Coopération militaire et policière en Françafrique. De l'héritage colonial au partenariat public-privé », mars 2018 (disponible sur <https://survie.org>).

Ndongo Samba SYLLA (dir.), *Les Mouvements sociaux en Afrique de l'Ouest. Entre les ravages du libéralisme économique et la promesse du libéralisme politique,* L'Harmattan, Paris, 2014.

Chapitre 1

Vincent Bolloré, affaires africaines

Olivier Blamangin

Un même visage revient sans cesse lorsque l'on feuillette l'album photo des relations françafricaines des années 2000-2020 : large sourire, teint hâlé, cheveux gris et regard d'acier, on reconnaît sans peine Vincent Bolloré. Il donne l'accolade au président Laurent Gbagbo sur le port d'Abidjan ou reçoit quelques années plus tard de son successeur, Alassane Ouattara, la médaille de grand officier de l'Ordre national ivoirien ; il échange une chaleureuse poignée de main avec le président camerounais Paul Biya, ou négocie encore, aux côtés de son fils Cyrille, avec le Gabonais Ali Bongo. L'homme d'affaires s'affiche aussi volontiers, main dans la main et bras levés pour saluer la foule, avec le président guinéen Alpha Condé ; et, naturellement, il ne peut manquer le dîner de gala « Mille et une nuits pour mille et un cœurs », organisé à l'occasion du 20e anniversaire de la fondation *Children of Africa* de la première dame ivoirienne. Emblématique jusqu'à la caricature de ces réseaux qui entremêlent relations d'argent, soutiens politiques, chroniques judiciaires et relais médiatiques, Vincent Bolloré personnifie mieux que tout autre la « Françafrique entrepreneuriale ».

L'histoire commence pourtant modestement en Bretagne, en 1981, quand Vincent Bolloré reprend la papeterie familiale des rives de l'Odet. Le jeune chef d'entreprise s'attelle au redressement de la société bigouden, spécialiste du papier bible et du papier à cigarette. Mais il a de grandes ambitions et, très vite, il est pris d'une boulimie d'acquisitions, dans une grande variété de secteurs industriels. Son appétit est insatiable, son éclectisme interroge mais son audace fascine les médias. Dans la France des années 1980 qui se laisse emporter par les vents du libéralisme, les éditorialistes ne jurent que par ce « flibustier de la finance », « surdoué en affaires », « *gentlemanraider* » ou « Petit Prince du *cash-flow* ». La coqueluche des médias est aussi celle des banquiers qui, de Lazard au Crédit lyonnais, lui fournissent les moyens financiers de ses raids boursiers.

Le président guinéen Alpha Condé avec l'industriel français Vincent Bolloré, et derrière eux l'ambassadeur de France Bertrand Cochery, lors de l'inauguration de la première *BlueZone* (des sites autonomes en énergie) du groupe Bolloré le 12 juin 2014 à Conakry. *© Cellou Diallo / AFP*

Roi du tabac et du transport maritime en Afrique

L'avenir du groupe se joue au milieu des années 1980, lorsque le regard de Vincent Bolloré se tourne vers l'Afrique. Peu s'en souviennent, mais c'est dans le secteur du tabac qu'il y fait ses premières armes. En 1985, il prend le contrôle de la Sofical, une holding propriétaire de la marque Bastos, qui fabrique et commercialise des cigarettes en Afrique. Avec la trésorerie de l'entreprise, il s'offre le troisième producteur mondial de papier à cigarette, la société Job, également très présente au sud du Sahara. Les acquisitions s'enchaînent alors, de la Côte d'Ivoire à Madagascar, et le groupe se retrouve en situation de quasi-monopole sur la plupart des marchés d'Afrique francophone. Au début de l'été 2000, le magazine *L'Express* titre sur le « roi de la cigarette en Afrique », à la fois producteur de tabac, fabricant sous ses propres couleurs et distributeur des plus grandes marques internationales.

Roi du tabac, mais pas seulement, car Vincent Bolloré n'a pas pour habitude de mettre tous ses œufs dans le même panier. La méthode est immuable : multiplier les prises de contrôle, amicales ou guerrières, couper les branches qui ne l'intéressent pas pour récupérer le « cash » nécessaire à la prochaine acquisition et, finalement, conquérir une position dominante en un temps record. En quelque sorte, un blitzkrieg appliqué au monde des affaires. Au printemps 1986, le groupe Suez lui cède par exemple ses participations dans la Société commerciale d'affrètement et de combustible (Scac), une holding spécialisée dans le transport maritime, la logistique et la distribution de produits pétroliers. Avec cette acquisition, il met la main sur une vieille société coloniale, la Société commerciale des ports africains (Socopoa), qui lui ouvre les portes de la manutention portuaire. S'engage alors une guerre commerciale avec le groupe Delmas-Vieljeux, leader du transport entre l'Europe et l'Afrique, prétendant évincé à la reprise de la Scac. En secret, Vincent Bolloré mobilise ses réseaux, entre discrètement au capital de l'armateur rochelais via des sociétés-écrans, approche les actionnaires minoritaires susceptibles de le rallier et, finalement, lance l'abordage. En 1991, il prend le contrôle de l'entreprise et la fusionne avec la Scac pour donner naissance à un poids lourd du transport et de la logistique, Scac-Delmas-Vieljeux, plus connue sous le sigle SDV. À peine sorti vainqueur de ce bras de fer, le groupe Bolloré annonce le rachat de la compagnie maritime norvégienne Joint Service Africa et jette son dévolu sur le numéro deux du secteur logistique en Afrique, la Société anonyme de gérance et d'armement (Saga). Transintra, premier transitaire belge intervenant principalement au sud du Sahara, les filiales africaines de la Compagnie maritime belge ou encore l'armateur britannique OT Africa Line tombent également dans son escarcelle.

Le groupe Rivaud, héritier de l'époque coloniale

À la même période, Vincent Bolloré s'invite au capital du groupe Rivaud, un « écheveau inextricable de sociétés en autocontrôle », comme le décrit en 2009 Martine Orange, dans une enquête de Mediapart. Aucun doute, les noms des sociétés de cette nébuleuse – Compagnie du Cambodge, Plantations des Terres-Rouges, Bordelaise Africaine, etc. – évoquent le temps des colonies et l'économie de traite qui ont fait sa fortune. Le groupe possède notamment des milliers d'hectares d'hévéas, de palmiers à huile ou de caféiers en Asie et en Afrique. Au milieu des années 1990, le navire amiral du groupe, la banque Rivaud, est près de sombrer, emporté par des investissements hasardeux. Au même moment, celle que la presse désigne sous le nom de « banque du RPR » traverse une tempête judiciaire, empêtrée dans des affaires de financements politiques, soupçonnée de blanchiment et d'évasion fiscale. Vincent Bolloré pousse ses pions et se pose en recours providentiel pour recapitaliser le groupe. En octobre 1996, il prend la présidence de la banque Rivaud et des holdings stratégiques, recentre le groupe sur les plantations et cède de nombreux actifs qui sont autant de « trésors cachés » alimentant ses projets de nouvelles acquisitions.

Il aura donc fallu une petite quinzaine d'années à l'entrepreneur breton pour asseoir un empire au sud du Sahara. A-t-il anticipé les risques d'image qui menacent les grands cigarettiers ? Toujours est-il que, en avril 2001, il cède le contrôle de ses activités dans le tabac africain au britannique Imperial Tobacco, empochant au passage une coquette plus-value de près de 200 millions d'euros. Quatre ans plus tard, il se désengage cette fois du transport maritime, un secteur décidément trop concurrentiel, et revend la compagnie Delmas à l'armateur marseillais CMA-CGM pour 600 millions d'euros. Le groupe se concentre sur la logistique, le transit et la manutention au moment où la libéralisation portuaire ouvre de nouvelles perspectives, très lucratives. En une décennie à peine, sous l'impulsion de la Banque mondiale, la plupart des ports africains vont en effet passer sous le contrôle d'opérateurs privés.

Des concessions portuaires très profitables

Bolloré est naturellement sur les rangs. En mars 2004, il obtient un premier contrat, avec la concession du terminal d'Abidjan. Quelques mois plus tard, il remporte ceux de Tema, au Ghana, et de Douala, au Cameroun. Et la liste s'allonge, au fil des ans, avec les concessions de Lagos Tin Can (Nigéria), d'Owendo et de Port-Gentil (Gabon), de Pointe-Noire (Congo), de Lomé (Togo), de Cotonou (Bénin), de Freetown (Sierra Leone), de Conakry (Guinée), etc. Aujourd'hui, le groupe Bolloré exploite une quinzaine de terminaux à conteneurs et une dizaine de terminaux rouliers, qui lui assurent un quasi-monopole portuaire en Afrique de l'Ouest et centrale. C'est, plus encore, une véritable emprise sur le continent, comme l'explique en 2006 au *Monde diplomatique* un ancien du groupe Bolloré : « L'Afrique est comme une île, reliée au monde par les mers. Donc, qui tient les grues tient le continent ! »

L'entreprise française joue ici la carte du multimodal et de l'intégration verticale avec des activités qui s'étendent de la manutention portuaire au transport routier, en passant par le fret fluvial ou ferroviaire. Son réseau irrigue le continent en profondeur, grâce aux lignes de chemin de fer exploitées par le groupe, véritables colonnes vertébrales ferroviaires entre la Côte d'Ivoire et le Burkina Faso (Sitarail), entre le port de Douala et la ville de Ngaoundéré, au nord du Cameroun (Camrail), ou entre Cotonou et Parakou, au centre du Bénin (Bénirail). S'y ajoutent le transport en barge sur le fleuve Congo et la rivière Oubangui et une vingtaine de « ports secs », ces entrepôts clos et sécurisés, parfois sous douane, qui forment un maillage sans équivalent de Bamako à Mombasa, en passant par le Niger, le Tchad, la Tanzanie ou le Malawi. Avec plus de deux cents agences dans quarante-neuf pays, Bolloré offre, de très loin, le « premier réseau intégré de logistique en Afrique ». Sa holding Bolloré Africa Logistics y réalise chaque année entre 2 et 3 milliards de chiffre d'affaires.

En 2015, Vincent Bolloré confie aux journalistes du *Monde* sa conviction selon laquelle « l'Afrique est au début de son développement, et que cela va aller bien plus vite que les experts ne le pensent ». Dans une économie africaine totalement ouverte, toutes les marchandises ou presque – matières premières exportées, produits transformés importés – transitent par les ports. Le trafic profite à plein de la croissance retrouvée, d'une démographie dynamique et d'une consommation portée par l'émergence de la classe moyenne. Entre 2010 et 2018, l'activité des terminaux à conteneurs d'Afrique subsaharienne bondit ainsi de 38 % !

Les détenteurs de concessions portuaires africaines se frottent les mains. La croissance du chiffre d'affaires est au rendez-vous, les profits plus encore. En février 2012, une note d'Exane BNP Paribas estimait que les activités logistiques de Bolloré en Afrique représentaient seulement le quart de son chiffre d'affaires mais qu'elles lui apportaient 80 % de ses bénéfices. Difficile de dire ce qu'il en est depuis 2017, alors que le périmètre du groupe a été bouleversé par l'intégration de Vivendi et que l'entreprise ne publie pas de comptes consolidés de ses activités africaines. Toujours est-il que chaque concession portuaire est une pépite, qui dégage des profits considérables. La société Abidjan Terminal par exemple, détenue à 55 % par le groupe Bolloré, réalise en 2019 un bénéfice de 72,6 millions d'euros pour 169 millions de chiffre d'affaires. Elle affiche même, sur la période 2016-2019, une rentabilité insolente de 42 % ! Pour le port de la capitale guinéenne, la société Conakry Terminal, contrôlée à 75 % par le groupe français, fait à peine moins bien, avec un bénéfice de 22 millions d'euros pour seulement 63 millions de recettes en 2019. La même année, les sociétés camerounaise Douala International Terminal, ghanéenne Meridian Port Services Ltd., nigériane Tin-Can Container Terminal Ltd., ou congolaise Congo Terminal cumulent 124 millions d'euros de bénéfices. Autant dire que ces concessions sont de véritables « usines à cash » qui alimentent, par dizaines de millions d'euros de dividendes chaque année, les caisses du groupe Bolloré. Elles lui assurent surtout, pour longtemps encore, de très confortables rentes : le contrat du port de Conakry a été conclu en 2011 pour vingt-cinq ans ; celui d'Abidjan Terminal, signé en 2004 pour une durée initiale de quinze ans, a été renouvelé jusqu'en 2029 puis étendu par avenant jusqu'en 2039 ; quant à celui du terminal à conteneurs du port autonome de Lomé, il court sur… trente-cinq ans !

Les ministres, « ce sont des amis »

Comment s'étonner, dans ces conditions, que les prétendants s'opposent durement à chaque nouvel appel d'offres ? Dans cette « guerre des ports africains », Vincent Bolloré dispose de quelques atouts sur ses concurrents, avec un solide carnet d'adresses, un réseau d'influence bien entretenu et quelques médias sous contrôle, susceptibles de faire l'éloge de tel ou tel dignitaire qu'il conviendrait d'amadouer [→ V.7]. Sa méthode, comme il le revendique en 2015 dans son interview au journal *Le Monde*, tient « plutôt du commando que de l'armée régulière ». Il a ainsi obtenu sa première concession, le port d'Abidjan, sans appel d'offres, en négociant directement avec Laurent Gbagbo. « Les ministres, on les connaît tous là-bas, explique sans complexe Gilles Alix, directeur général du groupe Bolloré, dans un entretien au journal *Libération* en 2008. Ce sont des amis. Alors, de temps en temps, on leur donne, quand ils ne sont plus ministres, la possibilité de devenir administrateurs d'une de nos filiales. C'est pour leur sauver la face. Et puis on sait qu'un jour ils peuvent redevenir ministres. » Au Gabon, Pascaline Bongo, fille et plus proche conseillère de l'ancien dictateur Omar Bongo, est tout simplement nommée à la tête de l'une des filiales de la multinationale française, Gabon Mining Logistics. Cette société résume à elle seule les étroites relations d'affaires qui se sont nouées entre le groupe Bolloré et le clan au pouvoir puisqu'elle est alors détenue à 30 % par Delta Synergie, une discrète mais tentaculaire holding contrôlée par la famille Bongo.

Dans l'Hexagone, ses amitiés politiques sont pour le moins éclectiques. Tout le monde se souvient des vacances de Nicolas Sarkozy sur le *Paloma*, yacht de son ami Vincent, au lendemain de l'élection présidentielle de 2007. L'ancien locataire de l'Élysée est, depuis, régulièrement accusé par les concurrents de Bolloré de jouer les lobbyistes de luxe pour le groupe français [→ p. 833]. D'autres avant lui s'y sont essayés, comme l'ancien ministre Alain Madelin, un proche du président sénégalais Abdoulaye Wade, missionné en 2007 pour plaider la cause du milliardaire breton dans l'obtention du port de Dakar. Mais la pièce maîtresse de son dispositif françafricain reste Michel Roussin, ancien officier du renseignement et homme de confiance de Jacques Chirac, dont il a été le chef de cabinet à la mairie de Paris avant de le suivre à Matignon lors de la première cohabitation [→ IV.1], puis d'être nommé ministre de la Coopération dans le gouvernement Balladur. Michel Roussin, qui entame sur le tard une carrière dans le privé, est à la présidence du « Comité Afrique » du Medef International quand Vincent Bolloré le recrute à la fin des années 1990 pour en faire son vice-président pour le continent. L'ancien ministre ne fait pas mystère de ses amitiés avec de nombreux chefs d'État. Lors d'une interview accordée à Radio France Internationale et *Jeune Afrique*, il reconnaît sans pudeur être « un homme d'influence » [→ p. 835]. Il met la force de ses réseaux au service du groupe Bolloré pendant la décennie la plus déterminante pour son implantation dans les ports africains.

L'homme d'affaires breton sait aussi ménager ses relations à gauche de l'échiquier politique français. Le député socialiste Jean Glavany par exemple a été, pendant plus de dix ans, membre du comité stratégique du groupe, aux côtés de l'essayiste Alain Minc. Mais c'est surtout Bernard Poignant, ancien député-maire de Quimper et ami de longue date, qui l'a introduit dans les milieux socialistes. Il a même organisé, en octobre 1985, la venue du président François Mitterrand dans l'usine Bolloré d'Ergué-Gabéric. Bernard Poignant joue une nouvelle fois les facilitateurs en 2013 pour convaincre le président François Hollande, dont il est un très proche conseiller, de venir sur les terres bretonnes de l'industriel inaugurer une usine de batteries électriques. Autant de relations qui sont bien utiles quand les intérêts du groupe sont menacés et qu'il s'agit d'actionner les leviers de la « diplomatie économique ». Dans un documentaire réalisé en 2016 pour l'émission « Complément d'enquête », sur France 2, les journalistes Tristan Waleckx et Matthieu Rénier racontent par exemple comment le locataire de l'Élysée est intervenu auprès du dictateur camerounais, Paul Biya, pour sauver la mise au groupe Bolloré dans l'attribution du contrat d'exploitation du nouveau port en eau profonde de Kribi alors que son dossier avait été écarté par la commission d'appel d'offres. Selon les témoignages recueillis et confirmés plus tard par François Hollande lui-même, le sujet s'est opportunément invité à la table des discussions, en juillet 2015, lors d'une visite du président français auprès de son homologue camerounais. Quelques semaines plus tard, le consortium emmené par Bolloré Africa Logistics, avec la chinoise China Harbour Engineering Company Ltd. et l'armateur français CMA-CGM, se voit finalement attribuer la concession pour vingt-cinq ans.

Dans ce genre d'affaires, l'efficacité d'un réseau tient aussi à sa capacité à s'adapter aux changements de majorité. En janvier 2016, on retrouve Bernard Poignant aux côtés d'Emmanuel Macron, alors ministre de l'Économie et des Finances, lorsque celui-ci se plie au rituel d'un déplacement dans l'usine Bolloré d'Ergué-Gabéric. Un an plus tard, le conseiller de François Hollande annonce son ralliement à Emmanuel Macron tandis que Yannick Bolloré, fils de Vincent et patron de la filiale Havas, s'affiche à la Mutualité lors d'un meeting du jeune candidat à l'élection présidentielle.

Noirs nuages judiciaires

Depuis quelque temps, des grains de sable se glissent pourtant dans cette mécanique bien huilée. Il y a d'abord eu les enquêtes journalistiques et les actions d'ONG sur les conditions de travail et les relations avec les riverains dans les plantations de la Société financière des caoutchoucs (Socfin), une « société sous influence notable », pour reprendre la terminologie du groupe Bolloré qui réfute le terme de « filiale » pour cette entreprise dont il détient pourtant une participation de 38,75 %. La réponse à ces mises en cause est immédiatement judiciaire, avec plus d'une vingtaine de procédures en diffamation initiées par la multinationale française ou la Socfin depuis 2009. « Le groupe Bolloré en a fait une mesure de rétorsion quasi automatique dès lors que sont évoquées publiquement ses activités africaines », rappelle en 2018 la tribune d'un collectif de journalistes, de médias et d'ONG pour qui ces « poursuites systématiques visent à faire pression, à fragiliser financièrement, à isoler » et, finalement, à « les dissuader d'enquêter et les réduire au silence ».

Sur le front des activités ferroviaires du groupe, il y a eu ensuite la mise à l'arrêt de la construction d'une « boucle » entre la Côte d'Ivoire, le Burkina Faso, le Niger, le Bénin et le Togo. Le projet pharaonique s'est embourbé dans un marigot politico-judiciaire béninois sur les conditions d'attribution de la concession. Le tronçon de 140 kilomètres construit entre Niamey et Dosso, dans le sud du Niger, est à l'abandon. Aucun train n'y a circulé depuis son inauguration en grande pompe, en janvier 2016.

Puis est venu le drame d'Éséka, au Cameroun, une petite localité située entre le port de Douala et Yaoundé, la capitale du pays. En octobre 2016, plusieurs wagons d'un train affrété par Camrail, filiale du groupe Bolloré, s'écrasent dans un ravin. Le bilan officiel, sous-estimé, fait état de 79 personnes tuées et de 600 blessés. La presse camerounaise pointe la responsabilité de Camrail dans l'accident, avec une vitesse du convoi très supérieure à la limite autorisée, des voitures surchargées ou des défauts d'entretien et des problèmes de freinage. Si le groupe Bolloré s'insurge alors contre les « campagnes de dénigrement » destinées à « saper [sa] réputation et [sa] présence [...] au Cameroun », son image est sérieusement écornée. Finalement, en septembre 2018, le tribunal d'Éséka condamne la filiale camerounaise à une amende de 500 000 francs CFA (762 euros !) et son directeur général à six mois de prison avec sursis. Le conducteur du train et le chef de la sécurité écopent des plus lourdes peines, avec respectivement cinq et trois ans de prison ferme. Mais l'affaire est loin d'être terminée puisque Camrail a fait appel de la décision du tribunal. Et un nouveau rebondissement est intervenu en octobre 2019 avec la publication d'une lettre ouverte au président Paul Biya de Pierre Cerutti, expert judiciaire français mandaté par la commission d'enquête camerounaise. Il s'étonne que le rapport d'expertise définitif de son cabinet n'ait jamais été communiqué, ni aux magistrats ni aux avocats des victimes, alors qu'il apportait, selon son auteur, « la démonstration technique et scientifique des fautes graves et des manquements commis par la société Camrail, depuis la direction générale jusqu'aux équipes opérationnelles ». Des affirmations que la filiale ferroviaire du groupe Bolloré conteste.

La catastrophe d'Éséka et ses suites n'ont rencontré qu'un faible écho dans la presse hexagonale, surtout si on la compare aux feuilletons togolais et guinéen qui défraient la chronique judiciaire. Ce n'est pas la première fois que des polémiques surgissent ou que des recours sont introduits par des concurrents évincés après l'octroi d'une concession au groupe français, en Côte d'Ivoire ou au Cameroun par exemple. Mais l'affaire est ici plus sérieuse, car elle débouche en avril 2018 sur la mise en examen de Vincent Bolloré lui-même. Les juges d'instruction du pôle financier du Tribunal de grande instance de Paris soupçonnent en effet Havas, la filiale du groupe spécialisée dans la publicité et la communication politique, d'avoir sous-facturé ses services à Faure Gnassingbé et Alpha Condé, tous deux candidats à leur réélection dans leur pays respectif, pour lui faciliter l'attribution des marchés d'exploitation portuaire. « Bolloré remplissait toutes les conditions d'appel d'offres. C'est un ami, je privilégie les amis », se justifie le président Alpha Condé, en 2016, dans le journal *Le Monde*.

En juin 2019, Vincent Bolloré gagne une première manche procédurale : tout en reconnaissant l'existence d'un « pacte de corruption », la cour d'appel de Paris concède la prescription des faits de « corruption d'agent public étranger » et de « faux et usage de faux » pour le volet guinéen – ils avaient été dénoncés dès 2011 dans une plainte alors classée sans suite. Mais la justice valide les mises en examen du volet togolais et retient les faits d'« abus de confiance » dans le dossier guinéen. Vincent Bolloré, Gilles Alix, directeur général du groupe, et Jean-Philippe Dorent, directeur international de l'agence Havas, changent alors de stratégie pour solder l'affaire. Ils optent pour une forme de « plaider-coupable » à la française et négocie une amende de 375 000 euros dans une procédure qui permet d'éviter un long débat public et une inscription de la condamnation au casier judiciaire.

Le 26 février 2021, très serein, le milliardaire breton se présente à l'audience, pour ce qui doit être une simple formalité. Lorsque la présidente du tribunal judiciaire de Paris, Isabelle Prévost-Desprez, lui demande s'il reconnaît sa culpabilité, il répond humblement : « Oui, madame la présidente. » Mais quand la décision tombe, après une courte suspension, c'est la stupeur : le tribunal refuse d'homologuer la procédure de « comparution sur reconnaissance préalable de culpabilité ». Il demande la tenue d'un procès, au regard de « la gravité des faits reprochés » qui ont « gravement porté atteinte à l'ordre public économique » et « à la souveraineté du Togo ». Une première pour le patron le plus redouté de France, jusqu'alors intouchable.

Repères bibliographiques

Nicolas CORI et Muriel GREMILLET, *Vincent Bolloré. Ange ou démon ?*, Hugo Doc, Paris, 2008.

Thomas DELTOMBE, « Les guerres africaines de Vincent Bolloré », *Le Monde diplomatique*, avril 2009.

Renaud LECADRE et Nathalie RAULIN, *Vincent Bolloré. Enquête sur un capitaliste au-dessus de tout soupçon*, Denoël, Paris, 2000.

Martine ORANGE, « Enquête sur la face cachée de l'Empire Bolloré » (en quatre volets), Mediapart, février 2009.

Survie-AGIR ICI, *Bolloré : monopoles, services compris. Tentacules africains*, L'Harmattan, coll. « Dossiers noirs », n° 15, Paris, 2000.

Nicolas VESCOVACCI et Jean-Pierre CANET, *Vincent Tout-Puissant*, JC Lattès, Paris, 2018.

Les bonnes affaires africaines des retraités de la République

C'est une spécificité bien française : depuis les indépendances des pays africains, de nombreux anciens hauts responsables de l'État français, dont un ex-président de la République, Nicolas Sarkozy, se mettent au service du secteur privé en Afrique, et plus particulièrement dans les pays de la zone franc.

Parmi eux figurent les anciens ministres Charles Millon, Dominique Perben, Michel Rocard, Michel Roussin, Gérard Longuet, Claude Guéant, Bernard Kouchner, Dominique Strauss-Kahn ou encore Dominique de Villepin. Les uns et les autres, de gauche comme de droite, utilisent le carnet d'adresses africain qu'ils se sont constitué lorsqu'ils étaient en fonctions. Certains d'entre eux opèrent pour des multinationales, auxquelles ils ouvrent des portes.

Le gotha du pouvoir français

« Je suis un homme d'influence, et de bonne influence. Avec mes réseaux, je facilite parfois certaines choses », explique en 2016 Michel Roussin, ancien ministre de la Coopération (1993-1994) qui a travaillé pendant plusieurs années pour le groupe Bolloré [→ VI.1]. L'ex-président (2007-2012) Nicolas Sarkozy met quant à lui ses contacts ivoiriens au service, entre autres, du groupe hôtelier Accor. Plusieurs de ses ministres ayant eu la Côte d'Ivoire dans leur champ d'action fréquentent eux aussi ce pays pour leurs affaires. Gérard Longuet, ancien ministre de la Défense (2011-2012), permet par exemple à une société belge, dont il est administrateur, d'obtenir en 2016 un marché au port de San Pedro (Côte d'Ivoire). Son collègue des Affaires étrangères Bernard Kouchner (2007-2010), qui vend des activités de consulting à l'État guinéen, sert les intérêts d'une banque d'affaires espagnole qui ouvre en 2017 une filiale en Côte d'Ivoire [→ V.11]. Claude Guéant, qui fut le secrétaire général de l'Élysée (2007-2010) puis le ministre de l'Intérieur de Sarkozy (2011-2012), accompagne en 2017 à Abidjan un groupe chinois à la recherche de marchés dans le secteur des logements sociaux. Il devient par ailleurs conseiller stratégique d'une compagnie minière canadienne active dans plusieurs pays africains.

Une partie de ces anciens membres du gouvernement français passent des contrats directement avec des gouvernements africains, comme l'ancien ministre de l'Économie (1997-1999) Dominique Strauss-Kahn, recruté par la République du Congo pour restructurer sa dette dans les années 2010. À la même période, cette ex-figure socialiste conseille le Togo dans le cadre d'un projet d'assistance technique financé par l'Union européenne et mis en œuvre par le FMI, dont il fut le directeur général (2007-2011). Ses contrats permettent à sa société de réaliser un chiffre d'affaires de 5,2 millions d'euros en 2017. Devenu « conseiller en management et en stratégie », l'ex-Premier ministre (2005-2007) Dominique de Villepin se rend pour sa part en 2017 en République du Congo pour une opération de lobbying et en 2019 en République démocratique du Congo pour proposer ses services au président Félix Tshisekedi et l'aider à faire des affaires en Chine et en Russie.

Des diplomates fraîchement retraités s'investissent eux aussi dans les affaires. Jean-Marc Simon, qui finit sa carrière comme ambassadeur à Abidjan de 2009 à 2012, a créé immédiatement un cabinet de conseil travaillant pour des entreprises françaises en Côte d'Ivoire. Il a pour cela obtenu une dérogation de la commission de déontologie de la fonction publique car, en principe, un fonctionnaire doit attendre trois ans avant d'exercer dans le privé et de mener des activités qui pourraient porter « atteinte à la dignité des fonctions exercées précédemment dans la fonction publique » ou entraîner des conflits d'intérêts. Son successeur à Abidjan, Georges Serre, fait comme lui : en 2017, année de son départ à la retraite, il devient « conseiller Afrique » de l'entreprise française CMA-CGM, un leader mondial du fret maritime. L'amiral Jacques Lanxade, ancien chef d'état-major des armées (1991-1995) et ambassadeur de France à Tunis (1995-1999), entre quant à lui dans le conseil d'administration de Cotusal, filiale tunisienne de la multinationale française Les Salins du Midi. Dans un autre registre, Yvon Omnès quitte ses fonctions d'ambassadeur au Cameroun en 1993 pour devenir aussitôt conseiller du président camerounais Paul Biya.

Garnir son portefeuille et maintenir une influence

D'anciens militaires suivent des parcours similaires. Certains montent ou intègrent des sociétés de sécurité privée qui opèrent sur le continent. Le général Bruno Clément-Bollée, qui a dirigé l'opération Licorne en Côte d'Ivoire de 2007 à 2008, rejoint en 2016 une entreprise qui vend des services en matière de « réformes du secteur sécuritaire » en Afrique, avant de créer une société de conseil aux États africains en « gestion de sortie de crise ». Auparavant, ce haut gradé à la retraite avait été sous contrat avec l'État ivoirien et codirigé, entre 2013 et 2016, un programme baptisé « désarmement, démobilisation, réintégration » à destination des anciennes forces rebelles. D'anciens éléments des forces de sécurité fondent des sociétés de vente d'armes : c'est ce que l'ex-gendarme Robert Montoya fait au Togo dans les années 1990, fournissant notamment des avions de combat à la Côte d'Ivoire au début des années 2000 [→ V.6]. D'autres, comme l'ancien commandant du GIGN Paul Barril, travaillent dans le secteur de la protection rapprochée pour des présidents africains, ou les conseillent : le général Jeannou Lacaze se met ainsi au service de Mobutu Sese Seko, Denis Sassou Nguesso et Félix Houphouët-Boigny [→ IV, introduction], tandis que le général Raymond Germanos, ex-chef du cabinet militaire des ministres de la Défense Charles Millon et Alain Richard, devient le conseiller de Paul Biya puis, en 2013, celui du président du Togo, Faure Gnassingbé – entre-temps, il a été condamné pour détention de milliers de photos pédopornographiques et radié de l'armée française.

Les proches de Jean-Yves Le Drian, ministre de la Défense (2012-2017) sous François Hollande, incarnent quant à eux parfaitement, dans leur évolution de carrière, la « diplomatie d'influence » chère à Laurent Fabius, qui allie intérêts économiques, positionnements stratégiques et rayonnement français. Lorsque Le Drian devient ministre des Affaires étrangères après l'élection d'Emmanuel Macron, celui qui fut pendant cinq ans son puissant directeur de cabinet, Cédric Lewandowski, retourne ainsi dans son entreprise EDF, où il est propulsé en mai 2019 directeur du parc nucléaire français – toujours dépendant à 100 % de l'étranger pour son approvisionnement en uranium. Le conseiller spécial de Le Drian, Jean-Claude Mallet, suit en revanche son patron au Quai d'Orsay avant de le quitter fin mai 2019 pour devenir directeur des affaires publiques chez le pétrolier Total, où il est chargé des relations avec les États.

Grâce à ces activités, ces anciens serviteurs de l'État français, civils et militaires, remplissent bien sûr leurs comptes en banque mais ils maintiennent aussi une influence française, et contribuent, pour ceux issus des forces de sécurité, à assurer des activités de surveillance des dirigeants africains pour le compte des autorités françaises.

Fanny Pigeaud

Chapitre 2

Souffler sur les braises : la « guerre contre le terrorisme » de la France en Afrique

Raphaël Granvaud

Par sa durée, son volume et son extension géographique, l'opération Barkhane dans le Sahel, lancée à l'été 2014, constitue la plus importante opération extérieure française depuis la guerre d'Algérie. Alors que cette « guerre contre le terrorisme » est devenue la principale justification du maintien d'un dispositif militaire français en Afrique, elle ne fait pourtant l'objet que d'une couverture médiatique *a minima* et d'une absence presque totale de débat politique, comme c'est trop souvent l'usage en matière d'opérations extérieures (opex) sous la Ve République. Or, la situation dans les pays du Sahel ne cesse de se dégrader. Il apparaît de plus en plus clairement que l'ingérence militaire française n'est pas simplement inefficace, mais également contre-productive au regard des objectifs qu'elle affiche.

Janvier 2013 : le *storytelling* des colonnes djihadistes sur Bamako

La conversion de la France à la « guerre contre le terrorisme » en Afrique fait suite à la création, en janvier 2007 au nord du Mali, d'Al-Qaïda au Maghreb islamique (Aqmi), mouvement issu de l'implantation du Groupe salafiste pour la prédication et le combat (GSPC) algérien. L'action française reste d'abord secrète : renforcement de la présence des services de renseignement extérieur et missions du Commandement des opérations spéciales (COS), dans le cadre d'un « plan Sahel » élaboré à cette période. Des éliminations ciblées de djihadistes sont menées et des Groupes spéciaux d'intervention (GSI) africains sont formés à la lutte contre le terrorisme en Mauritanie, au Mali et au Niger. Le 22 juillet 2010, la presse espagnole révèle la participation des forces spéciales du COS à une opération officiellement mauritanienne menée en territoire malien, pour tenter de délivrer l'otage français Michel Germaneau. Après l'échec de cette opération, le Premier ministre François Fillon déclare à la radio : « Nous sommes en guerre contre Al-Qaïda. » En septembre 2010, plusieurs salariés d'Areva (aujourd'hui Orano) au Niger sont à leur tour enlevés [→ VI, introduction]. La France augmente alors la présence de ses forces spéciales pour traquer les ravisseurs et protéger les mines d'uranium de l'entreprise française [→ V.9]. Le mois suivant, une base permanente du COS est installée à Ouagadougou, au Burkina Faso. Mais jusqu'à la fin de 2012, alors même qu'est révélé dans la presse le nom de l'opération des forces spéciales (« Sabre »), le ministre des Affaires étrangères Laurent Fabius continue de nier la présence de ces dernières au Sahel.

Le discours change à partir du déclenchement de l'opération Serval. Le 11 janvier 2013, alors qu'il avait à plusieurs reprises exclu catégoriquement une intervention au Mali – la France appuyant officiellement la mise en place d'une force internationale sous commandement africain –, le président François Hollande annonce répondre à une demande d'aide du président malien. L'Élysée aurait alors décidé d'intervenir dans l'urgence pour protéger Bamako d'un raid des mouvements djihadistes (Aqmi, Ansar Dine, Mujao) qui contrôlaient le nord du pays. La version selon laquelle la France aurait empêché le Mali de devenir un État terroriste à même de déstabiliser toute la région est aujourd'hui devenue l'histoire officielle. La capacité de ces groupes à prendre le contrôle de la capitale malienne suscite pourtant le doute chez les journalistes spécialisés défense et un certain nombre de chercheurs, tels que Roland Marchal ou Marc-Antoine Pérouse de Montclos. Même Jean-Christophe Notin, très proche des milieux militaires, souligne qu'aucun élément matériel (témoignages, écoutes téléphoniques, déclarations, textes retrouvés sur le terrain…) ne vient étayer la thèse selon laquelle il s'agissait de la stratégie des mouvements djihadistes. Celle-ci consistait plus vraisemblablement à s'emparer de l'aéroport de Sévaré et de la ville voisine de Mopti, à 600 kilomètres au nord de Bamako. Selon le journaliste défense du journal *L'Opinion* Jean-Dominique Merchet, « le *storytelling* est né dans l'entourage du ministre de la Défense Jean-Yves Le Drian […]. Il est validé par le président François Hollande ».

En réalité, loin d'avoir été organisées dans la précipitation, les modalités de l'intervention française avaient été arrêtées de longue date et les indices de sa planification relevés par les observateurs attentifs : présence des forces spéciales, augmentation des moyens aériens dans les pays voisins, voyage de Hollande en Algérie pour obtenir un droit de passage dans l'espace aérien, etc. Selon une enquête des journalistes du *Figaro* Isabelle Lasserre et Thierry Oberlé, un plan d'intervention est même élaboré dès 2009 : il est refusé par Nicolas Sarkozy mais est validé dès son élection par François Hollande. Ne reste plus qu'à trouver le moment opportun.

Les motivations réelles de cette intervention suscitent encore aujourd'hui beaucoup de spéculations. Quelques jours après le déclenchement de l'opération Serval, le président Hollande assure que la France « ne défend aucun calcul économique ou politique », étant « au service, simplement, de la paix » et entendant ainsi « payer sa dette » aux peuples africains. Une version mise à mal par le général Vincent Desportes : lors des Rencontres de Pétrarque de juillet 2013, diffusées sur France Culture, l'ancien directeur de l'École de guerre évoque la nécessaire protection des expatriés français et de l'exploitation « des ressources tout à fait importantes en uranium » au Niger. Par ailleurs, l'obsession largement partagée de voir la France « maintenir son rang » et conserver son siège de membre permanent au Conseil de sécurité de l'ONU, implique que l'armée française continue d'assurer le maintien de l'ordre dans le pré carré africain.

De Serval à Barkhane : une situation sécuritaire qui se dégrade

En quelques semaines, les groupes djihadistes sont chassés et les troupes françaises sont d'abord accueillies par les vivats des populations libérées. L'opération Serval est unanimement considérée comme un succès, quand bien même la fuite des djihadistes que Paris prétendait « détruire » n'est que très provisoire et même si la restauration de l'intégrité territoriale du pays, l'un des trois objectifs officiels de l'opération, n'est toujours pas effective huit ans plus tard. En cause, notamment, le *deal* passé entre l'armée française et les indépendantistes touaregs du Mouvement national de libération de l'Azawad (MNLA), avec lesquels les services secrets français entretenaient des liens de longue date, en dépit du fait que ces derniers ont un temps privilégié l'alliance avec les groupes djihadistes, précipitant la crise malienne en 2012. Une fois parvenus dans l'Adrar des Ifoghas, au nord du pays, les militaires français abandonnent les troupes maliennes qui les accompagnent pour permettre au MNLA de reprendre possession de la ville de Ménaka, en échange de son aide pour traquer les djihadistes et tenter de retrouver les salariés d'Areva détenus par ces derniers. Un double jeu qui va marquer le début d'un retournement de l'opinion publique malienne au sud du pays.

L'opération Serval a également des répercussions importantes sur la politique militaire de la France en Afrique, qui trouve dans cette « guerre contre le terrorisme » un puissant facteur de relégitimation. Le Livre blanc sur la défense de 2013, alors en cours de rédaction, ainsi que la nouvelle loi de programmation militaire (2014-2019) consacrent la remise à l'honneur des interventions militaires unilatérales (la tendance ayant plutôt été depuis quelques années à la recherche du multilatéralisme, au moins de façade), le recentrage sur le pré carré africain, la sanctuarisation du budget militaire, l'augmentation des forces spéciales et l'assurance de l'impunité juridique pour les militaires en intervention à l'étranger [→ VI.8]. Parallèlement, le dispositif militaire français en Afrique (bases et opérations extérieures) fait l'objet d'une réorganisation dans le sens d'une plus grande flexibilité, pour préparer la mise en place de l'opération qui va succéder, à partir d'août 2014, à Serval.

L'opération Barkhane constitue une nouveauté, par son ampleur et son fonctionnement transfrontalier. Cinq pays sont désormais concernés : le Tchad (où siège le commandement de la force militaire française), le Mali (où sont présents les plus gros contingents), le Niger (où une base dédiée au renseignement aérien a été implantée), le Burkina Faso (où le COS a son quartier général) et la Mauritanie. Pour assurer une totale liberté d'action à la force Barkhane, de nouveaux accords militaires sont signés avec ces pays dits du « G5 Sahel », accords dont le nombre et le contenu restent flous, mettant en cela un terme aux promesses de transparence qui avaient été faites lors de la renégociation, sous la présidence de Nicolas Sarkozy, des accords de défense [→ V, introduction]. Les militaires français ne sont pas tenus de rendre compte aux autorités des pays dans lesquels ils interviennent. Ils agissent également en violation de la Constitution française qui, depuis 2008, impose que toutes les opérations militaires extérieures de plus de quatre mois fassent l'objet d'une présentation et d'un vote au Parlement. Les gouvernements successifs considèrent depuis 2014 que l'opération Barkhane en est dispensée au prétexte qu'il ne s'agirait que de la prolongation de deux opérations extérieures précédentes (l'opération Serval au Mali et l'opération Épervier au Tchad), alors que la zone géographique concernée n'est pas la même et que les objectifs de l'opération Épervier et ceux de Barkhane sont sans rapport.

Les militaires de l'opération Barkhane, dont les effectifs sont passés de 3 000 en 2014 à plus de 5 000 en 2020 (plus quelques centaines de membres des forces spéciales), traquent et éliminent les djihadistes ; mettent en œuvre un partenariat militaire opérationnel (PMO), notamment par le biais d'opérations conjointes avec les forces africaines ; et s'efforcent, dans le droit fil des doctrines françaises de la contre-insurrection, de « conquérir les cœurs et les esprits » des populations locales pour les couper des djihadistes. Pendant plusieurs années, les bilans gouvernementaux se sont contentés de vanter les innombrables « succès » des militaires français et de mettre en avant les centaines de djihadistes « neutralisés », selon la terminologie officielle, minimisant un ennemi « résiduel », « affaibli », « déstructuré » ou « désemparé »… Même lorsque les groupes djihadistes reprennent l'initiative, leurs démonstrations de force meurtrières sont décrites comme la « fuite en avant » de groupes « acculés » par la force française.

Les bilans des ONG, les études universitaires ou les rapports du secrétaire général de l'ONU sur le Mali dépeignent pourtant un tout autre tableau : celui d'une dégradation continue de la situation sécuritaire. Depuis 2013, non seulement les groupes djihadistes se sont reconstitués, mais ils ont essaimé, ne cessant d'étendre leur implantation géographique et leur contrôle sur les populations. À partir de 2019, ils ont même infligé des pertes importantes aux forces maliennes, nigériennes et burkinabè, n'hésitant plus à les affronter dans leurs garnisons militaires. La force onusienne présente au Mali (la Minusma) est aussi quotidiennement harcelée, et les quelque 200 victimes qu'elle compte dans ses rangs (selon un bilan établi en 2020) en font la mission de maintien de la paix la plus attaquée au monde. Mi-2019, si la ministre française des Armées, Florence Parly, s'obstine à tenir un discours triomphaliste déconnecté de la réalité, le chef d'état-major des armées, le général Lecointre, reconnaît quant à lui que « les conditions d'une extension de la déstabilisation de la zone sont réunies ».

Mais la stratégie française n'est pas pour autant remise en cause. L'incapacité à vaincre, ou même simplement à contenir la progression des groupes djihadistes, est mise sur le compte des insuffisances (réelles par ailleurs) des armées nationales, principalement malienne et burkinabè. L'exécutif français pointe aussi l'absence de volonté politique des États africains à se réformer et à redéployer leur administration dans les territoires perdus, de même que la réticence du Mali à mettre en œuvre l'accord de paix d'Alger signé avec les groupes indépendantistes, qui lui a été imposé en 2015 par la « communauté internationale ». Dans ces conditions, selon les mots du général Lecointre, « le fait que les choses n'aient pas plus dégénéré » serait « déjà en soi un succès à mettre au crédit de l'armée française ». Une opinion largement entretenue par l'immense majorité des médias. Rien n'est pourtant moins sûr, car de nombreux éléments laissent penser que la présence de l'armée française aggrave la situation plutôt qu'elle ne permet de résoudre les problèmes de fond.

Les racines ignorées du djihadisme

Il y a pour commencer un problème de diagnostic : dans la droite ligne de la rhétorique néoconservatrice américaine de la *Global war on terror*, les différents mouvements djihadistes sahéliens sont régulièrement décrits par les autorités politiques françaises comme la branche locale d'« une Internationale de la terreur » menant un « djihad global » contre l'Occident. Il est difficile de dire si ce discours sous-tend réellement l'élaboration de la stratégie antiterroriste mise en œuvre, dans la mesure où sa fonction est d'abord de justifier l'intervention française et de tenter de mobiliser une aide militaire et financière internationale. Ces mêmes autorités reconnaissent d'ailleurs parfois l'absence de véritables connexions internationales avec l'organisation État islamique en Irak et au Levant ou avec les autres branches d'Al-Qaïda, malgré les proclamations d'allégeance et les discours de propagande qui sont tenus par les différents groupes djihadistes. La grille de lecture binaire utilisée par l'armée française, qui distingue parmi les groupes armés les groupes armés terroristes (GAT) des mouvements non-GAT, néglige la fluctuation des appartenances et des alliances dans la région sahélienne.

Si le terreau sur lequel prospèrent les groupes djihadistes commence à être pris en compte dans les analyses officielles, on n'en tire pourtant pas les conséquences pratiques. Parmi les nombreuses études désormais consacrées à cette question, celle de Marc-Antoine Pérouse de Montclos, directeur de recherche à l'Institut de recherche pour le développement (IRD), constate « une forme d'autisme de la part de la classe politique dirigeante » française et un « refus de prendre en compte la complexité du problème ». Les groupes djihadistes s'imposent bien sûr aux populations par la violence et la terreur, mais ils profitent surtout de l'absence ou du discrédit de l'État, endossant des fonctions sociale, économique, policière ou judiciaire qui n'étaient plus ou mal assurées. Leur manière d'imposer des taxes, de rendre la justice ou de trancher des conflits, qui n'a évidemment rien de laïc ni de démocratique, a ainsi pu sembler une alternative efficace en comparaison d'une administration prévaricatrice et gangrenée par la corruption.

De la même manière, les enquêtes portant sur l'engagement des recrues dans les groupes djihadistes montrent que la motivation initiale n'est presque jamais religieuse, même si elle peut le devenir ensuite, après un temps d'embrigadement. Les gens s'engagent essentiellement pour protéger leur communauté contre la violence des représentants de l'État ou d'autres groupes armés, par désir de vengeance, pour remettre en cause des situations perçues comme injustes et discriminatoires, pour la reconnaissance sociale que confère l'usage des armes ou encore par intérêt économique. Il est donc moins question d'adhésion au djihad international que d'insurrections tournées contre les États, liées à des problèmes d'abord locaux.

Dans ces conditions, on comprend aisément que la solution ne peut pas être exclusivement sécuritaire, et qu'il n'y aura ni amélioration de la situation, ni cicatrisation en profondeur des traumatismes subis par les habitants de cette zone tant que ne seront pas réellement pris en compte les aspirations et les besoins de la population en matière de survie économique, d'accès à la protection et à la justice, à la santé ou à l'éducation. Les autorités politiques et militaires françaises le reconnaissent formellement et ne cessent désormais de répéter qu'il n'y aura « pas de solution militaire » à la crise du Sahel. La solution passerait selon elles par un accroissement de l'aide internationale sous différentes formes. Les militaires français mettent ainsi en œuvre une stratégie qualifiée de « globale » ou d'« intégrée » : aux traditionnelles actions civilo-militaires pour faire accepter leur présence (consultations médicales, reconstruction d'écoles et de puits, dons de matériels...), s'ajoute désormais une instrumentalisation de l'Agence française de développement (AFD) [→ V.10], sommée d'intervenir dans les zones préalablement « sécurisées » par Barkhane, selon le principe de la progression en tache d'huile cher aux théoriciens coloniaux Gallieni et Lyautey [→ I.1]. Un schéma qui s'inscrit parfaitement dans la logique d'une Alliance Sahel lancée en juillet 2017 par le président Macron, en lien avec l'Allemagne, visant à accroître et coordonner l'aide internationale. À ce jour, les milliards qui s'alignent sur le papier n'ont guère changé les conditions de vie des populations censées en bénéficier, tandis que plusieurs études et témoignages attestent en revanche du fait que la corruption continue d'être alimentée.

Une logique militaire qui fait obstacle à une solution politique et sociale

Derrière les discours autour de l'« aide », la logique reste en réalité quasi exclusivement sécuritaire, Emmanuel Macron ayant en la matière parfaitement assumé l'héritage de ses prédécesseurs. Ainsi, le « tournant très profond » annoncé lors du sommet de Pau en janvier 2020, en présence des chefs d'État du G5 Sahel convoqués par le président français, se traduit par une augmentation des effectifs de la force Barkhane, une intensification de son action dans la zone des trois frontières (Mali, Burkina Faso, Niger), notamment grâce aux drones désormais armés. Après seulement six mois, cette stratégie aurait donné « des résultats spectaculaires », affirme le président Macron, pour qui « le rapport de force s'est inversé dans la zone des trois frontières ». Pourtant la résilience des groupes djihadistes reste forte et le nombre de victimes civiles continue de s'accroître.

Confronté à une contestation croissante de l'opération Barkhane au sein de l'opinion publique et de la classe politique, l'exécutif mise sur l'européanisation et la sahélisation de sa stratégie pour sortir de l'enlisement. Une coalition de forces spéciales européennes baptisée « Takuba » a été mise en place pour « appuyer » (en réalité, conduire) les forces africaines sur le terrain, mais les contributions européennes restent difficiles à obtenir. Malgré les efforts français en matière de formation, les armées nationales peinent à prendre le relais et la force conjointe du G5 Sahel reste quasi impuissante depuis l'annonce de sa création en 2017.

On peut de toute façon douter de l'efficacité de cette stratégie, car le maintien d'une logique strictement militaire n'est pas simplement insuffisant, il fait obstacle à la recherche d'une résolution politique et sociale de la crise. De l'avis des observateurs sur le terrain, il ne fait qu'accroître l'insécurité alimentaire, renforcer les fractures sociales et identitaires sur lesquelles prospèrent les groupes djihadistes, et pousser ces derniers à radicaliser leur idéologie et leurs moyens d'action, sans freiner leur progression. Ses effets pernicieux sont encore renforcés par l'ingérence étrangère liée à la présence militaire française et internationale. C'est ce qui s'est déjà produit de manière désastreuse après les interventions occidentales en Afghanistan en 2001 ou en Somalie en 2007 qui ont eu pour effet de renforcer les talibans et les shebabs que les gouvernements prétendaient anéantir, sans même parler de l'Irak où l'organisation État islamique a pris son essor après la seconde intervention américaine de 2003. La présence militaire française donne du « grain à moudre » à la propagande des groupes djihadistes qui peuvent ainsi apparaître comme des « résistants » face à une « armée d'occupation », surtout lorsque cette dernière défend des régimes autoritaires et corrompus.

La propension française à appuyer militairement des « hommes forts » au nom de la lutte contre le terrorisme, qu'illustrent par exemple le soutien militaire accordé secrètement au « maréchal » putschiste Khalifa Haftar en Libye ou le détournement des moyens de Barkhane pour bombarder en février 2019 une colonne de rebelles opposés au dictateur Idriss Déby au Tchad, est d'ailleurs assumée de manière décomplexée par Jean-Yves Le Drian, ministre de la Défense sous François Hollande (2012-2017) puis ministre des Affaires étrangères sous Emmanuel Macron. Elle constitue pourtant un très mauvais calcul. Si une dictature aux moyens expéditifs peut sembler contenir par la force des tentations djihadistes, la restriction de l'espace démocratique de la contestation ne peut qu'encourager l'utilisation de moyens plus violents, dont les djihadistes ont aujourd'hui l'apanage.

En outre, le soutien militaire français s'accompagne d'une ingérence politique renforcée, comme c'est le cas au Mali depuis l'opération Serval, qui participe du discrédit de l'État et l'empêche d'élaborer ses propres choix stratégiques. La France a ainsi longtemps mis son veto à l'ouverture de négociations avec certains groupes djihadistes, pourtant réclamée par une majorité de la classe politique et de la population maliennes.

La force Barkhane apparaît aussi comme complice des très nombreuses exactions commises par les forces africaines qu'elle soutient. Envoyées dans des régions qu'elles ne connaissent pas, les troupes maliennes et burkinabè se comportent elles-mêmes en forces d'occupation, s'en prenant indistinctement aux populations (souvent peules) soupçonnées de soutenir les djihadistes, et font davantage de victimes civiles que ces derniers, ce qui a évidemment comme effet de pousser dans les bras des djihadistes les communautés qui en sont victimes.

Pour pallier les insuffisances de ses partenaires officiels, la France s'est également appuyée sur des milices locales au nord du Mali (le Mouvement pour le Salut de l'Azawad et le Gatia, mouvements touaregs pro-Bamako, opposés aux indépendantistes) qui ont commis elles aussi leur lot d'exactions, parfois même en présence des militaires français, selon le journaliste de Mediapart Rémi Carayol, renforçant là encore l'attractivité des groupes djihadistes aux yeux de certaines populations.

Dernière ombre au tableau : les « dommages collatéraux », autrement dit les victimes civiles dont est responsable l'armée française elle-même. Si elles sont en nombre bien plus restreint que celles occasionnées lors des bombardements des Américains et de ses alliés en Afghanistan ou en Irak, ces victimes existent néanmoins, et seraient plus fréquentes depuis l'utilisation de drones armés, si l'on en croit certains témoignages rapportés par Rémi Carayol. Le bombardement de civils assistant à un mariage à Bounti au Mali début janvier 2021 en constitue un exemple particulièrement sanglant. Documenté par un rapport d'enquête de l'ONU, il continue d'être nié par les autorités françaises qui mettent ces accusations sur le compte d'une « guerre informationnelle ». Par ailleurs, cet événement semble confirmer que l'armée française pratique au Sahel, comme les Américains en Afghanistan, des « frappes signatures » qui sont interdites selon l'interprétation dominante du droit international humanitaire, précisément pour réduire le risque de victimes civiles. C'est-à-dire que le « ciblage » est fait sur la base d'un faisceau d'indices qui montrerait l'appartenance à un groupe armé, et non sur le constat d'une « participation directe aux hostilités ». Les bombardements réguliers effectués par les avions français ne font pas de distinction entre les combattants « réguliers », les guerriers de circonstance, les supplétifs pas toujours majeurs, ou ceux qui auront été recrutés de force, avec les effets que l'on peut imaginer sur leurs familles. Si l'on ajoute les pratiques quotidiennes des militaires français en patrouille, qui, en vertu des théories contre-insurrectionnelles, se livrent à des activités de nature policière (fouille des personnes, des maisons, matelas éventrés, interrogatoires, prise d'empreintes digitales et ADN, confiscation des téléphones suspects ou des motos...) ressenties comme autant de mesures vexatoires et d'humiliations, on mesure l'absurde et vaine prétention d'une armée étrangère à vouloir « conquérir les cœurs et les esprits » des populations locales.

Début juin 2021, pour faire face au coût économique (près de 1 milliard d'euros annuels) et politique (une hostilité grandissante en France et en Afrique) de l'opération Barkhane, Emmanuel Macron annonce la « transformation profonde » de la présence militaire française au Sahel.

Il s'agit, comprend-on rapidement, de réduire drastiquement les effectifs français, d'internationaliser la présence militaire pour encadrer les troupes africaines et de poursuivre les bombardements aériens qui donnent les meilleurs chiffres en termes de « neutralisation » des djihadistes. Malgré l'effet médiatique de l'annonce, celle-ci masque donc difficilement une continuité dans la logique sécuritaire à l'œuvre : rien qui soit de nature à régler le fond du problème.

Repères bibliographiques

Rémi CARAYOL, « Au Sahel, les civils payent le prix du "sursaut" militaire », Mediapart, 11 mars 2020 ; « Massacres au Sahel : le silence complice de la France », Mediapart, 5 juin 2020 ; « Barkhane, une opération dans l'impasse », Mediapart, 15 février 2021 ; « Sahel : les frappes de l'armée française dans le collimateur », Mediapart, 28 juin 2021.

COALITION CITOYENNE POUR LE SAHEL, « Sahel : ce qui doit changer. Pour une nouvelle approche centrée sur les besoins des populations », Recommandations, avril 2021.

FIDH-AMDH, « Dans le centre du Mali, les populations prises au piège du terrorisme et du contre-terrorisme », rapport d'enquête, novembre 2018.

Yves FROMION et Gwendal ROUILLARD, « Rapport d'information sur l'évolution du dispositif militaire français en Afrique et sur le suivi des opérations en cours », commission de la Défense nationale et des forces armées de l'Assemblée nationale, 9 juillet 2014.

Michel GALY (dir.), *La Guerre au Mali, Comprendre la crise au Sahel et au Sahara : enjeux et zones d'ombre*, La Découverte, Paris, 2013.

Raphaël GRANVAUD, *De l'huile sur le feu. La « guerre contre le terrorisme » de la France en Afrique*, Agone-Survie, coll. « Dossiers noirs », Marseille, à paraître.

Raphaël GRANVAUD, « Présence militaire française en Afrique : le retour aux fondamentaux ? », *in* Thomas NOIROT et Fabrice TARRIT (dir.), *Françafrique. La famille recomposée*, Syllepse, Paris, 2014.

Yvan GUICHAOUA et Mathieu PELLERIN, « Faire la paix et construire l'État. Les relations entre pouvoir central et périphéries sahéliennes au Niger et au Mali », Étude de l'IRSEM, n° 51, juillet 2017.

INTERNATIONAL CRISIS GROUP, « Force du G5 Sahel : trouver sa place dans l'embouteillage sécuritaire », Rapport Afrique, n° 258, 12 décembre 2017.

INTERNATIONAL CRISIS GROUP, « Frontière Niger-Mali : mettre l'outil militaire au service d'une approche politique », Rapport Afrique, n° 261, 12 juin 2018.

INTERNATIONAL CRISIS GROUP, « Burkina Faso : sortir de la spirale des violences », Rapport Afrique, n° 287, 24 février 2020.

Isabelle LASSERRE et Thierry OBERLÉ, *Notre guerre secrète au Mali*, Fayard, Paris, 2013.

Sereine MAUBORGNE et Nathalie SERRE, Rapport d'information n° 4089 déposé par la commission de la Défense nationale et des forces armées, en conclusion des travaux d'une mission d'information sur « l'Opération Barkhane », 14 avril 2021.
Mathieu PELLERIN, « Les violences armées au Sahara du djihadisme aux insurrections ? », Études de l'Ifri, décembre 2019.
Marc-Antoine PÉROUSE DE MONTCLOS, *Une guerre perdue. La France au Sahel*, JC Lattès, Paris, 2020.
Adam THIAM, « Centre du Mali : enjeux et dangers d'une crise négligée », Centre humanitaire pour le dialogue, Institut du Macina, mars 2017.

Chapitre 3

La diplomatie du tiroir-caisse : le grand jeu d'influence de l'aide au développement

Thomas Borrel

« Tout ça n'est pas de l'art pour l'art. C'est au service de la politique étrangère de la France. C'est au service du rayonnement de notre pays. » Placée en conclusion de la vidéo promotionnelle réalisée en 2016 pour les soixante-quinze ans de l'Agence française de développement (AFD), la formule d'Antoine Pouilleute, qui la dirigea de 1995 à 2001, peut s'appliquer à une constellation d'instruments institutionnels que la France intègre à sa politique dite « de développement ».

En février 2021, au micro de France Inter, le ministre des Affaires étrangères Jean-Yves Le Drian porte le même discours. L'aide au développement est certes un enjeu de solidarité, dit-il, mais c'est aussi « un enjeu d'influence, car il y a, sur le développement, vraiment une guerre des modèles ». En ligne de mire, la Chine qui, tout en étant officiellement un pays en développement, selon le critère officiel du PIB ramené au nombre d'habitants, a déployé un activisme dans le financement d'infrastructures africaines qui inquiète Paris. Le patron du Quai d'Orsay dénonce les « pays qui font du développement un outil de prédation », en exigeant, en retour de leur aide économique, des contrats pour leurs entreprises. « Nous ne sommes pas dans cette logique-là, ajoute-t-il presque la main sur le cœur, nous sommes dans la logique du respect des souverainetés et du partenariat avec les pays tiers. »

Fidèle à la politique qu'il mène depuis les indépendances africaines [→ V.10], Paris lie pourtant bien son « effort de solidarité » à des stratégies de promotion de ses intérêts économiques et politiques. « Nous vivons dans un monde de compétition exacerbée, explique encore le chef de la diplomatie tricolore en avril 2021 aux sénateurs français, l'influence est devenue un enjeu de puissance majeur. J'ai dit à nombreuses reprises qu'il n'y [a] plus de hargne et de *soft power*, il n'y [a] que des instruments d'influence et donc de puissance, et que le développement est devenu un enjeu d'influence. »

Face à cette concurrence qui inquiète tant Paris, la France renouvelle et renforce sa batterie d'outils d'intervention pour irriguer en profondeur le tissu économique des pays d'Afrique francophone en priorité et, de plus en plus, du reste du continent – où les marchés sont plus dynamiques.

L'AFD, « agent d'influence pour la France »

« Le très grand enjeu de l'AFD, c'est d'arriver à devenir en totalité la grande banque d'influence de la France à l'international », explique en 2016 son ancien directeur général, Jean-Michel Severino, dans cette même vidéo faite pour l'anniversaire de l'agence.

Lointaine descendante de la Caisse centrale de la France libre créée par le général de Gaulle en 1941, l'AFD est un groupe fusionnant les activités de banque internationale de développement, son activité historique, et de pilotage d'une part croissante de l'assistance technique française, qui en fait aussi la descendante non officielle du ministère de la Coopération. L'AFD continue d'ailleurs, comme au temps de la coopération, à assurer les fins de mois de certains régimes amis : l'hebdomadaire *Jeune Afrique* relève par exemple que « 40 millions d'euros ont été versés au gouvernement tchadien par l'Agence française de développement en 2018 pour payer les salaires des fonctionnaires ».

Intervenant tous azimuts, l'institution considère comme légitime de soutenir, à partir de janvier 2015, le lancement du média numérique du *Monde* dédié à l'Afrique. « Dans le plein respect de l'indépendance éditoriale de la rédaction, assure-t-elle dans son communiqué de presse, l'AFD mettra à disposition son réseau d'experts ainsi que les enseignements tirés des centaines de projets qu'elle soutient en Afrique. » Le directeur du *Monde* Gilles van Kote explique même, au moment du lancement, qu'il s'agit d'« un partenaire naturel pour ce type de projet », en parlant pourtant d'une agence publique sous la tutelle du gouvernement, comme s'il ne s'agissait que d'un acteur technique, sans dimension politique. « C'est une agence qui a une expérience du terrain, à la fois des projets [et] des politiques locales, qui est sans équivalent et sur laquelle on pourra s'appuyer », poursuit le patron du *Monde*, qui souhaite que son journal montre « des exemples de solutions qui permettent de développer, à petite échelle, au niveau local, un certain nombre d'initiatives ».

Il ne s'agit certes pas de journalisme *embedded* comme avec l'armée : les reporters qui se rendent sur les lieux où sont mis en œuvre les projets AFD gardent une liberté de mouvement. Mais en les orientant, en les approvisionnant en informations et contacts, l'agence construit son propre *soft power* et donne ainsi prioritairement à voir ce dont peuvent être fiers ses agents, plutôt que les fiascos dans lesquels elle est impliquée. Plus problématique encore, elle pousse incidemment les journalistes et leur rédaction à donner davantage écho à sa version des faits sur des dossiers où son action est sujette à caution. Et elle limite, par les effets incitatifs inconscients propres au *soft power*, la probabilité que se construise une analyse critique de l'ensemble de son impact. Un partenariat qui n'a donc rien d'anodin et n'est d'ailleurs pas reconduit après 2018.

L'AFD signe également un accord-cadre avec l'état-major des armées en 2016, pour favoriser l'efficacité et la complémentarité de leur action dans les zones où armée et « développeurs » français sont amenés à intervenir simultanément : partant du principe qu'il n'y a « pas de développement sans sécurité » [→ VI, introduction], l'institution travaille avec l'armée française, soucieuse pour sa part de « conquérir les cœurs et les esprits » [→ VI.2].

Progressivement, l'agence affirme ainsi son rôle politique, ce qui fait grincer les dents en interne mais comble son directeur, l'ancien secrétaire général adjoint du Quai d'Orsay Rémy Rioux. Interviewé par *Le Monde* en 2018, le diplomate se réjouit qu'Emmanuel Macron ait « annoncé un conseil national du développement à l'Élysée, comme il existe un conseil de défense. [...] Il s'agit de réaligner et de renforcer nos deux grands leviers d'action collective dans le monde. L'AFD est l'instrument de cette nouvelle priorité, au service du ministère des Affaires étrangères et de l'ensemble du gouvernement ». La sainte alliance du sabre et du goupillon a laissé place à celle du Rafale et du chéquier.

La même année, le président français annonce un milliard d'euros supplémentaires pour l'aide au développement, qui gonflent encore le budget de l'agence. De 2016 à 2020, l'AFD double de taille : son financement annuel passe de 7 à 14 milliards d'euros. De quoi faire dire à Rémy Rioux, en octobre 2019 devant les sénateurs, que cet « agent d'influence pour la France » a « atteint la taille critique » en la matière. Il tient en réalité compte d'une réforme en cours : l'absorption d'Expertise France, actée en 2018 et qui sera effective trois ans plus tard.

Solidarité et business, le credo d'Expertise France

Dans son rapport remis début 2019 et visant à « relancer la présence économique française en Afrique », Hervé Gaymard, ancien ministre de l'Économie sous Jacques Chirac, identifie un « maillon manquant » dans l'« action économique » de Paris en Afrique, qui doit encore « gagner en capillarité dans les années à venir ». Il s'agit de « l'expertise technique comme pivot de la création de marchés pour les entreprises françaises », un outil qui « rejoint l'histoire longue de ce qui s'est pendant longtemps appelé la politique de coopération à l'égard du continent africain ».

Le nombre de coopérants a certes chuté depuis son pic à la fin des années 1970 [→ III.6], mais l'enjeu pour la France est d'en conserver le pouvoir d'influence. La notion d'expertise technique s'inscrit en effet dans le droit fil des « assistants techniques » des années 1960, et toujours au titre d'un « transfert de compétences ». Mais désormais, les « experts » sont employés par des agences publiques ou des opérateurs privés, quel que soit le domaine (cela va de l'aménagement agricole à la refonte du Code du commerce d'un pays en passant par la réforme de ses services de police). Ils interviennent dans le cadre d'appels d'offres, souvent financés par des bailleurs internationaux – dont la France, l'Union européenne ou la Banque africaine de développement. Favoriser une certaine expertise permet notamment la diffusion de normes techniques et standard juridiques susceptibles d'offrir un avantage compétitif aux entreprises qui les maîtrisent.

L'idée n'est pas nouvelle. En 2008, le rapport du haut fonctionnaire Nicolas Tenzer pose les bases d'une stratégie plus offensive à l'issue d'une mission interministérielle. « L'expertise internationale constitue le centre de notre politique extérieure entendue au sens large et l'on ne peut la détacher de notre stratégie économique et commerciale, de notre politique d'influence et de nos choix géopolitiques », martèle-t-il.

En novembre 2012, le rapport « Pour une équipe France de l'expertise publique à l'international » du sénateur socialiste Jacques Berthou suggère de mutualiser les moyens entre opérateurs publics prodiguant une expertise technique (comme France Expertise Internationale, qui relève du Quai d'Orsay, l'Adetef[1], du ministère des Finances, le GIP International, du ministère du Travail...), qui n'ont pas la « taille critique » face à ceux des « concurrents de la France ».

En 2013, le rapport des sénateurs Jeanny Lorgeoux et Jean-Marie Bockel, intitulé « L'Afrique est notre avenir », propose de fusionner ces opérateurs publics afin que l'expertise reste un « avantage comparatif » pour un « bailleur de fonds relativement modeste comme la France ». La « diffusion » de cette expertise dans d'autres canaux de financement que la seule aide publique française représente un enjeu « d'influence » en Afrique, écrivent-ils : « Elle permet de déployer dans ce continent des normes, des habitudes et des valeurs qui peuvent nous lier aux pays africains. »

Cet opérateur unique, appelé Expertise France, est finalement créé en 2014 à l'occasion de la loi de programmation et d'orientation pour le développement, sur proposition du député Jacques Berthou.

Sébastien Mosneron-Dupin, administrateur du Sénat qui avait tenu la plume pour le rapport Lorgeoux-Bockel puis rejoint le cabinet de Laurent

1. Assistance au développement des échanges en technologies économiques et financières (créée en 1981).

Fabius au Quai d'Orsay à la veille de sa publication, en est nommé directeur général. En octobre 2016, il répond à un journaliste de France 24 qui lui demande si son agence fait de la solidarité ou plutôt du business et de l'influence : « On fait les deux, fromage et dessert. » Et il rappelle une des fonctions de l'expertise, réalisée en amont des appels d'offres : « On assure que ce soient des normes que nous connaissons, et donc on ouvre des marchés aux entreprises françaises. »

Devant les députés de la commission des Affaires étrangères, son successeur Jérémie Pellet décrit en mai 2020 Expertise France comme une « agence très africaine » en précisant qu'il s'agit à ses yeux de viser « essentiellement les pays prioritaires pour la France ». Même si la terminologie a changé pour désigner le cœur de la zone d'influence française, les 250 coopérants techniques de son agence se trouvent toujours principalement dans le pré carré traditionnel. Rien d'étonnant à cela puisque leur nomination est dictée par le ministère des Affaires étrangères.

Expertise France aiguille désormais la manne d'autres bailleurs de fonds vers le savoir-faire français, permettant une augmentation rapide du volume d'activité de l'agence. La société morbihanaise de fourniture de matériels militaires Scopex en sait quelque chose : en 2020, cette PME de 6 millions d'euros de chiffre d'affaires bénéficie du budget européen dédié à la « guerre contre le terrorisme » pour équiper la force conjointe du G5 Sahel, via un accord-cadre de plus de 2 millions d'euros sur deux ans, passé de gré à gré en dérogation du Code de la commande publique ; et d'un marché complémentaire de plus de 262 000 euros en quatre mois destiné au « renforcement des capacités sécuritaires au Burkina Faso ». Des contrats passés par Expertise France, en tant qu'opérateur pour le compte de l'Union européenne.

Début 2021, l'AFD achève d'intégrer en son sein Expertise France. La nouvelle entité constitue désormais « une machine plus puissante pour tisser des liens avec les pays africains », comme l'explique quelques mois plus tôt sur France Info son directeur-général Rémy Rioux.

Convertir la dette en marchés pour les entreprises françaises

Bien avant de dénoncer les conditions qu'impose la Chine comme bailleur, la France a fait, elle aussi, de la dette un « outil de prédation » au service de ses entreprises [→ IV.6].

Paris lance ainsi en 2001, dans le prolongement d'annulations de dette décidées par le FMI et les pays du G7, les Contrats de désendettement et de développement (C2D). Le principe est le suivant : la France choisit d'exiger auprès de certains pays le remboursement des créances bilatérales, plutôt que de les annuler, mais en s'engageant à reverser des « dons » équivalents au fur et à mesure. À chaque échéance, la France verse la somme sur un compte spécial cogéré par le gouvernement « bénéficiaire » et l'AFD. Ces montants sont alors réinjectés dans l'économie nationale mais sans que l'État en dispose librement : il s'agit de financer des projets d'investissements selon un cadre négocié en amont. Présenté comme la garantie d'une utilisation transparente et efficace des fonds, ce dispositif consacre une ingérence directe des autorités françaises dans les choix des dépenses publiques prioritaires et dans les modalités de sélection des entreprises qui mettent la main sur ces marchés.

Entre 2001 et 2020, des C2D ont été négociés et signés avec trois pays latino-américains et quinze pays africains. Sans surprise, ceux qui ont historiquement bénéficié d'importants prêts français présentent les plus gros montants convertis : le Cameroun totalise à lui seul une enveloppe de plus de 1,47 milliard d'euros. La palme revient à la Côte d'Ivoire, avec un C2D de près de 2,9 milliards d'euros, signé en grande pompe dans les mois suivant l'arrivée au pouvoir d'Alassane Ouattara grâce à l'armée française [→ V.5]. Viennent ensuite le Congo (331 millions d'euros), la République démocratique du Congo (171 millions) et la Guinée (166 millions).

L'opération est tout bénéfice pour la France qui comptabilise ainsi la promesse d'annulation de dette dans son aide publique au développement (APD), puis finance des projets qui lui permettent « de communiquer et "afficher" l'engagement français, ce que n'aurait pas permis une annulation sèche de dette », comme l'explique en 2016 un rapport réalisé par le cabinet d'audit PricewaterhouseCoopers (PwC) à la demande des autorités françaises.

Ce dispositif aide aussi Paris à maintenir sa place dans le grand jeu d'influence que constitue le marché de l'APD. PwC explique ainsi que, en Côte d'Ivoire, « le C2D, et ses volumes financiers sans commune mesure avec les contributions des autres bailleurs, place la France en position de chef de file » des partenaires du gouvernement. En 2017, les députés Philippe Cochet et Seybah Dagoma soulignent dans un rapport sur ce pays que « ces projets bénéficient évidemment aux entreprises françaises qui disposent d'un positionnement *ad hoc* dans de nombreux secteurs » : bâtiment et travaux publics (BTP), logistique portuaire et ferroviaire, agro-industrie, adduction d'eau, etc. Les entreprises tricolores forment en effet, historiquement, un maillage opportun pour remporter des marchés préparés main dans la main avec l'ambassade de France. Car les instances de pilotage d'un C2D mêlent des représentants des deux États, de l'AFD, de la société civile française et de celle du pays concerné. Mais, à Abidjan, siègent en plus deux représentants du patronat ivoirien et un représentant des entreprises françaises présentes dans le pays, ce qui donne une idée des orientations poursuivies. Évoquant pudiquement « une influence française forte », l'audit de PwC relève d'ailleurs une importante « prise en compte des intérêts français, tant en termes de secteurs retenus qu'en termes d'attribution des marchés ».

Sous couvert de lutte contre la corruption, l'AFD dispose également d'un droit de veto sur le choix des attributaires des marchés financés par les C2D : elle doit en effet rendre un avis de non-objection (ANO) pour que les fonds promis soient bien décaissés pour un projet. Au Cameroun, l'appel d'offres remporté par un groupe chinois pour la construction d'un pont à Douala est ainsi déclaré infructueux en janvier 2013 après que l'AFD a refusé de délivrer son précieux ANO, arguant de doutes sur la régularité du processus de sélection. Une procédure de gré à gré est alors lancée et un consortium emmené par le groupe Vinci est cette fois retenu avec un projet coûtant 182 millions d'euros, contre 99 millions pour l'offre chinoise retoquée par l'AFD. Pour régler la note, 132 millions sont financés par l'AFD dont 30 au titre du C2D, le reste étant à la charge de l'État camerounais. Dans la foulée, l'agence française annonce en 2015 qu'elle octroie au Cameroun un prêt APD de 45 millions d'euros pour financer des aménagements complémentaires, non prévus dans le projet initial. Une dette que les Camerounais devront rembourser… et que Paris pourrait à nouveau convertir en influence française d'ici quelques années.

Coface, Bpifrance, Fasep, prêts du Trésor… la boîte à outils de l'export français

Il existe d'autres outils dont l'orientation pro-business est plus assumée. Héritière de la Société française d'assurance pour favoriser le crédit (SFAFC) née dans l'entre-deux-guerres, la Compagnie française d'assurance pour le commerce extérieur (Coface) est créée en juin 1946 pour faciliter le développement à l'export des entreprises françaises, en assurant la prise en charge par l'État du risque non couvert par les assureurs privés, notamment les risques politiques et monétaires. Le capital de la Coface, société privée par ses statuts, est contrôlé par des acteurs publics de la finance et de l'assurance, jusqu'à ce que le désengagement progressif de l'État au sein de ces entreprises mène, en 1994, à sa privatisation de fait. Mais elle continue à gérer pour le compte de l'État français cette garantie publique, connue comme l'un des moyens de subventionner indirectement à la fois l'entreprise qui récupère un marché et le gouvernement qui n'honore pas sa dette envers elle. En 2017, l'activité est transférée à Bpifrance, la Banque publique d'investissement, un nouvel outil au service de l'export français.

Bpifrance est née en 2012, sous François Hollande, du regroupement de plusieurs entités spécialisées dans le financement du développement des entreprises françaises, telles que le Fonds stratégique d'investissement (un fonds souverain créé par Nicolas Sarkozy) et CDC Entreprises, filiale de la Caisse des dépôts et consignations. Après la reprise de la garantie à l'export en 2017, son directeur, Nicolas Dufourcq, se vante dans un communiqué d'offrir « un vrai continuum de financement aux entreprises qui ont la volonté de s'internationaliser » et n'hésite pas à nouer avec de grandes banques comme la Société générale des partenariats dédiés au développement des entreprises françaises en Afrique.

De fait, la batterie d'instruments de financement ne cesse de se compléter, formant un magma d'opportunités financières dans lequel les entrepreneurs français se laissent désormais guider par les équipes de Business France, établissement public lui aussi créé sous François Hollande pour promouvoir l'investissement international.

La direction générale du Trésor, administration reine de Bercy, présente sur des plaquettes à destination des entreprises françaises les « financements directs à l'export » qui peuvent leur ouvrir des opportunités. Celle présentant le Fonds d'études et d'aide au secteur privé (Fasep) annonce la couleur : « Faire émerger un projet de développement à forte valeur ajoutée française. » Ce dispositif permet de financer, sous forme d'APD, des études de faisabilité réalisées par des consultants français, afin d'orienter les gouvernements des pays en développement et les bailleurs de fonds vers des entreprises tricolores. En 2018, 22 millions d'euros ont ainsi été octroyés pour une vingtaine de projets. La moitié sont déployés dans des pays d'Afrique subsaharienne : avec plus d'un million d'euros par étude en moyenne, il y a de quoi ouvrir des marchés.

Pour compléter le dispositif en finançant ensuite la phase de réalisation à proprement parler du projet, la direction générale du Trésor promeut ses « prêts à des États étrangers en vue de faciliter la vente de biens et services concourant au développement du commerce extérieur de la France ». L'objectif assumé est de « [soutenir] l'emploi en France ». Historiquement, il s'agit de financer des projets de développement considérés comme non rentables, par des prêts APD, mais il faut obligatoirement que les marchés reviennent à des entreprises françaises. C'est par exemple avec cet autre instrument que la France prête 45 millions d'euros au Mali en 2018 pour financer le déploiement national de la télévision numérique terrestre (TNT). Dans son communiqué, la direction générale du Trésor précise que « ce prêt permet de soutenir plus particulièrement deux entreprises installées en France et confrontées à une très forte concurrence en Afrique, en particulier chinoise », Thomson Broadcast et Camusat International. Un prêt qui devra toutefois être remboursé par les Maliens.

Ce dispositif du Trésor français a été élargi sous François Hollande à des prêts classiques (au taux du marché), non comptabilisés en APD. Cela peut permettre, sur un même projet, de mixer deux prêts, un relevant de l'APD et un plus gros en volume mais sans caractéristiques avantageuses : le financement global ainsi obtenu présente des conditions séduisantes pour *in fine* remporter un marché.

De l'argent public pour rentabiliser des investissements privés

« La France va revenir dans le jeu, explique Jean-Yves Le Drian sur France Inter en février 2021. Jusqu'à présent, nous avions un peu disparu de l'ensemble de l'aide au développement [...] parce qu'on saupoudrait. [...] Le fait d'être limités financièrement, peut-être même limités dans la volonté, ne nous permettait pas d'avoir une action cohérente. » Derrière cette forte ambition, l'idée, qui n'est pas spécifique à la France, est que l'argent public ne doit plus être utilisé pour couvrir la totalité de projets de développement mais doit plutôt servir à sécuriser et donc rentabiliser des investissements privés.

À l'ouverture du « sommet de financement des économies africaines » que la France organise à Paris en mai 2021, Emmanuel Macron dit vouloir « lancer une alliance inédite en la matière ». Le *blending*, ou assemblage de financements publics et privés, n'est certes pas une idée nouvelle mais il tend désormais à s'imposer comme la norme.

Dès 1977, une filiale de l'ancêtre de l'AFD est créée pour soutenir spécifiquement le secteur privé dans la zone franc : la Proparco, pour Promotion et participation pour la coopération économique. Devenue en 1990 une société financière de droit privé, elle élargit sa zone d'intervention, commence à prendre des participations en fonds propres et à accorder des prêts, en même temps que son capital s'ouvre à des investisseurs institutionnels et est multiplié par quarante en seulement dix ans. Des grands groupes comme Bolloré, Bouygues, BNP Paribas, la Société générale, BPCE, Veolia, Somdiaa (Vilgrain/Castel) en deviennent progressivement actionnaires.

La société, toujours contrôlée majoritairement par l'AFD, promeut les intérêts français. C'est le cas au Cameroun, où Proparco négocie le financement du barrage hydroélectrique de Nachtigal pour le compte de l'AFD, mais aussi pour les banques de développement allemande et néerlandaise qui cofinancent le projet aux côtés de la Banque africaine de développement. La construction de l'aménagement hydroélectrique, d'un montant de près de 400 millions d'euros, est confiée à un consortium d'entreprises mené par NGE, groupe français de travaux publics, avec les entreprises belge BESIX Group et marocaine SGTM. Surtout, le groupe public EDF obtient la concession de production d'électricité de l'équipement hydroélectrique de Nachtigal pour trente-cinq ans, dans le plus grand partenariat public-privé (PPP) conclu en Afrique dans le domaine de l'énergie : le barrage doit fournir 30 % de l'électricité du pays à partir de 2023. L'accord entre toutes les parties est signé en France le 8 novembre 2018 – soit deux jours après la prestation de serment de Paul Biya, officiellement « réélu » quelques jours plus tôt, après trente-six ans au pouvoir.

Fin 2017, à Ouagadougou, Emmanuel Macron annonce lors de son discours à la communauté française du Burkina Faso l'attribution « d'un milliard d'euros pour les PME en Afrique », avec l'objectif de multiplier « par dix » ce montant en attirant d'autres investisseurs. *Jeune Afrique* explique peu après que la somme sera en réalité partagée pour un quart entre quatre nouveaux fonds d'investissement, qui prennent des parts dans d'autres fonds ou dans des entreprises, et pour les trois quarts à la Proparco, qui investit tous azimuts, y compris dans des véhicules financiers gérés depuis des paradis fiscaux notoires [→ p. 862].

Entre-temps, Paris s'est doté d'un nouvel outil. Désireux de faire davantage « rayonner » la France en augmentant la capacité financière de l'AFD, François Hollande décide en 2015 d'adosser le groupe AFD à la Caisse des dépôts et consignations (CDC). Le projet achoppe début 2016, comme le raconte alors Mediapart, puisque la CDC, contrairement à l'AFD, n'est pas sous tutelle du gouvernement (elle dépend directement du Parlement).

À l'époque, le fiasco du rapprochement de l'AFD et de la CDC semble accoucher d'une souris : une simple « charte d'alliance » signée fin 2016. La CDC et l'AFD conviennent pourtant de créer une filiale commune dédiée à la participation en fonds propres (*equity*, en anglais) : STOA voit donc le jour fin 2017. « C'est l'instrument *equity* qui manquait au système de financement international public français (AFD, Proparco, Bpifrance, Trésor) pour accompagner les entreprises françaises sur les grands projets d'infrastructures dans les pays émergents et en développement », explique son directeur, Charles-Henri Malécot, dans le webzine de l'École nationale de la statistique et de l'administration économique, dont il est issu.

Dans le magazine spécialisé *Classe Export*, il explique l'intérêt de la puissance de feu de STOA pour investir dans une infrastructure aussi coûteuse, par exemple, qu'un barrage : « Un projet de ce type se finance à 20 % en *equity* et à 80 % en dette, l'effet de levier de notre investissement est donc très important, ce qui nous permet de financer de gros projets, les plus petits étant gérés prioritairement par Proparco. » L'argent public français permet de rentabiliser un investissement en couvrant une partie du financement : c'est ce que STOA a fait avec ce barrage au Cameroun pour débloquer la situation, les autres bailleurs multilatéraux rechignant à s'aventurer davantage. Et là encore, le fait que les groupes hexagonaux encaissent le jackpot semble tout naturel au directeur de cette filiale de l'AFD et de la CDC, qui revendique un « tropisme français ». Après tout, note-t-il, « 80 % des financements de l'AFD bénéficient directement ou indirectement à des entreprises françaises ». Le développement comme outil de prédation, dirait-on, s'il s'agissait de la Chine.

Repères bibliographiques

Jacques Berthoux, « Pour une équipe France de l'expertise publique à l'international », rapport d'information de la commission des Affaires étrangères, de la Défense nationale et des forces armées du Sénat, novembre 2012.

Eurodad et Oxfam International, « Blended Finance : What It Is, How It Works and How It Is Used », février 2017.

Hervé Gaymard, « Relancer la présence économique française en Afrique : l'urgence d'une ambition collective à long terme », rapport au ministre de l'Europe et des Affaires étrangères et au ministre de l'Économie et des Finances, avril 2019.

Jeanny Lorgeoux et Jean-Marie Bockel, « L'Afrique est notre avenir », rapport d'information de la commission des Affaires étrangères, de la Défense nationale et des forces armées du Sénat, octobre 2013.

François Paquement, *Histoire de la coopération technique. Une généalogie d'Expertise France*, Karthala, coll. « Terrains du siècle », Paris, 2021.

Aide publique au développement offshore

Le 11 juin 2014, des cadres de la Proparco parcourent avec inquiétude les pages du *Canard enchaîné* : cette filiale du groupe AFD dédiés au secteur privé [→ VI.3] se retrouve épinglée par le journal satirique sur l'utilisation de certains de ses investissements. Un copieux article explique que cet « organisme financier public inonde d'argent des sociétés offshore » : « Île Maurice : 220 millions d'euros. Îles Caïmans : 84 millions. Luxembourg : 55 millions. Chypre : 11 millions… Ces dix dernières années, plus de 400 millions d'euros destinés aux pays en développement ont été injectés dans plus de 70 sociétés offshore par Proparco. »

L'article, intitulé « L'aide au développement des paradis fiscaux », ajoute que les destinataires finaux de ces capitaux ne sont pas tous connus, puisque la Proparco prend des participations dans des fonds d'investissement domiciliés dans des places de la finance offshore, qui investissent à leur tour dans des entreprises... même quand le lien avec le « développement » ne semble pas évident à première vue. C'est par exemple le cas, cité par le journal d'une clinique de chirurgie esthétique en Tunisie. Au nom d'un principe fiscal visant à éviter de taxer deux fois un même profit, le pays destinataire de l'investissement (la Tunisie, dans cet exemple) doit renoncer à taxer les bénéfices de la clinique au prétexte qu'ils sont officiellement taxés (à un taux très faible ou nul) dans l'un des territoires offshore où est enregistré son actionnaire. L'AFD, en détenant une part de l'investissement, se retrouve ainsi soupçonnée de s'associer avec des investisseurs qui siphonnent les recettes fiscales du pays dans lequel a lieu le « projet de développement » qu'elle soutient par l'intermédiaire de tels fonds.

Une confiance aveugle dans le secret bancaire

Mis en lumière par l'hebdomadaire satirique français, le problème de l'immersion des organismes de « développement » dans les entrelacs de la finance offshore est pointé du doigt depuis plusieurs mois déjà par des associations. En janvier 2013, le journal mensuel édité par Survie, *Billets d'Afrique*, montre ainsi que l'AFD et la Proparco font partie des institutions financières de développement qui ont investi dans l'African Agriculture Fund (AAF), mêlant capitaux publics et privés pour officiellement améliorer l'accès à l'alimentation. L'objectif est vertueux mais c'est Phatisa, un gestionnaire de fonds enregistré à l'île Maurice, petit paradis de la finance offshore pour les investissements en Afrique, qui en assure le portage. L'AAF a ainsi investi en Sierra Leone, à travers une prise de participation de 10 millions de dollars dans la firme Goldtree, elle aussi basée à l'île Maurice, et dans Feronia Inc., entreprise cotée à Toronto qui a racheté à la firme américaine Unilever les parcelles de Plantations et huileries du Congo en République démocratique du Congo. Goldtree et Feronia font pourtant partie des investisseurs épinglés par les ONG dans l'accaparement de terres pour la culture du palmier à huile.

Quelques jours après la publication de l'article du *Canard*, la Proparco et sa maison mère AFD reçoivent des représentants des associations et des syndicats réunis au sein de la « plateforme Paradis fiscaux et judiciaires », qui fédère les organisations de la société civile française mobilisées sur ce sujet. La plateforme mène un combat pour la transparence sur les filiales et prises de participation des entreprises françaises à l'étranger. L'objectif est *a minima* de tracer les flux financiers, dans la perspective future d'interdire les montages problématiques et de taxer ceux qui resteraient autorisés : bref, d'encadrer strictement la finance.

Attendre qu'un groupe public comme l'AFD soutienne une telle initiative de transparence en exigeant son application aux fonds d'investissement dans lesquels il investit semble une évidence : ça ne l'est pourtant pas pour sa direction qui, lors de sa rencontre avec la plateforme, justifie le maintien du secret sur la finalité de ses investissements. Si elle impose un principe de transparence, les autres investisseurs refuseront de s'associer à ses capitaux, explique-t-elle, et l'intervention publique perdra son « effet levier » visant à favoriser l'investissement privé. L'échange tourne au dialogue de sourds. « Il faut nous faire confiance. On connaît notre métier », conclut un cadre de la Proparco.

De l'île Maurice aux îles Caïmans : un investissement jugé « efficace »

Trois ans plus tard, l'hebdomadaire *Jeune Afrique* demande à Grégory Clemente, directeur de la Proparco, si celle-ci investit toujours dans des fonds domiciliés dans des paradis fiscaux : « Notre politique financière en matière de juridictions non coopératives est parmi les plus restrictives, et plus resserrée que celle d'autres bailleurs de fonds », rassure le financier. La preuve, ajoute-t-il : la Proparco respecte « l'ensemble des listes » de territoires épinglés par l'OCDE et la France.

Un argumentaire connu, depuis quelques années : en pleine crise financière, en 2009, les pays du G20 décident d'établir des listes de « territoires non coopératifs », qui refusent de transmettre des informations fiscales aux autres pays. Grâce à ce tour de passe-passe, des paradis fiscaux très importants en termes de volume financier échappent à la mise à l'index. Ils signent des accords sur l'échange de données fiscales – même si un tel système à la demande ne permet pas de repérer systématiquement les fraudes, toujours massives, et ne gêne nullement les montages légaux. L'« optimisation fiscale », autrement dit l'évasion fiscale, reste responsable d'un manque à gagner considérable pour les budgets publics des pays dits « en développement », les multinationales décidant par exemple d'enregistrer leurs bénéfices ou de transférer des dividendes dans des territoires où ils ne sont pas imposés.

D'après son rapport financier 2019, les pays dans lesquels la Proparco détient des participations n'appartiennent pas à la « liste noire » établie par les autorités françaises (excepté une société au Panama dédiée à l'exploitation de barrages hydroélectriques dans le pays). Elle ne semble pas branchée sur la finance offshore.

Mais, en 2020, une petite tempête secoue le monde financier africain : l'île Maurice, centre financier apprécié des agences de développement pour héberger des fonds d'investissement à destination du continent, se retrouve soudainement sur la liste noire de l'Union européenne (UE) concernant le blanchiment d'argent sale. Assez rapidement, une argutie juridique est trouvée, comme l'explique la lettre *Africa Intelligence* : « Les agences publiques des différents États membres fonctionnent avec leurs fonds propres » et non avec des fonds européens, les seuls réellement soumis au respect de cette liste. La filiale de l'AFD peut donc continuer à y investir. Contactée, la Proparco explique cependant que cette décision lui impose « des diligences extrêmement poussées sur le montage financier » et sur son actionnariat au sein de fonds enregistrés à Maurice. Mais elle précise qu'investir dans de telles places financières « répond à un souci d'efficacité des interventions au bénéfice des pays en développement ». En effet, ajoute son service de communication, « ces places disposent d'un cadre politique, réglementaire, juridique stable plus favorable à l'investissement qui n'existe que peu ou pas dans certains pays d'intervention du groupe AFD ». Cette « stabilité » dans l'évitement de l'impôt, c'est bien ce que recherchent les partenaires privés de Proparco.

De leur côté, les îles Caïmans, qui ont figuré quelques mois sur la liste noire de l'UE sur la transparence fiscale, en ressortent très vite, moyennant quelques réformes fiscales de surface. La Proparco n'a donc pas à se justifier d'y maintenir une partie de son portefeuille. Elle y détient en effet, selon son rapport financier 2019, 11,6 % du fonds Navegar II LP : celui-ci, dédié à des investissements aux Philippines, utilise pourtant bien cette dépendance britannique des Caraïbes pour l'« efficacité » de ses caractéristiques fiscales, et non pour le sable fin de ses plages.

Cascade de holdings luxembourgeoises

Dédiée à des investissements plus importants, STOA, la nouvelle filiale commune de l'AFD et de la Caisse des dépôts et consignations, n'est pas en reste. Son directeur, Charles-Henri Malécot, explique en 2019 dans le magazine du commerce international *Classe Export* que « STOA vient également d'entrer dans le capital d'Etix, société européenne qui veut déployer des data centers en Afrique ». Un an plus tard, dans une autre interview, il en parle comme d'une société « implantée en France ». S'il est exact qu'Etix possède des filiales dans l'Hexagone et que ses dirigeants sont français, il s'agit en réalité d'une start-up « créée en janvier 2012 à Luxembourg pour se débarrasser des lourdeurs administratives françaises », comme l'explique en 2015 le journal *Luxemburger Wort* en s'émerveillant de sa « croissance folle ». Afin de gérer ses investissements à travers le monde, la start-up est devenue un mini-empire constitué d'une cascade de holdings luxembourgeoises.

La direction de STOA ne peut pas l'ignorer : sa directrice générale déléguée, Marie-Laure Mazaud, est administratrice d'Etix, de même que sa directrice des investissements, Hayat Ouchenir, qui a intégré STOA après deux ans et demi à la Caisse des dépôts et consignations.

Après l'article du *Canard enchaîné* en 2014, la plateforme Paradis fiscaux et judiciaires appelait à revoir les règles régissant les investissements de l'AFD afin « qu'ils ne viennent pas renforcer et légitimer l'usage des paradis fiscaux ». Peine perdue. Depuis, on ne compte plus les rapports officiels rappelant que l'évasion fiscale coûte chaque année à l'Afrique plus cher en pertes de ressources fiscales que tout ce qui est comptabilisé – souvent abusivement – comme aide publique au développement [→ V.10].

Thomas Borrel

Chapitre 4

Sarkozy-Kadhafi : tapis rouge et tapis de bombes

Fabrice Arfi

D'abord, il y a l'argent : celui d'une corruption internationale que soupçonnent plusieurs juges d'instruction, procureurs financiers et policiers spécialisés.

Et puis, il y a le sang : celui d'une guerre qui, en chassant un dictateur autrefois ami de la France, a ravagé un pays, fracturé son peuple et déstabilisé toute une région, jusqu'au Sahel voisin [→ VI.2].

Entre les deux, quatre années seulement : 2007-2011. En cela, l'affaire Sarkozy-Kadhafi, parfois aussi appelée l'« affaire des financements libyens », réunit tous les ingrédients qui composent régulièrement le cocktail explosif de l'histoire françafricaine. L'affaire libyenne vaut à un ancien président français et à plusieurs de ses ministres d'être formellement mis en cause par la justice pour avoir profité directement ou indirectement des largesses du régime de Mouammar Kadhafi.

Ce qu'un ambassadeur américain en poste à Paris a, un jour, nommé dans un câble diplomatique la « lune de miel » entre Sarkozy et Kadhafi débute au printemps 2005. Nicolas Sarkozy est alors ministre de l'Intérieur et ses prétentions élyséennes sont de notoriété publique.

Un homme d'affaires, pudiquement appelé « intermédiaire » [→ VI.5], s'active en coulisse pour ouvrir les portes de la Libye au cabinet Sarkozy. Il s'agit de Ziad Takieddine, une bonne connaissance de la droite depuis le dossier des ventes d'armes de l'État français avec le Pakistan et l'Arabie saoudite en 1994 – l'affaire dite « Karachi ». Déjà une affaire de financement occulte d'un clan politique (celui de l'ancien Premier ministre Édouard Balladur) avec l'argent de pays étrangers.

Une pluie d'argent liquide

Situé entre l'Algérie et l'Égypte, et doté de frontières subsahariennes avec le Niger, le Tchad et le Soudan, la Libye est un pays riche de son pétrole et dirigé d'une main de fer depuis 1969 par un tonitruant colonel et très fin politique, Mouammar Kadhafi, qui se rêve comme le « roi des rois d'Afrique ». Fils de berger et porte-voix autoproclamé des opprimés, Kadhafi n'hésite pas à financer toutes sortes de rébellions en Afrique, mais aussi des actions terroristes menées contre l'Occident. La France en paie un lourd tribut en 1989 avec l'attentat à la bombe commis, en plein ciel, au-dessus du désert du Ténéré (Niger), contre un avion de ligne DC-10 de la compagnie aérienne UTA (170 morts).

Depuis 2013, des juges français suspectent Nicolas Sarkozy et plusieurs membres de son premier cercle d'avoir profité d'un début de normalisation de Kadhafi sur la scène internationale, entamé en 2004, pour se financer – politiquement et/ou personnellement – de manière occulte. Et, en contrepartie, d'avoir utilisé les leviers de l'État français pour favoriser les intérêts du régime de Tripoli, contre toute rationalité étatique. Cela figure en toutes lettres dans les termes des mises en examen pour « corruption », « association de malfaiteurs », « recel de détournements de fonds publics » et « financement illicite de campagne électorale », signifiées à Nicolas Sarkozy, entre mars 2018 et octobre 2020, par plusieurs juges d'instruction parisiens. L'ex-chef de l'État français, qui est présumé innocent et se défend de toute malversation, est ainsi soupçonné d'« avoir à Paris et sur le territoire national, entre 2005 et 2011 [...], étant dépositaire de l'autorité publique et chargé d'un mandat électif public, sollicité ou agréé, sans droit, à tout moment, directement ou indirectement, des offres, des promesses, des dons, des présents ou des avantages quelconques pour lui-même ou pour autrui, en l'espèce des fonds publics libyens destinés notamment à financer sa campagne électorale en vue des élections à la présidence de la République française des 22 avril et 6 mai 2007, pour accomplir un acte facilité par sa fonction, sa mission ou son mandat », en l'espèce pour favoriser les intérêts de l'État et du régime libyens. Les juges précisent encore que les contreparties de l'équipe Sarkozy à la dictature ont été de trois ordres : « diplomatiques » (rendre fréquentable la dictature aux yeux du monde), « juridiques » (arranger la situation pénale d'un dignitaire libyen condamné en France pour terrorisme) et « économiques » (vendre des armes et de la technologie nucléaire, exploiter du pétrole).

L'affaire des financements libyens a ceci de peu commun que, à force de témoignages et de documents recueillis par les enquêteurs elle décrit un système de corruption présumé qui a été organisé, en Libye, par des dignitaires sous l'autorité de Kadhafi et a atteint, en France, plusieurs responsables travaillant pour Nicolas Sarkozy.

L'architecture du scandale peut se décomposer en deux filières distinctes. Une première, incarnée entre 2005 et 2008 par l'intermédiaire Ziad Takieddine. Ce dernier reconnaît en 2016 sur procès-verbal avoir lui-même convoyé, en 2006 et 2007, au moins 5 millions d'euros de cash, confiés depuis Tripoli par le chef des services secrets militaires, Abdallah Senoussi, qui est aussi le beau-frère de Kadhafi. Les aveux de Takieddine, qui s'est partiellement rétracté (sur BFM et dans *Paris Match*) en novembre 2020 alors qu'il est ruiné et en fuite à Beyrouth après sa condamnation dans l'affaire Karachi et que des intermédiaires proches des réseaux sarkozystes lui font miroiter des promesses financières, sont depuis confortés par plusieurs éléments versés à la procédure judiciaire. Interrogé à Beyrouth le 14 janvier 2021 par les juges, qui n'excluent pas que sa « rétractation » partielle ait été le fruit d'une manipulation, Takieddine explique que ses propos ont été « déformés » dans la presse et fait état d'un climat de menaces contre lui, pointant notamment du doigt l'entourage d'un autre intermédiaire, Alexandre Djouhri, qui chercherait à l'« intimider » ou à « en finir d'une manière ou d'une autre avec [sa] personne », « si nécessaire [chez lui] dans [sa] baignoire avec de l'acide, et l'affaire sera réglée ». Ambiance.

Dans le même temps, l'enquête judiciaire met en lumière que la campagne présidentielle de Nicolas Sarkozy a profité en 2007 pour son financement d'importantes sommes en liquide, jamais déclarées aux autorités de contrôle, et que Claude Guéant, qui fut le directeur de ladite campagne, a, à titre personnel, profité pour des dépenses de la vie courante de centaines de milliers d'euros en liquide d'origine inconnue.

Également très embarrassant, l'enquête judiciaire établit, transferts bancaires à l'appui, que le même Takieddine a versé, en février 2006, l'équivalent de près d'un demi-million d'euros libyen directement sortis des caisses du régime Kadhafi sur un compte secret aux Bahamas d'un homme de l'ombre et ancien collaborateur de Nicolas Sarkozy, Thierry Gaubert. Près de 300 000 euros ont ensuite été retirés en cash en France par le même Gaubert, avant et après la présidentielle. Thierry Gaubert est mis en examen, début 2020, pour « association de malfaiteurs » en vue de commettre un délit puni de dix ans de prison, en l'occurrence la corruption et le détournement de fonds publics.

Après la découverte des faits, Nicolas Sarkozy et Thierry Gaubert font savoir par voie de presse, dans *Le Journal du dimanche,* qu'ils n'ont « plus aucun contact » depuis 1996. En perquisition, les policiers anticorruption français découvrent des documents (lettres, invitations, etc.) qui prouvent qu'il n'en est rien et que les deux hommes n'ont jamais vraiment cessé de se fréquenter. D'autres éléments matériels, dont des mails issus d'une autre procédure judiciaire, viennent également le confirmer. Pourquoi, dès lors, un tel mensonge ?

Les coulisses du *deal* franco-libyen

La seconde filière, particulièrement active à partir de 2008, est incarnée par un autre intermédiaire, Alexandre Djouhri, qui a petit à petit remplacé son pire ennemi Takieddine dans le cœur de la Sarkozie.

L'enquête judiciaire suspecte notamment Djouhri d'avoir mis sur pied avec le directeur de cabinet de Kadhafi, Béchir Saleh, un complexe montage financier afin de verser, en 2008, la somme de 500 000 euros au secrétaire général de l'Élysée sous Nicolas Sarkozy, le préfet Claude Guéant, afin que celui-ci s'achète un petit appartement derrière les Champs-Élysées.

Une question se pose : quelles auraient donc été les contreparties à tout cet argent noir ? En somme, quel était l'intérêt de la Libye dans tout cela ? Il y a au moins cinq réponses à cette interrogation.

Primo : la vente à partir de 2006 d'un système d'espionnage numérique français, via la société Amesys, proche du cabinet Sarkozy, à la dictature libyenne. Ce marché a permis à la Libye de surveiller les opposants au régime sur Internet et les réseaux sociaux. Et des découvertes judiciaires montrent qu'en novembre 2010, c'est-à-dire sous la présidence de Nicolas Sarkozy, le ministère de la Défense français avait autorisé la vente de matériel d'interception téléphonique aux services de renseignement militaire libyens de Kadhafi.

Secundo : la tentative de blanchiment judiciaire d'Abdallah Senoussi, condamné en 1999 par la justice française comme le principal commanditaire de l'attentat contre le DC-10 d'UTA. Bien que visé depuis cette condamnation par un mandat d'arrêt international, Senoussi a secrètement rencontré, en 2005 à Tripoli, les deux plus proches collaborateurs de Nicolas Sarkozy, Claude Guéant (son directeur de cabinet) et Brice Hortefeux (son ministre délégué), en la seule compagnie de l'intermédiaire Ziad Takieddine. Les deux responsables sarkozystes avaient caché aux autorités diplomatiques françaises leur entrevue avec un criminel condamné par contumace par… la France. Confronté aux preuves accumulées par l'enquête, Nicolas Sarkozy a été contraint de lâcher sur procès-verbal ses deux plus fidèles lieutenants, Hortefeux et Guéant, dénonçant des « fautes » de leur part en Libye… C'est d'autant plus embarrassant que le virement libyen en faveur de Thierry Gaubert est opéré quelques jours après le tête-à-tête secret de Brice Hortefeux avec Abdallah Senoussi.

Par ailleurs, des documents récupérés par la justice française, et authentifiés depuis, laissent apparaître que l'avocat personnel de Nicolas Sarkozy, maître Thierry Herzog, s'est rendu fin 2005 à Tripoli pour y rencontrer l'équipe de défense pénale de Senoussi. Le but ? Trouver un moyen de rendre inopérant le mandat d'arrêt international qui visait Senoussi. Pendant plusieurs années, des diligences ont eu lieu en France à cette fin et la trace d'une réunion sur le sujet, en mai 2009 à l'Élysée, a même été retrouvée par la police.

Tertio : la magistrale visite d'État offerte à Paris par Nicolas Sarkozy en décembre 2007 à Mouammar Kadhafi. Une immense victoire pour Kadhafi, qui se voit ainsi légitimé aux yeux du monde entier par le pays de la Déclaration des droits de l'homme. Rien n'est refusé au tyran pendant ses six jours de visite, ni la tente bédouine plantée dans les jardins de la République ni la visite privée du château de Versailles.

Nicolas Sarkozy, qui parle désormais de Kadhafi comme d'un « dictateur infâme » pour tenter d'éloigner le soupçon d'un financement illégal, balayait d'un revers de la main les arguments de ceux qui s'indignaient à l'époque des égards de la France pour l'homme fort de Tripoli. Au lendemain de l'arrivée de Kadhafi en France, le 8 décembre 2007, Nicolas Sarkozy déclarait à son sujet : « Il a sa personnalité, son tempérament. Ce n'est pas moi qui vais les juger. » Une semaine plus tard, à la fin de la visite tant controversée, le chef de l'État n'en démordait pas et moquait ses adversaires : « C'est bien beau les leçons de droits de l'homme et les postures », disait-il.

Quarto : des armes pour le régime libyen. Sous la présidence de Nicolas Sarkozy, pour bon nombre d'industriels français, la Libye de Kadhafi n'était pas une dictature, mais un client potentiel. En perquisitionnant au siège d'EADS, les enquêteurs ont notamment mis la main sur des documents confirmant la vente en 2007 par la filiale MBDA de missiles Milan antichars pour un montant total de 168 millions d'euros. Le matériel a été livré à la Libye entre 2008 et 2010, selon diverses sources.

Et enfin, *quinto* : le nucléaire. C'était une obsession de l'Élysée : vendre du nucléaire à Kadhafi. En 2012, Nicolas Sarkozy l'a démenti, mais plusieurs documents ont prouvé le contraire. Dès la première conversation téléphonique officielle entre Sarkozy élu président et Kadhafi, le 28 mai 2007, le chef de l'État français déclarait ainsi au Guide libyen : « Je souhaite donner une nouvelle dimension à nos relations bilatérales, par exemple par rapport à l'énergie nucléaire, et, si vous acceptez, je suis prêt à envoyer une mission d'exploration pour étudier ce sujet... » Deux mois plus tard, en juillet, la France et la Libye signaient un mémorandum de coopération nucléaire, dont l'article 3 visait à la réalisation « de projets de production d'énergie nucléaire et de dessalement de l'eau ainsi que d'autres projets de développement liés à l'utilisation pacifique de l'énergie atomique ».

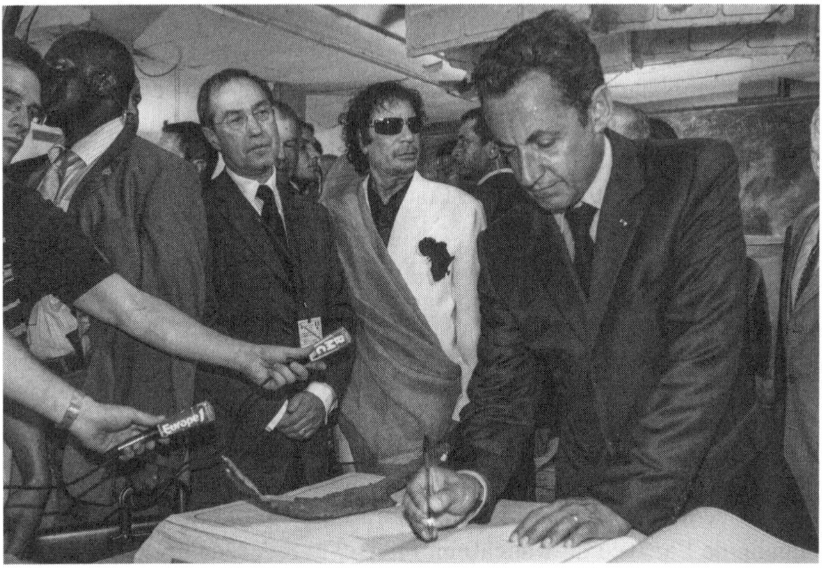

Le secrétaire général de l'Élysée Claude Guéant, le Guide libyen Mouammar Kadhafi et le président français Nicolas Sarkozy, à Tripoli le 25 juillet 2007. © *Pascal Rossignol*

Un « lourd secret »

En 2012, l'ancienne patronne du géant nucléaire français Areva, Anne Lauvergeon, écrit dans un livre, *La Femme qui résiste*, que cette décision de l'Élysée de vendre du nucléaire à la dictature libyenne s'est faite contre les recommandations d'Areva. Anne Lauvergeon parle même de « pressions » de la présidence : « La France et la Libye de Mouammar Kadhafi ont signé à l'été 2007 un accord de coopération nucléaire après la libération des infirmières bulgares. Tout de suite, les pressions de l'Élysée commencèrent pour vendre des centrales nucléaires au dictateur libyen. »

Kadhafi se sent pousser des ailes. Revenu dans le concert des nations en grande partie grâce à Sarkozy, il fait savoir à différentes chancelleries qu'il souhaite rediscuter les contrats pétroliers avec plusieurs compagnies étrangères ; il finance l'envoi dans l'espace d'un premier satellite africain ; il veut créer une nouvelle devise à l'échelle du continent africain, qui supplanterait le dollar et remplacerait le franc CFA. Les visées panafricanistes du nouvel ami de l'Occident ne sont pas du goût de tous.

L'année 2011 va tout changer. Une partie du monde arabe est secouée par une soudaine vague de « printemps » révolutionnaires, qui provoquent la chute d'autocrates sans pitié que certains pensaient éternels, d'abord en Tunisie (Zine el-Abidine Ben Ali) puis en Égypte (Hosni Moubarak). Au mois de février 2011, une insurrection éclate en Libye dans la ville rebelle de Benghazi, au nord-est du pays. Le régime de Kadhafi commence à réprimer dans le sang la dissidence armée. Un début de guerre civile se profile, mettant la communauté internationale en émoi.

Particulièrement atone face aux événements tunisiens et égyptiens et critiquée pour son soutien de longue date aux régimes autoritaires visés, la France commence opportunément à donner de la voix. Mais, au début du mois de mars, le colonel Kadhafi fait savoir publiquement qu'il détient un « lourd secret » qui le lie à Sarkozy. Quelques jours plus tard, son fils, Saïf al-Islam, va plus loin et assure à la télévision que son régime a aidé à financer la campagne du président français en 2007.

Hasard du calendrier ? Parallèlement à cette escalade d'accusations, les bruits de bottes se font de plus en plus assourdissants à l'initiative de la France.

Dès le 10 mars, Nicolas Sarkozy annonce à des insurgés libyens qu'il reçoit à l'Élysée que la seule option possible est la guerre totale pour faire tomber Kadhafi, alors que le même jour est adoptée par l'Union africaine une feuille de route qui avait pour ambition une solution diplomatique avec la Libye sans effusion de sang. Cette feuille de route comprenait trois points, acceptés par le régime libyen : « cessation immédiate des hostilités », « transition consensuelle » (excluant le maintien au pouvoir de Kadhafi) et instauration d'un « système démocratique ». « Comme pour court-circuiter [l'Union africaine], les bombardements de l'OTAN débutèrent le 20 mars, le jour même où nous nous apprêtions à nous rendre à Tripoli, puis Benghazi, pour tenter de mettre en route cette feuille de route », témoigne trois ans plus tard, dans *Le Monde diplomatique*, le président de la commission de l'Union africaine d'alors, le Gabonais Jean Ping.

En France, un homme se démène pour pousser à la guerre. Il n'est pas politique, ni militaire. C'est un philosophe, Bernard-Henri Lévy, qui pense tenir avec la Libye la quintessence du concept de « guerre juste » qu'il chérit tant. Afin de convaincre de l'urgence absolue d'une intervention militaire, BHL et ses soutiens au sein de l'appareil d'État français n'hésitent pas à installer l'idée dans l'opinion publique qu'un génocide est en route en Libye et que des massacres de masse y sont perpétrés.

Manipulations médiatiques

Il est certes exact qu'une guerre civile a débuté et que la dictature libyenne a commencé à réprimer dans le sang ses opposants. Mais dire qu'un génocide couve et que des massacres de populations civiles ont lieu relève, à tout le moins, d'inexactitudes, si ce n'est de manipulations (qui ne sont pas sans rappeler, quarante ans plus tôt, la propagande des équipes de Jacques Foccart au Biafra [→ II.8]).

Il est par exemple question d'un raid de l'aviation libyenne pour bombarder sa propre population, le 21 février 2011. L'« information », lancée par la chaîne qatarie Al-Jazeera, sur la foi d'un seul témoignage téléphonique, sans la moindre image à l'appui, va faire le tour du monde. Problème : ce bombardement n'a jamais eu lieu, comme le reconnaîtront devant le Congrès deux hauts officiels américains, le ministre de la Défense Robert Gates et le chef d'état-major des armées, le général Mike Mullen.

Depuis, l'ancien président américain Barack Obama a parlé de la guerre en Libye comme de sa pire erreur. Et de nombreuses ONG, comme Amnesty International ou Human Rights Watch, que l'on peut difficilement taxer de complaisance vis-à-vis de Tripoli, ont tempéré l'étendue des massacres civils imputés au régime Kadhafi – ce qui n'en fait pas un admirable démocrate pour autant, évidemment.

Il ne fait plus de doute aujourd'hui que la guerre en Libye a été déclenchée sur la foi d'informations fausses. Cela a notamment été reconnu officiellement par un rapport parlementaire britannique, qui affirmait en 2016 : « Cette [intervention] n'était pas fondée sur des renseignements exacts. En particulier, le gouvernement n'a pas évalué le fait que les menaces contre les civils étaient surestimées, et que les rebelles comprenaient un nombre significatif d'éléments islamistes. Durant l'été 2011, l'intervention limitée qui visait à protéger les civils s'est transformée de manière opportuniste en une campagne pour faire chuter le régime. »

Et même le très va-t-en-guerre Bernard-Henri Lévy, que nous avons rencontré chez lui en juin 2017, l'admet : « D'accord, il n'y a pas eu de massacres de civils. C'était tout l'enjeu de l'intervention d'éviter qu'il y en ait ! Alors, maintenant, est-ce qu'on a empêché un massacre qui n'aurait pas eu lieu ? Ce sont des questions d'ordre franchement bizarre. Il n'existe pas d'histoire des catastrophes évitées. »

Il n'en demeure pas moins que cette guerre a bel et bien eu lieu. Qu'elle a fait un nombre de morts considérable, plusieurs milliers, certains disent des dizaines de milliers ; les estimations, faute d'être fiables, sont encore à ce jour invérifiables. Il n'en demeure pas moins non plus que, contrairement aux termes du mandat de l'ONU arraché à son Conseil de sécurité par la France, cette guerre a eu pour conséquence de faire tomber le régime, en allant jusqu'à la mort de son chef. Il n'est d'ailleurs pas anecdotique de savoir que les première et dernière bombes de la guerre en Libye ont été larguées par l'armée française, dont celle qui, en octobre 2011, arrêta près de Syrte le convoi de 4 × 4 de Kadhafi, avant que celui-ci ne se fasse exécuter par balles dans des circonstances qui demeurent encore relativement floues à ce jour.

Mort suspecte d'un dignitaire libyen

La guerre en Libye permet au passage de détruire de nombreux centres d'archives d'État et de mettre la main sur quantité de documents potentiellement compromettants – pas seulement financiers –, la dictature libyenne ayant beaucoup collaboré dans un passé récent avec des services de renseignement occidentaux (France, États-Unis, Angleterre...).

La guerre est aussi l'occasion pour la France d'exfiltrer de Libye en octobre 2011, sous la protection de la DGSE, l'un des témoins privilégiés de la « lune de miel » Sarkozy-Kadhafi. Il s'agit de l'ancien directeur de cabinet du dictateur, Béchir Saleh, détenteur de nombreux secrets.

La France sauve la mise une seconde fois à Béchir Saleh un an plus tard, en mai 2012, au lendemain de la révélation par Mediapart d'une note de 2006 du régime libyen évoquant le financement occulte de la campagne présidentielle de Nicolas Sarkozy. Le chef de l'État qualifie alors ce document de « faux ». Il est débouté par la justice à trois reprises de ses poursuites contre Mediapart, à qui il a même dû verser un peu d'argent... Alors qu'il est visé par un mandat d'arrêt international émis par Interpol à la demande des nouvelles autorités libyennes, Béchir Saleh coule des jours tranquilles en France, sous la protection du gouvernement. Les révélations du site d'investigation suscitent la panique au sommet de l'État qui, par l'entremise du chef des services secrets intérieurs, Bernard Squarcini, et de l'intermédiaire Alexandre Djouhri, organise la fuite de Béchir Saleh afin qu'il ne se fasse pas arrêter. Cette substitution d'un témoin crucial à la curiosité judiciaire fait désormais partie des griefs reprochés à Nicolas Sarkozy par les juges.

Après l'avoir longtemps démenti, Béchir Saleh finit par reconnaître auprès d'un journaliste de l'émission « Cash Investigation » de France 2 l'existence de financements occultes entre Sarkozy et Kadhafi. Victime d'une tentative d'assassinat en Afrique du Sud, Béchir Saleh vivrait aujourd'hui sous protection dans les Émirats arabes unis.

Un autre dignitaire libyen qui fut au cœur de tous les secrets du régime, Choukri Ghanem, ancien Premier ministre devenu ministre du Pétrole, n'est quant à lui plus là pour témoigner. Il a été retrouvé mort, flottant dans le Danube, à Vienne (Autriche), en avril 2012. Personne ne sait exactement ce qui s'est passé. Une seule chose est sûre : Ghanem, en 2007, avait consigné dans un petit carnet manuscrit retrouvé par la police des versements libyens (totalisant 6,5 millions d'euros) au profit de Nicolas Sarkozy.

L'ancien président français dément catégoriquement la moindre corruption dans cette affaire. Son principal argument pour s'en défendre est désormais la guerre. Devant les juges, le jour de sa mise en examen, il déclare ainsi sur procès-verbal : « Comment peut-on dire que j'ai favorisé les intérêts de l'État libyen ? C'est moi qui ai obtenu le mandat de l'ONU pour frapper l'État libyen de Kadhafi. Sans mon engagement politique, ce régime serait sans doute encore en place. » Il oublie aussi de préciser que l'une des conséquences de cette guerre a été la déstabilisation de toute une région, le Sahel, dont la guerre au Mali fut un héritage. Sans parler du chaos qui règne aujourd'hui en Libye.

Repères bibliographiques

Fabrice Arfi et Karl Laske, *Avec les compliments du Guide*, Fayard, Paris, 2017.

Fabrice Arfi, Thierry Chavant, Benoît Collombat, Michel Despratx, Élodie Guéguen et Geoffrey Le Guilcher, *Sarkozy-Kadhafi, des billets et des bombes*, La Revue Dessinée – Delcourt, Paris, 2019.

Patrick Haimzadeh, *Au cœur de la Libye de Kadhafi*, JC Lattès, Paris, 2011.

Jean-Christophe Notin, *La Vérité sur notre guerre en Libye*, Fayard, Paris, 2012.

Jean Ping, *Éclipse sur l'Afrique. Fallait-il tuer Kadhafi ?*, Michalon, Paris, 2014.

Uramin, l'affaire Elf du nucléaire

Cinq milliards d'euros de pertes en 2014 ! Le premier groupe mondial du nucléaire civil touche le fond. Sans la recapitalisation de l'État français, Areva pourrait être considéré comme en faillite. Les dirigeants de l'entreprise ont beau jeu d'accuser une période plombée par la catastrophe nucléaire de Fukushima en 2011 pour justifier ce déficit record. En réalité, les raisons de la mauvaise santé financière du groupe remontent à plus loin. Elles s'expliquent par les déboires de la construction de ses « réacteurs pressurisés européens » (en anglais, EPR) dont les délais et les coûts n'en finissent pas d'exploser, depuis le premier report annoncé en 2011. Mais il faut aussi remonter à un scandale qui n'est pas sans rappeler certains aspects de l'affaire Elf [→ IV.4].

Petit retour en arrière : en 2006-2007, l'optimisme des dirigeants d'Areva est au plus haut. Le groupe envisage de vendre, avec l'aide de l'État, des EPR sur toute la planète. Il affirme vouloir doubler sa production d'uranium et annonce l'acquisition d'Uramin, une « junior » canadienne qui possède des permis miniers en Afrique du Sud, en Namibie et en Centrafrique. Les conditions de la transaction suscitent l'étonnement : Areva débourse 1,8 milliard d'euros pour une firme qui n'était cotée que 300 millions d'euros à la Bourse de Toronto six mois plus tôt. L'étonnement se change en stupeur quand on découvre qu'on a délibérément laissé la valeur d'Uramin enfler artificiellement avant l'acquisition, que les gisements sont en réalité sans valeur et que c'est en toute connaissance de cause qu'un petit groupe a piloté cette opération sous la direction d'Anne Lauvergeon, présidente d'Areva (2001-2011). Si l'on ajoute plus d'un milliard d'euros d'investissements ultérieurs pour donner le change sur la valeur des gisements acquis, on atteint la somme de 3 milliards d'euros partis en fumée. Mais vraisemblablement pas pour tout le monde.

Une gigantesque opération de corruption

Des coïncidences intriguent les observateurs : c'est Olivier Fric, le mari d'Anne Lauvergeon, qui a transmis à Areva le CV de Daniel Wouters, recruté à la direction du pôle minier pour superviser la transaction. Plus tard, Wouters rejoindra une société contrôlée par Stephen Dattels… fondateur d'Uramin. Areva a d'ailleurs continué à faire des affaires avec Dattels, malgré cette transaction qui pourrait sembler catastrophique.

Au moment de la vente, on trouve à la tête d'Uramin Samuel Jonah, important homme d'affaires ghanéen, très proche de Thabo Mbeki, président sud-africain (1999-2008), et qui siège à l'International Investment Council (IIC) aux côtés… d'Anne Lauvergeon. Les enquêteurs qui voudront connaître l'identité des autres actionnaires d'Uramin se verront répondre en 2014 qu'Areva ne dispose plus de la liste. Selon une enquête du journal sud-africain *Mail & Guardian*, l'achat d'Uramin aurait en fait servi à dissimuler une gigantesque opération de corruption pour obtenir le marché de la construction de douze centrales nucléaires (plusieurs dizaines de milliards d'euros en perspective) qui était alors en discussion avec le président Thabo Mbeki. Malheureusement pour Areva, ce dernier, poussé à la démission quelques mois plus tard, a été remplacé par son rival Jacob Zuma et le marché des centrales n'a pas été décroché. Ce scénario est corroboré par une enquête de Marc Eichinger, expert financier engagé en 2010 par le directeur de la sécurité d'Areva, l'amiral d'Arbonneau. Le romancier et ex-honorable correspondant des services secrets français Vincent Crouzet a également recueilli les confidences de Saifee Durbar, conseiller du président centrafricain Bozizé, en délicatesse avec la justice et le renseignement français. Selon lui, l'opération aurait également abrité des rétrocommissions à destination de la caisse noire d'Areva et de certains réseaux politiques français. Le témoignage de Crouzet a été jugé suffisamment sérieux par la brigade financière pour qu'il soit entendu pendant plusieurs heures en qualité de témoin.

La justice sur la piste des commissions occultes

Parmi les motifs qui ont conduit à la levée de l'immunité parlementaire du député Patrick Balkany en 2015, figure notamment une somme de 5 millions de dollars qui pourrait être liée à son rôle de « facilitateur » pour débloquer le volet centrafricain du dossier Uramin et qui alimente des soupçons de commissions occultes. Balkany affirme avoir agi à titre gracieux et de sa propre initiative. Sauf que, à l'époque, il joue le rôle d'émissaire officieux de Nicolas Sarkozy pour les affaires africaines, bénéficiant même d'un passeport diplomatique [→ V.11]. Pourtant informé par la presse des troublantes coïncidences du dossier, le parquet de Paris n'a jamais voulu enquêter spontanément sur le rachat d'Uramin. Il a fallu un signalement de la Cour des comptes pour qu'une enquête judiciaire soit ouverte pour « présentation ou publication de comptes inexacts ou infidèles », « diffusion d'informations fausses ou trompeuses », « faux et usage de faux ». Étrangement, le rapport de la Cour des comptes, dont certains extraits avaient fuité dans la presse, n'a jamais été publié. Des mises en examen ont été prononcées : Anne Lauvergeon et quelques autres cadres pour maquillage des comptes ; son mari, Olivier Fric, pour délit d'initié et le directeur du pôle minier, Sébastien de Montessus, pour corruption d'agent public étranger en Namibie. Patrick Balkany a été condamné pour fraude fiscale ; il est par ailleurs cité dans la plainte déposée par l'État centrafricain, après la chute de Bozizé, pour les commissions versées par Areva dans ce volet de l'affaire. Mais la justice pourra-t-elle faire la lumière sur toutes les ramifications de ce scandale d'État ?

Raphaël Granvaud

Chapitre 5

De Takieddine à Benalla : la République des intermédiaires

Fabrice Arfi

Ils ne sont dans aucun organigramme officiel. Ne font partie d'aucun cabinet ministériel ou présidentiel. La République ne leur confère aucun statut reconnu, mais n'arrive pas à se passer d'eux. L'ombre est leur alliée, le secret leur arme et l'argent leur patrie.

Ils sont indispensables à leurs mandataires – un ministre, un chef d'État, un service de renseignement, une multinationale – afin d'accomplir des tâches discrètes sinon ingrates. Ils œuvrent toujours à l'abri des caméras, des communiqués de presse et du protocole.

On les appelle pudiquement des « intermédiaires ».

Ce sont parfois d'utiles facilitateurs pour le commerce international ou les besoins d'une diplomatie qui nécessite la plus grande discrétion. D'autres fois, il s'agit d'authentiques agents de corruption (politique ou industrielle, ou les deux), qui utilisent le paravent de la raison d'État pour protéger leurs affaires et, surtout, celles des personnalités qui en profitent avec eux – quelle que soit leur étiquette politique.

Que ce fût au temps des Empires coloniaux ou depuis les vagues d'indépendances des décennies 1950 et 1960, l'Afrique a été depuis plus de soixante ans – et demeure aujourd'hui encore – un terrain de jeu privilégié pour les intermédiaires, dont on retrouve l'ombre portée dans de nombreuses « affaires » françaises qui ont défrayé la chronique.

Affaire Elf [→ IV.4], affaire des « biens mal acquis » [→ V.3], affaire Areva-Uramin [→ p. 877], affaires de la Société générale en Libye, affaire Tomi [→ IV.9], affaire EADS (Mali, Ghana), affaire Sarkozy-Kadhafi [→ VI.4]... La liste est longue, et non exhaustive, des dossiers françafricains derrière lesquels se trouve toujours un « intermédiaire » – ou plusieurs – sans lequel rien ne serait possible.

Ce peut être un avocat, un homme d'affaires, un financier, un agent des services reconverti dans le privé, peu importe. Certains, avec le temps, finissent par prendre la lumière à force de la fuir.

Robert Bourgi, un émissaire très « cash »

C'est le cas de Robert Bourgi. Formé à l'école Foccart et fils d'un commerçant libanais proche du mouvement gaulliste, cet avocat de métier a été le discret émissaire de plusieurs chefs d'État français en Afrique, surtout sous les présidences de Jacques Chirac et de Nicolas Sarkozy, et, de ce fait, le dépositaire de beaucoup de secrets de la droite française.

En 2011, d'abord dans un livre de l'écrivain et journaliste Pierre Péan, *La République des mallettes*, puis dans la presse et enfin devant des juges intrigués par ses confessions, Robert Bourgi raconte avoir personnellement assisté à – si ce n'est participé – des remises d'argent liquide, parfois dissimulé dans des djembés, à des hautes personnalités françaises par des dignitaires africains. Il cite quelques noms : Chirac, Villepin… Mais l'affaire ne prospère pas judiciairement et se conclut, d'un point de vue pénal, par une absence de poursuites.

Des années plus tard, en 2017, dans l'entretien qu'il accorde à Mediapart après la tempête de l'affaire Fillon, dont il s'est personnellement mêlé en offrant au candidat à la présidentielle d'encombrants costumes de luxe, Bourgi maintient ses déclarations et va même un peu plus loin sur le caractère systémique de telles pratiques, qu'il jurait naguère être révolues depuis dix ans [→ IV.3].

« Pour ce qui concerne mon expérience de trente ans, le seul homme politique qui ait été approché par des chefs d'État africains et moi-même à ce sujet [le financement] et qui a opposé un "niet" ferme, c'est Raymond Barre quand il était candidat à la présidentielle en 1988 », nous confie-t-il, sous-entendant clairement que tous les autres ont par conséquent accepté, en tout cas n'ont pas dit non. Il n'en dira pas plus, considérant s'être déjà beaucoup (trop) confié.

Ne rechignant ni à la malice ni à la mise en scène de soi depuis ses bureaux parisiens surchargés de souvenirs et de photos personnelles ou politiques, Robert Bourgi assure par ailleurs avoir pris la décision de renoncer à la publication de ses Mémoires écrites avec le concours d'un journaliste, préférant verser le manuscrit aux Archives nationales. Le texte, agrémenté de documents, ne sera, dit-il, consultable que « quelques décennies après [s]on retour vers l'Éternel ». La raison ? « J'ai touché, vu et entendu beaucoup de choses. Je veux mettre ma famille à l'abri. Les chercheurs s'intéresseront à tout cela plus tard. »

À côté de Robert Bourgi, ceux qui ont peut-être le plus crûment incarné ces dernières années cet étrange statut d'intermédiaire, aux yeux du grand public comme des journalistes ou de la justice, sont sans aucun doute les hommes d'affaires Ziad Takieddine et Alexandre Djouhri. Deux hommes, deux destins, qui se retrouvent aujourd'hui au cœur d'une seule et même affaire, le dossier Sarkozy-Kadhafi.

Rien ne paraît plus dissemblable que les trajectoires de Djouhri et Takieddine. Elles n'en racontent pas moins une même histoire, celle d'une République clandestine dont ils ont été, l'un et l'autre pendant trois décennies, les passagers privilégiés. Jusqu'à la chute…

Alexandre Djouhri, de Sarcelles aux « réseaux Elf »

Ahmed Djouhri est né le 18 février 1959 à Saint-Denis, dans une famille originaire de Kabylie, mais il passe son enfance et son adolescence à Sarcelles (Val-d'Oise), où ses parents ont très vite déménagé.

Avant de se faire appeler « Alexandre » – la légende lui prête une fascination pour Alexandre le Grand –, Ahmed Djouhri fraie avec des bandes armées parisiennes adeptes de braquages et du coup de feu, ce qui attirera à plusieurs reprises l'attention de la police sur lui sans qu'il soit jamais condamné pour des faits liés à des actes de banditisme.

Alexandre Djouhri fait très tôt de l'Afrique une terre adoptive grâce à la fréquentation d'un jeune homme d'affaires, Fara M'Bow, fils d'un ancien ministre sénégalais devenu dans les années 1970 le directeur général de l'Unesco, comme le racontent les journalistes Simon Piel et Joan Tilouine dans une biographie non autorisée très informée, *L'Affairiste* (2019). C'est avec M'Bow que Djouhri découvre la Côte d'Ivoire de Félix Houphouët-Boigny, une révélation. Avec lui aussi que, de retour à Paris, il fréquente dans des boîtes de nuit huppées où l'argent coule à flots toute la jet-set des fils de dignitaires africains, au premier rang desquels Ali Bongo, le futur successeur de son père Omar au Gabon, ou Teodorin Obiang, le fils de Teodoro et futur vice-président en Guinée équatoriale.

Touche-à-tout au charme corsaire et doté d'un bagout redoutable, Djouhri réussit aussi à pénétrer des réseaux corses très actifs en Afrique, composés pour l'essentiel de policiers – anciens ou en service, comme l'ex de l'antigang François Antona – liés au double ministre de l'Intérieur Charles Pasqua (1986-1988 et 1993-1995) [→ IV.8].

C'est ainsi qu'au début des années 1990, alors qu'il commence à faire fortune grâce au commerce de denrées et de matières premières en Afrique francophone, Djouhri fait la connaissance d'un certain Bernard Squarcini, qui deviendra sous la présidence de Nicolas Sarkozy le tout-puissant patron des services secrets intérieurs français. Celui-ci s'avérera être un précieux protecteur pour Djouhri, auquel il ne fera jamais défaut. Préfet de police de Marseille, Bernard Squarcini ira jusqu'à signer une lettre à en-tête de la République garantissant la bonne moralité de Djouhri.

Mais l'homme qui, probablement un peu plus que les autres, fera entrer l'ancien demi-sel des bas quartiers parisiens dans le grand monde de l'argent occulte et des zones grises de l'État s'appelle André Tarallo. C'est le « Monsieur Afrique » du géant français du pétrole, la multinationale Elf [→ IV.4].

Camarade de promotion de Jacques Chirac à l'ENA en 1959, André Tarallo est l'indéboulonnable homme fort des principales filiales d'Elf en Afrique, au Gabon ou au Congo-Brazzaville, où les autocrates régnants sont choyés par celui qui se fait surnommer le « grand baobab ».

Alexandre Djouhri, figure montante de la jeune garde rapprochée de Tarallo, est aux premières loges mais, contrairement à son mentor, il ne sera jamais inquiété par les juges de l'affaire Elf. Tout juste son nom circule-t-il en marge du dossier. Des enquêteurs de la Brigade financière parlent ainsi de lui à un commandant de la Direction des Renseignements généraux (DCRG), lequel en fera état, bien des années plus tard, en 2016, à des policiers chargés des investigations dans l'affaire Sarkozy-Kadhafi. Il est notamment acquis à la légende de Djouhri d'être allé chercher discrètement Tarallo au lendemain d'une perquisition effectuée par la juge Eva Joly afin de le convoyer en catastrophe à Genève pour le mettre à l'abri de la curiosité policière. Le « Monsieur Afrique » d'Elf craignait d'être arrêté.

Djouhri ouvre des comptes à la banque Hottinguer, s'associe avec l'ancien assureur d'Elf, Stéphane Valentini, dans une petite société, Adremis, initialement créée avec un ex-dirigeant de la Compagnie générale des eaux, devenue, depuis, Veolia Environnement. Il se rapproche d'Henri Proglio, le patron de Veolia, et l'accompagne dans des voyages internationaux, à Téhéran, en 2002, à Tripoli, en 2004.

En cette même année 2004, Djouhri, réputé pour être dévoué au clan Chirac, convoite en tant qu'intermédiaire un gigantesque marché de défense en Arabie saoudite sur le chemin duquel il va trouver son pire concurrent au sein de la droite française : l'homme d'affaires Ziad Takieddine, alors intermédiaire fétiche de la Sarkozie conquérante.

Ziad Takieddine : au service du clan Sarkozy

Né le 14 juin 1950 à Baakline, un village druze du Chouf libanais, Takieddine est, contrairement à Djouhri, un enfant de bonne famille. Son grand-père a été gouverneur de la région du mont Liban sous l'Empire ottoman ; son oncle a été ambassadeur du Liban à Londres ; son père a lui aussi été ambassadeur dans différents pays européens et africains, et a occupé de hautes fonctions au Liban, notamment au ministère de la Défense.

Après des études d'économie à l'Université américaine de Beyrouth, suivies d'une année à l'Université de Reading, en Angleterre, Ziad Takieddine travaille pendant six années au Liban, entre 1974 et 1980, pour l'agence de publicité américaine Young & Rubicam.

Son arrivée en France remonte à 1980, date à laquelle il intègre la société qui gère la station de ski Isola 2000, dans les Alpes provençales. Deux ans plus tard, il en devient le P-DG, l'histoire durera jusqu'en 1992.

Durant cette décennie, il noue ses premières relations politiques locales, que ce soit avec le Niçois Christian Estrosi ou le maire de Fréjus François Léotard, clients des pistes d'Isola 2000. L'ex-femme de Takieddine, Nicola Johnson, racontera par la suite que, si la vie était confortable à cette époque, rien ne serait comparable avec ce qui allait suivre.

Le hasard fait bien les choses. En 1993, Takieddine retrouve dans un avion un ami de l'Université de Beyrouth, un certain Abdul-Rahman el-Assir, un vendeur d'armes formé à bonne école. Ancien beau-frère et associé d'Adnan Khashoggi, réputé pour avoir été le plus grand marchand d'armes des années 1980 – le magazine américain *Time* a fait sa une sur lui en janvier 1987 –, el-Assir travaille alors à son compte. Il a ses entrées dans de nombreux pays (Espagne, Maroc, Pérou…), mais peu en France.

Cette rencontre impromptue tombe bien. Avec la formation du gouvernement du Premier ministre Édouard Balladur en mars 1993, Takieddine a une connaissance dans la place, et non des moindres : le ministre de la Défense François Léotard. Soit le ministre des ventes d'armes. Et c'est ainsi que Takieddine, ancien « pubard » reconverti dans la direction d'une petite station de ski, entre dans le monde souterrain des intermédiaires.

Une entrée fracassante. L'association de Takieddine avec le clan Léotard va donner naissance à l'un des plus grands scandales politico-financiers de ces dernières décennies : l'affaire Karachi. Ou comment, à la demande du gouvernement, les intermédiaires Takieddine et el-Assir vont orchestrer le détournement de centaines de millions de francs sur les ventes d'armes de l'État français au Pakistan et à l'Arabie saoudite afin qu'une partie des fonds versés sous forme de commissions revienne dans des poches politiques en France, notamment au profit de la future campagne présidentielle d'Édouard Balladur, comme l'établira la justice.

C'est à cette même période que Ziad Takieddine se rapproche du futur clan Sarkozy, essentiellement par l'entremise de Thierry Gaubert, collaborateur et ami intime du futur président français.

D'ailleurs, sitôt aux affaires en 2002, le cabinet du tout nouveau ministre de l'Intérieur Nicolas Sarkozy, à peine installé place Beauvau, missionne Ziad Takieddine pour mener des négociations secrètes en Arabie saoudite. Objectif : conclure un gigantesque marché de sécurisation des frontières du royaume wahhabite – nom de code : Miksa – pour un montant global de 7 milliards d'euros. Il est prévu, d'après des projets de contrat récupérés par la police, que l'intermédiaire Takieddine perçoive 350 millions de commissions occultes, via des sociétés immatriculées dans des paradis fiscaux.

L'opération, dont les détails sont tenus secrets par le cabinet Sarkozy, remonte aux oreilles du clan Chirac, alors à l'Élysée, où Alexandre Djouhri est en cour. Un tête-à-tête entre les deux intermédiaires qui se haïssent cordialement est organisé à l'hôtel Richemont de Genève, au bord du lac Léman. Aucun terrain d'entente n'est trouvé pendant le dîner et le contrat Miksa avec l'Arabie saoudite, pierre d'achoppement entre chiraquiens et sarkozystes dans les coulisses de la République, finira dans un tiroir. Nous sommes en 2005.

La destinée présidentielle de Nicolas Sarkozy, elle, est toujours d'actualité. Et c'est ainsi que, dans les cendres saoudiennes de Miksa, va naître l'épopée libyenne du futur président français.

Plus dure sera la chute

Entre 2005 et 2008, Takieddine va ainsi devenir le chef d'orchestre du rapprochement de la dictature de Mouammar Kadhafi avec le cabinet Sarkozy, d'abord au ministère de l'Intérieur puis à la présidence de la République. Un rapprochement que des juges d'instruction du pôle financier du tribunal de Paris qualifient désormais de « corruption » et d'« association de malfaiteurs ». L'enquête judiciaire suit son cours et a déjà abouti à la mise en examen d'un ancien président, Nicolas Sarkozy, et de plusieurs de ses ex-ministres, dont Claude Guéant. Il faut dire que, au-delà de l'affaire libyenne, les discrets voyages en Afrique de Guéant, quand il est directeur de cabinet au ministère de l'Intérieur puis secrétaire général de l'Élysée, ont très tôt attiré l'attention. Comme ceux, d'ailleurs, de l'ex-député UMP Patrick Balkany (depuis condamné pour « fraude fiscale » et « blanchiment »), qui profite sous la présidence Sarkozy d'un passeport diplomatique pour se rendre à l'abri des regards dans plusieurs pays africains sur fond d'affairisme [→ V.11].

À partir de 2008, Takieddine est remplacé dans le cœur de la Sarkozie par Djouhri, qui a fait allégeance au futur président dès 2006 et sait user de tous les arguments pour convaincre le premier cercle de Nicolas Sarkozy de le préférer, lui.

Mais au-delà des faits eux-mêmes et du soupçon judiciaire qui les entoure, l'affaire libyenne offre aux deux intermédiaires Djouhri et Takieddine, qui ont passé leur vie à se détester, un épilogue shakespearien commun, celui de leur déconfiture.

Ces deux-là ont tout eu : l'argent, les jets, les yachts, les palaces, l'influence, une gloire secrète et même une lucarne privilégiée sur la marche du monde. Aujourd'hui, ils doivent ferrailler contre les traces de leur passé, ils collectionnent les mises en examen – pour corruption, notamment – et les frais d'avocats.

Ziad Takieddine a fait de la détention provisoire pendant l'instruction de l'affaire Karachi ; condamné à cinq ans de prison ferme en juin 2020 au terme du premier procès de cette même affaire, il est désormais officiellement ruiné et en fuite. L'intermédiaire vit réfugié au Liban, pays qui n'extrade pas ses ressortissants.

Alexandre Djouhri, après des années à jouer au chat et à la souris avec les enquêteurs de l'affaire libyenne, a lui aussi fait de la détention provisoire après son extradition d'Angleterre, où il s'était réfugié pendant près de deux ans. En pleine pandémie de Covid-19, il est libéré sous condition pour raisons sanitaires – il souffre de problèmes cardiaques, d'après les médecins.

Djouhri, Takieddine. Takieddine, Djouhri. L'évocation de ces noms, partout, sent le soufre désormais. Car c'est aussi cela être intermédiaire : être un fusible potentiel quand vient l'orage. Être celui que l'on lâche, dont on ne se souvient plus de la fréquentation assidue. De fait, la chute d'un intermédiaire peut incarner pour certains hommes politiques de premier rang ce que dans la Grèce antique on nommait l'*arkhê kakôn*, c'est-à-dire le début des maux.

Tchad, Guinée-Bissau… nouveaux rivages de la Macronie

Pour autant, la collection d'ennuis judiciaires pour Ziad Takieddine et Alexandre Djouhri signe-t-elle la fin d'une époque ? L'hypothèse serait rassurante si elle n'était fausse. Pour preuve, à peine est-il licencié de l'Élysée à l'été 2018, après les révélations du *Monde* sur les violences du 1er Mai, que le collaborateur d'Emmanuel Macron, Alexandre Benalla, se rend à Londres pour y rencontrer… Alexandre Djouhri.

Le jeune loup de la Macronie, désormais cerné par sept enquêtes judiciaires (violences du 1er Mai, contrats russes, passeports diplomatiques, etc.), a très tôt revendiqué une fascination pour Djouhri, d'origine populaire comme lui, né dans une famille maghrébine comme lui, adepte des chemins de traverse comme lui, attiré par les flammes du pouvoir. Comme lui.

Et, comme lui, Alexandre Benalla essaie de se faire une place sur le continent africain. À l'automne 2018, tout juste mis à l'écart de la présidence de la République, l'ancien protégé d'Emmanuel Macron se lance ainsi dans une grande tournée en Afrique, où il multiplie les visites auprès de représentants d'autocrates, en utilisant le fameux passeport diplomatique qu'il a omis de restituer. Le jeune homme se rend notamment au Tchad, au Congo-Brazzaville et au Cameroun, trois hauts lieux de la Françafrique, dont les portes lui sont ouvertes pas un homme d'affaires franco-israélien, Philippe Hababou Solomon.

Alexandre Benalla est notamment reçu par le président du Tchad, Idriss Déby, qui dirige alors le pays d'une main de fer avec le soutien de Paris depuis trois décennies, jusqu'à sa mort en avril 2021. Il échange aussi avec le frère du chef de l'État tchadien, Oumar Déby, qui est à la tête de la Direction générale de la réserve stratégique (DGRS), alors même que le président Macron se rend en visite officielle dans le même pays dix jours plus tard. « Emmanuel Macron a tenu à faire savoir à Idriss Déby que cette personne n'était en aucun cas un intermédiaire officieux ou officiel », explique alors l'Élysée, ajoutant que la présidence française n'entretient « plus aucun contact » avec Alexandre Benalla.

Seulement, l'ancien garde du corps ne s'arrête pas là. Au printemps 2020, le voilà qui rencontre secrètement le nouveau président de Guinée-Bissau, le général Umaro Sissoco Embaló, dans une chambre d'un palace parisien, le Sofitel Baltimore, non loin de la tour Eiffel, le tout en compagnie d'un conseiller… de l'Élysée. Et non des moindres puisqu'il s'agit du conseiller du chef d'état-major particulier du président Macron, Ludovic Chaker, un ancien militaire réputé proche des milieux du renseignement, qui fut par ailleurs en 2016 le premier secrétaire général de la République en marche (LREM), le mouvement d'Emmanuel Macron. Benalla et Chaker font tous les deux partie des premiers hussards de la Macronie.

Rien n'a filtré sur le contenu de cette mystérieuse rencontre. « Benalla, c'est un jeune que je connais depuis des années […]. Chaker, je le connais depuis longtemps. Il était dans la République en marche », s'est contenté de commenter le président bissau-guinéen, qui parle des deux jeunes loups de la Macronie comme de ses « jeunes frères ».

La similarité des cas Bourgi et Benalla, bien que leurs parcours soient radicalement différents, est intéressante : l'un et l'autre ont sciemment médiatisé leur positionnement françafricain, comme si l'image sulfureuse qui parfois les entoure était un argument de vente auprès de leurs clients autocrates. Une lumière plus choisie que subie, contrairement à des intermédiaires comme Takieddine et Djouhri.

Reconverti dans le privé depuis son départ de l'Élysée, Alexandre Benalla a monté une société de sécurité et d'intelligence économique, dont la clientèle demeure mystérieuse. Un parfait moyen, toutefois, d'assouvir ses rêves de devenir un nouvel intermédiaire qui compte.

Cela ressemblerait presque à une histoire sans fin.

Repères bibliographiques

Fabrice ARFI et Fabrice LHOMME, *Le Contrat. Karachi, l'affaire que Sarkozy voudrait oublier*, Stock, Paris, 2010.
Ariane CHEMIN et François KRUG, *Benalla et moi*, Seuil, Paris, 2020.
Pierre PÉAN, *La République des mallettes*, Fayard, Paris, 2011.
Simon PIEL et Joan TILOUINE, *L'Affairiste. L'incroyable histoire d'Alexandre Djouhri, de Sarcelles à l'Élysée*, Stock, Paris, 2019.

Corsafrique : la persistance des réseaux politico-affairistes

La disparition des réseaux occultes est l'argument central pour décréter la « fin de la Françafrique ». Mais ce raisonnement se révèle bien fragile : non seulement il néglige la recomposition permanente des instruments officiels de la Françafrique, mais il passe sous silence la persistance de sa dimension crapuleuse. C'est notamment le cas des réseaux corsafricains incarnés par la figure de Michel Tomi.

Michel Tomi, du Gabon au Mali

Surnommé le « parrain des parrains corses » pour ses liens présumés avec le crime organisé, ce proche de Charles Pasqua est devenu l'empereur des jeux en Afrique [→ IV.8]. Depuis juillet 2013, il intéresse la justice française dans le cadre d'une enquête (baptisée « Soprano ») pour blanchiment, fraude fiscale et corruption confiée au magistrat financier Serge Tournaire.

Afin d'assurer la pérennité de ses affaires, Michel Tomi est soupçonné d'avoir fait bénéficier les présidents malien Ibrahim Boubacar Keïta (IBK) et gabonais Ali Bongo de toutes sortes d'avantages détaillés par Mediapart en mai 2015 : « croisières sur un yacht, voyages en jet privé, séjours dans les plus grands palaces parisiens, transport en limousine, achats de costumes de luxe, de voitures, de lunettes, soins médicaux réglés rubis sur l'ongle ». Tomi est aux petits soins avec IBK, ajoute le site d'investigation, il « va même jusqu'à s'occuper des films qui doivent être téléchargés dans l'iPad du président malien ». « Les trois [volets du] *Parrain*, *Les Affranchis* », dit-il à l'un de ses employés dans une conversation téléphonique captée par la police. Puis il ajoute : « Mets la série *Corleone*, elle est belle, [...] *Mafiosa* sur la Corse, ça va lui plaire. »

« Je suis un homme d'affaires, président d'un groupe important. Pas un parrain. Allez, je veux bien concéder que je suis un homme d'honneur, car j'ai le respect de la parole donnée », explique Michel Tomi à *L'Express*, en juin 2016, en indiquant que, avec IBK, ils sont « frères » au sens amical du terme. « Parler de corruption, comme le suggère la justice française, n'a aucun sens, ajoute l'homme d'affaires. Les présidents africains ne sont-ils pas supposés avoir de l'argent ? Comment les corrompre ? Nous avons le droit de déjeuner ensemble. »

« Le gros connard qui enrichit les Noirs et les Arabes de merde ! »

L'homme d'affaires, patron du PMU gabonais, a aussi ses entrées au sein de la police et du renseignement français : il connaît bien l'ex-directeur du renseignement intérieur sous Nicolas Sarkozy (de juillet 2008 à mai 2012),

Bernard Squarcini, surnommé « le Squale ». Des interceptions judiciaires de mars et avril 2013 le montrent, y compris publiquement lorsqu'elles sont publiées dans Mediapart en juillet 2020 (« Le maître espion, l'Afrique et le "parrain des parrains" »).

Certains extraits de ces conversations téléphoniques sidérantes n'avaient pas été retranscrits par la police dans la procédure judiciaire. Bernard Squarcini, devenu consultant pour la multinationale LVMH et dont le fils Jean-Baptiste a été nommé responsable des parcs naturels au Gabon, converse amicalement avec le directeur de cabinet d'Ali Bongo, Maixent Accrombessi, qui le verrait bien travailler sur la « contre-ingérence » et la réforme des services secrets gabonais. Le Squale se réjouit. Il s'agit « de gros contrats [où] tu es payé rubis sur l'ongle », dit-il au téléphone à l'un de ses amis, en fustigeant « les 10 000 euros de charges sociales par mois qu'il doit débourser [...] tout ça pour le gros connard [François Hollande] qui enrichit les Noirs et les Arabes de merde ! ».

Squarcini s'entretient également avec le correspondant des services secrets intérieurs français à Libreville, Jean-Charles Lamonica. Celui-ci s'inquiète : Matignon envisage de supprimer son poste. Le Squale, préoccupé, le comprend : il ne faudrait pas « qu'on ruine l'investissement en termes de renseignement sur toute une zone hypersensible qui va basculer du jour au lendemain, avec tous nos intérêts français qui sont quand même importants là-bas ! ».

Michel Tomi, lors de ses échanges avec Bernard Squarcini qu'il appelle son « cher neveu », tandis que le Squale le gratifie d'un affectueux « Tonton », parle souvent corse. Il utilise même un téléphone portable spécial, « son Gabonais », comme il le surnomme, afin d'échanger de manière discrète. Dans l'une de ces conversations, il demande à l'ex-patron de la Direction centrale du renseignement intérieur (DCRI) de s'informer sur des hommes armés qui rôdent autour d'un hôtel au Gabon et obtient, un peu plus tard, ce qu'il attendait : « Tonton, c'étaient bien des nationalistes de Porto-Vecchio [en Corse], tu avais raison », lui confirme Squarcini.

Tractations autour d'un truand corse

Michel Tomi a aussi une « vraie » famille. Entré dans la police en 1994, son frère Paul-Antoine est nommé commissaire en 2003, avant d'être recruté à la Direction générale de la sécurité intérieure (DGSI, nouveau nom de la DCRI)... par Bernard Squarcini. « Ce dernier lui confie le centre d'écoute de l'office à Boullay-les-Troux, dans l'Essonne, explique le site d'information StreetPress. Une mission très sensible pour laquelle il est habilité secret défense. Il y officiera jusqu'en 2016, chapeautant bon nombre d'écoutes judiciaires et administratives, avant d'en être débarqué... »

Dans l'une de ses conversations captées par la police, Michel Tomi demande à Bernard Squarcini s'il peut faire quelque chose pour que son frère obtienne un poste à la Brigade de recherche et d'intervention (BRI) de Montpellier. Aussitôt dit, aussitôt fait. Le Squale décroche son téléphone pour appeler Frédéric Veaux, numéro deux de la Direction centrale de la police judiciaire (DCPJ). Ce dernier tend alors une perche au Squale : pour faire avancer le dossier du frère de Michel Tomi, il serait fort appréciable qu'il mette quelque chose « dans la corbeille de la mariée ». Il faudrait, par exemple, que l'empereur des jeux en Afrique donne un coup de pouce à la police française « pour la reddition de Germani ». Frédéric Veaux fait ainsi allusion à la cavale de celui qui est alors considéré comme le fugitif le plus recherché de France depuis 2011, le truand corse Jean-Luc Germani dont Michel Tomi a recruté le fils au sein du PMU gabonais. « L'ami Michel [Tomi], il doit avoir quelques idées » sur le sujet, lance le numéro deux de la DCPJ à Bernard Squarcini. « Bien sûr, mais je peux te dire qu'il [Germani] n'est pas là-bas [en Afrique] », lui rétorque le Squale. Frédéric Veaux insiste : si Tomi « fait un geste », alors on pourra discuter… « Oh putain, les mecs ! La grande PJ est vraiment à la ramasse ! » conclut Squarcini dans son langage fleuri.

Finalement, le *deal* ne se fait pas. Jean-Luc Germani est arrêté en novembre 2014 dans le quartier de la Défense, dans les Hauts-de-Seine. Quant à Frédéric Veaux, il est nommé en février 2020 directeur général de la police nationale (DGPN), le poste le plus prestigieux au sein de la police.

Depuis 2016, Paul-Antoine Tomi dirige la Division régionale des motocyclistes de la préfecture de police de Paris. Il est notamment responsable des brigades de répression de l'action violente motorisées (BRAV-M), que le préfet de police de Paris Didier Lallement a créées en mars 2019 et dont les méthodes musclées ont été dénoncées à plusieurs reprises dans des enquêtes journalistiques. Il fait partie des fonctionnaires de police décorés de la médaille de la sécurité intérieure en 2019, suite aux manifestations de Gilets jaunes. Deux ans plus tard, en janvier 2021, il est filmé par le média Brut, casqué et lourdement équipé, en train de matraquer à plusieurs reprises un manifestant assis au sol, lors de l'évacuation d'un rassemblement contre la loi « sécurité globale », place de la République, à Paris. Les images déclenchent une enquête administrative, tandis que l'avocat de Paul-Antoine Tomi assure que son client a fait « un usage légitime de la force » vis-à-vis d'un manifestant ayant « donné des coups de pied au policier ».

Condamné à un an de prison avec sursis en décembre 2018, après que l'essentiel des charges contre lui ont été abandonnées, Michel Tomi reconnaît tout de même avoir touché illégalement une commission de 1,6 million d'euros sur la vente de bateaux de surveillance français pour le Gabon. Payée sur le dos des contribuables gabonais.

Benoît Collombat

Chapitre 6

Îles Éparses, cet archipel dans l'océan Indien que la France ne veut pas lâcher

Fanny Pigeaud

À l'arrière-plan de l'image, on distingue un océan turquoise, une plage de sable blanc, un ciel sans nuages. Au premier plan : le président français Emmanuel Macron, fine cravate noire sur une chemise blanche immaculée, aux manches retroussées. Nous sommes le 23 octobre 2019 et le chef de l'État a un message à délivrer à ses concitoyens. « Je suis aujourd'hui à Grande Glorieuse, au sein des îles Éparses, un territoire français au milieu de cette région de l'océan Indien », dit-il face à la caméra. Il parle de biodiversité et annonce que Grande Glorieuse sera classée « réserve naturelle nationale » en 2020. Aux journalistes qui l'accompagnent et le filment, il répète : « Ici, c'est la France. » Et il ajoute : « C'est notre fierté, notre richesse. Ce n'est pas une idée creuse. » Aucun de ses interlocuteurs ne le contredit. Mais à 200 kilomètres de là, à Madagascar, les déclarations du président français provoquent la stupeur. Car, du point de vue d'Antananarivo, Grande Glorieuse, îlot totalement inconnu des citoyens français, appartient à l'État malgache et fait partie d'un ensemble baptisé « Nosy Malagasy » (« îles Malgaches »), mais que la France désigne sous l'appellation « îles Éparses » et s'est indûment approprié en 1960, à l'époque des indépendances.

L'effarement est d'autant plus grand que le président Macron et son homologue malgache, Andry Rajoelina, se sont mis d'accord, cinq mois plus tôt, à la demande de Madagascar, pour régler ce litige territorial. Ils avaient annoncé, depuis Paris, la création d'une « commission mixte » chargée de trouver un arrangement. « Pour le peuple malgache l'appartenance des îles Éparses est une question d'identité nationale », avait déclaré Andry Rajoelina. Le président français lui avait exprimé sa « volonté » d'« aboutir à une solution commune », en précisant que « le sujet mérite mieux que des recours juridiques, des contentieux et un mauvais débat ». Les propos et la visite inopinée à Grande Glorieuse d'Emmanuel Macron, premier président français à se rendre sur l'une de ces îles, prennent de court les autorités malgaches et semblent tout remettre en cause. Ils n'ont toutefois rien de surprenant : ils s'inscrivent dans la continuité de la politique française, que ce soit par l'état d'esprit ou par les techniques utilisées pour conserver ce territoire.

Un décret pour garder le contrôle dans le plus grand secret

Comme le pointe le juriste malgache Raymond Ranjeva, cité en 2019 dans *Le Monde*, les Nosy Malagasy ou îles Éparses « sont l'expression du caractère tronqué de la décolonisation de Madagascar ». Il faut en effet remonter le fil de l'histoire coloniale pour comprendre ce conflit et s'arrêter sur une première date clé : 1896. Cette année-là, la France prend le contrôle de Madagascar à l'issue de deux guerres menées contre cet État souverain et adopte, le 6 août, une loi d'annexion, dont l'unique article proclame : « Est déclarée colonie française l'île de Madagascar avec les îles qui en dépendent. » Les îles auxquelles il est fait référence sont au nombre de cinq. Quatre sont situées dans le canal du Mozambique : Juan de Nova, 7 km^2, est à 150 km à l'ouest de Madagascar ; Europa, 30 km^2, se trouve à moins de 300 km au sud-ouest ; entre les deux, l'atoll de Bassas da India est à 380 km ; l'archipel des Glorieuses, à l'extrémité nord, cumule 7 km^2 de terres émergées constituées de la Grande Glorieuse, de l'îlot du Lys, de l'île aux Crabes et des Roches Vertes. Tromelin, 1 km^2, se trouve quant à elle à 450 km au large de la côte orientale malgache. Aucune de ces îles n'est habitée. Bassas da India est immergée à marée haute.

L'occupation française de Madagascar est violente et cruelle : les troupes du général Joseph Gallieni, nommé gouverneur, commettent de nombreux massacres. En février 1897, Gallieni abolit la monarchie merina qui règne sur l'île et fait déporter la jeune reine Ranavalona III à La Réunion d'où elle sera envoyée en Algérie (elle y finira ses jours en 1917 sans avoir pu retourner dans son pays). À partir de mars 1947, alors qu'elle a fait de Madagascar un territoire d'outre-mer, la France est confrontée à une insurrection armée, menée par des paysans épuisés par le travail forcé et l'injustice du système colonial. Elle envoie sur place 30 000 militaires et finit par remporter cette guerre à la fin de l'année 1948. Plusieurs dizaines de milliers de personnes (entre 10 000 et 100 000, selon les sources) ont péri entre-temps, tuées par l'armée française ou terrassées par la faim et les maladies contractées dans les forêts où elles se cachaient [→ I.6].

En 1958, Madagascar devient une république autonome, membre de la Communauté française [→ II.1]. Les îles évoquées dans la loi d'annexion de 1896 en font naturellement partie. Cela ne dure pas : leur statut va totalement changer juste avant l'indépendance de Madagascar, proclamée le

26 juin 1960. Dans les mois qui précèdent ce retour à la souveraineté, des négociations sont ouvertes entre Français et Malgaches. Elles se concluent par le paraphe d'accords de « transfert de compétences », le 2 avril 1960, lesquels couvrent divers domaines (monétaire, militaire, diplomatique, commercial, culturel, etc.). Mais les cinq îles ne sont pas concernées : la France a pris des dispositions pour les garder dans son giron. Le 1er avril, le général de Gaulle a en effet signé un décret indiquant : « Les îles Tromelin, Glorieuses, Juan de Nova, Europa et Bassas da India sont placées sous l'autorité du ministre chargé des Départements d'outre-mer et des Territoires d'outre-mer. » Ce ministre « peut confier leur administration à l'un des fonctionnaires relevant de son département », ajoute le texte. Autrement dit, la France s'adjuge habilement la propriété de ces îles avant que l'indépendance de Madagascar ne soit effective. En septembre 1960, le préfet de La Réunion est désigné pour les administrer.

Selon la version officielle française, tout s'est fait dans la transparence et Madagascar a accepté sans difficulté le démembrement de son territoire. En 1996, le Sénat français parle même, à propos d'un projet de loi, d'un prétendu « accord » franco-malgache, qui aurait placé « les îles Éparses sous souveraineté française en contrepartie de la reconnaissance de l'indépendance malgache ». « C'est au cours des négociations bilatérales devant conduire à l'indépendance » que fut pris le décret du 1er avril 1960, affirme aussi ce rapport sénatorial. Raymond Ranjeva, ancien vice-président de la Cour internationale de justice (CIJ), avance une tout autre version. Lui qui a travaillé sur ce dossier explique en 2019 dans l'hebdomadaire *Jeune Afrique* que « les îles ont été coupées du territoire de Madagascar par un acte unilatéral de l'Autorité française », soit « après la clôture des négociations, à la veille du paraphe des accords en vue de l'indépendance ». Il poursuit : « Les membres de la délégation malgache de 1960 que j'ai interrogés m'ont dit que ces petites îles n'ont jamais été évoquées. » Son explication rejoint celle d'André Oraison, auteur d'une étude très complète sur la question en 2010. Selon ce juriste français, le décret du 1er avril est un acte juridique « scélérat », qui « a été adopté dans le plus grand secret : il n'a été porté à la connaissance de la partie malgache qu'après le 14 juin 1960 qui est sa date de parution au *Journal officiel* ».

Une zone stratégique

Ce n'est évidemment pas pour la beauté des lieux que la France a réalisé cette confiscation en 1960, mais pour des raisons très stratégiques. Bien qu'elles représentent moins de 50 km^2 carrés de terres, les îles entourant Madagascar couvrent une superficie maritime de 640 000 km^2 carrés, soit environ 6 % de l'actuel territoire maritime français. Dans une note adressée à Jacques Foccart en 1961 et citée par Pierre Caminade dans son livre *Comores-Mayotte : une histoire néocoloniale* (2003), Charles de Gaulle « met en garde » le Quai d'Orsay contre toute idée d'associer Madagascar à une quelconque action concernant « les îles et îlots français avoisinants ». Ces « îles et îlots peuvent revêtir pour nous une importance réelle, notamment en ce qui concerne nos expériences atomiques, affirme de Gaulle. Je n'approuve donc pas qu'on introduise Madagascar en quoi que ce soit qui se passe dans ces îles, notamment en ce qui concerne la météo ». Le général évoque la « météo » parce que chacune des îles, à l'exception de Bassas da India, abrite depuis les années 1950 une station météorologique ainsi qu'une piste d'atterrissage.

Si elle n'a pas provoqué de heurts en 1960, l'emprise française est remise en cause par Madagascar en 1972, après le retrait du pouvoir du président Philibert Tsiranana intervenu en mai. Après dix années à la tête du pays, le chef de l'État a été débordé par un mouvement de contestation national réclamant l'abrogation des accords de coopération signés en 1960 avec la France et il a dû céder les pleins pouvoirs au chef d'état-major de l'armée [→ III.1]. Dans les mois qui suivent, les nouveaux dirigeants malgaches s'attellent à redéfinir les relations avec la France. Des négociations bilatérales aboutissent, en juin 1973, à deux grandes décisions : la sortie de Madagascar de la zone franc et la fermeture des bases militaires françaises implantées sur la Grande Île. C'est lors de ces discussions que les autorités malgaches ont remis sur la table le dossier des Nosy Malagasy. Mais sans rien obtenir : « Il nous a été répondu que c'est un problème qui serait réglé de gouvernement à gouvernement, plus tard, déclare à ses compatriotes, le 22 mai 1973, le ministre malgache des Affaires étrangères et chef de la délégation qui a négocié avec la France, le capitaine de frégate Didier Ratsiraka. Le problème n'a pas été traité dans le cadre des accords de coopération puisqu'il est possible qu'aucun accord, aucun consensus ne puisse être établi dessus. Cela pourrait très bien durer des années. Le litige pourrait être amené jusqu'à la Cour internationale de justice. » Le 4 juin 1973, Madagascar prend acte du contentieux territorial dans un document diplomatique transmis aux autorités françaises. Aucune des parties en conflit ne peut plus, théoriquement, prendre de décision unilatérale tant que le différend n'est pas résolu.

Pendant les décennies suivantes, un même scénario va se répéter : à chaque fois que Madagascar pose un acte visant à recouvrer sa souveraineté, la France répond par une décision visant à gagner du temps et à rendre un peu plus difficile la possibilité d'une rétrocession. Ainsi, Paris décide, fin 1973, d'installer des militaires à Juan de Nova, aux Glorieuses et sur Europa, alors que Madagascar vient de fixer les limites de ses eaux territoriales dans lesquelles elle a inclus les îles disputées. La France va plus loin en classant, fin 1975, les îles en « réserves naturelles intégrales » – à l'exception de Juan de Nova. Sous la présidence de Didier Ratsiraka, Madagascar saisit en 1976 le secrétaire général des Nations unies. Les autorités malgaches portent aussi leurs revendications devant l'Organisation de l'unité africaine et le Mouvement des non-alignés, lesquels leur donnent raison en reconnaissant la souveraineté de Madagascar. Au même moment, la France crée une zone économique exclusive (ZEE), s'étendant au large des côtes des îles Tromelin, Glorieuses, Juan de Nova, Europa et Bassas da India. Antananarivo conteste aussitôt cette décision.

Fin 1979, Madagascar obtient une victoire de taille : l'Assemblée générale de l'ONU adopte une résolution concernant les Glorieuses, Juan de Nova, Europa et Bassas da India, à travers laquelle elle « invite le gouvernement français à entamer, sans plus tarder, des négociations avec le gouvernement malgache, en vue de la réintégration » de ces îles, « qui ont été séparées arbitrairement de Madagascar ». Elle invoque « la nécessité de respecter scrupuleusement l'unité nationale et l'intégrité territoriale d'un territoire colonial au moment de son accession à l'indépendance » et rappelle la « disposition maintes fois réitérée du gouvernement malgache à entrer en négociation avec le gouvernement français en vue de trouver à la question une solution conforme aux buts et principes de la Charte des Nations unies ». Un an plus tard, l'Assemblée générale réaffirme sa position en adoptant une nouvelle résolution, laquelle « engage le gouvernement français à entamer d'urgence avec le gouvernement malgache » des négociations. Pendant ce processus, Madagascar a bénéficié du soutien de l'île Maurice. En retour, Antananarivo cesse de revendiquer Tromelin au profit de Port-Louis.

Devant l'Assemblée générale de l'ONU, les autorités malgaches ont plaidé l'argument de la proximité géographique pour affirmer que les îles accaparées par la France sont des dépendances naturelles de Madagascar. Elles ont mis en avant le fait que des Malgaches pêchent depuis toujours dans la zone et ont occupé épisodiquement ces morceaux de terres, alors que les Français affirment que les îles n'ont jamais été habitées et étaient sans maître lorsqu'ils s'en sont emparées pendant la période coloniale. Le gouvernement d'Antananarivo a aussi rappelé qu'il existait, bien avant l'arrivée des Français, un État malgache reconnu et souverain. Le décret du 1er avril 1960 a violé le droit des peuples à disposer d'eux-mêmes inscrit dans la Charte des Nations unies, a-t-il également fait valoir. Les Malgaches affirment par ailleurs que la remise de documents administratifs concernant les Glorieuses et Juan de Nova par Philibert Tsiranana, en 1962, à l'ambassadeur de France, n'était pas la manifestation d'une renonciation de souveraineté, contrairement à ce qu'allègue Paris.

Cependant, les résolutions de l'Assemblée générale des Nations unies, qui sont non contraignantes, n'ont aucun effet. La France continue d'agir en propriétaire. Elle interdit en 1994 la pêche à l'intérieur des eaux territoriales de sa zone économique exclusive et modifie le statut des îles en janvier 2005, les intégrant dans les Terres australes et antarctiques françaises (TAAF). Le fait que Madagascar ait créé en 1985 sa propre zone économique exclusive, laquelle se superpose à la sienne, n'a rien changé à la politique de la France.

Terres rares et gisements de gaz

Pendant quelques années, le litige est gelé. Jean-Marc Châtaigner, ex-ambassadeur de France à Madagascar, explique en 2015 dans *La Revue maritime* que les îles font l'objet d'un *gentlemen's agreement* diplomatique, négocié sous les présidences de Marc Ravalomanana (2002-2009) et de Jacques Chirac (1995-2007) et qui reste en vigueur jusqu'en 2014 : les deux pays se sont entendus pour faire en sorte que l'Assemblée générale de l'ONU ne débatte plus du problème. Inscrite à l'ordre du jour de l'Assemblée générale, la question des îles fait par conséquent chaque année l'objet d'une décision de report.

À partir de 2013, les hostilités reprennent néanmoins, à l'occasion de l'élection présidentielle malgache : au cours de la campagne électorale, certains candidats disent vouloir se battre pour la restitution des îles. Par la suite, le président Hery Rajaonarimampianina aborde le sujet devant l'Assemblée générale de l'ONU de 2016. Pour les dirigeants malgaches, le dossier des Nosy Malagasy peut éventuellement constituer une monnaie d'échange ou un moyen de pression dans leurs relations avec Paris. C'est de bonne guerre, étant donné que la France, qui est le premier partenaire commercial de Madagascar et compte 700 filiales et entreprises dans le pays, n'a jamais renoncé à influer sur sa vie politique. En 2009, par exemple, elle a joué un rôle trouble dans le renversement du président Marc Ravalomanana au profit d'Andry Rajoelina qui dirigera le pays jusqu'en janvier 2014 sans avoir été élu.

Le regain d'intérêt de la partie malgache manifesté depuis le début des années 2010 pour les Nosy Malagasy-îles Éparses est aussi lié au fait qu'elles ont pris une valeur considérable au fil des décennies. Le pays qui les contrôle domine *de facto* la moitié du canal du Mozambique, soit un point de passage hautement stratégique puisque 30 % du trafic mondial de pétroliers utilisent ce couloir maritime. Les Glorieuses, Juan de Nova, Europa, Bassas da India permettent à la France d'être, avec La Réunion et Mayotte, la première puissance maritime du sud-ouest de l'océan Indien et de posséder le plus grand empire maritime au monde après celui des États-Unis. Les îles présentent plusieurs autres atouts, dont la richesse en ressources halieutiques de leurs eaux. Abritant près de la moitié des oiseaux marins de la région et plusieurs espèces menacées, elles constituent elles-mêmes des terrains d'étude uniques pour les scientifiques. Mais il y a plus intéressant encore : leurs fonds marins possèdent potentiellement des ressources minérales, dont des terres rares. Il y a surtout de fortes chances qu'ils recèlent des hydrocarbures en grandes quantités, puisque d'énormes réserves de gaz ont été identifiées au cours des années 2000 et 2010 au large du Mozambique. Jusqu'ici, il n'est pas question d'exploration du côté des îles Éparses : début 2020, le gouvernement français a résilié des permis d'exploration qu'il avait accordés autour de Juan de Nova, après avoir décidé de renoncer à tout forage pétrolier dans son domaine maritime. Mais Paris ne se désintéresse pas des enjeux pétroliers et gaziers dans cette zone. Bien au contraire, le gouvernement français et plusieurs multinationales françaises, dont le pétrolier Total, sont fortement impliqués dans l'exploitation future des gigantesques gisements mozambicains.

Dans ces conditions, garder les Glorieuses, Juan de Nova, Europa, Bassas da India est essentiel pour la France. « Les îles Éparses sont des territoires extrêmement stratégiques », a lui-même dit Emmanuel Macron lors de son passage à Grande Glorieuse. C'est pourquoi la première réunion de la commission franco-malgache, qui se tient moins d'un mois après cette visite, le 18 novembre 2019, se borne à constater l'existence d'un différend sans dresser de perspective. C'est pourquoi aussi, alors que Paris s'efforce de bâtir ou de renforcer des alliances dans la région avec d'autres pays, dont l'Inde et l'Afrique du Sud, le président Macron multiplie les annonces : « Une station de recherche sera installée sur les îles Éparses dès l'année prochaine », tweete-t-il le 3 décembre 2019. Pour ne pas avoir à céder trop de terrain, la France plaide pour une « cogestion ». Elle a réussi à imposer ce schéma à l'île Maurice : les deux pays se sont entendus en 2010 pour une cogestion économique, scientifique et environnementale de Tromelin et de ses espaces maritimes. L'accord conclu est cependant resté en suspens : le texte a été adopté par le Sénat français en 2012, mais n'a pas pu être soumis au vote des députés, des élus de droite et d'extrême droite accusant l'État d'abandonner sa souveraineté sur Tromelin et de démanteler le domaine maritime de la France.

Tout en posant des jalons techniques pour maintenir le *statu quo*, Paris tente aussi d'amadouer les autorités malgaches. Vraisemblablement poussé par cette dynamique, le ministre français des Affaires étrangères, Jean-Yves Le Drian, se rend à Antananarivo en février 2020 et annonce que la France va fournir à Madagascar 240 millions d'euros sur quatre ans, moitié en dons, moitié en prêts, doublant ainsi son « soutien ». Peine perdue, Andry Rajoelina, revenu au pouvoir en 2019 après des élections, réaffirme le 11 mai 2020 sa volonté d'obtenir la « restitution » des îles à Madagascar. Hasard ? Le même jour, la France soumet à la consultation publique le projet de décret relatif à la création de la « réserve naturelle nationale de l'archipel des Glorieuses », lequel, précisons-le, bénéficie déjà d'un statut spécial de protection, puisque le gouvernement français a établi en 2012 un « parc naturel marin des Glorieuses ». La réaction de la partie adverse ne se fait pas attendre : le ministère malgache des Affaires étrangères convoque l'ambassadeur de France pour lui exprimer son opposition à ce projet de « nature arbitraire et non respectueu[x] du processus de négociations en cours entre les deux États », qui « constitue une violation manifeste des résolutions de l'Assemblée générale des Nations unies ».

Les autorités malgaches, qui ne rejettent pas l'idée d'une coopération avec la France, ont réussi à modifier un peu l'équation en leur faveur en mobilisant leur opinion publique, ce que n'avait pas fait le président Ratsiraka. En décembre 2019, Andry Rajoelina a ainsi lancé une « concertation nationale ». « Ces îles appartiennent à Madagascar. D'ailleurs, l'histoire confirme que, auparavant, elles avaient un nom malgache et s'appelaient Nosy Sambatra, Nosy Kely, Nosy Bedimaky et Nosy Ampela », a-t-il affirmé à cette occasion. Il a envoyé un message fort en s'affichant aux côtés de Didier Ratsiraka. Lui qui espérait pouvoir récupérer les îles pour le soixantième anniversaire de l'indépendance en juin 2020 semble avoir tout de même sous-estimé la détermination du pouvoir français.

Pour la France, l'enjeu est aussi d'éviter de créer un précédent. Car elle a d'autres contentieux territoriaux, comme celui concernant Mayotte, dont elle a fait en 2011 son cent unième département et que l'Union des Comores continue de revendiquer depuis que l'île lui a été arrachée lors de l'indépendance, en 1975. Dans ce dossier, l'Assemblée générale et le Conseil de sécurité des Nations unies ont donné plusieurs fois raison aux Comores, sans que Paris s'exécute.

La France n'est pas la seule puissance à avoir illégalement amputé un État d'une partie de son territoire dans l'océan Indien. En février 2019, la CIJ a émis un avis consultatif indiquant que le Royaume-Uni devait rendre rapidement à l'île Maurice l'archipel des Chagos qu'il administre depuis 1965 et dont il a chassé les habitants pour l'installation d'une base militaire américaine. S'appuyant sur ce texte, l'Assemblée générale de l'ONU a adopté trois mois plus tard une résolution exigeant que le Royaume-Uni renonce à administrer l'archipel et reconnaisse la souveraineté de Maurice. Pour justifier son refus de lâcher ce territoire, Londres met en avant le rôle de la base militaire américaine, qui permet de défendre le monde contre « les menaces terroristes, le crime organisé et la piraterie ». C'est peu ou prou le même discours mensonger que tient la France : elle prétend vouloir, en conservant les Nosy Malagasy, sauver la biodiversité de la planète et assurer la sécurité de la région, alors qu'elle vise uniquement à protéger ses intérêts géostratégiques dans cette zone où toutes les grandes puissances cherchent à se positionner.

Repères bibliographiques

Pierre CAMINADE, *Comores-Mayotte : une histoire néocoloniale*, Agone-Survie, coll. « Dossiers noirs », Marseille, 2003.

Cécile LAVRARD-MEYER, *Didier Ratsiraka. Transition démocratique et pauvreté à Madagascar*, Karthala, Paris, 2015.

LES AMIS DE LA TERRE, *Mozambique : de l'eldorado gazier au chaos*, 15 juin 2020 (disponible sur <https://amisdelaterre.org/de-leldorado-gazier-au-chaos/>).

André ORAISON, « Radioscopie critique de la querelle franco-malgache sur les îles Éparses du canal de Mozambique », *Revue juridique de l'Océan Indien*, 2010.

Solofo RANDRIANJA (dir.), *Madagascar, le coup d'État de mars 2009*, Karthala, Paris, 2012.

Chapitre 7

Du « Balai citoyen » à « France dégage » : la nouvelle lame de fond panafricaniste

Amzat Boukari-Yabara

En juillet 2009 à Accra, le président américain Barack Obama déclare que l'Afrique n'a pas besoin d'hommes forts mais d'institutions fortes. Une idée simple, mais susceptible de bousculer la politique de « stabilité » promue par la France. En effet, alors que Nicolas Sarkozy invite les « hommes forts » qui président les anciennes colonies à venir célébrer le cinquantenaire des indépendances en faisant défiler leurs armées sur les Champs-Élysées le 14 juillet 2010, Obama accueille trois semaines plus tard à la Maison-Blanche une centaine de jeunes venus de toute l'Afrique. En s'engageant à faciliter l'accès aux technologies digitales (Facebook, Twitter, WhatsApp, Signal, Skype...), et en prenant les organisations de la société civile (OSC) comme des interlocuteurs de premier plan, les États-Unis, dans une stratégie de *soft power*, accompagnent la naissance de nouvelles formes d'activisme.

Les « printemps arabes » ont montré l'importance des réseaux sociaux pour fédérer des initiatives de résistance. En 2011, la contestation par la jeunesse africaine de l'intervention militaire française dans la crise post-électorale ivoirienne [→ V.5] ainsi que de la guerre dans laquelle Nicolas Sarkozy a entraîné l'OTAN contre le régime de Mouammar Kadhafi [→ VI.4] se prolonge de manière inédite sur les réseaux sociaux.

Cependant, à l'inverse de leurs grands-parents politisés par le marxisme ou le panafricanisme de la FEANF [→ III.7], en décalage avec leurs parents focalisés sur la lutte contre les régimes à parti unique, les nouvelles générations rejettent souvent l'étiquette politique. Artistes, journalistes, jeunes diplômés, ils se disent « citoyens » dans des États qui répriment le peuple, « apolitiques » dans des démocraties aux élections truquées et « non-partisans » au grand dam des oppositions en perte de vitesse.

De plus en plus décriée sur la Toile depuis dix ans, la France subit désormais également les offensives médiatiques russes et turques, poussant Emmanuel Macron à faire de la « reconquête » de la jeunesse africaine un enjeu prioritaire.

Abdoulaye Wade et Blaise Compaoré emportés par la révolte populaire

Au tournant des années 2000, dans une Afrique où la moyenne d'âge des présidents est quatre fois plus élevée que l'âge de la population médiane, une frange de la jeunesse est de plus en plus décidée à conquérir ses droits. Au Sénégal, vitrine démocratique de l'Afrique francophone, la jeunesse découvre des artistes de hip-hop français et américain (IAM, Public Enemy, La Rumeur...) dont les textes engagés ouvrent une période de conscientisation. En wolof, le rap sénégalais porté par les groupes Positive Black Soul ou Daara J Family devient un mode d'expression privilégié de la contestation d'un ordre social conservateur.

En 2010, Thiat et Kilifeu, rappeurs au sein du groupe Keur Gui, forment avec le journaliste Fadel Barro et une dizaine de personnes le noyau dur de Y en a marre (YAM). Né du ras-le-bol face aux coupures de courant et autres situations marquant la détérioration des conditions de vie du Sénégalais lambda, le mouvement va se mobiliser contre une réforme constitutionnelle envisagée par Abdoulaye Wade.

Élu contre Abdou Diouf en 2000 avec le soutien de la jeunesse et réélu en 2007, Wade ambitionne de faire un troisième mandat, en prétextant que la modification constitutionnelle de 2001, qui a pourtant instauré une limitation à deux mandats présidentiels, a remis les compteurs à zéro lors de l'élection suivante. À 85 ans, il propose d'instituer un scrutin présidentiel sur la base d'un ticket incluant un vice-président et dont le président, s'il atteint la barre de 25 % (et non de 50 %) des suffrages au premier tour, serait déclaré élu sans qu'il soit besoin de procéder à un second tour.

Derrière cette proposition antidémocratique, le président sénégalais est soupçonné de vouloir verrouiller le pouvoir et de préparer son fils Karim, qui cumule déjà quatre portefeuilles ministériels, à lui succéder en devenant le vice-président appelé à gouverner en cas de vacance du pouvoir. Le 23 juin 2011, le jour prévu de l'examen par les députés de la modification constitutionnelle, une manifestation devant l'Assemblée nationale ouvre un cycle de mobilisations jusqu'à la défaite d'Abdoulaye Wade face à Macky Sall en février 2012.

Voulant faire émerger un Nouveau Type de Sénégalais (NTS), YAM continue la mobilisation au-delà du départ de Wade. Des cellules locales sont créées pour mener des actions de proximité afin d'améliorer le quotidien des populations. En 2013, YAM symbolise la possible victoire pour les OSC africaines au Forum social mondial de Tunis, inspirant à travers l'Afrique francophone l'éclosion de nombreux mouvements engagés pour le changement.

Au Burkina Faso, Blaise Compaoré, successeur et assassin de Thomas Sankara aux yeux de la jeunesse, est un pilier de la Françafrique. Son pouvoir ne parvient pas à se départir de l'image criminelle que lui valent plusieurs assassinats, comme celui en 1998 du journaliste Norbert Zongo, très populaire et dont le martyre a profondément marqué la jeunesse du pays [→ V.7]. Cette dernière, lycéenne et étudiante, se soulève de plus en plus régulièrement.

En 2013, alors qu'il fait face à une dissidence au sein du parti présidentiel, Blaise Compaoré veut modifier l'article 37 de la Constitution afin de pouvoir se représenter deux ans plus tard. Pour s'y opposer, le rappeur Smockey et le musicien de reggae Sams'K Le Jah regroupent plusieurs associations actives depuis 2010 et créent le Balai citoyen dont l'avocat Guy Hervé Kam devient le porte-parole. Le balai, petit ustensile de nettoyage composé de plusieurs brindilles réunies sur un manche, rejoint ainsi l'image du poing levé de Sankara dans un logo d'appel à l'action. Le mouvement organise des concerts et des caravanes pour sensibiliser et mobiliser pendant plusieurs mois la population contre toute modification de l'article 37, et plus généralement pour réveiller les consciences. Des antennes (clubs Cibal, pour « Citoyens balayeurs ») sont ouvertes dans le pays, dans la diaspora (ambassades Cibal) et sur les réseaux sociaux (webclub Cibal).

Place de la Révolution à Ouagadougou (Burkina Faso), 28 octobre 2014, trois jours avant la chute du dictateur Blaise Compaoré. « Notre nombre est notre force » est le slogan du mouvement social le Balai citoyen. © *Mika Doulson*

Fin octobre 2014, le régime décide de faire passer l'amendement par la voie législative plutôt que référendaire : un coup d'État constitutionnel, aux yeux de l'opposition et la société civile qui appellent à y faire barrage. Des centaines de femmes décident alors de défiler dans la capitale, une spatule de cuisine à la main, en signe de défiance pour le pouvoir. Celui-ci réunit tout de même tous les députés acquis à la modification dans un lieu sécurisé. Le jeudi 30 octobre, jour du vote, des dizaines de milliers de manifestants affrontent les forces de l'ordre à mains nues et marchent sur l'Assemblée nationale qui est incendiée. Les manifestants se dirigent ensuite vers le palais de Compaoré où ils font face au régiment de sécurité présidentielle (RSP) du général Gilbert Diendéré. Bien que pacifiste, le soulèvement populaire se solde par une trentaine de morts.

Dans une région où l'effondrement du Mali, la gestion des otages occidentaux et la recrudescence de groupes djihadistes [→ VI.2] faisaient jusqu'ici du chef d'État burkinabè un élément essentiel de la « stabilité », Paris suit les événements avec inquiétude. Alors que la jeunesse souhaite qu'il soit jugé pour les crimes de son régime, Blaise Compaoré est finalement exfiltré par la France et déposé en lieu sûr à Abidjan. Le 17 novembre 2014, un décret lui accorde même la nationalité ivoirienne. Durant la transition, les Cibal adoptent une position de sentinelles tout en vivant sous la menace de représailles de la part de l'ancien régime. S'ils appellent à la mobilisation contre un putsch tenté le 16 septembre 2015 par les hommes de Gilbert Diendéré, ils ne prennent pas position lors de l'élection présidentielle remportée deux mois plus tard par l'ancien cadre du régime devenu opposant avant sa chute, Roch Marc Christian Kaboré.

Quand les « dégagistes » inspirent les jeunesses africaines

Trois ans après les insurrections en Tunisie et en Égypte, la chute de Blaise Compaoré, l'un des dirigeants les plus haïs par la jeunesse africaine nourrie des discours de Thomas Sankara, galvanise les résistances et donne l'espoir d'en finir avec les régimes corrompus au sud du Sahara.

Des militants expérimentés par des années de lutte au Gabon, au Congo, au Cameroun, au Niger, mais aussi au Burundi et en République démocratique du Congo se fédèrent dans le cadre du collectif Tournons la page (TLP), qui affirme l'idée simple qu'il ne peut pas y avoir de démocratie sans alternance au pouvoir – même si celle-ci ne suffit pas, l'exemple burkinabè le montre. Coordonnée avec l'aide d'une ONG française, le Secours catholique, la campagne permet la mise en lien des différentes initiatives nationales et tente de créer une pression collective sur les pouvoirs en place dès que l'un de ses membres subit la répression. Mais ce sont surtout de nouveaux mouvements, créés par une jeunesse avide de changement, qui naissent dans le sillage de l'insurrection burkinabè.

Investie par une nébuleuse de groupes gravitant autour des Forces démocratiques de libération du Rwanda (FDLR), des Forces démocratiques alliées (ADF) proches de l'Ouganda ou des milices d'autodéfense, la région du Kivu de l'ex-Zaïre est, depuis vingt ans, le théâtre de nombreux massacres et viols de civils. À Kinshasa, le régime de Joseph Kabila, au pouvoir depuis l'assassinat de son père en 2001, est accusé de laisser faire ces exactions pour servir les intérêts du président rwandais Paul Kagame dans cette région riche en minerais stratégiques.

Après la prise de la ville de Goma par un groupe rebelle en mai 2012, Fred Bauma et Yves Makwambala décident de créer le mouvement LUCHA, Lutte pour le changement. Prônant la non-violence mais appelant les autorités à assumer leur mission sur le plan sécuritaire, LUCHA accompagne les populations pour qu'elles gagnent en dignité, en autonomie et en responsabilité.

Le renversement de Blaise Compaoré donne aussi l'espoir de grands changements en RDC, où l'opposition redoute que Kabila s'éternise au pouvoir alors que le deuxième mandat que lui autorise la Constitution doit prendre fin en 2016. En mars 2015, les leaders de Y en a marre et du Balai citoyen se retrouvent à Kinshasa, avec la LUCHA, pour lancer cette fois un mouvement national : Filimbi (« sifflet » en swahili). Lors de la conférence de presse, marquée par la présence ostensible d'un diplomate américain, les forces de l'ordre interviennent et arrêtent les représentants des trois mouvements, ainsi que des journalistes et des participants. Tous sont relâchés à l'exception de Fred Bauma et Yves Makwambala, détenus arbitrairement jusqu'en août 2016. Espérant briser les bases d'un mouvement « dégagiste » dans le pays, les autorités congolaises attirent en fait l'attention des médias internationaux et surtout galvanisent la mobilisation dans le pays, à laquelle se rallieront bientôt les mouvements chrétiens : Kabila devra bien renoncer à se présenter lors de l'élection, finalement organisée en 2018, non sans avoir pris soin de négocier sa sortie et son immunité.

Ailleurs en Afrique francophone, les dictatures en place s'organisent pour endiguer la vague dégagiste. Au Congo-Brazzaville voisin, les manifestations de septembre 2015 contre la modification de la Constitution sont réprimées dans une violence extrême. Ni les combats qui se déclenchent face aux milices du pasteur Ntumi dans la région du Pool au lendemain du scrutin présidentiel d'avril 2016, entraînant le déplacement de dizaines de milliers de personnes, ni la condamnation de l'opposant Jean-Marie Mokoko à vingt ans de prison ne suffisent à rendre Sassou Nguesso infréquentable à Paris. Créé dans la foulée, le mouvement Ras-le-bol peine à mobiliser : le traumatisme de la répression de 2015 et de la guerre dans le Pool contribue à anesthésier une résistance écrasée par le régime.

C'est le cas aussi au Tchad, où le mouvement citoyen Iyina (« On est fatigués ») et les autres organisations de la société civile subissent régulièrement les foudres du régime d'Idriss Déby. En avril 2019, treize jeunes qui bravent une interdiction de manifester contre la pénurie de gaz, brandissant de simples feuilles sur lesquelles il est écrit « On veut du gaz » ou « Du gaz pour nos mamans », sont incarcérés. L'un d'eux est même accusé de complicité d'atteinte à l'« ordre constitutionnel ».

Même au Niger, pays où les forces démocratiques semblaient s'être imposées, le pouvoir en place, fort du soutien de Paris dans sa « lutte contre le terrorisme » [→ VI.2], s'engage dans une incroyable dérive autoritaire : les leaders d'un mouvement populaire qui s'oppose à une loi de finances socialement injuste – mais généreuse pour les opérateurs de téléphonie comme Orange –, et dont l'aile la plus radicale réclame le départ des troupes françaises, subissent harcèlement judiciaire et incarcérations.

Peu à peu, l'élan issu de l'insurrection burkinabè s'essouffle : face à des régimes toujours puissamment soutenus depuis l'étranger, les appels à descendre massivement dans la rue ne suffisent pas pour créer les conditions d'une révolution. Surtout dans les pays du Sahel où l'aggravation continuelle de la situation sécuritaire finit par paralyser la réflexion politique, au nom de la « guerre contre le terrorisme ».

Résistances 2.0 et guerre d'influence médiatique franco-russe

Les réseaux sociaux, dont le rôle a été souligné dans les « printemps arabes », sont mis à profit pour tenter d'alimenter la flamme révolutionnaire. Ainsi, confrontés à de véritables hold-up électoraux, des opposants, voire des « présidents élus » ou « autoproclamés » s'exilent et parcourent les capitales occidentales en quête d'une hypothétique reconnaissance internationale, tout en essayant de galvaniser leurs militants au pays.

C'est le cas de Jean Ping, figure en vue du long règne d'Omar Bongo et qui entre en dissidence vis-à-vis de son fils Ali après la succession dynastique de 2009. Alors que le dépouillement suivi en direct par des applications de messageries instantanées le place en tête du scrutin présidentiel du 27 août 2016, Jean Ping est finalement battu à la suite d'une improbable remontée des voix pour Ali Bongo dans sa province natale du Haut-Ogooué. Les partisans de Ping subissent une répression sanglante au siège de leur mouvement, où la Garde républicaine donne l'assaut en ouvrant le feu. Depuis l'étranger, il multiplie les messages de mobilisation, assurant ses partisans d'une hypothétique victoire prochaine.

La situation est analogue au Togo. En août 2017, l'opposition politique, de plus en plus décrédibilisée, sort de sa torpeur avec l'irruption d'un nouveau venu, Tikpi Atchadam, qui a créé en 2014 le Parti national panafricain. Parvenant à mobiliser largement, en dépassant le clivage entre le Nord et le Sud du pays régulièrement instrumentalisé par le pouvoir, il met des milliers de Togolais dans la rue pour réclamer le retour à la Constitution de 1992, qui limite notamment le nombre de mandats présidentiels. Face à la répression brutale, le mot d'ordre devient le départ pur et simple de Faure Gnassingbé qui remporte brutalement le bras de fer. Craignant pour sa vie, Atchadam entre en clandestinité en 2018, de même qu'un autre opposant deux ans plus tard : après avoir joué en vain le jeu de l'élection présidentielle, Agbéyomé Kodjo, arrivé second derrière l'autocrate Faure Gnassingbé, s'enfuit en juillet 2020 alors qu'il est accusé d'atteinte à la sûreté de l'État. Tous deux tentent de maintenir une mobilisation en diffusant leurs messages sur Facebook, Twitter, Instagram, etc.

Redoutant l'utilisation des réseaux sociaux pour dénoncer en direct dans le monde entier les fraudes et les répressions qu'ils commettent, les régimes autoritaires retournent l'accusation en invoquant des « raisons de sécurité » ou la « crainte de publication illégale de résultats » pour couper les services internet et de SMS, comme lors des élections présidentielles de mars 2016 à Brazzaville ou en décembre suivant à Kinshasa lors de la fin du mandat officiel de Joseph Kabila. Les lanceurs d'alerte et cyberactivistes, qu'ils soient indépendants ou membres de la Ligue des blogueurs et activistes africains (AfricTivistes), sont alors amenés à rivaliser d'ingéniosité pour continuer leur combat.

Le Cameroun fournit un des exemples les plus dramatiques de ces « coupures ». À partir des premières grosses manifestations dans les régions anglophones, en décembre 2016, le pouvoir de Paul Biya provoque un black-out de quatre mois qui invisibilise les mobilisations et leur écrasement. Il recommence à partir d'octobre 2017, lorsque la répression pousse une large part de la population de ces régions, excédée, à revendiquer la sécession, y compris par les armes. Depuis, le pourrissement de la situation et les exactions de cette guerre loin des caméras occidentales échappent, à de rares exceptions près, aux réseaux sociaux.

Dans cette guerre de l'information, révélations et *fake news* se chevauchent. Les pages interactives des médias (RFI, *Le Monde Afrique*, France 24) subissent des flots de commentaires dans le cadre d'une guérilla numérique où le buzz est finalement rendu inoffensif, dès lors qu'une actualité en chasse une autre. Les réseaux sociaux servent de soupape de sécurité en absorbant la colère de la jeunesse africaine et en lui renvoyant du contenu qui peut tout autant dépolitiser et désorienter les moins aguerris, c'est-à-dire la majorité. Depuis l'Afrique centrale, la chaîne Afrique Média mène également la surenchère sur une ligne vindicative antifrançaise totalement assumée, qui constitue un filon commercial mais aussi un moyen pour les régimes en place de canaliser vers Paris la colère que provoque leur incurie, et pour Paris de discréditer toutes les formes de contestation en les amalgamant aux plus caricaturales d'entre elles.

Car la France s'inquiète de la monté d'un « sentiment antifrançais » et surtout d'un décrochage auprès de l'opinion africaine par rapport à l'image des pays considérés comme « concurrents » (États-Unis, Allemagne, Canada, Japon, Chine, Turquie...). Alors qu'il en est lui-même un utilisateur, Emmanuel Macron juge « très dangereux [ce] monde de réseaux sociaux, où l'on peut très facilement bousculer – on l'a vu avec les printemps arabes – les opinions publiques ». Niant le libre arbitre et la capacité critique des Africains, il est convaincu qu'il revient à la France de les préserver de cette ingérence venue de Moscou, Ankara ou Dubaï. « Je me méfie toujours de la société civile et des réseaux sociaux largement financés par les Turcs ou par les Russes. Les Russes financent énormément de choses », explique le président dans l'interview qu'il donne en 2020 aux journalistes Antoine Glaser et Pascal Airault.

Par le biais de la chaîne Russia Today et de l'agence de presse Sputnik, Moscou favorise en effet des voix qui sont généralement censurées ou caricaturées dans les médias français. À Bamako, Bangui ou Ndjamena, les pancartes et les drapeaux brandis lors de manifestations donnent à voir cette influence russe. Dans au moins un cas, à Madagascar, des personnes ont reconnu avoir reçu de l'argent russe pour manifester devant l'ambassade de France. Mais cette tactique, qu'utilisent largement les régimes africains pour étaler leur supposée popularité lors de chaque visite d'officiels étrangers ou campagne électorale, n'enlève rien à un rejet caractérisé de la France.

Vladimir Poutine, perçu par une partie de l'opinion africaine comme un rempart à l'Occident et au « mondialisme », peut ainsi organiser en octobre 2019 un Forum Russie-Afrique à Sotchi qui réunit tous les présidents des anciennes colonies françaises. À l'exception du Camerounais Paul Biya qui devait recevoir au même moment la visite de Jean-Yves Le Drian. Si le sommet marque le grand retour de la Russie en Afrique, la jeunesse africaine retient surtout l'intervention de la Suisso-Camerounaise Nathalie Yamb. En présence de diplomates français, la conseillère exécutive du parti de l'opposant ivoirien Mamadou Koulibaly prononce un discours contre la Françafrique qui devient rapidement viral sur les réseaux sociaux, au point de lui valoir peu après une expulsion de Côte d'Ivoire. Et, de ce fait, un surcroît de médiatisation.

Contre la « recolonisation économique »

En France, depuis les guerres de Libye et de Côte d'Ivoire, des dizaines d'associations, de mouvements et de partis politiques de la diaspora africaine s'organisent. Dès septembre 2013, une plateforme constituée sous le mot d'ordre « l'Afrique se mobilise pour sa souveraineté » expose les revendications : libération de Laurent Gbagbo et envoi de Nicolas Sarkozy à la CPI, fermeture des bases militaires étrangères, fin des élections confisquées, opposition à la partition du Mali, abolition du franc CFA et expulsion des multinationales françaises...

Dans l'indifférence des médias français mais sous l'œil des webtélés africaines qui se développent et produisent une information « alternative », les manifestations qui se succèdent chaque mois dans les rues parisiennes au son de Tiken Jah Fakoly et d'Alpha Blondy sont l'occasion pour chaque diaspora de soutenir les luttes au pays, mais aussi de contribuer à construire un arc de mobilisations qui dépasse les cadres de « nations » dont le découpage est issu de la période coloniale.

Sur le plan géopolitique, cette nouvelle résistance multipolaire favorise l'essor de structures fédérales, à l'instar de la Ligue Panafricaine-UMOJA qui dispose de sections dans plusieurs pays africains et afrodiasporiques afin d'agir depuis des territoires qui ne sont pas soumis au néocolonialisme français, tout en relançant les dynamiques interterritoriales anciennes (RDA, FEANF…) qui avaient éclaté après les indépendances. Le défi est alors de former de nouvelles générations militantes en faisant le bilan critique des expériences passées, et de ramener le panafricanisme dans le champ politique pour qu'il soit à la disposition de l'électorat africain, tout en gardant une intégrité idéologique.

Sur le plan économique et socioculturel, les stratégies « panafricaines » déployées par un certain nombre d'agents ultralibéraux pour investir les marchés et les sociétés civiles africaines sont également contestées. Un exemple au Sénégal, où Guy Marius Sagna est régulièrement persécuté et emprisonné par les autorités pour sa lutte en faveur de la justice sociale. À ses côtés, les jeunes militants du Front pour une révolution anti-impérialiste populaire et panafricaine (FRAPP) élargissent la question du franc CFA aux Accords de partenariat économique (APE). Le FRAPP, plus connu sous le nom de « France dégage », dénonce ainsi à partir de 2018 la « recolonisation économique », notamment par les grandes surfaces françaises (Auchan, Carrefour) qui tuent le commerce local.

Ces mobilisations contribuent à forger une culture politique collective parmi les catégories populaires, qui passent ainsi de la résignation à la mobilisation. À tel point qu'en février 2021, lorsque le pouvoir sénégalais

Manifestation contre le groupe Auchan et pour la sauvegarde de l'économie sénégalaise à Dakar, en octobre 2018. © *Clémence Cluzel / Médiacités*

fait incarcérer le principal opposant politique, Ousmane Sonko, opportunément accusé de viol, et risquant pour ce grave motif d'être écarté de la prochaine élection présidentielle, la colère populaire se tourne spontanément vers ces symboles du néocolonialisme français. Dans les rédactions des grands médias parisiens, on découvre ainsi, hébété, les images de supermarchés français et de stations Total pris pour cible dans ces émeutes politiques.

Antinéocolonialistes, panafricanistes ou anti-impérialistes, ces résistances s'étendent au-delà de l'espace francophone pour combattre une Françafrique qui sort aussi de son pré carré. Des alliés se trouvent à Lagos, Accra, Nairobi ou Johannesburg. Très commentées sont les traductions des discours énergiques du jeune leader sud-africain Julius Malema, les prises de position de l'avocat kényan Patrick Loch Otieno (PLO) Lumumba, les analyses anticapitalistes du journaliste ghanéen Kwesi Pratt Junior ou encore les sorties de la diplomate zimbabwéenne Arikana Chihombori Quao, relevée de son poste d'ambassadrice de l'Union africaine aux États-Unis en octobre 2019 pour avoir notamment critiqué le néocolonialisme français.

Cette jeunesse panafricaniste, tout autant capable de débattre sur le pillage des matières premières que de chasser les militaires français à coups de pierres, est filtrée par les régimes françafricains. Ainsi, le 28 novembre 2017 à Ouagadougou, alors qu'Emmanuel Macron vient de livrer un « discours à la jeunesse africaine » devant huit cents jeunes triés sur le volet, un étudiant tchadien est expulsé *manu militari* de l'amphithéâtre après lui avoir posé une question sur le franc CFA. Dehors, les manifestants – que les caméras évitent de montrer pour ne pas gâcher le film sur la visite du président français – saluent leur camarade qui est déjà glorifié sur les réseaux sociaux. Cet étudiant est sans doute un habitué de Deux heures pour nous, deux heures pour Kamita (l'Afrique), un cadre de débats instauré au sein de l'Université Joseph Ki-Zerbo qui vise, selon les mots de l'un de ses responsables, à « sortir du sankarisme de surface ».

C'est sur cette base que cette nouvelle génération de militants panafricanistes s'organise et lutte sur plusieurs fronts : « Ces campagnes ont toutes un lien parce qu'en réalité ce qui est en jeu, c'est la recolonisation de nos pays à travers des politiques, analyse en 2018 Guy Marius Sagna interrogé par le site bilaterals.org, que ce soit la politique de l'Union européenne pour ce qui concerne l'Accord de partenariat économique, que ce soit les politiques du FMI et de la Banque mondiale qui sont des politiques de recolonisation au service des multinationales, que ce soit la politique du franc CFA qui est une survivance de la colonisation française. Donc toutes ces campagnes sont pour nous des réponses variées, diverses et diversifiées aux plans de recolonisation en cours, recolonisation renforcée de nos pays et de nos peuples. »

Repères bibliographiques

Saïd Bouamama, « Dettes coloniales et réparations », *in* Martine Boudet (dir.), *Résistances africaines à la domination néocoloniale*, Éditions du Croquant, Vulaines-sur-Seine, 2021.

Justine Brabant et Annick Kamgang, *LUCHA, chronique d'une révolution sans armes au Congo*, La Boîte à Bulles-Amnesty International, Paris, 2018.

Cetri (Centre Tricontinental), *Alternatives Sud. État des résistances dans le Sud. Afrique*, Syllepse, vol. 17, n° 4, Paris, 2010.

Laurent Duarte, « Afrique – Quand la démocratie se joue en ligne », CERAS, *Revue Projet*, vol. 4, n° 371, 2019.

Grip (Groupe de recherche et d'information sur la paix et la sécurité), *Une jeunesse africaine en quête de changement*, GRIP, Bruxelles, 2017.

Ndongo Samba Sylla (dir.), *Les Mouvements sociaux en Afrique de l'Ouest*, L'Harmattan, Paris, 2014.

Paris « réforme » le franc CFA pour maintenir son ingérence monétaire

« Le franc CFA a reçu son coup de grâce samedi, près de soixante ans après les indépendances africaines », commente *Le Monde*. Rien n'a filtré jusqu'à la conférence de presse commune du président ivoirien et de son homologue français, le 21 décembre 2019 à Abidjan. On savait cette visite placée sous le signe des relations économiques, mais Emmanuel Macron crée la surprise en orchestrant l'annonce de la « fin du franc CFA », symbolisée par la signature d'un nouvel accord avec la zone monétaire de huit États qui utilisent cette devise en Afrique de l'Ouest. Même au sein des gouvernements africains et de la Banque centrale de cette union monétaire, c'est l'étonnement le plus total, comme le relève en novembre 2020 le député français Jean François Mbaye dans le rapport parlementaire qu'il consacre à cette réforme.

Une habile opération de communication

Héritage colonial, la monnaie de quinze États de la zone franc est *de facto* placée sous la tutelle des autorités françaises, qui ont toujours su utiliser cet outil pour garder la haute main sur l'économie de ces pays, en vertu d'accords de coopération monétaire réformés au début des années 1970 [→ III.2]. La critique de cette ingérence monétaire, jadis limitée à des universitaires et des réseaux militants inaudibles, a fini par irriguer plus largement des mouvements de jeunesse africains et par alimenter un rejet de la politique française. Deux aspects sont particulièrement brandis lors des mobilisations pour nourrir cette contestation : d'une part, des représentants de Paris siègent dans les instances dirigeantes des trois banques centrales africaines de la zone franc (Afrique de l'Ouest, Afrique centrale et Comores), d'autre part ces dernières doivent toujours déposer une partie de leurs réserves de change sur un compte d'opérations au Trésor français.

« Larguons les amarres ! » lance le président français devant un parterre d'officiels ivoiriens et de journalistes pour signifier qu'on aurait changé d'ère. L'annonce est une habile opération de communication : les médias relaient à l'unisson que le franc CFA serait « mort », disparu, bien qu'ils reconnaissent dans le même temps que cette réforme ne concerne que les huit pays de l'union monétaire ouest-africaine, sur les quinze États africains que compte la zone franc.

Dans ces huit pays, le franc CFA doit ainsi changer de nom pour devenir l'eco, annonce encore Emmanuel Macron. Un choix qui ne doit rien au hasard : c'est justement le nom de la monnaie unique que quinze États d'Afrique de l'Ouest, incluant des poids lourds comme le Ghana et surtout le Nigéria, ont convenu de créer prochainement. Le projet est en discussion depuis des années et doit alors aboutir en 2020, selon le calendrier officiel, à une nouvelle union monétaire... à laquelle la France se verrait bien associée. Après avoir un temps cherché à « élargir » la zone franc, Paris cherche à court-circuiter l'initiative en substituant un « eco » contrôlé par la France à un « eco » africain. « Le compte d'opérations à Paris et la présence française dans les instances bancaires étaient un repoussoir pour les pays anglophones », concède au *Monde* un collaborateur d'Emmanuel Macron, qui explique que l'Élysée a cherché avec la présidence ivoirienne la meilleure façon de faire du bloc francophone « le socle de cette intégration monétaire sur laquelle pourront se greffer les pays anglophones ou lusophones de la région ».

Ces derniers feront connaître dans un communiqué trois semaines plus tard leur agacement face à une décision « unilatérale » des pays liés à la France, puisqu'il avait déjà été convenu que l'eco serait le nom de la « monnaie unique indépendante » pour la zone monétaire amenée à couvrir toute l'Afrique de l'Ouest. Contrairement au *storytelling* sur le retrait français du CFA, ils dénoncent en termes diplomatiques une immixtion de Paris dans ce processus.

Effacer les « irritants politiques » pour consolider les « aspects essentiels »

Car si la France largue effectivement deux amarres, elle maintient un filet. Le nouvel accord monétaire n'oblige plus les huit États ouest-africains à utiliser un compte d'opérations au Trésor français. Et il entérine le retrait des représentants de Paris au sein des instances dirigeantes de la Banque centrale d'Afrique de l'Ouest, notamment le conseil d'administration et le comité chargé de fixer la politique monétaire. Du moins en temps normal : une disposition prévoit tout de même explicitement que Paris peut revenir siéger à ce comité si la politique monétaire n'est pas conforme à certains objectifs de stabilité de ce CFA-eco, « à titre exceptionnel et pour la durée nécessaire à la gestion de la crise ».

À Paris, le représentant du Trésor explique en février 2020 aux députés de la commission des Finances que ces choix ont été dictés par « la volonté de sortir des irritants politiques : le nom, la question de la présence de la France dans les instances et la centralisation de 50 % des réserves de change ». Emmanuel Macron parlera lui, en mai 2021, dans *Le Journal du dimanche*, des « marqueurs symboliques qui concentraient toutes les critiques et [tous] les fantasmes ».

Mais, comme l'explique le fonctionnaire français devant les députés, « des aspects essentiels ne changent pas », notamment la parité avec l'euro et la garantie de convertibilité apportée par la France « afin de sécuriser la crédibilité de cette parité fixe ». Présentée hypocritement comme « temporaire » et justifiée par le besoin de rassurer les investisseurs prompts à paniquer lors de tout bouleversement monétaire, cette parité fixe va continuer d'étrangler les économies locales. D'une part parce que l'euro, auquel reste arrimé le CFA-eco, est une monnaie forte au plan international par rapport au dollar (devise dans laquelle se fait majoritairement le commerce mondial), ce qui pénalise les exportations africaines. D'autre part parce que les choix faits en matière de politique monétaire par la Banque centrale qui gère ce CFA-eco restent dédiés à la défense de la parité avec l'euro : « En cas de conflit entre la défense de l'économie et la défense de la parité avec l'euro, cette dernière sera retenue, résume l'économiste Ndongo Samba Sylla. C'est l'objectif primordial. »

La France y veillera, puisqu'elle se porte toujours officiellement garante de la convertibilité avec la monnaie européenne : une garantie fictive, puisqu'elle n'a pas été activée depuis le début des années 1990 et n'a pas empêché la dévaluation du franc CFA en 1994. Certes « les moyens traditionnels ne seront plus utilisés », explique encore le fonctionnaire du Trésor face aux députés français, mais « d'autres moyens pourront permettre à la France de maîtriser son risque, notamment le *reporting* et le dialogue en cas de crise ». La nature de ce *reporting*, une obligation de transmission régulière d'informations, doit être définie « par échange de lettres », une procédure de traité bilatéral consistant à renvoyer par écrit son accord, avec effet d'engagement immédiat (sans ratification) : Paris dictera discrètement, par voie diplomatique, les informations que la Banque centrale aura l'obligation de lui transmettre en continu, en échange d'une garantie restant toujours aussi factice.

Le « nouveau » système fonctionne finalement comme un pilier de béton armé dont on aurait retiré le coffrage : quand il a bien durci, il n'y a plus besoin d'un compte d'opérations ni de représentants permanents au sein des instances de la Banque centrale, qui sont des leviers d'influence trop visibles. Le pilier monétaire tient désormais par lui-même… moyennant une surveillance étroite, avec un mécanisme d'intervention en cas de « crise » et des « rencontres techniques organisées en tant que de besoin » entre la Banque centrale et les autorités françaises, comme le stipule le nouvel accord de coopération. Sous la surface visible, lisse et esthétique, l'armature métallique reste bien présente pour maintenir la structure.

Intégration monétaire en panne

En septembre 2020, soit neuf mois après cette annonce fracassante sur la mue du CFA ouest-africain, le processus d'intégration monétaire avec les autres pays de la sous-région déraille une fois de plus : le lancement de l'eco comme monnaie unique de la sous-région est reporté *sine die*, officiellement en raison de critères économiques intenables pour faire face à la crise provoquée par la pandémie de Covid-19. L'eco, dont le projet était brandi depuis des années par des adversaires résolus du franc CFA, devient par la grâce d'Emmanuel Macron et Alassane Ouattara progressivement le nom et le symbole de l'ingérence monétaire de Paris dans cette partie de son pré carré historique. La récupération est totale.

Comme le pointent Fanny Pigeaud et Ndongo Samba Sylla dans un billet de blog sur Mediapart, l'ensemble de la réforme est discrètement entré en vigueur le 1er janvier 2021, après la signature en décembre 2020, loin des caméras cette fois, d'une nouvelle convention de garantie, en remplacement de celle reposant sur un compte d'opérations. Sans que la monnaie change de nom : l'abandon du terme « CFA » demeure une simple possibilité prévue dans l'accord annoncé en fanfare fin 2019, qui pourra éventuellement avoir lieu dans un troisième temps. Le changement majeur annoncé par Emmanuel Macron et Alassane Ouattara n'a eu aucune conséquence réelle pour les millions d'utilisateurs de cette monnaie.

Le locataire de l'Élysée a en revanche implicitement montré que certaines choses ne changent pas. Maîtrisant lui-même l'agenda de l'annonce et de la réforme, il a démontré à son corps défendant que rien ne peut se décider sans la France, malgré les discours officiels qui affirment depuis dix ans que « c'est aux chefs d'État africains de décider » de l'avenir de cette monnaie. Une antienne reprise par le président Macron lors de son discours de Ouagadougou en 2017, où il avait ensuite balayé d'un revers de la main la critique de ceux qui contestent l'appellation « franc CFA », qui date de 1945 : « Pardonnez-moi, mais je les laisse à leurs propres turpitudes. Je ne suis pas nominaliste. Je ne suis ni fier du nom, ni n'ai de problème avec le nom. Vous en faites ce que vous voulez. [...] Si je puis me permettre un conseil, n'ayez pas sur ce sujet une approche bêtement postcoloniale ou anti-impérialiste. Ça n'a aucun sens, ce n'est pas de l'impérialisme. »

En se mettant en scène à Abidjan, capitale historique de la Françafrique, aux côtés d'un président explicitement houphouétiste, fervent défenseur du franc CFA et endossant pour l'occasion le rôle de caution africaine des bonnes intentions de l'ex-métropole, Emmanuel Macron pouvait pourtant difficilement faire preuve d'une plus grande continuité néocoloniale. À l'instar de l'indépendance de façade octroyée au tournant des années 1960 à des peuples qui réclamaient une souveraineté réelle, les autorités franco-ivoiriennes ont organisé la confiscation de l'indépendance monétaire pour éviter qu'elle ne s'impose à elles.

Thomas Borrel

Chapitre 8

Impunité militaire et guerres d'influence en Centrafrique

Thomas Borrel

« Un citoyen étranger a été détenu à Bangui aujourd'hui avec une énorme quantité d'armes et de munitions. Une enquête est en cours et les circonstances sont à clarifier. » Ce 10 mai 2021, en un simple tweet, Valery Zakharov, conseiller à la sécurité du président centrafricain, sait qu'il met le feu aux réseaux sociaux : il peut se contenter de simples sous-entendus, laissant à d'autres le soin de diffuser sur Internet les photos de l'homme en question, un ancien militaire français actif depuis quelques années dans le domaine de la sécurité et aussitôt accusé d'être une barbouze à la solde de Paris. Le Russe Zakharov, devenu depuis 2018 un des hommes les plus influents du pays, attise ainsi le ressentiment de plus en plus fort vis-à-vis des Français. Il faut dire que, après un demi-siècle d'ingérence totale de la France dans la vie politique et militaire centrafricaine, les Russes disposaient d'un terreau fertile pour s'implanter au cœur de la zone d'influence historique de Paris. C'est une nouvelle crise dans l'histoire des relations franco-centrafricaines, qui n'en manque pas.

« "Faire rayonner" le savoir-faire français »

En 1998, suite à des mutineries dans l'armée centrafricaine, les 1 200 militaires français doivent certes quitter le pays où ils s'étaient redéployés après le renversement de l'empereur Bokassa [→ III, introduction]. Mais l'armée tricolore reprend progressivement sa place après le putsch de mars 2003 contre Ange-Félix Patassé, mené par son ancien chef d'état-major François Bozizé, alors en exil à Paris, avec l'appui du Tchad et le soutien implicite de la France, sur fond de rivalité avec la Libye et le Soudan.

Six mois après la prise de pouvoir de François Bozizé, Paris lui envoie un conseiller en matière de défense : le général Jean-Pierre Perez, officier de la Légion étrangère qui commandait les forces françaises en Centrafrique au moment où celles-ci avaient dû plier bagage, cinq ans plus tôt.

« La désignation du général Perez s'est faite dans le cadre de la coopération, ça n'a rien à voir avec le mercenariat », explique alors l'ambassade de France à l'AFP. Paris redoute une confusion avec les activités de Paul Barril, célèbre mercenaire [→ IV, introduction] auquel Patassé avait fait appel en 2002. La précision est d'autant plus savoureuse étant donné la suite de l'histoire.

En 2012, une coalition de groupes armés, la Séléka, menace le régime Bozizé. Idriss Déby rappelle alors au Tchad les quelque quatre-vingt-dix membres de sa Garde présidentielle dépêchés depuis des années auprès de son homologue centrafricain pour assurer sa sécurité. Afin de réorganiser en urgence sa protection personnelle, l'ancien protégé de Ndjaména reprend contact avec le général Perez : désormais à la retraite, il s'est comme plusieurs de ses frères d'armes recyclé dans le privé [→ p. 835] et dirige la société de sécurité privée HSC, enregistrée dans l'État américain du Delaware – un paradis fiscal notoire. Perez envoie un ancien des commandos de marine, Francis Fauchart, au CV approprié : il a dirigé la garde rapprochée d'Omar Bongo de 1998 à 2003.

Mais la Séléka gagne du terrain. Un cessez-le-feu permet, juste avant Noël, l'ouverture au Gabon de négociations entre Bozizé et les rebelles, sous le patronage du voisin congolais Denis Sassou Nguesso. Trois mois après, la Séléka, parrainée par le Tchad et le Soudan, fond sur Bangui pour de bon, contraignant cette fois Bozizé à fuir.

Michel Djotodia, à la tête de la Séléka, devient président de transition en mars 2013. Et pour assurer sa sécurité personnelle, rien de mieux que de faire appel à des Français. En juillet 2013, *Jeune Afrique* signale ainsi l'arrivée en Centrafrique de Jean-Christophe Mitterrand, venu faire des affaires, et d'une nouvelle équipe d'agents de sécurité privés dirigée cette fois par Jérôme Gomboc, un ancien parachutiste du 3e RPIMa, un régiment d'élite. Sa société, Roussel G-Sécurité, est enregistrée elle aussi au Delaware. Il devient conseiller spécial chargé de la sécurité du président de la transition, jusqu'à ce que celui-ci soit contraint par la France de démissionner, en janvier 2014.

Michel Djotodia est remplacé par Catherine Samba-Panza, qui confie la formation et l'encadrement de sa garde rapprochée à la société Gallice : fondée par trois anciens membres du service Action (le bras armé de la DGSE) et Frédéric Gallois, ancien commandant du GIGN, elle est enregistrée en Irlande – État européen qui brille par sa fiscalité avantageuse pour les multinationales étrangères. Mais, à entendre Frédéric Gallois sur RFI en 2017, la raison ne serait pas fiscale : « La loi française [...] nous interdit de créer une société en France avec un objet social qui viserait justement à faire de la formation ou du conseil en armes, à l'étranger. Donc, pour "faire rayonner" le savoir-faire français, on est obligés, hélas, de s'installer dans des pays où l'objet social de l'entreprise est tout à fait reconnu. »

En réalité, la loi française interdit même, depuis 2003, toute activité de mercenariat (participation directe ou encadrement) : mais tant qu'il n'est officiellement pas question pour ces Français de « prendre une part directe aux hostilités », cette réglementation est sans effet sur tous ces conseillers privés. Quant à l'embargo sur les armes décrété par l'ONU en décembre 2013, il interdit certes « toute assistance technique ou formation » en Centrafrique, mais la loi française ne sanctionne pas les violations d'embargos internationaux...

« Notre échec, c'est aussi l'échec de la France »

En novembre 2013, entre les exactions des différents groupes armés et les tentatives du fils Bozizé (ancien parachutiste français et ex-ministre centrafricain de la Défense) pour rétablir son père au pouvoir, la situation n'est plus sous contrôle. Il suffit en effet de peu pour semer le chaos en Centrafrique, où les structures de l'État indépendant depuis 1960 n'ont jamais pu vraiment se déployer et où Paris a presque toujours régné en maître. L'ancien dictateur Patassé l'avait dit à *Libération* en 1998 : « Qui a géré ce pays pendant tant d'années ? C'est la France qui l'a cogéré. C'est ça la vérité. Notre échec, c'est donc aussi l'échec de la France. »

Analyser politiquement la situation reviendrait à pointer cette responsabilité historique de Paris dans l'effondrement des fragiles institutions du pays et à s'interroger sur la pertinence pour l'ancienne puissance coloniale de sa prétention à être le pompier dans cet incendie. Un exercice intellectuel trop inconfortable, tant pour les responsables politiques que pour la plupart des journalistes qui, en dépeignant un conflit intercommunautaire opposant chrétiens et musulmans dont il faudrait bloquer l'escalade, mobilisent leur grille de lecture habituelle [→ V.7]. Le 21 novembre 2013, le ministre des Affaires étrangères Laurent Fabius affirme ainsi sur France 2 que le pays est « au bord du génocide », prêtant aux groupes qui commettent des exactions des intentions exterminatrices que rien ne vient corroborer.

En effet, si les milices dites « d'autodéfense » (antibalaka), principalement chrétiennes, s'en prennent aux populations considérées comme musulmanes, c'est parce qu'elles les accusent d'avoir soutenu la coalition des rebelles : en Centrafrique, la religion n'est en réalité pas la motivation des combats, mais un critère d'identification d'un ennemi supposé. D'ailleurs, alors qu'émergent dans d'autres pays africains des groupes armés se revendiquant d'un islam radical, il n'en est rien en Centrafrique durant cette période.

Fort des premiers succès militaires au Mali [→ VI.2], François Hollande annonce le 5 décembre avoir ordonné le déclenchement de l'opération

Sangaris en Centrafrique, pour épauler la force africaine censée mettre fin aux violences commises par les groupes armés qui se partagent le contrôle du pays et de sa capitale Bangui. Une résolution du Conseil de sécurité de l'ONU, rédigée par Paris, l'y autorise. Après avoir maintes fois juré que la France n'avait pas d'intérêts au Mali et que son intervention était désintéressée, le président précise que, en Centrafrique, « la France n'a pas d'autres objectifs que de sauver des vies humaines ». Et d'ajouter : « Cette intervention sera rapide, elle n'a pas vocation à durer. Et je suis sûr de son succès. » Brillante prévision.

Le 31 décembre, le président français explique lors de ses vœux à la nation que l'armée est déployée pour « éviter que des enfants soient découpés en morceaux ». Cliché sur la « sauvagerie » africaine que personne ne relève dans la classe politique. Dans les semaines qui suivent, la possibilité d'un génocide est discutée y compris à l'ONU. Les violences se poursuivent en dépit du déploiement de près de deux mille soldats français.

Sangaris tourne en effet rapidement au fiasco. Après les premières images d'une armée accueillie en libératrice dans certains quartiers, qui confisque des armes sur les barrages routiers et parvient à empêcher certains lynchages, le manque de moyens et l'impréparation de l'opération se révèlent au fur et à mesure que la situation s'enlise. « On est arrivés dans un pays en guerre civile […] au moment le plus fort, raconte un soldat lors d'une enquête administrative révélée par *Le Parisien* en octobre 2016. Nous n'avions pas de couchage, pas de lits Picot, pas de moustiquaires. »

La face cachée de Sangaris

Trois semaines après le début de l'opération, les soldats tchadiens déployés au sein de la force africaine sur place, la MISCA, sont accusés de commettre des massacres dans la capitale, Bangui, sans que les militaires français réagissent. Soupçonnée par les populations musulmanes d'avoir désarmé les groupes qui auraient pu les protéger des milices anti-balaka, l'armée française perd rapidement toute légitimité aux yeux des Centrafricains.

Incapables de contenir les groupes armés, dénoncées pour avoir toléré certains d'entre eux et humilié la population, les troupes françaises sont rapidement perçues comme une armée d'occupation partiale et brutale. Elles sont accusées d'étouffer les scandales liés à des bavures voire à des exactions de certains de ses soldats.

« Face aux horreurs que l'on a vues là-bas, on a commencé à devenir agressif », explique un officier français mis en cause lors de l'enquête administrative sur le tabassage d'un commerçant en Centrafrique, en mars 2014. En juin 2015, un soldat témoigne anonymement dans le magazine *Vice* de tortures lors d'interrogatoires pour trouver les caches d'armes à Bangui : « Ça ne dure jamais bien longtemps, quelques coups, le Famas [fusil d'assaut] dans la gueule. Ni plaisir ni dégoût. Vous enchaînez les coups-menaces-questions. Jusqu'à ce qu'il vous dise sous quelle pierre ils cachent leurs trois Kalash. Une fois que vous êtes lancés, plus le choix. Faut avoir l'info, pour justifier le reste. Ne pas douter. Aller jusqu'au bout. »

Ces témoignages restent relativement confidentiels en France, où prévaut au sujet de Sangaris l'image d'une opération de sécurisation réussie. Mais fin avril 2015, la révélation par le journal britannique *The Guardian* d'un rapport d'enquête de l'ONU sur des accusations de viols d'enfants par une quinzaine de soldats de l'opération française provoque un immense scandale. Six garçons de 9 à 13 ans y détaillent un chantage sexuel sordide : ils expliquent, en décrivant minutieusement leurs bourreaux, avoir été obligés de faire des fellations pour obtenir de la nourriture, de décembre 2013 à juin 2014, dans un camp de déplacés près de l'aéroport de Bangui.

Le ministère de la Défense, qui cherche à contenir l'onde de choc et se défend d'avoir voulu enterrer l'affaire, affirme avoir été averti par l'ONU en juillet 2014 et avoir alors saisi la justice française. Mais en octobre 2015, soit six mois après le début du scandale médiatique, l'émission « Envoyé spécial » de France 2 révèle que Gallianne Palayret, fonctionnaire onusienne qui a rédigé le rapport d'enquête à l'origine du scandale, a en réalité transmis celui-ci dès le mois de mai 2014 à l'armée française, soit deux mois plus tôt que ce qu'a reconnu Paris. Et alors que les faits allégués étaient potentiellement toujours en cours.

Qui manipule qui ?

Des journalistes se précipitent à Bangui pour contre-enquêter. Immédiatement, la presse met en doute les accusations portées par des enfants centrafricains, relayées par des fonctionnaires internationaux à l'ONU et révélées par un média britannique qui semble prendre pour argent comptant ces graves accusations.

« Et si tout cela n'était qu'une énorme manip ? » se demandent Natacha Tatu et Anthony Fouchard dans *L'Obs* le 12 mai 2015. En cause, de possibles « rivalités au sein de l'ONU », écrivent les deux journalistes sans expliquer qui pourrait vouloir salir une opération 100 % française, seulement autorisée par un mandat onusien. Ou alors les « nombreux groupes politico-militaires [qui] souhaitent voir capoter » le processus de réconciliation nationale, en entachant la crédibilité de la force française d'interposition. Ce qui alimente le soupçon de *L'Obs*, c'est que Sangaris

« est considérée comme un succès » et a « permis de sauver des milliers de vies ». Dans une vidéo diffusée sur le site de l'hebdomadaire, Natacha Tatu explique pourquoi un tel crime commis de façon répétitive par différents soldats pendant des semaines, malgré une relève complète, lui semble improbable : « Je suis arrivée là-bas en me disant que ces faits étaient trop énormes et n'étaient pas plausibles. L'armée française [...] a une réputation de très grande discipline. » Et puis « c'est un pays où il y a malgré tout beaucoup de manipulations », se méfie la journaliste qui avoue avoir plus de questions que de réponses.

Nathalie Guibert, journaliste au *Monde*, met également en cause la version des enfants, qui « peuvent aussi bien être manipulés », affirme-t-elle dans une vidéo réalisée par son journal. La spécialiste défense du quotidien du soir explique qu'« une partie des sources » que ses collègues et elle ont consultées, en préservant leur anonymat comme la déontologie journalistique l'autorise, « ont du mal à croire à cette affaire » et leur assurent qu'« il doit y avoir quelque chose de [l'ordre de la] manipulation là-dessous ».

Il y a, à proximité du camp, des enfants qui pourraient « mentir contre quelques billets », écrit en effet *Le Monde* le 14 mai, sans préciser qui pourrait bien avoir intérêt à monter de toutes pièces ce type d'accusations. En revanche, l'article suggère un peu mieux d'où vient la mise en doute de la parole des enfants. Selon « certaines sources proches du dossier » à Paris, est-il écrit de façon elliptique, quelques-uns des enfants qui portent des accusations très précises ont justement « été formellement reconnus par le renseignement militaire comme les boucliers humains des groupes d'anti-balaka qui avaient pris à partie les troupes françaises dans Bangui ». « Une information qui, si elle est avérée, laisse entendre que des enfants auraient pu être manipulés », conclut le quotidien en faisant complaisamment écho à la version du ministère de la Défense.

Impunité organisée

Le procureur de Bangui, lui, se scandalise de découvrir les faits dans la presse. Il l'ignore encore mais la justice centrafricaine a de toute façon été mise hors jeu par la France dès le déclenchement de Sangaris. Le 18 décembre 2013, soit treize jours après le début de l'opération, Paris a effectivement fait signer aux autorités centrafricaines provisoires un accord sur le statut du détachement français dans le pays, qui confère à ses membres les mêmes « immunités et privilèges » que ceux des représentants de l'ONU. Seul Paris peut lever cette immunité. Sinon, les soldats accusés doivent être jugés en France.

Hasard du calendrier, c'est aussi le 18 décembre 2013 qu'a été promulguée la loi de programmation militaire 2014-2018. Celle-ci, pour lutter

« contre une judiciarisation excessive » de l'action des militaires, selon l'exposé des motifs, modifie discrètement le Code de procédure pénale pour donner désormais au procureur le monopole de la « mise en mouvement de l'action publique » concernant les crimes ou délits commis par des militaires français à l'étranger. En d'autres termes, des victimes potentielles de l'armée ou leurs représentants ne peuvent plus, en déposant une plainte avec constitution de partie civile, obliger le parquet à se saisir d'une affaire comme c'est le cas pour tout justiciable autre que les militaires en opération. Le procureur, qui en France est soumis à l'autorité de l'exécutif (donc du pouvoir politique), est seul à décider de ce qui doit ou non être poursuivi.

La France officialise la fin de l'opération Sangaris en octobre 2016, tout en maintenant un contingent d'environ trois cents soldats, en lien avec l'opération de l'ONU. « La France n'abandonnera pas la Centrafrique, lance Jean-Yves Le Drian devant l'Assemblée nationale à Bangui. Nous resterons très vigilants sur l'évolution de la situation et nous conserverons une capacité d'intervention avec un très court préavis, grâce à un échelon local et grâce aux unités de l'opération Barkhane et aux autres forces prépositionnées en Afrique. [...] L'armée française sera certes moins visible mais elle restera présente, active et vigilante. »

En janvier 2017, Mediapart documente d'autres accusations de viols de femmes portées contre les soldats de Sangaris, dans le cadre du projet Zero impunity sur les violences sexuelles en conflit armé. L'enquête de Justine Brabant et Leïla Miñano souligne aussi les incohérences et la lenteur des investigations diligentées par les autorités françaises. Un an plus tard, conformément aux réquisitions du parquet, les juges français rendent un non-lieu concernant les accusations de viols d'enfants révélées par *The Guardian* et referment le dossier sans mettre en cause les militaires. Sangaris peut donc rester, selon la communication du ministère de la Défense, une pleine « réussite politique et opérationnelle ».

Des armes aux mercenaires, Moscou remplace Paris

Malgré la situation sécuritaire toujours catastrophique, une élection présidentielle est organisée au tournant de l'année 2016. Pour sa sécurité, le nouveau président, Faustin-Archange Touadéra, peut une nouvelle fois compter sur la société Gallice. Mais son cofondateur Frédéric Gallois se défend, en 2017, d'être le bras armé de Paris : « Nos experts ne portent pas sur l'épaule le drapeau bleu blanc rouge, ils ne représentent pas l'armée française. »

Face aux contraintes budgétaires françaises qui imposent à Paris de réduire sa coopération militaire, l'ancien patron du GIGN revendique tout de même que des entreprises comme la sienne puissent « jouer un rôle complémentaire ». « Pour éviter que notre savoir-faire disparaisse, argumente-t-il, et que ces États se tournent finalement, à défaut de coopération, vers les Américains, vers les Israéliens, vers les Sud-Africains, je pense que nos entreprises peuvent compléter ce vide occasionné par le retrait des capacités de conseil et d'aide de l'armée française. »

Mais en Centrafrique, une autre puissance étrangère s'apprête à concurrencer la France. Le directeur de cabinet du président, Firmin Ngrebada, est en contact étroit avec la diplomatie russe. Le rapprochement avec Moscou permet d'obtenir, à l'ONU, un feu vert pour déroger à l'embargo qui frappe toujours la Centrafrique, en quête d'armement. C'est en fait Paris qui a suggéré au président centrafricain de demander le soutien de la Russie au Conseil de sécurité, car le gouvernement, aux prises avec des groupes rebelles, a besoin de rééquiper son armée. La Russie propose alors de livrer de l'armement, en lieu et place du matériel de guerre que la France avait saisi auprès de groupes armés somaliens et qu'elle proposait d'expédier à Bangui.

Le Kremlin s'engouffre dans la brèche. Dès mars 2018, Valery Zakharov arrive pour conseiller le président centrafricain et reprendre en main la Garde présidentielle. En juillet, l'ex-colonie française signe un accord militaire avec Moscou, qui envoie des dizaines de formateurs russes pour réorganiser l'armée. Difficile de savoir combien, car les chiffrent varient selon les sources et parce que se mêlent à eux des centaines de mercenaires du groupe Wagner, fondé par un ex-lieutenant-colonel des forces spéciales des services russes de renseignement militaire. Via différents montages légaux, le groupe obtient, en échange, des concessions minières qui permettent de rémunérer cette armée privée.

Parallèlement, la Russie se livre à une guerre d'influence sur les réseaux sociaux. Le 15 décembre 2020, Facebook annonce ainsi avoir supprimé des dizaines de comptes et de pages considérés comme « non authentiques » qui œuvraient depuis la Russie et visaient prioritairement la Centrafrique et, dans une moindre mesure, Madagascar, le Cameroun, la Guinée équatoriale, le Mozambique, l'Afrique du Sud… ainsi que la diaspora centrafricaine en France. Mais la multinationale américaine explique aussi avoir supprimé des dizaines de pages et de comptes opérant depuis la France et visant prioritairement la Centrafrique et le Mali (et, pour certains, le Niger, le Burkina Faso, l'Algérie, la Côte d'Ivoire et le Tchad). Ces pages et ces comptes, consacrés notamment à critiquer la présence russe en Centrafrique, étaient, précise Facebook, « liés à des individus associés à l'armée française ». C'est la première fois que Paris se fait prendre la main dans le sac dans cette guerre informationnelle… loin d'être terminée.

Début mai 2021, RFI met en lumière un communiqué passé inaperçu, un mois plus tôt, d'un groupe de travail onusien, inconnu jusqu'alors, au sujet des mercenaires russes présents dans le pays. L'audiovisuel extérieur français médiatise ainsi les atrocités listées : « exécutions sommaires massives, détentions arbitraires, torture pendant les interrogatoires, disparitions forcées, déplacements forcés de population civile, ciblage indiscriminé d'installations civiles, violations du droit à la santé et attaques croissantes contre les acteurs humanitaires ». La polémique enflant, le conseiller russe du président centrafricain, tel un proconsul, réplique dans un tweet : « La République centrafricaine invite tous ses alliés, la France et l'ONU [à] s'unir autour de la défense de la population civile et [à] aider les instructeurs russes à libérer le pays. [...] Le gouvernement et moi sommes ouverts à toute coopération. »

Publicité pour l'armée française en Centrafrique, à Bangui (rond-point des Nations-Unies) le 4 novembre 2020. *Droits réservés*

Mais la vraie réponse intervient deux jours plus tard, avec l'arrestation d'un ressortissant français et la médiatisation de l'arsenal trouvé chez lui. Les réseaux sociaux se déchaînent contre ce « mercenaire » accusé d'être un « agent de la DGSE », non sans un habituel coup de pouce des serveurs basés en Russie. Ceux-ci aident également au lancement en ligne, mi-mai, du film *Touriste* : tourné comme un blockbuster américain, financé par le groupe Wagner d'après la presse russe, il met en scène l'héroïsme et le professionnalisme des « instructeurs » qui aident l'armée centrafricaine à endiguer l'assaut d'une rébellion fomentée par Bozizé et son conseiller français de l'ombre. Le film cartonne à Bangui.

À l'Élysée, la coupe est pleine. « Ce discours antifrançais permet de légitimer une présence de mercenaires prédateurs russes au sommet de l'État avec un président Touadéra qui est aujourd'hui l'otage du groupe Wagner », déclare le président Macron dans *Le Journal du dimanche* fin mai. En parallèle, Paris retire ses coopérants militaires et décide de couper toute aide à son ex-allié. « L'aide budgétaire 2020 ne sera pas décaissée et celle de 2021 [sera] suspendue », explique un diplomate à RFI.

Les Centrafricains observent, désabusés et inquiets, cette bataille impériale. « Le président [Touadéra] se raccroche à la Russie comme un naufragé qui s'accroche à un crocodile », regrette un député centrafricain d'opposition. Il ne sera pas démenti à Paris, où les dirigeants français font tout pour aggraver le naufrage… qui leur permettra peut-être un jour de se présenter à nouveau en sauveurs.

Repères bibliographiques

Justine BRABANT et Leïla MIÑANO, « Les exactions impunies de l'opération Sangaris », Mediapart, 3 janvier 2017.

Justine BRABANT et Leïla MIÑANO, *Mauvaise troupe : La dérive des jeunes recrues de l'armée française*, Les Arènes, Paris, 2019

Raphaël GRANVAUD, « Centrafrique : la France évincée par Moscou ? », *Billets d'Afrique*, n° 282, novembre 2018.

INTERNATIONAL CRISIS GROUP, « Réduire les tensions électorales en République centrafricaine », rapport Afrique, n° 296, 10 décembre 2020.

Laure DE ROCHEGONDE et Élie TENENBAUM, « Cyber-influence : les nouveaux enjeux de la lutte informationnelle », *Focus stratégique de l'Ifri*, n° 104, mars 2021.

Yanis THOMAS, *Centrafrique : un destin volée. Histoire d'une domination française,* Agone-Survie, coll. « Dossiers noirs », Marseille, 2016.

Yanis THOMAS et Thomas NOIROT, « Centrafrique : Les militaires français potentiellement à l'abri de la justice », *Billets d'Afrique*, n° 246, mai 2015.

Emmanuel Macron, vendeur de BTP en Côte d'Ivoire

Fin décembre 2019, les déclarations surprises sur la réforme du franc CFA [→ p. 912] lors de la visite d'Emmanuel Macron en Côte d'Ivoire font passer au second plan une autre annonce économique : la validation par les autorités ivoiriennes de l'offre technique et financière du consortium français qui doit construire le métro aérien d'Abidjan.

Un vieux serpent de mer : si les premières études sur sa réalisation datent de 1998, c'est en 2013 que les autorités ivoiriennes font un premier appel d'offres, qui se révèle infructueux au vu du coût du projet. En urgence, Abidjan propose alors une négociation hors appel d'offres aux entreprises qui avaient manifesté leur intérêt. Bouygues se lance, en partenariat avec l'entreprise sud-coréenne Dongsan. La française Alstom renonce à participer au projet, jugé trop risqué économiquement en l'absence de garanties, dans lequel s'engage en revanche une autre entreprise sud-coréenne.

Le projet doit être financé par des banques privées, avec l'appui d'institutions financières internationales. Problème, dès 2015, le coût prévisionnel a déjà plus que doublé : 1,3 milliard d'euros, au lieu des 500 millions initialement prévus ! Cela n'arrête pas le président ivoirien Alassane Ouattara qui est en campagne pour sa réélection, prévue en octobre : l'État ivoirien donne son accord pour la rallonge, sans disposer du financement.

Un cocktail d'outils d'influence

Début 2017, comme le projet patine, le ministère français de l'Économie et des Finances propose son appui, mais à condition de planter le drapeau français : Keolis, filiale de la SNCF, a certes rejoint le consortium, mais il est nécessaire qu'Alstom l'intègre également et que les Sud-Coréens en sortent.

Début juin, à peine élu, Emmanuel Macron reçoit le président ivoirien à l'Élysée. L'entretien porte essentiellement sur les questions sécuritaires, puisque de récentes mutineries font craindre à Alassane Ouattara que les anciens rebelles qui l'ont aidé à prendre le pouvoir en 2011 ne se retournent contre lui [→ V.5]. Mais le contexte économique est également au menu des discussions : on parle notamment du projet de métro d'Abidjan. Un mois plus tard le gouvernement dépêche dans la capitale économique ivoirienne le directeur Afrique du Quai d'Orsay (qui travaillait à la cellule africaine de l'Élysée lorsque la France aidait Ouattara à s'installer dans son fauteuil), le directeur adjoint du Trésor français et des experts de l'Agence française de développement (AFD), pour une évaluation générale de la situation. La France est disposée à faire un gros prêt pour financer le métro aérien, mais réitère ses conditions : le contrat doit revenir à des entreprises françaises.

Dès septembre, Alstom rejoint le consortium, dont les autorités ivoiriennes éjectent les deux entreprises sud-coréennes, contre indemnisation. Fin novembre, Emmanuel Macron se rend à Abidjan au cours de son premier voyage présidentiel en Afrique. Tout semble prêt : il pose donc symboliquement, avec son homologue ivoirien, la première pierre de ce chantier. « La France vous a proposé une offre financière sans précédent, annonce-t-il fièrement. Avec 1,4 milliard d'euros, c'est l'effort le plus important que la France ait jamais réuni au démarrage d'un projet de transport urbain à l'étranger. » Quelques heures auparavant, le nouveau président vantait dans son discours de Ouagadougou le « nouveau partenariat » qu'il était venu proposer à la jeunesse africaine. Le journal *La Lettre du continent* résume, avec amusement : « Loin des basculements sémantiques claironnés à coups de vuvuzelas, la France n'oublie pas de maintenir ses appuis financiers, socle intemporel de sa politique d'influence. »

Mais, aussi inédit soit-il, ce montant est encore insuffisant : les surcoûts à venir bloquent encore le démarrage du chantier, malgré les liens personnels qu'entretient Martin Bouygues avec Alassane Ouattara. Aussi, quand ce dernier est à nouveau reçu à l'Élysée en juillet 2019, Emmanuel Macron maintient son propre déplacement à Abidjan en fin d'année à la condition que redémarre le chantier du métro, et brandit les entreprises françaises de BTP. Un accord est trouvé dans l'été pour une augmentation de la facture de 200 millions d'euros et Alassane Ouattara, parallèlement, remet Bouygues en selle dans le marché de l'extension de l'aéroport d'Abidjan, dont le groupe avait été initialement écarté au profit d'un autre, chinois.

Le financement promis pour le métro est mixte : une partie du Contrat de désendettement et de développement (C2D) et un prêt du Trésor français, que devront rembourser les contribuables ivoiriens. Un temps évoqué, l'appui technique et financier de l'AFD se concentre finalement sur d'autres projets de transports dans la capitale ivoirienne, un secteur décidément stratégique pour Paris. Et un vrai cocktail d'outils d'influence français [→ VI.3].

En mai 2021, Alassane Ouattara est, selon le site Africa Intelligence, toujours en discussion avec Emmanuel Macron sur l'utilisation des fonds de la troisième tranche du C2D ivoirien, d'un montant de plus de 1,1 milliard d'euros. L'enjeu est qu'une partie importante de cette somme aide à régler la note du métro d'Abidjan : un projet lancé virtuellement à crédit, réalisé par des entreprises françaises, que Paris parvient à faire financer avec de la dette ivoirienne et de l'argent issu du remboursement de dettes antérieures, réinjecté dans le C2D. Du grand art.

Thomas Borrel

Chapitre 9

L'obsession croissante des migrations

Thomas Borrel

À peine élu à la présidence de la République en mai 2017, Emmanuel Macron veut donner l'impression d'agir vite sur le dossier brûlant des migrations internationales. Pour éviter, dit-il, que les migrants ne « prennent des risques inconsidérés » sur les routes de l'exil, il annonce fin juillet que des équipes de l'Office français de protection des réfugiés et apatrides (Ofpra) iront « sur le sol africain » pour traiter sur place les demandes d'asile. L'organisme, chargé d'instruire ces demandes, s'exécute : une mission exploratoire est immédiatement dépêchée au Tchad et au Niger.

Derrière les préventions affichées par l'Élysée, se dessine une ambition plus vaste : déployer dans ces pays des « hotspots », c'est-à-dire des camps de tri et de rétention, pour sélectionner en Afrique même les candidats à l'asile et, ainsi, empêcher la plupart d'entre eux de rejoindre l'Union européenne (UE).

C'est dans ce but que l'Élysée organise, fin août 2017, un mini-sommet euro-africain qui rassemble, autour du président français, la cheffe de la diplomatie européenne, trois dirigeants européens (allemand, italien et espagnol) et trois chefs d'État africains (libyen, tchadien, nigérien). S'il s'agit officiellement de « réaffirmer le soutien de l'Europe au Tchad, au Niger et à la Libye pour le contrôle et la gestion maîtrisée des flux migratoires », l'objectif de cette rencontre est clair : faire avaliser la politique migratoire européenne aux responsables de ces trois pays. Mais le chaos en Libye ne le permet pas et les autorités tchadiennes et nigériennes refusent, de peur d'attirer dans leur pays plus de migrants. Le Maroc, qui assume depuis des années le rôle de garde-frontière de l'Europe, ne se retrouve-t-il pas à devoir « gérer » les milliers de candidats à l'exil refoulés au niveau des enclaves espagnoles de Ceuta et Melilla, au sud du détroit de Gibraltar ?

Les initiatives macroniennes de l'été 2017 sont révélatrices. Elles montrent une nouvelle fois comment la rhétorique « humaniste » sert de prétexte aux politiques antimigrants. Elles témoignent également de la volonté de flatter la fibre xénophobe d'une partie de l'électorat français, alors que l'extrême droite hexagonale prospère davantage à chaque élection. Surtout, en assumant ce leadership au sujet d'une politique se discutant et se mettant en œuvre à l'échelle de l'Union européenne, le président Macron illustre le rôle éminent que la France a toujours joué dans les « négociations » avec ses alliés africains pour qu'ils endossent les dispositifs européens antimigrants.

Sous-traiter le contrôle des migrants avec des dictatures

L'UE a progressivement orienté toute sa politique africaine vers un objectif désormais central de limitation des « flux migratoires », depuis qu'elle a remplacé la Communauté économique européenne en 1993. Cette année-là, le Commissariat général au Plan français évoque ouvertement, dans son rapport « La France et l'Europe d'ici 2010 », le possible rôle de « *gatekeepers* » pour l'UE des « États-clients limitrophes destinés à servir de zones de stabilité à sa périphérie, notamment par la contribution qu'ils apporteront à la maîtrise des flux migratoires ».

De fait, la construction de l'UE s'accompagne d'une « européanisation » de la politique de lutte contre l'immigration. Cela se concrétise avec la création de l'espace Schengen en 1995, un espace de libre circulation interne qui induit de nouvelles frontières extérieures communes. L'expulsion des personnes en situation irrégulière devient à partir de 1999 une compétence discutée à l'échelle de l'UE, qui n'hésite pas à glisser dans des négociations commerciales la signature d'accords de « réadmission ». Ces derniers facilitent les expulsions vers les pays partenaires en évitant de traiter au cas par cas le renvoi de toute personne en situation irrégulière suspectée d'être originaire de l'un de ces pays ou d'y avoir transité.

Pendant longtemps, le rôle de *gatekeepers* est assumé par les pays du Maghreb. En décembre 2003 se tient le premier sommet des chefs d'État et de gouvernement du Dialogue 5+5, qui rassemble cinq pays européens (Espagne, France, Italie, Malte et Portugal) et cinq pays nord-africains (Algérie, Libye, Mauritanie, Maroc et Tunisie) pour discuter de différents sujets communs : commerce, terrorisme, migrations, etc. Image symbolique, Jacques Chirac trône au centre de la tribune, entre l'hôte de la rencontre, le dictateur tunisien Zine el-Abidine Ben Ali, et le roi du Maroc Mohammed VI.

Le président français connaît bien chacun des dirigeants africains présents, y compris le Libyen Mouammar Kadhafi qu'il était allé rencontrer à Tripoli en mars 1976, alors qu'il était à Matignon.

Un rapprochement est d'ailleurs en cours avec ce dernier : le député Patrick Ollier, président de la commission des Affaires économiques de l'Assemblée nationale et compagnon de Michèle Alliot-Marie, fait la navette diplomatique pour le compte de l'Élysée depuis avril 2003, dans le sillage de l'opposition française à la guerre en Irak. En novembre 2004, quelques mois après la levée des embargos frappant Tripoli depuis 1986, Jacques Chirac devient même le premier chef d'État français à se rendre en Libye, depuis l'indépendance en 1951. Si les enjeux de ce rapprochement sont avant tout économiques pour Paris, Kadhafi utilise la peur européenne des migrations comme un atout diplomatique, comme il l'affirme dès juin 2002 dans la presse : « Aucun État nord-africain n'est volontaire pour monter gratuitement la garde aux portes de l'Europe. »

L'année 2004 marque une étape importante dans l'accumulation de mesures européennes antimigrations. D'une part par la création de Frontex, agence pour la coopération aux frontières extérieures, qui doit coordonner la surveillance des points d'entrée dans l'UE. Et d'autre part par l'adoption du programme de La Haye, qui prévoit d'utiliser des fonds communautaires pour financer dans les pays tiers des politiques de lutte contre les migrations : empêcher le transit, faciliter l'asile dans les pays voisins, surveiller les frontières, faciliter les réadmissions…

Le traumatisme collectif des attentats du 11 Septembre, bientôt suivis de ceux de Madrid (mars 2004), provoque une convergence des politiques sécuritaires et antimigrations. « Depuis longtemps les demandeurs d'asile sont soupçonnés d'être des profiteurs ; depuis le 11 septembre 2001, tout migrant, réfugié ou non, est maintenant un terroriste en puissance », écrit la chercheuse Isabelle Saint-Saëns en 2004 en s'inquiétant que l'UE discute de camps externalisés, pour trier les migrants avant leur arrivée en Europe. Ce dispositif sera pleinement déployé une décennie plus tard.

À l'initiative de la France, de l'Espagne et du Maroc, l'UE commence ainsi par mettre en place en 2006 avec vingt-sept pays africains le processus de Rabat. Celui-ci instaure, au nom de la « maîtrise des flux migratoires », un tri dans les pays de transit, à défaut de pouvoir le faire dans les pays de départ, des candidats à l'asile en Europe : cela revient à sous-traiter le contrôle – et, officiellement, la « protection » – des migrants avec des dictatures comme le Maroc de Mohammed VI, l'Algérie des généraux, la Tunisie de Ben Ali, la Libye de Kadhafi ou encore l'Égypte de Moubarak… Autant de régimes alliés de Paris qui tirent des contreparties politiques et financières de cette fonction de *gatekeepers.*

Fermer la frontière sud, coûte que coûte

À partir de 2011, l'effondrement du régime libyen sous les bombes de la France et de l'OTAN [→ VI.4] bouleverse les dynamiques migratoires en Afrique du Nord et au Sahel. Non seulement par le retour dans les pays d'Afrique de l'Ouest de dizaines de milliers de leurs ressortissants installés en Libye, mais aussi par l'ouverture de nouvelles routes migratoires vers l'Europe, via la Grèce et l'Italie. À l'initiative de cette dernière, l'UE lance fin 2014 le processus de Khartoum : sur le modèle de celui de Rabat, il s'agit désormais d'externaliser le traitement des demandes d'asile directement dans les pays de la Corne de l'Afrique, d'Afrique de l'Est et du Nord. Le fait même de discuter de ce processus dans la capitale soudanaise, chez un dictateur poursuivi depuis 2008 par la Cour pénale internationale pour les crimes commis au Darfour, en dit long sur l'hypocrisie de la terminologie de « protection des personnes » utilisée.

Mais le régime d'Omar el-Bechir est moins infréquentable qu'il n'y paraît, dès qu'il est question de migrations. Le site d'information StreetPress a ainsi publié deux documents de l'ambassade soudanaise à Paris qui attestent d'une coopération étroite avec les autorités françaises. Le premier, daté de septembre 2014, fait état de « réunions hebdomadaires, régulières avec la police française dans le but d'identifier certaines personnes dont les demandes d'asile ont été rejetées ou ont été arrêtées pendant qu'elles essayaient de passer dans d'autres pays ». Le second rend compte d'une nouvelle réunion un an plus tard entre des fonctionnaires de la place Beauvau et des dignitaires du régime de Khartoum, au sein même de l'ambassade. Les premiers veulent réduire le nombre de Soudanais présents sur le territoire national, les seconds cherchent à identifier des opposants réfugiés en France et à retracer leurs réseaux de soutien.

Preuve est faite début 2017 qu'une « mission d'identification » du régime d'el-Bechir a pu réaliser des visites dans différents centres de rétention en France, pour déterminer ou confirmer l'identité de migrants soudanais et ainsi faire délivrer les laissez-passer nécessaires à leur expulsion. « Est-ce que vous me renvoyez pour mourir ? » demandera l'un d'eux. Les autorités françaises savent que c'est la prison, la torture et peut-être la mort qui les attendent à Khartoum. Quelques mois plus tard, le Premier ministre belge doit se justifier auprès de son Parlement sur l'accueil en Belgique d'une telle mission soudanaise. Il évoque pour cela le cas de la France où, « entre 2014 et 2016 », l'accueil de cette mission aurait entraîné l'expulsion vers Khartoum « de plus de 200 personnes ».

Une position française qui n'a rien d'isolé. L'UE tente par tous les moyens de fermer ce qui est déjà la frontière la plus meurtrière au monde : entre 2000 et 2015, au moins 29 000 personnes sont mortes ou disparues en Méditerranée. En 2015, des naufrages plus graves encore qu'à l'accoutumée marquent la conscience collective dans l'UE, qui crée en réponse un fonds fiduciaire d'urgence pour l'Afrique (FFU)[1], sorte de bras armé – financièrement – de la politique de lutte contre les migrants africains. En cinq ans, il

1. De son nom complet, le « fonds fiduciaire d'urgence de l'Union européenne en faveur de la stabilité et de la lutte contre les causes profondes de la migration irrégulière et du phénomène des personnes déplacées en Afrique ».

atteint le budget colossal de 5 milliards d'euros. Ce fonds ponctionne en fait les budgets de différents outils de financement de la politique extérieure de l'UE, notamment en matière de développement et d'aide humanitaire : deux tiers de cette manne proviennent ainsi du Fonds européen de développement (FED). Officiellement, le FFU vise « à s'attaquer aux causes profondes de la migration irrégulière [...] notamment en renforçant l'état de droit, en créant des possibilités d'éducation et des perspectives économiques, en améliorant la gouvernance » : un véritable fourre-tout sémantique et politique.

La hantise du « choc démographique »

En 2017, le programme de Jean-Luc Mélenchon à l'élection présidentielle française ne dit pas vraiment autre chose, en proposant de « lutter contre les causes des migrations » car, est-il écrit, « la première tâche est de permettre à chacun de vivre chez soi ». Une idée de bon sens en apparence, mais qui contribue à instiller l'idée que la migration est en soi un problème. Surtout lorsque le candidat de la France insoumise explique, dans son discours du 25 août 2018, que l'immigration est utilisée par la droite « pour abaisser le coût des salaires » : c'est accepter incidemment l'idée que le chômage et la baisse des salaires sont causés par l'immigration, qui serait en quelque sorte organisée par le patronat comme elle l'était dans les années 1960.

Comme souvent sur les sujets françafricains, la question des migrations mobilise un imaginaire qui dépasse largement les clivages habituels. Sur tout l'arc politique français, on retrouve ainsi quantités de certitudes solidement ancrées, mâtinées parfois d'un racisme bon teint, pour expliquer ici qu'il est de l'intérêt de tout le monde que les migrants ne quittent pas leur pays, là qu'il n'est d'autre choix que de les refouler, au risque que l'Europe et la France soient submergées. Sous diverses variantes, le fantasme du « grand remplacement » des populations blanches, tout droit issu de l'époque coloniale [→ I.1], prospère dans le débat public en France. Certes, seul le Front national assume le fait d'appeler ouvertement à repousser les migrants en haute mer – ce que Frontex fait déjà, du reste, en violation du droit international et en dépit des alertes des ONG qui dénoncent ces pratiques de refoulement.

En juillet 2015, Nicolas Sarkozy s'alarme lui d'un « choc démographique » à venir, avec bientôt « 600 millions de jeunes Africains sans travail, qui voudront venir vivre en Europe ». L'année suivante, il s'inquiète dans l'hebdomadaire *Le Point* du fait que « la civilisation européenne se sent devenue minoritaire. La démographie fait l'Histoire, et non le contraire, poursuit doctement l'ancien président, avant de conclure : Voici ce qui explique notamment les interrogations européennes. L'axe du monde est clairement passé vers l'Afrique et l'Asie. Il nous faut réagir, ou on disparaîtra ».

En juillet 2017, en marge du sommet du G20 où il est interrogé sur un « plan Marshall » pour l'Afrique, deux mois après son élection à la présidence de la République, Emmanuel Macron évoque un « défi de l'Afrique » qui serait « civilisationnel ». Outre « les États faillis [et] les transitions démocratiques complexes », le président Macron s'inquiète d'un « défi essentiel de l'Afrique » : « Quand des pays ont encore aujourd'hui sept à huit enfants par femme, vous pouvez décider d'y dépenser des milliards d'euros, vous ne stabiliserez rien. » Réinterrogé plus tard à ce sujet, il assumera sans sourciller sa vision et son chiffre, alors même qu'en dehors du Niger aucun pays n'affiche un indice de fécondité supérieur à 7.

En avril 2018, dans une interview sur BFM TV et Mediapart, Emmanuel Macron n'en démord pas : « La démographie africaine est une véritable bombe, il faut bien le dire. » Le chef de l'État fait, en direct, la promotion de l'ouvrage récent du journaliste Stephen Smith, *La Ruée vers l'Europe*, qui prédit au doigt mouillé une explosion des migrations africaines vers l'Europe, notamment du fait d'une croissance démographique insupportable à ses yeux. Cette « ruée », écrit le journaliste qui étalait quinze ans plus tôt ses fantasmes civilisationnels dans son livre *Négrologie* [→ V.7], va même conduire à une « Eurafrique », mais au détriment de ceux qu'il considère en quelque sorte comme de véritables Européens.

« S'il faut craindre une "ruée", lui répond en septembre 2018 le démographe François Héran, titulaire de la chaire migrations et sociétés au Collège de France, ce n'est pas celle des étrangers venus du Sud pour transformer l'Europe en "Eurafrique" mais celle qui consiste à se jeter sur la première explication venue ou à s'emparer précipitamment de métaphores outrancières pour frapper l'opinion à bon compte. » Et d'appeler les responsables politiques à « éviter de tels pièges » et à cesser « d'agiter le spectre du péril noir ». Dénonçant dans une tribune à *Libération* une prédiction « fracassante » mais « ne repos[ant] sur rien », le scientifique rappelle ses calculs : sur la base des projections démographiques de l'ONU et de l'extrapolation des flux de migrations connus, « le poids des Subsahariens dans la population de l'Europe » pourrait en 2050 avoisiner « au mieux 4 % et non 25 %, car une minorité seulement des migrants subsahariens (environ 15 %) gagne l'Europe ». L'immense majorité des migrations reste en effet interne au continent.

« Guerre contre le terrorisme » et les migrants

Cette vision caricaturale des dirigeants français, qui renvoie aux pires clichés sur l'Afrique, est brandie en justification d'une politique dont la violence continue de se déployer à l'extérieur de l'Europe.

Ainsi, l'UE ne se contente pas d'imposer ses conditions et de proposer des financements à des régimes autoritaires pour sous-traiter sa politique : elle fournit aussi formation et matériel pour tenter de maintenir « étanches » ses frontières. Dès 2013, la mission européenne de gestion intégrée des frontières EUBAM Libya, bien que désignée comme « civile », est rattachée à la politique de sécurité et de défense européenne : il s'agit de prodiguer conseils et formation aux forces de sécurité libyennes pour qu'elles empêchent plus efficacement les migrants de rejoindre l'Europe. Et qu'importe si la Libye n'est même pas signataire de la convention de Genève sur le droit d'asile : en 2017, les gardes-côtes libyens interceptent et ramènent à terre 20 000 personnes, avec le soutien financier, matériel et logistique de l'UE. La même année, la chaîne américaine CNN diffuse des images montrant ce qui est déjà connu des dirigeants européens : les migrants sont victimes d'esclavage en Libye.

À partir de fin 2014, une mission militaire EUCAP Sahel est lancée au Mali et au Niger au titre de la « guerre contre le terrorisme » en complément du dispositif français Barkhane [→ VI.2]. Mais, très vite, son mandat et ses activités sont adaptés pour intégrer un volet de « soutien au renforcement des capacités en matière de gestion des frontières », tant dans l'administration que sur le terrain (formation, dotation en matériels, financement d'infrastructures, création d'une antenne à Agadez, etc.). Dans un article publié en 2018, les chercheuses Florence Boyer et Pascaline Chappart évoquent à juste titre « la jonction politique qui s'opère entre le processus de militarisation des frontières au Sahel et celui d'externalisation du contrôle des frontières européennes » : ce qui est fait au nom d'un objectif, par essence flou, de « guerre contre le terrorisme » est mis au service des politiques antimigrants. Elles citent d'ailleurs un représentant de la délégation de l'UE à Niamey pour qui la frontière entre le Niger et la Libye s'apparente à « la première frontière entre l'Afrique et l'Europe ».

Cette confluence s'incarne par exemple dans la création des Groupes d'action rapides-Surveillance et intervention au Sahel (GAR-SI Sahel) : un programme de l'UE qui vise officiellement à créer des « unités policières robustes, flexibles, mobiles, multidisciplinaires et autosuffisantes, qui permettent un contrôle adéquat du territoire ». L'enjeu migratoire est ainsi pleinement intégré à la coopération policière, au même titre que la lutte contre les « réseaux terroristes et de criminalité organisée ».

Cette centralité des questions migratoires au Sahel mène à une nouvelle rente de situation dont se saisissent les gouvernements sahéliens. Le Tchad d'Idriss Déby, devenu un partenaire incontournable de Paris dans la « guerre contre le terrorisme » en accueillant le QG de l'opération Barkhane, bénéficie ainsi de la manne du fonds européen. Fin 2019, plus d'un millier de Tchadiens ont ainsi déjà été « formés à la sécurité et à la gestion des frontières » grâce au FFU, d'après son rapport annuel, pour empêcher de nouvelles routes migratoires de se former.

Les dictatures comme le Tchad, le Soudan ou l'Érythrée ont un intérêt supplémentaire à coopérer avec l'UE sur les questions migratoires : l'Europe consacre de plus en plus de moyens aux technologies de surveillance et de contrôle des migrants, alliant renseignement (analyse d'images aériennes pour le suivi et l'identification des véhicules en mouvement et de leur chargement, surveillance des réseaux sociaux pour prédire les mouvements migratoires, etc.) et identification biométrique, un ensemble de techniques qui permettent d'authentifier l'identité d'une personne par ses caractéristiques biologiques (telles que les empreintes digitales, la forme du visage ou l'iris des yeux).

Le « savoir-faire » français au service de la traque des migrants

Les opérateurs français susceptibles de répondre aux appels à projets européens saisissent parfaitement les enjeux financiers de cette politique. Début 2018, la France est le premier État membre de l'UE à mettre en œuvre des projets du FFU, prioritairement au Sahel, par exemple via Expertise France et l'AFD [→ VI.3].

Un de ces opérateurs cités anonymement par l'ONG Coordination SUD en 2018 explique que « des initiatives étaient déjà dans les tuyaux et ont été adaptées à l'outil parce que touchant les zones d'origine ou de transit », pour capter de nouveaux financements. En 2019, c'est le général Didier Brousse, patron de la Direction de la coopération de sécurité et de défense (DCSD) du Quai d'Orsay, dont dépendent les dizaines de coopérants militaires français détachés au sein des appareils répressifs d'Afrique francophone [→ VI, introduction], qui assume dans une revue militaire la « synergie » entre son institution et d'autres bailleurs de fonds comme le FFU, qu'il s'agit d'« aiguiller [...] dans un sens conforme à la vision française » pour les « faire contribuer au financement de projets déjà soutenus par la DCSD ». « Avec le soutien des attachés de défense et de sécurité intérieure [au sein des ambassades de France], poursuit-il, la DCSD s'attache ainsi à faire converger les priorités nationales et les priorités européennes en matière de coopération. »

Mais c'est surtout Civipol qui se positionne comme la première agence européenne en termes de financements mobilisés : détenue à 40 % par l'État français et à 60 % par des champions tricolores de l'armement (Thales, IDEMIA, Airbus, etc.), cette société a été créée en 2001 par le ministère de l'Intérieur et des industriels français pour exporter du conseil et de la formation dans le secteur de la police et du maintien de l'ordre.

Le Collège sahélien de sécurité (CSS), créé dès 2012 grâce à des financements européens mis en œuvre notamment par Civipol et les services du ministère français de l'Intérieur, continue de former des cadres de police, de gendarmerie et de douane : le pôle confié au Niger porte sur la « sécurité des frontières », celui au Tchad sur le renseignement.

En juin 2019, le préfet Yann Jounot, ancien coordinateur national du renseignement français et P-DG de Civipol, loue son action dans *Le Figaro* : « Depuis Khartoum, une de nos équipes travaille au renforcement de l'efficacité des polices criminelles des dix pays de la Corne de l'Afrique en optimisant l'échange des informations, y compris avec les pays européens. »

En novembre 2020, l'ONG Privacy International s'alarme de la façon dont le FFU finance la mise en place de systèmes d'identification entièrement biométrique en Afrique, au prétexte d'informatiser l'état civil pour en faciliter la gestion, avec l'objectif de lutter contre les migrations illégales vers l'Europe. Et Civipol occupe une position centrale dans ce marché, pointe l'association. « Au cours des années, écrit-elle, Civipol s'est trouvé impliqué dans différents projets de gestion des frontières de l'Union européenne visant notamment à la formation de gardes-frontières ». Selon l'ONG, l'entreprise a rédigé pour la Commission européenne une importante étude de faisabilité du contrôle des frontières maritimes « qui a posé les principes de base de la politique actuelle de [l'UE] en matière d'externalisation des frontières ».

Selon les documents internes au FFU obtenus par Privacy International, les projets intègrent explicitement un souci d'identification biométrique des ressortissants du pays concerné vivant en Europe. « En Côte d'Ivoire, la description d'un projet de système d'identification biométrique de 30 millions d'euros mentionne explicitement qu'il doit être utilisé pour aider à l'identification d'Ivoiriens résidant en Europe de manière irrégulière et pour organiser plus facilement leur retour », explique encore l'ONG. Concernant un projet similaire au Sénégal, elle montre, documents à l'appui, que cette informatisation intègre dès le départ un principe d'interopérabilité avec d'autres systèmes – de quoi, finalement, permettre d'établir « des bases de données biométriques à grande échelle en Afrique de l'Ouest », accuse Privacy International. Une base de données qui pourrait servir, à l'arrivée de migrants aux frontières européennes, à les identifier de façon infaillible.

Les méthodes de surveillance de masse intéressent en effet de plus en plus l'UE pour verrouiller les frontières. En 2019, Frontex lançait un appel à projets pour collecter les données d'utilisateurs de réseaux sociaux afin de pouvoir « déterminer à un stade relativement précoce de la planification, des opérations conjointes » de franchissement de frontières, lorsque des centaines de migrants tentent de déborder ensemble un système de surveillance. L'agence s'intéresse aussi beaucoup aux potentialités des systèmes de reconnaissance faciale. En février 2021, l'ONG Corporate Europe Observatory a documenté dans un rapport « la relation intime entre Frontex et l'industrie des armes et de la surveillance », où l'on retrouve bon nombre de groupes français venus discuter de potentiels contrats, en violant la réglementation européenne en matière de transparence du lobbying.

Un marché considérable, fruit du mariage des technologies de contrôle et de l'obsession des migrations.

Repères bibliographiques

Florence Boyer et Pascaline Chappart, « Les frontières européennes au Niger », *Vacarme*, vol. 83, n° 2, 2018.

Cimade, « Coopération UE-Afrique sur les migrations. Chronique d'un chantage », décembre 2017.

Coordination SUD, « Fonds fiduciaire d'urgence de l'Union européenne pour l'Afrique : l'approche française », *Les Notes de SUD*, n° 16, mars 2018.

Myriam Douo, Luisa Izuzquiza et Margarida Silva, « Lobbying Fortress Europe : The making of a border-industrial complex », Corporate Europe Observatory, 5 février 2021.

François Héran, « Comment se fabrique un oracle. La prophétie de la ruée africaine sur l'Europe », *La Vie des idées*, 18 septembre 2018.

Migreurop, *Atlas des migrants en Europe. Approches critiques des politiques migratoires*, Armand Colin, Paris, 2017.

Migreurop, « Data et nouvelles technologies, la face cachée du contrôle des mobilités », note n°12, décembre 2020 (disponible sur <http://migreurop.org>).

Delphine Perrin, « Les migrations en Libye, un instrument de la diplomatie kadhafienne », *Outre-Terre*, vol. 23, n° 3, 2009.

Privacy International, « Comment une société de sécurité bien connectée crée en catimini des bases de données biométriques à grande échelle en Afrique de l'Ouest avec les fonds d'aide de l'Union européenne », 10 novembre 2020.

Isabelle Saint-Saëns, « Des camps en Europe aux camps de l'Europe », *Multitudes*, vol. 19, n° 5, 2004.

Erwan Seznec, « Quand le patronat organisait l'immigration clandestine », *in* Benoît Collombat et David Servenay (dir.), *Histoire secrète du patronat de 1945 à nos jours. Le vrai visage du capitalisme français*, La Découverte, Paris, 2014.

Complicité française au Rwanda : un si long déni

Au moment où son journal *Le Figaro* célèbre le centenaire de la célèbre tribune « J'accuse » d'Émile Zola, publiée le 13 janvier 1898 au sujet de l'affaire Dreyfus, le journaliste Patrick de Saint-Exupéry signe une série d'articles sur la complicité française dans le génocide des Tutsis au Rwanda. Dans la foulée, des associations, parmi lesquelles Survie, dont le président François-Xavier Verschave a publié fin 1994 un ouvrage intitulé *Complicité de génocide ?*, demandent la mise en place d'une commission d'enquête parlementaire, pour faire toute la lumière sur le rôle de la France.

Une mission d'information pour empêcher le grand déballage

Cette demande s'inscrit dans un contexte tendu pour les autorités françaises. En 1997, la commission d'enquête mise en place par le Sénat belge sur le rôle de son propre gouvernement a rendu des conclusions sévères. Parallèlement, la France est de plus en plus critiquée pour son manque de coopération avec le Tribunal pénal international pour le Rwanda. Le Premier ministre socialiste Lionel Jospin et le président Jacques Chirac s'opposent en effet à la collaboration avec cette juridiction internationale et son équivalent pour l'ex-Yougoslavie, que le ministre de la Défense Alain Richard qualifie même en décembre 1997 de « justice spectacle ».

À l'Assemblée nationale, le groupe communiste relaie la demande citoyenne en déposant le 3 mars 1998 une résolution demandant une telle commission d'enquête, qui met en garde : « Si nous nous dérobions une nouvelle fois à ce devoir impérieux [de vérité], nous aurions tout à redouter du jugement de l'Histoire et de la perte de crédibilité qui l'accompagnerait dans l'opinion publique internationale. »

Le même jour, Paul Quilès, le président de la commission de la Défense nationale et des forces armées de l'Assemblée, initie la création d'une mission d'information parlementaire sur ce sujet, dont les moyens et les pouvoirs sont beaucoup moins étendus que ceux d'une commission d'enquête. Tous les postes clés de la mission peuvent être attribués aux députés de la majorité, moins enclins que l'opposition à contrôler vraiment l'action de l'exécutif. Surtout, une telle mission ne peut pas contraindre une personne à venir témoigner et n'est pas couverte par les dispositions du Code pénal qui sanctionnent les faux témoignages ou la subornation de témoins. Elle ne représente donc pas un véritable contre-pouvoir face au gouvernement. S'il cherche certes à accroître le contrôle du Parlement sur les opérations extérieures de la France, Paul Quilès, ancien ministre de la Défense (septembre 1985-mars 1986) et de l'Intérieur (avril 1992-mars 1993), va se révéler comme un gardien du temple de la Mitterrandie. Il prend lui-même la présidence de la mission, dont sont nommés rapporteurs deux autres députés socialistes, Pierre Brana et Bernard Cazeneuve.

L'état d'esprit de certains membres d'opposition en dit long sur leur propre volonté de faire toute la lumière. Le député RPR Jacques Baumel affirme ainsi au *Monde*, dès le 13 mars, qu'un travail conduit « en toute objectivité » devrait permettre de résister à « une campagne étrangère, en grande partie anglo-saxonne », menée contre la France.

Travaillant durant neuf mois, la mission va entendre 88 témoins, durant 110 heures d'audition au total. Mais dès la fin de mai 1998 le politologue Samy Cohen pointe dans *Libération* le manque de volonté des députés, qui mènent les auditions « avec une légèreté surprenante », en s'abstenant « de contredire, de demander des précisions, de mieux cerner les faits. Cette vigilance s'imposait d'autant plus que les dépositions des représentants du pouvoir politique (Balladur, Juppé, Léotard, Roussin, J.-C. Mitterrand, Védrine) n'ont brillé ni par leur précision, ni par leur originalité, poursuit-il. Ces derniers se sont contentés d'un discours tout fait ». En juillet, le quotidien *Le Monde* dresse aussi un bilan d'étape sévère : « Le monde de la "Françafrique" n'a pas été sondé. Un homme comme Paul Barril [...] n'a pas été auditionné au motif qu'"on n'écoute pas les guignols", selon la sentence d'un parlementaire. »

La mission d'information rend ses conclusions en décembre 1998. « La France a échoué dans sa volonté de stabiliser le Rwanda grâce à un appui militaire indirect et de résoudre, par l'ouverture démocratique et la négociation, des conflits qui déchiraient ce pays », affirme le rapport. Celui-ci fourmille pourtant d'informations à charge sur le rôle de la France, mais ce *storytelling* prime, alimenté dans les médias par son président. Au même moment, le gouvernement annonce la suppression du ministère de la Coopération et donc de sa mission militaire, particulièrement impliquée dans le soutien multiforme apporté par Paris aux génocidaires [→ IV.8]. On tourne une page, pour mieux détourner les regards.

Une bataille citoyenne contre le secret d'État

Les associations, chercheurs et journalistes scandalisés par le rôle de la France ne l'entendent pas de cette oreille. Ils continuent leurs investigations et cherchent à briser la chape de plomb sur le rôle de la France avant, pendant et après le génocide des Tutsis. Autour de François-Xavier Verschave, une douzaine d'entre eux créent en mars 2004 une Commission d'enquête citoyenne (CEC) pour mieux souligner le manque de courage des parlementaires. Cette commission, qui n'a pas de statut juridique, accumule et recoupe les informations disponibles, auditionne des rescapés, témoins et spécialistes du génocide, durant une semaine, à la veille du dixième anniversaire du déclenchement des massacres. Elle produit à son tour un volumineux rapport, publié début 2005 sous le titre *L'Horreur qui nous prend au visage*, en référence à une phrase célèbre prononcée par François Mitterrand le 10 mai 1994, révélatrice de l'hypocrisie qui régnait alors au sommet de l'État.

Alors que cela ne faisait pas partie de ses objectifs, son travail donne appui à de nouvelles plaintes visant spécifiquement des soldats français (pour viols) et des responsables politiques et militaires de l'époque (pour complicité de génocide) [→ V.3]. Concernant l'abandon aux tueurs de centaines de rescapés dans les collines de Bisesero, outre des plaignants rwandais, des associations se portent parties civiles : la Ligue des droits de l'homme (LDH), la Fédération internationale des droits de l'homme (FIDH) et Survie.

Mais d'importantes zones d'ombre demeurent, protégées notamment par le secret défense et la réglementation sur l'accès aux archives de l'Élysée, dans lesquelles se réfugient des acteurs clés de l'époque pour continuer d'asséner que la France n'a rien à se reprocher. Ces derniers, militaires ou politiques, n'hésitent pas à laisser entendre – voire à les accuser – que certaines voix françaises critiques sont à la solde du président rwandais Paul Kagame : au prétexte que celui-ci incrimine aussi la France, il serait à l'origine d'une campagne de dénigrement, avec l'appui des Américains qui cherchent à étendre leur influence dans la région. Poursuivant leurs investigations, journalistes, chercheurs et militants publient régulièrement des scoops, des témoignages nouveaux d'acteurs de premier plan de l'époque, comme autant de coups de boutoir sur le mur de mensonges et de déni, tandis que la justice patine.

En 2014, à l'approche de la vingtième commémoration du déclenchement du génocide, l'association Survie initie une nouvelle campagne de mobilisation, mêlant interpellation des parlementaires et sensibilisation sur l'accès aux archives, en lançant une pétition demandant au ministère de la Défense la levée du secret défense. Celle-ci récolte moins de sept mille signatures mais contribue à imposer le sujet dans le débat politique. L'année suivante, l'Élysée annonce la déclassification d'archives de la présidence française concernant le Rwanda pour la période allant de 1990 à 1995.

En réalité, ces archives des conseillers de François Mitterrand restent protégées par le code du patrimoine qui confère à une mandataire privée le droit d'autoriser ou non leur accès, au cas par cas, pendant un quart de siècle après la mort de l'ancien président. Il s'agit de la socialiste Dominique Bertinotti, ministre du Travail de 2012 à 2014 et bien décidée à verrouiller ces archives vis-à-vis de certains curieux.

De nouvelles plaintes sont déposées pour tenter de démêler l'écheveau des responsabilités. D'abord contre Paul Barril, en juin 2013, par l'association Survie, la LDH et la FIDH. Puis contre X sur la question des livraisons d'armes, en 2015 et à nouveau en 2017, par Survie. Parallèlement, les procédures intentées contre certains présumés génocidaires réfugiés en France semblent enfin avancer, et un collectif d'associations emmenées par l'ONG Sherpa porte plainte contre BNP Paribas concernant des circuits de financement d'achat d'armes, en plein génocide, en violation de l'embargo onusien.

Une « complicité » qui dérange

Montrant pour la plupart déjà bien peu de zèle à enquêter sur les indices de complicité française, les juges d'instruction des différentes procédures se voient régulièrement opposer un refus de déclassification de documents pourtant essentiels à leurs investigations. Cela n'est certes pas propre à ces dossiers judiciaires (au point qu'un collectif dénonçant le danger que le secret défense représente pour la démocratie regroupe depuis 2017 des victimes et parties civiles d'affaires sensibles où la raison d'État fait barrage à la justice). Mais cette omerta révèle le peu d'empressement de l'exécutif, quelle que soit l'époque, à laisser un pouvoir judiciaire plonger dans les méandres de l'implication française au Rwanda.

Il faut d'ailleurs cinq années de bataille administrative à François Graner, membre de Survie, allant jusqu'au Conseil constitutionnel puis à la Cour européenne des droits de l'homme, pour obtenir en juin 2020 que le Conseil d'État ordonne aux autorités françaises de laisser ce chercheur consulter les archives de l'Élysée déclassifiées mais encore protégées par Dominique Bertinotti. Interrogé en janvier 2021 par *Le Monde* sur ce qu'il y a vu, il résume : « Plus on avance et plus le tableau est accablant. À aucun moment, de 1990 à 1994, on n'observe de panique ou d'aveuglement à Paris. [...] La politique française qui a été menée est une complicité de génocide, au sens précis de "soutien actif, en connaissance de cause", avec un effet sur le crime commis. »

Une conclusion que ne partage pas l'historien Vincent Duclert, nommé en avril 2019 par Emmanuel Macron à la tête d'une commission de chercheurs habilités à consulter toutes les archives classifiées, pour « analyser le rôle et l'engagement de la France au Rwanda au cours de [la période 1990-1994] », selon sa lettre de mission. Le Bureau de l'Assemblée nationale refusera néanmoins l'accès aux archives, toujours confidentielles, de la mission d'information parlementaire de 1998.

La commission, dont la composition est supervisée par l'Élysée, n'intègre aucun spécialiste du génocide des Tutsis, officiellement par souci de neutralité. En revanche l'historienne Julie d'Andurain, elle, en fait partie. Elle a pourtant signé dans le *Dictionnaire des opérations extérieures* publié par le ministère des Armées en 2018 une fiche particulièrement élogieuse sur l'intervention militaire française au Rwanda en 1994, où elle estime que « le bilan de [l'opération] Turquoise est mitigé du fait du caractère tragique du génocide. Mais l'Histoire lui rendra raison dès lors que les historiens pourront ouvrir les archives dans cinquante ans ». L'exhumation de cette fiche par *Le Canard enchaîné*, en novembre 2020, pousse Vincent Duclert à annoncer la mise en retrait de l'historienne.

Fin mars 2021, la commission rend un rapport d'un millier de pages : bien que contenant peu de choses inédites, faisant même l'impasse sur le rôle de Paul Barril et sur les livraisons d'armes organisées ou couvertes par la France, il bénéficie d'une large couverture médiatique. Son président affirme alors que la France a eu une « responsabilité accablante », basée sur une « faillite de l'analyse » et un « aveuglement » des décideurs français, tout en rejetant l'accusation de « complicité de génocide » au motif que l'intention génocidaire n'était pas partagée par Paris – une définition assez souple de la complicité, selon laquelle le préfet français Maurice Papon n'aurait jamais été condamné pour complicité de crimes contre l'humanité, puisqu'il n'a pas été jugé comme partageant l'intention des nazis d'exterminer les Juifs.

Surtout, cette prétendue cécité épargne d'aller voir plus en détail ce que les décideurs, aux différents étages du pouvoir, avaient sous les yeux. C'est ce que montrent également les témoignages d'anciens militaires (comme l'adjudant-chef Thierry Prungnaud, le lieutenant-colonel Guillaume Ancel, le colonel René Galinié ou les généraux Jean Varret et Patrice Sartre) qui, fait nouveau, sortent peu à peu du silence.

Pourtant, outre l'objectif essentiel de la compréhension et de la mémoire, qui sont dues aux victimes et aux rescapés, outre l'obligation morale de justice qui devrait permettre aux juges d'avoir enfin accès à ces documents, il existe un enjeu, négligé par la commission et les commentaires médiatiques, lié au fonctionnement des institutions. Sans dysfonctionner, celles-ci ont rendu cette complicité possible et permettent, vingt-sept ans plus tard, de la prolonger par le déni.

Thomas Borrel

Chapitre 10

Francophonie : quand la France déploie son empire linguistique

Khadim Ndiaye

« Je veux une francophonie forte, rayonnante, qui illumine, qui conquiert, tambourine le président Emmanuel Macron lors de son discours de Ouagadougou, en novembre 2017. [Le] français d'Afrique, des Caraïbes, du Pacifique, ce français au pluriel que vous avez fait vivre, c'est celui-là que je veux voir rayonner, portez-le avec fierté, ne cédez à aucun discours qui voudrait en quelque sorte renfermer le français dans une langue morte ou combattre le français comme une langue trop chargée par un passé qui n'est pas à la hauteur du nôtre ! »

Régulièrement brandie par les chefs d'État français comme un symbole de fraternité et d'ouverture aux autres, la francophonie est en réalité étroitement associée à l'histoire coloniale.

Le mot est employé pour la première fois par le géographe français Onésime Reclus à la fin du XIXe siècle. Promoteur de l'aventure coloniale française, dans son ouvrage *Lâchons l'Asie, prenons l'Afrique*, Reclus formule deux interrogations : « Où renaître ? Et comment durer ? » Les réponses apportées par l'auteur s'inscrivent en droite ligne des théories expansionnistes développées à la même époque par les partisans de la colonisation, au rang desquels figurent l'homme politique Léon Gambetta et l'économiste Paul Leroy-Beaulieu. Reclus annonce le « grand destin » qui attend la France après ses déboires militaires face à la Prusse (1870-1871). Pour lui, il ne fait aucun doute que la renaissance française doit se faire « à moins de deux cents lieues de nous », en Afrique. Et l'instrument qui permettra d'y assurer une présence durable n'est autre que la langue. Telle la Rome antique au temps de sa splendeur qui « triompha des peuples en subtilisant leur âme », la France doit conquérir les peuples africains par sa langue, théorise le géographe. Il s'agit précisément, écrit-il, d'« assimiler nos Africains, de quelque race qu'ils soient, en un peuple ayant notre langue pour langue commune. Car l'unité du langage entraîne peu à peu l'union des volontés. Nous avons tout simplement à imiter Rome qui sut latiniser, méditerranéiser nos ancêtres, après les avoir domptés par le fer ».

Si, au départ, Reclus entend décrire la communauté linguistique et géographique des « gens parlant français », le concept de francophonie finit par sous-entendre chez lui une idéologie de domination. La politique coloniale d'assimilation par la langue devient le préalable à l'extension de la présence française hors de l'Europe. Cette volonté de rayonnement par la langue n'est pas un dérivé de l'idéologie coloniale : elle est au cœur de son projet hégémonique. Elle persiste aujourd'hui comme toile de fond de la francophonie moderne, en dépit des dénégations de ses promoteurs.

La base d'une « indestructible influence »

Le 7 mars 1817 la première école française est ouverte en Afrique subsaharienne à Saint-Louis du Sénégal avec à sa tête Jean Dard. Partisan de l'instruction des indigènes dans leur langue maternelle et militant de la production de « livres écrits en leurs langages naturels », Dard initie un bilinguisme français-wolof pour faire face à la difficulté de compréhension du français de ses élèves. Une initiative couronnée de succès. Il doit toutefois subir les attaques véhémentes du préfet apostolique du Sénégal, l'abbé Guidicelli, qui l'accuse d'instruire ses élèves dans un « jargon informe » au lieu de la langue française.

Ses thèses étant en déphasage avec l'idéologie coloniale, Dard est vite évincé tandis que le français est imposé comme langue unique d'enseignement. Dans une lettre du 23 mars 1829 adressée au ministre de la Marine, le gouverneur de la colonie Jean Jubelin donne le ton du « nouvel établissement », qui a désormais pour mission l'instruction et la formation d'une élite éduquée à l'européenne. Il s'agit, écrit-il, d'« amener les habitants indigènes à la connaissance et à l'habitude du français et associer pour eux à l'étude de notre langue celle des notions les plus indispensables. Leur inspirer le goût de nos biens et de nos industries. Enfin, créer chaque année parmi eux une pépinière de jeunes sujets propres à devenir l'élite de leurs concitoyens, à éclairer à leur tour et à propager insensiblement les premiers éléments de civilisation européenne chez les peuples de l'intérieur ».

Un projet « éducatif » appliqué par les gouverneurs coloniaux qui vont se succéder. Louis Faidherbe, grand idéologue de l'occupation de l'Afrique occidentale [→ I.1], comprend que la « mise en valeur » des colonies de l'Afrique occidentale française (AOF) passe par l'instruction en français. En créant l'école des otages et en y faisant inscrire les fils de chefs et de notables ramenés de campagnes militaires, il associe au contrôle des corps et des territoires un modelage strict des esprits. Dans l'ouvrage qu'il consacre à Faidherbe en 1947, Georges Hardy, inspecteur de l'éducation, précise les intentions de l'ancien gouverneur du Sénégal :

« L'école, à ses yeux, n'est pas seulement cette banale officine pédagogique où l'on enseigne le b.a.-ba et les quatre règles sans trop se demander où cela conduit, c'est essentiellement un instrument de formation morale, destiné à faire comprendre les intentions du peuple tuteur, à ouvrir pour l'influence française des voies larges et sûres d'où la contrainte est exclue. » Ainsi peut-on procéder à la « conquête morale » de l'Africain et en faire l'« auxiliaire de l'Européen », indique Hardy.

Quelques années avant sa mort et alors qu'il n'est plus en poste dans les colonies, Faidherbe voit en 1883 son intérêt pour l'éducation coloniale se raviver lors de la création de l'Alliance française dont il devient un des présidents d'honneur. Il en précise l'objectif – « étendre l'influence de la France en facilitant ses relations sociales et ses rapports commerciaux avec les différents peuples par la propagation de sa langue » – et lui fournit en 1884 une série d'observations et de conseils pour une meilleure diffusion de la langue au sein des masses indigènes africaines. Il préside même une réunion des diverses sections africaines de l'alliance le 21 novembre 1884, à la grande chancellerie de la Légion d'honneur à Paris, à laquelle prend part l'explorateur Paul Soleillet, auteur en 1876 d'un ouvrage au titre prometteur : *Avenir de la France en Afrique*. La langue devient sous le régime colonial le vecteur qui diffuse le projet de conquête dans l'esprit des indigènes, parallèlement à celui de la répression des corps. Le lieutenant Paulhiac, membre de la Société de géographie de Paris et auteur de *Promenades lointaines : Sahara, Niger, Tombouctou, Touareg*, résume bien en 1905 la préoccupation de cette période : « C'est dans notre langue que résidera notre force, comme elle sera, plus tard, la base de notre indestructible influence dans les pays que nous aurons façonnés à notre image. »

En 1920, la création du Service des œuvres françaises à l'étranger (SOFE) sert aussi cet objectif, mais il faudra attendre les indépendances africaines pour que soient vraiment créées les premières institutions de la Francophonie.

« Opération francophonie »

Contrairement au mythe destiné à les légitimer, la mise en place d'institutions de promotion de la francophonie ne naît pas d'une initiative africaine. Corollaire de la colonisation, elle mûrit dans l'esprit d'officiels français, du général de Gaulle en particulier. « Maintenant que nous avons décolonisé, notre rang dans le monde repose sur notre force de rayonnement, c'est-à-dire avant tout sur notre puissance culturelle. La francophonie prendra un jour le relais de la colonisation ; mais les choses ne sont pas encore mûres », explique le Général à Alain Peyrefitte le 11 septembre 1966.

Obnubilé par le rôle que la France doit jouer dans un monde marqué par la réalité des deux grands blocs de l'Ouest et de l'Est, de Gaulle mesure l'atout que les pays francophones représentent pour la France. Dans les années 1960, un débat est lancé sur le concept de « francophonie »[1]. S'agit-il d'un simple patrimoine linguistique commun ? Faut-il rassembler les pays qui utilisent le français dans une organisation commune ? D'abord réticent à l'idée d'institutionnaliser la francophonie, le Général a conscience du potentiel de puissance que la langue peut offrir à la France. C'est ce qu'illustre l'intérêt qu'il porte au Québec, bastion francophone au cœur de l'Amérique.

Mais, alors qu'il se montre volubile sur la position de la France concernant les francophones du Canada, de Gaulle reste évasif lorsqu'il s'agit des territoires de l'Empire colonial français. « La francophonie est une grande idée » selon lui, mais « il ne faut pas que nous soyons demandeurs », précise-t-il en conseil des ministres le 7 mai 1963. Dans son entourage, on s'active donc pour inciter les « amis » africains à prendre l'initiative. « Je suis très favorable à la francophonie, indique le Premier ministre Georges Pompidou à Alain Peyrefitte le 31 août 1967. Je dirais même plus que le Général, qui a peur de provoquer une réaction hostile de la part des pays colonisés. Il répète : “Donner et retenir ne vaut. Il ne faut pas avoir l'air de les recoloniser.” Je n'ai pas ces scrupules. »

Pompidou lance donc une véritable « opération francophonie » : Matignon se dote d'un « Haut Comité pour la défense et l'expansion de la langue française », dès 1966, et mobilise Léopold Sédar Senghor, ami de jeunesse de Pompidou et grand partisan de la francophonie. C'est en tout cas ce que raconte le diplomate Bernard Dorin, chef du service des affaires francophones du ministère des Affaires étrangères (1975-1978) et président de l'association Avenir de la langue française (1998-2003), qui précise : « J'ai assez bien connu le président Senghor lorsqu'il était président de la République du Sénégal, car il constituait alors l'une des pièces maîtresses de “l'opération francophonie” lancée parallèlement à tout circuit officiel par quelques jeunes fonctionnaires dont Philippe Rossillon et moi-même. Les deux autres membres du “Triumvirat” étaient [...] le président Hamani Diori du Niger et le Président Bourguiba de Tunisie. » Le chef d'État cambodgien Norodom Sihanouk apporte une caution asiatique à l'entreprise.

1. Écrit avec une majuscule, le mot « Francophonie » désigne l'institution (quel que soit son nom, selon les époques) pour promouvoir la francophonie ; écrit avec une minuscule, le mot désigne le concept.

L'idée que les élites colonisées sont à l'origine de la Francophonie en tant qu'institution intergouvernementale va ainsi faire son chemin. La parution en 1962 de l'article de Senghor – « Le français, langue de culture » – dans la revue *Esprit* est présentée *a posteriori* comme un événement fondateur. Les défenseurs de la Francophonie « veulent ainsi prouver, observe l'universitaire française Alice Goheneix, que ce sont bien les anciens colonisés, africains et asiatiques – et non l'ancienne métropole –, qui décidèrent de faire de la langue française l'objet et le sujet d'une organisation internationale ». L'aspect culturel est volontairement mis en avant. Senghor présente l'ambition linguistique et culturelle mondiale affichée comme un « humanisme intégral qui se tisse autour de la Terre » et met en garde ceux qui y verraient « une machine de guerre montée par l'impérialisme français ».

Sur les fondations posées dans le sillage des indépendances, avec la création en 1960 de la Conférence des ministres de l'Éducation des pays africains et malgache d'expression française (CONFEMEN) et l'installation en 1963 d'un Centre de linguistique appliquée à Dakar, la France consolide l'armature institutionnelle de la Francophonie dans la seconde moitié des années 1960, en prenant soin de mettre en avant le « désir » de francophonie de ses alliés africains. En juin 1966 est mis en place un espace politique francophone avec la première conférence à Tananarive des chefs d'État de l'Organisation commune africaine et malgache (OCAM). Le 20 mars 1970, la Conférence de Niamey institue l'Agence de coopération culturelle et technique (ACCT) qui deviendra l'Agence intergouvernementale (1998) puis l'Organisation internationale de la Francophonie (OIF, en 2006). Le président François Mitterrand crée en 1984 le Haut Conseil de la Francophonie et, en 1999, l'Association des universités partiellement ou entièrement de langue française devient l'Agence universitaire de la Francophonie (AUF). Consécration de ce processus, un sommet ritualisé bisannuel – la Conférence des chefs d'État et de gouvernement des pays ayant le français en partage – est organisé à partir de 1986 pour décider des orientations et de la stratégie de l'institution.

Des institutions comme l'Assemblée parlementaire de la Francophonie (APF) et l'Association internationale des maires francophones (AIMF) visent désormais à renforcer la solidarité entre institutions parlementaires et mairies de la communauté francophone tandis que l'Institut de la Francophonie pour l'éducation et la formation (IFEF) s'active dans la promotion de l'enseignement en langue française. À côté de ces différentes structures dont la liste est loin d'être exhaustive s'illustrent celles qui sont strictement françaises et qui participent de la stratégie d'influence culturelle de Paris. France Médias Monde réunit ainsi France 24, RFI et Monte Carlo Doualiya (la radio en langue arabe) mais également la filiale Canal France international, une agence de coopération qui, pour le compte du Quai d'Orsay, coordonne l'aide au développement spécifique aux médias. L'Afrique reste évidemment une cible de choix. Elle est « notre respiration », soutient en 2015 la patronne de France Médias Monde, Marie-Christine Saragosse, dont la structure, en partenariat avec CFI, met en œuvre depuis juillet 2020 le projet « Afri'Kibaaru » : une production d'information en langues locales ciblant les populations de six pays du Grand Sahel, financée par l'Agence française de développement et présentée comme une réponse aux « défis sécuritaires, économiques, sociaux et institutionnels ». Des structures françaises dédiées à la promotion de la francophonie se retrouvent ainsi clairement au service d'autres objectifs politiques, sans même chercher à se draper dans la langue de Molière.

« Penser français » pour acheter français

Dès les débuts de la francophonie moderne, la langue est considérée comme un vecteur de débouchés économiques. Lors de son allocution à l'Assemblée nationale française le 23 octobre 1967, Yvon Bourges, secrétaire d'État chargé de la Coopération, explique que son « premier objectif [...] est de favoriser la pénétration de la langue et de la culture françaises dans les pays d'Afrique et de Madagascar ». Et Bourges poursuit : « Le second objectif que nous proposons est d'ordre économique : le maintien et le développement des intérêts commerciaux et industriels français constituent également une des préoccupations constantes du secrétaire d'État aux Affaires étrangères chargé de la Coopération. Je le dis sans aucune honte, cela n'a d'ailleurs rien d'illégitime ni de sordide. »

La juxtaposition de ces deux objectifs par le gouvernement n'est nullement surprenant. La langue ouvre la voie aux marchés, comme le maintien d'une présence culturelle forte participe d'un imaginaire collectif favorable à la sauvegarde des intérêts économiques de Paris, en faisant localement « penser français ». Inversement, le maillage économique hexagonal maintient une influence culturelle, et donc politique, française.

Cette stratégie a été poursuivie au fil des ans. Ainsi, dans le rapport que lui demande le président François Hollande sur les opportunités économiques qu'offre la francophonie avant le sommet de l'OIF à Dakar, en 2014, Jacques Attali fait plusieurs recommandations. Constatant que le français « perd du terrain », l'ancien conseiller de François Mitterrand propose de renforcer son enseignement, de diffuser des contenus culturels et créatifs francophones, de faciliter la mobilité des étudiants, des chercheurs, des entrepreneurs, et d'organiser des réseaux de personnalités d'influence francophones. Car, Attali le sait, les exportations françaises vont de pair avec l'utilisation de la langue. Il existe une « corrélation entre la proportion de francophones dans un pays et la part de marché des entreprises françaises dans ce pays », explique-t-il dans ce rapport. La France doit donc selon lui, via un « altruisme rationnel », réaffirmer son rôle d'intermédiaire incontournable dans le commerce avec les pays francophones, notamment vis-à-vis de la Chine : « Parce que c'est en français, affirme Attali dans un entretien à RFI, qu'on peut le mieux commercer, investir en Afrique. » Mais ses propositions vont plus loin : il propose notamment la mise en place de « politiques industrielles francophones » dans des domaines tels que les technologies numériques, la téléphonie mobile, le secteur pharmaceutique ou encore l'industrie minière. En définitive, il s'agit, par le biais de la langue, d'ouvrir des débouchés aux entreprises françaises et de « transformer à terme l'Organisation internationale de la Francophonie en Union économique francophone ».

Un sillon également creusé par différents rapports parlementaires français. Le rapport de la mission d'information sur « la stabilité et le développement de l'Afrique francophone » publié en mai 2015 recommande par exemple de faire du français le principal « vecteur d'influence politique, culturelle et économique » et, donc, le premier axe de la politique française sur le continent africain. Dans un entretien accordé en août 2015 au site Mondafrique, Jean-Christophe Rufin, ex-ambassadeur de France au Sénégal, abonde dans le même sens. Il plaide pour le renforcement des lycées français en Afrique considérés comme le « dernier vrai bastion sur le continent ». Leur destin conditionne, dit-il, « la formation des élites, les futurs liens économiques, le maintien du français comme langue de référence ».

En 2018, dans un rapport sur « la diplomatie culturelle et d'influence de la France », deux députés écrivent encore que celle-ci « n'est ni un gadget, ni un moyen de compenser notre puissance déchue, c'est un puissant vecteur de notre politique étrangère ». Tout en appelant à « rompre avec un "universalisme conquérant" », ils rappellent que « la compétition mondiale porte aussi sur la capacité à faire partager ses idées, ses œuvres culturelles, sa vision du monde, ses concepts, sa ou ses langues. Que nous le voulions ou non, nous existons, dans le regard de beaucoup de pays du monde, par la culture et par les œuvres de l'esprit et notre influence dépend aussi de notre capacité à répondre à cette curiosité et à cette attente vis-à-vis de la France, et à les entretenir ». L'enjeu est de « créer les conditions d'un rapprochement profond et sur le temps long, de liens quasi émotionnels, d'une intimité qui peut s'avérer décisive en matière diplomatique » car, rappellent-ils, « si le travail de chancellerie permet d'avoir des "alliés", la diplomatie culturelle permet de se faire des "amis" ». Et l'amitié, ça paie : « Les Français arrivent avec un quatuor de Debussy et repartent avec une centrale nucléaire », comme le dit un des interlocuteurs interrogés par les députés.

Les langues africaines…
au service de l'influence française

Depuis son élection, le président Emmanuel Macron cherche à son tour à investir et à moderniser le *soft power* linguistique : nomination de l'écrivaine Leïla Slimani comme représentante personnelle du président pour la Francophonie (2017), lancement d'une « stratégie pour la langue française et le plurilinguisme » (2018), etc. « Ne le regardez pas [le français] comme une langue que certains voudraient ramener à une histoire traumatique, explique-t-il lors de son discours à l'Université de Ouagadougou en novembre 2017. Elle n'est pas que cela puisqu'elle est la langue de vos poètes, de vos cinéastes, de vos artistes, vous l'avez déjà réacquise, vous vous l'êtes déjà réappropriée ! »

Le chef de l'État, qui affiche une vision « ouverte » de la francophonie, inscrit sa défense de la langue française dans une lutte globale pour le « plurilinguisme » : la francophonie, loin de nourrir un dessein hégémonique, ne serait qu'un élément de richesse culturelle. Un argument déjà utilisé par exemple par le très foccartien Jacques Godfrain, ancien ministre de la Coopération devenu président de la Fondation Charles de Gaulle et de l'Association francophone d'amitié et de liaison (fédération qui est membre consultatif de l'OIF depuis 2001), dans un colloque au Sénat en 2016 : « J'ai horreur, pour mettre les pieds dans le plat, de l'idée que le français est une langue impérialiste qui voudrait couvrir le monde entier comme d'autres. […] Je suis comme vous pour la pluralité culturelle et linguistique que nous soutenons. »

Suscitant de la méfiance, l'offensive d'Emmanuel Macron n'a pas manqué de créer un bouillonnement sur la scène intellectuelle francophone. Invité par le président le 13 décembre 2017 à contribuer aux travaux de réflexion autour de la langue française et de la francophonie, l'écrivain Alain Mabanckou décline l'invitation en rappelant que la francophonie est « perçue comme la continuation de la politique étrangère de la France dans ses anciennes colonies ». Pire, « la Francophonie "institutionnelle" [...] n'a jamais pointé du doigt en Afrique les régimes autocratiques, les élections truquées, le manque de liberté d'expression, tout cela orchestré par des monarques qui s'expriment et assujettissent leurs populations en français. Ces despotes s'accrochent au pouvoir en bidouillant les Constitutions (rédigées en français) sans pour autant susciter l'indignation [de Paris] », observe l'auteur franco-congolais écœuré du soutien français à Sassou Nguesso.

Au premier article de sa charte, l'OIF se fixe pourtant comme objectif d'« aider à l'instauration et au développement de la démocratie, à la prévention, à la gestion et au règlement des conflits, et au soutien à l'État de droit et aux droits de l'homme ». À ce titre, elle envoie même des observateurs ou des « missions d'information et de contact » lors d'élections dans ses pays membres, sans jamais dénoncer les simulacres en question. Ce laxisme tranche avec l'attitude du *Commonwealth* qui avait suspendu pour atteinte à la démocratie le Zimbabwe en mars 2002, les îles Fidji en 2009 et qui avait proposé en 2013, en réaction aux multiples atteintes aux libertés en Gambie, la création à Banjul de commissions pour les droits humains, les médias et la lutte contre la corruption. Ce qui avait à l'époque suscité l'ire du président gambien et le retrait de son pays de l'institution anglophone.

La francophonie est également dénoncée au nom de la diversité des cultures. Alain Mabanckou et Achille Mbembe plaident ainsi en 2018 pour « l'émergence d'une véritable francophonie des peuples ». Le philosophe Souleymane Bachir Diagne insiste, lui, sur le « pluralisme » et pense que le français ne doit être qu'une langue parmi les autres de l'espace francophone. Mais cet argument de la diversité, qui fait écho au « plurilinguisme » brandi par le président Macron, n'est pas sans poser quelques problèmes. Les langues africaines restent pour l'essentiel confinées à la périphérie par l'institution francophone qui les emploie pour promouvoir le français. En témoigne le programme ELAN-Afrique (École et langues nationales en Afrique), lancé par l'OIF en 2011 et financé par l'Agence française de développement et le ministère des Affaires étrangères français. À travers ce programme, qui compte en 2021 douze pays africains francophones partenaires, l'OIF cherche à améliorer l'apprentissage du français, mal assimilé, en s'appuyant sur la langue maternelle des élèves. Comme jadis les tirailleurs mis au service d'une armée française défaillante, les langues africaines sont ainsi rabaissées au rang de béquilles pour soutenir la langue de l'ancien colonisateur, dont l'hégémonie à l'école et dans les médias est de plus en plus critiquée.

Cette situation crée des inégalités car les langues locales servent de faire-valoir et permettent la transition vers le français dont la promotion passe aussi par la formation des enseignants. En effet, à la suite de la publication d'un rapport du Programme d'analyse des systèmes éducatifs (Pasec) de la CONFEMEN en décembre 2020 qui souligne que plus de la moitié des élèves de quinze pays d'Afrique subsaharienne francophone commencent leur scolarité dans le secondaire sans savoir ni écrire ni lire en français, Paris annonce son intention de former en cinq ans plus de 10 000 enseignants pour relever le défi de la qualité de l'enseignement. Lors de l'inauguration le 1er février 2021 du Centre de développement professionnel (CDP) devant accueillir les enseignants à Abidjan, l'ambassadeur de France en Côte d'Ivoire, Jean-Christophe Belliard, parle de « maillon fort de l'enseignement français ». Le discours officiel sur la diversité se traduit ainsi dans les faits par une uniformisation au seul profit du français.

En marge du sommet de la Francophonie de 2014, une grande voix de la linguistique sénégalaise, Arame Fal, pointait déjà un certain nombre d'insuffisances engendrées par cette promotion du français. Elle dénonçait l'inadaptation de ce vecteur d'enseignement, le complexe d'infériorité engendré par une langue considérée comme un médium de prestige et l'absence des langues nationales dans la sphère officielle. « Aucun pays ne peut se développer lorsque la majorité écrasante de sa population ne comprend pas la langue officielle », relève-t-elle. Ce que résume le linguiste belge Jean-Marie Klinkenberg qui perçoit bien les inégalités inhérentes à cette diversité mal conçue : « La diversité ne réduit pas les inégalités : elle en est le cache-sexe. Elle se contente de les réguler, en adaptant un système fondamentalement inégalitaire à la réalité culturelle du monde globalisé. »

« Un pacte renégocié de la Françafrique » ?

Dans l'univers de la francophonie, le volet linguistique n'est jamais éloigné du volet politique. Aujourd'hui, l'OIF se déploie même sur le terrain militaire avec l'ouverture de l'ère de la « prévention des conflits » rendue possible par la déclaration de Saint-Boniface de mai 2006, laquelle confère à l'institution des « objectifs stratégiques » portant sur la « consolidation de la démocratie, des droits de l'homme et de l'État de droit, ainsi que sur la prévention des conflits et l'accompagnement des processus de sortie de crises, de transition démocratique et de consolidation de la paix ». Une volonté réaffirmée tour à tour lors des sommets de la Francophonie de 2008 à 2018 et concrétisée entre autres par la création en 2014 du Réseau d'expertise et de formation francophone pour les opérations de paix (Reffop).

Ayant pour objectif de « favoriser l'usage de la langue française dans les opérations de paix et d'y renforcer la participation des francophones », cette nouvelle ambition doit servir à « multilatéraliser nos interventions », déclarait en 2008 le député Bernard Cazeneuve, tout en s'inquiétant que les actions françaises « autour et sur la base de l'OIF pour favoriser le développement du maintien de la paix soient perçues par nos partenaires comme une manière, détournée, de revenir à une prédominance française ».

Le détournement de l'institution à des fins de *soft power* pour la France est pourtant une évidence depuis longtemps, comme le rappellent les organisateurs d'un contre-sommet de la Francophonie à Dakar en 2014, qui reprochent à l'OIF, dans une lettre ouverte, d'être « une supercherie et, par-dessus tout, un prolongement de la stratégie coloniale destinée à l'exploitation de nos matières premières, la formation d'une élite politique aux ordres de l'Élysée et l'abrutissement de nos peuples ».

Loin de rompre avec ses prédécesseurs, Emmanuel Macron utilise même l'institution au bénéfice de sa politique de rapprochement avec Kigali, en œuvrant activement à l'élection de Louise Mushikiwabo, ministre rwandaise des Affaires étrangères et de la Coopération, comme secrétaire générale de l'OIF. L'élargissement de l'institution à des pays où le français est peu pratiqué, les missions d'observation de processus électoraux font également de la Francophonie un outil stratégique dont les desseins au niveau international ne peuvent être dissociés de ceux de la France, comme le rappelait si bien Bernard Cazeneuve : « On ne peut pas disjoindre totalement la Francophonie du discours porté par la France au niveau international. »

Les prétentions à la prévention des conflits, les missions d'observation des élections et la formation en français de soldats de la paix cachent mal un prolongement de la coopération militaire sur une base multilatérale, une volonté de mainmise politique et la promotion des technologies de défense françaises. La francophonie militaire est en effet créatrice de débouchés, comme le remarque Brice Poulot, spécialiste de l'enseignement du français comme langue militaire : « Il existe un lien réel entre la francophilie d'une armée étrangère (ou du moins de son état-major) et la provenance de son matériel de défense. »

Cette évolution vers la stratégie de puissance est dénoncée par la philosophe Hourya Bentouhami qui pointe en 2018 dans une tribune le « pacte renégocié » d'une « Françafrique qui rêve de se doter d'un *soft power* capable de faire passer derrière l'usage circonstanciel d'une langue commune les accords économiques de libéralisation des marchés africains ».

Une stratégie d'influence que le président Emmanuel Macron déploie en mai 2021 à Kigali à l'occasion de sa visite de rapprochement avec le chef de l'État anglophone Paul Kagame, chantre du néolibéralisme en Afrique, aux côtés duquel il n'hésite pas à célébrer une « francophonie de reconquête, ouverte, modernisée ».

Repères bibliographiques

Jacques ATTALI, *Francophonie et francophilie, moteurs de croissance durable*, rapport au président de la République, La Documentation française, 2014.

Hourya BENTOUHAMI, « Machin-la-Francophonie ou les errances de la Françafrique », *Le Point Afrique*, 16 février 2018.

Bernard CAZENEUVE, « Francophonie et coopération militaire, un nouveau départ pour l'OIF », *Revue internationale et stratégique*, vol. 3, n° 71, 2008.

Bernard DORIN, « Senghor et la naissance de la francophonie », in *Léopold Sédar Senghor : Africanité – Universalité*, L'Harmattan, Paris, 2001.

Arame FAL, « Français et langues nationales : vaincre le complexe d'infériorité », *Pambazuka News*, 14 décembre 2014.

Alice GOHENEIX, « Les élites africaines et la langue française : une appropriation controversée », *Documents pour l'histoire du français langue étrangère ou seconde*, 40/41, 2008.

Jean-Marie KLINKENBERG, « La francophonie comme idéologie. Mythes et réalités d'un discours sur la diversité culturelle », *Revue de l'Université de Moncton*, vol. 48, n° 1, 2017.

Alain MABANCKOU, « Francophonie, langue française : lettre ouverte à Emmanuel Macron », *Revue de l'Université de Moncton*, vol. 49, n° 2, 2018.

Alain PEYREFITTE, *C'était de Gaulle*, t. 3, Fayard, Paris, 2000.

Christophe PREMAT, *Pour une généalogie critique de la francophonie*, Stockholm University Press, Stockholm, 2018.

Papa Ibrahima SECK, *La Stratégie culturelle de la France en Afrique*, L'Harmattan, Paris, 1993.

Épilogue
Françafrique, mémoires vives

Nadia Yala Kisukidi

Le terme « Françafrique » est toujours mobilisé avec une mise en garde : les guillemets seraient de rigueur. Il n'aurait guère plus de valeur qu'un mot « militant » : il ne dirait rien d'autre que des fantasmes idéologiques butés, renforçant des grilles de lecture archaïques du monde. Celles des années 1960, fixées doctement autour de quelques références inchangées : Kwame Nkrumah, Cheikh Anta Diop, Samir Amin, Thomas Sankara. Comme si les têtes contemporaines s'échinaient à revivre le grand moment anticolonial des années 1960, auquel, nées trop tard, elles ne prirent pas part. Il faudrait en finir avec ces lubies et ces histoires, ces vieilleries, ces combats d'arrière-garde. Il faudrait ainsi en finir avec le mot.

Au-delà de ses connotations positives ou péjoratives, en fonction des acteurs et actrices qui le forgèrent et le mobilisent, le mot « Françafrique » décrit un régime de continuité là où aurait dû s'installer une rupture radicale – celle des indépendances et des souverainetés nationales recouvrées. Il s'inscrit dans une temporalité concrète, celle du moment postcolonial, qui n'a rien d'une construction théorique, mais interroge le devenir des décolonisations africaines aux XXe et XXIe siècles. Que s'est-il passé quand les pays africains colonisés par la France sont devenus indépendants ? Comment s'est reconfigurée leur relation avec l'ancienne puissance impériale ?

Le système françafricain

L'idée de Françafrique loge une asymétrie structurelle : d'un côté, un pays, de l'autre, un continent. Un centre d'impulsion et de décision situé à Paris – l'Élysée plus spécifiquement. Cette construction politico-économique décrit, à première vue, une relation strictement polarisée, dans laquelle l'ancien centre colonial prétend garder la mainmise sur toute forme d'initiative issue du continent. Elle figure, depuis plus d'un demi-siècle, la nature des relations entre la France et une partie de son ancien espace colonial africain.

Elle se décline toutefois autour de plusieurs formes qui sont nettement entremêlées : la présence continue des coopérants français sur le continent, après les indépendances ; la reproduction, dans un grand nombre de pays africains, des structures administratives de la métropole occidentale ; l'ingérence de la France dans les affaires politiques africaines, impliquant la multiplication des présences militaires, la capacité à faire ou à défaire des gouvernements ; un double système de corruption financier liant dirigeants africains et partis politiques français, sous la Ve République ; l'octroi, avantageux, de contrats et de marchés pour les entreprises françaises dans les anciennes colonies d'Afrique ; extractivisme minier (uranium, etc.), exploitation des matières premières, ayant des conséquences écologiques lourdes, au bénéfice de l'ancienne métropole ; instauration de politiques humanitaires et d'« aide au développement » (un « marché de l'aide » miné notamment par l'absence de transparence dans les transactions entre pays donateurs et pays destinataires) ; déploiement d'une diplomatie « douce », à travers la multiplication des engagements culturels en France et en Afrique.

Au-delà de ces diverses pratiques politiques, la Françafrique s'accompagne de formes ritualisées, qui nourrissent le jeu et les duplicités des différents acteurs qui y participent. Des sommets France-Afrique (renommés depuis les années 2000 « Afrique-France ») sont organisés, dès 1973, alternativement dans une ville française (La Baule, Vittel, Biarritz, Bordeaux…) ou dans une capitale de l'Afrique francophone (Lomé, Bamako, Dakar, etc.). Les déplacements en Afrique des chefs d'État français donnent lieu à de grands discours programmatiques mettant en scène les liens d'amitié indéfectibles qui lient la France à ses anciennes colonies. La ritualisation de la parole élyséenne fonctionne généralement sur un mode thaumaturgique, rappelant qu'il faut oublier le passé et regarder vers l'avenir.

On peut, sans rejouer l'Histoire, reprendre des termes fameux que Jean-Paul Sartre mobilisa, dans les années 1950, pour penser le fait colonial. La Françafrique est un « système ». Elle n'est pas le fruit du « hasard », ni le « résultat statistique de milliers d'entreprises individuelles », ni non plus un « mécanisme abstrait ». Mais elle est une réalité lisible qui expose de la manière la plus exemplaire les formes multiples des reconfigurations du pouvoir impérial en Afrique et leurs effets sur la vie politique de la métropole elle-même. Le terme « néocolonialisme » pourrait nettement décrire cette réalité, mais il n'est pas strictement adéquat. Par « néocolonialisme », on peut entendre, au sens large, l'intervention continue, sur les plans militaire, financier, économique, idéologique et culturel, des puissances impériales dans les affaires intérieures des anciennes colonies. Soit un colonialisme strict qui mobilise d'autres moyens que ceux de l'administration territoriale directe par la métropole européenne.

Or, le système Françafrique définit tout un complexe de prédation multicausal, à la fois opaque et informel, reposant, également, sur la solidité de certaines relations d'État à État. Il caractérise certes les modalités de la présence française en Afrique ainsi que son inscription géopolitique dans l'espace-monde capitaliste après les indépendances, puis après la fin de la guerre froide, mais il implique aussi de s'attarder sur le traitement des présences africaines en France. L'ingérence continue de la puissance française sur le continent alimente des formes de violences systémiques exercées par les dirigeants africains, qui vivent de cette rente politique, sur leurs populations. Elle tente également de se réinventer confrontée aux nouvelles concurrences internationales qui ne partagent pas son histoire coloniale. Elle a des répercussions symboliques et matérielles à l'intérieur de la France elle-même, qu'il ne faudrait pas minimiser : de quoi les imaginaires français de l'Afrique se nourrissent-ils dans la France métropolitaine contemporaine ? Comment les populations ayant des liens ténus avec le continent y sont-elles traitées politiquement ?

Il faut ainsi appréhender l'idée de Françafrique, en faisant varier les échelles. Elle doit être interrogée au prisme de l'histoire postcoloniale française, de ce que fait la France en Afrique, mais aussi de la manière dont la France négocie son statut de puissance mondiale. Elle demande également à ce que soient questionnées les relations entre la France et les anciennes puissances coloniales européennes, notamment francophones : certaines des anciennes colonies belges d'Afrique (la République démocratique du Congo, le Rwanda) sont devenues, via le vecteur de la langue, des espaces stratégiques de redéploiement de la puissance française dans la seconde moitié du XXe siècle. Enfin, elle invite à analyser non seulement la manière dont la France se comporte chez elle auprès de ses propres ressortissants d'origine africaine, mais aussi la manière dont elle est perçue concrètement, au quotidien, sur le continent africain. En effet, les revendications pour l'égalité et contre les discriminations portées par des mouvements issus des quartiers populaires français sont marginalisées par des gouvernements qui persistent à considérer une partie des citoyens français – perçus exclusivement dans leurs liens supposés avec l'Afrique – comme des éléments exogènes à la nation. Par ailleurs, si on se tourne vers l'Afrique, c'est souvent une image dégradée de la France qui traverse certaines manifestations politiques des jeunesses du continent, qu'on aurait tort de réduire, en les uniformisant, à l'expression exclusive d'un renouveau populiste en Afrique.

Une histoire coloniale qui infiltre toujours les imaginaires

Le terme « Françafrique » fait l'objet de disqualifications systématiques, dans l'espace public français, en ce qu'il conforterait une analyse des relations franco-africaines révolues et essentiellement victimaire : il transformerait les sujets africains en objets passifs, figures déresponsabilisées demandant secours et assistance à une puissance française jugée coupable de tous les méfaits qui s'abattent sur elles. Mais déchiffrer le système Françafrique, ce n'est aucunement relever et fixer de telles binarités, qui ne résistent pas à l'analyse. C'est bien plutôt mettre en lumière la façon dont une politique des réseaux a pu faire et défaire les pouvoirs sur le continent, et dévoiler la manière dont des factions politiques africaines ont participé activement, aux côtés de l'ancien Empire, à la ruine des promesses portées par les libérations nationales. La caution française restant le gage, jusqu'à ce jour, de leur stabilité. Ce système de prédation n'exonère aucun des acteurs ayant consolidé son histoire longue en partageant une communauté d'intérêts au détriment de la sécurité et du bien-être des populations.

On peut s'étonner de ce que ce « système » politico-économique ne fasse pas l'objet, dans le champ des études postcoloniales et décoloniales contemporaines de langue française, de l'analyse théorique fine à laquelle il aurait droit. Comme s'il n'y avait pas eu rencontre entre certains pans entiers de la recherche en sciences humaines, d'un côté, et les enquêtes menées par des journalistes, des associations de défense des droits humains, des chercheurs en sciences sociales, qui se sont emparés de l'analyse du système françafricain, de l'autre. Le champ des études postcoloniales et décoloniales, tel qu'il se développe en France, trop souvent limité dans sa connaissance effective du continent africain, peine du point de vue des méthodes à confronter analyses textuelles et pratiques de terrain ; il se contente ainsi, souvent, d'une condamnation de la Françafrique qui demeure incantatoire.

Pourtant, au-delà de la question des savoirs et des représentations, tout un ensemble de données matérielles et empiriques méritent d'être rassemblées, unifiées, en ce qu'elles donnent un corps effectif à des formes spécifiquement françaises de la colonialité. Dans le lexique décolonial, on distingue la « colonialité » du pouvoir, celle du savoir et celle de l'être. La première désigne un régime de pouvoir, issu du monde moderne capitaliste et colonial, qui continue à structurer les rapports sociaux après les décolonisations. La deuxième décrit des modes de production du savoir tels qu'ils se sont forgés en situation coloniale et tels qu'ils tendent à se reproduire au-delà d'elle. La colonialité de l'être renvoie à l'expérience subjective des colonisés, à la manière dont leur être a pu être nié par le processus colonial (déshumanisation, racialisation, etc.).

Des formes françaises de la « colonialité » infiltrent les imaginaires archaïques de l'Afrique qui persistent dans les sphères de pouvoir et d'influence françaises. Elles permettent de montrer quelle image de la France et des gouvernances africaines se répercute dans le regard des sociétés civiles en Afrique. Les modalités d'analyse du système françafricain ne font pas toujours consensus entre les différentes voix (journalistes, chercheurs, militants) qui l'explorent, toutefois elles témoignent des répétitions d'une violence impliquant l'ancienne puissance impériale française dans l'Afrique postcoloniale. Elles exigent ainsi non seulement de faire œuvre d'histoire, mais aussi de décrypter la manière dont les reconfigurations actives du passé colonial français façonnent ses dynamiques politiques présentes, pesant ainsi de tout leur poids sur l'avenir de la relation entre la France, une partie du continent africain et ses diasporas installées dans l'Hexagone.

Un des paradoxes de la Françafrique est que son existence officielle est constamment réaffirmée sur le mode de sa fin décrétée. Les grandes annonces publiques, endossées tour à tour par les chefs d'État français, de Nicolas Sarkozy en passant par François Hollande jusqu'à Emmanuel Macron, ne diffèrent pas vraiment des discours déjà prononcés par François Mitterrand ou Jacques Chirac en leur temps. Il existe une rupture générationnelle entre ces différents représentants de l'État – les trois plus récents n'ayant pas connu l'époque coloniale. Toutefois, cette rupture n'a accompagné aucun processus significatif de transformation structurelle du système françafricain.

Ces paroles officielles masquent difficilement l'inquiétude qui les sous-tend : comment continuer ce qui a été, malgré un monde et des acteurs qui persistent à changer ? Le continent africain est un acteur à part entière de l'espace global, où ni l'Europe ni même la France n'apparaissent comme son interlocuteur principal. Les sociétés civiles dans l'Afrique francophone portent de nouveaux langages d'espérance, qui condamnent tout à la fois des gouvernementalités africaines et des pratiques politiques françaises qui n'ont su enfanter aucun avenir pour elles depuis plus d'un demi-siècle. Les critiques continues du système françafricain traversent des milieux politiques progressistes ou parfois plus conservateurs. Elles travaillent également les nouvelles consciences postcoloniales qui éclatent dans des communautés qui revendiquent, en France, leur afrodescendance, soit une double appartenance nationale. Les violences françafricaines ont affecté des vies personnelles, des histoires familiales ; elles composent un tissu de mémoires vives, dont l'expression devenue publique, en France comme en Afrique francophone, enraie les rouages d'une communication d'État qui ne cesse de proclamer la fin de ce qui pourtant semble ne pas finir.

On aurait tort de renvoyer systématiquement l'expression de ces mémoires à des revendications identitaires ou au traumatisme psychique qui traverse des destins individuels. L'introduction systématique de grilles de lecture psychologiques pour analyser ces mémoires collectives tend à dépolitiser leurs expressions et leurs effets. Elle laisse de côté la force motrice d'engagements collectifs et solidaires, ou le grand « rêve éveillé », pour parler comme Ernst Bloch, que ces mémoires incarnent et dont elles témoignent. La lutte contre l'oubli, qui traverse leur expression, ne vise pas nécessairement la reconnaissance publique des souffrances vécues. Elle ne réclame pas exclusivement des réparations symboliques, telles que commémorations, excuses publiques, monuments nationaux ou musées. En « identitarisant » à outrance les questions mémorielles, on les vide de leurs potentialités politiques. Faire mémoire, ce n'est pas nécessairement soigner une communauté blessée ou réinventer son identité ; c'est aussi faire justice, produire des dynamiques collectives orientées vers une finalité, un désir politique : dans quel type de société peut-on vouloir déployer une existence humaine, pleine et entière ? Quelles sont les conditions économiques, politiques, écologiques et sociales pour construire une vie meilleure ?

Quand l'État investit la mémoire pour fabriquer l'oubli

Aux mémoires vives qui dénoncent le système françafricain, s'oppose ce qu'on peut qualifier, dans le prolongement de l'historien Henry Rousso, un « activisme mémoriel » officiel, porté par l'État Français depuis des décennies. Partant de l'Élysée, un nouveau récit vise à reconfigurer la relation franco-africaine. Il s'exemplifie particulièrement, sous le quinquennat d'Emmanuel Macron, commencé en 2017, à travers des engagements importants et salués, car porteurs d'espoir, comme la promesse de restitution d'œuvres d'art spoliées durant la colonisation.

À travers cet activisme mémoriel, il s'agit de faire, officiellement, *histoire*, tout en étant attentif aux clameurs de la *mémoire*. L'histoire doit être comprise, ici, comme connaissance raisonnée du passé, et la mémoire, saisie non pas dans sa dimension psychique mais sociale, comme le souvenir actif d'événements qui lie une communauté, structure les généalogies et fixe les transmissions[1]. Cet activisme institutionnel s'accompagne d'un ensemble de lots symboliques qui visent, à

1. Sur ce point, voir Henry Rousso, *Face au passé,* Belin, Paris, 2016.

travers des engagements culturels et mémoriels, à produire un nouveau récit françafricain, neutralisant ainsi les critiques qui mettent au jour sa mécanique depuis un demi-siècle. Le paradoxe de ces usages politiques de la mémoire, c'est qu'ils ne visent pas à rappeler ce qui a été mis sous silence, ou tenu caché ; ils ressuscitent le souvenir pour faciliter l'oubli. Mettre en lumière pour tenir dans l'obscurité, c'est-à-dire tourner la page du passé colonial. Mobiliser jusqu'à saturation la mémoire, pour que les esprits revêches, sur le continent africain comme dans les diasporas, cessent de faire des *histoires*.

Cet activisme mémoriel exige de changer, voire différencier, les interlocuteurs et les acteurs de la relation franco-africaine. Il ne s'agit plus de s'adresser exclusivement aux chefs d'État conspués par leurs sociétés civiles sur le continent. On rassemble désormais – comme ce fut le cas pour la préparation du sommet Afrique-France de 2021 – les acteurs de la société en Afrique francophone et dans la diaspora africaine en France (étudiants, entrepreneurs, influenceurs, ou autres figures de l'économie créative). Le terme « diaspora africaine » est mobilisé officiellement par un État français qui fait pourtant une priorité de la défense de l'unité et de l'indivisibilité de la République, pour qualifier ses concitoyens. C'est que le recours singulier aux diasporas vise à renforcer, à l'intérieur, le roman national et à produire, à l'extérieur, un nouveau récit franco-africain. Cette diaspora choisie, visage d'une Afrique entreprenante, présentée, sans contradiction, comme un symbole de l'excellence de la méritocratie républicaine, constitue l'avant-garde d'une reconquête affective et économique du continent par la France via ses ressortissants d'ascendance africaine. Il s'agit de disqualifier, en France comme en Afrique, un autre discours mémoriel qui se construit différemment : le discours postcolonial exacerbant les mémoires du deuil et de la perte.

Parallèlement, les jeunesses inventives du continent deviennent des partenaires privilégiés lors de rencontres internationales qui les mettent en lumière. Le nouvel *Homo africanus* doit laisser de côté une mémoire qui l'immobilise et l'entrave. Il actualise désormais une figure du sujet économique propre au capitalisme néolibéral de la fin du XXe siècle : le modèle de l'individu entrepreneur de soi. Nouvelle figure conquérante, qui gagne de l'argent, investit le marché-monde, et qui, pour innover, doit délester ses épaules du poids du passé, ce dernier étant désormais considéré comme un nouveau frein au « développement ». Les dirigeants africains, s'ils demeurent incontournables, sont moins exposés, leur présence affichant les stigmates d'une histoire qui handicape les nouvelles narrations qu'il s'agit de forger.

Un activisme mémoriel *vs* un nouvel imaginaire politique

Cet activisme mémoriel se déploie autour d'un ensemble de stratégies qui agencent, entre elles, des éléments disparates. La promesse de restitution des objets culturels, spoliés par la France durant la colonisation, ritualise et inscrit dans les imaginaires un récit franco-africain rénové constitué autour d'un acte symbolique de réparation, à destination de l'Afrique, des diasporas, mais aussi de la France elle-même. Sur un tout autre plan, il faut, par ailleurs, se défaire d'un ensemble d'indices visibles, concrets, qui apparaissent comme autant de négations des souverainetés africaines – tel est le sens de l'annonce très médiatisée, en 2020, de la fin du franc CFA en Afrique de l'Ouest, à l'occasion d'une réforme ambivalente et critiquée. Autant d'annonces symboliques qui prennent le contre-pied des logiques militaires et commerciales déséquilibrées toujours actives sur le continent africain.

L'ostentation publique de grands symboles et les cérémoniaux qui codifient un nouveau dialogue, déclaré « sans tabou », traversent le moment contemporain. Solder les comptes de la mémoire, renouer avec l'espoir : on aurait tort de croire que ces visées ne sont portées que par les États, elles le sont également par toutes les micro-histoires qui tissent, par le bas, leurs existences quotidiennes entre la France et le continent africain. Mais les chemins qu'elles prennent ne sont pas univoques.

Ces usages politiques contemporains de la mémoire ne peuvent esquiver les interrogations. Ils confrontent deux récits contradictoires qui, loin de se rabattre sur des questions identitaires, envisagent l'avenir de la relation entre la France et ses anciennes colonies africaines de manière opposée.

L'activisme mémoriel, engagé depuis plusieurs années par l'État français, tend à réformer une relation figée dans le cycle sans fin des violences et des humiliations postcoloniales. Pourtant, ces nouvelles logiques narratives se heurtent encore trop souvent à deux écueils : en premier lieu, la transformation du récit franco-africain s'effectue au profit exclusif de la France – il s'agit de transformer symboliquement les termes de la relation, mais pour mieux perpétuer ce qui a été et assurer les attributs matériels de la puissance à un État qui doit maintenir son rang et son prestige mondial ; en second lieu, la transformation du récit n'est souvent qu'un nouvel effet d'annonce – comme une énième prestidigitation –, l'effet magico-religieux de la parole élyséenne et des grands rituels symboliques masquant l'absence de changements politiques réels.

Ces deux écueils apparaissent d'autant plus indépassables que cet activisme mémoriel s'inscrit, plus que jamais, dans une logique de combat. Il tente d'étouffer tout ce qui met en lumière ses obscurités, à commencer par les discours qui font retour sur l'histoire coloniale de la France, qu'ils soient portés, à l'échelle globale, par des voix citoyennes ou construits dans les universités. Ces discours, à rebours des petites affaires textuelles et identitaires dans lesquelles on tend à les enfermer, dessinent d'autres visées politiques qui ne réclament pas l'aménagement mais la rupture. Non pas la simple rénovation symbolique d'un récit, mais la construction politique d'autres voies d'avenir. Ils font un autre usage de la mémoire qui, cette fois, ne réclame pas l'oubli mais convoque le ressouvenir comme témoignage de l'irréparable et de l'injustice. Cette pratique du ressouvenir n'invite à aucun ressassement pathologique du passé – une expression contemporaine du ressentiment qu'on attribue spontanément, en France, aux minorités. Elle soutient la recherche historique, ouvre des archives, parfois oubliées, cachées ou déconsidérées. Elle fait état des raisons pour lesquelles le passé, rémanent, ne peut se satisfaire d'exorcismes institutionnels : elle considère que la relation franco-africaine, produit d'un système de violence passé et présent, ne peut féconder un avenir désirable. Les voies de l'imagination politique sont aussi des voies du soupçon ; elles mobilisent la mémoire et l'Histoire, pour savoir comment frayer dans l'avenir et le présent. Non pas pour bloquer les esprits, mais pour tracer d'autres chemins, qui ne répètent pas les pratiques du passé en tentant de les masquer en vain.

Les auteurs

Cet ouvrage a été coordonné par Thomas Borrel, Amzat Boukari-Yabara, Benoît Collombat et Thomas Deltombe. Ils ont rédigé l'introduction générale, les introductions de chaque partie et certains chapitres.

Thomas Borrel est un des porte-parole de l'association Survie et corédacteur en chef du journal *Billets d'Afrique et d'ailleurs* (mensuel d'information sur les relations franco-africaines, fondé en 1993 par François-Xavier Verschave). Il a également codirigé le livre *Françafrique, la famille recomposée* (Syllepse, 2014).

Amzat Boukari-Yabara est docteur en histoire et militant panafricaniste. Il est l'auteur entre autres de *Nigeria* (De Boeck Supérieur, 2013), *Mali* (De Boeck Supérieur, 2014), *Africa Unite ! Une histoire du panafricanisme* (La Découverte, 2014) et de *Walter Rodney, un historien engagé* (Présence africaine, 2018).

Benoît Collombat est journaliste au service investigation de Radio France. Il est auteur ou coauteur de plusieurs ouvrages dont *Un homme à abattre. Contre-enquête sur la mort de Robert Boulin* (Fayard, 2007), *Histoire secrète du patronat de 1945 à nos jours. Le vrai visage du capitalisme français* (La Découverte, 2009, actualisé en 2014), *« Au nom de la France ». Guerres secrètes au Rwanda* (La Découverte, 2014), *Cher pays de notre enfance. Enquête sur les années de plomb de la Ve République* (Futuropolis, 2015), et *Le Choix du chômage. De Pompidou à Macron, enquête sur les racines de la violence économique* (Futuropolis, 2021).

Thomas Deltombe est éditeur. Il est l'auteur de *L'Islam imaginaire. La construction médiatique de l'islamophobie en France* (La Découverte, 2005), codirecteur (avec Didier Bigo et Laurent Bonelli) de *Au nom du 11 septembre. Les démocraties à l'épreuve de l'antiterrorisme* (La Découverte, 2008). Il a également écrit, avec Manuel Domergue et Jacob Tatsitsa, deux livres sur les relations franco-camerounaises : *Kamerun !*

Une guerre cachée aux origines de la Françafrique (La Découverte, 2011) et *La Guerre du Cameroun. L'invention de la Françafrique* (La Découverte, 2016).

Ont également contribué à cet ouvrage des chercheurs, des journalistes et des militants associatifs :

Fabrice Arfi est journaliste depuis 1999. Après avoir travaillé pour de nombreux titres de la presse locale et nationale, il a rejoint à sa création en 2008 le site d'information Mediapart, où il codirige aujourd'hui le service des enquêtes. Il est l'auteur de plusieurs ouvrages sur de grandes affaires politico-financières (Sarkozy-Kadhafi, Cahuzac, Karachi...), ainsi que sur les nouvelles mafias, la surveillance de masse ou la liberté d'informer.

Jean-Pierre Bat est archiviste paléographe (École nationale des chartes), agrégé et docteur en histoire (Université Paris 1 Panthéon-Sorbonne), chercheur affilié au CNRS (IMAf). Il a été responsable du fonds Foccart aux Archives nationales. Il est l'auteur de plusieurs ouvrages, parmi lesquels *Le Syndrome Foccart* (Gallimard, 2012), *La Fabrique des barbouzes* (Nouveau Monde, 2015), *Les Réseaux Foccart* (Nouveau Monde, 2018).

Olivier Blamangin est chercheur indépendant. Il est l'auteur de nombreux articles et rapports sur l'endettement, le financement du développement et les entreprises en Afrique. Il est également militant associatif et syndical.

Catherine Coquery-Vidrovitch est professeure émérite à l'Université Paris-Diderot. Parmi ses ouvrages récents : *Petite Histoire de l'Afrique. L'Afrique au sud du Sahara de la préhistoire à nos jours* (La Découverte, 2011), *L'Afrique des routes. Histoire de la circulation des hommes, des richesses et des idées à travers le continent africain* (Actes Sud, 2017) et *Les Routes de l'esclavage africain* (Albin Michel, 2018). Elle retrace son parcours dans *Le Choix de l'Afrique. Les combats d'une pionnière de l'histoire africaine* (La Découverte, 2021).

Laurent Correau est rédacteur en chef Afrique à Radio France Internationale. De 2008 à 2012, il a été correspondant de RFI au Sénégal. Il a codirigé l'ouvrage *Mémoire collective. Une histoire plurielle des violences politiques en Guinée* publié par RFI et la FIDH en 2018. Il est par ailleurs l'auteur d'un entretien biographique avec l'ancien président tchadien Goukouni Weddeye (2008).

Claire Cosquer est sociologue, spécialiste des migrations privilégiées et de la construction de la blanchité. Elle est chercheuse postdoctorante à l'Institut national des études démographiques, chercheuse associée à l'Observatoire sociologique du changement et chargée de cours à l'Université Paris 8.

Marielle Debos est maîtresse de conférences en science politique à l'Université Paris-Nanterre, Institut des sciences sociales du politique (ISP) et membre de l'Institut d'études avancées de Princeton. Elle est l'autrice, entre autres, du *Métier des armes au Tchad. Le gouvernement de l'entre-guerres* (Karthala, 2013).

Raphaël Granvaud est militant de l'association Survie, membre du comité de rédaction du journal mensuel *Billets d'Afrique*, auteur de *Que fait l'armée française en Afrique ?* (Agone-Survie, 2009), d'*Areva en Afrique. Une face cachée du nucléaire français* (Agone-Survie, 2012) et coauteur d'*Un pompier pyromane. L'ingérence française en Côte d'Ivoire d'Houphouët-Boigny à Ouattara* (Agone-Survie, 2018).

Nadia Yala Kisukidi est agrégée et maîtresse de conférences en philosophie à l'Université Paris 8 Vincennes-Saint-Denis. Elle est spécialiste de philosophie française contemporaine et de philosophie *africana* – champs dans lesquels elle a publié plusieurs livres (individuels ou collectifs) et de nombreux articles.

David Mauger est militant de l'association Survie, membre du comité de rédaction du journal mensuel *Billets d'Afrique* et coauteur de *Un pompier pyromane. L'ingérence française en Côte d'Ivoire d'Houphouët-Boigny à Ouattara* (Agone-Survie, 2018).

Jean Merckaert, ancien rédacteur en chef de la *Revue Projet*, est aujourd'hui directeur de l'action et du plaidoyer France au Secours catholique. Auparavant, il a travaillé pour le CCFD-Terre Solidaire sur la dette des pays du Sud, les paradis fiscaux, la politique africaine de la France et les biens mal acquis. Il est administrateur de l'association Sherpa et cofondateur du collectif Tournons la page.

Khadim Ndiaye est historien (UdeS, Québec), diplômé en philosophie. Ses principaux champs de recherche portent sur l'histoire de la colonisation, la problématique culturelle en Afrique, l'histoire des Afro-Américains et le panafricanisme.

Maurin Picard est journaliste, correspondant du *Figaro* et du *Soir* aux États-Unis. Il travaille sur les opérations de maintien de la paix des Nations unies et les conflits liés à la décolonisation en Afrique centrale.

Il a publié une enquête sur la mort du secrétaire général de l'ONU Dag Hammarskjöld, *Ils ont tué Monsieur H* (Seuil, 2019).

Coralie Pierret est journaliste indépendante. Elle travaille pour Radio France Internationale (RFI) et pour plusieurs journaux et télévisions. Reporter et réalisatrice de documentaires, elle est aussi coautrice de l'ouvrage *Mémoire collective. Une histoire plurielle des violences politiques en Guinée*, publié par RFI et la FIDH en 2018.

Fanny Pigeaud est journaliste indépendante. Elle est l'autrice d'*Au Cameroun de Paul Biya* (Karthala, 2011), *Mahaleo, 40 ans d'histoire(s) de Madagascar* (Laterit, 2011), *France-Côte d'Ivoire, une histoire tronquée* (Vents d'ailleurs, 2015), *A Decade of Cameroon. Politics, Economy and Society, 2008-2017* (Brill, 2019). Elle a coécrit avec Ndongo Samba Sylla *L'Arme invisible de la Françafrique. Une histoire du franc CFA* (La Découverte, 2018).

David Servenay est journaliste indépendant, il a travaillé pour Radio France Internationale, Rue 89 et OWNI.fr. Il a cofondé *La Revue dessinée* et *Topo*, et coécrit deux livres sur le génocide des Tutsis du Rwanda : *Une guerre noire*, avec Gabriel Périès (La Découverte, 2007), et *« Au nom de la France ». Guerres secrètes au Rwanda*, avec Benoît Collombat (La Découverte, 2014). Il collabore avec *Le Monde*, Mediapart, *GQ*, *Les Jours.*

Kalidou Sy est journaliste indépendant au Burkina Faso et au Sahel depuis 2016. Il collabore avec France 24 et Mediapart.

Ndongo Samba Sylla est un économiste sénégalais, chargé de programme et de recherche à la Fondation Rosa Luxemburg. Auteur de *Le Scandale commerce équitable. Le marketing de la pauvreté au service des riches* (L'Harmattan, 2012) et de *La Démocratie contre la République. L'autre histoire du gouvernement du peuple* (L'Harmattan, 2015). Il a coécrit avec Fanny Pigeaud *L'Arme invisible de la Françafrique, Une histoire du franc CFA* (La Découverte, 2018).

Jean-Bruno Tagne est journaliste indépendant. Basé à Yaoundé, il a été responsable des pages politiques du quotidien *Le Jour* et directeur général adjoint chargé de l'information à Canal2 International. Il est notamment l'auteur d'*Accordée avec fraude. De Ahidjo à Biya, comment sortir du cycle des élections contestées* (Éditions du Schabel, 2019).

Fabrice Tarrit, salarié de l'association Survie de 2003 à 2008 (notamment du temps de François-Xavier Verschave), a présidé puis coprésidé l'association de 2011 à 2019. Il a codirigé plusieurs ouvrages dont le *Livre Blanc pour une politique de la France en Afrique responsable et transparente* (L'Harmattan, 2007), *La France en guerre au Mali, enjeux et zones d'ombre* (Tribord, 2013), *Françafrique, la famille recomposée* (Syllepse, 2014).

Ghislain Youdji Tchuisseu est étudiant au département de sciences sociales de l'École normale supérieure (ENS Ulm). Il a été lecteur au département d'études françaises de l'Université de Yale aux États-Unis. Ses recherches portent sur la fabrique française des élites africaines au pouvoir dès la fin de la Seconde Guerre mondiale et les dictatures post-coloniales.

Yanis Thomas est militant de l'association Survie, membre du comité de rédaction du journal mensuel *Billets d'Afrique* et auteur de *Centrafrique, un destin volé. Histoire d'une domination française* (Agone-Survie, 2016).

Les cartes ont été réalisées par **Frédéric Miotto**, de l'atelier Légendes cartographie.

Index

Abbas, Ferhat, 138
Abd el-Kader, 50
Abdallah Abderamane, Ahmed, 324, 412, 415, 678
Abdel Aziz, Mohamed Ould, 775
Abdoulaye, Moumouni, 250
Abzac-Épezy, Claude d', 374
Accoyer, Bernard, 784
Accrombessi, Maixent, 889
Achille, Louis, 146
Adingra, Kwame, 112
Adotevi, Stanislas Spero, 340, 445, 446
Adoula, Cyrille, 418
Africk, Hervé d', 562
Ag Bakabo, Baye, 808
Ag Bibi, Ahmada, 807
Ahidjo, Ahmadou, 201, 208, 209, 237-240, 286, 289, 337, 340, 364, 438, 441, 442, 444, 452, 453, 470, 508, 567, 568, 729
Airault, Pascal, 487, 803, 809, 812, 814, 815, 908
Akotey, Mohamed, 807
Al-Islam, Saïf, 873
Al-Saoud, dit roi Fahd, 497
Alata, Jean-Paul, 453, 454
Albertini, Pierre-André, 481
Alexandre le Grand, 888
Alhoumekani, Mohamed Saleh, 658
Ali, Muhammad, 420
Alix, Gilles, 830, 833
Alliot-Marie, Michèle, 705, 785, 786, 930
Alphandéry, Edmond, 739
Amar, Paul, 488
Amin, Samir, 388, 392, 957
Amorin, Tavio, 577
Ancel, Guillaume, 602, 603, 943
André, Michel, 665
Andurain, Julie d', 942
Angeli, Claude, 666
Anger, Véronique, 718
Aniambossou, Jules-Armand, 812
Annan, Kofi, 622, 669
Antona, François, 588, 881
Apithy, Sourou Migan, 58, 113, 114, 115, 125, 127, 190, 286
Arbonneau, Thierry d', 878
Arboussier, Gabriel d', 113, 115, 116, 142, 144, 156, 165, 168, 169, 171, 236, 300
Arc, Jeanne d', 436
Archimède, Gerty, 114, 141
Arfi, Fabrice, 522
Armand, Louis, 107
Arnaud, Pierre, 742
Arnoult, Éric (Erik Orsenna), 463, 484, 485
Arpaillange, Pierre, 532
Atchadam, Tipki, 907
Atenga, Thomas, 733
Attali, Jacques, 463, 464, 467, 476, 483, 484, 683, 695, 696, 950, 951
Audibert, Jean, 462, 477
Audigier, François, 584
Aujoulat, Louis-Paul, 44, 128, 131, 142, 234
Aurillac, Michel, 479, 480, 498, 499, 501, 530, 531
Auriol, Vincent, 51, 55, 106, 129, 139, 154, 156
Auzanneau, Matthieu, 329, 330
Avice, Edwige, 406, 672
Avoine, Vincent, 811
Ayad, Christophe, 727
Aziz, Tarek, 502

Bach, André, 65
Bacqué, Raphaëlle, 590
Bagosora, Théoneste, 616
Bahri-Domon, Yasmine, 730
Bajolet, Bernard, 807, 808
Bakary, Djibo, 169, 173, 190, 195, 197, 209, 225, 226, 228, 229, 748
Balan, Jean, 705
Balandier, Georges, 148
Balkany, Isabelle, 774-776
Balkany, Patrick, 642, 644, 769, 770, 774-776, 878, 884
Balladur, Édouard, 23, 485, 486, 487, 489, 501, 502, 514, 527, 528, 536, 558, 583, 585, 600, 602, 612, 614, 615, 694, 735, 739, 742, 744, 774, 830, 867, 883, 940
Balme, Patricia, 730
Banza, Alexandre, 297, 298
Barberot, Roger, 192, 280
Bardoux, Jacques, 23, 53, 348
Barloy, Jean-Jacques, 348
Barnier, Michel, 705
Baroin, François, 516
Baroin, Michel, 516-518
Barre, Raymond, 469, 880
Barrès, Maurice, 124
Barril, Paul, 416, 471, 482, 489, 565, 601, 602, 665, 673, 685, 774, 836, 918, 940, 941, 943
Barro, Fadel, 902
Barry, Diawadou, 143
Barthès, René, 116
Bassi, Michel, 519
Bastid, Paul, 22
Bat, Jean-Pierre, 13, 264, 268, 269, 276, 281, 326, 343, 376, 409, 487, 725, 726
Baudouin, Jacques, 771
Baudouin, Patrick, 682
Bauer, Alain, 797
Bauer, Freddy, 251
Baulin, Jacques, 294, 311
Bauma, Fred, 905
Baumel, Jacques, 940
Bayart, Jean-François, 11, 589, 619, 814
Bayle, Jean-Pierre, 406
Bazenguissa-Ganga, Rémy, 663
Béart, Guy, 518
Beau, Nicolas, 588
Beaucé, Thierry de, 485
Beaux, Henri, 412
Beccaria, Laurent, 518, 679
Beccuau, Maurice, 399
Béchard, Paul, 140, 154, 155
Bechtel, William, 239
Bédié, Henri Konan, 632, 667, 699, 700, 707
Béhanzin, Louis, 125
Belkiri, André, 302
Belliard, Jean-Christophe, 953
Bemba Gombo, Jean-Pierre, 686
Ben Ali, Zine el-Abidine, 118, 782, 785, 802, 872, 930, 931
Ben Barka, Mehdi, 182, 346, 393
Ben Laden, Oussama, 660
Ben Yahmed, Amir, 731
Ben Yahmed, Béchir, 363-365, 731, 732
Ben Yahmed, Danielle, 731
Ben Yahmed, Marwana, 731
Benalla, Alexandre, 813, 879, 885, 886
Benediktov, Ivan, 184
Benhamou, Georges-Marc, 489
Benoist, Joseph-Roger de, 127
Benot, Yves, 127
Benquet, Patrick, 12, 470
Bensimon, Cyril, 812
Bentouhami, Hourya, 955
Bérégovoy, Pierre, 536, 744
Berliet, Paul, 364
Berthou, Jacques, 854
Bertinotti, Dominique, 941, 942
Bertrand, Yves, 590
Besse, Georges, 518
Beti, Mongo, 149, 240, 340, 434, 438, 441, 442, 444, 446, 447, 449, 452, 453, 462, 567, 578
Bettencourt, famille, 470
Beuret, Michel, 789, 790
Beuve-Méry, Hubert, 314
Béville, Albert (*alias* Paul Niger), 114
Bèye, Ben Diogaye, 65
Biaka Boda, Victor, 141
Bianco, Jean-Louis, 483
Biarnès, Monique, 438
Biarnès, Pierre, 25, 209, 433, 438-440, 509, 567
Bichelot, René (dit Raymond, dit Labiche), 276, 303, 310
Bidault, Georges, 101

Bidermann, Maurice, 486
Bigeard, Marcel, 192, 286, 370, 371, 663
Billaud, Bernard, 496
Billecocq, Pierre, 390
Billotte, Pierre, 647
Binlin Dadier, Bernard, 443
Bissainthe, Toto, 271
Bistos, François, 409
Biya, Paul, 470, 512, 539, 567, 568, 577, 588, 589, 613, 633, 634, 640, 729-733, 774, 788, 793, 797, 816, 825, 831, 832, 836, 837, 860, 907, 908
Bizimungu, Pasteur, 617
Black, Yondo, 577
Blank, Patrice, 357
Blanquer, Jean-Michel, 516, 517
Blehouan, Émile, 118
Blier, Bernard, 273
Bloch, Ernst, 962
Blondy, Alpha, 909
Blum, Françoise, 262, 374
Blumbergs, Ilmars, 714, 717, 719
Blumenthal, Erwin, 423, 524
Bobo Diallo, Sadou, 251, 252
Bocchino, général, 374
Bockel, Jean-Marie, 458, 610, 639-642, 770, 772, 791, 801, 805, 854
Bocquel, Claude, 343
Bodenan, Francis, 417
Boga Doudou, Émile, 701
Boganda, Barthélemy, 151, 200, 201, 516
Bogoum, 151
Boisboissel, Yves de, 63
Boisson, Pierre, 35
Boka, Ernest, 444, 508
Bokassa Ier, Jean-Bedel, 208, 286, 287, 296, 297, 298, 306, 321, 324, 342, 344, 347, 348, 358-361, 367, 372, 377, 402, 418, 419, 438, 440, 453, 454, 461, 477, 917
Boli, Issa, 436
Bolloré, Cyrille, 825
Bolloré, Vincent, 454, 499, 513, 522, 609, 637, 702, 729, 730, 733, 736, 737, 739, 742, 743, 772, 798, 802, 825-833, 835, 859
Bolloré, Yannick, 831
Bomboko, Justin, 419
Bonaparte, Joséphine, 359
Bonaparte, Napoléon, 359, 436
Bongo, Ali, 10, 485, 589, 600, 644, 645, 697, 793, 797, 825, 881, 888, 889, 906
Bongo, Édith, 667
Bongo, Joséphine, 356
Bongo, Omar (Albert-Bernard), 10, 182, 283, 298, 305, 306, 338, 341, 343, 344, 347, 350, 352, 356, 357, 372 ,401, 402, 405, 409, 411, 413, 414, 438, 439, 454, 458, 465, 469, 471, 472, 477, 478, 482, 483, 484, 487, 489, 498, 501, 502, 505, 508-512, 517, 520-523, 526-528, 530, 535, 538, 540, 541, 558, 560, 563, 568, 572, 574, 586, 587, 589, 607, 610, 611, 613, 615, 625, 633, 637-641, 644, 665-670, 671, 672, 674, 679, 684, 686, 687, 699, 730, 731, 732, 737, 771, 772, 774, 830, 881, 906, 918
Bongo, Pascaline, 830
Boni, Nazi, 149
Bonnecorse, Michel de, 630, 644, 658, 659
Bonnet, Christian, 404
Bono, Outel, 324, 343, 668, 678
Bony, Joachim, 293
Borrel, Bernard, 614, 651, 657-659, 678
Borrel, Élisabeth, 657, 659
Bossard, Robert, 356, 357, 405, 406
Botha, Pieter Willem, 480
Bouan, Gérard, 439, 440
Boucheny, Serge, 350
Boulin, Robert, 357, 648
Boumediene, Houari, 326, 329, 330, 417
Bourges, Yvon, 227, 762, 950
Bourgès-Manaury, Maurice, 367
Bourgi, Albert, 729
Bourgi, Mahmoud, 277, 639
Bourgi, Robert, 277, 525, 528, 562, 563, 626, 639, 641, 644, 740, 782, 791, 880, 886
Bourguiba, Habib, 52, 363, 370, 948
Bout, Viktor, 691
Bouveret, Patrice, 218
Bouygues, Francis, 513, 516, 522
Bouygues, Martin, 637, 699, 702, 737, 763, 859, 927, 928
Bovagnet, Jean-Louis, 407

Boyer, Florence, 935
Boyer-Fonfrède, Jean-Baptiste, 78
Bozizé, Jean-François, 919
Bozizé, François, 372, 774, 776, 878, 917, 918, 926
Brabant, Justine, 923
Bracco, Roger, 413
Braeckman, Colette, 422
Brana, Pierre, 940
Braudel, Fernand, 628
Brauman, Rony, 317
Bredoux, Lénaïg, 799
Breteuil, Charles de, 725
Bretin-Naquet, Michèle, 530
Briand, Max, 239
Broca, Paul, 71
Brou, Fulgence, 112
Brousse, Didier, 936
Brouillet, Jean-Claude, 316
Brovelli, Claude, 314
Bruguière, Jean-Louis, 685, 774
Bruni, Roger, 411
Bruyère-Ostells, Walter, 371, 410, 411, 413
Bugeaud, Thomas, 70, 78
Buron, Robert, 143, 316
Busia, Kofi Abrefa, 306

Cage, Nicolas, 691
Callamard, Agnès, 808
Calmettes, Joël, 314, 316, 317
Camara, Bintou, 440
Camara, Dadis, 775
Camara, Damantang, 253
Camara, Ousmane, 292
Camdessus, Michel, 557
Caminade, Pierre, 894
Camus, Albert, 148
Canovas, Gilbert, 617
Cantegrit, Jean-Pierre, 742
Cantoni, Robert, 463
Carayol, Rémi, 847
Carbonare, Jean, 599
Carter, Jimmy, 349, 426
Cartier, Raymond, 79, 90, 97, 101, 135, 202
Carton, Marcel, 518
Casanova, Gilbert, 118
Castel, Pierre, 609, 704, 734, 736, 737, 742
Castex, Jean, 819
Castex, Raoul, 53
Castro, Fidel, 563, 569
Catala, Nicole, 498
Catroux, Georges, 160
Caunes, Laurent de, 657
Cavada, Jean-Marie, 331
Cayrol, Roland, 153
Cazeneuve, Bernard, 623, 940, 954, 955
Ceausescu, Nicolae, 482
Cerutti, Pierre, 832
Césaire, Aimé, 49, 80, 100, 114, 115, 122, 127, 137, 145, 146, 148, 149, 732
Césaire, Raymond, 667
Chaban-Delmas, Jacques, 192, 207, 277, 346, 401, 420, 497
Chadaud-Pétronin, Sébastien, 808
Chafer, Tony, 145, 223
Chaffard, Georges, 141, 197, 251, 393
Chaker, Ludovic, 886
Chalandon, Albin, 469, 493, 520, 525, 526, 533, 534
Chalier, Yves, 512, 530-532
Chambon, Albert, 251
Chapot, Victor, 516, 519-521
Chappart, Pascaline, 935
Charlemagne, 436
Charnoz, Olivier, 766
Charette, Hervé de, 614, 615
Châtaigner, Jean-Marc, 896
Chaumien, Marcel (dit M. Armand), 276, 279
Chauvel, Jean-François, 315
Chevènement, Jean-Pierre, 483
Chevigné, Pierre de, 55, 103
Cheysson, Claude, 56, 60, 130, 132, 133, 134, 135, 217, 464, 479, 505
Chihombori-Quao, Arikana, 910
Chipman, John, 25, 476
Chirac, Jacques, 13, 25, 324, 346, 354, 356, 357, 381, 401, 402, 404, 406, 455, 458, 473, 478, 479, 481, 485, 486, 490, 493-503, 512, 514, 516, 518-525, 527, 528, 530, 531, 533, 534, 536, 562, 563, 576, 580-584, 587, 590, 607, 610-615, 617, 619-623, 625, 629-634, 636, 638, 639, 644, 646-650, 658, 659, 664-668, 670, 675, 676, 686, 691, 694, 700, 701,

703, 706, 742, 744, 750, 751, 773, 774, 782, 783, 789, 798, 809, 830, 853, 880, 882, 884, 896, 930, 931, 939, 961
Chomé, Jules, 340, 420, 452
Chrétien, Jean-Pierre, 375.
Christnacht, Alain, 649
Churchill, Winston, 36
Claisse, Guy, 461
Clarisse, Jean-François, 694
Claude, Gérard, 631
Claude, Madame (Fernande Grudet, dite), 208
Claustre, Françoise, 324, 379-381
Claustre, Pierre, 379-381
Clemenceau, Georges, 22, 75
Clément-Bollée, Bruno, 836
Clemente, Grégory, 863
Clinton, Bill, 613
Cochery, Bertrand, 826
Cochet, Philippe, 856
Cohen, Philippe, 675
Cohen, Samy, 940
Colbert, Jean-Baptiste, 68
Colin, Jean-Marie, 218
Colombani, Don Jean, 229, 230, 748
Colonna, Jean-Jérôme, 589
Comarin, Élio, 563
Combe, Marc, 379, 380
Comiti, Paul, 192
Compaoré, Blaise, 25, 487, 512, 528, 558, 561-564, 569-571, 632, 633, 667, 680, 684, 690, 702, 706, 733, 782, 796, 806, 811, 812, 902-905
Conan, Georges, 237, 238, 239, 283
Condé, Alpha, 772, 825, 826, 833
Conesa, Pierre, 599
Constant, Benjamin, 78
Cooper, Frederick, 49, 224
Coodenhove-Kalergi, Richard, 95, 98
Copans, Jean, 446
Cordelle, Anne-Marie, 744
Cornut-Gentille, Bernard, 154, 197, 226, 246, 263
Cortadellas, Edouard-Jacques, 337
Coste-Floret, Paul, 140, 141
Cot, Jean-Pierre, 405, 462-464, 467, 469, 470, 472, 594, 640
Coty, René, 193
Coulibaly, Abou, 715
Coulibaly, (Daniel) Ouezzin, 169, 171, 172, 175, 176, 225, 299, 300
Coulibaly, Ibrahim, 702, 708
Couraud, Jean-Pascal, 648
Courroye, Philippe, 590, 683
Courtin, Nicolas, 371
Couve de Murville, Maurice, 207, 312
Crouzet, Vincent, 878
Curial, Jean-Bernard, 694

Dabezies, Pierre, 477
Dabira, Norbert, 681, 682
Dabo Sissoko, Fily, 113, 115, 127, 170, 508
Dacko, David, 286, 287, 288, 296, 324, 360, 377
Daddah, Moktar Ould, 338, 341
Dadié, Bernard, 148
Dadié, Gabriel, 112, 168, 170
Dagnan, Marcel, 63, 64
Dagoma, Seybah, 856
Dah, Ely Ould, 681
Daidj, Nabyla, 763
Damas, Léon-Gontran, 148
Danet, Olivier, 475
Daniel, Jean-Pierre, 521, 539
Danon, Éric, 772
Danrit, capitaine (Émile Driant), 46
Dard, Jean, 946
Darwin, Charles, 71
Dassault, Marcel, 334, 364, , 421, 471, 697
Dattels, Stephen, 877
Dauchy, Walfroy, 603
Davies, Paddy, 314, 315
Debarge, Marcel, 599
Debbasch, Charles, 576, 635
Debizet, Pierre, 192, 282, 283, 356, 413, 477, 584, 585
Debré, Bernard, 644
Debré, François, 314
Debré, Jean-Michel, 590
Debré, Michel, 15, 16, 191, 192, 193, 204, 206, 207, 226, 238, 260, 261, 277, 278, 282, 312, 313, 314, 333, 369, 725, 758, 759, 761
Debussy, Claude, 951
Déby Itno, Idriss, 10, 372, 374, 454, 458, 512, 548, 550, 551, 610, 632, 633, 636, 642, 686, 693, 774, 782,

785, 810, 811, 817, 818, 846, 886, 906, 918, 935
Déby Itno, Mahamat, 10, 686, 782, 817, 818
Déby, Oumar, 886
Decraene, Paulette, 438
Decraene, Philippe, 329, 438
Defferre, Gaston, 30, 59, 61, 89, 91, 101, 103, 117, 130, 159, 162, 174, 186, 188, 189, 194, 209, 216, 219, 221, 222, 227, 229, 231, 234, 235, 236, 464, 499, 512
Delarue, Alfred, 192, 301
Delauney, Maurice, 236, 238, 283, 310, 311, 317, 356, 402, 404-406, 409, 411, 412, 413, 416, 477
Delavignette, Robert, 125
Delaye, Bruno, 485, 487, 489, 576, 626, 675
Delbecque, Léon, 192
Delbrel, Guy, 563, 564, 806
Delon, Alain, 395
Delory, Vincent, 784
Delpey, Roger, 192, 402
Démaret, Émile, 74
Demetz, André, 250
Denamur, Gilles, 752
Denard, Bob, 282, 283, 315, 317, 324, 326, 352, 356, 357, 408, 411-417, 438, 471, 475, 477, 481, 489, 545, 601, 618, 619, 678, 679
Deneault, Alain, 541
Deniau, Jean-Charles, 776
Denise, Auguste, 114, 116, 174
Depardon, Raymond, 315, 379
Depestre, René, 148
Descartes, René, 437
Desnoe, Gérard, 691
Desplan, Michel, 683
Desporte, Vincent, 841
Dessales, Jean-Marie, 601
Dessalines, Jean-Jacques, 69
Devedjian, Patrick, 775
Dewatre, Jacques, 750
Dia, Mamadou, 109, 197, 224, 243, 252, 291, 292
Diagne, Blaise, 121, 122, 506, 510
Diagne, Souleymane Bachir, 953
Diakité, Yoro, 118
Diallo, Amadou Hassane, 118, 292
Diallo, Thierno, 305
Diallo, Yacine, 113, 115, 117, 127, 143
Diarra, Mamadou, 388
Diarra, Samba, 293
Diawadoh N'Jim, Ibrahima, 798
Diawara, Ange, 421, 663
Dicko, Hammadoun, 508
Diderot, Denis, 68
Diendéré, Gilbert, 562, 691, 904
Dieng, El Hadj Ousmane, 252
Dijoud, Paul, 598
Dimier, Véronique, 35
Diop, Alioune, 146, 148, 149
Diop, Bigaro, 149
Diop, Boubacar Boris, 65, 725
Diop, Cheikh Anta, 144, 145, 149, 957
Diop, David, 149
Diop, Majhemout, 190
Diop, Mbissine Thérèse, 271
Diop, Yandé Christiane, 148, 150
Diori, Hamani, 109, 169, 171, 172, 197, 209, 225, 229, 260, 286, 300, 324, 342, 344, 372, 383, 387-389, 748, 749, 751, 948
Diouf, Abdou, 117, 458, 487, 559, 567, 568, 586, 610, 667, 902
Djohar, Said Mohamed, 678
Djotodia, Michel, 918
Djouhri, Alexandre (Ahmed), 773, 774, 776, 869, 870, 875, 880-882, 884-886
Dol, Thierry, 807
Domenach, Nicolas, 799
Dominici, Louis, 523
Donnedieu de Vabres, Jean, 139
Donwahi, Charles, 293
Dore, Jacques, 523
Dorent, Jean-Philippe, 833
Dorin, Bernard, 948
Dos Santos, José Eduardo, 540, 668, 670, 684, 694-696, 737
Douala Manga Bell, Alexandre, 44, 113
Douala Manga Bell, Rudolph, 113
Doumergue, Gaston, 506
Doustin, Daniel, 236, 238
Doza, Bernard, 25
Dozon, Jean-Pierre, 11, 13, 17, 259
Dreyfus, Alfred, 624, 939
Dreyfus, Pierre, 535
Dryef, Zineb, 676
Dubois, Christophe, 519

Dubois, Léon, 121
Duclert, Vincent, 782, 820, 942, 943
Duclos, Jacques, 145
Dufourcq, Nicolas, 858
Dulac, René, 412, 475
Dulas, Robert, 563
Dumas, Roland, 471, 472, 478, 502, 505, 518, 528, 528, 529, 534
Dungia, Emmanuel, 525
Dupaquier, Jean-François, 375
Dupont, Ghislaine, 782, 808
Dupont, Victor (dit Vic-Dupont), 283
Dupuch, Michel, 612, 630, 666
Durand, Jacques, 499
Durbar, Saifee, 878
Duroselle, Jean-Baptiste, 51
Duval, Claude, 766
Duverger, Maurice, 130

Éboué, Félix, 35, 36, 37, 39, 60, 114, 127, 145, 506, 507, 510
Éboué, Ginette, 60, 127
Eboussi Boulaga, Fabien, 569, 572
Eichinger, Marc, 878
Ekoh, Jean-Mark, 672
El-Assad, Hafez, 497
El-Assir, Abdul-Rahman, 883
El-Bechir, Omar, 686, 932
El Karoui, Hakim, 745, 802, 812
Élisabeth II, reine d'Angleterre, 184
Embaló, Umaro Sissoco, 886
Emmanuelli, Henri, 633
Émié, Bernard, 603
Ersu, Laurent d', 643, 728
Espinasse, Maurice, 402
Essy, Amara, 731
Estienne d'Orves, Honoré d', 151
Estrosi, Christian, 883
Étienne, Jean-François, 658
Ettori, François, 766
Evrard, Camille, 368, 370, 376
Eyadéma, Étienne Gnassingbé, 182, 256, 258, 286, 287, 305, 342, 372, 387, 390, 413, 458, 499, 570, 576, 577, 610, 622, 633, 634, 635, 712, 715
Eyinga, Abel, 452

Fa, Pierre, 533, 538
Fabius, Laurent, 479, 800, 807, 837, 840, 855, 919
Faes, Géraldine, 298
Faidherbe, Louis, 18, 54, 70, 71, 73, 78, 109, 124, 187, 459, 946, 947
Fakoly, Tiken Jah, 909
Fal, Arame, 954
Faladé, Solange, 144
Falcone, Pierre, 683, 689, 694-697, 773
Faligot, Roger, 401
Fanon, Frantz, 146, 242-244
Fantouré, Alioum, 443
Fauchart, Francis, 918
Faucon, Narcisse, 73
Faulques, Roger, 312, 407, 409, 410
Faure, Edgar, 130, 157, 220, 235
Faure, Félix, 506
Faure, Lucie, 130
Faure, Maurice, 527
Faure-Beaulieu, Didier, 399
Faux, Emmanuel, 485
Favier, Pierre, 501
Fayol, Clément, 799
Feiertag, Olivier, 388, 391
Feliciaggi, Robert, 588, 589, 590
Félix-Tchicaya, Jean, 113, 115, 116, 156, 190, 301
Fenech, Georges, 627
Féret, Marc, 807, 808
Ferry, Jules, 22, 72, 73, 74, 109, 157, 506, 792, 793
Fille-Lambie, Henri (dit Jacques Morlane), 276
Fillon, François, 639, 769, 785, 840, 880
Firmin, Anténor, 71
Flaubert, Gustave, 448
Fleury, Georges, 134
Fleury, Jean-Pierre, 730
Flosse, Gaston, 502, 647-650
Foccart, Jacques, 13, 25, 164, 191, 192, 206-213, 228, 232, 238, 240, 246, 249, 257, 260, 264, 267, 269, 275-283, 285, 292, 296-298, 300-303, 305, 306, 309-318, 324-326, 329, 335, 337, 340, 341, 343-347, 355-358, 360, 371, 375, 376, 393-399, 401, 403, 406, 408, 409, 411, 414, 418, 419, 421, 446, 447, 451, 452, 458, 463-466, 468, 469, 473, 477, 479, 481, 487, 493, 496-500, 502, 512, 520, 524, 525, 528, 535, 539, 562, 563, 584, 585, 610-615, 617, 619,

620, 626, 627, 629, 631, 637, 638, 639, 644, 649, 652, 665, 666, 674, 675, 725, 726, 740, 749, 750, 758, 762, 873, 880, 894
Fochivé, Jean, 239, 290
Fonfrède, Henri, 70, 78, 79, 80
Fontaine, Marcel, 518
Fontbonne, Paul, 550
Fonvielle, Dominique, 519
Foreman, George, 420
Forrest, George, 776
Fottorino, Éric, 485, 588
Fouchard, Anthony, 921
Fouet, Pierre, 405
Fouks, Stéphane, 730, 797
Fourès, André, 376
Foyer, Jean, 205, 207, 262
Franceschi, Michel, 424
Franco, Francisco, 311, 368, 549
Frappart, Charles, 60, 133, 134
Frêche, Georges, 405
Frey, Roger, 191, 277
Fric, Olivier, 877, 878
Friedman, Milton, 767
Fromion, Yves, 655
Frioux-Salgas, Sarah, 150
Fru Ndi, John, 539, 577, 578
Fuchs, Gérard, 59

Gadoullet, Jean-Marc, 807
Gaigneron de Marolles, Alain, 251, 400, 401
Gaillard, Philippe, 25, 208, 209, 246, 257, 419, 494
Galinié, René, 598, 943
Galley, Robert, 358
Gallieni, Joseph, 74, 75, 78, 109, 138, 187, 845, 892
Gallo, Max, 476, 534
Gallois, Frédéric, 918, 923
Galopin, Pierre, 343, 380
Galy, René, 283
Gambetta, Léon, 945
Gandon, Yves, 46
Garaud, Marie-France, 396, 401, 497
Garnier, Christian, 702
Garuz, capitaine, 252, 253
Garvey, Marcus, 122
Gates, Bill, 766
Gates, Melinda, 766
Gates, Robert, 874
Gaubert, Thierry, 869, 870, 883
Gaujour, Françoise, 348
Gaulle, Charles de, 10, 13, 15-17, 24, 27, 30, 31, 35-37, 39, 41, 42, 46, 55, 64, 67, 84, 86, 90, 97, 106, 135, 159, 162-164, 179, 182, 190-199, 201-208, 210, 212, 216, 217, 227, 238, 245-247, 249, 250, 253, 254, 259, 263, 267-269, 275, 277, 280, 285, 286, 276, 296, 296-300,302, 306, 307, 310-313, 315-316, 324, 326-329, 331, 333, 335, 337, 344-347, 350, 354, 356, 358, 368, 370, 393-395, 399, 400, 411, 417, 419, 420, 428, 434, 460, 462, 472, 473, 476, 493, 495-497, 507, 525, 526, 585, 611, 615, 649, 650, 653, 725, 745, 748, 757, 758, 852, 893, 894, 947, 948, 952
Gaydamak, Arcadi, 694-697
Gaymard, Hervé, 745, 803, 853
Gbagbo, Laurent, 528, 577, 633, 646, 686, 699-703, 705-709, 711, 712, 716, 719, 720, 728, 730, 740, 782, 785, 787, 788, 797, 797, 810, 815, 825, 830, 909
Gbagbo, Simone, 716, 717, 719
Geneste, Pascal, 399
Gentot, Michel, 744
Gérard, Yannick, 603
Germaneau, Michel, 785, 840
Germani, Jean-Luc, 890
Germanos, Raymond, 836
Gerschel, Frédéric, 709
Géry, René, 248
Ghanem, Choukri, 875
Gide, André, 148
Giesbert, Franz-Olivier, 495
Gillier, Marin, 652, 805
Girardet, Raoul, 729
Giscard d'Estaing, Anne-Aymone, 423
Giscard d'Estaing, Edmond, 56, 348, 422
Giscard d'Estaing, François, 348, 358
Giscard d'Estaing, Jacques, 348
Giscard d'Estaing, Philippe, 348, 422
Giscard d'Estaing, Valéry (VGE), 10, 23, 56, 67, 132, 134, 321, 324, 327, 345-350, 354-358, 360, 367, 398-402,

412, 413, 420-426, 434, 440, 453, 454, 461, 463, 465, 476, 497, 513, 516, 519, 520, 521, 525, 533, 545, 664, 694, 744
Gizenga, Antoine, 418
Glaser, Antoine, 11, 12, 13, 25, 640, 727, 803, 807, 809, 812, 814, 815, 908
Glavany, Jean, 831
Glissant, Édouard, 146, 149
Glucksmann, André, 546
Gluhbegovic, Zlatko, 716
Gnassingbé, Faure, 258, 458, 610, 623, 635, 636, 644, 740, 743, 799, 833, 837, 907
Gobineau, Arthur de, 71, 124
Godfrain, Jacques, 465, 513, 613, 615, 644, 744, 745, 750, 801, 852
Goerg, Odile, 431, 436
Goheneix, Alice, 949
Gomboc, Jérôme, 918
Gomis, Jean, 118
Gompertz, Stéphane, 788
Gonidec, Pierre-François, 729
Goobéna, 151
Gosselin, Claude, 538
Gosselin, Michael, 607
Gouled Aptidon, Hassan, 654, 656, 658
Gouraud, Jean-Louis, 363
Gourson, Jean-Guy, 581
Gourvennec, Camille, 337, 343
Gowon, Yakubu, 310, 311, 314
Graner, François, 603, 942
Granvaud, Raphaël, 372, 622, 642, 727
Gras, Yves, 422, 425
Gravoin, Anne, 799
Greene, Graham, 448
Greletty-Bosviel, Pascal, 315
Griaule, Marcel, 148
Griffin, Christopher, 368
Grossin, Paul, 278, 507
Grossouvre, François de, 470, 471, 478, 672, 673, 742
Grunitzky, Nicolas, 212, 256, 257, 258, 287
Guaino, Henri, 639
Guéant, Claude, 512, 638, 641, 644, 773, 775, 776, 786, 835, 869, 870, 872, 884
Gueguen, Élodie, 527
Guéï, Robert, 577, 700
Guéhenno, Jean, 60
Guelleh, Ismaël Omar (IOG), 652, 656, 658, 659, 660
Guéna, Frédéric, 499
Guéna, Yves, 251, 499
Guéno, Marine, 151
Guernier, Eugène, 95
Guèye, Lamine, 30, 45, 46, 47, 64, 85, 113, 115, 126, 127, 128, 190, 194, 225, 226, 291
Guèye, Doudou, 171, 172
Guez, Yan, 587
Guibert, Nathalie, 922
Guichard, Olivier, 277
Guidicelli, abbé, 946
Guillaumat, Pierre, 105, 106, 215, 217, 218, 269, 329, 330, 342, 402, 477, 512, 518, 534, 535, 539, 748
Guillaumont, Patrick, 388
Guillaumont, Sylviane, 388
Guillot-Corail, Renaud, 775
Guillou, Alain, 686, 697
Guiringaud, Louis de, 350, 367, 404, 405
Guisnel, Jean, 401, 696, 726, 728
Guy, Claude, 296

Habré, Hissène, 379-381, 415, 468, 475, 543, 545-551, 560, 681
Habyarimana, Agathe, voir Kazinga
Habyarimana, Juvénal, 375, 488, 593-596, 599-602, 617, 685, 774
Hached, Farhat, 52, 57
Hadj, Messali, 138
Haftar, Khalifa, 549, 550, 815, 834, 846
Hama, Boubou, 169
Hammarskjöld, Dag, 516
Hamon, Hervé, 454
Hampâté Bâ, Amadou, 301, 440
Hanin, Roger, 459
Hardy, Georges, 946, 947
Harel, Xavier, 526, 537, 538
Hariri, Rafiq, 497, 502
Harmand, Jules, 75
Hassan II, 346, 351, 352, 398, 411, 413, 471, 497, 512, 620
Hauter, François, 571
Hazoume, Antoine, 301
Hébert, Jean-Paul, 334

Heilbrunn, John, 576
Hejeij, Hassan, 586
Hélary, Julien, 431
Héran, François, 934
Herbaut, Jean-Marc, 685
Herbomer, professeur, 436
Hernu, Charles, 476, 479, 513, 647
Herriot, Édouard, 46, 219
Herter, Christian, 206
Herzog, Thierry, 870
Hessel, Stéphane, 380
Hibou, Béatrice, 557
Hirsch, Martin, 770
Hitchcock, Alfred, 395
Hitler, Adolf, 145, 314, 355, 549
Hô Chi Minh, 44, 235
Hoare, Mike, 313
Hocquenghem, Guy, 546
Hofnung, Thomas, 537, 538, 642, 644, 728, 807
Hollande, François, 65, 67, 90, 476, 547, 779, 782, 791-797, 799, 800, 801, 806, 807, 810, 813, 814, 831, 837, 840, 841, 846, 858, 859, 860, 889, 919, 950, 961
Holleville, Alain, 636
Hondo, Med, 443
Hortefeux, Brice, 638, 786, 870
Houdin, Bernard, 720
Houngbédji, Adrien, 576
Hountondji, Alexis, 572
Houphouët-Boigny, Félix, 10, 13, 15, 17, 22-25, 30, 39, 43, 45, 48, 51, 57, 60, 88, 102, 103, 109, 111-116, 128, 129, 140-145, 153-157, 160-167, 169-176, 185, 188-190, 194, 195, 199, 200, 204, 205, 208, 209, 211, 216, 221, 222, 224-226, 229, 233, 235, 236, 238, 243, 244, 247, 251, 253, 260, 281, 282, 286, 292, 293, 297, 299-306, 310, 311, 312, 313, 318, 321, 325, 340, 341, 344, 347, 351, 354, 355, 370, 401, 409, 413, 438, 440, 442, 443, 444, 447, 460, 466, 471, 483, 487, 499, 508, 509, 513, 524, 546, 559, 562-564, 570, 571, 577, 586, 611, 612, 613, 627, 647, 699, 700, 709, 728, 836, 881
Huchon, Jean-Pierre, 599, 601
Hugeux, Vincent, 365, 730, 731, 788
Hugo, Victor, 72, 78
Huillery, Élise, 90
Hussein, Saddam, 497, 523

Ichikowitz, Ivor, 799
Idriss Ier, 411
Imbert, Anne, 718
Imbert de Friberg, Patrick, 713-718
Imbot, René, 694
Ionesco, Eugène, 9
Issoufou, Mahamadou, 753, 754, 793

Jaber, Abbas, 740
Jacquard, Roland, 517
Jacquier, Paul, 269
Jacquot, Pierre-Élie, 118
Jaffré, Philippe, 486, 501, 536, 538, 588, 665, 669
Jaurès, Jean, 459
Jauvert, Vincent, 218
Jeanneney, Jean-Marcel, 434
Jeanneney, Jean-Noël, 78
Jean-Paul II, 732
Jehanne, Philippe, 601, 602
Jobert, Michel, 464
Johnson, Nicola, 883
Joliot-Curie, Frédéric, 46
Joly, Eva, 486, 536, 683, 882
Jonah, Samuel, 877
Jospin, Lionel, 354, 377, 458, 483, 610, 612, 620-622, 625, 632, 648, 649, 666, 700, 739, 750, 765, 769, 770, 939
Josselin, Charles, 513, 632, 644, 667, 669, 793
Joubert, Bruno, 638, 644, 776
Jouhaux, Yves, 283
Jounot, Yann, 937
Journiac, René, 269, 324, 357, 393, 396, 398, 399, 402, 413, 421, 424, 465, 516
Jouve, Edmond, 729
Jouyet, Jean-Pierre, 770
Joyandet, Alain, 458, 610, 641, 642
Joxe, Pierre, 483, 576
Jubelin, Jean, 946
Juhem, Philippe, 757
Juillet, Pierre, 396, 401, 497
Juin, Alphonse, 58
Julien, Charles-André, 105

Juppé, Alain, 489, 498, 598, 603, 612, 614, 739, 786, 940
Just, Evan, 96

Kabila, Laurent-Désiré, 458, 610, 617, 620, 666, 667, 668, 670, 730, 732, 796, 905, 907
Kaboré, Roch Marc Christian, 904
Kabuga, Félicien, 685, 774
Kadhafi, Mouammar, 329, 330, 333, 334, 360, 381, 411, 468, 472, 475, 497, 517, 545, 547, 549, 550, 569-571, 642, 766, 775, 782, 786, 787, 867-876, 879, 881, 882, 884, 901, 930, 931, 968
Kaehlin, Gilles, 672
Kagame, Paul, 488, 593, 685, 731, 732, 771, 905, 941, 955
Kajman, Michel, 406
Kaldor, Pierre, 141
Kalondji, Albert, 243
Kam, Guy Hervé, 903
Kamitatu, Cléophas, 340, 451, 452
Kant, Emmanuel, 437
Karimov, Islam, 588
Karl-I-Bond, Jean Nguza, 423
Kasa-Vubu, Joseph, 243, 418
Kauffer, Rémy, 401
Kauffmann, Jean-Paul, 518
Kayumba, Cyprien, 601
Kazinga, Agathe, 617, 685
Keïta, Fodéba, 65, 151
Keïta, Ibrahim Boubacar (IBK), 782, 794, 810, 816, 817, 888
Keïta, Madeira, 142, 143
Keïta, Modibo, 109, 116, 170, 173, 175, 176, 211, 225, 228, 286, 288, 299, 300, 301, 305, 336, 369, 372, 373, 386, 387, 389, 508
Kent, duchesse du, 184
Kenyatta, Uhuru, 686
Kérékou, Mathieu, 118, 341, 352, 413, 414, 482, 571, 572, 573, 665
Khashoggi, Adnan, 883
Kheris, Sabine, 705
Khomeini, Rouhollah, 518
Kieffer, Guy-André, 702
Kimba, Évariste, 418
Kilifeu, 902
King, Loretta, 184
King, Martin Luther, 184
Kingué, Abel, 233, 236
Kipré, Pierre, 127
Kirsch, Martin, 465, 520, 521, 744
Ki-Zerbo, Joseph, 149, 190
Klinkenberg, Jean-Marie, 954
Kodjo, Agbéyomé, 904
Koffigoh, Joseph Kokou, 576
Kohl, Helmut, 489, 537
Kolélas, Bernard, 664, 665, 669, 670
Kolingba, André, 118, 377, 473
Konaré, Alpha Oumar, 573, 611, 731
Konaté, Mamadou, 116, 156, 168, 169, 170, 172, 175, 176
Koné, Amadou, 293
Koné, Daouda (dit Daouda), 439
Konieczna, Anna, 332, 336
Koré, Marie, 140
Kosciusko-Morizet, Jacques, 161, 205, 221, 238, 417
Kouchner, Bernard, 315-318, 546, 642-644, 676, 769-774, 835
Koulibaly, Mamadou, 908
Kountché, Seyni, 118, 372, 749, 750
Kourouma, Ahmadou, 443, 444, 447
Kouyaté, Seydou Badian, 290

La Bourdonnaye, Yves de, 407
La Malène, Christian de, 406
Labonne, Eirik, 96, 97, 102, 105, 106, 107, 215, 234, 534
Labou Tansi, Sony, 443
Labouret, Henri, 56
Lacaze, Jeannou, 398, 513, 622, 712, 836
Lacheroy, Charles, 118, 140, 141, 187, 192, 210, 234
Lacouture, Jean, 155, 444, 453
Lacoste, Pierre, 469, 571
Lafont, Frédéric, 718
Lallaoui, Mehdi, 581
Lallement, Didier, 890
Lalouse, Albert, 121
Lamarck, Jean-Baptiste de, 71
Lamberton, Jean, 237, 238
Lambinet, Michel, 409
Lambroschini, Joseph, 409
Lamizana, Aboubakar Sangoulé, 118, 286, 336, 344, 372, 569
Lamonica, Jean-Charles, 889

Lanessan, Jean-Marie de, 74, 75
Langellier, Jean-Pierre, 422, 524
Laniel, Joseph, 159
Lanxade, Jacques, 595, 598, 836
Lapie, Pierre-Olivier, 39
Larapidie, Daniel, 411
Larribe, Daniel, 807
Larribe, Françoise, 807
Lasserre, Isabelle, 840
Latrille, André, 39, 112, 116
Laubhouet, Marcel, 112
Laumond, Armelle, 512
Laurentie, Henri, 36, 37, 38, 39, 40, 41, 42, 43, 45, 58, 112, 125, 220
Lautner, Georges, 275
Lauvergeon, Anne, 872, 877, 878
Laval, Pierre, 150
Lavroff, Dimitri Georges, 263, 264
Le Berre, lieutenant-colonel, 63, 64
Le Bolas, Guy, 405
Le Braz, Yves, 411
Le Drian, Jean-Yves, 782, 795, 807, 810, 822, 837, 840, 846, 851, 859, 897, 908, 923
Le Flem, Bruno, 374
Le Floch-Prigent, Loïk, 486, 526, 528, 535-539, 541, 588, 664, 665, 683
Le Fraper du Hellen, Béatrice, 787, 787, 815
Le Gal, Hélène, 793, 794
Le Gouriellec, Sonia, 660
Le Pen, Jean-Marie, 10, 523
Le Pen, Marine, 10
Léandri, Daniel, 500, 588, 590, 665
Léandri, Étienne, 585, 689
Lebeurier, Gildas, 303, 306, 312
Leboeuf, Claude, 694
Leburton, Edmond, 509
Leca, Nicolas, 748
Lecadre, Renaud, 506, 512, 513
Leclerc de Hautecloque, Philippe, 191, 516
Lecointre, François, 843
Lecoq, Jean-Paul, 785
Lecourt, Robert, 261, 464
Legatte, Paul, 90
Léger, Laurent, 691
Legorjus, Philippe, 581
Legrand, Pierre, 807
Legrand, Thomas, 485
Leiris, Michel, 148
Leluc, Alain, 477
Lemasson, Éric, 590
Lemonnier, Dominique, 596
Lennox-Boyd, Alan, 236
Lenormand, Maurice, 580, 581
Léocour, Antoine de, 784
Léon-Kindberg, Étienne, 398
Léotard, François, 694, 883, 940
Leroy-Beaulieu, Paul, 945
LeRoy-Finville, colonel, 254
Lespinois, Jérôme de, 374
Létondot, lieutenant-colonel, 765
Lettéron, Philippe, 312, 316, 326, 335, 356
Lévy, Bernard-Henri (BHL), 873, 874
Lewandowski, Cédric, 807, 837
Liauzu, Claude, 78
Lieutier, Françoise, 437
Liloo, Nkema, 524
Lisette, Gabriel, 23, 114, 160, 161, 172, 175, 176, 194, 226, 301
Lissouba, Pascal, 458, 511, 527, 540, 573, 588, 610, 663, 664, 665, 667-670, 693, 712
Londres, Albert, 723
Longuet, Gérard, 708, 786, 835
Lopez, Antoine, 393
Lorentz, Dominique, 517, 518
Lorenzi, Pierre-Antoine, 807, 808
Lorgeoux, Jeanny, 801, 805, 854
Louis XIV, 68, 353
Luckham, Robin, 372
Lumumba, Patrice, 244, 303, 311, 418, 509
Lumumba, Patrick Loch Otieno (PLO), 910
Lunven, Michel, 499, 500, 649
Luong, Robert, 478
Ly, Abdoulaye, 125
Lyautey, Hubert, 74, 75, 109, 124, 125, 133, 157, 187, 845

Mabanckou, Alain, 952, 953
Mabika Kalanda, Auguste, 511
Mabon, Armelle, 63, 65
Machel, Samora, 569
Machiavel, Nicolas, 156
Macron, Emmanuel, 9, 10, 18, 67, 365, 565, 765, 779, 782, 783, 803,

809-818, 820-823, 831, 837, 845, 846, 847, 853, 859, 860, 885, 886, 891, 897, 901, 908, 910, 912-915, 926, 927-930, 934, 942, 945, 952, 953, 955, 961, 962
Madelin, Alain, 830
Madelin, Philippe, 499
Maga, Hubert, 109, 190, 260, 286, 292, 301
Mahtar Mbow, Amadou, 144
Maïnassara, Ibrahim Baré (dit IBM), 691, 750
Maîtrier, Georges, 236, 238, 257, 283
Makwambala, Yves, 905
Malacrino, Dominique, 678
Malaussène, Renaud de, 705
Maléane, Marcel Christophe Colomb, 65
Malécot, Charles-Henri, 860, 864
Malema, Julius, 910
Mallet, Jean-Claude, 837
Malloum, Félix, 380
Mally, Théophile, 257
Malonga, Ferdinand, 342
Maloubier, Robert (dit Bob), 276, 282, 410, 539
Mandela, Nelson, 494, 671, 798
Mansour Seck, Mamadou, 118
Mantion, Jean-Claude, 377
Maran, René, 148
Marcellin, Raymond, 446, 451-453
Marchal, Roland, 547, 550, 840
Marchesin, Philippe, 761
Marchiani, Jean-Charles, 395, 590, 619, 665, 670, 695, 697
Maréchaux, Rémi, 812
Marenches, Alexandre de, 345, 346, 350, 393, 396-403, 412, 422, 467, 468, 498
Margerie, Christophe de, 793
Mariko, Oumar, 573
Marill, Jean-Marc, 643
Marinacce, Sébastien, 252
Marion, Pierre, 467-469, 526, 672
Marker, Chris, 148, 149
Markovic, Stephan, 395, 584
Marseille, Jacques, 40
Marti, Claude, 672, 730
Martin, Louis Pierre (dit Loulou), 356, 410, 411, 522
Martin-Roland, Michel, 501
Martineau, Jean-Luc, 660
Martres, Georges, 598
Maspero, François, 240, 244, 340, 363, 365, 444, 446, 447, 451, 452
Massamba-Débat, Alphonse, 212
Masson, Paul, 246
Massoni, Philippe, 500, 590
Massu, Jacques, 192
Mauduit, Henry de, 164
Maugein, Patrick, 502
Mauger, David, 727
Maupassant, Guy de, 448
Mauriac, Jean, 202
Mauricheau-Beaupré, Jean, 191, 268, 282, 301, 302, 303, 304, 306, 310, 317, 325, 326, 327, 329, 335, 339, 340, 409, 477, 725, 726
Mauroy, Pierre, 462, 469, 478, 614, 647
Mazaud, Marie-Laure, 865
Mazeaud, Pierre, 750
Mazoyer, Henri, 257, 258
Mba, Léon, 16, 182, 200, 204, 208, 212, 225, 269, 282, 283, 477, 508, 509, 539
Mba Abessole, Paul, 568, 574, 674
Mbaye, Jean François, 912
Mbaye, Kéba, 744
Mbaye, Samuel, 586
Mbeki, Thabo, 877, 878
Mbembe, Achille, 814, 822, 953
Mbida, André-Marie, 209, 237
M'Bow, Fara, 881
Méaux, Anne, 740
Médecin, Jacques, 495
Meimon, Julien, 205, 262, 269, 431, 432, 615, 624, 625, 759
Mélenchon, Jean-Luc, 933
Melnik, Constantin, 276, 277, 282
Mélonio, Thomas, 791-793
Mendès France, Pierre, 23, 51, 53, 58, 90, 133, 157, 158, 159, 193, 464, 506
Merchet, Jean-Dominique, 840
Merle, colonel, 315
Méry, Jean-Claude, 499
Messmer, Pierre, 162, 187, 197, 209, 210, 213, 217, 221, 227, 229, 231, 235, 236, 237, 238, 240, 248, 249, 250, 251, 252, 292, 312, 313, 317, 331, 336, 344, 369, 370, 396, 409,

470, 473, 476, 487, 497, 523, 585, 586, 622, 664, 749
Michel, Marc, 78
Michel, Serge, 789, 790
Miclet, Vincent, 813
Micombero, Michel, 375
Migani, Guia, 267
Miñano, Leïla, 923
Millon, Charles, 835, 837
Milongo, André, 664
Minc, Alain, 831
Minin, Leonid, 691
Mitterrand, Danielle, 695
Mitterrand, François, 15, 18, 23, 24, 27, 30, 51, 53, 54, 58, 61, 67, 103, 117, 129-132, 143, 153-166, 168, 184, 185, 189, 193, 207, 221, 222, 235, 238, 354, 355, 405, 406, 434, 438, 439, 455, 459-476, 478-481, 483-490, 494, 498, 499, 502, 505, 512, 513, 516, 518, 519, 525, 526, 530, 531, 533, 535-537, 543-549, 555, 556, 559, 561, 562, 570, 576, 578, 580-583, 594, 595, 613, 615, 621, 622, 624, 625, 626, 640, 672, 674, 675, 694, 695, 711, 742, 750, 751, 769, 770, 786, 792, 793, 800, 809, 831, 941, 949, 950, 961
Mitterrand, Jean-Christophe, 458, 466, 467, 480, 485, 549, 576, 593, 610, 630, 675, 683, 694, 695, 801, 918, 940
Miyet, Bernard, 622
Moati, Serge, 459
Mobutu Sese Seko, Joseph-Désiré, 243, 324, 340, 345, 347, 351, 353, 367, 376, 400, 409, 412, 413, 417-426, 438, 439, 451, 452, 453, 458, 463, 501, 509-511, 513, 523-525, 560, 590, 610, 613, 615-620, 665, 668, 712, 728, 732, 774, 836
Mohammed V, 52
Mohammed VI, 930, 931
Mokoko, Jean-Marie, 540, 905
Molière, (Jean-Baptiste Poquelin, dit), 950
Mollet, Guy, 101, 128, 134, 160, 161, 163, 215, 221, 495
Mondoloni, Marthe, 589
Monénembo, Tierno, 443
Monnerville, Gaston, 114, 125, 130, 506
Monnet, Georges, 116
Monsieur, Jacques, 692, 693, 696
Montalat, Jean, 79
Montessus, Sébastien de, 878
Monti, Dominique, 374
Montoya, Robert, 416, 471, 619, 702, 711-720, 836
Montoya, Vanessa, 713, 714, 716
Môquet, Guy, 151
Morice, Olivier, 657
Morin, Hervé, 646, 696
Mosneron-Dupin, Sébastien, 854
Moubarak, Hosni, 596, 782, 785, 872, 931
Moulin, Jean, 459
Moumié, Félix, 109, 169, 182, 233, 235, 236, 237, 238, 240, 244, 279
Moumouni, Abdou, 144
Mounier, Emmanuel, 148
Mouragues, Albert, 140
Mourre, Martin, 65
Moutet, Marius, 115, 127, 139
Moyo, Dambisa, 767
Mugabe, Robert, 352
Mukendi, Aubert, 451
Mulélé, Pierre, 418
Mullen, Mike, 874
Munongo, Godefroid, 409
Mushikiwabo, Louise, 955
Mussolini, Benito, 549

Nairay, Guy, 114, 302
Nardal, Paulette, 122
Nasser, Gamal Abdel, 185
Nay, Catherine, 493
N'Diaye, Jean-Pierre, 340
Ndenguet, Jean-Francois, 681, 682
Ndiaye, Valdiodio, 197
Ndongmo, Albert, 441, 446
Ndongo, Charles, 733
Negroni, François de, 434
Neuwirth, Lucien, 192
Ngom, Jacques, 233
Ngouabi, Marien, 324, 342, 389, 421, 422, 663
Ngrebada, Firmin, 924
Niccol, Andrew, 691
Nicolaÿ, Pierre, 155
Ninine, Jules, 114

Nixon, Richard, 184, 185, 186, 34
Njawé, Pius, 732, 733
Nkogue-Mbot, Sylvie, 772
Nkomo, Joshua, 352
Nkrumah, Kwame, 17, 52, 113, 114, 146, 149, 172, 174, 175, 184, 185, 186, 188, 190, 201, 211, 243, 293, 305, 306, 311, 326, 957
Noir, Victor, 586
Nonault, Arlette, 732
Nord, Pierre, 97, 98, 99
Nothias, Toussaint, 723
Notin, Jean-Christophe, 400, 728, 840
Ntumi, Pasteur, 905
Nucci, Christian, 433, 470, 479, 512, 513, 530-532

Obadia, René (dit Pioche), 276
Obama, Barack, 874, 901
Oberlé, Philippe, 653
Oberlé, Thierry, 840
Obiang, Teodorin, 881
Obiang Nguema, Teodoro, 684, 881
Ocampo, Luis Moreno, 686, 787
Ockrent, Christine, 397, 400
Odo, Georges, 507
Ojukwu, Odumegwu Emeka, 306, 308, 310-314, 318, 410
Okemba, Jean-Dominique, 511
Ollier, Patrick, 930
Ollivier, Jean-Yves, 481, 798, 799
Olympio, Gilchrist, 576
Olympio, Sylvanus, 52, 57, 182, 201, 202, 211, 233, 238, 256-258, 266, 287, 387, 576
Omnès, Yvon, 836
Oopa, Pouvanaa, 649
Oppermann, Fabien, 285
Orange, Martine, 740, 827
Ornano, Michel d', 497
Orselli, Georges, 141
Ottenheimer, Ghislaine, 506, 512, 513
Ouart, Patrick, 773
Ouandié, Ernest, 131, 233, 236, 240, 337, 340, 441, 446
Ouattara, Alassane, 562, 577, 632, 633, 699, 700, 706-709, 728, 730, 782, 785, 787, 788, 810, 811, 816, 820, 825, 856, 914, 915, 927, 928
Ouchenir, Hayat, 865
Ouedraogo, David, 733
Ouedraogo, Honoré, 433, 436
Ouedraogo, Jean-Baptiste, 569
Ouegnin, Georges, 302
Ouezzin Coulibaly, Daniel, 172, 175, 176, 225, 299, 300
Ouologuem, Yambo (Utto Rodolph), 447-449
Ousmane, Chérif, 718
Oyé Mba, Casimir, 574
Ozouf, Mona, 78

Pacquement, François, 765, 766
Palayret, Gallianne, 921
Palm, Jean-Pierre, 564, 565
Papon, Maurice, 312, 943
Paris, Franck, 810, 812
Parly, Florence, 843
Pasqua, Charles, 395, 486, 500, 501, 512, 513, 523, 531-532, 540, 576, 583-591, 614, 615, 619, 636, 637, 638, 642, 665, 683, 686, 689, 695, 696, 697, 774, 775, 881, 888
Patassé, Ange-Félix, 917-919
Paulhiac, lieutenant H., 947
Pavie, Auguste, 75
Péan, Pierre, 269, 275, 289, 356, 402, 403, 477, 478, 489, 490, 494, 520, 522, 523, 525, 540, 640, 672-676, 770, 771, 880
Péchoux, Laurent, 140, 141, 154, 155
Pecqueur, Michel, 533, 534, 535
Peiser, Gustave, 263, 264
Pelat, Roger-Patrice, 469, 470
Pélissier, Jacques, 495, 496
Pellegrini, Charles, 357, 712
Pellet, Jérémie, 855
Penne, Guy, 406, 439, 464-467, 478, 479, 512, 530, 548, 549, 568, 569, 571, 599, 672
Pennequin, Théophile, 75
Perben, Dominique, 835
Peretti, Achille, 517
Perez, Gilles, 485
Perez, Jean-Pierre, 917, 918
Périès, Gabriel, 263
Pérouse de Montclos, Marc-Antoine, 840, 844
Perrette, Philippe, 618
Perriard, Roger, 302, 728

Pétain, Philippe, 35, 460
Pétronin, Sophie, 808, 898
Petrušic, Jugoslav (*alias* Dominik Yugo), 619
Peyrefitte, Alain, 203, 208, 212, 296, 493, 948
Pfaff, Françoise, 272
Pflimlin, Pierre, 129
Philippe, Édouard, 819
Picard, Maurin, 516
Piel, Simon, 774, 881
Pierre, abbé, 316
Pigasse, Jean-Paul, 665
Pigeaud, Fanny, 84, 488, 729, 915
Pignon, Léon, 39, 220, 221
Piketti, Thomas, 87
Pilhan, Jacques, 502
Pilon, Marc, 625
Pin, Dominique, 752
Ping, Jean, 873, 906
Pingeot, Mazarine, 470
Pinhol, Jorge, 690
Pinochet, Augusto, 680
Piot, Jean, 22, 23
Piton, Florent, 489
Plantey, Alain, 263, 264
Plas, René, 540
Plenel, Edwy, 581
Pleven, René, 23, 24, 37, 38, 39, 84, 154, 156, 157, 165, 168, 385
Pochet, Emmanuel, 618
Poher, Alain, 395, 396
Poignant, Bernard, 831
Poivre d'Arvor, Patrick, 358, 488
Pompidou, Claude, 395
Pompidou, Georges, 13, 122, 123, 179, 207, 240, 296, 321, 324, 326-331, 333, 335, 337-340, 343-346, 383, 388, 389, 390, 391, 395-399, 412, 420, 434, 442, 451, 452, 468, 496, 497, 509, 524, 584, 611, 758, 948
Poniatowski, Michel, 132-134, 420, 453
Ponchardier, Dominique, 192
Pons, Bernard, 581
Ponsaillé, Guy, 282, 402, 539
Ponty, William, 109
Postel-Vinay, André, 246
Pouilleute, Antoine, 851
Poullada, Leon, 256, 257, 258
Poulot, Brice, 955
Poutine, Vladimir, 908
Poux, Nathalie, 685
Powell, Nathaniel, 379, 381, 425, 545
Pratt (Jr), Kwesi, 910
Pré, Roland, 96, 234, 235, 246
Prévost-Desprez, Isabelle, 683, 833
Probst, Jean-François, 497, 498, 522, 527, 585
Profizi, Vanina, 589
Proglio, Henri, 882
Prouteau, Christian, 471, 654, 711
Prouteau, Jean-Pierre, 736
Prungnaud, Thierry, 943
Prunier, Gérard, 593, 602
Puga, Benoît, 807

Quesnot, Christian, 489, 598, 601, 602
Queuille, Henri, 156
Queyranne, Jean-Jack, 649
Quilès, Paul, 610, 939

Rabemananjara, Jacques, 139, 149
Raffarin, Jean-Pierre, 739
Raillard, Laurent, 583
Raison-Jourde, Françoise, 436
Rajaonarimampianina, Hery, 896
Rajoelina, Andry, 891, 896, 897, 898
Ramanantsoa, Gabriel, 339
Ranavalona III (reine), 33, 892
Ranjeva, Raymond, 892, 893
Raphaël-Leygues, Jacques, 280, 447, 509, 524
Raseta, Joseph, 44, 113, 139
Ratsiraka, Didier, 341, 371, 372, 665, 894, 895, 898
Ravalomanana, Marc, 896
Ravoahangy-Andrianavalona, Joseph, 44, 113, 139
Rawiri, Georges, 283, 521
Rawlings, Jerry, 570
Raynaud, Brigitte, 685
Reagan, Ronald, 478, 549
Reclus, Onésime, 23, 53, 157, 945, 946
Regnault, Jean-Marc, 647, 649
Renan, Ernest, 72, 74, 436
Rendjambé, Joseph, 574
Rénier, Matthieu, 831
Rennard, Marc, 738
Resnais, Alain, 148, 149

Reza Pahlavi, Mohammad (Shah d'Iran), 518
Ricard, Paul, 584
Rich, Mark, 502
Richard, Alain, 377, 693, 695, 837, 939
Rioux, Rémi, 853, 855
Ripert, Jean-Maurice, 666
Robert, Jacques, 527
Robert, Maurice, 212, 239, 251, 252, 254, 269, 277, 278, 279, 282, 290, 310, 313, 316, 317, 345, 356, 398, 402, 406, 409, 412, 413, 415, 416, 463, 465, 466, 468, 477, 498, 499, 522, 539, 665
Rocard, Michel, 462, 535, 574, 582, 672, 835
Rogel, Bernard, 809
Rogombé, Rose, 645
Rollet, Louis, 229
Roosevelt, Franklin Delano, 36, 41, 52
Rose, Jean, 112
Rosen, Carl-Gustav von, 317
Ross, André, 421
Rossillon, Philippe, 948
Rossatanga-Rignault, Guy, 485,
Rotman, Patrick, 454
Rouillard, Gwendal, 655
Roussin, Michel, 399, 481, 486, 487, 498, 499, 502, 514, 559, 602, 644, 730, 742, 830, 835, 940
Rousso, Henry, 962
Roux de Bézieux, Geoffroy, 803
Royal, Ségolène, 771
Royant, Olivier, 494
Rufin, Jean-Christophe, 620, 951

Saadé, Jacques, 740
Sabbagh, Pierre, 309
Sablier, Édouard, 139
Sadji, Abdoulaye, 148
Sagna, Guy Marius, 909, 911
Saibou, Ali, 750
Saint-Arnaud, Armand de, 70
Saint-Exupéry, Patrick de, 939
Saint-Saëns, Isabelle, 931
Salan, Raoul, 192, 229, 242
Salazar, Antonio de Oliveira, 311
Saleh, Béchir, 870, 875
Saleh, Ibni Oumar Mahamat, 643
Sall, Macky, 793, 902
Saller, Raphaël, 114
Sama, Karim (dit Sam's K Le Jah), 903
Samba-Panza, Catherine, 918
Samba Sylla, Ndongo, 84, 488, 914, 915
Sankara, Thomas, 480, 481, 501, 560-565, 569, 570, 571, 632, 680, 691, 700, 733, 757, 812, 903, 904, 957
Sankoh, Foday, 691
Sanner, Pierre, 220, 221
Saouma, Édouard, 555
Saragosse, Marie-Christine, 950
Sarkozy, Nicolas, 11, 18, 67, 458, 486, 512, 528, 587, 607, 610-612, 632, 636-639, 642-646, 696, 706, 708, 709, 743, 753, 766, 769, 771, 773-776, 783, 785, 786, 788, 789, 791, 792, 794, 797, 803, 804, 807, 812, 813, 814, 830, 835, 840, 842, 858, 867-873, 875, 878-884, 888, 901, 909, 933, 961
Sarr, Felwine, 819
Sarraut, Albert, 76, 83, 95, 506
Sartre, Annie, 78
Sartre, Jean-Paul, 148, 244, 314, 958
Sartre, Maurice, 78
Sartre, Patrice, 943
Sasia, Raymond, 280
Sassou Nguesso, Denis, 324, 342, 372, 454, 458, 510, 511, 512, 516, 527, 528, 535, 540, 560, 573, 589, 610, 632, 640, 663-671, 676, 679, 684, 686, 693, 730, 732, 763, 770, 771, 788, 796-799, 836, 905, 918, 952
Saul, Samir, 342
Saussure, Léopold de, 32
Savary, Alain, 134
Savimbi, Jonas, 350, 351, 400, 401, 412, 423, 668, 694
Savorgnan de Brazza, Pierre, 506
Savoy, Bénédicte, 819
Say, Jean-Baptiste, 69, 78
Scarbonchi, Michel, 740
Schmidt, Elizabeth, 196, 229
Schœlcher, Victor, 145, 459, 506, 512, 792
Schuck, Nathalie, 709
Schuller, Didier, 773, 774
Schuman, Robert, 98, 99

Schumann, Maurice, 55
Schwarz-Bart, André, 448
Séguéla, Jacques, 730
Séka Yapo, Anselme, 716-719
Sékou Touré, Ahmed, 142, 143, 171, 173, 175, 189, 190, 195, 196, 197, 201, 209, 225, 226, 228, 237, 245, 246, 247, 248, 249, 250, 251, 252, 253, 254, 257, 279, 286, 288, 299, 300, 305, 341, 354, 355, 389, 400, 453, 454, 471, 526
Semengue, Pierre, 118
Sembène, Ousmane, 65, 88, 148, 271-273, 434, 443, 447
Senart, John, 316
Sengat-Kuo, François, 131
Senghor, Léopold Sédar, 10, 43, 45, 54, 60, 64, 87, 99, 100, 101, 113, 114, 117, 121-131, 145, 148, 149, 187, 188, 190, 194, 195, 197, 200, 208, 223, 225, 226, 228, 272, 286, 291, 292, 294, 337, 339, 340, 343, 344, 347, 349, 354, 364, 398, 438, 445, 447, 448, 508, 567, 568, 732, 948, 949
Senoussi, Abdallah, 870, 871
September, Dulcie, 481, 678
Séréni, Jean-Pierre, 522
Serre, Georges, 625, 626, 836
Servenay, David, 263, 466, 496, 538, 676
Severino, Jean-Michel, 760, 766, 790, 812, 852
Shipway, Martin, 38
Sid'Ahmed Taya, Maaouiya Ould, 372
Sidos, François-Xavier, 618
Sigolet, Jack, 538, 541, 669
Sihanouk, Norodom, 948
Silberzahn, Claude, 549, 726
Simbikangwa, Pascal, 684
Siméoni, lieutenant-colonel, 63
Simon, Jean-Louis, 398
Simon, Jean-Marc, 481, 641, 809, 836
Siné (Maurice Sinet, dit), 363
Singaye, Fabien, 685, 774, 776
Siriex, Paul-Henri, 23, 24, 39, 106, 173
Sirléaf, Ellen Johnson, 637
Sirven, Alfred, 502, 512, 535-540, 583, 587, 588, 664, 683, 686, 697
Skinner, Kate, 257
Slimani, Leïla, 952
Smalto, Francesco, 501
Smith, Ian, 335, 336, 352
Smith, Stephen, 11, 25, 298, 612, 629, 640, 724, 725, 727, 814, 934
Smockey, 903
Soglo, Nicéphore, 573
Soilih, Ali, 412, 415
Soleillet, Paul, 947
Solomon, Philippe Hababou, 886
Somoza Debayle, Anastasio, 483
Sonko, Ousmane, 910
Soro, Guillaume, 702, 706, 708, 718, 811
Soudan, François, 572, 732
Soudet, Laurence, 517
Soumah, David, 303
Soustelle, Jacques, 191, 232
Soutou, Georges-Henri, 332
Souza, Mgr de, 572
Spinetta, Jean-Cyril, 806
Squarcini, Bernard, 740, 773, 807, 875, 881, 889-890
Squarcini, Jean-Baptiste, 889
Staewen, Christoph, 379
Staewen, Elfriede, 379
Starkmann, Georges, 317
Stasi, Bernard, 495
Steiner, Rolf, 312
Stirling, David, 413
Strauss-Kahn, Dominique, 536, 835
Sulitzer, Paul-Loup, 695
Suremain, Marie-Albane de, 431, 436
Suret-Canale, Jean, 328
Szpiner, Francis, 774

Tabet, Marie-Christine, 519
Takieddine, Ziad, 773, 867-870, 879-886
Takizala, Henry-Désiré, 511
Tall, El Hadj Oumar, 113, 819, 820
Tandja, Mamadou, 751-753
Tarallo, André, 475, 498, 512, 522, 534-536, 538, 541, 664, 665, 669, 674, 683, 684, 882
Tatu, Natacha, 921, 922
Taurenis, Agris, 714, 715, 717
Tauzin, Didier, 596
Tavernier, Christian, 618
Taylor, Charles, 571, 691
Tchundjang Pouemi, Joseph, 392

Teitgen, Pierre-Henri, 88, 130, 220, 221
Tenzer, Nicolas, 854
Terrasson de Fougères, Chantal, 570
Terretta, Meredith, 452
Thiam, Tidjane, 745, 802
Thiat, 902
Thorez, Maurice, 106, 146
Thréard, Yves, 697
Thyraud de Vosjoli, Philippe, 395
Tillinac, Denis, 631
Tilouine, Joan, 774, 881
Tirolien, Guy, 114
Tobner, Odile, 434, 449, 462, 712, 724
Tocqueville, Alexis de, 70
Todd, David, 17, 69
Tombalbaye, François, 208, 225, 282, 298, 301, 337, 343, 348, 380, 418, 419, 442, 461, 478, 678
Tomi, Jean, 589
Tomi, Michel, 588, 589, 590, 774, 800, 807, 879, 888-890
Tomi, Paul-Antoine, 890
Touadéra, Faustin-Archange, 923, 926
Toubon, Jacques, 645
Toulabor, Comi, 576
Toumani Touré, Amadou (dit ATT), 573, 794, 807
Tourbe, Cédric, 403
Touré, Samory, 142
Tournet, Henri, 276
Tournoux, Jean-Raymond, 296
Toussaint Louverture, 50, 69
Towa, Marcien, 340
Traoré, Moussa, 118, 288, 366, 372, 560, 573
Tremblay, Rodrigue, 388
Trévidic, Marc, 685
Trigano, Gilbert, 364
Trinquier, Roger, 409
Tronchet, Sylvain, 527
Tropel, Jean, 539
Truman, Harry, 86, 758
Tshisekedi, Félix, 836
Tshombé, Moïse, 213, 243, 282, 303, 304, 325, 409, 417, 418, 420, 424, 426, 726
Tsiranana, Philibert, 139, 194, 226, 243, 285, 286, 324, 339, 341, 894, 895
Tubiana, Michel, 581
Turpin, Frédéric, 275, 312, 356, 497

Uba Thassinda, Thassinda, 511
Uwilingiyimana, Agathe, 59
Um Nyobè, Ruben, 142, 143, 169, 202, 233, 234, 235, 236, 237, 239, 240
Uris, Leon, 395

Vaillant, Janet, 128
Valentini, Stéphane, 882
Vallaeys, Anne, 315, 318
Vallée, Olivier 554
Valls, Manuel, 797-799, 805
Valois, Georges, 94
Van Kote, Gilles, 852
Van Reybrouck, David, 425
Van Ruymbeke, Renaud, 486, 536, 538, 683, 774
Van Vuuren, Hennie, 337, 351, 481, 798
Van Walraven, Klaas, 229, 292, 342, 749
Varret, Jean, 318, 473, 598, 943
Vautier, René, 148, 150, 151
Veaux, Frédéric, 890
Védrine, Hubert, 472, 598, 600, 625, 626, 669, 696, 742, 745, 769, 770, 801, 802, 812, 940
Venturi, Jean, 589
Verdun, Jean, 513
Vergès, Jacques, 149, 679
Verlon, Claude, 782, 808
Verne, Jules, 97
Verschave, François-Xavier, 11, 19, 25, 458, 610, 626-629, 631, 636, 669, 675, 677, 679, 680, 686, 724, 783, 939, 940
Vieyra, Paulin Soumanou, 149
Vichnievsky, Laurence, 486, 536, 683
Vilgrain, Alexandre, 802
Vilgrain, famille, 736, 859
Villepin, Dominique de, 489, 525, 527, 528, 587, 598, 612, 614, 632, 637, 682, 701, 705, 769, 782, 835, 880
483, 517, 519, 520, 579, 590, 602, 604, 622, 626, 672, 691, 695, 757, 770, 823, 824, 868
Villiers, Philippe de, 589, 689
Villiers, Pierre de, 810
Vivien, Alain, 473
Voltaire, (François-Marie Arouet, dit), 68

Wade, Abdoulaye, 109, 458, 528, 610, 730, 740, 830, 902
Waleckx, Tristan, 831
Wallis, Andrew, 616, 617
Wanké, Daouda Malam, 751
Warren Howe, Russel, 184
Warson, Joanna, 336
Wauthier, Claude, 359
Weddeye, Goukouni, 379-385, 415, 439, 468, 475, 545, 546, 548
Wibaux, Fernand, 280, 337, 439, 499, 512, 612, 615, 618, 619, 750
Wilson, Woodrow, 33
Winock, Michel, 78
Wolf, Jean, 314
Wouters, Daniel, 877
Wright, Richard, 148
Wrong, Michela, 423

Yacé, Philippe, 293
Yaméogo, Maurice, 260, 300, 303, 336, 369, 569, 298, 304, 332, 363, 561
Yamousso, reine, 111
Yamb, Nathalie, 908
Yangari, Albert, 525
Yhombi-Opango, Joachim, 663
Yonli, Bernard D., 433
Youla, Nabi, 246, 249
Youlou, Fulbert, 182, 212, 260, 267, 268, 269, 282, 292, 301-303, 325, 409, 667
Young-jin, Choi, 707

Zakharov, Valery, 917, 924
Zeid, Abou, 807
Zerbo, Saye, 118, 569
Zinsou, Émile-Derlin, 301, 337, 413
Zinsou, Lionel, 745, 801, 812
Zischka, Anton, 97-99
Zola, Émile, 939
Zongo, Norbert, 632, 680, 732, 733, 903
Zuma, Jacob, 878

Table

Introduction. Françafrique, la mort lui va si bien 9

« Françafrique » : le destin méconnu d'un néologisme 22

PARTIE I

La Françafrique en germe (1940-1957)

« Ni assimilation ni séparation ».
La matrice de la Françafrique 30

1940-1945 : l'Empire dans la guerre 32
1945-1947 : la naissance de l'Union française 42
1947-1953 : la France au cœur de la guerre froide 49
1953-1957 : décoloniser ? 55

Morts pour la France, tués par la France : le massacre de Thiaroye (1944) ... 63

1. Aux origines de la Françafrique : l'idéologie coloniale.
Amzat Boukari-Yabara et Thomas Deltombe 67

Henri Fonfrède, apologiste de la « décolonisation » (1834)........... 78

2. Les habits neufs du capitalisme impérial.
Catherine Coquery-Vidrovitch et Thomas Deltombe 83

3. « Eurafrique », ou comment penser
le colonialisme du futur. *Thomas Deltombe* 93

Eirik Labonne, « prophète de l'Eurafrique » 105

4. Au service de la « modernisation » coloniale : la fabrique
des nouvelles élites africaines. *Amzat Boukari-Yabara*
et Ghislain Youdji Tchuisseu.............................. 109

5. Léopold Sédar Senghor, chantre du (néo)colonialisme français en Afrique. *Khadim Ndiaye* 121

Michel Poniatowski et Claude Cheysson, deux théoriciens du néocolonialisme français (1954-1955) 132

6. Répressions coloniales et résistances africaines. *Amzat Boukari-Yabara* 137

Présence africaine et Afrique 50 : l'anticolonialisme par les mots et l'image 148

7. François Mitterrand, précurseur de la Françafrique. *Thomas Deltombe* 153

Jacques Foccart s'attaque au « néo-colonialisme » de Mitterrand et d'Houphouët-Boigny (1951). 164

8. Félix Houphouët-Boigny impose sa ligne. *Jean-Pierre Bat* 167

PARTIE II

Des indépendances piégées (1957-1969)

Sous les « indépendances ». Un néocolonialisme contre-subversif 183

1957-1958 : l'Afrique française face à la concurrence étrangère et à la « subversion » indépendantiste 184

1958-1961 : de la Communauté aux indépendances frelatées, l'Afrique dans le piège français 193

1962-1969 : l'âge d'or du « foccartisme » 206

Le Sahara, clé de voûte de l'indépendance et de la puissance de la France 215

1. De la loi-cadre Defferre à la Communauté : les rails institutionnels du néocolonialisme. *Ghislain Youdji Tchuisseu et Thomas Deltombe* 219

2. Un laboratoire de la Françafrique : la guerre du Cameroun. *Thomas Deltombe* 231

Frantz Fanon : une critique radicale du (néo)colonialisme 242

3. Déstabiliser la Guinée pour défendre le pré carré. *Coralie Pierret et Laurent Correau* 245

La France, suspect principal
dans l'assassinat de Sylvanus Olympio (1963) 256

4. La souveraineté minée par la coopération :
quand la France verrouille les indépendances africaines.
Thomas Deltombe 259

Une puissante critique cinématographique de la « coopération » :
La Noire de... d'Ousmane Sembène (1966).................... 271

5. Le système Foccart. *David Servenay*...................... 275

6. Nos « amis » dictateurs. *Ghislain Youdji Tchuisseu* 285

« Foutez-moi la paix avec vos nègres ! »
Quand de Gaulle se lâche sur les présidents africains 296

7. « Big Brother » ou la géopolitique africaine
de Félix Houphouët-Boigny. *Jean-Pierre Bat*................ 299

8. Manipulation française au Biafra. *Benoît Collombat* 309

PARTIE III

La folie des grandeurs (1969-1981)

Armes, pétrole et nucléaire.
Pillage et corruption « en famille » 325
L'Afrique au cœur de la crise énergétique mondiale.......... 327
Turbulences dans le pré carré 336
La France giscardienne étend ses « chasses gardées »
africaines 346
Les « amis » africains, acteurs clés de la vie politique
française.. 353

Jeune Afrique démasqué :
la contre-histoire d'un « hebdomadaire panafricain » (1971).......... 363

1. L'Afrique francophone dans la nasse militaire française.
Thomas Borrel et Yanis Thomas............................ 367

Françoise Claustre, otage de l'imbroglio franco-tchadien 379

2. La laisse monétaire : contestation et consolidation
du système CFA. *Ndongo Samba Sylla et Fanny Pigeaud* 383

3. Foccart, Marenches, Journiac : trois « crocodiles » dans le marigot du renseignement franco-africain. *David Servenay* 393

La droite française transforme les expatriés français en Afrique en cheptel électoral (1978) 404

4. Les mercenaires français à l'assaut du continent africain. *Maurin Picard* 407

5. Mobutu, allié stratégique de la France au cœur de l'Afrique. *Maurin Picard* 417

6. Les coopérants, acteurs clés de la « présence française » en Afrique. *Claire Cosquer* 427

Pierre Biarnès, un correspondant du *Monde* dans les égouts du journalisme françafricain 438

7. Les écrivains africains défient le néocolonialisme français. *Fanny Pigeaud et Kalidou Sy* 441

La loi du silence : quand la France censure les dissidents africains en exil 451

PARTIE IV

La fausse alternance (1981-1995)

Les années Mitterrand. La continuité dans le « changement » . . . 459

1981-1983 : le Parti socialiste tombe le masque 460

1983-1989 : François Mitterrand gardien du pré carré français en Afrique 472

1990-1993 : poudre aux yeux démocratique et mue libérale 482

1994 : les fantômes du Rwanda à l'Élysée 488

1. Jacques Chirac, l'Africain. *Benoît Collombat* 493

2. Franc-maçonnerie : le joker de la Françafrique. *Ghislain Youdji Tchuisseu* 505

La mort étrange de Michel Baroin au Cameroun (1987) 516

3. La République des mallettes. *Benoît Collombat* 519

L'affaire Carrefour du développement :
fausses factures et vrais règlements de comptes 530

4. Corruption et influence occulte : le triomphe du système Elf.
Benoît Collombat et Thomas Borrel 533

5. La France au Tchad, l'opération militaire permanente.
Marielle Debos 543

6. Le nœud coulant de la dette. *Olivier Blamangin* 553

L'ombre de la France derrière l'assassinat
de Thomas Sankara (1987) 562

7. La voix des peuples et l'écho lointain de la démocratie.
Amzat Boukari-Yabara 567

Ouvéa, un massacre colonial (1988) 580

8. Des Hauts-de-Seine à la « Corsafrique » :
les réseaux parallèles de Charles Pasqua. *Benoît Collombat* 583

9. Génocide des Tutsis au Rwanda :
le rôle accablant de la France. *David Servenay* 593

PARTIE V

Dévoilement et camouflages (1995-2010)

De Jacques Chirac à Nicolas Sarkozy
Une Françafrique décomplexée 611
Jacques Foccart de retour à l'Élysée 612
« Ni ingérence ni indifférence », le prudent « droit d'inventaire »
de Lionel Jospin 620
La « Françafrique » démasquée, mais pas déstabilisée 626
Nicolas Sarkozy : de la comédie anti-Françafrique
au sacre du système 636

Gaston Flosse, la Françafrique polynésienne 647

1. Djibouti, indépendance sous influence. *David Servenay* 651

2. Denis Sassou Nguesso : terreur et prédation à Brazzaville.
Amzat Boukari-Yabara 663

Le grand retournement de Pierre Péan :
du dénonciateur d'*Affaires africaines* au défenseur de la Françafrique .. 672

3. La Françafrique dans le prétoire. *Fabrice Tarrit* 677

4. Concurrence criminelle dans le trafic d'armes en Afrique.
Thomas Borrel et Yanis Thomas 689

5. Coups tordus et guerre française en Côte d'Ivoire.
Raphaël Granvaud et David Mauger 699

6. Mercenaires, armes et comptes offshore :
dans les secrets de Robert Montoya. *Jean Merckaert* 711

7. De la presse coloniale au journalisme sous contrôle :
la fabrique de l'information. *Jean-Bruno Tagne* 723

8. La Françafrique prend la vague libérale. *Olivier Blamangin*
et Thomas Borrel 735

Le droit au service de la France : l'OHADA, une « réussite africaine »
très parisienne 744

9. Saccage et verrou nucléaire français au Niger.
Raphaël Granvaud 747

10. La grande illusion de l'aide publique au développement.
Thomas Borrel 757

11. Bernard Kouchner, Patrick Balkany : deux visages
de la Sarkozie en Françafrique. *Benoît Collombat* 769

PARTIE VI

Le temps de la « reconquête » (2010-2021)

« L'Afrique est notre avenir ».
Les nouveaux horizons de la Françafrique 783
« Guerre contre le terrorisme »,
« printemps arabes » et ingérences françaises 784
François Hollande, la Françafrique complexée 791
Économie, sécurité : l'Afrique comme champ de « bataille » ... 800
Emmanuel Macron, la grande illusion africaine 809

1. Vincent Bolloré, affaires africaines. *Olivier Blamangin* 825

Les bonnes affaires africaines des retraités de la République 835

2. Souffler sur les braises : la « guerre contre le terrorisme » de la France en Afrique. *Raphaël Granvaud* 839

3. La diplomatie du tiroir-caisse : le grand jeu d'influence de l'aide au développement. *Thomas Borrel* 851

Aide publique au développement offshore 862

4. Sarkozy-Kadhafi : tapis rouge et tapis de bombes. *Fabrice Arfi* 867

Uramin, l'affaire Elf du nucléaire 877

5. De Takieddine à Benalla : la République des intermédiaires. *Fabrice Arfi* 879

Corsafrique : la persistance des réseaux politico-affairistes 888

6. Îles Éparses, cet archipel dans l'océan Indien que la France ne veut pas lâcher. *Fanny Pigeaud* 891

7. Du « Balai citoyen » à « France dégage » : la nouvelle lame de fond panafricaniste. *Amzat Boukari-Yabara* 901

Paris « réforme » le franc CFA pour maintenir son ingérence monétaire . . . 912

8. Impunité militaire et guerres d'influence en Centrafrique. *Thomas Borrel* 917

Emmanuel Macron, vendeur de BTP en Côte d'Ivoire 927

9. L'obsession croissante des migrations. *Thomas Borrel* 929

Complicité française au Rwanda : un si long déni 939

10. Francophonie : quand la France déploie son empire linguistique. *Khadim Ndiaye* 945

Épilogue. Françafrique, mémoires vives. *Nadia Yala Kisukidi* . . . 957

Les auteurs 967

Index 973

RÉALISATION : NORD COMPO À VILLENEUVE-D'ASCQ
IMPRESSION : NORMANDIE ROTO IMPRESSION IMPRESSION S.A.S. À LONRAI
DÉPÔT LÉGAL : OCTOBRE 2021. N° 146416 (2103403)
Imprimé en France